U0895403

中華大藏經

中華大藏經編輯局編

漢文部分

二

中華書局

圖書在版編目(CIP)數據

中華大藏經:漢文部分.第2册/《中華大藏經》編輯局編. —
北京:中華書局,1984.4(2023.8重印)
ISBN 978-7-101-10783-8

Ⅰ.中… Ⅱ.中… Ⅲ.大藏經 Ⅳ.B941

中國版本圖書館CIP數據核字(2015)第041511號

內封題簽: 李一氓
裝幀設計: 伍端端

中華大藏經(漢文部分)
第二册
《中華大藏經》編輯局 編
*
中華書局出版發行
(北京市豐臺區太平橋西里38號 100073)
http://www.zhbc.com.cn
E-mail:zhbc@zhbc.com.cn
北京建宏印刷有限公司印刷
*
787×1092毫米 1/16・57¼印張・2插頁
1984年4月第1版 2023年8月第4次印刷
定價:600.00元

ISBN 978-7-101-10783-8

中華大藏經（漢文部分）

第二冊目錄

一　大般若波羅蜜多經　一〇一——二〇〇卷

唐　玄奘譯

千字文編次　盈——往

大般若波羅蜜多經卷第一百一　盈

三藏法師玄奘奉　詔譯

初分攝受品第二十九之三

時天帝釋復白佛言世尊般若波羅蜜多甚為希有若有攝受般若波羅蜜多則為攝受布施淨戒安忍精進靜慮般若波羅蜜多若有攝受般若波羅蜜多則為攝受內空外空內外空空空大空勝義空有為空無為空畢竟空無際空散空無變異空本性空自相空共相空一切法空不可得空無性空自性空無性自性空若有攝受般若波羅蜜多則為攝受真如法界法性不虛妄性不變異性平等性離生性法定法住實際虛空界不思議界若有攝受般若波羅蜜多則為攝受苦聖諦集聖諦滅聖諦道聖諦若有攝受般若波羅蜜多則為攝受四靜慮四無量四無色定若有攝受般若波羅蜜多則為攝受八解脫八勝處九次第定十遍處若有攝受般若波羅蜜多則為攝受四念住四

正斷四神足五根五力七等覺支八聖道支若有攝受般若波羅蜜多則為攝受空解脫門無相解脫門無願解脫門若有攝受般若波羅蜜多則為攝受五眼六神通若有攝受般若波羅蜜多則為攝受佛十力四無所畏四無礙解大慈大悲大喜大捨十八佛不共法若有攝受般若波羅蜜多則為攝受無忘失法恒住捨性若有攝受般若波羅蜜多則為攝受一切智道相智一切相智若有攝受般若波羅蜜多則為攝受一切陁羅尼門一切三摩地門若有攝受般若波羅蜜多則為攝受預流果一來果不還果阿羅漢果若有攝受般若波羅蜜多則為攝受獨覺菩提若有攝受般若波羅蜜多則為攝受菩薩十地無上正等菩提若有攝受般若波羅蜜多則為攝受世間出世間一切善法

尒時佛告天帝釋言如是如是如汝所說般若波羅蜜多甚為希有若於

般若波羅蜜多能攝受者則能攝受布施淨戒安忍精進靜慮般若波羅蜜多若於般若波羅蜜多能攝受者則能攝受內空外空內外空空空大空勝義空有為空無為空畢竟空無際空散空無變異空本性空自相空共相空一切法空不可得空無性空自性空無性自性空若於般若波羅蜜多能攝受者則能攝受真如法界法性不虛妄性不變異性平等性離生性法定法住實際虛空界不思議界若於般若波羅蜜多能攝受者則能攝受苦聖諦集聖諦滅聖諦道聖諦若於般若波羅蜜多能攝受者則能攝受四靜慮四無量四無色定若於般若波羅蜜多能攝受者則能攝受八解脫八勝處九次第定十遍處若於般若波羅蜜多能攝受者則能攝受四念住四正斷四神足五根五力七等覺支八聖道支若於般若波羅蜜多能攝受者則能攝受空解脫門無相解脫門無願解脫門若於般若波羅蜜多能攝受者則能攝受五

眼六神通若於般若波羅蜜多能攝受者則能攝受佛十力四無所畏四無礙解大慈大悲大喜大捨十八佛不共法若於般若波羅蜜多能攝受者則能攝受無忘失法恒住捨性若於般若波羅蜜多能攝受者則能攝受一切智道相智一切相智若於般若波羅蜜多能攝受者則能攝受一切陀羅尼門一切三摩地門若於般若波羅蜜多能攝受者則能攝受預流果一來果不還果阿羅漢果若於般若波羅蜜多能攝受者則能攝受獨覺菩提若於般若波羅蜜多能攝受者則能攝受菩薩十地若於般若波羅蜜多能攝受者則能攝受無上正等菩提若於般若波羅蜜多能攝受者則能攝受世間出世間一切善法

復次憍尸迦若善男子善女人等於此般若波羅蜜多受持讀誦精勤修學如理思惟書寫解說廣令流布是善男子善女人等現法後法功德勝利汝應諦聽極善作意吾當為汝分

別解說天帝釋言唯然大聖願時為說我等樂聞佛言憍尸迦若有種種外道梵志若諸惡魔及魔眷屬若餘暴惡增上慢者於此菩薩摩訶薩所欲為障礙凌辱違害彼適興心速遭殃禍自當殄滅不果所願何以故憍尸迦是菩薩摩訶薩以應一切智智心用無所得為方便長夜修行布施淨戒安忍精進靜慮般若波羅蜜多以大悲願而為上首若諸有情為慳貪故長夜鬪諍是菩薩摩訶薩於內外法一切悉捨方便令彼安住布施波羅蜜多若諸有情長夜破戒是菩薩摩訶薩於內外法一切悉捨方便令彼安住淨戒波羅蜜多若諸有情長夜忿恚是菩薩摩訶薩於內外法一切悉捨方便令彼安住安忍波羅蜜多若諸有情長夜懈怠是菩薩摩訶薩於內外法一切悉捨方便令彼安住精進波羅蜜多若諸有情長夜心亂是菩薩摩訶薩於內外法一切悉捨方便令彼安住靜慮波羅蜜多若諸有情長夜愚癡是菩薩摩訶薩

於內外法一切悉捨方便令彼安住般若波羅蜜多若諸有情流轉生死長夜恒為貪瞋癡等隨眠纏垢之所擾亂是菩薩摩訶薩能以種種善巧方便令彼斷滅永離生死或安立彼令住內空外空內外空空空大空勝義空有為空無為空畢竟空無際空散空無變異空本性空自相空共相空一切法空不可得空無性空自性空無性自性空或安立彼令住真如法界法性不虛妄性不變異性平等性離生性法定法住實際虛空界不思議界或安立彼令住苦聖諦集聖諦滅聖諦道聖諦或安立彼令住四靜慮四無量四無色定或安立彼令住八解脫八勝處九次第定十遍處或安立彼令住四念住四正斷四神足五根五力七等覺支八聖道支或安立彼令住空解脫門無相解脫門無願解脫門或安立彼令住五眼六神通或安立彼令住佛十力四無所畏四無礙解大慈大悲大喜大捨十八佛不共法或安立彼令住無忘失

法恒住捨性或安立彼令住一切智道相智一切相智或安立彼令住一切陀羅尼門一切三摩地門或安立彼令住預流果一來果不還果阿羅漢果或安立彼令住獨覺菩提或安立彼令住菩薩十地或安立彼令住無上正等菩提或安立彼令住世間出世間一切善法憍尸迦如是名為受持讀誦精勤修學如理思惟書寫解說流布般若波羅蜜多菩薩摩訶薩所獲現法功德勝利憍尸迦是菩薩摩訶薩由於般若波羅蜜多受持讀誦精勤修學如理思惟書寫解說廣令流布於當來世速證無上正等菩提轉妙法輪度無量衆隨本所願安立有情令於三乘修學究竟乃至證入無餘涅槃憍尸迦如是名為受持讀誦精勤修學如理思惟書寫解說流布般若波羅蜜多菩薩摩訶薩所獲後法功德勝利

復次憍尸迦若善男子善女人等於此般若波羅蜜多受持讀誦精勤修學如理思惟書寫解說廣令流布其

地方所若有惡魔及魔眷屬或有種種外道梵志及餘暴惡增上慢者憎嫉般若波羅蜜多欲為障礙詰責違拒令速隱沒終不能成彼日暫聞般若聲故衆惡漸滅功德漸生後依三乘得盡苦際憍尸迦如有妙藥名曰莫耆是藥威勢能銷衆毒有大毒虵飢行求食遇見生類欲螫噉之其生怖死走投妙藥虵聞藥氣尋便退走何以故憍尸迦由此莫耆具大威力能伏衆毒益身命故當知般若波羅蜜多具大勢力亦復如是若善男子善女人等受持讀誦精勤修學如理思惟書寫解說廣令流布諸惡魔等於此菩薩摩訶薩所欲為惡事由此般若波羅蜜多威神力故令彼惡事於其方所自當殄滅何以故憍尸迦由此般若具大威力能摧惡法增衆善故憍尸迦云何般若波羅蜜多能滅惡法增長衆善憍尸迦如是般若波羅蜜多能滅貪欲瞋恚愚癡增彼對治憍尸迦如是般若波羅蜜多能滅無明行識名色六處觸受愛取有

生老死愁歎苦憂惱純大苦蘊增彼對治憍尸迦如是般若波羅蜜多能滅一切障蓋隨眠纏垢結縛增彼對治憍尸迦如是般若波羅蜜多能滅我見有情見命者見生者見養育者見士夫見補特伽羅見意生見儒童見作者見受者見知者見見者見增彼對治憍尸迦如是般若波羅蜜多能滅一切常見斷見有見無見乃至種種諸惡見趣增彼對治憍尸迦如是般若波羅蜜多能滅所有慳貪破戒忿恚懈怠散亂愚癡增彼對治憍尸迦如是般若波羅蜜多能滅所有常想樂想我想淨想增彼對治憍尸迦如是般若波羅蜜多能滅一切貪行瞋行癡行慢行疑見行等增彼對治憍尸迦如是般若波羅蜜多能滅色取增彼對治能滅受想行識取增彼對治憍尸迦如是般若波羅蜜多能滅眼處取增彼對治能滅耳鼻舌身意處取增彼對治能滅色處取增彼對治能滅聲香味觸法處取增彼對治憍尸迦如是般若波羅蜜多能滅

眼界取增彼對治能滅色界眼識界及眼觸眼觸為緣所生諸受取增彼對治能滅耳界取增彼對治能滅聲界耳識界及耳觸耳觸為緣所生諸受取增彼對治能滅鼻界取增彼對治能滅香界鼻識界及鼻觸鼻觸為緣所生諸受取增彼對治能滅舌界取增彼對治能滅味界舌識界及舌觸舌觸為緣所生諸受取增彼對治能滅身界取增彼對治能滅觸界身識界及身觸身觸為緣所生諸受取增彼對治能滅意界取增彼對治能滅法界意識界及意觸意觸為緣所生諸受取增彼對治憍尸迦如是般若波羅蜜多能滅地界取增彼對治能滅水火風空識界取增彼對治憍尸迦如是般若波羅蜜多能滅苦聖諦取增彼對治能滅集滅道聖諦取增彼對治憍尸迦如是般若波羅蜜多能滅無明取增彼對治能滅行識名色六處觸受愛取有生老死愁歎苦憂惱取增彼對治憍尸迦如是般若波羅蜜多能滅內空取增彼對

治能滅外空內外空空空大空勝義空有為空無為空畢竟空無際空散空無變異空本性空自相空共相空一切法空不可得空無性空自性空無性自性空取增彼對治憍尸迦如是般若波羅蜜多能滅真如取增彼對治能滅法界法性不虛妄性不變異性平等性離生性法定法住實際虛空界不思議界取增彼對治憍尸迦如是般若波羅蜜多能滅布施波羅蜜多取增彼對治能滅淨戒安忍精進靜慮般若波羅蜜多取增彼對治憍尸迦如是般若波羅蜜多能滅四靜慮取增彼對治能滅四無量四無色定取增彼對治憍尸迦如是般若波羅蜜多能滅八解脫取增彼對治能滅八勝處九次第定十遍處取增彼對治憍尸迦如是般若波羅蜜多能滅四念住取增彼對治能滅四正斷四神足五根五力七等覺支八聖道支取增彼對治憍尸迦如是般若波羅蜜多能滅空解脫門取增彼對治能滅無相無願解脫門取增彼

對治憍尸迦如是般若波羅蜜多能滅五眼取增彼對治能滅六神通取增彼對治憍尸迦如是般若波羅蜜多能滅佛十力取增彼對治能滅四無所畏四無礙解大慈大悲大喜大捨十八佛不共法取增彼對治憍尸迦如是般若波羅蜜多能滅無忘失法取增彼對治能滅恒住捨性取增彼對治憍尸迦如是般若波羅蜜多能滅一切智取增彼對治能滅道相智一切相智取增彼對治憍尸迦如是般若波羅蜜多能滅一切陁羅尼門取增彼對治能滅一切三摩地門取增彼對治憍尸迦如是般若波羅蜜多能滅預流取增彼對治能滅一來不還阿羅漢取增彼對治憍尸迦如是般若波羅蜜多能滅預流向預流果取增彼對治能滅一來向一來果不還向不還果阿羅漢向阿羅漢果取增彼對治憍尸迦如是般若波羅蜜多能滅獨覺取增彼對治能滅獨覺向獨覺果取增彼對治憍尸迦如是般若波羅蜜多能滅菩薩摩訶

薩取增彼對治能滅三藐三佛陁取增彼對治憍尸迦如是般若波羅蜜多能滅菩薩摩訶薩法取增彼對治能滅無上正等菩提取增彼對治憍尸迦如是般若波羅蜜多能滅聲聞乘取增彼對治能滅獨覺乘無上乘取增彼對治憍尸迦如是般若波羅蜜多乃至能滅般涅槃取增彼對治憍尸迦如是般若波羅蜜多能滅一切魔所住法及能生長一切善事是故般若波羅蜜多有無數量大威神力

復次憍尸迦若善男子善女人等於此般若波羅蜜多至心聽聞受持讀誦精勤修學如理思惟書寫解脫廣令流布是菩薩摩訶薩常為三千大千世界四大天王及天帝釋堪忍界主大梵天王極光淨天遍淨天廣果天淨居天等并諸善神皆同擁護不令一切災横侵惱如法所求無不滿足十方世界現在諸佛亦常護念如是菩薩令惡法滅善法增長所謂增長布施波羅蜜多令無損減增長淨

戒安忍精進靜慮般若波羅蜜多令無損減何以故以無所得為方便故增長内空令無損減增長外空内外空空空大空勝義空有為空无為空畢竟空無際空散空無變異空本性空自相空共相空一切法空不可得空無性空自性空無性自性空令無損減何以故以無所得為方便故增長真如令无損減增長法界法性不虚妄性不變異性平等性離生性法定法住實際虚空界不思議界令无損減何以故以无所得為方便故增長苦聖諦令无損減增長集滅道聖諦令无損減何以故以無所得為方便故增長四静慮令无損減增長四無量四无色定令无損減何以故以无所得為方便故增長八解脫令無損減增長八勝處九次第定十遍處令无損減何以故以無所得為方便故增長四念住令無損減增長四正斷四神足五根五力七等覺支八聖道支令无損減何以故以無所得為方便故增長空解脫門令無損減增

長无相无願解脱門令無損減何以故以無所得為方便故增長五眼令無損減增長六神通令无損減何以故以無所得為方便故增長佛十力令無損減增長四无所畏四無㝵解大慈大悲大喜大捨十八佛不共法令无損減何以故以無所得為方便故增長無忘失法令无損減增長恒住捨性令無損減何以故以無所得為方便故增長一切智令無損減增長道相智一切相智令無損減何以故以無所得為方便故增長一切陁羅尼門令无損減增長一切三摩地門令無損減何以故以無所得為方便故

憍尸迦是菩薩摩訶薩發言威肅聞皆敬受稱量談説詞無錯亂深知恩義堅事善友不為慳嫉忿恨覆惱諂誑矯等之所隱蔽憍尸迦是菩薩摩訶薩自離斷生命教他離斷生命讚説離斷生命法歡喜讚歎離斷生命者自離不與取教他離不與取讚説離不與取法歡喜讚歎離不與取者自離欲邪行教他離欲邪行讚説離欲邪行法歡喜讚歎離欲邪行者自離虚誑語教他離虚誑語讚説離虚誑語法歡喜讚歎離虚誑語者自離離間語教他離離間語讚説離離間語法歡喜讚歎離離間語者自離麁惡語教他離麁惡語讚説離麁惡語法歡喜讚歎離麁惡語者自離雜穢語教他離雜穢語讚説離雜穢語法歡喜讚歎離雜穢語者自離貪欲教他離貪欲讚説離貪欲法歡喜讚歎離貪欲者自離瞋恚教他離瞋恚讚説離瞋恚法歡喜讚歎離瞋恚者自離邪見教他離邪見讚説離邪見法歡喜讚歎離邪見者　卍

憍尸迦是菩薩摩訶薩自行布施波羅蜜多教他行布施波羅蜜多讚説布施波羅蜜多法歡喜讚歎行布施波羅蜜多者自行淨戒波羅蜜多教他行淨戒波羅蜜多讚説淨戒波羅蜜多法歡喜讚歎行淨戒波羅蜜多者自行安忍波羅蜜多教他行安忍波羅蜜多讚説安忍波羅蜜多法歡

喜讚歎行安忍波羅蜜多者自行精進波羅蜜多教他行精進波羅蜜多讚説精進波羅蜜多法歡喜讚歎行精進波羅蜜多者自行靜慮波羅蜜多教他行靜慮波羅蜜多讚説靜慮波羅蜜多法歡喜讚歎行靜慮波羅蜜多者自行般若波羅蜜多教他行般若波羅蜜多讚説般若波羅蜜多法歡喜讚歎行般若波羅蜜多者憍尸迦是菩薩摩訶薩自住内空教他住内空讚説内空法歡喜讚歎住内空者自住外空教他住外空讚説外空法歡喜讚歎住外空者自住内外空教他住内外空讚説内外空法歡喜讚歎住内外空者自住空空教他住空空讚説空空法歡喜讚歎住空空者自住大空教他住大空讚説大空法歡喜讚歎住大空者自住勝義空教他住勝義空讚説勝義空法歡喜讚歎住勝義空者自住有為空教他住有為空讚説有為空法歡喜讚歎住有為空者自住無為空教他住無為空讚説無為空法歡喜讚歎住

無為空者自住畢竟空教他住畢竟空讃説畢竟空法歡喜讃歎住畢竟空者自住無際空教他住無際空讃説無際空法歡喜讃歎住無際空者自住散空教他住散空讃説散空法歡喜讃歎住散空者自住無變異空教他住無變異空讃説無變異空法歡喜讃歎住無變異空者自住本性空教他住本性空讃説本性空法歡喜讃歎住本性空者自住自相空教他住自相空讃説自相空法歡喜讃歎住自相空者自住共相空教他住共相空讃説共相空法歡喜讃歎住共相空者自住一切法空教他住一切法空讃説一切法空法歡喜讃歎住一切法空者自住不可得空教他住不可得空讃説不可得空法歡喜讃歎住不可得空者自住無性空教他住無性空讃説無性空法歡喜讃歎住無性空者自住自性空教他住自性空讃説自性空法歡喜讃歎住自性空者自住無性自性空教他住無性自性空讃説無性自性空法歡

喜讃歎住無性自性空者

憍尸迦是菩薩摩訶薩自住真如教他住真如讃説真如法歡喜讃歎住真如者自住法界教他住法界讃説法界法歡喜讃歎住法界者自住法性教他住法性讃説法性法歡喜讃歎住法性者自住不虚妄性教他住不虚妄性讃説不虚妄性法歡喜讃歎住不虚妄性者自住不變異性教他住不變異性讃説不變異性法歡喜讃歎住不變異性者自住平等性教他住平等性讃説平等性法歡喜讃歎住平等性者自住離生性教他住離生性讃説離生性法歡喜讃歎住離生性者自住法定教他住法定讃説法定法歡喜讃歎住法定者自住法住教他住法住讃説法住法歡喜讃歎住法住者自住實際教他住實際讃説實際法歡喜讃歎住實際者自住虚空界教他住虚空界讃説虚空界法歡喜讃歎住虚空界者自住不思議界教他住不思議界讃説不思議界法歡喜讃歎住不思議

界者

憍尸迦是菩薩摩訶薩自住苦聖諦教他住苦聖諦讃説苦聖諦法歡喜讃歎住苦聖諦者自住集聖諦教他住集聖諦讃説集聖諦法歡喜讃歎住集聖諦者自住滅聖諦教他住滅聖諦讃説滅聖諦法歡喜讃歎住滅聖諦者自住道聖諦教他住道聖諦讃説道聖諦法歡喜讃歎住道聖諦者

憍尸迦是菩薩摩訶薩自修初靜慮教他修初靜慮讃説初靜慮法歡喜讃歎修初靜慮者自修第二靜慮教他修第二靜慮讃説第二靜慮法歡喜讃歎修第二靜慮者自修第三靜慮教他修第三靜慮讃説第三靜慮法歡喜讃歎修第三靜慮者自修第四靜慮教他修第四靜慮讃説第四靜慮法歡喜讃歎修第四靜慮者憍尸迦是菩薩摩訶薩自修慈無量教他修慈無量讃説慈無量法歡喜讃歎修慈無量者自修悲無量教他修悲無量讃説悲無量法歡喜讃歎修

悲無量者自修喜無量教他修喜無量讚說喜無量法歡喜讚歎修喜無量者自修捨無量教他修捨無量讚說捨無量法歡喜讚歎修捨無量者
憍尸迦是菩薩摩訶薩自修空無邊處定教他修空無邊處定讚說空無邊處定法歡喜讚歎修空無邊處定者自修識無邊處定教他修識無邊處定讚說識無邊處定法歡喜讚歎修識無邊處定者自修無所有處定教他修無所有處定讚說無所有處定法歡喜讚歎修無所有處定者自修非想非非想處定教他修非想非非想處定讚說非想非非想處定法歡喜讚歎修非想非非想處定者
憍尸迦是菩薩摩訶薩自修八解脫教他修八解脫讚說八解脫法歡喜讚歎修八解脫者自修八勝處教他修八勝處讚說八勝處法歡喜讚歎修八勝處者自修九次第定教他修九次第定讚說九次第定法歡喜讚歎修九次第定者自修十遍處教他修十遍處讚說十遍處法歡喜讚歎修十遍處者

憍尸迦是菩薩摩訶薩自修四念住教他修四念住讚說四念住法歡喜讚歎修四念住者自修四正斷教他修四正斷讚說四正斷法歡喜讚歎修四正斷者自修四神足教他修四神足讚說四神足法歡喜讚歎修四神足者自修五根教他修五根讚說五根法歡喜讚歎修五根者自修五力教他修五力讚說五力法歡喜讚歎修五力者自修七等覺支教他修七等覺支讚說七等覺支法歡喜讚歎修七等覺支者自修八聖道支教他修八聖道支讚說八聖道支法歡喜讚歎修八聖道支者
憍尸迦是菩薩摩訶薩自修空解脫門教他修空解脫門讚說空解脫門法歡喜讚歎修空解脫門者自修無相解脫門教他修無相解脫門讚說無相解脫門法歡喜讚歎修無相解脫門者自修無願解脫門教他修無願解脫門讚說無願解脫門法歡喜讚歎修無願解脫門者憍尸迦是菩

薩摩訶薩自修五眼教他修五眼讚說五眼法歡喜讚歎修五眼者自修六神通教他修六神通讚說六神通法歡喜讚歎修六神通者
憍尸迦是菩薩摩訶薩自修佛十力教他修佛十力讚說佛十力法歡喜讚歎修佛十力者自修四無所畏教他修四無所畏讚說四無所畏法歡喜讚歎修四無所畏者自修四無礙解教他修四無礙解讚說四無礙解法歡喜讚歎修四無礙解者憍尸迦是菩薩摩訶薩自修大慈教他修大慈讚說大慈法歡喜讚歎修大慈者自修大悲教他修大悲讚說大悲法歡喜讚歎修大悲者自修大喜教他修大喜讚說大喜法歡喜讚歎修大喜者自修大捨教他修大捨讚說大捨法歡喜讚歎修大捨者憍尸迦是菩薩摩訶薩自修十八佛不共法教他修十八佛不共法讚說十八佛不共法法歡喜讚歎修十八佛不共法者

大般若波羅蜜多經卷第一百一

大般若經第一百一卷　第二十四　丑字号

如來之[illegible]

永作乾坤之主　伏願[illegible]

代[illegible]　丙[illegible]年六月[illegible]

大般若波羅蜜多經卷第一百一

校勘記

一　底本，金藏大寶集寺本。

一　三頁下七行「威勢」，石作「威勢」。

一　三頁下七行「銷」，磧、普、南、徑、清作「消」。

一　四頁中一行頭二字不清，爲「眼界」。

一　四頁中二一行「六處」，磧、普、南、徑、清作「六入處」。

一　五頁中一五行「解脫」，石、磧、普、南、徑、清、麗作「解說」。

一　五頁中二一行「請佛」，磧、普、南、徑、清、麗作「諸佛」。

一　六頁上一九行「矯等」，南、徑、清作「矯慢等」。

大般若波羅蜜多經卷第一百二　盈

三藏法師玄奘奉　詔譯

初分攝受品第二十九之四、

憍尸迦是菩薩摩訶薩自修無忘失法教他修無忘失法讚說無忘失法法歡喜讚歎修無忘失法者自修恒住捨性教他修恒住捨性讚說恒住捨性法歡喜讚歎修恒住捨性者憍尸迦是菩薩摩訶薩自修一切陁羅尼門教他修一切陁羅尼門讚說一切陁羅尼門法歡喜讚歎修一切陁羅尼門者自修一切三摩地門教他修一切三摩地門讚說一切三摩地門法歡喜讚歎修一切三摩地門者

憍尸迦是菩薩摩訶薩自修一切智教他修一切智讚說一切智法歡喜讚歎修一切智者自修道相智教他修道相智讚說道相智法歡喜讚歎修道相智者自修一切相智教他修一切相智讚說一切相智法歡喜讚歎修一切相智者

憍尸迦是菩薩摩訶薩行六波羅蜜多時所行布施波羅蜜多以無所得為方便與一切有情同共迴向阿耨多羅三藐三菩提所護淨戒波羅蜜多以無所得為方便與一切有情同共迴向阿耨多羅三藐三菩提所修安忍波羅蜜多以無所得為方便與一切有情同共迴向阿耨多羅三藐三菩提所起精進波羅蜜多以無所得為方便與一切有情同共迴向阿耨多羅三藐三菩提所入靜慮波羅蜜多以無所得為方便與一切有情同共迴向阿耨多羅三藐三菩提所學般若波羅蜜多以無所得為方便與一切有情同共迴向阿耨多羅三藐三菩提

憍尸迦是菩薩摩訶薩行六波羅蜜多時常作是念我若不行布施波羅蜜多當生貧賤家尚無勢力何由成熟有情嚴淨佛土況當能得一切智智我若不護淨戒波羅蜜多當生諸惡趣尚不能得下賤人身何由成熟有情嚴淨佛土況當能得一切智智我若不修安忍波羅蜜多當生諸根

殘缺容顏醜陋不具菩薩圓滿色身若得菩薩圓滿色身行菩薩行有情見者必獲無上正等菩提若不得此圓滿色身則不能成熟一切有情嚴淨佛土況當能得一切智智我若懈怠不起精進波羅蜜多尚不能獲菩薩勝道何由成熟一切有情嚴淨佛土況當能得一切智智我若心亂不入靜慮波羅蜜多尚不能起菩薩勝定何由成熟有情嚴淨佛土況當能得一切智智我若無智不學般若波羅蜜多尚不能得諸巧便慧超二乘地何由成熟有情嚴淨佛土況當能得一切智智

憍尸迦是菩薩摩訶薩學六波羅蜜多常作是念我不應隨慳貪勢力若隨彼力則我布施波羅蜜多不得圓滿若我布施波羅蜜多不圓滿者終不能成一切智智我不應隨破戒勢力若隨彼力則我淨戒波羅蜜多不得圓滿若我淨戒波羅蜜多不圓滿者終不能成一切智智我不應隨忿恚勢力若隨彼力則我安忍波羅蜜

多不得圓滿若我安忍波羅蜜多不圓滿者終不能成一切智智我不應隨懈怠勢力若隨彼力則我精進波羅蜜多不得圓滿若我精進波羅蜜多不圓滿者終不能成一切智智我不應隨心亂勢力若隨彼力則我靜慮波羅蜜多不得圓滿若我靜慮波羅蜜多不圓滿者終不能成一切智智我不應隨無智勢力若隨彼力則我般若波羅蜜多不得圓滿若我般若波羅蜜多不圓滿者終不能成一切智智憍尸迦是菩薩摩訶薩不離一切智智心以無所得為方便於此般若波羅蜜多受持讀誦精勤修學如理思惟書寫解說廣令流布獲得如是現法後法功德勝利

尒時天帝釋白佛言世尊如是般若波羅蜜多甚為希有調伏菩薩令不高心而能迴向一切智智佛言憍尸迦云何般若波羅蜜多調伏菩薩令不高心而能迴向一切智智天帝釋言世尊菩薩摩訶薩行世間布施波羅蜜多時若於佛所而行布施便作

是念我能施佛若於菩薩獨覺聲聞孤窮老病道行乞者而行布施便作是念我能施菩薩獨覺聲聞孤窮老病道行乞者是菩薩摩訶薩無方便善巧行布施故遂起高心不能迴向一切智智菩薩摩訶薩行世間淨戒波羅蜜多時便作是念我能行淨戒波羅蜜多我能滿淨戒波羅蜜多是菩薩摩訶薩無方便善巧行淨戒故遂起高心不能迴向一切智智菩薩摩訶薩行世間安忍波羅蜜多時便作是念我能行安忍波羅蜜多我能滿安忍波羅蜜多是菩薩摩訶薩無方便善巧行安忍故遂起高心不能迴向一切智智菩薩摩訶薩行世間精進波羅蜜多時便作是念我能行精進波羅蜜多我能滿精進波羅蜜多是菩薩摩訶薩無方便善巧行精進故遂起高心不能迴向一切智智菩薩摩訶薩行世間靜慮波羅蜜多時便作是念我能行靜慮波羅蜜多我能滿靜慮波羅蜜多是菩薩摩訶薩無方便善巧行靜慮故遂起高心

不能迴向一切智智菩薩摩訶薩行世間般若波羅蜜多時便作是念我能行般若波羅蜜多我能滿般若波羅蜜多是菩薩摩訶薩無方便善巧行般若故遂起高心不能迴向一切智智世尊菩薩摩訶薩住內空時若作是念我能住內空是菩薩摩訶薩我我所執之所擾亂住內空故遂起高心不能迴向一切智智菩薩摩訶薩住外空內外空空空大空勝義空有為空無為空畢竟空無際空散空無變異空本性空自相空共相空一切法空不可得空無性空自性空無性自性空時若作是念我能住外空乃至無性自性空是菩薩摩訶薩我我所執之所擾亂住外空乃至無性自性空故遂起高心不能迴向一切智智世尊菩薩摩訶薩住真如時若作是念我能住真如是菩薩摩訶薩我我所執之所擾亂住真如故遂起高心不能迴向一切智智菩薩摩訶薩住法界法性不虛妄性不變異性平等性離生性法定法住實際虛空

界不思議界時若作是念我能住法界乃至不思議界是菩薩摩訶薩我我所執之所擾亂住法界乃至不思議界故遂起高心不能迴向一切智智世尊菩薩摩訶薩住苦聖諦時若作是念我能住苦聖諦是菩薩摩訶薩我我所執之所擾亂住苦聖諦故遂起高心不能迴向一切智智菩薩摩訶薩住集滅道聖諦時若作是念我能住集滅道聖諦是菩薩摩訶薩我我所執之所擾亂住集滅道聖諦故遂起高心不能迴向一切智智

世尊菩薩摩訶薩修四靜慮時若作是念我能修四靜慮是菩薩摩訶薩我我所執之所擾亂修四靜慮故遂起高心不能迴向一切智智菩薩摩訶薩修四無量四無色定時若作是念我能修四無量四無色定是菩薩摩訶薩我我所執之所擾亂修四無量四無色定故遂起高心不能迴向一切智智世尊菩薩摩訶薩修八解脫時若作是念我能修八解脫是菩薩摩訶薩我我所執之所擾亂修八

解脫故遂起高心不能迴向一切智智菩薩摩訶薩修八勝處九次第定十遍處時若作是念我能修八勝處九次第定十遍處是菩薩摩訶薩我我所執之所擾亂修八勝處九次第定十遍處故遂起高心不能迴向一切智智世尊菩薩摩訶薩修四念住時若作是念我能修四念住是菩薩摩訶薩我我所執之所擾亂修四念住故遂起高心不能迴向一切智智菩薩摩訶薩修四正斷四神足五根五力七等覺支八聖道支時若作是念我能修四正斷四神足五根五力七等覺支八聖道支是菩薩摩訶薩我我所執之所擾亂修四正斷四神足五根五力七等覺支八聖道支故遂起高心不能迴向一切智智世尊菩薩摩訶薩修空解脫門時若作是念我能修空解脫門是菩薩摩訶薩我我所執之所擾亂修空解脫門故遂起高心不能迴向一切智智菩薩摩訶薩修無相無願解脫門時若作是念我能修無相無願解脫門是菩

大般若經第百二卷　第九張　丑字号

薩摩訶薩我我所執之所擾乱修无
相無願解脫門故遂起高心不能迴
向一切智智世尊菩薩摩訶薩修五
眼時若作是念我能修五眼是菩薩
摩訶薩我我所執之所擾乱修五眼
故遂起高心不能迴向一切智智菩
薩摩訶薩修六神通時若作是念我
能修六神通是菩薩摩訶薩我我所
執之所擾乱修六神通故遂起高心
不能迴向一切智智世尊菩薩摩訶
薩修佛十力時若作是念我能修佛
十力是菩薩摩訶薩我我所執之所
擾乱修佛十力故遂起高心不能迴
向一切智智菩薩摩訶薩修四無所
畏四無㝵解大慈大悲大喜大捨十
八佛不共法時若作是念我能修四
無所畏四无㝵解大慈大悲大喜大
捨十八佛不共法是菩薩摩訶薩我
我所執之所擾乱修四無所畏四无
㝵解大慈大悲大喜大捨十八佛不
共法故遂起高心不能迴向一切智
智世尊菩薩摩訶薩修无忘失法時
若作是念我能修無忘失法是菩薩

大般若經第一百二卷　第十張　丑口

摩訶薩我我所執之所擾乱修無忘
失法故遂起高心不能迴向一切智
智菩薩摩訶薩修恒住捨性時若作
是念我能修恒住捨性是菩薩摩訶
薩我我所執之所擾乱修恒住捨性
故遂起高心不能迴向一切智智世
尊菩薩摩訶薩修一切陁羅尼門時
若作是念我能修一切陁羅尼門是
菩薩摩訶薩我我所執之所擾乱修
一切陁羅尼門故遂起高心不能迴
向一切智智菩薩摩訶薩修一切三
摩地門時若作是念我能修一切三
摩地門是菩薩摩訶薩我我所執之
所擾乱修一切三摩地門故遂起高
心不能迴向一切智智世尊菩薩摩
訶薩修一切智時若作是念我能修
一切智是菩薩摩訶薩我我所執之
所擾乱修一切智故遂起高心不能
迴向一切智智菩薩摩訶薩修道相
智一切相智時若作是念我能修道
相智一切相智是菩薩摩訶薩我我
所執之所擾乱修道相智一切相智
故遂起高心不能迴向一切智智世尊

大般若經第一百二卷　第十一張

菩薩摩訶薩成熟有情時若作是念
我能成熟有情是菩薩摩訶薩我我
所執之所擾乱成熟有情故遂起高
心不能迴向一切智智菩薩摩訶薩
嚴淨佛土時若作是念我能嚴淨佛
土是菩薩摩訶薩我我所執之所擾
乱嚴淨佛土故遂起高心不能迴向
一切智智世尊如是菩薩摩訶薩依
世間心修諸善法無方便善巧行布
施等故我我所執擾乱心故雖修般
若波羅蜜多而未得故不能如實調
伏高心亦不能如實迴向一切智智
世尊若菩薩摩訶薩行出世間布施
波羅蜜多時善修般若波羅蜜多故
不得施者不得受者不得布施是菩
薩摩訶薩依般若波羅蜜多行布施
波羅蜜多故能調伏高心亦能迴向
一切智智若菩薩摩訶薩行出世間
淨戒波羅蜜多時善修般若波羅蜜
多故不得淨戒不得具淨戒者是菩
薩摩訶薩依般若波羅蜜多行淨戒
波羅蜜多故能調伏高心亦能迴向
一切智智若菩薩摩訶薩行出世間

安忍波羅蜜多時善修般若波羅蜜多故不得安忍不得具安忍者是菩薩摩訶薩依般若波羅蜜多行安忍波羅蜜多故能調伏高心亦能迴向一切智智若菩薩摩訶薩行出世間精進波羅蜜多時善修般若波羅蜜多故不得精進不得具精進者是菩薩摩訶薩依般若波羅蜜多行精進波羅蜜多故能調伏高心亦能迴向一切智智若菩薩摩訶薩行出世間靜慮波羅蜜多時善修般若波羅蜜多故不得靜慮不得具靜慮者是菩薩摩訶薩依般若波羅蜜多行靜慮波羅蜜多故能調伏高心亦能迴向一切智智若菩薩摩訶薩行出世間般若波羅蜜多時善修般若波羅蜜多故不得般若不得具般若者亦不得一切法是菩薩摩訶薩依般若波羅蜜多行般若波羅蜜多故能調伏高心亦能迴向一切智智

世尊若菩薩摩訶薩住內空時善修般若波羅蜜多故不得內空不得住內空者是菩薩摩訶薩依般若波羅

蜜多住內空故能調伏高心亦能迴向一切智智若菩薩摩訶薩住外空內外空空空大空勝義空有為空無為空畢竟空無際空散空無變異空本性空自相空共相空一切法空不可得空無性空自性空無性自性空時善修般若波羅蜜多故不得外空乃至無性自性空不得住外空乃至無性自性空者是菩薩摩訶薩依般若波羅蜜多住外空乃至無性自性空故能調伏高心亦能迴向一切智智世尊若菩薩摩訶薩住真如時善修般若波羅蜜多故不得真如不得住真如者是菩薩摩訶薩依般若波羅蜜多住真如故能調伏高心亦能迴向一切智智若菩薩摩訶薩住法界法性不虛妄性不變異性平等性離生性法定法住實際虛空界不思議界時善修般若波羅蜜多故不得法界乃至不思議界不得住法界乃至不思議界者是菩薩摩訶薩依般若波羅蜜多住法界乃至不思議界故能調伏高心亦能迴向一切智智

世尊若菩薩摩訶薩住苦聖諦時善修般若波羅蜜多故不得苦聖諦不得住苦聖諦者是菩薩摩訶薩依般若波羅蜜多住苦聖諦故能調伏高心亦能迴向一切智智若菩薩摩訶薩住集滅道聖諦時善修般若波羅蜜多故不得集滅道聖諦不得住集滅道聖諦者是菩薩摩訶薩依般若波羅蜜多住集滅道聖諦故能調伏高心亦能迴向一切智智

世尊若菩薩摩訶薩修四靜慮時善修般若波羅蜜多故不得四靜慮不得修四靜慮者是菩薩摩訶薩依般若波羅蜜多修四靜慮故能調伏高心亦能迴向一切智智若菩薩摩訶薩修四無量四無色定時善修般若波羅蜜多故不得四無量四無色定不得修四無量四無色定者是菩薩摩訶薩依般若波羅蜜多修四無量四無色定故能調伏高心亦能迴向一切智智世尊若菩薩摩訶薩修八解脫時善修般若波羅蜜多故不得八解脫不得修八解脫者是菩薩摩

訶薩依般若波羅蜜多修八解脫故能調伏高心亦能迴向一切智智若菩薩摩訶薩修八勝處九次第定十遍處時善修般若波羅蜜多故不得八勝處九次第定十遍處不得修八勝處九次第定十遍處者是菩薩摩訶薩依般若波羅蜜多修八勝處九次第定十遍處故能調伏高心亦能迴向一切智智世尊若菩薩摩訶薩修四念住時善修般若波羅蜜多故不得四念住不得修四念住者是菩薩摩訶薩依般若波羅蜜多修四念住故能調伏高心亦能迴向一切智智若菩薩摩訶薩修四正斷四神足五根五力七等覺支八聖道支時善修般若波羅蜜多故不得四正斷四神足五根五力七等覺支八聖道支不得修四正斷四神足五根五力七等覺支八聖道支者是菩薩摩訶薩依般若波羅蜜多修四正斷四神足五根五力七等覺支八聖道支故能調伏高心亦能迴向一切智智

世尊若菩薩摩訶薩修空解脫門時善修般若波羅蜜多故不得空解脫門不得修空解脫門者是菩薩摩訶薩依般若波羅蜜多修空解脫門故能調伏高心亦能迴向一切智智若菩薩摩訶薩修無相無願解脫門時善修般若波羅蜜多故不得無相無願解脫門不得修無相無願解脫門者是菩薩摩訶薩依般若波羅蜜多修無相無願解脫門故能調伏高心亦能迴向一切智智世尊若菩薩摩訶薩修五眼時善修般若波羅蜜多故不得五眼不得修五眼者是菩薩摩訶薩依般若波羅蜜多修五眼故能調伏高心亦能迴向一切智智若菩薩摩訶薩修六神通時善修般若波羅蜜多故不得六神通不得修六神通者是菩薩摩訶薩依般若波羅蜜多修六神通故能調伏高心亦能迴向一切智智世尊若菩薩摩訶薩修佛十力時善修般若波羅蜜多故不得佛十力不得修佛十力者是菩薩摩訶薩依般若波羅蜜多修佛十力故能調伏高心亦能迴向一切智智若菩薩摩訶薩修四無所畏四無礙解大慈大悲大喜大捨十八佛不共法時善修般若波羅蜜多故不得四無所畏四無礙解大慈大悲大喜大捨十八佛不共法不得修四無所畏四無礙解大慈大悲大喜大捨十八佛不共法者是菩薩摩訶薩依般若波羅蜜多修四無所畏四無礙解大慈大悲大喜大捨十八佛不共法故能調伏高心亦能迴向一切智智世尊若菩薩摩訶薩修無忘失法時善修般若波羅蜜多故不得無忘失法不得修無忘失法者是菩薩摩訶薩依般若波羅蜜多修無忘失法故能調伏高心亦能迴向一切智智若菩薩摩訶薩修恒住捨性時善修般若波羅蜜多故不得恒住捨性不得修恒住捨性者是菩薩摩訶薩依般若波羅蜜多修恒住捨性故能調伏高心亦能迴向一切智智世尊若菩薩摩訶薩修一切陀羅尼門時善修般若波羅蜜多故不得一切陀羅尼門不得修一切陀羅尼門者是菩薩

摩訶薩依般若波羅蜜多修一切陁羅尼門故能調伏高心亦能迴向一切智智若菩薩摩訶薩修一切三摩地門時善修般若波羅蜜多故不得一切三摩地門不得修一切三摩地門者是菩薩摩訶薩依般若波羅蜜多修一切三摩地門故能調伏高心亦能迴向一切智智世尊若菩薩摩訶薩修一切智時善修般若波羅蜜多故不得一切智不得修一切智者是菩薩摩訶薩依般若波羅蜜多修一切智故能調伏高心亦能迴向一切智智若菩薩摩訶薩修道相智一切相智時善修般若波羅蜜多故不得道相智一切相智不得修道相智一切相智者是菩薩摩訶薩依般若波羅蜜多修道相智一切相智故能調伏高心亦能迴向一切智智世尊若菩薩摩訶薩成熟有情時善修般若波羅蜜多故不得成熟有情不得成熟有情者是菩薩摩訶薩依般若波羅蜜多成熟有情故能調伏高心亦能迴向一切智智若菩薩摩訶薩

嚴淨佛土時善修般若波羅蜜多故不得嚴淨佛土不得嚴淨佛土者是菩薩摩訶薩依般若波羅蜜多嚴淨佛土故能調伏高心亦能迴向一切智智世尊如是菩薩摩訶薩依出世間般若波羅蜜多修善法故能如實調伏高心亦能如實迴向一切智智是故我說如是般若波羅蜜多甚為希有調伏菩薩令不高心而能迴向一切智智

尒時佛告天帝釋言憍尸迦若善男子善女人等能於如是甚深般若波羅蜜多至心聽聞受持讀誦精勤修學如理思惟書寫解說廣令流布是善男子善女人等身心安隱心恒喜樂不為一切灾横侵惱復次憍尸迦若善男子善女人等於此般若波羅蜜多受持讀誦親近供養如理思惟書寫解說廣令流布是善男子善女人等若隨軍旅交陣戰時至心念誦如是般若波羅蜜多不為刀杖之所傷殺所對怨敵皆起慈心設欲中傷自然退敗喪命軍旅終無是處何以

故憍尸迦是善男子善女人等不離一切智智心以無所得為方便長夜修習六波羅蜜多自除貪欲刀杖亦能除他貪欲刀杖自除瞋恚刀杖亦能除他瞋恚刀杖自除愚癡刀杖亦能除他愚癡刀杖自除惡見刀杖亦能除他惡見刀杖自除纏垢刀杖亦能除他纏垢刀杖自除隨眠刀杖亦能除他隨眠刀杖自除惡業刀杖亦能除他惡業刀杖憍尸迦由此緣故是善男子善女人等設入軍陣不為刀杖之所傷殺所對怨敵皆起慈心設欲中傷自然退敗喪命軍旅終無是處

復次憍尸迦若善男子善女人等不離一切智智心以無所得為方便常於如是甚深般若波羅蜜多至心聽聞恭敬供養尊重讚歎受持讀誦如理思惟精勤修學書寫解說廣令流布是善男子善女人等一切毒藥蠱道鬼魅厭禱呪術皆不能害水不能溺火不能燒刀杖惡獸怨賊惡神衆邪魍魎不能傷害何以故憍尸迦如

是般若波羅蜜多是大神呪如是般若波羅蜜多是大明呪如是般若波羅蜜多是無上呪如是般若波羅蜜多是無等等呪如是般若波羅蜜多是一切呪王最上最妙無能及者具大威力能伏一切不為一切之所降伏是善男子善女人等精勤修學如是呪王不為自害不為害他不為俱害所以者何是善男子善女人等學此般若波羅蜜多了自他俱皆不可得憍尸迦是善男子善女人等學此般若波羅蜜多大呪王時不得我不得有情不得命者不得生者不得養者不得士夫不得補特伽羅不得意生不得儒童不得作者不得受者不得知者不得見者由於我等無所得故不為自害不為害他不為俱害憍尸迦是善男子善女人等學此般若波羅蜜多大呪王時不得色不得受想行識於色蘊等無所得故不為自害不為害他不為俱害憍尸迦是善男子善女人等學此般若波羅蜜多大呪王時不得眼處不得耳鼻舌

身意處於眼處等無所得故不為自害不為害他不為俱害憍尸迦是善男子善女人等學此般若波羅蜜多大呪王時不得色處不得聲香味觸法處於色處等無所得故不為自害不為害他不為俱害憍尸迦是善男子善女人等學此般若波羅蜜多大呪王時不得眼界不得色界眼識界及眼觸眼觸為緣所生諸受於眼界等無所得故不為自害不為害他不為俱害憍尸迦是善男子善女人等學此般若波羅蜜多大呪王時不得耳界不得聲界耳識界及耳觸耳觸為緣所生諸受於耳界等無所得故不為自害不為害他不為俱害憍尸迦是善男子善女人等學此般若波羅蜜多大呪王時不得鼻界不得香界鼻識界及鼻觸鼻觸為緣所生諸受於鼻界等無所得故不為自害不為害他不為俱害憍尸迦是善男子善女人等學此般若波羅蜜多大呪王時不得舌界不得味界舌識界及舌觸舌觸為緣所生諸受於舌界等無

所得故不為自害不為害他不為俱害憍尸迦是善男子善女人等學此般若波羅蜜多大呪王時不得身界不得觸界身識界及身觸身觸為緣所生諸受於身界等無所得故不為自害不為害他不為俱害憍尸迦是善男子善女人等學此般若波羅蜜多大呪王時不得意界不得法界意識界及意觸意觸為緣所生諸受於意界等無所得故不為自害不為害他不為俱害憍尸迦是善男子善女人等學此般若波羅蜜多大呪王時不得地界不得水火風空識界於地界等無所得故不為自害不為害他不為俱害憍尸迦是善男子善女人等學此般若波羅蜜多大呪王時不得苦聖諦不得集滅道聖諦於苦聖諦等無所得故不為自害不為害他不為俱害憍尸迦是善男子善女人等學此般若波羅蜜多大呪王時不得無明不得行識名色六處觸受愛取有生老死愁歎苦憂惱於無明等無所得故不為自害不為害他不為

俱害憍尸迦是善男子善女人等學此般若波羅蜜多大呪王時不得內空不得外空內外空空空大空勝義空有為空無為空畢竟空無際空散空無變異空本性空自相空共相空一切法空不可得空無性空自性空無性自性空於內空等無所得故不為自害不為害他不為俱害憍尸迦是善男子善女人等學此般若波羅蜜多大呪王時不得真如不得法界法性不虛妄性不變異性平等性離生性法定法住實際虛空界不思議界於真如等無所得故不為自害不為害他不為俱害

大般若波羅蜜多經卷第一百二

大般若波羅蜜多經卷第一百二

校勘記

一 底本，金藏大寶集寺本。

一 一〇頁中五行至六行「無忘失法法」，磧、普作「無忘失法」。

一 一〇頁下二三行「當生」，石、麗作「當」。

一 一一頁下一七行至一八行「我能滿精進波羅蜜多」九字，石漏刻。

一 一三頁下一四行「善修」，石作「若修」。

一 一五頁上二三行「修空解脫門時」，普作「修空解脫門」。

一 一五頁中一九行「菩薩摩」，清作「□□□」。

一 一六頁中二〇行「軍旅」，石作「軍族」，下同。

一 一六頁中二一行「刀杖」，磧、普、南、徑作「刀仗」。

一 一六頁下三行「刀杖」，磧、普、南、徑、清作「刀仗」，下同。

大般若波羅蜜多經卷第一百三　盈

三藏法師玄奘奉　詔譯

初分攝受品第二十九之五

憍尸迦是善男子善女人等學此般若波羅蜜多大呪王時不得布施波羅蜜多不得淨戒安忍精進靜慮般若波羅蜜多於布施波羅蜜多等無所得故不為自害不為害他不為俱害憍尸迦是善男子善女人等學此般若波羅蜜多大呪王時不得四靜慮不得四無量四無色定於四靜慮等無所得故不為自害不為害他不為俱害憍尸迦是善男子善女人等學此般若波羅蜜多大呪王時不得八解脫不得八勝處九次第定十遍處於八解脫等無所得故不為自害不為害他不為俱害憍尸迦是善男子善女人等學此般若波羅蜜多大呪王時不得四念住不得四正斷四神足五根五力七等覺支八聖道支於四念住等無所得故不為自害不為害他不為俱害憍尸迦是善男子

善女人等學此般若波羅蜜多大呪王時不得空解脫門不得無相無願解脫門於空解脫門等無所得故不為自害不為害他不為俱害憍尸迦是善男子善女人等學此般若波羅蜜多大呪王時不得五眼不得六神通於五眼等無所得故不為自害不為害他不為俱害憍尸迦是善男子善女人等學此般若波羅蜜多大呪王時不得佛十力不得四無所畏四無礙解大慈大悲大喜大捨十八佛不共法於佛十力等無所得故不為自害不為害他不為俱害憍尸迦是善男子善女人等學此般若波羅蜜多大呪王時不得無忘失法不得恒住捨性於無忘失法等無所得故不為自害不為害他不為俱害憍尸迦是善男子善女人等學此般若波羅蜜多大呪王時不得一切智不得道相智一切相智於一切智等無所得故不為自害不為害他不為俱害憍尸迦是善男子善女人等學此般若波羅蜜多大呪王時不得一切陀羅

尼門不得一切三摩地門於一切陁羅尼門等無所得故不為自害不為害他不為俱害憍尸迦是善男子善女人等學此般若波羅蜜多大呪王時不得預流不得一來不還阿羅漢於預流等無所得故不為自害不為害他不為俱害憍尸迦是善男子善女人等學此般若波羅蜜多大呪王時不得預流向預流果不得一來向一來果不還向不還果阿羅漢向阿羅漢果於預流向預流果等無所得故不為自害不為害他不為俱害憍尸迦是善男子善女人等學此般若波羅蜜多大呪王時不得獨覺不得獨覺向獨覺果於獨覺等無所得故不為自害不為害他不為俱害憍尸迦是善男子善女人等學此般若波羅蜜多大呪王時不得菩薩摩訶薩不得三藐三佛陁於菩薩摩訶薩等無所得故不為自害不為害他不為俱害憍尸迦是善男子善女人等學此般若波羅蜜多大呪王時不得菩薩摩訶薩法不得無上正等菩提於菩

薩摩訶薩法等無所得故不為自害不為害他不為俱害憍尸迦是善男子善女人等學此般若波羅蜜多大呪王時不得聲聞乘不得獨覺乘無上乘於聲聞乘等無所得故不為自害不為害他不為俱害

憍尸迦是善男子善女人等學此般若波羅蜜多大呪王時於我及法雖無所得而證無上正等菩提觀諸有情心行差別隨宜為轉無上法輪令如說行皆獲饒益何以故過去菩薩摩訶薩衆於此般若波羅蜜多大神呪王精勤修學已證無上正等菩提轉妙法輪度無量衆未來菩薩摩訶薩衆於此般若波羅蜜多大神呪王精勤修學當證無上正等菩提轉妙法輪度無量衆現在十方無邊世界有諸菩薩摩訶薩衆於此般若波羅蜜多大神呪王精勤修學現證無上正等菩提轉妙法輪度無量衆

復次憍尸迦若善男子善女人等於此般若波羅蜜多至心聽聞受持讀誦精勤修學如理思惟書寫解說廣

令流布是善男子善女人等隨所居止國土城邑人及非人不為一切災橫疾疫之所傷害所以者何是善男子善女人等隨所住處為此三千大千世界及餘十方無量無數無邊世界所有四大王衆天三十三天夜摩天覩史多天樂變化天他化自在天梵衆天梵輔天梵會天大梵天光天少光天無量光天極光淨天淨天少淨天無量淨天遍淨天廣天少廣天無量廣天廣果天無繁天無熱天善現天善見天色究竟天并諸龍神阿素洛等常來守護恭敬供養尊重讚歎不令般若波羅蜜多大神呪王有留難故復次憍尸迦若善男子善女人等書此般若波羅蜜多大神呪王置清淨處恭敬供養尊重讚歎雖不聽聞受持讀誦精勤修學如理思惟亦不為他開示分別而此住處國邑王都人非人等不為一切災橫疾疫之所傷害所以者何如是般若波羅蜜多大神呪王隨所住處為此三千大千世界及餘十方無量無數無邊世

界所有四大王衆天乃至色究竟天并諸龍神阿素洛等常来守護恭敬供養尊重讃嘆不令般若波羅蜜多大神呪王有留難故憍尸迦是善男子善女人等但書般若波羅蜜多大神呪王置清淨處恭敬供養尊重讃嘆尚獲如是現法利益況能聽聞受持讀誦精勤修學如理思惟及廣為他開示分別當知是輩功德無邊速證菩提利樂一切憍尸迦若善男子善女人等怖畏怨家悪獸灾横厭禱疾疫毒藥呪等應書般若波羅蜜多大神呪王隨多少分香囊盛貯置寳筩中恒隨逐身恭敬供養諸怖畏事皆自消除天龍鬼神常守衛故憍尸迦譬如有人或傍生類入菩提樹院或至彼院邊人非人等不能傷害所以者何過去未来現在諸佛皆坐此處證得無上正等菩提得菩提已施諸有情無恐無怖身心安樂安立無量無數有情令住人天尊貴妙行安立無量無數有情令住三乘安樂妙行安立無量無數有情令現證得或

預流果或一来果或不還果或阿羅漢果安立無量無數有情令當證得獨覺菩提或證無上正等菩提如是勝事皆由般若波羅蜜多威神之力是故此處一切天龍阿素洛等皆同守護供養恭敬尊重讃嘆當知般若波羅蜜多隨所住處亦復如是一切天龍阿素洛等常来守護供養恭敬尊重讃嘆不令般若波羅蜜多有留難故當知是處即真制多一切有情皆應敬礼當以種種上妙花鬘塗散等香衣服瓔珞寳幢幡蓋衆妙珎奇伎樂燈明而為供養

初分校量功德品第三十之一

尒時天帝釋白佛言世尊若善男子善女人等書此般若波羅蜜多甚深經典種種莊嚴供養恭敬尊重讃歎復以種種上妙花鬘塗散等香衣服瓔珞寳幢幡蓋衆妙珎奇伎樂燈明而為供養或善男子善女人等佛涅盤後起窣堵波七寳嚴飾寳函盛貯佛設利羅安置其中供養恭敬尊重讃嘆復以種種上妙花鬘塗散等香

衣服瓔珞寳幢幡蓋衆妙珎奇伎樂燈明而為供養是二福聚何者為多佛言憍尸迦我還問汝當隨意荅於意云何如来所得一切智智及相好身於何等法修學而得天帝釋言世尊如来所得一切智智及相好身於此般若波羅蜜多修學而得佛告憍尸迦如是如是如汝所說我於般若波羅蜜多修學故得一切智智及相好身何以故憍尸迦不學般若波羅蜜多證得無上正等菩提無有是處故憍尸迦不以獲得相好身故說名如来應正等覺但以證得一切智智說名如来應正等覺憍尸迦如来所得一切智智甚深般若波羅蜜多為因故起佛相好身但為依處若不依止佛相好身一切智智無由而轉是故般若波羅蜜多正為因生一切智智為令此智現前相續故復修集佛相好身此相好身若非遍智所依處者一切天龍向素洛等不應竭誠供養恭敬尊重讃歎以相好身與佛遍智為所依止故諸天龍向素洛等恭

敬供養由此緣故我涅槃後諸天龍神人非人等恭敬供養我設利羅憍尸迦若善男子善女人等但於般若波羅蜜多供養恭敬尊重讚歎是善男子善女人等則為供養一切智智及所依止佛相好身并涅槃後佛設利羅何以故憍尸迦一切智智及相好身并設利羅皆以般若波羅蜜多為根本故憍尸迦若善男子善女人等但於佛身及設利羅供養恭敬尊重讚歎是善男子善女人等非為供養一切智智及此般若波羅蜜多何以故憍尸迦佛身遺體非此般若波羅蜜多一切智智之根本故憍尸迦由此緣故諸善男子善女人等欲供養佛若心若身先當聽聞受持讀誦精勤修學如理思惟書寫解說甚深般若波羅蜜多復以種種上妙花鬘塗散等香衣服纓絡寶幢幡蓋眾妙珍奇伎樂燈明而為供養以是故憍尸迦若善男子善女人等書此般若波羅蜜多甚深經典種種莊嚴供養恭敬尊重讚歎復以種種上妙花鬘

塗散等香衣服纓絡寶幢幡蓋眾妙珍奇伎樂燈明而為供養或善男子善女人等佛涅槃後起窣堵波七寶嚴飾寶函盛貯佛設利羅安置其中供養恭敬尊重讚歎復以種種上妙花鬘塗散等香衣服纓絡寶幢幡蓋眾妙珍奇伎樂燈明而為供養是二福聚前者為多何以故憍尸迦布施淨戒安忍精進靜慮般若波羅蜜多皆從如是甚深般若波羅蜜多而出生故憍尸迦內空外空內外空空空大空勝義空有為空無為空畢竟空無際空散空無變異空本性空自相空共相空一切法空不可得空無性空自性空無性自性空皆從如是甚深般若波羅蜜多而出現故憍尸迦真如法界法性不虛妄性不變異性平等性離生性法定法住實際虛空界不思議界皆從如是甚深般若波羅蜜多而出現故憍尸迦苦聖諦集聖諦滅聖諦道聖諦皆從如是甚深般若波羅蜜多而出現故憍尸迦四靜慮四無量四無色定皆從如是甚深般

若波羅蜜多而出生故憍尸迦八解脫八勝處九次第定十遍處皆從如是甚深般若波羅蜜多而出生故憍尸迦四念住四正斷四神足五根五力七等覺支八聖道支皆從如是甚深般若波羅蜜多而出生故憍尸迦空解脫門無相解脫門無願解脫門皆從如是甚深般若波羅蜜多而出生故憍尸迦五眼六神通皆從如是甚深般若波羅蜜多而出生故憍尸迦佛十力四無所畏四無礙解大慈大悲大喜大捨十八佛不共法皆從如是甚深般若波羅蜜多而出生故憍尸迦無忘失法恒住捨性皆從如是甚深般若波羅蜜多而出生故憍尸迦一切智道相智一切相智皆從如是甚深般若波羅蜜多而出生故憍尸迦一切陀羅尼門一切三摩地門皆從如是甚深般若波羅蜜多而出生故憍尸迦菩薩摩訶薩所有成熟有情嚴淨佛土皆從如是甚深般若波羅蜜多而出生故憍尸迦菩薩摩訶薩所有族姓圓滿色力圓滿財

大般若經第一百三卷　第十二張　盈字号

寶圓滿眷屬圓滿皆從如是甚深般若波羅蜜多而出生故憍尸迦世間所有十善業道供養沙門父母師長施戒脩等無量善法皆從如是甚深般若波羅蜜多而出生故憍尸迦世間所有刹帝利大族婆羅門大族長者大族居士大族皆從如是甚深般若波羅蜜多而出生故憍尸迦世間所有四大王衆天三十三天夜摩天覩史多天樂變化天他化自在天皆從如是甚深般若波羅蜜多而出生故憍尸迦世間所有梵衆天梵輔天梵會天大梵天光天少光天無量光天極光淨天淨天少淨天無量淨天遍淨天廣天少廣天無量廣天廣果天無繁天無熱天善現天善見天色究竟天皆從如是甚深般若波羅蜜多而出生故憍尸迦世間所有空無邊處天識無邊處天無所有處天非想非非想處天皆從如是甚深般若波羅蜜多而出生故憍尸迦一切預流預流果一來一來果不還不還果阿羅漢阿羅漢果皆從如是甚深般

大般若經第一百三卷　第十三張　盈字号

若波羅蜜多而出生故憍尸迦一切獨覺獨覺菩提皆從如是甚深般若波羅蜜多而出生故憍尸迦一切菩薩摩訶薩菩薩摩訶薩法皆從如是甚深般若波羅蜜多而出生故憍尸迦一切如來應正等覺皆從如是甚深般若波羅蜜多而出生故憍尸迦不可思量不可宣說無上無上上無等無等等一切智智皆從如是甚深般若波羅蜜多而出生故

尒時天帝釋白佛言世尊贍部洲人於甚深般若波羅蜜多不供養恭敬尊重讚歎者彼豈不知供養恭敬尊重讚歎甚深般若波羅蜜多獲得如是大功德利佛言憍尸迦我今問汝隨汝意荅於意云何贍部洲內有幾所人成就佛證淨成就法證淨成就僧證淨有幾所人於佛無疑於法無疑於僧無疑有幾所人於佛究竟於法究竟於僧究竟天帝釋言世尊贍部洲內有少分人成就佛證淨成就法證淨成就僧證淨有少分人於佛無疑於法無疑於僧無疑有少分人

大般若經第一百三卷　第十四張　盈字号

於佛究竟於法究竟於僧究竟佛言憍尸迦我復問汝隨汝意荅憍尸迦於意云何贍部洲內有幾所人得三十七菩提分法有幾所人得三解脫門有幾所人得八解脫有幾所人得九次第定有幾所人得四無礙解有幾所人得六神通有幾所人永斷三結得預流果有幾所人薄貪瞋癡得一來果有幾所人斷五順下分結得不還果有幾所人斷五順上分結得阿羅漢果有幾所人發心定趣獨覺菩提有幾所人發心定趣阿耨多羅三藐三菩提天帝釋言世尊贍部洲內有少分人得三十七菩提分法有少分人得三解脫門有少分人得八解脫有少分人得九次第定有少分人得四無礙解有少分人得六神通有少分人永斷三結得預流果有少分人薄貪瞋癡得一來果有少分人斷五順下分結得不還果有少分人斷五順上分結得阿羅漢果有少分人發心定趣獨覺菩提有少分人發心定趣阿耨多羅三藐三菩提尒時

佛告天帝釋言如是如是如汝所說憍尸迦贍部洲内極少分人成就佛證淨成就法證淨成就僧證淨轉少分人於佛無疑於法無疑於僧無疑轉少分人於佛究竟於法究竟於僧究竟轉少分人得三十七菩提分法轉少分人得三解脫門轉少分人得八解脫轉少分人得九次第定轉少分人得四無礙解轉少分人得六神通憍尸迦贍部洲内極少分人永斷三結得預流果轉少分人薄貪瞋癡得一來果轉少分人斷五順下分結得不還果轉少分人斷五順上分結得阿羅漢果轉少分人發心定趣獨覺菩提轉少分人發心定趣阿耨多羅三藐三菩提轉少分人既發心已精勤修習趣菩提行何以故憍尸迦諸有情類流轉生死無量世來多不見佛不聞正法不親近僧不行布施不護淨戒不修安忍不起精進不習靜慮不學般若不聞布施波羅蜜多不修布施波羅蜜多不聞淨戒波羅蜜多不修淨戒波羅蜜多不聞安忍

波羅蜜多不修安忍波羅蜜多不聞精進波羅蜜多不修精進波羅蜜多不聞靜慮波羅蜜多不修靜慮波羅蜜多不聞般若波羅蜜多不修般若波羅蜜多不聞内空不修内空不聞外空内外空空空大空勝義空有為空無為空畢竟空無際空散空無變異空本性空自相空共相空一切法空不可得空無性空自性空無性自性空不修外空乃至無性自性空不聞真如不修真如不聞法界法性不虛妄性不變異性平等性離生性法定法住實際虛空界不思議界不修法界乃至不思議界不聞苦聖諦不修苦聖諦不聞集滅道聖諦不修集滅道聖諦不聞四靜慮不修四靜慮不聞四無量四無色定不修四無量四無色定不聞八解脫不修八解脫不聞八勝處九次第定十遍處不修八勝處九次第定十遍處不聞四念住不修四念住不聞四正斷四神足五根五力七等覺支八聖道支不修四正斷乃至八聖道支不聞空解脫門

不修空解脫門不聞無相無願解脫門不修無相無願解脫門不聞五眼不修五眼不聞六神通不修六神通不聞佛十力不修佛十力不聞四無所畏四無礙解大慈大悲大喜大捨十八佛不共法不修四無所畏乃至十八佛不共法不聞無忘失法不修無忘失法不聞恒住捨性不修恒住捨性不聞一切陀羅尼門不修一切陀羅尼門不聞一切三摩地門不修一切三摩地門不聞一切智不修一切智不聞道相智一切相智不修道相智一切相智憍尸迦以是緣故當知於此贍部洲内極少分人成就佛證淨成就法證淨成就僧證淨轉少分人於佛無疑於法無疑於僧無疑轉少分人於佛究竟於法究竟於僧究竟轉少分人得三十七菩提分法轉少分人得三解脫門轉少分人得八解脫轉少分人得九次第定轉少分人得四無礙解轉少分人得六神通憍尸迦當知於此贍部洲中極少分人永斷三結得預流果轉少分人

大般若經第一百三卷　第十八張　丞字號

薄貪瞋癡得一来果轉少分人斷五順下分結得不還果轉少分人斷五順上分結得阿羅漢果轉少分人發心定趣獨覺菩提轉少分人發心定趣阿耨多羅三藐三菩提轉少分人既發心已精勤修習趣菩提行

尒時佛語天帝釋言：我今問汝，隨汝意荅。憍尸迦，於意云何？置贍部洲所有人類，於此三千大千世界幾所衆生供養恭敬父母師長，幾所衆生供養恭敬沙門婆羅門，幾所衆生行施受齋持戒，幾所衆生修十善業道，幾所衆生於諸欲中住猒患想、無常想、苦想、無我想、不淨想、猒食想、一切世間不可樂想，幾所衆生修四靜慮，幾所衆生修四無量，幾所衆生修四無色定，幾所衆生信佛信法信僧，幾所衆生於佛無疑、於法無疑、於僧無疑，幾所衆生於佛究竟、於法究竟、於僧究竟，幾所衆生修三十七菩提分法，幾所衆生修三解脫門，幾所衆生修八解脫，幾所衆生修九次第定，幾所衆生修四無礙解，幾所衆生修六神

大般若經第一百三卷　第十九張　丞字號

通，幾所衆生未斷三結得預流果，幾所衆生薄貪瞋癡得一来果，幾所衆生斷五順下分結得不還果，幾所衆生斷五順上分結得阿羅漢果，幾所衆生發心定趣獨覺菩提，幾所衆生發心定趣阿耨多羅三藐三菩提，幾所衆生既發心已精勤修習趣菩提行，幾所衆生練磨長養趣菩提心，幾所衆生方便善巧修行般若波羅蜜多，幾所衆生得住菩薩不退轉地，幾所衆生速證無上正等菩提？

天帝釋言：世尊，於此三千大千世界有少衆生供養恭敬父母師長，有少衆生供養恭敬沙門婆羅門，有少衆生行施受齋持戒，有少衆生修十善業道，有少衆生於諸欲中住猒患想、無常想、苦想、無我想、不淨想、猒食想、一切世間不可樂想，有少衆生修四靜慮，有少衆生修四無量，有少衆生修四無色定，有少衆生信佛信法信僧，有少衆生於佛無疑、於法無疑、於僧無疑，有少衆生於佛究竟、於法究竟、於僧究竟，有少衆生修三十七菩提分法，有

大般若經第一百三卷　第二十張　丞字號

少衆生修三解脫門，有少衆生修八解脫，有少衆生修九次第定，有少衆生修四無礙解，有少衆生修六神通，有少衆生未斷三結得預流果，有少衆生薄貪瞋癡得一来果，有少衆生斷五順下分結得不還果，有少衆生斷五順上分結得阿羅漢果，有少衆生發心定趣獨覺菩提，有少衆生發心定趣阿耨多羅三藐三菩提，有少衆生既發心已精勤修習趣菩提行，有少衆生練磨長養趣菩提心，有少衆生方便善巧修行般若波羅蜜多，有少衆生得住菩薩不退轉地，有少衆生速證無上正等菩提。

尒時佛告天帝釋言：如是如是，如汝所說。憍尸迦，於此三千大千世界極少衆生供養恭敬父母師長，轉少衆生供養恭敬沙門婆羅門，轉少衆生行施受齋持戒，轉少衆生修十善業道，轉少衆生於諸欲中住猒患想、無常想、苦想、無我想、不淨想、猒食想、一切世間不可樂想，轉少衆生修四靜慮，轉少衆生修四無量，轉少衆生修四無色定

轉少衆生信佛信法信僧轉少衆生於佛無疑於法無疑於僧無疑轉少衆生於佛究竟於法究竟於僧究竟轉少衆生修三十七菩提分法轉少衆生修三解脱門轉少衆生修八解脱轉少衆生修九次第定轉少衆生修四無礙解轉少衆生修六神通憍尸迦於此三千大千世界極少衆生求斷三結得預流果轉少衆生薄貪瞋癡得一來果轉少衆生斷五順下分結得不還果轉少衆生斷五順上分結得阿羅漢果轉少衆生發心定趣獨覺菩提轉少衆生發心定趣阿耨多羅三藐三菩提轉少衆生既發心已精勤修習趣菩提行轉少衆生練磨長養趣菩提心轉少衆生方便善巧修行般若波羅蜜多轉少衆生得住菩薩不退轉地轉少衆生速證無上正等菩提

復次憍尸迦我以清淨無障佛眼觀察十方各如殑伽沙等世界雖有無量無數無邊有情發心定趣阿耨多羅三藐三菩提精勤修習趣菩提行

而由遠離甚深般若波羅蜜多方便善巧若一若二若三有情得住菩薩不退轉地多分退墮聲聞獨覺下劣地中何以故憍尸迦阿耨多羅三藐三菩提甚難可得惡慧懈怠下劣精進下劣勝解下劣有情不能證故憍尸迦由是因緣若善男子善女人等發心定趣阿耨多羅三藐三菩提精勤修習趣菩提行欲住菩薩不退轉地速證無上正等菩提無留難者應於如是甚深般若波羅蜜多數數聽聞受持讀誦精勤修習如理思惟好請問師樂為他說作此事已復應書寫種種寶物而用莊嚴供養恭敬尊重讚歎復以種種上妙花鬘塗散等香衣服瓔珞寶幢幡蓋衆妙珍奇伎樂燈明而為供養憍尸迦是善男子善女人等於餘攝入甚深般若波羅蜜多諸勝善法亦應聽聞受持讀誦精勤修習如理思惟好請問師樂為他說何謂攝入甚深般若波羅蜜多餘勝善法所謂布施波羅蜜多淨戒安忍精進靜慮波羅蜜多若內空若

外空內外空空空大空勝義空有為空無為空畢竟空無際空散空無變異空本性空自相空共相空一切法空不可得空無性空自性空無性自性空若真如若法界法性不虛妄性不變異性平等性離生性法定法住實際虛空界不思議界若苦聖諦若集滅道聖諦若四靜慮若四無量四無色定若八解脱若八勝處九次第定十遍處若四念住若四正斷四神足五根五力七等覺支八聖道支若空解脱門若無相無願解脱門若五眼若六神通若佛十力若四無所畏四無礙解大慈大悲大喜大捨十八佛不共法若無忘失法若恒住捨性若一切陁羅尼門若一切三摩地門若一切智若道相智一切相智若餘無量無邊佛法是謂攝入甚深般若波羅蜜多餘勝善法憍尸迦是善男子善女人等於餘隨順甚深般若波羅蜜多蘊處界等無量法門亦應聽聞受持讀誦如理思惟不應非毀令於無上正等菩提而作留難

大般若波羅蜜多經卷第一百三

大般若經第一百三卷　第二十四張　彥字号

大般若波羅蜜多經卷第一百三 校勘記

一　底本，金藏廣勝寺本。

一　一九頁下七行「無所得」，石作「無得」。

一　二〇頁上一六行「宕他」，石作「他宕」。

一　二〇頁下一一行「無繁天」，磧、普、南、徑、清作「無煩天」，下同。

一　二〇頁下一九行「王」，磧作「主」。

一　二一頁中一二行「憧憣」，磧、普、南、徑、清、麗作「幢幡」。

一　二一頁中一三行「伎樂」，徑、清作「妓樂」，下同。

一　二一頁中一四行「第三十之一」，普作「第三十」。

一　二一頁中一九行「憧憣」，石作「幢幡」，下同。

一　二一頁下一一行「無有是處」，普作「無是處」。

一　二一頁下二三行「爲所」，磧作「無所」。

一　二五頁中八行「鍊磨」，麗作「練磨」，下同。

大般若波羅蜜多經卷第一百四　盈

三藏法師玄奘奉　詔譯

初分校量功德品第三十之二

何以故憍尸迦是善男子善女人等應作是念如来昔住菩薩位時常勤修學般若波羅蜜多及靜慮精進安忍淨戒布施波羅蜜多故證得無上正等菩提如来昔住菩薩位時常勤安住内空及外空内外空空空大空勝義空有為空無為空畢竟空無際空散空無變異空本性空自相空共相空一切法空不可得空無性空自性空無性自性空故證得無上正等菩提如来昔住菩薩位時常勤安住真如及法界法性不虚妄性不變異性平等性離生性法定法住實際虚空界不思議界故證得無上正等菩提如来昔住菩薩位時常勤安住苦聖諦及集滅道聖諦故證得無上正等菩提如来昔住菩薩位時常勤修學四靜慮及四無量四無色定故證得無上正等菩提如来昔住菩薩位時常勤修學八解脫及八勝處九次第定十遍處故證得無上正等菩提如来昔住菩薩位時常勤修學四念住及四正斷四神足五根五力七等覺支八聖道支故證得無上正等菩提如来昔住菩薩位時常勤修學空解脫門及無相無願解脫門故證得無上正等菩提如来昔住菩薩位時常勤修學五眼及六神通故證得無上正等菩提如来昔住菩薩位時常勤修學佛十力及四無所畏四無礙解大慈大悲大喜大捨十八佛不共法故證得無上正等菩提如来昔住菩薩位時常勤修學無忘失法及恒住捨性故證得無上正等菩提如来昔住菩薩位時常勤修學一切陁羅尼門及一切三摩地門故證得無上正等菩提如来昔住菩薩位時常勤修學一切智及道相智一切相智故證得無上正等菩提如来昔住菩薩位時常勤修學諸餘無量無邊佛法故證得無上正等菩提如来昔住菩薩位時常勤安住諸餘隨順甚深般

若波羅蜜多蘊處界等無量法門故證得阿耨多羅三藐三菩提我等今者為求無上正等菩提於此甚深般若波羅蜜多等法亦應隨佛常勤精進修學安住如是甚深般若波羅蜜多等法定是我等真實大師常勤隨學所願皆滿如是甚深般若波羅蜜多等法是諸如來應正等覺真實法印亦是一切獨覺阿羅漢不還一來預流果等真實法印一切如來應正等覺皆於如是甚深般若波羅蜜多等法常勤學故已證無上正等菩提當證無上正等菩提現證無上正等菩提一切獨覺阿羅漢不還一來預流果等亦於如是甚深般若波羅蜜多等法常勤學故已到彼岸當到彼岸現到彼岸以此緣故憍尸迦諸善男子善女人等若佛住世若涅槃後應依般若波羅蜜多常勤修學應依靜慮精進安忍淨戒布施波羅蜜多常勤修學何以故如是般若波羅蜜多等是一切聲聞獨覺菩薩摩訶薩及諸天人阿素洛等利益安樂所依

處故憍尸迦諸善男子善女人等若佛住世若涅槃後應依內空常勤修學應依外空內外空空空大空勝義空有為空無為空畢竟空無際空散空無變異空本性空自相空共相空一切法空不可得空無性空自性空無性自性空常勤修學何以故如是內空等是一切聲聞獨覺菩薩摩訶薩及諸天人阿素洛等利益安樂所依處故憍尸迦諸善男子善女人等若佛住世若涅槃後應依真如常勤修學應依法界法性不虛妄性不變異性平等性離生性法定法住實際虛空界不思議界常勤修學何以故如是真如等是一切聲聞獨覺菩薩摩訶薩及諸天人阿素洛等利益安樂所依處故憍尸迦諸善男子善女人等若佛住世若涅槃後應依苦聖諦常勤修學應依集滅道聖諦常勤修學何以故如是苦聖諦等是一切聲聞獨覺菩薩摩訶薩及諸天人阿素洛等利益安樂所依處故憍尸迦諸善男子善女人等若佛住世若涅

槃後應依四靜慮常勤修學應依四無量四無色定常勤修學何以故如是四靜慮等是一切聲聞獨覺菩薩摩訶薩及諸天人阿素洛等利益安樂所依處故憍尸迦諸善男子善女人等若佛住世若涅槃後應依八解脫常勤修學應依八勝處九次第定十遍處常勤修學何以故如是八解脫等是一切聲聞獨覺菩薩摩訶薩及諸天人阿素洛等利益安樂所依處故憍尸迦諸善男子善女人等若佛住世若涅槃後應依四念住常勤修學應依四正斷四神足五根五力七等覺支八聖道支常勤修學何以故如是四念住等是一切聲聞獨覺菩薩摩訶薩及諸天人阿素洛等利益安樂所依處故憍尸迦諸善男子善女人等若佛住世若涅槃後應依空解脫門常勤修學應依無相無願解脫門常勤修學何以故如是空解脫門等是一切聲聞獨覺菩薩摩訶薩及諸天人阿素洛等利益安樂所依處故憍尸迦諸善男子善女人等

若佛住世若涅槃後應依五眼常勤修學應依六神通常勤修學何以故如是五眼等是一切聲聞獨覺菩薩摩訶薩及諸天人阿素洛等利益安樂所依處故憍尸迦諸善男子善女人等若佛住世若涅槃後應依佛十力常勤修學應依四無所畏四無礙解大慈大悲大喜大捨十八佛不共法常勤修學何以故如是佛十力等是一切聲聞獨覺菩薩摩訶薩及諸天人阿素洛等利益安樂所依處故憍尸迦諸善男子善女人等若佛住世若涅槃後應依無忘失法常勤修學應依恒住捨性常勤修學何以故如是無忘失法等是一切聲聞獨覺菩薩摩訶薩及諸天人阿素洛等利益安樂所依處故憍尸迦諸善男子善女人等若佛住世若涅槃後應依一切陁羅尼門常勤修學應依一切三摩地門常勤修學何以故如是一切陁羅尼門等是一切聲聞獨覺菩薩摩訶薩及諸天人阿素洛等利益安樂所依處故憍尸迦諸善男子善

女人等若佛住世若涅槃後應依一切智常勤修學應依道相智一切相智常勤修學何以故如是一切智等是一切聲聞獨覺菩薩摩訶薩及諸天人阿素洛等利益安樂所依處故憍尸迦諸善男子善女人等若佛住世若涅槃後應依所餘無量無邊佛法常勤修學何以故如是所餘無量無邊佛法是一切聲聞獨覺菩薩摩訶薩及諸天人阿素洛等利益安樂所依處故憍尸迦諸善男子善女人等若佛住世若涅槃後應依隨順甚深般若波羅蜜多蘊處界等無量法門常勤修學何以故如是隨順甚深般若波羅蜜多蘊處界等無量法門是一切聲聞獨覺菩薩摩訶薩及諸天人阿素洛等利益安樂所依處故

尒時天帝釋白佛言世尊若善男子善女人等不離一切智智心以無所得為方便於此般若波羅蜜多至心聽聞受持讀誦精勤修學如理思惟廣為有情宣說流布或有書寫種種莊嚴供養恭敬尊重讚歎復以種種

上妙花鬘塗散等香衣服纓絡寶幢幡蓋衆妙珍奇伎樂燈明而為供養是善男子善女人等由此因緣得幾所福佛言憍尸迦我還問汝當隨意荅有善男子善女人等於諸如來般涅槃後為供養佛設利羅故以妙七寶起窣堵波種種珍奇間雜嚴飾其量高大一踰繕那廣減高半復以種種天妙花鬘塗散等香衣服纓絡寶幢幡蓋衆妙珍奇伎樂燈明盡其形壽供養恭敬尊重讚歎於汝意云何是善男子善女人等由此因緣所生福聚寧為多不天帝釋言甚多世尊甚多善逝佛言憍尸迦若善男子善女人等不離一切智智心以無所得為方便於此般若波羅蜜多至心聽聞受持讀誦精勤修學如理思惟廣為有情宣說流布或有書寫種種莊嚴供養恭敬尊重讚歎復以種種上妙花鬘塗散等香衣服纓絡寶幢幡蓋衆妙珍奇伎樂燈明而為供養是善男子善女人等由此因緣所生福聚甚多於彼無量無邊佛告憍尸迦

置是一事復有善男子善女人等於諸如來般涅槃後為供養佛設利羅故以妙七寶起窣堵波種種珍奇間雜嚴飾其量高大一踰繕那廣減高半滿贍部洲中間無空隙復以種種天妙花鬘塗散等香衣服纓絡寶幢幡蓋衆妙珍奇伎樂燈明盡其形壽供養恭敬尊重讚歎於汝意云何是善男子善女人等由此因緣所生福聚寧為多不天帝釋言甚多世尊甚多善逝佛言憍尸迦若善男子善女人等不離一切智智心以無所得為方便於此般若波羅蜜多至心聽聞受持讀誦精勤修學如理思惟廣為有情宣說流布或有書寫種種莊嚴供養恭敬尊重讚歎復以種種上妙花鬘塗散等香衣服纓絡寶幢幡蓋衆妙珍奇伎樂燈明而為供養是善男子善女人等由此因緣所生福聚甚多於彼無量無邊佛告憍尸迦置贍部洲復有善男子善女人等於諸如來般涅槃後為供養佛設利羅故以妙七寶起窣堵波種種珍奇間雜嚴飾其量高大一踰繕那廣減高半滿四洲界中無空隙復以種種天妙花鬘塗散等香衣服纓絡寶幢幡蓋衆妙珍奇伎樂燈明盡其形壽供養恭敬尊重讚歎於汝意云何是善男子善女人等由此因緣所生福聚寧為多不天帝釋言甚多世尊甚多善逝佛言憍尸迦若善男子善女人等不離一切智智心以無所得為方便於此般若波羅蜜多至心聽聞受持讀誦精勤修學如理思惟廣為有情宣說流布或有書寫種種莊嚴供養恭敬尊重讚歎復以種種上妙花鬘塗散等香衣服纓絡寶幢幡蓋衆妙珍奇伎樂燈明而為供養是善男子善女人等由此因緣所生福聚甚多於彼無量無邊

佛告憍尸迦置四洲界復有善男子善女人等於諸如來般涅槃後為供養佛設利羅故以妙七寶起窣堵波種種珍奇間雜嚴飾其量高大一踰繕那廣減高半滿小千界中無空隙復以種種天妙花鬘塗散等香衣服纓絡寶幢幡蓋衆妙珍奇伎樂燈明盡其形壽供養恭敬尊重讚歎於汝意云何是善男子善女人等由此因緣所生福聚寧為多不天帝釋言甚多世尊甚多善逝佛言憍尸迦若善男子善女人等不離一切智智心以無所得為方便於此般若波羅蜜多至心聽聞受持讀誦精勤修學如理思惟廣為有情宣說流布或有書寫種種莊嚴供養恭敬尊重讚歎復以種種上妙花鬘塗散等香衣服纓絡寶幢幡蓋衆妙珍奇伎樂燈明而為供養是善男子善女人等由此因緣所生福聚甚多於彼無量無邊佛告憍尸迦置小千界復有善男子善女人等於諸如來般涅槃後為供養佛設利羅故以妙七寶起窣堵波種種珍奇間雜嚴飾其量高大一踰繕那廣減高半滿中千界中無空隙復以種種天妙花鬘塗散等香衣服纓絡寶幢幡蓋衆妙珍奇伎樂燈明盡其形壽供養恭敬尊重讚歎於汝意云何是善男子善女人等由此因緣所

生福聚寧為多不天帝釋言甚多世尊甚多善逝佛言憍尸迦若善男子善女人等不離一切智智心以無所得為方便於此般若波羅蜜多至心聽聞受持讀誦精勤修學如理思惟廣為有情宣說流布或有書寫種種莊嚴供養恭敬尊重讚歎復以種種上妙花鬘塗散等香衣服纓絡寶幢幡蓋眾妙珍奇伎樂燈明而為供養是善男子善女人等由此因緣所生福聚甚多於彼無量無邊佛告憍尸迦置中千界復有善男子善女人等於諸如來般涅槃後為供養佛設利羅故以妙七寶起窣堵波種種珍奇間雜嚴飾其量高大一踰繕那廣減高半遍滿三千大千世界中無空隙復以種種天妙花鬘塗散等香衣服纓絡寶幢幡蓋眾妙珍奇伎樂燈明盡其形壽供養恭敬尊重讚歎於汝意云何是善男子善女人等由此因緣所生福聚寧為多不天帝釋言甚多世尊甚多善逝佛言憍尸迦若善男子善女人等不離一切智智心以

無所得為方便於此般若波羅蜜多至心聽聞受持讀誦精勤修學如理思惟廣為有情宣說流布或有書寫種種莊嚴供養恭敬尊重讚嘆復以種種上妙花鬘塗散等香衣服纓絡寶幢幡蓋眾妙珍奇伎樂燈明而為供養是善男子善女人等由此因緣所生福聚甚多於彼無量無邊佛告憍尸迦置一三千大千世界設復三千大千世界諸有情類各於如來般涅槃後為供養佛設利羅故以妙七寶起窣堵波種種珍奇間雜嚴飾其量高大一踰繕那廣減高半各滿三千大千世界中無空隙復以種種天妙花鬘塗散等香衣服纓絡寶幢幡蓋眾妙珍奇伎樂燈明盡其形壽供養恭敬尊重讚歎於汝意云何如是三千大千世界諸有情類由此因緣所生福聚寧為多不天帝釋言甚多世尊甚多善逝佛言憍尸迦若善男子善女人等不離一切智智心以無所得為方便於此般若波羅蜜多至心聽聞受持讀誦精勤修學如理思

惟廣為有情宣說流布或有書寫種種莊嚴供養恭敬尊重讚歎復以種種上妙花鬘塗散等香衣服纓絡寶幢幡蓋眾妙珍奇伎樂燈明而為供養是善男子善女人等由此因緣所生福聚甚多於彼無量無邊

時天帝釋復白佛言如是如是誠如聖教若善男子善女人等供養恭敬尊重讚歎如是般若波羅蜜多是善男子善女人等當知則為供養恭敬尊重讚歎過去未來現在諸佛世尊假使十方各如殑伽沙等世界一切有情各於如來般涅槃後為供養佛設利羅故以妙七寶起窣堵波種種珍奇間雜嚴飾其量高大一踰繕那廣減高半各滿三千大千世界中無空隙復以種種天妙花鬘塗散等香衣服纓絡寶幢幡蓋眾妙珍奇伎樂燈明若經一劫或一劫餘供養恭敬尊重讚歎世尊是諸有情由此因緣所生福聚寧為多不佛言甚多天帝釋言若善男子善女人等不離一切智智心以無所得為方便於此般若

波羅蜜多至心聽聞受持讀誦精勤修學如理思惟廣為有情宣說流布或有書寫種種莊嚴供養恭敬尊重讃歎復以種種上妙花鬘塗散等香衣服纓絡寶幢幡蓋衆妙珍奇伎樂燈明而為供養是善男子善女人等由此因緣所生福聚甚多於彼無量無邊不可思議不可稱計何以故世尊由此般若波羅蜜多摠能攝藏一切善法所謂十善業道若四靜慮四無量四無色定若八解脫八勝處九次第定十遍處若四念住四正斷四神足五根五力七等覺支八聖道支若空解脫門無相解脫門無願解脫門若苦聖諦集聖諦滅聖諦道聖諦若佛五眼若六神通若四無礙解若布施波羅蜜多淨戒波羅蜜多安忍波羅蜜多精進波羅蜜多靜慮波羅蜜多般若波羅蜜多若內空外空內外空空空大空勝義空有為空無為空畢竟空無際空散空無變異空本性空自相空共相空一切法空不可得空無性空自性空無性自性空若

真如法界法性不虛妄性不變異性平等性離生性法定法住實際虛空界不思議界若一切陁羅尼門一切三摩地門若佛五眼佛十力四無所畏四無礙解大慈大悲大喜大捨十八佛不共法若無忘失法恒住捨性若一切智道相智一切相智若餘無量無邊佛法皆攝入此甚深般若波羅蜜多世尊如是甚深般若波羅蜜多是諸如來應正等覺真實法印亦是一切聲聞獨覺真實法印世尊一切如來應正等覺皆於如是甚深般若波羅蜜多常勤學故已證無上正等菩提當證無上正等菩提現證無上正等菩提世尊一切聲聞獨覺皆於如是甚深般若波羅蜜多常勤學故已到彼岸當到彼岸現到彼岸世尊由此因緣若善男子善女人等不離一切智智心以無所得為方便於此般若波羅蜜多至心聽聞受持讀誦精勤修學如理思惟廣為有情宣說流布或有書寫種種莊嚴供養恭敬尊重讃歎復以種種上妙花鬘塗

散等香衣服纓絡寶幢幡蓋衆妙珍奇伎樂燈明而為供養是善男子善女人等由此因緣所生福聚甚多於彼無量無邊不可思議不可稱計

尒時佛告天帝釋言如是如是如汝所說憍尸迦若善男子善女人等不離一切智智心以無所得為方便於此般若波羅蜜多至心聽聞受持讀誦精勤修學如理思惟廣為有情宣說流布或有書寫種種莊嚴供養恭敬尊重讃歎復以種種上妙花鬘塗散等香衣服纓絡寶幢幡蓋衆妙珍奇伎樂燈明而為供養是善男子善女人等由此因緣所生福聚甚多於彼無量無邊不可思議不可稱計何以故憍尸迦由此般若波羅蜜多一切布施淨戒安忍精進靜慮般若波羅蜜多而得生故憍尸迦由此般若波羅蜜多一切內空外空內外空空空大空勝義空有為空無為空畢竟空無際空散空無變異空本性空自相空共相空一切法空不可得空無性空自性空無性自性空而得現故

大般若經第一百四卷　第十八張　益字號

憍尸迦由此般若波羅蜜多一切真如法界法性不虛妄性不變異性平等性離生性法定法住實際虛空界不思議界而得現故憍尸迦由此般若波羅蜜多一切苦聖諦集聖諦滅聖諦道聖諦而得現故憍尸迦由此般若波羅蜜多一切四靜慮四無量四無色定而得生故憍尸迦由此般若波羅蜜多一切八解脫八勝處九次第定十遍處而得生故憍尸迦由此般若波羅蜜多一切四念住四正斷四神足五根五力七等覺支八聖道支而得生故憍尸迦由此般若波羅蜜多一切空解脫門無相解脫門無願解脫門而得生故憍尸迦由此般若波羅蜜多一切五眼六神通而得生故憍尸迦由此般若波羅蜜多一切佛十力四無所畏四無礙解大慈大悲大喜大捨十八佛不共法而得生故憍尸迦由此般若波羅蜜多一切無忘失法恒住捨性而得生故憍尸迦由此般若波羅蜜多一切陀羅尼門一切三摩地門而得生故憍

大般若經第一百四卷　第十九張　益字號

尸迦由此般若波羅蜜多一切智道相智一切相智而得生故憍尸迦由此般若波羅蜜多一切菩薩摩訶薩成熟有情嚴淨佛土而得成故憍尸迦由此般若波羅蜜多一切聲聞乘獨覺乘無上乘而得生故憍尸迦由此般若波羅蜜多一切預流向預流果一來向一來果不還向不還果阿羅漢向阿羅漢果而出現故憍尸迦由此般若波羅蜜多一切獨覺向獨覺果而出現故憍尸迦由此般若波羅蜜多一切菩薩摩訶薩從初發心乃至金剛喻定所有功德而出現故憍尸迦由此般若波羅蜜多一切如來應正等覺所有無上正等菩提大般涅槃而出現故憍尸迦由此緣故若善男子善女人等不離一切智智心以無所得為方便於此般若波羅蜜多至心聽聞受持讀誦精勤修學如理思惟廣為有情宣說流布或有書寫種種莊嚴供養恭敬尊重讚歎復以種種上妙花鬘塗散等香衣服瓔珞寶幢幡蓋衆妙珍奇伎樂燈明

大般若經第一百四卷　第二十張　益字號

而為供養以前所造窣堵波福比此福聚百分不及一千分不及一百千分不及一俱胝分不及一百俱胝分不及一千俱胝分不及一百千俱胝分不及一百千俱胝那庾多分不及其一數分算分計分喻分乃至鄔波尼殺曇分亦不及一何以故憍尸迦若此般若波羅蜜多在贍部洲人中住者則此世間佛寶法寶苾芻僧寶皆住不滅憍尸迦若此般若波羅蜜多在贍部洲人中住者世間常有十善業道及施戒修善知恩報恩供養賢聖憍尸迦若此般若波羅蜜多在贍部洲人中住者世間常有布施淨戒安忍精進靜慮般若波羅蜜多憍尸迦若此般若波羅蜜多在贍部洲人中住者世間常有內空外空內外空空空大空勝義空有為空無為空畢竟空無際空散空無變異空本性空自相空共相空一切法空不可得空無性空自性空無性自性空憍尸迦若此般若波羅蜜多在贍部洲人中住者世間常有真如法界法性不

虛妄性不變異性平等性離生性法定法住實際虛空界不思議界憍尸迦若此般若波羅蜜多在贍部洲人中住者世間常有苦聖諦集聖諦滅聖諦道聖諦憍尸迦若此般若波羅蜜多在贍部洲人中住者世間常有四靜慮四無量四無色定憍尸迦若此般若波羅蜜多在贍部洲人中住者世間常有八解脫八勝處九次第定十遍處憍尸迦若此般若波羅蜜多在贍部洲人中住者世間常有四念住四正斷四神足五根五力七等覺支八聖道支憍尸迦若此般若波羅蜜多在贍部洲人中住者世間常有空解脫門無相解脫門無願解脫門憍尸迦若此般若波羅蜜多在贍部洲人中住者世間常有五眼六神通憍尸迦若此般若波羅蜜多在贍部洲人中住者世間常有佛十力四無所畏四無礙解大慈大悲大喜大捨十八佛不共法憍尸迦若此般若波羅蜜多在贍部洲人中住者世間常有無忘失法恒住捨性憍尸迦若此般若波羅蜜多在贍部洲人中住者世間常有一切陁羅尼門一切三摩地門憍尸迦若此般若波羅蜜多在贍部洲人中住者世間常有一切智道相智一切相智憍尸迦若此般若波羅蜜多在贍部洲人中住者世間常有刹帝利大族婆羅門大族長者大族居士大族憍尸迦若此般若波羅蜜多在贍部洲人中住者世間常有四大王衆天三十三天夜摩天覩史多天樂變化天他化自在天憍尸迦若此般若波羅蜜多在贍部洲人中住者世間常有梵衆天梵輔天梵會天大梵天光天少光天無量光天極光淨天淨天少淨天無量淨天遍淨天廣天少廣天無量廣天廣果天憍尸迦若此般若波羅蜜多在贍部洲人中住者世間常有無繁天無熱天善現天善見天色究竟天憍尸迦若此般若波羅蜜多在贍部洲人中住者世間常有空無邊處天識無邊處天無所有處天非想非非想處天憍尸迦若此般若波羅蜜多在贍部洲人中住者世間常有聲聞乘獨覺乘無上乘憍尸迦若此般若波羅蜜多在贍部洲人中住者世間常有預流向預流果一來向一來果不還向不還果阿羅漢向阿羅漢果憍尸迦若此般若波羅蜜多在贍部洲人中住者世間常有獨覺向獨覺果憍尸迦若此般若波羅蜜多在贍部洲人中住者世間常有菩薩摩訶薩修菩薩行成熟有情嚴淨佛土憍尸迦若此般若波羅蜜多在贍部洲人中住者世間常有如來應正等覺證得無上正等菩提轉妙法輪度無量衆

大般若波羅蜜多經卷第一百四

大般若波羅蜜多經卷第一百四

校勘記

一 底本，金藏大寶集寺本。

一 二八頁中一四行「普住」，普作「普在」。

一 二八頁中一六行「寶際」，石作「實際」。

一 二八頁下二二行「正等」，徑作「證等」。

一 三〇頁中一三行「蘊處界」，磧、普、南、徑作「蘊界處」。

一 三〇頁中一五行「蘊處界」，磧作「蘊界處」。

一 三〇頁下一行至二行「幢幡」，磧作「憧幡」，下同。

一 三〇頁下二行「伎樂」，徑、清作「妓樂」，下同。

一 三〇頁下二一行「伎樂」，石作「支樂」。

一 三一頁上五行「中間無」，石、磧、普、南、徑、清作「中無」。

一 三三頁上一六行「若佛五眼若六神通」，石作「若六神通」，磧、普、南、徑、清作「若五眼六神通」。

一 三三頁上一六行「若四無礙解若」，麗作「若」。

一 三三頁中四行「若佛五眼佛十力」，麗作「若佛十力」。

一 三三頁中五行「四無礙解大慈大悲」，石作「大慈大悲」。

一 三四頁中一六行「由此」，磧、普、南、徑、清作「由是」。

一 三五頁上二行「實際」，石作「寶際」。

一 三五頁中一八行「無繁天」，磧、普、南、徑、清作「無煩天」。

大般若波羅蜜多經卷第一百五　盈

三藏法師玄奘奉　詔譯

初分校量功德品第三十之三

尒時於此三千大千世界所有四大王衆天三十三天夜摩天覩史多天樂變化天他化自在天梵衆天梵輔天梵會天大梵天光天少光天無量光天極光淨天淨天少淨天無量淨天遍淨天廣天少廣天無量廣天廣果天無繁天無熱天善現天善見天色究竟天同聲共白天帝釋言大仙應受如是般若波羅蜜多大仙應持如是般若波羅蜜多大仙應讀如是般若波羅蜜多大仙應誦如是般若波羅蜜多大仙應精勤修學如是般若波羅蜜多大仙應如理思惟如是般若波羅蜜多大仙應供養恭敬尊重讚歎如是般若波羅蜜多何以故大仙若能受持讀誦精勤修學如理思惟供養恭敬尊重讚歎如是般若波羅蜜多則令一切惡法損減善法增益大仙若有受持讀誦精勤修學如理思惟供養恭敬尊重讚歎如是般若波羅蜜多則令一切天衆增益諸阿素洛朋黨損減大仙若有受持讀誦精勤修學如理思惟供養恭敬尊重讚歎如是般若波羅蜜多則令一切佛眼不滅法眼不滅僧眼不滅大仙若有受持讀誦精勤修學如理思惟供養恭敬尊重讚歎如是般若波羅蜜多則令佛寶種不斷法寶種不斷僧寶種不斷大仙當知由三寶種不斷絶故便有布施波羅蜜多淨戒安忍精進靜慮般若波羅蜜多出現於世大仙當知由三寶種不斷絶故便有內空外空內外空空空大空勝義空有為空無為空畢竟空無際空散空無變異空本性空自相空共相空一切法空不可得空無性空自性空無性自性空出現於世大仙當知由三寶種不斷絶故便有真如法界法性不虛妄性不變異性平等性離生性法定法住實際虛空界不思議界出現於世大仙當知由三寶種不斷絶故便有苦聖諦集滅道聖諦

出現於世大仙當知由三寶種不斷絕故便有四靜慮四無量四無色定出現於世大仙當知由三寶種不斷絕故便有八解脫八勝處九次第定十遍處出現於世大仙當知由三寶種不斷絕故便有四念住四正斷四神足五根五力七等覺支八聖道支出現於世大仙當知由三寶種不斷絕故便有空解脫門無相無願解脫門出現於世大仙當知由三寶種不斷絕故便有五眼六神通出現於世大仙當知由三寶種不斷絕故便有佛十力四無所畏四無礙解大慈大悲大喜大捨十八佛不共法出現於世大仙當知由三寶種不斷絕故便有無忘失法恒住捨性出現於世大仙當知由三寶種不斷絕故便有一切陀羅尼門一切三摩地門出現於世大仙當知由三寶種不斷絕故便有一切智道相智一切相智出現於世大仙當知由三寶種不斷絕故便有聲聞乘獨覺乘無上乘出現於世大仙當知由三寶種不斷絕故便有

預流一來不還阿羅漢出現於世大仙當知由三寶種不斷絕故便有預流向預流果一來向一來果不還向不還果阿羅漢向阿羅漢果出現於世大仙當知由三寶種不斷絕故便有獨覺及獨覺向獨覺果出現於世大仙當知由三寶種不斷絕故便有菩薩摩訶薩三藐三佛陀出現於世大仙當知由三寶種不斷絕故便有菩薩摩訶薩及菩薩摩訶薩十地等法出現於世大仙當知由三寶種不斷絕故便有如來應正等覺及阿耨多羅三藐三菩提出現於世是故大仙汝應受持讀誦精勤修學如理思惟供養恭敬尊重讚歎如是般若波羅蜜多

尒時佛告天帝釋言憍尸迦汝應受此甚深般若波羅蜜多汝應持此甚深般若波羅蜜多汝應讀此甚深般若波羅蜜多汝應誦此甚深般若波羅蜜多汝應精勤修學此甚深般若波羅蜜多汝應如理思惟此甚深般若波羅蜜多汝應供養恭敬尊重讚

歎此甚深般若波羅蜜多何以故憍尸迦若阿素洛兇悖徒黨興是惡念我等當與三十三天交陣戰諍尒時汝等諸天眷屬應各誠心念誦如是甚深般若波羅蜜多供養恭敬尊重讚歎時阿素洛兇悖徒黨惡心即滅不復更生憍尸迦若諸天子或諸天女五衰相現其心驚惶恐墮惡趣尒時汝等諸天眷屬應住其前至心念誦如是般若波羅蜜多時諸天子或諸天女聞是般若波羅蜜多善根力故於此般若波羅蜜多生淨信故五衰相沒身意泰然設復命終還生本處受天富樂倍勝於前何以故憍尸迦聞信般若波羅蜜多功德威力甚廣大故憍尸迦若善男子善女人等或諸天子及諸天女由此般若波羅蜜多一經其耳善根力故决定當證阿耨多羅三藐三菩提何以故憍尸迦過去諸佛及諸弟子一切皆學如是般若波羅蜜多已證無上正等菩提入無餘依般涅槃界未來諸佛及諸弟子一切皆學如是般若波羅蜜

多當證無上正等菩提入無餘依般涅槃界現在十方無量諸佛及諸弟子一切皆學如是般若波羅蜜多現證無上正等菩提入無餘依般涅槃界何以故憍尸迦由此般若波羅蜜多善攝一切菩提分法若聲聞法若獨覺法若菩薩法若如來法皆具攝故介時天帝釋白佛言世尊如是般若波羅蜜多是大神呪如是般若波羅蜜多是大明呪如是般若波羅蜜多是無上呪如是般若波羅蜜多是無等等呪如是般若波羅蜜多是一切呪王寂上寂妙能伏一切不為一切之所降伏何以故世尊如是般若波羅蜜多能除一切惡不善法能攝生長諸善法故介時佛告天帝釋言如是如是如汝所説憍尸迦如是般若波羅蜜多是大神呪是大明呪是無上呪是無等等呪是一切呪王寂上寂妙能伏一切不為一切之所降伏何以故過去諸佛皆依如是甚深般若波羅蜜多大呪王故已證無上正等菩提未來諸佛皆依如是甚深般若波羅蜜多大呪王故當證無上正等菩提現在十方無量諸佛皆依如是甚深般若波羅蜜多大呪王故今證無上正等菩提何以故憍尸迦依因如是甚深般若波羅蜜多大呪王故十善業道出現世間憍尸迦依因如是甚深般若波羅蜜多大呪王故惠施受齋持戒等法出現世間憍尸迦依因如是甚深般若波羅蜜多大呪王故四靜慮四無量四无色定五神通等出現世間憍尸迦依因如是甚深般若波羅蜜多大呪王故布施波羅蜜多淨戒安忍精進靜慮般若波羅蜜多出現世間憍尸迦依因如是甚深般若波羅蜜多大呪王故內空外空內外空空空大空勝義空有為空無為空畢竟空无際空散空無變異空本性空自相空共相空一切法空不可得空無性空自性空無性自性空出現世間憍尸迦依因如是甚深般若波羅蜜多大呪王故真如法界法性不虛妄性不變異性平等性離生性法定法住實際虛空

界不思議界出現世間憍尸迦依因如是甚深般若波羅蜜多大呪王故苦聖諦集聖諦滅聖諦道聖諦出現世間憍尸迦依因如是甚深般若波羅蜜多大呪王故八解脱八勝處九次第定十遍處出現世間

憍尸迦依因如是甚深般若波羅蜜多大呪王故四念住四正斷四神足五根五力七等覺支八聖道支出現世間憍尸迦依因如是甚深般若波羅蜜多大呪王故空解脱門無相解脱門無願解脱門出現世間憍尸迦依因如是甚深般若波羅蜜多大呪王故五眼六神通出現世間憍尸迦依因如是甚深般若波羅蜜多大呪王故佛十力四無所畏四無礙解大慈大悲大喜大捨十八佛不共法出現世間憍尸迦依因如是甚深般若波羅蜜多大呪王故無忘失法恒住捨性出現世間憍尸迦依因如是甚深般若波羅蜜多大呪王故一切陁羅尼門一切三摩地門出現世間憍尸迦依因如是甚深般若波羅蜜多

大呪王故一切智道相智一切相智出現世間憍尸迦依因如是甚深般若波羅蜜多大呪王故預流一来不還阿羅漢出現世間憍尸迦依因如是甚深般若波羅蜜多大呪王故預流向預流果一来向一来果不還向不還果阿羅漢向阿羅漢果出現世間憍尸迦依因如是甚深般若波羅蜜多大呪王故獨覺及獨覺菩提出現世間憍尸迦依因如是甚深般若波羅蜜多大呪王故菩薩摩訶薩及菩薩摩訶薩十地等行出現世間憍尸迦依因如是甚深般若波羅蜜多大呪王故如来應正等覺及阿耨多羅三藐三菩提出現世間復次憍尸迦依因如是甚深般若波羅蜜多大呪王故有菩薩摩訶薩世間顯現憍尸迦依因菩薩摩訶薩故十善業道世間顯現憍尸迦依因菩薩摩訶薩故惠施受齋持戒等法世間顯現憍尸迦依因菩薩摩訶薩故四靜慮四無量四無色定五神通等世間顯現憍尸迦依因菩薩摩訶薩故布施淨

大般若經第一百五卷　第九張　弘

戒安忍精進靜慮般若波羅蜜多世間顯現憍尸迦依因菩薩摩訶薩故内空外空内外空空空大空勝義空有為空無為空畢竟空無際空散空無變異空本性空自相空共相空一切法空不可得空無性空自性空無性自性空世間顯現憍尸迦依因菩薩摩訶薩故真如法界法性不虛妄性不變異性平等性離生性法定法住實際虛空界不思議界世間顯現憍尸迦依因菩薩摩訶薩故苦聖諦集聖諦滅聖諦道聖諦世間顯現憍尸迦依因菩薩摩訶薩故八解脫八勝處九次第定十遍處世間顯現憍尸迦依因菩薩摩訶薩故四念住四正斷四神足五根五力七等覺支八聖道支世間顯現憍尸迦依因菩薩摩訶薩故空解脫門無相解脫門無願解脫門世間顯現憍尸迦依因菩薩摩訶薩故五眼六神通世間顯現憍尸迦依因菩薩摩訶薩故佛十力四無所畏四無礙解大慈大悲大喜大捨十八佛不共法世間顯現憍尸

大般若經第一百五卷　第十張　弘十七

迦依因菩薩摩訶薩故無忘失法恒住捨性世間顯現憍尸迦依因菩薩摩訶薩故一切陁羅尼門一切三摩地門世間顯現憍尸迦依因菩薩摩訶薩故一切智道相智一切相智世間顯現憍尸迦依因菩薩摩訶薩故預流一来不還阿羅漢世間顯現憍尸迦依因菩薩摩訶薩故預流向預流果一来向一来果不還向不還果阿羅漢向阿羅漢果世間顯現憍尸迦依因菩薩摩訶薩故獨覺及獨覺菩提世間顯現憍尸迦依因菩薩摩訶薩故菩薩摩訶薩及菩薩摩訶薩十地等行世間顯現憍尸迦依因菩薩摩訶薩故如来應正等覺及阿耨多羅三藐三菩提世間顯現

憍尸迦譬如依因滿月輪故一切藥物星辰山海皆得增明如是依因菩薩摩訶薩滿月輪故一切世間十善業道藥草物類皆得增明如是依因菩薩摩訶薩滿月輪故一切世間惠施受齋持戒等法藥草物類皆得增明如是依因菩薩摩訶薩滿月輪故

大般若經第一百五卷　第十一張　弘十七号

一切世間四靜慮四無量四無色定五神通等藥草物類皆得增明如是依因菩薩摩訶薩滿月輪故一切世間布施淨戒安忍精進靜慮般若波羅蜜多藥草物類皆得增明如是依因菩薩摩訶薩滿月輪故一切世間內空外空內外空空空大空勝義空有為空無為空畢竟空無際空散空無變異空本性空自相空共相空一切法空不可得空無性空自性空無性自性空藥草物類皆得增明如是依因菩薩摩訶薩滿月輪故一切世間真如法界法性不虛妄性不變異性平等性離生性法定法住實際虛空界不思議界藥草物類皆得增明如是依因菩薩摩訶薩滿月輪故一切世間苦聖諦集聖諦滅聖諦道聖諦藥草物類皆得增明如是依因菩薩摩訶薩滿月輪故一切世間八解脫八勝處九次第定十遍處藥草物類皆得增明如是依因菩薩摩訶薩滿月輪故一切世間四念住四正斷四神足五根五力七等覺支八聖道支藥草物類皆得增明如是依因菩薩摩訶薩滿月輪故一切世間空解脫門無相解脫門無願解脫門藥草物類皆得增明如是依因菩薩摩訶薩滿月輪故一切世間五眼六神通藥草物類皆得增明如是依因菩薩摩訶薩滿月輪故一切世間佛十力四無所畏四無礙解大慈大悲大喜大捨十八佛不共法藥草物類皆得增明如是依因菩薩摩訶薩滿月輪故一切世間無忘失法恒住捨性藥草物類皆得增明如是依因菩薩摩訶薩滿月輪故一切世間一切陀羅尼門一切三摩地門藥草物類皆得增明如是依因菩薩摩訶薩滿月輪故一切世間一切智道相智一切相智藥草物類皆得增明如是依因菩薩摩訶薩滿月輪故一切世間預流向預流果一來向一來果不還向不還果阿羅漢向阿羅漢果獨覺向獨覺菩提藥草物類皆得增明如是依因菩薩摩訶薩滿月輪故一切世間菩薩摩訶薩十地等行及阿耨多羅三

藐三菩提藥草物類皆得增明如是依因菩薩摩訶薩滿月輪故一切世間聲聞獨覺有學無學星宿辰象皆得增明如是依因菩薩摩訶薩滿月輪故一切世間菩薩摩訶薩及如來應正等覺諸山大海皆得增明

憍尸迦若諸如來應正等覺未出世時唯菩薩摩訶薩具方便善巧為諸有情無倒宣說一切世間出世間法何以故憍尸迦當知菩薩摩訶薩能出生一切人乘天乘聲聞乘獨覺乘無上乘故憍尸迦菩薩摩訶薩所有方便善巧皆從如是甚深般若波羅蜜多而得生長憍尸迦菩薩摩訶薩成就方便善巧力故能行布施波羅蜜多能行淨戒安忍精進靜慮般若波羅蜜多憍尸迦菩薩摩訶薩成就方便善巧力故能行內空能行外空內外空空空大空勝義空有為空無為空畢竟空無際空散空無變異空本性空自相空共相空一切法空不可得空無性空自性空無性自性空憍尸迦菩薩摩訶薩成就方便善巧力

故能行真如能行法界法性不虛妄性不變異性平等性離生性法定法住實際虛空界不思議界憍尸迦菩薩摩訶薩成就方便善巧力故能行苦聖諦能行集滅道聖諦憍尸迦菩薩摩訶薩成就方便善巧力故能行四靜慮能行四無量四無色定憍尸迦菩薩摩訶薩成就方便善巧力故能行八解脫能行八勝處九次第定十遍處憍尸迦菩薩摩訶薩成就方便善巧力故能行四念住能行四正斷四神足五根五力七等覺支八聖道支憍尸迦菩薩摩訶薩成就方便善巧力故能行空解脫門能行無相無願解脫門憍尸迦菩薩摩訶薩成就方便善巧力故能得五眼能得六神通憍尸迦菩薩摩訶薩成就方便善巧力故能得佛十力能得四無所畏四無礙解大慈大悲大喜大捨十八佛不共法憍尸迦菩薩摩訶薩成就方便善巧力故能得無忘失法能得恒住捨性憍尸迦菩薩摩訶薩成就方便善巧力故能得一切陀羅尼

門能得一切三摩地門憍尸迦菩薩摩訶薩成就方便善巧力故能得一切智能得道相智一切相智憍尸迦菩薩摩訶薩成就方便善巧力故能得三十二大士相能得八十種隨形好憍尸迦菩薩摩訶薩成就方便善巧力故不墮聲聞地不證獨覺地憍尸迦菩薩摩訶薩成就方便善巧力故能成熟有情能嚴淨佛土憍尸迦菩薩摩訶薩成就方便善巧力故能攝取壽量圓滿能攝取眾具圓滿淨土圓滿種姓圓滿色力圓滿眷屬圓滿憍尸迦菩薩摩訶薩成就方便善巧力故能行菩薩十地等行能得無上正等菩提憍尸迦如是菩薩摩訶薩及所有方便善巧皆由般若波羅蜜多而得成就

復次憍尸迦若善男子善女人等於此般若波羅蜜多至心聽聞受持讀誦精勤修學如理思惟書寫解說廣令流布當得成就現在未來功德勝利尒時天帝釋白佛言世尊若善男子善女人等於此般若波羅蜜多至心聽聞受持讀誦精勤修學如理思惟書寫解說廣令流布云何當得成就現在功德勝利佛言憍尸迦若善男子善女人等於此般若波羅蜜多至心聽聞受持讀誦精勤修學如理思惟書寫解說廣令流布是善男子善女人等現在不為毒藥所中刀兵所害火所焚燒水所漂溺乃至不為四百四病之所殀殁除先定業現世應受憍尸迦是善男子善女人等若遭官事怨賊逼迫至心念誦如是般若波羅蜜多若到其所終不為彼譴罰加害何以故如是般若波羅蜜多威德勢力法令尒故憍尸迦是善男子善女人等若有往至國王王子大臣等處至心念誦如是般若波羅蜜多必為王等歡喜問訊恭敬讚美何以故是善男子善女人等常於有情不離慈悲喜捨心故憍尸迦若善男子善女人等於此般若波羅蜜多至心聽聞受持讀誦精勤修學如理思惟書寫解說廣令流布當得成就諸如是等現世種種功德勝利時天帝釋

復白佛言世尊若善男子善女人等於此般若波羅蜜多至心聽聞受持讀誦精勤修學如理思惟書寫解說廣令流布云何當得成就未來功德勝利佛言憍尸迦若善男子善女人等於此般若波羅蜜多至心聽聞受持讀誦精勤修學如理思惟書寫解說廣令流布是善男子善女人等隨所生處常不遠離十善業道是善男子善女人等隨所生處常不遠離惠施受齋持戒等法是善男子善女人等隨所生處常不遠離四靜慮四無量四無色定五神通等是善男子善女人等隨所生處常不遠離布施波羅蜜多淨戒波羅蜜多安忍波羅蜜多精進波羅蜜多靜慮波羅蜜多般若波羅蜜多是善男子善女人等隨所生處常不遠離內空外空內外空空空大空勝義空有為空無為空畢竟空無際空散空無變異空本性空自相空共相空一切法空不可得空無性空自性空無性自性空是善男子善女人等隨所生處常不遠離真

大般若經第一百五　第十八張　[illegible]

如法界法性不虛妄性不變異性平等性離生性法定法住實際虛空界不思議界是善男子善女人等隨所生處常不遠離苦聖諦集聖諦滅聖諦道聖諦是善男子善女人等隨所生處常不遠離八解脫八勝處九次第定十遍處是善男子善女人等隨所生處常不遠離四念住四正斷四神足五根五力七等覺支八聖道支是善男子善女人等隨所生處常不遠離空解脫門無相解脫門無願解脫門是善男子善女人等當得成就五眼六神通是善男子善女人等當得成就佛十力四無所畏四無礙解大慈大悲大喜大捨十八佛不共法是善男子善女人等當得成就無忘失法恒住捨性是善男子善女人等當得成就一切陀羅尼門一切三摩地門是善男子善女人等當得成就一切智道相智一切相智是善男子善女人等永不墜墮一切地獄傍生鬼界除乘願力往生彼趣成熟有情是善男子善女人等隨所生處常具

大般若經第一百五　第十九張

諸根支體無缺是善男子善女人等永不生於貧窮下賤工師雜類補羯娑家是善男子善女人等永不生於屠膾漁獵盜賊獄吏旃荼羅家是善男子善女人等常生豪貴或剎帝利或婆羅門或諸長者居士等家終不生彼戍達羅家是善男子善女人等隨所生處三十二相八十隨好莊嚴其身一切有情見者歡喜是善男子善女人等多生有佛嚴淨土中蓮花化生不造惡業是善男子善女人等常不遠離速疾神通隨心所願遊諸佛土從一佛國至一佛國供養恭敬尊重讚歎諸佛世尊聽聞正法成熟有情嚴淨佛土漸證無上正等菩提憍尸迦若善男子善女人等於此般若波羅蜜多至心聽聞受持讀誦精勤修學如理思惟書寫解說廣令流布當得成就諸如是等未來種種功德勝利以是故憍尸迦若善男子善女人等欲得如是現在未來功德勝利乃至無上正等菩提常不離者應以一切智智相應心用無所得為方

大般若經第一百五　第二十張

便於此般若波羅蜜多至心聽聞受持讀誦精勤修學如理思惟書寫解說廣令流布復以種種上妙花鬘塗散等香衣服纓絡寶幢幡蓋衆妙珎奇伎樂燈明而為供養

尒時衆多外道梵志為求佛過來詣佛所時天帝釋見已念言今此衆多外道梵志來趣法會伺求佛短將非般若留難事耶我當念誦從佛所受甚深般若波羅蜜多令彼邪徒復道而去念已便誦甚深般若波羅蜜多於是諸來外道梵志遥見敬相右繞世尊退還本所時舍利子見已念言彼有何緣故來還去佛知其意告舍利子彼外道等為求我便相率而來由天帝釋念誦般若波羅蜜多大呪王力令彼還去舍利子我都不見彼外道等有一善法恚懷惡心為求我便來趣我所舍利子我都不見一切世間若天若魔若梵若沙門若婆羅門若異道等諸有情類敢懷惡意來求般若波羅蜜多而能得便何以故舍利子於此三千大千世界一切四大王衆天三十三天夜摩天覩史多天樂變化天他化自在天一切梵衆天梵輔天梵會天大梵天光天少光天無量光天極光淨天淨天少淨天無量淨天遍淨天廣天少廣天無量廣天廣果天無繁天無熱天善現天善見天色究竟天一切聲聞一切獨覺一切菩薩摩訶薩我及一切具大威力龍神藥叉健達縛阿素洛揭路茶緊捺洛莫呼洛伽人非人等皆共守護如是般若波羅蜜多不令衆惡而作留難何以故舍利子是諸天等皆從般若波羅蜜多而出生故又舍利子十方各如殑伽沙等諸佛世界一切如來應正等覺一切聲聞一切獨覺一切菩薩摩訶薩及一切天龍神藥叉健達縛阿素洛揭路茶緊捺洛莫呼洛伽人非人等皆共守護如是般若波羅蜜多不令衆惡而作留難何以故舍利子彼諸佛等皆從般若波羅蜜多而出生故尒時惡魔作是念言今如來應正等覺四衆圍繞及欲色界諸天人等皆同集會宣說般若波羅蜜多是中必有菩薩摩訶薩受記當得阿耨多羅三藐三菩提我應往到破壞其眼作是念已化作四兵奮威勇鋭來詣佛所時天帝釋見已念言將非惡魔化為此事來欲惱佛并與般若波羅蜜多而作留難何以故如是四兵嚴飾殊麗摩揭陁國影堅大王四種勝兵所不能及憍薩羅國勝軍大王四種勝兵亦不能及劫比羅國釋迦王種四種勝兵亦不能及吠舍釐國栗呫毗種四種勝兵亦不能及吉祥茅國力士王種四種勝兵亦不能及由斯觀察如是四兵定是惡魔之所化作惡魔長夜常伺佛短壞諸有情所修勝業我當念誦從佛所受甚深般若波羅蜜多令彼惡魔復道而去時天帝釋念已便誦甚深般若波羅蜜多於是惡魔退還本所甚深般若波羅蜜多大神呪王力所遣故

大般若波羅蜜多經卷第一百五

大般若波羅蜜多經卷第一百五

校勘記

一　底本，金藏廣勝寺本。三七頁中、下，三八頁上，三九頁中、下，四〇頁上，四一頁中至四四頁上，共十五版以麗藏本換，原版殘破缺字，附三版於卷後。

一　三七頁中一〇行「無繁天」，磧、普、南、徑、清作「無煩天」，下同。

一　三八頁中一四行「汝應」，普作「如應」，南、徑、清作「應」。

一　四〇頁下一六行「三菩提」，普作「二菩提」。

一　四〇頁下一七行「一切藥」，石作「一切萬」。

一　四〇頁下二二行「藥草物類」，石作「藥草類」。

一　四二頁中一行「能得」，南作「故能得」。

一　四二頁中一二行「種姓」，磧、普、南、徑、清作「種性」。

一　四二頁下九行「殀」，徑、清作「夭」。

一　四四頁上四行「幢幡」，石作「憧憣」。

一　四四頁上五行「伎樂」，徑、清作「妓樂」。

一　四四頁中九行至一〇行「揭路茶」，磧、普、南、徑、清作「揭路荼」，下同。

一　四四頁下六行「而作留難」，石作「而留難」。

一　四四頁下一一行「吠舍𥝢」，磧、南、徑、清作「吠舍黎」。

大般若波羅蜜多經卷第一百五　盈

三藏法師玄奘奉　詔譯

初分校量功德品第三十之三

尒時於此三千大千世界所有四大
王衆天三十三天夜摩天覩史多天
樂變化天他化自在天梵衆天梵輔
天大梵天光天少光天無量
光天極光淨天淨天少淨天無量淨
天遍淨天廣天少廣天無量廣天廣
果天無繁天無熱天善現天善見天
色究竟天同聲共白天帝釋言大仙
應受如是般若波羅蜜多大仙應持
如是般若波羅蜜多大仙應讀如是
般若波羅蜜多大仙應誦如是般若
波羅蜜多大仙應精勤修學如是般
若波羅蜜多大仙應如理思惟如是
般若波羅蜜多大仙應供養恭敬尊
重讚歎如是般若波羅蜜多何以故
大仙若能受持讀誦精勤修學如理
思惟供養恭敬尊重讚歎如是般若
波羅蜜多則令一切惡法損減善法
增益大仙若有受持讀誦精勤修學

如理思惟供養恭敬尊重讃歎如是
般若波羅蜜多則令一切天衆增益
諸阿素洛朋黨損減大仙若有受持
讀誦勤修學如理思惟供養恭敬
尊重讃歎如是般若波羅蜜多則令
一切佛眼不滅法眼不滅僧眼不滅
大仙若有受持讀誦精勤修學如理
思惟供養恭敬尊重讃歎如是般若
波羅蜜多則令佛寶種不斷法寶種
不斷僧寶種不斷大仙當知由三寶
種不斷故便有布施波羅蜜多淨
戒安忍精進靜慮般若波羅蜜多出
現於世大仙當知由三寶種不斷絕
故便有內空外空內外空空空大空
勝義空有為空無為空畢竟空無際
空散空無變異空本性空自相空共
相空一切法空不可得空無性空自
性空無性自性空出現於世大仙當
知由三寶種不斷絕故便有真如法
界法性不虛妄性不變異性平等性
離生性法定法住實際虛空界不思
議界出現於世大仙當知由三寶種
不斷絕故便有苦聖諦集滅道聖諦

便於此般若波羅蜜多至心聽聞受
持讀誦精勤修學如理思惟書寫解
說廣令流布復以種種上妙花鬘塗
散等香衣服瓔珞寶幢幡蓋衆妙珍
奇伎樂燈明而為供養
爾時衆多外道梵志為求佛過來詣
佛所時天帝釋見已念言今此衆多
外道梵志來趣法會伺求佛短將非
般若留難事耶我當念誦從佛所受
甚深般若波羅蜜多令彼邪徒復道
而去念已便誦甚深般若波羅蜜多
於是諸來外道梵志遙現敬相右繞
世尊退還本所時舍利子見已念言
彼有何緣故來還去佛知其意告舍
利子彼外道等為求我便相率而來
由天帝釋念誦般若波羅蜜多大呪
王力令彼還去舍利子我都不見彼
外道等有一善法為懷惡心為求我
短來趣我所舍利子我都不見一切
世間若天若魔若梵若沙門若婆羅
門若異道等有情類敢懷惡意來
求般若波羅蜜多而能得便何以故
舍利子於此三千大千世界一切四

大般若波羅蜜多經卷第一百六　盈

三藏法師玄奘奉　詔譯

初分校量功德品第三十之四

尒時會中所有四大王衆天乃至色究竟天同時化作種種天花衣服纓絡及香鬘等踊身虛空而散佛上合掌恭敬俱白佛言願此般若波羅蜜多在贍部洲人中久住何以故乃至般若波羅蜜多在贍部洲人中流布當知此處佛寶法寶苾芻僧寶久住不滅於此三千大千世界乃至十方無量無數無邊佛國亦復如是由此菩薩摩訶薩衆及殊勝行亦可了知世尊隨諸方邑有善男子善女人等以淨信心書持如是甚深般若波羅蜜多恭敬供養當知是處有妙光明除滅闇冥生諸勝利尒時佛告天帝釋等諸天衆言如是如是如汝所說乃至般若波羅蜜多在贍部洲人中流布當知此處佛寶法寶苾芻僧寶久住不滅於此三千大千世界乃至十方無量無數無邊佛國亦復如是由此菩薩摩訶薩衆及殊勝行亦可了知隨諸方邑有善男子善女人等以淨信心書持如是甚深般若波羅蜜多恭敬供養當知是處有妙光明除滅闇冥生諸勝利時諸天衆復化種種上妙天花衣服纓絡及香鬘等而散佛上重白佛言若善男子善女人等於此般若波羅蜜多至心聽聞受持讀誦精勤修學如理思惟廣為有情宣說流布是善男子善女人等魔及眷屬不得其便我等諸天亦常隨逐是善男子善女人等勤加擁護令無損惱何以故是善男子善女人等我等諸天敬事如佛或如近佛尊重法故

尒時天帝釋白佛言世尊若善男子善女人等於此般若波羅蜜多至心聽聞受持讀誦精勤修學如理思惟廣為有情宣說流布是善男子善女人等非少善根能辦是事定於先世無量佛所多集善根多發正願多供養佛多善知識之所攝受乃能於此甚深般若波羅蜜多至心聽聞受持讀誦精勤修學如理思惟廣為有情宣說流布世尊欲得諸佛一切智智當求般若波羅蜜多欲得般若波羅蜜多當求諸佛一切智智何以故諸佛所得一切智智皆從般若波羅蜜多而得生故如是般若波羅蜜多皆從諸佛一切智智而得生故所以者何諸佛所得一切智智不異般若波羅蜜多如是般若波羅蜜多不異諸佛一切智智諸佛所得一切智智與此般若波羅蜜多當知無二亦無二分尒時佛告天帝釋言如是如是如汝所說憍尸迦欲得諸佛一切智智當求般若波羅蜜多欲得般若波羅蜜多當求諸佛一切智智何以故諸佛所得一切智智皆從般若波羅蜜多而得生故如是般若波羅蜜多皆從諸佛一切智智而得生故所以者何諸佛所得一切智智不異般若波羅蜜多如是般若波羅蜜多不異諸佛一切智智諸佛所得一切智智與此般若波羅蜜多當知無二亦無二分是故般若波羅蜜多功德威神甚

為希有
尒時具壽慶喜白佛言世尊何緣不
廣稱讚布施波羅蜜多淨戒波羅蜜
多安忍波羅蜜多精進波羅蜜多靜
慮波羅蜜多但廣稱讚般若波羅蜜
多世尊何緣不廣稱讚內空外空內
外空空空大空勝義空有為空無為
空畢竟空無際空散空無變異空本
性空自相空共相空一切法空不可
得空無性空自性空無性自性空但
廣稱讚般若波羅蜜多世尊何緣不
廣稱讚真如法界法性不虛妄性不
變異性平等性離生性法定法住實
際虛空界不思議界但廣稱讚般若
波羅蜜多世尊何緣不廣稱讚苦聖
諦集聖諦滅聖諦道聖諦但廣稱讚
般若波羅蜜多世尊何緣不廣稱讚
四靜慮四無量四無色定但廣稱讚
般若波羅蜜多世尊何緣不廣稱讚
八解脫八勝處九次第定十遍處但
廣稱讚般若波羅蜜多世尊何緣不
廣稱讚四念住四正斷四神足五根
五力七等覺支八聖道支但廣稱讚
大般若經第三百六　第四張

般若波羅蜜多世尊何緣不廣稱讚
空解脫門無相解脫門無願解脫門
但廣稱讚般若波羅蜜多世尊何緣
不廣稱讚五眼六神通但廣稱讚般
若波羅蜜多世尊何緣不廣稱讚佛
十力四無所畏四無礙解大慈大悲
大喜大捨十八佛不共法但廣稱讚
般若波羅蜜多世尊何緣不廣稱讚
無忘失法恒住捨性但廣稱讚般若
波羅蜜多世尊何緣不廣稱讚一切
智道相智一切相智但廣稱讚般若
波羅蜜多世尊何緣不廣稱讚一切
陁羅尼門一切三摩地門但廣稱讚
般若波羅蜜多世尊何緣不廣稱讚
菩薩摩訶薩行但廣稱讚般若波羅
蜜多世尊何緣不廣稱讚阿耨多羅
三藐三菩提但廣稱讚般若波羅
蜜多
佛言慶喜汝今當知由此般若波羅
蜜多與彼布施波羅蜜多淨戒波羅
蜜多安忍波羅蜜多精進波羅蜜多
靜慮波羅蜜多為尊為導故我但廣
稱讚般若波羅蜜多慶喜當知由此
大般若經第三百六　第五張　波

般若波羅蜜多與彼內空外空內外
空空空大空勝義空有為空無為空
畢竟空無際空散空無變異空本性
空自相空共相空一切法空不可得
空無性空自性空無性自性空為尊
為導故我但廣稱讚般若波羅蜜多
慶喜當知由此般若波羅蜜多與彼
真如法界法性不虛妄性不變異性
平等性離生性法定法住實際虛空
界不思議界為尊為導故我但廣稱
讚般若波羅蜜多慶喜當知由此般
若波羅蜜多與彼苦聖諦集聖諦滅
聖諦道聖諦為尊為導故我但廣稱
讚般若波羅蜜多慶喜當知由此般
若波羅蜜多與彼四靜慮四無量四
無色定為尊為導故我但廣稱讚般
若波羅蜜多慶喜當知由此般若波
羅蜜多與彼八解脫八勝處九次第
定十遍處為尊為導故我但廣稱讚
般若波羅蜜多慶喜當知由此般若
波羅蜜多與彼四念住四正斷四神
足五根五力七等覺支八聖道支為
尊為導故我但廣稱讚般若波羅蜜
大般若經第三百六　第六張　盈

多慶喜當知由此般若波羅蜜多與彼空解脫門無相解脫門無願解脫門為尊為導故我但廣稱讚般若波羅蜜多慶喜當知由此般若波羅蜜多與彼五眼六神通為尊為導故我但廣稱讚般若波羅蜜多慶喜當知由此般若波羅蜜多與彼佛十力四無所畏四無礙解大慈大悲大喜大捨十八佛不共法為尊為導故我但廣稱讚般若波羅蜜多慶喜當知由此般若波羅蜜多與彼無忘失法恒住捨性為尊為導故我但廣稱讚般若波羅蜜多慶喜當知由此般若波羅蜜多與彼一切智道相智一切相智為尊為導故我但廣稱讚般若波羅蜜多慶喜當知由此般若波羅蜜多與彼一切陁羅尼門一切三摩地門為尊為導故我但廣稱讚般若波羅蜜多慶喜當知由此般若波羅蜜多與彼菩薩摩訶薩行為尊為導故我但廣稱讚般若波羅蜜多慶喜當知由此般若波羅蜜多與彼無上正等菩提為尊為導故我但廣稱讚般

大般若經卷一百六　第七張　宣

若波羅蜜多

佛言慶喜於意云何若不迴向一切智智而修布施波羅蜜多可名真修布施波羅蜜多不慶喜荅言不也世尊佛言慶喜要由迴向一切智智而修布施波羅蜜多乃可名為真修布施波羅蜜多佛言慶喜於意云何若不迴向一切智智而修淨戒安忍精進靜慮般若波羅蜜多可名真修淨戒安忍精進靜慮般若波羅蜜多不慶喜荅言不也世尊佛言慶喜要由迴向一切智智而修淨戒安忍精進靜慮般若波羅蜜多乃可名為真修淨戒安忍精進靜慮般若波羅蜜多故此般若波羅蜜多於彼布施淨戒安忍精進靜慮波羅蜜多為尊為導故我但廣稱讚般若波羅蜜多佛言慶喜於意云何若不迴向一切智智而住內空可名真住內空不慶喜荅言不也世尊佛言慶喜要由迴向一切智智而住內空乃可名為真住內空佛言慶喜於意云何若不迴向一切智智而住外空內外空空空大空勝

大般若經卷第百六　第八張　宣

義空有為空無為空畢竟空無際空散空無變異空本性空自相空共相空一切法空不可得空無性空自性空無性自性空可名真住外空乃至無性自性空不慶喜荅言不也世尊佛言慶喜要由迴向一切智智而住外空乃至無性自性空乃可名為真住外空乃至無性自性空故此般若波羅蜜多於彼內空乃至無性自性空為尊為導故我但廣稱讚般若波羅蜜多佛言慶喜於意云何若不迴向一切智智而住真如可名真住真如不慶喜荅言不也世尊佛言慶喜要由迴向一切智智而住真如乃可名為真住真如佛言慶喜於意云何若不迴向一切智智而住法界法性不虛妄性不變異性平等性離生性法定法住實際虛空界不思議界可名真住法界乃至不思議界不慶喜荅言不也世尊佛言慶喜要由迴向一切智智而住法界乃至不思議界乃可名為真住法界乃至不思議界故此般若波羅蜜多於彼真如乃至

大般若經卷一百六　第九張　宣

不思議界為尊為導故我但廣稱讚般若波羅蜜多佛言慶喜於意云何若不迴向一切智智而住苦聖諦可名真住苦聖諦不慶喜荅言不也世尊佛言慶喜要由迴向一切智智而住苦聖諦乃可名為真住苦聖諦佛言慶喜於意云何若不迴向一切智智而住集滅道聖諦可名真住集滅道聖諦不慶喜荅言不也世尊佛言慶喜要由迴向一切智智而住集滅道聖諦乃可名為真住集滅道聖諦故此般若波羅蜜多於彼苦集滅道聖諦為尊為導故我但廣稱讚般若波羅蜜多佛言慶喜於意云何若不迴向一切智智而修四靜慮可名真修四靜慮不慶喜荅言不也世尊佛言慶喜要由迴向一切智智而修四靜慮乃可名為真修四靜慮佛言慶喜於意云何若不迴向一切智智而修四無量四無色定可名真修四無量四無色定不慶喜荅言不也世尊佛言慶喜要由迴向一切智智而修四無量四無色定乃可名為真修四

無量四無色定故此般若波羅蜜多於彼四靜慮四無量四無色定為尊為導故我但廣稱讚般若波羅蜜多佛言慶喜於意云何若不迴向一切智智而修八解脫可名真修八解脫不慶喜荅言不也世尊佛言慶喜要由迴向一切智智而修八解脫乃可名為真修八解脫佛言慶喜於意云何若不迴向一切智智而修八勝處九次第定十遍處可名真修八勝處九次第定十遍處不慶喜荅言不也世尊佛言慶喜要由迴向一切智智而修八勝處九次第定十遍處乃可名為真修八勝處九次第定十遍處故此般若波羅蜜多於彼八解脫八勝處九次第定十遍處為尊為導故我但廣稱讚般若波羅蜜多佛言慶喜於意云何若不迴向一切智智而修四念住可名真修四念住不慶喜荅言不也世尊佛言慶喜要由迴向一切智智而修四念住乃可名為真修四念住佛言慶喜於意云何若不迴向一切智智而修四正斷四神足

五根五力七等覺支八聖道支可名真修四正斷四神足五根五力七等覺支八聖道支不慶喜荅言不也世尊佛言慶喜要由迴向一切智智而修四正斷四神足五根五力七等覺支八聖道支乃可名為真修四正斷四神足五根五力七等覺支八聖道支故此般若波羅蜜多於彼四念住四正斷四神足五根五力七等覺支八聖道支為尊為導故我但廣稱讚般若波羅蜜多佛言慶喜於意云何若不迴向一切智智而修空解脫門可名真修空解脫門不慶喜荅言不也世尊佛言慶喜要由迴向一切智智而修空解脫門乃可名為真修空解脫門佛言慶喜於意云何若不迴向一切智智而修無相無願解脫門可名真修無相無願解脫門不慶喜荅言不也世尊佛言慶喜要由迴向一切智智而修無相無願解脫門乃可名為真修無相無願解脫門故此般若波羅蜜多於彼空解脫門無相解脫門無願解脫門為尊為導故我

但廣稱讚般若波羅蜜多佛言慶喜於意云何若不迴向一切智智而修五眼可名真修五眼不慶喜荅言不也世尊佛言慶喜要由迴向一切智智而修五眼乃可名為真修五眼佛言慶喜於意云何若不迴向一切智智而修六神通可名真修六神通不慶喜荅言不也世尊佛言慶喜要由迴向一切智智而修六神通乃可名為真修六神通故此般若波羅蜜多於彼五眼六神通為尊為導故我但廣稱讚般若波羅蜜多佛言慶喜於意云何若不迴向一切智智而修佛十力可名真修佛十力不慶喜荅言不也世尊佛言慶喜要由迴向一切智智而修佛十力乃可名為真修佛十力佛言慶喜於意云何若不迴向一切智智而修四無所畏四無礙解大慈大悲大喜大捨十八佛不共法可名真修四無所畏四無礙解大慈大悲大喜大捨十八佛不共法不慶喜荅言不也世尊佛言慶喜要由迴向一切智智而修四無所畏四無礙

大般若經卷一百六　第十三張　王

解大慈大悲大喜大捨十八佛不共法乃可名為真修四無所畏四无礙解大慈大悲大喜大捨十八佛不共法故此般若波羅蜜多於彼佛十力四無所畏四无礙解大慈大悲大喜大捨十八佛不共法為尊為導故我但廣稱讚般若波羅蜜多佛言慶喜於意云何若不迴向一切智智而修無忘失法可名真修无忘失法不慶喜荅言不也世尊佛言慶喜要由迴向一切智智而修無忘失法乃可名為真修无忘失法佛言慶喜於意云何若不迴向一切智智而修恒住捨性可名真修恒住捨性不慶喜荅言不也世尊佛言慶喜要由迴向一切智智而修恒住捨性乃可名為真修恒住捨性故此般若波羅蜜多於彼無忘失法恒住捨性為尊為導故我但廣稱讚般若波羅蜜多佛言慶喜於意云何若不迴向一切智智而修一切智可名真修一切智不慶喜荅言不也世尊佛言慶喜要由迴向一切智智而修一切智乃可名為真修

大般若經卷一百六　第十四張　王

一切智佛言慶喜於意云何若不迴向一切智智而修道相智一切相智可名真修道相智一切相智不慶喜荅言不也世尊佛言慶喜要由迴向一切智智而修道相智一切相智乃可名為真修道相智一切相智故此般若波羅蜜多於彼一切智道相智一切相智為尊為導故我但廣稱讚般若波羅蜜多佛言慶喜於意云何若不迴向一切智智而修一切陁羅尼門可名真修一切陁羅尼門不慶喜荅言不也世尊佛言慶喜要由迴向一切智智而修一切陁羅尼門乃可名為真修一切陁羅尼門佛言慶喜於意云何若不迴向一切智智而修一切三摩地門可名真修一切三摩地門不慶喜荅言不也世尊佛言慶喜要由迴向一切智智而修一切三摩地門乃可名為真修一切三摩地門故此般若波羅蜜多於彼一切陁羅尼門一切三摩地門為尊為導故我但廣稱讚般若波羅蜜多佛言慶喜於意云何若不迴向一切智智而修菩

大般若經卷一百六　第十五張　王

薩摩訶薩行可名真脩菩薩摩訶薩
行不慶喜荅言不也世尊佛言慶喜
要由迴向一切智智而脩菩薩摩訶
薩行乃可名為真脩菩薩摩訶薩行
故此般若波羅蜜多於彼菩薩摩訶
薩行為尊為導故我但廣稱讚般若
波羅蜜多佛言慶喜於意云何若不
迴向一切智智而脩無上正等菩提
可名真脩無上正等菩提不慶喜荅
言不也世尊佛言慶喜要由迴向一
切智智而脩無上正等菩提乃可名
為真脩無上正等菩提故此般若波
羅蜜多於彼無上正等菩提為尊為
導故我但廣稱讚般若波羅蜜多
具壽慶喜復白佛言世尊云何迴向一
切智智而脩布施波羅蜜多佛言慶
喜以無二為方便无生為方便無所
得為方便脩習布施波羅蜜多是名
迴向一切智智而脩布施波羅蜜多
世尊云何迴向一切智智而脩淨戒
安忍精進靜慮般若波羅蜜多慶喜
以無二為方便无生為方便無所得
為方便脩習淨戒安忍精進靜慮般

大般若經卷第一百八　第十六張

若波羅蜜多是名迴向一切智智而
脩淨戒安忍精進靜慮般若波羅蜜
多世尊云何迴向一切智智而住內
空慶喜以无二為方便無生為方便
无所得為方便安住內空是名迴向
一切智智而住內空世尊云何迴向
一切智智而住外空內外空空空大
空勝義空有為空無為空畢竟空无
際空散空無變異空本性空自相空
共相空一切法空不可得空无性空
自性空無性自性空慶喜以无二為
方便無生為方便无所得為方便安
住外空乃至無性自性空是名迴向
一切智智而住外空乃至无性自性
空世尊云何迴向一切智智而住真
如慶喜以無二為方便无生為方便
无所得為方便安住真如是名迴向
一切智智而住真如世尊云何迴向
一切智智而住法界法性不虛妄性
不變異性平等性離生性法定法住
實際虛空界不思議界慶喜以無二
為方便无生為方便無所得為方便
安住法界乃至不思議界是名迴向

大般若經卷第一百八　第十七張

一切智智而住法界乃至不思議界
世尊云何迴向一切智智而住苦聖
諦慶喜以无二為方便無生為方便
无所得為方便安住苦聖諦是名迴
向一切智智而住苦聖諦世尊云何
迴向一切智智而住集滅道聖諦慶
喜以無二為方便无生為方便無所
得為方便安住集滅道聖諦是名迴
向一切智智而住集滅道聖諦世尊
云何迴向一切智智而脩四靜慮慶
喜以无二為方便無生為方便无所
得為方便脩習四靜慮是名迴向一
切智智而脩四靜慮世尊云何迴向
一切智智而脩四無量四無色定慶
喜以无二為方便無生為方便无所
得為方便脩習四無量四無色定是
名迴向一切智智而脩四無量四无
色定世尊云何迴向一切智智而脩
八解脫慶喜以無二為方便無生為
方便無所得為方便脩習八解脫是
名迴向一切智智而脩八解脫世尊
云何迴向一切智智而脩八勝處九
次第定十遍處慶喜以无二為方便

大般若經卷第一百八　第十八張

無生為方便无所得為方便修習八勝處九次第定十遍處是名迴向一切智智而修八勝處九次第定十遍處世尊云何迴向一切智智而修四念住慶喜以無二為方便无生為方便無所得為方便修習四念住是名迴向一切智智而修四念住世尊云何迴向一切智智而修四正斷四神足五根五力七等覺支八聖道支慶喜以无二為方便無生為方便无所得為方便修習四正斷四神足五根五力七等覺支八聖道支是名迴向一切智智而修四正斷四神足五根五力七等覺支八聖道支世尊云何迴向一切智智而修空解脫門慶喜以無二為方便无生為方便無所得為方便修習空解脫門是名迴向一切智智而修空解脫門世尊云何迴向一切智智而修无相無願解脫門慶喜以無二為方便无生為方便無所得為方便修習无相無願解脫門是名迴向一切智智而修无相無願解脫門世尊云何迴向一切智智而修

五眼慶喜以無二為方便無生為方便無所得為方便修習五眼是名迴向一切智智而修五眼世尊云何迴向一切智智而修六神通慶喜以无二為方便無生為方便無所得為方便修習六神通是名迴向一切智智而修六神通世尊云何迴向一切智智而修佛十力慶喜以無二為方便无生為方便無所得為方便修習佛十力是名迴向一切智智而修佛十力世尊云何迴向一切智智而修四無所畏四無导解大慈大悲大喜大捨十八佛不共法慶喜以無二為方便无生為方便無所得為方便修習四无所畏四無导解大慈大悲大喜大捨十八佛不共法是名迴向一切智智而修四無所畏四无导解大慈大悲大喜大捨十八佛不共法世尊云何迴向一切智智而修無忘失法慶喜以無二為方便無生為方便无所得為方便修習無忘失法是名迴向一切智智而修无忘失法世尊云何迴向一切智智而修恒住捨性慶

喜以無二為方便無生為方便无所得為方便修習恒住捨性是名迴向一切智智而修恒住捨性世尊云何迴向一切智智而修一切智慶喜以無二為方便無生為方便无所得為方便修習一切智是名迴向一切智智而修一切智世尊云何迴向一切智智而修道相智一切相智慶喜以無二為方便無生為方便无所得為方便修習道相智一切相智是名迴向一切智智而修道相智一切相智世尊云何迴向一切智智而修一切陀羅尼門慶喜以無二為方便無生為方便无所得為方便修習一切陀羅尼門是名迴向一切智智而修一切陀羅尼門世尊云何迴向一切智智而修一切三摩地門慶喜以无二為方便无生為方便无所得為方便修習一切三摩地門是名迴向一切智智而修一切三摩地門世尊云何迴向一切智智而修菩薩摩訶薩行慶喜以无二為方便無生為方便無所得為方便修習菩薩摩訶薩行是

名迴向一切智智而修菩薩摩訶薩行世尊云何迴向一切智智而修無上正等菩提慶喜以無二為方便无生為方便无所得為方便修習无上正等菩提是名迴向一切智智而修無上正等菩提

具壽慶喜復白佛言世尊以何無二為方便迴向一切智智修習布施淨戒安忍精進靜慮般若波羅蜜多以何无生為方便无所得為方便迴向一切智智修習布施淨戒安忍精進靜慮般若波羅蜜多世尊以何无二為方便迴向一切智智安住内空外空内外空空空大空勝義空有為空无為空畢竟空无際空散空无變異空本性空自相空共相空一切法空不可得空無性空自性空無性自性空以何無生為方便无所得為方便迴向一切智智安住内空乃至無性自性空世尊以何無二為方便迴向一切智智安住真如法界法性不虚妄性不變異性平等性離生性法定法住實際虛空界不思議界以何无生為方便無所得為方便迴向一切智智安住真如乃至不思議界世尊以何无二為方便迴向一切智智安住苦集滅道聖諦以何無生為方便無所得為方便迴向一切智智安住苦集滅道聖諦世尊以何無二為方便迴向一切智智修習四靜慮四無量四無色定以何無生為方便無所得為方便迴向一切智智修習四靜慮四無量四無色定世尊以何无二為方便迴向一切智智修習八解脫八勝處九次第定十遍處以何无生為方便无所得為方便迴向一切智智修習八解脫八勝處九次第定十遍處世尊以何无二為方便迴向一切智智修習四念住四正斷四神足五根五力七等覺支八聖道支以何無生為方便無所得為方便迴向一切智智修習四念住四正斷四神足五根五力七等覺支八聖道支世尊以何無二為方便迴向一切智智修習空解脫門無相解脫門無願解脫門以何無生為方便無所得為方便

迴向一切智智修習空解脫門无相解脫門無願解脫門世尊以何無二為方便迴向一切智智修習五眼六神通以何无生為方便無所得為方便迴向一切智智修習五眼六神通

大般若波羅蜜多經卷第一百六

戊戌歲高麗國大藏都監奉
勅雕造

大般若波羅蜜多經卷第一百六

校勘記

一　底本，麗藏本。

一　四七頁中八行「至心」，磧作「下心」。

一　四七頁中二〇行「能辯」，石、磧、普、南、清作「能辨」。

一　四八頁上二三行「上力」，石、磧、普、南、徑、清作「五力」。

一　五四頁上二三行末字殘，應為「无」。

一　五四頁中一行「無所得」，石作「無所」。

一　五四頁中二行「不思議界」，石作「不議界」。

一　五四頁中一二行第一二字殘，應為「何」。

一　五四頁下一行第一三字殘，應為「无」。

大般若波羅蜜多經卷第一百七　盈

三藏法師玄奘奉　詔譯

初分校量功德品第三十之五

世尊以何無二為方便迴向一切智智修習佛十力四無所畏四無礙解大慈大悲大喜大捨十八佛不共法以何無生為方便無所得為方便迴向一切智智修習佛十力四無所畏四無礙解大慈大悲大喜大捨十八佛不共法世尊以何無二為方便迴向一切智智修習無忘失法恒住捨性以何無生為方便無所得為方便迴向一切智智修習無忘失法恒住捨性世尊以何無二為方便迴向一切智智修習一切智道相智一切相智以何無生為方便無所得為方便迴向一切智智修習一切智道相智一切相智世尊以何無二為方便迴向一切智智修習一切陀羅尼門一切三摩地門以何無生為方便無所得為方便迴向一切智智修習一切陀羅尼門一切三摩地門世尊以何無二為方便迴向一切智智修習菩薩摩訶薩行以何無生為方便無所得為方便迴向一切智智修習菩薩摩訶薩行世尊以何無二為方便迴向一切智智修習無上正等菩提以何無生為方便無所得為方便迴向一切智智修習無上正等菩提

佛言慶喜汝今當知以色無二為方便無生為方便無所得為方便迴向一切智智修習布施淨戒安忍精進靜慮般若波羅蜜多以受想行識無二為方便無生為方便無所得為方便迴向一切智智修習布施淨戒安忍精進靜慮般若波羅蜜多慶喜當知以色無二為方便無生為方便無所得為方便迴向一切智智安住內空外空內外空空空大空勝義空有為空無為空畢竟空無際空散空無變異空本性空自相空共相空一切法空不可得空無性空自性空無性自性空以受想行識無二為方便無生為方便無所得為方便迴向一切智智安住內空乃至無性自性空變

喜當知以色無二為方便無生為方便無所得為方便迴向一切智智安住真如法界法性不虛妄性不變異性平等性離生性法定法住實際虛空界不思議界以受想行識無二為方便無生為方便無所得為方便迴向一切智智安住真如乃至不思議界慶喜當知以色無二為方便無生為方便無所得為方便迴向一切智智安住苦集滅道聖諦以受想行識無二為方便無生為方便無所得為方便迴向一切智智安住苦集滅道聖諦慶喜當知以色無二為方便無生為方便無所得為方便迴向一切智智修習四靜慮四無量四無色定以受想行識無二為方便無生為方便無所得為方便迴向一切智智修習四靜慮四無量四無色定慶喜當知以色無二為方便無生為方便無所得為方便迴向一切智智修習八解脫八勝處九次第定十遍處以受想行識無二為方便無生為方便無所得為方便迴向一切智智修習八解脫八勝處九次第定十遍處慶喜當知以色無二為方便無生為方便無所得為方便迴向一切智智修習四念住四正斷四神足五根五力七等覺支八聖道支以受想行識無二為方便無生為方便無所得為方便迴向一切智智修習四念住四正斷四神足五根五力七等覺支八聖道支慶喜當知以色無二為方便無生為方便無所得為方便迴向一切智智修習空解脫門無相解脫門無願解脫門以受想行識無二為方便無生為方便無所得為方便迴向一切智智修習空解脫門無相解脫門無願解脫門慶喜當知以色無二為方便無生為方便無所得為方便迴向一切智智修習五眼六神通以受想行識無二為方便無生為方便無所得為方便迴向一切智智修習五眼六神通慶喜當知以色無二為方便無生為方便無所得為方便迴向一切智智修習佛十力四無所畏四無礙解大慈大悲大喜大捨十八佛不共法以受想行識無二為方便無生為方便無所得為方便迴向一切智智修習佛十力四無所畏四無礙解大慈大悲大喜大捨十八佛不共法慶喜當知以色無二為方便無生為方便無所得為方便迴向一切智智修習無忘失法恒住捨性以受想行識無二為方便無生為方便無所得為方便迴向一切智智修習無忘失法恒住捨性慶喜當知以色無二為方便無生為方便無所得為方便迴向一切智智修習一切智道相智一切相智以受想行識無二為方便無生為方便無所得為方便迴向一切智智修習一切智道相智一切相智慶喜當知以色無二為方便無生為方便無所得為方便迴向一切智智修習一切陀羅尼門一切三摩地門以受想行識無二為方便無生為方便無所得為方便迴向一切智智修習一切陀羅尼門一切三摩地門慶喜當知以色無二為方便無生為方便無所得為方便迴向一切智智修

習菩薩摩訶薩行以受想行識無二

為方便無生為方便無所得為方便迴向一切智智修習菩薩摩訶薩行慶喜當知以色無二為方便無生為方便無所得為方便迴向一切智智修習無上正等菩提以受想行識無二為方便無生為方便無所得為方便迴向一切智智修習無上正等菩提慶喜當知以眼處無二為方便無生為方便無所得為方便迴向一切智智修習布施淨戒安忍精進靜慮般若波羅蜜多以耳鼻舌身意處無二為方便無生為方便無所得為方便迴向一切智智修習布施淨戒安忍精進靜慮般若波羅蜜多慶喜當知以色處無二為方便無生為方便無所得為方便迴向一切智智修習布施淨戒安忍精進靜慮般若波羅蜜多以聲香味觸法處無二為方便無生為方便無所得為方便迴向一切智智修習布施淨戒安忍精進靜慮般若波羅蜜多慶喜當知以眼處無二為方便無生為方便無所得為方

便迴向一切智智安住內空外空內

外空空空大空勝義空有為空無為空畢竟空無際空散空無變異空本性空自相空共相空一切法空不可得空無性空自性空無性自性空以耳鼻舌身意處無二為方便無生為方便無所得為方便迴向一切智智安住內空乃至無性自性空慶喜當知以色處無二為方便無生為方便無所得為方便迴向一切智智安住內空外空內外空空空大空勝義空有為空無為空畢竟空無際空散空無變異空本性空自相空共相空一切法空不可得空無性空自性空無性自性空以聲香味觸法處無二為方便無生為方便無所得為方便迴向一切智智安住內空乃至無性自性空慶喜當知以眼處無二為方便無生為方便無所得為方便迴向一切智智安住真如法界法性不虛妄性不變異性平等性離生性法定法住實際虛空界不思議界以耳鼻舌身意處無二為方便無生為方便無

所得為方便迴向一切智智安住真

如乃至不思議界慶喜當知以色處無二為方便無生為方便無所得為方便迴向一切智智安住真如法界法性不虛妄性不變異性平等性離生性法定法住實際虛空界不思議界以聲香味觸法處無二為方便無生為方便無所得為方便迴向一切智智安住真如乃至不思議界慶喜當知以眼處無二為方便無生為方便無所得為方便迴向一切智智安住苦集滅道聖諦以耳鼻舌身意處無二為方便無生為方便無所得為方便迴向一切智智安住苦集滅道聖諦慶喜當知以色處無二為方便無生為方便無所得為方便迴向一切智智安住苦集滅道聖諦以聲香味觸法處無二為方便無生為方便無所得為方便迴向一切智智安住苦集滅道聖諦慶喜當知以眼處無二為方便無生為方便無所得為方便迴向一切智智修習四靜慮四無量四無色定以耳鼻舌身意處無二

為方便無生為方便無所得為方便迴向一切智智修習四靜慮四無量四無色定慶喜當知以色處無二為方便無生為方便無所得為方便迴向一切智智修習四靜慮四無量四無色定以聲香味觸法處無二為方便無生為方便無所得為方便迴向一切智智修習四靜慮四無量四無色定慶喜當知以眼處無二為方便無生為方便無所得為方便迴向一切智智修習八解脫八勝處九次第定十遍處以耳鼻舌身意處無二為方便無生為方便無所得為方便迴向一切智智修習八解脫八勝處九次第定十遍處慶喜當知以色處無二為方便無生為方便無所得為方便迴向一切智智修習八解脫八勝處九次第定十遍處以聲香味觸法處無二為方便無生為方便無所得為方便迴向一切智智修習八解脫八勝處九次第定十遍處慶喜當知以眼處無二為方便無生為方便無所得為方便迴向一切智智修習四

念住四正斷四神足五根五力七等覺支八聖道支以耳鼻舌身意處無二為方便無生為方便無所得為方便迴向一切智智修習四念住四正斷四神足五根五力七等覺支八聖道支慶喜當知以色處無二為方便無生為方便無所得為方便迴向一切智智修習四念住四正斷四神足五根五力七等覺支八聖道支以聲香味觸法處無二為方便無生為方便無所得為方便迴向一切智智修習四念住四正斷四神足五根五力七等覺支八聖道支慶喜當知以眼處無二為方便無生為方便無所得為方便迴向一切智智修習空解脫門無相解脫門無願解脫門以耳鼻舌身意處無二為方便無生為方便無所得為方便迴向一切智智修習空解脫門無相解脫門無願解脫門慶喜當知以色處無二為方便無生為方便無所得為方便迴向一切智智修習空解脫門無相解脫門無願解脫門以聲香味觸法處無二為方

便無生為方便無所得為方便迴向一切智智修習空解脫門無相解脫門無願解脫門慶喜當知以眼處無二為方便無生為方便無所得為方便迴向一切智智修習五眼六神通以耳鼻舌身意處無二為方便無生為方便無所得為方便迴向一切智智修習五眼六神通慶喜當知以色處無二為方便無生為方便無所得為方便迴向一切智智修習五眼六神通以聲香味觸法處無二為方便無生為方便無所得為方便迴向一切智智修習五眼六神通慶喜當知以眼處無二為方便無生為方便無所得為方便迴向一切智智修習佛十力四無所畏四無閡解大慈大悲大喜大捨十八佛不共法以耳鼻舌身意處無二為方便無生為方便無所得為方便迴向一切智智修習佛十力四無所畏四無礙解大慈大悲大喜大捨十八佛不共法慶喜當知以色處無二為方便無生為方便無所得為方便迴向一切智智修習佛

十力四無所畏四無礙解大慈大悲大喜大捨十八佛不共法以聲香味觸法處無二為方便無生為方便無所得為方便迴向一切智智修習佛十力四無所畏四無礙解大慈大悲大喜大捨十八佛不共法慶喜當知以眼處無二為方便無生為方便無所得為方便迴向一切智智修習無忘失法恒住捨性以耳鼻舌身意處無二為方便無生為方便無所得為方便迴向一切智智修習無忘失法恒住捨性慶喜當知以色處無二為方便無生為方便無所得為方便迴向一切智智修習無忘失法恒住捨性以聲香味觸法處無二為方便無生為方便無所得為方便迴向一切智智修習無忘失法恒住捨性慶喜當知以眼處無二為方便無生為方便無所得為方便迴向一切智智修習一切智道相智一切相智以耳鼻舌身意處無二為方便無生為方便無所得為方便迴向一切智智修習一切智道相智一切相智慶喜當知

以色處無二為方便無生為方便無所得為方便迴向一切智智修習一切智道相智一切相智以聲香味觸法處無二為方便無生為方便無所得為方便迴向一切智智修習一切智道相智一切相智慶喜當知以眼處無二為方便無生為方便無所得為方便迴向一切智智修習一切陀羅尼門一切三摩地門以耳鼻舌身意處無二為方便無生為方便無所得為方便迴向一切智智修習一切陀羅尼門一切三摩地門慶喜當知以色處無二為方便無生為方便無所得為方便迴向一切智智修習一切陀羅尼門一切三摩地門以聲香味觸法處無二為方便無生為方便無所得為方便迴向一切智智修習一切陀羅尼門一切三摩地門慶喜當知以眼處無二為方便無生為方便無所得為方便迴向一切智智修習菩薩摩訶薩行以耳鼻舌身意處無二為方便無生為方便無所得為方便迴向一切智智修習菩薩摩訶

薩行慶喜當知以色處無二為方便無生為方便無所得為方便迴向一切智智修習菩薩摩訶薩行以聲香味觸法處無二為方便無生為方便無所得為方便迴向一切智智修習菩薩摩訶薩行慶喜當知以眼處無二為方便無生為方便無所得為方便迴向一切智智修習無上正等菩提以耳鼻舌身意處無二為方便無生為方便無所得為方便迴向一切智智修習無上正等菩提慶喜當知以色處無二為方便無生為方便無所得為方便迴向一切智智修習無上正等菩提以聲香味觸法處無二為方便無生為方便無所得為方便迴向一切智智修習無上正等菩提慶喜當知以眼界無二為方便無生為方便無所得為方便迴向一切智智修習布施淨戒安忍精進靜慮般若波羅蜜多以色界眼識界及眼觸眼觸為緣所生諸受無二為方便無生為方便無所得為方便迴向一切智智修習布施淨戒安忍精進靜慮

般若波羅蜜多慶喜當知以耳界無二為方便無生為方便無所得為方便迴向一切智智修習布施淨戒安忍精進靜慮般若波羅蜜多以聲界耳識界及耳觸耳觸為緣所生諸受無二為方便無生為方便無所得為方便迴向一切智智修習布施淨戒安忍精進靜慮般若波羅蜜多慶喜當知以鼻界無二為方便無生為方便無所得為方便迴向一切智智修習布施淨戒安忍精進靜慮般若波羅蜜多以香界鼻識界及鼻觸鼻觸為緣所生諸受無二為方便無生為方便無所得為方便迴向一切智智修習布施淨戒安忍精進靜慮般若波羅蜜多慶喜當知以舌界無二為方便無生為方便無所得為方便迴向一切智智修習布施淨戒安忍精進靜慮般若波羅蜜多以味界舌識界及舌觸舌觸為緣所生諸受無二為方便無生為方便無所得為方便迴向一切智智修習布施淨戒安忍精進靜慮般若波羅蜜多慶喜當知

以身界無二為方便無生為方便無所得為方便迴向一切智智修習布施淨戒安忍精進靜慮般若波羅蜜多以觸界身識界及身觸身觸為緣所生諸受無二為方便無生為方便無所得為方便迴向一切智智修習布施淨戒安忍精進靜慮般若波羅蜜多慶喜當知以意界無二為方便無生為方便無所得為方便迴向一切智智修習布施淨戒安忍精進靜慮般若波羅蜜多以法界意識界及意觸意觸為緣所生諸受無二為方便無生為方便無所得為方便迴向一切智智修習布施淨戒安忍精進靜慮般若波羅蜜多慶喜當知以眼界無二為方便無生為方便無所得為方便迴向一切智智安住內空外空內外空空空大空勝義空有為空無為空畢竟空無際空散空無變異空本性空自相空共相空一切法空不可得空無性空自性空無性自性空以色界眼識界及眼觸眼觸為緣所生諸受無二為方便無生為方便

無所得為方便迴向一切智智安住內空乃至無性自性空慶喜當知以耳界無二為方便無生為方便無所得為方便迴向一切智智安住內空外空內外空空空大空勝義空有為空無為空畢竟空無際空散空無變異空本性空自相空共相空一切法空不可得空無性空自性空無性自性空以聲界耳識界及耳觸耳觸為緣所生諸受無二為方便無生為方便無所得為方便迴向一切智智安住內空乃至無性自性空慶喜當知以鼻界無二為方便無生為方便無所得為方便迴向一切智智安住內空外空內外空空空大空勝義空有為空無為空畢竟空無際空散空無變異空本性空自相空共相空一切法空不可得空無性空自性空無性自性空以香界鼻識界及鼻觸鼻觸為緣所生諸受無二為方便無生為方便無所得為方便迴向一切智智安住內空乃至無性自性空慶喜當知以舌界無二為方便無生為方便

無所得為方便迴向一切智智安住內空外空內外空空空大空勝義空有為空無為空畢竟空無際空散空無變異空本性空自相空共相空一切法空不可得空無性空自性空無性自性空以味界舌識界及舌觸舌觸為緣所生諸受無二為方便無生為方便無所得為方便迴向一切智智安住內空乃至無性自性空慶喜當知以身界無二為方便無生為方便無所得為方便迴向一切智智安住內空外空內外空空空大空勝義空有為空無為空畢竟空無際空散空無變異空本性空自相空共相空一切法空不可得空無性空自性空無性自性空以觸界身識界及身觸身觸為緣所生諸受無二為方便無生為方便無所得為方便迴向一切智智安住內空乃至無性自性空慶喜當知以意界無二為方便無生為方便無所得為方便迴向一切智智安住內空外空內外空空空大空勝義空有為空無為空畢竟空無際空

散空無變異空本性空自相空共相空一切法空不可得空無性空自性空無性自性空以法界意識界及意觸意觸為緣所生諸受無二為方便無生為方便無所得為方便迴向一切智智安住內空乃至無性自性空慶喜當知以眼界無二為方便無生為方便無所得為方便迴向一切智智安住真如法界法性不虛妄性不變異性平等性離生性法定法住實際虛空界不思議界以色界眼識界及眼觸眼觸為緣所生諸受無二為方便無生為方便無所得為方便迴向一切智智安住真如乃至不思議界慶喜當知以耳界無二為方便無生為方便無所得為方便迴向一切智智安住真如法界法性不虛妄性不變異性平等性離生性法定法住實際虛空界不思議界以聲界耳識界及耳觸耳觸為緣所生諸受無二為方便無生為方便無所得為方便迴向一切智智安住真如乃至不思議界慶喜當知以鼻界無二為方便

無生為方便無所得為方便迴向一切智智安住真如法界法性不虛妄性不變異性平等性離生性法定法住實際虛空界不思議界以香界鼻識界及鼻觸鼻觸為緣所生諸受無二為方便無生為方便無所得為方便迴向一切智智安住真如乃至不思議界慶喜當知以舌界無二為方便無生為方便無所得為方便迴向一切智智安住真如法界法性不虛妄性不變異性平等性離生性法定法住實際虛空界不思議界以味界舌識界及舌觸舌觸為緣所生諸受無二為方便無生為方便無所得為方便迴向一切智智安住真如乃至不思議界慶喜當知以身界無二為方便無生為方便無所得為方便迴向一切智智安住真如法界法性不虛妄性不變異性平等性離生性法定法住實際虛空界不思議界以觸界身識界及身觸身觸為緣所生諸受無二為方便無生為方便無所得為方便迴向一切智智安住真如乃

至不思議界慶喜當知以意界無二為方便無生為方便無所得為方便迴向一切智智安住真如法界法性不虛妄性不變異性平等性離生性法定法住實際虛空界不思議界以法界意識界及意觸意觸為緣所生諸受無二為方便無生為方便無所得為方便迴向一切智智安住真如乃至不思議界慶喜當知以眼界無二為方便無生為方便無所得為方便迴向一切智智安住苦集滅道聖諦以色界眼識界及眼觸眼觸為緣所生諸受無二為方便無生為方便無所得為方便迴向一切智智安住苦集滅道聖諦慶喜當知以耳界無二為方便無生為方便無所得為方便迴向一切智智安住苦集滅道聖諦以聲界耳識界及耳觸耳觸為緣所生諸受無二為方便無生為方便無所得為方便迴向一切智智安住苦集滅道聖諦慶喜當知以鼻界無二為方便無生為方便無所得為方便迴向一切智智安住苦集滅道聖

諦以香界鼻識界及鼻觸鼻觸為緣所生諸受無二為方便無生為方便無所得為方便迴向一切智智安住苦集滅道聖諦慶喜當知以舌界無二為方便無生為方便無所得為方便迴向一切智智安住苦集滅道聖諦以味界舌識界及舌觸舌觸為緣所生諸受無二為方便無生為方便無所得為方便迴向一切智智安住苦集滅道聖諦慶喜當知以身界無二為方便無生為方便無所得為方便迴向一切智智安住苦集滅道聖諦以觸界身識界及身觸身觸為緣所生諸受無二為方便無生為方便無所得為方便迴向一切智智安住苦集滅道聖諦慶喜當知以意界無二為方便無生為方便無所得為方便迴向一切智智安住苦集滅道聖諦以法界意識界及意觸意觸為緣所生諸受無二為方便無生為方便無所得為方便迴向一切智智安住苦集滅道聖諦慶喜當知以眼界無二為方便無生為方便無所得為方

便迴向一切智智修習四靜慮四無量四無色定以色界眼識界及眼觸眼觸為緣所生諸受無二為方便無生為方便無所得為方便迴向一切智智修習四靜慮四無量四無色定慶喜當知以耳界無二為方便無生為方便無所得為方便迴向一切智智修習四靜慮四無量四無色定以聲界耳識界及耳觸耳觸為緣所生諸受無二為方便無生為方便無所得為方便迴向一切智智修習四靜慮四無量四無色定慶喜當知以鼻界無二為方便無生為方便無所得為方便迴向一切智智修習四靜慮四無量四無色定以香界鼻識界及鼻觸鼻觸為緣所生諸受無二為方便無生為方便無所得為方便迴向一切智智修習四靜慮四無量四無色定慶喜當知以舌界無二為方便無生為方便無所得為方便迴向一切智智修習四靜慮四無量四無色定以味界舌識界及舌觸舌觸為緣所生諸受無二為方便無生為方便

無所得為方便迴向一切智智修習四靜慮四無量四無色定慶喜當知以身界無二為方便無生為方便無所得為方便迴向一切智智修習四靜慮四無量四無色定以觸界身識界及身觸身觸為緣所生諸受無二為方便無生為方便無所得為方便迴向一切智智修習四靜慮四無量四無色定慶喜當知以意界無二為方便無生為方便無所得為方便迴向一切智智修習四靜慮四無量四無色定以法界意識界及意觸意觸為緣所生諸受無二為方便無生為方便無所得為方便迴向一切智智修習四靜慮四無量四無色定

大般若波羅蜜多經卷第一百七

大般若波羅蜜多經卷第一百七

校勘記

一 底本，金藏大寶集寺本。

一 五九頁下一六行「閡」，石、磧、普、南、徑、清作「礙」。

一 六〇頁下一四行「未」，石、磧、普、南、徑、清、麗作「味」。

一 六二頁中一行首字，係原閡經背墨迹。

一 六三頁中一二行「苦集滅道」，麗作「苦習滅道」。

護法神王

大般若波羅蜜多經卷第一百八　桑

三藏法師玄奘奉　詔譯

初分校量功德品第三十之六

慶喜當知以眼界無二為方便無生為方便無所得為方便迴向一切智智修習八解脫八勝處九次第定十遍處以色界眼識界及眼觸眼觸為緣所生諸受無二為方便無生為方便無所得為方便迴向一切智智修習八解脫八勝處九次第定十遍處慶喜當知以耳界無二為方便無生為方便無所得為方便迴向一切智智修習八解脫八勝處九次第定十遍處以聲界耳識界及耳觸耳觸為緣所生諸受無二為方便無生為方便無所得為方便迴向一切智智修習八解脫八勝處九次第定十遍處慶喜當知以鼻界無二為方便無生為方便無所得為方便迴向一切智智修習八解脫八勝處九次第定十遍處以香界鼻識界及鼻觸鼻觸為緣所生諸受無二為方便無生為方

便無所得為方便迴向一切智智修習八解脫八勝處九次第定十遍處慶喜當知以舌界無二為方便無生為方便無所得為方便迴向一切智智修習八解脫八勝處九次第定十遍處以味界舌識界及舌觸舌觸為緣所生諸受無二為方便無生為方便無所得為方便迴向一切智智修習八解脫八勝處九次第定十遍處慶喜當知以身界無二為方便無生為方便無所得為方便迴向一切智智修習八解脫八勝處九次第定十遍處以觸界身識界及身觸身觸為緣所生諸受無二為方便無生為方便無所得為方便迴向一切智智修習八解脫八勝處九次第定十遍處慶喜當知以意界無二為方便無生為方便無所得為方便迴向一切智智修習八解脫八勝處九次第定十遍處以法界意識界及意觸意觸為緣所生諸受無二為方便無生為方便無所得為方便迴向一切智智修習八解脫八勝處九次第定十遍處

慶喜當知以眼界無二為方便無生為方便無所得為方便迴向一切智智修習四念住四正斷四神足五根五力七等覺支八聖道支以色界眼識界及眼觸眼觸為緣所生諸受無二為方便無生為方便無所得為方便迴向一切智智修習四念住四正斷四神足五根五力七等覺支八聖道支慶喜當知以耳界無二為方便無生為方便無所得為方便迴向一切智智修習四念住四正斷四神足五根五力七等覺支八聖道支以聲界耳識界及耳觸耳觸為緣所生諸受無二為方便無生為方便無所得為方便迴向一切智智修習四念住四正斷四神足五根五力七等覺支八聖道支慶喜當知以鼻界無二為方便無生為方便無所得為方便迴向一切智智修習四念住四正斷四神足五根五力七等覺支八聖道支以香界鼻識界及鼻觸鼻觸為緣所生諸受無二為方便無生為方便無所得為方便迴向一切智智修習四

念住四正斷四神足五根五力七等覺支八聖道支慶喜當知以舌界無二為方便無生為方便無所得為方便迴向一切智智修習四念住四正斷四神足五根五力七等覺支八聖道支以味界舌識界及舌觸舌觸為緣所生諸受無二為方便無生為方便無所得為方便迴向一切智智修習四念住四正斷四神足五根五力七等覺支八聖道支慶喜當知以身界無二為方便無生為方便無所得為方便迴向一切智智修習四念住四正斷四神足五根五力七等覺支八聖道支以觸界身識界及身觸身觸為緣所生諸受無二為方便無生為方便無所得為方便迴向一切智智修習四念住四正斷四神足五根五力七等覺支八聖道支慶喜當知以意界無二為方便無生為方便無所得為方便迴向一切智智修習四念住四正斷四神足五根五力七等覺支八聖道支以法界意識界及意觸意觸為緣所生諸受無二為方便

無生為方便無所得為方便迴向一切智智修習四念住四正斷四神足五根五力七等覺支八聖道支

慶喜當知以眼界無二為方便無生為方便無所得為方便迴向一切智智修習空解脫門無相解脫門無願解脫門以色界眼識界及眼觸眼觸為緣所生諸受無二為方便無生為方便無所得為方便迴向一切智智修習空解脫門無相解脫門無願解脫門慶喜當知以耳界無二為方便無生為方便無所得為方便迴向一切智智修習空解脫門無相解脫門無願解脫門以聲界耳識界及耳觸耳觸為緣所生諸受無二為方便無生為方便無所得為方便迴向一切智智修習空解脫門無相解脫門無願解脫門慶喜當知以鼻界無二為方便無生為方便無所得為方便迴向一切智智修習空解脫門無相解脫門無願解脫門以香界鼻識界及鼻觸鼻觸為緣所生諸受無二為方便無生為方便無所得為方便迴

向一切智智修習空解脫門無相解脫門無願解脫門慶喜當知以舌界無二為方便無生為方便無所得為方便迴向一切智智修習空解脫門無相解脫門無願解脫門以味界舌識界及舌觸舌觸為緣所生諸受無二為方便無生為方便無所得為方便迴向一切智智修習空解脫門無相解脫門無願解脫門慶喜當知以身界無二為方便無生為方便無所得為方便迴向一切智智修習空解脫門無相解脫門無願解脫門以觸界身識界及身觸身觸為緣所生諸受無二為方便無生為方便無所得為方便迴向一切智智修習空解脫門無相解脫門無願解脫門慶喜當知以意界無二為方便無生為方便無所得為方便迴向一切智智修習空解脫門無相解脫門無願解脫門以法界意識界及意觸意觸為緣所生諸受無二為方便無生為方便無所得為方便迴向一切智智修習空解脫門無相解脫門無願解脫門慶

喜當知以眼界無二為方便無生為方便無所得為方便迴向一切智智修習五眼六神通以色界眼識界及眼觸眼觸為緣所生諸受無二為方便無生為方便無所得為方便迴向一切智智修習五眼六神通慶喜當知以耳界無二為方便無生為方便無所得為方便迴向一切智智修習五眼六神通以聲界耳識界及耳觸耳觸為緣所生諸受無二為方便無生為方便無所得為方便迴向一切智智修習五眼六神通慶喜當知以鼻界無二為方便無生為方便無所得為方便迴向一切智智修習五眼六神通以香界鼻識界及鼻觸鼻觸為緣所生諸受無二為方便無生為方便無所得為方便迴向一切智智修習五眼六神通慶喜當知以舌界無二為方便無生為方便無所得為方便迴向一切智智修習五眼六神通以味界舌識界及舌觸舌觸為緣所生諸受無二為方便無生為方便無所得為方便迴向一切智智修習

五眼六神通慶喜當知以身界無二為方便無生為方便無所得為方便迴向一切智智修習五眼六神通以觸界身識界及身觸身觸為緣所生諸受無二為方便無生為方便無所得為方便迴向一切智智修習五眼六神通慶喜當知以意界無二為方便無生為方便無所得為方便迴向一切智智修習五眼六神通以法界意識界及意觸意觸為緣所生諸受無二為方便無生為方便無所得為方便迴向一切智智修習五眼六神通慶喜當知以眼界無二為方便無生為方便無所得為方便迴向一切智智修習佛十力四無所畏四無礙解大慈大悲大喜大捨十八佛不共法以色界眼識界及眼觸眼觸為緣所生諸受無二為方便無生為方便無所得為方便迴向一切智智修習佛十力四無所畏四無礙解大慈大悲大喜大捨十八佛不共法慶喜當知以耳界無二為方便無生為方便無所得為方便迴向一切智智修習

佛十力四無所畏四無礙解大慈大悲大喜大捨十八佛不共法以聲界耳識界及耳觸耳觸為緣所生諸受無二為方便無生為方便無所得為方便迴向一切智智脩習佛十力四無所畏四無礙解大慈大悲大喜大捨十八佛不共法慶喜當知以鼻界無二為方便無生為方便無所得為方便迴向一切智智修習佛十力四無所畏四無礙解大慈大悲大喜大捨十八佛不共法以香界鼻識界及鼻觸鼻觸為緣所生諸受無二為方便無生為方便無所得為方便迴向一切智智修習佛十力四無所畏四無礙解大慈大悲大喜大捨十八佛不共法慶喜當知以舌界無二為方便無生為方便無所得為方便迴向一切智智修習佛十力四無所畏四無礙解大慈大悲大喜大捨十八佛不共法以味界舌識界及舌觸舌觸為緣所生諸受無二為方便無生為方便無所得為方便迴向一切智智修習佛十力四無所畏四無礙解大

慈大悲大喜大捨十八佛不共法慶喜當知以身界無二為方便無生為方便無所得為方便迴向一切智智修習佛十力四無所畏四無礙解大慈大悲大喜大捨十八佛不共法以觸界身識界及身觸身觸為緣所生諸受無二為方便無生為方便無所得為方便迴向一切智智修習佛十力四無所畏四無礙解大慈大悲大喜大捨十八佛不共法慶喜當知以意界無二為方便無生為方便無所得為方便迴向一切智智修習佛十力四無所畏四無礙解大慈大悲大喜大捨十八佛不共法以法界意識界及意觸意觸為緣所生諸受無二為方便無生為方便無所得為方便迴向一切智智修習佛十力四無所畏四無礙解大慈大悲大喜大捨十八佛不共法慶喜當知以眼界無二為方便無生為方便無所得為方便迴向一切智智修習無忘失法恒住捨性以色界眼識界及眼觸眼觸為緣所生諸受無二為方便無生為方

便無所得為方便迴向一切智智修習無忘失法恒住捨性慶喜當知以耳界無二為方便無生為方便無所得為方便迴向一切智智修習無忘失法恒住捨性以聲界耳識界及耳觸耳觸為緣所生諸受無二為方便無生為方便無所得為方便迴向一切智智修習無忘失法恒住捨性慶喜當知以鼻界無二為方便無生為方便無所得為方便迴向一切智智修習無忘失法恒住捨性以香界鼻識界及鼻觸鼻觸為緣所生諸受無二為方便無生為方便無所得為方便迴向一切智智修習無忘失法恒住捨性慶喜當知以舌界無二為方便無生為方便無所得為方便迴向一切智智修習無忘失法恒住捨性以味界舌識界及舌觸舌觸為緣所生諸受無二為方便無生為方便無所得為方便迴向一切智智修習無忘失法恒住捨性慶喜當知以身界無二為方便無生為方便無所得為方便迴向一切智智修習無忘失法

恒住捨性以觸界身識界及身觸身觸為緣所生諸受無二為方便無生為方便無所得為方便迴向一切智智修習無忘失法恒住捨性慶喜當知以意界無二為方便無生為方便無所得為方便迴向一切智智修習無忘失法恒住捨性以法界意識界及意觸意觸為緣所生諸受無二為方便無生為方便無所得為方便迴向一切智智修習無忘失法恒住捨性慶喜當知以眼界無二為方便無生為方便無所得為方便迴向一切智智修習一切智道相智一切相智以色界眼識界及眼觸眼觸為緣所生諸受無二為方便無生為方便無所得為方便迴向一切智智修習一切智道相智一切相智慶喜當知以耳界無二為方便無生為方便無所得為方便迴向一切智智修習一切智道相智一切相智以聲界耳識界及耳觸耳觸為緣所生諸受無二為方便無生為方便無所得為方便迴向一切智智修習一切智道相智一

切相智慶喜當知以鼻界無二為方便無生為方便無所得為方便迴向一切智智修習一切智道相智一切相智以香界鼻識界及鼻觸鼻觸為緣所生諸受無二為方便無生為方便無所得為方便迴向一切智智修習一切智道相智一切相智慶喜當知以舌界無二為方便無生為方便無所得為方便迴向一切智智修習一切智道相智一切相智以味界舌識界及舌觸舌觸為緣所生諸受無二為方便無生為方便無所得為方便迴向一切智智修習一切智道相智一切相智慶喜當知以身界無二為方便無生為方便無所得為方便迴向一切智智修習一切智道相智一切相智以觸界身識界及身觸身觸為緣所生諸受無二為方便無生為方便無所得為方便迴向一切智智修習一切智道相智一切相智慶喜當知以意界無二為方便無生為方便無所得為方便迴向一切智智修習一切智道相智一切相智以法

界意識界及意觸意觸為緣所生諸受無二為方便無生為方便無所得為方便迴向一切智智修習一切智道相智一切相智慶喜當知以眼界無二為方便無生為方便無所得為方便迴向一切智智修習一切陁羅尼門一切三摩地門以色界眼識界及眼觸眼觸為緣所生諸受無二為方便無生為方便無所得為方便迴向一切智智修習一切陁羅尼門一切三摩地門慶喜當知以耳界無二為方便無生為方便無所得為方便迴向一切智智修習一切陁羅尼門一切三摩地門以聲界耳識界及耳觸耳觸為緣所生諸受無二為方便無生為方便無所得為方便迴向一切智智修習一切陁羅尼門一切三摩地門慶喜當知以鼻界無二為方便無生為方便無所得為方便迴向一切智智修習一切陁羅尼門一切三摩地門以香界鼻識界及鼻觸鼻觸為緣所生諸受無二為方便無生為方便無所得為方便迴向一切智

智修習一切陀羅尼門一切三摩地門慶喜當知以舌界無二為方便無生為方便無所得為方便迴向一切智智修習一切陀羅尼門一切三摩地門以味界舌識界及舌觸舌觸為緣所生諸受無二為方便無生為方便無所得為方便迴向一切智智修習一切陀羅尼門一切三摩地門慶喜當知以身界無二為方便無生為方便無所得為方便迴向一切智智修習一切陀羅尼門一切三摩地門以觸界身識界及身觸身觸為緣所生諸受無二為方便無生為方便無所得為方便迴向一切智智修習一切陀羅尼門一切三摩地門慶喜當知以意界無二為方便無生為方便無所得為方便迴向一切智智修習一切陀羅尼門一切三摩地門以法界意識界及意觸意觸為緣所生諸受無二為方便無生為方便無所得為方便迴向一切智智修習一切陀羅尼門一切三摩地門慶喜當知以眼界無二為方便無生為方便無所

得為方便迴向一切智智修習菩薩摩訶薩行以色界眼識界及眼觸眼觸為緣所生諸受無二為方便無生為方便無所得為方便迴向一切智智修習菩薩摩訶薩行慶喜當知以耳界無二為方便無生為方便無所得為方便迴向一切智智修習菩薩摩訶薩行以聲界耳識界及耳觸耳觸為緣所生諸受無二為方便無生為方便無所得為方便迴向一切智智修習菩薩摩訶薩行慶喜當知以鼻界無二為方便無生為方便無所得為方便迴向一切智智修習菩薩摩訶薩行以香界鼻識界及鼻觸鼻觸為緣所生諸受無二為方便無生為方便無所得為方便迴向一切智智修習菩薩摩訶薩行慶喜當知以舌界無二為方便無生為方便無所得為方便迴向一切智智修習菩薩摩訶薩行以味界舌識界及舌觸舌觸為緣所生諸受無二為方便無生為方便無所得為方便迴向一切智智修習菩薩摩訶薩行慶喜當知以

身界無二為方便無生為方便無所得為方便迴向一切智智修習菩薩摩訶薩行以觸界身識界及身觸身觸為緣所生諸受無二為方便無生為方便無所得為方便迴向一切智智修習菩薩摩訶薩行慶喜當知以意界無二為方便無生為方便無所得為方便迴向一切智智修習菩薩摩訶薩行以法界意識界及意觸意觸為緣所生諸受無二為方便無生為方便無所得為方便迴向一切智智修習菩薩摩訶薩行慶喜當知以眼界無二為方便無生為方便無所得為方便迴向一切智智修習無上正等菩提以色界眼識界及眼觸眼觸為緣所生諸受無二為方便無生為方便無所得為方便迴向一切智智修習無上正等菩提慶喜當知以耳界無二為方便無生為方便無所得為方便迴向一切智智修習無上正等菩提以聲界耳識界及耳觸耳觸為緣所生諸受無二為方便無生為方便無所得為方便迴向一切智

智修習無上正等菩提慶喜當知以
鼻界無二為方便無生為方便無所
得為方便迴向一切智智修習無上
正等菩提以香界鼻識界及鼻觸鼻
觸為緣所生諸受無二為方便無生
為方便無所得為方便迴向一切智
智修習無上正等菩提慶喜當知以
舌界無二為方便無生為方便無所
得為方便迴向一切智智修習無上
正等菩提以味界舌識界及舌觸舌
觸為緣所生諸受無二為方便無生
為方便無所得為方便迴向一切智
智修習無上正等菩提慶喜當知以
身界無二為方便無生為方便無所
得為方便迴向一切智智修習無上
正等菩提以觸界身識界及身觸身
觸為緣所生諸受無二為方便無生
為方便無所得為方便迴向一切智
智修習無上正等菩提慶喜當知以
意界無二為方便無生為方便無所
得為方便迴向一切智智修習無上
正等菩提以法界意識界及意觸意
觸為緣所生諸受無二為方便無生

為方便無所得為方便迴向一切智
智修習無上正等菩提
慶喜當知以地界無二為方便無生
為方便無所得為方便迴向一切智
智修習布施淨戒安忍精進靜慮般
若波羅蜜多以水火風空識界無二
為方便無生為方便無所得為方便
迴向一切智智修習布施淨戒安忍
精進靜慮般若波羅蜜多慶喜當知
以地界無二為方便無生為方便無
所得為方便迴向一切智智安住內
空外空內外空空空大空勝義空有
為空無為空畢竟空無際空散空無
變異空本性空自相空共相空一切
法空不可得空無性空自性空無性
自性空以水火風空識界無二為方
便無生為方便無所得為方便迴向
一切智智安住內空乃至無性自性
空慶喜當知以地界無二為方便無
生為方便無所得為方便迴向一切
智智安住真如法界法性不虛妄性
不變異性平等性離生性法定法住
實際虛空界不思議界以水火風空

識界無二為方便無生為方便無所
得為方便迴向一切智智安住真如
乃至不思議界慶喜當知以地界無
二為方便無生為方便無所得為方
便迴向一切智智安住苦集滅道聖
諦以水火風空識界無二為方便無
生為方便無所得為方便迴向一切
智智安住苦集滅道聖諦慶喜當知
以地界無二為方便無生為方便無
所得為方便迴向一切智智修習四
靜慮四無量四無色定以水火風空
識界無二為方便無生為方便無所
得為方便迴向一切智智修習四靜
慮四無量四無色定慶喜當知以地
界無二為方便無生為方便無所得
為方便迴向一切智智修習八解脫
八勝處九次第定十遍處以水火風
空識界無二為方便無生為方便無
所得為方便迴向一切智智修習八
解脫八勝處九次第定十遍處慶喜
當知以地界無二為方便無生為方
便無所得為方便迴向一切智智修
習四念住四正斷四神足五根五力

大般若經第一百八卷 第二十一張 及字号

七等覺支八聖道支以水火風空識界無二為方便無生為方便無所得為方便迴向一切智智脩習四念住四正斷四神足五根五力七等覺支八聖道支慶喜當知以地界無二為方便無生為方便無所得為方便迴向一切智智脩習空解脫門無相解脫門無願解脫門以水火風空識界無二為方便無生為方便無所得為方便迴向一切智智脩習空解脫門無相解脫門無願解脫門慶喜當知以地界無二為方便無生為方便無所得為方便迴向一切智智脩習五眼六神通以水火風空識界無二為方便無生為方便無所得為方便迴向一切智智脩習五眼六神通慶喜當知以地界無二為方便無生為方便無所得為方便迴向一切智智脩習佛十力四無所畏四無礙解大慈大悲大喜大捨十八佛不共法以水火風空識界無二為方便無生為方便無所得為方便迴向一切智智脩習佛十力四無所畏四無礙解大慈

大般若經第一百八卷 第二十二張 及字号

大悲大喜大捨十八佛不共法慶喜當知以地界無二為方便無生為方便無所得為方便迴向一切智智脩習無忘失法恒住捨性以水火風空識界無二為方便無生為方便無所得為方便迴向一切智智脩習無忘失法恒住捨性慶喜當知以地界無二為方便無生為方便無所得為方便迴向一切智智脩習一切智道相智一切相智以水火風空識界無二為方便無生為方便無所得為方便迴向一切智智脩習一切智道相智一切相智慶喜當知以地界無二為方便無生為方便無所得為方便迴向一切智智脩習一切陁羅尼門一切三摩地門以水火風空識界無二為方便無生為方便無所得為方便迴向一切智智脩習一切陁羅尼門一切三摩地門慶喜當知以地界無二為方便無生為方便無所得為方便迴向一切智智脩習菩薩摩訶薩行以水火風空識界無二為方便無生為方便無所得為方便迴向一切

大般若經第一百八卷 第二十三張 及字号

智智脩習菩薩摩訶薩行慶喜當知以地界無二為方便無生為方便無所得為方便迴向一切智智脩習無上正等菩提以水火風空識界無二為方便無生為方便無所得為方便迴向一切智智脩習無上正等菩提

大般若波羅蜜多經卷第一百八

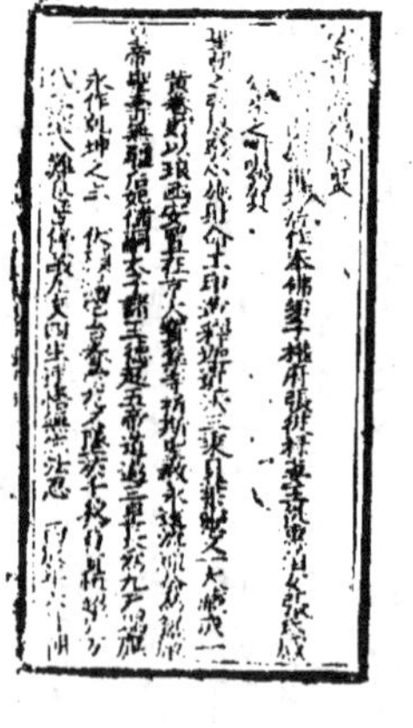

大般若波羅蜜多經卷第一百八

校勘記

一　底本，金藏大寶集寺本。

一　六六頁上一二行「八聖道支」，徑作「八勝道支」。

一　七〇頁中一一行、下八行至九行「菩薩摩訶薩行」，石作「菩薩摩訶行」。

大般若波羅蜜多經卷第一百九　盈

三藏法師玄奘奉　詔譯

初分校量功德品第三十之七

慶喜當知以無明無二為方便無生為方便無所得為方便迴向一切智智修習布施淨戒安忍精進靜慮般若波羅蜜多以行識名色六處觸受愛取有生老死愁歎苦憂惱無二為方便無生為方便無所得為方便迴向一切智智修習布施淨戒安忍精進靜慮般若波羅蜜多慶喜當知以無明無二為方便無生為方便無所得為方便迴向一切智智安住內空外空內外空空空大空勝義空有為空無為空畢竟空無際空散空無變異空本性空自相空共相空一切法空不可得空無性空自性空無性自性空以行識名色六處觸受愛取有生老死愁歎苦憂惱無二為方便無生為方便無所得為方便迴向一切智智安住內空乃至無性自性空慶喜當知以無明無二為方便無生為方便無所得為方便迴向一切智智安住真如法界法性不虛妄性不變異性平等性離生性法定法住實際虛空界不思議界以行識名色六處觸受愛取有生老死愁歎苦憂惱無二為方便無生為方便無所得為方便迴向一切智智安住真如乃至不思議界慶喜當知以無明無二為方便無生為方便無所得為方便迴向一切智智安住苦集滅道聖諦以行識名色六處觸受愛取有生老死愁歎苦憂惱無二為方便無生為方便無所得為方便迴向一切智智安住苦集滅道聖諦慶喜當知以無明無二為方便無生為方便無所得為方便迴向一切智智修習四靜慮四無量四無色定以行識名色六處觸受愛取有生老死愁歎苦憂惱無二為方便無生為方便無所得為方便迴向一切智智修習四靜慮四無量四無色定慶喜當知以無明無二為方便無生為方便無所得為方便迴向一切智智修習八解脫八勝處九

次弟定十遍處以行識名色六處觸受愛取有生老死愁嘆苦憂惱無二為方便無生為方便無所得為方便迴向一切智智修習八解脫八勝處九次第定十遍處慶喜當知以無明無二為方便無生為方便無所得為方便迴向一切智智修習四念住四正斷四神足五根五力七等覺支八聖道支以行識名色六處觸受愛取有生老死愁歎苦憂惱無二為方便無生為方便無所得為方便迴向一切智智修習四念住四正斷四神足五根五力七等覺支八聖道支慶喜當知以無明無二為方便無生為方便無所得為方便迴向一切智智修習空解脫門無相解脫門無願解脫門以行識名色六處觸受愛取有生老死愁歎苦憂惱無二為方便無生為方便無所得為方便迴向一切智智修習空解脫門無相解脫門無願解脫門慶喜當知以無明無二為方便無生為方便無所得為方便迴向一切智智修習五眼六神通以行識

名色六處觸受愛取有生老死愁歎苦憂惱無二為方便無生為方便無所得為方便迴向一切智智修習五眼六神通慶喜當知以無明無二為方便無生為方便無所得為方便迴向一切智智修習佛十力四無所畏四無礙解大慈大悲大喜大捨十八佛不共法以行識名色六處觸受愛取有生老死愁歎苦憂惱無二為方便無生為方便無所得為方便迴向一切智智修習佛十力四無所畏四無礙解大慈大悲大喜大捨十八佛不共法慶喜當知以無明無二為方便無生為方便無所得為方便迴向一切智智修習無忘失法恒住捨性以行識名色六處觸受愛取有生老死愁歎苦憂惱無二為方便無生為方便無所得為方便迴向一切智智修習無忘失法恒住捨性慶喜當知以無明無二為方便無生為方便無所得為方便迴向一切智智修習一切智道相智一切相智以行識名色六處觸受愛取有生老死愁歎苦憂

惱無二為方便無生為方便無所得為方便迴向一切智智修習一切智道相智一切相智慶喜當知以無明無二為方便無生為方便無所得為方便迴向一切智智修習一切陁羅尼門一切三摩地門以行識名色六處觸受愛取有生老死愁歎苦憂惱無二為方便無生為方便無所得為方便迴向一切智智修習一切陁羅尼門一切三摩地門慶喜當知以無明無二為方便無生為方便無所得為方便迴向一切智智修習菩薩摩訶薩行以行識名色六處觸受愛取有生老死愁歎苦憂惱無二為方便無生為方便無所得為方便迴向一切智智修習菩薩摩訶薩行慶喜當知以無明無二為方便無生為方便無所得為方便迴向一切智智修習無上正等菩提以行識名色六處觸受愛取有生老死愁歎苦憂惱無二為方便無生為方便無所得為方便迴向一切智智修習無上正等菩提慶喜當知以內空無二為方便無生

為方便無所得為方便迴向一切智智修習布施淨戒安忍精進靜慮般若波羅蜜多以外空內外空空空大空勝義空有為空無為空畢竟空無際空散空無變異空本性空自相空共相空一切法空不可得空無性空自性空無性自性空無二為方便無生為方便無所得為方便迴向一切智智修習布施淨戒安忍精進靜慮般若波羅蜜多慶喜當知以內空無二為方便無生為方便無所得為方便迴向一切智智安住內空外空內外空空空大空勝義空有為空無為空畢竟空無際空散空無變異空本性空自相空共相空一切法空不可得空無性空自性空無性自性空以外空內外空空空大空勝義空有為空無為空畢竟空無際空散空無變異空本性空自相空共相空一切法空不可得空無性空自性空無性自性空無二為方便無生為方便無所得為方便迴向一切智智安住內空乃至無性自性空慶喜當知以內空

無二為方便無生為方便無所得為方便迴向一切智智安住真如法界法性不虛妄性不變異性平等性離生性法定法住實際虛空界不思議界以外空內外空空空大空勝義空有為空無為空畢竟空無際空散空無變異空本性空自相空共相空一切法空不可得空無性空自性空無性自性空無二為方便無生為方便無所得為方便迴向一切智智安住真如乃至不思議界慶喜當知以內空無二為方便無生為方便無所得為方便迴向一切智智安住苦集滅道聖諦以外空內外空空空大空勝義空有為空無為空畢竟空無際空散空無變異空本性空自相空共相空一切法空不可得空無性空自性空無性自性空無二為方便無生為方便無所得為方便迴向一切智智安住苦集滅道聖諦慶喜當知以內空無二為方便無生為方便無所得為方便迴向一切智智修習四靜慮四無量四無色定以外空內外空空

空大空勝義空有為空無為空畢竟空無際空散空無變異空本性空自相空共相空一切法空不可得空無性空自性空無性自性空無二為方便無生為方便無所得為方便迴向一切智智修習四靜慮四無量四無色定慶喜當知以內空無二為方便無生為方便無所得為方便迴向一切智智修習八解脫八勝處九次第定十遍處以外空內外空空空大空勝義空有為空無為空畢竟空無際空散空無變異空本性空自相空共相空一切法空不可得空無性空自性空無性自性空無二為方便無生為方便無所得為方便迴向一切智智修習八解脫八勝處九次第定十遍處慶喜當知以內空無二為方便無生為方便無所得為方便迴向一切智智修習四念住四正斷四神足五根五力七等覺支八聖道支以外空內外空空空大空勝義空有為空無為空畢竟空無際空散空無變異空本性空自相空共相空一切法空

不可得空無性空自性空無性自性空無二為方便無生為方便無所得為方便迴向一切智智修習四念住四正斷四神足五根五力七等覺支八聖道支慶喜當知以內空無二為方便無生為方便無所得為方便迴向一切智智修習空解脫門無相解脫門無願解脫門以外空內外空空空大空勝義空有為空無為空畢竟空無際空散空無變異空本性空自相空共相空一切法空不可得空無性空自性空無性自性空無二為方便無生為方便無所得為方便迴向一切智智修習空解脫門無相解脫門無願解脫門慶喜當知以內空無二為方便無生為方便無所得為方便迴向一切智智修習五眼六神通以外空內外空空空大空勝義空有為空無為空畢竟空無際空散空無變異空本性空自相空共相空一切法空不可得空無性空自性空無性自性空無二為方便無生為方便無所得為方便迴向一切智智修習五

眼六神通慶喜當知以內空無二為方便無生為方便無所得為方便迴向一切智智修習佛十力四無所畏四無礙解大慈大悲大喜大捨十八佛不共法以外空內外空空空大空勝義空有為空無為空畢竟空無際空散空無變異空本性空自相空共相空一切法空不可得空無性空自性空無性自性空無二為方便無生為方便無所得為方便迴向一切智智修習佛十力四無所畏四無礙解大慈大悲大喜大捨十八佛不共法慶喜當知以內空無二為方便無生為方便無所得為方便迴向一切智智修習無忘失法恒住捨性以外空內外空空空大空勝義空有為空無為空畢竟空無際空散空無變異空本性空自相空共相空一切法空不可得空無性空自性空無性自性空無二為方便無生為方便無所得為方便迴向一切智智修習無忘失法恒住捨性慶喜當知以內空無二為方便無生為方便無所得為方便迴

向一切智智修習一切智道相智一切相智以外空內外空空空大空勝義空有為空無為空畢竟空無際空散空無變異空本性空自相空共相空一切法空不可得空無性空自性空無性自性空無二為方便無生為方便無所得為方便迴向一切智智修習一切智道相智一切相智慶喜當知以內空無二為方便無生為方便無所得為方便迴向一切智智修習一切陀羅尼門一切三摩地門以外空內外空空空大空勝義空有為空無為空畢竟空無際空散空無變異空本性空自相空共相空一切法空不可得空無性空自性空無性自性空無二為方便無生為方便無所得為方便迴向一切智智修習一切陀羅尼門一切三摩地門慶喜當知以內空無二為方便無生為方便無所得為方便迴向一切智智修習菩薩摩訶薩行以外空內外空空空大空勝義空有為空無為空畢竟空無際空散空無變異空本性空自相空

共相空一切法空不可得空無性空
自性空無性自性空無二為方便無
生為方便無所得為方便迴向一切
智智修習菩薩摩訶薩行慶喜當知
以內空無二為方便無生為方便無
所得為方便迴向一切智智修習無
上正等菩提以外空內外空空空大
空勝義空有為空無為空畢竟空無
際空散空無變異空本性空自相空
共相空一切法空不可得空無性空
自性空無性自性空無二為方便無
生為方便無所得為方便迴向一切
智智修習無上正等菩提
慶喜當知以真如無二為方便無生
為方便無所得為方便迴向一切智
智修習布施淨戒安忍精進靜慮般
若波羅蜜多以法界法性不虛妄性
不變異性平等性離生性法定法住
實際虛空界不思議界無二為方便
無生為方便無所得為方便迴向一
切智智修習布施淨戒安忍精進靜
慮般若波羅蜜多慶喜當知以真如
無二為方便無生為方便無所得為

方便迴向一切智智安住內空外空
內外空空空大空勝義空有為空無
為空畢竟空無際空散空無變異空
本性空自相空共相空一切法空不
可得空無性空自性空無性自性空
以法界法性不虛妄性不變異性平
等性離生性法定法住實際虛空界
不思議界無二為方便無生為方便
無所得為方便迴向一切智智安住
內空乃至無性自性空慶喜當知以
真如無二為方便無生為方便無所
得為方便迴向一切智智安住真如
法界法性不虛妄性不變異性平等
性離生性法定法住實際虛空界不
思議界以法界法性不虛妄性不變
異性平等性離生性法定法住實際
虛空界不思議界無二為方便無生
為方便無所得為方便迴向一切智
智安住真如乃至不思議界慶喜當
知以真如無二為方便無生為方便
無所得為方便迴向一切智智安住
苦集滅道聖諦以法界法性不虛妄
性不變異性平等性離生性法定法

住實際虛空界不思議界無二為方
便無生為方便無所得為方便迴向
一切智智安住苦集滅道聖諦慶喜
當知以真如無二為方便無生為方
便無所得為方便迴向一切智智修
習四靜慮四無量四無色定以法界
法性不虛妄性不變異性平等性離
生性法定法住實際虛空界不思議
界無二為方便無生為方便無所得
為方便迴向一切智智修習四靜慮
四無量四無色定慶喜當知以真如
無二為方便無生為方便無所得為
方便迴向一切智智修習八解脫八
勝處九次第定十遍處以法界法性
不虛妄性不變異性平等性離生性
法定法住實際虛空界不思議界無
二為方便無生為方便無所得為方
便迴向一切智智修習八解脫八勝
處九次第十遍處慶喜當知以真如
無二為方便無生為方便無所得為
方便迴向一切智智修習四念住四
正斷四神足五根五力七等覺支八
聖道支以法界法性不虛妄性不變

異性平等性離生性法定法住實際虛空界不思議界無二為方便無生為方便無所得為方便迴向一切智智修習四念住四正斷四神足五根五力七等覺支八聖道支

慶喜當知以真如無二為方便無生為方便無所得為方便迴向一切智智修習空解脫門無相解脫門無願解脫門以法界法性不虛妄性不變異性平等性離生性法定法住實際虛空界不思議界無二為方便無生為方便無所得為方便迴向一切智智修習空解脫門無相解脫門無願解脫門慶喜當知以真如無二為方便無生為方便無所得為方便迴向一切智智修習五眼六神通以法界法性不虛妄性不變異性平等性離生性法定法住實際虛空界不思議界無二為方便無生為方便無所得為方便迴向一切智智修習五眼六神通慶喜當知以真如無二為方便無生為方便無所得為方便迴向一切智智修習佛十力四無所畏四無礙解大慈大悲大喜大捨十八佛不共法以法界法性不虛妄性不變異性平等性離生性法定法住實際虛空界不思議界無二為方便無生為方便無所得為方便迴向一切智智修習佛十力四無所畏四無礙解大慈大悲大喜大捨十八佛不共法慶喜當知以真如無二為方便無生為方便無所得為方便迴向一切智智修習無忘失法恒住捨性以法界法性不虛妄性不變異性平等性離生性法定法住實際虛空界不思議界無二為方便無生為方便無所得為方便迴向一切智智修習無忘失法恒住捨性慶喜當知以真如無二為方便無生為方便無所得為方便迴向一切智智修習一切智道相智一切相智以法界法性不虛妄性不變異性平等性離生性法定法住實際虛空界不思議界無二為方便無生為方便無所得為方便迴向一切智智修習一切智道相智一切相智慶喜當知以真如無二為方便無生為方便無所得為方便迴向一切智智修習一切陀羅尼門一切三摩地門以法界法性不虛妄性不變異性平等性離生性法定法住實際虛空界不思議界無二為方便無生為方便無所得為方便迴向一切智智修習一切陀羅尼門一切三摩地門慶喜當知以真如無二為方便無生為方便無所得為方便迴向一切智智修習菩薩摩訶薩行以法界法性不虛妄性不變異性平等性離生性法定法住實際虛空界不思議界無二為方便無生為方便無所得為方便迴向一切智智修習菩薩摩訶薩行慶喜當知以真如無二為方便無生為方便無所得為方便迴向一切智智修習無上正等菩提以法界法性不虛妄性不變異性平等性離生性法定法住實際虛空界不思議界無二為方便無生為方便無所得為方便迴向一切智智修習無上正等菩提慶喜當知以苦聖諦無二為方便無生為方便無所得為方便迴向一切

智智修習布施淨戒安忍精進靜慮般若波羅蜜多以集滅道聖諦無二為方便無生為方便無所得為方便迴向一切智智修習布施淨戒安忍精進靜慮般若波羅蜜多慶喜當知以苦聖諦無二為方便無生為方便無所得為方便迴向一切智智安住內空外空內外空空空大空勝義空有為空無為空畢竟空無際空散空無變異空本性空自相空共相空一切法空不可得空無性空自性空無性自性空以集滅道聖諦無二為方便無生為方便無所得為方便迴向一切智智安住內空乃至無性自性空慶喜當知以苦聖諦無二為方便無生為方便無所得為方便迴向一切智智安住真如法界法性不虛妄性不變異性平等性離生性法定法住實際虛空界不思議界以集滅道聖諦無二為方便無生為方便無所得為方便迴向一切智智安住真如乃至不思議界慶喜當知以苦聖諦無二為方便無生為方便無所得為

方便迴向一切智智安住苦集滅道聖諦以集滅道聖諦無二為方便無生為方便無所得為方便迴向一切智智安住苦集滅道聖諦慶喜當知以苦聖諦無二為方便無生為方便無所得為方便迴向一切智智修習四靜慮四無量四無色定以集滅道聖諦無二為方便無生為方便無所得為方便迴向一切智智修習四靜慮四無量四無色定慶喜當知以苦聖諦無二為方便無生為方便無所得為方便迴向一切智智修習八解脫八勝處九次第定十遍處以集滅道聖諦無二為方便無生為方便無所得為方便迴向一切智智修習八解脫八勝處九次第定十遍處慶喜當知以苦聖諦無二為方便無生為方便無所得為方便迴向一切智智修習四念住四正斷四神足五根五力七等覺支八聖道支以集滅道聖諦無二為方便無生為方便無所得為方便迴向一切智智修習四念住四正斷四神足五根五力七等覺支

八聖道支慶喜當知以苦聖諦無二為方便無生為方便無所得為方便迴向一切智智修習空解脫門無相解脫門無願解脫門以集滅道聖諦無二為方便無生為方便無所得為方便迴向一切智智修習空解脫門無相解脫門無願解脫門慶喜當知以苦聖諦無二為方便無生為方便無所得為方便迴向一切智智修習五眼六神通以集滅道聖諦無二為方便無生為方便無所得為方便迴向一切智智修習五眼六神通慶喜當知以苦聖諦無二為方便無生為方便無所得為方便迴向一切智智修習佛十力四無所畏四無礙解大慈大悲大喜大捨十八佛不共法以集滅道聖諦無二為方便無生為方便無所得為方便迴向一切智智修習佛十力四無所畏四無礙解大慈大悲大喜大捨十八佛不共法慶喜當知以苦聖諦無二為方便無生為方便無所得為方便迴向一切智智修習無忘失法恒住捨性以集滅道

聖諦無二為方便無生為方便無所得為方便迴向一切智智修習無忘失法恒住捨性慶喜當知以苦聖諦無二為方便無生為方便無所得為方便迴向一切智智修習一切智道相智一切相智以集滅道聖諦無二為方便無生為方便無所得為方便迴向一切智智修習一切智道相智一切相智慶喜當知以苦聖諦無二為方便無生為方便無所得為方便迴向一切智智修習一切陀羅尼門一切三摩地門以集滅道聖諦無二為方便無生為方便無所得為方便迴向一切智智修習一切陀羅尼門一切三摩地門慶喜當知以苦聖諦無二為方便無生為方便無所得為方便迴向一切智智修習菩薩摩訶薩行以集滅道聖諦無二為方便無生為方便無所得為方便迴向一切智智修習菩薩摩訶薩行慶喜當知以苦聖諦無二為方便無生為方便無所得為方便迴向一切智智修習無上正等菩提以集滅道聖諦無二為方便無生為方便無所得為方便迴向一切智智修習無上正等菩提

慶喜當知以布施波羅蜜多無二為方便無生為方便無所得為方便迴向一切智智修習布施淨戒安忍精進靜慮般若波羅蜜多以淨戒安忍精進靜慮般若波羅蜜多無二為方便無生為方便無所得為方便迴向一切智智修習布施淨戒安忍精進靜慮般若波羅蜜多慶喜當知以布施波羅蜜多無二為方便無生為方便無所得為方便迴向一切智智安住內空外空內外空空空大空勝義空有為空無為空畢竟空無際空散空無變異空本性空自相空共相空一切法空不可得空無性空自性空無性自性空以淨戒安忍精進靜慮般若波羅蜜多無二為方便無生為方便無所得為方便迴向一切智智安住內空乃至無性自性空慶喜當知以布施波羅蜜多無二為方便無生為方便無所得為方便迴向一切智智安住真如法界法性不虛妄性不變異性平等性離生性法定法住實際虛空界不思議界以淨戒安忍精進靜慮般若波羅蜜多無二為方便無生為方便無所得為方便迴向一切智智安住真如乃至不思議界慶喜當知以布施波羅蜜多無二為方便無生為方便無所得為方便迴向一切智智安住苦集滅道聖諦以淨戒安忍精進靜慮般若波羅蜜多無二為方便無生為方便無所得為方便迴向一切智智安住苦集滅道聖諦慶喜當知以布施波羅蜜多無二為方便無生為方便無所得為方便迴向一切智智修習四靜慮四無量四無色定以淨戒安忍精進靜慮般若波羅蜜多無二為方便無生為方便無所得為方便迴向一切智智修習四靜慮四無量四無色定

大般若波羅蜜多經卷第一百九　盈

大般若波羅蜜多經卷第一百九

校勘記

一　底本，金藏大寶集寺本。

一　七八頁下一五行第一一字「不」，應爲「性」。

大般若波羅蜜多經卷第一百十　盈

三藏法師玄奘奉　詔譯

初分校量功德品第三十之八

慶喜當知以布施波羅蜜多無二爲方便無生爲方便無所得爲方便迴向一切智智修習八解脫八勝處九次第定十遍處以淨戒安忍精進靜慮般若波羅蜜多無二爲方便無生爲方便無所得爲方便迴向一切智智修習八解脫八勝處九次第定十遍處慶喜當知以布施波羅蜜多無二爲方便無生爲方便無所得爲方便迴向一切智智修習四念住四正斷四神足五根五力七等覺支八聖道支以淨戒安忍精進靜慮般若波羅蜜多無二爲方便無生爲方便無所得爲方便迴向一切智智修習四念住四正斷四神足五根五力七等覺支八聖道支慶喜當知以布施波羅蜜多無二爲方便無生爲方便無所得爲方便迴向一切智智修習空解脫門無相解脫門無願解脫門以

淨戒安忍精進靜慮般若波羅蜜多無二爲方便無生爲方便無所得爲方便迴向一切智智修習空解脫門無相解脫門無願解脫門慶喜當知以布施波羅蜜多無二爲方便無生爲方便無所得爲方便迴向一切智智修習五眼六神通以淨戒安忍精進靜慮般若波羅蜜多無二爲方便無生爲方便無所得爲方便迴向一切智智修習五眼六神通慶喜當知以布施波羅蜜多無二爲方便無生爲方便無所得爲方便迴向一切智智修習佛十力四無所畏四無礙解大慈大悲大喜大捨十八佛不共法以淨戒安忍精進靜慮般若波羅蜜多無二爲方便無生爲方便無所得爲方便迴向一切智智修習佛十力四無所畏四無礙解大慈大悲大喜大捨十八佛不共法慶喜當知以布施波羅蜜多無二爲方便無生爲方便無所得爲方便迴向一切智智修習無忘失法恒住捨性以淨戒安忍精進靜慮般若波羅蜜多無二爲方

便無生為方便無所得為方便迴向一切智智修習無忘失法恒住捨性慶喜當知以布施波羅蜜多無二為方便無生為方便無所得為方便迴向一切智智修習一切智道相智一切相智以淨戒安忍精進靜慮般若波羅蜜多無二為方便無生為方便無所得為方便迴向一切智智修習一切智道相智一切相智慶喜當知以布施波羅蜜多無二為方便無生為方便無所得為方便迴向一切智智修習一切陁羅尼門一切三摩地門以淨戒安忍精進靜慮般若波羅蜜多無二為方便無生為方便無所得為方便迴向一切智智修習一切陁羅尼門一切三摩地門慶喜當知以布施波羅蜜多無二為方便無生為方便無所得為方便迴向一切智智修習菩薩摩訶薩行以淨戒安忍精進靜慮般若波羅蜜多無二為方便無生為方便無所得為方便迴向一切智智修習菩薩摩訶薩行慶喜當知以布施波羅蜜多無二為方便無

生為方便無所得為方便迴向一切智智修習無上正等菩提以淨戒安忍精進靜慮般若波羅蜜多無二為方便無生為方便無所得為方便迴向一切智智修習無上正等菩提

慶喜當知以四靜慮無二為方便無生為方便無所得為方便迴向一切智智修習布施淨戒安忍精進靜慮般若波羅蜜多以四無量四無色定無二為方便無生為方便無所得為方便迴向一切智智修習布施淨戒安忍精進靜慮般若波羅蜜多慶喜當知以四靜慮無二為方便無生為方便無所得為方便迴向一切智智安住內空外空內外空空空大空勝義空有為空無為空畢竟空無際空散空無變異空本性空自相空共相空一切法空不可得空無性空自性空無性自性空以四無量四無色定無二為方便無生為方便無所得為方便迴向一切智智安住內空乃至無性自性空慶喜當知以四靜慮無二為方便無生為方便無所得為方

便迴向一切智智安住真如法界法性不虛妄性不變異性平等性離生性法定法住實際虛空界不思議界以四無量四無色定無二為方便無生為方便無所得為方便迴向一切智智安住真如乃至不思議界慶喜當知以四靜慮無二為方便無生為方便無所得為方便迴向一切智智安住苦集滅道聖諦以四無量四無色定無二為方便無生為方便無所得為方便迴向一切智智安住苦集滅道聖諦慶喜當知以四靜慮無二為方便無生為方便無所得為方便迴向一切智智修習四靜慮四無量四無色定以四無量四無色定無二為方便無生為方便無所得為方便迴向一切智智修習四靜慮四無量四無色定慶喜當知以四靜慮無二為方便無生為方便無所得為方便迴向一切智智修習八解脫八勝處九次第定十遍處以四無量四無色定無二為方便無生為方便無所得為方便迴向一切智智修習八解脫

八勝處九次第定十遍處慶喜當知以四靜慮無二為方便無生為方便無所得為方便迴向一切智智修習四念住四正斷四神足五根五力七等覺支八聖道支以四無量四無色定無二為方便無生為方便無所得為方便迴向一切智智修習四念住四正斷四神足五根五力七等覺支八聖道支慶喜當知以四靜慮無二為方便無生為方便無所得為方便迴向一切智智修習空解脫門無相解脫門無願解脫門以四無量四無色定無二為方便無生為方便無所得為方便迴向一切智智修習空解脫門無相解脫門無願解脫門

慶喜當知以四靜慮無二為方便無生為方便無所得為方便迴向一切智智修習五眼六神通以四無量四無色定無二為方便無生為方便無所得為方便迴向一切智智修習五眼六神通慶喜當知以四靜慮無二為方便無生為方便無所得為方便迴向一切智智修習佛十力四無所畏四無礙解大慈大悲大喜大捨十八佛不共法以四無量四無色定無二為方便無生為方便無所得為方便迴向一切智智修習佛十力四無所畏四無礙解大慈大悲大喜大捨十八佛不共法慶喜當知以四靜慮無二為方便無生為方便無所得為方便迴向一切智智修習無忘失法恒住捨性以四無量四無色定無二為方便無生為方便無所得為方便迴向一切智智修習無忘失法恒住捨性慶喜當知以四靜慮無二為方便無生為方便無所得為方便迴向一切智智修習一切智道相智一切相智以四無量四無色定無二為方便無生為方便無所得為方便迴向一切智智修習一切智道相智一切相智慶喜當知以四靜慮無二為方便無生為方便無所得為方便迴向一切智智修習一切陁羅尼門一切三摩地門以四無量四無色定無二為方便無生為方便無所得為方便迴向一切智智修習一切陁羅尼門一切三摩地門慶喜當知以四靜慮无二為方便無生為方便无所得為方便迴向一切智智修習菩薩摩訶薩行以四無量四无色定無二為方便無生為方便无所得為方便迴向一切智智修習菩薩摩訶薩行慶喜當知以四靜慮無二為方便无生為方便無所得為方便迴向一切智智修習无上正等菩提以四無量四无色定無二為方便无生為方便無所得為方便迴向一切智智修習无上正等菩提慶喜當知以八解脫無二為方便无生為方便無所得為方便迴向一切智智修習布施淨戒安忍精進靜慮般若波羅蜜多以八勝處九次第定十遍處無二為方便无生為方便無所得為方便迴向一切智智修習布施淨戒安忍精進靜慮般若波羅蜜多慶喜當知以八解脫无二為方便無生為方便无所得為方便迴向一切智智安住內空外空內外空空空大空勝義空有為空无為空畢竟空無際空散空无變異空本性空自相

空共相空一切法空不可得空無性空自性空無性自性空以八勝處九次第定十遍處無二為方便無生為方便無所得為方便迴向一切智智安住內空乃至無性自性空慶喜當知以八解脫無二為方便無生為方便無所得為方便迴向一切智智安住真如法界法性不虛妄性不變異性平等性離生性法定法住實際虛空界不思議界以八勝處九次第定十遍處無二為方便無生為方便無所得為方便迴向一切智智安住真如乃至不思議界慶喜當知以八解脫無二為方便無生為方便無所得為方便迴向一切智智安住苦集滅道聖諦以八勝處九次第定十遍處無二為方便無生為方便無所得為方便迴向一切智智安住苦集滅道聖諦慶喜當知以八解脫無二為方便無生為方便無所得為方便迴向一切智智修習四靜慮四無量四無色定以八勝處九次第定十遍處無二為方便無生為方便無所得為方

便迴向一切智智修習四靜慮四無量四無色定慶喜當知以八解脫無二為方便無生為方便無所得為方便迴向一切智智修習八解脫八勝處九次第定十遍處以八勝處九次第定十遍處無二為方便無生為方便無所得為方便迴向一切智智修習八解脫八勝處九次第定十遍處慶喜當知以八解脫無二為方便無生為方便無所得為方便迴向一切智智修習四念住四正斷四神足五根五力七等覺支八聖道支以八勝處九次第定十遍處無二為方便無生為方便無所得為方便迴向一切智智修習四念住四正斷四神足五根五力七等覺支八聖道支

慶喜當知以八解脫無二為方便無生為方便無所得為方便迴向一切智智修習空解脫門無相解脫門無願解脫門以八勝處九次第定十遍處無二為方便無生為方便無所得為方便迴向一切智智修習空解脫門無相解脫門無願解脫門慶喜當

知以八解脫無二為方便無生為方便無所得為方便迴向一切智智修習五眼六神通以八勝處九次第定十遍處無二為方便無生為方便無所得為方便迴向一切智智修習五眼六神通慶喜當知以八解脫無二為方便無生為方便無所得為方便迴向一切智智修習佛十力四無所畏四無礙解大慈大悲大喜大捨十八佛不共法以八勝處九次第定十遍處無二為方便無生為方便無所得為方便迴向一切智智修習佛十力四無所畏四無礙解大慈大悲大喜大捨十八佛不共法慶喜當知以八解脫無二為方便無生為方便無所得為方便迴向一切智智修習無忘失法恒住捨性以八勝處九次第定十遍處無二為方便無生為方便無所得為方便迴向一切智智修習無忘失法恒住捨性

慶喜當知以八解脫無二為方便無生為方便無所得為方便迴向一切智智修習一切智道相智一切相智

以八勝處九次第定十遍處無二為方便無生為方便無所得為方便迴向一切智智修習一切智道相智一切相智慶喜當知以八解脫無二為方便無生為方便無所得為方便迴向一切智智修習一切陀羅尼門一切三摩地門以八勝處九次第定十遍處無二為方便無生為方便無所得為方便迴向一切智智修習一切陀羅尼門一切三摩地門慶喜當知以八解脫無二為方便無生為方便無所得為方便迴向一切智智修習菩薩摩訶薩行以八勝處九次第定十遍處無二為方便無生為方便無所得為方便迴向一切智智修習菩薩摩訶薩行慶喜當知以八解脫無二為方便無生為方便無所得為方便迴向一切智智修習無上正等菩提以八勝處九次第定十遍處無二為方便無生為方便無所得為方便迴向一切智智修習無上正等菩提慶喜當知以四念住無二為方便無生為方便無所得為方便迴向一切

智智修習布施淨戒安忍精進靜慮般若波羅蜜多以四正斷四神足五根五力七等覺支八聖道支無二為方便无生為方便無所得為方便迴向一切智智修習布施淨戒安忍精進靜慮般若波羅蜜多慶喜當知以四念住無二為方便无生為方便無所得為方便迴向一切智智安住內空外空內外空空空大空勝義空有為空無為空畢竟空无際空散空無變異空本性空自相空共相空一切法空不可得空無性空自性空无性自性空以四正斷四神足五根五力七等覺支八聖道支無二為方便无生為方便無所得為方便迴向一切智智安住內空乃至无性自性空慶喜當知以四念住無二為方便無生為方便无所得為方便迴向一切智智安住真如法界法性不虛妄性不變異性平等性離生性法定法住實際虛空界不思議界以四正斷四神足五根五力七等覺支八聖道支無二為方便無生為方便无所得為方

便迴向一切智智安住真如乃至不思議界慶喜當知以四念住無二為方便無生為方便無所得為方便迴向一切智智安住苦集滅道聖諦以四正斷四神足五根五力七等覺支八聖道支無二為方便無生為方便無所得為方便迴向一切智智安住苦集滅道聖諦慶喜當知以四念住無二為方便無生為方便無所得為方便迴向一切智智修習四靜慮四無量四無色定以四正斷四神足五根五力七等覺支八聖道支無二為方便無生為方便無所得為方便迴向一切智智修習四靜慮四無量四無色定慶喜當知以四念住無二為方便無生為方便無所得為方便迴向一切智智修習八解脫八勝處九次第定十遍處以四正斷四神足五根五力七等覺支八聖道支無二為方便無生為方便無所得為方便迴向一切智智修習八解脫八勝處九次第定十遍處慶喜當知以四念住無二為方便無生為方便無所得為

大般若經第二百十卷　第十五張

方便迴向一切智智修習四念住四正斷四神足五根五力七等覺支八聖道支以四正斷四神足五根五力七等覺支八聖道支無二為方便無生為方便無所得為方便迴向一切智智修習四念住四正斷四神足五根五力七等覺支八聖道支慶喜當知以四念住无二為方便无生為方便无所得為方便迴向一切智智修習空解脫門无相解脫門无願解脫門以四正斷四神足五根五力七等覺支八聖道支无二為方便無生為方便无所得為方便迴向一切智智修習空解脫門無相解脫門无願解脫門慶喜當知以四念住无二為方便無生為方便無所得為方便迴向一切智智修習五眼六神通以四正斷四神足五根五力七等覺支八聖道支无二為方便無生為方便無所得為方便迴向一切智智修習五眼六神通慶喜當知以四念住无二為方便无生為方便無所得為方便迴向一切智智修習佛十力四無所畏

大般若經第二百十卷　第十六張

四无导解大慈大悲大喜大捨十八佛不共法以四正斷四神足五根五力七等覺支八聖道支无二為方便无生為方便無所得為方便迴向一切智智修習佛十力四无所畏四无导解大慈大悲大喜大捨十八佛不共法慶喜當知以四念住無二為方便无生為方便无所得為方便迴向一切智智修習無忘失法恒住捨性以四正斷四神足五根五力七等覺支八聖道支無二為方便无生為方便無所得為方便迴向一切智智修習无忘失法恒住捨性慶喜當知以四念住无二為方便無生為方便无所得為方便迴向一切智智修習一切智道相智一切相智以四正斷四神足五根五力七等覺支八聖道支无二為方便无生為方便无所得為方便迴向一切智智修習一切智道相智一切相智慶喜當知以四念住无二為方便無生為方便无所得為方便迴向一切智智修習一切陁羅尼門一切三摩地門以四正斷四神

大般若經第二百十卷　第十七張

足五根五力七等覺支八聖道支無二為方便无生為方便無所得為方便迴向一切智智修習一切陁羅尼門一切三摩地門慶喜當知以四念住无二為方便无生為方便無所得為方便迴向一切智智修習菩薩摩訶薩行以四正斷四神足五根五力七等覺支八聖道支無二為方便无生為方便無所得為方便迴向一切智智修習菩薩摩訶薩行慶喜當知以四念住无二為方便无生為方便無所得為方便迴向一切智智修習无上正等菩提以四正斷四神足五根五力七等覺支八聖道支無二為方便无生為方便无所得為方便迴向一切智智修習无上正等菩提

慶喜當知以空解脫門无二為方便无生為方便無所得為方便迴向一切智智修習布施淨戒安忍精進靜慮般若波羅蜜多以无相無願解脫門无二為方便无生為方便无所得為方便迴向一切智智修習布施淨戒安忍精進靜慮般若波羅蜜多慶

喜當知以空解脫門无二爲方便无生爲方便无所得爲方便迴向一切智智安住内空外空内外空空空大空勝義空有爲空无爲空畢竟空无際空散空無變異空本性空自相空共相空一切法空不可得空無性空自性空无性自性空以無相無願解脫門无二爲方便无生爲方便无所得爲方便迴向一切智智安住内空乃至无性自性空慶喜當知以空解脫門無二爲方便无生爲方便无所得爲方便迴向一切智智安住真如法界法性不虚妄性不變異性平等性離生性法定法住實際虚空界不思議界以无相无願解脫門无二爲方便无生爲方便無所得爲方便迴向一切智智安住真如乃至不思議界慶喜當知以空解脫門無二爲方便无生爲方便无所得爲方便迴向一切智智安住苦集滅道聖諦以無相无願解脫門無二爲方便无生爲方便無所得爲方便迴向一切智智安住苦集滅道聖諦慶喜當知以空

解脫門无二爲方便無生爲方便無所得爲方便迴向一切智智修習四靜慮四无量四無色定以无相無願解脫門无二爲方便无生爲方便無所得爲方便迴向一切智智修習四靜慮四無量四無色定慶喜當知以空解脫門无二爲方便無生爲方便无所得爲方便迴向一切智智修習八解脫八勝處九次第定十遍處以無相無願解脫門无二爲方便无生爲方便无所得爲方便迴向一切智智修習八解脫八勝處九次第定十遍處慶喜當知以空解脫門無二爲方便无生爲方便無所得爲方便迴向一切智智修習四念住四正斷四神足五根五力七等覺支八聖道支以无相无願解脫門无二爲方便无生爲方便無所得爲方便迴向一切智智修習四念住四正斷四神足五根五力七等覺支八聖道支慶喜當知以空解脫門无二爲方便无生爲方便无所得爲方便迴向一切智智修習空解脫門無相解脫門无願解

脫門以无相無願解脫門無二爲方便无生爲方便無所得爲方便迴向一切智智修習空解脫門无相解脫門无願解脫門慶喜當知以空解脫門无二爲方便无生爲方便无所得爲方便迴向一切智智修習五眼六神通以無相無願解脫門無二爲方便無生爲方便无所得爲方便迴向一切智智修習五眼六神通慶喜當知以空解脫門無二爲方便無生爲方便無所得爲方便迴向一切智智修習佛十力四無所畏四無导解大慈大悲大喜大捨十八佛不共法以无相無願解脫門无二爲方便无生爲方便無所得爲方便迴向一切智智修習佛十力四無所畏四无导解大慈大悲大喜大捨十八佛不共法慶喜當知以空解脫門無二爲方便無生爲方便無所得爲方便迴向一切智智修習无忘失法恒住捨性以无相無願解脫門无二爲方便无生爲方便無所得爲方便迴向一切智智修習无忘失法恒住捨性慶喜當

知以空解脫門无二為方便无生為方便無所得為方便迴向一切智智修習一切智道相智一切相智以無相無願解脫門無二為方便無生為方便無所得為方便迴向一切智智修習一切智道相智一切相智慶喜當知以空解脫門无二為方便无生為方便无所得為方便迴向一切智智修習一切陀羅尼門一切三摩地門以無相無願解脫門无二為方便无生為方便無所得為方便迴向一切智智修習一切陀羅尼門一切三摩地門慶喜當知以空解脫門無二為方便无生為方便無所得為方便迴向一切智智修習菩薩摩訶薩行以无相無願解脫門無二為方便無生為方便無所得為方便迴向一切智智修習菩薩摩訶薩行慶喜當知以空解脫門無二為方便无生為方便无所得為方便迴向一切智智修習無上正等菩提以无相无願解脫門无二為方便无生為方便无所得為方便迴向一切智智修習无上正等菩提

慶喜當知以五眼無二為方便无生為方便無所得為方便迴向一切智智修習布施淨戒安忍精進靜慮般若波羅蜜多以六神通无二為方便无生為方便无所得為方便迴向一切智智修習布施淨戒安忍精進靜慮般若波羅蜜多慶喜當知以五眼無二為方便無生為方便無所得為方便迴向一切智智安住內空外空內外空空空大空勝義空有為空無為空畢竟空無際空散空無變異空本性空自相空共相空一切法空不可得空無性空自性空無性自性空以六神通無二為方便無生為方便无所得為方便迴向一切智智安住內空乃至無性自性空慶喜當知以五眼無二為方便无生為方便无所得為方便迴向一切智智安住真如法界法性不虛妄性不變異性平等性離生性法定法住實際虛空界不思議界以六神通無二為方便无生為方便无所得為方便迴向一切智

智安住真如乃至不思議界慶喜當知以五眼無二為方便无生為方便無所得為方便迴向一切智智安住苦集滅道聖諦以六神通無二為方便無生為方便無所得為方便迴向一切智智安住苦集滅道聖諦慶喜當知以五眼無二為方便無生為方便無所得為方便迴向一切智智修習四靜慮四無量四無色定以六神通無二為方便無生為方便无所得為方便迴向一切智智修習四靜慮四无量四無色定慶喜當知以五眼無二為方便无生為方便無所得為方便迴向一切智智修習八解脫八勝處九次第定十遍處以六神通無二為方便无生為方便無所得為方便迴向一切智智修習八解脫八勝處九次第定十遍處慶喜當知以五眼無二為方便無生為方便無所得為方便迴向一切智智修習四念住四正斷四神足五根五力七等覺支八聖道支以六神通无二為方便無生為方便無所得為方便迴向一切

智智修習四念住四正斷四神足五根五力七等覺支八聖道支慶喜當知以五眼无二為方便无生為方便無所得為方便迴向一切智智修習空解脫門無相解脫門無願解脫門以六神通無二為方便無生為方便無所得為方便迴向一切智智修習空解脫門無相解脫門無願解脫門慶喜當知以五眼無二為方便無生為方便無所得為方便迴向一切智智修習五眼六神通以六神通无二為方便無生為方便无所得為方便迴向一切智智修習五眼六神通慶喜當知以五眼无二為方便無生為方便无所得為方便迴向一切智智修習佛十力四无所畏四无礙解大慈大悲大喜大捨十八佛不共法以六神通無二為方便无生為方便无所得為方便迴向一切智智修習佛十力四无所畏四無礙解大慈大悲大喜大捨十八佛不共法慶喜當知以五眼無二為方便无生為方便無所得為方便迴向一切智智修習无忘失法恒住捨性以六神通無二為方便无生為方便無所得為方便迴向一切智智修習無忘失法恒住捨性慶喜當知以五眼無二為方便无生為方便無所得為方便迴向一切智智修習一切智道相智一切相智以六神通無二為方便无生為方便无所得為方便迴向一切智智修習一切智道相智一切相智慶喜當知以五眼無二為方便无生為方便無所得為方便迴向一切智智修習一切陁羅尼門一切三摩地門以六神通无二為方便无生為方便无所得為方便迴向一切智智修習一切陁羅尼門一切三摩地門慶喜當知以五眼无二為方便无生為方便无所得為方便迴向一切智智修習菩薩摩訶薩行以六神通無二為方便无生為方便无所得為方便迴向一切智智修習菩薩摩訶薩行慶喜當知以五眼無二為方便无生為方便无所得為方便迴向一切智智修習無上正等菩提以六神通无二為方便无生為方便无所得為方便迴向一切智智修習無上正等菩提

大般若波羅蜜多經卷第一百一十

大般若波羅蜜多經卷第一百一十

校勘記

一　底本，金藏廣勝寺本。

一　八五頁下一行「三摩地門」，麗作「二摩地門」。

一　八六頁中七行第一一字殘，應為「切」。

一　八六頁中一三行第一一、第一二字殘，應為「為方」。

一　八六頁中一六行「八聖道支」，麗作「八勝道支」。

一　八六頁下一七行「八勝處」，石作「八勝」。

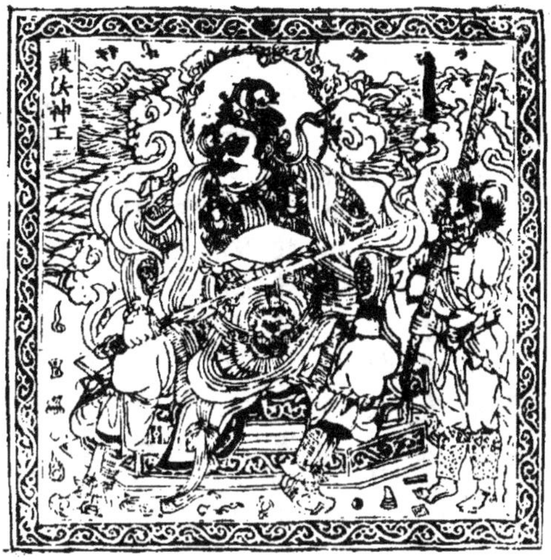

大般若波羅蜜多經卷第一百一十一　異

三藏法師玄奘奉　詔譯

初分校量功德品第三十之九

慶喜當知以佛十力無二為方便無生為方便無所得為方便迴向一切智智修習布施淨戒安忍精進靜慮般若波羅蜜多以四無所畏四無礙解大慈大悲大喜大捨十八佛不共法無二為方便無生為方便無所得為方便迴向一切智智修習布施淨戒安忍精進靜慮般若波羅蜜多慶喜當知以佛十力無二為方便無生為方便無所得為方便迴向一切智智安住內空外空內外空空空大空勝義空有為空無為空畢竟空無際空散空無變異空本性空自相空共相空一切法空不可得空無性空自性空無性自性空以四無所畏四無礙解大慈大悲大喜大捨十八佛不共法無二為方便無生為方便無所得為方便迴向一切智智安住內空乃至無性自性空慶喜當知以佛十力無二為方便無生為方便無所得為方便迴向一切智智安住真如法界法性不虛妄性不變異性平等性離生性法定法住實際虛空界不思議界以四無所畏四無礙解大慈大悲大喜大捨十八佛不共法無二為方便無生為方便無所得為方便迴向一切智智安住真如乃至不思議界慶喜當知以佛十力無二為方便無生為方便無所得為方便迴向一切智智安住苦集滅道聖諦以四無所畏四無礙解大慈大悲大喜大捨十八佛不共法無二為方便無生為方便無所得為方便迴向一切智智安住苦集滅道聖諦慶喜當知以佛十力無二為方便無生為方便無所得為方便迴向一切智智修習四靜慮四無量四無色定以四無所畏四無礙解大慈大悲大喜大捨十八佛不共法無二為方便無生為方便無所得為方便迴向一切智智修習四靜慮四無量四無色定慶喜當知以佛十力無二為方便無生為方便無

大般若經第一百一十一　第三張　異字號

所得為方便迴向一切智智修習八解脫八勝處九次第定十遍處以四無所畏四无礙解大慈大悲大喜大捨十八佛不共法無二為方便无生為方便無所得為方便迴向一切智智修習八解脫八勝處九次第定十遍處慶喜當知以佛十力無二為方便无生為方便無所得為方便迴向一切智智修習四念住四正斷四神足五根五力七等覺支八聖道支以四無所畏四无礙解大慈大悲大喜大捨十八佛不共法無二為方便无生為方便無所得為方便迴向一切智智修習四念住四正斷四神足五根五力七等覺支八聖道支慶喜當知以佛十力無二為方便无生為方便無所得為方便迴向一切智智修習空解脫門無相解脫門无願解脫門以四无所畏四無礙解大慈大悲大喜大捨十八佛不共法無二為方便無生為方便无所得為方便迴向一切智智修習空解脫門無相解脫門無願解脫門慶喜當知以佛十力無二為方便无生為方便無所得為方便迴向一切智智修習五眼六神通以四無所畏四无礙解大慈大悲大喜大捨十八佛不共法無二為方便无生為方便無所得為方便迴向一切智智修習五眼六神通慶喜當知以佛十力無二為方便无生為方便無所得為方便迴向一切智智修習佛十力四无所畏四無礙解大慈大悲大喜大捨十八佛不共法以四無所畏四无礙解大慈大悲大喜大捨十八佛不共法無二為方便無生為方便无所得為方便迴向一切智智修習佛十力四無所畏四无礙解大慈大悲大喜大捨十八佛不共法慶喜當知以佛十力無二為方便无生為方便無所得為方便迴向一切智智修習无忘失法恒住捨性以四無所畏四無礙解大慈大悲大喜大捨十八佛不共法無二為方便无生為方便無所得為方便迴向一切智智修習无忘失法恒住捨性慶喜當知以佛十力無二為方便無生為方便無所得為方便迴向一切智智修習一切智道相智一切相智以四無所畏四無礙解大慈大悲大喜大捨十八佛不共法無二為方便無生為方便無所得為方便迴向一切智智修習一切智道相智一切相智慶喜當知以佛十力無二為方便無生為方便無所得為方便迴向一切智智修習一切陀羅尼門一切三摩地門以四無所畏四無礙解大慈大悲大喜大捨十八佛不共法無二為方便無生為方便無所得為方便迴向一切智智修習一切陀羅尼門一切三摩地門慶喜當知以佛十力無二為方便無生為方便無所得為方便迴向一切智智修習菩薩摩訶薩行以四無所畏四無礙解大慈大悲大喜大捨十八佛不共法無二為方便無生為方便無所得為方便迴向一切智智修習菩薩摩訶薩行慶喜當知以佛十力無二為方便無生為方便無所得為方便迴向一切智智修習無上正等菩提以四無所畏四無礙

解大慈大悲大喜大捨十八佛不共法無二為方便無生為方便無所得為方便迴向一切智智修習無上正等菩提慶喜當知以無忘失法無二為方便無生為方便無所得為方便迴向一切智智修習布施淨戒安忍精進靜慮般若波羅蜜多以恒住捨性無二為方便無生為方便無所得為方便迴向一切智智修習布施淨戒安忍精進靜慮般若波羅蜜多慶喜當知以無忘失法無二為方便無生為方便無所得為方便迴向一切智智安住內空外空內外空空空大空勝義空有為空無為空畢竟空無際空散空無變異空本性空自相空共相空一切法空不可得空無性空自性空無性自性空以恒住捨性無二為方便無生為方便無所得為方便迴向一切智智安住內空乃至無性自性空慶喜當知以無忘失法無二為方便無生為方便無所得為方便迴向一切智智安住真如法界法性不虛妄性不變異性平等性離生

性法定法住實際虛空界不思議界以恒住捨性無二為方便無生為方便無所得為方便迴向一切智智安住真如乃至不思議界慶喜當知以無忘失法無二為方便無生為方便無所得為方便迴向一切智智安住苦集滅道聖諦以恒住捨性無二為方便無生為方便無所得為方便迴向一切智智安住苦集滅道聖諦慶喜當知以無忘失法無二為方便無生為方便無所得為方便迴向一切智智修習四靜慮四無量四無色定以恒住捨性無二為方便無生為方便無所得為方便迴向一切智智修習四靜慮四無量四無色定慶喜當知以無忘失法無二為方便無生為方便無所得為方便迴向一切智智修習八解脫八勝處九次第定十遍處以恒住捨性無二為方便無生為方便無所得為方便迴向一切智智修習八解脫八勝處九次第定十遍處慶喜當知以無忘失法無二為方便無生為方便無所得為方便迴向

一切智智修習四念住四正斷四神足五根五力七等覺支八聖道支以恒住捨性無二為方便無生為方便無所得為方便迴向一切智智修習四念住四正斷四神足五根五力七等覺支八聖道支慶喜當知以無忘失法無二為方便無生為方便無所得為方便迴向一切智智修習空解脫門無相解脫門無願解脫門以恒住捨性無二為方便無生為方便無所得為方便迴向一切智智修習空解脫門無相解脫門無願解脫門慶喜當知以無忘失法無二為方便無生為方便無所得為方便迴向一切智智修習五眼六神通以恒住捨性無二為方便無生為方便無所得為方便迴向一切智智修習五眼六神通慶喜當知以無忘失法無二為方便無生為方便無所得為方便迴向一切智智修習佛十力四無所畏四無礙解大慈大悲大喜大捨十八佛不共法以恒住捨性無二為方便無生為方便無所得為方便迴向一切

智智修習佛十力四無所畏四無礙解大慈大悲大喜大捨十八佛不共法慶喜當知以無忘失法無二為方便無生為方便無所得為方便迴向一切智智修習無忘失法恒住捨性以恒住捨性無二為方便無生為方便無所得為方便迴向一切智智修習無忘失法恒住捨性慶喜當知以無忘失法無二為方便無生為方便無所得為方便迴向一切智智修習一切智道相智一切相智以恒住捨性無二為方便無生為方便無所得為方便迴向一切智智修習一切智道相智一切相智慶喜當知以無忘失法無二為方便無生為方便無所得為方便迴向一切智智修習一切陁羅尼門一切三摩地門以恒住捨性無二為方便無生為方便無所得為方便迴向一切智智修習一切陁羅尼門一切三摩地門慶喜當知以無忘失法無二為方便無生為方便無所得為方便迴向一切智智修習菩薩摩訶薩行以恒住捨性無二為

方便無生為方便無所得為方便迴向一切智智修習菩薩摩訶薩行慶喜當知以無忘失法無二為方便無生為方便無所得為方便迴向一切智智修習無上正等菩提以恒住捨性無二為方便無生為方便無所得為方便迴向一切智智修習無上正等菩提

慶喜當知以一切智無二為方便無生為方便無所得為方便迴向一切智智修習布施淨戒安忍精進靜慮般若波羅蜜多以道相智一切相智無二為方便無生為方便無所得為方便迴向一切智智修習布施淨戒安忍精進靜慮般若波羅蜜多慶喜當知以一切智無二為方便無生為方便無所得為方便迴向一切智智安住內空外空內外空空空大空勝義空有為空無為空畢竟空無際空散空無變異空本性空自相空共相空一切法空不可得空無性空自性空無性自性空以道相智一切相智無二為方便無生為方便無所得為

方便迴向一切智智安住內空乃至無性自性空慶喜當知以一切智無二為方便無生為方便無所得為方便迴向一切智智安住真如法界法性不虛妄性不變異性平等性離生性法定法住實際虛空界不思議界以道相智一切相智無二為方便無生為方便無所得為方便迴向一切智智安住真如乃至不思議界慶喜當知以一切智無二為方便無生為方便無所得為方便迴向一切智智安住苦集滅道聖諦以道相智一切相智無二為方便無生為方便無所得為方便迴向一切智智安住苦集滅道聖諦慶喜當知以一切智無二為方便無生為方便無所得為方便迴向一切智智修習四靜慮四無量四無色定以道相智一切相智無二為方便無生為方便無所得為方便迴向一切智智修習四靜慮四無量四無色定慶喜當知以一切智無二為方便無生為方便無所得為方便迴向一切智智修習八解脫八勝處

九次第定十遍處以道相智一切相智無二為方便無生為方便無所得為方便迴向一切智智修習八解脫八勝處九次第定十遍處慶喜當知以一切智無二為方便無生為方便無所得為方便迴向一切智智修習四念住四正斷四神足五根五力七等覺支八聖道支以道相智一切相智無二為方便無生為方便無所得為方便迴向一切智智修習四念住四正斷四神足五根五力七等覺支八聖道支慶喜當知以一切智無二為方便無生為方便無所得為方便迴向一切智智修習空解脫門無相解脫門無願解脫門以道相智一切相智無二為方便無生為方便無所得為方便迴向一切智智修習空解脫門無相解脫門無願解脫門慶喜當知以一切智無二為方便無生為方便無所得為方便迴向一切智智修習五眼六神通以道相智一切相智無二為方便無生為方便無所得為方便迴向一切智智修習五眼六

神通慶喜當知以一切智無二為方便無生為方便無所得為方便迴向一切智智修習佛十力四無所畏四無礙解大慈大悲大喜大捨十八佛不共法以道相智一切相智無二為方便無生為方便無所得為方便迴向一切智智修習佛十力四無所畏四無礙解大慈大悲大喜大捨十八佛不共法慶喜當知以一切智無二為方便無生為方便無所得為方便迴向一切智智修習無忘失法恒住捨性以道相智一切相智無二為方便無生為方便無所得為方便迴向一切智智修習無忘失法恒住捨性慶喜當知以一切智無二為方便無生為方便無所得為方便迴向一切智智修習一切智道相智一切相智以道相智一切相智無二為方便無生為方便無所得為方便迴向一切智智修習一切智道相智一切相智慶喜當知以一切智無二為方便無生為方便無所得為方便迴向一切智智修習一切陁羅尼門一切三摩

地門以道相智一切相智無二為方便無生為方便無所得為方便迴向一切智智修習一切陁羅尼門一切三摩地門慶喜當知以一切智無二為方便無生為方便無所得為方便迴向一切智智修習菩薩摩訶薩行以道相智一切相智無二為方便無生為方便無所得為方便迴向一切智智修習菩薩摩訶薩行慶喜當知以一切智無二為方便無生為方便無所得為方便迴向一切智智修習無上正等菩提以道相智一切相智無二為方便無生為方便無所得為方便迴向一切智智修習無上正等菩提

慶喜當知以一切陁羅尼門無二為方便無生為方便無所得為方便迴向一切智智修習布施淨戒安忍精進靜慮般若波羅蜜多以一切三摩地門無二為方便無生為方便無所得為方便迴向一切智智修習布施淨戒安忍精進靜慮般若波羅蜜多慶喜當知以一切陁羅尼門無二為

方便無生為方便無所得為方便迴向一切智智安住內空外空內外空空空大空勝義空有為空無為空畢竟空無際空散空無變異空本性空自相空共相空一切法空不可得空無性空自性空無性自性空以一切三摩地門無二為方便無生為方便無所得為方便迴向一切智智安住內空乃至無性自性空慶喜當知以一切陁羅尼門無二為方便無生為方便無所得為方便迴向一切智智安住真如法界法性不虛妄性不變異性平等性離生性法定法住實際虛空界不思議界以一切三摩地門無二為方便無生為方便無所得為方便迴向一切智智安住真如乃至不思議界慶喜當知以一切陁羅尼門無二為方便無生為方便無所得為方便迴向一切智智安住苦集滅道聖諦以一切三摩地門無二為方便無生為方便無所得為方便迴向一切智智安住苦集滅道聖諦慶喜當知以一切陁羅尼門無二為方便

無生為方便無所得為方便迴向一切智智修習四靜慮四無量四無色定以一切三摩地門無二為方便無生為方便無所得為方便迴向一切智智修習四靜慮四無量四無色定慶喜當知以一切陁羅尼門無二為方便無生為方便無所得為方便迴向一切智智修習八解脫八勝處九次第定十遍處以一切三摩地門無二為方便無生為方便無所得為方便迴向一切智智修習八解脫八勝處九次第定十遍處慶喜當知以一切陁羅尼門無二為方便無生為方便無所得為方便迴向一切智智修習四念住四正斷四神足五根五力七等覺支八聖道支以一切三摩地門無二為方便無生為方便無所得為方便迴向一切智智修習四念住四正斷四神足五根五力七等覺支八聖道支慶喜當知以一切陁羅尼門無二為方便無生為方便無所得為方便迴向一切智智修習空解脫門無相解脫門無願解脫門以一切

三摩地門無二為方便無生為方便無所得為方便迴向一切智智修習空解脫門無相解脫門無願解脫門慶喜當知以一切陁羅尼門無二為方便無生為方便無所得為方便迴向一切智智修習五眼六神通以一切三摩地門無二為方便無生為方便無所得為方便迴向一切智智修習五眼六神通慶喜當知以一切陁羅尼門無二為方便無生為方便無所得為方便迴向一切智智修習佛十力四無所畏四無礙解大慈大悲大喜大捨十八佛不共法以一切三摩地門無二為方便無生為方便無所得為方便迴向一切智智修習佛十力四無所畏四無礙解大慈大悲大喜大捨十八佛不共法慶喜當知以一切陁羅尼門無二為方便無生為方便無所得為方便迴向一切智智修習無忘失法恒住捨性以一切三摩地門無二為方便無生為方便無所得為方便迴向一切智智修習無忘失法恒住捨性慶喜當知以一

切陁羅尼門無二為方便無生為方便無所得為方便迴向一切智智脩習一切智道相智一切相智以一切三摩地門無二為方便無生為方便無所得為方便迴向一切智智修習一切智道相智一切相智慶喜當知以一切陁羅尼門無二為方便無生為方便無所得為方便迴向一切智智修習一切陁羅尼門一切三摩地門以一切三摩地門無二為方便無生為方便無所得為方便迴向一切智智修習一切陁羅尼門一切三摩地門慶喜當知以一切陁羅尼門無二為方便無生為方便無所得為方便迴向一切智智修習菩薩摩訶薩行以一切三摩地門無二為方便無生為方便無所得為方便迴向一切智智修習菩薩摩訶薩行慶喜當知以一切陁羅尼門無二為方便無生為方便無所得為方便迴向一切智智修習無上正等菩提以一切三摩地門無二為方便無生為方便無所得為方便迴向一切智智修習無上正等菩提

慶喜當知以預流向預流果無二為方便無生為方便無所得為方便迴向一切智智修習布施淨戒安忍精進靜慮般若波羅蜜多以一来向一来果不還向不還果阿羅漢向阿羅漢果無二為方便無生為方便無所得為方便迴向一切智智修習布施淨戒安忍精進靜慮般若波羅蜜多慶喜當知以預流向預流果無二為方便無生為方便無所得為方便迴向一切智智安住內空外空內外空空空大空勝義空有為空無為空畢竟空無際空散空無變異空本性空自相空共相空一切法空不可得空無性空自性空無性自性空以一来向一来果不還向不還果阿羅漢向阿羅漢果無二為方便無生為方便無所得為方便迴向一切智智安住內空乃至無性自性空慶喜當知以預流向預流果無二為方便無生為方便無所得為方便迴向一切智智安住真如法界法性不虛妄性不變

異性平等性離生性法定法住實際虛空界不思議界以一来向一来果不還向不還果阿羅漢向阿羅漢果無二為方便無生為方便無所得為方便迴向一切智智安住真如乃至不思議界慶喜當知以預流向預流果無二為方便無生為方便無所得為方便迴向一切智智安住苦集滅道聖諦以一来向一来果不還向不還果阿羅漢向阿羅漢果無二為方便無生為方便無所得為方便迴向一切智智安住苦集滅道聖諦慶喜當知以預流向預流果無二為方便無生為方便無所得為方便迴向一切智智修習四靜慮四無量四無色定以一来向一来果不還向不還果阿羅漢向阿羅漢果無二為方便無生為方便無所得為方便迴向一切智智修習四靜慮四無量四無色定慶喜當知以預流向預流果無二為方便無生為方便無所得為方便迴向一切智智修習八解脫八勝處九次第定十遍處以一来向一来果不

還向不還果阿羅漢向阿羅漢果無二為方便無生為方便無所得為方便迴向一切智智修習八解脫八勝處九次第定十遍處慶喜當知以預流向預流果無二為方便無生為方便無所得為方便迴向一切智智修習四念住四正斷四神足五根五力七等覺支八聖道支以一來向一來果不還向不還果阿羅漢向阿羅漢果無二為方便無生為方便無所得為方便迴向一切智智修習四念住四正斷四神足五根五力七等覺支八聖道支慶喜當知以預流向預流果無二為方便無生為方便無所得為方便迴向一切智智修習空解脫門無相解脫門無願解脫門以一來向一來果不還向不還果阿羅漢向阿羅漢果無二為方便無生為方便無所得為方便迴向一切智智修習空解脫門無相解脫門無願解脫門慶喜當知以預流向預流果無二為方便無生為方便無所得為方便迴向一切智智修習五眼六神通以一

來向一來果不還向不還果阿羅漢向阿羅漢果無二為方便無生為方便無所得為方便迴向一切智智修習五眼六神通慶喜當知以預流向預流果無二為方便無生為方便無所得為方便迴向一切智智修習佛十力四無所畏四無礙解大慈大悲大喜大捨十八佛不共法以一來向一來果不還向不還果阿羅漢向阿羅漢果無二為方便無生為方便無所得為方便迴向一切智智修習佛十力四無所畏四無礙解大慈大悲大喜大捨十八佛不共法慶喜當知以預流向預流果無二為方便無生為方便無所得為方便迴向一切智智修習無忘失法恒住捨性以一來向一來果不還向不還果阿羅漢向阿羅漢果無二為方便無生為方便無所得為方便迴向一切智智修習無忘失法恒住捨性慶喜當知以預流向預流果無二為方便無生為方便無所得為方便迴向一切智智修習一切智道相智一切相智以一來

向一來果不還向不還果阿羅漢向阿羅漢果無二為方便無生為方便無所得為方便迴向一切智智修習一切智道相智一切相智慶喜當知以預流向預流果無二為方便無生為方便無所得為方便迴向一切智智修習一切陀羅尼門一切三摩地門以一來向一來果不還向不還果阿羅漢向阿羅漢果無二為方便無生為方便無所得為方便迴向一切智智修習一切陀羅尼門一切三摩地門慶喜當知以預流向預流果無二為方便無生為方便無所得為方便迴向一切智智修習菩薩摩訶薩行以一來向一來果不還向不還果阿羅漢向阿羅漢果無二為方便無生為方便無所得為方便迴向一切智智修習菩薩摩訶薩行慶喜當知以預流向預流果無二為方便無生為方便無所得為方便迴向一切智智修習無上正等菩提以一來向一來果不還向不還果阿羅漢向阿羅漢果無二為方便無生為方便無所

得為方便迴向一切智智修習無上正等菩提

大般若經第一百十一　第二十四張　果字号

大般若波羅蜜多經卷第一百十一　果

大般若波羅蜜多經卷第一百十一

校勘記

一　底本，金藏大寶集寺本。

一　九五頁下二行「八聖道支」，徑作「八勝道支」。

一　九六頁上二一行「無生爲方便無生爲方便」，磧作「無生爲方便」。

大般若波羅蜜多經卷第一百一十二

三藏法師玄奘奉　詔譯

初分校量功德品第三十之十

慶喜當知以獨覺菩提無二為方便無生為方便無所得為方便迴向一切智智修習布施淨戒安忍精進靜慮般若波羅蜜多慶喜當知以獨覺菩提無二為方便無生為方便無所得為方便迴向一切智智安住內空外空內外空空空大空勝義空有為空無為空畢竟空無際空散空無變異空本性空自相空共相空一切法空不可得空無性空自性空無性自性空慶喜當知以獨覺菩提無二為方便無生為方便無所得為方便迴向一切智智安住真如法界法性不虛妄性不變異性平等性離生性法定法住實際虛空界不思議界慶喜當知以獨覺菩提無二為方便無生為方便無所得為方便迴向一切智智安住苦集滅道聖諦慶喜當知以獨覺菩提無二為方便無生為方便

無所得為方便迴向一切智智修習四靜慮四無量四無色定慶喜當知以獨覺菩提無二為方便無生為方便無所得為方便迴向一切智智修習八解脫八勝處九次第定十遍處慶喜當知以獨覺菩提無二為方便無生為方便無所得為方便迴向一切智智修習四念住四正斷四神足五根五力七等覺支八聖道支慶喜當知以獨覺菩提無二為方便無生為方便無所得為方便迴向一切智智修習空解脫門無相解脫門無願解脫門慶喜當知以獨覺菩提無二為方便無生為方便無所得為方便迴向一切智智修習五眼六神通慶喜當知以獨覺菩提無二為方便無生為方便無所得為方便迴向一切智智修習佛十力四無所畏四無礙解大慈大悲大喜大捨十八佛不共法慶喜當知以獨覺菩提無二為方便無生為方便無所得為方便迴向一切智智修習無忘失法恒住捨性慶喜當知以獨覺菩提無二為方便

無生為方便無所得為方便迴向一切智智修習一切智道相智一切相智慶喜當知以獨覺菩提無二為方便無生為方便無所得為方便迴向一切智智修習一切陁羅尼門一切三摩地門慶喜當知以獨覺菩提無二為方便無生為方便無所得為方便迴向一切智智修習菩薩摩訶薩行慶喜當知以獨覺菩提無二為方便無生為方便無所得為方便迴向一切智智修習無上正等菩提

慶喜當知以菩薩摩訶薩行無二為方便無生為方便無所得為方便迴向一切智智修習布施淨戒安忍精進靜慮般若波羅蜜多慶喜當知以菩薩摩訶薩行無二為方便無生為方便無所得為方便迴向一切智智安住內空外空內外空空空大空勝義空有為空無為空畢竟空無際空散空無變異空本性空自相空共相空一切法空不可得空無性空自性空無性自性空慶喜當知以菩薩摩訶薩行無二為方便無生為方便無

所得為方便迴向一切智智安住真如法界法性不虛妄性不變異性平等性離生性法定法住實際虛空界不思議界慶喜當知以菩薩摩訶薩行無二為方便無生為方便無所得為方便迴向一切智智安住苦集滅道聖諦慶喜當知以菩薩摩訶薩行無二為方便無生為方便無所得為方便迴向一切智智修習四靜慮四無量四無色定慶喜當知以菩薩摩訶薩行無二為方便無生為方便無所得為方便迴向一切智智修習八解脫八勝處九次第定十遍處慶喜當知以菩薩摩訶薩行無二為方便無生為方便無所得為方便迴向一切智智修習四念住四正斷四神足五根五力七等覺支八聖道支慶喜當知以菩薩摩訶薩行無二為方便無生為方便無所得為方便迴向一切智智修習空解脫門無相解脫門無願解脫門慶喜當知以菩薩摩訶薩行無二為方便無生為方便無所得為方便迴向一切智智修習五眼

六神通慶喜當知以菩薩摩訶薩行無二為方便無生為方便無所得為方便迴向一切智智修習佛十力四無所畏四無礙解大慈大悲大喜大捨十八佛不共法慶喜當知以菩薩摩訶薩行無二為方便無生為方便無所得為方便迴向一切智智修習無忘失法恒住捨性慶喜當知以菩薩摩訶薩行無二為方便無生為方便無所得為方便迴向一切智智修習一切智道相智一切相智慶喜當知以菩薩摩訶薩行無二為方便無生為方便無所得為方便迴向一切智智修習一切陁羅尼門一切三摩地門慶喜當知以菩薩摩訶薩行無二為方便無生為方便無所得為方便迴向一切智智修習菩薩摩訶薩行慶喜當知以菩薩摩訶薩行無二為方便無生為方便無所得為方便迴向一切智智修習無上正等菩提慶喜當知以無上正等菩提無二為方便無生為方便無所得為方便迴向一切智智修習布施淨戒安忍精

進靜慮般若波羅蜜多慶喜當知以無上正等菩提無二為方便無生為方便無所得為方便迴向一切智智安住內空外空內外空空空大空勝義空有為空無為空畢竟空無際空散空無變異空本性空自相空共相空一切法空不可得空無性空自性空無性自性空慶喜當知以無上正等菩提無二為方便無生為方便無所得為方便迴向一切智智安住真如法界法性不虛妄性不變異性平等性離生性法定法住實際虛空界不思議界慶喜當知以無上正等菩提無二為方便無生為方便無所得為方便迴向一切智智安住苦集滅道聖諦慶喜當知以無上正等菩提無二為方便無生為方便無所得為方便迴向一切智智修習四靜慮四無量四無色定慶喜當知以無上正等菩提無二為方便無生為方便無所得為方便迴向一切智智修習八解脫八勝處九次第定十遍處慶喜當知以無上正等菩提無二為方便

無生為方便無所得為方便迴向一切智智修習四念住四正斷四神足五根五力七等覺支八聖道支慶喜當知以無上正等菩提無二為方便無生為方便無所得為方便迴向一切智智修習空解脫門無相解脫門無願解脫門慶喜當知以無上正等菩提無二為方便無生為方便無所得為方便迴向一切智智修習五眼六神通慶喜當知以無上正等菩提無二為方便無生為方便無所得為方便迴向一切智智修習佛十力四無所畏四無礙解大慈大悲大喜大捨十八佛不共法慶喜當知以無上正等菩提無二為方便無生為方便無所得為方便迴向一切智智修習無忘失法恒住捨性慶喜當知以無上正等菩提無二為方便無生為方便無所得為方便迴向一切智智修習一切智道相智一切相智慶喜當知以無上正等菩提無二為方便無生為方便無所得為方便迴向一切智智修習一切陀羅尼門一切三摩

地門慶喜當知以無上正等菩提無二為方便無生為方便無所得為方便迴向一切智智修習菩薩摩訶薩行慶喜當知以無上正等菩提無二為方便無生為方便無所得為方便迴向一切智智修習無上正等菩提具壽慶喜復白佛言世尊云何以色無二為方便無生為方便無所得為方便迴向一切智智修習布施淨戒安忍精進靜慮般若波羅蜜多佛言慶喜色色性空何以故以色性空與布施淨戒安忍精進靜慮般若波羅蜜多無二無二分故世尊云何以受想行識無二為方便無生為方便無所得為方便迴向一切智智修習布施淨戒安忍精進靜慮般若波羅蜜多慶喜受想行識受想行識性空何以故以受想行識性空與布施淨戒安忍精進靜慮般若波羅蜜多無二無二分故慶喜由此故說以色等無二為方便無生為方便無所得為方便迴向一切智智修習布施淨戒安忍精進靜慮般若波羅蜜多世尊云

大般若經第一百十二　第九張　果字號

何以色無二為方便無生為方便無所得為方便迴向一切智智安住內空外空內外空空空大空勝義空有為空無為空畢竟空無際空散空無變異空本性空自相空共相空一切法空不可得空無性空自性空無性自性空慶喜色色性空何以故以色性空與彼內空乃至無性自性空無二無二分故世尊云何以受想行識無二為方便無生為方便無所得為方便迴向一切智智安住內空外空內外空空空大空勝義空有為空無為空畢竟空無際空散空無變異空本性空自相空共相空一切法空不可得空無性空自性空無性自性空慶喜受想行識受想行識性空何以故以受想行識性空與彼內空乃至無性自性空無二無二分故慶喜由此故說以色等無二為方便無生為方便無所得為方便迴向一切智智安住內空乃至無性自性空世尊云何以色無二為方便無生為方便無所得為方便迴向一切智智安住真如

大般若經卷第一百十二　第十張　果字號

法界法性不虛妄性不變異性平等性離生性法定法住實際虛空界不思議界慶喜色色性空何以故以色性空與彼真如乃至不思議界無二无二分故世尊云何以受想行識無二為方便无生為方便無所得為方便迴向一切智智安住真如法界法性不虛妄性不變異性平等性離生性法定法住實際虛空界不思議界慶喜受想行識受想行識性空何以故以受想行識性空與彼真如乃至不思議界無二无二分故慶喜由此故說以色等無二為方便无生為方便無所得為方便迴向一切智智安住真如乃至不思議界世尊云何以色無二為方便无生為方便無所得為方便迴向一切智智安住苦集滅道聖諦慶喜色色性空何以故以色性空與彼苦集滅道聖諦無二无二分故世尊云何以受想行識無二為方便无生為方便無所得為方便迴向一切智智安住苦集滅道聖諦慶喜受想行識受想行識性空何以故

大般若經第一百十二　第十一張　果字號

以受想行識性空與彼苦集滅道聖諦無二無二分故慶喜由此故說以色等無二為方便無生為方便無所得為方便迴向一切智智安住苦集滅道聖諦

世尊云何以色無二為方便無生為方便無所得為方便迴向一切智智修習四靜慮四無量四無色定慶喜色色性空何以故以色性空與四靜慮四無量四無色定無二無二分故世尊云何以受想行識無二為方便無生為方便無所得為方便迴向一切智智修習四靜慮四無量四無色定慶喜受想行識受想行識性空何以故以受想行識性空與四靜慮四無量四無色定無二無二分故慶喜由此故說以色等無二為方便無生為方便無所得為方便迴向一切智智修習四靜慮四無量四無色定世尊云何以色無二為方便無生為方便無所得為方便迴向一切智智修習八解脫八勝處九次第定十遍處慶喜色色性空何以故以色性空與

八解脫八勝處九次第定十遍處無二無二分故世尊云何以受想行識無二為方便無生為方便無所得為方便迴向一切智智修習八解脫八勝處九次第定十遍處慶喜受想行識受想行識性空何以故以受想行識性空與八解脫八勝處九次第定十遍處無二無二分故慶喜由此故說以色等無二為方便無生為方便無所得為方便迴向一切智智修習八解脫八勝處九次第定十遍處世尊云何以色無二為方便無生為方便無所得為方便迴向一切智智修習四念住四正斷四神足五根五力七等覺支八聖道支慶喜色色性空何以故以色性空與四念住四正斷四神足五根五力七等覺支八聖道支無二無二分故世尊云何以受想行識無二為方便無生為方便無所得為方便迴向一切智智修習四念住四正斷四神足五根五力七等覺支八聖道支慶喜受想行識受想行識性空何以故以受想行識性空與四

念住四正斷四神足五根五力七等覺支八聖道支無二無二分故慶喜由此故說以色等無二為方便無生為方便無所得為方便迴向一切智智修習四念住四正斷四神足五根五力七等覺支八聖道支世尊云何以色無二為方便無生為方便無所得為方便迴向一切智智修習空解脫門無相解脫門無願解脫門慶喜色色性空何以故以色性空與空解脫門無相解脫門無願解脫門無二無二分故世尊云何以受想行識無二為方便無生為方便無所得為方便迴向一切智智修習空解脫門無相解脫門無願解脫門慶喜受想行識受想行識性空何以故以受想行識性空與空解脫門無相解脫門無願解脫門無二無二分故慶喜由此故說以色等無二為方便無生為方便無所得為方便迴向一切智智修習空解脫門無相解脫門無願解脫門世尊云何以色無二為方便無生為方便無所得為方便迴向一切智

智修習五眼六神通慶喜色色性空何以故以色性空與五眼六神通無二無二分故世尊云何以受想行識無二為方便無生為方便無所得為方便迴向一切智智修習五眼六神通慶喜受想行識受想行識性空何以故以受想行識性空與五眼六神通無二無二分故慶喜由此故說以色等無二為方便無生為方便無所得為方便迴向一切智智修習五眼六神通世尊云何以色無二為方便無生為方便無所得為方便迴向一切智智修習佛十力四無所畏四無礙解大慈大悲大喜大捨十八佛不共法慶喜色色性空何以故以色性空與佛十力四無所畏四無礙解大慈大悲大喜大捨十八佛不共法無二無二分故世尊云何以受想行識無二為方便無生為方便無所得為方便迴向一切智智修習佛十力四無所畏四無礙解大慈大悲大喜大捨十八佛不共法慶喜受想行識受想行識性空何以故以受想行識性

空與佛十力四無所畏四無礙解大慈大悲大喜大捨十八佛不共法無二無二分故慶喜由此故說以色等無二為方便無生為方便無所得為方便迴向一切智智修習佛十力四無所畏四無礙解大慈大悲大喜大捨十八佛不共法世尊云何以色無二為方便無生為方便無所得為方便迴向一切智智修習無忘失法恒住捨性慶喜色色性空何以故以色性空與無忘失法恒住捨性無二無二分故世尊云何以受想行識無二為方便無生為方便無所得為方便迴向一切智智修習無忘失法恒住捨性慶喜受想行識受想行識性空何以故以受想行識性空與無忘失法恒住捨性無二無二分故慶喜由此故說以色等無二為方便無生為方便無所得為方便迴向一切智智修習無忘失法恒住捨性世尊云何以色無二為方便無生為方便無所得為方便迴向一切智智修習一切智道相智一切相智慶喜色色性空

何以故以色性空與一切智道相智一切相智無二無二分故世尊云何以受想行識無二為方便無生為方便無所得為方便迴向一切智智修習一切智道相智一切相智慶喜受想行識受想行識性空何以故以受想行識性空與一切智道相智一切相智無二無二分故慶喜由此故說以色等無二為方便無生為方便無所得為方便迴向一切智智修習一切智道相智一切相智世尊云何以色無二為方便無生為方便無所得為方便迴向一切智智修習一切陀羅尼門一切三摩地門慶喜色色性空何以故以色性空與一切陀羅尼門一切三摩地門無二無二分故世尊云何以受想行識無二為方便無生為方便無所得為方便迴向一切智智修習一切陀羅尼門一切三摩地門慶喜受想行識受想行識性空何以故以受想行識性空與一切陀羅尼門一切三摩地門無二無二分故慶喜由此故說以色等無二為方

便無生為方便無所得為方便迴向一切智智修習一切陀羅尼門一切三摩地門世尊云何以色無二為方便無生為方便無所得為方便迴向一切智智修習菩薩摩訶薩行慶喜色色性空何以故以色性空與彼菩薩摩訶薩行無二無二分故世尊云何以受想行識無二為方便無生為方便無所得為方便迴向一切智智修習菩薩摩訶薩行慶喜受想行識受想行識性空何以故以受想行識性空與彼菩薩摩訶薩行無二無二分故慶喜由此故說以色等無二為方便無生為方便無所得為方便迴向一切智智修習菩薩摩訶薩行世尊云何以色無二為方便無生為方便無所得為方便迴向一切智智修習無上正等菩提慶喜色色性空何以故以色性空與彼無上正等菩提無二無二分故世尊云何以受想行識無二為方便無生為方便無所得為方便迴向一切智智修習無上正等菩提慶喜受想行識受想行識性

空何以故以受想行識性空與彼無上正等菩提無二無二分故慶喜由此故說以色等無二為方便無生為方便無所得為方便迴向一切智智修習無上正等菩提

世尊云何以眼處無二為方便無生為方便無所得為方便迴向一切智智修習布施淨戒安忍精進靜慮般若波羅蜜多慶喜眼處眼處性空何以故以眼處性空與布施淨戒安忍精進靜慮般若波羅蜜多無二無二分故世尊云何以耳鼻舌身意處無二為方便無生為方便無所得為方便迴向一切智智修習布施淨戒安忍精進靜慮般若波羅蜜多慶喜耳鼻舌身意處耳鼻舌身意處性空何以故以耳鼻舌身意處性空與布施淨戒安忍精進靜慮般若波羅蜜多無二無二分故慶喜由此故說以眼處等無二為方便無生為方便無所得為方便迴向一切智智修習布施淨戒安忍精進靜慮般若波羅蜜多

世尊云何以色處無二為方便無生

為方便無所得為方便迴向一切智智修習布施淨戒安忍精進靜慮般若波羅蜜多慶喜色處色處性空何以故以色處性空與布施淨戒安忍精進靜慮般若波羅蜜多無二無二分故世尊云何以聲香味觸法處無二為方便無生為方便無所得為方便迴向一切智智修習布施淨戒安忍精進靜慮般若波羅蜜多慶喜聲香味觸法處聲香味觸法處性空何以故以聲香味觸法處性空與布施淨戒安忍精進靜慮般若波羅蜜多無二無二分故慶喜由此故說以色處等無二為方便無生為方便無所得為方便迴向一切智智修習布施淨戒安忍精進靜慮般若波羅蜜多

世尊云何以眼處無二為方便無生為方便無所得為方便迴向一切智智安住內空外空內外空空空大空勝義空有為空無為空畢竟空無際空散空無變異空本性空自相空共相空一切法空不可得空無性空自性空無性自性空慶喜眼處眼處性

空何以故以眼處性空與彼內空乃至無性自性空無二無二分故世尊云何以耳鼻舌身意處無二為方便無生為方便無所得為方便迴向一切智智安住內空外空內外空空空大空勝義空有為空無為空畢竟空無際空散空無變異空本性空自相空共相空一切法空不可得空無性空自性空無性自性空慶喜耳鼻舌身意處耳鼻舌身意處性空何以故以耳鼻舌身意處性空與彼內空乃至無性自性空無二無二分故慶喜由此故說以眼處等無二為方便無生為方便無所得為方便迴向一切智智安住內空乃至無性自性空世尊云何以色處無二為方便無生為方便無所得為方便迴向一切智智安住內空外空內外空空空大空勝義空有為空無為空畢竟空無際空散空無變異空本性空自相空共相空一切法空不可得空無性空自性空無性自性空慶喜色處色處性空何以故以色處性空與彼內空乃至

無性自性空無二無二分故世尊云何以聲香味觸法處無二為方便無生為方便無所得為方便迴向一切智智安住内空外空内外空空空大空勝義空有為空無為空畢竟空無際空散空無變異空本性空自相空共相空一切法空不可得空無性空自性空無性自性空慶喜聲香味觸法處聲香味觸法處性空何以故以聲香味觸法處性空與彼内空乃至無性自性空無二無二分故慶喜由此故說以色處等無二為方便無生為方便無所得為方便迴向一切智智安住内空乃至無性自性空世尊云何以眼處無二為方便無生為方便無所得為方便迴向一切智智安住真如法界法性不虛妄性不變異性平等性離生性法定法住實際虛空界不思議界慶喜眼處眼處性空何以故以眼處性空與彼真如乃至不思議界無二無二分故世尊云何以耳鼻舌身意處無二為方便無生為方便無所得為方便迴向一切智

智安住真如法界法性不虛妄性不變異性平等性離生性法定法住實際虛空界不思議界慶喜耳鼻舌身意處耳鼻舌身意處性空何以故以耳鼻舌身意處性空與彼真如乃至不思議界無二無二分故慶喜由此故說以眼處等無二為方便無生為方便無所得為方便迴向一切智智安住真如乃至不思議界世尊云何以色處無二為方便無生為方便無所得為方便迴向一切智智安住真如法界法性不虛妄性不變異性平等性離生性法定法住實際虛空界不思議界慶喜色處色處性空何以故以色處性空與彼真如乃至不思議界無二無二分故世尊云何以聲香味觸法處無二為方便無生為方便無所得為方便迴向一切智智安住真如法界法性不虛妄性不變異性平等性離生性法定法住實際虛空界不思議界慶喜聲香味觸法處聲香味觸法處性空何以故以聲香味觸法處性空與彼真如乃至不思

議界無二無二分故慶喜由此故說以色處等無二為方便無生為方便無所得為方便迴向一切智智安住真如乃至不思議界

世尊云何以眼處無二為方便無生為方便無所得為方便迴向一切智智安住苦集滅道聖諦慶喜眼處眼處性空何以故以眼處性空與彼苦集滅道聖諦無二無二分故世尊云何以耳鼻舌身意處無二為方便無生為方便無所得為方便迴向一切智智安住苦集滅道聖諦慶喜耳鼻舌身意處耳鼻舌身意處性空何以故以耳鼻舌身意處性空與彼苦集滅道聖諦無二無二分故慶喜由此故說以眼處等無二為方便無生為方便無所得為方便迴向一切智智安住苦集滅道聖諦世尊云何以色處無二為方便無生為方便無所得為方便迴向一切智智安住苦集滅道聖諦慶喜色處色處性空何以故以色處性空與彼苦集滅道聖諦無二無二分故世尊云何以聲香味觸

法處無二為方便無生為方便無所得為方便迴向一切智智安住苦集滅道聖諦處喜聲香味觸法處聲香味觸法處性空何以故以聲香味觸法處性空與彼苦集滅道聖諦無二無二分故慶喜由此故說以色處等無二為方便無生為方便無所得為方便迴向一切智智安住苦集滅道聖諦

大般若經第一百十二　第二十四張　巽字号

大般若波羅蜜多經卷第一百一十二

大般若波羅蜜多經卷第一百一十二　校勘記

一　底本，金藏大寶集寺本。

一　一〇四頁中二三行末字處，應為「摩」。

一　一〇五頁上二二行「無生為方便」五字，石漏刻。

一　一〇五頁下三行至四行「無所得為方便」六字，石漏刻。

一　一〇五頁下九行「以色性空」，石作「色性空」。

一　一〇五頁下九行至一〇行「四無量」，石作「四靜慮四無量」。

一　一〇五頁下二三行「以色性空」，石作「色性空」。

一　一〇六頁上一行「九次第定」，石作「九次第定十遍處」。

一　一〇六頁中六行「八聖道支」，徑作「八勝道支」。

一　一〇九頁上一五行首字兗，應為「云」。

大般若波羅蜜多經卷第一百一十三　與

三藏法師玄奘奉　詔譯

初分校量功德品第三十之十一

世尊云何以眼處無二為方便無生為方便無所得為方便迴向一切智智修習四靜慮四無量四無色定慶喜眼處眼處性空何以故以眼處性空與四靜慮四無量四無色定無二無二分故世尊云何以耳鼻舌身意處無二為方便無生為方便無所得為方便迴向一切智智修習四靜慮四無量四無色定慶喜耳鼻舌身意處耳鼻舌身意處性空何以故以耳鼻舌身意處性空與四靜慮四無量四無色定無二無二分故慶喜由此故說以眼處等無二為方便無生為方便無所得為方便迴向一切智智修習四靜慮四無量四無色定世尊云何以色處無二為方便無生為方便無所得為方便迴向一切智智修習四靜慮四無量四無色定慶喜色處色處性空何以故以色處性空與

四靜慮四無量四無色定無二無二分故世尊云何以聲香味觸法處無二為方便無生為方便無所得為方便迴向一切智智修習四靜慮四無量四無色定慶喜聲香味觸法處聲香味觸法處性空何以故以聲香味觸法處性空與四靜慮四無量四無色定無二無二分故慶喜由此故說以色處等無二為方便無生為方便無所得為方便迴向一切智智修習四靜慮四無量四無色定世尊云何以眼處無二為方便無生為方便無所得為方便迴向一切智智修習八解脫八勝處九次第定十遍處慶喜眼處眼處性空何以故以眼處性空與八解脫八勝處九次第定十遍處無二無二分故世尊云何以耳鼻舌身意處無二為方便無生為方便無所得為方便迴向一切智智修習八解脫八勝處九次第定十遍處慶喜耳鼻舌身意處耳鼻舌身意處性空何以故以耳鼻舌身意處性空與八解脫八勝處九次第定十遍處無二

無二分故慶喜由此故說以眼處等無二為方便無生為方便無所得為方便迴向一切智智修習八解脫八勝處九次第定十遍處世尊云何以色處無二為方便無生為方便無所得為方便迴向一切智智修習八解脫八勝處九次第定十遍處慶喜色處色處性空何以故以色處性空與八解脫八勝處九次第定十遍處無二無二分故世尊云何以聲香味觸法處無二為方便無生為方便無所得為方便迴向一切智智修習八解脫八勝處九次第定十遍處慶喜聲香味觸法處聲香味觸法處性空何以故以聲香味觸法處性空與八解脫八勝處九次第定十遍處無二無二分故慶喜由此故說以色處等無二為方便無生為方便無所得為方便迴向一切智智修習八解脫八勝處九次第定十遍處世尊云何以眼處無二為方便無生為方便無所得為方便迴向一切智智修習四念住四正斷四神足五根五力七等覺支

八聖道支慶喜眼處眼處性空何以故以眼處性空與四念住四正斷四神足五根五力七等覺支八聖道支無二無二分故世尊云何以耳鼻舌身意處無二為方便無生為方便無所得為方便迴向一切智智修習四念住四正斷四神足五根五力七等覺支八聖道支慶喜耳鼻舌身意處耳鼻舌身意處性空何以故以耳鼻舌身意處性空與四念住四正斷四神足五根五力七等覺支八聖道支無二無二分故慶喜由此故說以眼處等無二為方便無生為方便無所得為方便迴向一切智智修習四念住四正斷四神足五根五力七等覺支八聖道支世尊云何以色處無二為方便無生為方便無所得為方便迴向一切智智修習四念住四正斷四神足五根五力七等覺支八聖道支慶喜色處色處性空何以故以色處性空與四念住四正斷四神足五根五力七等覺支八聖道支無二無二分故世尊云何以聲香味觸法處

無二為方便無生為方便無所得為方便迴向一切智智修習四念住四正斷四神足五根五力七等覺支八聖道支慶喜聲香味觸法處聲香味觸法處性空何以故以聲香味觸法處性空與四念住四正斷四神足五根五力七等覺支八聖道支無二無二分故慶喜由此故說以色處等無二為方便無生為方便無所得為方便迴向一切智智修習四念住四正斷四神足五根五力七等覺支八聖道支

世尊云何以眼處無二為方便無生為方便無所得為方便迴向一切智智修習空無相無願解脫門慶喜眼處眼處性空何以故以眼處性空與空無相無願解脫門無二無二分故世尊云何以耳鼻舌身意處無二為方便無生為方便無所得為方便迴向一切智智修習空無相無願解脫門慶喜耳鼻舌身意處耳鼻舌身意處性空何以故以耳鼻舌身意處性空與空無相無願解脫門無二無二

分故慶喜由此故說以眼處等無二為方便無生為方便無所得為方便迴向一切智智修習空無相無願解脫門世尊云何以色處無二為方便無生為方便無所得為方便迴向一切智智修習空無相無願解脫門慶喜色處色處性空何以故以色處性空與空無相無願解脫門無二無二分故世尊云何以聲香味觸法處無二為方便無生為方便無所得為方便迴向一切智智修習空無相無願解脫門慶喜聲香味觸法處聲香味觸法處性空何以故以聲香味觸法處性空與空無相無願解脫門無二無二分故慶喜由此故說以色處等無二為方便無生為方便無所得為方便迴向一切智智修習空無相無願解脫門世尊云何以眼處無二為方便無生為方便無所得為方便迴向一切智智修習五眼六神通慶喜眼處眼處性空何以故以眼處性空與五眼六神通無二無二分故世尊云何以耳鼻舌身意處無二為方便

無生為方便無所得為方便迴向一切智智修習五眼六神通慶喜耳鼻舌身意處耳鼻舌身意處性空何以故以耳鼻舌身意處性空與五眼六神通無二無二分故慶喜由此故說以眼處等無二為方便無生為方便無所得為方便迴向一切智智修習五眼六神通世尊云何以色處無二為方便無生為方便無所得為方便迴向一切智智修習五眼六神通慶喜色處色處性空何以故以色處性空與五眼六神通無二無二分故世尊云何以聲香味觸法處無二為方便無生為方便無所得為方便迴向一切智智修習五眼六神通慶喜聲香味觸法處聲香味觸法處性空何以故以聲香味觸法處性空與五眼六神通無二無二分故慶喜由此故說以色處等無二為方便無生為方便無所得為方便迴向一切智智修習五眼六神通世尊云何以眼處無二為方便無生為方便無所得為方便迴向一切智智修習佛十力四無

所畏四無礙解大慈大悲大喜大捨十八佛不共法慶喜眼處眼處性空何以故以眼處性空與佛十力四無所畏四無礙解大慈大悲大喜大捨十八佛不共法無二無二分故世尊云何以耳鼻舌身意處無二為方便無生為方便無所得為方便迴向一切智智修習佛十力四無所畏四無礙解大慈大悲大喜大捨十八佛不共法慶喜耳鼻舌身意處耳鼻舌身意處性空何以故以耳鼻舌身意處性空與佛十力四無所畏四無礙解大慈大悲大喜大捨十八佛不共法無二無二分故慶喜由此故說以眼處等無二為方便無生為方便無所得為方便迴向一切智智修習佛十力四無所畏四無礙解大慈大悲大喜大捨十八佛不共法世尊云何以色處無二為方便無生為方便無所得為方便迴向一切智智修習佛十力四無所畏四無礙解大慈大悲大喜大捨十八佛不共法慶喜色處色處性空何以故以色處性空與佛十

力四無所畏四無礙解大慈大悲大喜大捨十八佛不共法無二無二分故世尊云何以聲香味觸法處無二為方便無生為方便無所得為方便迴向一切智智修習佛十力四無所畏四無礙解大慈大悲大喜大捨十八佛不共法慶喜聲香味觸法處聲香味觸法處性空何以故以聲香味觸法處性空與佛十力四無所畏四無礙解大慈大悲大喜大捨十八佛不共法無二無二分故慶喜由此故說以色處等無二為方便無生為方便無所得為方便迴向一切智智修習佛十力四無所畏四無礙解大慈大悲大喜大捨十八佛不共法世尊云何以眼處無二為方便無生為方便無所得為方便迴向一切智智修習無忘失法恒住捨性慶喜眼處眼處性空何以故以眼處性空與無忘失法恒住捨性無二無二分故世尊云何以耳鼻舌身意處無二為方便無生為方便無所得為方便迴向一切智智修習無忘失法恒住捨性慶

喜耳鼻舌身意處耳鼻舌身意處性空何以故以耳鼻舌身意處性空與無忘失法恒住捨性無二無二分故慶喜由此故說以眼處等無二為方便無生為方便無所得為方便迴向一切智智修習無忘失法恒住捨性世尊云何以色處無二為方便無生為方便無所得為方便迴向一切智智修習無忘失法恒住捨性慶喜色處色處性空何以故以色處性空與無忘失法恒住捨性無二無二分故世尊云何以聲香味觸法處無二為方便無生為方便無所得為方便迴向一切智智修習無忘失法恒住捨性慶喜聲香味觸法處聲香味觸法處性空何以故以聲香味觸法處性空與無忘失法恒住捨性無二無二分故慶喜由此故說以色處等無二為方便無生為方便無所得為方便迴向一切智智修習無忘失法恒住捨性世尊云何以眼處無二為方便無生為方便無所得為方便迴向一切智智修習一切智道相智一切相

智慶喜眼處眼處性空何以故以眼處性空與一切智道相智一切相智無二無二分故世尊云何以耳鼻舌身意處無二為方便無生為方便無所得為方便迴向一切智智修習一切智道相智一切相智慶喜耳鼻舌身意處耳鼻舌身意處性空何以故以耳鼻舌身意處性空與一切智道相智一切相智無二無二分故慶喜由此故說以眼處等無二為方便無生為方便無所得為方便迴向一切智智修習一切智道相智一切相智世尊云何以色處無二為方便無生為方便無所得為方便迴向一切智智修習一切智道相智一切相智慶喜色處色處性空何以故以色處性空與一切智道相智一切相智無二無二分故世尊云何以聲香味觸法處無二為方便無生為方便無所得為方便迴向一切智智修習一切智道相智一切相智慶喜聲香味觸法處聲香味觸法處性空何以故以聲香味觸法處性空與一切智道相智

一切相智無二無二分故慶喜由此故說以色處等無二為方便無生為方便無所得為方便迴向一切智智修習一切智道相智一切相智世尊云何以眼處無二為方便無生為方便無所得為方便迴向一切智智修習一切陁羅尼門一切三摩地門慶喜眼處眼處性空何以故以眼處性空與一切陁羅尼門一切三摩地門無二無二分故世尊云何以耳鼻舌身意處無二為方便無生為方便無所得為方便迴向一切智智修習一切陁羅尼門一切三摩地門慶喜耳鼻舌身意處耳鼻舌身意處性空何以故以耳鼻舌身意處性空與一切陁羅尼門一切三摩地門無二無二分故慶喜由此故說以眼處等無二為方便無生為方便無所得為方便迴向一切智智修習一切陁羅尼門一切三摩地門世尊云何以色處無二為方便無生為方便無所得為方迴向一切智智修習一切陁羅尼門一切三摩地門慶喜色處色處性空

何以故以色處性空與一切陁羅尼門一切三摩地門無二無二分故世尊云何以聲香味觸法處無二為方便無生為方便無所得為方便迴向一切智智修習一切陁羅尼門一切三摩地門慶喜聲香味觸法處聲香味觸法處性空何以故以聲香味觸法處性空與一切陁羅尼門一切三摩地門無二無二分故慶喜由此故說以色處等無二為方便無生為方便無所得為方便迴向一切智智修習一切陁羅尼門一切三摩地門世尊云何以眼處無二為方便無生為方便無所得為方便迴向一切智智修習菩薩摩訶薩行慶喜眼處眼處性空何以故以眼處性空與彼菩薩摩訶薩行無二無二分故世尊云何以耳鼻舌身意處無二為方便無生為方便無所得為方便迴向一切智智修習菩薩摩訶薩行慶喜耳鼻舌身意處耳鼻舌身意處性空何以故以耳鼻舌身意處性空與彼菩薩摩訶薩行無二無二分故慶喜由此故

說以眼處等無二為方便無生為方便無所得為方便迴向一切智智修習菩薩摩訶薩行世尊云何以色處無二為方便無生為方便無所得為方便迴向一切智智修習菩薩摩訶薩行慶喜色處色處性空何以故以色處性空與彼菩薩摩訶薩行無二無二分故世尊云何以聲香味觸法處無二為方便無生為方便無所得為方便迴向一切智智修習菩薩摩訶薩行慶喜聲香味觸法處聲香味觸法處性空何以故以聲香味觸法處性空與彼菩薩摩訶薩行無二無二分故慶喜由此故說以色處等无二為方便無生為方便無所得為方便迴向一切智智修習菩薩摩訶薩行世尊云何以眼處無二為方便無生為方便無所得為方便迴向一切智智修習無上正等菩提慶喜眼處眼處性空何以故以眼處性空與彼無上正等菩提無二無二分故世尊云何以耳鼻舌身意處無二為方便無生為方便無所得為方便迴向一

切智智修習無上正等菩提慶喜耳鼻舌身意處耳鼻舌身意處性空何以故以耳鼻舌身意處性空與彼無上正等菩提無二無二分故慶喜由此故說以眼處等无二為方便無生為方便無所得為方便迴向一切智智修習無上正等菩提世尊云何以色處無二為方便無生為方便無所得為方便迴向一切智智修習无上正等菩提慶喜色處色處性空何以故以色處性空與彼無上正等菩提無二無二分故世尊云何以聲香味觸法處無二為方便無生為方便無所得為方便迴向一切智智修習無上正等菩提慶喜聲香味觸法處聲香味觸法處性空何以故以聲香味觸法處性空與彼無上正等菩提無二無二分故慶喜由此故說以色處等無二為方便無生為方便無所得為方便迴向一切智智修習無上正等菩提

世尊云何以眼界無二為方便無生為方便無所得為方便迴向一切智

智修習布施淨戒安忍精進靜慮般若波羅蜜多慶喜眼界眼界性空何以故以眼界性空與布施淨戒安忍精進靜慮般若波羅蜜多無二無二分故世尊云何以色界眼識界及眼觸眼觸為緣所生諸受無二為方便無生為方便無所得為方便迴向一切智智修習布施淨戒安忍精進靜慮般若波羅蜜多慶喜色界眼識界及眼觸眼觸為緣所生諸受色界眼識界及眼觸眼觸為緣所生諸受性空何以故以色界眼識界及眼觸眼觸為緣所生諸受性空與布施淨戒安忍精進靜慮般若波羅蜜多無二無二分故慶喜由此故說以眼界等無二為方便無生為方便無所得為方便迴向一切智智修習布施淨戒安忍精進靜慮般若波羅蜜多世尊云何以耳界無二為方便無生為方便無所得為方便迴向一切智智修習布施淨戒安忍精進靜慮般若波羅蜜多慶喜耳界耳界性空何以故以耳界性空與布施淨戒安忍精進

靜慮般若波羅蜜多無二無二分故世尊云何以聲界耳識界及耳觸耳觸為緣所生諸受無二為方便無生為方便無所得為方便迴向一切智智修習布施淨戒安忍精進靜慮般若波羅蜜多慶喜聲界耳識界及耳觸耳觸為緣所生諸受聲界耳識界及耳觸耳觸為緣所生諸受性空何以故以聲界耳識界及耳觸耳觸為緣所生諸受性空與布施淨戒安忍精進靜慮般若波羅蜜多無二無二分故慶喜由此故說以耳界等無二為方便無生為方便無所得為方便迴向一切智智修習布施淨戒安忍精進靜慮般若波羅蜜多世尊云何以鼻界無二為方便無生為方便無所得為方便迴向一切智智修習布施淨戒安忍精進靜慮般若波羅蜜多慶喜鼻界鼻界性空何以故以鼻界性空與布施淨戒安忍精進靜慮般若波羅蜜多無二無二分故世尊云何以香界鼻識界及鼻觸鼻觸為緣所生諸受無二為方便無生為方

便無所得為方便迴向一切智智修習布施淨戒安忍精進靜慮般若波羅蜜多慶喜香界鼻識界及鼻觸鼻觸為緣所生諸受香界鼻識界及鼻觸鼻觸為緣所生諸受性空何以故以香界鼻識界及鼻觸鼻觸為緣所生諸受性空與布施淨戒安忍精進靜慮般若波羅蜜多無二無二分故慶喜由此故說以鼻界等無二為方便無生為方便無所得為方便迴向一切智智修習布施淨戒安忍精進靜慮般若波羅蜜多世尊云何以舌界無二為方便無生為方便無所得為方便迴向一切智智修習布施淨戒安忍精進靜慮般若波羅蜜多慶喜舌界舌界性空何以故以舌界性空與布施淨戒安忍精進靜慮般若波羅蜜多無二無二分故世尊云何以味界舌識界及舌觸舌觸為緣所生諸受無二為方便無生為方便无所得為方便迴向一切智智修習布施淨戒安忍精進靜慮般若波羅蜜多慶喜味界舌識界及舌觸舌觸為

緣所生諸受味界舌識界及舌觸舌觸為緣所生諸受性空何以故以味界舌識界及舌觸舌觸為緣所生諸受性空與布施淨戒安忍精進靜慮般若波羅蜜多無二無二分故慶喜由此故說以舌界等無二為方便無生為方便無所得為方便迴向一切智智修習布施淨戒安忍精進靜慮般若波羅蜜多世尊云何以身界無二為方便無生為方便無所得為方便迴向一切智智修習布施淨戒安忍精進靜慮般若波羅蜜多慶喜身界身界性空何以故以身界性空與布施淨戒安忍精進靜慮般若波羅蜜多無二無二分故世尊云何以觸界身識界及身觸身觸為緣所生諸受無二為方便無生為方便無所得為方便迴向一切智智修習布施淨戒安忍精進靜慮般若波羅蜜多慶喜觸界身識界及身觸身觸為緣所生諸受觸界身識界及身觸身觸為緣所生諸受性空何以故以觸界身識界及身觸身觸為緣所生諸受性

空與布施淨戒安忍精進靜慮般若波羅蜜多無二無二分故慶喜由此故說以身界等無二為方便無生為方便無所得為方便迴向一切智智修習布施淨戒安忍精進靜慮般若波羅蜜多世尊云何以意界無二為方便無生為方便無所得為方便迴向一切智智修習布施淨戒安忍精進靜慮般若波羅蜜多慶喜意界意界性空何以故以意界性空與布施淨戒安忍精進靜慮般若波羅蜜多無二無二分故世尊云何以法界意識界及意觸意觸為緣所生諸受無二為方便無生為方便無所得為方便迴向一切智智修習布施淨戒安忍精進靜慮般若波羅蜜多慶喜法界意識界及意觸意觸為緣所生諸受法界意識界及意觸意觸為緣所生諸受性空何以故以法界意識界及意觸意觸為緣所生諸受性空與布施淨戒安忍精進靜慮般若波羅蜜多無二無二分故慶喜由此故說以意界等无二為方便無生為方便

無所得為方便迴向一切智智修習布施淨戒安忍精進靜慮般若波羅蜜多

世尊云何以眼界無二為方便無生為方便無所得為方便迴向一切智智安住內空外空內外空空空大空勝義空有為空無為空畢竟空無際空散空無變異空本性空自相空共相空一切法空不可得空無性空自性空無性自性空慶喜眼界眼界性空何以故以眼界性空與彼內空乃至無性自性空無二無二分故世尊云何以色界眼識界及眼觸眼觸為緣所生諸受無二為方便無生為方便無所得為方便迴向一切智智安住內空外空內外空空空大空勝義空有為空無為空畢竟空無際空散空無變異空本性空自相空共相空一切法空不可得空無性空自性空無性自性空慶喜色界眼識界及眼觸眼觸為緣所生諸受色界眼識界及眼觸眼觸為緣所生諸受性空何以故以色界眼識界及眼觸眼觸為

緣所生諸受性空與彼內空乃至無性自性空無二無二分故慶喜由此故說以眼界等無二為方便無生為方便無所得為方便迴向一切智智安住內空乃至無性自性空世尊云何以耳界無二為方便無生為方便無所得為方便迴向一切智智安住內空外空內外空空空大空勝義空有為空無為空畢竟空無際空散空無變異空本性空自相空共相空一切法空不可得空無性空自性空無性自性空慶喜耳界耳界性空何以故以耳界性空與彼內空乃至無性自性空無二無二分故世尊云何以聲界耳識界及耳觸耳觸為緣所生諸受無二為方便無生為方便無所得為方便迴向一切智智安住內空外空內外空空空大空勝義空有為空無為空畢竟空無際空散空無變異空本性空自相空共相空一切法空不可得空無性空自性空無性自性空慶喜聲界耳識界及耳觸耳觸為緣所生諸受聲界耳識界及耳觸

耳觸為緣所生諸受性空何以故以聲界耳識界及耳觸耳觸為緣所生諸受性空與彼內空乃至無性自性空無二無二分故慶喜由此故說以耳界等無二為方便無生為方便無所得為方便迴向一切智智安住內空乃至無性自性空世尊云何以鼻界無二為方便無生為方便無所得為方便迴向一切智智安住內空外空內外空空空大空勝義空有為空無為空畢竟空無際空散空無變異空本性空自相空共相空一切法空不可得空無性空自性空無性自性空慶喜鼻界鼻界性空何以故以鼻界性空與彼內空乃至無性自性空無二無二分故世尊云何以香界鼻識界及鼻觸鼻觸為緣所生諸受無二為方便無生為方便無所得為方便迴向一切智智安住內空外空內外空空空大空勝義空有為空無為空畢竟空無際空散空無變異空本性空自相空共相空一切法空不可得空無性空自性空無性自性空慶

大般若經第一百一十三　第二十四張　異字号

喜香界鼻識界及鼻觸鼻觸為緣所生諸受香界鼻識界及鼻觸鼻觸為緣所生諸受性空何以故以香界鼻識界及鼻觸鼻觸為緣所生諸受性空與彼內空乃至無性自性空無二無二分故慶喜由此故說以鼻界等無二為方便無生為方便無所得為方便迴向一切智智安住內空乃至無性自性空世尊云何以舌界無二為方便無生為方便無所得為方便迴向一切智智安住內空外空內外空空空大空勝義空有為空無為空畢竟空無際空散空無變異空本性空自相空共相空一切法空不可得空無性空自性空無性自性空慶喜舌界舌界性空何以故以舌界性空與彼內空乃至無性自性空無二無二分故世尊云何以味界舌識界及舌觸舌觸為緣所生諸受無二為方便無生為方便無所得為方便迴向一切智智安住內空外空內外空空空大空勝義空有為空無為空畢竟空無際空散空無變異空本性空自

大般若經第一百十三　第二十五張　異字号

相空共相空一切法空不可得空無性空自性空無性自性空慶喜味界舌識界及舌觸舌觸為緣所生諸受味界舌識界及舌觸舌觸為緣所生諸受性空何以故以味界舌識界及舌觸舌觸為緣所生諸受性空與彼內空乃至無性自性空無二無二分故慶喜由此故說以舌界等無二為方便無生為方便無所得為方便迴向一切智智安住內空乃至無性自性空

大般若波羅蜜多經卷第一百一十三　異

大般若波羅蜜多經卷第一百一十三

校勘記

一　底本，金藏大寶集寺本。

一　一一一頁中九行第八字殘，應為「何」。

一　一一二頁下二二行第二字殘，應為「性」。

一　一一三頁上二行第三字殘，應為「便」。

一　一一三頁上三行「□切」，應為「一切」。

一　一一三頁中一六行「聲香味觸」，石作「聲香觸」。

一　一一三頁下二一行首字虛，應為「力」。

一　一一七頁中二二行「所生」，石作「生」。

大般若波羅蜜多經卷第一百一十四　吳

三藏法師玄奘奉　詔譯

初分校量功德品第三十之十二

世尊云何以身界無二為方便無生為方便無所得為方便迴向一切智智安住內空外空內外空空空大空勝義空有為空無為空畢竟空無際空散空無變異空本性空自相空共相空一切法空不可得空無性空自性空無性自性空慶喜身界身界性空何以故以身界性空與彼內空乃至無性自性空無二無二分故世尊云何以觸界身識界及身觸身觸為緣所生諸受無二為方便無生為方便無所得為方便迴向一切智智安住內空外空內外空空空大空勝義空有為空無為空畢竟空無際空散空無變異空本性空自相空共相空一切法空不可得空無性空自性空無性自性空慶喜觸界身識界及身觸身觸為緣所生諸受觸界身識界及身觸身觸為緣所生諸受性空何以故以觸界身識界及身觸身觸為緣所生諸受性空與彼內空乃至無性自性空無二無二分故慶喜由此故說以身界等無二為方便無生為方便無所得為方便迴向一切智智安住內空乃至無性自性空世尊云何以意界無二為方便無生為方便無所得為方便迴向一切智智安住內空外空內外空空空大空勝義空有為空無為空畢竟空無際空散空無變異空本性空自相空共相空一切法空不可得空無性空自性空無性自性空慶喜意界意界性空何以故以意界性空與彼內空乃至無性自性空無二無二分故世尊云何以法界意識界及意觸意觸為緣所生諸受無二為方便無生為方便無所得為方便迴向一切智智安住內空外空內外空空空大空勝義空有為空無為空畢竟空無際空散空無變異空本性空自相空共相空一切法空不可得空無性空自性空無性自性空慶喜法界意識界及意觸意觸

為緣所生諸受法界意識界及意觸
意觸為緣所生諸受性空何以故以
法界意識界及意觸意觸為緣所生
諸受性空與彼內空乃至無性自性
空無二無二分故慶喜由此故說以
意界等無二為方便無生為方便無
所得為方便迴向一切智智安住內
空乃至無性自性空
世尊云何以眼界無二為方便無生
為方便無所得為方便迴向一切智
智安住真如法界法性不虛妄性不
變異性平等性離生性法定法住實
際虛空界不思議界慶喜眼界眼界
性空何以故以眼界性空與彼真如
乃至不思議界無二無二分故世尊
云何以色界眼識界及眼觸眼觸為
緣所生諸受無二為方便無生為方
便無所得為方便迴向一切智智安
住真如法界法性不虛妄性不變異
性平等性離生性法定法住實際虛
空界不思議界慶喜色界眼識界及
眼觸眼觸為緣所生諸受色界眼識
界及眼觸眼觸為緣所生諸受性空

何以故以色界眼識界及眼觸眼觸
為緣所生諸受性空與彼真如乃至
不思議界無二無二分故慶喜由此
故說以眼界等無二為方便無生為
方便無所得為方便迴向一切智智
安住真如乃至不思議界世尊云何
以耳界無二為方便無生為方便無
所得為方便迴向一切智智安住真
如法界法性不虛妄性不變異性平
等性離生性法定法住實際虛空界
不思議界慶喜耳界耳界性空何以
故以耳界性空與彼真如乃至不思
議界無二無二分故世尊云何以聲
界耳識界及耳觸耳觸為緣所生諸
受無二為方便無生為方便無所得
為方便迴向一切智智安住真如法
界法性不虛妄性不變異性平等性
離生性法定法住實際虛空界不思
議界慶喜聲界耳識界及耳觸耳觸
為緣所生諸受聲界耳識界及耳觸
耳觸為緣所生諸受性空何以故以
聲界耳識界及耳觸耳觸為緣所生
諸受性空與彼真如乃至不思議界

無二無二分故慶喜由此故說以耳
界等無二為方便無生為方便無所
得為方便迴向一切智智安住真如
乃至不思議界世尊云何以鼻界無
二為方便無生為方便無所得為方
便迴向一切智智安住真如法界法
性不虛妄性不變異性平等性離生
性法定法住實際虛空界不思議界
慶喜鼻界鼻界性空何以故以鼻界
性空與彼真如乃至不思議界無二
無二分故世尊云何以香界鼻識界
及鼻觸鼻觸為緣所生諸受無二為
方便無生為方便無所得為方便迴
向一切智智安住真如法界法性不
虛妄性不變異性平等性離生性法
定法住實際虛空界不思議界慶喜
香界鼻識界及鼻觸鼻觸為緣所生
諸受香界鼻識界及鼻觸鼻觸為緣
所生諸受性空何以故以香界鼻識
界及鼻觸鼻觸為緣所生諸受性空
與彼真如乃至不思議界無二無二
分故慶喜由此故說以鼻界等無二
為方便無生為方便無所得為方便

迴向一切智智安住真如乃至不思議界世尊云何以舌界無二為方便無生為方便無所得為方便迴向一切智智安住真如法界法性不虛妄性不變異性平等性離生性法定法住實際虛空界不思議界慶喜舌界舌界性空何以故以舌界性空與彼真如乃至不思議界無二無二分故世尊云何以味界舌識界及舌觸舌觸為緣所生諸受無二為方便無生為方便無所得為方便迴向一切智智安住真如法界法性不虛妄性不變異性平等性離生性法定法住實際虛空界不思議界慶喜味界舌識界及舌觸舌觸為緣所生諸受味界舌識界及舌觸舌觸為緣所生諸受性空何以故以味界舌識界及舌觸舌觸為緣所生諸受性空與彼真如乃至不思議界無二無二分故慶喜由此故說以舌界等無二為方便無生為方便無所得為方便迴向一切智智安住真如乃至不思議界世尊云何以身界無二為方便無生為方

便無所得為方便迴向一切智智安住真如法界法性不虛妄性不變異性平等性離生性法定法性實際虛空界不思議界慶喜身界身界性空何以故以身界性空與彼真如乃至不思議界無二無二分故世尊云何以觸界身識界及身觸身觸為緣所生諸受無二為方便無生為方便無所得為方便迴向一切智智安住真如法界法性不虛妄性不變異性平等性離生性法定法住實際虛空界不思議界慶喜觸界身識界及身觸身觸為緣所生諸受觸界身識界及身觸身觸為緣所生諸受性空何以故以觸界身識界及身觸身觸為緣所生諸受性空與彼真如乃至不思議界無二無二分故慶喜由此故說以身界等無二為方便無生為方便無所得為方便迴向一切智智安住真如乃至不思議界世尊云何以意界無二為方便無生為方便無所得為方便迴向一切智智安住真如法界法性不虛妄性不變異性平等性

離生性法定法住實際虛空界不思議界慶喜意界意界性空何以故以意界性空與彼真如乃至不思議界無二無二分故世尊云何以法界意識界及意觸意觸為緣所生諸受無二為方便無生為方便無所得為方便迴向一切智智安住真如法界法性不虛妄性不變異性平等性離生性法定法住實際虛空界不思議界慶喜法界意識界及意觸意觸為緣所生諸受法界意識界及意觸意觸為緣所生諸受性空何以故以法界意識界及意觸意觸為緣所生諸受性空與彼真如乃至不思議界無二無二分故慶喜由此故說以意界等無二為方便無生為方便無所得為方便迴向一切智智安住真如乃至不思議界

世尊云何以眼界無二為方便無生為方便無所得為方便迴向一切智智安住苦集滅道聖諦慶喜眼界眼界性空何以故以眼界性空與苦集滅道聖諦無二無二分故世尊云何

以色界眼識界及眼觸眼觸為緣所生諸受無二為方便無生為方便無所得為方便迴向一切智智安住苦集滅道聖諦慶喜色界眼識界及眼觸眼觸為緣所生諸受色界眼識界及眼觸眼觸為緣所生諸受性空何以故以色界眼識界及眼觸眼觸為緣所生諸受性空與苦集滅道聖諦無二無二分故慶喜由此故說以眼界等無二為方便無生為方便無所得為方便迴向一切智智安住苦集滅道聖諦世尊云何以耳界無二為方便無生為方便無所得為方便迴向一切智智安住苦集滅道聖諦慶喜耳界耳界性空何以故以耳界性空與苦集滅道聖諦無二無二分故世尊云何以聲界耳識界及耳觸耳觸為緣所生諸受無二為方便無生為方便無所得為方便迴向一切智智安住苦集滅道聖諦慶喜聲界耳識界及耳觸耳觸為緣所生諸受聲界耳識界及耳觸耳觸為緣所生諸受性空何以故以聲界耳識界及耳

觸耳觸為緣所生諸受性空與苦集滅道聖諦無二無二分故慶喜由此故說以耳界等無二為方便無生為方便無所得為方便迴向一切智智安住苦集滅道聖諦世尊云何以鼻界無二為方便無生為方便無所得為方便迴向一切智智安住苦集滅道聖諦慶喜鼻界鼻界性空何以故以鼻界性空與苦集滅道聖諦無二無二分故世尊云何以香界鼻識界及鼻觸鼻觸為緣所生諸受無二為方便無生為方便無所得為方便迴向一切智智安住苦集滅道聖諦慶喜香界鼻識界及鼻觸鼻觸為緣所生諸受香界鼻識界及鼻觸鼻觸為緣所生諸受性空何以故以香界鼻識界及鼻觸鼻觸為緣所生諸受性空與苦集滅道聖諦無二無二分故慶喜由此故說以鼻界等無二為方便無生為方便無所得為方便迴向一切智智安住苦集滅道聖諦世尊云何以舌界無二為方便無生為方便無所得為方便迴向一切智智安

住苦集滅道聖諦慶喜舌界舌界性空何以故以舌界性空與苦集滅道聖諦無二無二分故世尊云何以味界舌識界及舌觸舌觸為緣所生諸受無二為方便無生為方便無所得為方便迴向一切智智安住苦集滅道聖諦慶喜味界舌識界及舌觸舌觸為緣所生諸受味界舌識界及舌觸舌觸為緣所生諸受性空何以故以味界舌識界及舌觸舌觸為緣所生諸受性空與苦集滅道聖諦無二無二分故慶喜由此故說以舌界等無二為方便無生為方便無所得為方便迴向一切智智安住苦集滅道聖諦世尊云何以身界無二為方便無生為方便無所得為方便迴向一切智智安住苦集滅道聖諦慶喜身界身界性空何以故以身界性空與苦集滅道聖諦無二無二分故世尊云何以觸界身識界及身觸身觸為緣所生諸受無二為方便無生為方便無所得為方便迴向一切智智安住苦集滅道聖諦慶喜觸界身識界

及身觸身觸為緣所生諸受觸界身識界及身觸身觸為緣所生諸受性空何以故以觸界身識界及身觸身觸為緣所生諸受性空與苦集滅道聖諦無二無二分故慶喜由此故說以身界等無二為方便無生為方便無所得為方便迴向一切智智安住苦集滅道聖諦世尊云何以意界無二為方便無生為方便無所得為方便迴向一切智智安住苦集滅道聖諦慶喜意界意界性空何以故以意界性空與苦集滅道聖諦無二無二分故世尊云何以法界意識界及意觸意觸為緣所生諸受無二為方便無生為方便無所得為方便迴向一切智智安住苦集滅道聖諦慶喜法界意識界及意觸意觸為緣所生諸受法界意識界及意觸意觸為緣所生諸受性空何以故以法界意識界及意觸意觸為緣所生諸受性空與苦集滅道聖諦無二無二分故慶喜由此故說以意界等無二為方便無生為方便無所得為方便迴向一切

智智安住苦集滅道聖諦

世尊云何以眼界無二為方便無生為方便無所得為方便迴向一切智智修習四靜慮四無量四無色定慶喜眼界眼界性空何以故以眼界性空與四靜慮四無量四無色定無二無二分故世尊云何以色界眼識界及眼觸眼觸為緣所生諸受無二為方便無生為方便無所得為方便迴向一切智智修習四靜慮四無量四無色定慶喜色界眼識界及眼觸眼觸為緣所生諸受色界眼識界及眼觸眼觸為緣所生諸受性空何以故以色界眼識界及眼觸眼觸為緣所生諸受性空與四靜慮四無量四無色定無二無二分故慶喜由此故說以眼界等無二為方便無生為方便無所得為方便迴向一切智智修習四靜慮四無量四無色定世尊云何以耳界無二為方便無生為方便無所得為方便迴向一切智智修習四靜慮四無量四無色定慶喜耳界耳界性空何以故以耳界性空與四靜

慮四無量四無色定無二無二分故世尊云何以聲界耳識界及耳觸耳觸為緣所生諸受無二為方便無生為方便無所得為方便迴向一切智智修習四靜慮四無量四無色定慶喜聲界耳識界及耳觸耳觸為緣所生諸受聲界耳識界及耳觸耳觸為緣所生諸受性空何以故以聲界耳識界及耳觸耳觸為緣所生諸受性空與四靜慮四無量四無色定無二無二分故慶喜由此故說以耳界等無二為方便無生為方便無所得為方便迴向一切智智修習四靜慮四無量四無色定世尊云何以鼻界無二為方便無生為方便無所得為方便迴向一切智智修習四靜慮四無量四無色定慶喜鼻界鼻界性空何以故以鼻界性空與四靜慮四無量四無色定無二無二分故世尊云何以香界鼻識界及鼻觸鼻觸為緣所生諸受無二為方便無生為方便無所得為方便迴向一切智智修習四靜慮四無量四無色定慶喜香界鼻

識界及鼻觸鼻觸為緣所生諸受香界鼻識界及鼻觸鼻觸為緣所生諸受性空何以故以香界鼻識界及鼻觸鼻觸為緣所生諸受性空與四靜慮四無量四無色定無二無二分故慶喜由此故說以鼻界等無二為方便無生為方便無所得為方便迴向一切智智修習四靜慮四無量四無色定世尊云何以舌界無二為方便無生為方便無所得為方便迴向一切智智修習四靜慮四無量四無色定慶喜舌界舌界性空何以故以舌界性空與四靜慮四無量四無色定無二無二分故世尊云何以味界舌識界及舌觸舌觸為緣所生諸受無二為方便無生為方便無所得為方便迴向一切智智修習四靜慮四無量四無色定慶喜味界舌識界及舌觸舌觸為緣所生諸受味界舌識界及舌觸舌觸為緣所生諸受性空何以故以味界舌識界及舌觸舌觸為緣所生諸受性空與四靜慮四無量四無色定無二無二分故慶喜由此故說以舌界等無二

為方便無生為方便無所得為方便迴向一切智智修習四靜慮四無量四無色定世尊云何以身界無二為方便無生為方便無所得為方便迴向一切智智修習四靜慮四無量四無色定慶喜身界身界性空何以故以身界性空與四靜慮四無量四無色定無二無二分故世尊云何以觸界身識界及身觸身觸為緣所生諸受無二為方便無生為方便無所得為方便迴向一切智智修習四靜慮四無量四無色定慶喜觸界身識界及身觸身觸為緣所生諸受觸界身識界及身觸身觸為緣所生諸受性空何以故以觸界身識界及身觸身觸為緣所生諸受性空與四靜慮四無量四無色定無二無二分故慶喜由此故說以身界等無二為方便無生為方便無所得為方便迴向一切智智修習四靜慮四無量四無色定世尊云何以意界無二為方便無生為方便無所得為方便迴向一切智智修習四靜慮四無量四無色定慶

喜意界意界性空何以故以意界性空與四靜慮四無量四無色定無二無二分故世尊云何以法界意識界及意觸意觸為緣所生諸受無二為方便無生為方便無所得為方便迴向一切智智修習四靜慮四無量四無色定慶喜法界意識界及意觸意觸為緣所生諸受法界意識界及意觸意觸為緣所生諸受性空何以故以法界意識界及意觸意觸為緣所生諸受性空與四靜慮四無量四無色定無二無二分故慶喜由此故說以意界等無二為方便無生為方便無所得為方便迴向一切智智修習四靜慮四無量四無色定

世尊云何以眼界無二為方便無生為方便無所得為方便迴向一切智智修習八解脫八勝處九次第定十遍處慶喜眼界眼界性空何以故以眼界性空與八解脫八勝處九次第定十遍處無二無二分故世尊云何以色界眼識界及眼觸眼觸為緣所生諸受無二為方便無生為方便無

所得為方便迴向一切智智修習八解脫八勝處九次第定十遍處慶喜色界眼識界及眼觸眼觸為緣所生諸受色界眼識界及眼觸眼觸為緣所生諸受性空何以故以色界眼識界及眼觸眼觸為緣所生諸受性空與八解脫八勝處九次第定十遍處無二無二分故慶喜由此故說以眼界等無二為方便無生為方便無所得為方便迴向一切智智修習八解脫八勝處九次第定十遍處世尊云何以耳界無二為方便無生為方便無所得為方便迴向一切智智修習八解脫八勝處九次第定十遍處慶喜耳界耳界性空何以故以耳界性空與八解脫八勝處九次第定十遍處無二無二分故世尊云何以聲界耳識界及耳觸耳觸為緣所生諸受無二為方便無生為方便無所得為方便迴向一切智智修習八解脫八勝處九次第定十遍處慶喜聲界耳識界及耳觸耳觸為緣所生諸受聲界耳識界及耳觸耳觸為緣所生諸

受性空何以故以聲界耳識界及耳觸耳觸為緣所生諸受性空與八解脫八勝處九次第定十遍處無二無二分故慶喜由此故說以耳界等無二為方便無生為方便無所得為方便迴向一切智智修習八解脫八勝處九次第定十遍處世尊云何以鼻界無二為方便無生為方便無所得為方便迴向一切智智修習八解脫八勝處九次第定十遍處慶喜鼻界鼻界性空何以故以鼻界性空與八解脫八勝處九次第定十遍處無二無二分故世尊云何以香界鼻識界及鼻觸鼻觸為緣所生諸受無二為方便無生為方便無所得為方便迴向一切智智修習八解脫八勝處九次第定十遍處慶喜香界鼻識界及鼻觸鼻觸為緣所生諸受香界鼻識界及鼻觸鼻觸為緣所生諸受性空何以故以香界鼻識界及鼻觸鼻觸為緣所生諸受性空與八解脫八勝處九次第定十遍處無二無二分故慶喜由此故說以鼻界等無二為方

便無生為方便無所得為方便迴向一切智智修習八解脫八勝處九次第定十遍處世尊云何以舌界無二為方便無生為方便無所得為方便迴向一切智智修習八解脫八勝處九次第定十遍處慶喜舌界舌界性空何以故以舌界性空與八解脫八勝處九次第定十遍處無二無二分故世尊云何以味界舌識界及舌觸舌觸為緣所生諸受無二為方便無生為方便無所得為方便迴向一切智智修習八解脫八勝處九次第定十遍處慶喜味界舌識界及舌觸舌觸為緣所生諸受味界舌識界及舌觸舌觸為緣所生諸受性空何以故以味界舌識界及舌觸舌觸為緣所生諸受性空與八解脫八勝處九次第定十遍處無二無二分故慶喜由此故說以舌界等無二為方便無生為方便無所得為方便迴向一切智智修習八解脫八勝處九次第定十遍處世尊云何以身界無二為方便無生為方便無所得為方便迴向一

切智智修習八解脫八勝處九次第定十遍處慶喜身界身界性空何以故以身界性空與八解脫八勝處九次第定十遍處無二無二分故世尊云何以觸界身識界及身觸身觸為緣所生諸受無二為方便無生為方便無所得為方便迴向一切智智修習八解脫八勝處九次第定十遍處慶喜觸界身識界及身觸身觸為緣所生諸受觸界身識界及身觸身觸為緣所生諸受性空何以故以觸界身識界及身觸身觸為緣所生諸受性空與八解脫八勝處九次第定十遍處無二無二分故慶喜由此故說以身界等無二為方便無生為方便無所得為方便迴向一切智智修習八解脫八勝處九次第定十遍處世尊云何以意界無二為方便無生為方便無所得為方便迴向一切智智修習八解脫八勝處九次第定十遍處慶喜意界意界性空何以故以意界性空與八解脫八勝處九次第定十遍處無二無二分故世尊云何以

法界意識界及意觸意觸為緣所生諸受無二為方便無生為方便無所得為方便迴向一切智智修習八解脫八勝處九次第定十遍處慶喜法界意識界及意觸意觸為緣所生諸受法界意識界及意觸意觸為緣所生諸受性空何以故以法界意識界及意觸意觸為緣所生諸受性空與八解脫八勝處九次第定十遍處無二無二分故慶喜由此故說以意界等無二為方便無生為方便無所得為方便迴向一切智智修習八解脫八勝處九次第定十遍處

大般若波羅蜜多經卷第一百一十四　淏

[illegible]

大般若波羅蜜多經卷第一百一十四

校勘記

一　底本，金藏大寶集寺本。

一　一二〇頁下二〇行「無際空散空」，石作「無際無散空」。

一　一二一頁中二〇行「聲界耳識界及耳觸」，石作「聲界識界及耳觸」。

一　一二二頁上六行「不思議界」，石作「不議界」。

一　一二二頁中三行「法性」，資、磧、普、南、徑、清、麗作「法住」。

一　一二三頁下一行「古界古界」，石作「舌界」。

一　一二五頁中一七行第三字疑，應為「四」。

大般若波羅蜜多經卷第一百十五　吳

三藏法師 玄奘奉 詔譯

初分校量功德品第三十之十三

世尊云何以眼界無二為方便无生為方便無所得為方便迴向一切智智修習四念住四正斷四神足五根五力七等覺支八聖道支慶喜眼界眼界性空何以故以眼界性空與四念住四正斷四神足五根五力七等覺支八聖道支無二无二分故世尊云何以色界眼識界及眼觸眼觸為緣所生諸受無二為方便无生為方便無所得為方便迴向一切智智修習四念住四正斷四神足五根五力七等覺支八聖道支慶喜色界眼識界及眼觸眼觸為緣所生諸受色界眼識界及眼觸眼觸為緣所生諸受性空何以故以色界眼識界及眼觸眼觸為緣所生諸受性空與四念住四正斷四神足五根五力七等覺支八聖道支無二无二分故慶喜由此故說以眼界等無二為方便無生為

方便無所得為方便迴向一切智智修習四念住四正斷四神足五根五力七等覺支八聖道支世尊云何以耳界無二為方便無生為方便無所得為方便迴向一切智智修習四念住四正斷四神足五根五力七等覺支八聖道支慶喜耳界耳界性空何以故以耳界性空與四念住四正斷四神足五根五力七等覺支八聖道支无二無二分故世尊云何以聲界耳識界及耳觸耳觸為緣所生諸受無二為方便无生為方便無所得為方便迴向一切智智修習四念住四正斷四神足五根五力七等覺支八聖道支慶喜聲界耳識界及耳觸耳觸為緣所生諸受聲界耳識界及耳觸耳觸為緣所生諸受性空何以故以聲界耳識界及耳觸耳觸為緣所生諸受性空與四念住四正斷四神足五根五力七等覺支八聖道支無二無二分故慶喜由此故說以耳界等無二為方便无生為方便無所得為方便迴向一切智智修習四念住

四正斷四神足五根五力七等覺支八聖道支世尊云何以鼻界無二為方便無生為方便無所得為方便迴向一切智智修習四念住四正斷四神足五根五力七等覺支八聖道支慶喜鼻界鼻界性空何以故以鼻界性空與四念住四正斷四神足五根五力七等覺支八聖道支無二無二分故世尊云何以香界鼻識界及鼻觸鼻觸為緣所生諸受無二為方便無生為方便無所得為方便迴向一切智智修習四念住四正斷四神足五根五力七等覺支八聖道支慶喜香界鼻識界及鼻觸鼻觸為緣所生諸受香界鼻識界及鼻觸鼻觸為緣所生諸受性空何以故以香界鼻識界及鼻觸鼻觸為緣所生諸受性空與四念住四正斷四神足五根五力七等覺支八聖道支無二無二分故慶喜由此故說以鼻界等無二為方便無生為方便無所得為方便迴向一切智智修習四念住四正斷四神足五根五力七等覺支八聖道支世

尊云何以舌界無二為方便無生為方便無所得為方便迴向一切智智修習四念住四正斷四神足五根五力七等覺支八聖道支慶喜舌界舌界性空何以故以舌界性空與四念住四正斷四神足五根五力七等覺支八聖道支無二无二分故世尊云何以味界舌識界及舌觸舌觸為緣所生諸受無二為方便無生為方便無所得為方便迴向一切智智修習四念住四正斷四神足五根五力七等覺支八聖道支慶喜味界舌識界及舌觸舌觸為緣所生諸受味界舌識界及舌觸舌觸為緣所生諸受性空何以故以味界舌識界及舌觸舌觸為緣所生諸受性空與四念住四正斷四神足五根五力七等覺支八聖道支無二無二分故慶喜由此故說以舌界等無二為方便無生為方便無所得為方便迴向一切智智修習四念住四正斷四神足五根五力七等覺支八聖道支世尊云何以身界無二為方便無生為方便無所得

為方便迴向一切智智修習四念住四正斷四神足五根五力七等覺支八聖道支慶喜身界身界性空何以故以身界性空與四念住四正斷四神足五根五力七等覺支八聖道支無二無二分故世尊云何以觸界身識界及身觸身觸為緣所生諸受無二為方便無生為方便無所得為方便迴向一切智智修習四念住四正斷四神足五根五力七等覺支八聖道支慶喜觸界身識界及身觸身觸為緣所生諸受觸界身識界及身觸身觸為緣所生諸受性空何以故以觸界身識界及身觸身觸為緣所生諸受性空與四念住四正斷四神足五根五力七等覺支八聖道支無二無二分故慶喜由此故說以身界等無二為方便無生為方便無所得為方便迴向一切智智修習四念住四正斷四神足五根五力七等覺支八聖道支世尊云何以意界無二為方便無生為方便無所得為方便迴向一切智智修習四念住四正斷四神

足五根五力七等覺支八聖道支慶喜意界意界性空何以故以意界性空與四念住四正斷四神足五根五力七等覺支八聖道支無二無二分故世尊云何以法界意識界及意觸意觸為緣所生諸受無二為方便無生為方便無所得為方便迴向一切智智修習四念住四正斷四神足五根五力七等覺支八聖道支慶喜法界意識界及意觸意觸為緣所生諸受法界意識界及意觸意觸為緣所生諸受性空何以故以法界意識界及意觸意觸為緣所生諸受性空與四念住四正斷四神足五根五力七等覺支八聖道支無二無二分故慶喜由此故說以意界等無二為方便無生為方便無所得為方便迴向一切智智修習四念住四正斷四神足五根五力七等覺支八聖道支

世尊云何以眼界無二為方便無生為方便無所得為方便迴向一切智智修習空解脫門無相解脫門無願解脫門慶喜眼界眼界性空何以故以眼界性空與空解脫門無相解脫門無願解脫門無二無二分故世尊云何以色界眼識界及眼觸眼觸為緣所生諸受無二為方便無生為方便無所得為方便迴向一切智智修習空解脫門無相解脫門無願解脫門慶喜色界眼識界及眼觸眼觸為緣所生諸受色界眼識界及眼觸眼觸為緣所生諸受性空何以故以色界眼識界及眼觸眼觸為緣所生諸受性空與空解脫門無相解脫門無願解脫門無二無二分故慶喜由此故說以色界等無二為方便無生為方便無所得為方便迴向一切智智修習空解脫門無相解脫門無願解脫門世尊云何以耳界無二為方便無生為方便無所得為方便迴向一切智智修習空解脫門無相解脫門無願解脫門慶喜耳界耳界性空何以故以耳界性空與空解脫門無相解脫門無願解脫門無二無二分故世尊云何以聲界耳識界及耳觸耳觸為緣所生諸受無二為方便無生為方便無所得為方便迴向一切智智修習空解脫門無相解脫門無願解脫門慶喜聲界耳識界及耳觸耳觸為緣所生諸受聲界耳識界及耳觸耳觸為緣所生諸受性空何以故以聲界耳識界及耳觸耳觸為緣所生諸受性空與空解脫門無相解脫門無願解脫門無二無二分故慶喜由此故說以耳界等無二為方便無生為方便無所得為方便迴向一切智智修習空解脫門無相解脫門無願解脫門世尊云何以鼻界無二為方便無生為方便無所得為方便迴向一切智智修習空解脫門無相解脫門無願解脫門慶喜鼻界鼻界性空何以故以鼻界性空與空解脫門無相解脫門無願解脫門無二無二分故世尊云何以香界鼻識界及鼻觸鼻觸為緣所生諸受無二為方便無生為方便無所得為方便迴向一切智智修習空解脫門無相解脫門無願解脫門慶喜香界鼻識界及鼻觸鼻觸為緣所生諸受香界鼻識界

及鼻觸鼻觸為緣所生諸受性空何以故以香界鼻識界及鼻觸鼻觸為緣所生諸受性空與空解脫門無相解脫門無願解脫門無二無二分故慶喜由此故說以鼻界等無二為方便無生為方便無所得為方便迴向一切智智修習空解脫門無相解脫門無願解脫門世尊云何以舌界無二為方便無生為方便無所得為方便迴向一切智智修習空解脫門無相解脫門無願解脫門慶喜舌界舌界性空何以故以舌界性空與空解脫門無相解脫門無願解脫門無二無二分故世尊云何以味界舌識界及舌觸舌觸為緣所生諸受無二為方便無生為方便無所得為方便迴向一切智智修習空解脫門無相解脫門無願解脫門慶喜味界舌識界及舌觸舌觸為緣所生諸受味界舌識界及舌觸舌觸為緣所生諸受性空何以故以味界舌識界及舌觸舌觸為緣所生諸受性空與空解脫門無相解脫門無願解脫門無二無二分故慶喜由此故說以舌界等無二為方便無生為方便無所得為方便迴向一切智智修習空解脫門無相解脫門無願解脫門世尊云何以身界無二為方便無生為方便無所得為方便迴向一切智智修習空解脫門無相解脫門無願解脫門慶喜身界身界性空何以故以身界性空與空解脫門無相解脫門無願解脫門無二無二分故世尊云何以觸界身識界及身觸身觸為緣所生諸受無二為方便無生為方便無所得為方便迴向一切智智修習空解脫門無相解脫門無願解脫門慶喜觸界身識界及身觸身觸為緣所生諸受觸界身識界及身觸身觸為緣所生諸受性空何以故以觸界身識界及身觸身觸為緣所生諸受性空與空解脫門無相解脫門無願解脫門無二無二分故慶喜由此故說以身界等無二為方便無生為方便無所得為方便迴向一切智智修習空解脫門無相解脫門無願解脫門世尊云何以意界無二為方便無生為方便無所得為方便迴向一切智智修習空解脫門無相解脫門無願解脫門慶喜意界意界性空何以故以意界性空與空解脫門無相解脫門無願解脫門無二無二分故世尊云何以法界意識界及意觸意觸為緣所生諸受無二為方便無生為方便無所得為方便迴向一切智智修習空解脫門無相解脫門無願解脫門慶喜法界意識界及意觸意觸為緣所生諸受法界意識界及意觸意觸為緣所生諸受性空何以故以法界意識界及意觸意觸為緣所生諸受性空與空解脫門無相解脫門無願解脫門無二無二分故慶喜由此故說以意界等無二為方便無生為方便無所得為方便迴向一切智智修習空解脫門無相解脫門無願解脫門

世尊云何以眼界無二為方便無生為方便無所得為方便迴向一切智智修習五眼六神通慶喜眼界眼界性空何以故以眼界性空與五眼六

神通無二無二分故世尊云何以色界眼識界及眼觸眼觸為緣所生諸受無二為方便無生為方便無所得為方便迴向一切智智修習五眼六神通慶喜色界眼識界及眼觸眼觸為緣所生諸受色界眼識界及眼觸眼觸為緣所生諸受性空何以故以色界眼識界及眼觸眼觸為緣所生諸受性空與五眼六神通無二無二分故慶喜由此故說以眼界等無二為方便無生為方便無所得為方便迴向一切智智修習五眼六神通世尊云何以耳界無二為方便無生為方便無所得為方便迴向一切智智修習五眼六神通慶喜耳界耳界性空何以故以耳界性空與五眼六神通無二無二分故世尊云何以聲界耳識界及耳觸耳觸為緣所生諸受無二為方便無生為方便無所得為方便迴向一切智智修習五眼六神通慶喜聲界耳識界及耳觸耳觸為緣所生諸受聲界耳識界及耳觸耳觸為緣所生諸受性空何以故以聲

界耳識界及耳觸耳觸為緣所生諸受性空與五眼六神通無二無二分故慶喜由此故說以耳界等無二為方便無生為方便無所得為方便迴向一切智智修習五眼六神通世尊云何以鼻界無二為方便無生為方便無所得為方便迴向一切智智修習五眼六神通慶喜鼻界鼻界性空何以故以鼻界性空與五眼六神通無二無二分故世尊云何以香界鼻識界及鼻觸鼻觸為緣所生諸受无二為方便無生為方便無所得為方便迴向一切智智修習五眼六神通慶喜香界鼻識界及鼻觸鼻觸為緣所生諸受香界鼻識界及鼻觸鼻觸為緣所生諸受性空何以故以香界鼻識界及鼻觸鼻觸為緣所生諸受性空與五眼六神通無二無二分故慶喜由此故說以鼻界等無二為方便無生為方便無所得為方便迴向一切智智修習五眼六神通世尊云何以舌界無二為方便無生為方便無所得為方便迴向一切智智修習

五眼六神通慶喜舌界舌界性空何以故以舌界性空與五眼六神通無二分故世尊云何以味界舌識界及舌觸舌觸為緣所生諸受無二為方便無生為方便無所得為方便迴向一切智智修習五眼六神通慶喜味界舌識界及舌觸舌觸為緣所生諸受味界舌識界及舌觸舌觸為緣所生諸受性空何以故以味界舌識界及舌觸舌觸為緣所生諸受性空與五眼六神通無二無二分故慶喜由此故說以舌界等无二為方便无生為方便無所得為方便迴向一切智智修習五眼六神通世尊云何以身界無二為方便無生為方便無所得為方便迴向一切智智修習五眼六神通慶喜身界身界性空何以故以身界性空與五眼六神通無二無二分故世尊云何以觸界身識界及身觸身觸為緣所生諸受無二為方便無生為方便無所得為方便迴向一切智智修習五眼六神通慶喜觸界身識界及身觸身觸為緣所生諸受

觸界身識界及身觸身觸為緣所生諸受性空何以故以觸界身識界及身觸身觸為緣所生諸受性空與五眼六神通无二無二分故慶喜由此故說以身界等無二為方便無生為方便無所得為方便迴向一切智智修習五眼六神通世尊云何以意界無二為方便無生為方便無所得為方便迴向一切智智修習五眼六神通慶喜意界意界性空何以故以意界性空與五眼六神通無二無二分故世尊云何以法界意識界及意觸意觸為緣所生諸受無二為方便無生為方便無所得為方便迴向一切智智修習五眼六神通慶喜法界意識界及意觸意觸為緣所生諸受法界意識界及意觸意觸為緣所生諸受性空何以故以法界意識界及意觸意觸為緣所生諸受性空與五眼六神通无二無二分故慶喜由此故說以意界等無二為方便無生為方便無所得為方便迴向一切智智修習五眼六神通

世尊云何以眼界無二為方便無生為方便無所得為方便迴向一切智智修習佛十力四無所畏四無礙解大慈大悲大喜大捨十八佛不共法慶喜眼界眼界性空何以故以眼界性空與佛十力四無所畏四無礙解大慈大悲大喜大捨十八佛不共法無二無二分故世尊云何以色界眼識界及眼觸眼觸為緣所生諸受無二為方便無生為方便無所得為方便迴向一切智智修習佛十力四無所畏四無礙解大慈大悲大喜大捨十八佛不共法慶喜色界眼識界及眼觸眼觸為緣所生諸受色界眼識界及眼觸眼觸為緣所生諸受性空何以故以色界眼識界及眼觸眼觸為緣所生諸受性空與佛十力四無所畏四無礙解大慈大悲大喜大捨十八佛不共法無二無二分故慶喜由此故說以眼界等無二為方便无生為方便無所得為方便迴向一切智智修習佛十力四無所畏四無礙解大慈大悲大喜大捨十八佛不共

法世尊云何以耳界無二為方便無生為方便無所得為方便迴向一切智智修習佛十力四無所畏四無礙解大慈大悲大喜大捨十八佛不共法慶喜耳界耳界性空何以故以耳界性空與佛十力四無所畏四無礙解大慈大悲大喜大捨十八佛不共法無二無二分故世尊云何以聲界耳識界及耳觸耳觸為緣所生諸受無二為方便無生為方便無所得為方便迴向一切智智修習佛十力四無所畏四無礙解大慈大悲大喜大捨十八佛不共法慶喜聲界耳識界及耳觸耳觸為緣所生諸受聲界耳識界及耳觸耳觸為緣所生諸受性空何以故以聲界耳識界及耳觸耳觸為緣所生諸受性空與佛十力四無所畏四無礙解大慈大悲大喜大捨十八佛不共法無二無二分故慶喜由此故說以耳界等无二為方便無生為方便無所得為方便迴向一切智智修習佛十力四無所畏四無礙解大慈大悲大喜大捨十八佛不

共法世尊云何以鼻界無二為方便無生為方便無所得為方便迴向一切智智修習佛十力四無所畏四無礙解大慈大悲大喜大捨十八佛不共法慶喜鼻界鼻界性空何以故以鼻界性空與佛十力四無所畏四無礙解大慈大悲大喜大捨十八佛不共法無二無二分故世尊云何以香界鼻識界及鼻觸鼻觸為緣所生諸受無二為方便無生為方便無所得為方便迴向一切智智修習佛十力四無所畏四無礙解大慈大悲大喜大捨十八佛不共法慶喜香界鼻識界及鼻觸鼻觸為緣所生諸受香界鼻識界及鼻觸鼻觸為緣所生諸受性空何以故以香界鼻識界及鼻觸鼻觸為緣所生諸受性空與佛十力四無所畏四無礙解大慈大悲大喜大捨十八佛不共法無二無二分故慶喜由此故說以鼻界等無二為方便無生為方便無所得為方便迴向一切智智修習佛十力四無所畏四無礙解大慈大悲大喜大捨十八佛

不共法世尊云何以舌界無二為方便無生為方便無所得為方便迴向一切智智修習佛十力四無所畏四無礙解大慈大悲大喜大捨十八佛不共法慶喜舌界舌界性空何以故以舌界性空與佛十力四無所畏四無礙解大慈大悲大喜大捨十八佛不共法無二無二分故世尊云何以味界舌識界及舌觸舌觸為緣所生諸受無二為方便無生為方便無所得為方便迴向一切智智修習佛十力四無所畏四無礙解大慈大悲大喜大捨十八佛不共法慶喜味界舌識界及舌觸舌觸為緣所生諸受味界舌識界及舌觸舌觸為緣所生諸受性空何以故以味界舌識界及舌觸舌觸為緣所生諸受性空與佛十力四無所畏四無礙解大慈大悲大喜大捨十八佛不共法無二無二分故慶喜由此故說以舌界等無二為方便無生為方便無所得為方便迴向一切智智修習佛十力四無所畏四無礙解大慈大悲大喜大捨十八

佛不共法世尊云何以身界無二為方便無生為方便無所得為方便迴向一切智智修習佛十力四無所畏四無礙解大慈大悲大喜大捨十八佛不共法慶喜身界身界性空何以故以身界性空與佛十力四無所畏四無礙解大慈大悲大喜大捨十八佛不共法無二無二分故世尊云何以觸界身識界及身觸身觸為緣所生諸受無二為方便無生為方便无所得為方便迴向一切智智修習佛十力四無所畏四無礙解大慈大悲大喜大捨十八佛不共法慶喜觸界身識界及身觸身觸為緣所生諸受觸界身識界及身觸身觸為緣所生諸受性空何以故以觸界身識界及身觸身觸為緣所生諸受性空與佛十力四無所畏四無礙解大慈大悲大喜大捨十八佛不共法無二無二分故慶喜由此故說以身界等無二為方便無生為方便無所得為方便迴向一切智智修習佛十力四無所畏四無礙解大慈大悲大喜大捨十

八佛不共法世尊云何以意界无二
為方便無生為方便無所得為方便
迴向一切智智修習佛十力四無所
畏四無礙解大慈大悲大喜大捨十
八佛不共法慶喜意界意界性空何
以故以意界性空與佛十力四無所
畏四無礙解大慈大悲大喜大捨十
八佛不共法無二無二分故世尊云
何以法界意識界及意觸意觸為緣
所生諸受無二為方便無生為方便
無所得為方便迴向一切智智修習
佛十力四無所畏四無礙解大慈大
悲大喜大捨十八佛不共法慶喜法
界意識界及意觸意觸為緣所生諸
受法界意識界及意觸意觸為緣所
生諸受性空何以故以法界意識界
及意觸意觸為緣所生諸受性空與
佛十力四無所畏四無礙解大慈大
悲大喜大捨十八佛不共法無二無
二分故慶喜由此故說以意界等无
二為方便無生為方便無所得為方
便迴向一切智智修習佛十力四無
所畏四無礙解大慈大悲大喜大捨

十八佛不共法
世尊云何以眼界無二為方便無生
為方便無所得為方便迴向一切智
智修習無忘失法恒住捨性慶喜眼
界眼界性空何以故以眼界性空與
無忘失法恒住捨性無二無二分故
世尊云何以色界眼識界及眼觸眼
觸為緣所生諸受無二為方便無生
為方便無所得為方便迴向一切智
智修習無忘失法恒住捨性慶喜色
界眼識界及眼觸眼觸為緣所生諸
受色界眼識界及眼觸眼觸為緣所
生諸受性空何以故以色界眼識界
及眼觸眼觸為緣所生諸受性空與
無忘失法恒住捨性無二無二分故
慶喜由此故說以眼界等無二為方
便無生為方便無所得為方便迴向
一切智智修習無忘失法恒住捨性
世尊云何以耳界無二為方便無生
為方便無所得為方便迴向一切智
智修習無忘失法恒住捨性慶喜耳
界耳界性空何以故以耳界性空與
無忘失法恒住捨性无二無二分故

世尊云何以聲界耳識界及耳觸耳
觸為緣所生諸受無二為方便無生
為方便無所得為方便迴向一切智
智修習無忘失法恒住捨性慶喜聲
界耳識界及耳觸耳觸為緣所生諸
受聲界耳識界及耳觸耳觸為緣所
生諸受性空何以故以聲界耳識界
及耳觸耳觸為緣所生諸受性空與
無忘失法恒住捨性無二無二分故
慶喜由此故說以耳界等無二為方
便無生為方便無所得為方便迴向
一切智智修習無忘失法恒住捨性
世尊云何以鼻界無二為方便無生
為方便無所得為方便迴向一切智
智修習無忘失法恒住捨性慶喜鼻
界鼻界性空何以故以鼻界性空與
無忘失法恒住捨性無二無二分故
世尊云何以香界鼻識界及鼻觸鼻
觸為緣所生諸受無二為方便無生
為方便無所得為方便迴向一切智
智修習無忘失法恒住捨性慶喜香
界鼻識界及鼻觸鼻觸為緣所生諸
受香界鼻識界及鼻觸鼻觸為緣所

生諸受性空何以故以香界鼻識界及鼻觸鼻觸為緣所生諸受性空與無忘失法恒住捨性無二無二分故慶喜由此故說以鼻界等无二為方便無生為方便無所得為方便迴向一切智智修習无忘失法恒住捨性

大般若波羅蜜多經卷第一百一十五　巽

大般若波羅蜜多經卷第一百一十五

校勘記

一　底本，金藏大寶集寺本。

一　一二八頁下三行「八聖道支」，石作「聖道支」。

一　一三〇頁中一三行「以鼻界」，磧、徑作「以眼界」。

一　一三一頁下一行「以意界」，石作「云以意界」。

一　一三二頁下二行至三行「無二分」，磧、普、南、徑、清、麗作「無二無二分」。

一　一三五頁中二行「無所得為方便」，石作「所得為方便」。

一　一三五頁下一二行「修習無忘失法」，石作「無忘失法」。

一　一三六頁上七行「大般若波羅蜜多經」，徑作「大般若波羅蜜多」。

大般若波羅蜜多經卷第二百一十六　吳

三藏法師玄奘奉　詔譯

初分校量功德品第三十之十四

世尊云何以舌界無二為方便無生為方便無所得為方便迴向一切智智修習無忘失法恒住捨性慶喜舌界舌界性空何以故以舌界性空與無忘失法恒住捨性無二無二分故世尊云何以味界舌識界及舌觸舌觸為緣所生諸受無二為方便無生為方便無所得為方便迴向一切智智修習無忘失法恒住捨性慶喜味界舌識界及舌觸舌觸為緣所生諸受味界舌識界及舌觸舌觸為緣所生諸受性空何以故以味界舌識界及舌觸舌觸為緣所生諸受性空與無忘失法恒住捨性無二無二分故慶喜由此故說以舌界等無二為方便無生為方便無所得為方便迴向一切智智修習無忘失法恒住捨性世尊云何以身界無二為方便無生為方便無所得為方便迴向一切智智修習無忘失法恒住捨性慶喜身界身界性空何以故以身界性空與無忘失法恒住捨性無二無二分故世尊云何以觸界身識界及身觸身觸為緣所生諸受無二為方便無生為方便無所得為方便迴向一切智智修習無忘失法恒住捨性慶喜觸界身識界及身觸身觸為緣所生諸受觸界身識界及身觸身觸為緣所生諸受性空何以故以觸界身識界及身觸身觸為緣所生諸受性空與無忘失法恒住捨性無二無二分故慶喜由此故說以身界等無二為方便無生為方便無所得為方便迴向一切智智修習無忘失法恒住捨性世尊云何以意界無二為方便無生為方便無所得為方便迴向一切智智修習無忘失法恒住捨性慶喜意界意界性空何以故以意界性空與無忘失法恒住捨性無二無二分故世尊云何以法界意識界及意觸意觸為緣所生諸受無二為方便無生為方便無所得為方便迴向一切智

智修習無忘失法恒住捨性慶喜法界意識界及意觸意觸為緣所生諸受法界意識界及意觸意觸為緣所生諸受性空何以故以法界意識界及意觸意觸為緣所生諸受性空與無忘失法恒住捨性無二無二分故慶喜由此故說以意界等無二為方便無生為方便無所得為方便迴向一切智智修習無忘失法恒住捨性世尊云何以眼界無二為方便無生為方便無所得為方便迴向一切智智修習一切智道相智一切相智慶喜眼界眼界性空何以故以眼界性空與一切智道相智一切相智無二無二分故世尊云何以色界眼識界及眼觸眼觸為緣所生諸受無二為方便無生為方便無所得為方便迴向一切智智修習一切智道相智一切相智慶喜色界眼識界及眼觸眼觸為緣所生諸受色界眼識界及眼觸眼觸為緣所生諸受性空何以故以色界眼識界及眼觸眼觸為緣所生諸受性空與一切智道相智一切

相智無二無二分故慶喜由此故說以眼界等無二為方便無生為方便無所得為方便迴向一切智智修習一切智道相智一切相智世尊云何以耳界無二為方便無生為方便無所得為方便迴向一切智智修習一切智道相智一切相智慶喜耳界耳界性空何以故以耳界性空與一切智道相智一切相智無二無二分故世尊云何以聲界耳識界及耳觸耳觸為緣所生諸受無二為方便無生為方便無所得為方便迴向一切智智修習一切智道相智一切相智慶喜聲界耳識界及耳觸耳觸為緣所生諸受聲界耳識界及耳觸耳觸為緣所生諸受性空何以故以聲界耳識界及耳觸耳觸為緣所生諸受性空與一切智道相智一切相智無二無二分故慶喜由此故說以耳界等無二為方便無生為方便無所得為方便迴向一切智智修習一切智道相智一切相智世尊云何以鼻界無二為方便無生為方便無所得為方

便迴向一切智智修習一切智道相智一切相智慶喜鼻界鼻界性空何以故以鼻界性空與一切智道相智一切相智無二無二分故世尊云何以香界鼻識界及鼻觸鼻觸為緣所生諸受無二為方便無生為方便無所得為方便迴向一切智智修習一切智道相智一切相智慶喜香界鼻識界及鼻觸鼻觸為緣所生諸受香界鼻識界及鼻觸鼻觸為緣所生諸受性空何以故以香界鼻識界及鼻觸鼻觸為緣所生諸受性空與一切智道相智一切相智無二無二分故慶喜由此故說以鼻界等無二為方便無生為方便無所得為方便迴向一切智智修習一切智道相智一切相智世尊云何以舌界無二為方便無生為方便無所得為方便迴向一切智智修習一切智道相智一切相智慶喜舌界舌界性空何以故以舌界性空與一切智道相智一切相智無二無二分故世尊云何以味界舌識界及舌觸舌觸為緣所生諸受無

二為方便無生為方便無所得為方便迴向一切智智修習一切智道相智一切相智慶喜味界舌識界及舌觸舌觸為緣所生諸受味界舌識界及舌觸舌觸為緣所生諸受性空何以故以味界舌識界及舌觸舌觸為緣所生諸受性空與一切智道相智一切相智無二無二分故慶喜由此故說以舌界等無二為方便無生為方便無所得為方便迴向一切智智修習一切智道相智一切相智世尊云何以身界無二為方便無生為方便無所得為方便迴向一切智智修習一切智道相智一切相智慶喜身界身界性空何以故以身界性空與一切智道相智一切相智無二無二分故世尊云何以觸界身識界及身觸身觸為緣所生諸受無二為方便無生為方便無所得為方便迴向一切智智修習一切智道相智一切相智慶喜觸界身識界及身觸身觸為緣所生諸受觸界身識界及身觸身觸為緣所生諸受性空何以故以觸

界身識界及身觸身觸為緣所生諸受性空與一切智道相智一切相智無二無二分故慶喜由此故說以身界等無二為方便無生為方便無所得為方便迴向一切智智修習一切智道相智一切相智世尊云何以意界無二為方便無生為方便無所得為方便迴向一切智智修習一切智道相智一切相智慶喜意界意界性空何以故以意界性空與一切智道相智一切相智無二無二分故世尊云何以法界意識界及意觸意觸為緣所生諸受無二為方便無生為方便無所得為方便迴向一切智智修習一切智道相智一切相智慶喜法界意識界及意觸意觸為緣所生諸受法界意識界及意觸意觸為緣所生諸受性空何以故以法界意識界及意觸意觸為緣所生諸受性空與一切智道相智一切相智無二無二分故慶喜由此故說以意界等無二為方便無生為方便無所得為方便迴向一切智智修習一切智道相智

一切相智

世尊云何以眼界無二為方便無生為方便無所得為方便迴向一切智智修習一切陁羅尼門一切三摩地門慶喜眼界眼界性空何以故以眼界性空與一切陁羅尼門一切三摩地門無二無二分故世尊云何以色界眼識界及眼觸眼觸為緣所生諸受無二為方便無生為方便無所得為方便迴向一切智智修習一切陁羅尼門一切三摩地門慶喜色界眼識界及眼觸眼觸為緣所生諸受色界眼識界及眼觸眼觸為緣所生諸受性空何以故以色界眼識界及眼觸眼觸為緣所生諸受性空與一切陁羅尼門一切三摩地門無二無二分故慶喜由此故說以眼界等無二為方便無生為方便無所得為方便迴向一切智智修習一切陁羅尼門一切三摩地門世尊云何以耳界無二為方便無生為方便無所得為方便迴向一切智智修習一切陁羅尼門一切三摩地門慶喜耳界耳界性

空何以故以耳界性空與一切陁羅尼門一切三摩地門無二無二分故世尊云何以聲界耳識界及耳觸耳觸為緣所生諸受無二為方便無生為方便無所得為方便迴向一切智智修習一切陁羅尼門一切三摩地門慶喜聲界耳識界及耳觸耳觸為緣所生諸受聲界耳識界及耳觸耳觸為緣所生諸受性空何以故以聲界耳識界及耳觸耳觸為緣所生諸受性空與一切陁羅尼門一切三摩地門無二無二分故慶喜由此故說以耳界等無二為方便無生為方便無所得為方便迴向一切智智修習一切陁羅尼門一切三摩地門世尊云何以鼻界無二為方便無生為方便無所得為方便迴向一切智智修習一切陁羅尼門一切三摩地門慶喜鼻界鼻界性空何以故以鼻界性空與一切陁羅尼門一切三摩地門無二無二分故世尊云何以香界鼻識界及鼻觸鼻觸為緣所生諸受無二為方便無生為方便無所得為方

便迴向一切智智修習一切陁羅尼門一切三摩地門慶喜香界鼻識界及鼻觸鼻觸爲緣所生諸受香界鼻識界及鼻觸鼻觸爲緣所生諸受性空何以故以香界鼻識界及鼻觸鼻觸爲緣所生諸受性空與一切陁羅尼門一切三摩地門無二無二分故慶喜由此故說以鼻界等無二爲方便無生爲方便無所得爲方便迴向一切智智修習一切陁羅尼門一切三摩地門世尊云何以舌界無二爲方便無生爲方便無所得爲方便迴向一切智智修習一切陁羅尼門一切三摩地門慶喜舌界舌界性空何以故以舌界性空與一切陁羅尼門一切三摩地門無二無二分故世尊云何以味界舌識界及舌觸舌觸爲緣所生諸受無二爲方便無生爲方便無所得爲方便迴向一切智智修習一切陁羅尼門一切三摩地門慶喜味界舌識界及舌觸舌觸爲緣所生諸受味界舌識界及舌觸舌觸爲緣所生諸受性空何以故以味界舌

識界及舌觸舌觸爲緣所生諸受性空與一切陁羅尼門一切三摩地門無二無二分故慶喜由此故說以舌界等無二爲方便無生爲方便無所得爲方便迴向一切智智修習一切陁羅尼門一切三摩地門世尊云何以身界無二爲方便無生爲方便無所得爲方便迴向一切智智修習一切陁羅尼門一切三摩地門慶喜身界身界性空何以故以身界性空與一切陁羅尼門一切三摩地門無二無二分故世尊云何以觸界身識界及身觸身觸爲緣所生諸受無二爲方便無生爲方便無所得爲方便迴向一切智智修習一切陁羅尼門一切三摩地門慶喜觸界身識界及身觸身觸爲緣所生諸受觸界身識界及身觸身觸爲緣所生諸受性空何以故以觸界身識界及身觸身觸爲緣所生諸受性空與一切陁羅尼門一切三摩地門無二無二分故慶喜由此故說以身界等無二爲方便無二爲方便無所得爲方便迴向一切

智智修習一切陁羅尼門一切三摩地門世尊云何以意界無二爲方便無生爲方便無所得爲方便迴向一切智智修習一切陁羅尼門一切三摩地門慶喜意界意界性空何以故以意界性空與一切陁羅尼門一切三摩地門無二無二分故世尊云何以法界意識界及意觸意觸爲緣所生諸受無二爲方便無生爲方便無所得爲方便迴向一切智智修習一切陁羅尼門一切三摩地門慶喜法界意識界及意觸意觸爲緣所生諸受法界意識界及意觸意觸爲緣所生諸受性空何以故以法界意識界及意觸意觸爲緣所生諸受性空與一切陁羅尼門一切三摩地門無二無二分故慶喜由此故說以意界等無二爲方便無生爲方便無所得爲方便迴向一切智智修習一切陁羅尼門一切三摩地門

世尊云何以眼界無二爲方便無生爲方便無所得爲方便迴向一切智智修習菩薩摩訶薩行慶喜眼界眼

界性空何以故以眼界性空與彼菩薩摩訶薩行無二無二分故世尊云何以色界眼識界及眼觸眼觸為緣所生諸受無二為方便無生為方便無所得為方便迴向一切智智修習菩薩摩訶薩行慶喜色界眼識界及眼觸眼觸為緣所生諸受色界眼識界及眼觸眼觸為緣所生諸受性空何以故以色界眼識界及眼觸眼觸為緣所生諸受性空與彼菩薩摩訶薩行無二無二分故慶喜由此故説以眼界等無二為方便無生為方便無所得為方便迴向一切智智修習菩薩摩訶薩行世尊云何以耳界無二為方便無生為方便無所得為方便迴向一切智智修習菩薩摩訶薩行慶喜耳界耳界性空何以故以耳界性空與彼菩薩摩訶薩行無二無二分故世尊云何以聲界耳識界及耳觸耳觸為緣所生諸受無二為方便無生為方便無所得為方便迴向一切智智修習菩薩摩訶薩行慶喜聲界耳識界及耳觸耳觸為緣所生

諸受聲界耳識界及耳觸耳觸為緣所生諸受性空何以故以聲界耳識界及耳觸耳觸為緣所生諸受性空與彼菩薩摩訶薩行無二無二分故慶喜由此故説以耳界等無二為方便無生為方便無所得為方便迴向一切智智修習菩薩摩訶薩行世尊云何以鼻界無二為方便無生為方便無所得為方便迴向一切智智修習菩薩摩訶薩行慶喜鼻界鼻界性空何以故以鼻界性空與彼菩薩摩訶薩行無二無二分故世尊云何以香界鼻識界及鼻觸鼻觸為緣所生諸受無二為方便無生為方便無所得為方便迴向一切智智修習菩薩摩訶薩行慶喜香界鼻識界及鼻觸鼻觸為緣所生諸受香界鼻識界及鼻觸鼻觸為緣所生諸受性空何以故以香界鼻識界及鼻觸鼻觸為緣所生諸受性空與彼菩薩摩訶薩行無二無二分故慶喜由此故説以鼻界等無二為方便無生為方便無所得為方便迴向一切智智修習菩薩

摩訶薩行世尊云何以舌界無二為方便無生為方便無所得為方便迴向一切智智修習菩薩摩訶薩行慶喜舌界舌界性空何以故以舌界性空與彼菩薩摩訶薩行無二無二分故世尊云何以味界舌識界及舌觸舌觸為緣所生諸受無二為方便無生為方便無所得為方便迴向一切智智修習菩薩摩訶薩行慶喜味界舌識界及舌觸舌觸為緣所生諸受味界舌識界及舌觸舌觸為緣所生諸受性空何以故以味界舌識界及舌觸舌觸為緣所生諸受性空與彼菩薩摩訶薩行無二無二分故慶喜由此故説以舌界等無二為方便無生為方便無所得為方便迴向一切智智修習菩薩摩訶薩行世尊云何以身界無二為方便無生為方便無所得為方便迴向一切智智修習菩薩摩訶薩行慶喜身界身界性空何以故以身界性空與彼菩薩摩訶薩行無二無二分故世尊云何以觸界身識界及身觸身觸為緣所生諸受

無二為方便無生為方便無所得為方便迴向一切智智修習菩薩摩訶薩行慶喜觸界身識界及身觸身觸為緣所生諸受觸界身識界及身觸身觸為緣所生諸受性空何以故以觸界身識界及身觸身觸為緣所生諸受性空與彼菩薩摩訶薩行無二無二分故慶喜由此故說以身界等無二為方便無生為方便無所得為方便迴向一切智智修習菩薩摩訶薩行世尊云何以意界無二為方便無生為方便無所得為方便迴向一切智智修習菩薩摩訶薩行慶喜意界意界性空何以故以意界性空與彼菩薩摩訶薩行無二無二分故世尊云何以法界意識界及意觸意觸為緣所生諸受無二為方便無生為方便無所得為方便迴向一切智智修習菩薩摩訶薩行慶喜法界意識界及意觸意觸為緣所生諸受法界意識界及意觸意觸為緣所生諸受性空何以故以法界意識界及意觸意觸為緣所生諸受性空與彼菩薩

摩訶薩行無二無二分故慶喜由此故說以意界等無二為方便無生為方便無所得為方便迴向一切智智修習菩薩摩訶薩行

世尊云何以眼界無二為方便無生為方便無所得為方便迴向一切智智修習無上正等菩提慶喜眼界眼界性空何以故以眼界性空與彼無上正等菩提無二無二分故世尊云何以色界眼識界及眼觸眼觸為緣所生諸受無二為方便無生為方便無所得為方便迴向一切智智修習無上正等菩提慶喜色界眼識界及眼觸眼觸為緣所生諸受色界眼識界及眼觸眼觸為緣所生諸受性空何以故以色界眼識界及眼觸眼觸為緣所生諸受性空與彼無上正等菩提無二無二分故慶喜由此故說以眼界等無二為方便無生為方便無所得為方便迴向一切智智修習無上正等菩提世尊云何以耳界無二為方便無生為方便無所得為方便迴向一切智智修習無上正等菩

提慶喜耳界耳界性空何以故以耳界性空與彼無上正等菩提無二無二分故世尊云何以聲界耳識界及耳觸耳觸為緣所生諸受無二為方便無生為方便無所得為方便迴向一切智智修習無上正等菩提慶喜聲界耳識界及耳觸耳觸為緣所生諸受聲界耳識界及耳觸耳觸為緣所生諸受性空何以故以聲界耳識界及耳觸耳觸為緣所生諸受性空與彼無上正等菩提無二無二分故慶喜由此故說以耳界等無二為方便無生為方便無所得為方便迴向一切智智修習無上正等菩提世尊云何以鼻界無二為方便無生為方便無所得為方便迴向一切智智修習無上正等菩提慶喜鼻界鼻界性空何以故以鼻界性空與彼無上正等菩提無二無二分故世尊云何以香界鼻識界及鼻觸鼻觸為緣所生諸受無二為方便無生為方便無所得為方便迴向一切智智修習無上正等菩提慶喜香界鼻識界及鼻觸

鼻觸為緣所生諸受香界鼻識界及鼻觸鼻觸為緣所生諸受性空何以故以香界鼻識界及鼻觸鼻觸為緣所生諸受性空與彼無上正等菩提無二無二分故慶喜由此故說以鼻界等無二為方便無生為方便無所得為方便廻向一切智智修習無上正等菩提世尊云何以舌界無二為方便無生為方便無所得為方便廻向一切智智修習無上正等菩提慶喜舌界舌界性空何以故以舌界性空與彼無上正等菩提無二無二分故世尊云何以味界舌識界及舌觸舌觸為緣所生諸受無二為方便無生為方便無所得為方便廻向一切智智修習無上正等菩提慶喜味界舌識界及舌觸舌觸為緣所生諸受味界舌識界及舌觸舌觸為緣所生諸受性空何以故以味界舌識界及舌觸舌觸為緣所生諸受性空與彼無上正等菩提無二無二分故慶喜由此故說以舌界等無二為方便無生為方便無所得為方便廻向一切

智智修習無上正等菩提世尊云何以身界無二為方便無生為方便無所得為方便廻向一切智智修習無上正等菩提慶喜身界身界性空何以故以身界性空與彼無上正等菩提無二無二分故世尊云何以觸界身識界及身觸身觸為緣所生諸受無二為方便無生為方便無所得為方便廻向一切智智修習無上正等菩提慶喜觸界身識界及身觸身觸為緣所生諸受觸界身識界及身觸身觸為緣所生諸受性空何以故以觸界身識界及身觸身觸為緣所生諸受性空與彼無上正等菩提無二無二分故慶喜由此故說以身界等無二為方便無生為方便無所得為方便廻向一切智智修習無上正等菩提世尊云何以意界無二為方便無生為方便無所得為方便廻向一切智智修習無上正等菩提慶喜意界意界性空何以故以意界性空與彼無上正等菩提無二無二分故世尊云何以法界意識界及意觸意觸

為緣所生諸受無二為方便無生為方便無所得為方便廻向一切智智修習無上正等菩提慶喜法界意識界及意觸意觸為緣所生諸受法界意識界及意觸意觸為緣所生諸受性空何以故以法界意識界及意觸意觸為緣所生諸受性空與彼無上正等菩提無二無二分故慶喜由此故說以意界等無二為方便無生為方便無所得為方便廻向一切智智修習無上正等菩提

世尊云何以地界無二為方便無生為方便無所得為方便廻向一切智智修習布施淨戒安忍精進靜慮般若波羅蜜多慶喜地界地界性空何以故以地界性空與布施淨戒安忍精進靜慮般若波羅蜜多無二無二分故世尊云何以水火風空識界無一為方便無生為方便無所得為方便廻向一切智智修習布施淨戒安忍精進靜慮般若波羅蜜多慶喜水火風空識界水火風空識界性空何以故以水火風空識界性空與布施

淨戒安忍精進靜慮般若波羅蜜多
無二無二分故慶喜由此故說以地
界等無二為方便無生為方便無所
得為方便迴向一切智智修習布施
淨戒安忍精進靜慮般若波羅蜜多
世尊云何以地界無二為方便無生
為方便無所得為方便迴向一切智
智安住內空外空內外空空空大空
勝義空有為空無為空畢竟空無際
空散空無變異空本性空自相空共
相空一切法空不可得空無性空自
性空無性自性空慶喜地界地界性
空何以故以地界性空與彼內空乃
至無性自性空無二無二分故世尊
云何以水火風空識界無二為方便
無生為方便無所得為方便迴向一
切智智安住內空外空內外空空空
大空勝義空有為空無為空畢竟空
無際空散空無變異空本性空自相
空共相空一切法空不可得空無性
空自性空無性自性空慶喜水火風
空識界水火風空識界性空何以故
以水火風空識界性空與彼內空乃

大般若經第一百十六　第十六張　四

至無性自性空無二無二分故慶喜
由此故說以地界等無二為方便無
生為方便無所得為方便迴向一切
智智安住內空乃至無性自性空

大般若波羅蜜多經卷第一百一十六

戊戌歲高麗國大藏都監奉
勅雕造

大般若經第一百十六　第十七張　男

大般若波羅蜜多經卷第一百一十六

校勘記

一　底本，麗藏本。

一　一三七頁中一八行至一九行「意界意界性空」，石作「意界性空」。

一　一三七頁下七行「由此故說」。石作「由此」。

一　一四〇頁中一三行第九字殘，應為「生」。

一　一四〇頁中二二行首字殘，應為「由」。

一　一四一頁上一六行「菩薩摩訶薩」，普作「菩薩摩訶」。

一　一四一頁中一三行首字殘，應為「香」。

一　一四二頁中一三行「慶喜」，石作「一喜」。

一　一四二頁下一行「慶喜」，石作「慶一」。

一　一四二頁下七行「耳識界」，石作「耳一界」。

一四二頁下一七行「鼻界鼻界」，石作「鼻界」。

一四三頁上一行「為緣」，石作「一緣」。

一四三頁上八行「舌界」，石作「香界」。

一四三頁上一二行「與彼」，石作「一彼」。

一四三頁上一八行「舌識界」，石作「舌一界」。

一四三頁中二行「以身界」，石作「身界」。

一四三頁中六行「以觸界」，石作「以一界」。

一四三頁中一八行「世尊」，石作「世一」。

一四三頁下一九行首字殘，應為「二」。

大般若波羅蜜多經卷第一百一十七　異

三藏法師玄奘奉　詔譯

初分校量功德品第三十之十五

世尊云何以地界無二為方便無生為方便無所得為方便迴向一切智智安住真如法界法性不虛妄性不變異性平等性離生性法定法住實際虛空界不思議界慶喜地界地界性空何以故以地界性空與彼真如乃至不思議界無二無二分故世尊云何以水火風空識界無二為方便無生為方便無所得為方便迴向一切智智安住真如法界法性不虛妄性不變異性平等性離生性法定法住實際虛空界不思議界慶喜水火風空識界水火風空識界性空何以故以水火風空識界性空與彼真如乃至不思議界無二無二分故慶喜由此故說以地界等无二為方便无生為方便無所得為方便迴向一切智智安住真如乃至不思議界世尊云何以地界無二為方便無生為方

便無所得為方便迴向一切智智安住苦集滅道聖諦慶喜地界地界性空何以故以地界性空與彼苦集滅道聖諦無二無二分故世尊云何以水火風空識界無二為方便無生為方便無所得為方便迴向一切智智安住苦集滅道聖諦慶喜水火風空識界水火風空識界性空何以故以水火風空識界性空與彼苦集滅道聖諦無二無二分故慶喜由此故說以地界等無二為方便無生為方便無所得為方便迴向一切智智安住苦集滅道聖諦世尊云何以地界無二為方便無生為方便無所得為方便迴向一切智智修習四靜慮四無量四無色定慶喜地界地界性空何以故以地界性空與四靜慮四無量四無色定無二無二分故世尊云何以水火風空識界無二為方便無生為方便無所得為方便迴向一切智智修習四靜慮四無量四無色定慶喜水火風空識界水火風空識界性空何以故以水風空識界性空與四

靜慮四無量四無色定無二無二分故慶喜由此故說以地界等無二為方便無生為方便無所得為方便迴向一切智智修習四靜慮四無量四無色定世尊云何以地界無二為方便無生為方便無所得為方便迴向一切智智修習八解脫八勝處九次第定十遍處慶喜地界地界性空何以故以地界性空與八解脫八勝處九次第定十遍處無二無二分故世尊云何以水火風空識界無二為方便無生為方便無所得為方便迴向一切智智修習八解脫八勝處九次第定十遍處慶喜水火風空識界水火風空識界性空何以故以水火風空識界性空與八解脫八勝處九次第定十遍處無二無二分故慶喜由此故說以地界等無二為方便無生為方便無所得為方便迴向一切智智修習八解脫八勝處九次第定十遍處世尊云何以地界無二為方便無生為方便無所得為方便迴向一切智智修習四念住四正斷四神足

五根五力七等覺支八聖道支慶喜地界地界性空何以故以地界性空與四念住四正斷四神足五根五力七等覺支八聖道支無二無二分故世尊云何以水火風空識界無二為方便無生為方便無所得為方便迴向一切智智修習四念住四正斷四神足五根五力七等覺支八聖道支慶喜水火風空識界水火風空識界性空何以故以水火風空識界性空與四念住四正斷四神足五根五力七等覺支八聖道支無二無二分故慶喜由此故說以地界等无二為方便無生為方便無所得為方便迴向一切智智修習四念住四正斷四神足五根五力七等覺支八聖道支世尊云何以地界無二為方便無生為方便無所得為方便迴向一切智智修習空解脫門無相解脫門無願解脫門慶喜地界地界性空何以故以地界性空與空解脫門無相解脫門無願解脫門無二無二分故世尊云何以水火風空識界無二為方便无

生為方便無所得為方便迴向一切智智修習空解脫門無相解脫門無願解脫門慶喜水火風空識界水火風空識界性空何以故以水火風空識界性空與空解脫門無相解脫門無願解脫門無二無二分故慶喜由此故說以地界等无二為方便无生為方便無所得為方便迴向一切智智修習空解脫門無相解脫門無願解脫門世尊云何以地界無二為方便無生為方便無所得為方便迴向一切智智修習五眼六神通慶喜地界地界性空何以故以地界性空與五眼六神通無二無二分故世尊云何以水火風空識界無二為方便無生為方便無所得為方便迴向一切智智修習五眼六神通慶喜水火風空識界水火風空識界性空何以故以水火風空識界性空與五眼六神通無二無二分故慶喜由此故說以地界等無二為方便無生為方便無所得為方便迴向一切智智修習五眼六神通世尊云何以地界無二為

方便無生為方便無所得為方便迴向一切智智修習佛十力四無所畏四無礙解大慈大悲大喜大捨十八佛不共法慶喜地界地界性空何以故以地界性空與佛十力四無所畏四無礙解大慈大悲大喜大捨十八佛不共法無二無二分故世尊云何以水火風空識界無二為方便无生為方便無所得為方便迴向一切智智修習佛十力四無所畏四無礙解大慈大悲大喜大捨十八佛不共法慶喜水火風空識界水火風空識界性空何以故以水火風空識界性空與佛十力四無所畏四無礙解大慈大悲大喜大捨十八佛不共法無二無二分故慶喜由此故說以地界等無二為方便無生為方便無所得為方便迴向一切智智修習佛十力四無所畏四無礙解大慈大悲大喜大捨十八佛不共法世尊云何以地界無二為方便無生為方便無所得為方便迴向一切智智修習無忘失法恒住捨性慶喜地界地界性空何以

故以地界性空與無忘失法恒住捨性無二無二分故世尊云何以水火風空識界無二為方便無生為方便無所得為方便迴向一切智智修習無忘失法恒住捨性慶喜水火風空識界水火風空識界性空何以故以水火風空識界性空與無忘失法恒住捨性無二無二分故慶喜由此故說以地界等無二為方便無生為方便無所得為方便迴向一切智智修習無忘失法恒住捨性世尊云何以地界無二為方便無生為方便無所得為方便迴向一切智智修習一切智道相智一切相智慶喜地界地界性空何以故以地界性空與一切智道相智一切相智無二無二分故世尊云何以水火風空識界無二為方便無生為方便無所得為方便迴向一切智智修習一切智道相智一切相智慶喜水火風空識界水火風空識界性空何以故以水火風空識界性空與一切智道相智一切相智无二無二分故慶喜由此故說以地界

界等無二為方便無生為方便無所得為方便迴向一切智智修習一切智道相智一切相智世尊云何以地界無二為方便無生為方便無所得為方便迴向一切智智修習一切陁羅尼門一切三摩地門慶喜地界地界性空何以故以地界性空與一切陁羅尼門一切三摩地門無二無二分故世尊云何以水火風空識界無二為方便無生為方便無所得為方便迴向一切智智修習一切陁羅尼門一切三摩地門慶喜水火風空識界水火風空識界性空何以故以水火風空識界性空與一切陁羅尼門一切三摩地門無二無二分故慶喜由此故說以地界等無二為方便無生為方便無所得為方便迴向一切智智修習一切陁羅尼門一切三摩地門世尊云何以地界無二為方便無生為方便無所得為方便迴向一切智智修習菩薩摩訶薩行慶喜地界地界性空何以故以地界性空與彼菩薩摩訶薩行無二無二分故世

尊云何以水火風空識界無二為方便無生為方便無所得為方便迴向一切智智修習菩薩摩訶薩行慶喜水火風空識界水火風空識界性空何以故以水火風空識界性空與彼菩薩摩訶薩行無二無二分故慶喜由此故說以地界等無二為方便無生為方便無所得為方便迴向一切智智修習菩薩摩訶薩行世尊云何以地界無二為方便無生為方便無所得為方便迴向一切智智修習無上正等菩提慶喜地界地界性空何以故以地界性空與彼無上正等菩提無二無二分故世尊云何以水火風空識界無二為方便無生為方便無所得為方便迴向一切智智修習無上正等菩提慶喜水火風空識界水火風空識界性空何以故以水火風空識界性空與彼無上正等菩提無二無二分故慶喜由此故說以地界等無二為方便無生為方便無所得為方便迴向一切智智修習無上正等菩提

世尊云何以無明無二為方便無生為方便無所得為方便迴向一切智智修習布施淨戒安忍精進靜慮般若波羅蜜多慶喜無明無明性空何以故以無明性空與布施淨戒安忍精進靜慮般若波羅蜜多無二無二分故世尊云何以行識名色六處觸受愛取有生老死愁歎苦憂惱無二為方便無生為方便無所得為方便迴向一切智智修習布施淨戒安忍精進靜慮般若波羅蜜多慶喜行識名色六處觸受愛取有生老死愁歎苦憂惱行乃至老死愁歎苦憂惱性空何以故以行乃至老死愁歎苦憂惱性空與布施淨戒安忍精進靜慮般若波羅蜜多無二無二分故慶喜由此故說以無明等無二為方便無生為方便無所得為方便迴向一切智智修習布施淨戒安忍精進靜慮般若波羅蜜多世尊云何以無明無二為方便無生為方便無所得為方便迴向一切智智安住內空外空內外空空空大空勝義空有為空无為

空畢竟空無際空散空無變異空本性空自相空共相空一切法空不可得空無性空自性空無性自性空慶喜無明性空何以故以無明性空與彼內空乃至無性自性空無二無二分故世尊云何以行識名色六處觸受愛取有生老死愁歎苦憂惱無二為方便無生為方便無所得為方便迴向一切智智安住內空外空內外空空空大空勝義空有為空無為空畢竟空無際空散空無變異空本性空自相空共相空一切法空不可得空無性空自性空無性自性空慶喜行識名色六處觸受愛取有生老死愁歎苦憂惱行乃至老死愁歎苦憂惱性空何以故以行乃至老死愁歎苦憂惱性空與彼內空乃至無性自性空無二無二分故慶喜由此故說以無明等無二為方便無生為方便無所得為方便迴向一切智智安住內空乃至無性自性空世尊云何以無明無二為方便無生為方便無所得為方便迴向一切智智安住

真如法界法性不虛妄性不變異性
平等性離生性法定法住實際虛空
界不思議界慶喜無明無明性空何
以故以無明性空與彼真如乃至不
思議界無二無二分故世尊云何以
行識名色六處觸受愛取有生老死
愁歎苦憂惱無二為方便無生為方
便無所得為方便迴向一切智智安
住真如法界法性不虛妄性不變異
性平等性離生性法定法住實際虛
空界不思議界慶喜行識名色六處
觸受愛取有生老死愁歎苦憂惱行
乃至老死愁歎苦憂惱性空何以故
以行乃至老死愁歎苦憂惱性空與
彼真如乃至不思議界無二無二分
故慶喜由此故說以無明等無二為
方便無生為方便無所得為方便迴
向一切智智安住真如乃至不思議
界世尊云何以無明無二為方便无
生為方便無所得為方便迴向一切
智智安住苦集滅道聖諦慶喜無明
無明性空何以故以無明性空與彼
苦集滅道聖諦無二無二分故世尊

云何以行識名色六處觸受愛取有
生老死愁歎苦憂惱無二為方便無
生為方便無所得為方便迴向一切
智智安住苦集滅道聖諦慶喜行識
名色六處觸受愛取有生老死愁歎
苦憂惱行乃至老死愁歎苦憂惱性
空何以故以行乃至老死愁歎苦憂
惱性空與彼苦集滅道聖諦無二無
二分故慶喜由此故說以無明等无
二為方便無生為方便無所得為方
便迴向一切智智安住苦集滅道聖
諦世尊云何以無明無二為方便無
生為方便無所得為方便迴向一切
智智修習四靜慮四無量四無色定
慶喜無明無明性空何以故以無明
性空與四靜慮四無量四無色定無
二無二分故世尊云何以行識名色
六處觸受愛取有生老死愁歎苦憂
惱無二為方便無生為方便無所得
為方便迴向一切智智修習四靜慮
四無量四無色定慶喜行識名色六
處觸受愛取有生老死愁歎苦憂惱
行乃至老死愁歎苦憂惱性空何以

故以行乃至老死愁歎苦憂惱性空
與四靜慮四無量四無色定無二無
二分故慶喜由此故說以無明等無
二為方便無生為方便無所得為方
便迴向一切智智修習四靜慮四無
量四無色定世尊云何以無明無二
為方便無生為方便無所得為方便
迴向一切智智修習八解脫八勝處
九次第定十遍處慶喜無明無明性
空何以故以無明性空與八解脫八
勝處九次第定十遍處無二無二分
故世尊云何以行識名色六處觸受
愛取有生老死愁歎苦憂惱行乃至
老死愁歎苦憂惱性空何以故以行
乃至老死愁歎苦憂惱性空與八解
脫八勝處九次第定十遍處無二無
二分故慶喜由此故說以無明等无
二為方便無生為方便無所得為方
便迴向一切智智修習八解脫八勝
處九次第定十遍處世尊云何以無
明無二為方便無生為方便無所得
為方便迴向一切智智修習四念住
四正斷四神足五根五力七等覺支

八聖道支慶喜無明無明性空何以故以無明性空與四念住四正斷四神足五根五力七等覺支八聖道支無二無二分故世尊云何以行識名色六處觸受愛取有生老死愁歎苦憂惱無二為方便無生為方便無所得為方便迴向一切智智脩習四念住四正斷四神足五根五力七等覺支八聖道支慶喜行識名色六處觸受愛取有生老死愁歎苦憂惱行乃至老死愁歎苦憂惱性空何以故以行乃至老死愁歎苦憂惱性空與四念住四正斷四神足五根五力七等覺支八聖道支無二無二分故慶喜由此故說以無明等無二為方便無生為方便無所得為方便迴向一切智智脩習四念住四正斷四神足五根五力七等覺支八聖道支世尊云何以無明無二為方便無生為方便無所得為方便迴向一切智智脩習空解脫門無相解脫門無願解脫門慶喜無明無明性空何以故以無明性空與空解脫門無相解脫門無願

解脫門無二無二分故世尊云何以行識名色六處觸受愛取有生老死愁歎苦憂惱無二為方便無生為方便無所得為方便迴向一切智智脩習空解脫門無相解脫門無願解脫門慶喜行識名色六處觸受愛取有生老死愁嘆苦憂惱行乃至老死愁嘆苦憂惱性空何以故以行乃至老死愁歎苦憂惱性空與空解脫門無相解脫門無願解脫門無二無二分故慶喜由此故說以無明等無二為方便無生為方便無所得為方便迴向一切智智脩習空解脫門無相解脫門無願解脫門世尊云何以無明無二為方便無生為方便無所得為方便迴向一切智智脩習五眼六神通慶喜無明無明性空何以故以無明性空與五眼六神通無二無二分故世尊云何以行識名色六處觸受愛取有生老死愁嘆苦憂惱無二為方便無生為方便無所得為方便迴向一切智智脩習五眼六神通慶喜行識名色六處觸受愛取有生老死

愁歎苦憂惱行乃至老死愁歎苦憂惱性空何以故以行乃至老死愁歎苦憂惱性空與五眼六神通無二無二分故慶喜由此故說以無明等无二為方便無生為方便無所得為方便迴向一切智智脩習五眼六神通世尊云何以無明無二為方便無生為方便無所得為方便迴向一切智智脩習佛十力四無所畏四無礙解大慈大悲大喜大捨十八佛不共法慶喜無明無明性空何以故以無明性空與佛十力四無所畏四無礙解大慈大悲大喜大捨十八佛不共法無二無二分故世尊云何以行識名色六處觸受愛取有生老死愁歎苦憂惱無二為方便無生為方便無所得為方便迴向一切智智脩習佛十力四無所畏四無礙解大慈大悲大喜大捨十八佛不共法慶喜行識名色六處觸受愛取有生老死愁歎苦憂惱行乃至老死愁歎苦憂惱性空何以故以行乃至老死愁嘆苦憂惱性空與佛十力四無所畏四無礙解

大慈大悲大喜大捨十八佛不共法無二無二分故慶喜由此故說以無明等無二為方便無生為方便無所得為方便迴向一切智智修習佛十力四無所畏四無礙解大慈大悲大喜大捨十八佛不共法世尊云何以無明無二為方便無生為方便無所得為方便迴向一切智智修習無忘失法恒住捨性慶喜無明無明性空何以故以無明性空與無忘失法恒住捨性無二無二分故世尊云何以行識名色六處觸受愛取有生老死愁歎苦憂惱無二為方便無生為方便無所得為方便迴向一切智智修習无忘失法恒住捨性慶喜行識名色六處觸受愛取有生老死愁歎苦憂惱行乃至老死愁歎苦憂惱性空何以故以行乃至老死愁歎苦憂惱性空與無忘失法恒住捨性無二無二分故慶喜由此故說以無明等無二為方便無生為方便無所得為方便迴向一切智智修習無忘失法恒住捨性世尊云何以無明無二為方

便無生為方便無所得為方便迴向一切智智修習一切智道相智一切相智慶喜無明無明性空何以故以無明性空與一切智道相智一切相智無二無二分故世尊云何以行識名色六處觸受愛取有生老死愁歎苦憂惱無二為方便無生為方便無所得為方便迴向一切智智修習一切智道相智一切相智慶喜行識名色六處觸受愛取有生老死愁歎苦憂惱行乃至老死愁歎苦憂惱性空何以故以行乃至老死愁歎苦憂惱性空與一切智道相智一切相智无二無二分故慶喜由此故說以無明等无二為方便無生為方便無所得為方便迴向一切智智修習一切智道相智一切相智世尊云何以無明無二為方便無生為方便無所得為方便迴向一切智智修習一切陀羅尼門一切三摩地門慶喜無明無明性空何以故以無明性空與一切陀羅尼門一切三摩地門無二無二分故世尊云何以行識名色六處觸受

愛取有生老死愁歎苦憂惱無二為方便無生為方便無所得為方便迴向一切智智修習一切陀羅尼門一切三摩地門慶喜行識名色六處觸受愛取有生老死愁歎苦憂惱行乃至老死愁歎苦憂惱性空何以故以行乃至老死愁歎苦憂惱性空與一切陀羅尼門一切三摩地門無二無二分故慶喜由此故說以無明等無二為方便無生為方便無所得為方便迴向一切智智修習一切陀羅尼門一切三摩地門世尊云何以無明無二為方便無生為方便無所得為方便迴向一切智智修習菩薩摩訶薩行慶喜無明無明性空何以故以無明性空與彼菩薩摩訶薩行無二無二分故世尊云何以行識名色六處觸受愛取有生老死愁歎苦憂惱無二為方便無生為方便無所得為方便迴向一切智智修習菩薩摩訶薩行慶喜行識名色六處觸受愛取有生老死愁歎苦憂惱行乃至老死愁歎苦憂惱性空何以故以行乃至

老死愁歎苦憂惱性空與彼菩薩摩訶薩行無二無二分故慶喜由此故説以無明等無二為方便無生為方便無所得為方便迴向一切智智修習菩薩摩訶薩行世尊云何以無明無二為方便無生為方便無所得為方便迴向一切智智修習無上正等菩提慶喜無明無明性空何以故以無明性空與彼无上正等菩提無二無二分故世尊云何以行識名色六處觸受愛取有生老死愁歎苦憂惱無二為方便無生為方便無所得為方便迴向一切智智修習無上正等菩提慶喜行識名色六處觸受愛取有生老死愁歎苦憂惱行乃至老死愁歎苦憂惱性空何以故以行乃至老死愁歎苦憂惱性空與彼無上正等菩提無二無二分故慶喜由此故説以無明等無二為方便無生為方便無所得為方便迴向一切智智修習無上正等菩提

世尊云何以内空無二為方便無生為方便無所得為方便迴向一切智

智修習布施淨戒安忍精進靜慮般若波羅蜜多慶喜内空内空性空何以故以内空性空與彼布施淨戒安忍精進靜慮般若波羅蜜多無二無二分故世尊云何以外空内外空空空大空勝義空有為空無為空畢竟空無際空散空無變異空本性空自相空共相空一切法空不可得空無性空自性空無性自性空無二為方便無生為方便無所得為方便迴向一切智智修習布施淨戒安忍精進靜慮般若波羅蜜多慶喜外空内外空空空大空勝義空有為空無為空畢竟空無際空散空無變異空本性空自相空共相空一切法空不可得空無性空自性空無性自性空外空乃至無性自性空性空何以故以外空乃至無性自性空性空與彼布施淨戒安忍精進靜慮般若波羅蜜多無二無二分故慶喜由此故説以内空等無二為方便無生為方便無所得為方便迴向一切智智修習布施淨戒安忍精進靜慮般若波羅蜜多

世尊云何以内空無二為方便無生為方便無所得為方便迴向一切智智安住内空外空内外空空空大空勝義空有為空無為空畢竟空無際空散空無變異空本性空自相空共相空一切法空不可得空無性空自性空無性自性空慶喜内空内空性空何以故以内空性空與彼内空乃至無性自性空無二無二分故世尊云何以外空内外空空空大空勝義空有為空無為空畢竟空無際空散空無變異空本性空自相空共相空一切法空不可得空無性空自性空無性自性空無二為方便無生為方便無所得為方便迴向一切智智安住内空外空内外空空空大空勝義空有為空無為空畢竟空無際空散空無變異空本性空自相空共相空一切法空不可得空無性空自性空無性自性空慶喜外空内外空空空大空勝義空有為空無為空畢竟空無際空散空無變異空本性空自相空共相空一切法空不可得空無性

大般若經第一百一十七　第二十四張　巽字号

空自性空無性自性空外空乃至無性自性空性空何以故以外空乃至無性自性空性空與彼內空乃至無性自性空無二無二分故慶喜由此故說以內空等無二爲方便無生爲方便無所得爲方便迴向一切智智安住內空乃至無性自性空

大般若波羅蜜多經卷第一百一十七　巽

大般若波羅蜜多經卷第一百一十七

校勘記

一　底本，金藏大寶集寺本。

一　一四八頁下一行「界等」，磧、普、南、徑、清、麗作「等」。

一　一四八頁下二一行至二二行「地界地界性空」，石作「地界性空」。

一　一四九頁下三行至四行「慶喜無明性空」，磧、普、南、徑、清、麗作「慶喜無明無明性空」。

一　一五一頁上一行「八聖道支」，普作「八勝道支」，下同。

一　一五一頁下二〇行首字殘，應爲「色」。

一　一五二頁中六行第二字殘，應爲「色」。

大般若波羅蜜多經卷第一百一十八　興

三藏法師玄奘奉　詔譯

初分校量功德品第三十之十六

世尊云何以內空無二為方便無生為方便無所得為方便迴向一切智智安住真如法界法性不虛妄性不變異性平等性離生性法定法住實際虛空界不思議界慶喜內空內空性空何以故以內空性空與彼真如乃至不思議界無二無二分故世尊云何以外空內外空空空大空勝義空有為空無為空畢竟空無際空散空無變異空本性空自相空共相空一切法空不可得空無性空自性空無性自性空無二為方便無生為方便無所得為方便迴向一切智智安住真如法界法性不虛妄性不變異性平等性離生性法定法住實際虛空界不思議界慶喜外空內外空空空大空勝義空有為空無為空畢竟空無際空散空無變異空本性空自相空共相空一切法空不可得空無性空自性空無性自性空外空乃至無性自性空性空何以故以外空乃至無性自性空性空與彼真如乃至不思議界無二無二分故慶喜由此故說以內空等無二為方便無生為方便無所得為方便迴向一切智智安住真如乃至不思議界世尊云何以內空無二為方便無生為方便無所得為方便迴向一切智智安住苦集滅道聖諦慶喜內空內空性空何以故以內空性空與苦集滅道聖諦無二無二分故世尊云何以外空內外空空空大空勝義空有為空無為空畢竟空無際空散空無變異空本性空自相空共相空一切法空不可得空無性空自性空無性自性空無二為方便無生為方便無所得為方便迴向一切智智安住苦集滅道聖諦慶喜外空內外空空空大空勝義空有為空無為空畢竟空無際空散空無變異空本性空自相空共相空一切法空不可得空無性空自性空無性自性空外空乃至無性自性空

大般若經卷第一百十八　第三張　興

性空何以故以外空乃至無性自性空性空與苦集滅道聖諦無二無二分故慶喜由此故説以內空等無二為方便無生為方便無所得為方便迴向一切智智安住苦集滅道聖諦世尊云何以內空無二為方便無生為方便無所得為方便迴向一切智智修習四靜慮四無量四無色定慶喜內空內空性空何以故以內空性空與四靜慮四無量四無色定無二無二分故世尊云何以外空內外空空空大空勝義空有為空無為空畢竟空無際空散空無變異空本性空自相空共相空一切法空不可得空無性空自性空無性自性空無二為方便無生為方便無所得為方便迴向一切智智修習四靜慮四無量四無色定慶喜外空內外空空空大空勝義空有為空無為空畢竟空無際空散空無變異空本性空自相空共相空一切法空不可得空無性空自性空無性自性空外空乃至無性自性空性空何以故以外空乃至無性

自性空性空與四靜慮四無量四無色定無二無二分故慶喜由此故説以內空等無二為方便無生為方便無所得為方便迴向一切智智修習四靜慮四無量四無色定世尊云何以內空無二為方便無生為方便無所得為方便迴向一切智智修習八解脫八勝處九次第定十遍處慶喜內空內空性空何以故以內空性空與八解脫八勝處九次第定十遍處無二無二分故世尊云何以外空內外空空空大空勝義空有為空無為空畢竟空無際空散空無變異空本性空自相空共相空一切法空不可得空無性空自性空無性自性空無二為方便無生為方便無所得為方便迴向一切智智修習八解脫八勝處九次第定十遍處慶喜外空內外空空空大空勝義空有為空無為空畢竟空無際空散空無變異空本性空自相空共相空一切法空不可得空無性空自性空無性自性空外空乃至無性自性空性空何以故以外

空乃至無性自性空性空與八解脫八勝處九次第定十遍處無二無二分故慶喜由此故説以內空等無二無二為方便無生為方便無所得為方便迴向一切智智修習八解脫八勝處九次第定十遍處世尊云何以內空無二為方便無生為方便無所得為方便迴向一切智智修習四念住四正斷四神足五根五力七等覺支八聖道支慶喜內空內空性空何以故以內空性空與四念住四正斷四神足五根五力七等覺支八聖道支無二無二分故世尊云何以外空內外空空空大空勝義空有為空無為空畢竟空無際空散空無變異空本性空自相空共相空一切法空不可得空無性空自性空無性自性空無二為方便無生為方便無所得為方便迴向一切智智修習四念住四正斷四神足五根五力七等覺支八聖道支慶喜外空內外空空空大空勝義空有為空無為空畢竟空無際空散空無變異空本性空自相空共

相空一切法空不可得空無性空自性空無性自性空外空乃至無性自性空性空何以故以外空乃至無性自性空性空與四念住四正斷四神足五根五力七等覺支八聖道支无二無二分故慶喜由此故說以內空等无二為方便無生為方便無所得為方便迴向一切智智修習四念住四正斷四神足五根五力七等覺支八聖道支世尊云何以內空無二為方便無生為方便無所得為方便迴向一切智智修習空解脫門無相解脫門無願解脫門慶喜內空內空性空何以故以內空性空與空解脫門無相解脫門無願解脫門無二無二分故世尊云何以外空內外空空空大空勝義空有為空無為空畢竟空無際空散空無變異空本性空自相空共相空一切法空不可得空无性空自性空無性自性空無二為方便無生為方便無所得為方便迴向一切智智修習空解脫門無相解脫門無願解脫門慶喜外空內外空空空

大空勝義空有為空無為空畢竟空無際空散空無變異空本性空自相空共相空一切法空不可得空無性空自性空無性自性空外空乃至無性自性空性空何以故以外空乃至無性自性空性空與空解脫門無相解脫門無願解脫門無二無二分故慶喜由此故說以內空等無二為方便無生為方便無所得為方便迴向一切智智修習空解脫門無相解脫門無願解脫門世尊云何以內空无二為方便無生為方便無所得為方便迴向一切智智修習五眼六神通慶喜內空內空性空何以故以內空性空與五眼六神通無二無二分故世尊云何以外空內外空空空大空勝義空有為空無為空畢竟空無際空散空無變異空本性空自相空共相空一切法空不可得空無性空自性空無性自性空無二為方便無生為方便無所得為方便迴向一切智智修習五眼六神通慶喜外空內外空空空大空勝義空有為空無為空

畢竟空無際空散空無變異空本性空自相空共相空一切法空不可得空無性空自性空無性自性空外空乃至無性自性空性空何以故以外空乃至無性自性空性空與五眼六神通無二無二分故慶喜由此故說以內空等無二為方便無生為方便無所得為方便迴向一切智智修習五眼六神通世尊云何以內空無二為方便無生為方便無所得為方便迴向一切智智修習佛十力四無所畏四無礙解大慈大悲大喜大捨十八佛不共法慶喜內空內空性空何以故以內空性空與佛十力四無所畏四無礙解大慈大悲大喜大捨十八佛不共法無二無二分故世尊云何以外空內外空空空大空勝義空有為空無為空畢竟空無際空散空無變異空本性空自相空共相空一切法空不可得空無性空自性空無性自性空無二為方便無生為方便無所得為方便迴向一切智智修習佛十力四無所畏四無礙解大慈大

悲大喜大捨十八佛不共法慶喜外空內外空空空大空勝義空有為空無為空畢竟空無際空散空無變異空本性空自相空共相空一切法空不可得空無性空自性空無性自性空外空乃至無性自性空性空何以故以外空乃至無性自性空性空與佛十力四無所畏四無礙解大慈大悲大喜大捨十八佛不共法無二無二分故慶喜由此故說以內空等無二為方便無生為方便無所得為方便迴向一切智智修習佛十力四無所畏四無礙解大慈大悲大喜大捨十八佛不共法世尊云何以內空無二為方便無生為方便無所得為方便迴向一切智智修習无忘失法恒住捨性慶喜內空內空性空何以故以內空性空與無忘失法恒住捨性無二無二分故世尊云何以外空內外空空空大空勝義空有為空無為空畢竟空無際空散空無變異空本性空自相空共相空一切法空不可得空無性空自性空無性自性空無

二為方便無生為方便無所得為方便迴向一切智智修習無忘失法恒住捨性慶喜外空內外空空空大空勝義空有為空無為空畢竟空無際空散空無變異空本性空自相空共相空一切法空不可得空無性空自性空無性自性空外空乃至無性自性空性空何以故以外空乃至無性自性空性空與無忘失法恒住捨性無二無二分故慶喜由此故說以內空等无二為方便無生為方便無所得為方便迴向一切智智修習无忘失法恒住捨性世尊云何以內空無二為方便無生為方便無所得為方便迴向一切智智修習一切智道相智一切相智慶喜內空內空性空何以故以內空性空與一切智道相智一切相智無二無二分故世尊云何以外空內外空空空大空勝義空有為空無為空畢竟空無際空散空無變異空本性空自相空共相空一切法空不可得空無性空自性空無性自性空無二為方便無生為方便無

所得為方便迴向一切智智修習一切智道相智一切相智慶喜外空內外空空空大空勝義空有為空無為空畢竟空無際空散空無變異空本性空自相空共相空一切法空不可得空無性空自性空無性自性空外空乃至無性自性空性空何以故以外空乃至無性自性空性空與一切智道相智一切相智無二無二分故慶喜由此故說以內空等無二為方便無生為方便無所得為方便迴向一切智智修習一切智道相智一切相智世尊云何以內空無二為方便無生為方便無所得為方便迴向一切智智修習一切陁羅尼門一切三摩地門慶喜內空內空性空何以故以內空性空與一切陁羅尼門一切三摩地門無二無二分故世尊云何以外空內外空空空大空勝義空有為空無為空畢竟空無際空散空無變異空本性空自相空共相空一切法空不可得空無性空自性空無性自性空無二為方便無生為方便无

所得為方便迴向一切智智修習一切陁羅尼門一切三摩地門慶喜外空內外空空空大空勝義空有為空無為空畢竟空無際空散空無變異空本性空自相空共相空一切法空不可得空無性空自性空無性自性空外空乃至無性自性空性空何以故以外空乃至無性自性空性空與一切陁羅尼門一切三摩地門無二無二分故慶喜由此故說以內空等無二為方便無生為方便無所得為方便迴向一切智智修習一切陁羅尼門一切三摩地門世尊云何以內空無二為方便無生為方便無所得為方便迴向一切智智修習菩薩摩訶薩行慶喜內空內空性空何以故以內空性空與彼菩薩摩訶薩行无二無二分故世尊云何以外空內外空空空大空勝義空有為空無為空畢竟空無際空散空無變異空本性空自相空共相空一切法空不可得空無性空自性空無性自性空無二為方便無生為方便無所得為方便

迴向一切智智修習菩薩摩訶薩行慶喜外空內外空空空大空勝義空有為空無為空畢竟空無際空散空無變異空本性空自相空共相空一切法空不可得空無性空自性空無性自性空外空乃至無性自性空性空何以故以外空乃至無性自性空性空與彼菩薩摩訶薩行無二無二分故慶喜由此故說以內空等無二為方便無生為方便無所得為方便迴向一切智智修習菩薩摩訶薩行世尊云何以內空無二為方便無生為方便無所得為方便迴向一切智智修習無上正等菩提慶喜內空內空性空何以故以內空性空與彼无上正等菩提無二無二分故世尊云何以外空內外空空空大空勝義空有為空無為空畢竟空無際空散空無變異空本性空自相空共相空一切法空不可得空無性空自性空無性自性空無二為方便無生為方便無所得為方便迴向一切智智修習無上正等菩提慶喜外空內外空空

空大空勝義空有為空無為空畢竟空無際空散空無變異空本性空自相空共相空一切法空不可得空無性空自性空無性自性空外空乃至無性自性空性空何以故以外空乃至無性自性空性空與彼無上正等菩提無二無二分故慶喜由此故說以內空等無二為方便無生為方便無所得為方便迴向一切智智修習無上正等菩提

世尊云何以真如無二為方便無生為方便無所得為方便迴向一切智智修習布施淨戒安忍精進靜慮般若波羅蜜多慶喜真如真如性空何以故以真如性空與布施淨戒安忍精進靜慮般若波羅蜜多無二無二分故世尊云何以法界法性不虛妄性不變異性平等性離生性法定法住實際虛空界不思議界無二為方便無生為方便無所得為方便迴向一切智智修習布施淨戒安忍精進靜慮般若波羅蜜多慶喜法界法性不虛妄性不變異性平等性離生性

法定法住實際虛空界不思議界法界乃至不思議界性空何以故以法界乃至不思議界性空與布施淨戒安忍精進靜慮般若波羅蜜多無二無二分故慶喜由此故說以真如等無二為方便無生為方便無所得為方便迴向一切智智修習布施淨戒安忍精進靜慮般若波羅蜜多世尊云何以真如無二為方便無生為方便無所得為方便迴向一切智智安住內空外空內外空空空大空勝義空有為空無為空畢竟空無際空散空無變異空本性空自相空共相空一切法空不可得空無性空自性空無性自性空慶喜真如真如性空何以故以真如性空與彼內空乃至無性自性空無二無二分故世尊云何以法界法性不虛妄性不變異性平等性離生性法定法住實際虛空界不思議界無二為方便無生為方便無所得為方便迴向一切智智安住內空外空內外空空空大空勝義空有為空無為空畢竟空無際空散空

無變異空本性空自相空共相空一切法空不可得空無性空自性空無性自性空慶喜法界法性不虛妄性不變異性平等性離生性法定法住實際虛空界不思議界法界乃至不思議界性空何以故以法界乃至不思議界性空與彼內空乃至無性自性空無二無二分故慶喜由此故說以真如等無二為方便無生為方便無所得為方便迴向一切智智安住內空乃至無性自性空世尊云何以真如無二為方便無生為方便無所得為方便迴向一切智智安住真如法界法性不虛妄性不變異性平等性離生性法定法住實際虛空界不思議界慶喜真如真如性空何以故以真如性空與彼真如乃至不思議界無二無二分故世尊云何以法界法性不虛妄性不變異性平等性離生性法定法住實際虛空界不思議界無二為方便無生為方便無所得為方便迴向一切智智安住真如法界法性不虛妄性不變異性平等性

離生性法定法住實際虛空界不思議界慶喜法界法性不虛妄性不變異性平等性離生性法定法住實際虛空界不思議界法界乃至不思議界性空何以故以法界乃至不思議界性空與彼真如乃至不思議界無二無二分故慶喜由此故說以真如等無二為方便無生為方便無所得為方便迴向一切智智安住真如乃至不思議界世尊云何以真如無二為方便無生為方便無所得為方便迴向一切智智安住苦集滅道聖諦慶喜真如真如性空何以故以真如性空與彼苦集滅道聖諦無二無二分故世尊云何以法界法性不虛妄性不變異性平等性離生性法定法住實際虛空界不思議界無二為方便無生為方便無所得為方便迴向一切智智安住苦集滅道聖諦慶喜法界法性不虛妄性不變異性平等性離生性法定法住實際虛空界不思議界法界乃至不思議界性空何以故以法界乃至不思議界性空與

彼苦集滅道聖諦無二無二分故慶喜由此故說以真如等無二為方便無生為方便無所得為方便迴向一切智智安住苦集滅道聖諦世尊云何以真如無二為方便無生為方便無所得為方便迴向一切智智修習四靜慮四無量四無色定慶喜真如真如性空何以故以真如性空與四靜慮四無量四無色定無二無二分故世尊云何以法界法性不虛妄性不變異性平等性離生性法定法住實際虛空界不思議界無二為方便無生為方便無所得為方便迴向一切智智修習四靜慮四無量四無色定慶喜法界法性不虛妄性不變異性平等性離生性法定法住實際虛空界不思議界法界乃至不思議界性空何以故以法界乃至不思議界性空與四靜慮四無量四無色定無二無二分故慶喜由此故說以真如等無二為方便無生為方便無所得為方便迴向一切智智修習四靜慮四無量四無色定世尊云何以真如

無二為方便無生為方便無所得為方便迴向一切智智修習八解脫八勝處九次第定十遍處慶喜真如真如性空何以故以真如性空與八解脫八勝處九次第定十遍處無二無二分故世尊云何以法界法性不虛妄性不變異性平等性離生性法定法住實際虛空界不思議界無二為方便無生為方便無所得為方便迴向一切智智修習八解脫八勝處九次第定十遍處慶喜法界法性不虛妄性不變異性平等性離生性法定法住實際虛空界不思議界法界乃至不思議界性空何以故以法界乃至不思議界性空與八解脫八勝處九次第定十遍處無二無二分故慶喜由此故說以真如等無二為方便無生為方便無所得為方便迴向一切智智修習八解脫八勝處九次第定十遍處世尊云何以真如無二為方便無生為方便無所得為方便迴向一切智智修習四念住四正斷四神足五根五力七等覺支八聖道支

慶喜真如真如性空何以故以真如性空與四念住四正斷四神足五根五力七等覺支八聖道支無二無二分故世尊云何以法界法性不虛妄性不變異性平等性離生性法定法住實際虛空界不思議界無二為方便無生為方便無所得為方便迴向一切智智修習四念住四正斷四神足五根五力七等覺支八聖道支慶喜法界法性不虛妄性不變異性平等性離生性法定法住實際虛空界不思議界法界乃至不思議界性空何以故以法界乃至不思議界性空與四念住四正斷四神足五根五力七等覺支八聖道支無二無二分故慶喜由此故說以真如等无二為方便無生為方便無所得為方便迴向一切智智修習四念住四正斷四神足五根五力七等覺支八聖道支世尊云何以真如無二為方便無生為方便無所得為方便迴向一切智智修習空解脫門無相解脫門無願解脫門慶喜真如真如性空何以故以

真如性空與空解脫門無相解脫門無願解脫門無二無二分故世尊云何以法界法性不虛妄性不變異性平等性離生性法定法住實際虛空界不思議界無二為方便無生為方便無所得為方便迴向一切智智修習空解脫門無相解脫門無願解脫門慶喜法界法性不虛妄性不變異性平等性離生性法定法住實際虛空界不思議界法界乃至不思議界性空何以故以法界乃至不思議界性空與空解脫門無相解脫門無願解脫門無二無二分故慶喜由此故說以真如等無二為方便無生為方便無所得為方便迴向一切智智修習空解脫門無相解脫門無願解脫門世尊云何以真如無二為方便無生為方便無所得為方便迴向一切智智修習五眼六神通慶喜真如真如性空何以故以真如性空與五眼六神通無二無二分故世尊云何以法界法性不虛妄性不變異性平等性離生性法定法住實際虛空界不

思議界無二為方便無生為方便無所得為方便迴向一切智智修習五眼六神通慶喜法界法性不虛妄性不變異性平等性離生性法定法住實際虛空界不思議界法界乃至不思議界性空何以故以法界乃至不思議界性空與五眼六神通無二無二分故慶喜由此故說以真如等無二為方便無生為方便無所得為方便迴向一切智智修習五眼六神通

大般若波羅蜜多經卷第一百一十八　巽

大般若波羅蜜多經卷第一百一十八

校勘記

一　底本，金藏大寶集寺本。一五五頁下原缺，以麗藏本補。

一　一五五頁中一行「卷第一百一十八」，普作「卷第一百十八」。

一　一五六頁下四行「無二為方便」，石、磧、普、南、徑、清、麗作「為方便」。

一　一五六頁下一四行「內外空」，石作「內空」。

一　一五七頁上一八行「無際空」，石作「無際」。

一　一五八頁下一九行「以外空」，普、南、清作「以內空」。

大般若波羅蜜多經卷第一百一十九　巽

三藏法師玄奘奉　詔譯

初分校量功德品第三十之十七

世尊云何以真如無二為方便無生為方便無所得為方便迴向一切智智修習佛十力四無所畏四無礙解大慈大悲大喜大捨十八佛不共法慶喜真如真如性空何以故以真如性空與佛十力四無所畏四無礙解大慈大悲大喜大捨十八佛不共法無二無二分故世尊云何以法界法性不虛妄性不變異性平等性離生性法定法住實際虛空界不思議界無二為方便無生為方便無所得為方便迴向一切智智修習佛十力四無所畏四無礙解大慈大悲大喜大捨十八佛不共法慶喜法界法性不虛妄性不變異性平等性離生性法定法住實際虛空界不思議界法界乃至不思議界性空何以故以法界乃至不思議界性空與佛十力四無所畏四無礙解大慈大悲大喜大捨

十八佛不共法無二無二分故慶喜由此故說以真如等無二為方便無生為方便無所得為方便迴向一切智智修習佛十力四無所畏四無礙解大慈大悲大喜大捨十八佛不共法世尊云何以真如無二為方便無生為方便無所得為方便迴向一切智智修習無忘失法恒住捨性慶喜真如真如性空何以故以真如性空與無忘失法恒住捨性無二無二分故世尊云何以法界法性不虛妄性不變異性平等性離生性法定法住實際虛空界不思議界無二為方便無生為方便無所得為方便迴向一切智智修習無忘失法恒住捨性慶喜法界法性不虛妄性不變異性平等性離生性法定法住實際虛空界不思議界法界乃至不思議界性空何以故以法界乃至不思議界性空與無忘失法恒住捨性無二無二分故慶喜由此故說以真如等無二為方便無生為方便無所得為方便迴向一切智智修習無忘失法恒住捨

性世尊云何以真如無二為方便無生為方便無所得為方便迴向一切智智修習一切智道相智一切相智慶喜真如真如性空何以故以真如性空與一切智道相智一切相智無二無二分故世尊云何以法界法性不虛妄性不變異性平等性離生性法定法住實際虛空界不思議界無二為方便無生為方便無所得為方便迴向一切智智修習一切智道相智一切相智慶喜法界法性不虛妄性不變異性平等性離生性法定法住實際虛空界不思議界法界乃至不思議界性空何以故以法界乃至不思議界性空與一切智道相智一切相智無二無二分故慶喜由此故說以真如等無二為方便無生為方便無所得為方便迴向一切智智修習一切智道相智一切相智

世尊云何以真如無二為方便無生為方便無所得為方便迴向一切智智修習一切陀羅尼門一切三摩地門慶喜真如真如性空何以故以真

如性空與一切陀羅尼門一切三摩地門無二無二分故世尊云何以法界法性不虛妄不變異性平等性離生性法定法住實際虛空界不思議界無二為方便無生為方便無所得為方便迴向一切智智修習一切陀羅尼門一切三摩地門慶喜法界法性不虛妄性不變異性平等性離生性法定法住實際虛空界不思議界法界乃至不思議界性空何以故以法界乃至不思議界性空與一切陀羅尼門一切三摩地門無二無二分故慶喜由此故說以真如等無二為方便無生為方便無所得為方便迴向一切智智修習一切陀羅尼門一切三摩地門世尊云何以真如無二為方便無生為方便無所得為方便迴向一切智智修習菩薩摩訶薩行慶喜真如真如性空何以故以真如性空與彼菩薩摩訶薩行無二無二分故世尊云何以法界法性不虛妄性不變異性平等性離生性法定法住實際虛空界不思議界無二為方

便無生為方便無所得為方便迴向一切智智修習菩薩摩訶薩行慶喜法界法性不虛妄性不變異性平等性離生性法定法住實際虛空界不思議界法界乃至不思議界性空何以故以法界乃至不思議界性空與彼菩薩摩訶薩行無二無二分故慶喜由此故說以真如等無二為方便無生為方便無所得為方便迴向一切智智修習菩薩摩訶薩行世尊云何以真如無二為方便無生為方便無所得為方便迴向一切智智修習無上正等菩提慶喜真如真如性空何以故以真如性空與彼無上正等菩提無二無二分故世尊云何以法界法性不虛妄性不變異性平等性離生性法定法住實際虛空界不思議界無二為方便無生為方便無所得為方便迴向一切智智修習無上正等菩提慶喜法界法性不虛妄性不變異性平等性離生性法定法住實際虛空界不思議界法界乃至不思議界性空何以故以法界乃至不

思議界性空與彼無上正等菩提無二無二分故慶喜由此故說以真如等無二為方便無生為方便無所得為方便迴向一切智智修習無上正等菩提

世尊云何以苦聖諦無二為方便無生為方便無所得為方便迴向一切智智修習布施淨戒安忍精進靜慮般若波羅蜜多慶喜苦聖諦苦聖諦性空何以故以苦聖諦性空與布施淨戒安忍精進靜慮般若波羅蜜多無二無二分故世尊云何以集滅道聖諦無二為方便無生為方便無所得為方便迴向一切智智修習布施淨戒安忍精進靜慮般若波羅蜜多慶喜集滅道聖諦集滅道聖諦性空何以故以集滅道聖諦性空與布施淨戒安忍精進靜慮般若波羅蜜多無二無二分故慶喜由此故說以苦聖諦等無二為方便無生為方便無所得為方便迴向一切智智修習布施淨戒安忍精進靜慮般若波羅蜜多世尊云何以苦聖諦無二為方便

無生為方便無所得為方便迴向一切智智安住內空外空內外空空空大空勝義空有為空無為空畢竟空無際空散空無變異空本性空自相空共相空一切法空不可得空無性空自性空無性自性空慶喜苦聖諦苦聖諦性空何以故以苦聖諦性空與彼內空乃至無性自性空無二無二分故世尊云何以集滅道聖諦無二為方便無生為方便無所得為方便迴向一切智智安住內空外空內外空空空大空勝義空有為空無為空畢竟空無際空散空無變異空本性空自相空共相空一切法空不可得空無性空自性空無性自性空慶喜集滅道聖諦集滅道聖諦性空何以故以集滅道聖諦性空與彼內空乃至無性自性空無二無二分故慶喜由此故說以苦聖諦等無二為方便無生為方便無所得為方便迴向一切智智安住內空乃至無性自性空世尊云何以苦聖諦無二為方便無生為方便無所得為方便迴向一

切智智安住真如法界法性不虛妄性不變異性平等性離生性法定法住實際虛空界不思議界慶喜苦聖諦苦聖諦性空何以故以苦聖諦性空與彼真如乃至不思議界無二無二分故世尊云何以集滅道聖諦無二為方便無生為方便無所得為方便迴向一切智智安住真如法界法性不虛妄性不變異性平等性離生性法定法住實際虛空界不思議界慶喜集滅道聖諦集滅道聖諦性空何以故以集滅道聖諦性空與彼真如乃至不思議界無二無二分故慶喜由此故說以苦聖諦等無二為方便無生為方便無所得為方便迴向一切智智安住真如乃至不思議界世尊云何以苦聖諦無二為方便無生為方便無所得為方便迴向一切智智安住苦集滅道聖諦慶喜苦聖諦苦聖諦性空何以故以苦聖諦性與彼苦集滅道聖諦無二無二分故世尊云何以集滅道聖諦無二為方便無生為方便無所得為方便迴向

一切智智安住苦集滅道聖諦慶喜集滅道聖諦集滅道聖諦性空何以故以集滅道聖諦性空與彼苦集滅道聖諦無二無二分故慶喜由此故說以苦聖諦等無二方便無生為方便無所得為方便廻向一切智智安住苦集滅道聖諦世尊云何以苦聖諦無二為方便無生為方便無所得為方便廻向一切智智修習四靜慮四無量四無色定慶喜苦聖諦苦聖諦性空何以故以苦聖諦性空與四靜慮四無量四無色定無二無二分故世尊云何以集滅道聖諦無二為方便無生為方便無所得為方便廻向一切智智修習四靜慮四無量四無色定慶喜集滅道聖諦集滅道聖諦性空何以故以集滅道聖諦性空與四靜慮四無量四無色定無二無二分故慶喜由此故說以苦聖諦等無二為方便無生為方便無所得為方便廻向一切智智修習四靜慮四無量四無色定世尊云何以苦聖諦無二為方便無生為方便無所得為

方便廻向一切智智修習八解脫八勝處九次第定十遍處慶喜苦聖諦苦聖諦性空何以故以苦聖諦性空與八解脫八勝處九次第定十遍處無二無二分故世尊云何以集滅道聖諦無二為方便無生為方便無所得為方便廻向一切智智修習八解脫八勝處九次第定十遍處慶喜集滅道聖諦集滅道聖諦性空何以故以集滅道聖諦性空與八解脫八勝處九次第定十遍處無二無二分故慶喜由此故說以苦聖諦等無二為方便無生為方便無所得為方便廻向一切智智修習八解脫八勝處九次第定十遍處世尊云何以苦聖諦無二為方便無生為方便無所得為方便廻向一切智智修習四念住四正斷四神足五根五力七等覺支八聖道支慶喜苦聖諦苦聖諦性空何以故以苦聖諦性空與四念住四正斷四神足五根五力七等覺支八聖道支無二無二分故

世尊云何以集滅道聖諦無二為

方便無生為方便無所得為方便廻向一切智智修習四念住四正斷四神足五根五力七等覺支八聖道支慶喜集滅道聖諦集滅道聖諦性空何以故以集滅道聖諦性空與四念住四正斷四神足五根五力七等覺支八聖道支無二無二分故慶喜由此故說以苦聖諦等無二為方便無生為方便無所得為方便廻向一切智智修習四念住四正斷四神足五根五力七等覺支八聖道支世尊云何以苦聖諦無二為方便無生為方便無所得為方便廻向一切智智修習空解脫門無相解脫門無願解脫門慶喜苦聖諦苦聖諦性空何以故以苦聖諦性空與空解脫門無相解脫門無願解脫門無二無二分故世尊云何以集滅道聖諦無二為方便無生為方便無所得為方便廻向一切智智修習空解脫門無相解脫門無願解脫門慶喜集滅道聖諦集滅道聖諦性空何以故以集滅道聖諦性空與空解脫門無相解脫門無願

解脫門無二無二分故慶喜由此故說以苦聖諦等無二為方便無生為方便無所得為方便迴向一切智智修習空解脫門無相解脫門無願解脫門世尊云何以苦聖諦無二為方便無生為方便無所得為方便迴向一切智智修習五眼六神通慶喜苦聖諦苦聖諦性空何以故以苦聖諦性空與五眼六神通無二無二分故世尊云何以集滅道聖諦無二為方便無生為方便無所得為方便迴向一切智智修習五眼六神通慶喜集滅道聖諦集滅道聖諦性空何以故以集滅道聖諦性空與五眼六神通無二無二分故慶喜由此故說以苦聖諦等無二為方便無生為方便無所得為方便迴向一切智智修習五眼六神通世尊云何以苦聖諦無二為方便無生為方便無所得為方便迴向一切智智修習佛十力四無所畏四無礙解大慈大悲大喜大捨十八佛不共法慶喜苦聖諦苦聖諦性空何以故以苦聖諦性空與佛十力

四無所畏四無礙解大慈大悲大喜大捨十八佛不共法無二無二分故世尊云何以集滅道聖諦無二為方便無生為方便無所得為方便迴向一切智智修習佛十力四無所畏四無礙解大慈大悲大喜大捨十八佛不共法慶喜集滅道聖諦集滅道聖諦性空何以故以集滅道聖諦性空與佛十力四無所畏四無礙解大慈大悲大喜大捨十八佛不共法無二無二分故慶喜由此故說以苦聖諦等無二為方便無生為方便無所得為方便迴向一切智智修習佛十力四無所畏四無礙解大慈大悲大喜大捨十八佛不共法世尊云何以苦聖諦無二為方便無生為方便無所得為方便迴向一切智智修習無忘失法恒住捨性慶喜苦聖諦苦聖諦性空何以故以苦聖諦性空與無忘失法恒住捨性無二無二分故世尊云何以集滅道聖諦無二為方便無生為方便無所得為方便迴向一切智智修習無忘失法恒住捨性慶喜

集滅道聖諦集滅道聖諦性空何以故以集滅道聖諦性空與無忘失法恒住捨性無二無二分故慶喜由此故說以苦聖諦等無二為方便無生為方便無所得為方便迴向一切智智修習無忘失法恒住捨性世尊云何以苦聖諦無二為方便無生為方便無所得為方便迴向一切智智修習一切智道相智一切相智慶喜苦聖諦苦聖諦性空何以故以苦聖諦性空與一切智道相智一切相智無二無二分故世尊云何以集滅道聖諦無二為方便無生為方便無所得為方便迴向一切智智修習一切智道相智一切相智慶喜集滅道聖諦集滅道聖諦性空何以故以集滅道聖諦性空與一切智道相智一切相智無二無二分故慶喜由此故說以苦聖諦等無二為方便無生為方便無所得為方便迴向一切智智修習一切智道相智一切相智世尊云何以苦聖諦無二為方便無生為方便無所得為方便迴向一切智智修習

一切陁羅尼門一切三摩地門慶喜苦聖諦苦聖諦性空何以故以苦聖諦性空與一切陁羅尼門一切三摩地門無二無二分故世尊云何以集滅道聖諦無二為方便無生為方便無所得為方便迴向一切智智修習一切陁羅尼門一切三摩地門慶喜集滅道聖諦集滅道聖諦性空何以故以集滅道聖諦性空與一切陁羅尼門一切三摩地門無二無二分故慶喜由此故說以苦聖諦等無二為方便無生為方便無所得為方便迴向一切智智修習一切陁羅尼門一切三摩地門世尊云何以苦聖諦無二為方便無生為方便無所得為方便迴向一切智智修習菩薩摩訶薩行慶喜苦聖諦苦聖諦性空何以故以苦聖諦性空與彼菩薩摩訶薩行無二無二分故世尊云何以集滅道聖諦無二為方便無生為方便無所得為方便迴向一切智智修習菩薩摩訶薩行慶喜集滅道聖諦集滅道聖諦性

空與彼菩薩摩訶薩行無二無二分故慶喜由此故說以苦聖諦等無二為方便無生為方便無所得為方便迴向一切智智修習菩薩摩訶薩行世尊云何以苦聖諦無二為方便無生為方便無所得為方便迴向一切智智修習無上正等菩提慶喜苦聖諦苦聖諦性空何以故以苦聖諦性空與彼無上正等菩提無二無二分故世尊云何以集滅道聖諦無二為方便無生為方便無所得為方便迴向一切智智修習無上正等菩提慶喜集滅道聖諦集滅道聖諦性空何以故以集滅道聖諦性空與彼無上正等菩提無二無二分故慶喜由此故說以苦聖諦等無二為方便無生為方便無所得為方便迴向一切智智修習無上正等菩提

世尊云何以布施波羅蜜多無二為方便無生為方便無所得為方便迴向一切智智修習布施淨戒安忍精進靜慮般若波羅蜜多慶喜布施波羅蜜多布施波羅蜜多性空何以故

以布施波羅蜜多性空與布施淨戒安忍精進靜慮般若波羅蜜多無二無二分故世尊云何以淨戒安忍精進靜慮般若波羅蜜多無二為方便無生為方便無所得為方便迴向一切智智修習布施淨戒安忍精進靜慮般若波羅蜜多慶喜淨戒安忍精進靜慮般若波羅蜜多淨戒安忍精進靜慮般若波羅蜜多性空何以故以淨戒安忍精進靜慮般若波羅蜜多性空與布施淨戒安忍精進靜慮般若波羅蜜多無二無二分故慶喜由此故說以布施波羅蜜多等無二為方便無生為方便無所得為方便迴向一切智智修習布施淨戒安忍精進靜慮般若波羅蜜多世尊云何以布施波羅蜜多無二為方便無生為方便無所得為方便迴向一切智智安住內空外空內外空空空大空勝義空有為空無為空畢竟空無際空散空無變異空本性空自相空共相空一切法空不可得空無性空自性空無性自性空慶喜布施波羅蜜

多布施波羅蜜多性空何以故以布施波羅蜜多性空與彼內空乃至無性自性空無二無二分故世尊云何以淨戒安忍精進靜慮般若波羅蜜多無二為方便無生為方便無所得為方便迴向一切智智安住內空外空內外空空空大空勝義空有為空無為空畢竟空無際空散空無變異空本性空自相空共相空一切法空不可得空无性空自性空無性自性空慶喜淨戒安忍精進靜慮般若波羅蜜多淨戒安忍精進靜慮般若波羅蜜多性空何以故以淨戒安忍精進靜慮般若波羅蜜多性空與彼內空乃至無性自性空無二無二分故慶喜由此故說以布施波羅蜜多等無二為方便無生為方便无所得為方便迴向一切智智安住內空乃至無性自性空世尊云何以布施波羅蜜多無二為方便無生為方便无所得為方便迴向一切智智安住真如法界法性不虛妄性不變異性平等性離生性法定法住實際虛空界不

思議界慶喜布施波羅蜜多布施波羅蜜多性空何以故以布施波羅蜜多性空與彼真如乃至不思議界無二無二分故世尊云何以淨戒安忍精進靜慮般若波羅蜜多無二為方便無生為方便無所得為方便迴向一切智智安住真如法界法性不虛妄性不變異性平等性離生性法定法住實際虛空界不思議界慶喜淨戒安忍精進靜慮般若波羅蜜多淨戒安忍精進靜慮般若波羅蜜多性空何以故以淨戒安忍精進靜慮般若波羅蜜多性空與彼真如乃至不思議界無二無二分故慶喜由此故說以布施波羅蜜多等無一為方便無生為方便無所得為方便迴向一切智智安住真如乃至不思議界世尊云何以布施波羅蜜多無二為方便無生為方便無所得為方便迴向一切智智安住苦集滅道聖諦慶喜布施波羅蜜多布施波羅蜜多性空何以故以布施波羅蜜多性空與彼苦集滅道聖諦無二無二分故世尊

云何以淨戒安忍精進靜慮般若波羅蜜多無二為方便無生為方便無所得為方便迴向一切智智安住苦集滅道聖諦慶喜淨戒安忍精進靜慮般若波羅蜜多淨戒安忍精進靜慮般若波羅蜜多性空何以故以淨戒安忍精進靜慮般若波羅蜜多性空與彼苦集滅道聖諦無二無二分故慶喜由此故說以布施波羅蜜多等無二為方便無生為方便無所得為方便迴向一切智智安住苦集滅道聖諦世尊云何以布施波羅蜜多無二為方便無生為方便無所得為方便迴向一切智智修習四靜慮四無量四無色定慶喜布施波羅蜜多布施波羅蜜多性空何以故以布施波羅蜜多性空與四靜慮四無量四無色定無二無二分故世尊云何以淨戒安忍精進靜慮般若波羅蜜多無二為方便無生為方便無所得為方便迴向一切智智修習四靜慮四無量四無色定慶喜淨戒安忍精進靜慮般若波羅蜜多淨戒安忍精進

靜慮般若波羅蜜多性空何以故以淨戒安忍精進靜慮般若波羅蜜多性空與四靜慮四無量四無色定無二無二分故慶喜由此故說以布施波羅蜜多等無二為方便無生為方便無所得為方便迴向一切智智修習四靜慮四無量四無色定世尊云何以布施波羅蜜多無二為方便無生為方便無所得為方便迴向一切智智修習八解脫八勝處九次第定十遍處慶喜布施波羅蜜多布施波羅蜜多性空何以故以布施波羅蜜多性空與八解脫八勝處九次第定十遍處無二無二分故世尊云何以淨戒安忍精進靜慮般若波羅蜜多無二為方便無生為方便無所得為方便迴向一切智智修習八解脫八勝處九次第定十遍處慶喜淨戒安忍精進靜慮般若波羅蜜多淨戒安忍精進靜慮般若波羅蜜多性空何以故以淨戒安忍精進靜慮般若波羅蜜多性空與八解脫八勝處九次第定十遍處無二無二分故慶喜由

此故說以布施波羅蜜多等無二為方便無生為方便無所得為方便迴向一切智智修習八解脫八勝處九次第定十遍處世尊云何以布施波羅蜜多無二為方便無生為方便無所得為方便迴向一切智智修習四念住四正斷四神足五根五力七等覺支八聖道支慶喜布施波羅蜜多布施波羅蜜多性空何以故以布施波羅蜜多性空與四念住四正斷四神足五根五力七等覺支八聖道支無二無二分故世尊云何以淨戒安忍精進靜慮般若波羅蜜多無二為方便無生為方便無所得為方便迴向一切智智修習四念住四正斷四神足五根五力七等覺支八聖道支慶喜淨戒安忍精進靜慮般若波羅蜜多淨戒安忍精進靜慮般若波羅蜜多性空何以故以淨戒安忍精進靜慮般若波羅蜜多性空與四念住四正斷四神足五根五力七等覺支八聖道支無二無二分故慶喜由此故說以布施波羅蜜多等無二為方

便無生為方便無所得為方便迴向一切智智修習四念住四正斷四神足五根五力七等覺支八聖道支世尊云何以布施波羅蜜多無二為方便無生為方便無所得為方便迴向一切智智修習空解脫門無相解脫門無願解脫門慶喜布施波羅蜜多布施波羅蜜多性空何以故以布施波羅蜜多性空與空解脫門無相解脫門無願解脫門無二無二分故世尊云何以淨戒安忍精進靜慮般若波羅蜜多無二為方便無生為方便無所得為方便迴向一切智智修習空解脫門無相解脫門無願解脫門慶喜淨戒安忍精進靜慮般若波羅蜜多淨戒安忍精進靜慮般若波羅蜜多性空何以故以淨戒安忍精進靜慮般若波羅蜜多性空與空解脫門無相解脫門無願解脫門無二無二分故慶喜由此故說以布施波羅蜜多等無二為方便無生為方便無所得為方便迴向一切智智修習空解脫門無相解脫門無願解脫門世

等云何以布施波羅蜜多無二為方便無生為方便無所得為方便迴向一切智智修習五眼六神通慶喜布施波羅蜜多布施波羅蜜多性空何以故以布施波羅蜜多性空與五眼六神通無二無二分故世尊云何以淨戒安忍精進靜慮般若波羅蜜多無二為方便無生為方便無所得為方便迴向一切智智修習五眼六神通慶喜淨戒安忍精進靜慮般若波羅蜜多淨戒安忍精進靜慮般若波羅蜜多性空何以故以淨戒安忍精進靜慮般若波羅蜜多性空與五眼六神通無二無二分故慶喜由此故說以布施波羅蜜多等無二為方便無生為方便無所得為方便迴向一切智智修習五眼六神通

大般若波羅蜜多經卷第一百一十九　吳

大般若波羅蜜多經卷第一百一十九

校勘記

一　底本，金藏大寶集寺本。

一　六三頁下一一行「法界法性」，石作「法性」。

一　六四頁中三行「不虛妄」，石、磧、普、南、徑、清、麗作「不虛妄性」。

一　六五頁下二〇行「以苦聖諦性」，石、磧、普、南、徑、清、麗作「以苦聖諦性空」。

一　六六頁上五行「無二方便」，石、磧、普、南、徑、清、麗作「無二為方便」。

一　六六頁中八行至九行「集滅道」，石作「集一道」。

一　六六頁下三行「七等覺支」，石作「七等一支」。

一　六六頁下六行「四正斷」，石作「四正一」。

一　六六頁下六行「七等覺」，石作「七等一」。

一　六六頁下一七行「無願解脫門」五字石漏刻。

一　六六頁下二三行「與」，石作「一」。

一　六七頁上七行「一切智」，石作「一切智一」。

一　六七頁上一三行「集滅道」，石作「集一道」。

一　六七頁上二二行「慶喜」，石作「一喜」。

一　六七頁中一一行「慶喜」，石作「一喜」。

一　六七頁中一八行「慶喜」，石作「一喜」。

一　六七頁下一八行「慶喜」，石作「一喜」。

一　六八頁中一五行至一六行「由此故說」，石作「由此說」。

一　六九頁中一五行第一一字殘，應為「二」。

大般若波羅蜜多經卷第一百二十　異

三藏法師玄奘奉　詔譯

初分校量功德品第三十之十八

世尊云何以布施波羅蜜多無二為方便無生為方便無所得為方便迴向一切智智修習佛十力四無所畏四無礙解大慈大悲大喜大捨十八佛不共法慶喜布施波羅蜜多布施波羅蜜多性空何以故以布施波羅蜜多性空與佛十力四無所畏四無礙解大慈大悲大喜大捨十八佛不共法無二無二分故世尊云何以淨戒安忍精進靜慮般若波羅蜜多無二為方便無生為方便無所得為方便迴向一切智智修習佛十力四無所畏四無礙解大慈大悲大喜大捨十八佛不共法慶喜淨戒安忍精進靜慮般若波羅蜜多淨戒安忍精進靜慮般若波羅蜜多性空何以故以淨戒安忍精進靜慮般若波羅蜜多性空與佛十力四無所畏四無礙解大慈大悲大喜大捨十八佛不共法

无二無二分故慶喜由此故說以布施波羅蜜多等无二為方便無生為方便无所得為方便迴向一切智智修習佛十力四无所畏四無㝵解大慈大悲大喜大捨十八佛不共法世尊云何以布施波羅蜜多無二為方便无生為方便無所得為方便迴向一切智智修習无忘失法恒住捨性慶喜布施波羅蜜多布施波羅蜜多性空何以故以布施波羅蜜多性空與無忘失法恒住捨性无二無二分故世尊云何以淨戒安忍精進靜慮般若波羅蜜多无二為方便無生為方便无所得為方便迴向一切智智修習無忘失法恒住捨性慶喜淨戒安忍精進靜慮般若波羅蜜多淨戒安忍精進靜慮般若波羅蜜多性空何以故以淨戒安忍精進靜慮般若波羅蜜多性空與无忘失法恒住捨性无二無二分故慶喜由此故說以布施波羅蜜多等无二為方便無生為方便无所得為方便迴向一切智智修習无忘失法恒住捨性世尊云

何以布施波羅蜜多無二為方便無生為方便無所得為方便迴向一切智智修習一切智道相智一切相智慶喜布施波羅蜜多布施波羅蜜多性空何以故以布施波羅蜜多性空與一切智道相智一切相智無二無二分故世尊云何以淨戒安忍精進靜慮般若波羅蜜多無二為方便無生為方便無所得為方便迴向一切智智修習一切智道相智一切相智慶喜淨戒安忍精進靜慮般若波羅蜜多淨戒安忍精進靜慮般若波羅蜜多性空何以故以淨戒安忍精進靜慮般若波羅蜜多性空與一切智道相智一切相智無二無二分故慶喜由此故說以布施波羅蜜多等無二為方便無生為方便無所得為方便迴向一切智智修習一切智道相智一切相智世尊云何以布施波羅蜜多無二為方便無生為方便無所得為方便迴向一切智智修習一切陁羅尼門一切三摩地門慶喜布施波羅蜜多布施波羅蜜多性空何以

故以布施波羅蜜多性空與一切陁羅尼門一切三摩地門無二無二分故世尊云何以淨戒安忍精進靜慮般若波羅蜜多無二為方便無生為方便無所得為方便迴向一切智智修習一切陁羅尼門一切三摩地門慶喜淨戒安忍精進靜慮般若波羅蜜多淨戒安忍精進靜慮般若波羅蜜多性空何以故以淨戒安忍精進靜慮般若波羅蜜多性空與一切陁羅尼門一切三摩地門無二無二分故慶喜由此故說以布施波羅蜜多等無二為方便無生為方便無所得為方便迴向一切智智修習一切陁羅尼門一切三摩地門世尊云何以布施波羅蜜多無二為方便無生為方便無所得為方便迴向一切智智修習菩薩摩訶薩行慶喜布施波羅蜜多布施波羅蜜多性空何以故以布施波羅蜜多性空與彼菩薩摩訶薩行無二無二分故世尊云何以淨戒安忍精進靜慮般若波羅蜜多無二為方便無生為方便無所得為方

便迴向一切智智修習菩薩摩訶薩行慶喜淨戒安忍精進靜慮般若波羅蜜多淨戒安忍精進靜慮般若波羅蜜多性空何以故以淨戒安忍精進靜慮般若波羅蜜多性空與彼菩薩摩訶薩行無二無二分故慶喜由此故說以布施波羅蜜多等無二為方便無生為方便無所得為方便迴向一切智智修習菩薩摩訶薩行世尊云何以布施波羅蜜多無二為方便無生為方便無所得為方便迴向一切智智修習無上正等菩提慶喜布施波羅蜜多布施波羅蜜多性空何以故以布施波羅蜜多性空與彼無上正等菩提無二無二分故世尊云何以淨戒安忍精進靜慮般若波羅蜜多無二為方便無生為方便無所得為方便迴向一切智智修習無上正等菩提慶喜淨戒安忍精進靜慮般若波羅蜜多淨戒安忍精進靜慮般若波羅蜜多性空何以故以淨戒安忍精進靜慮般若波羅蜜多性空與彼無上正等菩提無二無二分

故慶喜由此故說以布施波羅蜜多等無二為方便無生為方便無所得為方便迴向一切智智修習無上正等菩提

世尊云何以四靜慮無二為方便無生為方便無所得為方便迴向一切智智修習布施淨戒安忍精進靜慮般若波羅蜜多慶喜四靜慮四靜慮性空何以故以四靜慮性空與布施淨戒安忍精進靜慮般若波羅蜜多無二無二分故世尊云何以四無量四無色定無二為方便無生為方便無所得為方便迴向一切智智修習布施淨戒安忍精進靜慮般若波羅蜜多慶喜四無量四無色定四無量四無色定性空何以故以四無量四無色定性空與布施淨戒安忍精進靜慮般若波羅蜜多無二無二分故慶喜由此故說以四靜慮等無二為方便無生為方便無所得為方便迴向一切智智修習布施淨戒安忍精進靜慮般若波羅蜜多世尊云何以四靜慮無二為方便無生為方便無

所得為方便迴向一切智智安住內空外空內外空空空大空勝義空有為空無為空畢竟空無際空散空無變異空本性空自相空共相空一切法空不可得空無性空自性空無性自性空慶喜四靜慮四靜慮性空何以故以四靜慮性空與彼內空乃至無性自性空無二無二分故世尊云何以四無量四無色定無二為方便無生為方便無所得為方便迴向一切智智安住內空外空內外空空空大空勝義空有為空無為空畢竟空無際空散空無變異空本性空自相空共相空一切法空不可得空無性空自性空無性自性空慶喜四無量四無色定四無量四無色定性空何以故以四無量四無色定性空與彼內空乃至無性自性空無二無二分故慶喜由此故說以四靜慮等無二為方便無生為方便無所得為方便迴向一切智智安住內空乃至無性自性空世尊云何以四靜慮無二為方便無生為方便無所得為方便迴

向一切智智安住真如法界法性不虛妄性不變異性平等性離生性法定法住實際虛空界不思議界慶喜四靜慮四靜慮性空何以故以四靜慮性空與彼真如乃至不思議界無二無二分故世尊云何以四無量四無色定無二為方便無生為方便無所得為方便迴向一切智智安住真如法界法性不虛妄性不變異性平等性離生性法定法住實際虛空界不思議界慶喜四無量四無色定四無量四無色定性空何以故以四無量四無色定性空與彼真如乃至不思議界無二無二分故慶喜由此故說以四靜慮等無二為方便無生為方便無所得為方便迴向一切智智安住真如乃至不思議界世尊云何以四靜慮無二為方便無生為方便無所得為方便迴向一切智智安住苦集滅道聖諦慶喜四靜慮四靜慮性空何以故以四靜慮性空與彼苦集滅道聖諦無二無二分故世尊云何以四無量四無色定無二為方便

無生為方便無所得為方便迴向一
切智智安住苦集滅道聖諦慶喜四
無量四無色定四無量四無色定性
空何以故以四無量四無色定性空
與彼苦集滅道聖諦無二無二分故
慶喜由此故說以四靜慮等無二為
方便無生為方便無所得為方便迴
向一切智智安住苦集滅道聖諦世
尊云何以四靜慮無二為方便無生
為方便無所得為方便迴向一切智
智修習四靜慮四無量四無色定慶
喜四靜慮四靜慮性空何以故以四
靜慮性空與四靜慮四無量四無色
定無二無二分故世尊云何以四無
量四無色定無二為方便無生為方
便無所得為方便迴向一切智智修
習四靜慮四無量四無色定慶喜四
無量四無色定四無量四無色定性
空何以故以四無量四無色定性空
與四靜慮四無量四無色定無二無
二分故慶喜由此故說以四靜慮等
無二為方便無生為方便無所得為
方便迴向一切智智修習四靜慮四

無量四無色定世尊云何以四靜慮
無二為方便無生為方便無所得為
方便迴向一切智智修習八解脫八
勝處九次第定十遍處慶喜四靜慮
四靜慮性空何以故以四靜慮性空
與八解脫八勝處九次第定十遍處
無二無二分故世尊云何以四無量
四無色定無二為方便無生為方便
無所得為方便迴向一切智智修習
八解脫八勝處九次第定十遍處慶
喜四無量四無色定四無量四無色
定性空何以故以四無量四無色定
性空與八解脫八勝處九次第定十
遍處無二無二分故慶喜由此故說
以四靜慮等無二為方便無生為方
便無所得為方便迴向一切智智修
習八解脫八勝處九次第定十遍處
世尊云何以四靜慮無二為方便無
生為方便無所得為方便迴向一切
智智修習四念住四正斷四神足五
根五力七等覺支八聖道支慶喜四
靜慮四靜慮性空何以故以四靜慮
性空與四念住四正斷四神足五根

五力七等覺支八聖道支無二無二
分故世尊云何以四無量四無色定
無二為方便無生為方便無所得為
方便迴向一切智智修習四念住四
正斷四神足五根五力七等覺支八
聖道支慶喜四無量四無色定四無
量四無色定性空何以故以四無量
四無色定性空與四念住四正斷四
神足五根五力七等覺支八聖道支
無二無二分故慶喜由此故說以四
靜慮等無二為方便無生為方便無
所得為方便迴向一切智智修習四
念住四正斷四神足五根五力七等
覺支八聖道支世尊云何以四靜慮
無二為方便無生為方便無所得為
方便迴向一切智智修習空解脫門
無相解脫門無願解脫門慶喜四靜
慮四靜慮性空何以故以四靜慮性
空與空解脫門無相解脫門無願解
脫門無二無二分故世尊云何以四
無量四無色定無二為方便無生為
方便無所得為方便迴向一切智智
修習空解脫門無相解脫門無願解

脫門慶喜四無量四無色定四無量四無色定性空何以故以四無量四無色定性空與空解脫門無相解脫門無願解脫門無二無二分故慶喜由此故說以四靜慮等無二為方便無生為方便無所得為方便迴向一切智智修習空解脫門無相解脫門無願解脫門世尊云何以四靜慮無二為方便無生為方便無所得為方便迴向一切智智修習五眼六神通慶喜四靜慮四靜慮性空何以故以四靜慮性空與五眼六神通無二無二分故世尊云何以四無量四無色定無二為方便無生為方便無所得為方便迴向一切智智修習五眼六神通慶喜四無量四無色定四無量四無色定性空何以故以四無量四無色定性空與五眼六神通無二無二分故慶喜由此故說以四靜慮等無二為方便無生為方便無所得為方便迴向一切智智修習五眼六神通世尊云何以四靜慮無二為方便無生為方便無所得為方便迴向一

切智智修習佛十力四無所畏四無礙解大慈大悲大喜大捨十八佛不共法慶喜四靜慮四靜慮性空何以故以四靜慮性空與佛十力四無所畏四無礙解大慈大悲大喜大捨十八佛不共法無二無二分故世尊云何以四無量四無色定無二為方便無生為方便無所得為方便迴向一切智智修習佛十力四無所畏四無礙解大慈大悲大喜大捨十八佛不共法慶喜四無量四無色定四無量四無色定性空何以故以四無量四無色定性空與佛十力四無所畏四無礙解大慈大悲大喜大捨十八佛不共法無二無二分故慶喜由此故說以四靜慮等無二為方便無生為方便無所得為方便迴向一切智智修習佛十力四無所畏四無礙解大慈大悲大喜大捨十八佛不共法世尊云何以四靜慮無二為方便無生為方便無所得為方便迴向一切智智修習無忘失法恒住捨性慶喜四靜慮四靜慮性空何以故以四靜慮

性空與無忘失法恒住捨性無二無二分故世尊云何以四無量四無色定無二為方便無生為方便無所得為方便迴向一切智智修習無忘失法恒住捨性慶喜四無量四無色定四無量四無色定性空何以故以四無量四無色定性空與無忘失法恒住捨性無二無二分故慶喜由此故說以四靜慮等無二為方便無生為方便無所得為方便迴向一切智智修習無忘失法恒住捨性世尊云何以四靜慮無二為方便無生為方便無所得為方便迴向一切智智修習一切智道相智一切相智慶喜四靜慮四靜慮性空何以故以四靜慮性空與一切智道相智一切相智無二無二分故世尊云何以四無量四無色定無二為方便無生為方便無所得為方便迴向一切智智修習一切智道相智一切相智慶喜四無量四無色定四無量四無色定性空何以故以四無量四無色定性空與一切智道相智一切相智無二無二分故

慶喜由此故說以四靜慮等无二為方便无生為方便無所得為方便迴向一切智智修習一切智道相智一切相智世尊云何以四靜慮无二為方便无生為方便無所得為方便迴向一切智智修習一切陁羅尼門一切三摩地門慶喜四靜慮四靜慮性空何以故以四靜慮性空與一切陁羅尼門一切三摩地門無二无二分故世尊云何以四无量四無色定无二為方便无生為方便無所得為方便迴向一切智智修習一切陁羅尼門一切三摩地門慶喜四无量四無色定四无量四無色定性空何以故以四无量四無色定性空與一切陁羅尼門一切三摩地門无二無二分故慶喜由此故說以四靜慮等无二為方便无生為方便無所得為方便迴向一切智智修習一切陁羅尼門一切三摩地門世尊云何以四靜慮無二為方便无生為方便無所得為方便迴向一切智智修習菩薩摩訶薩行慶喜四靜慮四靜慮性空何以故以四靜慮性空與彼菩薩摩訶薩行無二無二分故世尊云何以四無量四無色定無二為方便無生為方便無所得為方便迴向一切智智修習菩薩摩訶薩行慶喜四無量四無色定四無量四無色定性空何以故以四無量四無色定性空與彼菩薩摩訶薩行無二無二分故慶喜由此故說以四靜慮等無二為方便無生為方便無所得為方便迴向一切智智修習一切菩薩摩訶薩行世尊云何以四靜慮無二為方便無生為方便無所得為方便迴向一切智智修習無上正等菩提慶喜四靜慮四靜慮性空何以故以四靜慮性空與彼無上正等菩提無二無二分故世尊云何以四無量四無色定無二為方便無生為方便無所得為方便迴向一切智智修習無上正等菩提慶喜四無量四無色定四無量四無色定性空何以故以四無量四無色定性空與彼無上正等菩提無二無二分故慶喜由此故說以四靜慮等無二為方便無生為方便無所得為方便迴向一切智智修習無上正等菩提世尊云何以八解脫無二為方便無生為方便無所得為方便迴向一切智智修習布施淨戒安忍精進靜慮般若波羅蜜多慶喜八解脫八解脫性空何以故以八解脫性空與布施淨戒安忍精進靜慮般若波羅蜜多無二無二分故世尊云何以八勝處九次第定十遍處無二為方便無生為方便無所得為方便迴向一切智智修習布施淨戒安忍精進靜慮般若波羅蜜多慶喜八勝處九次第定十遍處八勝處九次第定十遍處性空何以故以八勝處九次第定十遍處性空與布施淨戒安忍精進靜慮般若波羅蜜多無二無二分故慶喜由此故說以八解脫等無二為方便無生為方便無所得為方便迴向一切智智修習布施淨戒安忍精進靜慮般若波羅蜜多世尊云何以八解脫無二為方便無生為方便無所得為方便迴向一切智智安住內空外

空內外空空大空勝義空有為空無為空畢竟空無際空散空無變異空本性空自相空共相空一切法空不可得空無性空自性空無性自性空慶喜八解脫八解脫性空何以故以八解脫性空與彼內空乃至無性自性空無二無二分故世尊云何以八勝處九次第定十遍處無二為方便無生為方便無所得為方便迴向一切智智安住內空外空內外空空空大空勝義空有為空無為空畢竟空無際空散空無變異空本性空自相空共相空一切法空不可得空無性空自性空無性自性空慶喜八勝處九次第定十遍處八勝處九次第定十遍處性空何以故以八勝處九次第定十遍處性空與彼內空乃至無性自性空無二無二分故慶喜由此故說以八解脫等無二為方便無生為方便無所得為方便迴向一切智智安住內空乃至無性自性空世尊云何以八解脫無二為方便無生為方便無所得為方便迴向一切智

智安住真如法界法性不虛妄性不變異性平等性離生性法定法住實際虛空界不思議界慶喜八解脫八解脫性空何以故以八解脫性空與彼真如乃至不思議界無二無二分故世尊云何以八勝處九次第定十遍處無二為方便無生為方便無所得為方便迴向一切智智安住真如法界法性不虛妄性不變異性平等性離生性法定法住實際虛空界不思議界慶喜八勝處九次第定十遍處八勝處九次第定十遍處性空何以故以八勝處九次第定十遍處性空與彼真如乃至不思議界無二無二分故慶喜由此故說以八解脫等無二為方便無生為方便無所得為方便迴向一切智智安住真如乃至不思議界世尊云何以八解脫無二為方便無生為方便無所得為方便迴向一切智智安住苦集滅道聖諦慶喜八解脫八解脫性空何以故以八解脫性空與彼苦集滅道聖諦無二無二分故世尊云何以八勝處九

次第定十遍處無二為方便無生為方便無所得為方便迴向一切智智安住苦集滅道聖諦慶喜八勝處九次第定十遍處八勝處九次第定十遍處性空何以故以八勝處九次第定十遍處性空與彼苦集滅道聖諦無二無二分故慶喜由此故說以八解脫等無二為方便無生為方便無所得為方便迴向一切智智安住苦集滅道聖諦

世尊云何以八解脫無二為方便無生為方便無所得為方便迴向一切智智修習四靜慮四無量四無色定慶喜八解脫八解脫性空何以故以八解脫性空與四靜慮四無量四無色定無二無二分故世尊云何以八勝處九次第定十遍處無二為方便無生為方便無所得為方便迴向一切智智修習四靜慮四無量四無色定慶喜八勝處九次第定十遍處八勝處九次第定十遍處性空何以故以八勝處九次第定十遍處性空與四靜慮四無量四無色定無二無二

分故慶喜由此故說以八解脫等無二為方便無生為方便無所得為方便迴向一切智智修習四靜慮四無量四無色定世尊云何以八解脫無二為方便無生為方便無所得為方便迴向一切智智修習八解脫八勝處九次第定十遍處慶喜八解脫八解脫性空何以故以八解脫性空與八解脫八勝處九次第定十遍處無二無二分故世尊云何以八勝處九次第定十遍處無二為方便無生為方便無所得為方便迴向一切智智修習八解脫八勝處九次第定十遍處慶喜八勝處九次第定十遍處八勝處九次第定十遍處性空何以故以八勝處九次第定十遍處性空與八解脫八勝處九次第定十遍處無二無二分故慶喜由此故說以八解脫等無二為方便無生為方便無所得為方便迴向一切智智修習八解脫八勝處九次第定十遍處世尊云何以八解脫無二為方便無生為方便無所得為方便迴向一切智智修習四念住四正斷四神足五根五力七等覺支八聖道支慶喜八解脫八解脫性空何以故以八解脫性空與四念住四正斷四神足五根五力七等覺支八聖道支無二無二分故世尊云何以八勝處九次第定十遍處無二為方便無生為方便無所得為方便迴向一切智智修習四念住四正斷四神足五根五力七等覺支八聖道支慶喜八勝處九次第定十遍處八勝處九次第定十遍處性空何以故以八勝處九次第定十遍處性空與四念住四正斷四神足五根五力七等覺支八聖道支無二無二分故慶喜由此故說以八解脫等無二為方便無生為方便無所得為方便迴向一切智智修習四念住四正斷四神足五根五力七等覺支八聖道支世尊云何以八解脫無二為方便無生為方便無所得為方便迴向一切智智修習空解脫門無相解脫門無願解脫門慶喜八解脫八解脫性空何以故以八解脫性空與空解脫門無相解脫門無願解脫門無二無二分故世尊云何以八勝處九次第定十遍處無二為方便無生為方便無所得為方便迴向一切智智修習空解脫門無相解脫門無願解脫門慶喜八勝處九次第定十遍處八勝處九次第定十遍處性空何以故以八勝處九次第定十遍處性空與空解脫門無相解脫門無願解脫門無二無二分故慶喜由此故說以八解脫等無二為方便無生為方便無所得為方便迴向一切智智修習空解脫門無相解脫門無願解脫門世尊云何以八解脫無二為方便無生為方便無所得為方便迴向一切智智修習五眼六神通慶喜八解脫八解脫性空何以故以八解脫性空與五眼六神通無二無二分故世尊云何以八勝處九次第定十遍處無二為方便無生為方便無所得為方便迴向一切智智修習五眼六神通慶喜八勝處九次第定十遍處八勝處九次第定十遍處性空何以故以八勝

處九次第定十遍處性空與五眼六神通無二無二分故慶喜由此故說以八解脫等無二為方便無生為方便無所得為方便迴向一切智智脩習五眼六神通世尊云何以八解脫無二為方便無生為方便無所得為方便迴向一切智智脩習佛十力四無所畏四無礙解大慈大悲大喜大捨十八佛不共法慶喜八解脫八解脫性空何以故以八解脫性空與佛十力四無所畏四無礙解大慈大悲大喜大捨十八佛不共法無二無二分故世尊云何以八勝處九次第定十遍處無二為方便無生為方便無所得為方便迴向一切智智脩習佛十力四無所畏四無礙解大慈大悲大喜大捨十八佛不共法慶喜八勝處九次第定十遍處八勝處九次第定十遍處性空何以故以八勝處九次第定十遍處性空與佛十力四無所畏四無礙解大慈大悲大喜大捨十八佛不共法無二無二分故慶喜由此故說以八解脫等無二為方便

無生為方便無所得為方便迴向一切智智脩習佛十力四無所畏四無礙解大慈大悲大喜大捨十八佛不共法

大般若波羅蜜多經卷第一百二十

[illegible]

大般若波羅蜜多經卷第一百二十

校勘記

一　底本，金藏大寶集寺本。

大般若波羅蜜多經卷第一百二十一 辰

三藏法師玄奘奉 詔譯

初分校量功德品第三十之十九

世尊云何以八解脫無二為方便無生為方便無所得為方便迴向一切智智修習無忘失法恒住捨性慶喜八解脫八解脫性空何以故以八解脫性空與無忘失法恒住捨性無二無二分故世尊云何以八勝處九次第定十遍處無二為方便無生為方便無所得為方便迴向一切智智修習無忘失法恒住捨性慶喜八勝處九次第定十遍處八勝處九次第定十遍處性空何以故以八勝處九次第定十遍處性空與無忘失法恒住捨性無二無二分故慶喜由此故說以八解脫等無二為方便無生為方便無所得為方便迴向一切智智修習無忘失法恒住捨性世尊云何以八解脫無二為方便無生為方便無所得為方便迴向一切智智修習一切智道相智一切相智慶喜八解脫

八解脫性空何以故以八解脫性空與一切智道相智一切相智無二無二分故世尊云何以八勝處九次第定十遍處無二為方便無生為方便無所得為方便迴向一切智智修習一切智道相智一切相智慶喜八勝處九次第定十遍處八勝處九次第定十遍處性空何以故以八勝處九次第定十遍處性空與一切智道相智一切相智無二無二分故慶喜由此故說以八解脫等無二為方便無生為方便無所得為方便迴向一切智智修習一切智道相智一切相智世尊云何以八解脫無二為方便無生為方便無所得為方便迴向一切智智修習一切陀羅尼門一切三摩地門慶喜八解脫八解脫性空何以故以八解脫性空與一切陀羅尼門一切三摩地門無二無二分故世尊云何以八勝處九次第定十遍處無二為方便無生為方便無所得為方便迴向一切智智修習一切陀羅尼門一切三摩地門慶喜八勝處九次

第定十遍處八勝處九次第定十遍處性空何以故以八勝處九次第定十遍處性空與一切陁羅尼門一切三摩地門無二无二分故慶喜由此故說以八解脫等無二為方便无生為方便無所得為方便迴向一切智智修習一切陁羅尼門一切三摩地門世尊云何以八解脫无二為方便無生為方便无所得為方便迴向一切智智修習菩薩摩訶薩行慶喜八解脫八解脫性空何以故以八解脫性空與彼菩薩摩訶薩行無二无二分故世尊云何以八勝處九次第定十遍處無二為方便无生為方便無所得為方便迴向一切智智修習菩薩摩訶薩行慶喜八勝處九次第定十遍處八勝處九次第定十遍處性空何以故以八勝處九次第定十遍處性空與彼菩薩摩訶薩行无二無二分故慶喜由此故說以八解脫等无二為方便无生為方便無所得為方便迴向一切智智修習菩薩摩訶薩行世尊云何以八解脫无二為

方便無生為方便无所得為方便迴向一切智智修習無上正等菩提慶喜八解脫八解脫性空何以故以八解脫性空與彼无上正等菩提無二无二分故世尊云何以八勝處九次第定十遍處無二為方便无生為方便無所得為方便迴向一切智智修習无上正等菩提慶喜八勝處九次第定十遍處八勝處九次第定十遍處性空何以故以八勝處九次第定十遍處性空與彼无上正等菩提無二无二分故慶喜由此故說以八解脫等無二為方便无生為方便無所得為方便迴向一切智智修習无上正等菩提世尊云何以四念住无二為方便無生為方便无所得為方便迴向一切智智修習布施淨戒安忍精進靜慮般若波羅蜜多慶喜四念住四念住性空何以故以四念住性空與布施淨戒安忍精進靜慮般若波羅蜜多无二無二分故世尊云何以四正斷四神足五根五力七等覺支八聖道支無二為方便无生為方便

無所得為方便迴向一切智智修習布施淨戒安忍精進靜慮般若波羅蜜多慶喜四正斷四神足五根五力七等覺支八聖道支四正斷四神足五根五力七等覺支八聖道支性空何以故以四正斷四神足五根五力七等覺支八聖道支性空與布施淨戒安忍精進靜慮般若波羅蜜多無二无二分故慶喜由此故說以四念住等無二為方便无生為方便無所得為方便迴向一切智智修習布施淨戒安忍精進靜慮般若波羅蜜多世尊云何以四念住無二為方便无生為方便無所得為方便迴向一切智智安住內空外空內外空空空大空勝義空有為空无為空畢竟空無際空散空无變異空本性空自相空共相空一切法空不可得空無性空自性空无性自性空慶喜四念住四念住性空何以故以四念住性空與彼內空乃至无性自性空無二无二分故世尊云何以四正斷四神足五根五力七等覺支八聖道支無二為方便

无生為方便無所得為方便迴向一切智智安住內空外空內外空空空大空勝義空有為空无為空畢竟空無際空散空无變異空本性空自相空共相空一切法空不可得空無性空自性空無性自性空慶喜四正斷四神足五根五力七等覺支八聖道支四正斷四神足五根五力七等覺支八聖道支性空何以故以四正斷四神足五根五力七等覺支八聖道支性空與彼內空乃至無性自性空无二無二分故慶喜由此故說以四念住等无二為方便無生為方便无所得為方便迴向一切智智安住內空乃至無性自性空世尊云何以四念住无二為方便無生為方便无所得為方便迴向一切智智安住真如法界法性不虛妄性不變異性平等性離生性法定法住實際虛空界不思議界慶喜四念住四念住性空何以故以四念住性空與彼真如乃至不思議界無二无二分故世尊云何以四正斷四神足五根五力七等覺支

八聖道支無二為方便无生為方便無所得為方便迴向一切智智安住真如法界法性不虛妄性不變異性平等性離生性法定法住實際虛空界不思議界慶喜四正斷四神足五根五力七等覺支八聖道支四正斷四神足五根五力七等覺支八聖道支性空何以故以四正斷四神足五根五力七等覺支八聖道支性空與彼真如乃至不思議界無二无二分故慶喜由此故說以四念住等無二為方便无生為方便無所得為方便迴向一切智智安住真如乃至不思議界世尊云何以四念住無二為方便無生為方便无所得為方便迴向一切智智安住苦集滅道聖諦慶喜四念住四念住性空何以故以四念住性空與彼苦集滅道聖諦无二無二分故世尊云何以四正斷四神足五根五力七等覺支八聖道支无二為方便無生為方便无所得為方便迴向一切智智安住苦集滅道聖諦慶喜四正斷四神足五根五力七等

覺支八聖道支四正斷四神足五根五力七等覺支八聖道支性空何以故以四正斷四神足五根五力七等覺支八聖道支性空與彼苦集滅道聖諦無二無二分故慶喜由此故說以四念住等無二為方便無生為方便無所得為方便迴向一切智智安住苦集滅道聖諦世尊云何以四念住無二為方便無生為方便無所得為方便迴向一切智智脩習四靜慮四無量四無色定慶喜四念住四念住性空何以故以四念住性空與四靜慮四無量四無色定無二無二分故世尊云何以四正斷四神足五根五力七等覺支八聖道支無二為方便無生為方便無所得為方便迴向一切智智脩習四靜慮四無量四無色定慶喜四正斷四神足五根五力七等覺支八聖道支四正斷四神足五根五力七等覺支八聖道支性空何以故以四正斷四神足五根五力七等覺支八聖道支性空與四靜慮四無量四無色定無二無二分故慶

喜由此故說以四念住等無二為方便無生為方便無所得為方便迴向一切智智修習四靜慮四無量四無色定世尊云何以四念住無二為方便無生為方便無所得為方便迴向一切智智修習八解脫八勝處九次第定十遍處慶喜四念住四念住性空何以故以四念住性空與八解脫八勝處九次第定十遍處無二無二分故世尊云何以四正斷四神足五根五力七等覺支八聖道支無二為方便無生為方便無所得為方便迴向一切智智修習八解脫八勝處九次第定十遍處慶喜四正斷四神足五根五力七等覺支八聖道支四正斷四神足五根五力七等覺支八聖道支性空何以故以四正斷四神足五根五力七等覺支八聖道支性空與八解脫八勝處九次第定十遍處無二無二分故慶喜由此故說以四念住等無二為方便無生為方便無所得為方便迴向一切智智修習八解脫八勝處九次第定十遍處世尊

云何以四念住無二為方便無生為方便無所得為方便迴向一切智智修習四念住四正斷四神足五根五力七等覺支八聖道支慶喜四念住四念住性空何以故以四念住性空與四念住四正斷四神足五根五力七等覺支八聖道支無二無二分故世尊云何以四正斷四神足五根五力七等覺支八聖道支無二為方便無生為方便無所得為方便迴向一切智智修習四念住四正斷四神足五根五力七等覺支八聖道支慶喜四正斷四神足五根五力七等覺支八聖道支四正斷四神足五根五力七等覺支八聖道支性空何以故以四正斷四神足五根五力七等覺支八聖道支性空與四念住四正斷四神足五根五力七等覺支八聖道支無二無二分故慶喜由此故說以四念住等無二為方便無生為方便無所得為方便迴向一切智智修習四念住四正斷四神足五根五力七等覺支八聖道支世尊云何以四念住

無二為方便無生為方便無所得為方便迴向一切智智修習空解脫門無相解脫門無願解脫門慶喜四念住四念住性空何以故以四念住性空與空解脫門無相解脫門無願解脫門無二無二分故世尊云何以四正斷四神足五根五力七等覺支八聖道支無二為方便無生為方便無所得為方便迴向一切智智修習空解脫門無相解脫門無願解脫門慶喜四正斷四神足五根五力七等覺支八聖道支四正斷四神足五根五力七等覺支八聖道支性空何以故以四正斷四神足五根五力七等覺支八聖道支性空與空解脫門無相解脫門無願解脫門無二無二分故慶喜由此故說以四念住等無二為方便無生為方便無所得為方便迴向一切智智修習空解脫門無相解脫門無願解脫門世尊云何以四念住無二為方便無生為方便無所得為方便迴向一切智智修習五眼六神通慶喜四念住四念住性空何以

故以四念住性空與五眼六神通無二無二分故世尊云何以四正斷四神足五根五力七等覺支八聖道支無二為方便無生為方便無所得為方便迴向一切智智脩習五眼六神通慶喜四正斷四神足五根五力七等覺支八聖道支四正斷四神足五根五力七等覺支八聖道支性空何以故以四正斷四神足五根五力七等覺支八聖道支性空與五眼六神通無二無二分故慶喜由此故說以四念住等無二為方便無生為方便無所得為方便迴向一切智智脩習五眼六神通世尊云何以四念住無二為方便無生為方便無所得為方便迴向一切智智脩習佛十力四無所畏四無礙解大慈大悲大喜大捨十八佛不共法慶喜四念住四念住性空何以故以四念住性空與佛十力四無所畏四無礙解大慈大悲大喜大捨十八佛不共法無二無二分故世尊云何以四正斷四神足五根五力七等覺支八聖道支無二為方

便無生為方便無所得為方便迴向一切智智脩習佛十力四無所畏四無礙解大慈大悲大喜大捨十八佛不共法慶喜四正斷四神足五根五力七等覺支八聖道支四正斷四神足五根五力七等覺支八聖道支性空何以故以四正斷四神足五根五力七等覺支八聖道支性空與佛十力四無所畏四無礙解大慈大悲大喜大捨十八佛不共法無二無二分故慶喜由此故說以四念住等無二為方便無生為方便無所得為方便迴向一切智智脩習佛十力四無所畏四無礙解大慈大悲大喜大捨十八佛不共法世尊云何以四念住無二為方便無生為方便無所得為方便迴向一切智智脩習無忘失法恒住捨性慶喜四念住四念住性空何以故以四念住性空與無忘失法恒住捨性無二無二分故世尊云何以四正斷四神足五根五力七等覺支八聖道支無二為方便無生為方便無所得為方便迴向一切智智脩習

無忘失法恒住捨性慶喜四正斷四神足五根五力七等覺支八聖道支四正斷四神足五根五力七等覺支八聖道支性空何以故以四正斷四神足五根五力七等覺支八聖道支性空與無忘失法恒住捨性無二無二分故慶喜由此故說以四念住等無二為方便無生為方便無所得為方便迴向一切智智脩習無忘失法恒住捨性世尊云何以四念住無二為方便無生為方便無所得為方便迴向一切智智脩習一切智道相智一切相智慶喜四念住四念住性空何以故以四念住性空與一切智道相智一切相智無二無二分故世尊云何以四正斷四神足五根五力七等覺支八聖道支無二為方便無生為方便無所得為方便迴向一切智智脩習一切智道相智一切相智慶喜四正斷四神足五根五力七等覺支八聖道支四正斷四神足五根五力七等覺支八聖道支性空何以故以四正斷四神足五根五力七等覺

支八聖道支性空與一切智道相智一切相智無二無二分故慶喜由此故說以四念住等無二為方便無生為方便無所得為方便迴向一切智智修習一切智道相智一切相智世尊云何以四念住無二為方便無生為方便無所得為方便迴向一切智智修習一切陀羅尼門一切三摩地門慶喜四念住四念住性空何以故以四念住性空與一切陀羅尼門一切三摩地門無二無二分故世尊云何以四正斷四神足五根五力七等覺支八聖道支無二為方便無生為方便無所得為方便迴向一切智智修習一切陀羅尼門一切三摩地門慶喜四正斷四神足五根五力七等覺支八聖道支四正斷四神足五根五力七等覺支八聖道支性空何以故以四正斷四神足五根五力七等覺支八聖道支性空與一切陀羅尼門一切三摩地門無二無二分故慶喜由此故說以四念住等無二為方便無生為方便無所得為方便迴向一切智智修習一切陀羅尼門一切三摩地門世尊云何以四念住無二為方便無生為方便無所得為方便迴向一切智智修習菩薩摩訶薩行慶喜四念住四念住性空何以故以四念住性空與彼菩薩摩訶薩行無二無二分故世尊云何以四正斷四神足五根五力七等覺支八聖道支無二為方便無生為方便無所得為方便迴向一切智智修習菩薩摩訶薩行慶喜四正斷四神足五根五力七等覺支八聖道支四正斷四神足五根五力七等覺支八聖道支性空何以故以四正斷四神足五根五力七等覺支八聖道支性空與彼菩薩摩訶薩行無二無二分故慶喜由此故說以四念住等無二為方便無生為方便無所得為方便迴向一切智智修習菩薩摩訶薩行世尊云何以四念住無二為方便無生為方便無所得為方便迴向一切智智修習無上正等菩提慶喜四念住四念住性空何以故以四念住性空與彼無上正等菩提無二無二分故世尊云何以四正斷四神足五根五力七等覺支八聖道支無二為方便無生為方便無所得為方便迴向一切智智修習無上正等菩提慶喜四正斷四神足五根五力七等覺支八聖道支四正斷四神足五根五力七等覺支八聖道支性空何以故以四正斷四神足五根五力七等覺支八聖道支性空與彼無上正等菩提無二無二分故慶喜由此故說以四念住等無二為方便無生為方便無所得為方便迴向一切智智修習無上正等菩提世尊云何以空解脫門無二為方便無生為方便無所得為方便迴向一切智智修習布施淨戒安忍精進靜慮般若波羅蜜多慶喜空解脫門空解脫門性空何以故以空解脫門性空與布施淨戒安忍精進靜慮般若波羅蜜多無二無二分故世尊云何以無相無願解脫門無二為方便無生為方便無所得為方便迴向一切智智修習布施淨戒安忍精進靜慮

大般若經第三百二十一卷　第十八張　成

般若波羅蜜多慶喜無相無願解脫門無相無願解脫門性空何以故以無相無願解脫門性空與布施淨戒安忍精進靜慮般若波羅蜜多無二無二分故慶喜由此故說以空解脫門等無二為方便無生為方便無所得為方便迴向一切智智修習布施淨戒安忍精進靜慮般若波羅蜜多世尊云何以空解脫門無二為方便無生為方便無所得為方便迴向一切智智安住內空外空內外空空空大空勝義空有為空無為空畢竟空無際空散空無變異空本性空自相空共相空一切法空不可得空無性空自性空無性自性空慶喜空解脫門空解脫門性空何以故以空解脫門性空與彼內空乃至無性自性空無二無二分故世尊云何以無相無願解脫門無二為方便無生為方便無所得為方便迴向一切智智安住內空外空內外空空空大空勝義空有為空無為空畢竟空無際空散空無變異空本性空自相空共相空一

大般若經第三百二十一卷　第十九張　成

切法空不可得空無性空自性空無性自性空慶喜無相無願解脫門無相無願解脫門性空何以故以無相無願解脫門性空與彼內空乃至無性自性空無二無二分故慶喜由此故說以空解脫門等無二為方便無生為方便無所得為方便迴向一切智智安住內空乃至無性自性空世尊云何以空解脫門無二為方便無生為方便無所得為方便迴向一切智智安住真如法界法性不虛妄性不變異性平等性離生性法定法住實際虛空界不思議界慶喜空解脫門空解脫門性空何以故以空解脫門性空與彼真如乃至不思議界無二無二分故世尊云何以無相無願解脫門無二為方便無生為方便無所得為方便迴向一切智智安住真如法界法性不虛妄性不變異性平等性離生性法定法住實際虛空界不思議界慶喜無相無願解脫門無相無願解脫門性空何以故以無相無願解脫門性空與彼真如乃至不

大般若經　第三百二十一卷　第二十張　成字号

思議界無二無二分故慶喜由此故說以空解脫門等無二為方便無生為方便無所得為方便迴向一切智智安住真如乃至不思議界世尊云何以空解脫門無二為方便無生為方便無所得為方便迴向一切智智安住苦集滅道聖諦慶喜空解脫門空解脫門性空何以故以空解脫門性空與彼苦集滅道聖諦無二無二分故世尊云何以無相無願解脫門無二為方便無生為方便無所得為方便迴向一切智智安住苦集滅道聖諦慶喜無相無願解脫門無相無願解脫門性空何以故以無相無願解脫門性空與彼苦集滅道聖諦無二無二分故慶喜由此故說以空解脫門等無二為方便無生為方便無所得為方便迴向一切智智安住苦集滅道聖諦世尊云何以空解脫門無二為方便無生為方便無所得為方便迴向一切智智修習四靜慮四無量四無色定慶喜空解脫門空解脫門性空何以故以空解脫門性空

與四靜慮四無量四無色定無二無二分故世尊云何以無相無願解脫門無二為方便無生為方便無所得為方便迴向一切智智修習四靜慮四無量四無色定慶喜無相無願解脫門無相無願解脫門性空何以故以無相無願解脫門性空與四靜慮四無量四無色定無二無二分故慶喜由此故說以空解脫門等無二為方便無生為方便無所得為方便迴向一切智智修習四靜慮四無量四無色定世尊云何以空解脫門無二為方便無生為方便無所得為方便迴向一切智智修習八解脫八勝處九次第定十遍處慶喜空解脫門空解脫門性空何以故以空解脫門性空與八解脫八勝處九次第定十遍處無二無二分故世尊云何以無相無願解脫門無二為方便無生為方便無所得為方便迴向一切智智修習八解脫八勝處九次第定十遍處慶喜無相無願解脫門無相無願解脫門性空何以故以無相無願解脫

門性空與八解脫八勝處九次第定十遍處無二無二分故慶喜由此故說以空解脫門等無二為方便無生為方便無所得為方便迴向一切智智修習八解脫八勝處九次第定十遍處世尊云何以空解脫門無二為方便無生為方便無所得為方便迴向一切智智修習四念住四正斷四神足五根五力七等覺支八聖道支慶喜空解脫門空解脫門性空何以故以空解脫門性空與四念住四正斷四神足五根五力七等覺支八聖道支無二無二分故世尊云何以無相無願解脫門無二為方便無生為方便無所得為方便迴向一切智智修習四念住四正斷四神足五根五力七等覺支八聖道支慶喜無相無願解脫門無相無願解脫門性空何以故以無相無願解脫門性空與四念住四正斷四神足五根五力七等覺支八聖道支無二無二分故慶喜由此故說以空解脫門等無二為方便無生為方便無所得為方便迴向

一切智智修習四念住四正斷四神足五根五力七等覺支八聖道支世尊云何以空解脫門無二為方便無生為方便無所得為方便迴向一切智智修習空解脫門無相解脫門無願解脫門慶喜空解脫門空解脫門性空何以故以空解脫門性空與空解脫門無相解脫門無願解脫門無二無二分故世尊云何以無相無願解脫門無二為方便無生為方便無所得為方便迴向一切智智修習空解脫門無相解脫門無願解脫門慶喜無相無願解脫門無相無願解脫門性空何以故以無相無願解脫門性空與空解脫門無相解脫門無願解脫門無二無二分故慶喜由此故說以空解脫門等無二為方便無生為方便無所得為方便迴向一切智智修習空解脫門無相解脫門無願解脫門世尊云何以空解脫門無二為方便無生為方便無所得為方便迴向一切智智修習五眼六神通慶喜空解脫門空解脫門性空何以故

以空解脫門性空與五眼六神通無二無二分故世尊云何以無相無願解脫門無二為方便無生為方便無所得為方便迴向一切智智修習五眼六神通慶喜無相無願解脫門無相無願解脫門性空何以故以無相無願解脫門性空與五眼六神通無二無二分故慶喜由此故說以空解脫門等無二為方便無生為方便無所得為方便迴向一切智智修習五眼六神通世尊云何以空解脫門無二為方便無生為方便無所得為方便迴向一切智智修習佛十力四無所畏四無礙解大慈大悲大喜大捨十八佛不共法慶喜空解脫門空解脫門性空何以故以空解脫門性空與佛十力四無所畏四無礙解大慈大悲大喜大捨十八佛不共法無二無二分故世尊云何以無相無願解脫門無二為方便無生為方便無所得為方便迴向一切智智修習佛十力四無所畏四無礙解大慈大悲大喜大捨十八佛不共法慶喜無相無願解脫門無相無願解脫門性空何以故以無相無願解脫門性空與佛十力四無所畏四無礙解大慈大悲大喜大捨十八佛不共法無二無二分故慶喜由此故說以空解脫門等無二為方便無生為方便無所得為方便迴向一切智智修習佛十力四無所畏四無礙解大慈大悲大喜大捨十八佛不共法

大般若波羅蜜多經卷第一百二十一

大般若波羅蜜多經卷第一百二十一

校勘記

一　底本，金藏大寶集寺本。

一　一八三頁中八行「以四正斷」，麗作「四正斷」。

一　一八六頁下一三行「正等」，石作「等正」。

一　一八七頁下一一行「無生為方便」，麗作「為生為方便」。

一　一八七頁下一五行「解脫門性空」，石作「解脫門」。

一　一八七頁下一五行第七字殘，應為「彼」。

一　一八七頁下二二行「空解脫門空解」，石作「空解」。

一　一八八頁下一一行「修習」至一八九頁上二一行「迴向一切智智」，石重刻此四百六十一字。

大般若波羅蜜多經卷第一百二十二　辰

三藏法師玄奘奉　詔譯

初分校量功德品第三十之二十

世尊云何以空解脱門無二為方便無生為方便無所得為方便迴向一切智智修習無忘失法恒住捨性慶喜空解脱門空解脱門性空何以故以空解脱門性空與無忘失法恒住捨性無二無二分故世尊云何以無相無願解脱門無二為方便無生為方便無所得為方便迴向一切智智修習無忘失法恒住捨性慶喜無相無願解脱門無相無願解脱門性空何以故以無相無願解脱門性空與無忘失法恒住捨性無二無二分故慶喜由此故說以空解脱門等無二為方便無生為方便無所得為方便迴向一切智智修習無忘失法恒住捨性世尊云何以空解脱門無二為方便無生為方便無所得為方便迴向一切智智修習一切智道相智一切相智慶喜空解脱門空解脱門性

空何以故以空解脱門性空與一切智道相智一切相智無二無二分故世尊云何以無相無願解脱門無二為方便無生為方便無所得為方便迴向一切智智修習一切智道相智一切相智慶喜無相無願解脱門無相無願解脱門性空何以故以無相無願解脱門性空與一切智道相智一切相智無二無二分故慶喜由此故說以空解脱門等無二為方便無生為方便無所得為方便迴向一切智智修習一切智道相智一切相智世尊云何以空解脱門無二為方便無生為方便無所得為方便迴向一切智智修習一切陁羅尼門一切三摩地門慶喜空解脱門空解脱門性空何以故以空解脱門性空與一切陁羅尼門一切三摩地門無二無二分故世尊云何以無相無願解脱門無二為方便無生為方便無所得為方便迴向一切智智修習一切陁羅尼門一切三摩地門慶喜無相無願解脱門無相無願解脱門性空何以

故以無相無願解脫門性空與一切
陁羅尼門一切三摩地門無二無二
分故慶喜由此故說以空解脫門等
無二為方便無生為方便無所得為
方便迴向一切智智修習一切陁羅
尼門一切三摩地門世尊云何以空
解脫門無二為方便無生為方便無
所得為方便迴向一切智智修習菩
薩摩訶薩行慶喜空解脫門空解脫
門性空何以故以空解脫門性空與
彼菩薩摩訶薩行無二無二分故世
尊云何以無相無願解脫門無二為
方便無生為方便無所得為方便迴
向一切智智修習菩薩摩訶薩行慶
喜無相無願解脫門無相無願解脫
門性空何以故以無相無願解脫門
性空與彼菩薩摩訶薩行無二無二
分故慶喜由此故說以空解脫門等
無二為方便無生為方便無所得為
方便迴向一切智智修習菩薩摩訶
薩行世尊云何以空解脫門無二為
方便無生為方便無所得為方便迴
向一切智智修習無上正等菩提慶

喜空解脫門空解脫門性空何以故
以空解脫門性空與彼無上正等菩
提無二無二分故世尊云何以無相
無願解脫門無二為方便無生為方
便無所得為方便迴向一切智智修
習無上正等菩提慶喜無相無願解
脫門無相無願解脫門性空何以故
以無相無願解脫門性空與彼無上
正等菩提無二無二分故慶喜由此
故說以空解脫門等無二為方便無
生為方便無所得為方便迴向一切
智智修習無上正等菩提
世尊云何以五眼無二為方便無生
為方便無所得為方便迴向一切智
智修習布施淨戒安忍精進靜慮般
若波羅蜜多慶喜五眼五眼性空何
以故以五眼性空與布施淨戒安忍
精進靜慮般若波羅蜜多無二無二
分故世尊云何以六神通無二為方
便無生為方便無所得為方便迴向
一切智智修習布施淨戒安忍精進
靜慮般若波羅蜜多慶喜六神通六
神通性空何以故以六神通性空與

布施淨戒安忍精進靜慮般若波羅
蜜多無二無二分故慶喜由此故說
以五眼等無二為方便無生為方便
無所得為方便迴向一切智智修習
布施淨戒安忍精進靜慮般若波羅
蜜多世尊云何以五眼無二為方便
無生為方便無所得為方便迴向一
切智智安住內空外空內外空空空
大空勝義空有為空無為空畢竟空
無際空散空無變異空本性空自相
空共相空一切法空不可得空無性
空自性空無性自性空慶喜五眼五
眼性空何以故以五眼性空與彼內
空乃至無性自性空無二無二分故
世尊云何以六神通無二為方便無
生為方便無所得為方便迴向一切
智智安住內空外空內外空空空大
空勝義空有為空無為空畢竟空無
際空散空無變異空本性空自相空
共相空一切法空不可得空無性空
自性空無性自性空慶喜六神通六
神通性空何以故以六神通性空與
彼內空乃至無性自性空無二無二

分故慶喜由此故說以五眼等無二為方便無生為方便無所得為方便迴向一切智智安住内空乃至無性自性空世尊云何以五眼無二為方便無生為方便無所得為方便迴向一切智智安住真如法界法性不虛妄性不變異性平等性離生性法定法住實際虛空界不思議界慶喜五眼五眼性空何以故以五眼性空與彼真如乃至不思議界無二無二分故世尊云何以六神通無二為方便無生為方便無所得為方便迴向一切智智安住真如法界法性不虛妄性不變異性平等性離生性法定法住實際虛空界不思議界慶喜六神通六神通性空何以故以六神通性空與彼真如乃至不思議界無二無二分故慶喜由此故說以五眼等無二為方便無生為方便無所得為方便迴向一切智智安住真如乃至不思議界世尊云何以五眼無二為方便無生為方便無所得為方便迴向一切智智安住苦集滅道聖諦慶喜

五眼五眼性空何以故以五眼性空與彼苦集滅道聖諦無二無二分故世尊云何以六神通無二為方便無生為方便無所得為方便迴向一切智智安住苦集滅道聖諦慶喜六神通六神通性空何以故以六神通性空與彼苦集滅道聖諦無二無二分故慶喜由此故說以五眼等無二為方便無生為方便無所得為方便迴向一切智智安住苦集滅道聖諦世尊云何以五眼無二為方便無生為方便無所得為方便迴向一切智智修習四靜慮四無量四無色定慶喜五眼五眼性空何以故以五眼性空與四靜慮四無量四無色定無二無二分故世尊云何以六神通無二為方便無生為方便無所得為方便迴向一切智智修習四靜慮四無量四無色定慶喜六神通六神通性空何以故以六神通性空與四靜慮四無量四無色定無二無二分故慶喜由此故說以五眼等無二為方便無生為方便無所得為方便迴向一切智

智修習四靜慮四無量四無色定世尊云何以五眼無二為方便無生為方便無所得為方便迴向一切智智修習八解脫八勝處九次第定十遍處慶喜五眼五眼性空何以故以五眼性空與八解脫八勝處九次第定十遍處無二無二分故世尊云何以六神通無二為方便無生為方便無所得為方便迴向一切智智修習八解脫八勝處九次第定十遍處慶喜六神通六神通性空何以故以六神通性空與八解脫八勝處九次第定十遍處無二無二分故慶喜由此故說以五眼等無二為方便無生為方便無所得為方便迴向一切智智修習八解脫八勝處九次第定十遍處世尊云何以五眼無二為方便無生為方便無所得為方便迴向一切智智修習四念住四正斷四神足五根五力七等覺支八聖道支慶喜五眼五眼性空何以故以五眼性空與四念住四正斷四神足五根五力七等覺支八聖道支無二無二分故世尊

云何以六神通無二為方便無生為方便無所得為方便迴向一切智智修習四念住四正斷四神足五根五力七等覺支八聖道支慶喜六神通六神通性空何以故以六神通性空與四念住四正斷四神足五根五力七等覺支八聖道支無二無二分故慶喜由此故說以五眼等無二為方便無生為方便無所得為方便迴向一切智智修習四念住四正斷四神足五根五力七等覺支八聖道支世尊云何以五眼無二為方便無生為方便無所得為方便迴向一切智智修習空解脫門無相解脫門無願解脫門慶喜五眼五眼性空何以故以五眼性空與空解脫門無相解脫門無願解脫門無二無二分故世尊云何以六神通無二為方便無生為方便無所得為方便迴向一切智智修習空解脫門無相解脫門無願解脫門慶喜六神通六神通性空何以故以六神通性空與空解脫門無相解脫門無願解脫門無二無二分故慶

喜由此故說以五眼等無二為方便無生為方便無所得為方便迴向一切智智修習空解脫門無相解脫門無願解脫門世尊云何以五眼無二為方便無生為方便無所得為方便迴向一切智智修習五眼六神通慶喜五眼五眼性空何以故以五眼性空與五眼六神通無二無二分故世尊云何以六神通無二為方便無生為方便無所得為方便迴向一切智智修習五眼六神通慶喜六神通六神通性空何以故以六神通性空與五眼六神通無二無二分故慶喜由此故說以五眼等無二為方便無生為方便無所得為方便迴向一切智智修習五眼六神通世尊云何以五眼無二為方便無生為方便無所得為方便迴向一切智智修習佛十力四無所畏四無礙解大慈大悲大喜大捨十八佛不共法慶喜五眼五眼性空何以故以五眼性空與佛十力四無所畏四無礙解大慈大悲大喜大捨十八佛不共法無二無二分故

世尊云何以六神通無二為方便無生為方便無所得為方便迴向一切智智修習佛十力四無所畏四無礙解大慈大悲大喜大捨十八佛不共法慶喜六神通六神通性空何以故以六神通性空與佛十力四無所畏四無礙解大慈大悲大喜大捨十八佛不共法無二無二分故慶喜由此故說以五眼等無二為方便無生為方便無所得為方便迴向一切智智修習佛十力四無所畏四無礙解大慈大悲大喜大捨十八佛不共法世尊云何以五眼無二為方便無生為方便無所得為方便迴向一切智智修習無忘失法恒住捨性慶喜五眼五眼性空何以故以五眼性空與無忘失法恒住捨性無二無二分故世尊云何以六神通無二為方便無生為方便無所得為方便迴向一切智智修習無忘失法恒住捨性慶喜六神通六神通性空何以故以六神通性空與無忘失法恒住捨性無二無二分故慶喜由此故說以五眼等無

二為方便無生為方便無所得為方便迴向一切智智修習無忘失法恒住捨性世尊云何以五眼無二為方便無生為方便無所得為方便迴向一切智智修習一切智道相智一切相智慶喜五眼五眼性空何以故以五眼性空與一切智道相智一切相智無二無二分故世尊云何以六神通無二為方便無生為方便無所得為方便迴向一切智智修習一切智道相智一切相智慶喜六神通六神通性空何以故以六神通性空與一切智道相智一切相智無二無二分故慶喜由此故說以五眼等無二為方便無生為方便無所得為方便迴向一切智智修習一切智道相智一切相智世尊云何以五眼無二為方便無生為方便無所得為方便迴向一切智智修習一切陁羅尼門一切三摩地門慶喜五眼五眼性空何以故以五眼性空與一切陁羅尼門一切三摩地門無二無二分故世尊云何以六神通無二為方便無生為方便無所得為方便迴向一切智智修習一切陁羅尼門一切三摩地門慶喜六神通六神通性空何以故以六神通性空與一切陁羅尼門一切三摩地門無二無二分故慶喜由此故說以五眼等無二為方便無生為方便無所得為方便迴向一切智智修習一切陁羅尼門一切三摩地門世尊云何以五眼無二為方便無生為方便無所得為方便迴向一切智智修習菩薩摩訶薩行慶喜五眼五眼性空何以故以五眼性空與彼菩薩摩訶薩行無二無二分故世尊云何以六神通無二為方便無生為方便無所得為方便迴向一切智智修習菩薩摩訶薩行慶喜六神通六神通性空何以故以六神通性空與彼菩薩摩訶薩行無二無二分故慶喜由此故說以五眼等無二為方便無生為方便無所得為方便迴向一切智智修習菩薩摩訶薩行世尊云何以五眼無二為方便無生為方便無所得為方便迴向一切智智修習無上正等菩提慶喜五眼五眼性空何以故以五眼性空與彼無上正等菩提無二無二分故世尊云何以六神通無二為方便無生為方便無所得為方便迴向一切智智修習無上正等菩提慶喜六神通六神通性空何以故以六神通性空與彼無上正等菩提無二無二分故慶喜由此故說以五眼等無二為方便無生為方便無所得為方便迴向一切智智修習無上正等菩提

世尊云何以佛十力無二為方便無生為方便無所得為方便迴向一切智智修習布施淨戒安忍精進靜慮般若波羅蜜多慶喜佛十力佛十力性空何以故以佛十力性空與布施淨戒安忍精進靜慮般若波羅蜜多無二無二分故世尊云何以四無所畏四無礙解大慈大悲大喜大捨十八佛不共法無二為方便無生為方便無所得為方便迴向一切智智修習布施淨戒安忍精進靜慮般若波羅蜜多慶喜四無所畏四無礙解大

慈大悲大喜大捨十八佛不共法四無所畏四無礙解大慈大悲大喜大捨十八佛不共法性空何以故以四無所畏四無礙解大慈大悲大喜大捨十八佛不共法性空與布施淨戒安忍精進靜慮般若波羅蜜多無二無二分故慶喜由此故說以佛十力等無二為方便無生為方便無所得為方便迴向一切智智修習布施淨戒安忍精進靜慮般若波羅蜜多世尊云何以佛十力無二為方便無生為方便無所得為方便迴向一切智智安住內空外空內外空空空大空勝義空有為空無為空畢竟空無際空散空無變異空本性空自相空共相空一切法空不可得空無性空自性空無性自性空慶喜佛十力佛十力性空何以故以佛十力性空與彼內空乃至無性自性空無二無二分故世尊云何以四無所畏四無礙解大慈大悲大喜大捨十八佛不共法無二為方便無生為方便無所得為方便迴向一切智智安住內空外空

內外空空空大空勝義空有為空無為空畢竟空無際空散空無變異空本性空自相空共相空一切法空不可得空無性空自性空無性自性空慶喜四無所畏四無礙解大慈大悲大喜大捨十八佛不共法四無所畏四無礙解大慈大悲大喜大捨十八佛不共法性空何以故以四無所畏四無礙解大慈大悲大喜大捨十八佛不共法性空與彼內空乃至無性自性空無二無二分故慶喜由此故說以佛十力等無二為方便無生為方便無所得為方便迴向一切智智安住內空乃至無性自性空世尊云何以佛十力無二為方便無生為方便無所得為方便迴向一切智智安住真如法界法性不虛妄性不變異性平等性離生性法定法住實際虛空界不思議界慶喜佛十力佛十力性空何以故以佛十力性空與彼真如乃至不思議界無二無二分故世尊云何以四無所畏四無礙解大慈大悲大喜大捨十八佛不共法無二

為方便無生為方便無所得為方便迴向一切智智安住真如法界法性不虛妄性不變異性平等性離生性法定法住實際虛空界不思議界慶喜四無所畏四無礙解大慈大悲大喜大捨十八佛不共法四無所畏四無礙解大慈大悲大喜大捨十八佛不共法性空何以故以四無所畏四無礙解大慈大悲大喜大捨十八佛不共法性空與彼真如乃至不思議界無二無二分故慶喜由此故說以佛十力等無二為方便無生為方便無所得為方便迴向一切智智安住真如乃至不思議界世尊云何以佛十力無二為方便無生為方便無所得為方便迴向一切智智安住苦集滅道聖諦慶喜佛十力佛十力性空何以故以佛十力性空與彼苦集滅道聖諦無二無二分故世尊云何以四無所畏四無礙解大慈大悲大喜大捨十八佛不共法無二為方便無生為方便無所得為方便迴向一切智智安住苦集滅道聖諦慶喜四無

所畏四無礙解大慈大悲大喜大捨十八佛不共法四無所畏四無礙解大慈大悲大喜大捨十八佛不共法性空何以故以四無所畏四無礙解大慈大悲大喜大捨十八佛不共法性空與彼苦集滅道聖諦無二無二分故慶喜由此故說以佛十力等無二為方便無生為方便無所得為方便迴向一切智智安住苦集滅道聖諦世尊云何以佛十力無二為方便無生為方便無所得為方便迴向一切智智修習四靜慮四無量四無色定慶喜佛十力佛十力性空何以故以佛十力性空與四靜慮四無量四無色定無二無二分故世尊云何以四無所畏四無礙解大慈大悲大喜大捨十八佛不共法無二為方便無生為方便無所得為方便迴向一切智智修習四靜慮四無量四無色定慶喜四無所畏四無礙解大慈大悲大喜大捨十八佛不共法四無所畏四無礙解大慈大悲大喜大捨十八佛不共法性空何以故以四無所畏

四無礙解大慈大悲大喜大捨十八佛不共法性空與四靜慮四無量四無色定無二無二分故慶喜由此故說以佛十力等無二為方便無生為方便無所得為方便迴向一切智智修習四靜慮四無量四無色定世尊云何以佛十力無二為方便無生為方便無所得為方便迴向一切智智修習八解脫八勝處九次第定十遍處慶喜佛十力佛十力性空何以故以佛十力性空與八解脫八勝處九次第定十遍處無二無二分故世尊云何以四無所畏四無礙解大慈大悲大喜大捨十八佛不共法無二為方便無生為方便無所得為方便迴向一切智智修習八解脫八勝處九次第定十遍處慶喜四無所畏四無礙解大慈大悲大喜大捨十八佛不共法四無所畏四無礙解大慈大悲大喜大捨十八佛不共法性空何以故以四無所畏四無礙解大慈大悲大喜大捨十八佛不共法性空與八解脫八勝處九次第定十遍處無二

無二分故慶喜由此故說以佛十力等無二為方便無生為方便無所得為方便迴向一切智智修習八解脫八勝處九次第定十遍處世尊云何以佛十力無二為方便無生為方便無所得為方便迴向一切智智修習四念住四正斷四神足五根五力七等覺支八聖道支慶喜佛十力佛十力性空何以故以佛十力性空與四念住四正斷四神足五根五力七等覺支八聖道支無二無二分故世尊云何以四無所畏四無礙解大慈大悲大喜大捨十八佛不共法無二為方便無生為方便無所得為方便迴向一切智智修習四念住四正斷四神足五根五力七等覺支八聖道支慶喜四無所畏四無礙解大慈大悲大喜大捨十八佛不共法四無所畏四無礙解大慈大悲大喜大捨十八佛不共法性空何以故以四無所畏四無礙解大慈大悲大喜大捨十八佛不共法性空與四念住四正斷四神足五根五力七等覺支八聖道支

無二無二分故慶喜由此故說以佛十力等無二為方便無生為方便無所得為方便迴向一切智智修習四念住四正斷四神足五根五力七等覺支八聖道支世尊云何以佛十力無二為方便無生為方便無所得為方便迴向一切智智修習空解脫門無相解脫門無願解脫門慶喜佛十力佛十力性空何以故以佛十力性空與空解脫門無相解脫門無願解脫門無二無二分故世尊云何以四無所畏四無礙解大慈大悲大喜大捨十八佛不共法無二為方便無生為方便無所得為方便迴向一切智智修習空解脫門無相解脫門無願解脫門慶喜四無所畏四無礙解大慈大悲大喜大捨十八佛不共法四無所畏四無礙解大慈大悲大喜大捨十八佛不共法性空何以故以四無所畏四無礙解大慈大悲大喜大捨十八佛不共法性空與空解脫門無相解脫門無願解脫門無二無二分故慶喜由此故說以佛十力等無二為方便無生為方便無所得為方便迴向一切智智修習空解脫門無相解脫門無願解脫門世尊云何以佛十力無二為方便無生為方便無所得為方便迴向一切智智修習五眼六神通慶喜佛十力佛十力性空何以故以佛十力性空與五眼六神通無二無二分故世尊云何以四無所畏四無礙解大慈大悲大喜大捨十八佛不共法無二為方便無生為方便無所得為方便迴向一切智智修習五眼六神通慶喜四無所畏四無礙解大慈大悲大喜大捨十八佛不共法四無所畏四無礙解大慈大悲大喜大捨十八佛不共法性空何以故以四無所畏四無礙解大慈大悲大喜大捨十八佛不共法性空與五眼六神通無二無二分故慶喜由此故說以佛十力等無二為方便無生為方便無所得為方便迴向一切智智修習五眼六神通世尊云何以佛十力無二為方便無生為方便無所得為方便迴向一切智智修習佛十力四無所畏四無礙解大慈大悲大喜大捨十八佛不共法慶喜佛十力佛十力性空何以故以佛十力性空與佛十力四無所畏四無礙解大慈大悲大喜大捨十八佛不共法無二無二分故世尊云何以四無所畏四無礙解大慈大悲大喜大捨十八佛不共法無二為方便無生為方便無所得為方便迴向一切智智修習佛十力四無所畏四無礙解大慈大悲大喜大捨十八佛不共法慶喜四無所畏四無礙解大慈大悲大喜大捨十八佛不共法四無所畏四無礙解大慈大悲大喜大捨十八佛不共法性空何以故以四無所畏四無礙解大慈大悲大喜大捨十八佛不共法性空與佛十力四無所畏四無礙解大慈大悲大喜大捨十八佛不共法無二無二分故慶喜由此故說以佛十力等無二為方便無生為方便無所得為方便迴向一切智智修習佛十力四無所畏四無礙解大慈大悲大喜大捨十八佛不共法世尊云

大般若經第一百二十二卷 第十六張 辰字號

何以佛十力無二為方便無生為方
便無所得為方便迴向一切智智修
習無忘失法恒住捨性慶喜佛十力
佛十力性空何以故以佛十力性空
與無忘失法恒住捨性無二無二分
故世尊云何以四無所畏四無礙解
大慈大悲大喜大捨十八佛不共法
無二為方便無生為方便無所得為
方便迴向一切智智修習無忘失法
恒住捨性慶喜四無所畏四無礙解
大慈大悲大喜大捨十八佛不共法
四無所畏四無礙解大慈大悲大喜
大捨十八佛不共法性空何以故以
四無所畏四無礙解大慈大悲大喜
大捨十八佛不共法性空與無忘失
法恒住捨性無二無二分故慶喜由
此故說以佛十力等無二為方便無
生為方便無所得為方便迴向一切
智智修習無忘失法恒住捨性

大般若波羅蜜多經卷第一百二十二

大般若波羅蜜多經卷第一百二十二

校勘記

一　底本，金藏大寶集寺本。

一　一九三頁上四行第一二字不清，應為「六」。

一　一九八頁上四行「何以故以佛十力性空」，資作「何以故以佛十力性空何以故以佛十力性空」。

大般若波羅蜜多經卷第一百二十三　庚

三藏法師玄奘奉　詔譯

初分校量功德品第三十之二十一

世尊云何以佛十力無二為方便無生為方便無所得為方便迴向一切智智修習一切智道相智一切相智慶喜佛十力佛十力性空何以故以佛十力性空與一切智道相智一切相智無二無二分故世尊云何以四無所畏四無礙解大慈大悲大喜大捨十八佛不共法無二為方便無生為方便無所得為方便迴向一切智智修習一切智道相智一切相智慶喜四無所畏四無礙解大慈大悲大喜大捨十八佛不共法四無所畏四無礙解大慈大悲大喜大捨十八佛不共法性空何以故以四無所畏四無礙解大慈大悲大喜大捨十八佛不共法性空與一切智道相智一切相智無二無二分故慶喜由此故說以佛十力等無二為方便無生為方便無所得為方便迴向一切智智修習一切智道相智一切相智世尊云何以佛十力無二為方便無生為方便無所得為方便迴向一切智智修習一切陀羅尼門一切三摩地門慶喜佛十力佛十力性空何以故以佛十力性空與一切陀羅尼門一切三摩地門無二無二分故世尊云何以四無所畏四無礙解大慈大悲大喜大捨十八佛不共法無二為方便無生為方便無所得為方便迴向一切智智修習一切陀羅尼門一切三摩地門慶喜四無所畏四無礙解大慈大悲大喜大捨十八佛不共法四無所畏四無礙解大慈大悲大喜大捨十八佛不共法性空何以故以四無所畏四無礙解大慈大悲大喜大捨十八佛不共法性空與一切陀羅尼門一切三摩地門無二無二分故慶喜由此故說以佛十力等無二為方便無生為方便無所得為方便迴向一切智智修習一切陀羅尼門一切三摩地門世尊云何以佛十力無二為方便無生為方便無所得為方便迴

向一切智智修習菩薩摩訶薩行慶喜佛十力佛十力性空何以故以佛十力性空與彼菩薩摩訶薩行無二無二分故世尊云何以四無所畏四無礙解大慈大悲大喜大捨十八佛不共法無二為方便無生為方便無所得為方便迴向一切智智修習菩薩摩訶薩行慶喜四無所畏四無礙解大慈大悲大喜大捨十八佛不共法四無所畏四無礙解大慈大悲大喜大捨十八佛不共法性空何以故以四無所畏四無礙解大慈大悲大喜大捨十八佛不共法性空與彼菩薩摩訶薩行無二無二分故慶喜由此故說以佛十力等無二為方便無生為方便無所得為方便迴向一切智智修習菩薩摩訶薩行世尊云何以佛十力無二為方便無生為方便無所得為方便迴向一切智智修習無上正等菩提慶喜佛十力佛十力性空何以故以佛十力性空與彼無上正等菩提無二無二分故世尊云何以四無所畏四無礙解大慈大悲大喜大捨十八佛不共法無二為方便無生為方便無所得為方便迴向一切智智修習無上正等菩提慶喜四無所畏四無礙解大慈大悲大喜大捨十八佛不共法四無所畏四無礙解大慈大悲大喜大捨十八佛不共法性空何以故以四無所畏四無礙解大慈大悲大喜大捨十八佛不共法性空與彼無上正等菩提無二無二分故慶喜由此故說以佛十力等無二為方便無生為方便無所得為方便迴向一切智智修習無上正等菩提

世尊云何以無忘失法無二為方便無生為方便無所得為方便迴向一切智智修習布施淨戒安忍精進靜慮般若波羅蜜多慶喜無忘失法無忘失法性空何以故以無忘失法性空與布施淨戒安忍精進靜慮般若波羅蜜多無二無二分故世尊云何以恒住捨性無二為方便無生為方便無所得為方便迴向一切智智修習布施淨戒安忍精進靜慮般若波羅蜜多慶喜恒住捨性恒住捨性性空何以故以恒住捨性性空與布施淨戒安忍精進靜慮般若波羅蜜多無二無二分故慶喜由此故說以無忘失法等無二為方便無生為方便無所得為方便迴向一切智智修習布施淨戒安忍精進靜慮般若波羅蜜多世尊云何以無忘失法無二為方便無生為方便無所得為方便迴向一切智智安住內空外空內外空空空大空勝義空有為空無為空畢竟空無際空散空無變異空本性空自相空共相空一切法空不可得空無性空自性空無性自性空慶喜無忘失法無忘失法性空何以故以無忘失法性空與彼內空乃至無性自性空無二無二分故世尊云何以恒住捨性無二為方便無生為方便無所得為方便迴向一切智智安住內空外空內外空空空大空勝義空有為空無為空畢竟空無際空散空無變異空本性空自相空共相空一切法空不可得空無性空自性空無性

自性空慶喜恒住捨性恒住捨性性大般若經第三百三十二卷　第十五張　展字
空何以故以恒住捨性性空與彼內
空乃至無性自性空無二無二分故
慶喜由此故說以無忘失法等無二
為方便無生為方便無所得為方便
迴向一切智智安住內空乃至無性
自性空世尊云何以無忘失法無二
為方便無生為方便無所得為方便
迴向一切智智安住真如法界法性
不虛妄性不變異性平等性離生性
法定法住實際虛空界不思議界慶
喜無忘失法無忘失法性空何以故
以無忘失法性空與彼真如乃至不
思議界無二無二分故世尊云何以
恒住捨性無二為方便無生為方便
無所得為方便迴向一切智智安住
真如法界法性不虛妄性不變異性
平等性離生性法定法住實際虛空
界不思議界慶喜恒住捨性恒住捨
性性空何以故以恒住捨性性空與
彼真如乃至不思議界無二無二分
故慶喜由此故說以無忘失法等無
二為方便無生為方便無所得為方

便迴向一切智智安住真如乃至不大般若經第三百三十二卷　第十六張　反字
思議界世尊云何以無忘失法無二
為方便無生為方便無所得為方便
迴向一切智智安住苦集滅道聖諦
慶喜無忘失法無忘失法性空何以
故以無忘失法性空與彼苦集滅道
聖諦無二無二分故世尊云何以恒
住捨性無二為方便無生為方便無
所得為方便迴向一切智智安住苦
集滅道聖諦慶喜恒住捨性恒住捨
性性空何以故以恒住捨性性空與
彼苦集滅道聖諦無二無二分故慶
喜由此故說以無忘失法等無二為
方便無生為方便無所得為方便迴
向一切智智安住苦集滅道聖諦世
尊云何以無忘失法無二為方便無
生為方便無所得為方便迴向一切
智智修習四靜慮四無量四無色定
慶喜無忘失法無忘失法性空何以
故以無忘失法性空與四靜慮四無
量四無色定無二無二分故世尊云
何以恒住捨性無二為方便無生為
方便無所得為方便迴向一切智智

修習四靜慮四無量四無色定慶喜大般若經第三百三十二卷　第十七張　履字
恒住捨性恒住捨性性空何以故以
恒住捨性性空與四靜慮四無量四
無色定無二無二分故慶喜由此故
說以無忘失法等無二為方便無生
為方便無所得為方便迴向一切智
智修習四靜慮四無量四無色定世
尊云何以無忘失法無二為方便無
生為方便無所得為方便迴向一切
智智修習八解脫八勝處九次第定
十遍處慶喜無忘失法無忘失法性
空何以故以無忘失法性空與八解
脫八勝處九次第定十遍處無二無
二分故世尊云何以恒住捨性無二
為方便無生為方便無所得為方便
迴向一切智智修習八解脫八勝處
九次第定十遍處慶喜恒住捨性恒
住捨性性空何以故以恒住捨性性
空與八解脫八勝處九次第定十遍
處無二無二分故慶喜由此故說以
無忘失法等無二為方便無生為方
便無所得為方便迴向一切智智修
習八解脫八勝處九次第定十遍處

世尊云何以無忘失法無二為方便無生為方便無所得為方便迴向一切智智修習四念住四正斷四神足五根五力七等覺支八聖道支慶喜無忘失法無忘失法性空何以故以無忘失法性空與四念住四正斷四神足五根五力七等覺支八聖道支無二無二分故世尊云何以恒住捨性無二為方便無生為方便無所得為方便迴向一切智智修習四念住四正斷四神足五根五力七等覺支八聖道支慶喜恒住捨性恒住捨性性空何以故以恒住捨性性空與四念住四正斷四神足五根五力七等覺支八聖道支無二無二分故慶喜由此故說以無忘失法等無二為方便無生為方便無所得為方便迴向一切智智修習四念住四正斷四神足五根五力七等覺支八聖道支世尊云何以無忘失法無二為方便無生為方便無所得為方便迴向一切智智修習空解脫門無相解脫門無願解脫門慶喜無忘失法無忘失法性空何以故以無忘失法性空與空解脫門無相解脫門無願解脫門無二無二分故世尊云何以恒住捨性無二為方便無生為方便無所得為方便迴向一切智智修習空解脫門無相解脫門無願解脫門慶喜恒住捨性恒住捨性性空何以故以恒住捨性性空與空解脫門無相解脫門無願解脫門無二無二分故慶喜由此故說以無忘失法等無二為方便無生為方便無所得為方便迴向一切智智修習空解脫門無相解脫門無願解脫門世尊云何以無忘失法無二為方便無生為方便無所得為方便迴向一切智智修習五眼六神通慶喜無忘失法無忘失法性空何以故以無忘失法性空與五眼六神通無二無二分故世尊云何以恒住捨性無二為方便無生為方便無所得為方便迴向一切智智修習五眼六神通慶喜恒住捨性恒住捨性性空何以故以恒住捨性性空與五眼六神通無二無二分故慶喜由此故說以無忘失法等無二為方便無生為方便無所得為方便迴向一切智智修習五眼六神通世尊云何以無忘失法無二為方便無生為方便無所得為方便迴向一切智智修習佛十力四無所畏四無礙解大慈大悲大喜大捨十八佛不共法慶喜無忘失法無忘失法性空何以故以無忘失法性空與佛十力四無所畏四無礙解大慈大悲大喜大捨十八佛不共法無二無二分故世尊云何以恒住捨性無二為方便無生為方便無所得為方便迴向一切智智修習佛十力四無所畏四無礙解大慈大悲大喜大捨十八佛不共法慶喜恒住捨性恒住捨性性空何以故以恒住捨性性空與佛十力四無所畏四無礙解大慈大悲大喜大捨十八佛不共法無二無二分故慶喜由此故說以無忘失法等無二為方便無生為方便無所得為方便迴向一切智智修習佛十力四無所畏四無礙解大慈大悲大喜大捨十八佛不共法世尊

云何以無忘失法無二為方便無生為方便無所得為方便迴向一切智智修習無忘失法恒住捨性慶喜無忘失法無忘失法性空何以故以無忘失法性空與無忘失法恒住捨性無二無二分故世尊云何以恒住捨性無二為方便無生為方便無所得為方便迴向一切智智修習無忘失法恒住捨性慶喜恒住捨性恒住捨性性空何以故以恒住捨性性空與無忘失法恒住捨性無二無二分故慶喜由此故說以無忘失法等無二為方便無生為方便無所得為方便迴向一切智智修習無忘失法恒住捨性世尊云何以無忘失法無二為方便無生為方便無所得為方便迴向一切智智修習一切智道相智一切相智慶喜無忘失法無忘失法性空何以故以無忘失法性空與一切智道相智一切相智無二無二分故世尊云何以恒住捨性無二為方便無生為方便無所得為方便迴向一切智智修習一切智道相智一切相智慶喜恒住捨性恒住捨性性空何以故以恒住捨性性空與一切智道相智一切相智無二無二分故慶喜由此故說以無忘失法等無二為方便無生為方便無所得為方便迴向一切智智修習一切智道相智一切相智世尊云何以無忘失法無二為方便無生為方便無所得為方便迴向一切智智修習一切陀羅尼門一切三摩地門慶喜無忘失法無忘失法性空何以故以無忘失法性空與一切陀羅尼門一切三摩地門無二無二分故世尊云何以恒住捨性無二為方便無生為方便無所得為方便迴向一切智智修習一切陀羅尼門一切三摩地門慶喜恒住捨性恒住捨性性空何以故以恒住捨性性空與一切陀羅尼門一切三摩地門無二無二分故慶喜由此故說以無忘失法等無二為方便無生為方便無所得為方便迴向一切智智修習一切陀羅尼門一切三摩地門世尊云何以無忘失法無二為方便無生為方便無所得為方便迴向一切智智修習菩薩摩訶薩行慶喜無忘失法無忘失法性空何以故以無忘失法性空與彼菩薩摩訶薩行無二無二分故世尊云何以恒住捨性無二為方便無生為方便無所得為方便迴向一切智智修習菩薩摩訶薩行慶喜恒住捨性恒住捨性性空何以故以恒住捨性性空與彼菩薩摩訶薩行無二無二分故慶喜由此故說以無忘失法等無二為方便無生為方便無所得為方便迴向一切智智修習菩薩摩訶薩行世尊云何以無忘失法無二為方便無生為方便無所得為方便迴向一切智智修習無上正等菩提慶喜無忘失法無忘失法性空何以故以無忘失法性空與彼無上正等菩提無二無二分故世尊云何以恒住捨性無二為方便無生為方便無所得為方便迴向一切智智修習無上正等菩提慶喜恒住捨性恒住捨性性空何以故以恒住捨性性空與彼無上正等菩提無二

無二分故慶喜由此故說以無忘失
法等無二為方便無生為方便無所
得為方便迴向一切智智脩習無上
正等菩提
世尊云何以一切智無二為方便無
生為方便無所得為方便迴向一切
智智脩習布施淨戒安忍精進靜慮
般若波羅蜜多慶喜一切智一切智
性空何以故以一切智性空與布施
淨戒安忍精進靜慮般若波羅蜜多
無二無二分故世尊云何以道相智
一切相智無二為方便無生為方便
無所得為方便迴向一切智智脩習
布施淨戒安忍精進靜慮般若波羅
蜜多慶喜道相智一切相智道相智
一切相智性空何以故以道相智一
切相智性空與布施淨戒安忍精進
靜慮般若波羅蜜多無二無二分故
慶喜由此故說以一切智等無二為
方便無生為方便無所得為方便迴
向一切智智脩習布施淨戒安忍精
進靜慮般若波羅蜜多世尊云何以
一切智無二為方便無生為方便無

所得為方便迴向一切智智安住內
空外空內外空空空大空勝義空有
為空無為空畢竟空無際空散空無
變異空本性空自相空共相空一切
法空不可得空無性空自性空無性
自性空慶喜一切智一切智性空何
以故以一切智性空與彼內空乃至
無性自性空無二無二分故世尊云
何以道相智一切相智無二為方便
無生為方便無所得為方便迴向一
切智智安住內空外空內外空空空
大空勝義空有為空無為空畢竟空
無際空散空無變異空本性空自相
空共相空一切法空不可得空無性
空自性空無性自性空慶喜道相智
一切相智道相智一切相智性空何
以故以道相智一切相智性空與彼
內空乃至無性自性空無二無二分
故慶喜由此故說以一切智等無二
為方便無生為方便無所得為方便
迴向一切智智安住內空乃至無性
自性空世尊云何以一切智無二為
方便無生為方便無所得為方便迴

向一切智智安住真如法界法性不
虛妄性不變異性平等性離生性法
定法住實際虛空界不思議界慶喜
一切智一切智性空何以故以一切
智性空與彼真如乃至不思議界無
二無二分故世尊云何以道相智一
切相智無二為方便無生為方便無
所得為方便迴向一切智智安住真
如法界法性不虛妄性不變異性平
等性離生性法定法住實際虛空界
不思議界慶喜道相智一切相智道
相智一切相智性空何以故以道相
智一切相智性空與彼真如乃至不
思議界無二無二分故慶喜由此故
說以一切智等無二為方便無生為
方便無所得為方便迴向一切智智
安住真如乃至不思議界世尊云何
以一切智無二為方便無生為方便
無所得為方便迴向一切智智安住
苦集滅道聖諦慶喜一切智一切智
性空何以故以一切智性空與彼苦
集滅道聖諦無二無二分故世尊云
何以道相智一切相智無二為方便

無生為方便無所得為方便迴向一切智智安住苦集滅道聖諦慶喜道相智一切相智道相智一切相智性空何以故以道相智一切相智性空與彼苦集滅道聖諦無二無二分故慶喜由此故說以一切智等無二為方便無生為方便無所得為方便迴向一切智智安住苦集滅道聖諦世尊云何以一切智無二為方便無生為方便無所得為方便迴向一切智智修習四靜慮四無量四無色定慶喜一切智一切智性空何以故以一切智性空與四靜慮四無量四無色定無二無二分故世尊云何以道相智一切相智無二為方便無生為方便無所得為方便迴向一切智智修習四靜慮四無量四無色定慶喜道相智一切相智道相智一切相智性空何以故以道相智一切相智性空與四靜慮四無量四無色定無二無二分故慶喜由此故說以一切智等無二為方便無生為方便無所得為方便迴向一切智智修習四靜慮四

無量四無色定世尊云何以一切智無二為方便無生為方便無所得為方便迴向一切智智修習八解脫八勝處九次第定十遍處慶喜一切智一切智性空何以故以一切智性空與八解脫八勝處九次第定十遍處無二無二分故世尊云何以道相智一切相智無二為方便無生為方便無所得為方便迴向一切智智修習八解脫八勝處九次第定十遍處慶喜道相智一切相智道相智一切相智性空何以故以道相智一切相智性空與八解脫八勝處九次第定十遍處無二無二分故慶喜由此故說以一切智等無二為方便無生為方便無所得為方便迴向一切智智修習八解脫八勝處九次第定十遍處世尊云何以一切智無二為方便無生為方便無所得為方便迴向一切智智修習四念住四正斷四神足五根五力七等覺支八聖道支慶喜一切智一切智性空何以故以一切智性空與四念住四正斷四神足五根

五力七等覺支八聖道支無二無二分故世尊云何以道相智一切相智無二為方便無生為方便無所得為方便迴向一切智智修習四念住四正斷四神足五根五力七等覺支八聖道支慶喜道相智一切相智道相智一切相智性空何以故以道相智一切相智性空與四念住四正斷四神足五根五力七等覺支八聖道支無二無二分故慶喜由此故說以一切智等無二為方便無生為方便無所得為方便迴向一切智智修習四念住四正斷四神足五根五力七等覺支八聖道支世尊云何以一切智無二為方便無生為方便無所得為方便迴向一切智智修習空解脫門無相解脫門無願解脫門慶喜一切智一切智性空何以故以一切智性空與空解脫門無相解脫門無願解脫門無二無二分故世尊云何以道相智一切相智無二為方便無生為方便無所得為方便迴向一切智智修習空解脫門無相解脫門無願解

脫門慶喜道相智一切相智道相智一切相智性空何以故以道相智一切相智性空與空解脫門無相解脫門無願解脫門無二無二分故慶喜由此故說以一切智等無二為方便無生為方便無所得為方便迴向一切智智修習空解脫門無相解脫門無願解脫門世尊云何以一切智無二為方便無生為方便無所得為方便迴向一切智智修習五眼六神通慶喜一切智一切智性空何以故以一切智性空與五眼六神通無二無二分故世尊云何以道相智一切相智無二為方便無生為方便無所得為方便迴向一切智智修習五眼六神通慶喜道相智一切相智道相智一切相智性空何以故以道相智一切相智性空與五眼六神通無二無二分故慶喜由此故說以一切智等無二為方便無生為方便無所得為方便迴向一切智智修習五眼六神通世尊云何以一切智無二為方便無生為方便無所得為方便迴向一

切智智修習佛十力四無所畏四無礙解大慈大悲大喜大捨十八佛不共法慶喜一切智一切智性空何以故以一切智性空與佛十力四無所畏四無礙解大慈大悲大喜大捨十八佛不共法無二無二分故世尊云何以道相智一切相智無二為方便無生為方便無所得為方便迴向一切智智修習佛十力四無所畏四無礙解大慈大悲大喜大捨十八佛不共法慶喜道相智一切相智道相智一切相智性空何以故以道相智一切相智性空與佛十力四無所畏四無礙解大慈大悲大喜大捨十八佛不共法無二無二分故慶喜由此故說以一切智等無二為方便無生為方便無所得為方便迴向一切智智修習佛十力四無所畏四無礙解大慈大悲大喜大捨十八佛不共法世尊云何以一切智無二為方便無生為方便無所得為方便迴向一切智智修習無忘失法恒住捨性慶喜一切智一切智性空何以故以一切智

性空與無忘失法恒住捨性無二無二分故世尊云何以道相智一切相智無二為方便無生為方便無所得為方便迴向一切智智修習無忘失法恒住捨性慶喜道相智一切相智道相智一切相智性空何以故以道相智一切相智性空與無忘失法恒住捨性無二無二分故慶喜由此故說以一切智等無二為方便無生為方便無所得為方便迴向一切智智修習無忘失法恒住捨性世尊云何以一切智無二為方便無生為方便無所得為方便迴向一切智智修習一切智道相智一切相智慶喜一切智一切智性空何以故以一切智性空與一切智道相智一切相智無二無二分故世尊云何以道相智一切相智無二為方便無生為方便無所得為方便迴向一切智智修習一切智道相智一切相智慶喜道相智一切相智道相智一切相智性空何以故以道相智一切相智性空與一切智道相智一切相智無二無二分故

慶喜由此故說以一切智等無二為方便無生為方便無所得為方便迴向一切智智修習一切智道相智一切相智世尊云何以一切智無二為方便無生為方便無所得為方便迴向一切智智修習一切陁羅尼門一切三摩地門慶喜一切智一切智性空何以故以一切智性空與一切陁羅尼門一切三摩地門無二無二分故世尊云何以道相智一切相智無二為方便無生為方便無所得為方便迴向一切智智修習一切陁羅尼門一切三摩地門慶喜道相智一切相智道相智一切相智性空何以故以道相智一切相智性空與一切陁羅尼門一切三摩地門無二無二分故慶喜由此故說以一切智等無二為方便無生為方便無所得為方便迴向一切智智修習一切陁羅尼門一切三摩地門世尊云何以一切智無二為方便無生為方便無所得為方便迴向一切智智修習菩薩摩訶薩行慶喜一切智一切智性空何以故以一切智性空與彼菩薩摩訶薩行無二無二分故世尊云何以道相智一切相智無二為方便無生為方便無所得為方便迴向一切智智修習菩薩摩訶薩行慶喜道相智一切相智道相智一切相智性空何以故以道相智一切相智性空與彼菩薩摩訶薩行無二無二分故慶喜由此故說以一切智等無二為方便無生為方便無所得為方便迴向一切智智修習菩薩摩訶薩行世尊云何以一切智無二為方便無生為方便無所得為方便迴向一切智智修習無上正等菩提慶喜一切智一切智性空何以故以一切智性空與彼無上正等菩提無二無二分故世尊云何以道相智一切相智無二為方便無生為方便無所得為方便迴向一切智智修習無上正等菩提慶喜道相智一切相智道相智一切相智性空何以故以道相智一切相智性空與彼無上正等菩提無二無二分故慶喜由此故說以一切智等無二為方便无生為方便無所得為方便迴向一切智智修習无上正等菩提

大般若波羅蜜多經卷第一百二十三

大般若波羅蜜多經卷第一百二十三

校勘記

一　底本，金藏大寶集寺本。

一　二〇〇頁下四行至五行「無忘失法等」，匼作「無忘失法」。

一　二〇〇頁下五行「無生」，匼作「無性」。

大般若波羅蜜多經卷第一百二十四　衣

三藏法師玄奘奉　詔譯

初分校量功德品第三十之二十二

世尊云何以一切陁羅尼門無二為方便无生為方便無所得為方便迴向一切智智修習布施淨戒安忍精進靜慮般若波羅蜜多慶喜一切陁羅尼門一切陁羅尼門性空何以故以一切陁羅尼門性空與布施淨戒安忍精進靜慮般若波羅蜜多無二无二分故世尊云何以一切三摩地門無二為方便无生為方便無所得為方便迴向一切智智修習布施淨戒安忍精進靜慮般若波羅蜜多慶喜一切三摩地門一切三摩地門性空何以故以一切三摩地門性空與布施淨戒安忍精進靜慮般若波羅蜜多无二無二分故慶喜由此故說以一切陁羅尼門等无二為方便無生為方便无所得為方便迴向一切智智修習布施淨戒安忍精進靜慮般若波羅蜜多世尊云何以一切陁羅尼門無二為方便无生為方便無所得為方便迴向一切智智安住內空外空內外空空空大空勝義空有為空無為空畢竟空无際空散空無變異空本性空自相空共相空一切法空不可得空無性空自性空无性自性空慶喜一切陁羅尼門一切陁羅尼門性空何以故以一切陁羅尼門性空與彼內空乃至无性自性空無二无二分故世尊云何以一切三摩地門無二為方便无生為方便無所得為方便迴向一切智智安住內空外空內外空空空大空勝義空有為空无為空畢竟空無際空散空无變異空本性空自相空共相空一切法空不可得空無性空自性空无性自性空慶喜一切三摩地門一切三摩地門性空何以故以一切三摩地門性空與彼內空乃至無性自性空无二無二分故慶喜由此故說以一切陁羅尼門等無二為方便无生為方便無所得為方便迴向一切智智安住內空乃至无性自性空世尊云何以一切陁羅尼門無二為方便无生為方便無所得為方便迴向一切智智安住真如法界法性不虛妄性不變異性平等性離生性法定法住實際虛空界不思議界慶喜一切陁羅尼門一切陁羅尼門性空何以故以一切陁羅尼門性空與彼真如乃至不思議界無二无二分故世尊云何以一切三摩地門无二為方便無生為方便无所得為方便迴向一切智智安住真如法界法性不虛妄性不變異性平等性離生性法定法住實際虛空界不思議界慶喜一切三摩地門一切三摩地門性空何以故以一切三摩地門性空與彼真如乃至不思議界無二无二分故慶喜由此故說以一切陁羅尼門等無二為方便无生為方便無所得為方便迴向一切智智安住真如乃至不思議界世尊云何以一切陁羅尼門無二為方便無生為方便无所得為方便迴向一切智智安住苦集滅道聖諦慶喜一切陁羅尼門一切陁羅尼門

性空何以故以一切陁羅尼門性空與彼苦集滅道聖諦無二无二分故世尊云何以一切三摩地門無二為方便无生為方便無所得為方便迴向一切智智安住苦集滅道聖諦慶喜一切三摩地門一切三摩地門性空何以故以一切三摩地門性空與彼苦集滅道聖諦無二无二分故慶喜由此故說以一切陁羅尼門等無二為方便無生為方便无所得為方便迴向一切智智安住苦集滅道聖諦世尊云何以一切陁羅尼門無二為方便无生為方便無所得為方便迴向一切智智修習四靜慮四无量四無色定慶喜一切陁羅尼門一切陁羅尼門性空何以故以一切陁羅尼門性空與四靜慮四無量四无色定無二无二分故世尊云何以一切三摩地門無二為方便无生為方便無所得為方便迴向一切智智修習四靜慮四无量四無色定慶喜一切三摩地門一切三摩地門性空何以故以一切三摩地門性空與四靜慮

四無量四無色定無二無二分故慶喜由此故說以一切陁羅尼門等無二為方便無生為方便無所得為方便迴向一切智智修習四靜慮四無量四無色定世尊云何以一切陁羅尼門無二為方便無生為方便無所得為方便迴向一切智智修習八解脫八勝處九次第定十遍處慶喜一切陁羅尼門一切陁羅尼門性空何以故以一切陁羅尼門性空與八解脫八勝處九次第定十遍處無二無二分故世尊云何以一切三摩地門無二為方便無生為方便無所得為方便迴向一切智智修習八解脫八勝處九次第定十遍處慶喜一切三摩地門一切三摩地門性空何以故以一切三摩地門性空與八解脫八勝處九次第定十遍處無二無二分故慶喜由此故說以一切陁羅尼門等無二為方便無生為方便無所得為方便迴向一切智智修習八解脫八勝處九次第定十遍處世尊云何以一切陁羅尼門無二為方便無生

為方便無所得為方便迴向一切智智修習四念住四正斷四神足五根五力七等覺支八聖道支慶喜一切陁羅尼門一切陁羅尼門性空何以故以一切陁羅尼門性空與四念住四正斷四神足五根五力七等覺支八聖道支無二無二分故世尊云何以一切三摩地門無二為方便無生為方便無所得為方便迴向一切智智修習四念住四正斷四神足五根五力七等覺支八聖道支慶喜一切三摩地門一切三摩地門性空何以故以一切三摩地門性空與四念住四正斷四神足五根五力七等覺支八聖道支無二無二分故慶喜由此故說以一切陁羅尼門等無二為方便無生為方便無所得為方便迴向一切智智修習四念住四正斷四神足五根五力七等覺支八聖道支世尊云何以一切陁羅尼門無二為方便無生為方便無所得為方便迴向一切智智修習空解脫門無相解脫門無願解脫門慶喜一切陁羅尼門

一切陁羅尼門性空何以故以一切
陁羅尼門性空與空解脫門無相解
脫門無願解脫門無二無二分故世
尊云何以一切三摩地門無二為方
便無生為方便無所得為方便迴向
一切智智修習空解脫門無相解脫
門無願解脫門慶喜一切三摩地門
一切三摩地門性空何以故以一切
三摩地門性空與空解脫門無相解
脫門無願解脫門無二無二分故慶
喜由此故說以一切陁羅尼門等無
二為方便無生為方便無所得為方
便迴向一切智智修習空解脫門無
相解脫門無願解脫門世尊云何以
一切陁羅尼門無二為方便無生為
方便無所得為方便迴向一切智智
修習五眼六神通慶喜一切陁羅尼
門一切陁羅尼門性空何以故以一
切陁羅尼門性空與五眼六神通無
二無二分故世尊云何以一切三摩
地門無二為方便無生為方便無所
得為方便迴向一切智智修習五眼
六神通慶喜一切三摩地門一切三

大般若經第二百二十四　第七張　辰

摩地門性空何以故以一切三摩地
門性空與五眼六神通無二無二分
故慶喜由此故說以一切陁羅尼門
等無二為方便無生為方便無所得
為方便迴向一切智智修習五眼六
神通世尊云何以一切陁羅尼門無
二為方便無生為方便無所得為方
便迴向一切智智修習佛十力四無
所畏四無礙解大慈大悲大喜大捨
十八佛不共法慶喜一切陁羅尼門
一切陁羅尼門性空何以故以一切
陁羅尼門性空與佛十力四無所畏
四無礙解大慈大悲大喜大捨十八
佛不共法無二無二分故世尊云何
以一切三摩地門無二為方便無生
為方便無所得為方便迴向一切智
智修習佛十力四無所畏四無礙解
大慈大悲大喜大捨十八佛不共法
慶喜一切三摩地門一切三摩地門
性空何以故以一切三摩地門性空
與佛十力四無所畏四無礙解大慈
大悲大喜大捨十八佛不共法無二
無二分故慶喜由此故說以一切陁

大般若經第二百二十四　第八張　辰

羅尼門等無二為方便無生為方便
無所得為方便迴向一切智智修習
佛十力四無所畏四無礙解大慈大
悲大喜大捨十八佛不共法世尊云
何以一切陁羅尼門無二為方便無
生為方便無所得為方便迴向一切
智智修習無忘失法恒住捨性慶喜
一切陁羅尼門一切陁羅尼門性空
何以故以一切陁羅尼門性空與無
忘失法恒住捨性無二無二分故世
尊云何以一切三摩地門無二為方
便無生為方便無所得為方便迴
向一切智智修習無忘失法恒住捨
性慶喜一切三摩地門一切三摩地
門性空何以故以一切三摩地門性
空與無忘失法恒住捨性無二無二
分故慶喜由此故說以一切陁羅尼
門等無二為方便無生為方便無所
得為方便迴向一切智智修習無忘
失法恒住捨性世尊云何以一切陁
羅尼門無二為方便無生為方便無
所得為方便迴向一切智智修習一
切智道相智一切相智慶喜一切陁

大般若經第二百二十四　第九張　辰

羅尼門一切陁羅尼門性空何以故以一切陁羅尼門性空與一切智道相智一切相智無二無二分故世尊云何以一切三摩地門無二為方便無生為方便無所得為方便迴向一切智智修習一切智道相智一切相智慶喜一切三摩地門一切三摩地門性空何以故以一切三摩地門性空與一切智道相智一切相智無二無二分故慶喜由此故說以一切陁羅尼門等無二為方便無生為方便無所得為方便迴向一切智智修習一切智道相智一切相智世尊云何以一切陁羅尼門無二為方便無生為方便無所得為方便迴向一切智智修習一切陁羅尼門一切三摩地門慶喜一切陁羅尼門一切陁羅尼門性空何以故以一切陁羅尼門性空與一切陁羅尼門一切三摩地門無二無二分故世尊云何以一切三摩地門無二為方便無生為方便無所得為方便迴向一切智智修習一切陁羅尼門一切三摩地門慶喜一

切三摩地門一切三摩地門性空何以故以一切三摩地門性空與一切陁羅尼門一切三摩地門無二無二分故慶喜由此故說以一切陁羅尼門等無二為方便無生為方便無所得為方便迴向一切智智修習一切陁羅尼門一切三摩地門世尊云何以一切陁羅尼門無二為方便無生為方便無所得為方便迴向一切智智修習菩薩摩訶薩行慶喜一切陁羅尼門一切陁羅尼門性空何以故以一切陁羅尼門性空與彼菩薩摩訶薩行無二無二分故世尊云何以一切三摩地門無二為方便無生為方便無所得為方便迴向一切智智修習菩薩摩訶薩行慶喜一切三摩地門一切三摩地門性空何以故以一切三摩地門性空與彼菩薩摩訶薩行無二無二分故慶喜由此故說以一切陁羅尼門等無二為方便無生為方便無所得為方便迴向一切智智修習菩薩摩訶薩行世尊云何以一切陁羅尼門無二為方便無生

大般若經第一百七十四　第十張

為方便無所得為方便迴向一切智智修習無上正等菩提慶喜一切陁羅尼門一切陁羅尼門性空何以故以一切陁羅尼門性空與彼無上正等菩提無二無二分故世尊云何以一切三摩地門無二為方便無生為方便無所得為方便迴向一切智智修習無上正等菩提慶喜一切三摩地門一切三摩地門性空何以故以一切三摩地門性空與彼無上正等菩提無二無二分故慶喜由此故說以一切陁羅尼門等無二為方便無生為方便無所得為方便迴向一切智智修習無上正等菩提世尊云何以預流向預流果無二為方便無生為方便無所得為方便迴向一切智智修習布施淨戒安忍精進靜慮般若波羅蜜多慶喜預流向預流果預流向預流果性空何以故以預流向預流果性空與布施淨戒安忍精進靜慮般若波羅蜜多無二無二分故世尊云何以一来向一来果不還向不還果阿羅漢向阿羅漢果無二為

方便無生爲方便無所得爲方便迴向一切智智脩習布施淨戒安忍精進静慮般若波羅蜜多慶喜一來向乃至阿羅漢果一來向乃至阿羅漢果性空何以故以一來向乃至阿羅漢果性空與布施淨戒安忍精進静慮般若波羅蜜多無二無二分故慶喜由此故説以預流向預流果等無二爲方便無生爲方便無所得爲方便迴向一切智智脩習布施淨戒安忍精進静慮般若波羅蜜多世尊云何以預流向預流果無二爲方便無生爲方便無所得爲方便迴向一切智智安住内空外空内外空空空大空勝義空有爲空無爲空畢竟空無際空散空無變異空本性空自相空共相空一切法空不可得空無性空自性空無性自性空慶喜預流向預流果預流向預流果性空何以故以預流向預流果性空與彼内空乃至無性自性空無二無二分故世尊云何以一來向一來果不還向不還果阿羅漢向阿羅漢果無二爲方便無

生爲方便無所得爲方便迴向一切智智安住内空外空内外空空空大空勝義空有爲空無爲空畢竟空無際空散空無變異空本性空自相空共相空一切法空不可得空無性空自性空無性自性空慶喜一來向乃至阿羅漢果一來向乃至阿羅漢果性空何以故以一來向乃至阿羅漢果性空與彼内空乃至無性自性空無二無二分故慶喜由此故説以預流向預流果等無二爲方便無生爲方便無所得爲方便迴向一切智智安住内空乃至無性自性空世尊云何以預流向預流果無二爲方便無生爲方便無所得爲方便迴向一切智智安住真如法界法性不虚妄性不變異性平等性離生性法定法住實際虚空界不思議界慶喜預流向預流果預流向預流果性空何以故以預流向預流果性空與彼真如乃至不思議界無二無二分故世尊云何以一來向一來果不還向不還果阿羅漢向阿羅漢果無二爲方便無

生爲方便無所得爲方便迴向一切智智安住真如法界法性不虚妄性不變異性平等性離生性法定法住實際虚空界不思議界慶喜一來向乃至阿羅漢果一來向乃至阿羅漢果性空何以故以一來向乃至阿羅漢果性空與彼真如乃至不思議界無二無二分故慶喜由此故説以預流向預流果等無二爲方便無生爲方便無所得爲方便迴向一切智智安住真如乃至不思議界世尊云何以預流向預流果無二爲方便無生爲方便無所得爲方便迴向一切智智安住苦集滅道聖諦慶喜預流向預流果預流向預流果性空何以故以預流向預流果性空與彼苦集滅道聖諦無二無二分故世尊云何以一來向一來果不還向不還果阿羅漢向阿羅漢果無二爲方便無生爲方便無所得爲方便迴向一切智智安住苦集滅道聖諦慶喜一來向乃至阿羅漢果一來向乃至阿羅漢果性空何以故以一來向乃至阿羅漢果

性空與彼苦集滅道聖諦無二無二分故慶喜由此故說以預流向預流果等無二為方便無生為方便無所得為方便迴向一切智智安住苦集滅道聖諦世尊云何以預流向預流果無二為方便無生為方便無所得為方便迴向一切智智修習四靜慮四無量四無色定慶喜預流向預流果預流向預流果性空何以故以預流向預流果性空與四靜慮四無量四無色定無二無二分故世尊云何以一來向一來果不還向不還果阿羅漢向阿羅漢果無二為方便無生為方便無所得為方便迴向一切智智修習四靜慮四無量四無色定慶喜一來向乃至阿羅漢果一來向乃至阿羅漢果性空何以故以一來向乃至阿羅漢果性空與四靜慮四無量四無色定無一無二分故慶喜由此故說以預流向預流果等無二為方便無生為方便無所得為方便迴向一切智智修習四靜慮四無量四無色定世尊云何以預流向預流果無二為方便無生為方便無所得為方便迴向一切智智修習八解脫八勝處九次第定十遍處慶喜預流向預流果預流向預流果性空何以故以預流向預流果性空與八解脫八勝處九次第定十遍處無二無二分故世尊云何以一來向一來果不還向不還果阿羅漢向阿羅漢果無二為方便無生為方便無所得為方便迴向一切智智修習八解脫八勝處九次第定十遍處慶喜一來向乃至阿羅漢果一來向乃至阿羅漢果性空何以故以一來向乃至阿羅漢果性空與八解脫八勝處九次第定十遍處無二無二分故慶喜由此故說以預流向預流果等無二為方便無生為方便無所得為方便迴向一切智智修習八解脫八勝處九次第定十遍處世尊云何以預流向預流果無二為方便無生為方便無所得為方便迴向一切智智修習四念住四正斷四神足五根五力七等覺支八聖道支慶喜預流向預流果預流向預流果性空何以故以預流向預流果性空與四念住四正斷四神足五根五力七等覺支八聖道支無二無二分故世尊云何以一來向一來果不還向不還果阿羅漢向阿羅漢果無二為方便無生為方便無所得為方便迴向一切智智修習四念住四正斷四神足五根五力七等覺支八聖道支慶喜一來向乃至阿羅漢果一來向乃至阿羅漢果性空何以故以一來向乃至阿羅漢果性空與四念住四正斷四神足五根五力七等覺支八聖道支無二無二分故慶喜由此故說以預流向預流果等無二為方便無生為方便無所得為方便迴向一切智智修習四念住四正斷四神足五根五力七等覺支八聖道支世尊云何以預流向預流果無二為方便無生為方便無所得為方便迴向一切智智修習空解脫門無相解脫門無願解脫門慶喜預流向預流果預流向預流果性空何以故以預流向預流果性空與空解脫門無相

解脫門無願解脫門無二無二分故世尊云何以一來向一來果不還向不還果阿羅漢向阿羅漢果無二為方便無生為方便無所得為方便迴向一切智智修習空解脫門無相解脫門無願解脫門慶喜一來向乃至阿羅漢果一來向乃至阿羅漢果性空何以故以一來向乃至阿羅漢果性空與空解脫門無相解脫門無願解脫門無二無二分故慶喜由此故說以預流向預流果等無二為方便無生為方便無所得為方便迴向一切智智修習空解脫門無相解脫門無願解脫門世尊云何以預流向預流果無二為方便無生為方便無所得為方便迴向一切智智修習五眼六神通慶喜預流向預流果預流向預流果性空何以故以預流向預流果性空與五眼六神通無二無二分故世尊云何以一來向一來果不還向不還果阿羅漢向阿羅漢果無二為方便無生為方便無所得為方便迴向一切智智修習五眼六神通慶

喜一來向乃至阿羅漢果一來向乃至阿羅漢果性空何以故以一來向乃至阿羅漢果性空與五眼六神通無二無二分故慶喜由此故說以預流向預流果等無二為方便無生為方便無所得為方便迴向一切智智修習五眼六神通世尊云何以預流向預流果無二為方便無生為方便無所得為方便迴向一切智智修習佛十力四無所畏四無礙解大慈大悲大喜大捨十八佛不共法慶喜預流向預流果預流向預流果性空何以故以預流向預流果性空與佛十力四無所畏四無礙解大慈大悲大喜大捨十八佛不共法無二無二分故世尊云何以一來向一來果不還向不還果阿羅漢向阿羅漢果無二為方便無生為方便無所得為方便迴向一切智智修習佛十力四無所畏四無礙解大慈大悲大喜大捨十八佛不共法慶喜一來向乃至阿羅漢果一來向乃至阿羅漢果性空何以故以一來向乃至阿羅漢果性空

與佛十力四無所畏四無礙解大慈大悲大喜大捨十八佛不共法無二無二分故慶喜由此故說以預流向預流果等無二為方便無生為方便無所得為方便迴向一切智智修習佛十力四無所畏四無礙解大慈大悲大喜大捨十八佛不共法世尊云何以預流向預流果無二為方便無生為方便無所得為方便迴向一切智智修習無忘失法恒住捨性慶喜預流向預流果預流向預流果性空何以故以預流向預流果性空與無忘失法恒住捨性無二無二分故世尊云何以一來向一來果不還向不還果阿羅漢向阿羅漢果無二為方便無生為方便無所得為方便迴向一切智智修習無忘失法恒住捨性慶喜一來向乃至阿羅漢果一來向乃至阿羅漢果性空何以故以一來向乃至阿羅漢果性空與無忘失法恒住捨性無二無二分故慶喜由此故說以預流向預流果等無二為方便無生為方便無所得為方便迴向

一切智智修習無忘失法恒住捨性世尊云何以預流向預流果無二為方便無生為方便無所得為方便迴向一切智智修習一切智道相智一切相智慶喜預流向預流果預流向預流果性空何以故以預流向預流果性空與一切智道相智一切相智無二無二分故世尊云何以一来向一来果不還向不還果阿羅漢向阿羅漢果無二為方便無生為方便無所得為方便迴向一切智智修習一切智道相智一切相智慶喜一来向乃至阿羅漢果一来向乃至阿羅漢果性空何以故以一来向乃至阿羅漢果性空與一切智道相智一切相智無二無二分故慶喜由此故說以預流向預流果等無二為方便無生為方便無所得為方便迴向一切智智修習一切智道相智一切相智世尊云何以預流向預流果無二為方便無生為方便無所得為方便迴向一切智智修習一切陁羅尼門一切三摩地門慶喜預流向預流果預流向預流果性空何以故以預流向預流果性空與一切陁羅尼門一切三摩地門無二無二分故世尊云何以一来向一来果不還向不還果阿羅漢向阿羅漢果無二為方便無生為方便無所得為方便迴向一切智智修習一切陁羅尼門一切三摩地門慶喜一来向乃至阿羅漢果一来向乃至阿羅漢果性空何以故以一来向乃至阿羅漢果性空與一切陁羅尼門一切三摩地門無二無二分故慶喜由此故說以預流向預流果等無二為方便無生為方便無所得為方便迴向一切智智修習一切陁羅尼門一切三摩地門世尊云何以預流向預流果無二為方便無生為方便無所得為方便迴向一切智智修習菩薩摩訶薩行慶喜預流向預流果預流向預流果性空何以故以預流向預流果性空與彼菩薩摩訶薩行無二無二分故世尊云何以一来向一来果不還向不還果阿羅漢向阿羅漢果無二為方便無生為方便無所得為方便迴向一切智智修習菩薩摩訶薩行慶喜一来向乃至阿羅漢果一来向乃至阿羅漢果性空何以故以一来向乃至阿羅漢果性空與彼菩薩摩訶薩行無二無二分故慶喜由此故說以預流向預流果等無二為方便無生為方便無所得為方便迴向一切智智修習菩薩摩訶薩行世尊云何以預流向預流果無二為方便無生為方便無所得為方便迴向一切智智修習無上正等菩提慶喜預流向預流果預流向預流果性空何以故以預流向預流果性空與彼無上正等菩提無二無二分故世尊云何以一来向一来果不還向不還果阿羅漢向阿羅漢果無二為方便無生為方便無所得為方便迴向一切智智修習無上正等菩提慶喜一来向乃至阿羅漢果一来向乃至阿羅漢果性空何以故以一来向乃至阿羅漢果性空與彼無上正等菩提無二無二分故慶喜由此故說以預流向預流果等無二為方

便無生爲方便无所得爲方便迴向
一切智智修習無上正等菩提

大般若波羅蜜多經卷第一百二十四

戊戌歲高麗國大藏都監奉
勅雕造

大般若經第一百二十四　第十五張　敢

大般若波羅蜜多經卷第一百二十四
校勘記

一　底本，麗藏本。
一　二一〇頁上五行第七字不清。應爲「住」。
一　二一一頁上二行「佗」，石作「陁」，磧、普、南、徑、清作「陁」或「陀」。
一　二一一頁上一六行第六字殘，應爲「爲」。
一　二一一頁中二三行末字殘，應爲「隨」。
一　二一三頁上一八行「無性」，石作「無住」。
一　二一四頁上一九行第六字殘。應爲「二」。
一　二一五頁上八行至九行「何以故以一來向乃至阿羅漢果性空」，石重復此十五字。

大般若波羅蜜多經卷第一百二十五　辰

三藏法師玄奘奉　詔譯

初分校量功德品第三十之二十三

世尊云何以獨覺菩提無二為方便無生為方便無所得為方便迴向一切智智修習布施淨戒安忍精進靜慮般若波羅蜜多慶喜獨覺菩提獨覺菩提性空何以故以獨覺菩提性空與布施淨戒安忍精進靜慮般若波羅蜜多無二無二分故慶喜由此故說以獨覺菩提無二為方便無生為方便無所得為方便迴向一切智智修習布施淨戒安忍精進靜慮般若波羅蜜多世尊云何以獨覺菩提無二為方便無生為方便無所得為方便迴向一切智智安住內空外空內外空空空大空勝義空有為空無為空畢竟空無際空散空無變異空本性空自相空共相空一切法空不可得空無性空自性空無性自性空慶喜獨覺菩提獨覺菩提性空何以故以獨覺菩提性空與彼內空乃至無性自性空無二無二分故慶喜由此故說以獨覺菩提無二為方便無生為方便無所得為方便迴向一切智智安住內空乃至無性自性空世尊云何以獨覺菩提無二為方便無生為方便無所得為方便迴向一切智智安住真如法界法性不虛妄性不變異性平等性離生性法定法住實際虛空界不思議界慶喜獨覺菩提獨覺菩提性空何以故以獨覺菩提性空與彼真如乃至不思議界無二無二分故慶喜由此故說以獨覺菩提無二為方便無生為方便無所得為方便迴向一切智智安住真如乃至不思議界世尊云何以獨覺菩提無二為方便無生為方便無所得為方便迴向一切智智安住苦集滅道聖諦慶喜獨覺菩提獨覺菩提性空何以故以獨覺菩提性空與彼苦集滅道聖諦無二無二分故慶喜由此故說以獨覺菩提無二為方便無生為方便無所得為方便迴向一切智智安住苦集滅道聖諦世尊云何

以獨覺菩提無二為方便無生為方便無所得為方便迴向一切智智修習四靜慮四無量四無色定慶喜獨覺菩提獨覺菩提性空何以故以獨覺菩提性空與四靜慮四無量四無色定無二無二分故慶喜由此故說以獨覺菩提無二為方便無生為方便無所得為方便迴向一切智智修習四靜慮四無量四無色定世尊云何以獨覺菩提無二為方便無生為方便無所得為方便迴向一切智智修習八解脫八勝處九次第定十遍處慶喜獨覺菩提獨覺菩提性空何以故以獨覺菩提性空與八解脫八勝處九次第定十遍處無二無二分故慶喜由此故說以獨覺菩提無二為方便無生為方便無所得為方便迴向一切智智修習八解脫八勝處九次第定十遍處世尊云何以獨覺菩提無二為方便無生為方便無所得為方便迴向一切智智修習四念住四正斷四神足五根五力七等覺支八聖道支慶喜獨覺菩提獨覺菩提性空何以故以獨覺菩提性空與四念住四正斷四神足五根五力七等覺支八聖道支無二無二分故慶喜由此故說以獨覺菩提無二為方便無生為方便無所得為方便迴向一切智智修習四念住四正斷四神足五根五力七等覺支八聖道支世尊云何以獨覺菩提無二為方便無生為方便無所得為方便迴向一切智智修習空解脫門無相解脫門無願解脫門慶喜獨覺菩提獨覺菩提性空何以故以獨覺菩提性空與空解脫門無相解脫門無願解脫門無二無二分故慶喜由此故說以獨覺菩提無二為方便無生為方便無所得為方便迴向一切智智修習空解脫門無相解脫門無願解脫門世尊云何以獨覺菩提無二為方便無生為方便無所得為方便迴向一切智智修習五眼六神通慶喜獨覺菩提獨覺菩提性空何以故以獨覺菩提性空與五眼六神通無二無二分故慶喜由此故說以獨覺菩提無二為方便無生為方便無所得為方便迴向一切智智修習五眼六神通世尊云何以獨覺菩提無二為方便無生為方便無所得為方便迴向一切智智修習佛十力四無所畏四無礙解大慈大悲大喜大捨十八佛不共法慶喜獨覺菩提獨覺菩提性空何以故以獨覺菩提性空與佛十力四無所畏四無礙解大慈大悲大喜大捨十八佛不共法無二無二分故慶喜由此故說以獨覺菩提無二為方便無生為方便無所得為方便迴向一切智智修習佛十力四無所畏四無礙解大慈大悲大喜大捨十八佛不共法世尊云何以獨覺菩提無二為方便無生為方便無所得為方便迴向一切智智修習無忘失法恒住捨性慶喜獨覺菩提獨覺菩提性空何以故以獨覺菩提性空與無忘失法恒住捨性無二無二分故慶喜由此故說以獨覺菩提無二為方便無生為方便無所得為方便迴向一切智智修習無忘失法恒住捨性世尊云何以

獨覺菩提無二為方便無生為方便無所得為方便迴向一切智智脩習一切智道相智一切相智慶喜獨覺菩提獨覺菩提性空何以故以獨覺菩提性空與一切智道相智一切相智無二無二分故慶喜由此故說以獨覺菩提無二為方便無生為方便無所得為方便迴向一切智智脩習一切智道相智一切相智世尊云何以獨覺菩提無二為方便無生為方便無所得為方便迴向一切智智脩習一切陁羅尼門一切三摩地門慶喜獨覺菩提獨覺菩提性空何以故以獨覺菩提性空與一切陁羅尼門一切三摩地門無二無二分故慶喜由此故說以獨覺菩提無二為方便無生為方便無所得為方便迴向一切智智脩習一切陁羅尼門一切三摩地門世尊云何以獨覺菩提無二為方便無生為方便無所得為方便迴向一切智智脩習菩薩摩訶薩行慶喜獨覺菩提獨覺菩提性空何以故以獨覺菩提性空與彼菩薩摩訶薩行無二無二分故慶喜由此故說以獨覺菩提無二為方便無生為方便無所得為方便迴向一切智智脩習菩薩摩訶薩行世尊云何以獨覺菩提無二為方便無生為方便無所得為方便迴向一切智智脩習無上正等菩提慶喜獨覺菩提獨覺菩提性空何以故以獨覺菩提性空與彼無上正等菩提無二無二分故慶喜由此故說以獨覺菩提無二為方便無生為方便無所得為方便迴向一切智智脩習無上正等菩提

世尊云何以菩薩摩訶薩行無二為方便無生為方便無所得為方便迴向一切智智脩習布施淨戒安忍精進靜慮般若波羅蜜多慶喜菩薩摩訶薩行菩薩摩訶薩行性空何以故以菩薩摩訶薩行性空與布施淨戒安忍精進靜慮般若波羅蜜多無二無二分故慶喜由此故說以菩薩摩訶薩行無二為方便無生為方便無所得為方便迴向一切智智脩習布施淨戒安忍精進靜慮般若波羅蜜多世尊云何以菩薩摩訶薩行無二為方便無生為方便無所得為方便迴向一切智智安住內空外空內外空空空大空勝義空有為空無為空畢竟空無際空散空無變異空本性空自相空共相空一切法空不可得空無性空自性空無性自性空慶喜菩薩摩訶薩行菩薩摩訶薩行性空何以故以菩薩摩訶薩行性空與彼內空乃至無性自性空無二無二分故慶喜由此故說以菩薩摩訶薩行無二為方便無生為方便無所得為方便迴向一切智智安住內空乃至無性自性空世尊云何以菩薩摩訶薩行無二為方便無生為方便無所得為方便迴向一切智智安住真如法界法性不虛妄性不變異性平等性離生性法定法住實際虛空界不思議界慶喜菩薩摩訶薩行菩薩摩訶薩行性空何以故以菩薩摩訶薩行性空與彼真如乃至不思議界無二無二分故慶喜由此故說以菩薩摩訶薩行無二為方便無生為方便

無所得為方便迴向一切智智安住
真如乃至不思議界世尊云何以菩
薩摩訶薩行無二為方便無生為方
便無所得為方便迴向一切智智安
住苦集滅道聖諦慶喜菩薩摩訶薩
行菩薩摩訶薩行性空何以故以菩
薩摩訶薩行性空與彼苦集滅道聖
諦無二無二分故慶喜由此故說以
菩薩摩訶薩行無二為方便無生為
方便無所得為方便迴向一切智智
安住苦集滅道聖諦世尊云何以菩
薩摩訶薩行無二為方便無生為方
便無所得為方便迴向一切智智修
習四靜慮四無量四無色定慶喜菩
薩摩訶薩行菩薩摩訶薩行性空何
以故以菩薩摩訶薩行性空與四靜
慮四無量四無色定無二無二分故
慶喜由此故說以菩薩摩訶薩行無
二為方便無生為方便無所得為方
便迴向一切智智修習四靜慮四無
量四無色定世尊云何以菩薩摩訶
薩行無二為方便無生為方便無所
得為方便迴向一切智智修習八解

脫八勝處九次第定十遍處慶喜菩
薩摩訶薩行菩薩摩訶薩行性空何
以故以菩薩摩訶薩行性空與八解
脫八勝處九次第定十遍處無二無
二分故慶喜由此故說以菩薩摩訶
薩行無二為方便無生為方便無所
得為方便迴向一切智智修習八解
脫八勝處九次第定十遍處世尊云
何以菩薩摩訶薩行無二為方便無
生為方便無所得為方便迴向一切
智智修習四念住四正斷四神足五
根五力七等覺支八聖道支慶喜菩
薩摩訶薩行菩薩摩訶薩行性空何
以故以菩薩摩訶薩行性空與四念
住四正斷四神足五根五力七等覺
支八聖道支無二無二分故慶喜由
此故說以菩薩摩訶薩行無二為方
便無生為方便無所得為方便迴向
一切智智修習四念住四正斷四神
足五根五力七等覺支八聖道支世
尊云何以菩薩摩訶薩行無二為方
便無生為方便無所得為方便迴向
一切智智修習空解脫門無相解脫

門無願解脫門慶喜菩薩摩訶薩行
菩薩摩訶薩行性空何以故以菩薩
摩訶薩行性空與空解脫門無相解
脫門無願解脫門無二無二分故慶
喜由此故說以菩薩摩訶薩行無二
為方便無生為方便無所得為方便
迴向一切智智修習空解脫門無相
解脫門無願解脫門世尊云何以菩
薩摩訶薩行無二為方便無生為方
便無所得為方便迴向一切智智修
習五眼六神通慶喜菩薩摩訶薩行
菩薩摩訶薩行性空何以故以菩薩
摩訶薩行性空與五眼六神通無二
無二分故慶喜由此故說以菩薩摩
訶薩行無二為方便無生為方便無
所得為方便迴向一切智智修習五
眼六神通世尊云何以菩薩摩訶薩
行無二為方便無生為方便無所得
為方便迴向一切智智修習佛十力
四無所畏四無礙解大慈大悲大喜
大捨十八佛不共法慶喜菩薩摩訶
薩行菩薩摩訶薩行性空何以故以
菩薩摩訶薩行性空與佛十力四無

所畏四無礙解大慈大悲大喜大捨十八佛不共法無二無二分故慶喜由此故說以菩薩摩訶薩行無二為方便無生為方便無所得為方便迴向一切智智修習佛十力四無所畏四無礙解大慈大悲大喜大捨十八佛不共法世尊云何以菩薩摩訶薩行無二為方便無生為方便無所得為方便迴向一切智智修習無忘失法恒住捨性慶喜菩薩摩訶薩行菩薩摩訶薩行性空何以故以菩薩摩訶薩行性空與無忘失法恒住捨性無二無二分故慶喜由此故說以菩薩摩訶薩行無二為方便無生為方便無所得為方便迴向一切智智修習無忘失法恒住捨性世尊云何以菩薩摩訶薩行無二為方便無生為方便無所得為方便迴向一切智智修習一切智道相智一切相智慶喜菩薩摩訶薩行菩薩摩訶薩行性空何以故以菩薩摩訶薩行性空與一切智道相智一切相智無二無二分故慶喜由此故說以菩薩摩訶薩行無二為方便無生為方便無所得為方便迴向一切智智修習一切智道相智一切相智世尊云何以菩薩摩訶薩行無二為方便無生為方便無所得為方便迴向一切智智修習一切陁羅尼門一切三摩地門慶喜菩薩摩訶薩行菩薩摩訶薩行性空何以故以菩薩摩訶薩行性空與一切陁羅尼門一切三摩地門無二無二分故慶喜由此故說以菩薩摩訶薩行無二為方便無生為方便無所得為方便迴向一切智智修習一切陁羅尼門一切三摩地門世尊云何以菩薩摩訶薩行無二為方便無生為方便無所得為方便迴向一切智智修習菩薩摩訶薩行慶喜菩薩摩訶薩行菩薩摩訶薩行性空何以故以菩薩摩訶薩行性空與彼菩薩摩訶薩行無二無二分故慶喜由此故說以菩薩摩訶薩行無二為方便無生為方便無所得為方便迴向一切智智修習菩薩摩訶薩行世尊云何以菩薩摩訶薩行無二為方便無生為方便無所得為方便迴向一切智智修習無上正等菩提慶喜菩薩摩訶薩行菩薩摩訶薩行性空何以故以菩薩摩訶薩行性空與彼無上正等菩提無二無二分故慶喜由此故說以菩薩摩訶薩行無二為方便無生為方便無所得為方便迴向一切智智修習無上正等菩提

世尊云何以無上正等菩提無二為方便無生為方便無所得為方便迴向一切智智修習布施淨戒安忍精進靜慮般若波羅蜜多慶喜無上正等菩提無上正等菩提性空何以故以無上正等菩提性空與布施淨戒安忍精進靜慮般若波羅蜜多無二無二分故慶喜由此故說以無上正等菩提無二為方便無生為方便無所得為方便迴向一切智智修習布施淨戒安忍精進靜慮般若波羅蜜多世尊云何以無上正等菩提無二為方便無生為方便無所得為方便迴向一切智智安住內空外空內外空空空大空勝義空有為空無為空

畢竟空無際空散空無變異空本性空自相空共相空一切法空不可得空無性空自性空無性自性空慶喜無上正等菩提無上正等菩提性空何以故以無上正等菩提性空與彼內空乃至無性自性空無二無二分故慶喜由此故說以無上正等菩提無二為方便無生為方便無所得為方便迴向一切智智安住內空乃至無性自性空世尊云何以無上正等菩提無二為方便無生為方便無所得為方便迴向一切智智安住真如法界法性不虛妄性不變異性平等性離生性法定法住實際虛空界不思議界慶喜無上正等菩提無上正等菩提性空何以故以無上正等菩提性空與彼真如乃至不思議界無二無二分故慶喜由此故說以無上正等菩提無二為方便無生為方便無所得為方便迴向一切智智安住真如乃至不思議界世尊云何以無上正等菩提無二為方便無生為方便無所得為方便迴向一切智智安

住苦集滅道聖諦慶喜無上正等菩提無上正等菩提性空何以故以無上正等菩提性空與彼苦集滅道聖諦無二無二分故慶喜由此故說以無上正等菩提無二為方便無生為方便無所得為方便迴向一切智智安住苦集滅道聖諦世尊云何以無上正等菩提無二為方便無生為方便無所得為方便迴向一切智智修習四靜慮四無量四無色定慶喜無上正等菩提無上正等菩提性空何以故以無上正等菩提性空與四靜慮四無量四無色定無二無二分故慶喜由此故說以無上正等菩提無二為方便無生為方便無所得為方便迴向一切智智修習四靜慮四無量四無色定世尊云何以無上正等菩提無二為方便無生為方便無所得為方便迴向一切智智修習八解脫八勝處九次第定十遍處慶喜無上正等菩提無上正等菩提性空何以故以無上正等菩提性空與八解脫八勝處九次第定十遍處無二無

二分故慶喜由此故說以無上正等菩提無二為方便無生為方便無所得為方便迴向一切智智修習八解脫八勝處九次第定十遍處世尊云何以無上正等菩提無二為方便無生為方便無所得為方便迴向一切智智修習四念住四正斷四神足五根五力七等覺支八聖道支慶喜無上正等菩提無上正等菩提性空何以故以無上正等菩提性空與四念住四正斷四神足五根五力七等覺支八聖道支無二無二分故慶喜由此故說以無上正等菩提無二為方便無生為方便無所得為方便迴向一切智智修習四念住四正斷四神足五根五力七等覺支八聖道支世尊云何以無上正等菩提無二為方便無生為方便無所得為方便迴向一切智智修習空解脫門無相解脫門無願解脫門慶喜無上正等菩提無上正等菩提性空何以故以無上正等菩提性空與空解脫門無相解脫門無願解脫門無二無二分故慶

善由此故說以無上正等菩提無二為方便無生為方便無所得為方便迴向一切智智修習空解脫門無相解脫門無願解脫門世尊云何以無上正等菩提無二為方便無生為方便無所得為方便迴向一切智智修習五眼六神通慶喜無上正等菩提無上正等菩提性空何以故以無上正等菩提性空與五眼六神通無二無二分故慶喜由此故說以無上正等菩提無二為方便無生為方便無所得為方便迴向一切智智修習五眼六神通世尊云何以無上正等菩提無二為方便無生為方便無所得為方便迴向一切智智修習佛十力四無所畏四無礙解大慈大悲大喜大捨十八佛不共法慶喜無上正等菩提無上正等菩提性空何以故以無上正等菩提性空與佛十力四無所畏四無礙解大慈大悲大喜大捨十八佛不共法無二無二分故慶喜由此故說以無上正等菩提無二為方便無生為方便無所得為方便迴向一切智智修習佛十力四無所畏四無礙解大慈大悲大喜大捨十八佛不共法世尊云何以無上正等菩提無二為方便無生為方便無所得為方便迴向一切智智修習無忘失法恒住捨性慶喜無上正等菩提無上正等菩提性空何以故以無上正等菩提性空與無忘失法恒住捨性無二無二分故慶喜由此故說以無上正等菩提無二為方便無生為方便無所得為方便迴向一切智智修習無忘失法恒住捨性世尊云何以無上正等菩提無二為方便無生為方便無所得為方便迴向一切智智修習一切智道相智一切相智慶喜無上正等菩提無上正等菩提性空何以故以無上正等菩提性空與一切智道相智一切相智無二無二分故慶喜由此故說以無上正等菩提無二為方便無生為方便無所得為方便迴向一切智智修習一切智道相智一切相智世尊云何以無上正等菩提無二為方便無生為方便無所得為方便迴向一切智智修習一切陀羅尼門一切三摩地門慶喜無上正等菩提無上正等菩提性空何以故以無上正等菩提性空與一切陀羅尼門一切三摩地門無二無二分故慶喜由此故說以無上正等菩提無二為方便無生為方便無所得為方便迴向一切智智修習一切陀羅尼門一切三摩地門

世尊云何以無上正等菩提無二為方便無生為方便無所得為方便迴向一切智智修習菩薩摩訶薩行慶喜無上正等菩提無上正等菩提性空何以故以無上正等菩提性空與彼菩薩摩訶薩行無二無二分故慶喜由此故說以無上正等菩提無二為方便無生為方便無所得為方便迴向一切智智修習菩薩摩訶薩行世尊云何以無上正等菩提無二為方便無生為方便無所得為方便迴向一切智智修習無上正等菩提慶喜無上正等菩提無上正等菩提性空何以故以無上正等菩提性空與

彼無上正等菩提無二無二分故慶喜由此故說以無上正等菩提無二為方便無生為方便無所得為方便迴向一切智智修習無上正等菩提慶喜當知由此般若波羅蜜多故能迴向一切智智復由迴向一切智智能令修習布施淨戒安忍精進靜慮般若波羅蜜多得至究竟故此般若波羅蜜多於彼布施淨戒安忍精進靜慮波羅蜜多為尊為導慶喜當知由此般若波羅蜜多故能迴向一切智智復由迴向一切智智能令安住內空外空內外空空空大空勝義空有為空無為空畢竟空無際空散空無變異空本性空自相空共相空一切法空不可得空無性空自性空無性自性空得至究竟故此般若波羅蜜多於彼內空乃至無性自性空為尊為導慶喜當知由此般若波羅蜜多故能迴向一切智智復由迴向一切智智能令安住真如法界法性不虛妄性不變異性平等性離生性法定法住實際虛空界不思議界得至究竟故此般若波羅蜜多於彼真如乃至不思議界為尊為導慶喜當知由此般若波羅蜜多故能迴向一切智智復由迴向一切智智能令安住苦聖諦集聖諦滅聖諦道聖諦得至究竟故此般若波羅蜜多於彼苦集滅道聖諦為尊為導慶喜當知由此般若波羅蜜多故能迴向一切智智復由迴向一切智智能令修習四靜慮四無量四無色定得至究竟故此般若波羅蜜多於四靜慮四無量四無色定為尊為導慶喜當知由此般若波羅蜜多故能迴向一切智智復由迴向一切智智能令修習八解脫八勝處九次第定十遍處得至究竟故此般若波羅蜜多於八解脫八勝處九次第定十遍處為尊為導慶喜當知由此般若波羅蜜多故能迴向一切智智復由迴向一切智智能令修習四念住四正斷四神足五根五力七等覺支八聖道支得至究竟故此般若波羅蜜多於四念住四正斷四神足五根五力七等覺支八聖道支為尊為導慶喜當知由此般若波羅蜜多故能迴向一切智智復由迴向一切智智能令修習空解脫門無相解脫門無願解脫門得至究竟故此般若波羅蜜多於空解脫門無相解脫門無願解脫門為尊為導慶喜當知由此般若波羅蜜多故能迴向一切智智復由迴向一切智智能令修習五眼六神通得至究竟故此般若波羅蜜多於五眼六神通為尊為導慶喜當知由此般若波羅蜜多故能迴向一切智智復由迴向一切智智能令修習佛十力四無所畏四無礙解大慈大悲大喜大捨十八佛不共法得至究竟故此般若波羅蜜多於佛十力四無所畏四無礙解大慈大悲大喜大捨十八佛不共法為尊為導慶喜當知由此般若波羅蜜多故能迴向一切智智復由迴向一切智智能令修習無忘失法恒住捨性得至究竟故此般若波羅蜜多於無忘失法恒住捨性為尊為導慶喜當知由此般若波羅蜜多故能迴向一

大般若經第一百二十五卷　第二張　辰字号

切智智復由迴向一切智智能令修習一切智道相智一切相智得至究竟故此般若波羅蜜多於一切智道相智一切相智為尊為導慶喜當知由此般若波羅蜜多故能迴向一切智智復由迴向一切智智能令修習一切陁羅尼門一切三摩地門得至究竟故此般若波羅蜜多於彼一切陁羅尼門一切三摩地門為尊為導慶喜當知由此般若波羅蜜多故能迴向一切智智復由迴向一切智智能令修習菩薩摩訶薩行得至究竟故此般若波羅蜜多於彼菩薩摩訶薩行為尊為導慶喜當知由此般若波羅蜜多故能迴向一切智智復由迴向一切智智能令修習無上正等菩提得至究竟故此般若波羅蜜多於彼無上正等菩提為尊為導

大般若波羅蜜多經卷第一百二十五

大般若波羅蜜多經卷第一百二十五

校勘記

一　底本，金藏大寶集寺本。

一　二二五頁下二二行末字[illegible]，應為「當」。

大般若波羅蜜多經卷第一百二十六　辰

三藏法師玄奘奉　詔譯

初分校量功德品第三十之二十四

慶喜當知譬如大地以種散中衆緣和合則得生長應知大地與種生長為所依止為能建立如是般若波羅蜜多及所迴向一切智智與布施淨戒安忍精進靜慮般若波羅蜜多為所依止為能建立令得生長故此般若波羅蜜多於彼布施乃至靜慮波羅蜜多為尊為導故我但廣稱讚般若波羅蜜多慶喜當知譬如大地以種散中衆緣和合則得生長應知大地與種生長為所依止為能建立如是般若波羅蜜多及所迴向一切智智與彼内空外空内外空空空大空勝義空有為空無為空畢竟空無際空散空無變異空本性空自相空共相空一切法空不可得空無性空自性空無性自性空為所依止為能建立令得顯現故此般若波羅蜜多於彼内空乃至無性自性空為尊為導

故我但廣稱讚般若波羅蜜多慶喜當知譬如大地以種散中衆緣和合則得生長應知大地與種生長為所依止為能建立如是般若波羅蜜多及所迴向一切智智與彼真如法界法性不虛妄性不變異性平等性離生性法定法住實際虛空界不思議界為所依止為能建立令得顯現故此般若波羅蜜多於彼真如乃至不思議界為尊為導故我但廣稱讚般若波羅蜜多慶喜當知譬如大地以種散中衆緣和合則得生長應知大地與種生長為所依止為能建立如是般若波羅蜜多及所迴向一切智智與苦聖諦集聖諦滅聖諦道聖諦為所依止為能建立令得顯現故此般若波羅蜜多於彼苦集滅道聖諦為尊為導故我但廣稱讚般若波羅蜜多慶喜當知譬如大地以種散中衆緣和合則得生長應知大地與種生長為所依止為能建立如是般若波羅蜜多及所迴向一切智智與四靜慮四無量四無色定為所依止為

能建立令得生長故此般若波羅蜜多於四靜慮四無量四無色定為尊為導故我但廣稱讚般若波羅蜜多慶喜當知譬如大地以種散中衆緣和合則得生長應知大地與種生長為所依止為能建立如是般若波羅蜜多及所迴向一切智智與八解脫八勝處九次第定十遍處為所依止為能建立令得生長故此般若波羅蜜多於八解脫八勝處九次第定十遍處為尊為導故我但廣稱讚般若波羅蜜多慶喜當知譬如大地以種散中衆緣和合則得生長應知大地與種生長為所依止為能建立如是般若波羅蜜多及所迴向一切智智與四念住四正斷四神足五根五力七等覺支八聖道支為所依止為能建立令得生長故此般若波羅蜜多於四念住四正斷四神足五根五力七等覺支八聖道支為尊為導故我但廣稱讚般若波羅蜜多慶喜當知譬如大地以種散中衆緣和合則得生長應知大地與種生長為所依止

為能建立如是般若波羅蜜多及所迴向一切智智與空解脫門無相解脫門無願解脫門為所依止為能建立令得生長故此般若波羅蜜多於空解脫門無相解脫門無願解脫門為尊為導故我但廣稱讚般若波羅蜜多慶喜當知譬如大地以種散中衆緣和合則得生長應知大地與種生長為所依止為能建立如是般若波羅蜜多及所迴向一切智智與五眼六神通為所依止為能建立令得生長故此般若波羅蜜多於五眼六神通為尊為導故我但廣稱讚般若波羅蜜多慶喜當知譬如大地以種散中衆緣和合則得生長應知大地與種生長為所依止為能建立如是般若波羅蜜多及所迴向一切智智與佛十力四無所畏四無礙解大慈大悲大喜大捨十八佛不共法為所依止為能建立令得生長故此般若波羅蜜多於佛十力四無所畏四無礙解大慈大悲大喜大捨十八佛不共法為尊為導故我但廣稱讚般若

波羅蜜多慶喜當知譬如大地以種散中衆緣和合則得生長應知大地與種生長為所依止為能建立如是般若波羅蜜多及所迴向一切智智與無忘失法恒住捨性為所依止為能建立令得生長故此般若波羅蜜多於無忘失法恒住捨性為尊為導故我但廣稱讚般若波羅蜜多慶喜當知譬如大地以種散中衆緣和合則得生長應知大地與種生長為所依止為能建立如是般若波羅蜜多及所迴向一切智智與一切智道相智一切相智為所依止為能建立令得生長故此般若波羅蜜多於一切智道相智一切相智為尊為導故我但廣稱讚般若波羅蜜多慶喜當知譬如大地以種散中衆緣和合則得生長應知大地與種生長為所依止為能建立如是般若波羅蜜多及所迴向一切智智與一切陀羅尼門一切三摩地門為所依止為能建立令得生長故此般若波羅蜜多於一切陀羅尼門一切三摩地門為尊為導

故我但廣稱讚般若波羅蜜多慶喜當知譬如大地以種散中衆緣和合則得生長應知大地與種生長為所依止為能建立如是般若波羅蜜多及所迴向一切智智與彼菩薩摩訶薩行為所依止為能建立令得生長故此般若波羅蜜多於彼菩薩摩訶薩行為尊為導故我但廣稱讚般若波羅蜜多慶喜當知譬如大地以種散中衆緣和合則得生長應知大地與種生長為所依止為能建立如是般若波羅蜜多及所迴向一切智智與彼無上正等菩提為所依止為能建立令得生長故此般若波羅蜜多於彼無上正等菩提為尊為導故我但廣稱讚般若波羅蜜多

尒時天帝釋白佛言世尊今者如来應正等覺於此般若波羅蜜多一切功德說猶未盡所以者何我從世尊所受般若波羅蜜多功德深廣量無邊際諸善男子善女人等於此般若波羅蜜多至心聽聞受持讀誦精勤修學如理思惟廣為有情宣說流布所獲功德亦無邊際若有書寫如是般若波羅蜜多種種嚴飾復以無量上妙花鬘塗散等香衣服瓔珞寶幢幡蓋衆妙珎奇伎樂燈明一切所有供養恭敬尊重讃嘆所獲功德亦無邊際世尊若有於此甚深般若波羅蜜多至心聽聞受持讀誦精勤修學如理思惟解說書寫廣令流布由此便有十善業道出現世間世尊若有於此甚深般若波羅蜜多至心聽聞受持讀誦精勤修學如理思惟解說書寫廣令流布由此便有四靜慮四無量四無色定五神通等出現世間世尊若有於此甚深般若波羅蜜多至心聽聞受持讀誦精勤修學如理思惟解說書寫廣令流布由此便有布施淨戒安忍精進靜慮般若波羅蜜多出現世間世尊若有於此甚深般若波羅蜜多至心聽聞受持讀誦精勤修學如理思惟解說書寫廣令流布由此便有内空外空内外空空空大空勝義空有為空無為空畢竟空無際空散空無變異空本性空自相空共相空一切法空不可得空無性空自性空無性自性空出現世間世尊若有於此甚深般若波羅蜜多至心聽聞受持讀誦精勤修學如理思惟解說書寫廣令流布由此便有真如法界法性不虚妄性不變異性平等性離生性法定法住實際虚空界不思議界出現世間世尊若有於此甚深般若波羅蜜多至心聽聞受持讀誦精勤修學如理思惟解說書寫廣令流布由此便有苦聖諦集聖諦滅聖諦道聖諦出現世間世尊若有於此甚深般若波羅蜜多至心聽聞受持讀誦精勤修學如理思惟解說書寫廣令流布由此便有八解脫八勝處九次第定十遍處出現世間世尊若有於此甚深般若波羅蜜多至心聽聞受持讀誦精勤修學如理思惟解說書寫廣令流布由此便有四念住四正斷四神足五根五力七等覺支八聖道支出現世間世尊若有於此甚深般若波羅蜜多至心聽聞受持讀誦精勤修學如理思惟解

說書寫廣令流布由此便有空解脫門無相解脫門無願解脫門出現世間世尊若有於此甚深般若波羅蜜多至心聽聞受持讀誦精勤修學如理思惟解說書寫廣令流布由此便有五眼六神通出現世間世尊若有於此甚深般若波羅蜜多至心聽聞受持讀誦精勤修學如理思惟解說書寫廣令流布由此便有佛十力四無所畏四無礙解大慈大悲大喜大捨十八佛不共法出現世間世尊若有於此甚深般若波羅蜜多至心聽聞受持讀誦精勤修學如理思惟解說書寫廣令流布由此便有無忘失法恒住捨性出現世間世尊若有於此甚深般若波羅蜜多至心聽聞受持讀誦精勤修學如理思惟解說書寫廣令流布由此便有一切智道相智一切相智出現世間世尊若有於此甚深般若波羅蜜多至心聽聞受持讀誦精勤修學如理思惟解說書寫廣令流布由此便有一切陀羅尼門一切三摩地門出現世間世尊若有於此甚深般若波羅蜜多至心聽聞受持讀誦精勤修學如理思惟解說書寫廣令流布由此便有刹帝利大族婆羅門大族長者大族居士大族出現世間世尊若有於此甚深般若波羅蜜多至心聽聞受持讀誦精勤修學如理思惟解說書寫廣令流布由此便有四大王衆天三十三天夜摩天覩史多天樂變化天他化自在天出現世間世尊若有於此甚深般若波羅蜜多至心聽聞受持讀誦精勤修學如理思惟解說書寫廣令流布由此便有梵衆天梵輔天梵會天大梵天光天少光天無量光天極光淨天淨天少淨天無量淨天遍淨天廣天少廣天無量廣天廣果天出現世間世尊若有於此甚深般若波羅蜜多至心聽聞受持讀誦精勤修學如理思惟解說書寫廣令流布由此便有無繁天無熱天善現天善見天色究竟天出現世間世尊若有於此甚深般若波羅蜜多至心聽聞受持讀誦精勤修學如理思惟解說書寫廣令流布由此便有空無邊處天識無邊處天無所有處天非想非非想處天出現世間世尊若有於此甚深般若波羅蜜多至心聽聞受持讀誦精勤修學如理思惟解說書寫廣令流布由此便有預流一來不還阿羅漢及預流向預流果一來向一來果不還向不還果阿羅漢向阿羅漢果出現世間世尊若有於此甚深般若波羅蜜多至心聽聞受持讀誦精勤修學如理思惟解說書寫廣令流布由此便有獨覺及獨覺菩提出現世間世尊若有於此甚深般若波羅蜜多至心聽聞受持讀誦精勤修學如理思惟解說書寫廣令流布由此便有菩薩摩訶薩及菩薩摩訶薩行出現世間世尊若有於此甚深般若波羅蜜多至心聽聞受持讀誦精勤修學如理思惟解說書寫廣令流布由此便有一切如來應正等覺及以無上正等菩提出現世間

爾時佛告天帝釋言憍尸迦我不說此甚深般若波羅蜜多但有如前所

說功德何以故如是般若波羅蜜多具足無邊勝功德故憍尸迦我亦不說於此般若波羅蜜多至心聽聞受持讀誦精勤修學如理思惟廣為有情宣說流布及能書寫種種嚴飾復以無量上妙花鬘塗散等香衣服瓔珞寶幢幡蓋眾妙珍奇伎樂燈明盡諸所有供養恭敬尊重讚歎諸善男子善女人等但有如前所說功德何以故憍尸迦若善男子善女人等不離一切智智心以無所得為方便於此般若波羅蜜多至心聽聞受持讀誦精勤修學如理思惟廣為有情宣說流布或復書寫種種嚴飾復以無量上妙花鬘塗散等香衣服瓔珞寶幢幡蓋眾妙珍奇伎樂燈明盡諸所有供養恭敬尊重讚歎是善男子善女人等成就無量殊勝戒蘊成就無量殊勝定蘊成就無量殊勝慧蘊成就無量殊勝解脫蘊成就無量殊勝解脫智見蘊憍尸迦是善男子善女人等當知如佛何以故決定趣向阿耨多羅三藐三菩提故憍尸迦是善男子善女人等超過聲聞及獨覺地何以故解脫一切聲聞獨覺下劣心故憍尸迦一切聲聞獨覺所成就戒蘊定蘊慧蘊解脫蘊解脫智見蘊於此善男子善女人等所成就戒蘊定蘊慧蘊解脫蘊解脫智見蘊百分不及一千分不及一百千分不及一俱胝分不及一百俱胝分不及一千俱胝分不及一百千俱胝分不及一百千俱胝那庾多分不及一數分算分計分喻分乃至鄔波尼殺曇分亦不及一何以故憍尸迦是善男子善女人等超過一切聲聞獨覺下劣心想於諸聲聞獨覺乘法終不稱讚於一切法無所不知謂能正知都無所有憍尸迦若善男子善女人等不離一切智智心以無所得為方便於此般若波羅蜜多至心聽聞受持讀誦精勤修學如理思惟廣為有情宣說流布或復書寫種種嚴飾復以無量上妙花鬘塗散等香衣服瓔珞寶幢幡蓋眾妙珍奇伎樂燈明盡諸所有供養恭敬尊重讚歎是善男子善女人等我說獲得現在未來無量無邊殊勝功德

時天帝釋復白佛言世尊若善男子善女人等不離一切智智心以無所得為方便於此般若波羅蜜多至心聽聞受持讀誦精勤修學如理思惟廣為有情宣說流布或復書寫眾寶嚴飾復以種種上妙花鬘塗散等香衣服瓔珞寶幢幡蓋眾妙珍奇伎樂燈明盡諸所有供養恭敬尊重讚歎我等諸天常隨衛護不令一切人非人等種種惡緣之所擾害

尒時佛告天帝釋言憍尸迦若善男子善女人等以應一切智智心用無所得為方便於此般若波羅蜜多受持讀誦時有無量百千天子為聽法故皆來集會歡喜踊躍敬受如是甚深般若波羅蜜多憍尸迦若善男子善女人等以應一切智智心用無所得為方便宣說如是甚深般若波羅蜜多相應之法時有無量諸天子等皆來集會以天威力令說法者增益辯才宣暢無盡憍尸迦若善男子善

女人等以應一切智智心用無所得為方便宣說如是甚深般若波羅蜜多時有無量諸天子等敬重法故皆来集會以天威力令說法者辯才無滯設有障難不能遮斷憍尸迦諸善男子善女人等以應一切智智心用無所得為方便於此般若波羅蜜多至心聽聞受持讀誦精勤修學如理思惟廣為有情宣說流布或復書寫衆寶嚴飾復以種種上妙花鬘塗散等香衣服纓絡寶幢幡蓋衆妙珎奇伎樂燈明盡諸所有供養恭敬尊重讃歎是善男子善女人等於現在世當獲無邊功德勝利衆魔眷屬不能侵擾復次憍尸迦若善男子善女人等於四衆中宣說如是甚深般若波羅蜜多心無怯怖不為一切論難所屈何以故彼由如是甚深般若波羅蜜多所加祐故又此般若波羅蜜多秘密藏中具廣分別一切法故謂若善法不善法無記法若過去法未来法現在法若欲界繫法色界繫法無色界繫法若學法無學法非學非無

學法若見所斷法修所斷法非所斷法若世間法出世間法若有漏法無漏法若有為法無為法若有見法無見法若有色法無色法若共法不共法若聲聞法若獨覺法若菩薩法若如来法諸如是等無量百千種種法門皆入此攝又由如是諸善男子善女人等善住内空善住外空善住内外空善住空空善住大空善住勝義空善住有為空善住無為空善住畢竟空善住無際空善住散空善住無變異空善住本性空善住自相空善住共相空善住一切法空善住不可得空善住無性空善住自性空善住無性自性空故都不見有能論難者亦不見有所論難者亦不見有所說般若波羅蜜多以是故憍尸迦此善男子善女人等由是般若波羅蜜多大威神力所護持故不為一切異學論難之所屈伏

復次憍尸迦若善男子善女人等於此般若波羅蜜多至心聽聞受持讀誦精勤修學如理思惟解說書寫廣

令流布是善男子善女人等其心不驚不恐不怖心不沉没亦不憂悔所以者何是善男子善女人等不見有法可令驚恐怖畏沉没及憂悔者憍尸迦若善男子善女人等欲得是等現在無邊功德勝利當於如是甚深般若波羅蜜多至心聽聞受持讀誦精勤修學如理思惟廣為有情宣說流布或復書寫衆寶嚴飾復以種種上妙花鬘塗散等香衣服纓絡寶幢幡蓋衆妙珎奇伎樂燈明盡諸所有供養恭敬尊重讃歎

復次憍尸迦若善男子善女人等以應一切智智心用無所得為方便於此般若波羅蜜多至心聽聞受持讀誦精勤修學如理思惟廣為有情宣說流布或復書寫衆寶嚴飾復以種種上妙花鬘塗散等香衣服纓絡寶幢幡蓋衆妙珎奇伎樂燈明盡諸所有供養恭敬尊重讃歎是善男子善女人等恒為父母師長宗親朋友知識國王大臣及諸沙門婆羅門等之所愛敬亦為十方無邊世界一切如

来應正等覺菩薩摩訶薩獨覺阿羅漢不還一来預流果等之所愛念復為世間諸天魔梵人及非人阿素洛等之所愛護是善男子善女人等成就最勝無斷辯才是善男子善女人等修行布施淨戒安忍精進靜慮般若波羅蜜多恒無斷盡是善男子善女人等安住内空外空内外空空空大空勝義空有為空無為空畢竟空無際空散空無變異空本性空自相空共相空一切法空不可得空無性空自性空無性自性空恒無斷盡是善男子善女人等安住真如法界法性不虛妄性不變異性平等性離生性法定法住實際虛空界不思議界恒無斷盡是善男子善女人等安住苦聖諦集聖諦滅聖諦道聖諦恒無斷盡是善男子善女人等修行四靜慮四無量四無色定恒無斷盡是善男子善女人等修行八解脫八勝處九次第定十遍處恒無斷盡是善男子善女人等修行四念住四正斷四神足五根五力七等覺支八聖道支

恒無斷盡是善男子善女人等修行空解脫門無相解脫門無願解脫門恒無斷盡是善男子善女人等修行五眼六神通恒無斷盡是善男子善女人等修行佛十力四無所畏四無礙解大慈大悲大喜大捨十八佛不共法恒無斷盡是善男子善女人等修行無忘失法恒住捨性恒無斷盡是善男子善女人等修行一切智道相智一切相智恒無斷盡是善男子善女人等修行一切陁羅尼門一切三摩地門恒無斷盡是善男子善女人等成熟有情嚴淨佛土恒無斷盡是善男子善女人等成就菩薩殊勝神通遊諸佛土自在無礙是善男子善女人等不為一切外道異論之所降伏而能降伏外道異論憍尸迦若善男子善女人等欲得如是現在未来無斷無盡功德勝利應於如是甚深般若波羅蜜多至心聽聞受持讀誦精勤修學如理思惟廣為有情宣說流布復應書寫衆寶嚴飾以無量種上妙花鬘塗散等香衣服纓絡寶

幢幡蓋衆妙珎奇伎樂燈明盡諸所有供養恭敬尊重讚歎復次憍尸迦若善男子善女人等書寫如是甚深般若波羅蜜多種種莊嚴置清淨處供養恭敬尊重讚歎時此三千大千世界所有四大王衆天三十三天夜摩天覩史多天樂變化天他化自在天已發阿耨多羅三藐三菩提心者恒来是處觀礼讀誦如是般若波羅蜜多供養恭敬尊重讚歎右繞礼拜合掌而去所有梵衆天梵輔天梵會天大梵天光天少光天無量光天極光淨天淨天少淨天無量淨天遍淨天廣天少廣天無量廣天廣果天已發阿耨多羅三藐三菩提心者恒来是處觀礼讀誦如是般若波羅蜜多供養恭敬尊重讚歎右繞礼拜合掌而去所有淨居天謂無繁天無熱天善現天善見天色究竟天亦恒来此觀礼讀誦如是般若波羅蜜多供養恭敬尊重讚歎右繞礼拜合掌而去時此界中有大威德諸龍藥叉健達縛阿素洛揭路荼緊捺洛莫呼洛伽

人非人等亦恒来此觀礼讀誦如是般若波羅蜜多供養恭敬尊重讚歎右繞礼拜合掌而去尒時十方無邊世界所有四大王衆天三十三天夜摩天覩史多天樂變化天他化自在天已發阿耨多羅三藐三菩提心者恒来是處觀礼讀誦如是般若波羅蜜多供養恭敬尊重讚歎右繞礼拜合掌而去所有梵衆天梵輔天梵會天大梵天光天少光天無量光天極光淨天淨天少淨天無量淨天遍淨天廣天少廣天無量廣天廣果天已發阿耨多羅三藐三菩提心者恒来是處觀礼讀誦如是般若波羅蜜多供養恭敬尊重讚歎右繞礼拜合掌而去所有淨居天謂無繁天無熱天善現天善見天色究竟天亦恒来此觀礼讀誦如是般若波羅蜜多供養恭敬尊重讚歎右繞礼拜合掌而去時彼世界有大威德諸龍藥叉健達縛阿素洛揭路荼緊捺洛莫呼洛伽人非人等亦恒来此觀礼讀誦如是般若波羅蜜多供養恭敬尊重讚歎

右繞礼拜合掌而去憍尸迦是善男子善女人等應作是念今此三千大千世界并餘十方無邊世界所有四大王衆天三十三天夜摩天覩史多天樂變化天他化自在天梵衆天梵輔天梵會天大梵天光天少光天無量光天極光淨天淨天少淨天無量淨天遍淨天廣天少廣天無量廣天廣果天無繁天無熱天善現天善見天色究竟天及餘無量有大威德諸龍藥叉健達縛阿素洛揭路荼緊捺洛莫呼洛伽人非人等常来至此觀礼讀誦我所書寫甚深般若波羅蜜多供養恭敬尊重讚歎右繞礼拜合掌而去此我則為已設法施作是念已歡喜踊躍令所獲福倍復增長憍尸迦是善男子善女人等由此三千大千世界并餘十方無邊世界所有四大王衆天三十三天夜摩天覩史多天樂變化天他化自在天梵衆天梵輔天梵會天大梵天光天少光天無量光天極光淨天淨天少淨天無量淨天遍淨天廣天少廣天無量廣

天廣果天無繁天無熱天善現天善見天色究竟天及餘無量有大威德諸龍藥叉健達縛阿素洛揭路荼緊捺洛莫呼洛伽人非人等常来至此隨逐擁護不為一切人非人等之所惱害唯除宿世定惡業因現在應熟或轉重業現世輕受憍尸迦是善男子善女人等由此般若波羅蜜多大威神力獲如是等現世種種功德勝利謂諸天等已發無上菩提心者或依佛法已獲殊勝利樂事者敬重法故恒来至此隨逐擁護增其勢力所以者何是善男子善女人等已發無上正等覺心恒為救拔諸有情故恒為成熟諸有情故恒不棄捨諸有情故恒為利樂諸有情故彼諸天等亦復如是由此因緣常隨擁護

大般若波羅蜜多經卷第三百二十六

[illegible]女張氏[illegible]
如來之[illegible]
聖朝之弘願發心施財命工印[illegible]大般若一
[illegible]
[illegible]
永作乾坤之主[illegible]
[illegible]法忍 丙辰年六月朔

大般若波羅蜜多經卷第一百二十六

校勘記

一　底本，金藏大寶集寺本。

一　二二七頁中八行「般若波羅蜜多」，麗作「波羅蜜多」。

一　二二九頁中四行「伎樂」，磧、普、南、徑、清作「妓樂」。

一　二三〇頁中二〇行「無繁天」，磧、普、南、徑、清作「無煩天」，下同。

一　二三一頁中一一行「熱」，石作「執」。

一　二三三頁下二二行第一二字殘，應爲「又」。

一　二三三頁下二三行「揭路荼」，磧、普、南、徑、清作「揭路茶」，下同。

一　二三四頁上二〇行第一二字殘，應爲「又」。

大般若波羅蜜多經卷第二百二十七　辰

三藏法師玄奘奉　詔譯

初分校量功德品第三十之二十五

時天帝釋復白佛言世尊是善男子善女人等云何覺知於此三千大千世界并餘十方無邊世界所有四大王衆天三十三天夜摩天覩史多天樂變化天他化自在天梵衆天梵輔天梵會天大梵天光天少光天无量光天極光淨天淨天少淨天無量淨天遍淨天廣天少廣天无量廣天廣果天无繁天无熱天善現天善見天色究竟天及餘无量有大威德諸龍藥叉健達縛阿素洛揭路茶緊捺洛莫呼洛伽人非人等來至其所觀礼讀誦彼所書寫甚深般若波羅蜜多供養恭敬尊重讚歎合掌右繞歡喜護念尒時佛告天帝釋言憍尸迦是善男子善女人等若見如是甚深般若波羅蜜多所安置處有妙光明或聞其處異香芬馥若天樂音當知今時有大神力威德熾盛諸天龍等來至其所觀礼讀誦彼所書寫甚深般若波羅蜜多供養恭敬尊重讚歎合掌右繞歡喜護念復次憍尸迦是善男子善女人等修淨妙行嚴潔其處至心供養如是般若波羅蜜多當知尒時有大神力威德熾盛諸天龍等來至其所觀礼讀誦彼所書寫甚深般若波羅蜜多供養恭敬尊重讚歎合掌右繞歡喜護念憍尸迦隨其如是具大神力威德熾盛諸天龍等來至其處此中所有邪神惡鬼驚怖退散无敢住者由此因緣是善男子善女人等心便廣大所修善業倍復增長一切所爲無有障㝵以是故憍尸迦若此般若波羅蜜多隨所在處周匝除去諸不淨物掃拭塗治香水散灑敷設寶座而安置之燒香散華張施幰蓋寶幢幡鐸間飾其中衣服瓔珞金銀寶器衆妙珎奇伎樂燈明无量雜綵莊嚴其處若能如是供養般若波羅蜜多便有无量具大神力威德熾盛諸天龍等來至其處觀礼讀誦彼所書寫甚深般若波羅蜜多供

養恭敬尊重讚歎合掌右繞歡喜讚
念復次憍尸迦是善男子善女人等
若能如是供養般若波羅蜜多身心
無倦身樂心樂身輕心輕身調柔心
調柔身安隱心安隱繫心般若波羅
蜜多夜寢息時无諸惡夢唯得善夢
謂見如來應正等覺身真金色具三
十二大丈夫相八十隨好圓滿莊嚴
放大光明普照一切聲聞菩薩前後
圍繞身處衆中聞佛為說布施波羅
蜜多淨戒波羅蜜多安忍波羅蜜多
精進波羅蜜多靜慮波羅蜜多般若
波羅蜜多相應之法聞佛為說內空
外空內外空空空大空勝義空有為
空无為空畢竟空無際空散空无變
異空本性空自相空共相空一切法
空不可得空無性空自性空无性自
性空相應之法聞佛為說真如法界
法性不虛妄性不變異性平等性離
生性法定法住實際虛空界不思議
界相應之法聞佛為說苦聖諦集聖
諦滅聖諦道聖諦相應之法聞佛為
說四靜慮四無量四无色定相應之

法聞佛為說八解脫八勝處九次第
定十遍處相應之法聞佛為說四念
住四正斷四神足五根五力七等覺
支八聖道支相應之法聞佛為說空
解脫門无相解脫門無願解脫門相
應之法聞佛為說五眼六神通相應
之法聞佛為說佛十力四無所畏四
无㝵解大慈大悲大喜大捨十八佛
不共法相應之法聞佛為說無忘失
法恒住捨性相應之法聞佛為說一
切智道相智一切相智相應之法聞
佛為說一切陁羅尼門一切三摩地
門相應之法聞佛為說一切菩薩摩
訶薩行相應之法聞佛為說諸佛無
上正等菩提相應之法復聞分別布
施波羅蜜多淨戒波羅蜜多安忍波
羅蜜多精進波羅蜜多靜慮波羅蜜
多般若波羅蜜多相應法義復聞分
別內空外空內外空空空大空勝義
空有為空无為空畢竟空無際空散
空無變異空本性空自相空共相空
一切法空不可得空无性空自性空
無性自性空相應法義復聞分別真

如法界法性不虛妄性不變異性平
等性離生性法定法住實際虛空界
不思議界相應法義復聞分別苦聖
諦集聖諦滅聖諦道聖諦相應法義
復聞分別四靜慮四無量四无色定
相應法義復聞分別八解脫八勝處
九次第定十遍處相應法義復聞分
別四念住四正斷四神足五根五力
七等覺支八聖道支相應法義復聞
分別空解脫門無相解脫門无願解
脫門相應法義復聞分別五眼六神
通相應法義復聞分別佛十力四無
所畏四无㝵解大慈大悲大喜大捨
十八佛不共法相應法義復聞分別
無忘失法恒住捨性相應法義復聞
分別一切智道相智一切相智相應
法義復聞分別一切陁羅尼門一切
三摩地門相應法義復聞分別一切
菩薩摩訶薩行相應法義復聞分別
諸佛無上正等菩提相應法義或於
夢中見菩提樹其量高廣衆寶莊嚴
見大菩薩趣菩提樹結跏趺坐降伏
魔怨證得无上正等菩提轉妙法輪

度無量衆復見无量百千俱胝那庾多菩薩摩訶薩共集論說種種法義所謂應如是成熟有情應如是嚴淨佛土應如是降伏魔軍應如是修菩薩行應如是攝取一切智智或復夢見東方無量百千俱胝那庾多佛亦聞音聲謂某世界某名如來應正等覺若干百千俱胝那庾多菩薩摩訶薩若干百千俱胝那庾多聲聞弟子恭敬圍繞而為說法南西北方四維上下亦復如是或復夢見東方无量百千俱胝那庾多佛入般涅槃見一一佛般涅槃已各有施主為供養佛設利羅故以妙七寶各起無量百千俱胝那庾多數諸窣堵波復於一一窣堵波所各以無量上妙華鬘塗散等香衣服瓔珞寶幢幡蓋衆妙珎奇伎樂燈明經无量劫供養恭敬尊重讃歎南西北方四維上下亦復如是憍尸迦是善男子善女人等見如是類諸善夢相若睡若覺身心安樂諸天神等益其精氣令彼自覺身體輕便由是因緣不多貪染飲食醫藥衣

服卧具於四供養其心輕微如瑜伽師入勝妙定由彼定力滋潤身心從定出已於諸美膳其心輕微此亦如是何以故憍尸迦是善男子善女人等由此三千大千世界并餘十方无邊世界一切如來應正等覺聲聞菩薩天龍藥叉健達縛阿素洛揭路荼緊捺洛莫呼洛伽人非人等具大神力勝威德者慈悲護念以妙精氣冥注身心令其志勇體充盛故憍尸迦若善男子善女人等欲得如是現世功德應發一切智智心以無所得為方便於此般若波羅蜜多至心聽聞受持讀誦精勤修學如理思惟解說書寫廣令流布憍尸迦若善男子善女人等雖於般若波羅蜜多不能聽聞受持讀誦精勤修學如理思惟廣為有情宣說流布而但書寫衆寶嚴飾復以種種上妙花鬘塗散等香衣服瓔珞寶幢幡蓋衆妙珎奇伎樂燈明盡諸所有供養恭敬尊重讃歎亦得如前所說功德何以故憍尸迦是善男子善女人等能廣利益安樂无

量諸衆生故

復次憍尸迦若善男子善女人等以應一切智智心用無所得為方便於此般若波羅蜜多至心聽聞受持讀誦精勤修學如理思惟廣為有情宣說流布或復書寫衆寶嚴飾復以種種上妙華鬘塗散等香衣服瓔珞寶幢幡蓋衆妙珎奇伎樂燈明盡諸所有供養恭敬尊重讃歎是善男子善女人等由此因緣獲無量福盡其形壽以无量種上妙飲食衣服卧具醫藥資緣供養恭敬尊重讃歎十方世界一切如來應正等覺及弟子衆亦勝十方佛及弟子般涅槃後有為供養設利羅故以妙七寶起窣堵波高廣嚴麗復以无量天妙華鬘塗散等香衣服瓔珞寶幢幡蓋衆妙珎奇伎樂燈明盡其形壽供養恭敬尊重讃歎何以故憍尸迦十方諸佛及弟子衆皆因如是甚深般若波羅蜜多而出生故

尒時佛告天帝釋言憍尸迦假使充滿此贍部洲佛設利羅以為一分書

寫如是甚深般若波羅蜜多復為一分此二分中汝取何者時天帝釋即白佛言世尊假使充滿此贍部洲佛設利羅以為一分書寫如是甚深般若波羅蜜多復為一分於二分中我意寧取如是般若波羅蜜多何以故我於諸佛設利羅所非不信受非不欣樂供養恭敬尊重讚歎然設利羅皆因般若波羅蜜多而出生故皆是般若波羅蜜多功德勢力所熏脩故乃為一切世間天人阿素洛等以無量種上妙華鬘塗散等香衣服瓔珞寶幢幡蓋衆妙珍奇伎樂燈明盡諸所有供養恭敬尊重讚歎尒時舍利子謂天帝釋言憍尸迦如是般若波羅蜜多既不可取無色無見無對一相所謂無相汝云何取所以者何如是般若波羅蜜多无取無捨无增無減无聚無散无益無損无染無淨如是般若波羅蜜多不與諸佛法不捨異生法不與菩薩法不捨異生法不與獨覺法不捨異生法不與聲聞法不捨異生法不與無為界不捨有為

界如是般若波羅蜜多不與布施波羅蜜多不與淨戒安忍精進靜慮般若波羅蜜多如是般若波羅蜜多不與内空不與外空内外空空空大空勝義空有為空無為空畢竟空無際空散空無變異空本性空自相空共相空一切法空不可得空無性空自性空無性自性空如是般若波羅蜜多不與真如不與法界法性不虛妄性不變異性平等性離生性法定法住實際虛空界不思議界如是般若波羅蜜多不與苦聖諦不與集滅道聖諦如是般若波羅蜜多不與四靜慮不與四無量四無色定如是般若波羅蜜多不與八解脫不與八勝處九次第定十遍處如是般若波羅蜜多不與四念住不與四正斷四神足五根五力七等覺支八聖道支如是般若波羅蜜多不與空解脫門不與無相無願解脫門如是般若波羅蜜多不與五眼不與六神通如是般若波羅蜜多不與佛十力不與四無所畏四無礙解大慈大悲大喜大捨十

八佛不共法如是般若波羅蜜多不與無忘失法不與恒住捨性如是般若波羅蜜多不與一切智不與道相智一切相智如是般若波羅蜜多不與一切陁羅尼門不與一切三摩地門如是般若波羅蜜多不與預流果不與一來不還阿羅漢果如是般若波羅蜜多不與獨覺菩提如是般若波羅蜜多不與菩薩摩訶薩行如是般若波羅蜜多不與無上正等菩提尒時天帝釋報舍利子言如是如是誠如所說大德如是般若波羅蜜多實不可取無色無見無對一相所謂無相大德如是般若波羅蜜多無取無捨無增無減無聚無散無益無損無染無淨大德如是般若波羅蜜多不與諸佛法不捨異生法不與菩薩法不捨異生法不與獨覺法不捨異生法不與聲聞法不捨異生法不與無為界不捨有為界大德如是般若波羅蜜多不與布施波羅蜜多不與淨戒安忍精進靜慮般若波羅蜜多大德如是般若波羅蜜多不與內空

不與外空內外空空空大空勝義空有為空無為空畢竟空無際空散空無變異空本性空自相空共相空一切法空不可得空無性空自性空無性自性空大德如是般若波羅蜜多不與真如不與法界法性不虛妄性不變異性平等性離生性法定法住實際虛空界不思議界大德如是般若波羅蜜多不與苦聖諦不與集滅道聖諦大德如是般若波羅蜜多不與四靜慮不與四無量四無色定大德如是般若波羅蜜多不與八解脫不與八勝處九次第定十遍處大德如是般若波羅蜜多不與四念住不與四正斷四神足五根五力七等覺支八聖道支大德如是般若波羅蜜多不與空解脫門不與無相無願解脫門大德如是般若波羅蜜多不與五眼不與六神通大德如是般若波羅蜜多不與佛十力不與四無所畏四無礙解大慈大悲大喜大捨十八佛不共法大德如是般若波羅蜜多不與無忘失法不與恒住捨性大德

如是般若波羅蜜多不與一切智不與道相智一切相智大德如是般若波羅蜜多不與一切陀羅尼門不與一切三摩地門大德如是般若波羅蜜多不與預流果不與一來不還阿羅漢果大德如是般若波羅蜜多不與獨覺菩提大德如是般若波羅蜜多不與菩薩摩訶薩行大德如是般若波羅蜜多不與無上正等菩提大德若於般若波羅蜜多能如是知是為真取甚深般若波羅蜜多亦真修行甚深般若波羅蜜多何以故甚深般若波羅蜜多不隨二行無二相故如是靜慮精進安忍淨戒布施波羅蜜多亦不隨二行無二相故

介時佛讚天帝釋言善哉善哉如汝所說甚深般若波羅蜜多不隨二行何以故甚深般若波羅蜜多無二相故如是靜慮精進安忍淨戒布施波羅蜜多亦不隨二行何以故如是靜慮精進安忍淨戒布施波羅蜜多亦無二相故憍尸迦諸有欲令甚深般若波羅蜜多有二相者則為欲令真

如亦有二相何以故憍尸迦甚深般若波羅蜜多與真如無二無二分故憍尸迦諸有欲令靜慮精進安忍淨戒布施波羅蜜多有二相者則為欲令真如亦有二相何以故憍尸迦靜慮精進安忍淨戒布施波羅蜜多與真如無二無二分故憍尸迦諸有欲令甚深般若波羅蜜多有二相者則為欲令法界亦有二相何以故憍尸迦甚深般若波羅蜜多與法界無二無二分故憍尸迦諸有欲令靜慮精進安忍淨戒布施波羅蜜多有二相者則為欲令法界亦有二相何以故憍尸迦靜慮精進安忍淨戒布施波羅蜜多與法界無二無二分故憍尸迦諸有欲令甚深般若波羅蜜多有二相者則為欲令法性亦有二相何以故憍尸迦甚深般若波羅蜜多與法性無二無二分故憍尸迦諸有欲令靜慮精進安忍淨戒布施波羅蜜多有二相者則為欲令法性亦有二相何以故憍尸迦靜慮精進安忍淨戒布施波羅蜜多與法性無二無二

分故憍尸迦諸有欲令甚深般若波羅蜜多有二相者則為欲令不虛妄性亦有二相何以故憍尸迦甚深般若波羅蜜多與不虛妄性無二無二分故憍尸迦諸有欲令靜慮精進安忍淨戒布施波羅蜜多有二相者則為欲令不虛妄性亦有二相何以故憍尸迦靜慮精進安忍淨戒布施波羅蜜多與不虛妄性無二無二分故憍尸迦諸有欲令甚深般若波羅蜜多有二相者則為欲令不變異性亦有二相何以故憍尸迦甚深般若波羅蜜多與不變異性無二無二分故憍尸迦諸有欲令靜慮精進安忍淨戒布施波羅蜜多有二相者則為欲令不變異性亦有二相何以故憍尸迦靜慮精進安忍淨戒布施波羅蜜多與不變異性無二無二分故憍尸迦諸有欲令甚深般若波羅蜜多有二相者則為欲令平等性亦有二相何以故憍尸迦甚深般若波羅蜜多與平等性無二無二分故憍尸迦諸有欲令靜慮精進安忍淨戒布施波

羅蜜多有二相者則為欲令平等性亦有二相何以故憍尸迦靜慮精進安忍淨戒布施波羅蜜多與平等性無二無二分故憍尸迦諸有欲令甚深般若波羅蜜多有二相者則為欲令離生性亦有二相何以故憍尸迦甚深般若波羅蜜多與離生性無二無二分故憍尸迦諸有欲令靜慮精進安忍淨戒布施波羅蜜多有二相者則為欲令離生性亦有二相何以故憍尸迦靜慮精進安忍淨戒布施波羅蜜多與離生性無二無二分故憍尸迦諸有欲令甚深般若波羅蜜多有二相者則為欲令法定亦有二相何以故憍尸迦甚深般若波羅蜜多與法定無二無二分故憍尸迦諸有欲令靜慮精進安忍淨戒布施波羅蜜多有二相者則為欲令法定亦有二相何以故憍尸迦靜慮精進安忍淨戒布施波羅蜜多與法定無二無二分故憍尸迦諸有欲令甚深般若波羅蜜多有二相者則為欲令法住亦有二相何以故憍尸迦甚深般若

波羅蜜多與法住無二無二分故憍尸迦諸有欲令靜慮精進安忍淨戒布施波羅蜜多有二相者則為欲令法住亦有二相何以故憍尸迦靜慮精進安忍淨戒布施波羅蜜多與法住無二無二分故憍尸迦諸有欲令甚深般若波羅蜜多有二相者則為欲令實際亦有二相何以故憍尸迦甚深般若波羅蜜多與實際無二無二分故憍尸迦諸有欲令靜慮精進安忍淨戒布施波羅蜜多有二相者則為欲令實際亦有二相何以故憍尸迦靜慮精進安忍淨戒布施波羅蜜多與實際無二無二分故憍尸迦諸有欲令甚深般若波羅蜜多有二相者則為欲令虛空界亦有二相何以故憍尸迦甚深般若波羅蜜多與虛空界無二無二分故憍尸迦諸有欲令靜慮精進安忍淨戒布施波羅蜜多有二相者則為欲令虛空界亦有二相何以故憍尸迦靜慮精進安忍淨戒布施波羅蜜多與虛空界無二無二分故憍尸迦諸有欲令甚深

般若波羅蜜多有二相者則為欲令不思議界亦有二相何以故憍尸迦甚深般若波羅蜜多與不思議界無二無二分故憍尸迦諸有欲令靜慮精進安忍淨戒布施波羅蜜多有二相者則為欲令不思議界亦有二相何以故憍尸迦靜慮精進安忍淨戒布施波羅蜜多與不思議界無二無二分故

介時天帝釋白佛言世尊如是般若波羅蜜多世間天人阿素洛等皆應至誠礼拜右繞供養恭敬尊重讚歎所以者何一切菩薩摩訶薩衆皆依如是甚深般若波羅蜜多精勤修學已得當得現得無上正等菩提世尊如我坐在三十三天善法殿中天帝座上為諸天衆宣說正法時有無量諸天子等來至我所聽我所說供養恭敬尊重讚歎右繞礼拜合掌而去我不在時諸天子等亦來是處雖不見我如我在時恭敬供養咸言此處是天帝釋為諸天等說法之座我等皆應如天主在供養右繞礼拜而去世尊如是般若波羅蜜多若有書寫受持讀誦廣為有情宣說流布當知是處恒有此土并餘十方無邊世界無量無數天龍藥叉健達縛阿素洛揭路荼緊捺洛莫呼洛伽人非人等皆來集會設無說者敬重法故亦於是處供養恭敬尊重讚歎礼拜而去何以故一切如來應正等覺皆因如是甚深般若波羅蜜多而得生故一切菩薩摩訶薩衆獨覺聲聞及諸有情上妙樂具皆依如是甚深般若波羅蜜多而得起故佛設利羅亦由如是甚深般若波羅蜜多功德薰修得供養故世尊如是般若波羅蜜多與諸菩薩摩訶薩行及所證得一切智智為因為緣為所依止為能引發世尊由此緣故我作是說假使充滿此贍部洲佛設利羅以為一分書寫如是甚深般若波羅蜜多復為一分此二分中我意寧取如是般若波羅蜜多世尊我若於此甚深般若波羅蜜多受持讀誦正憶念時心契法故都不見有諸怖畏相所以者何世尊甚深般若波羅蜜多無相無狀無言無說世尊由此般若波羅蜜多無相無狀無言無說是故靜慮精進安忍淨戒布施波羅蜜多亦無相無狀無言無說世尊由此般若波羅蜜多無相無狀無言無說是故內空外空內外空空空大空勝義空有為空無為空畢竟空無際空散空無變異空本性空自相空共相空一切法空不可得空無性空自性空無性自性空亦無相無狀無言無說世尊由此般若波羅蜜多無相無狀無言無說是故真如法界法性不虛妄性不變異性平等性離生性法定法住實際虛空界不思議界亦無相無狀無言無說世尊由此般若波羅蜜多無相無狀無言無說是故苦聖諦集聖諦滅聖諦道聖諦亦無相無狀無言無說世尊由此般若波羅蜜多無相無狀無言無說是故四靜慮四無量四無色定亦無相無狀無言無說世尊由此般若波羅蜜多無相無狀無言無說是故八解脫八勝處九次第定十遍處

亦無相無狀無言無說世尊由此般若波羅蜜多無相無狀無言無說是故四念住四正斷四神足五根五力七等覺支八聖道支亦無相無狀無言無說世尊由此般若波羅蜜多無相無狀無言無說是故空解脫門無相解脫門無願解脫門亦無相無狀無言無說世尊由此般若波羅蜜多無相無狀無言無說是故五眼六神通亦無相無狀無言無說世尊由此般若波羅蜜多無相無狀無言無說是故佛十力四無所畏四無礙解大慈大悲大喜大捨十八佛不共法亦無相無狀無言無說世尊由此般若波羅蜜多無相無狀無言無說是故無忘失法恒住捨性亦無相無狀無言無說世尊由此般若波羅蜜多無相無狀無言無說是故一切智道相智一切相智亦無相無狀無言無說世尊由此般若波羅蜜多無相無狀無言無說是故一切陁羅尼門一切三摩地門亦無相無狀無言無說世尊由此般若波羅蜜多無相無狀無

言無說是故菩薩摩訶薩行亦無相無狀無言無說世尊由此般若波羅蜜多無相無狀無言無說是故諸佛無上正等菩提亦無相無狀無言無說世尊由此般若波羅蜜多無相無狀無言無說是故一切法亦無相無狀無言無說世尊若此般若波羅蜜多有相有狀有言有說非無相無狀無言無說者不應如來應正等覺知一切法無相無狀無言無說證得無上正等菩提為諸有情說一切法無相無狀無言無說世尊由此般若波羅蜜多無相無狀無言無說非有相有狀有言有說是故如來應正等覺知一切法無相無狀無言無說證得無上正等菩提為諸有情說一切法無相無狀無言無說世尊是故般若波羅蜜多應受一切世間天人阿素洛等以無量種上妙華鬘塗散等香衣服瓔珞寶幢幡蓋衆妙珎奇伎樂燈明盡諸所有供養恭敬尊重讚歎世尊若善男子善女人等於此般若波羅蜜多至心聽聞受持讀誦精勤

修學如理思惟廣為有情宣說流布或復書寫衆寶嚴飾以無量種上妙花鬘塗散等香衣服瓔珞寶幢幡蓋衆妙珎奇伎樂燈明盡諸所有供養恭敬尊重讚歎是善男子善女人等决定不復墮於地獄傍生鬼界邊鄙達絮蔑戾車中不墮聲聞及獨覺地必趣無上正等菩提常見諸佛恒聞正法不離善友嚴淨佛土成熟有情從一佛國趣一佛國供養恭敬尊重讚歎諸佛世尊及諸菩薩摩訶薩衆能以無量上妙華鬘塗散等香衣服瓔珞寶幢幡蓋衆妙珎奇伎樂燈明而為供養

世尊假使充滿於此三千大千世界佛設利羅以為一分書寫如是甚深般若波羅蜜多復為一分此二分中我寧取如是般若波羅蜜多何以故一切如來應正等覺及三千界佛設利羅皆從般若波羅蜜多而出生故又三千界佛設利羅皆由般若波羅蜜多功德勢力所薰修故得諸天人阿素洛等供養恭敬尊重讚歎由

大般若經第一百二十七卷　第十張　辰字号

此因緣諸善男子善女人等供養恭敬尊重讚歎佛設利羅決定不復墮三惡趣常生天人受諸快樂富貴自在隨心所願乘三乘法而趣涅槃世尊若見如来應正等覺若見所寫甚深般若波羅蜜多此二功德平等無異何以故如是般若波羅蜜多與諸如来應正等覺平等無二無二分故世尊若有如来應正等覺住三示導為諸有情宣說正法所謂契經應頌記別諷頌自說因緣本事本生方廣希法譬喻論義若善男子善女人等於此般若波羅蜜多受持讀誦廣為他說此二功德平等無異何以故若彼如来應正等覺若三示導若所宣說十二分教皆依般若波羅蜜多而出生故世尊若十方界如殑伽沙一切如来應正等覺住三示導為諸有情宣說正法所謂契經應頌記別諷頌自說因緣本事本生方廣希法譬喻論義若善男子善女人等於此般若波羅蜜多受持讀誦廣為他說此二功德平等無異何以故若十方界

大般若經第一百二十七

如殑伽沙一切如来應正等覺若三示導若所宣說十二分教皆依般若波羅蜜多而出生故世尊若善男子善女人等以無量種上妙花鬘塗散等香衣服瓔珞寶幢幡蓋衆妙珍奇伎樂燈明盡諸所有供養恭敬尊重讚歎十方世界如殑伽沙一切如来應正等覺有善男子善女人等書寫般若波羅蜜多亦以無量上妙花鬘塗散等香衣服瓔珞寶幢幡蓋衆妙珍奇伎樂燈明盡諸所有供養恭敬尊重讚歎此二功德平等無異何以故彼諸如来應正等覺皆依般若波羅蜜多而出生故

大般若波羅蜜多經卷第一百二十七

大般若波羅蜜多經卷第一百二十七

校勘記

一　底本，金藏大寶集寺本。

一　二三六頁中六行「大」，磧、普、南作「天」。

一　二三六頁中一二行「无繁天」，磧、普、南、徑、清作「無煩天」。

一　二三六頁中一四行「揭路荼」，磧、普、南、徑、清作「揭路茶」。

一　二三六頁下九行「其」，石作「有」。

一　二三六頁下一九行「伎」，磧、南、徑、清作「妓」。

一　二三八頁下一〇行「盡其」，麗作「勝盡」。

一　二三八頁下一三行、一四行「第子」，石、磧、普、南、徑、清、麗作「弟子」。

一　二三九頁下一三行「無見」，

磧、普、南、徑作「無損」。

一二四〇頁下一八行「波羅蜜多」，石作「波羅蜜」。

一二四一頁中四行「憍尸迦」，石作「憍尸」。

一二四一頁下一九行「精進」，石作「精」。

一二四二頁上一六行「殿中」，磧、普作「殿上」。

一二四二頁中三行「無邊」，石作「無量」。

一二四二頁中六行至七行「亦於是處」，石作「是處」。

一二四二頁中二二行「正憶念時」，石作「正憶念」。

一二四三頁下一三行「伎」，磧、普作「妓」，下同。

一二四四頁上九行「示導」，南作「乘道」，下同。

大般若波羅蜜多經卷第一百二十八　展

三藏法師玄奘奉　詔譯

初分校量功德品第三十之二十六

世尊若善男子善女人等於此般若波羅蜜多至心聽聞受持讀誦精勤修學如理思惟廣為有情宣說流布是善男子善女人等於當來世不墮地獄傍生鬼界邊鄙達絮蔑戾車中常具諸根聰明端正不墮聲聞及獨覺地何以故是善男子善女人等決定當住菩薩摩訶薩不退地故世尊若善男子善女人等於此般若波羅蜜多至心聽聞受持讀誦精勤修學如理思惟廣為有情宣說流布或復書寫眾寶嚴飾以無量種上妙華鬘塗散等香衣服瓔珞寶幢幡蓋眾妙珍奇伎樂燈明盡諸所有供養恭敬尊重讚歎是善男子善女人等遠離一切衰惱怖畏世尊如負債人怖畏債主即便奉事親近於王依王勢力得離怖畏世尊譬如有人依附王故王攝受故為諸世人供養恭敬尊重讚歎佛設利羅亦復如是由此般若波羅蜜多所熏修故為諸天人阿素洛等供養恭敬尊重讚歎世尊一切智智亦依般若波羅蜜多而得成就世尊由此緣故我作是說假使充滿於此三千大千世界佛設利羅以為一分書寫如是甚深般若波羅蜜多復為一分此二分中我意寧取如是般若波羅蜜多何以故世尊由此般若波羅蜜多佛設利羅及佛所得三十二種大丈夫相八十隨好所莊嚴身而得生故世尊由此般若波羅蜜多布施淨戒安忍精進靜慮般若波羅蜜多得圓淨故世尊由此般若波羅蜜多內空外空內外空空空大空勝義空有為空無為空畢竟空無際空散空無變異空本性空自相空共相空一切法空不可得空無性空自性空無性自性空得圓淨故世尊由此般若波羅蜜多真如法界法性不虛妄性不變異性平等性離生性法定法住實際虛空界不思議界得圓淨故世尊由此般若波羅蜜多苦聖

諦集聖諦滅聖諦道聖諦得圓淨故世尊由此般若波羅蜜多四靜慮四無量四無色定得圓淨故世尊由此般若波羅蜜多八解脫八勝處九次第定十遍處得圓淨故世尊由此般若波羅蜜多四念住四正斷四神足五根五力七等覺支八聖道支得圓淨故世尊由此般若波羅蜜多空解脫門無相解脫門無願解脫門得圓淨故世尊由此般若波羅蜜多五眼六神通得圓淨故世尊由此般若波羅蜜多佛十力四無所畏四無礙解大慈大悲大喜大捨十八佛不共法得圓淨故世尊由此般若波羅蜜多無忘失法恒住捨性得圓淨故世尊由此般若波羅蜜多一切智道相智一切相智得圓淨故世尊由此般若波羅蜜多一切陀羅尼門一切三摩地門得圓淨故世尊由此般若波羅蜜多一切菩薩摩訶薩行得圓淨故世尊由此般若波羅蜜多諸佛無上正等菩提得圓淨故世尊由此般若波羅蜜多諸佛身心俱不可壞踰於金剛無數倍故世尊由此般若波羅蜜多威神力故布施等五亦得名為波羅蜜多何以故若無般若波羅蜜多施等不能到彼岸故

世尊若此三千大千世界或餘世界所有王都城邑聚落其中若有受持讀誦書寫解說供養恭敬尊重讚歎如是般若波羅蜜多是處有情不為一切人非人等之所惱害唯除決定惡業應受漸次修學隨其所願乃至證得三乘涅槃世尊如是般若波羅蜜多具大威力隨所在處與諸有情作大饒益世尊如是般若波羅蜜多有大神用於此三千大千國土作大佛事世尊若世界中流行如是甚深般若波羅蜜多當知是處則為有佛出現世間利樂一切世尊譬如無價大寶神珠具無量種勝妙威德隨所住處有此神珠人及非人終無惱害設有男子或復女人為鬼所執身心苦惱若有持此神珠示之由珠威力鬼便捨去諸有熱病或風或痰或熱風痰合集為病若有繫此神珠者身如是諸病無不除愈此珠在暗能作照明熱時能涼寒時能暖隨地方所有此神珠時節調和不寒不熱若地方處有此神珠虵蝎等毒無敢停止設有男子或復女人為毒所中楚痛難忍若有持此神珠令見珠威勢故毒即消滅若諸有情身嬰癩疾惡瘡腫皰目眩瞖等眼病耳病鼻病舌病喉病身病帶此神珠眾病皆愈若諸池沼泉井等中其水濁穢或將枯涸以珠投之水便盈滿香潔澄淨具八功德若以青黃赤白紅紫碧綠雜綺種種色衣裹此神珠投之於水水隨衣綵作種種色如是無價大寶神珠威德無邊說不可盡若置箱篋亦令其器具足成就無邊威德設空箱篋由曾置珠其器仍為眾人愛重時具壽慶喜問天帝釋言憍尸迦如是神珠為天獨有人亦有耶天帝釋言大德人中天上俱有此珠若在人中形小而重若在天上形大而輕又人中者相不具足若在天上其相周圓天上有者威德殊勝非人中珠過無量

倍時天帝釋復白佛言世尊甚深般若波羅蜜多亦復如是為衆德本能滅無量惡不善法隨所在處令諸有情身心苦惱悉皆銷滅人非人等不能為害世尊所説無價大寶神珠非但喻於甚深般若波羅蜜多亦喻如来一切智智世尊如是般若波羅蜜多具足無量殊勝功德亦能引發世出世間無量清淨殊勝功德

世尊甚深般若波羅蜜多功德分限難可稱讚何以故如是般若波羅蜜多功德深廣量無邊故佛設利羅由此般若波羅蜜多而得生故堪受一切世間天人阿素洛等供養恭敬尊重讚歎世尊甚深靜慮精進安忍淨戒布施波羅蜜多功德分限難可稱讚何以故如是靜慮精進安忍淨戒布施波羅蜜多功德深廣量無邊故佛設利羅由此靜慮精進安忍淨戒布施波羅蜜多而得生故堪受一切世間天人阿素洛等供養恭敬尊重讚歎世尊甚深内空功德分限難可稱讚何以故如是内空功德深廣量

無邊故佛設利羅由此内空而得生故堪受一切世間天人阿素洛等供養恭敬尊重讚歎世尊甚深外空内外空空空大空勝義空有為空無為空畢竟空無際空散空無變異空本性空自相空共相空一切法空不可得空無性空自性空無性自性空功德分限難可稱讚何以故如是外空乃至無性自性空功德深廣量無邊故佛設利羅由此外空乃至無性自性空而得生故堪受一切世間天人阿素洛等供養恭敬尊重讚歎世尊甚深真如功德分限難可稱讚何以故如是真如功德深廣量無邊故佛設利羅由此真如而得生故堪受一切世間天人阿素洛等供養恭敬尊重讚歎世尊甚深法界法性不虚妄性不變異性平等性離生性法定法住實際虚空界不思議界功德分限難可稱讚何以故如是法界乃至不思議界功德深廣量無邊故佛設利羅由此法界乃至不思議界而得生故堪受一切世間天人阿素洛等供

養恭敬尊重讚歎世尊甚深苦聖諦功德分限難可稱讚何以故如是苦聖諦功德深廣量無邊故佛設利羅由此苦聖諦而得生故堪受一切世間天人阿素洛等供養恭敬尊重讚歎世尊甚深集滅道聖諦功德分限難可稱讚何以故如是集滅道聖諦功德深廣量無邊故佛設利羅由此集滅道聖諦而得生故堪受一切世間天人阿素洛等供養恭敬尊重讚歎世尊甚深四靜慮功德分限難可稱讚何以故如是四靜慮功德深廣量無邊故佛設利羅由此四靜慮而得生故堪受一切世間天人阿素洛等供養恭敬尊重讚歎世尊甚深四無量四無色定功德分限難可稱讚何以故如是四無量四無色定功德深廣量無邊故佛設利羅由此四無量四無色定而得生故堪受一切世間天人阿素洛等供養恭敬尊重讚歎世尊甚深八解脱功德分限難可稱讚何以故如是八解脱功德深廣量無邊故佛設利羅由此八解脱而

得生故堪受一切世間天人阿素洛等供養恭敬尊重讚歎世尊甚深八勝處九次第定十遍處功德分限難可稱讚何以故如是八勝處九次第定十遍處功德深廣量無邊故佛設利羅由此八勝處九次第定十遍處而得生故堪受一切世間天人阿素洛等供養恭敬尊重讚歎世尊甚深四念住功德分限難可稱讚何以故如是四念住功德深廣量無邊故佛設利羅由此四念住而得生故堪受一切世間天人阿素洛等供養恭敬尊重讚歎世尊甚深四正斷四神足五根五力七等覺支八聖道支功德分限難可稱讚何以故如是四正斷四神足五根五力七等覺支八聖道支功德深廣量無邊故佛設利羅由此四正斷四神足五根五力七等覺支八聖道支而得生故堪受一切世間天人阿素洛等供養恭敬尊重讚歎世尊甚深空解脫門功德分限難可稱讚何以故如是空解脫門功德深廣量無邊故佛設利羅由此空解脫門而得生故堪受一切世間天人阿素洛等供養恭敬尊重讚歎世尊甚深無相無願解脫門功德分限難可稱讚何以故如是無相無願解脫門功德深廣量無邊故佛設利羅由此無相無願解脫門而得生故堪受一切世間天人阿素洛等供養恭敬尊重讚歎世尊甚深五眼功德分限難可稱讚何以故如是五眼功德深廣量無邊故佛設利羅由此五眼而得生故堪受一切世間天人阿素洛等供養恭敬尊重讚歎世尊甚深六神通功德分限難可稱讚何以故如是六神通功德深廣量無邊故佛設利羅由此六神通而得生故堪受一切世間天人阿素洛等供養恭敬尊重讚歎世尊甚深佛十力功德分限難可稱讚何以故如是佛十力功德深廣量無邊故佛設利羅由此佛十力而得生故堪受一切世間天人阿素洛等供養恭敬尊重讚歎世尊甚深四無所畏四無礙解大慈大悲大喜大捨十八佛不共法功德分限難可稱讚何以故如是四無所畏四無礙解大慈大悲大喜大捨十八佛不共法功德深廣量無邊故佛設利羅由此四無所畏四無礙解大慈大悲大喜大捨十八佛不共法而得生故堪受一切世間天人阿素洛等供養恭敬尊重讚歎世尊甚深一切陀羅尼門功德分限難可稱讚何以故如是一切陀羅尼門功德深廣量無邊故佛設利羅由此一切陀羅尼門而得生故堪受一切世間天人阿素洛等供養恭敬尊重讚歎世尊甚深一切三摩地門功德分限難可稱讚何以故如是一切三摩地門功德深廣量無邊故佛設利羅由此一切三摩地門而得生故堪受一切世間天人阿素洛等供養恭敬尊重讚歎世尊甚深一切智功德分限難可稱讚何以故如是一切智功德深廣量無邊故佛設利羅由此一切智而得生故堪受一切世間天人阿素洛等供養恭敬尊重讚歎世尊甚深道相智一切相智功德分限難可稱讚何以故

如是道相智一切相智功德深廣量無邊故佛設利羅由此道相智一切相智而得生故堪受一切世間天人阿素洛等供養恭敬尊重讚歎世尊甚深無忘失法功德分限難可稱讚何以故如是無忘失法功德深廣量無邊故佛設利羅由此無忘失法而得生故堪受一切世間天人阿素洛等供養恭敬尊重讚歎世尊甚深恒住捨性功德分限難可稱讚何以故如是恒住捨性功德深廣量無邊故佛設利羅由此恒住捨性而得生故堪受一切世間天人阿素洛等供養恭敬尊重讚歎世尊甚深永斷一切相續煩惱習氣功德分限難可稱讚何以故如是永斷一切相續煩惱習氣功德深廣量無邊故佛設利羅由此永斷一切相續煩惱習氣而得生故堪受一切世間天人阿素洛等供養恭敬尊重讚歎

復次世尊佛設利羅是極圓滿甚深般若波羅蜜多所熏修故是極清淨甚深般若波羅蜜多所依器故堪受

一切世間天人阿素洛等供養恭敬尊重讚歎世尊佛設利羅是極圓滿靜慮精進安忍淨戒布施波羅蜜多所熏修故是極清淨靜慮精進安忍淨戒布施波羅蜜多所依器故堪受一切世間天人阿素洛等供養恭敬尊重讚歎世尊佛設利羅是極圓滿安住內空所熏修故是極清淨安住內空所依器故堪受一切世間天人阿素洛等供養恭敬尊重讚歎世尊佛設利羅是極圓滿安住外空內外空空空大空勝義空有為空無為空畢竟空無際空散空無變異空本性空自相空共相空一切法空不可得空無性空自性空無性自性空所熏修故是極清淨安住外空乃至無性自性空所依器故堪受一切世間天人阿素洛等供養恭敬尊重讚歎世尊佛設利羅是極圓滿安住真如所熏修故是極清淨安住真如所依器故堪受一切世間天人阿素洛等供養恭敬尊重讚歎世尊佛設利羅是極圓滿安住法界法性不虛妄性不

變異性平等性離生性法定法住實際虛空界不思議界所熏修故是極清淨安住法界乃至不思議界所依器故堪受一切世間天人阿素洛等供養恭敬尊重讚歎世尊佛設利羅是極圓滿安住苦聖諦所熏修故是極清淨安住苦聖諦所依器故堪受一切世間天人阿素洛等供養恭敬尊重讚歎世尊佛設利羅是極圓滿安住集滅道聖諦所熏修故是極清淨安住集滅道聖諦所依器故堪受一切世間天人阿素洛等供養恭敬尊重讚歎世尊佛設利羅是極圓滿四靜慮所熏修故是極清淨四靜慮所依器故堪受一切世間天人阿素洛等供養恭敬尊重讚歎世尊佛設利羅是極圓滿四無量四無色定所熏修故是極清淨四無量四無色定所依器故堪受一切世間天人阿素洛等供養恭敬尊重讚歎世尊佛設利羅是極圓滿八解脫所熏修故是極清淨八解脫所依器故堪受一切世間天人阿素洛等供養恭敬尊重

讚歎世尊佛設利羅是極圓滿八勝處九次第定十遍處所薰修故是極清淨八勝處九次第定十遍處所依器故堪受一切世間天人阿素洛等供養恭敬尊重讚歎世尊佛設利羅是極圓滿四念住所薰修故是極清淨四念住所依器故堪受一切世間天人阿素洛等供養恭敬尊重讚歎世尊佛設利羅是極圓滿四正斷四神足五根五力七等覺支八聖道支所薰修故是極清淨四正斷四神足五根五力七等覺支八聖道支所依器故堪受一切世間天人阿素洛等供養恭敬尊重讚歎世尊佛設利羅是極圓滿空解脫門所薰修故是極清淨空解脫門所依器故堪受一切世間天人阿素洛等供養恭敬尊重讚歎世尊佛設利羅是極圓滿無相無願解脫門所薰修故是極清淨無相無願解脫門所依器故堪受一切世間天人阿素洛等供養恭敬尊重讚歎世尊佛設利羅是極圓滿五眼所薰修故是極清淨五眼所依器故

堪受一切世間天人阿素洛等供養恭敬尊重讚歎世尊佛設利羅是極圓滿六神通所薰修故是極清淨六神通所依器故堪受一切世間天人阿素洛等供養恭敬尊重讚歎世尊佛設利羅是極圓滿佛十力所薰修故是極清淨佛十力所依器故堪受一切世間天人阿素洛等供養恭敬尊重讚歎世尊佛設利羅是極圓滿四無所畏四無礙解大慈大悲大喜大捨十八佛不共法所薰修故是極清淨四無所畏四無礙解大慈大悲大喜大捨十八佛不共法所依器故堪受一切世間天人阿素洛等供養恭敬尊重讚歎世尊佛設利羅是極圓滿一切陀羅尼門所薰修故是極清淨一切陀羅尼門所依器故堪受一切世間天人阿素洛等供養恭敬尊重讚歎世尊佛設利羅是極圓滿一切三摩地門所薰修故是極清淨一切三摩地門所依器故堪受一切世間天人阿素洛等供養恭敬尊重讚歎世尊佛設利羅是極圓滿一切

智所薰修故是極清淨一切智所依器故堪受一切世間天人阿素洛等供養恭敬尊重讚歎世尊佛設利羅是極圓滿道相智一切相智所薰修故是極清淨道相智一切相智所依器故堪受一切世間天人阿素洛等供養恭敬尊重讚歎世尊佛設利羅是極圓滿無忘失法所薰修故是極清淨無忘失法所依器故堪受一切世間天人阿素洛等供養恭敬尊重讚歎世尊佛設利羅是極圓滿恒住捨性所薰修故是極清淨恒住捨性所依器故堪受一切世間天人阿素洛等供養恭敬尊重讚歎世尊佛設利羅是極圓滿永斷一切相續煩惱習氣所薰修故是極清淨永斷一切相續煩惱習氣所依器故堪受一切世間天人阿素洛等供養恭敬尊重讚歎世尊佛設利羅是極圓滿功德珍寶波羅蜜多所薰修故是極清淨功德珍寶波羅蜜多所依器故堪受一切世間天人阿素洛等供養恭敬尊重讚歎世尊佛設利羅是極圓滿

無染無淨波羅蜜多所薰修故是極清淨無染無淨波羅蜜多所依器故堪受一切世間天人阿素洛等供養恭敬尊重讚歎世尊佛設利羅是極圓滿無生無滅波羅蜜多所薰修故是極清淨無生無滅波羅蜜多所依器故堪受一切世間天人阿素洛等供養恭敬尊重讚歎世尊佛設利羅是極圓滿無入無出波羅蜜多所薰修故是極清淨無入無出波羅蜜多所依器故堪受一切世間天人阿素洛等供養恭敬尊重讚歎世尊佛設利羅是極圓滿無增無減波羅蜜多所薰修故是極清淨無增無減波羅蜜多所依器故堪受一切世間天人阿素洛等供養恭敬尊重讚歎世尊佛設利羅是極圓滿無來無去波羅蜜多所薰修故是極清淨無來無去波羅蜜多所依器故堪受一切世間天人阿素洛等供養恭敬尊重讚歎世尊佛設利羅是極圓滿無動無止波羅蜜多所薰修故是極清淨無動無止波羅蜜多所依器故堪受一切世間天人阿素洛等供養恭敬尊重讚歎世尊佛設利羅是極圓滿無此無彼波羅蜜多所薰修故是極清淨無此無彼波羅蜜多所依器故堪受一切世間天人阿素洛等供養恭敬尊重讚歎世尊佛設利羅是極圓滿諸法實性波羅蜜多所薰修故是極清淨諸法實性波羅蜜多所依器故堪受一切世間天人阿素洛等供養恭敬尊重讚歎

復次世尊置滿三千大千世界佛設利羅假使充滿十方各如殑伽沙等諸佛世界佛設利羅以為一分書寫如是甚深般若波羅蜜多復為一分此二分中我意寧取如是般若波羅蜜多何以故一切如來應正等覺諸設利羅皆由如是甚深般若波羅蜜多而得生故一切如來應正等覺諸設利羅皆由如是甚深般若波羅蜜多所薰修故一切如來應正等覺諸設利羅皆為如是甚深般若波羅蜜多所依器故堪受一切天龍藥叉健達縛阿素洛揭路茶緊捺洛莫呼洛伽人非人等供養恭敬尊重讚歎世尊若善男子善女人等供養恭敬尊重讚歎佛設利羅是善男子善女人等由此善根於人天中受富貴樂所謂剎帝利大族婆羅門大族長者大族居士大族四大王眾天三十三天夜摩天覩史多天樂變化天他化自在天中受富貴樂即由如是殊勝善根至最後身得盡苦際世尊若善男子善女人等於此般若波羅蜜多至心聽聞受持讀誦書寫解說如理思惟由此般若波羅蜜多便得圓滿如是般若波羅蜜多得圓滿故復令靜慮波羅蜜多而得圓滿如是靜慮波羅蜜多得圓滿故復令精進波羅蜜多而得圓滿如是精進波羅蜜多得圓滿故復令安忍波羅蜜多而得圓滿如是安忍波羅蜜多得圓滿故復令淨戒波羅蜜多而得圓滿如是淨戒波羅蜜多得圓滿故復令布施波羅蜜多而得圓滿世尊由此復令安住內空外空內外空空空大空勝義空有為空無為空畢竟空無際空散

大般若經第百二十八卷　第三十張　[illegible]

空無變異空本性空自相空共相空一切法空不可得空無性空自性空無性自性空而得圓滿世尊由此復令安住真如法界法性不虛妄性不變異性平等性離生性法定法住實際虛空界不思議界而得圓滿世尊由此復令安住苦聖諦集聖諦滅聖諦道聖諦而得圓滿世尊由此復令修習四靜慮四無量四無色定而得圓滿世尊由此復令修習八解脫八勝處九次第定十遍處而得圓滿世尊由此復令修習四念住四正斷四神足五根五力七等覺支八聖道支而得圓滿世尊由此復令修習空解脫門無相解脫門無願解脫門而得圓滿世尊由此復令修習五眼六神通而得圓滿世尊由此復令修習佛十力四無所畏四無礙解大慈大悲大喜大捨十八佛不共法而得圓滿世尊由此復令修習一切智道相智一切相智而得圓滿世尊由此復令修習無忘失法恒住捨性而得圓滿世尊由此復令修習一切陁羅尼門

大般若經第一百二十八卷　第三十一張　[illegible]

一切三摩地門而得圓滿世尊由此復令起聲聞地及獨覺地證入菩薩正性離生既得證入菩薩正性離生位已復得菩薩勝妙神通乘此神通遊諸佛土從一佛國至一佛國供養恭敬尊重讚歎諸佛世尊聽聞正法嚴淨佛土為欲成熟諸有情故起勝思願受種種身或作大轉輪王或作小轉輪王或作大國王或作小國王或生刹帝利大族或生婆羅門大族或生長者大族或生居士大族或為天帝釋或為大梵王或為毗沙門或為持國等隨所應現而作饒益漸次乃至證得無上正等菩提是故世尊我於諸佛設利羅所非不信受非不欣樂供養恭敬尊重讚歎然於如是甚深般若波羅蜜多供養恭敬尊重讚歎所獲功德甚多於彼由是因緣我意寧取如是般若波羅蜜多世尊若善男子善女人等供養恭敬尊重讚歎如是般若波羅蜜多則為增長一切佛法亦為攝受世出世間一切富貴安樂自在如是已為供養恭敬

大般若經第一百二十八卷　第三十二張　[illegible]

尊重讚歎佛設利羅

大般若波羅蜜多經卷第一百二十八

[illegible]

大般若波羅蜜多經卷第一百二十八

校勘記

一 底本，金藏大寶集寺本。

一 二四六頁中一六行「幢幡」，石作「憧幡」。

一 二四六頁中一七行「伎」，磧、南、徑、清作「妓」。

一 二四七頁中六行「所有」，普作「所在」。

一 二四七頁中二二行至二三行「或淡或熱風淡」，普作「或痰或熱風痰」。

一 二四七頁下八行「眯瞖」，石作「眩瞖」，磧、普、南、徑、清作「眩翳」，麗作「眯瞖」。

一 二五二頁中二三行「揭路茶」，磧、普、南、徑、清作「揭路荼」。

大般若波羅蜜多經卷第一百二十九　辰

三藏法師玄奘奉　詔譯

初分校量功德品第三十之二十七

復次世尊若善男子善女人等欲得常見十方無數無邊世界現說妙法一切如來應正等覺法身色身智慧身等當於如是甚深般若波羅蜜多供養恭敬尊重讚歎至心聽聞受持讀誦精勤修學如理思惟廣為有情宣說流布世尊若善男子善女人等欲得常見此佛土中現在如來應正等覺法身色身智慧身等當於如是甚深般若波羅蜜多供養恭敬尊重讚歎至心聽聞受持讀誦精勤修學如理思惟廣為有情宣說流布世尊若善男子善女人等欲得常見十方三世一切如來應正等覺法身色身智慧身等當於如是甚深般若波羅蜜多供養恭敬尊重讚歎至心聽聞受持讀誦精勤修學如理思惟廣為有情宣說流布世尊若善男子善女人等修行般若波羅蜜多應以法性

於諸如來應正等覺修隨佛念世尊法性有二一者有為二者無為云何名為有為法性謂如實知我智有情智命者智生者智養者智士夫智補特伽羅智意生智儒童智作者智受者智知者智見者智若色智受智想智行智識智若眼處智耳處智鼻處智舌處智身處智意處智若色處智聲處智香處智味處智觸處智法處智若眼界智色界智眼識界智眼觸智眼觸為緣所生諸受智若耳界智聲界智耳識界智耳觸智耳觸為緣所生諸受智若鼻界智香界智鼻識界智鼻觸智鼻觸為緣所生諸受智若舌界智味界智舌識界智舌觸智舌觸為緣所生諸受智若身界智觸界智身識界智身觸智身觸為緣所生諸受智若意界智法界智意識界智意觸智意觸為緣所生諸受智若地界智水界智火界智風界智空界智識界智若無明智行智識智名色智六處智觸智受智愛智取智有智生智老死愁歎苦憂惱智若布施波

羅蜜多智淨戒波羅蜜多智安忍波羅蜜多智精進波羅蜜多智靜慮波羅蜜多智般若波羅蜜多智若內空智外空智內外空智空空智大空智勝義空智有為空智無為空智畢竟空智無際空智散空智無變異空智本性空智自相空智共相空智一切法空智不可得空智無性空智自性空智無性自性空智若真如智法界智法性智不虛妄性智不變異性智平等性智離生性智法定智法住智實際智虛空界智不思議界智若苦聖諦智集聖諦智滅聖諦智道聖諦智若四靜慮智四無量智四無色定智若八解脫智八勝處智九次第定智十遍處智若四念住智四正斷智四神足智五根智五力智七等覺支智八聖道支智若空解脫門智無相解脫門智無願解脫門智若五眼智六神通智若佛十力智四無所畏智四無礙解智大慈智大悲智大喜智大捨智十八佛不共法智若無忘失法智恒住捨性智若一切智智道相

智智一切相智智若一切陀羅尼門智一切三摩地門智若預流智一來智不還智阿羅漢智若預流向預流果智一來向一來果智不還向不還果智阿羅漢向阿羅漢果智若獨覺智獨覺菩提智若菩薩摩訶薩智菩薩摩訶薩行智若三藐三佛陀智阿耨多羅三藐三菩提智若善法智不善法智無記法智若過去法智未來法智現在法智若欲界繫法智色界繫法智無色界繫法智若學法智無學法智非學非無學法智若見所斷法智修所斷法智非所斷法智若有色法智無色法智若有見法智無見法智若有對法智無對法智若有漏法智無漏法智若有為法智無為法智若有罪法智無罪法智若世間法智出世間法智若雜染法智清淨法智諸如是等無量門智皆悉名為有為法性云何名為無為法性謂一切法無生無滅無住無異無染無淨無增無減無相無為無性自性云何名為無性自性謂無我性無有情性無

命者性無生者性無養育者性無士夫性無補特伽羅性無意生性無儒童性無作者性無受者性無知者性無見者性若無色性無受想行識性若無眼處性無耳鼻舌身意處性若無色處性無聲香味觸法處性若無眼界性無色界眼識界及眼觸眼觸為緣所生諸受性若無耳界性無聲界耳識界及耳觸耳觸為緣所生諸受性若無鼻界性無香界鼻識界及鼻觸鼻觸為緣所生諸受性若無舌界性無味界舌識界及舌觸舌觸為緣所生諸受性若無身界性無觸界身識界及身觸身觸為緣所生諸受性若無意界性無法界意識界及意觸意觸為緣所生諸受性若無地界性無水火風空識界性若無無明性無行識名色六處觸受愛取有生老死愁歎苦憂惱性若無布施波羅蜜多性無淨戒安忍精進靜慮般若波羅蜜多性若無內空性無外空內外空空空大空勝義空有為空無為空畢竟空無際空散空無變異空本性

空自相空共相空一切法空不可得
空無性空自性空無性自性空性若
無真如性無法界法性不虛妄性不
變異性平等性離生性法定法住實
際虛空界不思議界性若無苦聖諦
性無集滅道聖諦性若無四靜慮性
無四無量四無色定性若無八解脫
性無八勝處九次第定十遍處性若
無四念住性無四正斷四神足五根
五力七等覺支八聖道支性若無空
解脫門性無無相解脫門無願解脫
門性若無五眼性無六神通性若無
佛十力性無四無所畏四無礙解大
慈大悲大喜大捨十八佛不共法性
若無無忘失法性無恒住捨性性若
無一切智性無道相智一切相智性
若無一切陁羅尼門性無一切三摩
地門性若無預流性無一來不還阿
羅漢性若無預流向預流果性無一
來向一來果不還向不還果阿羅漢
向阿羅漢果性若無獨覺性無獨覺
菩提性若無菩薩摩訶薩性無菩薩
摩訶薩行性若無三藐三佛陁性無

阿耨多羅三藐三菩提性若無善法
性無不善無記法性若無過去法性
無未来現在法性若無欲界繫法性
無色界繫無無色界繫法性若無學
法性無無學非學非無學法性若無
見所斷法性無修所斷非所斷法性
若無有色法性無無色法性若無有
見法性無無見法性若無有對法性
無無對法性若無有漏法性無無漏
法性若無有為法性無無為法性若
無有罪法性無無罪法性若無世間
法性無出世間法性若無雜染法性
無清淨法性無如是等無量門性空
無所有無相無狀無言無說無覺無
知如是名為無性自性如是諸法無
性自性皆悉名為無為法性

尒時佛告天帝釋言如是如是如汝
所說憍尸迦過去如来應正等覺皆
因如是甚深般若波羅蜜多已證無
上正等菩提未来如来應正等覺皆
因如是甚深般若波羅蜜多當證無
上正等菩提現在十方無量無數無
邊世界一切如来應正等覺皆因如

是甚深般若波羅蜜多現證無上正
等菩提憍尸迦過去如来應正等覺
聲聞弟子亦因如是甚深般若波羅
蜜多已得預流果已得一来不還阿
羅漢果未来如来應正等覺聲聞弟
子亦因如是甚深般若波羅蜜多當
得預流果當得一来不還阿羅漢果
現在十方無量無數無邊世界一切
如来應正等覺聲聞弟子亦因如是
甚深般若波羅蜜多現得預流果現
得一来不還阿羅漢果憍尸迦過去
獨覺亦因如是甚深般若波羅蜜多
已證獨覺菩提未来獨覺亦因如是
甚深般若波羅蜜多當證獨覺菩提
現在獨覺亦因如是甚深般若波羅
蜜多現證獨覺菩提何以故憍尸迦
如是般若波羅蜜多秘密藏中廣說
三乘相應法故然此所說以無所得
為方便故無性無相為方便故無生
無滅為方便故無染無淨為方便故
無造無作為方便故無入無出為方
便故無增無減為方便故無取無捨
為方便故如是所說由世俗故非勝

義故所以者何如是般若波羅蜜多非般若波羅蜜多非非般若波羅蜜多非此岸非彼岸非中流非陸非水非高非下非平等非不平等非有相非無相非世間非出世間非有漏非无漏非有為非無為非有罪非无罪非有色非無色非有見非无見非有對非無對非善非不善非有記非无記非過去非未來非現在非欲界繫非色界繫非無色界繫非學非无學非非學無學非見所斷非修所斷非非所斷非有非空非境非智非憍尸迦如是般若波羅蜜多不與諸佛法不與菩薩法不與獨覺法不與預流法不與一來法不與不還法不與阿羅漢法不捨異生法

時天帝釋復白佛言世尊如是般若波羅蜜多是大波羅蜜多是無上波羅蜜多是无等等波羅蜜多世尊菩薩摩訶薩修行如是甚深般若波羅蜜多雖知一切有情心行境界差別而不得我不得有情命者生者養者士夫數取趣者意生儒童作者受者

知者見者是菩薩摩訶薩亦不得色不得受想行識是菩薩摩訶薩亦不得眼處不得耳鼻舌身意處是菩薩摩訶薩亦不得色處不得聲香味觸法處是菩薩摩訶薩亦不得眼界不得色界眼識界及眼觸眼觸為緣所生諸受是菩薩摩訶薩亦不得耳界不得聲界耳識界及耳觸耳觸為緣所生諸受是菩薩摩訶薩亦不得鼻界不得香界鼻識界及鼻觸鼻觸為緣所生諸受是菩薩摩訶薩亦不得舌界不得味界舌識界及舌觸舌觸為緣所生諸受是菩薩摩訶薩亦不得身界不得觸界身識界及身觸身觸為緣所生諸受是菩薩摩訶薩亦不得意界不得法界意識界及意觸意觸為緣所生諸受是菩薩摩訶薩亦不得地界不得水火風空識界是菩薩摩訶薩亦不得無明不得行識名色六處觸受愛取有生老死愁歎苦憂惱是菩薩摩訶薩亦不得布施波羅蜜多不得淨戒安忍精進靜慮般若波羅蜜多是菩薩摩訶薩亦不

得內空不得外空內外空空空大空勝義空有為空無為空畢竟空無際空散空無變異空本性空自相空共相空一切法空不可得空無性空自性空無性自性空是菩薩摩訶薩亦不得真如不得法界法性不虛妄性不變異性平等性離生性法定法住實際虛空界不思議界是菩薩摩訶薩亦不得苦聖諦不得集滅道聖諦是菩薩摩訶薩亦不得四靜慮不得四無量四無色定是菩薩摩訶薩亦不得八解脫不得八勝處九次第定十遍處是菩薩摩訶薩亦不得四念住不得四正斷四神足五根五力七等覺支八聖道支是菩薩摩訶薩亦不得空解脫門不得無相無願解脫門是菩薩摩訶薩亦不得五眼不得六神通是菩薩摩訶薩亦不得佛十力不得四無所畏四無礙解大慈大悲大喜大捨十八佛不共法是菩薩摩訶薩亦不得無忘失法不得恒住捨性是菩薩摩訶薩亦不得一切智不得道相智一切相智是菩薩摩訶

薩亦不得一切陁羅尼門不得一切三摩地門是菩薩摩訶薩亦不得預流不得一來不還阿羅漢是菩薩摩訶薩亦不得預流向預流果不得一來向一來果不還向不還果阿羅漢向阿羅漢果是菩薩摩訶薩亦不得獨覺不得獨覺菩提是菩薩摩訶薩亦不得菩薩摩訶薩不得菩薩摩訶薩法是菩薩摩訶薩亦不得三藐三佛陁不得三藐三佛陁法何以故非此般若波羅蜜多因有所得而現前故所以者何甚深般若波羅蜜多都無自性亦不可得能得所得及二依處性相皆空不可得故

爾時佛告天帝釋言如是如是如汝所說何以故憍尸迦菩薩摩訶薩以無所得為方便長夜修行甚深般若波羅蜜多尚不得菩提及薩埵況得菩薩摩訶薩此菩薩摩訶薩既不可得豈得菩薩摩訶薩法菩薩與法尚不可得況得諸佛及諸佛法

時天帝釋復白佛言世尊菩薩摩訶薩為但行般若波羅蜜多亦行餘五

波羅蜜多耶佛言憍尸迦菩薩摩訶薩以無所得為方便具行六種波羅蜜多行布施時不得施者不得受者不得施及施物行淨戒時不得淨戒不得惡戒不得持淨戒者行安忍時不得安忍不得忿恚不得行安忍者行精進時不得精進不得懈怠不得行精進者行靜慮時不得靜慮不得散亂不得行靜慮者行般若時不得般若不得惡慧不得行般若者復次憍尸迦菩薩摩訶薩甚深般若波羅蜜多為尊為導修習一切波羅蜜多令速圓滿是菩薩摩訶薩行布施時甚深般若波羅蜜多為尊為導所修布施波羅蜜多無所執著速得圓滿是菩薩摩訶薩行淨戒時甚深般若波羅蜜多為尊為導所修淨戒波羅蜜多無所執著速得圓滿是菩薩摩訶薩行安忍時甚深般若波羅蜜多為尊為導所修安忍波羅蜜多無所執著速得圓滿是菩薩摩訶薩行精進時甚深般若波羅蜜多為尊為導所修精進波羅蜜多無所執著速得

圓滿是菩薩摩訶薩行靜慮時甚深般若波羅蜜多為尊為導所修靜慮波羅蜜多無所執著速得圓滿是菩薩摩訶薩行般若時甚深般若波羅蜜多為尊為導所修般若波羅蜜多無所執著速得圓滿復次憍尸迦是菩薩摩訶薩於一切法以無所得為方便修習般若波羅蜜多故無執著令所修習速得圓滿是菩薩摩訶薩於色以無所得為方便修習般若波羅蜜多於受想行識以無所得為方便修習般若波羅蜜多由此因緣無所執著令所修習速得圓滿是菩薩摩訶薩於眼處以無所得為方便修習般若波羅蜜多於耳鼻舌身意處以無所得為方便修習般若波羅蜜多由此因緣無所執著令所修習速得圓滿是菩薩摩訶薩於色處以無所得為方便修習般若波羅蜜多於聲香味觸法處以無所得為方便修習般若波羅蜜多由此因緣無所執著令所修習速得圓滿是菩薩摩訶薩於眼界以無所得為方便修習般若

波羅蜜多於色界眼識界及眼觸眼觸為緣所生諸受以無所得為方便修習般若波羅蜜多由此因緣無所執著令所修習速得圓滿是菩薩摩訶薩於耳界以無所得為方便修習般若波羅蜜多於聲界耳識界及耳觸耳觸為緣所生諸受以無所得為方便修習般若波羅蜜多由此因緣無所執著令所修習速得圓滿是菩薩摩訶薩於鼻界以無所得為方便修習般若波羅蜜多於香界鼻識界及鼻觸鼻觸為緣所生諸受以無所得為方便修習般若波羅蜜多由此因緣無所執著令所修習速得圓滿是菩薩摩訶薩於舌界以無所得為方便修習般若波羅蜜多於味界舌識界及舌觸舌觸為緣所生諸受以無所得為方便修習般若波羅蜜多由此因緣無所執著令所修習速得圓滿是菩薩摩訶薩於身界以無所得為方便修習般若波羅蜜多於觸界身識界及身觸身觸為緣所生諸受以無所得為方便修習般若波羅

蜜多由此因緣無所執著令所修習速得圓滿是菩薩摩訶薩於意界以無所得為方便修習般若波羅蜜多於法界意識界及意觸意觸為緣所生諸受以無所得為方便修習般若波羅蜜多由此因緣無所執著令所修習速得圓滿是菩薩摩訶薩於地界以無所得為方便修習般若波羅蜜多於水火風空識界以無所得為方便修習般若波羅蜜多由此因緣無所執著令所修習速得圓滿是菩薩摩訶薩於無明以無所得為方便修習般若波羅蜜多於行識名色六處觸受愛取有生老死愁歎苦憂惱以無所得為方便修習般若波羅蜜多由此因緣無所執著令所修習速得圓滿是菩薩摩訶薩於內空以無所得為方便修習般若波羅蜜多於外空內外空空空大空勝義空有為空無為空畢竟空無際空散空無變異空本性空自相空共相空一切法空不可得空無性空自性空無性自性空以無所得為方便修習般若波

羅蜜多由此因緣無所執著令所修習速得圓滿是菩薩摩訶薩於真如以無所得為方便修習般若波羅蜜多於法界法性不虛妄性不變異性平等性離生性法定法住實際虛空界不思議界以無所得為方便修習般若波羅蜜多由此因緣無所執著令所修習速得圓滿是菩薩摩訶薩於苦聖諦以無所得為方便修習般若波羅蜜多於集滅道聖諦以無所得為方便修習般若波羅蜜多由此因緣無所執著令所修習速得圓滿是菩薩摩訶薩於布施波羅蜜多以無所得為方便修習般若波羅蜜多於淨戒安忍精進靜慮般若波羅蜜多以無所得為方便修習般若波羅蜜多由此因緣無所執著令所修習速得圓滿是菩薩摩訶薩於四靜慮以無所得為方便修習般若波羅蜜多於四無量四無色定以無所得為方便修習般若波羅蜜多由此因緣無所執著令所修習速得圓滿是菩薩摩訶薩於八解脫以無所得為方

便修習般若波羅蜜多於八勝處九次第定十遍處以無所得為方便修習般若波羅蜜多由此因緣無所執著令所修習速得圓滿是菩薩摩訶薩於四念住以無所得為方便修習般若波羅蜜多於四正斷四神足五根五力七等覺支八聖道支以無所得為方便修習般若波羅蜜多由此因緣無所執著令所修習速得圓滿是菩薩摩訶薩於空解脫門以無所得為方便修習般若波羅蜜多於無相無願解脫門以無所得為方便修習般若波羅蜜多由此因緣無所執著令所修習速得圓滿是菩薩摩訶薩於五眼以無所得為方便修習般若波羅蜜多於六神通以無所得為方便修習般若波羅蜜多由此因緣無所執著令所修習速得圓滿是菩薩摩訶薩於佛十力以無所得為方便修習般若波羅蜜多於四無所畏四無礙解大慈大悲大喜大捨十八佛不共法以無所得為方便修習般若波羅蜜多由此因緣無所執著令所修習速得圓滿是菩薩摩訶薩於無忘失法以無所得為方便修習般若波羅蜜多於恒住捨性以無所得為方便修習般若波羅蜜多由此因緣無所執著令所修習速得圓滿是菩薩摩訶薩於一切智以無所得為方便修習般若波羅蜜多於道相智一切相智以無所得為方便修習般若波羅蜜多由此因緣無所執著令所修習速得圓滿是菩薩摩訶薩於一切陀羅尼門以無所得為方便修習般若波羅蜜多於一切三摩地門以無所得為方便修習般若波羅蜜多由此因緣無所執著令所修習速得圓滿是菩薩摩訶薩於預流以無所得為方便修習般若波羅蜜多於一來不還阿羅漢以無所得為方便修習般若波羅蜜多由此因緣無所執著令所修習速得圓滿是菩薩摩訶薩於預流向預流果以無所得為方便修習般若波羅蜜多於一來向一來果不還向不還果阿羅漢向阿羅漢果以無所得為方便修習般若波羅蜜多由此因緣無所執著令所修習速得圓滿是菩薩摩訶薩於獨覺以無所得為方便修習般若波羅蜜多於獨覺菩提以無所得為方便修習般若波羅蜜多由此因緣無所執著令所修習速得圓滿是菩薩摩訶薩於菩薩摩訶薩以無所得為方便修習般若波羅蜜多於菩薩摩訶薩行以無所得為方便修習般若波羅蜜多由此因緣無所執著令所修習速得圓滿是菩薩摩訶薩於三藐三佛陀以無所得為方便修習般若波羅蜜多於無上正等菩提以無所得為方便修習般若波羅蜜多由此因緣無所執著令所修習速得圓滿

憍尸迦如贍部洲所有諸樹枝條莖幹花葉果實雖有種種形色不同而其陰影都無差別如是布施淨戒安忍精進靜慮波羅蜜多雖各有異而由般若波羅蜜多攝受迴向一切智智以無所得為方便故亦無差別

尒時天帝釋白佛言世尊如是般若波羅蜜多成就廣大殊勝功德如是

般若波羅蜜多成就一切殊勝功德如是般若波羅蜜多成就無量殊勝功德如是般若波羅蜜多成就圓滿殊勝功德如是般若波羅蜜多成就無邊殊勝功德如是般若波羅蜜多成就無對殊勝功德如是般若波羅蜜多成就無盡殊勝功德如是般若波羅蜜多成就無分限殊勝功德如是般若波羅蜜多成就無等等殊勝功德如是般若波羅蜜多成就難思議殊勝功德如是般若波羅蜜多成就不可說殊勝功德世尊若善男子善女人等書寫如是甚深般若波羅蜜多衆寶嚴飾以無量種上妙花鬘塗散等香衣服瓔珞寶幢幡蓋衆妙珍奇伎樂燈明盡諸所有供養恭敬尊重讚歎依此經說如理思惟有善男子善女人等書寫如是甚深般若波羅蜜多施他受持廣令流布此二福聚何者為多佛言憍尸迦我還問汝隨汝意荅若善男子善女人等從他請得佛設利羅以寶函盛置高勝處復持無量上妙花鬘塗散等香衣服瓔珞寶幢幡蓋衆妙珍奇伎樂燈明盡諸所有供養恭敬尊重讚歎有善男子善女人等從他請得佛設利羅分施與他如芥子許令彼敬受如法安置復以無量上妙花鬘塗散等香衣服瓔珞寶幢幡蓋衆妙珍奇伎樂燈明盡諸所有供養恭敬尊重讚歎於意云何如是前後二種福聚何者為多天帝釋言世尊如我解佛所說法義若善男子善女人等從他請得佛設利羅以寶函盛置高勝處復持無量上妙花鬘塗散等香衣服瓔珞寶幢幡蓋衆妙珍奇伎樂燈明盡諸所有供養恭敬尊重讚歎有善男子善女人等從他請得佛設利羅分施與他如芥子許令彼敬受如法安置復以無量上妙花鬘塗散等香衣服瓔珞寶幢幡蓋衆妙珍奇伎樂燈明盡諸所有供養恭敬尊重讚歎此二福聚後者為多何以故一切如來應正等覺本以大悲觀有情類應於諸佛設利羅所歸敬供養而得度者以金剛喻三摩地力碎金剛身令如芥子復以深廣大悲神力加持如是佛設利羅令於如來般涅槃後有得一粒如芥子量種種供養其福無邊於天人中受諸妙樂乃至窮後得盡苦際故施他者其福為多

大般若波羅蜜多經卷第一百二十九

大般若波羅蜜多經卷第一百二十九

校勘記

一 底本，金藏大寶集寺本。

一 二五六頁中一二行「非無學」，磧作「非非學」。

一 二五七頁中四行「無色界繫」，磧、普、南、徑、清作「無色界繫法性」。

一 二五七頁中四行「無無色界繫法性」，麗作「無色界繫法性」。

一 二五七頁中五行「非無學」，磧作「非非學」。

一 二五七頁下一七行「秘密」，磧、南、清作「秘蜜」。

一 二五七頁下二〇行「無滅」，磧作「為滅」。

一 二五八頁上八行至九行「非有記非无記」，徑、清作「非無記」。

一 二五八頁上一一行「非非學無學」，磧、普、南、徑、清作「非非學非非無學」。

一 二五九頁上二行至三行「預流」，石作「預流果」。

一 二五九頁下八行「故無執著」，南、徑、清作「無所執著」。

一 二六二頁上一五行「幢幡」，石作「憧憣」，下同。

一 二六二頁上一六行「伎」，磧、南、徑、清作「妓」，下同。

一 二六二頁中二三行「碎」，磧作「碎」。

大般若波羅蜜多經卷第一百三十　辰

三藏法師玄奘奉　詔譯

初分校量功德品第三十之二十八

介時佛讚天帝釋言善哉善哉如汝所說憍尸迦若善男子善女人等書寫如是甚深般若波羅蜜多衆寶嚴飾以無量種上妙花鬘塗散等香衣服瓔珞寶幢幡蓋衆妙珍奇伎樂燈明盡諸所有供養恭敬尊重讚歎依此經說如理思惟有善男子善女人等書寫如是甚深般若波羅蜜多施他受持廣令流布此二福聚後者為多何以故由施他者能令無量无邊有情得法喜故復次憍尸迦若善男子善女人等能如般若波羅蜜多所說義趣廣為有情分別解說令得正解是善男子善女人等所獲福聚復勝施他此經功德多百千倍憍尸迦敬此法師當如敬佛亦如奉事尊梵行者何以故憍尸迦當知般若波羅蜜多即是如來應正等覺當知如來應正等覺即是般若波羅蜜多當知般若波羅蜜多不異如來應正等覺當知如來應正等覺不異般若波羅蜜多何以故憍尸迦過去未來現在諸佛皆依般若波羅蜜多精勤修學證得无上正等菩提憍尸迦尊梵行者當知即是住不退轉地菩薩摩訶薩是菩薩摩訶薩亦依般若波羅蜜多精勤修學證得无上正等菩提憍尸迦聲聞種性補特伽羅亦依如是甚深般若波羅蜜多精勤修學證得預流一來不還阿羅漢果獨覺種性補特伽羅亦依如是甚深般若波羅蜜多精勤修學漸次證得獨覺菩提菩薩種性補特伽羅亦依如是甚深般若波羅蜜多精勤修學超諸聲聞及獨覺地證入菩薩正性離生復漸修行證得無上正等菩提以是故憍尸迦若善男子善女人等欲以無量上妙花鬘塗散等香衣服瓔珞寶幢幡蓋衆妙珍奇伎樂燈明盡諸所有供養恭敬尊重讚歎現在如來應正等覺當書如是甚深般若波羅蜜多以無量種上妙花鬘塗散等香衣服

瓔珞寶幢幡蓋衆妙珍奇伎樂燈明盡諸所有供養恭敬尊重讚歎憍尸迦我觀是義初得無上正等覺時作是思惟我依誰住誰堪受我供養恭敬尊重讚歎作是念時都不見有一切世間若天若魔若梵若沙門若婆羅門人非人等與我等者況當有勝復自思惟我依此法已證无上正等菩提此法微妙甚深寂靜我當還依此法而住供養恭敬尊重讚歎何謂此法所謂般若波羅蜜多憍尸迦我已成佛尚遵如是甚深般若波羅蜜多依止而住供養恭敬尊重讚歎況善男子善女人等欲求無上正等菩提而不於此甚深般若波羅蜜多至心歸依精勤修學以無量種上妙花鬘塗散等香衣服瓔珞寶幢幡蓋衆妙珍奇伎樂燈明盡諸所有供養恭敬尊重讚歎憍尸迦若善男子善女人等求聲聞乘或獨覺乘亦應於此甚深般若波羅蜜多至心歸依精勤修學以无量種上妙花鬘塗散等香衣服瓔珞寶幢幡蓋衆妙珍奇伎樂

燈明盡諸所有供養恭敬尊重讚歎何以故憍尸迦如是般若波羅蜜多能生菩薩摩訶薩衆從此菩薩摩訶薩衆生諸如來應正等覺依諸如來應正等覺聲聞獨覺而得生故以是故憍尸迦若求大乘求獨覺乘求聲聞乘諸善男子善女人等皆應於此甚深般若波羅蜜多至心歸依精勤修學以无量種上妙花鬘塗散等香衣服瓔珞寶幢幡蓋衆妙珍奇伎樂燈明盡諸所有供養恭敬尊重讚歎所以者何求聲聞者於此般若波羅蜜多精勤修學究竟證得阿羅漢果求獨覺者於此般若波羅蜜多精勤修學究竟證得獨覺菩提求大乘者於此般若波羅蜜多精勤修學究竟證得阿耨多羅三藐三菩提

尒時佛告天帝釋言憍尸迦若善男子善女人等教贍部洲諸有情類皆令修學十善業道於意云何是善男子善女人等由此因緣得福多不天帝釋言甚多世尊甚多善逝佛言憍尸迦若善男子善女人等書寫如是

甚深般若波羅蜜多施他讀誦若轉書寫廣令流布是善男子善女人等所獲福聚甚多於前何以故憍尸迦如是般若波羅蜜多秘密藏中廣說一切無漏之法聲聞種性補特伽羅修學此法速入聲聞正性離生得預流果得一來果得不還果得阿羅漢果獨覺種性補特伽羅修學此法速入獨覺正性離生漸次證得獨覺菩提菩薩種性補特伽羅修學此法速入菩薩正性離生漸次修行諸菩薩行證得无上正等菩提憍尸迦如是般若波羅蜜多秘密藏中廣說一切無漏法者所謂布施波羅蜜多淨戒波羅蜜多安忍波羅蜜多精進波羅蜜多靜慮波羅蜜多般若波羅蜜多内空外空内外空空空大空勝義空有為空無為空畢竟空无際空散空無變異空本性空自相空共相空一切法空不可得空无性空自性空無性自性空真如法界法性不虛妄性不變異性平等性離生性法定法住實際虛空界不思議界苦聖諦智集

聖諦智滅聖諦智道聖諦智無漏四靜慮四無量四無色定八解脫八勝處九次第定十遍處四念住四正斷四神足五根五力七等覺支八聖道支空解脫門無相解脫門無願解脫門五眼六神通佛十力四無所畏四無礙解大慈大悲大喜大捨十八佛不共法無忘失法恒住捨性一切智道相智一切相智一切陀羅尼門一切三摩地門及餘無量無邊佛法皆是此中所說一切無漏之法憍尸迦若善男子善女人等教一有情住預流果所獲福聚猶勝教化一贍部洲諸有情類皆令修學十善業道何以故憍尸迦諸有修行十善業道不免地獄傍生鬼趣若諸有情住預流果便得永脫三惡趣故況教令住一來不還阿羅漢果所獲福聚而不勝彼憍尸迦若善男子善女人等教贍部洲諸有情類皆住預流一來不還阿羅漢果所獲福聚不如有人教一有情令其安住獨覺菩提何以故憍尸迦獨覺菩提所有功德勝預流等百

千倍故憍尸迦若善男子善女人等教贍部洲諸有情類皆令安住獨覺菩提所獲福聚不如有人教一有情令趣無上正等菩提何以故憍尸迦若教有情令趣無上正等菩提則令世間佛眼不斷所以者何由有菩薩摩訶薩故便有預流一來不還阿羅漢果獨覺菩提由有菩薩摩訶薩故便有如來應正等覺證得無上正等菩提由有菩薩摩訶薩故便有佛寶法寶僧寶一切世間歸依供養以是故憍尸迦一切世間若天若魔若梵若沙門若婆羅門及阿素洛人非人等應以無量上妙花鬘塗散等香衣服瓔珞寶幢幡蓋衆妙珍奇伎樂燈明盡諸所有供養恭敬尊重讚歎菩薩摩訶薩憍尸迦由此當知若善男子善女人等書寫如是甚深般若波羅蜜多施他讀誦若轉書寫廣令流布所獲福聚勝前福聚無量無邊何以故如是般若波羅蜜多秘密藏中廣說一切世出世間勝善法故由此般若波羅蜜多秘密藏中所說法故

世間便有刹帝利大族婆羅門大族長者大族居士大族施設可得由此般若波羅蜜多秘密藏中所說法故世間便有四大王衆天三十三天夜摩天覩史多天樂變化天他化自在天施設可得由此般若波羅蜜多秘密藏中所說法故世間便有梵衆天梵輔天梵會天大梵天施設可得由此般若波羅蜜多秘密藏中所說法故世間便有光天少光天無量光天極光淨天施設可得由此般若波羅蜜多秘密藏中所說法故世間便有淨天少淨天無量淨天遍淨天施設可得由此般若波羅蜜多秘密藏中所說法故世間便有廣天少廣天無量廣天廣果天施設可得由此般若波羅蜜多秘密藏中所說法故世間便有無繁天無熱天善現天善見天色究竟天施設可得由此般若波羅蜜多秘密藏中所說法故世間便有空無邊處天識無邊處天無所有處天非想非非想處天施設可得由此般若波羅蜜多秘密藏中所說法故

世間便有布施波羅蜜多淨戒波羅蜜多安忍波羅蜜多精進波羅蜜多静慮波羅蜜多般若波羅蜜多施設可得由此般若波羅蜜多秘密藏中所説法故世間便有内空外空内外空空空大空勝義空有為空無為空畢竟空無際空散空無變異空本性空自相空共相空一切法空不可得空無性空自性空無性自性空施設可得由此般若波羅蜜多秘密藏中所説法故世間便有真如法界法性不虚妄性不變異性平等性離生性法定法住實際虚空界不思議界施設可得由此般若波羅蜜多秘密藏中所説法故世間便有苦聖諦集聖諦滅聖諦道聖諦施設可得由此般若波羅蜜多秘密藏中所説法故世間便有四静慮四無量四無色定施設可得由此般若波羅蜜多秘密藏中所説法故世間便有八解脱八勝處九次第定十遍處施設可得由此般若波羅蜜多秘密藏中所説法故世間便有四念住四正斷四神足五根五力七等覺支八聖道支施設可得由此般若波羅蜜多秘密藏中所説法故世間便有空解脱門無相解脱門無願解脱門施設可得由此般若波羅蜜多秘密藏中所説法故世間便有五眼六神通施設可得由此般若波羅蜜多秘密藏中所説法故世間便有佛十力四無所畏四無礙解大慈大悲大喜大捨十八佛不共法施設可得由此般若波羅蜜多秘密藏中所説法故世間便有無忘失法恒住捨性施設可得由此般若波羅蜜多秘密藏中所説法故世間便有一切智道相智一切相智施設可得由此般若波羅蜜多秘密藏中所説法故世間便有一切陁羅尼門一切三摩地門施設可得由此般若波羅蜜多秘密藏中所説法故世間便有預流一来不還阿羅漢及預流向預流果一来向一来果不還向不還果阿羅漢向阿羅漢果施設可得由此般若波羅蜜多秘密藏中所説法故世間便有獨覺及獨覺菩提施設可得由此般若波羅蜜多秘密藏中所説法故世間便有一切菩薩摩訶薩及諸菩薩摩訶薩行施設可得由此般若波羅蜜多秘密藏中所説法故世間便有一切如来應正等覺及諸無上正等菩提施設可得

復次憍尸迦置贍部洲諸有情類若善男子善女人等教贍部洲東勝身洲諸有情類皆令修學十善業道於意云何是善男子善女人等由此因縁得福多不天帝釋言甚多世尊甚多善逝佛言憍尸迦若善男子善女人等書寫如是甚深般若波羅蜜多施他讀誦若轉書寫廣令流布是善男子善女人等所獲福聚甚多於前何以故憍尸迦如是般若波羅蜜多秘密藏中廣説一切無漏之法聲聞種性補特伽羅修學此法速入聲聞正性離生得預流果得一来果得不還果得阿羅漢果獨覺種性補特伽羅修學此法速入獨覺正性離生漸次證得獨覺菩提菩薩種性補特伽羅修學此法速入菩薩正性離生漸

次修行諸菩薩行證得無上正等菩提憍尸迦如是般若波羅蜜多秘密藏中廣說一切無漏法者所謂布施波羅蜜多淨戒波羅蜜多安忍波羅蜜多精進波羅蜜多靜慮波羅蜜多般若波羅蜜多內空外空內外空空空大空勝義空有為空無為空畢竟空無際空散空無變異空本性空自相空共相空一切法空不可得空無性空自性空無性自性空真如法界法性不虛妄性不變異性平等性離生性法定法住實際虛空界不思議界無漏四靜慮四無量四無色定八解脫八勝處九次第定十遍處四念住四正斷四神足五根五力七等覺支八聖道支空解脫門無相解脫門無願解脫門五眼六神通佛十力四無所畏四無礙解大慈大悲大喜大捨十八佛不共法無忘失法恒住捨性一切智道相智一切相智一切陁羅尼門一切三摩地門及餘無量無邊佛法皆是此中所說一切無漏之法憍尸迦若善男子善女人等教一

有情住預流果所獲福聚猶勝教化南贍部洲東勝身洲諸有情類皆令修學十善業道何以故憍尸迦諸有修行十善業道不免地獄傍生鬼趣若諸有情住預流果便得永脫三惡趣故況教令住一來不還阿羅漢果所獲福聚而不勝彼憍尸迦若善男子善女人等教贍部洲東勝身洲諸有情類皆住預流一來不還阿羅漢果所獲福聚不如有人教一有情令其安住獨覺菩提何以故憍尸迦獨覺菩提所有功德勝預流等百千倍故憍尸迦若善男子善女人等教贍部洲東勝身洲諸有情類皆令安住獨覺菩提所獲福聚不如有人教一有情令趣無上正等菩提何以故憍尸迦若教有情令趣無上正等菩提則令世間佛眼不斷所以者何由有菩薩摩訶薩故便有預流一來不還阿羅漢果獨覺菩提由有菩薩摩訶薩故便有如來應正等覺證得無上正等菩提由有菩薩摩訶薩故便有佛寶法寶僧寶一切世間歸依供養

以是故憍尸迦一切世間若天若魔若梵若沙門若婆羅門及阿素洛人非人等應以無量上妙花鬘塗散等香衣服瓔珞寶幢幡蓋衆妙珍奇伎樂燈明盡諸所有供養恭敬尊重讚歎菩薩摩訶薩憍尸迦由此當知若善男子善女人等書寫如是甚深般若波羅蜜多施他讀誦若轉書寫廣令流布所獲福聚勝前福聚無量無邊何以故如是般若波羅蜜多秘密藏中廣說一切世出世間勝善法故由此般若波羅蜜多秘密藏中所說法故世間便有刹帝利大族婆羅門大族長者大族居士大族施設可得由此般若波羅蜜多秘密藏中所說法故世間便有四大王衆天三十三天夜摩天覩史多天樂變化天他化自在天施設可得由此般若波羅蜜多秘密藏中所說法故世間便有梵衆天梵輔天梵會天大梵天施設可得由此般若波羅蜜多秘密藏中所說法故世間便有光天少光天無量光天極光淨天施設可得由此般若

波羅蜜多秘密藏中所說法故世間便有淨天少淨天無量淨天遍淨天施設可得由此般若波羅蜜多秘密藏中所說法故世間便有廣天少廣天無量廣天廣果天施設可得由此般若波羅蜜多秘密藏中所說法故世間便有無繁天無熱天善現天善見天色究竟天施設可得由此般若波羅蜜多秘密藏中所說法故世間便有空無邊處天識無邊處天無所有處天非想非非想處天施設可得由此般若波羅蜜多秘密藏中所說法故世間便有布施波羅蜜多淨戒波羅蜜多安忍波羅蜜多精進波羅蜜多靜慮波羅蜜多般若波羅蜜多施設可得由此般若波羅蜜多秘密藏中所說法故世間便有內空外空內外空空空大空勝義空有為空無為空畢竟空無際空散空無變異空本性空自相空共相空一切法空不可得空無性空自性空無性自性空施設可得由此般若波羅蜜多秘密藏中所說法故世間便有真如法界

法性不虛妄性不變異性平等性離生性法定法住實際虛空界不思議界施設可得由此般若波羅蜜多秘密藏中所說法故世間便有苦聖諦集聖諦滅聖諦道聖諦施設可得由此般若波羅蜜多秘密藏中所說法故世間便有四靜慮四無量四无色定施設可得由此般若波羅蜜多秘密藏中所說法故世間便有八解脫八勝處九次第定十遍處施設可得由此般若波羅蜜多秘密藏中所說法故世間便有四念住四正斷四神足五根五力七等覺支八聖道支施設可得由此般若波羅蜜多秘密藏中所說法故世間便有空解脫門無相解脫門无願解脫門施設可得由此般若波羅蜜多秘密藏中所說法故世間便有五眼六神通施設可得由此般若波羅蜜多秘密藏中所說法故世間便有佛十力四無所畏四无㝵解大慈大悲大喜大捨十八佛不共法施設可得由此般若波羅蜜多秘密藏中所說法故世間便有無

忘失法恒住捨性施設可得由此般若波羅蜜多秘密藏中所說法故世間便有一切智道相智一切相智施設可得由此般若波羅蜜多秘密藏中所說法故世間便有一切陁羅尼門一切三摩地門施設可得由此般若波羅蜜多秘密藏中所說法故世間便有預流一來不還阿羅漢及預流向預流果一來向一來果不還向不還果阿羅漢向阿羅漢果施設可得由此般若波羅蜜多秘密藏中所說法故世間便有獨覺及獨覺菩提施設可得由此般若波羅蜜多秘密藏中所說法故世間便有一切菩薩摩訶薩及諸菩薩摩訶薩行施設可得由此般若波羅蜜多秘密藏中所說法故世間便有一切如來應正等覺及諸無上正等菩提施設可得

復次憍尸迦置贍部洲東勝身洲諸有情類若善男子善女人等教贍部洲東勝身洲西牛貨洲諸有情類皆令修學十善業道於意云何是善男子善女人等由此因緣得福多不天

帝釋言甚多世尊甚多善逝佛言憍尸迦若善男子善女人等書寫如是甚深般若波羅蜜多施他讀誦若轉書寫廣令流布是善男子善女人等所獲福聚甚多於前何以故憍尸迦如是般若波羅蜜多秘密藏中廣說一切無漏之法聲聞種性補特伽羅修學此法速入聲聞正性離生得預流果得一來果得不還果得阿羅漢果獨覺種性補特伽羅修學此法速入獨覺正性離生漸次證得獨覺菩提菩薩種性補特伽羅修學此法速入菩薩正性離生漸次修行諸菩薩行證得无上正等菩提憍尸迦如是般若波羅蜜多秘密藏中廣說一切無漏法者所謂布施波羅蜜多淨戒波羅蜜多安忍波羅蜜多精進波羅蜜多靜慮波羅蜜多般若波羅蜜多內空外空內外空空空大空勝義空有為空无為空畢竟空無際空散空無變異空本性空自相空共相空一切法空不可得空無性空自性空无性自性空真如法界法性不虛妄性

不變異性平等性離生性法定法住實際虛空界不思議界无漏四靜慮四無量四无色定八解脫八勝處九次第定十遍處四念住四正斷四神足五根五力七等覺支八聖道支空解脫門無相解脫門无願解脫門五眼六神通佛十力四無所畏四无㝵解大慈大悲大喜大捨十八佛不共法無忘失法恒住捨性一切智道相智一切相智一切陁羅尼門一切三摩地門及餘无量無邊佛法皆是此中所說一切无漏之法憍尸迦若善男子善女人等教一有情住預流果所獲福聚猶勝教化南贍部洲東勝身洲西牛貨洲諸有情類皆令修學十善業道何以故憍尸迦諸有修行十善業道不免地獄傍生鬼趣若諸有情住預流果便得永脫三惡趣故況教令住一來不還阿羅漢果所獲福聚而不勝彼憍尸迦若善男子善女人等教贍部洲東勝身洲西牛貨洲諸有情類皆住預流一來不還阿羅漢果所獲福聚不如有人教一有

情令其安住獨覺菩提何以故憍尸迦獨覺菩提所有功德勝預流等百千倍故憍尸迦若善男子善女人等教贍部洲東勝身洲西牛貨洲諸有情類皆令安住獨覺菩提所獲福聚不如有人教一有情令趣無上正等菩提何以故憍尸迦若教有情令趣无上正等菩提則令世間佛眼不斷所以者何由有菩薩摩訶薩故便有預流一來不還阿羅漢果獨覺菩提由有菩薩摩訶薩故便有如來應正等覺證得無上正等菩提由有菩薩摩訶薩故便有佛寶法寶僧寶一切世間歸依供養以是故憍尸迦一切世間若天若魔若梵若沙門若婆羅門及阿素洛人非人等應以无量上妙花鬘塗散等香衣服瓔珞寶幢幡蓋衆妙珍奇伎樂燈明盡諸所有供養恭敬尊重讚歎菩薩摩訶薩憍尸迦由此當知若善男子善女人等書寫如是甚深般若波羅蜜多施他讀誦若轉書寫廣令流布所獲福聚勝前福聚無量无邊何以故如是般若

波羅蜜多秘密藏中廣說一切世出世間勝善法故由此般若波羅蜜多秘密藏中所說法故世間便有剎帝利大族婆羅門大族長者大族居士大族施設可得由此般若波羅蜜多秘密藏中所說法故世間便有四大王衆天三十三天夜摩天覩史多天樂變化天他化自在天施設可得由此般若波羅蜜多秘密藏中所說法故世間便有梵衆天梵輔天梵會天大梵天施設可得由此般若波羅蜜多秘密藏中所說法故世間便有光天少光天無量光天極光淨天施設可得由此般若波羅蜜多秘密藏中所說法故世間便有淨天少淨天无量淨天遍淨天施設可得由此般若波羅蜜多秘密藏中所說法故世間便有廣天少廣天無量廣天廣果天施設可得由此般若波羅蜜多秘密藏中所說法故世間便有无繁天無熱天善現天善見天色究竟天施設可得由此般若波羅蜜多秘密藏中所說法故世間便有空无邊處天識無邊處天无所有處天非想非非想處天施設可得由此般若波羅蜜多秘密藏中所說法故世間便有布施波羅蜜多淨戒波羅蜜多安忍波羅蜜多精進波羅蜜多靜慮波羅蜜多般若波羅蜜多施設可得由此般若波羅蜜多秘密藏中所說法故世間便有內空外空內外空空空大空勝義空有為空無為空畢竟空无際空散空無變異空本性空自相空共相空一切法空不可得空无性空自性空無性自性空施設可得由此般若波羅蜜多秘密藏中所說法故世間便有真如法界法性不虛妄性不變異性平等性離生性法定法住實際虛空界不思議界施設可得由此般若波羅蜜多秘密藏中所說法故世間便有苦聖諦集聖諦滅聖諦道聖諦施設可得由此般若波羅蜜多秘密藏中所說法故世間便有四靜慮四無量四无色定施設可得由此般若波羅蜜多秘密藏中所說法故世間便有八解脫八勝處九次第定十遍處施設可得由此般若波羅蜜多秘密藏中所說法故世間便有四念住四正斷四神足五根五力七等覺支八聖道支施設可得由此般若波羅蜜多秘密藏中所說法故世間便有空解脫門无相解脫門無願解脫門施設可得由此般若波羅蜜多秘密藏中所說法故世間便有五眼六神通施設可得由此般若波羅蜜多秘密藏中所說法故世間便有佛十力四無所畏四无导解大慈大悲大喜大捨十八佛不共法施設可得由此般若波羅蜜多秘密藏中所說法故世間便有無忘失法恒住捨性施設可得由此般若波羅蜜多秘密藏中所說法故世間便有一切智道相智一切相智施設可得由此般若波羅蜜多秘密藏中所說法故世間便有一切陁羅尼門一切三摩地門施設可得由此般若波羅蜜多秘密藏中所說法故世間便有預流一來不還阿羅漢及預流向預流果一來向一来果不還向不還果阿羅漢向阿

羅漢果施設可得由此般若波羅蜜多秘密藏中所說法故世間便有獨覺及獨覺菩提施設可得由此般若波羅蜜多秘密藏中所說法故世間便有一切菩薩摩訶薩及諸菩薩摩訶薩行施設可得由此般若波羅蜜多秘密藏中所說法故世間便有一切如來應正等覺及諸無上正等菩提施設可得

大般若波羅蜜多經卷第一百三十

大般若波羅蜜多經卷第一百三十

校勘記

一　底本，金藏大寶集寺本。

一　二六四頁中一行「卷第一百三十」，清作「卷第一百二十」。

一　二六四頁中八行「伎」，磧、南、徑、清作「妓」，下同。

一　二六六頁下一八行「無繁天」，磧、普、南、徑、清作「無煩天」，下同。

一　二六六頁下二〇行「秘密」，清作「秘蜜」。

一　二六七頁中一三行、一五行「秘密」，南作「秘蜜」。

一　二六七頁下一行「可得」，麗作「得可」。

一　二六八頁中一行「有情」，麗作「有有情」。

一　二六八頁下六行「摩訶薩」，石作「摩訶薩故」。

一　二七〇頁上六行「秘密」，磧作「秘蜜」。

一　二七一頁上一七行「秘密」，磧、南作「秘蜜」。

一　二七一頁下二一行「所說」，徑作「所設」。

一　二七二頁上八行「諸無」，磧、麗作「諸佛無」。

大般若波羅蜜多經卷第一百三十一　宙

初分校量功德品第三十之二十九

三藏法師玄奘奉　詔譯

復次憍尸迦置贍部洲東勝身洲西牛貨洲諸有情類若善男子善女人等教贍部洲東勝身洲西牛貨洲北俱盧洲諸有情類皆令修學十善業道於意云何是善男子善女人等由此因緣得福多不天帝釋言甚多世尊甚多善逝佛言憍尸迦若善男子善女人等書寫如是甚深般若波羅蜜多施他讀誦若轉書寫廣令流布是善男子善女人等所獲福聚甚多於前何以故憍尸迦如是般若波羅蜜多秘密藏中廣說一切無漏之法聲聞種性補特伽羅修學此法速入聲聞正性離生得預流果得一來果得不還果得阿羅漢果獨覺種性補特伽羅修學此法速入獨覺正性離生漸次證得獨覺菩提菩薩種性補特伽羅修學此法速入菩薩正性離生漸次修行諸菩薩行證得無上正

等菩提憍尸迦如是般若波羅蜜多秘密藏中廣說一切無漏法者所謂布施波羅蜜多淨戒波羅蜜多安忍波羅蜜多精進波羅蜜多靜慮波羅蜜多般若波羅蜜多內空外空內外空空空大空勝義空有為空无為空畢竟空無際空散空無變異空本性空自相空共相空一切法空不可得空無性空自性空无性自性空真如法界法性不虛妄性不變異性平等性離生性法定法住實際虛空界不思議界無漏四靜慮四无量四無色定八解脫八勝處九次第定十遍處四念住四正斷四神足五根五力七等覺支八聖道支空解脫門無相解脫門无願解脫門五眼六神通佛十力四無所畏四无㝵解大慈大悲大喜大捨十八佛不共法一切智道相智一切相智一切陀羅尼門一切三摩地門及餘無量无邊佛法皆是此中所說一切無漏之法憍尸迦若善男子善女人等教一有情住預流果所獲福聚猶勝教化南贍部洲東勝身

洲西牛貨洲北俱盧洲諸有情類皆令修學十善業道何以故憍尸迦諸有修行十善業道不免地獄傍生鬼趣若諸有情住預流果便得永脫三惡趣故況教令住一來不還阿羅漢果所獲福聚而不勝彼憍尸迦若善男子善女人等教贍部洲東勝身洲西牛貨洲北俱盧洲諸有情類皆住預流一來不還阿羅漢果所獲福聚不如有人教一有情令其安住獨覺菩提何以故憍尸迦獨覺菩提所有功德勝預流等百千倍故憍尸迦若善男子善女人等教贍部洲東勝身洲西牛貨洲北俱盧洲諸有情類皆令安住獨覺菩提所獲福聚不如有人教一有情令趣無上正等菩提何以故憍尸迦若教有情令趣無上正等菩提則令世間佛眼不斷所以者何由有菩薩摩訶薩故便有預流一來不還阿羅漢果獨覺菩提由有菩薩摩訶薩故便有如來應正等覺諸得無上正等菩提由有菩薩摩訶薩故便有佛寶法寶僧寶一切世間歸

依供養以是故憍尸迦一切世間若天若魔若梵若沙門若婆羅門及阿素洛人非人等應以無量上妙花鬘塗散等香衣服瓔珞寶幢幡蓋衆妙珍奇伎樂燈明盡諸所有供養恭敬尊重讚歎菩薩摩訶薩憍尸迦由此當知若善男子善女人等書寫如是甚深般若波羅蜜多施他讀誦若轉書寫廣令流布所獲福聚勝前福聚無量無邊何以故如是般若波羅蜜多秘密藏中廣說一切世出世間勝善法故由此般若波羅蜜多秘密藏中所說法故世間便有刹帝利大族婆羅門大族長者大族居士大族施設可得由此般若波羅蜜多秘密藏中所說法故世間便有四大王衆天三十三天夜摩天覩史多天樂變化天他化自在天施設可得由此般若波羅蜜多秘密藏中所說法故世間便有梵衆天梵輔天梵會天大梵天施設可得由此般若波羅蜜多秘密藏中所說法故世間便有光天少光天無量光天極光淨天施設可得由此

般若波羅蜜多秘密藏中所說法故世間便有淨天少淨天無量淨天遍淨天施設可得由此般若波羅蜜多秘密藏中所說法故世間便有廣天少廣天無量廣天廣果天施設可得由此般若波羅蜜多秘密藏中所說法故世間便有無繁天無熱天善現天善見天色究竟天施設可得由此般若波羅蜜多秘密藏中所說法故世間便有空無邊處天識無邊處天無所有處天非想非非想處天施設可得由此般若波羅蜜多秘密藏中所說法故世間便有布施波羅蜜多淨戒波羅蜜多安忍波羅蜜多精進波羅蜜多靜慮波羅蜜多般若波羅蜜多施設可得由此般若波羅蜜多秘密藏中所說法故世間便有內空外空內外空空空大空勝義空有為空無為空畢竟空無際空散空無變異空本性空自相空共相空一切法空不可得空無性空自性空無性自性空施設可得由此般若波羅蜜多秘密藏中所說法故世間便有真如

法界法性不虛妄性不變異性平等
性離生性法定法住實際虛空界不
思議界施設可得由此般若波羅蜜
多秘密藏中所說法故世間便有苦
聖諦集聖諦滅聖諦道聖諦施設可
得由此般若波羅蜜多秘密藏中所
說法故世間便有四靜慮四無量四
無色定施設可得由此般若波羅蜜
多秘密藏中所說法故世間便有八
解脫八勝處九次第定十遍處施設
可得由此般若波羅蜜多秘密藏中
所說法故世間便有四念住四正斷
四神足五根五力七等覺支八聖道
支施設可得由此般若波羅蜜多秘
密藏中所說法故世間便有空解脫
門無相解脫門無願解脫門施設可
得由此般若波羅蜜多秘密藏中所
說法故世間便有五眼六神通施設
可得由此般若波羅蜜多秘密藏中
所說法故世間便有佛十力四無所
畏四無礙解大慈大悲大喜大捨十
八佛不共法施設可得由此般若波
羅蜜多秘密藏中所說法故世間便

有無忘失法恒住捨性施設可得由
此般若波羅蜜多秘密藏中所說法
故世間便有一切智道相智一切相
智施設可得由此般若波羅蜜多秘
密藏中所說法故世間便有一切陀
羅尼門一切三摩地門施設可得由
此般若波羅蜜多秘密藏中所說法
故世間便有預流一來不還阿羅漢
及預流向預流果一來向一來果不
還向不還果阿羅漢向阿羅漢果施
設可得由此般若波羅蜜多秘密藏
中所說法故世間便有獨覺及獨覺
菩提施設可得由此般若波羅蜜多
秘密藏中所說法故世間便有一切
菩薩摩訶薩及諸菩薩摩訶薩行施
設可得由此般若波羅蜜多秘密藏
中所說法故世間便有一切如來應
正等覺及諸佛無上正等菩提施設
可得

復次憍尸迦置四大洲諸有情類若
善男子善女人等教小千界諸有情
類皆令修學十善業道於意云何是
善男子善女人等由此因緣得福多

不天帝釋言甚多世尊甚多善逝佛
言憍尸迦若善男子善女人等書寫
如是甚深般若波羅蜜多施他讀誦
若轉書寫廣令流布是善男子善女
人等所獲福聚甚多於前何以故憍
尸迦如是般若波羅蜜多秘密藏中
廣說一切無漏之法聲聞種性補特
伽羅修學此法速入聲聞正性離生
得預流果得一來果得不還果得阿
羅漢果獨覺種性補特伽羅修學此
法速入獨覺正性離生漸次證得獨
覺菩提菩薩種性補特伽羅修學此
法速入菩薩正性離生漸次修行諸
菩薩行證得無上正等菩提憍尸迦
如是般若波羅蜜多秘密藏中廣說
一切無漏法者所謂布施波羅蜜多
淨戒波羅蜜多安忍波羅蜜多精進
波羅蜜多靜慮波羅蜜多般若波羅
蜜多內空外空內外空空空大空勝
義空有為空無為空畢竟空無際空
散空無變異空本性空自相空共相
空一切法空不可得空無性空自性
空無性自性空真如法界法性不虛

妄性不變異性平等性離生性法定法住實際虛空界不思議界無漏四靜慮四無量四無色定八解脫八勝處九次第定十遍處四念住四正斷四神足五根五力七等覺支八聖道支空解脫門無相解脫門無願解脫門五眼六神通佛十力四無所畏四無礙解大慈大悲大喜大捨十八佛不共法一切智道相智一切相智一切陀羅尼門一切三摩地門及餘無量無邊佛法皆是此中所說一切無漏之法憍尸迦若善男子善女人等教一有情住預流果所獲福聚猶勝教化小千世界諸有情類皆令修學十善業道何以故憍尸迦諸有修行十善業道不免地獄傍生鬼趣若諸有情住預流果便得永脫三惡趣故況教令住一來不還阿羅漢果所獲福聚而不勝彼憍尸迦若善男子善女人等教小千界諸有情類皆住預流一來不還阿羅漢果所獲福聚不如有人教一有情令其安住獨覺菩提何以故憍尸迦獨覺菩提所有功

德勝預流等百千倍故憍尸迦若善男子善女人等教小千界諸有情類皆令安住獨覺菩提所獲福聚不如有人教一有情令趣無上正等菩提何以故憍尸迦若教有情令趣無上正等菩提則令世間佛眼不斷所以者何由有菩薩摩訶薩故便有預流一來不還阿羅漢果獨覺菩提由有菩薩摩訶薩故便有如來應正等覺證得無上正等菩提由有菩薩摩訶薩故便有佛寶法寶僧寶一切世間歸依供養以是故憍尸迦一切世間若天若魔若梵若沙門若婆羅門及阿素洛人非人等應以無量上妙華鬘塗散等香衣服瓔珞寶幢幡蓋衆妙珍奇伎樂燈明盡諸所有供養恭敬尊重讚歎菩薩摩訶薩憍尸迦由此當知若善男子善女人等書寫如是甚深般若波羅蜜多施他讀誦若轉書寫廣令流布所獲福聚勝前福聚無量無邊何以故如是般若波羅蜜多秘密藏中廣說一切世出世間勝善法故由此般若波羅蜜多秘密

藏中所說法故世間便有刹帝利大族婆羅門大族長者大族居士大族施設可得由此般若波羅蜜多秘密藏中所說法故世間便有四大王衆天三十三天夜摩天覩史多天樂變化天他化自在天施設可得由此般若波羅蜜多秘密藏中所說法故世間便有梵衆天梵輔天梵會天大梵天施設可得由此般若波羅蜜多秘密藏中所說法故世間便有光天少光天無量光天極光淨天施設可得由此般若波羅蜜多秘密藏中所說法故世間便有淨天少淨天無量淨天遍淨天施設可得由此般若波羅蜜多秘密藏中所說法故世間便有廣天少廣天無量廣天廣果天施設可得由此般若波羅蜜多秘密藏中所說法故世間便有無繁天無熱天善現天善見天色究竟天施設可得由此般若波羅蜜多秘密藏中所說法故世間便有空無邊處天識無邊處天無所有處天非想非非想處天施設可得由此般若波羅蜜多秘密

藏中所說法故世間便有布施波羅蜜多淨戒波羅蜜多安忍波羅蜜多精進波羅蜜多靜慮波羅蜜多般若波羅蜜多施設可得由此般若波羅蜜多秘密藏中所說法故世間便有內空外空內外空空空大空勝義空有為空無為空畢竟空無際空散空無變異空本性空自相空共相空一切法空不可得空無性空自性空無性自性空施設可得由此般若波羅蜜多秘密藏中所說法故世間便有真如法界法性不虛妄性不變異性平等性離生性法定法住實際虛空界不思議界施設可得由此般若波羅蜜多秘密藏中所說法故世間便有苦聖諦集聖諦滅聖諦道聖諦施設可得由此般若波羅蜜多秘密藏中所說法故世間便有四靜慮四無量四無色定施設可得由此般若波羅蜜多秘密藏中所說法故世間便有八解脫八勝處九次第定十遍處施設可得由此般若波羅蜜多秘密藏中所說法故世間便有四念住四

正斷四神足五根五力七等覺支八聖道支施設可得由此般若波羅蜜多秘密藏中所說法故世間便有空解脫門無相解脫門無願解脫門施設可得由此般若波羅蜜多秘密藏中所說法故世間便有五眼六神通施設可得由此般若波羅蜜多秘密藏中所說法故世間便有佛十力四無所畏四無礙解大慈大悲大喜大捨十八佛不共法施設可得由此般若波羅蜜多秘密藏中所說法故世間便有無忘失法恒住捨性施設可得由此般若波羅蜜多秘密藏中所說法故世間便有一切智道相智一切相智施設可得由此般若波羅蜜多秘密藏中所說法故世間便有一切陀羅尼門一切三摩地門施設可得由此般若波羅蜜多秘密藏中所說法故世間便有預流一來不還阿羅漢及預流向預流果一來向一來果不還向不還果阿羅漢向阿羅漢果施設可得由此般若波羅蜜多秘密藏中所說法故世間便有獨覺

獨覺菩提施設可得由此般若波羅蜜多秘密藏中所說法故世間便有一切菩薩摩訶薩及諸菩薩摩訶薩行施設可得由此般若波羅蜜多秘密藏中所說法故世間便有一切如來應正等覺及諸無上正等菩提施設可得復次憍尸迦置小千界諸有情類若善男子善女人等教中千界諸有情類皆令修學十善業道於意云何是善男子善女人等由此因緣得福多不天帝釋言甚多世尊甚多善逝佛言憍尸迦若善男子善女人等書寫如是甚深般若波羅蜜多施他讀誦若轉書寫廣令流布是善男子善女人等所獲福聚甚多於前何以故憍尸迦如是般若波羅蜜多秘密藏中廣說一切無漏之法聲聞種性補特伽羅修學此法速入聲聞正性離生得預流果得一來果得不還果得阿羅漢果獨覺種性補特伽羅修學此法速入獨覺正性離生漸次證得獨覺菩提菩薩種性補特伽羅修學此法速入菩薩正性離生漸次

修行諸菩薩行證得無上正等菩提。憍尸迦，如是般若波羅蜜多秘密藏中廣說一切無漏法者，所謂布施波羅蜜多、淨戒波羅蜜多、安忍波羅蜜多、精進波羅蜜多、靜慮波羅蜜多、般若波羅蜜多，內空、外空、內外空、空空、大空、勝義空、有為空、無為空、畢竟空、無際空、散空、無變異空、本性空、自相空、共相空、一切法空、不可得空、無性空、自性空、無性自性空，真如、法界、法性、不虛妄性、不變異性、平等性、離生性、法定、法住、實際、虛空界、不思議界，無漏四靜慮、四無量、四無色定，八解脫、八勝處、九次第定、十遍處，四念住、四正斷、四神足、五根、五力、七等覺支、八聖道支，空解脫門、無相解脫門、無願解脫門，五眼、六神通，佛十力、四無所畏、四無礙解、大慈、大悲、大喜、大捨、十八佛不共法，一切智、道相智、一切相智，一切陀羅尼門、一切三摩地門，及餘無量無邊佛法，皆是此中所說一切無漏之法。憍尸迦，若善男子、善女人等教一有情住預流果，所獲福

聚猶勝教化中千世界諸有情類皆令修學十善業道。何以故？憍尸迦，諸有修行十善業道，不免地獄、傍生、鬼趣；若諸有情住預流果，便得永脫三惡趣故，況教令住一來、不還、阿羅漢果所獲福聚，而不勝彼。憍尸迦，若善男子、善女人等教中千界諸有情類皆住預流、一來、不還、阿羅漢果，所獲福聚不如有人教一有情令其安住獨覺菩提。何以故？憍尸迦，獨覺菩提所有功德勝預流等百千倍故。憍尸迦，若善男子、善女人等教中千界諸有情類令其安住獨覺菩提，所獲福聚不如有人教一有情令趣無上正等菩提。何以故？憍尸迦，若教有情令趣無上正等菩提，則令世間佛眼不斷。所以者何？由有菩薩摩訶薩故，便有預流、一來、不還、阿羅漢果、獨覺菩提；由有菩薩摩訶薩故，便有如來、應、正等覺證得無上正等菩提；由有菩薩摩訶薩故，便有佛寶、法寶、僧寶一切世間歸依供養。以是故，憍尸迦，一切世間若天、若魔、若梵、若沙門、若婆

羅門及阿素洛、人非人等，應以無量上妙華鬘、塗散等香、衣服、瓔珞、寶幢、幡蓋、衆妙珍奇、伎樂、燈明，盡諸所有供養恭敬、尊重讚歎菩薩摩訶薩。憍尸迦，由此當知，若善男子、善女人等書寫如是甚深般若波羅蜜多施他讀誦，若轉書寫廣令流布，所獲福聚勝前福聚無量無邊。何以故？如是般若波羅蜜多秘密藏中廣說一切世出世間勝善法故。由此般若波羅蜜多秘密藏中所說法故，世間便有剎帝利大族、婆羅門大族、長者大族、居士大族施設可得；由此般若波羅蜜多秘密藏中所說法故，世間便有四大王衆天、三十三天、夜摩天、覩史多天、樂變化天、他化自在天施設可得；由此般若波羅蜜多秘密藏中所說法故，世間便有梵衆天、梵輔天、梵會天、大梵天施設可得；由此般若波羅蜜多秘密藏中所說法故，世間便有光天、少光天、無量光天、極光淨天施設可得；由此般若波羅蜜多秘密藏中所說法故，世間便有淨天、少淨天

無量淨天遍淨天施設可得由此般若波羅蜜多秘密藏中所說法故世間便有廣天少廣天無量廣天廣果天施設可得由此般若波羅蜜多秘密藏中所說法故世間便有無繁天無熱天善現天善見天色究竟天施設可得由此般若波羅蜜多秘密藏中所說法故世間便有空無邊處天識無邊處天無所有處天非想非非想處天施設可得由此般若波羅蜜多秘密藏中所說法故世間便有布施波羅蜜多淨戒波羅蜜多安忍波羅蜜多精進波羅蜜多靜慮波羅蜜多般若波羅蜜多施設可得由此般若波羅蜜多秘密藏中所說法故世間便有內空外空內外空空空大空勝義空有為空無為空畢竟空無際空散空無變異空本性空自相空共相空一切法空不可得空無性空自性空無性自性空施設可得由此般若波羅蜜多秘密藏中所說法故世間便有真如法界法性不虛妄性不變異性平等性離生性法定法住實

際虛空界不思議界施設可得由此般若波羅蜜多秘密藏中所說法故世間便有苦聖諦集聖諦滅聖諦道聖諦施設可得由此般若波羅蜜多秘密藏中所說法故世間便有四靜慮四無量四無色定施設可得由此般若波羅蜜多秘密藏中所說法故世間便有八解脫八勝處九次第定十遍處施設可得由此般若波羅蜜多秘密藏中所說法故世間便有四念住四正斷四神足五根五力七等覺支八聖道支施設可得由此般若波羅蜜多秘密藏中所說法故世間便有空解脫門無相解脫門無願解脫門施設可得由此般若波羅蜜多秘密藏中所說法故世間便有五眼六神通施設可得由此般若波羅蜜多秘密藏中所說法故世間便有佛十力四無所畏四無礙解大慈大悲大喜大捨十八佛不共法施設可得由此般若波羅蜜多秘密藏中所說法故世間便有無忘失法恒住捨性施設可得由此般若波羅蜜多秘密

藏中所說法故世間便有一切智道相智一切相智施設可得由此般若波羅蜜多秘密藏中所說法故世間便有一切陀羅尼門一切三摩地門施設可得由此般若波羅蜜多秘密藏中所說法故世間便有預流一來不還阿羅漢及預流向預流果一來向一來果不還向不還果阿羅漢向阿羅漢果施設可得由此般若波羅蜜多秘密藏中所說法故世間便有獨覺及獨覺菩提施設可得由此般若波羅蜜多秘密藏中所說法故世間便有一切菩薩摩訶薩及諸菩薩摩訶薩行施設可得由此般若波羅蜜多秘密藏中所說法故世間便有一切如來應正等覺及諸無上正等菩提施設可得復次憍尸迦置中千界諸有情類若善男子善女人等教化三千大千世界諸有情類皆令修學十善業道於意云何是善男子善女人等由此因緣得福多不天帝釋言甚多世尊甚多善逝佛言憍尸迦若善男子善女人等書寫如是甚深

般若波羅蜜多施他讀誦若轉書寫廣令流布是善男子善女人等所獲福聚甚多於前何以故憍尸迦如是般若波羅蜜多秘密藏中廣說一切無漏之法聲聞種性補特伽羅修學此法速入聲聞正性離生得預流果得一來果得不還果得阿羅漢果獨覺種性補特伽羅修學此法速入獨覺正性離生漸次證得獨覺菩提菩薩種性補特伽羅修學此法速入菩薩正性離生漸次修行諸菩薩行證得無上正等菩提憍尸迦如是般若波羅蜜多秘密藏中廣說一切無漏法者所謂布施波羅蜜多淨戒波羅蜜多安忍波羅蜜多精進波羅蜜多靜慮波羅蜜多般若波羅蜜多內空外空內外空空空大空勝義空有為空無為空畢竟空無際空散空無變異空本性空自相空共相空一切法空不可得空無性空自性空無性自性空真如法界法性不虛妄性不變異性平等性離生性法定法住實際虛空界不思議界無漏四靜慮四無量四無色定八解脫八勝處九次第定十遍處四念住四正斷四神足五根五力七等覺支八聖道支空解脫門無相解脫門無願解脫門五眼六神通佛十力四無所畏四無礙解大慈大悲大喜大捨十八佛不共法一切智道相智一切相智一切陀羅尼門一切三摩地門及餘無量無邊佛法皆是此中所說一切無漏之法憍尸迦若善男子善女人等教一有情住預流果所獲福聚猶勝教化如是三千大千世界諸有情類皆令修學十善業道何以故憍尸迦諸有修行十善業道不免地獄傍生鬼趣若諸有情住預流果便得永脫三惡趣故況教令住一來不還阿羅漢果所獲福聚而不勝彼

大般若波羅蜜多經卷第一百三十一

大般若波羅蜜多經卷第一百三十一

校勘記

一 底本，金藏廣勝寺本。二七三頁中以麗藏本换，原殘脱附後。

一 二七三頁中一〇行第七字不清，應為「言」。

一 二七四頁中五行「伎」，磧、南、徑、清作「妓」，下同。

一 二七四頁中一二行「秘密」，石作「秘蜜」，下同。

一 二七四頁下一行「秘密」，磧、南作「秘賓」。

一 二七四頁下七行「無繁天」，磧、普、南、徑、清作「無煩天」，下同。

一 二七四頁下九行「般若波羅蜜多」，石作「般波羅蜜多」。

一 二七五頁上一一行「秘密」，石作「秘」。

一二七五頁中一六行「秘客」，南作「秘蜜」。

一二七五頁中一八行「諸佛無上」，石、磧、普、南、徑、清作「諸無上」。

一二七七頁上三行「精進波羅蜜多」六字石漏刻。

一二七七頁下六行「諸無上」，麗作「諸佛無上」。

一二七九頁中二三行「秘客」，磧作「秘蜜」。

一二七九頁下一四行第二字殘，應為「訶」。

一二七九頁下一六行「諸無上」，麗作「諸佛無上」。

一二八〇頁中一八行頭五字不清，應為「大般若波羅」。

大般若波羅蜜多經卷第百三十一

三藏法師玄奘奉

初分校量功德品第三十之二十九

復次憍尸迦置贍部洲東勝[illegible]
牛貨洲諸有情類若善男[illegible]女人
等教贍部洲東勝[illegible]貨洲北
俱盧洲諸有情類[illegible]善業
道於意云何是善男子善女人等由
此因緣得福多不天帝釋言甚多世
尊甚多善逝佛言憍尸迦若善男子
善女人等書寫如是甚深般若波羅
蜜多施他讀誦若轉書寫廣令流布
是善男子善女人等所獲福聚甚多
於前何以故憍尸迦如是般若波羅
蜜多秘密藏中廣說一切無漏之法
聲聞種性補特伽羅修學此法速入
聲聞正性離生得預流果得一來果
得不還果得阿羅漢果獨覺種性補
特伽羅修學此法速入獨覺正性離
生漸次證得獨覺菩提菩薩種性補
特伽羅修學此法速入菩薩正性離
生漸次修行諸菩薩行證得無上正

大般若波羅蜜多經卷第一百三十二　宿

三藏法師玄奘奉　詔譯

初分校量功德品第三十之三十

憍尸迦若善男子善女人等教化三千大千世界諸有情類皆住預流一來不還阿羅漢果所獲福聚不如有人教一有情令其安住獨覺菩提何以故憍尸迦獨覺菩提所有功德勝預流等百千倍故憍尸迦若善男子善女人等教化三千大千世界諸有情類皆令安住獨覺菩提所獲福聚不如有人教一有情令趣無上正等菩提何以故憍尸迦若教有情令趣無上正等菩提則令世間佛眼不斷所以者何由有菩薩摩訶薩故便有預流一來不還阿羅漢果獨覺菩提由有菩薩摩訶薩故便有如來應正等覺證得無上正等菩提由有菩薩摩訶薩故便有佛寶法寶僧寶一切世間歸依供養以是故憍尸迦一切世間若天若魔若梵若沙門若婆羅門及阿素洛人非人等應以無量上妙華鬘塗散等香衣服瓔珞寶幢幡蓋衆妙珍奇伎樂燈明盡諸所有供養恭敬尊重讚歎菩薩摩訶薩憍尸迦由此當知若善男子善女人等書寫如是甚深般若波羅蜜多施他讀誦若轉書寫廣令流布所獲福聚勝前福聚無量無邊何以故如是般若波羅蜜多秘密藏中廣說一切世出世間勝善法故由此般若波羅蜜多秘密藏中所說法故世間便有剎帝利大族婆羅門大族長者大族居士大族施設可得由此般若波羅蜜多秘密藏中所說法故世間便有四大王衆天三十三天夜摩天覩史多天樂變化天他化自在天施設可得由此般若波羅蜜多秘密藏中所說法故世間便有梵衆天梵輔天梵會天大梵天施設可得由此般若波羅蜜多秘密藏中所說法故世間便有光天少光天無量光天極光淨天施設可得由此般若波羅蜜多秘密藏中所說法故世間便有淨天少淨天無量淨天遍淨天施設可得由此般若

大般若經卷一百三十二　第二張　宿字號

波羅蜜多秘密藏中所說法故世間便有廣天少廣天無量廣天廣果天施設可得由此般若波羅蜜多秘密藏中所說法故世間便有无繁天無熱天善現天善見天色究竟天施設可得由此般若波羅蜜多秘密藏中所說法故世間便有空無邊處天識無邊處天无所有處天非想非非想處天施設可得由此般若波羅蜜多秘密藏中所說法故世間便有布施波羅蜜多淨戒波羅蜜多安忍波羅蜜多精進波羅蜜多靜慮波羅蜜多般若波羅蜜多施設可得由此般若波羅蜜多秘密藏中所說法故世間便有內空外空內外空空空大空勝義空有為空無為空畢竟空无際空散空无變異空本性空自相空共相空一切法空不可得空無性空自性空无性自性空施設可得由此般若波羅蜜多秘密藏中所說法故世間便有真如法界法性不虛妄性不變異性平等性離生性法定法住實際虛空界不思議界施設可得由此般

若波羅蜜多秘密藏中所說法故世間便有苦聖諦集聖諦滅聖諦道聖諦施設可得由此般若波羅蜜多秘密藏中所說法故世間便有四靜慮四無量四无色定施設可得由此般若波羅蜜多秘密藏中所說法故世間便有八解脫八勝處九次第定十遍處施設可得由此般若波羅蜜多秘密藏中所說法故世間便有四念住四正斷四神足五根五力七等覺支八聖道支施設可得由此般若波羅蜜多秘密藏中所說法故世間便有空解脫門無相解脫門无願解脫門施設可得由此般若波羅蜜多秘密藏中所說法故世間便有五眼六神通施設可得由此般若波羅蜜多秘密藏中所說法故世間便有佛十力四無所畏四无㝵解大慈大悲大喜大捨十八佛不共法施設可得由此般若波羅蜜多秘密藏中所說法故世間便有無忘失法恒住捨性施設可得由此般若波羅蜜多秘密藏中所說法故世間便有一切智道相

智一切相智施設可得由此般若波羅蜜多秘密藏中所說法故世間便有一切陁羅尼門一切三摩地門施設可得由此般若波羅蜜多秘密藏中所說法故世間便有預流一來不還阿羅漢及預流向預流果一來向一來果不還向不還果阿羅漢向阿羅漢果施設可得由此般若波羅蜜多秘密藏中所說法故世間便有獨覺及獨覺菩提施設可得由此般若波羅蜜多秘密藏中所說法故世間便有一切菩薩摩訶薩及諸菩薩摩訶薩行施設可得由此般若波羅蜜多秘密藏中所說法故世間便有一切如來應正等覺及諸无上正等菩提施設可得復次憍尸迦置此三千大千世界諸有情類若善男子善女人等教化十方各如殑伽沙等世界諸有情類皆令修學十善業道於意云何是善男子善女人等由此因緣得福多不天帝釋言甚多世尊甚多善逝佛言憍尸迦若善男子善女人等書寫如是甚深般若波羅蜜多施

他讀誦若轉書寫廣令流布是善男子善女人等所獲福聚甚多於前何以故憍尸迦如是般若波羅蜜多秘密藏中廣說一切無漏之法聲聞種性補特伽羅修學此法速入聲聞正性離生得預流果得一來果得不還果得阿羅漢果獨覺種性補特伽羅修學此法速入獨覺正性離生漸次證得獨覺菩提菩薩種性補特伽羅修學此法速入菩薩正性離生漸次修行諸菩薩行證得無上正等菩提憍尸迦如是般若波羅蜜多秘密藏中廣說一切無漏法者所謂布施波羅蜜多淨戒波羅蜜多安忍波羅蜜多精進波羅蜜多靜慮波羅蜜多般若波羅蜜多內空外空內外空空空大空勝義空有為空無為空畢竟空無際空散空無變異空本性空自相空共相空一切法空不可得空無性空自性空無性自性空真如法界法性不虛妄性不變異性平等性離生性法定法住實際虛空界不思議界無漏四靜慮四無量四無色定八解

脫八勝處九次第定十遍處四念住四正斷四神足五根五力七等覺支八聖道支空解脫門無相解脫門無願解脫門五眼六神通佛十力四無所畏四無礙解大慈大悲大喜大捨十八佛不共法一切智道相智一切相智一切陀羅尼門一切三摩地門及餘無量無邊佛法皆是此中所說一切無漏之法憍尸迦若善男子善女人等教一有情住預流果所獲福聚猶勝教化十方各如殑伽沙界諸有情類皆令修學十善業道何以故憍尸迦諸有修行十善業道不免地獄傍生鬼趣若諸有情住預流果便得永脫三惡趣故況教令住一來不還阿羅漢果所獲福聚而不勝彼憍尸迦若善男子善女人等教化十方各如殑伽沙等世界諸有情類皆住預流一來不還阿羅漢果所獲福聚不如有人教一有情令其安住獨覺菩提何以故憍尸迦獨覺菩提所有功德勝預流等百千倍故憍尸迦若善男子善女人等教化十方各如殑

伽沙等世界諸有情類皆令安住獨覺菩提所獲福聚不如有人教一有情令趣無上正等菩提何以故憍尸迦若教有情令趣無上正等菩提則令世間佛眼不斷所以者何由有菩薩摩訶薩故便有預流一來不還阿羅漢果獨覺菩提由有菩薩摩訶薩故便有如來應正等覺證得無上正等菩提由有菩薩摩訶薩故便有佛寶法寶僧寶一切世間歸依供養以是故憍尸迦一切世間若天若魔若梵若沙門若婆羅門及阿素洛人非人等應以無量上妙華鬘塗散等香衣服瓔珞寶幢幡蓋眾妙珍奇伎樂燈明盡諸所有供養恭敬尊重讚歎菩薩摩訶薩憍尸迦由此當知若善男子善女人等書寫如是甚深般若波羅蜜多施他讀誦若轉書寫廣令流布所獲福聚勝前福聚無量無邊何以故如是般若波羅蜜多秘密藏中廣說一切世出世間勝善法故由此般若波羅蜜多秘密藏中所說法故世間便有剎帝利大族婆羅門大

族長者大族居士大族施設可得由此般若波羅蜜多秘密藏中所說法故世間便有四大王衆天三十三天夜摩天覩史多天樂變化天他化自在天施設可得由此般若波羅蜜多秘密藏中所說法故世間便有梵衆天梵輔天梵會天大梵天施設可得由此般若波羅蜜多秘密藏中所說法故世間便有光天少光天無量光天極光淨天施設可得由此般若波羅蜜多秘密藏中所說法故世間便有淨天少淨天無量淨天遍淨天施設可得由此般若波羅蜜多秘密藏中所說法故世間便有廣天少廣天無量廣天廣果天施設可得由此般若波羅蜜多秘密藏中所說法故世間便有無繁天無熱天善現天善見天色究竟天施設可得由此般若波羅蜜多秘密藏中所說法故世間便有空無邊處天識無邊處天無所有處天非想非非想處天施設可得由此般若波羅蜜多秘密藏中所說法故世間便有布施波羅蜜多淨戒波

羅蜜多安忍波羅蜜多精進波羅蜜多靜慮波羅蜜多般若波羅蜜多施設可得由此般若波羅蜜多秘密藏中所說法故世間便有內空外空內外空空空大空勝義空有為空無為空畢竟空無際空散空無變異空本性空自相空共相空一切法空不可得空無性空自性空無性自性空施設可得由此般若波羅蜜多秘密藏中所說法故世間便有真如法界法性不虛妄性不變異性平等性離生性法定法住實際虛空界不思議界施設可得由此般若波羅蜜多秘密藏中所說法故世間便有苦聖諦集聖諦滅聖諦道聖諦施設可得由此般若波羅蜜多秘密藏中所說法故世間便有四靜慮四無量四無色定施設可得由此般若波羅蜜多秘密藏中所說法故世間便有八解脫八勝處九次第定十遍處施設可得由此般若波羅蜜多秘密藏中所說法故世間便有四念住四正斷四神足五根五力七等覺支八聖道支施設

可得由此般若波羅蜜多秘密藏中所說法故世間便有空解脫門無相解脫門無願解脫門施設可得由此般若波羅蜜多秘密藏中所說法故世間便有五眼六神通施設可得由此般若波羅蜜多秘密藏中所說法故世間便有佛十力四無所畏四無礙解大慈大悲大喜大捨十八佛不共法施設可得由此般若波羅蜜多秘密藏中所說法故世間便有無忘失法恒住捨性施設可得由此般若波羅蜜多秘密藏中所說法故世間便有一切智道相智一切相智施設可得由此般若波羅蜜多秘密藏中所說法故世間便有一切陀羅尼門一切三摩地門施設可得由此般若波羅蜜多秘密藏中所說法故世間便有預流一來不還阿羅漢及預流向預流果一來向一來果不還向不還果阿羅漢向阿羅漢果施設可得由此般若波羅蜜多秘密藏中所說法故世間便有獨覺及獨覺菩提施設可得由此般若波羅蜜多秘密藏

中所說法故世間便有一切菩薩摩訶薩及諸菩薩摩訶薩行施設可得由此般若波羅蜜多秘密藏中所說法故世間便有一切如來應正等覺及諸無上正等菩提施設可得

復次憍尸迦置此十方各如殑伽沙等世界諸有情類若善男子善女人等教化十方一切世界諸有情類皆令修學十善業道於意云何是善男子善女人等由此因緣得福多不天帝釋言甚多世尊甚多善逝佛言憍尸迦若善男子善女人等書寫如是甚深般若波羅蜜多施他讀誦若轉書寫廣令流布是善男子善女人等所獲福聚甚多於前何以故憍尸迦如是般若波羅蜜多秘密藏中廣說一切無漏之法聲聞種性補特伽羅修學此法速入聲聞正性離生得預流果得一來果得不還果得阿羅漢果獨覺種性補特伽羅修學此法速入獨覺正性離生漸次證得獨覺菩提菩薩種性補特伽羅修學此法速入菩薩正性離生漸次修行諸菩薩

行證得無上正等菩提憍尸迦如是般若波羅蜜多秘密藏中廣說一切無漏法者所謂布施波羅蜜多淨戒波羅蜜多安忍波羅蜜多精進波羅蜜多靜慮波羅蜜多般若波羅蜜多內空外空內外空空空大空勝義空有為空無為空畢竟空無際空散空無變異空本性空自相空共相空一切法空不可得空無性空自性空無性自性空真如法界法性不虛妄性不變異性平等性離生性法定法住實際虛空界不思議界無漏四靜慮四無量四無色定八解脫八勝處九次第定十遍處四念住四正斷四神足五根五力七等覺支八聖道支空解脫門無相解脫門無願解脫門五眼六神通佛十力四無所畏四無礙解大慈大悲大喜大捨十八佛不共法一切智道相智一切相智一切陀羅尼門一切三摩地門及餘無量無邊佛法皆是此中所說一切無漏之法憍尸迦若善男子善女人等教一有情住預流果所獲福聚猶勝教化

如是十方一切世界諸有情類皆令修學十善業道何以故憍尸迦諸有修行十善業道不免地獄傍生鬼趣若諸有情住預流果便得永脫三惡趣故況教令住一來不還阿羅漢果所獲福聚而不勝彼憍尸迦若善男子善女人等教化十方一切世界諸有情類皆住預流一來不還阿羅漢果所獲福聚不如有人教一有情令其安住獨覺菩提何以故憍尸迦獨覺菩提所有功德勝預流等百千倍故憍尸迦若善男子善女人等教化十方一切世界諸有情類皆令安住獨覺菩提所獲福聚不如有人教一有情令趣無上正等菩提何以故憍尸迦若教有情令趣無上正等菩提則令世間佛眼不斷所以者何由有菩薩摩訶薩故便有預流一來不還阿羅漢果獨覺菩提由有菩薩摩訶薩故便有如來應正等覺證得無上正等菩提由有菩薩摩訶薩故便有佛寶法寶僧寶一切世間歸依供養以是故憍尸迦一切世間若天若魔

若梵若沙門若婆羅門及阿素洛人非人等應以無量上妙華鬘塗散等香衣服瓔珞寶幢幡蓋衆妙珍奇伎樂燈明盡諸所有供養恭敬尊重讚歎菩薩摩訶薩憍尸迦由此當知若善男子善女人等書寫如是甚深般若波羅蜜多施他讀誦若轉書寫廣令流布所獲福聚勝前福聚無量無邊何以故如是般若波羅蜜多秘密藏中廣說一切世出世間勝善法故由此般若波羅蜜多秘密藏中所說法故世間便有剎帝利大族婆羅門大族長者大族居士大族施設可得由此般若波羅蜜多秘密藏中所說法故世間便有四大王衆天三十三天夜摩天覩史多天樂變化天他化自在天施設可得由此般若波羅蜜多秘密藏中所說法故世間便有梵衆天梵輔天梵會天大梵天施設可得由此般若波羅蜜多秘密藏中所說法故世間便有光天少光天無量光天極光淨天施設可得由此般若波羅蜜多秘密藏中所說法故世間

便有淨天少淨天無量淨天遍淨天施設可得由此般若波羅蜜多秘密藏中所說法故世間便有廣天少廣天無量廣天廣果天施設可得由此般若波羅蜜多秘密藏中所說法故世間便有無繁天無熱天善現天善見天色究竟天施設可得由此般若波羅蜜多秘密藏中所說法故世間便有空無邊處天識無邊處天無所有處天非想非非想處天施設可得由此般若波羅蜜多秘密藏中所說法故世間便有布施波羅蜜多淨戒波羅蜜多安忍波羅蜜多精進波羅蜜多靜慮波羅蜜多般若波羅蜜多施設可得由此般若波羅蜜多秘密藏中所說法故世間便有內空外空內外空空空大空勝義空有爲空無爲空畢竟空無際空散空無變異空本性空自相空共相空一切法空不可得空無性空自性空無性自性空施設可得由此般若波羅蜜多秘密藏中所說法故世間便有真如法界法性不虛妄性不變異性平等性離

生性法定法住實際虛空界不思議界施設可得由此般若波羅蜜多秘密藏中所說法故世間便有苦聖諦集聖諦滅聖諦道聖諦施設可得由此般若波羅蜜多秘密藏中所說法故世間便有四靜慮四無量四無色定施設可得由此般若波羅蜜多秘密藏中所說法故世間便有八解脫八勝處九次第定十遍處施設可得由此般若波羅蜜多秘密藏中所說法故世間便有四念住四正斷四神足五根五力七等覺支八聖道支施設可得由此般若波羅蜜多秘密藏中所說法故世間便有空解脫門無相解脫門無願解脫門施設可得由此般若波羅蜜多秘密藏中所說法故世間便有五眼六神通施設可得由此般若波羅蜜多秘密藏中所說法故世間便有佛十力四無所畏四無礙解大慈大悲大喜大捨十八佛不共法施設可得由此般若波羅蜜多秘密藏中所說法故世間便有無忘失法恒住捨性施設可得由此般

若波羅蜜多秘密藏中所說法故世間便有一切智道相智一切相智施設可得由此般若波羅蜜多秘密藏中所說法故世間便有一切陁羅尼門一切三摩地門施設可得由此般若波羅蜜多秘密藏中所說法故世間便有預流一來不還阿羅漢及預流向預流果一來向一來果不還向不還果阿羅漢向阿羅漢果施設可得由此般若波羅蜜多秘密藏中所說法故世間便有獨覺及獨覺菩提施設可得由此般若波羅蜜多秘密藏中所說法故世間便有一切菩薩摩訶薩及諸菩薩摩訶薩行施設可得由此般若波羅蜜多秘密藏中所說法故世間便有一切如來應正等覺及諸無上正等菩提施設可得

復次憍尸迦若善男子善女人等教贍部洲諸有情類皆令修學四靜慮四無量四無色定五神通於意云何是善男子善女人等由此因緣得福多不天帝釋言甚多世尊甚多善逝佛言憍尸迦若善男子善女人等

書寫如是甚深般若波羅蜜多施他讀誦若轉書寫廣令流布是善男子善女人等所獲福聚甚多於前何以故憍尸迦如是般若波羅蜜多秘密藏中廣說一切無漏之法聲聞種性補特伽羅修學此法速入聲聞正性離生得預流果得一來果得不還果得阿羅漢果獨覺種性補特伽羅修學此法速入獨覺正性離生漸次證得獨覺菩提菩薩種性補特伽羅修學此法速入菩薩正性離生漸次修行諸菩薩行證得無上正等菩提憍尸迦如是般若波羅蜜多秘密藏中廣說一切無漏法者所謂布施波羅蜜多淨戒波羅蜜多安忍波羅蜜多精進波羅蜜多靜慮波羅蜜多般若波羅蜜多内空外空内外空空空大空勝義空有為空無為空畢竟空無際空散空無變異空本性空自相空共相空一切法空不可得空無性空自性空無性自性空真如法界法性不虛妄性不變異性平等性離生性法定法住實際虛空界不思議界無

漏四靜慮四無量四无色定八解脫八勝處九次第定十遍處四念住四正斷四神足五根五力七等覺支八聖道支空解脫門無相解脫門无願解脫門五眼六神通佛十力四無所畏四無导解大慈大悲大喜大捨十八佛不共法一切智道相智一切相智一切陁羅尼門一切三摩地門及餘無量无邊佛法皆是此中所說一切無漏之法憍尸迦若善男子善女人等教一有情住預流果所獲福聚猶勝教化南贍部洲諸有情類皆令修學四靜慮四無量四无色定五神通何以故憍尸迦諸有修行四靜慮四無量四无色定五神通不免地獄傍生鬼趣若諸有情住預流果便得永脫三惡趣故況教令住一來不還阿羅漢果所獲福聚而不勝彼憍尸迦若善男子善女人等教贍部洲諸有情類皆住預流一來不還阿羅漢果所獲福聚不如有人教一有情令其安住獨覺菩提何以故憍尸迦獨覺菩提所有功德勝預流等百千倍

故憍尸迦若善男子善女人等教贍部洲諸有情類皆令安住獨覺菩提所獲福聚不如有人教一有情令趣無上正等菩提何以故憍尸迦若教有情令趣無上正等菩提則令世間佛眼不斷所以者何由有菩薩摩訶薩故便有預流一来不還阿羅漢果獨覺菩提由有菩薩摩訶薩故便有如来應正等覺證得無上正等菩提由有菩薩摩訶薩故便有佛寶法寶僧寶一切世間歸依供養以是故憍尸迦一切世間若天若魔若梵若沙門若婆羅門及阿素洛人非人等應以無量上妙華鬘塗散等香衣服瓔珞寶幢幡蓋衆妙珎奇伎樂燈明盡諸所有供養恭敬尊重讚歎菩薩摩訶薩憍尸迦由此當知若善男子善女人等書寫如是甚深般若波羅蜜多施他讀誦若轉書寫廣令流布所獲福聚勝前福聚無量無邊何以故如是般若波羅蜜多秘密藏中廣說一切世出世間勝善法故由此般若波羅蜜多秘密藏中所說法故世間

便有刹帝利大族婆羅門大族長者大族居士大族施設可得由此般若波羅蜜多秘密藏中所說法故世間便有四大王衆天三十三天夜摩天覩史多天樂變化天他化自在天施設可得由此般若波羅蜜多秘密藏中所說法故世間便有梵衆天梵輔天梵會天大梵天施設可得由此般若波羅蜜多秘密藏中所說法故世間便有光天少光天無量光天極光淨天施設可得由此般若波羅蜜多秘密藏中所說法故世間便有淨天少淨天無量淨天遍淨天施設可得由此般若波羅蜜多秘密藏中所說法故世間便有廣天少廣天無量廣天廣果天施設可得由此般若波羅蜜多秘密藏中所說法故世間便有無繁天無熱天善現天善見天色究竟天施設可得由此般若波羅蜜多秘密藏中所說法故世間便有空無邊處天識無邊處天無所有處天非想非非想處天施設可得由此般若波羅蜜多秘密藏中所說法故世間

便有布施波羅蜜多淨戒波羅蜜多安忍波羅蜜多精進波羅蜜多靜慮波羅蜜多般若波羅蜜多施設可得由此般若波羅蜜多秘密藏中所說法故世間便有內空外空內外空空空大空勝義空有為空無為空畢竟空無際空散空無變異空本性空自相空共相空一切法空不可得空無性空自性空無性自性空施設可得由此般若波羅蜜多秘密藏中所說法故世間便有真如法界法性不虛妄性不變異性平等性離生性法定法住實際虛空界不思議界施設可得由此般若波羅蜜多秘密藏中所說法故世間便有苦聖諦集聖諦滅聖諦道聖諦施設可得由此般若波羅蜜多秘密藏中所說法故世間便有四靜慮四無量四無色定施設可得由此般若波羅蜜多秘密藏中所說法故世間便有八解脫八勝處九次第定十遍處施設可得由此般若波羅蜜多秘密藏中所說法故世間便有四念住四正斷四神足五根五

力七等覺支八聖道支施設可得由此般若波羅蜜多秘密藏中所說法故世間便有空解脫門無相解脫門無願解脫門施設可得由此般若波羅蜜多秘密藏中所說法故世間便有五眼六神通施設可得由此般若波羅蜜多秘密藏中所說法故世間便有佛十力四無所畏四無礙解大慈大悲大喜大捨十八佛不共法施設可得由此般若波羅蜜多秘密藏中所說法故世間便有無忘失法恒住捨性施設可得由此般若波羅蜜多秘密藏中所說法故世間便有一切智道相智一切相智施設可得由此般若波羅蜜多秘密藏中所說法故世間便有一切陁羅尼門一切三摩地門施設可得由此般若波羅蜜多秘密藏中所說法故世間便有預流一來不還阿羅漢及預流向預流果一來向一來果不還向不還果阿羅漢向阿羅漢果施設可得由此般若波羅蜜多秘密藏中所說法故世間便有獨覺及獨覺菩提施設可得

由此般若波羅蜜多秘密藏中所說法故世間便有一切菩薩摩訶薩及諸菩薩摩訶薩行施設可得由此般若波羅蜜多秘密藏中所說法故世間便有一切如來應正等覺及諸佛上正等菩提施設可得

大般若波羅蜜多經卷第一百三十二

大般若波羅蜜多經卷第一百三十二

校勘記

一　底本，金藏大寶集寺本。

一　二八二頁下二行「伎」，磧、南、徑、清作「妓」，下同。

一　二八三頁上四行「无繁天」，磧、南、徑、清作「無煩天」，下同。

一　二八三頁上六行「秘密」，南作「秘蜜」。

一　二八三頁中一行「秘密」，磧、南、清作「秘蜜」。

一　二八三頁下一五行「諸无上」，麗作「諸佛無上」。

一　二八四頁上四行至五行「種性」，石作「種姓」，下同。

一　二八四頁中一三行「諸有」，磧、南、徑、清作「諸有情類」。

一　二八四頁下一四行「幢幡」，

石作「幢幡」。

一　二八五頁上二二行「秘密」，磧作「秘蜜」。

一　二八五頁下二三行「秘密」，磧作「秘蜜」。

一　二八六頁上五行「諸無上」，麗作「諸佛無上」。

一　二八六頁中三行「所謂」，磧、南作「所說」。

一　二八六頁中七行「無為空」，石作「無一空」。

一　二八九頁中六行、二〇行、二三行「秘密」，磧作「秘蜜」。

一　二八九頁中一四行「秘密」，石作「秘蜜」。

一　二八九頁下四行「秘密」，南作「秘蜜」。

一　二八九頁下一〇行「秘密」，磧、南作「秘蜜」。

一　二九〇頁上二二行「秘密」，南作「秘蜜」。

大般若波羅蜜多經卷第三百三十三　宿

三藏法師玄奘奉　詔譯

初分校量功德品第三十之三十一

復次憍尸迦，置贍部洲諸有情類，若善男子善女人等教贍部洲東勝身洲諸有情類皆令修學四靜慮四無量四無色定五神通，於意云何，是善男子善女人等由此因緣得福多不？天帝釋言：甚多，世尊！甚多，善逝！佛言：憍尸迦，若善男子善女人等書寫如是甚深般若波羅蜜多施他讀誦，若轉書寫廣令流布，是善男子善女人等所獲福聚甚多於前。何以故？憍尸迦，如是般若波羅蜜多秘密藏中廣說一切無漏之法，聲聞種性補特伽羅修學此法速入聲聞正性離生，得預流果，得一來果，得不還果，得阿羅漢果；獨覺種性補特伽羅修學此法速入獨覺正性離生，漸次證得獨覺菩提；菩薩種性補特伽羅修學此法速入菩薩正性離生，漸次修行諸菩薩行，證得無上正等菩提。憍尸迦，如

是般若波羅蜜多秘密藏中廣說一切無漏法者，所謂布施波羅蜜多、淨戒波羅蜜多、安忍波羅蜜多、精進波羅蜜多、靜慮波羅蜜多、般若波羅蜜多，內空、外空、內外空、空空、大空、勝義空、有為空、無為空、畢竟空、无際空、散空、無變異空、本性空、自相空、共相空、一切法空、不可得空、无性空、自性空、無性自性空，真如、法界、法性、不虛妄性、不變異性、平等性、離生性、法定、法住、實際、虛空界、不思議界，無漏四靜慮、四无量、四無色定，八解脫、八勝處、九次第定、十遍處，四念住、四正斷、四神足、五根、五力、七等覺支、八聖道支，空解脫門、無相解脫門、无願解脫門，五眼、六神通，佛十力、四無所畏、四无礙解、大慈、大悲、大喜、大捨、十八佛不共法，一切智、道相智、一切相智，一切陁羅尼門、一切三摩地門，及餘無量无邊佛法，皆是此中所說一切無漏之法。憍尸迦，若善男子善女人等教一有情住預流果，所獲福聚猶勝教化南贍部洲東勝身洲諸有情類皆

令修學四靜慮四無量四无色定五神通何以故憍尸迦諸有修行四靜慮四無量四无色定五神通不免地獄傍生鬼趣若諸有情住預流果便得永脫三惡趣故況教令住一來不還阿羅漢果所獲福聚而不勝彼憍尸迦若善男子善女人等教贍部洲東勝身洲諸有情類皆住預流一來不還阿羅漢果所獲福聚不如有人教一有情令其安住獨覺菩提何以故憍尸迦獨覺菩提所有功德勝預流等百千倍故憍尸迦若善男子善女人等教贍部洲東勝身洲諸有情類皆令安住獨覺菩提所獲福聚不如有人教一有情令趣無上正等菩提何以故憍尸迦若教有情令趣无上正等菩提則令世間佛眼不斷所以者何由有菩薩摩訶薩故便有預流一來不還阿羅漢果獨覺菩提由有菩薩摩訶薩故便有如來應正等覺證得无上正等菩提由有菩薩摩訶薩故便有佛寶法寶僧寶一切世間皈依供養以是故憍尸迦一切世間若天若魔若梵若沙門若婆羅門及阿素洛人非人等應以無量上妙華鬘塗散等香衣服瓔珞寶幢幡蓋衆妙珍奇伎樂燈明盡諸所有供養恭敬尊重讚歎菩薩摩訶薩憍尸迦由此當知若善男子善女人等書寫如是甚深般若波羅蜜多施他讀誦若轉書寫廣令流布所獲福聚勝前福聚無量無邊何以故如是般若波羅蜜多秘密藏中廣說一切世出世間勝善法故由此般若波羅蜜多秘密藏中所說法故世間便有剎帝利大族婆羅門大族長者大族居士大族施設可得由此般若波羅蜜多秘密藏中所說法故世間便有四大王衆天三十三天夜摩天覩史多天樂變化天他化自在天施設可得由此般若波羅蜜多秘密藏中所說法故世間便有梵衆天梵輔天梵會天大梵天施設可得由此般若波羅蜜多秘密藏中所說法故世間便有光天少光天無量光天極光淨天施設可得由此般若波羅蜜多秘密藏中所說法故世間便有淨天少淨天無量淨天遍淨天施設可得由此般若波羅蜜多秘密藏中所說法故世間便有廣天少廣天無量廣天廣果天施設可得由此般若波羅蜜多秘密藏中所說法故世間便有無繁天無熱天善現天善見天色究竟天施設可得由此般若波羅蜜多秘密藏中所說法故世間便有空無邊處天識無邊處天無所有處天非想非非想處天施設可得由此般若波羅蜜多秘密藏中所說法故世間便有布施波羅蜜多淨戒波羅蜜多安忍波羅蜜多精進波羅蜜多靜慮波羅蜜多般若波羅蜜多施設可得由此般若波羅蜜多秘密藏中所說法故世間便有內空外空內外空空空大空勝義空有為空無為空畢竟空無際空散空無變異空本性空自相空共相空一切法空不可得空無性空自性空無性自性空施設可得由此般若波羅蜜多秘密藏中所說法故世間便有真如法界法性不虛妄性不變異

性平等性離生性法定法住實際虛空界不思議界施設可得由此般若波羅蜜多秘密藏中所說法故世間便有苦聖諦集聖諦滅聖諦道聖諦施設可得由此般若波羅蜜多秘密藏中所說法故世間便有四靜慮四無量四無色定施設可得由此般若波羅蜜多秘密藏中所說法故世間便有八解脫八勝處九次第定十遍處施設可得由此般若波羅蜜多秘密藏中所說法故世間便有四念住四正斷四神足五根五力七等覺支八聖道支施設可得由此般若波羅蜜多秘密藏中所說法故世間便有空解脫門無相解脫門無願解脫門施設可得由此般若波羅蜜多秘密藏中所說法故世間便有五眼六神通施設可得由此般若波羅蜜多秘密藏中所說法故世間便有佛十力四無所畏四無礙解大慈大悲大喜大捨十八佛不共法施設可得由此般若波羅蜜多秘密藏中所說法故世間便有無忘失法恒住捨性施設

可得由此般若波羅蜜多秘密藏中所說法故世間便有一切智道相智一切相智施設可得由此般若波羅蜜多秘密藏中所說法故世間便有一切陀羅尼門一切三摩地門施設可得由此般若波羅蜜多秘密藏中所說法故世間便有預流一來不還阿羅漢及預流向預流果一來向一來果不還向不還果阿羅漢向阿羅漢果施設可得由此般若波羅蜜多秘密藏中所說法故世間便有獨覺及獨覺菩提施設可得由此般若波羅蜜多秘密藏中所說法故世間便有一切菩薩摩訶薩及諸菩薩摩訶薩行施設可得由此般若波羅蜜多秘密藏中所說法故世間便有一切如來應正等覺及諸無上正等菩提施設可得

復次憍尸迦置贍部洲東勝身洲諸有情類若善男子善女人等教贍部洲東勝身洲西牛貨洲諸有情類皆令修學四靜慮四無量四無色定五神通於意云何是善男子善女人等

由此因緣得福多不天帝釋言甚多世尊甚多善逝佛言憍尸迦若善男子善女人等書寫如是甚深般若波羅蜜多施他讀誦若轉書寫廣令流布是善男子善女人等所獲福聚甚多於前何以故憍尸迦如是般若波羅蜜多秘密藏中廣說一切無漏之法聲聞種性補特伽羅修學此法速入聲聞正性離生得預流果得一來果得不還果得阿羅漢果獨覺種性補特伽羅修學此法速入獨覺正性離生漸次證得獨覺菩提菩薩種性補特伽羅修學此法速入菩薩正性離生漸次修行諸菩薩行證得無上正等菩提憍尸迦如是般若波羅蜜多秘密藏中廣說一切無漏法者所謂布施波羅蜜多淨戒波羅蜜多安忍波羅蜜多精進波羅蜜多靜慮波羅蜜多般若波羅蜜多內空外空內外空空空大空勝義空有為空無為空畢竟空無際空散空無變異空本性空自相空共相空一切法空不可得空無性空自性空無性自性空真

如法界法性不虛妄性不變異性平
等性離生性法定法住實際虛空界
不思議界無漏四靜慮四無量四無
色定八解脫八勝處九次第定十遍
處四念住四正斷四神足五根五力
七等覺支八聖道支空解脫門無相
解脫門無願解脫門五眼六神通佛
十力四無所畏四無礙解大慈大悲
大喜大捨十八佛不共法一切智道
相智一切相智一切陀羅尼門一切
三摩地門及餘無量無邊佛法皆是
此中所說一切無漏之法憍尸迦若
善男子善女人等教一有情住預流
果所獲福聚猶勝教化南贍部洲東
勝身洲西牛貨洲諸有情類皆令修
學四靜慮四無量四無色定五神通
何以故憍尸迦諸有修行四靜慮四
無量四無色定五神通不免地獄傍
生鬼趣若諸有情住預流果便得永
脫三惡趣故況教令住一來不還阿
羅漢果所獲福聚而不勝彼憍尸迦
若善男子善女人等教贍部洲東勝
身洲西牛貨洲諸有情類皆住預流

一來不還阿羅漢果所獲福聚不如
有人教一有情令其安住獨覺菩提
何以故憍尸迦獨覺菩提所有功德
勝預流等百千倍故憍尸迦若善男
子善女人等教贍部洲東勝身洲西
牛貨洲諸有情類皆令安住獨覺菩
提所獲福聚不如有人教一有情令
趣無上正等菩提何以故憍尸迦若
教有情令趣無上正等菩提則令世
間佛眼不斷所以者何由有菩薩摩
訶薩故便有預流一來不還阿羅漢
果獨覺菩提由有菩薩摩訶薩故便
有如來應正等覺證得無上正等菩
提由有菩薩摩訶薩故便有佛寶法
寶僧寶一切世間歸依供養以是故
憍尸迦一切世間若天若魔若梵若
沙門若婆羅門及阿素洛人非人等
應以無量上妙華鬘塗散等香衣服
瓔珞寶幢幡蓋衆妙珍奇伎樂燈明
盡諸所有供養恭敬尊重讚歎菩薩
摩訶薩憍尸迦由此當知若善男子
善女人等書寫如是甚深般若波羅
蜜多施他讀誦若轉書寫廣令流布

所獲福聚勝前福聚無量無邊何以
故如是般若波羅蜜多秘密藏中廣
說一切世出世間勝善法故由此般
若波羅蜜多秘密藏中所說法故世
間便有剎帝利大族婆羅門大族長
者大族居士大族施設可得由此般
若波羅蜜多秘密藏中所說法故世
間便有四大王衆天三十三天夜摩
天覩史多天樂變化天他化自在天
施設可得由此般若波羅蜜多秘密
藏中所說法故世間便有梵衆天梵
輔天梵會天大梵天施設可得由此
般若波羅蜜多秘密藏中所說法故
世間便有光天少光天無量光天極
光淨天施設可得由此般若波羅蜜
多秘密藏中所說法故世間便有淨
天少淨天無量淨天遍淨天施設可
得由此般若波羅蜜多秘密藏中所
說法故世間便有廣天少廣天無量
廣天廣果天施設可得由此般若波
羅蜜多秘密藏中所說法故世間便
有無繁天無熱天善現天善見天色
究竟天施設可得由此般若波羅蜜

多秘密藏中所說法故世間便有空
無邊處天識無邊處天無所有處天
非想非非想處天施設可得由此般
若波羅蜜多秘密藏中所說法故世
間便有布施波羅蜜多淨戒波羅蜜
多安忍波羅蜜多精進波羅蜜多靜
慮波羅蜜多般若波羅蜜多施設可
得由此般若波羅蜜多秘密藏中所
說法故世間便有內空外空內外空
空空大空勝義空有為空無為空畢
竟空無際空散空無變異空本性空
自相空共相空一切法空不可得空
無性空自性空無性自性空施設可
得由此般若波羅蜜多秘密藏中所
說法故世間便有真如法界法性不
虛妄性不變異性平等性離生性法
定法住實際虛空界不思議界施設
可得由此般若波羅蜜多秘密藏中
所說法故世間便有苦聖諦集聖諦
滅聖諦道聖諦施設可得由此般若
波羅蜜多秘密藏中所說法故世間
便有四靜慮四無量四無色定施設
可得由此般若波羅蜜多秘密藏中

所說法故世間便有八解脫八勝處
九次第定十遍處施設可得由此般
若波羅蜜多秘密藏中所說法故世
間便有四念住四正斷四神足五根
五力七等覺支八聖道支施設可得
由此般若波羅蜜多秘密藏中所說
法故世間便有空解脫門無相解脫
門無願解脫門施設可得由此般若
波羅蜜多秘密藏中所說法故世間
便有五眼六神通施設可得由此般
若波羅蜜多秘密藏中所說法故世
間便有佛十力四無所畏四無礙解
大慈大悲大喜大捨十八佛不共法
施設可得由此般若波羅蜜多秘密
藏中所說法故世間便有無忘失法
恒住捨性施設可得由此般若波羅
蜜多秘密藏中所說法故世間便有
一切智道相智一切相智施設可得
由此般若波羅蜜多秘密藏中所說
法故世間便有一切陁羅尼門一切
三摩地門施設可得由此般若波羅
蜜多秘密藏中所說法故世間便有
預流一来不還阿羅漢及預流向預

流果一来向一来果不還向不還果
阿羅漢向阿羅漢果施設可得由此
般若波羅蜜多秘密藏中所說法故
世間便有獨覺及獨覺菩提施設可
得由此般若波羅蜜多秘密藏中所
說法故世間便有一切菩薩摩訶薩
及諸菩薩摩訶薩行施設可得由此
般若波羅蜜多秘密藏中所說法故
世間便有一切如来應正等覺及諸
無上正等菩提施設可得
復次憍尸迦置贍部洲東勝身洲西
牛貨洲諸有情類若善男子善女人
等教贍部洲東勝身洲西牛貨洲北
俱盧洲諸有情類皆令修學四靜慮
四無量四無色定五神通於意云何
是善男子善女人等由此因緣得福
多不天帝釋言甚多世尊甚多善逝
佛言憍尸迦若善男子善女人等書
寫如是甚深般若波羅蜜多施他讀
誦若轉書寫廣令流布是善男子善
女人等所獲福聚甚多於前何以故
憍尸迦如是般若波羅蜜多秘密藏
中廣說一切無漏之法聲聞種姓補

特伽羅修學此法速入聲聞正性離生得預流果得一来果得不還果得阿羅漢果獨覺種性補特伽羅修學此法速入獨覺正性離生漸次證得獨覺菩提菩薩種性補特伽羅修學此法速入菩薩正性離生漸次修行諸菩薩行證得無上正等菩提憍尸迦如是般若波羅蜜多秘密藏中廣說一切無漏法者所謂布施波羅蜜多淨戒波羅蜜多安忍波羅蜜多精進波羅蜜多靜慮波羅蜜多般若波羅蜜多內空外空內外空空空大空勝義空有為空無為空畢竟空無際空散空無變異空本性空自相空共相空一切法空不可得空無性空自性空無性自性空真如法界法性不虛妄性不變異性平等性離生性法定法住實際虛空界不思議界無漏四靜慮四無量四無色定八解脫八勝處九次第定十遍處四念住四正斷四神足五根五力七等覺支八聖道支空解脫門無相解脫門無願解脫門五眼六神通佛十力四無所畏

四無礙解大慈大悲大喜大捨十八佛不共法一切智道相智一切相智一切陀羅尼門一切三摩地門及餘無量無邊佛法皆是此中所說一切無漏之法憍尸迦若善男子善女人等教一有情住預流果所獲福聚猶勝教化南贍部洲東勝身洲西牛貨洲北俱盧洲諸有情類皆令修學四靜慮四無量四無色定五神通何以故憍尸迦諸有修行四靜慮四無量四無色定五神通不免地獄傍生鬼趣若諸有情住預流果便得永脫三惡趣故況教令住一来不還阿羅漢果所獲福聚而不勝彼憍尸迦若善男子善女人等教贍部洲東勝身洲西牛貨洲北俱盧洲諸有情類皆住預流一来不還阿羅漢果所獲福聚不如有人教一有情令其安住獨覺菩提何以故憍尸迦獨覺菩提所有功德勝預流等百千倍故憍尸迦若善男子善女人等教贍部洲東勝身洲西牛貨洲北俱盧洲諸有情類皆令安住獨覺菩提所獲福聚不如有

人教一有情令趣無上正等菩提何以故憍尸迦若教有情令趣無上正等菩提則令世間佛眼不斷所以者何由有菩薩摩訶薩故便有預流一来不還阿羅漢果獨覺菩提由有菩薩摩訶薩故便有如來應正等覺證得無上正等菩提由有菩薩摩訶薩故便有佛寶法寶僧寶一切世間歸依供養以是故憍尸迦一切世間若天若魔若梵若沙門若婆羅門及阿素洛人非人等應以無量上妙華鬘塗散等香衣服瓔珞寶幢幡蓋眾妙珍奇伎樂燈明盡諸所有供養恭敬尊重讚歎菩薩摩訶薩憍尸迦由此當知若善男子善女人等書寫如是甚深般若波羅蜜多施他讀誦若轉書寫廣令流布所獲福聚勝前福聚無量無邊何以故如是般若波羅蜜多秘密藏中廣說一切世出世間勝善法故由此般若波羅蜜多秘密藏中所說法故世間便有剎帝利大族婆羅門大族長者大族居士大族施設可得由此般若波羅蜜多秘密藏

中所説法故世間便有四大王衆天三十三天夜摩天覩史多天樂變化天他化自在天施設可得由此般若波羅蜜多秘密藏中所説法故世間便有梵衆天梵輔天梵會天大梵天施設可得由此般若波羅蜜多秘密藏中所説法故世間便有光天少光天無量光天極光淨天施設可得由此般若波羅蜜多秘密藏中所説法故世間便有淨天少淨天無量淨天遍淨天施設可得由此般若波羅蜜多秘密藏中所説法故世間便有廣天少廣天無量廣天廣果天施設可得由此般若波羅蜜多秘密藏中所説法故世間便有無繁天無熱天善現天善見天色究竟天施設可得由此般若波羅蜜多秘密藏中所説法故世間便有空無邊處天識無邊處天無所有處天非想非非想處天施設可得由此般若波羅蜜多秘密藏中所説法故世間便有布施波羅蜜多淨戒波羅蜜多安忍波羅蜜多精進波羅蜜多靜慮波羅蜜多般若波

羅蜜多施設可得由此般若波羅蜜多秘密藏中所説法故世間便有内空外空内外空空空大空勝義空有為空無為空畢竟空無際空散空無變異空本性空自相空共相空一切法空不可得空無性空自性空無性自性空施設可得由此般若波羅蜜多秘密藏中所説法故世間便有真如法界法性不虛妄性不變異性平等性離生性法定法住實際虛空界不思議界施設可得由此般若波羅蜜多秘密藏中所説法故世間便有苦聖諦集聖諦滅聖諦道聖諦施設可得由此般若波羅蜜多秘密藏中所説法故世間便有四靜慮四無量四無色定施設可得由此般若波羅蜜多秘密藏中所説法故世間便有八解脱八勝處九次第定十遍處施設可得由此般若波羅蜜多秘密藏中所説法故世間便有四念住四正斷四神足五根五力七等覺支八聖道支施設可得由此般若波羅蜜多秘密藏中所説法故世間便有空解

脱門無相解脱門無願解脱門施設可得由此般若波羅蜜多秘密藏中所説法故世間便有五眼六神通施設可得由此般若波羅蜜多秘密藏中所説法故世間便有佛十力四無所畏四無礙解大慈大悲大喜大捨十八佛不共法施設可得由此般若波羅蜜多秘密藏中所説法故世間便有無忘失法恒住捨性施設可得由此般若波羅蜜多秘密藏中所説法故世間便有一切智道相智一切相智施設可得由此般若波羅蜜多秘密藏中所説法故世間便有一切陁羅尼門一切三摩地門施設可得由此般若波羅蜜多秘密藏中所説法故世間便有預流一來不還阿羅漢及預流向預流果一來向一來果不還向不還果阿羅漢向阿羅漢果施設可得由此般若波羅蜜多秘密藏中所説法故世間便有獨覺及獨覺菩提施設可得由此般若波羅蜜多秘密藏中所説法故世間便有一切菩薩摩訶薩及諸菩薩摩訶薩行

施設可得由此般若波羅蜜多秘密藏中所說法故世間便有一切如來應正等覺及諸無上正等菩提施設可得

大般若波羅蜜多經卷第一百三十三

大般若波羅蜜多經卷第一百三十三

校勘記

一　底本，金藏大寶集寺本。

一　二九二頁中一五行「種性」，石作「種姓」，下同。

一　二九二頁下一行「秘密」，麗作「秘蜜」。

一　二九三頁中三行「幢幡」，石作「憧憣」，下同。

一　二九三頁中四行「伎」，磧、南、徑、清作「妓」，下同。

一　二九三頁中二一行「秘密」，磧、南作「秘蜜」。

一　二九三頁下六行「無繁天」，磧、普、南、徑、清作「無煩天」，下同。

一　二九四頁上二二行「般若波羅蜜多」，麗作「般若波羅蜜多蜜多」。

一　二九四頁中一行「秘蜜」，磧、南作「秘蜜」。

一　二九四頁中一七行「諸無上」，麗作「諸佛無上」、

一　二九四頁下七行「秘密」，南作「秘蜜」。

一　二九五頁中一一行「便有」，石作「世間便有」。

一　二九六頁中二一行首字殘，應為「三」。

一　二九七頁上一三行「勝義空」，石作「勝義」。

一　二九七頁下一九行、二三行「秘密」，磧、南作「秘蜜」。

一　二九八頁上六行「秘密」，南作「秘蜜」。

一　二九八頁下四行「秘密」，南作「秘蜜」。

大般若波羅蜜多經卷第一百三十四　宿

三藏法師玄奘奉　詔譯

初分挍量功德品第三十之三十二

復次憍尸迦置四大洲諸有情類若善男子善女人等教小千界諸有情類皆令修學四靜慮四無量四无色定五神通於意云何是善男子善女人等由此因緣得福多不天帝釋言甚多世尊甚多善逝佛言憍尸迦若善男子善女人等書寫如是甚深般若波羅蜜多施他讀誦若轉書寫廣令流布是善男子善女人等所獲福聚甚多於前何以故憍尸迦如是般若波羅蜜多秘密藏中廣說一切無漏之法聲聞種性補特伽羅修學此法速入聲聞正性離生得預流果得一來果得不還果得阿羅漢果獨覺種性補特伽羅修學此法速入獨覺正性離生漸次證得獨覺菩提菩薩種性補特伽羅修學此法速入菩薩正性離生漸次修行諸菩薩行證得無上正等菩提憍尸迦如是般若波

羅蜜多秘密藏中廣說一切無漏法者所謂布施波羅蜜多淨戒波羅蜜多安忍波羅蜜多精進波羅蜜多靜慮波羅蜜多般若波羅蜜多內空外空內外空空空大空勝義空有為空無為空畢竟空无際空散空無變異空本性空自相空共相空一切法空不可得空無性空自性空無性自性空真如法界法性不虛妄性不變異性平等性離生性法定法住實際虛空界不思議界無漏四靜慮四无量四無色定八解脫八勝處九次第定十遍處四念住四正斷四神足五根五力七等覺支八聖道支空解脫門無相解脫門無願解脫門五眼六神通佛十力四無所畏四无导解大慈大悲大喜大捨十八佛不共法一切智道相智一切相智一切陁羅尼門一切三摩地門及餘無量无邊佛法皆是此中所說一切無漏之法憍尸迦若善男子善女人等教一有情住預流果所獲福聚猶勝教化小千世界諸有情類皆令修學四靜慮四無

量四無色定五神通何以故憍尸迦諸有修行四靜慮四无量四無色定五神通不免地獄傍生鬼趣若諸有情住預流果便得永脫三惡趣故况教令住一来不還阿羅漢果所獲福聚而不勝彼憍尸迦若善男子善女人等教小千界諸有情類皆住預流一来不還阿羅漢果所獲福聚不如有人教一有情令其安住獨覺菩提何以故憍尸迦獨覺菩提所有功德勝預流等百千倍故憍尸迦若善男子善女人等教小千界諸有情類皆令安住獨覺菩提所獲福聚不如有人教一有情令趣无上正等菩提何以故憍尸迦若教有情令趣無上正等菩提則令世間佛眼不斷所以者何由有菩薩摩訶薩故便有預流一来不還阿羅漢果獨覺菩提由有菩薩摩訶薩故便有如来應正等覺證得無上正等菩提由有菩薩摩訶薩故便有佛寶法寶僧寶一切世間歸依供養以是故憍尸迦一切世間若天若魔若梵若沙門若婆羅門及阿

素洛人非人等應以無量上妙華鬘塗散等香衣服瓔珞寶幢幡蓋衆妙珍奇伎樂燈明盡諸所有供養恭敬尊重讃歎菩薩摩訶薩憍尸迦由此當知若善男子善女人等書寫如是甚深般若波羅蜜多施他讀誦若轉書寫廣令流布所獲福聚勝前福聚無量无邊何以故如是般若波羅蜜多秘密藏中廣說一切世間出世間勝善法故由此般若波羅蜜多秘密藏中所說法故世間便有刹帝利大族婆羅門大族長者大族居士大族施設可得由此般若波羅蜜多秘密藏中所說法故世間便有四大王衆天三十三天夜摩天覩史多天樂變化天他化自在天施設可得由此般若波羅蜜多秘密藏中所說法故世間便有梵衆天梵輔天梵會天大梵天施設可得由此般若波羅蜜多秘密藏中所說法故世間便有光天少光天無量光天極光淨天施設可得由此般若波羅蜜多秘密藏中所說法故世間便有淨天少淨天无量淨

天遍淨天施設可得由此般若波羅蜜多秘密藏中所說法故世間便有廣天少廣天無量廣天廣果天施設可得由此般若波羅蜜多秘密藏中所說法故世間便有無繁天無熱天善現天善見天色究竟天施設可得由此般若波羅蜜多秘密藏中所說法故世間便有空無邊處天識無邊處天無所有處天非想非非想處天施設可得由此般若波羅蜜多秘密藏中所說法故世間便有布施波羅蜜多淨戒波羅蜜多安忍波羅蜜多精進波羅蜜多靜慮波羅蜜多般若波羅蜜多施設可得由此般若波羅蜜多秘密藏中所說法故世間便有内空外空内外空空空大空勝義空有為空無為空畢竟空無際空散空無變異空本性空自相空共相空一切法空不可得空無性空自性空無性自性空施設可得由此般若波羅蜜多秘密藏中所說法故世間便有真如法界法性不虛妄性不變異性平等性離生性法定法住實際虛空

界不思議界施設可得由此般若波羅蜜多秘密藏中所說法故世間便有苦聖諦集聖諦滅聖諦道聖諦施設可得由此般若波羅蜜多秘密藏中所說法故世間便有四靜慮四無量四無色定施設可得由此般若波羅蜜多秘密藏中所說法故世間便有八解脫八勝處九次第定十遍處施設可得由此般若波羅蜜多秘密藏中所說法故世間便有四念住四正斷四神足五根五力七等覺支八聖道支施設可得由此般若波羅蜜多秘密藏中所說法故世間便有空解脫門無相解脫門無願解脫門施設可得由此般若波羅蜜多秘密藏中所說法故世間便有五眼六神通施設可得由此般若波羅蜜多秘密藏中所說法故世間便有佛十力四無所畏四無礙解大慈大悲大喜大捨十八佛不共法施設可得由此般若波羅蜜多秘密藏中所說法故世間便有無忘失法恒住捨性施設可得由此般若波羅蜜多秘密藏中所

說法故世間便有一切智道相智一切相智施設可得由此般若波羅蜜多秘密藏中所說法故世間便有一切陁羅尼門一切三摩地門施設可得由此般若波羅蜜多秘密藏中所說法故世間便有預流一來不還阿羅漢及預流向預流果一來向一來果不還向不還果阿羅漢向阿羅漢果施設可得由此般若波羅蜜多秘密藏中所說法故世間便有獨覺及獨覺菩提施設可得由此般若波羅蜜多秘密藏中所說法故世間便有一切菩薩摩訶薩及諸菩薩摩訶薩行施設可得由此般若波羅蜜多秘密藏中所說法故世間便有一切如來應正等覺及諸無上正等菩提施設可得

復次憍尸迦置小千界諸有情類若善男子善女人等教中千界諸有情類皆令修學四靜慮四無量四無色定五神通於意云何是善男子善女人等由此因緣得福多不天帝釋言甚多世尊甚多善逝佛言憍尸迦若

善男子善女人等書寫如是甚深般若波羅蜜多施他讀誦若轉書寫廣令流布是善男子善女人等所獲福聚甚多於前何以故憍尸迦如是般若波羅蜜多秘密藏中廣說一切無漏之法聲聞種性補特伽羅修學此法速入聲聞正性離生得預流果得一來果得不還果得阿羅漢果獨覺種性補特伽羅修學此法速入獨覺正性離生漸次證得獨覺菩提菩薩種性補特伽羅修學此法速入菩薩正性離生漸次修行諸菩薩行證得無上正等菩提憍尸迦如是般若波羅蜜多秘密藏中廣說一切無漏法者所謂布施波羅蜜多淨戒波羅蜜多安忍波羅蜜多精進波羅蜜多靜慮波羅蜜多般若波羅蜜多內空外空內外空空空大空勝義空有為空無為空畢竟空無際空散空無變異空本性空自相空共相空一切法空不可得空無性空自性空無性自性空真如法界法性不虛妄性不變異性平等性離生性法定法住實際虛

空界不思議界無漏四靜慮四無量四無色定八解脫八勝處九次第定十遍處四念住四正斷四神足五根五力七等覺支八聖道支空解脫門無相解脫門無願解脫門五眼六神通佛十力四無所畏四無礙解大慈大悲大喜大捨十八佛不共法一切智道相智一切相智一切陀羅尼門一切三摩地門及餘無量無邊佛法皆是此中所說一切無漏之法憍尸迦若善男子善女人等教一有情住預流果所獲福聚猶勝教化中千世界諸有情類皆令修學四靜慮四無量四無色定五神通何以故諸有修行四靜慮四無量四無色定五神通不免地獄傍生鬼趣若諸有情住預流果便得永脫三惡趣故況教令住一來不還阿羅漢果所獲福聚而不勝彼憍尸迦若善男子善女人等教中千界諸有情類皆住預流一來不還阿羅漢果所獲福聚不如有人教一有情令其安住獨覺菩提何以故憍尸迦獨覺菩提所有功德勝預流

等百千倍故憍尸迦若善男子善女人等教中千界諸有情類皆令安住獨覺菩提所獲福聚不如有人教一有情令趣無上正等菩提何以故憍尸迦若教有情令趣無上正等菩提則令世間佛眼不斷所以者何由有菩薩摩訶薩故便有預流一來不還阿羅漢果獨覺菩提由有菩薩摩訶薩故便有如來應正等覺證得無上正等菩提由有菩薩摩訶薩故便有佛寶法寶僧寶一切世間歸依供養以是故憍尸迦一切世間若天若魔若梵若沙門若婆羅門及阿素洛人非人等應以無量上妙華鬘塗散等香衣服瓔珞寶幢幡蓋衆妙珍奇伎樂燈明盡諸所有供養恭敬尊重讚歎菩薩摩訶薩憍尸迦由此當知若善男子善女人等書寫如是甚深般若波羅蜜多施他讀誦若轉書寫廣令流布所獲福聚勝前福聚無量無邊何以故如是般若波羅蜜多秘密藏中廣說一切世出世間勝善法故由此般若波羅蜜多秘密藏中所說

法故世間便有剎帝利大族婆羅門大族長者大族居士大族施設可得由此般若波羅蜜多秘密藏中所說法故世間便有四大王衆天三十三天夜摩天覩史多天樂變化天他化自在天施設可得由此般若波羅蜜多秘密藏中所說法故世間便有梵衆天梵輔天梵會天大梵天施設可得由此般若波羅蜜多秘密藏中所說法故世間便有光天少光天無量光天極光淨天施設可得由此般若波羅蜜多秘密藏中所說法故世間便有淨天少淨天無量淨天遍淨天施設可得由此般若波羅蜜多秘密藏中所說法故世間便有廣天少廣天無量廣天廣果天施設可得由此般若波羅蜜多秘密藏中所說法故世間便有無繁天無熱天善現天善見天色究竟天施設可得由此般若波羅蜜多秘密藏中所說法故世間便有空無邊處天識無邊處天無所有處天非想非非想處天施設可得由此般若波羅蜜多秘密藏中所說

法故世間便有布施波羅蜜多淨戒波羅蜜多安忍波羅蜜多精進波羅蜜多靜慮波羅蜜多般若波羅蜜多施設可得由此般若波羅蜜多秘密藏中所說法故世間便有內空外空內外空空空大空勝義空有為空無為空畢竟空無際空散空無變異空本性空自相空共相空一切法空不可得空無性空自性空無性自性空施設可得由此般若波羅蜜多秘密藏中所說法故世間便有真如法界法性不虛妄性不變異性平等性離生性法定法住實際虛空界不思議界施設可得由此般若波羅蜜多秘密藏中所說法故世間便有苦聖諦集聖諦滅聖諦道聖諦施設可得由此般若波羅蜜多秘密藏中所說法故世間便有四靜慮四無量四無色定施設可得由此般若波羅蜜多秘密藏中所說法故世間便有八解脫八勝處九次第定十遍處施設可得由此般若波羅蜜多秘密藏中所說法故世間便有四念住四正斷四神足五根五力七等覺支八聖道支施設可得由此般若波羅蜜多秘密藏中所說法故世間便有空解脫門無相解脫門無願解脫門施設可得由此般若波羅蜜多秘密藏中所說法故世間便有五眼六神通施設可得由此般若波羅蜜多秘密藏中所說法故世間便有佛十力四無所畏四無礙解大慈大悲大喜大捨十八佛不共法施設可得由此般若波羅蜜多秘密藏中所說法故世間便有無忘失法恒住捨性施設可得由此般若波羅蜜多秘密藏中所說法故世間便有一切智道相智一切相智施設可得由此般若波羅蜜多秘密藏中所說法故世間便有一切陀羅尼門一切三摩地門施設可得由此般若波羅蜜多秘密藏中所說法故世間便有預流一來不還阿羅漢及預流向預流果一來向一來果不還向不還果阿羅漢向阿羅漢果施設可得由此般若波羅蜜多秘密藏中所說法故世間便有獨覺及獨覺菩提施設可得由此般若波羅蜜多秘密藏中所說法故世間便有一切菩薩摩訶薩及諸菩薩摩訶薩行施設可得由此般若波羅蜜多秘密藏中所說法故世間便有一切如來應正等覺及諸無上正等菩提施設可得

復次憍尸迦置中千界諸有情類若善男子善女人等教化三千大千世界諸有情類皆令修學四靜慮四無量四無色定五神通於意云何是善男子善女人等由此因緣得福多不天帝釋言甚多世尊甚多善逝佛言憍尸迦若善男子善女人等書寫如是甚深般若波羅蜜多施他讀誦若轉書寫廣令流布是善男子善女人等所獲福聚甚多於前何以故憍尸迦如是般若波羅蜜多秘密藏中廣說一切無漏之法聲聞種性補特伽羅修學此法速入聲聞正性離生得預流果得一來果得不還果得阿羅漢果獨覺種性補特伽羅修學此法速入獨覺正性離生漸次證得獨覺菩提菩薩種性補特伽羅修學此法

速入菩薩正性離生漸次修行諸菩薩行證得無上正等菩提憍尸迦如是般若波羅蜜多秘密藏中廣說一切無漏法者所謂布施波羅蜜多淨戒波羅蜜多安忍波羅蜜多精進波羅蜜多靜慮波羅蜜多般若波羅蜜多內空外空內外空空空大空勝義空有為空無為空畢竟空無際空散空無變異空本性空自相空共相空一切法空不可得空無性空自性空無性自性空真如法界法性不虛妄性不變異性平等性離生性法定法住實際虛空界不思議界無漏四靜慮四無量四無色定八解脫八勝處九次第定十遍處四念住四正斷四神足五根五力七等覺支八聖道支空解脫門無相解脫門無願解脫門五眼六神通佛十力四無所畏四無礙解大慈大悲大喜大捨十八佛不共法一切智道相智一切相智一切陁羅尼門一切三摩地門及餘無量無邊佛法皆是此中所說一切無漏之法憍尸迦若善男子善女人等教一

有情住預流果所獲福聚猶勝教化如是三千大千世界諸有情類皆令修學四靜慮四無量四無色定五神通何以故憍尸迦諸有修行四靜慮四無量四無色定五神通不免地獄傍生鬼趣若諸有情住預流果便得永脫三惡趣故況教令住一來不還阿羅漢果所獲福聚而不勝彼憍尸迦若善男子善女人等教化三千大千世界諸有情類皆住預流一來不還阿羅漢果所獲福聚不如有人教一有情令其安住獨覺菩提何以故憍尸迦獨覺菩提所有功德勝預流等百千倍故憍尸迦若善男子善女人等教化三千大千世界諸有情類皆令安住獨覺菩提所獲福聚不如有人教一有情令趣無上正等菩提何以故憍尸迦若教有情令趣無上正等菩提則令世間佛眼不斷所以者何由有菩薩摩訶薩故便有預流一來不還阿羅漢果獨覺菩提由有菩薩摩訶薩故便有如來應正等覺證得無上正等菩提由有菩薩摩訶

薩故便有佛寶法寶僧寶一切世間歸依供養以是故憍尸迦一切世間若天若魔若梵若沙門若婆羅門及阿素洛人非人等應以無量上妙華鬘塗散等香衣服瓔珞寶幢幡蓋衆妙珍奇伎樂燈明盡諸所有供養恭敬尊重讚歎菩薩摩訶薩憍尸迦由此當知若善男子善女人等書寫如是甚深般若波羅蜜多施他讀誦若轉書寫廣令流布所獲福聚勝前福聚無量無邊何以故如是般若波羅蜜多秘密藏中廣說一切世出世間勝善法故由此般若波羅蜜多秘密藏中所說法故世間便有刹帝利大族婆羅門大族長者大族居士大族施設可得由此般若波羅蜜多秘密藏中所說法故世間便有四大王衆天三十三天夜摩天覩史多天樂變化天他化自在天施設可得由此般若波羅蜜多秘密藏中所說法故世間便有梵衆天梵輔天梵會天大梵天施設可得由此般若波羅蜜多秘密藏中所說法故世間便有光天少

光天無量光天極光淨天施設可得由此般若波羅蜜多秘密藏中所說法故世間便有淨天少淨天無量淨天遍淨天施設可得由此般若波羅蜜多秘密藏中所說法故世間便有廣天少廣天無量廣天廣果天施設可得由此般若波羅蜜多秘密藏中所說法故世間便有無繁天無熱天善現天善見天色究竟天施設可得由此般若波羅蜜多秘密藏中所說法故世間便有空無邊處天識無邊處天無所有處天非想非非想處天施設可得由此般若波羅蜜多秘密藏中所說法故世間便有布施波羅蜜多淨戒波羅蜜多安忍波羅蜜多精進波羅蜜多靜慮波羅蜜多般若波羅蜜多施設可得由此般若波羅蜜多秘密藏中所說法故世間便有內空外空內外空空空大空勝義空有為空無為空畢竟空無際空散空無變異空本性空自相空共相空一切法空不可得空無性空自性空無性自性空施設可得由此般若波羅

蜜多秘密藏中所說法故世間便有真如法界法性不虛妄性不變異性平等性離生性法定法住實際虛空界不思議界施設可得由此般若波羅蜜多秘密藏中所說法故世間便有苦聖諦集聖諦滅聖諦道聖諦施設可得由此般若波羅蜜多秘密藏中所說法故世間便有四靜慮四無量四無色定施設可得由此般若波羅蜜多秘密藏中所說法故世間便有八解脫八勝處九次第定十遍處施設可得由此般若波羅蜜多秘密藏中所說法故世間便有四念住四正斷四神足五根五力七等覺支八聖道支施設可得由此般若波羅蜜多秘密藏中所說法故世間便有空解脫門無相解脫門無願解脫門施設可得由此般若波羅蜜多秘密藏中所說法故世間便有五眼六神通施設可得由此般若波羅蜜多秘密藏中所說法故世間便有佛十力四無所畏四無礙解大慈大悲大喜大捨十八佛不共法施設可得由此般

若波羅蜜多秘密藏中所說法故世間便有無忘失法恒住捨性施設可得由此般若波羅蜜多秘密藏中所說法故世間便有一切智道相智一切相智施設可得由此般若波羅蜜多秘密藏中所說法故世間便有一切陀羅尼門一切三摩地門施設可得由此般若波羅蜜多秘密藏中所說法故世間便有預流一來不還阿羅漢及預流向預流果一來向一來果不還向不還果阿羅漢向阿羅漢果施設可得由此般若波羅蜜多秘密藏中所說法故世間便有獨覺及獨覺菩提施設可得由此般若波羅蜜多秘密藏中所說法故世間便有一切菩薩摩訶薩及諸菩薩摩訶薩行施設可得由此般若波羅蜜多秘密藏中所說法故世間便有一切如來應正等覺及諸無上正等菩提施設可得

復次憍尸迦置此三千大千世界諸有情類若善男子善女人等教化十方各如殑伽沙等世界諸有情類皆

令修學四靜慮四無量四無色定五神通於意云何是善男子善女人等由此因緣得福多不天帝釋言甚多世尊甚多善逝佛言憍尸迦若善男子善女人等書寫如是甚深般若波羅蜜多施他讀誦若轉書寫廣令流布是善男子善女人等所獲福聚甚多於前何以故憍尸迦如是般若波羅蜜多秘密藏中廣說一切無漏之法聲聞種性補特伽羅修學此法速入聲聞正性離生得預流果得一來果得不還果得阿羅漢果獨覺種性補特伽羅修學此法速入獨覺正性離生漸次證得獨覺菩提菩薩種性補特伽羅修學此法速入菩薩正性離生漸次修行諸菩薩行證得無上正等菩提憍尸迦如是般若波羅蜜多秘密藏中廣說一切無漏法者所謂布施波羅蜜多淨戒波羅蜜多安忍波羅蜜多精進波羅蜜多靜慮波羅蜜多般若波羅蜜多內空外空內外空空空大空勝義空有為空無為空畢竟空無際空散空無變異空本性空自相空共相空一切法空不可得空無性空自性空無性自性空真如法界法性不虛妄性不變異性平等性離生性法定法住實際虛空界不思議界無漏四靜慮四無量四無色定八解脫八勝處九次第定十遍處四念住四正斷四神足五根五力七等覺支八聖道支空解脫門無相解脫門無願解脫門五眼六神通佛十力四無所畏四無礙解大慈大悲大喜大捨十八佛不共法一切智道相智一切相智一切陀羅尼門一切三摩地門及餘無量無邊佛法皆是此中所說一切無漏之法憍尸迦若善男子善女人等教一有情住預流果所獲福聚猶勝教化十方各如殑伽沙界諸有情類皆令修學四靜慮四無量四無色定五神通何以故憍尸迦諸有修行四靜慮四無量四無色定五神通不免地獄傍生鬼趣若諸有情住預流果便得永脫三惡趣故況教令住一來不還阿羅漢果所獲福聚而不勝彼憍尸迦若善男子善女人等教化十方各如殑伽沙等世界諸有情類皆住預流一來不還阿羅漢果所獲福聚不如有人教一有情令其安住獨覺菩提何以故憍尸迦獨覺菩提所有功德勝預流等百千倍故

大般若波羅蜜多經卷第一百三十四

[illegible]

大般若波羅蜜多經卷第一百三十四

校勘記

一 底本，金藏大寶集寺本。

一 三〇一頁中三行「伎」，磧、南、徑、清作「妓」，下同。

一 三〇一頁中二〇行「客」，南作「蜜」。

一 三〇一頁下五行「無繁天」，磧、普、南、徑、清作「無煩天」，下同。

一 三〇一頁下一五行「秘客」，南作「秘蜜」。

一 三〇二頁上七行「秘客」，南作「秘蜜」。

一 三〇二頁上一八行第一三字「亐」應為「力」。

一 三〇二頁中一六行「諸無上」，麗作「諸佛無上」。

一 三〇三頁上一四行「何以故諸有」，石作「何以故憍尸迦諸有」。

一 三〇三頁下三行「秘客」，南作「秘蜜」。

一 三〇四頁中一八行「秘客」、磧作「秘蜜」。

一 三〇五頁上一七行末字殘，應為「五」。

一 三〇五頁上一八行首字殘，應為「眼」。

一 三〇六頁上五行「秘客」，清作「秘蜜」。

一 三〇六頁上一〇行「秘客」，磧作「秘蜜」。

一 三〇六頁中一行「秘客」，磧作「秘蜜」。

大般若波羅蜜多經卷第一百三十五　宿

三藏法師玄奘奉　詔譯

初分校量功德品第三十之三十三

憍尸迦若善男子善女人等教化十方各如殑伽沙等世界諸有情類皆令安住獨覺菩提所獲福聚不如有人教一有情令趣無上正等菩提何以故憍尸迦若教有情令趣無上正等菩提則令世間佛眼不斷所以者何由有菩薩摩訶薩故便有預流一来不還阿羅漢果獨覺菩提由有菩薩摩訶薩故便有如来應正等覺證得無上正等菩提由有菩薩摩訶薩故便有佛寶法寶僧寶一切世間歸依供養以是故憍尸迦一切世間若天若魔若梵若沙門若婆羅門及阿素洛人非人等應以無量上妙花鬘塗散等香衣服瓔珞寶幢幡蓋衆妙珍奇伎樂燈明盡諸所有供養恭敬尊重讚歎菩薩摩訶薩憍尸迦由此當知若善男子善女人等書寫如是甚深般若波羅蜜多施他讀誦若轉

書寫廣令流布所獲福聚勝前福聚無量无邊何以故如是般若波羅蜜多秘密藏中廣說一切世出世間勝善法故由此般若波羅蜜多秘密藏中所說法故世間便有刹帝利大族婆羅門大族長者大族居士大族施設可得由此般若波羅蜜多秘密藏中所說法故世間便有四大王衆天三十三天夜摩天覩史多天樂變化天他化自在天施設可得由此般若波羅蜜多秘密藏中所說法故世間便有梵衆天梵輔天梵會天大梵天施設可得由此般若波羅蜜多秘密藏中所說法故世間便有光天少光天無量光天極光淨天施設可得由此般若波羅蜜多秘密藏中所說法故世間便有淨天少淨天无量淨天遍淨天施設可得由此般若波羅蜜多秘密藏中所說法故世間便有廣天少廣天无量廣天廣果天施設可得由此般若波羅蜜多秘密藏中所說法故世間便有無繁天无熱天善現天善見天色究竟天施設可得由

此般若波羅蜜多秘密藏中所説法故世間便有空無邊處天識無邊處天無所有處天非想非非想處天施設可得由此般若波羅蜜多秘密藏中所説法故世間便有布施波羅蜜多淨戒波羅蜜多安忍波羅蜜多精進波羅蜜多靜慮波羅蜜多般若波羅蜜多施設可得由此般若波羅蜜多秘密藏中所説法故世間便有内空外空内外空空空大空勝義空有為空無為空畢竟空無際空散空無變異空本性空自相空共相空一切法空不可得空無性空自性空無性自性空施設可得由此般若波羅蜜多秘密藏中所説法故世間便有真如法界法性不虚妄性不變異性平等性離生性法定法住實際虚空界不思議界施設可得由此般若波羅蜜多秘密藏中所説法故世間便有苦聖諦集聖諦滅聖諦道聖諦施設可得由此般若波羅蜜多秘密藏中所説法故世間便有四靜慮四無量四無色定施設可得由此般若波羅

蜜多秘密藏中所説法故世間便有八解脱八勝處九次第定十遍處施設可得由此般若波羅蜜多秘密藏中所説法故世間便有四念住四正斷四神足五根五力七等覺支八聖道支施設可得由此般若波羅蜜多秘密藏中所説法故世間便有空解脱門無相解脱門無願解脱門施設可得由此般若波羅蜜多秘密藏中所説法故世間便有五眼六神通施設可得由此般若波羅蜜多秘密藏中所説法故世間便有佛十力四無所畏四無礙解大慈大悲大喜大捨十八佛不共法施設可得由此般若波羅蜜多秘密藏中所説法故世間便有無忘失法恒住捨性施設可得由此般若波羅蜜多秘密藏中所説法故世間便有一切智道相智一切相智施設可得由此般若波羅蜜多秘密藏中所説法故世間便有一切陁羅尼門一切三摩地門施設可得由此般若波羅蜜多秘密藏中所説法故世間便有預流一来不還阿羅

漢及預流向預流果一来向一来果不還向不還果阿羅漢向阿羅漢果施設可得由此般若波羅蜜多秘密藏中所説法故世間便有獨覺及獨覺菩提施設可得由此般若波羅蜜多秘密藏中所説法故世間便有一切菩薩摩訶薩及諸菩薩摩訶薩行施設可得由此般若波羅蜜多秘密藏中所説法故世間便有一切如来應正等覺及諸無上正等菩提施設可得

復次憍尸迦置此十方各如殑伽沙等世界諸有情類若善男子善女人等教化十方一切世界諸有情類皆令修學四靜慮四無量四无色定五神通於意云何是善男子善女人等由此因緣得福多不天帝釋言甚多世尊甚多善逝佛言憍尸迦若善男子善女人等書寫如是甚深般若波羅蜜多施他讀誦若轉書寫廣令流布是善男子善女人等所獲福聚甚多於前何以故憍尸迦如是般若波羅蜜多秘密藏中廣説一切無漏之

法聲聞種性補特伽羅修學此法速入聲聞正性離生得預流果得一來果得不還果得阿羅漢果獨覺種性補特伽羅修學此法速入獨覺正性離生漸次證得獨覺菩提菩薩種性補特伽羅修學此法速入菩薩正性離生漸次修行諸菩薩行證得無上正等菩提憍尸迦如是般若波羅蜜多秘密藏中廣說一切無漏法者所謂布施波羅蜜多淨戒波羅蜜多安忍波羅蜜多精進波羅蜜多靜慮波羅蜜多般若波羅蜜多內空外空內外空空空大空勝義空有為空無為空畢竟空無際空散空無變異空本性空自相空共相空一切法空不可得空無性空自性空無性自性空真如法界法性不虛妄性不變異性平等性離生性法定法住實際虛空界不思議界無漏四靜慮四無量四無色定八解脫八勝處九次第定十遍處四念住四正斷四神足五根五力七等覺支八聖道支空解脫門無相解脫門無願解脫門五眼六神通佛

十力四無所畏四無礙解大慈大悲大喜大捨十八佛不共法一切智道相智一切相智一切陀羅尼門一切三摩地門及餘無量無邊佛法皆是此中所說一切無漏之法憍尸迦若善男子善女人等教一有情住預流果所獲福聚猶勝教化如是十方一切世界諸有情類皆令修學四靜慮四無量四無色定五神通何以故憍尸迦諸有修行四靜慮四無量四無色定五神通不免地獄傍生鬼趣若諸有情住預流果便得永脫三惡趣故況教令住一來不還阿羅漢果所獲福聚而不勝彼憍尸迦若善男子善女人等教化十方一切世界諸有情類皆住預流一來不還阿羅漢果所獲福聚不如有人教一有情令其安住獨覺菩提何以故憍尸迦獨覺菩提所有功德勝預流等百千倍故憍尸迦若善男子善女人等教化十方一切世界諸有情類皆令安住獨覺菩提所獲福聚不如有人教一有情令趣無上正等菩提何以故憍尸

迦若教有情令趣無上正等菩提則令世間佛眼不斷所以者何由有菩薩摩訶薩故便有預流一來不還阿羅漢果獨覺菩提由有菩薩摩訶薩故便有如來應正等覺證得無上正等菩提由有菩薩摩訶薩故便有佛寶法寶僧寶一切世間歸依供養以是故憍尸迦一切世間若天若魔若梵若沙門若婆羅門及阿素洛人非人等應以無量上妙花鬘塗散等香衣服瓔珞寶幢幡蓋衆妙珍奇伎樂燈明盡諸所有供養恭敬尊重讚歎菩薩摩訶薩憍尸迦由此當知若善男子善女人等書寫如是甚深般若波羅蜜多施他讀誦若轉書寫廣令流布所獲福聚勝前福聚無量無邊何以故如是般若波羅蜜多秘密藏中廣說一切世出世間勝善法故由此般若波羅蜜多秘密藏中所說法故世間便有剎帝利大族婆羅門大族長者大族居士大族施設可得由此般若波羅蜜多秘密藏中所說法故世間便有四大王衆天三十三天

夜摩天覩史多天樂變化天他化自在天施設可得由此般若波羅蜜多秘密藏中所說法故世間便有梵衆天梵輔天梵會天大梵天施設可得由此般若波羅蜜多秘密藏中所說法故世間便有光天少光天無量光天極光淨天施設可得由此般若波羅蜜多秘密藏中所說法故世間便有淨天少淨天無量淨天遍淨天施設可得由此般若波羅蜜多秘密藏中所說法故世間便有廣天少廣天無量廣天廣果天施設可得由此般若波羅蜜多秘密藏中所說法故世間便有無繁天無熱天善現天善見天色究竟天施設可得由此般若波羅蜜多秘密藏中所說法故世間便有空無邊處天識無邊處天無所有處天非想非非想處天施設可得由此般若波羅蜜多秘密藏中所說法故世間便有布施波羅蜜多淨戒波羅蜜多安忍波羅蜜多精進波羅蜜多靜慮波羅蜜多般若波羅蜜多施設可得由此般若波羅蜜多秘密藏

中所說法故世間便有內空外空內外空空空大空勝義空有為空無為空畢竟空無際空散空無變異空本性空自相空共相空一切法空不可得空無性空自性空無性自性空施設可得由此般若波羅蜜多秘密藏中所說法故世間便有真如法界法性不虛妄性不變異性平等性離生性法定法住實際虛空界不思議界施設可得由此般若波羅蜜多秘密藏中所說法故世間便有苦聖諦集聖諦滅聖諦道聖諦施設可得由此般若波羅蜜多秘密藏中所說法故世間便有四靜慮四無量四無色定施設可得由此般若波羅蜜多秘密藏中所說法故世間便有八解脫八勝處九次第定十遍處施設可得由此般若波羅蜜多秘密藏中所說法故世間便有四念住四正斷四神足五根五力七等覺支八聖道支施設可得由此般若波羅蜜多秘密藏中所說法故世間便有空解脫門無相解脫門無願解脫門施設可得由此

般若波羅蜜多秘密藏中所說法故世間便有五眼六神通施設可得由此般若波羅蜜多秘密藏中所說法故世間便有佛十力四無所畏四無礙解大慈大悲大喜大捨十八佛不共法施設可得由此般若波羅蜜多秘密藏中所說法故世間便有無忘失法恒住捨性施設可得由此般若波羅蜜多秘密藏中所說法故世間便有一切智道相智一切相智施設可得由此般若波羅蜜多秘密藏中所說法故世間便有一切陀羅尼門一切三摩地門施設可得由此般若波羅蜜多秘密藏中所說法故世間便有預流一來不還阿羅漢及預流向預流果一來向一來果不還向不還果阿羅漢向阿羅漢果施設可得由此般若波羅蜜多秘密藏中所說法故世間便有獨覺及獨覺菩提施設可得由此般若波羅蜜多秘密藏中所說法故世間便有一切菩薩摩訶薩及諸菩薩摩訶薩行施設可得由此般若波羅蜜多秘密藏中所說

法故世間便有一切如來應正等覺及諸無上正等菩提施設可得。復次憍尸迦若善男子善女人等於此般若波羅蜜多受持讀誦如理思惟是善男子善女人等所獲福聚勝於教化一贍部洲諸有情類皆令安住十善業道四靜慮四無量四無色定五神通憍尸迦是善男子善女人等所獲福聚亦勝教化南贍部洲東勝身洲諸有情類皆令安住十善業道四靜慮四無量四無色定五神通憍尸迦是善男子善女人等所獲福聚亦勝教化南贍部洲東勝身洲西牛貨洲諸有情類皆令安住十善業道四靜慮四無量四無色定五神通憍尸迦是善男子善女人等所獲福聚亦勝教化一四大洲諸有情類皆令安住十善業道四靜慮四無量四無色定五神通憍尸迦是善男子善女人等所獲福聚亦勝教化小千世界諸有情類皆令安住十善業道四靜慮四無量四無色定五神通憍尸迦是善男子善女人等所獲福聚亦

勝教化中千世界諸有情類皆令安住十善業道四靜慮四無量四無色定五神通憍尸迦是善男子善女人等所獲福聚亦勝教化三千大千世界諸有情類皆令安住十善業道四靜慮四無量四無色定五神通憍尸迦是善男子善女人等所獲福聚亦勝教化十方各如殑伽沙等世界諸有情類皆令安住十善業道四靜慮四無量四無色定五神通憍尸迦是善男子善女人等所獲福聚亦勝教化十方一切世界諸有情類皆令安住十善業道四靜慮四無量四無色定五神通憍尸迦此中如理思惟者謂以非二非不二行覺於此般若波羅蜜多受持讀誦如理思惟復以非二非不二行覺於靜慮精進安忍淨戒布施波羅蜜多受持讀誦如理思惟憍尸迦復以非二非不二行覺於內空如理思惟復以非二非不二行覺於外空內外空空空大空勝義空有為空無為空畢竟空無際空散空無變異空本性空自相空共相空一

切法空不可得空無性空自性空無性自性空如理思惟憍尸迦復以非二非不二行覺於真如如理思惟復以非二非不二行覺於法界法性不虛妄性不變異性平等性離生性法定法住實際虛空界不思議界如理思惟憍尸迦復以非二非不二行覺於苦聖諦如理思惟復以非二非不二行覺於集滅道聖諦如理思惟憍尸迦復以非二非不二行覺於四靜慮如理思惟復以非二非不二行覺於四無量四無色定如理思惟憍尸迦復以非二非不二行覺於八解脫如理思惟復以非二非不二行覺於八勝處九次第定十遍處如理思惟憍尸迦復以非二非不二行覺於四念住如理思惟復以非二非不二行覺於四正斷四神足五根五力七等覺支八聖道支如理思惟憍尸迦復以非二非不二行覺於空解脫門如理思惟復以非二非不二行覺於無相無願解脫門如理思惟憍尸迦復以非二非不二行覺於五眼如理思

惟復以非二非不二行覺於六神通如理思惟憍尸迦復以非二非不二行覺於佛十力如理思惟復以非二非不二行覺於四無所畏四無礙解大慈大悲大喜大捨十八佛不共法如理思惟憍尸迦復以非二非不二行覺於無忘失法如理思惟復以非二非不二行覺於恒住捨性如理思惟憍尸迦復以非二非不二行覺於一切智如理思惟復以非二非不二行覺於道相智一切相智如理思惟憍尸迦復以非二非不二行覺於一切陁羅尼門如理思惟復以非二非不二行覺於一切三摩地門如理思惟憍尸迦復以非二非不二行覺於菩薩摩訶薩行如理思惟憍尸迦復以非二非不二行覺於無上正等菩提如理思惟

復次憍尸迦若善男子善女人等於此般若波羅蜜多以無量門廣為他說宣示開演顯了解釋分別義趣令其易解所獲福聚勝自受持若讀若誦如理思惟如是般若波羅蜜多所

獲功德憍尸迦所言般若波羅蜜多義趣者謂此般若波羅蜜多非二非不二非有相非無相非入非出非增非減非染非淨非生非滅非取非捨非執非不執非住非不住非實非不實非相應非不相應非和合非不和合非因緣非非因緣非法非非法非真如非非真如非實際非非實際如是義趣有無量門憍尸迦若善男子善女人等能廣教他如是般若波羅蜜多甚深義趣令易解者所獲福聚勝自受持若讀若誦如理思惟如是般若波羅蜜多所獲功德無量倍數

復次憍尸迦若善男子善女人等自於般若波羅蜜多受持讀誦如理思惟以無量門為他廣說宣示開演顯了解釋分別義趣令其易解是善男子善女人等所獲福聚過前福聚無量無邊

尒時天帝釋白佛言世尊諸善男子善女人等應以種種巧妙文義宣說開示如是般若波羅蜜多佛言憍尸迦如是如是如汝所說諸善男子善

女人等應以種種巧妙文義宣說開示如是般若波羅蜜多憍尸迦若善男子善女人等能以種種巧妙文義宣說開示如是般若波羅蜜多是善男子善女人等成就無量無數無邊不可思議大功德聚憍尸迦若善男子善女人等盡其形壽以無量種上妙花鬘塗散等香衣服瓔珞寶幢幡蓋衆妙珍奇伎樂燈明盡諸所有清淨樂具供養恭敬尊重讚歎十方無量無數世界一切如來應正等覺有善男子善女人等自於般若波羅蜜多受持讀誦如理思惟復依種種巧妙文義以無量門為他廣說宣示開演顯了解釋分別義趣令其易解是善男子善女人等所獲福聚甚多於前何以故憍尸迦由彼過去未來現在一切如來應正等覺皆學般若波羅蜜多已證無上正等菩提當證無上正等菩提今證無上正等菩提

復次憍尸迦若善男子善女人等無量無數無邊大劫以有所得而為方便修行布施波羅蜜多無量無數無

邊大劫以有所得而為方便修行淨戒波羅蜜多無量無數無邊大劫以有所得而為方便修行安忍波羅蜜多無量無數無邊大劫以有所得而為方便修行精進波羅蜜多無量無數無邊大劫以有所得而為方便修行靜慮波羅蜜多無量無數無邊大劫以有所得而為方便修行般若波羅蜜多有善男子善女人等於此般若波羅蜜多以無所得而為方便受持讀誦如理思惟復以種種巧妙文義經須臾間為他辯說宣示開演顯了解釋分別義趣令其易解所獲福聚甚多於前憍尸迦此中所言有所得者謂善男子善女人等修布施時作如是念我能惠施彼是受者此是施果施及施物彼行施時名住布施不名布施波羅蜜多以有所得為方便故若善男子善女人等修淨戒時作如是念我能持戒為護於彼此是戒果及所持戒彼持戒時名住淨戒不名淨戒波羅蜜多以有所得為方便故若善男子善女人等修安忍時作如是念我能修忍為護彼故此是忍果及忍自性彼修忍時名住安忍不名安忍波羅蜜多以有所得為方便故若善男子善女人等修精進時作如是念我能精進為修斷彼此精進果精進自性彼精進時名住精進不名精進波羅蜜多以有所得為方便故若善男子善女人等修靜慮時作如是念我能修定彼是定境此靜慮果靜慮自性彼修定時名住靜慮不名靜慮波羅蜜多以有所得為方便故若善男子善女人等修般若時作如是念我能修慧彼是慧境此般若果般若自性彼修慧時名住般若不名般若波羅蜜多以有所得為方便故憍尸迦是善男子善女人等以有所得為方便故不能圓滿布施淨戒安忍精進靜慮般若波羅蜜多尒時天帝釋白佛言世尊菩薩摩訶薩云何能滿布施淨戒安忍精進靜慮般若波羅蜜多佛言憍尸迦若菩薩摩訶薩修布施時不得施者受者施果施及施物以無所得為方便故能滿布施波羅蜜多若菩薩摩訶薩修淨戒時不得持者所護戒果及所持戒以無所得為方便故能滿淨戒波羅蜜多若菩薩摩訶薩修安忍時不得能忍所護忍果及忍自性以無所得為方便故能滿安忍波羅蜜多若菩薩摩訶薩修精進時不得勤者所為勤果精進自性以無所得為方便故能滿精進波羅蜜多若菩薩摩訶薩修靜慮時不得定者定境定果靜慮自性以無所得為方便故能滿靜慮波羅蜜多若菩薩摩訶薩修般若時不得慧者慧境慧果般若自性以無所得為方便故能滿般若波羅蜜多憍尸迦諸善男子善女人等應以如是無所得慧及以種種巧妙文義宣說般若波羅蜜多應以如是無所得慧及以種種巧妙文義宣說靜慮波羅蜜多應以如是無所得慧及以種種巧妙文義宣說精進波羅蜜多應以如是無所得慧及以種種巧妙文義宣說安忍波羅蜜多應以如是無所得慧及以種種巧妙文義宣說

淨戒波羅蜜多應以如是無所得慧及以種種巧妙文義宣說布施波羅蜜多何以故憍尸迦於當來世有善男子善女人等為他宣說相似般若波羅蜜多初發無上菩提心者聞彼所說相似般若波羅蜜多心便迷謬失於中道是故應以無所得慧及以種種巧妙文義為發無上菩提心者宣說般若波羅蜜多憍尸迦於當來世有善男子善女人等為他宣說相似靜慮波羅蜜多初發無上菩提心者聞彼所說相似靜慮波羅蜜多心便迷謬失於中道是故應以無所得慧及以種種巧妙文義為發無上菩提心者宣說靜慮波羅蜜多憍尸迦於當來世有善男子善女人等為他宣說相似精進波羅蜜多初發無上菩提心者聞彼所說相似精進波羅蜜多心便迷謬失於中道是故應以無所得慧及以種種巧妙文義為發無上菩提心者宣說精進波羅蜜多憍尸迦於當來世有善男子善女人等為他宣說相似安忍波羅蜜多初發無上菩提心者聞彼所說相似安忍波羅蜜多心便迷謬失於中道是故應以無所得慧及以種種巧妙文義為發無上菩提心者宣說安忍波羅蜜多憍尸迦於當來世有善男子善女人等為他宣說相似淨戒波羅蜜多初發無上菩提心者聞彼所說相似淨戒波羅蜜多心便迷謬失於中道是故應以無所得慧及以種種巧妙文義為發無上菩提心者宣說淨戒波羅蜜多憍尸迦於當來世有施波羅蜜多初發無上菩提心者聞彼所說相似布施波羅蜜多心便迷謬失於中道是故應以無所得慧及以種種巧妙文義為發無上菩提心者宣說布施波羅蜜多

大般若波羅蜜多經卷第一百三十五

大般若波羅蜜多經卷第一百三十五

校勘記

一 底本，金藏大寶集寺本。

一 三〇九頁中一七行「伎」，磧、南、徑、清作「妓」，下同。

一 三〇九頁下二二行「無繁天」，磧、普、南、徑、清作「無煩天」，下同。

一 三一〇頁中七行「秘客」，清作「秘蜜」。

一 三一〇頁下一〇行「諸無上」，麗作「諸佛無上」。

一 三一二頁下二三行「秘客」，南作「秘蜜」。

一 三一三頁中一行末字不清，應為「安」。

一 三一四頁中一行第二字微殘，應為「功」。本行第五字微殘，應為「尸」。

一 三一四頁下一行末字不清，

應爲「開」。

一三一四頁下一四行第七字微殘，應爲「門」。

一三一五頁中一七行「爲方便故」，石作「爲方故」。

一三一六頁中一一行末字「有」與一二行首字「施」之間，石、磧、曹、南、徑、清、麗尚有「善男子善女人等爲他宣説相似布」十四字。

大般若波羅蜜多經卷第百三十六　宿

三藏法師玄奘奉　詔譯

初分校量功德品第三十之三十四

尒時天帝釋白佛言世尊云何名諸相似般若靜慮精進安忍淨戒布施波羅蜜多佛言憍尸迦若善男子善女人等說有所得般若靜慮精進安忍淨戒布施波羅蜜多如是名說相似般若靜慮精進安忍淨戒布施波羅蜜多

時天帝釋復白佛言世尊云何諸善男子善女人等說有所得般若波羅蜜多名說相似般若波羅蜜多

佛言憍尸迦若善男子善女人等為發無上菩提心者說色若常若無常說受想行識若常若無常說色若樂若苦說受想行識若樂若苦說色若我若無我說受想行識若我若無我說色若淨若不淨說受想行識若淨若不淨若有能依如是等法修行般若是行般若波羅蜜多復作是說行般若者應求色若常若無常應求受

想行識若常若無常應求色若樂若苦應求受想行識若樂若苦應求色若我若无我應求受想行識若我若無我應求色若淨若不淨應求受想行識若淨若不淨若有能求如是等法修行般若是行般若波羅蜜多憍尸迦若善男子善女人等如是求色若常若無常求受想行識若常若无常求色若樂若苦求受想行識若樂若苦求色若我若无我求受想行識若我若無我求色若淨若不淨求受想行識若淨若不淨依此等法行般若者我說名為行有所得相似般若波羅蜜多憍尸迦如前所說當知皆是說有所得相似般若波羅蜜多

復次憍尸迦若善男子善女人等為發無上菩提心者說眼處若常若无常說耳鼻舌身意處若常若無常說眼處若樂若苦說耳鼻舌身意處若樂若苦說眼處若我若無我說耳鼻舌身意處若我若无我說眼處若淨若不淨說耳鼻舌身意處若淨若不淨若有能依如是等法修行般若是

行般若波羅蜜多復作是說行般若者應求眼處若常若無常應求耳鼻舌身意處若常若无常應求眼處若樂若苦應求耳鼻舌身意處若樂若苦應求眼處若我若無我應求耳鼻舌身意處若我若无我應求眼處若淨若不淨應求耳鼻舌身意處若淨若不淨若有能求如是等法脩行般若是行般若波羅蜜多憍尸迦若善男子善女人等如是求眼處若常若無常求耳鼻舌身意處若常若无常求眼處若樂若苦求耳鼻舌身意處若樂若苦求眼處若我若無我求耳鼻舌身意處若我若无我求眼處若淨若不淨求耳鼻舌身意處若淨若不淨依此等法行般若者我說名為行有所得相似般若波羅蜜多憍尸迦如前所說當知皆是說有所得相似般若波羅蜜多

復次憍尸迦若善男子善女人等爲發無上菩提心者說色處若常若无常說聲香味觸法處若常若無常說色處若樂若苦說聲香味觸法處若

樂若苦說色處若我若無我說聲香味觸法處若我若無我說色處若淨若不淨說聲香味觸法處若淨若不淨若有能依如是等法修行般若是行般若波羅蜜多復作是說行般若者應求色處若常若無常應求聲香味觸法處若常若无常應求色處若樂若苦應求聲香味觸法處若樂若苦應求色處若我若无我應求聲香味觸法處若我若無我應求色處若淨若不淨應求聲香味觸法處若淨若不淨若有能求如是等法脩行般若是行般若波羅蜜多憍尸迦若善男子善女人等如是求色處若常若無常求聲香味觸法處若常若无常求色處若樂若苦求聲香味觸法處若樂若苦求色處若我若無我求聲香味觸法處若我若无我求色處若淨若不淨求聲香味觸法處若淨若不淨依此等法行般若者我說名為行有所得相似般若波羅蜜多憍尸迦如前所說當知皆是說有所得相似般若波羅蜜多

復次憍尸迦若善男子善女人等為發無上菩提心者說眼界若常若无常說色界眼識界及眼觸眼觸為緣所生諸受若常若無常說眼界若樂若苦說色界眼識界及眼觸眼觸為緣所生諸受若樂若苦說眼界若我若無我說色界眼識界及眼觸眼觸為緣所生諸受若我若无我說眼界若淨若不淨說色界眼識界及眼觸眼觸為緣所生諸受若淨若不淨若有能依如是等法脩行般若是行般若波羅蜜多復作是說行般若者應求眼界若常若無常應求色界眼識界及眼觸眼觸為緣所生諸受若常若無常應求眼界若樂若苦應求色界眼識界及眼觸眼觸為緣所生諸受若樂若苦應求眼界若我若无我應求色界眼識界及眼觸眼觸為緣所生諸受若我若無我應求眼界若淨若不淨應求色界眼識界及眼觸眼觸為緣所生諸受若淨若不淨若有能求如是等法修行般若是行般若波羅蜜多憍尸迦若善男子善女

入等如是求眼界若常若无常求色界眼識界及眼觸眼觸為緣所生諸受若常若无常求眼界若樂若苦求色界眼識界及眼觸眼觸為緣所生諸受若樂若苦求眼界若我若无我求色界眼識界及眼觸眼觸為緣所生諸受若我若无我求眼界若淨若不淨求色界眼識界及眼觸眼觸為緣所生諸受若淨若不淨依此等法行般若者我說名為行有所得相似般若波羅蜜多憍尸迦如前所說當知皆是說有所得相似般若波羅蜜多復次憍尸迦若善男子善女人等為發无上菩提心者說耳界若常若無常說聲界耳識界及耳觸耳觸為緣所生諸受若常若无常說耳界若樂若苦說聲界耳識界及耳觸耳觸為緣所生諸受若樂若苦說耳界若我若无我說聲界耳識界及耳觸耳觸為緣所生諸受若我若无我說耳界若淨若不淨說聲界耳識界及耳觸耳觸為緣所生諸受若淨若不淨若有能依如是等法修行般若是行般

若波羅蜜多復作是說行般若者應求耳界若常若無常應求聲界耳識界及耳觸耳觸為緣所生諸受若常若無常應求耳界若樂若苦應求聲界耳識界及耳觸耳觸為緣所生諸受若樂若苦應求耳界若我若無我應求聲界耳識界及耳觸耳觸為緣所生諸受若我若無我應求耳界若淨若不淨應求聲界耳識界及耳觸耳觸為緣所生諸受若淨若不淨若有能求如是等法修行般若是行般若波羅蜜多憍尸迦若善男子善女人等如是求耳界若常若無常求聲界耳識界及耳觸耳觸為緣所生諸受若常若無常求耳界若樂若苦求聲界耳識界及耳觸耳觸為緣所生諸受若樂若苦求耳界若我若無我求聲界耳識界及耳觸耳觸為緣所生諸受若我若無我求耳界若淨若不淨求聲界耳識界及耳觸耳觸為緣所生諸受若淨若不淨依此等法行般若者我說名為行有所得相似般若波羅蜜多憍尸迦如前所說當

知皆是說有所得相似般若波羅蜜多復次憍尸迦若善男子善女人等為發無上菩提心者說鼻界若常若無常說香界鼻識界及鼻觸鼻觸為緣所生諸受若常若無常說鼻界若樂若苦說香界鼻識界及鼻觸鼻觸為緣所生諸受若樂若苦說鼻界若我若無我說香界鼻識界及鼻觸鼻觸為緣所生諸受若我若無我說鼻界若淨若不淨說香界鼻識界及鼻觸鼻觸為緣所生諸受若淨若不淨若有能依如是等法修行般若是行般若波羅蜜多復作是說行般若者應求鼻界若常若無常應求香界鼻識界及鼻觸鼻觸為緣所生諸受若常若無常應求鼻界若樂若苦應求香界鼻識界及鼻觸鼻觸為緣所生諸受若樂若苦應求鼻界若我若無我應求香界鼻識界及鼻觸鼻觸為緣所生諸受若我若無我應求鼻界若淨若不淨應求香界鼻識界及鼻觸鼻觸為緣所生諸受若淨若不淨若有能求如是等法修行般若是行般

若波羅蜜多憍尸迦若善男子善女人等如是求鼻界若常若无常求香界鼻識界及鼻觸鼻觸為緣所生諸受若常若無常求鼻界若樂若苦求香界鼻識界及鼻觸鼻觸為緣所生諸受若樂若苦求鼻界若我若無我求香界鼻識界及鼻觸鼻觸為緣所生諸受若我若无我求鼻界若淨若不淨求香界鼻識界及鼻觸鼻觸為緣所生諸受若淨若不淨依此等法行般若者我說名為行有所得相似般若波羅蜜多憍尸迦如前所說當知皆是說有所得相似般若波羅蜜多

復次憍尸迦若善男子善女人等為發無上菩提心者說舌界若常若無常說味界舌識界及舌觸舌觸為緣所生諸受若常若無常說舌界若樂若苦說味界舌識界及舌觸舌觸為緣所生諸受若樂若苦說舌界若我若無我說味界舌識界及舌觸舌觸為緣所生諸受若我若无我說舌界若淨若不淨說味界舌識界及舌觸舌觸為緣所生諸受若淨若不淨若有能依如是等法脩行般若是行般若波羅蜜多復作是說行般若者應求舌界若常若無常應求味界舌識界及舌觸舌觸為緣所生諸受若常若無常應求舌界若樂若苦應求味界舌識界及舌觸舌觸為緣所生諸受若樂若苦應求舌界若我若無我應求味界舌識界及舌觸舌觸為緣所生諸受若我若无我應求舌界若淨若不淨應求味界舌識界及舌觸舌觸為緣所生諸受若淨若不淨若有能求如是等法脩行般若是行般若波羅蜜多憍尸迦若善男子善女人等如是求舌界若常若無常求味界舌識界及舌觸舌觸為緣所生諸受若常若无常求舌界若樂若苦求味界舌識界及舌觸舌觸為緣所生諸受若樂若苦求舌界若我若无我求味界舌識界及舌觸舌觸為緣所生諸受若我若無我求舌界若淨若不淨求味界舌識界及舌觸舌觸為緣所生諸受若淨若不淨依此等法行般若者我說名為行有所得相似般若波羅蜜多憍尸迦如前所說當知皆是說有所得相似般若波羅蜜多

復次憍尸迦若善男子善女人等為發无上菩提心者說身界若常若無常說觸界身識界及身觸身觸為緣所生諸受若常若无常說身界若樂若苦說觸界身識界及身觸身觸為緣所生諸受若樂若苦說身界若我若無我說觸界身識界及身觸身觸為緣所生諸受若我若无我說身界若淨若不淨說觸界身識界及身觸身觸為緣所生諸受若淨若不淨若有能依如是等法脩行般若是行般若波羅蜜多復作是說行般若者應求身界若常若無常應求觸界身識界及身觸身觸為緣所生諸受若常若无常應求身界若樂若苦應求觸界身識界及身觸身觸為緣所生諸受若樂若苦應求身界若我若無我應求觸界身識界及身觸身觸為緣所生諸受若我若无我應求身界若淨若不淨應求觸界身識界及身觸身觸為緣所生諸受若淨若不淨若

有能求如是等法修行般若是行般若波羅蜜多憍尸迦若善男子善女人等如是求身界若常若無常求觸界身識界及身觸身觸為緣所生諸受若常若無常求身界若樂若苦求觸界身識界及身觸身觸為緣所生諸受若樂若苦求身界若我若無我求觸界身識界及身觸身觸為緣所生諸受若我若無我求身界若淨若不淨求觸界身識界及身觸身觸為緣所生諸受若淨若不淨依此等法行般若者我說名為行有所得相似般若波羅蜜多憍尸迦如前所說當知皆是說有所得相似般若波羅蜜多復次憍尸迦若善男子善女人等為發無上菩提心者說意界若常若無常說法界意識界及意觸意觸為緣所生諸受若常若無常說意界若樂若苦說法界意識界及意觸意觸為緣所生諸受若樂若苦說意界若我若無我說法界意識界及意觸意觸為緣所生諸受若我若無我說意界若淨若不淨說法界意識界及意觸

意觸為緣所生諸受若淨若不淨若有能依如是等法修行般若是行般若波羅蜜多復作是說行般若者應求意界若常若无常應求法界意識界及意觸意觸為緣所生諸受若常若無常應求意界若樂若苦應求法界意識界及意觸意觸為緣所生諸受若樂若苦應求意界若我若无我應求法界意識界及意觸意觸為緣所生諸受若我若無我應求意界若淨若不淨應求法界意識界及意觸意觸為緣所生諸受若淨若不淨若有能求如是等法修行般若是行般若波羅蜜多憍尸迦若善男子善女人等如是求意界若常若无常求法界意識界及意觸意觸為緣所生諸受若常若无常求意界若樂若苦求法界意識界及意觸意觸為緣所生諸受若樂若苦求意界若我若无我求法界意識界及意觸意觸為緣所生諸受若我若无我求意界若淨若不淨求法界意識界及意觸意觸為緣所生諸受若淨若不淨依此等法

行般若者我說名為行有所得相似般若波羅蜜多憍尸迦如前所說當知皆是說有所得相似般若波羅蜜多復次憍尸迦若善男子善女人等為發无上菩提心者說地界若常若无常說水火風空識界若常若無常說地界若樂若苦說水火風空識界若樂若苦說地界若我若无我說水火風空識界若我若無我說地界若淨若不淨說水火風空識界若淨若不淨若有能依如是等法修行般若是行般若波羅蜜多復作是說行般若者應求地界若常若无常應求水火風空識界若常若無常應求地界若樂若苦應求水火風空識界若樂若苦應求地界若我若無我應求水火風空識界若我若无我應求地界若淨若不淨應求水火風空識界若淨若不淨若有能求如是等法修行般若是行般若波羅蜜多憍尸迦若善男子善女人等如是求地界若常若無常求水火風空識界若常若无常求地界若樂若苦求水火風空識界

若樂若苦求地界若我若无我求水火風空識界若我若無我求地界若淨若不淨求水火風空識界若淨若不淨依此等法行般若者我說名為行有所得相似般若波羅蜜多憍尸迦如前所說當知皆是說有所得相似般若波羅蜜多

復次憍尸迦若善男子善女人等為發无上菩提心者說無明若常若无常說行識名色六處觸受愛取有生老死愁歎苦憂惱若常若无常說無明若樂若苦說行識名色六處觸受愛取有生老死愁歎苦憂惱若樂若苦說无明若我若無我說行識名色六處觸受愛取有生老死愁歎苦憂惱若我若無我說无明若淨若不淨說行識名色六處觸受愛取有生老死愁歎苦憂惱若淨若不淨若有能依如是等法修行般若是行般若波羅蜜多復作是說行般若者應求無明若常若无常應求行乃至老死愁歎苦憂惱若常若無常應求无明若樂若苦應求行乃至老死愁歎苦憂惱若樂若苦應求無明若我若无我應求行乃至老死愁歎苦憂惱若我若無我應求无明若淨若不淨應求行乃至老死愁歎苦憂惱若淨若不淨若有能求如是等法修行般若是行般若波羅蜜多憍尸迦若善男子善女人等如是求無明若常若无常求行乃至老死愁歎苦憂惱若常若無常求无明若樂若苦求行乃至老死愁歎苦憂惱若樂若苦求無明若我若无我求行乃至老死愁歎苦憂惱若我若無我求无明若淨若不淨求行乃至老死愁歎苦憂惱若淨若不淨依此等法行般若者我說名為行有所得相似般若波羅蜜多憍尸迦如前所說當知皆是說有所得相似般若波羅蜜多

復次憍尸迦若善男子善女人等為發無上菩提心者說布施波羅蜜多若常若无常說淨戒安忍精進靜慮般若波羅蜜多若常若無常說布施波羅蜜多若樂若苦說淨戒安忍精進靜慮般若波羅蜜多若樂若苦說布施波羅蜜多若我若無我說淨戒安忍精進靜慮般若波羅蜜多若我若无我說布施波羅蜜多若淨若不淨說淨戒安忍精進靜慮般若波羅蜜多若淨若不淨若有能依如是等法修行般若是行般若波羅蜜多復作是說行般若者應求布施波羅蜜多若常若無常應求淨戒乃至般若波羅蜜多若常若无常應求布施波羅蜜多若樂若苦應求淨戒乃至般若波羅蜜多若樂若苦應求布施波羅蜜多若我若無我應求淨戒乃至般若波羅蜜多若我若无我應求布施波羅蜜多若淨若不淨應求淨戒乃至般若波羅蜜多若淨若不淨若有能求如是等法修行般若是行般若波羅蜜多憍尸迦若善男子善女人等如是求布施波羅蜜多若常若無常求淨戒乃至般若波羅蜜多若常若无常求布施波羅蜜多若樂若苦求淨戒乃至般若波羅蜜多若樂若苦求布施波羅蜜多若我若無我求淨戒乃至般若波羅蜜多若我若

無我求布施波羅蜜多若淨若不淨求淨戒乃至般若波羅蜜多若淨若不淨依此等法行般若者我說名為行有所得相似般若波羅蜜多憍尸迦如前所說當知皆是說有所得相似般若波羅蜜多

復次憍尸迦若善男子善女人等為發无上菩提心者說內空若常若無常說外空內外空空空大空勝義空有為空无為空畢竟空無際空散空无變異空本性空自相空共相空一切法空不可得空無性空自性空无性自性空若常若無常說內空若樂若苦說外空內外空空空大空勝義空有為空无為空畢竟空無際空散空无變異空本性空自相空共相空一切法空不可得空無性空自性空无性自性空若樂若苦說內空若我若無我說外空內外空空空大空勝義空有為空无為空畢竟空無際空散空无變異空本性空自相空共相空一切法空不可得空無性空自性空无性自性空若我若無我說內空若淨若不淨說外空內外空空空大空勝義空有為空無為空畢竟空无際空散空無變異空本性空自相空共相空一切法空不可得空無性空自性空无性自性空若淨若不淨若有能依如是等法修行般若是行般若波羅蜜多復作是說行般若者應求內空若常若無常應求外空乃至无性自性空若常若無常應求內空若樂若苦應求外空乃至无性自性空若樂若苦應求內空若我若無我應求外空乃至无性自性空若我若無我應求內空若淨若不淨應求外空乃至无性自性空若淨若不淨若有能求如是等法修行般若是行般若波羅蜜多憍尸迦若善男子善女人等如是求內空若常若無常求外空乃至无性自性空若常若無常求內空若樂若苦求外空乃至无性自性空若樂若苦求內空若我若無我求外空乃至无性自性空若我若無我求內空若淨若不淨求外空乃至無性自性空若淨若不淨依此等法行般若者我說名為行有所得相似般若波羅蜜多憍尸迦如前所說當知皆是說有所得相似般若波羅蜜多

復次憍尸迦若善男子善女人等為發無上菩提心者說真如若常若无常說法界法性不虛妄性不變異性平等性離生性法定法住實際虛空界不思議界若常若無常說真如若樂若苦說法界法性不虛妄性不變異性平等性離生性法定法住實際虛空界不思議界若樂若苦說真如若我若無我說法界法性不虛妄性不變異性平等性離生性法定法住實際虛空界不思議界若我若无我說真如若淨若不淨說法界法性不虛妄性不變異性平等性離生性法定法住實際虛空界不思議界若淨若不淨若有能依如是等法修行般若是行般若波羅蜜多復作是說行般若者應求真如若常若無常應求法界乃至不思議界若常若无常應求真如若樂若苦應求法界乃至不思議界若樂若苦應求真如若我若

無我應求法界乃至不思議界若我若无我應求真如若淨若不淨應求法界乃至不思議界若淨若不淨若有能求如是等法修行般若是行般若波羅蜜多憍尸迦若善男子善女人等如是求真如若常若無常求法界乃至不思議界若常若无常求真如若樂若苦求法界乃至不思議界若樂若苦求真如若我若無我求法界乃至不思議界若我若无我求真如若淨若不淨求法界乃至不思議界若淨若不淨依此等法行般若者我說名為行有所得相似般若波羅蜜多憍尸迦如前所說當知皆是說有所得相似般若波羅蜜多

復次憍尸迦若善男子善女人等為發無上菩提心者說苦聖諦若常若无常說集滅道聖諦若常若無常說苦聖諦若樂若苦說集滅道聖諦若樂若苦說苦聖諦若我若无我說集滅道聖諦若我若無我說苦聖諦若淨若不淨說集滅道聖諦若淨若不淨若有能依如是等法修行般若是行般若波羅蜜多復作是說行般若者應求苦聖諦若常若无常應求集滅道聖諦若常若無常應求苦聖諦若樂若苦應求集滅道聖諦若樂若苦應求苦聖諦若我若无我應求集滅道聖諦若我若無我應求苦聖諦若淨若不淨應求集滅道聖諦若淨若不淨若有能求如是等法修行般若是行般若波羅蜜多憍尸迦若善男子善女人等如是求苦聖諦若常若無常求集滅道聖諦若常若无常求苦聖諦若樂若苦求集滅道聖諦若樂若苦求苦聖諦若我若無我求集滅道聖諦若我若无我求苦聖諦若淨若不淨求集滅道聖諦若淨若不淨依此等法行般若者我說名為行有所得相似般若波羅蜜多憍尸迦如前所說當知皆是說有所得相似般若波羅蜜多

復次憍尸迦若善男子善女人等為發無上菩提心者說四靜慮若常若无常說四無量四无色定若常若無常說四靜慮若樂若苦說四无量四無色定若樂若苦說四靜慮若我若无我說四無量四无色定若我若無我說四靜慮若淨若不淨說四无量四無色定若淨若不淨若有能依如是等法修行般若是行般若波羅蜜多復作是說行般若者應求四靜慮若常若無常應求四无量四無色定若常若无常應求四靜慮若樂若苦應求四無量四无色定若樂若苦應求四靜慮若我若無我應求四无量四無色定若我若无我應求四靜慮若淨若不淨應求四無量四无色定若淨若不淨若有能求如是等法修行般若是行般若波羅蜜多憍尸迦若善男子善女人等如是求四靜慮若常若無常求四无量四無色定若常若无常求四靜慮若樂若苦求四無量四无色定若樂若苦求四靜慮若我若無我求四无量四無色定若我若无我求四靜慮若淨若不淨求四無量四無色定若淨若不淨依此等法行般若者我說名為行有所得相似般若波羅蜜多憍尸迦如前所

大般若經第一百三十六　第十四張　宿字號

說當知皆是說有所得相似般若波羅蜜多

[illegible]

大般若波羅蜜多經卷第一百三十六

大般若波羅蜜多經卷第一百三十六

校勘記

一　底本，金藏大寶集寺本。

一　三一八頁中一行「卷第」，石作「第」。

一　三一九頁上九行「若是」，石作「是」。

一　三二一頁上二一行「兀」為殘字，應為「无」。

一　三二二頁上一二行「行般若者」，石作「修行般若者」。

一　三二三頁下一一行「若樂若苦」，石作「若苦」。

大般若波羅蜜多經卷第一百三十七　宿

三藏法師玄奘奉　詔譯

初分校量功德品第三十之三十五

復次憍尸迦若善男子善女人等為發無上菩提心者說八解脫若常若無常說八勝處九次第定十遍處若常若無常說八解脫若樂若苦說八勝處九次第定十遍處若樂若苦說八解脫若我若無我說八勝處九次第定十遍處若我若无我說八解脫若淨若不淨說八勝處九次第定十遍處若淨若不淨若有能依如是等法修行般若是行般若波羅蜜多復作是說行般若者應求八解脫若常若無常應求八勝處九次第定十遍處若常若無常應求八解脫若樂若苦應求八勝處九次第定十遍處若樂若苦應求八解脫若我若無我應求八勝處九次第定十遍處若我若無我應求八解脫若淨若不淨應求八勝處九次第定十遍處若淨若不淨若有能求如是等法修行般若是

行般若波羅蜜多憍尸迦若善男子善女人等如是求八解脫若常若無常求八勝處九次第定十遍處若常若無常求八解脫若樂若苦求八勝處九次第定十遍處若樂若苦求八解脫若我若無我求八勝處九次第定十遍處若我若無我求八解脫若淨若不淨求八勝處九次第定十遍處若淨若不淨依此等法行般若者我說名為行有所得相似般若波羅蜜多憍尸迦如前所說當知皆是說有所得相似般若波羅蜜多

復次憍尸迦若善男子善女人等為發無上菩提心者說四念住若常若无常說四正斷四神足五根五力七等覺支八聖道支若常若無常說四念住若樂若苦說四正斷四神足五根五力七等覺支八聖道支若樂若苦說四念住若我若無我說四正斷四神足五根五力七等覺支八聖道支若我若無我說四念住若淨若不淨說四正斷四神足五根五力七等覺支八聖道支若淨若不淨若有能

依如是等法修行般若是行般若波羅蜜多復作是說行般若者應求四念住若常若無常應求四正斷乃至八聖道支若常若无常應求四念住若樂若苦應求四正斷乃至八聖道支若樂若苦應求四念住若我若無我應求四正斷乃至八聖道支若我若無我應求四念住若淨若不淨應求四正斷乃至八聖道支若淨若不淨若有能求如是等法修行般若是行般若波羅蜜多憍尸迦若善男子善女人等如是求四念住若常若无常求四正斷乃至八聖道支若常若無常求四念住若樂若苦求四正斷乃至八聖道支若樂若苦求四念住若我若無我求四正斷乃至八聖道支若我若无我求四念住若淨若不淨求四正斷乃至八聖道支若淨若不淨依此等法行般若者我說名為行有所得相似般若波羅蜜多憍尸迦如前所說當知皆是說有所得相似般若波羅蜜多

復次憍尸迦若善男子善女人等為

發無上菩提心者說空解脫門若常若无常說無相无願解脫門若常若無常說空解脫門若樂若苦說无相无願解脫門若樂若苦說空解脫門若我若無我說无相無願解脫門若我若無我說空解脫門若淨若不淨說无相無願解脫門若淨若不淨若有能依如是等法修行般若是行般若波羅蜜多復作是說行般若者應求空解脫門若常若無常應求无相無願解脫門若常若无常應求空解脫門若樂若苦應求無相无願解脫門若樂若苦應求空解脫門若我若无我應求無相无願解脫門若我若無我應求空解脫門若淨若不淨應求無相无願解脫門若淨若不淨若有能求如是等法修行般若是行般若波羅蜜多憍尸迦若善男子善女人等如是求空解脫門若常若无常求無相无願解脫門若常若無常求空解脫門若樂若苦求无相無願解脫門若樂若苦求空解脫門若我若無我求无相無願解脫門若我若無

我求空解脫門若淨若不淨求無相无願解脫門若淨若不淨依此等法行般若者我說名為行有所得相似般若波羅蜜多憍尸迦如前所說當知皆是說有所得相似般若波羅蜜多

復次憍尸迦若善男子善女人等為發無上菩提心者說五眼若常若无常說六神通若常若無常說五眼若樂若苦說六神通若樂若苦說五眼若我若無我說六神通若我若無我說五眼若淨若不淨說六神通若淨若不淨若有能依如是等法修行般若是行般若波羅蜜多復作是說行般若者應求五眼若常若无常應求六神通若常若無常應求五眼若樂若苦應求六神通若樂若苦應求五眼若我若無我應求六神通若我若无我應求五眼若淨若不淨應求六神通若淨若不淨若有能求如是等法修行般若是行般若波羅蜜多憍尸迦若善男子善女人等如是求五眼若常若無常求六神通若常若无常求五眼若樂若苦求六神通若樂若

苦求五眼若我若無我求六神通若我若無我求五眼若淨若不淨求六神通若淨若不淨依此等法行般若者我說名為行有所得相似般若波羅蜜多憍尸迦如前所說當知皆是說有所得相似般若波羅蜜多

復次憍尸迦若善男子善女人等為發無上菩提心者說佛十力若常若無常說四無所畏四無礙解大慈大悲大喜大捨十八佛不共法若常若無常說佛十力若樂若苦說四無所畏四無礙解大慈大悲大喜大捨十八佛不共法若樂若苦說佛十力若我若無我說四無所畏四無礙解大慈大悲大喜大捨十八佛不共法若我若無我說佛十力若淨若不淨說四無所畏四無礙解大慈大悲大喜大捨十八佛不共法若淨若不淨若有能依如是等法修行般若是行般若波羅蜜多復作是說行般若者應求佛十力若常若無常應求四無所畏乃至十八佛不共法若常若無常應求佛十力若樂若苦應求四無所

畏乃至十八佛不共法若樂若苦應求佛十力若我若無我應求四無所畏乃至十八佛不共法若我若無我應求佛十力若淨若不淨應求四無所畏乃至十八佛不共法若淨若不淨若有能求如是等法修行般若是行般若波羅蜜多憍尸迦若善男子善女人等如是求佛十力若常若無常求四無所畏乃至十八佛不共法若常若無常求佛十力若樂若苦求四無所畏乃至十八佛不共法若樂若苦求佛十力若我若無我求四無所畏乃至十八佛不共法若我若無我求佛十力若淨若不淨求四無所畏乃至十八佛不共法若淨若不淨依此等法行般若者我說名為行有所得相似般若波羅蜜多憍尸迦如前所說當知皆是說有所得相似般若波羅蜜多

復次憍尸迦若善男子善女人等為發無上菩提心者說無忘失法若常若無常說恒住捨性若常若無常說無忘失法若樂若苦說恒住捨性若

樂若苦說無忘失法若我若無我說恒住捨性若我若無我說無忘失法若淨若不淨說恒住捨性若淨若不淨若有能依如是等法修行般若是行般若波羅蜜多復作是說行般若者應求無忘失法若常若無常應求恒住捨性若常若無常應求無忘失法若樂若苦應求恒住捨性若樂若苦應求無忘失法若我若無我應求恒住捨性若我若無我應求無忘失法若淨若不淨應求恒住捨性若淨若不淨若有能求如是等法修行般若是行般若波羅蜜多憍尸迦若善男子善女人等如是求無忘失法若常若無常求恒住捨性若常若無常求無忘失法若樂若苦求恒住捨性若樂若苦求無忘失法若我若無我求恒住捨性若我若無我求無忘失法若淨若不淨求恒住捨性若淨若不淨依此等法行般若者我說名為行有所得相似般若波羅蜜多憍尸迦如前所說當知皆是說有所得相似般若波羅蜜多

復次憍尸迦若善男子善女人等為發無上菩提心者說一切智若常若無常說道相智一切相智若常若無常說一切智若樂若苦說道相智一切相智若樂若苦說一切智若我若無我說道相智一切相智若我若無我說一切智若淨若不淨說道相智一切相智若淨若不淨若有能依如是等法修行般若是行般若波羅蜜多復作是說行般若者應求一切智若常若無常應求道相智一切相智若常若無常應求一切智若樂若苦應求道相智一切相智若樂若苦應求一切智若我若無我應求道相智一切相智若我若無我應求一切智若淨若不淨應求道相智一切相智若淨若不淨若有能求如是等法修行般若是行般若波羅蜜多憍尸迦若善男子善女人等如是求一切智若常若無常求道相智一切相智若常若無常求一切智若樂若苦求道相智一切相智若樂若苦求一切智若我若無我求道相智一切相智若

我若無我求一切智若淨若不淨求道相智一切相智若淨若不淨依此等法行般若者我說名為行有所得相似般若波羅蜜多憍尸迦如前所說當知皆是說有所得相似般若波羅蜜多

復次憍尸迦若善男子善女人等為發無上菩提心者說一切陁羅尼門若常若無常說一切三摩地門若常若無常說一切陁羅尼門若樂若苦說一切三摩地門若樂若苦說一切陁羅尼門若我若無我說一切三摩地門若我若無我說一切陁羅尼門若淨若不淨說一切三摩地門若淨若不淨若有能依如是等法修行般若是行般若波羅蜜多復作是說行般若者應求一切陁羅尼門若常若無常應求一切三摩地門若常若無常應求一切陁羅尼門若樂若苦應求一切三摩地門若樂若苦應求一切陁羅尼門若我若無我應求一切三摩地門若我若無我應求一切陁羅尼門若淨若不淨應求一切三摩

地門若淨若不淨若有能求如是等法修行般若是行般若波羅蜜多憍尸迦若善男子善女人等如是求一切陁羅尼門若常若無常求一切三摩地門若常若無常求一切陁羅尼門若樂若苦求一切三摩地門若樂若苦求一切陁羅尼門若我若無我求一切三摩地門若我若無我求一切陁羅尼門若淨若不淨求一切三摩地門若淨若不淨依此等法行般若者我說名為行有所得相似般若波羅蜜多憍尸迦如前所說當知皆是說有所得相似般若波羅蜜多

復次憍尸迦若善男子善女人等為發無上菩提心者說預流向預流果若常若無常說一來向一來果不還向不還果阿羅漢向阿羅漢果若常若無常說預流向預流果若樂若苦說一來向一來果不還向不還果阿羅漢向阿羅漢果若樂若苦說預流向預流果若我若無我說一來向一來果不還向不還果阿羅漢向阿羅漢果若我若無我說預流向預流果

若淨若不淨說一來向一來果不還向不還果阿羅漢向阿羅漢果若淨若不淨若有能依如是等法修行般若是行般若波羅蜜多復作是說行般若者應求預流向預流果若常若無常應求一來向乃至阿羅漢果若常若無常應求預流向預流果若樂若苦應求一來向乃至阿羅漢果若樂若苦應求預流向預流果若我若無我應求一來向乃至阿羅漢果若我若無我應求預流向預流果若淨若不淨應求一來向乃至阿羅漢果若淨若不淨若有能求如是等法修行般若是行般若波羅蜜多憍尸迦若善男子善女人等如是求預流向預流果若常若無常求一來向乃至阿羅漢果若常若無常求預流向預流果若樂若苦求一來向乃至阿羅漢果若樂若苦求預流向預流果若我若無我求一來向乃至阿羅漢果若我若無我求預流向預流果若淨若不淨求一來向乃至阿羅漢果若淨若不淨依此等法行般若者我說名為行有所得相似般若波羅蜜多憍尸迦如前所說當知皆是說有所得相似般若波羅蜜多

復次憍尸迦若善男子善女人等為發無上菩提心者說一切獨覺菩提若常若無常說一切獨覺菩提若樂若苦說一切獨覺菩提若我若無我說一切獨覺菩提若淨若不淨若有能依如是等法修行般若是行般若波羅蜜多復作是說行般若者應求一切獨覺菩提若常若無常應求一切獨覺菩提若樂若苦應求一切獨覺菩提若我若無我應求一切獨覺菩提若淨若不淨若有能求如是等法修行般若是行般若波羅蜜多憍尸迦若善男子善女人等如是求一切獨覺菩提若常若無常求一切獨覺菩提若樂若苦求一切獨覺菩提若我若無我求一切獨覺菩提若淨若不淨依此等法行般若者我說名為行有所得相似般若波羅蜜多憍尸迦如前所說當知皆是說有所得相似般若波羅蜜多

復次憍尸迦若善男子善女人等為發無上菩提心者說一切菩薩摩訶薩行若常若無常說一切菩薩摩訶薩行若樂若苦說一切菩薩摩訶薩行若我若无我說一切菩薩摩訶薩行若淨若不淨若有能依如是等法修行般若是行般若波羅蜜多復作是說行般若者應求一切菩薩摩訶薩行若常若無常應求一切菩薩摩訶薩行若樂若苦應求一切菩薩摩訶薩行若我若无我應求一切菩薩摩訶薩行若淨若不淨若有能求如是等法修行般若是行般若波羅蜜多憍尸迦若善男子善女人等如是求一切菩薩摩訶薩行若常若无常求一切菩薩摩訶薩行若樂若苦求一切菩薩摩訶薩行若我若无我求一切菩薩摩訶薩行若淨若不淨依此等法行般若者我說名為行有所得相似般若波羅蜜多憍尸迦如前所說當知皆是說有所得相似般若波羅蜜多

復次憍尸迦若善男子善女人等為

發无上菩提心者說諸佛無上正等菩提若常若无常說諸佛無上正等菩提若樂若苦說諸佛无上正等菩提若我若无我說諸佛無上正等菩提若淨若不淨若有能依如是等法修行般若是行般若波羅蜜多復作是說行般若者應求諸佛无上正等菩提若常若無常應求諸佛无上正等菩提若樂若苦應求諸佛無上正等菩提若我若无我應求諸佛无上正等菩提若淨若不淨若有能求如是等法修行般若是行般若波羅蜜多憍尸迦若善男子善女人等如是求諸佛无上正等菩提若常若无常求諸佛無上正等菩提若樂若苦求諸佛无上正等菩提若我若無我求諸佛無上正等菩提若淨若不淨依此等法行般若者我說名為行有所得相似般若波羅蜜多憍尸迦如前所說當知皆是說有所得相似般若波羅蜜多

時天帝釋復白佛言世尊云何諸善男子善女人等說有所得靜慮波羅

蜜多名說相似靜慮波羅蜜多

佛言憍尸迦若善男子善女人等為發无上菩提心者說色若常若无常說受想行識若常若无常說色若樂若苦說受想行識若樂若苦說色若我若无我說受想行識若我若无我說色若淨若不淨說受想行識若淨若不淨若有能依如是等法修行靜慮是行靜慮波羅蜜多復作是說行靜慮者應求色若常若无常應求受想行識若常若无常應求色若樂若苦應求受想行識若樂若苦應求色若我若无我應求受想行識若我若无我應求色若淨若不淨應求受想行識若淨若不淨若有能求如是等法修行靜慮是行靜慮波羅蜜多憍尸迦若善男子善女人等如是求色若常若无常求受想行識若常若无常求色若樂若苦求受想行識若樂若苦求色若我若无我求受想行識若我若无我求色若淨若不淨求受想行識若淨若不淨依此等法行靜慮者我說名為行有所得相似靜慮

波羅蜜多憍尸迦如前所說當知皆是說有所得相似靜慮波羅蜜多

復次憍尸迦若善男子善女人等為發无上菩提心者說眼處若常若無常說耳鼻舌身意處若常若无常說眼處若樂若苦說耳鼻舌身意處若樂若苦說眼處若我若无我說耳鼻舌身意處若我若無我說眼處若淨若不淨說耳鼻舌身意處若淨若不淨若有能依如是等法修行靜慮是行靜慮波羅蜜多復作是說行靜慮者應求眼處若常若无常應求耳鼻舌身意處若常若無常應求眼處若樂若苦應求耳鼻舌身意處若樂若苦應求眼處若我若无我應求耳鼻舌身意處若我若無我應求眼處若淨若不淨應求耳鼻舌身意處若淨若不淨若有能求如是等法修行靜慮是行靜慮波羅蜜多憍尸迦若善男子善女人等如是求眼處若常若无常求耳鼻舌身意處若常若無常求眼處若樂若苦求耳鼻舌身意處若樂若苦求眼處若我若无我求耳

鼻舌身意處若我若无我求眼處若淨若不淨求耳鼻舌身意處若淨若不淨依此等法行靜慮者我說名為行有所得相似靜慮波羅蜜多憍尸迦如前所說當知皆是說有所得相似靜慮波羅蜜多

復次憍尸迦若善男子善女人等為發無上善提心者說色處若常若无常說聲香味觸法處若常若無常說色處若樂若苦說聲香味觸法處若樂若苦說色處若我若无我說聲香味觸法處若我若無我說色處若淨若不淨說聲香味觸法處若淨若不淨若有能依如是等法修行靜慮是行靜慮波羅蜜多復作是說行靜慮者應求色處若常若无常應求聲香味觸法處若常若無常應求色處若樂若苦應求聲香味觸法處若樂若苦應求色處若我若无我應求聲香味觸法處若我若無我應求色處若淨若不淨應求聲香味觸法處若淨若不淨若有能依如是等法修行靜慮是行靜慮波羅蜜多憍尸迦若善

男子善女人等如是求色處若常若无常求聲香味觸法處若常若無常求色處若樂若苦求聲香味觸法處若樂若苦求色處若我若无我求聲香味觸法處若我若無我求色處若淨若不淨求聲香味觸法處若淨若不淨依此等法行靜慮者我說名為行有所得相似靜慮波羅蜜多憍尸迦如前所說當知皆是說有所得相似靜慮波羅蜜多

復次憍尸迦若善男子善女人等為發无上善提心者說眼界若常若無常說色界眼識界及眼觸眼觸為緣所生諸受若常若無常說眼界若樂若苦說色界眼識界及眼觸眼觸為緣所生諸受若樂若苦說眼界若我若无我說色界眼識界及眼觸眼觸為緣所生諸受若我若無我說眼界若淨若不淨說色界眼識界及眼觸眼觸為緣所生諸受若淨若不淨若有能依如是等法修行靜慮是行靜慮波羅蜜多復作是說行靜慮者應求眼界若常若無常應求色界乃至

眼觸為緣所生諸受若常若无常應求眼界若樂若苦應求色界乃至眼觸為緣所生諸受若樂若苦應求眼界若我若無我應求色界乃至眼觸為緣所生諸受若我若無我應求眼界若淨若不淨應求色界乃至眼觸為緣所生諸受若淨若不淨若有能求如是等法修行靜慮是行靜慮波羅蜜多憍尸迦若善男子善女人等如是求眼界若常若无常求色界乃至眼觸為緣所生諸受若常若無常求眼界若樂若苦求色界乃至眼觸為緣所生諸受若樂若苦求眼界若我若无我求色界乃至眼觸為緣所生諸受若我若無我求眼界若淨若不淨求色界乃至眼觸為緣所生諸受若淨若不淨依此等法行靜慮者我說名為行有所得相似靜慮波羅蜜多憍尸迦如前所說當知皆是說有所得相似靜慮波羅蜜多復次憍尸迦若善男子善女人等為發无上善提心者說耳界若常若無常說聲界耳我求及耳觸耳觸為緣所生諸

受若常若无常說耳界若樂若苦說聲界耳識界及耳觸耳觸為緣所生諸受若樂若苦說耳界若我若無我說聲界耳識界及耳觸耳觸為緣所生諸受若我若无我說耳界若淨若不淨說聲界耳識界及耳觸耳觸為緣所生諸受若淨若不淨若有能依如是等法修行靜慮是行靜慮波羅蜜多復作是說行靜慮者應求耳界若常若无常應求聲界乃至耳觸為緣所生諸受若常若無常應求耳界若樂若苦應求聲界乃至耳觸為緣所生諸受若樂若苦應求耳界若我若无我應求聲界乃至耳觸為緣所生諸受若我若無我應求耳界若淨若不淨應求聲界乃至耳觸為緣所生諸受若淨若不淨若有能求如是等法修行靜慮是行靜慮波羅蜜多憍尸迦若善男子善女人等如是求耳界若常若无常求聲界乃至耳觸為緣所生諸受若常若无常求耳界若樂若苦求聲界乃至耳觸為緣所生諸受若樂若苦求耳界若我若無

我求聲界乃至耳觸為緣所生諸受若我若无我求耳界若淨若不淨求聲界乃至耳觸為緣所生諸受若淨若不淨依此等法行靜慮者我說名為行有所得相似靜慮波羅蜜多憍尸迦如前所說當知皆是說有所得相似靜慮波羅蜜多

復次憍尸迦若善男子善女人等為發無上菩提心者說鼻界若常若无常說香界鼻識界及鼻觸鼻觸為緣所生諸受若常若无常說鼻界若樂若苦說香界鼻識界及鼻觸鼻觸為緣所生諸受若樂若苦說鼻界若我若無我說香界鼻識界及鼻觸鼻觸為緣所生諸受若我若无我說鼻界若淨若不淨說香界鼻識界及鼻觸鼻觸為緣所生諸受若淨若不淨若有能依如是等法修行靜慮是行靜慮波羅蜜多復作是說行靜慮者應求鼻界若常若無常應求香界乃至鼻觸為緣所生諸受若常若无常應求鼻界若樂若苦應求香界乃至鼻觸為緣所生諸受若樂若苦應求鼻

界若我若無我應求香界乃至鼻觸為緣所生諸受若我若无我應求鼻界若淨若不淨應求香界乃至鼻觸為緣所生諸受若淨若不淨若有能求如是等法修行靜慮是行靜慮波羅蜜多憍尸迦若善男子善女人等如是求鼻界若常若無常求香界乃至鼻觸為緣所生諸受若常若无常求鼻界若樂若苦求香界乃至鼻觸為緣所生諸受若樂若苦求鼻界若我若無我求香界乃至鼻觸為緣所生諸受若我若无我求鼻界若淨若不淨求香界乃至鼻觸為緣所生諸受若淨若不淨依此等法行靜慮者我說名為行有所得相似靜慮波羅蜜多憍尸迦如前所說當知皆是說有所得相似靜慮波羅蜜多

大般若波羅蜜多經卷第一百三十七

大般若波羅蜜多經卷第一百三十七

校勘記

一　底本，金藏大寶集寺本。

一　三二九頁上一八行「若淨若不淨」，普作「若淨若淨若不淨若不淨」。

一　三三三頁上二二行「能依」，石、磧、普、南、徑、清、麗作「能求」。

一　三三三頁上二三行「靜慮」，清作「靜靜」。

一　三三三頁下二三行「我求」，石、磧、普、南、徑、清、麗作「識界」。

大般若波羅蜜多經卷第一百三十八

三藏法師玄奘奉　詔譯

初分校量功德品第三十之三十六

復次憍尸迦若善男子善女人等為發無上菩提心者說舌界若常若无常說味界舌識界及舌觸舌觸為緣所生諸受若常若無常說舌界若樂若苦說味界舌識界及舌觸舌觸為緣所生諸受若樂若苦說舌界若我若無我說味界舌識界及舌觸舌觸為緣所生諸受若我若无我說舌界若淨若不淨說味界舌識界及舌觸舌觸為緣所生諸受若淨若不淨若有能依如是等法修行靜慮是行靜慮波羅蜜多復作是說行靜慮者應求舌界若常若无常應求味界乃至舌觸舌觸為緣所生諸受若常若無常應求舌界若樂若苦應求味界乃至舌觸為緣所生諸受若樂若苦應求舌界若我若无我應求味界乃至舌觸為緣所生諸受若我若無我應求舌界若淨若不淨應求味界乃至舌觸為緣所生諸受若淨若不淨若有能求如是等法修行靜慮是行靜慮波羅蜜多憍尸迦若善男子善女人等如是求舌界若常若无常求味界乃至舌觸為緣所生諸受若常若無常求舌界若樂若苦求味界乃至舌觸為緣所生諸受若樂若苦求舌界若我若无我求味界乃至舌觸為緣所生諸受若我若無我求舌界若淨若不淨求味界乃至舌觸為緣所生諸受若淨若不淨依此等法行靜慮者我說名為行有所得相似靜慮波羅蜜多憍尸迦如前所說當知皆是說有所得相似靜慮波羅蜜多

復次憍尸迦若善男子善女人等為發無上菩提心者說身界若常若无常說觸界身識界及身觸身觸為緣所生諸受若常若无常說身界若樂若苦說觸界身識界及身觸身觸為緣所生諸受若樂若苦說身界若我若無我說觸界身識界及身觸身觸為緣所生諸受若我若无我說身界若淨若不淨說觸界身識界及身觸

身觸為緣所生諸受若淨若不淨若有能依如是等法修行靜慮是行靜慮波羅蜜多復作是說行靜慮者應求身界若常若無常應求觸界乃至身觸為緣所生諸受若常若无常應求身界若樂若苦應求觸界乃至身觸為緣所生諸受若樂若苦應求身界若我若無我應求觸界乃至身觸為緣所生諸受若我若无我應求身界若淨若不淨應求觸界乃至身觸為緣所生諸受若淨若不淨若有能求如是等法修行靜慮是行靜慮波羅蜜多憍尸迦若善男子善女人等如是求身界若常若无常求觸界乃至身觸為緣所生諸受若常若無常求身界若樂若苦求觸界乃至身觸為緣所生諸受若樂若苦求身界若我若無我求觸界乃至身觸為緣所生諸受若我若无我求身界若淨若不淨求觸界乃至身觸為緣所生諸受若淨若不淨依此等法行靜慮者我說名為行有所得相似靜慮波羅蜜多憍尸迦如前所說當知皆是說

有所得相似靜慮波羅蜜多
復次憍尸迦若善男子善女人等為發無上菩提心者說意界若常若无常說法界意識界及意觸意觸為緣所生諸受若常若無常說意界若樂若苦說法界意識界及意觸意觸為緣所生諸受若樂若苦說意界若我若无我說法界意識界及意觸意觸為緣所生諸受若我若無我說意界若淨若不淨說法界意識界及意觸意觸為緣所生諸受若淨若不淨若有能依如是等法修行靜慮是行靜慮波羅蜜多復作是說行靜慮者應求意界若常若无常應求法界乃至意觸為緣所生諸受若常若無常應求意界若樂若苦應求法界乃至意觸為緣所生諸受若樂若苦應求意界若我若無我應求法界乃至意觸為緣所生諸受若我若无我應求意界若淨若不淨應求法界乃至意觸為緣所生諸受若淨若不淨若有能求如是等法修行靜慮是行靜慮波羅蜜多憍尸迦若善男子善女人等如是求意界若常若無常求法界乃至意觸為緣所生諸受若常若無常求意界若樂若苦求法界乃至意觸為緣所生諸受若樂若苦求意界若我若無我求法界乃至意觸為緣所生諸受若我若無我求意界若淨若不淨求法界乃至意觸為緣所生諸受若淨若不淨依此等法行靜慮者我說名為行有所得相似靜慮波羅蜜多憍尸迦如前所說當知皆是說有所得相似靜慮波羅蜜多

復次憍尸迦若善男子善女人等為發無上菩提心者說地界若常若無常說水火風空識界若常若無常說地界若樂若苦說水火風空識界若樂若苦說地界若我若無我說水火風空識界若我若無我說地界若淨若不淨說水火風空識界若淨若不淨若有能依如是等法修行靜慮是行靜慮波羅蜜多復作是說行靜慮者應求地界若常若無常應求水火風空識界若常若無常應求地界若樂若苦應求水火風空識界若樂若苦應求地界若我若無我應求水火風空識界若我若無我應求地界若淨若不淨應求水火風空識界若淨若不淨若有能求如是等法修行靜慮是行靜慮波羅蜜多憍尸迦若善男子善女人等如是求地界若常若無常求水火風空識界若常若無常求地界若樂若苦求水火風空識界若樂若苦求地界若我若無我求水火風空識界若我若無我求地界若淨若不淨求水火風空識界若淨若不淨依此等法行靜慮者我說名為行有所得相似靜慮波羅蜜多憍尸迦如前所說當知皆是說有所得相似靜慮波羅蜜多

復次憍尸迦若善男子善女人等為發無上菩提心者說無明若常若無常說行識名色六處觸受愛取有生老死愁歎苦憂惱若常若無常說無明若樂若苦說行識名色六處觸受愛取有生老死愁歎苦憂惱若樂若苦說無明若我若無我說行識名色六處觸受愛取有生老死愁歎苦憂

惱若我若無我說無明若淨若不淨說行識名色六處觸受愛取有生老死愁歎苦憂惱若淨若不淨若有能依如是等法修行靜慮是行靜慮波羅蜜多復作是說行靜慮者應求無明若常若無常應求行乃至老死愁歎苦憂惱若常若無常應求無明若樂若苦應求行乃至老死愁歎苦憂惱若樂若苦應求無明若我若無我應求行乃至老死愁歎苦憂惱若我若無我應求無明若淨若不淨應求行乃至老死愁歎苦憂惱若淨若不淨若有能求如是等法修行靜慮是行靜慮波羅蜜多憍尸迦若善男子善女人等如是求無明若常若無常求行乃至老死愁歎苦憂惱若常若無常求無明若樂若苦求行乃至老死愁歎苦憂惱若樂若苦求無明若我若無我求行乃至老死愁歎苦憂惱若我若無我求無明若淨若不淨求行乃至老死愁歎苦憂惱若淨若不淨依此等法行靜慮者我說名為行有所得相似靜慮波羅蜜多憍尸

迦如前所說當知皆是說有所得相似靜慮波羅蜜多

復次憍尸迦若善男子善女人等為發無上菩提心者說布施波羅蜜多若常若無常說淨戒安忍精進靜慮般若波羅蜜多若常若無常說布施波羅蜜多若樂若苦說淨戒安忍精進靜慮般若波羅蜜多若樂若苦說布施波羅蜜多若我若無我說淨戒安忍精進靜慮般若波羅蜜多若我若無我說布施波羅蜜多若淨若不淨說淨戒安忍精進靜慮般若波羅蜜多若淨若不淨若有能依如是等法修行靜慮是行靜慮波羅蜜多復作是說行靜慮者應求布施波羅蜜多若常若無常應求淨戒乃至般若波羅蜜多若常若無常應求布施波羅蜜多若樂若苦應求淨戒乃至般若波羅蜜多若樂若苦應求布施波羅蜜多若我若無我應求淨戒乃至般若波羅蜜多若我若無我應求布施波羅蜜多若淨若不淨應求淨戒乃至般若波羅蜜多若淨若不淨若

有能求如是等法修行靜慮是行靜慮波羅蜜多憍尸迦若善男子善女人等如是求布施波羅蜜多若常若無常求淨戒乃至般若波羅蜜多若常若無常求布施波羅蜜多若樂若苦求淨戒乃至般若波羅蜜多若樂若苦求布施波羅蜜多若我若無我求淨戒乃至般若波羅蜜多若我若無我求布施波羅蜜多若淨若不淨求淨戒乃至般若波羅蜜多若淨若不淨依此等法行靜慮者我說名為行有所得相似靜慮波羅蜜多憍尸迦如前所說當知皆是說有所得相似靜慮波羅蜜多

復次憍尸迦若善男子善女人等為發無上菩提心者說內空若常若無常說外空內外空空空大空勝義空有為空無為空畢竟空無際空散空無變異空本性空自相空共相空一切法空不可得空無性空自性空無性自性空若常若無常說內空若樂若苦說外空內外空空空大空勝義空有為空無為空畢竟空無際空散

空無變異空本性空自相空共相空一切法空不可得空無性空自性空無性自性空若樂若苦說內空若我無我說外空內外空空空大空勝義空有為空無為空畢竟空無際空散空無變異空本性空自相空共相空一切法空不可得空無性空自性空無性自性空若我若無我說內空若淨若不淨說外空內外空空空大空勝義空有為空無為空畢竟空無際空散空無變異空本性空自相空共相空一切法空不可得空無性空自性空無性自性空若淨若不淨若有能依如是等法修行靜慮是行靜慮波羅蜜多復作是說行靜慮者應求內空若常若無常應求外空乃至無性自性空若常若無常應求內空若樂若苦應求外空乃至無性自性空若樂若苦應求內空若我若無我應求外空乃至無性自性空若我若無我應求內空若淨若不淨應求外空乃至無性自性空若淨若不淨若有能求如是等法修行靜慮是行靜

大般若經卷第一百三十八　第五張　當

慮波羅蜜多憍尸迦若善男子善女人等如是求內空若常若無常求外空乃至無性自性空若常若無常求內空若樂若苦求外空乃至無性自性空若樂若苦求內空若我若無我求外空乃至無性自性空若我若無我求內空若淨若不淨求外空乃至無性自性空若淨若不淨依此等法行靜慮者我說名為行有所得相似靜慮波羅蜜多憍尸迦如前所說當知皆是說有所得相似靜慮波羅蜜多

復次憍尸迦若善男子善女人等為發無上菩提心者說真如若常若無常說法界法性不虛妄性不變異性平等性離生性法定法住實際虛空界不思議界若常若無常說真如若樂若苦說法界法性不虛妄性不變異性平等性離生性法定法住實際虛空界不思議界若樂若苦說真如若我若無我說法界法性不虛妄性不變異性平等性離生性法定法住實際虛空界不思議界若我若無我

大般若經卷第一百三十八　第六張　當

說真如若淨若不淨說法界法性不虛妄性不變異性平等性離生性法定法住實際虛空界不思議界若淨若不淨若有能依如是等法修行靜慮是行靜慮波羅蜜多復作是說行靜慮者應求真如若常若無常應求法界乃至不思議界若常若無常應求真如若樂若苦應求法界乃至不思議界若樂若苦應求真如若我若無我應求法界乃至不思議界若我若無我應求真如若淨若不淨應求法界乃至不思議界若淨若不淨若有能求如是等法修行靜慮是行靜慮波羅蜜多憍尸迦若善男子善女人等如是求真如若常若無常求法界乃至不思議界若常若無常求真如若樂若苦求法界乃至不思議界若樂若苦求真如若我若無我求法界乃至不思議界若我若無我求真如若淨若不淨求法界乃至不思議界若淨若不淨依此等法行靜慮者我說名為行有所得相似靜慮波羅蜜多憍尸迦如前所說當知皆是說

大般若經第一百三十八　第七張　信

有所得相似靜慮波羅蜜多

復次憍尸迦若善男子善女人等為發無上菩提心者說苦聖諦若常若無常說集滅道聖諦若常若無常說苦聖諦若樂若苦說集滅道聖諦若樂若苦說苦聖諦若我若無我說集滅道聖諦若我若無我說苦聖諦若淨若不淨說集滅道聖諦若淨若不淨若有能依如是等法修行靜慮是行靜慮波羅蜜多復作是說行靜慮者應求苦聖諦若常若無常應求集滅道聖諦若常若無常應求苦聖諦若樂若苦應求集滅道聖諦若樂若苦應求苦聖諦若我若無我應求集滅道聖諦若我若無我應求苦聖諦若淨若不淨應求集滅道聖諦若淨若不淨若有能求如是等法修行靜慮是行靜慮波羅蜜多憍尸迦若善男子善女人等如是求苦聖諦若常若無常求集滅道聖諦若常若無常求苦聖諦若樂若苦求集滅道聖諦若樂若苦求苦聖諦若我若無我求集滅道聖諦若我若無我求苦聖諦

若淨若不淨求集滅道聖諦若淨若不淨依此等法行靜慮者我說名為行有所得相似靜慮波羅蜜多憍尸迦如前所說當知皆是說有所得相似靜慮波羅蜜多

復次憍尸迦若善男子善女人等為發無上菩提心者說四靜慮若常若无常說四無量四无色定若常若無常說四靜慮若樂若苦說四無量四無色定若樂若苦說四靜慮若我若无我說四無量四无色定若我若無我說四靜慮若淨若不淨說四无量四無色定若淨若不淨若有能依如是等法修行靜慮是行靜慮波羅蜜多復作是說行靜慮者應求四靜慮若常若無常應求四無量四无色定若常若無常應求四靜慮若樂若苦應求四无量四無色定若樂若苦應求四靜慮若我若无我應求四無量四無色定若我若無我應求四靜慮若淨若不淨應求四无量四無色定若淨若不淨若有能求如是等法修行靜慮是行靜慮波羅蜜多憍尸迦若

善男子善女人等如是求四靜慮若常若無常求四無量四無色定若常若無常求四靜慮若樂若苦求四無量四無色定若樂若苦求四靜慮若我若無我求四無量四無色定若我若無我求四靜慮若淨若不淨求四無量四無色定若淨若不淨依此等法行靜慮者我說名為行有所得相似靜慮波羅蜜多憍尸迦如前所說當知皆是說有所得相似靜慮波羅蜜多

復次憍尸迦若善男子善女人等為發無上菩提心者說八解脫若常若無常說八勝處九次第定十遍處若常若無常說八解脫若樂若苦說八勝處九次第定十遍處若樂若苦說八解脫若我若無我說八勝處九次第定十遍處若我若無我說八解脫若淨若不淨說八勝處九次第定十遍處若淨若不淨若有能依如是等法修行靜慮是行靜慮波羅蜜多復作是說行靜慮者應求八解脫若常若無常應求八勝處九次第定十遍

處若常若無常應求八解脫若樂若苦應求八勝處九次第定十遍處若樂若苦應求八解脫若我若無我應求八勝處九次第定十遍處若我若無我應求八解脫若淨若不淨應求八勝處九次第定十遍處若淨若不淨若有能求如是等法脩行靜慮是行靜慮波羅蜜多憍尸迦若善男子善女人等如是求八解脫若常若無常求八勝處九次第定十遍處若常若無常求八解脫若樂若苦求八勝處九次第定十遍處若樂若苦求八解脫若我若無我求八勝處九次第定十遍處若我若無我求八解脫若淨若不淨求八勝處九次第定十遍處若淨若不淨依此等法行靜慮者我說名為行有所得相似靜慮波羅蜜多憍尸迦如前所說當知皆是說有所得相似靜慮波羅蜜多

復次憍尸迦若善男子善女人等為發無上菩提心者說四念住若常若無常說四正斷四神足五根五力七等覺支八聖道支若常若無常說四

念住若樂若苦說四正斷四神足五根五力七等覺支八聖道支若樂若苦說四念住若我若無我說四正斷四神足五根五力七等覺支八聖道支若我若無我說四念住若淨若不淨說四正斷四神足五根五力七等覺支八聖道支若淨若不淨若有能依如是等法脩行靜慮是行靜慮波羅蜜多復作是說行靜慮者應求四念住若常若無常應求四正斷乃至八聖道支若常若無常應求四念住若樂若苦應求四正斷乃至八聖道支若樂若苦應求四念住若我若無我應求四正斷乃至八聖道支若我若無我應求四念住若淨若不淨應求四正斷乃至八聖道支若淨若不淨若有能求如是等法脩行靜慮是行靜慮波羅蜜多憍尸迦若善男子善女人等如是求四念住若常若無常求四正斷乃至八聖道支若常若無常求四念住若樂若苦求四正斷乃至八聖道支若樂若苦求四念住若我若無我求四正斷乃至八聖道

支若我若無我求四念住若淨若不淨求四正斷乃至八聖道支若淨若不淨依此等法行靜慮者我說名為行有所得相似靜慮波羅蜜多憍尸迦如前所說當知皆是說有所得相似靜慮波羅蜜多

復次憍尸迦若善男子善女人等為發無上菩提心者說空解脫門若常若無常說無相無願解脫門若常若無常說空解脫門若樂若苦說無相無願解脫門若樂若苦說空解脫門若我若無我說無相無願解脫門若我若無我說空解脫門若淨若不淨說無相無願解脫門若淨若不淨若有能依如是等法脩行靜慮是行靜慮波羅蜜多復作是說行靜慮者應求空解脫門若常若無常應求無相無願解脫門若常若無常應求空解脫門若樂若苦應求無相無願解脫門若樂若苦應求空解脫門若我若無我應求無相無願解脫門若我若無我應求空解脫門若淨若不淨應求無相無願解脫門若淨若不淨若

有能求如是等法修行靜慮是行靜慮波羅蜜多憍尸迦若善男子善女人等如是求空解脫門若常若無常求無相無願解脫門若常若無常求空解脫門若樂若苦求無相無願解脫門若樂若苦求空解脫門若我若無我求無相無願解脫門若我若無我求空解脫門若淨若不淨求無相無願解脫門若淨若不淨依此等法行靜慮者我說名為行有所得相似靜慮波羅蜜多憍尸迦如前所說當知皆是說有所得相似靜慮波羅蜜多

復次憍尸迦若善男子善女人等為發無上菩提心者說五眼若常若無常說六神通若常若無常說五眼若樂若苦說六神通若樂若苦說五眼若我若無我說六神通若我若無我說五眼若淨若不淨說六神通若淨若不淨若有能依如是等法修行靜慮是行靜慮波羅蜜多復作是說行靜慮者應求五眼若常若無常應求六神通若常若無常應求五眼若樂

大般若經卷第一百七十八　第十九張　富

若苦應求六神通若樂若苦應求五眼若我若無我應求六神通若我若無我應求五眼若淨若不淨應求六神通若淨若不淨若有能求如是等法修行靜慮是行靜慮波羅蜜多憍尸迦若善男子善女人等如是求五眼若常若無常求六神通若常若無常求五眼若樂若苦求六神通若樂若苦求五眼若我若無我求六神通若我若無我求五眼若淨若不淨求六神通若淨若不淨依此等法行靜慮者我說名為行有所得相似靜慮波羅蜜多憍尸迦如前所說當知皆是說有所得相似靜慮波羅蜜多

復次憍尸迦若善男子善女人等為發無上菩提心者說佛十力若常若無常說四無所畏四無礙解大慈大悲大喜大捨十八佛不共法若常若無常說佛十力若樂若苦說四無所畏四無礙解大慈大悲大喜大捨十八佛不共法若樂若苦說佛十力若我若無我說四無所畏四無礙解大慈大悲大喜大捨十八佛不共法若

大般若經卷一百七十八　第二十張　富

我若無我說佛十力若淨若不淨說四無所畏四無礙解大慈大悲大喜大捨十八佛不共法若淨若不淨若有能依如是等法修行靜慮是行靜慮波羅蜜多復作是說行靜慮者應求佛十力若常若無常應求四無所畏乃至十八佛不共法若常若無常應求佛十力若樂若苦應求四無所畏乃至十八佛不共法若樂若苦應求佛十力若我若無我應求四無所畏乃至十八佛不共法若我若無我應求佛十力若淨若不淨應求四無所畏乃至十八佛不共法若淨若不淨若有能求如是等法修行靜慮是行靜慮波羅蜜多憍尸迦若善男子善女人等如是求佛十力若常若無常求四無所畏乃至十八佛不共法若常若無常求佛十力若樂若苦求四無所畏乃至十八佛不共法若樂若苦求佛十力若我若無我求四無所畏乃至十八佛不共法若我若無我求佛十力若淨若不淨求四無所畏乃至十八佛不共法若淨若不淨

大般若經卷一百七十八　富

依此等法行靜慮者我說名爲行有所得相似靜慮波羅蜜多憍尸迦如前所說當知皆是說有所得相似靜慮波羅蜜多

復次憍尸迦若善男子善女人等爲發無上菩提心者說無忘失法若常若無常說恒住捨性若常若無常說無忘失法若樂若苦說恒住捨性若樂若苦說無忘失法若我若無我說恒住捨性若我若無我說無忘失法若淨若不淨說恒住捨性若淨若不淨若有能依如是等法修行靜慮是行靜慮波羅蜜多復作是說行靜慮者應求無忘失法若常若無常應求恒住捨性若常若無常應求無忘失法若樂若苦應求恒住捨性若樂若苦應求無忘失法若我若無我應求恒住捨性若我若無我應求無忘失法若淨若不淨應求恒住捨性若淨若不淨若有能求如是等法修行靜慮是行靜慮波羅蜜多憍尸迦若善男子善女人等如是求無忘失法若常若無常求恒住捨性若常若無常

大般若經卷第一百三十八　第十二張　宿

求無忘失法若樂若苦求恒住捨性若樂若苦求無忘失法若我若無我求恒住捨性若我若無我求無忘失法若淨若不淨求恒住捨性若淨若不淨依此等法行靜慮者我說名爲行有所得相似靜慮波羅蜜多憍尸迦如前所說當知皆是說有所得相似靜慮波羅蜜多

大般若波羅蜜多經卷第一百三十八

戊戌歲高麗國大藏都監奉

勅彫造

大般若經第一百三十八　第十三張　宿

大般若波羅蜜多經卷第一百三十八

校勘記

一　底本，麗藏本。

一　三三六頁上三行「第三十之六」，石作「第三十六」。

一　三四〇頁中二二行「能求」，石作「能依」。

大般若波羅蜜多經卷第一百三十九　宿

唐三藏法師玄奘奉　詔譯

初分校量功德品第三十之三十七

復次憍尸迦若善男子善女人等為發無上菩提心者說一切智若常若無常說道相智一切相智若常若無常說一切智若樂若苦說道相智一切相智若樂若苦說一切智若我若無我說道相智一切相智若我若無我說一切智若淨若不淨說道相智一切相智若淨若不淨若有能依如是等法修行靜慮是行靜慮波羅蜜多復作是說行靜慮者應求一切智若常若無常應求道相智一切相智若常若無常應求一切智若樂若苦應求道相智一切相智若樂若苦應求一切智若我若無我應求道相智一切相智若我若無我應求一切智若淨若不淨應求道相智一切相智若淨若不淨若有能求如是等法修行靜慮是行靜慮波羅蜜多憍尸迦若善男子善女人等如是求一切

智若常若無常求道相智一切相智若常若無常求一切智若樂若苦求道相智一切相智若樂若苦求一切智若我若無我求道相智一切相智若我若無我求道相智一切相智若我若無我求一切智若淨若不淨求道相智一切相智若淨若不淨依此等法行靜慮者我說名為行有所得相似靜慮波羅蜜多憍尸迦如前所說當知皆是說有所得相似靜慮波羅蜜多

復次憍尸迦若善男子善女人等為發無上菩提心者說一切陀羅尼門若常若無常說一切三摩地門若常若無常說一切陀羅尼門若樂若苦說一切三摩地門若樂若苦說一切陀羅尼門若我若無我說一切三摩地門若我若無我說一切陀羅尼門若淨若不淨說一切三摩地門若淨若不淨若有能依如是等法修行靜慮是行靜慮波羅蜜多復作是說行靜慮者應求一切陀羅尼門若常若無常應求一切三摩地門若常若無常

應求一切陁羅尼門若樂若苦應求一切三摩地門若樂若苦應求一切陁羅尼門若我若無我應求一切三摩地門若我若無我應求一切陁羅尼門若淨若不淨應求一切三摩地門若淨若不淨若有能求如是等法修行靜慮是行靜慮波羅蜜多憍尸迦若善男子善女人等如是求一切陁羅尼門若常若無常求一切三摩地門若常若無常求一切陁羅尼門若樂若苦求一切三摩地門若樂若苦求一切陁羅尼門若我若無我求一切三摩地門若我若無我求一切陁羅尼門若淨若不淨求一切三摩地門若淨若不淨依此等法行靜慮者我說名為行有所得相似靜慮波羅蜜多憍尸迦如前所說當知皆是說有所得相似靜慮波羅蜜多

復次憍尸迦若善男子善女人等為發無上菩提心者說預流向預流果若常若無常說一來向一來果不還向不還果阿羅漢向阿羅漢果若常若無常說預流向預流果若樂若苦

說一來向一來果不還向不還果阿羅漢向阿羅漢果若樂若苦說預流向預流果若我若無我說一來向一來果不還向不還果阿羅漢向阿羅漢果若我若無我說預流向預流果若淨若不淨說一來向一來果不還向不還果阿羅漢向阿羅漢果若淨若不淨若有能依如是等法修行靜慮是行靜慮波羅蜜多復作是說行靜慮者應求預流向預流果若常若無常應求一來向乃至阿羅漢果若常若無常應求預流向預流果若樂若苦應求一來向乃至阿羅漢果若樂若苦應求預流向預流果若我若無我應求一來向乃至阿羅漢果若我若無我應求預流向預流果若淨若不淨應求一來向乃至阿羅漢果若淨若不淨若有能求如是等法修行靜慮是行靜慮波羅蜜多憍尸迦若善男子善女人等如是求預流向預流果若常若無常求一來向乃至阿羅漢果若常若無常求預流向預流果若樂若苦求一來向乃至阿羅漢

果若樂若苦求預流向預流果若我若無我求一來向乃至阿羅漢果若我若無我求預流向預流果若淨若不淨求一來向乃至阿羅漢果若淨若不淨依此等法行靜慮者我說名為行有所得相似靜慮波羅蜜多憍尸迦如前所說當知皆是說有所得相似靜慮波羅蜜多

復次憍尸迦若善男子善女人等為發無上菩提心者說一切獨覺菩提若常若無常說一切獨覺菩提若樂若苦說一切獨覺菩提若我若無我說一切獨覺菩提若淨若不淨若有能依如是等法修行靜慮是行靜慮波羅蜜多復作是說行靜慮者應求一切獨覺菩提若常若無常應求一切獨覺菩提若樂若苦應求一切獨覺菩提若我若無我應求一切獨覺菩提若淨若不淨若有能求如是等法修行靜慮是行靜慮波羅蜜多憍尸迦若善男子善女人等如是求一切獨覺菩提若常若無常求一切獨覺菩提若樂若苦求一切獨覺菩提

若我若無我求一切獨覺菩提若淨若不淨依此等法行靜慮者我說名為行有所得相似靜慮波羅蜜多憍尸迦如前所說當知皆是說有所得相似靜慮波羅蜜多　復次憍尸迦若善男子善女人等為發無上菩提心者說一切菩薩摩訶薩行若常若無常說一切菩薩摩訶薩行若樂若苦說一切菩薩摩訶薩行若我若無我說一切菩薩摩訶薩行若淨若不淨若有能依如是等法修行靜慮是行靜慮波羅蜜多復作是說行靜慮者應求一切菩薩摩訶薩行若常若無常應求一切菩薩摩訶薩行若樂若苦應求一切菩薩摩訶薩行若我若無我應求一切菩薩摩訶薩行若淨若不淨若有能求如是等法修行靜慮是行靜慮波羅蜜多憍尸迦若善男子善女人等如是求一切菩薩摩訶薩行若常若無常求一切菩薩摩訶薩行若樂若苦求一切菩薩摩訶薩行若我若無我求一切菩薩摩訶薩行若淨若不淨依此等法行靜慮者我說名為行有

所得相似靜慮波羅蜜多憍尸迦如前所說當知皆是說有所得相似靜慮波羅蜜多

復次憍尸迦若善男子善女人等為發無上菩提心者說諸佛無上正等菩提若常若無常說諸佛無上正等菩提若樂若苦說諸佛無上正等菩提若我若無我說諸佛無上正等菩提若淨若不淨若有能依如是等法修行靜慮是行靜慮波羅蜜多復作是說行靜慮者應求諸佛無上正等菩提若常若無常應求諸佛無上正等菩提若樂若苦應求諸佛無上正等菩提若我若無我應求諸佛無上正等菩提若淨若不淨若有能求如是等法修行靜慮是行靜慮波羅蜜多憍尸迦若善男子善女人等如是求諸佛無上正等菩提若常若無常求諸佛無上正等菩提若樂若苦求諸佛無上正等菩提若我若無我求諸佛無上正等菩提若淨若不淨依此等法行靜慮者我說名為行有所得相似靜慮波羅蜜多憍尸迦如前

所說當知皆是說有所得相似靜慮波羅蜜多

時天帝釋復白佛言世尊云何諸善男子善女人等說有所得精進波羅蜜多名說相似精進波羅蜜多

佛言憍尸迦若善男子善女人等為發無上菩提心者說色若常若無常說受想行識若常若無常說色若樂若苦說受想行識若樂若苦說色若我若無我說受想行識若我若無我說色若淨若不淨說受想行識若淨若不淨若有能依如是等法修行精進是行精進波羅蜜多復作是說行精進者應求色若常若無常應求受想行識若常若無常應求色若樂若苦應求受想行識若樂若苦應求色若我若無我應求受想行識若我若無我應求色若淨若不淨應求受想行識若淨若不淨若有能求如是等法修行精進是行精進波羅蜜多憍尸迦若善男子善女人等如是求色若常若無常求受想行識若常若無常求色若樂若苦求受想行識若樂

若苦求色若我若無我求受想行識
若我若無我求色若淨若不淨求受
想行識若淨若不淨依此等法行精
進者我說名為行有所得相似精進
波羅蜜多憍尸迦如前所說當知皆
是說有所得相似精進波羅蜜多
復次憍尸迦若善男子善女人等為
發無上菩提心者說眼處若常若無
常說耳鼻舌身意處若常若無常說
眼處若樂若苦說耳鼻舌身意處若
樂若苦說眼處若我若無我說耳鼻
舌身意處若我若無我說眼處若淨
若不淨說耳鼻舌身意處若淨若不
淨若有能依如是等法修行精進是
行精進波羅蜜多復作是說行精進
者應求眼處若常若無常應求耳鼻
舌身意處若常若無常應求眼處若
樂若苦應求耳鼻舌身意處若樂若
苦應求眼處若我若無我應求耳鼻
舌身意處若我若無我應求眼處若
淨若不淨應求耳鼻舌身意處若淨
若不淨若有能求如是等法修行精
進是行精進波羅蜜多憍尸迦若善

男子善女人等如是求眼處若常若
無常求耳鼻舌身意處若常若無常
求眼處若樂若苦求耳鼻舌身意處
若樂若苦求眼處若我若無我求耳
鼻舌身意處若我若無我求眼處若
淨若不淨求耳鼻舌身意處若淨若
不淨依此等法行精進者我說名為
行有所得相似精進波羅蜜多憍尸
迦如前所說當知皆是說有所得相
似精進波羅蜜多
復次憍尸迦若善男子善女人等為
發無上菩提心者說色處若常若無
常說聲香味觸法處若常若無常說
色處若樂若苦說聲香味觸法處若
樂若苦說色處若我若無我說聲香
味觸法處若我若無我說色處若淨
若不淨說聲香味觸法處若淨若不
淨若有能依如是等法修行精進是
行精進波羅蜜多復作是說行精進
者應求色處若常若無常應求聲香
味觸法處若常若無常應求色處若
樂若苦應求聲香味觸法處若樂若
苦應求色處若我若無我應求聲香

味觸法處若我若無我應求色處若
淨若不淨應求聲香味觸法處若淨
若不淨若有能求如是等法修行精
進是行精進波羅蜜多憍尸迦若善
男子善女人等如是求色處若常若
無常求聲香味觸法處若常若無常
求色處若樂若苦求聲香味觸法處
若樂若苦求色處若我若無我求聲香
味觸法處若我若無我求色處若淨
若不淨求聲香味觸法處若淨若不
淨依此等法行精進者我說名為行
有所得相似精進波羅蜜多憍尸迦
如前所說當知皆是說有所得相似
精進波羅蜜多
復次憍尸迦若善男子善女人等為
發無上菩提心者說眼界若常若無
常說色界眼識界及眼觸眼觸為緣
所生諸受若常若無常說眼界若樂
若苦說色界眼識界及眼觸眼觸為
緣所生諸受若樂若苦說眼界若我
若無我說色界眼識界及眼觸眼觸
為緣所生諸受若我若無我說眼界
若淨若不淨說色界眼識界及眼觸

眼觸為緣所生諸受若淨若不淨若有能依如是等法修行精進是行精進波羅蜜多復作是說行精進者應求眼界若常若無常求色界乃至眼觸眼觸為緣所生諸受若常若無常應求眼界若樂若苦應求色界乃至眼觸為緣所生諸受若樂若苦應求眼界若我若無我應求色界乃至眼觸為緣所生諸受若我若無我應求眼界若淨若不淨應求色界乃至眼觸為緣所生諸受若淨若不淨若有能求如是等法修行精進是行精進波羅蜜多憍尸迦若善男子善女人等如是求眼界若常若無常求色界乃至眼觸為緣所生諸受若常若無常求眼界若樂若苦求色界乃至眼觸為緣所生諸受若樂若苦求眼界若我若無我求色界乃至眼觸為緣所生諸受若我若無我求眼界若淨若不淨求色界乃至眼觸為緣所生諸受若淨若不淨依此等法行精進者我說名為行有所得相似精進波羅蜜多憍尸迦如前所說當知皆是說

有所得相似精進波羅蜜多

復次憍尸迦若善男子善女人等為發無上菩提心者說耳界若常若無常說聲界耳識界及耳觸耳觸為緣所生諸受若常若無常說耳界若樂若苦說聲界耳識界及耳觸耳觸為緣所生諸受若樂若苦說耳界若我若無我說聲界耳識界及耳觸耳觸為緣所生諸受若我若無我說耳界若淨若不淨說聲界耳識界及耳觸耳觸為緣所生諸受若淨若不淨若有能依如是等法修行精進是行精進波羅蜜多復作是說行精進者應求耳界若常若無常應求聲界乃至耳觸為緣所生諸受若常若無常應求耳界若樂若苦應求聲界乃至耳觸為緣所生諸受若樂若苦應求耳界若我若無我應求聲界乃至耳觸為緣所生諸受若我若無我應求耳界若淨若不淨應求聲界乃至耳觸為緣所生諸受若淨若不淨若有能求如是等法修行精進是行精進波羅蜜多憍尸迦若善男子善女人等

如是求耳界若常若無常求聲界乃至耳觸為緣所生諸受若常若無常求耳界若樂若苦求聲界乃至耳觸為緣所生諸受若樂若苦求耳界若我若無我求聲界乃至耳觸為緣所生諸受若我若無我求耳界若淨若不淨求聲界乃至耳觸為緣所生諸受若淨若不淨依此等法行精進者我說名為行有所得相似精進波羅蜜多憍尸迦如前所說當知皆是說有所得相似精進波羅蜜多

復次憍尸迦若善男子善女人等為發無上菩提心者說鼻界若常若無常說香界鼻識界及鼻觸鼻觸為緣所生諸受若常若無常說鼻界若樂若苦說香界鼻識界及鼻觸鼻觸為緣所生諸受若樂若苦說鼻界若我若無我說香界鼻識界及鼻觸鼻觸為緣所生諸受若我若無我說鼻界若淨若不淨說香界鼻識界及鼻觸鼻觸為緣所生諸受若淨若不淨若有能依如是等法修行精進是行精進波羅蜜多復作是說行精進者應

求鼻界若常若無常應求香界乃至鼻觸為緣所生諸受若常若無常應求鼻界若樂若苦應求香界乃至鼻觸為緣所生諸受若樂若苦應求鼻界若我若無我應求香界乃至鼻觸為緣所生諸受若我若無我應求鼻界若淨若不淨應求香界乃至鼻觸為緣所生諸受若淨若不淨若有能求如是等法修行精進是行精進波羅蜜多憍尸迦若善男子善女人等如是求鼻界若常若無常求香界乃至鼻觸為緣所生諸受若常若無常求鼻界若樂若苦求香界乃至鼻觸為緣所生諸受若樂若苦求鼻界若我若無我求香界乃至鼻觸為緣所生諸受若我若無我求鼻界若淨若不淨求香界乃至鼻觸為緣所生諸受若淨若不淨依此等法行精進者我說名為行有所得相似精進波羅蜜多憍尸迦如前所說當知皆是說有所得相似精進波羅蜜多

復次憍尸迦若善男子善女人等為發無上菩提心者說舌界若常若無

常說味界舌識界及舌觸舌觸為緣所生諸受若常若無常說舌界若樂若苦說味界舌識界及舌觸舌觸為緣所生諸受若樂若苦說舌界若我若無我說味界舌識界及舌觸舌觸為緣所生諸受若我若無我說舌界若淨若不淨說味界舌識界及舌觸舌觸為緣所生諸受若淨若不淨若有能依如是等法修行精進是行精進波羅蜜多復作是說行精進者應求舌界若常若無常應求味界乃至舌觸為緣所生諸受若常若無常應求舌界若樂若苦應求味界乃至舌觸為緣所生諸受若樂若苦應求舌界若我若無我應求味界乃至舌觸為緣所生諸受若我若無我應求舌界若淨若不淨應求味界乃至舌觸為緣所生諸受若淨若不淨若有能求如是等法修行精進是行精進波羅蜜多憍尸迦若善男子善女人等如是求舌界若常若無常求味界乃至舌觸為緣所生諸受若常若無常求舌界若樂若苦求味界乃至舌觸

為緣所生諸受若樂若苦求舌界若我若無我求味界乃至舌觸為緣所生諸受若我若無我求舌界若淨若不淨求味界乃至舌觸為緣所生諸受若淨若不淨依此等法行精進者我說名為行有所得相似精進波羅蜜多憍尸迦如前所說當知皆是說有所得相似精進波羅蜜多

復次憍尸迦若善男子善女人等為發無上菩提心者說身界若常若無常說觸界身識界及身觸身觸為緣所生諸受若常若無常說身界若樂若苦說觸界身識界及身觸身觸為緣所生諸受若樂若苦說身界若我若無我說觸界身識界及身觸身觸為緣所生諸受若我若無我說身界若淨若不淨說觸界身識界及身觸身觸為緣所生諸受若淨若不淨若有能依如是等法修行精進是行精進波羅蜜多復作是說行精進者應求身界若常若無常應求觸界乃至身觸為緣所生諸受若常若無常應求身界若樂若苦應求觸界乃至身

觸為緣所生諸受若樂若苦應求身界若我若無我應求觸界乃至身觸為緣所生諸受若我若無我應求身界若淨若不淨應求觸界乃至身觸為緣所生諸受若淨若不淨若有能求如是等法修行精進是行精進波羅蜜多憍尸迦若善男子善女人等如是求身界若常若無常求觸界乃至身觸為緣所生諸受若常若無常求身界若樂若苦求觸界乃至身觸為緣所生諸受若樂若苦求身界若我若無我求觸界乃至身觸為緣所生諸受若我若無我求身界若淨若不淨求觸界乃至身觸為緣所生諸受若淨若不淨依此等法行精進者我說名為行有所得相似精進波羅蜜多憍尸迦如前所說當知皆是說有所得相似精進波羅蜜多

復次憍尸迦若善男子善女人等為發無上菩提心者說意界若常若無常說法界意識界及意觸意觸為緣所生諸受若常若無常說意界若樂若苦說法界意識界及意觸意觸為

緣所生諸受若樂若苦說意界若我若無我說法界意識界及意觸意觸為緣所生諸受若我若無我說意界若淨若不淨說法界意識界及意觸意觸為緣所生諸受若淨若不淨若有能依如是等法修行精進是行精進波羅蜜多復作是說行精進者應求意界若常若無常應求法界乃至意觸為緣所生諸受若常若無常應求意界若樂若苦應求法界乃至意觸為緣所生諸受若樂若苦應求意界若我若無我應求法界乃至意觸為緣所生諸受若我若無我應求意界若淨若不淨應求法界乃至意觸為緣所生諸受若淨若不淨若有能求如是等法修行精進是行精進波羅蜜多憍尸迦若善男子善女人等如是求意界若常若無常求法界乃至意觸為緣所生諸受若常若無常求意界若樂若苦求法界乃至意觸為緣所生諸受若樂若苦求意界若我若無我求法界乃至意觸為緣所生諸受若我若無我求意界若淨若

不淨求法界乃至意觸為緣所生諸受若淨若不淨依此等法行精進者我說名為行有所得相似精進波羅蜜多憍尸迦如前所說當知皆是說有所得相似精進波羅蜜多

復次憍尸迦若善男子善女人等為發無上菩提心者說地界若常若無常說水火風空識界若常若無常說地界若樂若苦說水火風空識界若樂若苦說地界若我若無我說水火風空識界若我若無我說地界若淨若不淨說水火風空識界若淨若不淨若有能依如是等法修行精進是行精進波羅蜜多復作是說行精進者應求地界若常若無常應求水火風空識界若常若無常應求地界若樂若苦應求水火風空識界若樂若苦應求地界若我若無我應求水火風空識界若我若無我應求地界若淨若不淨應求水火風空識界若淨若不淨若有能求如是等法修行精進是行精進波羅蜜多憍尸迦若善男子善女人等如是求地界若常若

無常求水火風空識界若常若無常求地界若樂若苦求水火風空識界若樂若苦求地界若我若無我求水火風空識界若我若無我求地界若淨若不淨求水火風空識界若淨若不淨依此等法行精進者我說名為行有所得相似精進波羅蜜多憍尸迦如前所說當知皆是說有所得相似精進波羅蜜多

復次憍尸迦若善男子善女人等為發無上菩提心者說無明若常若無常說行識名色六處觸受愛取有生老死愁歎苦憂惱若常若無常說無明若樂若苦說行識名色六處觸受愛取有生老死愁歎苦憂惱若樂若苦說無明若我若無我說行識名色六處觸受愛取有生老死愁歎苦憂惱若我若無我說無明若淨若不淨說行識名色六處觸受愛取有生老死愁歎苦憂惱若淨若不淨若有能依如是等法修行精進是行精進波羅蜜多復作是說行精進者應求無明若常若無常應求行乃至老死愁

歎苦憂惱若常若無常應求無明若樂若苦應求行乃至老死愁歎苦憂惱若樂若苦應求無明若我若無我應求行乃至老死愁歎苦憂惱若我若無我應求無明若淨若不淨應求行乃至老死愁歎苦憂惱若淨若不淨若有能求如是等法修行精進是行精進波羅蜜多憍尸迦若善男子善女人等如是求無明若常若無常求行乃至老死愁歎苦憂惱若常若無常求無明若樂若苦求行乃至老死愁歎苦憂惱若樂若苦求無明若我若無我求行乃至老死愁歎苦憂惱若我若無我求無明若淨若不淨求行乃至老死愁歎苦憂惱若淨若不淨依此等法行精進者我說名為行有所得相似精進波羅蜜多憍尸迦如前所說當知皆是說有所得相似精進波羅蜜多

大般若波羅蜜多經卷第一百三十九　宿

大般若波羅蜜多經卷第一百三十九

校勘記

一　底本，金藏大寶集寺本。

一　三四四頁下五行至六行「求道相智一切相智若我若無我」十三字重出。

一　三四七頁中八行首字「行」，為殘字，應為「行」。

一　三四八頁上一二行「求」，石作「依」。

一　三五〇頁下六行第六字下清應為「若」。

一　三五〇頁下一〇行「若若」，石、磧、普、南、徑、清、麗作「若苦」。

大般若波羅蜜多經卷第百四十　賓

三藏法師玄奘奉　詔譯

初分校量功德品第三十之三十八

復次憍尸迦若善男子善女人等為發無上菩提心者說布施波羅蜜多若常若无常說淨戒安忍精進靜慮般若波羅蜜多若常若無常說布施波羅蜜多若樂若苦說淨戒安忍精進靜慮般若波羅蜜多若樂若苦說布施波羅蜜多若我若無我說淨戒安忍精進靜慮般若波羅蜜多若我若無我說布施波羅蜜多若淨若不淨說淨戒安忍精進靜慮般若波羅蜜多若淨若不淨若有能依如是等法修行精進是行精進波羅蜜多復作是說行精進者應求布施波羅蜜多若常若無常應求淨戒乃至般若波羅蜜多若常若无常應求布施波羅蜜多若樂若苦應求淨戒乃至般若波羅蜜多若樂若苦應求布施波羅蜜多若我若無我應求淨戒乃至般若波羅蜜多若我若无我應求

布施波羅蜜多若淨若不淨應求淨戒乃至般若波羅蜜多若淨若不淨若有能求如是等法修行精進是行精進波羅蜜多憍尸迦若善男子善女人等如是求布施波羅蜜多若常若無常求淨戒乃至般若波羅蜜多若常若无常求布施波羅蜜多若樂若苦求淨戒乃至般若波羅蜜多若樂若苦求布施波羅蜜多若我若無我求淨戒乃至般若波羅蜜多若我若無我求布施波羅蜜多若淨若不淨求淨戒乃至般若波羅蜜多若淨若不淨依此等法行精進者我說名為行有所得相似精進波羅蜜多憍尸迦如前所說當知皆是說有所得相似精進波羅蜜多

復次憍尸迦若善男子善女人等為發無上菩提心者說內空若常若無常說外空內外空空空大空勝義空有為空無為空畢竟空无際空散空無變異空本性空自相空共相空一切法空不可得空无性空自性空無性自性空若常若無常說內空若樂

若苦說外空內外空空空大空勝義空有為空無為空畢竟空无際空散空無變異空本性空自相空共相空一切法空不可得空无性空自性空無性自性空若樂若苦說內空若我若无我說外空內外空空空大空勝義空有為空無為空畢竟空无際空散空無變異空本性空自相空共相空一切法空不可得空无性空自性空無性自性空若我若无我說內空若淨若不淨說外空內外空空空大空勝義空有為空無為空畢竟空无際空散空無變異空本性空自相空共相空一切法空不可得空无性空自性空無性自性空若淨若不淨若有能依如是等法修行精進是行精進波羅蜜多復作是說行精進者應求內空若常若无常應求外空乃至無性自性空若常若无常應求內空若樂若苦應求外空乃至無性自性空若樂若苦應求內空若我若无我應求外空乃至無性自性空若我若无我應求內空若淨若不淨應求外空乃至無性自性空若淨若不淨若有能求如是等法修行精進是行精進波羅蜜多憍尸迦若善男子善女人等如是求內空若常若无常求外空乃至無性自性空若常若无常求內空若樂若苦求外空乃至無性自性空若樂若苦求內空若我若无我求外空乃至無性自性空若我若无我求內空若淨若不淨求外空乃至無性自性空若淨若不淨依此等法行精進者我說名為行有所得相似精進波羅蜜多憍尸迦如前所說當知皆是說有所得相似精進波羅蜜多

復次憍尸迦若善男子善女人等為發無上菩提心者說真如若常若无常說法界法性不虛妄性不變異性平等性離生性法定法住實際虛空界不思議界若常若无常說真如若樂若苦說法界法性不虛妄性不變異性平等性離生性法定法住實際虛空界不思議界若樂若苦說真如若我若無我說法界法性不虛妄性不變異性平等性離生性法定法住實際虛空界不思議界若我若無我說真如若淨若不淨說法界法性不虛妄性不變異性平等性離生性法定法住實際虛空界不思議界若淨若不淨若有能依如是等法修行精進是行精進波羅蜜多復作是說行精進者應求真如若常若无常應求法界乃至不思議界若常若無常應求真如若樂若苦應求法界乃至不思議界若樂若苦應求真如若我若无我應求法界乃至不思議界若我若無我應求真如若淨若不淨應求法界乃至不思議界若淨若不淨若有能求如是等法修行精進是行精進波羅蜜多憍尸迦若善男子善女人等如是求真如若常若无常求法界乃至不思議界若常若無常求真如若樂若苦求法界乃至不思議界若樂若苦求真如若我若无我求法界乃至不思議界若我若無我求真如若淨若不淨求法界乃至不思議界若淨若不淨依此等法行精進者、

我說名為行有所得相似精進波羅蜜多憍尸迦如前所說當知皆是說有所得相似精進波羅蜜多

復次憍尸迦若善男子善女人等為發無上菩提心者說苦聖諦若常若无常說集滅道聖諦若常若無常說苦聖諦若樂若苦說集滅道聖諦若樂若苦說苦聖諦若我若无我說集滅道聖諦若我若無我說苦聖諦若淨若不淨說集滅道聖諦若淨若不淨若有能依如是等法修行精進是行精進波羅蜜多復作是說行精進者應求苦聖諦若常若无常應求集滅道聖諦若常若無常應求苦聖諦若樂若苦應求集滅道聖諦若樂若苦應求苦聖諦若我若無我應求集滅道聖諦若我若无我應求苦聖諦若淨若不淨應求集滅道聖諦若淨若不淨若有能求如是等法修行精進是行精進波羅蜜多憍尸迦若善男子善女人等如是求苦聖諦若常若无常求集滅道聖諦若常若無常求苦聖諦若樂若苦求集滅道聖諦

若樂若苦求苦聖諦若我若无我求集滅道聖諦若我若無我求苦聖諦若淨若不淨求集滅道聖諦若淨若不淨依此等法行精進者我說名為行有所得相似精進波羅蜜多憍尸迦如前所說當知皆是說有所得相似精進波羅蜜多

復次憍尸迦若善男子善女人等為發无上菩提心者說四靜慮若常若無常說四无量四無色定若常若无常說四靜慮若樂若苦說四無量四无色定若樂若苦說四靜慮若我若無我說四无量四無色定若我若无我說四靜慮若淨若不淨說四無量四无色定若淨若不淨若有能依如是等法修行精進是行精進波羅蜜多復作是說行精進者應求四靜慮若常若无常應求四無量四无色定若常若無常應求四靜慮若樂若苦應求四无量四無色定若樂若苦應求四靜慮若我若无我應求四無量四无色定若我若無我應求四靜慮若淨若不淨應求四无量四無色定

若淨若不淨若有能求如是等法修行精進是行精進波羅蜜多憍尸迦若善男子善女人等如是求四靜慮若常若無常求四无量四無色定若常若无常求四靜慮若樂若苦求四無量四无色定若樂若苦求四靜慮若我若無我求四无量四無色定若我若无我求四靜慮若淨若不淨求四無量四无色定若淨若不淨依此等法行精進者我說名為行有所得相似精進波羅蜜多憍尸迦如前所說當知皆是說有所得相似精進波羅蜜多

復次憍尸迦若善男子善女人等為發無上菩提心者說八解脫若常若无常說八勝處九次第定十遍處若常若無常說八解脫若樂若苦說八勝處九次第定十遍處若樂若苦說八解脫若我若無我說八勝處九次第定十遍處若我若无我說八解脫若淨若不淨說八勝處九次第定十遍處若淨若不淨若有能依如是等法修行精進是行精進波羅蜜多復

作是說行精進者應求八解脫若常若無常應求八勝處九次第定十遍處若常若无常應求八解脫若樂若苦應求八勝處九次第定十遍處若樂若苦應求八解脫若我若無我應求八勝處九次第定十遍處若我若無我應求八解脫若淨若不淨應求八勝處九次第定十遍處若淨若不淨若有能求如是等法脩行精進是行精進波羅蜜多憍尸迦若善男子善女人等如是求八解脫若常若无常求八勝處九次第定十遍處若常若無常求八解脫若樂若苦求八勝處九次第定十遍處若樂若苦求八解脫若我若無我求八勝處九次第定十遍處若我若无我求八解脫若淨若不淨求八勝處九次第定十遍處若淨若不淨依此等法行精進者我說名為行有所得相似精進波羅蜜多憍尸迦如前所說當知皆是說有所得相似精進波羅蜜多

復次憍尸迦若善男子善女人等為發無上菩提心者說四念住若常若無常說四正斷四神足五根五力七等覺支八聖道支若常若无常說四念住若樂若苦說四正斷四神足五根五力七等覺支八聖道支若樂若苦說四念住若我若無我說四正斷四神足五根五力七等覺支八聖道支若我若無我說四念住若淨若不淨說四正斷四神足五根五力七等覺支八聖道支若淨若不淨若有能依如是等法脩行精進是行精進波羅蜜多

復作是說行精進者應求四念住若常若無常應求四正斷乃至八聖道支若常若无常應求四念住若樂若苦應求四正斷乃至八聖道支若樂若苦應求四念住若我若無我應求四正斷乃至八聖道支若我若无我應求四念住若淨若不淨應求四正斷乃至八聖道支若淨若不淨若有能求如是等法脩行精進是行精進波羅蜜多憍尸迦若善男子善女人等如是求四念住若常若无常求四正斷乃至八聖道支若常若無常求四念住若樂若苦求四正斷乃至八聖道支若樂若苦求四念住若我若無我求四正斷乃至八聖道支若我若无我求四念住若淨若不淨求四正斷乃至八聖道支若淨若不淨依此等法行精進者我說名為行有所得相似精進波羅蜜多憍尸迦如前所說當知皆是說有所得相似精進波羅蜜多

復次憍尸迦若善男子善女人等為發无上菩提心者說空解脫門若常若無常說无相無願解脫門若常若无常說空解脫門若樂若苦說無相無願解脫門若樂若苦說空解脫門若我若无我說無相无願解脫門若我若無我說空解脫門若淨若不淨說无相無願解脫門若淨若不淨若有能依如是等法修行精進是行精進波羅蜜多復作是說行精進者應求空解脫門若常若無常應求无相無願解脫門若常若无常應求空解脫門若樂若苦應求無相无願解脫門若樂若苦應求空解脫門若我若

無我應求无相無願解脫門若我若無我應求空解脫門若淨若不淨應求无相無願解脫門若淨若不淨若有能求如是等法修行精進是行精進波羅蜜多

憍尸迦若善男子善女人等如是求空解脫門若常若无常求無相无願解脫門若常若無常求空解脫門若樂若苦求無相无願解脫門若樂若苦求空解脫門若我若無我求无相無願解脫門若我若无我求空解脫門若淨若不淨求無相无願解脫門若淨若不淨依此等法行精進者我說名為行有所得相似精進波羅蜜多

憍尸迦如前所說當知皆是說有所得相似精進波羅蜜多

復次憍尸迦若善男子善女人等為發无上菩提心者說五眼若常若無常說六神通若常若無常說五眼若樂若苦說六神通若樂若苦說五眼若我若無我說六神通若我若无我說五眼若淨若不淨說六神通若淨

若不淨若有能依如是等法修行精進是行精進波羅蜜多復作是說行精進者應求五眼若常若無常應求六神通若常若無常應求五眼若樂若苦應求六神通若樂若苦應求五眼若我若無我應求六神通若我若无我應求五眼若淨若不淨應求六神通若淨若不淨若有能求如是等法修行精進是行精進波羅蜜多憍尸迦若善男子善女人等如是求五眼若常若無常求六神通若常若无常求五眼若樂若苦求六神通若樂若苦求五眼若我若無我求六神通若我若無我求五眼若淨若不淨求六神通若淨若不淨依此等法行精進者我說名為行有所得相似精進波羅蜜多憍尸迦如前所說當知皆是說有所得相似精進波羅蜜多

復次憍尸迦若善男子善女人等為發無上菩提心者說佛十力若常若无常說四無所畏四无㝵解大慈大悲大喜大捨十八佛不共法若常若無常說佛十力若樂若苦說四无所

畏四無㝵解大慈大悲大喜大捨十八佛不共法若樂若苦說佛十力若我若无我說四無所畏四无㝵解大慈大悲大喜大捨十八佛不共法若我若無我說佛十力若淨若不淨說四無所畏四无㝵解大慈大悲大喜大捨十八佛不共法若淨若不淨若有能依如是等法修行精進是行精進波羅蜜多復作是說行精進者應求佛十力若常若無常應求四无所畏乃至十八佛不共法若常若無常應求佛十力若樂若苦應求四无所畏乃至十八佛不共法若樂若苦應求佛十力若我若無我應求四无所畏乃至十八佛不共法若我若無我應求佛十力若淨若不淨應求四无所畏乃至十八佛不共法若淨若不淨若有能求如是等法修行精進是行精進波羅蜜多憍尸迦若善男子善女人等如是求佛十力若常若無常求四无所畏乃至十八佛不共法若常若無常求佛十力若樂若苦求四无所畏乃至十八佛不共法若樂

若苦求佛十力若我若無我求四無所畏乃至十八佛不共法若我若无我求佛十力若淨若不淨求四無所畏乃至十八佛不共法若淨若不淨依此等法行精進者我說名為行有所得相似精進波羅蜜多憍尸迦如前所說當知皆是說有所得相似精進波羅蜜多

復次憍尸迦若善男子善女人等為發無上菩提心者說无忘失法若常若無常說恒住捨性若常若无常說無忘失法若樂若苦說恒住捨性若樂若苦說无忘失法若我若無我說恒住捨性若我若无我說無忘失法若淨若不淨說恒住捨性若淨若不淨若有能依如是等法修行精進是行精進波羅蜜多復作是說行精進者應求無忘失法若常若无常應求恒住捨性若常若無常應求无忘失法若樂若苦應求恒住捨性若樂若苦應求无忘失法若我若無我應求恒住捨性若我若无我應求無忘失法若淨若不淨應求恒住捨性若淨

若不淨若有能求如是等法修行精進是行精進波羅蜜多憍尸迦若善男子善女人等如是求無忘失法若常若无常求恒住捨性若常若無常求無忘失法若樂若苦求恒住捨性若樂若苦求无忘失法若我若無我求恒住捨性若我若无我求無忘失法若淨若不淨求恒住捨性若淨若不淨依此等法行精進者我說名為行有所得相似精進波羅蜜多憍尸迦如前所說當知皆是說有所得相似精進波羅蜜多

復次憍尸迦若善男子善女人等為發無上菩提心者說一切智若常若无常說道相智一切相智若常若無常說一切智若樂若苦說道相智一切相智若樂若苦說一切智若我若無我說道相智一切相智若我若无我說一切智若淨若不淨說道相智一切相智若淨若不淨若有能依如是等法修行精進是行精進波羅蜜多復作是說行精進者應求一切智若常若无常應求道相智一切相智

若常若無常應求一切智若樂若苦應求道相智一切相智若樂若苦應求一切智若我若无我應求道相智一切相智若我若無我應求一切智若淨若不淨應求道相智一切相智若淨若不淨若有能求如是等法修行精進是行精進波羅蜜多憍尸迦若善男子善女人等如是求一切智若常若無常求道相智一切相智若常若无常求一切智若樂若苦求道相智一切相智若樂若苦求一切智若我若無我求道相智一切相智若我若无我求一切智若淨若不淨求道相智一切相智若淨若不淨依此等法行精進者我說名為行有所得相似精進波羅蜜多憍尸迦如前所說當知皆是說有所得相似精進波羅蜜多

復次憍尸迦若善男子善女人等為發無上菩提心者說一切陁羅尼門若常若无常說一切三摩地門若常若無常說一切陁羅尼門若樂若苦說一切三摩地門若樂若苦說一切

陁羅尼門若我若無我說一切三摩地門若我若无我說一切陁羅尼門若淨若不淨說一切三摩地門若淨若不淨若有能依如是等法修行精進是行精進波羅蜜多復作是說行精進者應求一切陁羅尼門若常若無常應求一切三摩地門若常若无常應求一切陁羅尼門若樂若苦應求一切三摩地門若樂若苦應求一切陁羅尼門若我若无我應求一切三摩地門若我若無我應求一切陁羅尼門若淨若不淨應求一切三摩地門若淨若不淨若有能求如是等法修行精進是行精進波羅蜜多憍尸迦若善男子善女人等如是求一切陁羅尼門若常若無常求一切三摩地門若常若无常求一切陁羅尼門若樂若苦求一切三摩地門若樂若苦求一切陁羅尼門若我若无我求一切三摩地門若我若無我求一切陁羅尼門若淨若不淨求一切三摩地門若淨若不淨依此等法行精進者我說名為行有所得相似精進

波羅蜜多憍尸迦如前所說當知皆是說有所得相似精進波羅蜜多

復次憍尸迦若善男子善女人等為發無上菩提心者說預流向預流果若常若无常說一來向一來果不還向不還果阿羅漢向阿羅漢果若常若無常說預流向預流果若樂若苦說一來向一來果不還向不還果阿羅漢向阿羅漢果若樂若苦說預流向預流果若我若無我說一來向一來果不還向不還果阿羅漢向阿羅漢果若我若無我說預流向預流果若淨若不淨說一來向一來果不還向不還果阿羅漢向阿羅漢果若淨若不淨若有能依如是等法修行精進是行精進波羅蜜多復作是說行精進者應求預流向預流果若常若無常應求一來向乃至阿羅漢果若常若无常應求預流向預流果若樂若苦應求一來向乃至阿羅漢果若樂若苦應求預流向預流果若我若無我應求一來向乃至阿羅漢果若我若无我應求預流向預流果若淨

若不淨應求一來向乃至阿羅漢果若淨若不淨若有能求如是等法修行精進是行精進波羅蜜多憍尸迦若善男子善女人等如是求預流向預流果若常若無常求一來向乃至阿羅漢果若常若无常求預流向預流果若樂若苦求一來向乃至阿羅漢果若樂若苦求預流向預流果若我若無我求一來向乃至阿羅漢果若我若无我求預流向預流果若淨若不淨求一來向乃至阿羅漢果若淨若不淨依此等法行精進者我說名為行有所得相似精進波羅蜜多憍尸迦如前所說當知皆是說有所得相似精進波羅蜜多

復次憍尸迦若善男子善女人等為發无上菩提心者說一切獨覺菩提若常若无常說一切獨覺菩提若樂若苦說一切獨覺菩提若我若無我說一切獨覺菩提若淨若不淨若有能依如是等法修行精進是行精進波羅蜜多復作是說行精進者應求一切獨覺菩提若常若無常應求一切獨覺菩提若樂

若苦應求一切獨覺菩提若我若無我應求一切獨覺菩提若淨若不淨若有能求如是等法修行精進是行精進波羅蜜多憍尸迦若善男子善女人等如是求一切獨覺菩提若常若无常求一切獨覺菩提若樂若苦求一切獨覺菩提若我若無我求一切獨覺菩提若淨若不淨依此等法行精進者我說名為行有所得相似精進波羅蜜多憍尸迦如前所說當知皆是說有所得相似精進波羅蜜多

復次憍尸迦若善男子善女人等為發無上菩提心者說一切菩薩摩訶薩行若常若無常說一切菩薩摩訶薩行若樂若苦說一切菩薩摩訶薩行若我若無我說一切菩薩摩訶薩行若淨若不淨若有能依如是等法修行精進是行精進波羅蜜多復作是說行精進者應求一切菩薩摩訶薩行若常若無常應求一切菩薩摩訶薩行若樂若苦應求一切菩薩摩訶薩行若我若无我應求一切菩薩摩訶薩行若淨若不淨若有能求如是等法修行精進是行精進波羅蜜多憍尸迦若善男子善女人等如是求一切菩薩摩訶薩行若常若无常求一切菩薩摩訶薩行若樂若苦求一切菩薩摩訶薩行若我若無我求一切菩薩摩訶薩行若淨若不淨依此等法行精進者我說名為行有所得相似精進波羅蜜多憍尸迦如前所說當知皆是說有所得相似精進波羅蜜多

復次憍尸迦若善男子善女人等為發無上菩提心者說諸佛无上正等菩提若常若無常說諸佛無上正等菩提若樂若苦說諸佛无上正等菩提若我若無我說諸佛無上正等菩提若淨若不淨若有能依如是等法修行精進是行精進波羅蜜多復作是說行精進者應求諸佛无上正等菩提若常若無常應求諸佛無上正等菩提若樂若苦應求諸佛无上正等菩提若我若無我應求諸佛無上正等菩提若淨若不淨若有能求如是等法修行精進是行精進波羅蜜多憍尸迦若善男子善女人等如是求諸佛無上正等菩提若常若无常求諸佛无上正等菩提若樂若苦求諸佛無上正等菩提若我若无我求諸佛无上正等菩提若淨若不淨依此等法行精進者我說名為行有所得相似精進波羅蜜多憍尸迦如前所說當知皆是說有所得相似精進波羅蜜多

大般若波羅蜜多經卷第一百四十

大般若波羅蜜多經卷第一百四十

校勘記

一　底本，金藏大寶集寺本。

一　三五三頁上二三行末字不清，應爲「外」。

一　三五四頁上二三行「苦聖諦」，磧作「若聖諦」。

大般若波羅蜜多經卷第一百四十一　列

三藏法師玄奘奉　詔譯

初分校量功德品第三十之三十九

時天帝釋復白佛言：世尊！云何諸善男子善女人等說有所得安忍波羅蜜多名說相似安忍波羅蜜多？佛言：憍尸迦！若善男子善女人等為發無上菩提心者說色若常若無常，說受想行識若常若無常；說色若樂若苦，說受想行識若樂若苦；說色若我若無我，說受想行識若我若無我；說色若淨若不淨，說受想行識若淨若不淨。若有能依如是等法修行安忍，是行安忍波羅蜜多。復作是說：行安忍者應求色若常若無常，應求受想行識若常若無常；應求色若樂若苦，應求受想行識若樂若苦；應求色若我若無我，應求受想行識若我若無我；應求色若淨若不淨，應求受想行識若淨若不淨。若有能求如是等法修行安忍，是行安忍波羅蜜多。憍尸迦！若善男子善女人等如是求色若常

若無常，求受想行識若常若無常；求色若樂若苦，求受想行識若樂若苦；求色若我若無我，求受想行識若我若無我；求色若淨若不淨，求受想行識若淨若不淨。依此等法行安忍者，我說名為行有所得相似安忍波羅蜜多。憍尸迦！如前所說當知皆是說有所得相似安忍波羅蜜多。

復次，憍尸迦！若善男子善女人等為發無上菩提心者說眼處若常若無常，說耳鼻舌身意處若常若無常；說眼處若樂若苦，說耳鼻舌身意處若樂若苦；說眼處若我若無我，說耳鼻舌身意處若我若無我；說眼處若淨若不淨，說耳鼻舌身意處若淨若不淨。若有能依如是等法修行安忍，是行安忍波羅蜜多。復作是說：行安忍者應求眼處若常若無常，應求耳鼻舌身意處若常若無常；應求眼處若樂若苦，應求耳鼻舌身意處若樂若苦；應求眼處若我若無我，應求耳鼻舌身意處若我若無我；應求眼處若淨若不淨，應求耳鼻舌身意處若淨

若不淨若有能求如是等法脩行安忍是行安忍波羅蜜多憍尸迦若善男子善女人等如是求眼處若常若無常求耳鼻舌身意處若常若無常求眼處若樂若苦求耳鼻舌身意處若樂若苦求眼處若我若無我求耳鼻舌身意處若我若無我求眼處若淨若不淨求耳鼻舌身意處若淨若不淨依此等法行安忍者我說名為行有所得相似安忍波羅蜜多憍尸迦如前所說當知皆是說有所得相似安忍波羅蜜多

復次憍尸迦若善男子善女人等為發無上菩提心者說色處若常若無常說聲香味觸法處若常若無常說色處若樂若苦說聲香味觸法處若樂若苦說色處若我若無我說聲香味觸法處若我若無我說色處若淨若不淨說聲香味觸法處若淨若不淨若有能依如是等法脩行安忍是行安忍波羅蜜多復作是說行安忍者應求色處若常若無常應求聲香味觸法處若常若無常應求色處若

樂若苦應求聲香味觸法處若樂若苦應求色處若我若無我應求聲香味觸法處若我若無我應求色處若淨若不淨應求聲香味觸法處若淨若不淨若有能求如是等法脩行安忍是行安忍波羅蜜多憍尸迦若善男子善女人等如是求色處若常若無常求聲香味觸法處若常若無常求色處若樂若苦求聲香味觸法處若樂若苦求色處若我若無我求聲香味觸法處若我若無我求色處若淨若不淨求聲香味觸法處若淨若不淨依此等法行安忍者我說名為行有所得相似安忍波羅蜜多憍尸迦如前所說當知皆是說有所得相似安忍波羅蜜多

復次憍尸迦若善男子善女人等為發無上菩提心者說眼界若常若無常說色界眼識界及眼觸眼觸為緣所生諸受若常若無常說眼界若樂若苦說色界眼識界及眼觸眼觸為緣所生諸受若樂若苦說眼界若我若無我說色界眼識界及眼觸眼觸為

緣所生諸受若我若無我說眼界若淨若不淨說色界眼識界及眼觸眼觸為緣所生諸受若淨若不淨若有能依如是等法脩行安忍是行安忍波羅蜜多復作是說行安忍者應求眼界若常若無常應求色界乃至眼觸為緣所生諸受若常若無常應求眼界若樂若苦應求色界乃至眼觸為緣所生諸受若樂若苦應求眼界若我若無我應求色界乃至眼觸為緣所生諸受若我若無我應求眼界若淨若不淨應求色界乃至眼觸為緣所生諸受若淨若不淨若有能求如是等法脩行安忍是行安忍波羅蜜多憍尸迦若善男子善女人等如是求眼界若常若無常求色界乃至眼觸為緣所生諸受若常若無常求眼界若樂若苦求色界乃至眼觸為緣所生諸受若樂若苦求眼界若我若無我求色界乃至眼觸為緣所生諸受若我若無我求眼界若淨若不淨求色界乃至眼觸為緣所生諸受若淨若不淨依此等法行安忍者我

說名為行有所得相似安忍波羅蜜多憍尸迦如前所說當知皆是說有所得相似安忍波羅蜜多

復次憍尸迦若善男子善女人等為發無上菩提心者說耳界若常若無常說聲界耳識界及耳觸耳觸為緣所生諸受若常若無常說耳界若樂若苦說聲界耳識界及耳觸耳觸為緣所生諸受若樂若苦說耳界若我若無我說聲界耳識界及耳觸耳觸為緣所生諸受若我若無我說耳界若淨若不淨說聲界耳識界及耳觸耳觸為緣所生諸受若淨若不淨若有能依如是等法修行安忍是行安忍波羅蜜多復作是說行安忍者應求耳界若常若無常應求聲界乃至耳觸為緣所生諸受若常若無常應求耳界若樂若苦應求聲界乃至耳觸為緣所生諸受若樂若苦應求耳界若我若無我應求聲界乃至耳觸為緣所生諸受若我若無我應求耳界若淨若不淨應求聲界乃至耳觸為緣所生諸受若淨若不淨若有能

求如是等法修行安忍是行安忍波羅蜜多憍尸迦若善男子善女人等如是求耳界若常若無常求聲界乃至耳觸為緣所生諸受若常若無常求耳界若樂若苦求聲界乃至耳觸為緣所生諸受若樂若苦求耳界若我若無我求聲界乃至耳觸為緣所生諸受若我若無我求耳界若淨若不淨求聲界乃至耳觸為緣所生諸受若淨若不淨依此等法行安忍者我說名為行有所得相似安忍波羅蜜多憍尸迦如前所說當知皆是說有所得相似安忍波羅蜜多

復次憍尸迦若善男子善女人等為發無上菩提心者說鼻界若常若無常說香界鼻識界及鼻觸鼻觸為緣所生諸受若常若無常說鼻界若樂若苦說香界鼻識界及鼻觸鼻觸為緣所生諸受若樂若苦說鼻界若我若無我說香界鼻識界及鼻觸鼻觸為緣所生諸受若我若無我說鼻界若淨若不淨說香界鼻識界及鼻觸鼻觸為緣所生諸受若淨若不淨

若有能依如是等法修行安忍是行安忍波羅蜜多復作是說行安忍者應求鼻界若常若無常應求香界乃至鼻觸為緣所生諸受若常若無常應求鼻界若樂若苦應求香界乃至鼻觸為緣所生諸受若樂若苦應求鼻界若我若無我應求香界乃至鼻觸為緣所生諸受若我若無我應求鼻界若淨若不淨應求香界乃至鼻觸為緣所生諸受若淨若不淨若有能求如是等法修行安忍是行安忍波羅蜜多憍尸迦若善男子善女人等如是求鼻界若常若無常求香界乃至鼻觸為緣所生諸受若常若無常求鼻界若樂若苦求香界乃至鼻觸為緣所生諸受若樂若苦求鼻界若我若無我求香界乃至鼻觸為緣所生諸受若我若無我求鼻界若淨若不淨求香界乃至鼻觸為緣所生諸受若淨若不淨依此等法行安忍者我說名為行有所得相似安忍波羅蜜多憍尸迦如前所說當知皆是說有所得相似安忍波羅蜜多

復次憍尸迦若善男子善女人等爲發無上菩提心者說舌界若常若無常說味界舌識界及舌觸舌觸爲緣所生諸受若常若無常說舌界若樂若苦說味界舌識界及舌觸舌觸爲緣所生諸受若樂若苦說舌界若我若無我說味界舌識界及舌觸舌觸爲緣所生諸受若我若無我說舌界若淨若不淨說味界舌識界及舌觸舌觸爲緣所生諸受若淨若不淨若有能依如是等法修行安忍是行安忍波羅蜜多復作是說行安忍者應求舌界若常若無常應求味界乃至舌觸爲緣所生諸受若常若無常應求舌界若樂若苦應求味界乃至舌觸爲緣所生諸受若樂若苦應求舌界若我若無我應求味界乃至舌觸爲緣所生諸受若我若無我應求舌界若淨若不淨應求味界乃至舌觸爲緣所生諸受若淨若不淨若有能求如是等法修行安忍是行安忍波羅蜜多憍尸迦若善男子善女人等如是求舌界若常若無常求味界乃

至舌觸爲緣所生諸受若常若無常求舌界若樂若苦求味界乃至舌觸爲緣所生諸受若樂若苦求舌界若我若無我求味界乃至舌觸爲緣所生諸受若我若無我求舌界若淨若不淨求味界乃至舌觸爲緣所生諸受若淨若不淨依此等法行安忍者我說名爲行有所得相似安忍波羅蜜多憍尸迦如前所說當知皆是說有所得相似安忍波羅蜜多

復次憍尸迦若善男子善女人等爲發無上菩提心者說身界若常若無常說觸界身識界及身觸身觸爲緣所生諸受若常若無常說身界若樂若苦說觸界身識界及身觸身觸爲緣所生諸受若樂若苦說身界若我若無我說觸界身識界及身觸身觸爲緣所生諸受若我若無我說身界若淨若不淨說觸界身識界及身觸身觸爲緣所生諸受若淨若不淨若有能依如是等法修行安忍是行安忍波羅蜜多復作是說行安忍者應求身界若常若無常應求觸界乃至

身觸爲緣所生諸受若常若無常應求身界若樂若苦應求觸界乃至身觸爲緣所生諸受若樂若苦應求身界若我若無我應求觸界乃至身觸爲緣所生諸受若我若無我應求身界若淨若不淨應求觸界乃至身觸爲緣所生諸受若淨若不淨若有能求如是等法修行安忍是行安忍波羅蜜多憍尸迦若善男子善女人等如是求身界若常若無常求觸界乃至身觸爲緣所生諸受若常若無常求身界若樂若苦求觸界乃至身觸爲緣所生諸受若樂若苦求身界若我若無我求觸界乃至身觸爲緣所生諸受若我若無我求身界若淨若不淨求觸界乃至身觸爲緣所生諸受若淨若不淨依此等法行安忍者我說名爲行有所得相似安忍波羅蜜多憍尸迦如前所說當知皆是說有所得相似安忍波羅蜜多

復次憍尸迦若善男子善女人等爲發無上菩提心者說意界若常若無常說法界意識界及意觸意觸爲緣

所生諸受若常若無常說意界若樂若苦說法界意識界及意觸意觸為緣所生諸受若樂若苦說意界若我若無我說法界意識界及意觸意觸為緣所生諸受若我若無我說意界若淨若不淨說法界意識界及意觸意觸為緣所生諸受若淨若不淨若有能依如是等法修行安忍是行安忍波羅蜜多復作是說行安忍者應求意界若常若無常應求法界乃至意觸為緣所生諸受若常若無常應求意界若樂若苦應求法界乃至意觸為緣所生諸受若樂若苦應求意界若我若無我應求法界乃至意觸為緣所生諸受若我若無我應求意界若淨若不淨應求法界乃至意觸為緣所生諸受若淨若不淨若有能求如是等法修行安忍是行安忍波羅蜜多憍尸迦若善男子善女人等如是求意界若常若無常求法界乃至意觸為緣所生諸受若常若無常求意界若樂若苦求法界乃至意觸為緣所生諸受若樂若苦求意界若

我若無我求法界乃至意觸為緣所生諸受若我若無我求意界若淨若不淨求法界乃至意觸為緣所生諸受若淨若不淨依此等法行安忍者我說名為行有所得相似安忍波羅蜜多憍尸迦如前所說當知皆是說有所得相似安忍波羅蜜多

復次憍尸迦若善男子善女人等為發無上菩提心者說地界若常若無常說水火風空識界若常若無常說地界若樂若苦說水火風空識界若樂若苦說地界若我若無我說水火風空識界若我若無我說地界若淨若不淨說水火風空識界若淨若不淨若有能依如是等法修行安忍是行安忍波羅蜜多復作是說行安忍者應求地界若常若無常應求水火風空識界若常若無常應求地界若樂若苦應求水火風空識界若樂若苦應求地界若我若無我應求水火風空識界若我若無我應求地界若淨若不淨應求水火風空識界若淨若不淨若有能求如是等法修行安

忍是行安忍波羅蜜多憍尸迦若善男子善女人等如是求地界若常若無常求水火風空識界若常若無常求地界若樂若苦求水火風空識界若樂若苦求地界若我若無我求水火風空識界若我若無我求地界若淨若不淨求水火風空識界若淨若不淨依此等法行安忍者我說名為行有所得相似安忍波羅蜜多憍尸迦如前所說當知皆是說有所得相似安忍波羅蜜多

復次憍尸迦若善男子善女人等為發無上菩提心者說無明若常若無常說行識名色六處觸受愛取有生老死愁歎苦憂惱若常若無常說無明若樂若苦說行識名色六處觸受愛取有生老死愁歎苦憂惱若樂若苦說無明若我若無我說行識名色六處觸受愛取有生老死愁歎苦憂惱若我若無我說無明若淨若不淨說行識名色六處觸受愛取有生老死愁歎苦憂惱若淨若不淨若有能依如是等法修行安忍是行安忍波

羅蜜多復作是說行安忍者應求無明若常若無常應求行乃至老死愁歎苦憂惱若常若無常應求無明若樂若苦應求行乃至老死愁歎苦憂惱若樂若苦應求無明若我若無我應求行乃至老死愁歎苦憂惱若我若無我應求無明若淨若不淨應求行乃至老死愁歎苦憂惱若淨若不淨若有能求如是等法修行安忍是行安忍波羅蜜多憍尸迦若善男子善女人等如是求無明若常若無常求行乃至老死愁歎苦憂惱若常若無常求無明若樂若苦求行乃至老死愁歎苦憂惱若樂若苦求無明若我若無我求行乃至老死愁歎苦憂惱若我若無我求無明若淨若不淨求行乃至老死愁歎苦憂惱若淨若不淨依此等法行安忍者我說名為行有所得相似安忍波羅蜜多憍尸迦如前所說當知皆是說有所得相似安忍波羅蜜多

復次憍尸迦若善男子善女人等為發無上菩提心者說布施波羅蜜多

若常若無常說淨戒安忍精進靜慮般若波羅蜜多若常若無常說布施波羅蜜多若樂若苦說淨戒安忍精進靜慮般若波羅蜜多若樂若苦說布施波羅蜜多若我若無我說淨戒安忍精進靜慮般若波羅蜜多若我若無我說布施波羅蜜多若淨若不淨說淨戒安忍精進靜慮般若波羅蜜多若淨若不淨若有能依如是等法修行安忍是行安忍波羅蜜多復作是說行安忍者應求布施波羅蜜多若常若無常應求淨戒乃至般若波羅蜜多若常若無常應求布施波羅蜜多若樂若苦應求淨戒乃至般若波羅蜜多若樂若苦應求布施波羅蜜多若我若無我應求淨戒乃至般若波羅蜜多若我若無我應求布施波羅蜜多若淨若不淨應求淨戒乃至般若波羅蜜多若淨若不淨若有能求如是等法修行安忍是行安忍波羅蜜多憍尸迦若善男子善女人等如是求布施波羅蜜多若常若無常求淨戒乃至般若波羅蜜多

若常若無常求布施波羅蜜多若樂若苦求淨戒乃至般若波羅蜜多若樂若苦求布施波羅蜜多若我若無我求淨戒乃至般若波羅蜜多若我若無我求布施波羅蜜多若淨若不淨求淨戒乃至般若波羅蜜多若淨若不淨依此等法行安忍者我說名為行有所得相似安忍波羅蜜多憍尸迦如前所說當知皆是說有所得相似安忍波羅蜜多

復次憍尸迦若善男子善女人等為發無上菩提心者說內空若常若無常說外空內外空空空大空勝義空有為空無為空畢竟空無際空散空無變異空本性空自相空共相空一切法空不可得空無性空自性空無性自性空若常若無常說內空若樂若苦說外空內外空空空大空勝義空有為空無為空畢竟空無際空散空無變異空本性空自相空共相空一切法空不可得空無性空自性空無性自性空若樂若苦說內空若我若無我說外空內外空空空大空勝義

空有爲空無爲空畢竟空無際空散空無變異空本性空自相空共相空一切法空不可得空無性空自性空無性自性空若我若無我說內空若淨若不淨說外空內外空空空大空勝義空有爲空無爲空畢竟空無際空散空無變異空本性空自相空共相空一切法空不可得空無性空自性空無性自性空若淨若不淨若有能依如是等法修行安忍是行安忍波羅蜜多復作是說行安忍者應求內空若常若無常應求外空乃至無性自性空若常若無常應求內空若樂若苦應求外空乃至無性自性空若樂若苦應求內空若我若無我應求外空乃至無性自性空若我若無我應求內空若淨若不淨應求外空乃至無性自性空若淨若不淨若有能求如是等法修行安忍是行安忍波羅蜜多憍尸迦若善男子善女人等如是求內空若常若無常求外空乃至無性自性空若常若無常求內空若樂若苦求外空乃至無性自性

空若樂若苦求內空若我若無我求外空乃至無性自性空若我若無我求內空若淨若不淨求外空乃至無性自性空若淨若不淨依此等法行安忍者我說名爲行有所得相似安忍波羅蜜多憍尸迦如前所說當知皆是說有所得相似安忍波羅蜜多

復次憍尸迦若善男子善女人等爲發無上菩提心者說真如若常若無常說法界法性不虛妄性不變異性平等性離生性法定法住實際虛空界不思議界若常若無常說真如若樂若苦說法界法性不虛妄性不變異性平等性離生性法定法住實際虛空界不思議界若樂若苦說真如若我若無我說法界法性不虛妄性不變異性平等性離生性法定法住實際虛空界不思議界若我若無我說真如若淨若不淨說法界法性不虛妄性不變異性平等性離生性法定法住實際虛空界不思議界若淨若不淨若有能依如是等法修行安忍是行安忍波羅蜜多復作是說行

安忍者應求真如若常若無常應求法界乃至不思議界若常若無常應求真如若樂若苦應求法界乃至不思議界若樂若苦應求真如若我若無我應求法界乃至不思議界若我若無我應求真如若淨若不淨應求法界乃至不思議界若淨若不淨若有能求如是等法修行安忍是行安忍波羅蜜多憍尸迦若善男子善女人等如是求真如若常若無常求法界乃至不思議界若常若無常求真如若樂若苦求法界乃至不思議界若樂若苦求真如若我若無我求法界乃至不思議界若我若無我求真如若淨若不淨求法界乃至不思議界若淨若不淨依此等法行安忍者我說名爲行有所得相似安忍波羅蜜多憍尸迦如前所說當知皆是說有所得相似安忍波羅蜜多

復次憍尸迦若善男子善女人等爲發無上菩提心者說苦聖諦若常若無常說集滅道聖諦若常若無常說苦聖諦若樂若苦說集滅道聖諦

若樂若苦說苦聖諦若我若無我說集滅道聖諦若我若無我說苦聖諦若淨若不淨說集滅道聖諦若淨若不淨若有能依如是等法脩行安忍是行安忍波羅蜜多復作是說行安忍者應求苦聖諦若常若無常應求集滅道聖諦若常若無常應求苦聖諦若樂若苦應求集滅道聖諦若樂若苦應求苦聖諦若我若無我應求集滅道聖諦若我若無我應求苦聖諦若淨若不淨應求集滅道聖諦若淨若不淨若有能求如是等法脩行安忍是行安忍波羅蜜多憍尸迦若善男子善女人等如是求苦聖諦若常若無常求集滅道聖諦若常若無常求苦聖諦若樂若苦求集滅道聖諦若樂若苦求苦聖諦若我若無我求集滅道聖諦若我若無我求苦聖諦若淨若不淨求集滅道聖諦若淨若不淨依此等法行安忍者我說名為行有所得相似安忍波羅蜜多憍尸迦如前所說當知皆是說有所得相似安忍波羅蜜多

復次憍尸迦若善男子善女人等為發無上菩提心者說四靜慮若常若無常說四無量四無色定若常若無常說四靜慮若樂若苦說四無量四無色定若樂若苦說四靜慮若我若無我說四無量四無色定若我若無我說四靜慮若淨若不淨說四無量四無色定若淨若不淨若有能依如是等法脩行安忍是行安忍波羅蜜多復作是說行安忍者應求四靜慮若常若無常應求四無量四無色定若常若無常應求四靜慮若樂若苦應求四無量四無色定若樂若苦應求四靜慮若我若無我應求四無量四無色定若我若無我應求四靜慮若淨若不淨應求四無量四無色定若淨若不淨若有能求如是等法脩行安忍是行安忍波羅蜜多憍尸迦若善男子善女人等如是求四靜慮若常若無常求四無量四無色定若常若無常求四靜慮若樂若苦求四無量四無色定若樂若苦求四靜慮若我若無我求四無量四無色定若

我若无我求四靜慮若淨若不淨求四无量四無色定若淨若不淨依此等法行安忍者我說名為行有所得相似安忍波羅蜜多憍尸迦如前所說當知皆是說有所得相似安忍波羅蜜多

大般若波羅蜜多經卷第一百四十一

[illegible]

大般若波羅蜜多經卷第一百四十一

校勘記

一　底本，金藏大寶集寺本。

一　三六四頁上二〇至二一行「能求」，石作「能依」。

一　三六五頁上六行「淨說法」，南作「□□□」。

一　三六五頁下一七行「若樂」，石作「苦樂」。

一　三六七頁中一〇行「不變異性」，石作「不一異性」。

一　三六七頁中一一行「離生性」，石作「一生性」。

一　三六八頁上二行「道聖諦」，石作「道聖一」。

一　三六八頁上一〇行「應求」，石作「一求」。

大般若波羅蜜多經卷第一百四十二

三藏法師玄奘奉　詔譯

初分校量功德品第三十之四十

復次憍尸迦若善男子善女人等為發無上菩提心者說八解脫若常若无常說八勝處九次第定十遍處若常若无常說八解脫若樂若苦說八勝處九次第定十遍處若樂若苦說八解脫若我若無我說八勝處九次第定十遍處若我若无我說八解脫若淨若不淨說八勝處九次第定十遍處若淨若不淨若有能依如是等法脩行安忍是行安忍波羅蜜多復作是說行安忍者應求八解脫若常若无常應求八勝處九次第定十遍處若常若无常應求八解脫若樂若苦應求八勝處九次第定十遍處若樂若苦應求八解脫若我若无我應求八勝處九次第定十遍處若我若无我應求八解脫若淨若不淨應求八勝處九次第定十遍處若淨若不淨若有能求如是等法脩行安忍是

行安忍波羅蜜多憍尸迦若善男子善女人等如是求八解脫若常若無常求八勝處九次第定十遍處若常若无常求八解脫若樂若苦求八勝處九次第定十遍處若樂若苦求八解脫若我若无我求八勝處九次第定十遍處若我若无我求八解脫若淨若不淨求八勝處九次第定十遍處若淨若不淨依此等法行安忍者我說名為行有所得相似安忍波羅蜜多憍尸迦如前所說當知皆是說有所得相似安忍波羅蜜多

復次憍尸迦若善男子善女人等為發無上菩提心者說四念住若常若无常說四正斷四神足五根五力七等覺支八聖道支若常若无常說四念住若樂若苦說四正斷四神足五根五力七等覺支八聖道支若樂若苦說四念住若我若无我說四正斷四神足五根五力七等覺支八聖道支若我若无我說四念住若淨若不淨說四正斷四神足五根五力七等覺支八聖道支若淨若不淨若有能

依如是等法脩行安忍是行安忍波羅蜜多復作是說行安忍者應求四念住若常若无常應求四正斷乃至八聖道支若常若无常應求四念住若樂若苦應求四正斷乃至八聖道支若樂若苦應求四念住若我若無我應求四正斷乃至八聖道支若我若无我應求四念住若淨若不淨應求四正斷乃至八聖道支若淨若不淨若有能求如是等法脩行安忍是行安忍波羅蜜多憍尸迦若善男子善女人等如是求四念住若常若无常求四正斷乃至八聖道支若常若无常求四念住若樂若苦求四正斷乃至八聖道支若樂若苦求四念住若我若无我求四正斷乃至八聖道支若我若無我求四念住若淨若不淨求四正斷乃至八聖道支若淨若不淨依此等法行安忍者我說名為行有所得相似安忍波羅蜜多憍尸迦如前所說當知皆是說有所得相似安忍波羅蜜多

復次憍尸迦若善男子善女人等為

發无上菩提心者說空解脫門若常若無常說无相无願解脫門若常若无常說空解脫門若樂若苦說无相無願解脫門若樂若苦說空解脫門若我若无我說无相無願解脫門若我若无我說空解脫門若淨若不淨說無相无願解脫門若淨若不淨若有能依如是等法脩行安忍是行安忍波羅蜜多復作是說行安忍者應求空解脫門若常若無常應求无相无願解脫門若常若无常應求空解脫門若樂若苦應求無相无願解脫門若樂若苦應求空解脫門若我若无我應求无相無願解脫門若我若無我應求空解脫門若淨若不淨應求无相无願解脫門若淨若不淨若有能求如是等法脩行安忍是行安忍波羅蜜多憍尸迦若善男子善女人等如是求空解脫門若常若无常求无相無願解脫門若常若无常求空解脫門若樂若苦求无相無願解脫門若樂若苦求空解脫門若我若无我求無相无願解脫門若我若無

我求空解脫門若淨若不淨求无相无願解脫門若淨若不淨依此等法行安忍者我說名為行有所得相似安忍波羅蜜多憍尸迦如前所說當知皆是說有所得相似安忍波羅蜜多

復次憍尸迦若善男子善女人等為發无上菩提心者說五眼若常若無常說六神通若常若无常說五眼若樂若苦說六神通若樂若苦說五眼若我若无我說六神通若我若无我說五眼若淨若不淨說六神通若淨若不淨若有能依如是等法脩行安忍是行安忍波羅蜜多復作是說行安忍者應求五眼若常若无常應求六神通若常若无常應求五眼若樂若苦應求六神通若樂若苦應求五眼若我若无我應求六神通若我若无我應求五眼若淨若不淨應求六神通若淨若不淨若有能求如是等法脩行安忍是行安忍波羅蜜多憍尸迦若善男子善女人等如是求五眼若常若无常求六神通若常若无常求五眼若樂若苦求六神通若樂

若苦求五眼若我若无我求六神通若我若無我求五眼若淨若不淨求六神通若淨若不淨依此等法行安忍者我說名為行有所得相似安忍波羅蜜多憍尸迦如前所說當知皆是說有所得相似安忍波羅蜜多

復次憍尸迦若善男子善女人等為發無上菩提心者說佛十力若常若无常說四无所畏四無㝵解大慈大悲大喜大捨十八佛不共法若常若无常說佛十力若樂若苦說四无所畏四無㝵解大慈大悲大喜大捨十八佛不共法若樂若苦說佛十力若我若無我說四无所畏四無礙解大慈大悲大喜大捨十八佛不共法若我若无我說佛十力若淨若不淨說四無所畏四无㝵解大慈大悲大喜大捨十八佛不共法若淨若不淨若有能依如是等法修行安忍是行安忍波羅蜜多復作是說行安忍者應求佛十力若常若无常應求四无所畏乃至十八佛不共法若常若无常應求佛十力若樂若苦應求四無所

畏乃至十八佛不共法若樂若苦應求佛十力若我若無我應求四无所畏乃至十八佛不共法若我若無我應求佛十力若淨若不淨應求四无所畏乃至十八佛不共法若淨若不淨若有能求如是等法修行安忍是行安忍波羅蜜多憍尸迦若善男子善女人等如是求佛十力若常若無常求四无所畏乃至十八佛不共法若常若無常求佛十力若樂若苦求四无所畏乃至十八佛不共法若樂若苦求佛十力若我若無我求四无所畏乃至十八佛不共法若我若無我求佛十力若淨若不淨求四无所畏乃至十八佛不共法若淨若不淨依此等法行安忍者我說名為行有所得相似安忍波羅蜜多憍尸迦如前所說當知皆是說有所得相似安忍波羅蜜多

復次憍尸迦若善男子善女人等為發无上菩提心者說无忘失法若常若無常說恒住捨性若常若无常說無忘失法若樂若苦說恒住捨性若

樂若苦說无忘失法若我若无我說恒住捨性若我若無我說无忘失法若淨若不淨說恒住捨性若淨若不淨若有能依如是等法修行安忍是行安忍波羅蜜多復作是說行安忍者應求无忘失法若常若无常應求恒住捨性若常若無常應求无忘失法若樂若苦應求恒住捨性若樂若苦應求无忘失法若我若无我應求恒住捨性若我若無我應求无忘失法若淨若不淨應求恒住捨性若淨若不淨若有能求如是等法修行安忍是行安忍波羅蜜多憍尸迦若善男子善女人等如是求無忘失法若常若无常求恒住捨性若常若无常求无忘失法若樂若苦求恒住捨性若樂若苦求无忘失法若我若无我求恒住捨性若我若无我求无忘失法若淨若不淨求恒住捨性若淨若不淨依此等法行安忍者我說名為行有所得相似安忍波羅蜜多憍尸迦如前所說當知皆是說有所得相似安忍波羅蜜多

復次憍尸迦若善男子善女人等為發无上善提心者說一切智若常若無常說道相智一切相智若常若无常說一切智若樂若苦說道相智一切相智若樂若苦說一切智若我若无我說道相智一切相智若我若无我說一切智若淨若不淨說道相智一切相智若淨若不淨若有能依如是等法脩行安忍是行安忍波羅蜜多復作是說行安忍者應求一切智若常若無常應求道相智一切相智若常若无常應求一切智若樂若苦應求道相智一切相智若樂若苦應求一切智若我若无我應求道相智一切相智若我若無我應求一切智若淨若不淨應求道相智一切相智若淨若不淨若有能求如是等法脩行安忍是行安忍波羅蜜多憍尸迦若善男子善女人等如是求一切智若常若無常求道相智一切相智若常若无常求一切智若樂若苦求道相智一切相智若樂若苦求一切智若我若無我求道相智一切相智若

我若无我求一切智若淨若不淨求道相智一切相智若淨若不淨依此等法行安忍者我說名為行有所得相似安忍波羅蜜多憍尸迦如前所說當知皆是說有所得相似安忍波羅蜜多

復次憍尸迦若善男子善女人等為發无上菩提心者說一切陁羅尼門若常若无常說一切三摩地門若常若无常說一切陁羅尼門若樂若苦說一切三摩地門若樂若苦說一切陁羅尼門若我若無我說一切三摩地門若我若无我說一切陁羅尼門若淨若不淨說一切三摩地門若淨若不淨若有能依如是等法修行安忍是行安忍波羅蜜多復作是說行安忍者應求一切陁羅尼門若常若無常應求一切三摩地門若常若无常應求一切陁羅尼門若樂若苦應求一切三摩地門若樂若苦應求一切陁羅尼門若我若无我應求一切三摩地門若我若無我應求一切陁羅尼門若淨若不淨應求一切三摩

地門若淨若不淨若有能求如是等法修行安忍是行安忍波羅蜜多憍尸迦若善男子善女人等如是求一切陁羅尼門若常若無常求一切三摩地門若常若無常求一切陁羅尼門若樂若苦求一切三摩地門若樂若苦求一切陁羅尼門若我若无我求一切三摩地門若我若無我求一切陁羅尼門若淨若不淨求一切三摩地門若淨若不淨依此等法行安忍者我說名為行有所得相似安忍波羅蜜多憍尸迦如前所說當知皆是說有所得相似安忍波羅蜜多

復次憍尸迦若善男子善女人等為發無上菩提心者說預流向預流果若常若無常說一來向一來果不還向不還果阿羅漢向阿羅漢果若常若无常說預流向預流果若樂若苦說一來向一來果不還向不還果阿羅漢向阿羅漢果若樂若苦說預流向預流果若我若无我說一來向一来果不還向不還果阿羅漢向阿羅漢果若我若无我說預流向預流果

若淨若不淨說一來向一來果不還向不還果阿羅漢向阿羅漢果若淨若不淨若有能依如是等法修行安忍是行安忍波羅蜜多復作是說行安忍者應求預流向預流果若常若無常應求一來向乃至阿羅漢果若常若無常應求預流向預流果若樂若苦應求一來向乃至阿羅漢果若樂若苦應求預流向預流果若我若無我應求一來向乃至阿羅漢果若我若無我應求預流向預流果若淨若不淨應求一來向乃至阿羅漢果若淨若不淨若有能求如是等法修行安忍是行安忍波羅蜜多憍尸迦若善男子善女人等如是求預流向預流果若常若無常求一來向乃至阿羅漢果若常若無常求預流向預流果若樂若苦求一來向乃至阿羅漢果若樂若苦求預流向預流果若我若無我求一來向乃至阿羅漢果若我若無我求預流向預流果若淨若不淨求一來向乃至阿羅漢果若淨若不淨依此等法行安忍者我說

名為行有所得相似安忍波羅蜜多憍尸迦如前所說當知皆是說有所得相似安忍波羅蜜多

復次憍尸迦若善男子善女人等為發無上菩提心者說一切獨覺菩提若常若無常說一切獨覺菩提若樂若苦說一切獨覺菩提若我若無我說一切獨覺菩提若淨若不淨若有能依如是等法修行安忍是行安忍波羅蜜多復作是說行安忍者應求一切獨覺菩提若常若無常應求一切獨覺菩提若樂若苦應求一切獨覺菩提若我若無我應求一切獨覺菩提若淨若不淨若有能求如是等法修行安忍是行安忍波羅蜜多憍尸迦若善男子善女人等如是求一切獨覺菩提若常若無常求一切獨覺菩提若樂若苦求一切獨覺菩提若我若無我求一切獨覺菩提若淨若不淨依此等法行安忍者我說名為行有所得相似安忍波羅蜜多憍尸迦如前所說當知皆是說有所得相似安忍波羅蜜多

復次憍尸迦若善男子善女人等為發无上菩提心者說一切菩薩摩訶薩行若常若无常說一切菩薩摩訶薩行若樂若苦說一切菩薩摩訶薩行若我若无我說一切菩薩摩訶薩行若淨若不淨若有能依如是等法修行安忍是行安忍波羅蜜多復作是說行安忍者應求一切菩薩摩訶薩行若常若无常應求一切菩薩摩訶薩行若樂若苦應求一切菩薩摩訶薩行若我若无我應求一切菩薩摩訶薩行若淨若不淨若有能求如是等法修行安忍是行安忍波羅蜜多憍尸迦若善男子善女人等如是求一切菩薩摩訶薩行若常若无常求一切菩薩摩訶薩行若樂若苦求一切菩薩摩訶薩行若我若无我求一切菩薩摩訶薩行若淨若不淨依此等法行安忍者我說名為行有所得相似安忍波羅蜜多憍尸迦如前所說當知皆是說有所得相似安忍波羅蜜多

復次憍尸迦若善男子善女人等為

發无上菩提心者說諸佛无上正等菩提若常若無常說諸佛无上正等菩提若樂若苦說諸佛无上正等菩提若我若无我說諸佛無上正等菩提若淨若不淨若有能依如是等法修行安忍是行安忍波羅蜜多復作是說行安忍者應求諸佛无上正等菩提若常若无常應求諸佛無上正等菩提若樂若苦應求諸佛无上正等菩提若我若无我應求諸佛无上正等菩提若淨若不淨若有能求如是等法修行安忍是行安忍波羅蜜多憍尸迦若善男子善女人等如是求諸佛无上正等菩提若常若无常求諸佛无上正等菩提若樂若苦求諸佛無上正等菩提若我若无我求諸佛无上正等菩提若淨若不淨依此等法行安忍者我說名為行有所得相似安忍波羅蜜多憍尸迦如前所說當知皆是說有所得相似安忍波羅蜜多

時天帝釋復白佛言世尊云何諸善男子善女人等說有所得淨戒波羅

蜜多名說相似淨戒波羅蜜多佛言憍尸迦若善男子善女人等為發无上菩提心者說色若常若无常說受相行識若常若無常說色若樂若苦說受想行識若樂若苦說色若我若无我說受想行識若我若无我說色若淨若不淨說受想行識若淨若不淨若有能依如是等法修行淨戒是行淨戒波羅蜜多復作是說行淨戒者應求色若常若无常應求受想行識若常若无常應求色若樂若苦應求受想行識若樂若苦應求色若我若无我應求受想行識若我若无我應求色若淨若不淨應求受想行識若淨若不淨若有能求如是等法修行淨戒是行淨戒波羅蜜多憍尸迦若善男子善女人等如是求色若常若无常求受想行識若常若无常求色若樂若苦求受想行識若樂若苦求色若我若无我求受想行識若我若无我求色若淨若不淨求受想行識若淨若不淨依此等法行淨戒者我說名為行有所得相似淨戒波羅蜜

多憍尸迦如前所說當知皆是說有所得相似淨戒波羅蜜多

復次憍尸迦若善男子善女人等為發无上菩提心者說眼處若常若无常說耳鼻舌身意處若常若无常說眼處若樂若苦說耳鼻舌身意處若樂若苦說眼處若我若无我說耳鼻舌身意處若我若無我說眼處若淨若不淨說耳鼻舌身意處若淨若不淨若有能依如是等法修行淨戒是行淨戒波羅蜜多復作是說行淨戒者應求眼處若常若无常應求耳鼻舌身意處若常若无常應求眼處若樂若苦應求耳鼻舌身意處若樂若苦應求眼處若我若無我應求耳鼻舌身意處若我若无我應求眼處若淨若不淨應求耳鼻舌身意處若淨若不淨若有能求如是等法修行淨戒是行淨戒波羅蜜多憍尸迦若善男子善女人等如是求眼處若常若无常求耳鼻舌身意處若常若无常求眼處若樂若苦求耳鼻舌身意處若樂若苦求眼處若我若无我求耳

鼻舌身意處若我若无我求眼處若淨若不淨求耳鼻舌身意處若淨若不淨依此等法行淨戒者我說名為行有所得相似淨戒波羅蜜多憍尸迦如前所說當知皆是說有所得相似淨戒波羅蜜多

復次憍尸迦若善男子善女人等為發无上菩提心者說色處若常若无常說聲香味觸法處若常若无常說色處若樂若苦說聲香味觸法處若樂若苦說色處若我若无我說聲香味觸法處若我若无我說色處若淨若不淨說聲香味觸法處若淨若不淨若有能依如是等法修行淨戒是行淨戒波羅蜜多復作是說行淨戒者應求色處若常若无常應求聲香味觸法處若常若无常應求色處若樂若苦應求聲香味觸法處若樂若苦應求色處若我若無我應求聲香味觸法處若我若无我應求色處若淨若不淨應求聲香味觸法處若淨若不淨若有能求如是等法修行淨戒是行淨戒波羅蜜多憍尸迦若善

男子善女人等如是求色處若常若无常求聲香味觸法處若常若无常求色處若樂若苦求聲香味觸法處若樂若苦求色處若我若无我求聲香味觸法處若我若无我求色處若淨若不淨求聲香味觸法處若淨若不淨依此等法行淨戒者我說名為行有所得相似淨戒波羅蜜多憍尸迦如前所說當知皆是說有所得相似淨戒波羅蜜多

復次憍尸迦若善男子善女人等為發无上菩提心者說眼界若常若无常說色界眼識界及眼觸眼觸為緣所生諸受若常若无常說眼界若樂若苦說色界眼識界及眼觸眼觸為緣所生諸受若樂若苦說眼界若我若无我說色界眼識界及眼觸眼觸為緣所生諸受若我若无我說眼界若淨若不淨說色界眼識界及眼觸眼觸為緣所生諸受若淨若不淨若有能依如是等法修行淨戒是行淨戒波羅蜜多復作是說行淨戒者應求眼界若常若无常應求色界乃至眼

觸為緣所生諸受若常若無常應求眼界若樂若苦應求色界乃至眼觸為緣所生諸受若樂若苦應求眼界若我若无我應求色界乃至眼觸為緣所生諸受若我若无我應求眼界若淨若不淨應求色界乃至眼觸為緣所生諸受若淨若不淨若有能求如是等法修行淨戒是行淨戒波羅蜜多憍尸迦若善男子善女人等如是求眼界若常若无常求色界乃至眼觸為緣所生諸受若常若无常求眼界若樂若苦求色界乃至眼觸為緣所生諸受若樂若苦求眼界若我若無我求色界乃至眼觸為緣所生諸受若我若无我求眼界若淨若不淨求色界乃至眼觸為緣所生諸受若淨若不淨依此等法行淨戒者我說名為行有所得相似淨戒波羅蜜多憍尸迦如前所說當知皆是說有所得相似淨戒波羅蜜多

復次憍尸迦若善男子善女人等為發无上菩提心者說耳界若常若无常說聲界耳識界及耳觸耳觸為緣

所生諸受若常若无常說耳界若樂若苦說聲界耳識界及耳觸耳觸為緣所生諸受若樂若苦說耳界若我若無我說聲界耳識界及耳觸耳觸為緣所生諸受若我若无我說耳界若淨若不淨說聲界耳識界及耳觸耳觸為緣所生諸受若淨若不淨若有能依如是等法修行淨戒是行淨戒波羅蜜多復作是說行淨戒者應求耳界若常若无常應求聲界乃至耳觸為緣所生諸受若常若无常應求耳界若樂若苦應求聲界乃至耳觸為緣所生諸受若樂若苦應求耳界若我若无我應求聲界乃至耳觸為緣所生諸受若我若无我應求耳界若淨若不淨應求聲界乃至耳觸為緣所生諸受若淨若不淨若有能求如是等法修行淨戒是行淨戒波羅蜜多憍尸迦若善男子善女人等如是求耳界若常若无常求聲界乃至耳觸為緣所生諸受若常若无常求耳界若樂若苦求聲界乃至耳觸為緣所生諸受若樂若苦求耳界若

我若无我求聲界乃至耳觸為緣所生諸受若我若无我求耳界若淨若不淨求聲界乃至耳觸為緣所生諸受若淨若不淨依此等法行淨戒者我說名為行有所得相似淨戒波羅蜜多憍尸迦如前所說當知皆是說有所得相似淨戒波羅蜜多

復次憍尸迦若善男子善女人等為發无上菩提心者說鼻界若常若无常說香界鼻識界及鼻觸鼻觸為緣所生諸受若常若无常說鼻界若樂若苦說香界鼻識界及鼻觸鼻觸為緣所生諸受若樂若苦說鼻界若我若无我說香界鼻識界及鼻觸鼻觸為緣所生諸受若我若无我說鼻界若淨若不淨說香界鼻識界及鼻觸鼻觸為緣所生諸受若淨若不淨若有能依如是等法修行淨戒是行淨戒波羅蜜多復作是說行淨戒者應求鼻界若常若无常應求香界乃至鼻觸為緣所生諸受若常若无常應求鼻界若樂若苦應求香界乃至鼻觸為緣所生諸受若樂若苦應求鼻

界若我若無我應求香界乃至鼻觸為緣所生諸受若我若无我應求鼻界若淨若不淨應求香界乃至鼻觸為緣所生諸受若淨若不淨若有能求如是等法修行淨戒是行淨戒波羅蜜多憍尸迦若善男子善女人等如是求鼻界若常若无常求香界乃至鼻觸為緣所生諸受若常若无常求鼻界若樂若苦求香界乃至鼻觸為緣所生諸受若樂若苦求鼻界若我若无我求香界乃至鼻觸為緣所生諸受若我若無我求鼻界若淨若不淨求香界乃至鼻觸為緣所生諸受若淨若不淨依此等法行淨戒者我說名為行有所得相似淨戒波羅蜜多憍尸迦如前所說當知皆是說有所得相似淨戒波羅蜜多

復次憍尸迦若善男子善女人等為發无上菩提心者說舌界若常若無常說味界舌識界及舌觸舌觸為緣所生諸受若常若无常說舌界若樂若苦說味界舌識界及舌觸舌觸為緣所生諸受若樂若苦說舌界若我

大般若經卷第一百四十二　第二十四張　列字號

若無我說味界舌識界及舌觸舌觸為緣所生諸受若我若无我說舌界若淨若不淨說味界舌識界及舌觸舌觸為緣所生諸受若淨若不淨若有能依如是等法脩行淨戒是行淨戒波羅蜜多復作是說行淨戒者應求舌界若常若无常應求味界乃至舌觸為緣所生諸受若常若无常應求舌界若樂若苦應求味界乃至舌觸為緣所生諸受若樂若苦應求舌界若我若無我應求味界乃至舌觸為緣所生諸受若我若无我應求舌界若淨若不淨應求味界乃至舌觸為緣所生諸受若淨若不淨若有能求如是等法脩行淨戒是行淨戒波羅蜜多憍尸迦若善男子善女人等如是求舌界若常若无常求味界乃至舌觸為緣所生諸受若常若无常求舌界若樂若苦求味界乃至舌觸為緣所生諸受若樂若苦求舌界若我若无我求味界乃至舌觸為緣所生諸受若我若无我求舌界若淨若不淨求味界乃至舌觸為緣所生諸

大般若經卷第一百四十二　第二十五張　列字號

受若淨若不淨依此等法行淨戒者我說名為行有所得相似淨戒波羅蜜多憍尸迦如前所說當知皆是說有所得相似淨戒波羅蜜多

大般若波羅蜜多經卷第一百四十二

大般若波羅蜜多經卷第一百四十二

校勘記

一　底本，金藏大寶集寺本。

一　三七二頁上五行「如前」，磧、南、徑、清作「如是」。

一　三七七頁上一一行「所生諸受」，南作「所諸受」。

一　三七七頁中二行「求耳界」，石作「求耳界若求耳界」。

一　三七八頁中四行「相似淨戒波羅蜜多」，南作「相顧淨樂迦羅蜜多」。

一　三七八頁末行經名「波羅蜜多」，南作「波羅□多」。

大般若波羅蜜多經卷第一百四十三　列

三藏法師玄奘奉　詔譯

初分校量功德品第三十之四十一

復次憍尸迦若善男子善女人等為發无上菩提心者說身界若常若無常說觸界身識界及身觸身觸為緣所生諸受若常若無常說身界若樂若苦說觸界身識界及身觸身觸為緣所生諸受若樂若苦說身界若我若無我說觸界身識界及身觸身觸為緣所生諸受若我若無我說身界若淨若不淨說觸界身識界及身觸身觸為緣所生諸受若淨若不淨若有能依如是等法修行淨戒是行淨戒波羅蜜多復作是說行淨戒者應求身界若常若无常應求觸界乃至身觸為緣所生諸受若常若无常應求身界若樂若苦應求觸界乃至身觸為緣所生諸受若樂若苦應求身界若我若无我應求觸界乃至身觸為緣所生諸受若我若无我應求身界若淨若不淨應求觸界乃至身

觸為緣所生諸受若淨若不淨若有能求如是等法修行淨戒是行淨戒波羅蜜多憍尸迦若善男子善女人等如是求身界若常若无常求觸界乃至身觸為緣所生諸受若常若无常求身界若樂若苦求觸界乃至身觸為緣所生諸受若樂若苦求身界若我若無我求觸界乃至身觸為緣所生諸受若我若无我求身界若淨若不淨求觸界乃至身觸為緣所生諸受若淨若不淨依此等法行淨戒者我說名為行有所得相似淨戒波羅蜜多憍尸迦如前所說當知皆是說有所得相似淨戒波羅蜜多

復次憍尸迦若善男子善女人等為發无上菩提心者說意界若常若无常說法界意識界及意觸意觸為緣所生諸受若常若无常說意界若樂若苦說法界意識界及意觸意觸為緣所生諸受若樂若苦說意界若我若无我說法界意識界及意觸意觸為緣所生諸受若我若无我說意界若淨若不淨說法界意識界及意觸

意觸為緣所生諸受若淨若不淨若有能依如是等法修行淨戒是行淨戒波羅蜜多復作是說行淨戒者應求意界若常若无常應求法界乃至意觸意觸為緣所生諸受若常若无常應求意界若樂若苦應求法界乃至意觸為緣所生諸受若樂若苦應求意界若我若无我應求法界乃至意觸為緣所生諸受若我若无我應求意界若淨若不淨應求法界乃至意觸為緣所生諸受若淨若不淨若有能求如是等法修行淨戒是行淨戒波羅蜜多憍尸迦若善男子善女人等如是求意界若常若无常求法界乃至意觸意觸為緣所生諸受若常若无常求意界若樂若苦求法界乃至意觸為緣所生諸受若樂若苦求意界若我若無我求法界乃至意觸為緣所生諸受若我若无我求意界若淨若不淨求法界乃至意觸為緣所生諸受若淨若不淨依此等法行淨戒者我說名為行有所得相似淨戒波羅蜜多憍尸迦如前所說當知皆是說有所

得相似淨戒波羅蜜多

復次憍尸迦若善男子善女人等為發無上菩提心者說地界若常若无常說水火風空識界若常若无常說地界若樂若苦說水火風空識界若樂若苦說地界若我若无我說水火風空識界若我若無我說地界若淨若不淨說水火風空識界若淨若不淨若有能依如是等法修行淨戒是行淨戒波羅蜜多復作是說行淨戒者應求地界若常若无常應求水火風空識界若常若無常應求地界若樂若苦應求水火風空識界若樂若苦應求地界若我若无我應求水火風空識界若我若无我應求地界若淨若不淨應求水火風空識界若淨若不淨若有能求如是等法修行淨戒是行淨戒波羅蜜多憍尸迦若善男子善女人等如是求地界若常若无常求水火風空識界若常若无常求地界若樂若苦求水火風空識界若樂若苦求地界若我若无我求水火風空識界若我若无我求地界若

淨若不淨求水火風空識界若淨若不淨依此等法行淨戒者我說名為行有所得相似淨戒波羅蜜多憍尸迦如前所說當知皆是說有所得相似淨戒波羅蜜多

復次憍尸迦若善男子善女人等為發無上菩提心者說無明若常若無常說行識名色六處觸受愛取有生老死愁歎苦憂惱若常若無常說無明若樂若苦說行識名色六處觸受愛取有生老死愁歎苦憂惱若樂若苦說無明若我若無我說行識名色六處觸受愛取有生老死愁歎苦憂惱若我若無我說無明若淨若不淨說行識名色六處觸受愛取有生老死愁歎苦憂惱若淨若不淨若有能依如是等法修行淨戒是行淨戒波羅蜜多復作是說行淨戒者應求無明若常若無常應求行乃至老死愁歎苦憂惱若常若無常應求無明若樂若苦應求行乃至老死愁歎苦憂惱若樂若苦應求無明若我若無我應求行乃至老死愁歎苦憂惱若我

若無我應求無明若淨若不淨應求行乃至老死愁歎苦憂惱若淨若不淨若有能求如是等法修行淨戒是行淨戒波羅蜜多憍尸迦若善男子善女人等如是求無明若常若無常求行乃至老死愁歎苦憂惱若常若無常求無明若樂若苦求行乃至老死愁歎苦憂惱若樂若苦求無明若我若無我求行乃至老死愁歎苦憂惱若我若無我求無明若淨若不淨求行乃至老死愁歎苦憂惱若淨若不淨依此等法行淨戒者我說名為行有所得相似淨戒波羅蜜多憍尸迦如前所說當知皆是說有所得相似淨戒波羅蜜多

復次憍尸迦若善男子善女人等為發無上菩提心者說布施波羅蜜多若常若無常說淨戒安忍精進靜慮般若波羅蜜多若常若無常說布施波羅蜜多若樂若苦說淨戒安忍精進靜慮般若波羅蜜多若樂若苦說布施波羅蜜多若我若無我說淨戒安忍精進靜慮般若波羅蜜多若我

若無我說布施波羅蜜多若淨若不淨說淨戒安忍精進靜慮般若波羅蜜多若淨若不淨若有能依如是等法修行淨戒是行淨戒波羅蜜多復作是說行淨戒者應求布施波羅蜜多若常若無常應求淨戒乃至般若波羅蜜多若常若無常應求布施波羅蜜多若樂若苦應求淨戒乃至般若波羅蜜多若樂若苦應求布施波羅蜜多若我若無我應求淨戒乃至般若波羅蜜多若我若無我應求布施波羅蜜多若淨若不淨應求淨戒乃至般若波羅蜜多若淨若不淨若有能求如是等法修行淨戒是行淨戒波羅蜜多憍尸迦若善男子善女人等如是求布施波羅蜜多若常若無常求淨戒乃至般若波羅蜜多若常若無常求布施波羅蜜多若樂若苦求淨戒乃至般若波羅蜜多若樂若苦求布施波羅蜜多若我若無我求淨戒乃至般若波羅蜜多若我若無我求布施波羅蜜多若淨若不淨求淨戒乃至般若波羅蜜多若淨若

不淨依此等法行淨戒者我說名為行有所得相似淨戒波羅蜜多憍尸迦如前所說當知皆是說有所得相似淨戒波羅蜜多

復次憍尸迦若善男子善女人等為發無上菩提心者說內空若常若無常說外空內外空空空大空勝義空有為空無為空畢竟空無際空散空無變異空本性空自相空共相空一切法空不可得空無性空自性空無性自性空若常若無常說內空若樂若苦說外空內外空空空大空勝義空有為空無為空畢竟空無際空散空無變異空本性空自相空共相空一切法空不可得空無性空自性空無性自性空若樂若苦說內空若我若無我說外空內外空空空大空勝義空有為空無為空畢竟空無際空散空無變異空本性空自相空共相空一切法空不可得空無性空自性空無性自性空若我若無我說內空若淨若不淨說外空內外空空空大空勝義空有為空無為空畢竟空無際

空散空無變異空本性空自相空共相空一切法空不可得空無性空自性空無性自性空若淨若不淨若有能依如是等法脩行淨戒是行淨戒波羅蜜多復作是說行淨戒者應求內空若常若无常應求外空乃至無性自性空若常若无常應求內空若樂若苦應求外空乃至無性自性空若樂若苦應求內空若我若無我應求外空乃至無性自性空若我若无我應求內空若淨若不淨應求外空乃至無性自性空若淨若不淨若有能求如是等法脩行淨戒是行淨戒波羅蜜多憍尸迦若善男子善女人等如是求內空若常若無常求外空乃至無性自性空若常若無常求內空若樂若苦求外空乃至無性自性空若樂若苦求內空若我若無我求外空乃至無性自性空若我若無我求內空若淨若不淨求外空乃至無性自性空若淨若不淨依此等法行淨戒者我說名爲行有所得相似淨戒波羅蜜多憍尸迦如前所說當知

皆是說有所得相似淨戒波羅蜜多

復次憍尸迦若善男子善女人等爲發无上菩提心者說真如若常若无常說法界法性不虛妄性不變異性平等性離生性法定法住實際虛空界不思議界若常若無常說真如若樂若苦說法界法性不虛妄性不變異性平等性離生性法定法住實際虛空界不思議界若樂若苦說真如若我若無我說法界法性不虛妄性不變異性平等性離生性法定法住實際虛空界不思議界若我若無我說真如若淨若不淨說法界法性不虛妄性不變異性平等性離生性法定法住實際虛空界不思議界若淨若不淨若有能依如是等法脩行淨戒是行淨戒波羅蜜多復作是說行淨戒者應求真如若常若无常應求法界乃至不思議界若常若无常應求真如若樂若苦應求法界乃至不思議界若樂若苦應求真如若我若無我應求法界乃至不思議界若我若無我應求真如若淨若不淨應求

法界乃至不思議界若淨若不淨若有能求如是等法脩行淨戒是行淨戒波羅蜜多憍尸迦若善男子善女人等如是求真如若常若无常求法界乃至不思議界若常若無常求真如若樂若苦求法界乃至不思議界若樂若苦求真如若我若无我求法界乃至不思議界若我若無我求真如若淨若不淨求法界乃至不思議界若淨若不淨依此等法行淨戒者我說名爲行有所得相似淨戒波羅蜜多憍尸迦如前所說當知皆是說有所得相似淨戒波羅蜜多

復次憍尸迦若善男子善女人等爲發無上菩提心者說苦聖諦若常若无常說集滅道聖諦若常若无常說苦聖諦若樂若苦說集滅道聖諦若樂若苦說苦聖諦若我若無我說集滅道聖諦若我若无我說苦聖諦若淨若不淨說集滅道聖諦若淨若不淨若有能依如是等法脩行淨戒是行淨戒波羅蜜多復作是說行淨戒者應求苦聖諦若常若無常應求集

滅道聖諦若常若無常應求苦聖諦若樂若苦應求集滅道聖諦若樂若苦應求苦聖諦若我若無我應求集滅道聖諦若我若無我應求苦聖諦若淨若不淨應求集滅道聖諦若淨若不淨若有能求如是等法修行淨戒是行淨戒波羅蜜多憍尸迦若善男子、善女人等如是求苦聖諦若常若無常求集滅道聖諦若常若無常求苦聖諦若樂若苦求集滅道聖諦若樂若苦求苦聖諦若我若无我求集滅道聖諦若我若无我求苦聖諦若淨若不淨求集滅道聖諦若淨若不淨依此等法行淨戒者我說名為行有所得相似淨戒波羅蜜多憍尸迦如前所說當知皆是說有所得相似淨戒波羅蜜多

復次憍尸迦若善男子善女人等為發無上菩提心者說四靜慮若常若無常說四無量四無色定若常若無常說四靜慮若樂若苦說四無量四无色定若樂若苦說四靜慮若我若无我說四无量四無色定若我若无

我說四靜慮若淨若不淨說四無量四無色定若淨若不淨若有能依如是等法修行淨戒是行淨戒波羅蜜多復作是說行淨戒者應求四靜慮若常若无常應求四无量四無色定若常若无常應求四靜慮若樂若苦應求四無量四无色定若樂若苦應求四靜慮若我若無我應求四无量四無色定若我若无我應求四靜慮若淨若不淨應求四無量四無色定若淨若不淨若有能求如是等法修行淨戒是行淨戒波羅蜜多憍尸迦若善男子善女人等如是求四靜慮若常若无常求四無量四无色定若常若無常求四靜慮若樂若苦求四無量四无色定若樂若苦求四靜慮若我若无我求四无量四无色定若我若無我求四靜慮若淨若不淨求四无量四无色定若淨若不淨依此等法行淨戒者我說名為行有所得相似淨戒波羅蜜多憍尸迦如前所說當知皆是說有所得相似淨戒波羅蜜多

復次憍尸迦若善男子善女人等為發無上菩提心者說八解脫若常若無常說八勝處九次第定十遍處若常若无常說八解脫若樂若苦說八勝處九次第定十遍處若樂若苦說八解脫若我若无我說八勝處九次第定十遍處若我若無我說八解脫若淨若不淨說八勝處九次第定十遍處若淨若不淨若有能依如是等法修行淨戒是行淨戒波羅蜜多復作是說行淨戒者應求八解脫若常若无常應求八勝處九次第定十遍處若常若无常應求八解脫若樂若苦應求八勝處九次第定十遍處若樂若苦應求八解脫若我若無我應求八勝處九次第定十遍處若我若無我應求八解脫若淨若不淨應求八勝處九次第定十遍處若淨若不淨若有能求如是等法修行淨戒是行淨戒波羅蜜多憍尸迦若善男子善女人等如是求八解脫若常若无常求八勝處九次第定十遍處若常若无常求八解脫若樂若苦求八勝

處九次第定十遍處若樂若苦求八解脫若我若无我求八勝處九次第定十遍處若我若无我求八解脫若淨若不淨求八勝處九次第定十遍處若淨若不淨依此等法行淨戒者我說名為行有所得相似淨戒波羅蜜多憍尸迦如前所說當知皆是說有所得相似淨戒波羅蜜多

復次憍尸迦若善男子善女人等為發無上菩提心者說四念住若常若無常說四正斷四神足五根五力七等覺支八聖道支若常若無常說四念住若樂若苦說四正斷四神足五根五力七等覺支八聖道支若樂若苦說四念住若我若无我說四正斷四神足五根五力七等覺支八聖道支若我若无我說四念住若淨若不淨說四正斷四神足五根五力七等覺支八聖道支若淨若不淨若有能依如是等法修行淨戒是行淨戒波羅蜜多復作是說行淨戒者應求四念住若常若无常應求四正斷乃至八聖道支若常若無常應求四念住

若樂若苦應求四正斷乃至八聖道支若樂若苦應求四念住若我若无我應求四正斷乃至八聖道支若我若无我應求四念住若淨若不淨應求四正斷乃至八聖道支若淨若不淨若有能求如是等法修行淨戒是行淨戒波羅蜜多憍尸迦若善男子善女人等如是求四念住若常若无常求四正斷乃至八聖道支若常若無常求四念住若樂若苦求四正斷乃至八聖道支若樂若苦求四念住若我若无我求四正斷乃至八聖道支若我若無我求四念住若淨若不淨求四正斷乃至八聖道支若淨若不淨依此等法行淨戒者我說名為行有所得相似淨戒波羅蜜多憍尸迦如前所說當知皆是說有所得相似淨戒波羅蜜多

復次憍尸迦若善男子善女人等為發无上菩提心者說空解脫門若常若无常說无相无願解脫門若常若无常說空解脫門若樂若苦說无相無願解脫門若樂若苦說空解脫門

若我若無我說無相無願解脫門若我若無我說空解脫門若淨若不淨說無相無願解脫門若淨若不淨若有能依如是等法修行淨戒是行淨戒波羅蜜多復作是說行淨戒者應求空解脫門若常若無常應求無相無願解脫門若常若無常應求空解脫門若樂若苦應求無相無願解脫門若樂若苦應求空解脫門若我若無我應求無相無願解脫門若我若無我應求空解脫門若淨若不淨應求無相無願解脫門若淨若不淨若有能求如是等法修行淨戒是行淨戒波羅蜜多憍尸迦若善男子善女人等如是求空解脫門若常若無常求無相無願解脫門若常若無常求空解脫門若樂若苦求無相無願解脫門若樂若苦求空解脫門若我若無我求無相無願解脫門若我若無我求空解脫門若淨若不淨求無相無願解脫門若淨若不淨依此等法行淨戒者我說名為行有所得相似淨戒波羅蜜多憍尸迦如前所說當

知皆是說有所得相似淨戒波羅蜜多

復次憍尸迦若善男子善女人等為發無上菩提心者說五眼若常若無常說六神通若常若無常說五眼若樂若苦說六神通若樂若苦說五眼若我若無我說六神通若我若無我說五眼若淨若不淨說六神通若淨若不淨若有能依如是等法修行淨戒是行淨戒波羅蜜多復作是說行淨戒者應求五眼若常若無常應求六神通若常若無常應求五眼若樂若苦應求六神通若樂若苦應求五眼若我若無我應求六神通若我若無我應求五眼若淨若不淨應求六神通若淨若不淨若有能求如是等法修行淨戒是行淨戒波羅蜜多憍尸迦若善男子善女人等如是求五眼若常若無常求六神通若常若無常求五眼若樂若苦求六神通若樂若苦求五眼若我若無我求六神通若我若無我求五眼若淨若不淨求六神通若淨若不淨依此等法行淨戒者我說名為行有所得相似淨戒

波羅蜜多憍尸迦如前所說當知皆是說有所得相似淨戒波羅蜜多

復次憍尸迦若善男子善女人等為發無上菩提心者說佛十力若常若無常說四無所畏四無礙解大慈大悲大喜大捨十八佛不共法若常若無常說佛十力若樂若苦說四無所畏四無礙解大慈大悲大喜大捨十八佛不共法若樂若苦說佛十力若我若無我說四無所畏四無礙解大慈大悲大喜大捨十八佛不共法若我若無我說佛十力若淨若不淨說四無所畏四無礙解大慈大悲大喜大捨十八佛不共法若淨若不淨若有能依如是等法修行淨戒是行淨戒波羅蜜多復作是說行淨戒者應求佛十力若常若無常應求四無所畏乃至十八佛不共法若常若無常應求佛十力若樂若苦應求四無所畏乃至十八佛不共法若樂若苦應求佛十力若我若無我應求四無所畏乃至十八佛不共法若我若無我應求佛十力若淨若不淨應求四無

所畏乃至十八佛不共法若淨若不淨若有能求如是等法修行淨戒是行淨戒波羅蜜多憍尸迦若善男子善女人等如是求佛十力若常若無常求四無所畏乃至十八佛不共法若常若無常求佛十力若樂若苦求四無所畏乃至十八佛不共法若樂若苦求佛十力若我若無我求四無所畏乃至十八佛不共法若我若無我求佛十力若淨若不淨求四無所畏乃至十八佛不共法若淨若不淨依此等法行淨戒者我說名為行有所得相似淨戒波羅蜜多憍尸迦如前所說當知皆是說有所得相似淨戒波羅蜜多

復次憍尸迦若善男子善女人等為發無上菩提心者說無忘失法若常若無常說恒住捨性若常若無常說無忘失法若樂若苦說恒住捨性若樂若苦說無忘失法若我若無我說恒住捨性若我若無我說無忘失法若淨若不淨說恒住捨性若淨若不淨若有能依如是等法修行淨戒是

行淨戒波羅蜜多復作是說行淨戒者應求無忘失法若常若無常應求恒住捨性若常若無常應求無忘失法若樂若苦應求恒住捨性若樂若苦應求無忘失法若我若無我應求恒住捨性若我若無我應求無忘失法若淨若不淨應求恒住捨性若淨若不淨若有能求如是等法修行淨戒是行淨戒波羅蜜多憍尸迦若善男子善女人等如是求無忘失法若常若無常求恒住捨性若常若無常求無忘失法若樂若苦求恒住捨性若樂若苦求無忘失法若我若無我求恒住捨性若我若無我求無忘失法若淨若不淨求恒住捨性若淨若不淨依此等法行淨戒者我說名為行有所得相似淨戒波羅蜜多憍尸迦如前所說當知皆是說有所得相似淨戒波羅蜜多

復次憍尸迦若善男子善女人等為發無上菩提心者說一切智若常若無常說道相智一切相智若常若無常說一切智若樂若苦說道相智一

切相智若樂若苦說一切智若我若無我說道相智一切相智若我若無我說一切智若淨若不淨說道相智一切相智若淨若不淨若有能依如是等法皆行淨戒是行淨戒波羅蜜多復作是說行淨戒者應求一切智若常若無常應求道相智一切相智若常若無常應求一切智若樂若苦應求道相智一切相智若樂若苦應求一切智若我若無我應求道相智一切相智若我若無我應求一切智若淨若不淨應求道相智一切相智若淨若不淨若有能求如是等法修行淨戒是行淨戒波羅蜜多憍尸迦若善男子善女人等如是求一切智若常若無常求道相智一切相智若常若無常求一切智若樂若苦求道相智一切相智若樂若苦求一切智若我若無我求道相智一切相智若我若無我求一切智若淨若不淨求道相智一切相智若淨若不淨依此等法行淨戒者我說名為行有所得相似淨戒波羅蜜多憍尸迦如前所

說當知皆是說有所得相似淨戒波羅蜜多

復次憍尸迦若善男子善女人等為發無上菩提心者說一切陁羅尼門若常若無常說一切三摩地門若常若無常說一切陁羅尼門若樂若苦說一切三摩地門若樂若苦說一切陁羅尼門若我若無我說一切三摩地門若我若無我說一切陁羅尼門若淨若不淨說一切三摩地門若淨若不淨若有能依如是等法脩行淨戒是行淨戒波羅蜜多復作是說行淨戒者應求一切陁羅尼門若常若無常應求一切三摩地門若常若無常應求一切陁羅尼門若樂若苦應求一切三摩地門若樂若苦應求一切陁羅尼門若我若無我應求一切三摩地門若我若無我應求一切陁羅尼門若淨若不淨應求一切三摩地門若淨若不淨若有能求如是等法脩行淨戒是行淨戒波羅蜜多憍尸迦若善男子善女人等如是求一切陁羅尼門若常若無常求一切三

大般若經卷第一百四十三　第二十四張　功字号

摩地門若常若無常求一切陁羅尼門若樂若苦求一切三摩地門若樂若苦求一切陁羅尼門若我若無我求一切三摩地門若我若無我求一切陁羅尼門若淨若不淨求一切三摩地門若淨若不淨依此等法行淨戒若我說名為行有所得相似淨戒波羅蜜多憍尸迦如前所說當知皆是說有所得相似淨戒波羅蜜多

大般若波羅蜜多經卷第一百四十三

[illegible]

大般若波羅蜜多經卷第一百四十三

校勘記

一　底本，金藏大寶集寺本。

一　三七九頁中三行「三十之四十一」，石作「卅之卅一」。

一　三八〇頁中三行「元」為殘字，應作「无」。

大般若波羅蜜多經卷第一百四十四　列

三藏法師玄奘奉　詔譯

初分校量功德品第三十之四十二

復次憍尸迦若善男子善女人等爲發無上菩提心者說預流向預流果若常若無常說一來向一來果不還向不還果阿羅漢向阿羅漢果若常若無常說預流向預流果若樂若苦說一來向一來果不還向不還果阿羅漢向阿羅漢果若樂若苦說預流向預流果若我若無我說一來向一來果不還向不還果阿羅漢向阿羅漢果若我若無我說預流向預流果若淨若不淨說一來向一來果不還向不還果阿羅漢向阿羅漢果若淨若不淨若有能依如是等法修行淨戒是行淨戒波羅蜜多復作是說行淨戒者應求預流向預流果若常若無常應求一來向乃至阿羅漢果若常若無常應求預流向預流果若樂若苦應求一來向乃至阿羅漢果若樂若苦應求預流向預流果若我若

無我應求一來向乃至阿羅漢果若我若無我應求預流向預流果若淨若不淨應求一來向乃至阿羅漢果若淨若不淨若有能求如是等法修行淨戒是行淨戒波羅蜜多憍尸迦若善男子善女人等如是求預流向預流果若常若無常求一來向乃至阿羅漢果若常若無常求預流向預流果若樂若苦求一來向乃至阿羅漢果若樂若苦求預流向預流果若我若無我求一來向乃至阿羅漢果若我若無我求預流向預流果若淨若不淨求一來向乃至阿羅漢果若淨若不淨依此等法行淨戒者我說名爲行有所得相似淨戒波羅蜜多憍尸迦如前所說當知皆是說有所得相似淨戒波羅蜜多

復次憍尸迦若善男子善女人等爲發無上菩提心者說一切獨覺菩提若常若無常說一切獨覺菩提若樂若苦說一切獨覺菩提若我若無我說一切獨覺菩提若淨若不淨若有能依如是等法修行淨戒是行淨戒

波羅蜜多復作是說行淨戒者應求一切獨覺菩提若常若無常應求一切獨覺菩提若樂若苦應求一切獨覺菩提若我若無我應求一切獨覺菩提若淨若不淨若有能求如是等法修行淨戒是行淨戒波羅蜜多憍尸迦若善男子善女人等如是求一切獨覺菩提若常若無常求一切獨覺菩提若樂若苦求一切獨覺菩提若我若無我求一切獨覺菩提若淨若不淨依此等法行淨戒者我說名為行有所得相似淨戒波羅蜜多憍尸迦如前所說當知皆是說有所得相似淨戒波羅蜜多

復次憍尸迦若善男子善女人等為發無上菩提心者說一切菩薩摩訶薩行若常若無常說一切菩薩摩訶薩行若樂若苦說一切菩薩摩訶薩行若我若無我說一切菩薩摩訶薩行若淨若不淨若有能依如是等法修行淨戒是行淨戒波羅蜜多復作是說行淨戒者應求一切菩薩摩訶薩行若常若無常應求一切菩薩摩

訶薩行若樂若苦應求一切菩薩摩訶薩行若我若無我應求一切菩薩摩訶薩行若淨若不淨若有能求如是等法修行淨戒是行淨戒波羅蜜多憍尸迦若善男子善女人等如是求一切菩薩摩訶薩行若常若無常求一切菩薩摩訶薩行若樂若苦求一切菩薩摩訶薩行若我若無我求一切菩薩摩訶薩行若淨若不淨依此等法行淨戒者我說名為行有所得相似淨戒波羅蜜多憍尸迦如前所說當知皆是說有所得相似淨戒波羅蜜多

復次憍尸迦若善男子善女人等為發無上菩提心者說諸佛無上正等菩提若常若無常說諸佛無上正等菩提若樂若苦說諸佛無上正等菩提若我若無我說諸佛無上正等菩提若淨若不淨若有能依如是等法修行淨戒是行淨戒波羅蜜多復作是說行淨戒者應求諸佛無上正等菩提若常若無常應求諸佛無上正等菩提若樂若苦應求諸佛無上正

等菩提若我若無我應求諸佛無上正等菩提若淨若不淨若有能求如是等法修行淨戒是行淨戒波羅蜜多憍尸迦若善男子善女人等如是求諸佛無上正等菩提若常若無常求諸佛無上正等菩提若樂若苦求諸佛無上正等菩提若我若無我求諸佛無上正等菩提若淨若不淨依此等法行淨戒者我說名為行有所得相似淨戒波羅蜜多憍尸迦如前所說當知皆是說有所得相似淨戒波羅蜜多

時天帝釋復白佛言世尊云何諸善男子善女人等說有所得布施波羅蜜多名說相似布施波羅蜜多佛言憍尸迦若善男子善女人等為發無上菩提心者說色若常若無常說受想行識若常若無常說色若樂若苦說受想行識若樂若苦說色若我若無我說受想行識若我若無我說色若淨若不淨說受想行識若淨若不淨若有能依如是等法修行布施是行布施波羅蜜多復作是說行布施

者應求色若常若無常應求受想行識若常若無常應求色若樂若苦應求受想行識若樂若苦應求色若我若無我應求受想行識若我若無我應求色若淨若不淨應求受想行識若淨若不淨若有能求如是等法修行布施是行布施波羅蜜多憍尸迦若善男子善女人等如是求色若常若無常求受想行識若常若無常求色若樂若苦求受想行識若樂若苦求色若我若無我求受想行識若我若無我求色若淨若不淨求受想行識若淨若不淨依此等法行布施者我說名為行有所得相似布施波羅蜜多憍尸迦如前所說當知皆是說有所得相似布施波羅蜜多

復次憍尸迦若善男子善女人等為發無上菩提心者說眼處若常若無常說耳鼻舌身意處若常若無常說眼處若樂若苦說耳鼻舌身意處若樂若苦說眼處若我若無我說耳鼻舌身意處若我若無我說眼處若淨若不淨說耳鼻舌身意處若淨若不

淨若有能依如是等法修行布施是行布施波羅蜜多復作是說行布施者應求眼處若常若無常應求耳鼻舌身意處若常若無常應求眼處若樂若苦應求耳鼻舌身意處若樂若苦應求眼處若我若無我應求耳鼻舌身意處若我若無我應求眼處若淨若不淨應求耳鼻舌身意處若淨若不淨若有能求如是等法修行布施是行布施波羅蜜多憍尸迦若善男子善女人等如是求眼處若常若無常求耳鼻舌身意處若常若無常求眼處若樂若苦求耳鼻舌身意處若樂若苦求眼處若我若無我求耳鼻舌身意處若我若無我求眼處若淨若不淨求耳鼻舌身意處若淨若不淨依此等法行布施者我說名為行有所得相似布施波羅蜜多憍尸迦如前所說當知皆是說有所得相似布施波羅蜜多

復次憍尸迦若善男子善女人等為發無上菩提心者說色處若常若無常說聲香味觸法處若常若無常說

色處若樂若苦說聲香味觸法處若樂若苦說色處若我若無我說聲香味觸法處若我若無我說色處若淨若不淨說聲香味觸法處若淨若不淨若有能依如是等法修行布施是行布施波羅蜜多復作是說行布施者應求色處若常若無常應求聲香味觸法處若常若無常應求色處若樂若苦應求聲香味觸法處若樂若苦應求色處若我若無我應求聲香味觸法處若我若無我應求色處若淨若不淨應求聲香味觸法處若淨若不淨若有能求如是等法修行布施是行布施波羅蜜多憍尸迦若善男子善女人等如是求色處若常若無常求聲香味觸法處若常若無常求色處若樂若苦求聲香味觸法處若樂若苦求色處若我若無我求聲香味觸法處若我若無我求色處若淨若不淨求聲香味觸法處若淨若不淨依此等法行布施者我說名為行有所得相似布施波羅蜜多憍尸迦如前所說當知皆是說有所得相

似布施波羅蜜多

復次憍尸迦若善男子善女人等為發無上菩提心者說眼界若常若無常說色界眼識界及眼觸眼觸為緣所生諸受若常若無常說眼界若樂若苦說色界眼識界及眼觸眼觸為緣所生諸受若樂若苦說眼界若我若無我說色界眼識界及眼觸眼觸為緣所生諸受若我若無我說眼界若淨若不淨說色界眼識界及眼觸眼觸為緣所生諸受若淨若不淨若有能依如是等法修行布施是行布施波羅蜜多復作是說行布施者應求眼界若常若無常應求色界乃至眼觸為緣所生諸受若常若無常應求眼界若樂若苦應求色界乃至眼觸為緣所生諸受若樂若苦應求眼界若我若無我應求色界乃至眼觸為緣所生諸受若我若無我應求眼界若淨若不淨應求色界乃至眼觸為緣所生諸受若淨若不淨若有能求如是等法修行布施是行布施波羅蜜多憍尸迦若善男子善女人等

如是求眼界若常若無常求色界乃至眼觸為緣所生諸受若常若無常求眼界若樂若苦求色界乃至眼觸為緣所生諸受若樂若苦求眼界若我若無我求色界乃至眼觸為緣所生諸受若我若無我求眼界若淨若不淨求色界乃至眼觸為緣所生諸受若淨若不淨依此等法行布施者我說名為行有所得相似布施波羅蜜多憍尸迦如前所說當知皆是說有所得相似布施波羅蜜多

復次憍尸迦若善男子善女人等為發無上菩提心者說耳界若常若無常說聲界耳識界及耳觸耳觸為緣所生諸受若常若無常說耳界若樂若苦說聲界耳識界及耳觸耳觸為緣所生諸受若樂若苦說耳界若我若無我說聲界耳識界及耳觸耳觸為緣所生諸受若我若無我說耳界若淨若不淨說聲界耳識界及耳觸耳觸為緣所生諸受若淨若不淨若有能依如是等法修行布施是行布施波羅蜜多復作是說行布施者應

求耳界若常若無常應求聲界乃至耳觸為緣所生諸受若常若無常應求耳界若樂若苦應求聲界乃至耳觸為緣所生諸受若樂若苦應求耳界若我若無我應求聲界乃至耳觸為緣所生諸受若我若無我應求耳界若淨若不淨應求聲界乃至耳觸為緣所生諸受若淨若不淨若有能求如是等法修行布施是行布施波羅蜜多憍尸迦若善男子善女人等如是求耳界若常若無常求聲界乃至耳觸為緣所生諸受若常若無常求耳界若樂若苦求聲界乃至耳觸為緣所生諸受若樂若苦求耳界若我若無我求聲界乃至耳觸為緣所生諸受若我若無我求耳界若淨若不淨求聲界乃至耳觸為緣所生諸受若淨若不淨依此等法行布施者我說名為行有所得相似布施波羅蜜多憍尸迦如前所說當知皆是說有所得相似布施波羅蜜多

復次憍尸迦若善男子善女人等為發無上菩提心者說鼻界若常若無

常說香界鼻識界及鼻觸鼻觸為緣所生諸受若常若無常說鼻界若樂若苦說香界鼻識界及鼻觸鼻觸為緣所生諸受若樂若苦說鼻界若我若無我說香界鼻識界及鼻觸鼻觸為緣所生諸受若我若無我說鼻界若淨若不淨說香界鼻識界及鼻觸鼻觸為緣所生諸受若淨若不淨若有能依如是等法修行布施是行布施波羅蜜多復作是說行布施者應求鼻界若常若無常應求香界乃至鼻觸為緣所生諸受若常若無常應求鼻界若樂若苦應求香界乃至鼻觸為緣所生諸受若樂若苦應求鼻界若我若無我應求香界乃至鼻觸為緣所生諸受若我若無我應求鼻界若淨若不淨應求香界乃至鼻觸為緣所生諸受若淨若不淨若有能求如是等法修行布施是行布施波羅蜜多憍尸迦若善男子善女人等如是求鼻界若常若無常求香界乃至鼻觸為緣所生諸受若常若無常求鼻界若樂若苦求香界乃至鼻觸

為緣所生諸受若樂若苦求鼻界若我若無我求香界乃至鼻觸為緣所生諸受若我若無我求鼻界若淨若不淨求香界乃至鼻觸為緣所生諸受若淨若不淨依此等法行布施者我說名為行有所得相似布施波羅蜜多憍尸迦如前所說當知皆是說有所得相似布施波羅蜜多

復次憍尸迦若善男子善女人等為發無上菩提心者說舌界若常若無常說味界舌識界及舌觸舌觸為緣所生諸受若常若無常說舌界若樂若苦說味界舌識界及舌觸舌觸為緣所生諸受若樂若苦說舌界若我若無我說味界舌識界及舌觸舌觸為緣所生諸受若我若無我說舌界若淨若不淨說味界舌識界及舌觸舌觸為緣所生諸受若淨若不淨若有能依如是等法修行布施是行布施波羅蜜多復作是說行布施者應求舌界若常若無常應求味界乃至舌觸為緣所生諸受若常若無常應求舌界若樂若苦應求味界乃至舌

觸為緣所生諸受若樂若苦應求舌界若我若無我應求味界乃至舌觸為緣所生諸受若我若無我應求舌界若淨若不淨應求味界乃至舌觸為緣所生諸受若淨若不淨若有能求如是等法修行布施是行布施波羅蜜多憍尸迦若善男子善女人等如是求舌界若常若無常求味界乃至舌觸為緣所生諸受若常若無常求舌界若樂若苦求味界乃至舌觸為緣所生諸受若樂若苦求舌界若我若無我求味界乃至舌觸為緣所生諸受若我若無我求舌界若淨若不淨求味界乃至舌觸為緣所生諸受若淨若不淨依此等法行布施者我說名為行有所得相似布施波羅蜜多憍尸迦如前所說當知皆是說有所得相似布施波羅蜜多

復次憍尸迦若善男子善女人等為發無上菩提心者說身界若常若無常說觸界身識界及身觸身觸為緣所生諸受若常若無常說身界若樂若苦說觸界身識界及身觸身觸為

緣所生諸受若樂若苦說身界若我若無我說觸界身識界及身觸身觸為緣所生諸受若我若無我說身界若淨若不淨說觸界身識界及身觸身觸為緣所生諸受若淨若不淨若有能依如是等法修行布施是行布施波羅蜜多復作是說行布施者應求身界若常若無常應求觸界乃至身觸為緣所生諸受若常若無常應求身界若樂若苦應求觸界乃至身觸為緣所生諸受若樂若苦應求身界若我若無我應求觸界乃至身觸為緣所生諸受若我若無我應求身界若淨若不淨應求觸界乃至身觸為緣所生諸受若淨若不淨若有能求如是等法修行布施是行布施波羅蜜多憍尸迦若善男子善女人等如是求身界若常若無常求觸界乃至身觸為緣所生諸受若常若無常求身界若樂若苦求觸界乃至身觸為緣所生諸受若樂若苦求身界若我若無我求觸界乃至身觸為緣所生諸受若我若無我求身界若淨若

不淨求觸界乃至身觸為緣所生諸受若淨若不淨依此等法行布施者我說名為行有所得相似布施波羅蜜多憍尸迦如前所說當知皆是說有所得相似布施波羅蜜多

復次憍尸迦若善男子善女人等為發無上菩提心者說意界若常若無常說法界意識界及意觸意觸為緣所生諸受若常若無常說意界若樂若苦說法界意識界及意觸意觸為緣所生諸受若樂若苦說意界若我若無我說法界意識界及意觸意觸為緣所生諸受若我若無我說意界若淨若不淨說法界意識界及意觸意觸為緣所生諸受若淨若不淨若有能依如是等法修行布施是行布施波羅蜜多復作是說行布施者應求意界若常若無常應求法界乃至意觸為緣所生諸受若常若無常應求意界若樂若苦應求法界乃至意觸為緣所生諸受若樂若苦應求意界若我若無我應求法界乃至意觸為緣所生諸受若我若無我應求意

界若淨若不淨應求法界乃至意觸為緣所生諸受若淨若不淨若有能求如是等法修行布施是行布施波羅蜜多憍尸迦若善男子善女人等如是求意界若常若無常求法界乃至意觸為緣所生諸受若常若無常求意界若樂若苦求法界乃至意觸為緣所生諸受若樂若苦求意界若我若無我求法界乃至意觸為緣所生諸受若我若無我求意界若淨若不淨求法界乃至意觸為緣所生諸受若淨若不淨依此等法行布施者我說名為行有所得相似布施波羅蜜多憍尸迦如前所說當知皆是說有所得相似布施波羅蜜多

復次憍尸迦若善男子善女人等為發無上菩提心者說地界若常若無常說水火風空識界若常若無常說地界若樂若苦說水火風空識界若樂若苦說地界若我若無我說水火風空識界若我若無我說地界若淨若不淨說水火風空識界若淨若不淨若有能依如是等法修行布施是

行布施波羅蜜多復作是說行布施者應求地界若常若無常應求水火風空識界若常若無常應求地界若樂若苦應求水火風空識界若樂若苦應求地界若我若無我應求水火風空識界若我若無我應求地界若淨若不淨應求水火風空識界若淨若不淨若有能求如是等法修行布施是行布施波羅蜜多憍尸迦若善男子善女人等如是求地界若常若無常求水火風空識界若常若無常求地界若樂若苦求水火風空識界若樂若苦求地界若我若無我求水火風空識界若我若無我求地界若淨若不淨求水火風空識界若淨若不淨依此等法行布施者我說名為行有所得相似布施波羅蜜多憍尸迦如前所說當知皆是說有所得相似布施波羅蜜多

復次憍尸迦若善男子善女人等為發無上菩提心者說無明若常若無常說行識名色六處觸受愛取有生老死愁歎苦憂惱若常若無常說無

明若樂若苦說行識名色六處觸受愛取有生老死愁歎苦憂惱若樂若苦說無明若我若無我說行識名色六處觸受愛取有生老死愁歎苦憂惱若我若無我說無明若淨若不淨說行識名色六處觸受愛取有生老死愁歎苦憂惱若淨若不淨若有能依如是等法修行布施是行布施波羅蜜多復作是說行布施者應求無明若常若無常應求行乃至老死愁歎苦憂惱若常若無常應求無明若樂若苦應求行乃至老死愁歎苦憂惱若樂若苦應求無明若我若無我應求行乃至老死愁歎苦憂惱若我若無我應求無明若淨若不淨應求行乃至老死愁歎苦憂惱若淨若不淨若有能求如是等法修行布施是行布施波羅蜜多憍尸迦若善男子善女人等如是求無明若常若無常求行乃至老死愁歎苦憂惱若常若無常求無明若樂若苦求行乃至老死愁歎苦憂惱若樂若苦求無明若我若無我求行乃至老死愁歎苦憂

惱若我若無我求無明若淨若不淨求行乃至老死愁歎苦憂惱若淨若不淨依此等法行布施者我說名為行有所得相似布施波羅蜜多憍尸迦如前所說當知皆是說有所得相似布施波羅蜜多

復次憍尸迦若善男子善女人等為發無上菩提心者說布施波羅蜜多若常若無常說淨戒安忍精進靜慮般若波羅蜜多若常若無常說布施波羅蜜多若樂若苦說淨戒安忍精進靜慮般若波羅蜜多若樂若苦說布施波羅蜜多若我若無我說淨戒安忍精進靜慮般若波羅蜜多若我若無我說布施波羅蜜多若淨若不淨說淨戒安忍精進靜慮般若波羅蜜多若淨若不淨若有能依如是等法修行布施是行布施波羅蜜多復作是說行布施者應求布施波羅蜜多若常若無常應求淨戒乃至般若波羅蜜多若常若無常應求布施波羅蜜多若樂若苦應求淨戒乃至般若波羅蜜多若樂若苦應求布施波

羅蜜多若我若無我應求淨戒乃至般若波羅蜜多若我若無我應求布施波羅蜜多若淨若不淨應求淨戒乃至般若波羅蜜多若淨若不淨若有能求如是等法修行布施是行布施波羅蜜多憍尸迦若善男子善女人等如是求布施波羅蜜多若常若無常求淨戒乃至般若波羅蜜多若常若無常求布施波羅蜜多若樂若苦求淨戒乃至般若波羅蜜多若樂若苦求布施波羅蜜多若我若無我求淨戒乃至般若波羅蜜多若我若無我求布施波羅蜜多若淨若不淨求淨戒乃至般若波羅蜜多若淨若不淨依此等法行布施者我說名為行有所得相似布施波羅蜜多憍尸迦如前所說當知皆是說有所得相似布施波羅蜜多

復次憍尸迦若善男子善女人等為發無上菩提心者說內空若常若無常說外空內外空空空大空勝義空有為空無為空畢竟空無際空散空無變異空本性空自相空共相空一

切法空不可得空無性空自性空無性自性空若常若無常說內空若樂若苦說外空內外空空空大空勝義空有為空無為空畢竟空無際空散空無變異空本性空自相空共相空一切法空不可得空無性空自性空無性自性空若樂若苦說內空若我若無我說外空內外空空空大空勝義空有為空無為空畢竟空無際空散空無變異空本性空自相空共相空一切法空不可得空無性空自性空無性自性空若我若無我說內空若淨若不淨說外空內外空空空大空勝義空有為空無為空畢竟空無際空散空無變異空本性空自相空共相空一切法空不可得空無性空自性空無性自性空若淨若不淨若有能依如是等法修行布施是行布施波羅蜜多復作是說行布施者應求內空若常若無常應求外空乃至無性自性空若常若無常應求內空若樂若苦應求外空乃至無性自性空若樂若苦應求內空若我若無我應

求外空乃至無性自性空若我若無我應求內空若淨若不淨應求外空乃至無性自性空若淨若不淨若有能求如是等法修行布施是行布施波羅蜜多憍尸迦若善男子善女人等如是求內空若常若無常求外空乃至無性自性空若常若無常求內空若樂若苦求外空乃至無性自性空若樂若苦求內空若我若無我求外空乃至無性自性空若我若無我求內空若淨若不淨求外空乃至無性自性空若淨若不淨依此等法行布施者我說名為行有所得相似布施波羅蜜多憍尸迦如前所說當知皆是說有所得相似布施波羅蜜多

大般若波羅蜜多經卷第一百四十四

大般若波羅蜜多經卷第一百四十四

校勘記

一　底本，金藏大寶集寺本。

一　三九二頁中一四行「若若」，
[磧]作「若若」。

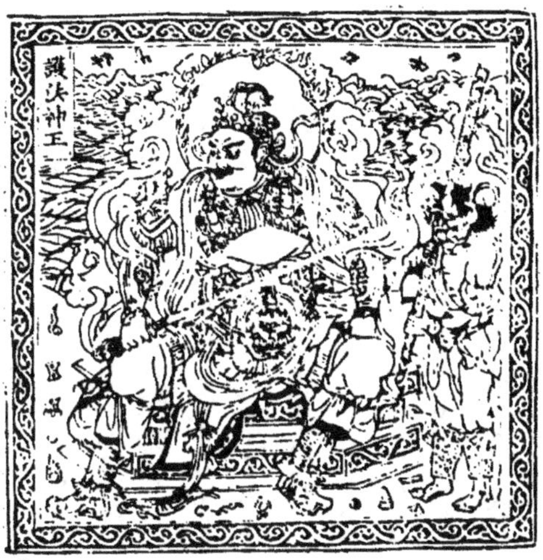

大般若波羅蜜多經卷第一百四十五　列

三藏法師玄奘奉　詔譯

初分校量功德品第三十之四十三

復次憍尸迦若善男子善女人等為發無上菩提心者說真如若常若無常說法界法性不虛妄性不變異性平等性離生性法定法住實際虛空界不思議界若常若無常說真如若樂若苦說法界法性不虛妄性不變異性平等性離生性法定法住實際虛空界不思議界若樂若苦說真如若我若無我說法界法性不虛妄性不變異性平等性離生性法定法住實際虛空界不思議界若我若無我說真如若淨若不淨說法界法性不虛妄性不變異性平等性離生性法定法住實際虛空界不思議界若淨若不淨若有能依如是等法脩行布施是行布施波羅蜜多復作是說行布施者應求真如若常若無常應求法界乃至不思議界若常若無常應求真如若樂若苦應求法界乃至不思議界若樂若苦應求真如若我若

大般若經卷第一百四十五　第　張　列字号

無我應求法界乃至不思議界若我若無我應求真如若淨若不淨應求法界乃至不思議界若淨若不淨若有能求如是等法脩行布施是行布施波羅蜜多憍尸迦若善男子善女人等如是求真如若常若無常求法界乃至不思議界若常若無常求真如若樂若苦求法界乃至不思議界若樂若苦求真如若我若無我求法界乃至不思議界若我若無我求真如若淨若不淨求法界乃至不思議界若淨若不淨依此等法行布施者我說名為行有所得相似布施波羅蜜多憍尸迦如前所說當知皆是說有所得相似布施波羅蜜多

復次憍尸迦若善男子善女人等為發無上菩提心者說苦聖諦若常若無常說集滅道聖諦若常若無常說苦聖諦若樂若苦說集滅道聖諦若樂若苦說苦聖諦若我若無我說集滅道聖諦若我若無我說苦聖諦若淨若不淨說集滅道聖諦若淨若不

淨若有能依如是等法修行布施是行布施波羅蜜多復作是說行布施者應求苦聖諦若常若無常應求集滅道聖諦若常若無常應求苦聖諦若樂若苦應求集滅道聖諦若樂若苦應求苦聖諦若我若無我應求集滅道聖諦若我若無我應求苦聖諦若淨若不淨應求集滅道聖諦若淨若不淨若有能求如是等法修行布施是行布施波羅蜜多憍尸迦若善男子善女人等如是求苦聖諦若常若無常求集滅道聖諦若常若無常求苦聖諦若樂若苦求集滅道聖諦若樂若苦求苦聖諦若我若無我求集滅道聖諦若我若無我求苦聖諦若淨若不淨求集滅道聖諦若淨若不淨依此等法行布施者我說名為行有所得相似布施波羅蜜多憍尸迦如前所說當知皆是說有所得相似布施波羅蜜多

復次憍尸迦若善男子善女人等為發無上菩提心者說四靜慮若常若無常說四無量四無色定若常若無

常說四靜慮若樂若苦說四無量四無色定若樂若苦說四靜慮若我若無我說四無量四無色定若我若無我說四靜慮若淨若不淨說四無量四無色定若淨若不淨若有能依如是等法修行布施是行布施波羅蜜多復作是說行布施者應求四靜慮若常若無常應求四無量四無色定若常若無常應求四靜慮若樂若苦應求四無量四無色定若樂若苦應求四靜慮若我若無我應求四無量四無色定若我若無我應求四靜慮若淨若不淨應求四無量四無色定若淨若不淨若有能求如是等法修行布施是行布施波羅蜜多憍尸迦若善男子善女人等如是求四靜慮若常若無常求四無量四無色定若常若無常求四靜慮若樂若苦求四無量四無色定若樂若苦求四靜慮若我若無我求四無量四無色定若我若無我求四靜慮若淨若不淨求四無量四無色定若淨若不淨依此等法行布施者我說名為行有所得

相似布施波羅蜜多憍尸迦如前所說當知皆是說有所得相似布施波羅蜜多

復次憍尸迦若善男子善女人等為發無上菩提心者說八解脫若常若無常說八勝處九次第定十遍處若常若無常說八解脫若樂若苦說八勝處九次第定十遍處若樂若苦說八解脫若我若無我說八勝處九次第定十遍處若我若無我說八解脫若淨若不淨說八勝處九次第定十遍處若淨若不淨若有能依如是等法修行布施是行布施波羅蜜多復作是說行布施者應求八解脫若常若無常應求八勝處九次第定十遍處若常若無常應求八解脫若樂若苦應求八勝處九次第定十遍處若樂若苦應求八解脫若我若無我應求八勝處九次第定十遍處若我若無我應求八解脫若淨若不淨應求八勝處九次第定十遍處若淨若不淨若有能求如是等法修行布施是行布施波羅蜜多憍尸迦若善男子

善女人等如是求八解脫若常若無常求八勝處九次第定十遍處若常若無常求八解脫若樂若苦求八勝處九次第定十遍處若樂若苦求八解脫若我若無我求八勝處九次第定十遍處若我若無我求八解脫若淨若不淨求八勝處九次第定十遍處若淨若不淨依此等法行布施者我說名為行有所得相似布施波羅蜜多憍尸迦如前所說當知皆是說有所得相似布施波羅蜜多

復次憍尸迦若善男子善女人等為發無上菩提心者說四念住若常若無常說四正斷四神足五根五力七等覺支八聖道支若常若無常說四念住若樂若苦說四正斷四神足五根五力七等覺支八聖道支若樂若苦說四念住若我若無我說四正斷四神足五根五力七等覺支八聖道支若我若無我說四念住若淨若不淨說四正斷四神足五根五力七等覺支八聖道支若淨若不淨若有能依如是等法修行布施是行布施波

羅蜜多復作是說行布施者應求四念住若常若無常應求四正斷乃至八聖道支若常若無常應求四念住若樂若苦應求四正斷乃至八聖道支若樂若苦應求四念住若我若無我應求四正斷乃至八聖道支若我若無我應求四念住若淨若不淨應求四正斷乃至八聖道支若淨若不淨若有能求如是等法修行布施是行布施波羅蜜多憍尸迦若善男子善女人等如是求四念住若常若無常求四正斷乃至八聖道支若常若無常求四念住若樂若苦求四正斷乃至八聖道支若樂若苦求四念住若我若無我求四正斷乃至八聖道支若我若無我求四念住若淨若不淨求四正斷乃至八聖道支若淨若不淨依此等法行布施者我說名為行有所得相似布施波羅蜜多憍尸迦如前所說當知皆是說有所得相似布施波羅蜜多

復次憍尸迦若善男子善女人等為發無上菩提心者說空解脫門若常

若無常說無相無願解脫門若常若無常說空解脫門若樂若苦說無相無願解脫門若樂若苦說空解脫門若我若無我說無相無願解脫門若我若無我說空解脫門若淨若不淨說無相無願解脫門若淨若不淨若有能依如是等法修行布施是行布施波羅蜜多復作是說行布施者應求空解脫門若常若無常應求無相無願解脫門若常若無常應求空解脫門若樂若苦應求無相無願解脫門若樂若苦應求空解脫門若我若無我應求無相無願解脫門若我若無我應求空解脫門若淨若不淨應求無相無願解脫門若淨若不淨若有能求如是等法修行布施是行布施波羅蜜多憍尸迦若善男子善女人等如是求空解脫門若常若無常求無相無願解脫門若常若無常求空解脫門若樂若苦求無相無願解脫門若樂若苦求空解脫門若我若無我求無相無願解脫門若我若無我求空解脫門若淨若不淨求無相

無願解脫門若淨若不淨依此等法行布施者我說名為行有所得相似布施波羅蜜多憍尸迦如前所說當知皆是說有所得相似布施波羅蜜多

復次憍尸迦若善男子善女人等為發無上菩提心者說五眼若常若無常說六神通若常若無常說五眼若樂若苦說六神通若樂若苦說五眼若我若無我說六神通若我若無我說五眼若淨若不淨說六神通若淨若不淨若有能依如是等法修行布施是行布施波羅蜜多復作是說行布施者應求五眼若常若無常應求六神通若常若無常應求五眼若樂若苦應求六神通若樂若苦應求五眼若我若無我應求六神通若我若無我應求五眼若淨若不淨應求六神通若淨若不淨若有能求如是等法修行布施是行布施波羅蜜多憍尸迦若善男子善女人等如是求五眼若常若無常求六神通若常若無常求五眼若樂若苦求六神通若樂若苦求五眼若我若無我求六神通

若我若無我求五眼若淨若不淨求六神通若淨若不淨依此等法行布施者我說名為行有所得相似布施波羅蜜多憍尸迦如前所說當知皆是說有所得相似布施波羅蜜多

復次憍尸迦若善男子善女人等為發無上菩提心者說佛十力若常若無常說四無所畏四無礙解大慈大悲大喜大捨十八佛不共法若常若無常說佛十力若樂若苦說四無所畏四無礙解大慈大悲大喜大捨十八佛不共法若樂若苦說佛十力若我若無我說四無所畏四無礙解大慈大悲大喜大捨十八佛不共法若我若無我說佛十力若淨若不淨說四無所畏四無礙解大慈大悲大喜大捨十八佛不共法若淨若不淨若有能依如是等法修行布施是行布施波羅蜜多復作是說行布施者應求佛十力若常若無常應求四無所畏乃至十八佛不共法若常若無常應求佛十力若樂若苦應求四無所畏乃至十八佛不共法若樂若苦應

求佛十力若我若無我應求四無所畏乃至十八佛不共法若我若無我應求佛十力若淨若不淨應求四無所畏乃至十八佛不共法若淨若不淨若有能求如是等法修行布施是行布施波羅蜜多憍尸迦若善男子善女人等如是求佛十力若常若無常求四無所畏乃至十八佛不共法若常若無常求佛十力若樂若苦求四無所畏乃至十八佛不共法若樂若苦求佛十力若我若無我求四無所畏乃至十八佛不共法若我若無我求佛十力若淨若不淨求四無所畏乃至十八佛不共法若淨若不淨依此等法行布施者我說名為行有所得相似布施波羅蜜多憍尸迦如前所說當知皆是說有所得相似布施波羅蜜多

復次憍尸迦若善男子善女人等為發無上菩提心者說無忘失法若常若無常說恒住捨性若常若無常說無忘失法若樂若苦說恒住捨性若樂若苦說無忘失法若我若無我說

恒住捨性若我若無我說無忘失法若淨若不淨說恒住捨性若淨若不淨若有能依如是等法修行布施是行布施波羅蜜多復作是說行布施者應求無忘失法若常若無常應求恒住捨性若常若無常應求無忘失法若樂若苦應求恒住捨性若樂若苦應求無忘失法若我若無我應求恒住捨性若我若無我應求無忘失法若淨若不淨應求恒住捨性若淨若不淨若有能求如是等法修行布施是行布施波羅蜜多憍尸迦若善男子善女人等如是求無忘失法若常若無常求恒住捨性若常若無常求無忘失法若樂若苦求恒住捨性若樂若苦求無忘失法若我若無我求恒住捨性若我若無我求無忘失法若淨若不淨求恒住捨性若淨若不淨依此等法行布施者我說名為行有所得相似布施波羅蜜多憍尸迦如前所說當知皆是說有所得相似布施波羅蜜多

復次憍尸迦若善男子善女人等為

發無上菩提心者說一切智若常若無常說道相智一切相智若常若無常說一切智若樂若苦說道相智一切相智若樂若苦說一切智若我若無我說道相智一切相智若我若無我說一切智若淨若不淨說道相智一切相智若淨若不淨若有能依如是等法修行布施是行布施波羅蜜多復作是說行布施者應求一切智若常若無常應求道相智一切相智若常若無常應求一切智若樂若苦應求道相智一切相智若樂若苦應求一切智若我若無我應求道相智一切相智若我若無我應求一切智若淨若不淨應求道相智一切相智若淨若不淨若有能求如是等法修行布施是行布施波羅蜜多憍尸迦若善男子善女人等如是求一切智若常若無常求道相智一切相智若常若無常求一切智若樂若苦求道相智一切相智若樂若苦求一切智若我若無我求道相智一切相智若我若無我求一切智若淨若不淨求

道相智一切相智若淨若不淨依此等法行布施者我說名為行有所得相似布施波羅蜜多憍尸迦如前所說當知皆是說有所得相似布施波羅蜜多

復次憍尸迦若善男子善女人等為發無上菩提心者說一切陁羅尼門若常若無常說一切三摩地門若常若無常說一切陁羅尼門若樂若苦說一切三摩地門若樂若苦說一切陁羅尼門若我若無我說一切三摩地門若我若無我說一切陁羅尼門若淨若不淨說一切三摩地門若淨若不淨若有能依如是等法修行布施是行布施波羅蜜多復作是說行布施者應求一切陁羅尼門若常若無常應求一切三摩地門若常若無常應求一切陁羅尼門若樂若苦應求一切三摩地門若樂若苦應求一切陁羅尼門若我若無我應求一切三摩地門若我若無我應求一切陁羅尼門若淨若不淨應求一切三摩地門若淨若不淨若有能求如是等

法修行布施是行布施波羅蜜多憍尸迦若善男子善女人等如是求一切陁羅尼門若常若無常求一切三摩地門若常若無常求一切陁羅尼門若樂若苦求一切三摩地門若樂若苦求一切陁羅尼門若我若無我求一切三摩地門若我若無我求一切陁羅尼門若淨若不淨求一切三摩地門若淨若不淨依此等法行布施者我說名為行有所得相似布施波羅蜜多憍尸迦如前所說當知皆是說有所得相似布施波羅蜜多

復次憍尸迦若善男子善女人等為發無上菩提心者說預流向預流果若常若無常說一來向一來果不還向不還果阿羅漢向阿羅漢果若常若無常說預流向預流果若樂若苦說一來向一來果不還向不還果阿羅漢向阿羅漢果若樂若苦說預流向預流果若我若無我說一來向一來果不還向不還果阿羅漢向阿羅漢果若我若無我說預流向預流果若淨若不淨說一來向一來果不還

向不還果阿羅漢向阿羅漢果若淨若不淨若有能依如是等法修行布施是行布施波羅蜜多復作是說行布施者應求預流向預流果若常若無常應求一來向乃至阿羅漢果若常若無常應求預流向預流果若樂若苦應求一來向乃至阿羅漢果若樂若苦應求預流向預流果若我若無我應求一來向乃至阿羅漢果若我若無我應求預流向預流果若淨若不淨應求一來向乃至阿羅漢果若淨若不淨若有能求如是等法修行布施是行布施波羅蜜多憍尸迦若善男子善女人等如是求預流向預流果若常若無常求一來向乃至阿羅漢果若常若無常求預流向預流果若樂若苦求一來向乃至阿羅漢果若樂若苦求預流向預流果若我若無我求一來向乃至阿羅漢果若我若無我求預流向預流果若淨若不淨求一來向乃至阿羅漢果若淨若不淨依此等法行布施者我說名為行有所得相似布施波羅蜜多

憍尸迦如前所說當知皆是說有所得相似布施波羅蜜多

復次憍尸迦若善男子善女人等為發無上菩提心者說一切獨覺菩提若常若無常說一切獨覺菩提若樂若苦說一切獨覺菩提若我若無我說一切獨覺菩提若淨若不淨若有能依如是等法修行布施是行布施波羅蜜多復作是說行布施者應求一切獨覺菩提若常若無常應求一切獨覺菩提若樂若苦應求一切獨覺菩提若我若無我應求一切獨覺菩提若淨若不淨若有能求如是等法修行布施是行布施波羅蜜多憍尸迦若善男子善女人等如是求一切獨覺菩提若常若無常求一切獨覺菩提若樂若苦求一切獨覺菩提若我若無我求一切獨覺菩提若淨若不淨依此等法行布施者我說名為行有所得相似布施波羅蜜多憍尸迦如前所說當知皆是說有所得相似布施波羅蜜多

復次憍尸迦若善男子善女人等為

發無上菩提心者說一切菩薩摩訶薩行若常若無常說一切菩薩摩訶薩行若樂若苦說一切菩薩摩訶薩行若我若無我說一切菩薩摩訶薩行若淨若不淨若有能依如是等法修行布施是行布施波羅蜜多復作是說行布施者應求一切菩薩摩訶薩行若常若無常應求一切菩薩摩訶薩行若樂若苦應求一切菩薩摩訶薩行若我若無我應求一切菩薩摩訶薩行若淨若不淨若有能求如是等法修行布施是行布施波羅蜜多憍尸迦若善男子善女人等如是求一切菩薩摩訶薩行若常若無常求一切菩薩摩訶薩行若樂若苦求一切菩薩摩訶薩行若我若無我求一切菩薩摩訶薩行若淨若不淨依此等法行布施者我說名為行有所得相似布施波羅蜜多憍尸迦如前所說當知皆是說有所得相似布施波羅蜜多

復次憍尸迦若善男子善女人等為發無上菩提心者說諸佛無上正等

菩提若常若無常說諸佛無上正等菩提若樂若苦說諸佛無上正等菩提若我若無我說諸佛無上正等菩提若淨若不淨若有能依如是等法修行布施是行布施波羅蜜多復作是說行布施者應求諸佛無上正等菩提若常若無常應求諸佛無上正等菩提若樂若苦應求諸佛無上正等菩提若我若無我應求諸佛無上正等菩提若淨若不淨若有能求如是等法修行布施是行布施波羅蜜多憍尸迦若善男子善女人等如是求諸佛無上正等菩提若常若無常求諸佛無上正等菩提若樂若苦求諸佛無上正等菩提若我若無我求諸佛無上正等菩提若淨若不淨依此等法行布施者我說名為行有所得相似布施波羅蜜多憍尸迦如前所說當知皆是說有所得相似布施波羅蜜多

復次憍尸迦若善男子善女人等為發無上菩提心者宣說般若波羅蜜多作如是言來善男子我當教汝修

學般若波羅蜜多若依我教而修學者當速住於初極喜地二離垢地三發光地四焰慧地五極難勝地六現前地七遠行地八不動地九善慧地十法雲地憍尸迦是善男子善女人等以有相為方便有所得為方便及時分想教他修學般若波羅蜜多是說相似般若波羅蜜多憍尸迦若善男子善女人等為發無上菩提心者宣說靜慮波羅蜜多作如是言來善男子我當教汝修學靜慮波羅蜜多若依我教而修學者當速住於初極喜地二離垢地三發光地四焰慧地五極難勝地六現前地七遠行地八不動地九善慧地十法雲地憍尸迦是善男子善女人等以有相為方便有所得為方便及時分想教他修學靜慮波羅蜜多是說相似靜慮波羅蜜多憍尸迦若善男子善女人等為發無上菩提心者宣說精進波羅蜜多作如是言來善男子我當教汝修學精進波羅蜜多若依我教而修學者當速住於初極喜地二離垢地三

發光地四焰慧地五極難勝地六現前地七遠行地八不動地九善慧地十法雲地憍尸迦是善男子善女人等以有相為方便有所得為方便及時分想教他修學精進波羅蜜多是說相似精進波羅蜜多憍尸迦若善男子善女人等為發無上菩提心者宣說安忍波羅蜜多作如是言來善男子我當教汝修學安忍波羅蜜多若依我教而修學者當速住於初極喜地二離垢地三發光地四焰慧地五極難勝地六現前地七遠行地八不動地九善慧地十法雲地憍尸迦是善男子善女人等以有相為方便有所得為方便及時分想教他修學安忍波羅蜜多是說相似安忍波羅蜜多憍尸迦若善男子善女人等為發無上菩提心者宣說淨戒波羅蜜多作如是言來善男子我當教汝修學淨戒波羅蜜多若依我教而修學者當速住於初極喜地二離垢地三發光地四焰慧地五極難勝地六現前地七遠行地八不動地九善慧地

十法雲地憍尸迦是善男子善女人等以有相為方便有所得為方便及時分想教他修學淨戒波羅蜜多是說相似淨戒波羅蜜多憍尸迦若善男子善女人等為發無上菩提心者宣說布施波羅蜜多作如是言來善男子我當教汝修學布施波羅蜜多若依我教而修學者當速住於初極喜地二離垢地三發光地四焰慧地五極難勝地六現前地七遠行地八不動地九善慧地十法雲地憍尸迦是善男子善女人等以有相為方便有所得為方便及時分想教他修學布施波羅蜜多是說相似布施波羅蜜多

復次憍尸迦若善男子善女人等為發無上菩提心者宣說般若波羅蜜多或說靜慮波羅蜜多或說精進波羅蜜多或說安忍波羅蜜多或說淨戒波羅蜜多或說布施波羅蜜多作如是言來善男子我當教汝修學般若乃至布施波羅蜜多若依我教而修學者速超聲聞及獨覺地憍尸迦

是善男子善女人等以有相為方便有所得為方便及時分想教他修學般若靜慮精進安忍淨戒布施波羅蜜多是為宣說相似般若乃至布施波羅蜜多

復次憍尸迦若善男子善女人等為發無上菩提心者宣說般若波羅蜜多或說靜慮波羅蜜多或說精進波羅蜜多或說安忍波羅蜜多或說淨戒波羅蜜多或說布施波羅蜜多作如是言來善男子我當教汝修學般若乃至布施波羅蜜多若依我教而修學者速入菩薩正性離生既入菩薩正性離生便得菩薩無生法忍既得菩薩無生法忍便得菩薩不退神通既得菩薩不退神通能歷十方一切佛土從一佛國至一佛國供養恭敬尊重讚歎一切如來應正等覺由此速疾證得無上正等菩提憍尸迦是善男子善女人等以有相為方便有所得為方便及時分想教他修學般若靜慮精進安忍淨戒布施波羅蜜多是為宣說相似般若乃至布施

波羅蜜多

復次憍尸迦若善男子善女人等告住菩薩種性者言若能聽聞受持讀誦精勤修學如理思惟甚深般若波羅蜜多決定當獲無量無數無邊功德憍尸迦是善男子善女人等以有相為方便有所得為方便作如是說是說相似般若靜慮精進安忍淨戒布施波羅蜜多

復次憍尸迦若善男子善女人等告住菩薩種性者言汝於過去未來現在一切如來應正等覺從初發心乃至證得無餘涅槃所有善根皆應隨喜一切合集為諸有情迴向無上正等菩提憍尸迦是善男子善女人等以有相為方便有所得為方便作如是說是說相似般若靜慮精進安忍淨戒布施波羅蜜多

大般若波羅蜜多經卷第一百四十五

大般若波羅蜜多經卷第一百四十五

校勘記

一　底本，金藏大寶集寺本。

一　三九七頁下一九行、二〇行、二一行「說集」，麗作「說習」。

一　三九八頁上三行、一二行「求集」，麗作「求習」。

一　三九九頁下一六行「能求」，石作「能依」。

一　四〇一頁中一三至一四行「應求道相智一切相智若我若無我」十四字石漏刻。

一　四〇二頁中二三行「名為」，石作「名」。

一　四〇三頁中三行「諸佛」，石作「諸」。

一　四〇四頁上一一行「發光地」，石作「發光」。

一　四〇四頁下六行「若善男子」，石作「善男子」。

一　四〇四頁下一九行「此速」，麗作「地速」。

一　四〇五頁上三行、一一行「種性」，石作「種姓」。

大般若波羅蜜多經卷第一百四十六　列

三藏法師玄奘奉　詔譯

初分校量功德品第三十之四十四

尒時天帝釋白佛言世尊云何名為宣說真正般若靜慮精進安忍淨戒布施波羅蜜多佛言憍尸迦若善男子善女人等說無所得般若靜慮精進安忍淨戒布施波羅蜜多如是名為宣說真正般若靜慮精進安忍淨戒布施波羅蜜多時天帝釋復白佛言世尊云何諸善男子善女人等說無所得般若波羅蜜多名說真正般若波羅蜜多佛言憍尸迦若善男子善女人等為發無上菩提心者宣說般若波羅蜜多作如是言汝善男子應修般若波羅蜜多不應觀色若常若無常不應觀受想行識若常若無常何以故色色自性空受想行識受想行識自性空是色自性即非自性是受想行識自性亦非自性若非自性即是般若波羅蜜多於此般若波羅蜜多色不可得彼常無常亦不可

得受想行識皆不可得彼常無常亦不可得所以者何此中尚無色等可得何況有彼常與無常汝若能修如是般若是修般若波羅蜜多復作是言汝善男子應修般若波羅蜜多不應觀色若樂若苦不應觀受想行識若樂若苦何以故色色自性空受想行識受想行識自性空是色自性即非自性是受想行識自性亦非自性若非自性即是般若波羅蜜多於此般若波羅蜜多色不可得彼樂與苦亦不可得受想行識皆不可得彼樂與苦亦不可得所以者何此中尚無色等可得何況有彼樂之與苦汝若能修如是般若是修般若波羅蜜多復作是言汝善男子應修般若波羅蜜多不應觀色若我若無我不應觀受想行識若我若無我何以故色色自性空受想行識受想行識自性空是色自性即非自性是受想行識自性亦非自性若非自性即是般若波羅蜜多於此般若波羅蜜多色不可得彼我無我亦不可得受想行識皆

不可得彼我無我亦不可得所以者何此中尚無色等可得何況有彼我與無我汝若能修如是般若是修般若波羅蜜多復作是言汝善男子應修般若波羅蜜多不應觀色若淨若不淨不應觀受想行識若淨若不淨何以故色色自性空受想行識受想行識自性空是色自性即非自性是受想行識自性亦非自性若非自性即是般若波羅蜜多於此般若波羅蜜多色不可得彼淨不淨亦不可得受想行識皆不可得彼淨不淨亦不可得所以者何此中尚無色等可得何況有彼淨與不淨汝若能修如是般若是修般若波羅蜜多憍尸迦是善男子善女人等作此等說是為宣說真正般若波羅蜜多

復次憍尸迦若善男子善女人等為發無上菩提心者宣說般若波羅蜜多作如是言汝善男子應修般若波羅蜜多不應觀眼處若常若無常不應觀耳鼻舌身意處若常若無常何以故眼處眼處自性空耳鼻舌身意處耳鼻舌身意處自性空是眼處自性即非自性是耳鼻舌身意處自性亦非自性若非自性即是般若波羅蜜多於此般若波羅蜜多眼處不可得彼常無常亦不可得耳鼻舌身意處皆不可得彼常無常亦不可得所以者何此中尚無眼處等可得何況有彼常與無常汝若能修如是般若是修般若波羅蜜多復作是言汝善男子應修般若波羅蜜多不應觀眼處若樂若苦不應觀耳鼻舌身意處若樂若苦何以故眼處眼處自性空耳鼻舌身意處耳鼻舌身意處自性空是眼處自性即非自性是耳鼻舌身意處自性亦非自性若非自性即是般若波羅蜜多於此般若波羅蜜多眼處不可得彼樂與苦亦不可得耳鼻舌身意處皆不可得彼樂與苦亦不可得所以者何此中尚無眼處等可得何況有彼樂之與苦汝若能修如是般若是修般若波羅蜜多復作是言汝善男子應修般若波羅蜜多不應觀眼處若我若無我不應觀耳鼻舌身意處若我若無我何以故眼處眼處自性空耳鼻舌身意處耳鼻舌身意處自性空是眼處自性即非自性是耳鼻舌身意處自性亦非自性若非自性即是般若波羅蜜多於此般若波羅蜜多眼處不可得彼我无我亦不可得耳鼻舌身意處皆不可得彼我無我亦不可得所以者何此中尚无眼處等可得何況有彼我與無我汝若能修如是般若是修般若波羅蜜多復作是言汝善男子應修般若波羅蜜多不應觀眼處若淨若不淨不應觀耳鼻舌身意處若淨若不淨何以故眼處眼處自性空耳鼻舌身意處耳鼻舌身意處自性空是眼處自性即非自性是耳鼻舌身意處自性亦非自性若非自性即是般若波羅蜜多於此般若波羅蜜多眼處不可得彼淨不淨亦不可得耳鼻舌身意處皆不可得彼淨不淨亦不可得所以者何此中尚無眼處等可得何況有彼淨與不淨汝若能修如是般若是修般若波羅蜜多憍

尸迦是善男子善女人等作此等說是為宣說真正般若波羅蜜多

復次憍尸迦若善男子善女人等為發無上菩提心者宣說般若波羅蜜多作如是言汝善男子應修般若波羅蜜多不應觀色處若常若无常不應觀聲香味觸法處若常若無常何以故色處色處自性空聲香味觸法處聲香味觸法處自性空是色處自性即非自性是聲香味觸法處自性亦非自性若非自性即是般若波羅蜜多於此般若波羅蜜多色處不可得彼常無常亦不可得聲香味觸法處皆不可得彼常無常亦不可得所以者何此中尚無色處等可得何況有彼常與無常汝若能修如是般若是修般若波羅蜜多復作是言汝善男子應修般若波羅蜜多不應觀色處若樂若苦不應觀聲香味觸法處若樂若苦何以故色處色處自性空聲香味觸法處聲香味觸法處自性空是色處自性即非自性是聲香味觸法處自性亦非自性若非自性即

是般若波羅蜜多於此般若波羅蜜多色處不可得彼樂與苦亦不可得聲香味觸法處皆不可得彼樂與苦亦不可得所以者何此中尚無色處等可得何況有彼樂之與苦汝若能修如是般若是修般若波羅蜜多復作是言汝善男子應修般若波羅蜜多不應觀色處若我若無我不應觀聲香味觸法處若我若無我何以故色處色處自性空聲香味觸法處聲香味觸法處自性空是色處自性即非自性是聲香味觸法處自性亦非自性若非自性即是般若波羅蜜多於此般若波羅蜜多色處不可得彼我無我亦不可得聲香味觸法處皆不可得彼我無我亦不可得所以者何此中尚無色處等可得何況有彼我與無我汝若能修如是般若是修般若波羅蜜多復作是言汝善男子應修般若波羅蜜多不應觀色處若淨若不淨不應觀聲香味觸法處若淨若不淨何以故色處色處自性空聲香味觸法處聲香味觸法處自性

空是色處自性即非自性是聲香味觸法處自性亦非自性若非自性即是般若波羅蜜多於此般若波羅蜜多色處不可得彼淨不淨亦不可得聲香味觸法處皆不可得彼淨不淨亦不可得所以者何此中尚無色處等可得何況有彼淨與不淨汝若能修如是般若是修般若波羅蜜多憍尸迦是善男子善女人等作此等說是為宣說真正般若波羅蜜多

復次憍尸迦若善男子善女人等為發無上菩提心者宣說般若波羅蜜多作如是言汝善男子應修般若波羅蜜多不應觀眼界若常若無常不應觀色界眼識界及眼觸眼觸為緣所生諸受若常若無常何以故眼界眼界自性空色界眼識界及眼觸眼觸為緣所生諸受色界乃至眼觸為緣所生諸受自性空是眼界自性即非自性是色界乃至眼觸為緣所生諸受自性亦非自性若非自性即是般若波羅蜜多於此般若波羅蜜多眼界不可得彼常無常亦不可得色

界乃至眼觸為緣所生諸受皆不可得彼常無常亦不可得所以者何此中尚無眼界等可得何況有彼常與無常汝若能修如是般若是修般若波羅蜜多復作是言汝善男子應修般若波羅蜜多不應觀眼界若樂若苦不應觀色界眼識界及眼觸眼觸為緣所生諸受若樂若苦何以故眼界眼界自性空色界眼識界及眼觸眼觸為緣所生諸受色界乃至眼觸為緣所生諸受自性空是眼界自性即非自性是色界乃至眼觸為緣所生諸受自性亦非自性若非自性即是般若波羅蜜多於此般若波羅蜜多眼界不可得彼樂與苦亦不可得色界乃至眼觸為緣所生諸受皆不可得彼樂與苦亦不可得所以者何此中尚無眼界等可得何況有彼樂之與苦汝若能修如是般若是修般若波羅蜜多復作是言汝善男子應修般若波羅蜜多不應觀眼界若我若無我不應觀色界眼識界及眼觸眼觸為緣所生諸受若我若無我何以故眼界眼界自性空色界眼識界及眼觸眼觸為緣所生諸受色界乃至眼觸為緣所生諸受自性空是眼界自性即非自性是色界乃至眼觸為緣所生諸受自性亦非自性若非自性即是般若波羅蜜多於此般若波羅蜜多眼界不可得彼我無我亦不可得色界乃至眼觸為緣所生諸受皆不可得彼我无我亦不可得所以者何此中尚無眼界等可得何況有彼我與無我汝若能修如是般若是修般若波羅蜜多復作是言汝善男子應修般若波羅蜜多不應觀眼界若淨若不淨不應觀色界眼識界及眼觸眼觸為緣所生諸受若淨若不淨何以故眼界眼界自性空色界眼識界及眼觸眼觸為緣所生諸受色界乃至眼觸為緣所生諸受自性空是眼界自性即非自性是色界乃至眼觸為緣所生諸受自性亦非自性若非自性即是般若波羅蜜多於此般若波羅蜜多眼界不可得彼淨不淨亦不可得色界乃至眼觸為緣所生諸受皆不可得彼淨不淨亦不可得所以者何此中尚無眼界等可得何況有彼淨與不淨汝若能修如是般若是修般若波羅蜜多憍尸迦是善男子善女人等作此等說是為宣說真正般若波羅蜜多

復次憍尸迦若善男子善女人等為發無上菩提心者宣說般若波羅蜜多作如是言汝善男子應修般若波羅蜜多不應觀耳界若常若無常不應觀聲界耳識界及耳觸耳觸為緣所生諸受若常若無常何以故耳界耳界自性空聲界耳識界及耳觸耳觸為緣所生諸受聲界乃至耳觸為緣所生諸受自性空是耳界自性即非自性是聲界乃至耳觸為緣所生諸受自性亦非自性若非自性即是般若波羅蜜多於此般若波羅蜜多耳界不可得彼常無常亦不可得聲界乃至耳觸為緣所生諸受皆不可得彼常無常亦不可得所以者何此中尚無耳界等可得何況有彼常與無常汝若能修如是般若是修般若

波羅蜜多復作是言汝善男子應修般若波羅蜜多不應觀耳界若樂若苦不應觀聲界耳識界及耳觸耳觸為緣所生諸受若樂若苦何以故耳界耳界自性空聲界耳識界及耳觸耳觸為緣所生諸受聲界乃至耳觸為緣所生諸受自性空是耳界自性即非自性是聲界乃至耳觸為緣所生諸受自性亦非自性若非自性即是般若波羅蜜多於此般若波羅蜜多耳界不可得彼樂與苦亦不可得聲界乃至耳觸為緣所生諸受皆不可得彼樂與苦亦不可得所以者何此中尚無耳界等可得何況有彼樂之與苦汝若能修如是般若是修般若波羅蜜多復作是言汝善男子應修般若波羅蜜多不應觀耳界若我若無我不應觀聲界耳識界及耳觸耳觸為緣所生諸受若我若無我何以故耳界耳界自性空聲界耳識界及耳觸耳觸為緣所生諸受聲界乃至耳觸為緣所生諸受自性空是耳界自性即非自性是聲界乃至耳觸

為緣所生諸受自性亦非自性若非自性即是般若波羅蜜多於此般若波羅蜜多耳界不可得彼我无我亦不可得聲界乃至耳觸為緣所生諸受皆不可得彼我無我亦不可得所以者何此中尚无耳界等可得何況有彼我與無我汝若能修如是般若是修般若波羅蜜多復作是言汝善男子應修般若波羅蜜多不應觀耳界若淨若不淨不應觀聲界耳識界及耳觸耳觸為緣所生諸受若淨若不淨何以故耳界耳界自性空聲界耳識界及耳觸耳觸為緣所生諸受聲界乃至耳觸為緣所生諸受自性空是耳界自性即非自性是聲界乃至耳觸為緣所生諸受自性亦非自性若非自性即是般若波羅蜜多於此般若波羅蜜多耳界不可得彼淨不淨亦不可得聲界乃至耳觸為緣所生諸受皆不可得彼淨不淨亦不可得所以者何此中尚无耳界等可得何況有彼淨與不淨汝若能修如是般若是修般若波羅蜜多憍尸迦

是善男子善女人等作此等說是為宣說真正般若波羅蜜多

復次憍尸迦若善男子善女人等為發无上菩提心者宣說般若波羅蜜多作如是言汝善男子應修般若波羅蜜多不應觀鼻界若常若無常不應觀香界鼻識界及鼻觸鼻觸為緣所生諸受若常若无常何以故鼻界鼻界自性空香界鼻識界及鼻觸鼻觸為緣所生諸受香界乃至鼻觸為緣所生諸受自性空是鼻界自性即非自性是香界乃至鼻觸為緣所生諸受自性亦非自性若非自性即是般若波羅蜜多於此般若波羅蜜多鼻界不可得彼常無常亦不可得香界乃至鼻觸為緣所生諸受皆不可得彼常无常亦不可得所以者何此中尚無鼻界等可得何況有彼常與无常汝若能修如是般若是修般若波羅蜜多復作是言汝善男子應修般若波羅蜜多不應觀鼻界若樂若苦不應觀香界鼻識界及鼻觸鼻觸為緣所生諸受若樂若苦何以故鼻

界鼻界自性空香界鼻識界及鼻觸
鼻觸為緣所生諸受香界乃至鼻觸
為緣所生諸受自性空是鼻界自性
即非自性是香界乃至鼻觸為緣所
生諸受自性亦非自性若非自性即
是般若波羅蜜多於此般若波羅蜜
多鼻界不可得彼樂與苦亦不可得
香界乃至鼻觸為緣所生諸受皆不
可得彼樂與苦亦不可得所以者何
此中尚無鼻界等可得何況有彼樂
之與苦汝若能修如是般若是修般
若波羅蜜多復作是言汝善男子應
修般若波羅蜜多不應觀鼻界若我
若无我不應觀香界鼻識界及鼻觸
鼻觸為緣所生諸受若我若無我何
以故鼻界鼻界自性空香界鼻識界
及鼻觸鼻觸為緣所生諸受香界乃
至鼻觸為緣所生諸受自性空是鼻
界自性即非自性是香界乃至鼻觸
為緣所生諸受自性亦非自性若非
自性即是般若波羅蜜多於此般若
波羅蜜多鼻界不可得彼我无我亦
不可得香界乃至鼻觸為緣所生諸

受皆不可得彼我无我亦不可得所
以者何此中尚無鼻界等可得何況
有彼我與无我汝若能修如是般若
是修般若波羅蜜多復作是言汝善
男子應修般若波羅蜜多不應觀鼻
界若淨若不淨不應觀香界鼻識界
及鼻觸鼻觸為緣所生諸受若淨若
不淨何以故鼻界鼻界自性空香界
鼻識界及鼻觸鼻觸為緣所生諸受
香界乃至鼻觸為緣所生諸受自性
空是鼻界自性即非自性是香界乃
至鼻觸為緣所生諸受自性亦非自
性若非自性即是般若波羅蜜多於
此般若波羅蜜多鼻界不可得彼淨
不淨亦不可得香界乃至鼻觸為緣
所生諸受皆不可得彼淨不淨亦不
可得所以者何此中尚无鼻界等可
得何況有彼淨與不淨汝若能修如
是般若是修般若波羅蜜多憍尸迦
是善男子善女人等作此等說是為
宣說真正般若波羅蜜多

復次憍尸迦若善男子善女人等為
發無上菩提心者宣說般若波羅蜜

多作如是言汝善男子應修般若波
羅蜜多不應觀舌界若常若無常不
應觀味界舌識界及舌觸舌觸為緣
所生諸受若常若无常何以故舌界
舌界自性空味界舌識界及舌觸舌
觸為緣所生諸受味界乃至舌觸為
緣所生諸受自性空是舌界自性即
非自性是味界乃至舌觸為緣所生
諸受自性亦非自性若非自性即是
般若波羅蜜多於此般若波羅蜜多
舌界不可得彼常無常亦不可得味
界乃至舌觸為緣所生諸受皆不可
得彼常无常亦不可得所以者何此
中尚無舌界等可得何況有彼常與
无常汝若能修如是般若是修般若
波羅蜜多復作是言汝善男子應修
般若波羅蜜多不應觀舌界若樂若
苦不應觀味界舌識界及舌觸舌觸
為緣所生諸受若樂若苦何以故舌
界舌界自性空味界舌識界及舌觸
舌觸為緣所生諸受味界乃至舌觸
為緣所生諸受自性空是舌界自性
即非自性是味界乃至舌觸為緣所

生諸受自性亦非自性若非自性即是般若波羅蜜多於此般若波羅蜜多舌界不可得彼樂與苦亦不可得味界乃至舌觸為緣所生諸受皆不可得彼樂與苦亦不可得所以者何此中尚无舌界等可得何况有彼樂之與苦汝若能修如是般若是修般若波羅蜜多復作是言汝善男子應修般若波羅蜜多不應觀舌界若我若無我不應觀味界舌識界及舌觸舌觸為緣所生諸受若我若无我何以故舌界舌界自性空味界舌識界及舌觸舌觸為緣所生諸受味界乃至舌觸為緣所生諸受自性空是舌界自性即非自性是味界乃至舌觸為緣所生諸受自性亦非自性若非自性即是般若波羅蜜多於此般若波羅蜜多舌界不可得彼我無我亦不可得味界乃至舌觸為緣所生諸受皆不可得彼我无我亦不可得所以者何此中尚無舌界等可得何况有彼我與无我汝若能修如是般若是修般若波羅蜜多復作是言汝善

男子應修般若波羅蜜多不應觀舌界若淨若不淨不應觀味界舌識界及舌觸舌觸為緣所生諸受若淨若不淨何以故舌界舌界自性空味界舌識界及舌觸舌觸為緣所生諸受味界乃至舌觸為緣所生諸受自性空是舌界自性即非自性是味界乃至舌觸為緣所生諸受自性亦非自性若非自性即是般若波羅蜜多於此般若波羅蜜多舌界不可得彼淨不淨亦不可得味界乃至舌觸為緣所生諸受皆不可得彼淨不淨亦不可得所以者何此中尚無舌界等可得何况有彼淨與不淨汝若能修如是般若是修般若波羅蜜多憍尸迦是善男子善女人等作此等說是為宣說真正般若波羅蜜多

復次憍尸迦若善男子善女人等為發無上菩提心者宣說般若波羅蜜多作如是言汝善男子應修般若波羅蜜多不應觀身界若常若無常不應觀觸界身識界及身觸身觸為緣所生諸受若常若無常何以故身界

身界自性空觸界身識界及身觸身觸為緣所生諸受觸界乃至身觸為緣所生諸受自性空是身界自性即非自性是觸界乃至身觸為緣所生諸受自性亦非自性若非自性即是般若波羅蜜多於此般若波羅蜜多身界不可得彼常無常亦不可得觸界乃至身觸為緣所生諸受皆不可得彼常無常亦不可得所以者何此中尚無身界等可得何况有彼常與無常汝若能修如是般若是修般若波羅蜜多復作是言汝善男子應修般若波羅蜜多不應觀身界若樂若苦不應觀觸界身識界及身觸身觸為緣所生諸受若樂若苦何以故身界身界自性空觸界身識界及身觸身觸為緣所生諸受觸界乃至身觸為緣所生諸受自性空是身界自性即非自性是觸界乃至身觸為緣所生諸受自性亦非自性若非自性即是般若波羅蜜多於此般若波羅蜜多身界不可得彼樂與苦亦不可得觸界乃至身觸為緣所生諸受皆不

可得彼樂與苦亦不可得所以者何此中尚無身界等可得何況有彼樂之與苦汝若能修如是般若是修般若波羅蜜多復作是言汝善男子應修般若波羅蜜多不應觀身界若我若無我不應觀觸界身識界及身觸身觸為緣所生諸受若我若無我何以故身界身界自性空觸界身識界及身觸身觸為緣所生諸受觸界乃至身觸為緣所生諸受自性空是身界自性即非自性是觸界乃至身觸為緣所生諸受自性亦非自性若非自性即是般若波羅蜜多於此般若波羅蜜多身界不可得彼我無我亦不可得觸界乃至身觸為緣所生諸受皆不可得彼我無我亦不可得所以者何此中尚無身界等可得何況有彼我與無我汝若能修如是般若是修般若波羅蜜多復作是言汝善男子應修般若波羅蜜多不應觀身界若淨若不淨不應觀觸界身識界及身觸身觸為緣所生諸受若淨若不淨何以故身界身界自性空觸界身識界及身觸身觸為緣所生諸受觸界乃至身觸為緣所生諸受自性空是身界自性即非自性是觸界乃至身觸為緣所生諸受自性亦非自性若非自性即是般若波羅蜜多於此般若波羅蜜多身界不可得彼淨不淨亦不可得觸界乃至身觸為緣所生諸受皆不可得彼淨不淨亦不可得所以者何此中尚無身界等可得何況有彼淨與不淨汝若能修如是般若是修般若波羅蜜多憍尸迦是善男子善女人等作此等說是為宣說真正般若波羅蜜多

大般若波羅蜜多經卷第一百四十六

大般若波羅蜜多經卷第一百四十六

校勘記

一　底本，金藏大寶集寺本。

大般若波羅蜜多經卷第一百四十七　列

三藏法師玄奘奉　詔譯

初分校量功德品第三十之四十五

復次憍尸迦若善男子善女人等為發無上菩提心者宣說般若波羅蜜多作如是言汝善男子應修般若波羅蜜多不應觀意界若常若無常不應觀法界意識界及意觸意觸為緣所生諸受若常若無常何以故意界意界自性空法界意識界及意觸意觸為緣所生諸受法界乃至意觸為緣所生諸受自性空是意界自性即非自性是法界乃至意觸為緣所生諸受自性亦非自性若非自性即是般若波羅蜜多於此般若波羅蜜多意界不可得彼常無常亦不可得法界乃至意觸為緣所生諸受皆不可得彼常無常亦不可得所以者何此中尚無意界等可得何況有彼常與無常汝若能修如是般若是修般若波羅蜜多復作是言汝善男子應修般若波羅蜜多不應觀意界若樂若苦不應觀法界意識界及意觸意觸為緣所生諸受若樂若苦何以故意界意界自性空法界意識界及意觸意觸為緣所生諸受法界乃至意觸為緣所生諸受自性空是意界自性即非自性是法界乃至意觸為緣所生諸受自性亦非自性若非自性即是般若波羅蜜多於此般若波羅蜜多意界不可得彼樂與苦亦不可得法界乃至意觸為緣所生諸受皆不可得彼樂與苦亦不可得所以者何此中尚無意界等可得何況有彼樂之與苦汝若能修如是般若是修般若波羅蜜多復作是言汝善男子應修般若波羅蜜多不應觀意界若我若無我不應觀法界意識界及意觸意觸為緣所生諸受若我若無我何以故意界意界自性空法界意識界及意觸意觸為緣所生諸受法界乃至意觸為緣所生諸受自性空是意界自性即非自性是法界乃至意觸為緣所生諸受自性亦非自性若非自性即是般若波羅蜜多於此般若

波羅蜜多意界不可得彼我無我亦不可得法界乃至意觸為緣所生諸受皆不可得彼我無我亦不可得所以者何此中尚無意界等可得何況有彼我與無我汝若能修如是般若是修般若波羅蜜多復作是言汝善男子應修般若波羅蜜多不應觀意界若淨若不淨不應觀法界意識界及意觸意觸為緣所生諸受若淨若不淨何以故意界意界自性空法界意識界及意觸意觸為緣所生諸受法界乃至意觸為緣所生諸受自性空是意界自性即非自性是法界乃至意觸為緣所生諸受自性亦非自性若非自性即是般若波羅蜜多於此般若波羅蜜多意界不可得彼淨不淨亦不可得法界乃至意觸為緣所生諸受皆不可得彼淨不淨亦不可得所以者何此中尚無意界等可得何況有彼淨與不淨汝若能修如是般若是修般若波羅蜜多憍尸迦是善男子善女人等作此等說是為宣說真正般若波羅蜜多

復次憍尸迦若善男子善女人等為發無上菩提心者宣說般若波羅蜜多作如是言汝善男子應修般若波羅蜜多不應觀地界若常若無常不應觀水火風空識界若常若無常何以故地界地界自性空水火風空識界水火風空識界自性空是地界自性即非自性是水火風空識界自性亦非自性若非自性即是般若波羅蜜多於此般若波羅蜜多地界不可得彼常無常亦不可得水火風空識界皆不可得彼常無常亦不可得所以者何此中尚無地界等可得何況有彼常與無常汝若能修如是般若是修般若波羅蜜多復作是言汝善男子應修般若波羅蜜多不應觀地界若樂若苦不應觀水火風空識界若樂若苦何以故地界地界自性空水火風空識界水火風空識界自性空是地界自性即非自性是水火風空識界自性亦非自性若非自性即是般若波羅蜜多於此般若波羅蜜多地界不可得彼樂與苦亦不可得

水火風空識界皆不可得彼樂與苦亦不可得所以者何此中尚無地界等可得何況有彼樂之與苦汝若能修如是般若是修般若波羅蜜多復作是言汝善男子應修般若波羅蜜多不應觀地界若我若無我不應觀水火風空識界若我若無我何以故地界地界自性空水火風空識界水火風空識界自性空是地界自性即非自性是水火風空識界自性亦非自性若非自性即是般若波羅蜜多於此般若波羅蜜多地界不可得彼我無我亦不可得水火風空識界皆不可得彼我無我亦不可得所以者何此中尚無地界等可得何況有彼我與無我汝若能修如是般若是修般若波羅蜜多復作是言汝善男子應修般若波羅蜜多不應觀地界若淨若不淨不應觀水火風空識界若淨若不淨何以故地界地界自性空水火風空識界水火風空識界自性空是地界自性即非自性是水火風空識界自性亦非自性若非自性即

是般若波羅蜜多於此般若波羅蜜多地界不可得彼淨不淨亦不可得水火風空識界皆不可得彼淨不淨亦不可得所以者何此中尚無地界等可得何況有彼淨與不淨汝若能修如是般若是修般若波羅蜜多憍尸迦是善男子善女人等作此等說是為宣說真正般若波羅蜜多

復次憍尸迦若善男子善女人等為發無上菩提心者宣說般若波羅蜜多作如是言汝善男子應修般若波羅蜜多不應觀無明若常若無常不應觀行識名色六處觸受愛取有生老死愁歎苦憂惱若常若無常何以故無明無明自性空行識名色六處觸受愛取有生老死愁歎苦憂惱行乃至老死愁歎苦憂惱自性空是無明自性即非自性是行乃至老死愁歎苦憂惱自性亦非自性若非自性即是般若波羅蜜多於此般若波羅蜜多無明不可得彼常無常亦不可得行乃至老死愁歎苦憂惱皆不可得彼常無常亦不可得所以者何此

中尚無無明等可得何況有彼常與無常汝若能修如是般若是修般若波羅蜜多復作是言汝善男子應修般若波羅蜜多不應觀無明若樂若苦不應觀行識名色六處觸受愛取有生老死愁歎苦憂惱若樂若苦何以故無明無明自性空行識名色六處觸受愛取有生老死愁歎苦憂惱行乃至老死愁歎苦憂惱自性空是無明自性即非自性是行乃至老死愁歎苦憂惱自性亦非自性若非自性即是般若波羅蜜多於此般若波羅蜜多無明不可得彼樂與苦亦不可得行乃至老死愁歎苦憂惱皆不可得彼樂與苦亦不可得所以者何此中尚無無明等可得何況有彼樂之與苦汝若能修如是般若是修般若波羅蜜多復作是言汝善男子應修般若波羅蜜多不應觀無明若我若無我不應觀行識名色六處觸受愛取有生老死愁歎苦憂惱若我若無我何以故無明無明自性空行識名色六處觸受愛取有生老死愁歎

苦憂惱行乃至老死愁歎苦憂惱自性空是無明自性即非自性是行乃至老死愁歎苦憂惱自性亦非自性若非自性即是般若波羅蜜多於此般若波羅蜜多無明不可得彼我無我亦不可得行乃至老死愁歎苦憂惱皆不可得彼我無我亦不可得所以者何此中尚無無明等可得何況有彼我與無我汝若能修如是般若是修般若波羅蜜多復作是言汝善男子應修般若波羅蜜多不應觀無明若淨若不淨不應觀行識名色六處觸受愛取有生老死愁歎苦憂惱若淨若不淨何以故無明無明自性空行識名色六處觸受愛取有生老死愁歎苦憂惱行乃至老死愁歎苦憂惱自性空是無明自性即非自性是行乃至老死愁歎苦憂惱自性亦非自性若非自性即是般若波羅蜜多於此般若波羅蜜多無明不可得彼淨不淨亦不可得行乃至老死愁歎苦憂惱皆不可得彼淨不淨亦不可得所以者何此中尚無無明等可

得何況有彼淨與不淨汝若能修如是般若是修般若波羅蜜多憍尸迦是善男子善女人等作此等說是爲宣說真正般若波羅蜜多

復次憍尸迦若善男子善女人等爲發無上菩提心者宣說般若波羅蜜多作如是言汝善男子應修般若波羅蜜多不應觀布施波羅蜜多若常若無常不應觀淨戒安忍精進靜慮般若波羅蜜多若常若無常何以故布施波羅蜜多布施波羅蜜多自性空淨戒安忍精進靜慮般若波羅蜜多淨戒乃至般若波羅蜜多自性空是布施波羅蜜多自性即非自性是淨戒乃至般若波羅蜜多自性亦非自性若非自性即是般若波羅蜜多於此般若波羅蜜多布施波羅蜜多不可得彼常無常亦不可得淨戒乃至般若波羅蜜多皆不可得彼常無常亦不可得所以者何此中尚無布施波羅蜜多等可得何況有彼常與無常汝若能修如是般若是修般若波羅蜜多復作是言汝善男子應修

般若波羅蜜多不應觀布施波羅蜜多若樂若苦不應觀淨戒安忍精進靜慮般若波羅蜜多若樂若苦何以故布施波羅蜜多布施波羅蜜多自性空淨戒安忍精進靜慮般若波羅蜜多淨戒乃至般若波羅蜜多自性空是布施波羅蜜多自性即非自性是淨戒乃至般若波羅蜜多自性亦非自性若非自性即是般若波羅蜜多於此般若波羅蜜多布施波羅蜜多不可得彼樂與苦亦不可得淨戒乃至般若波羅蜜多皆不可得彼樂與苦亦不可得所以者何此中尚無布施波羅蜜多等可得何況有彼樂之與苦汝若能修如是般若是修般若波羅蜜多復作是言汝善男子應修般若波羅蜜多不應觀布施波羅蜜多若我若無我不應觀淨戒安忍精進靜慮般若波羅蜜多若我若無我何以故布施波羅蜜多布施波羅蜜多自性空淨戒安忍精進靜慮般若波羅蜜多淨戒乃至般若波羅蜜多自性空是布施波羅蜜多自性即

大般若第一百四十七　第十張　刂

非自性是淨戒乃至般若波羅蜜多自性亦非自性若非自性即是般若波羅蜜多於此般若波羅蜜多布施波羅蜜多不可得彼我無我亦不可得淨戒乃至般若波羅蜜多皆不可得彼我無我亦不可得所以者何此中尚無布施波羅蜜多等可得何況有彼我與無我汝若能修如是般若是修般若波羅蜜多復作是言汝善男子應修般若波羅蜜多不應觀布施波羅蜜多若淨若不淨不應觀淨戒安忍精進靜慮般若波羅蜜多若淨若不淨何以故布施波羅蜜多布施波羅蜜多自性空淨戒安忍精進靜慮般若波羅蜜多淨戒乃至般若波羅蜜多自性空是布施波羅蜜多自性即非自性是淨戒乃至般若波羅蜜多自性亦非自性若非自性即是般若波羅蜜多於此般若波羅蜜多布施波羅蜜多不可得彼淨不淨亦不可得淨戒乃至般若波羅蜜多皆不可得彼淨不淨亦不可得所以者何此中尚無布施波羅蜜多等可

大般若第一百四十七　第十一張　刂

得何況有彼淨與不淨汝若能修如是般若是修般若波羅蜜多憍尸迦是善男子善女人等作此等說是為宣說真正般若波羅蜜多

復次憍尸迦若善男子善女人等為發無上菩提心者宣說般若波羅蜜多作如是言汝善男子應修般若波羅蜜多不應觀內空若常若無常不應觀外空內外空空空大空勝義空有為空無為空畢竟空無際空散空無變異空本性空自相空共相空一切法空不可得空無性空自性空無性自性空若常若無常何以故內空內空自性空外空內外空空空大空勝義空有為空無為空畢竟空無際空散空無變異空本性空自相空共相空一切法空不可得空無性空自性空無性自性空外空乃至無性自性空自性空是內空自性即非自性是外空乃至無性自性空自性亦非自性若非自性即是般若波羅蜜多於此般若波羅蜜多內空不可得彼常無常亦不可得外空乃至無性自

大般若　第一百四十七　第十二張

性空皆不可得彼常無常亦不可得所以者何此中尚無内空等可得何況有彼常與無常汝若能修如是般若是修般若波羅蜜多復作是言汝善男子應修般若波羅蜜多不應觀内空若樂若苦不應觀外空内外空空空大空勝義空有為空無為空畢竟空無際空散空無變異空本性空自相空共相空一切法空不可得空無性空自性空無性自性空若樂若苦何以故内空内空自性空外空内外空空空大空勝義空有為空無為空畢竟空無際空散空無變異空本性空自相空共相空一切法空不可得空無性空自性空無性自性空外空乃至無性自性空自性空是内空自性即非自性是外空乃至無性自性空自性亦非自性若非自性即是般若波羅蜜多於此般若波羅蜜多内空不可得彼樂與苦亦不可得外空乃至無性自性空皆不可得彼樂與苦亦不可得所以者何此中尚無内空等可得何況有彼樂之與苦汝

大般若經　第一百四十七　第十三張　刋

若能修如是般若是修般若波羅蜜多復作是言汝善男子應修般若波羅蜜多不應觀内空若我若無我不應觀外空内外空空空大空勝義空有為空無為空畢竟空無際空散空無變異空本性空自相空共相空一切法空不可得空無性空自性空無性自性空若我若無我何以故内空内空自性空外空内外空空空大空勝義空有為空無為空畢竟空無際空散空無變異空本性空自相空共相空一切法空不可得空無性空自性空無性自性空外空乃至無性自性空自性空是内空自性即非自性是外空乃至無性自性空自性亦非自性若非自性即是般若波羅蜜多於此般若波羅蜜多内空不可得彼我無我亦不可得外空乃至無性自性空皆不可得彼我無我亦不可得所以者何此中尚無内空等可得何況有彼我與無我汝若能修如是般若是修般若波羅蜜多復作是言汝善男子應修般若波羅蜜多不應觀

大般若經　第一百四十七　第十四張　刋

内空若淨若不淨不應觀外空内外空空空大空勝義空有為空無為空畢竟空無際空散空無變異空本性空自相空共相空一切法空不可得空無性空自性空無性自性空若淨若不淨何以故内空内空自性空外空内外空空空大空勝義空有為空無為空畢竟空無際空散空無變異空本性空自相空共相空一切法空不可得空無性空自性空無性自性空外空乃至無性自性空自性空是内空自性即非自性是外空乃至無性自性空自性亦非自性若非自性即是般若波羅蜜多於此般若波羅蜜多内空不可得彼淨不淨亦不可得外空乃至無性自性空皆不可得彼淨不淨亦不可得所以者何此中尚無内空等可得何況有彼淨與不淨汝若能修如是般若是修般若波羅蜜多憍尸迦是善男子善女人等作此等說是為宣說真正般若波羅蜜多

復次憍尸迦若善男子善女人等為

大般若經　第一百四十七　第十五張　刋

發無上菩提心者宣說般若波羅蜜多作如是言汝善男子應修般若波羅蜜多不應觀真如若常若無常不應觀法界法性不虛妄性不變異性平等性離生性法定法住實際虛空界不思議界若常若無常何以故真如真如自性空法界法性不虛妄性不變異性平等性離生性法定法住實際虛空界不思議界法界乃至不思議界自性空是真如自性即非自性是法界乃至不思議界自性亦非自性若非自性即是般若波羅蜜多於此般若波羅蜜多真如不可得彼常無常亦不可得法界乃至不思議界皆不可得彼常無常亦不可得所以者何此中尚無真如等可得何況有彼常與無常汝若能修如是般若是修般若波羅蜜多復作是言汝善男子應修般若波羅蜜多不應觀真如若樂若苦不應觀法界法性不虛妄性不變異性平等性離生性法定法住實際虛空界不思議界若樂若苦何以故真如真如自性空法界法

大般若經　第一百四十七　第十六張

性不虛妄性不變異性平等性離生性法定法住實際虛空界不思議界法界乃至不思議界自性空是真如自性即非自性是法界乃至不思議界自性亦非自性若非自性即是般若波羅蜜多於此般若波羅蜜多真如不可得彼樂與苦亦不可得法界乃至不思議界皆不可得彼樂與苦亦不可得所以者何此中尚無真如等可得何況有彼樂之與苦汝若能修如是般若是修般若波羅蜜多復作是言汝善男子應修般若波羅蜜多不應觀真如若我若無我不應觀法界法性不虛妄性不變異性平等性離生性法定法住實際虛空界不思議界若我若無我何以故真如真如自性空法界法性不虛妄性不變異性平等性離生性法定法住實際虛空界不思議界法界乃至不思議界自性空是真如自性即非自性是法界乃至不思議界自性亦非自性若非自性即是般若波羅蜜多於此般若波羅蜜多真如不可得彼我無

大般若經　第一百四十七　第十七張

我亦不可得法界乃至不思議界皆不可得彼我無我亦不可得所以者何此中尚無真如等可得何況有彼我與無我汝若能修如是般若是修般若波羅蜜多復作是言汝善男子應修般若波羅蜜多不應觀真如若淨若不淨不應觀法界法性不虛妄性不變異性平等性離生性法定法住實際虛空界不思議界若淨若不淨何以故真如真如自性空法界法性不虛妄性不變異性平等性離生性法定法住實際虛空界不思議界法界乃至不思議界自性空是真如自性即非自性是法界乃至不思議界自性亦非自性若非自性即是般若波羅蜜多於此般若波羅蜜多真如不可得彼淨不淨亦不可得法界乃至不思議界皆不可得彼淨不淨亦不可得所以者何此中尚無真如等可得何況有彼淨與不淨汝若能修如是般若是修般若波羅蜜多憍尸迦是善男子善女人等作此等說是為宣說真正般若波羅蜜多

大般若經第一百四十七　第十八張

復次憍尸迦若善男子善女人等為發無上菩提心者宣說般若波羅蜜多作如是言汝善男子應修般若波羅蜜多不應觀苦聖諦若常若无常不應觀集滅道聖諦若常若無常何以故苦聖諦苦聖諦自性空集滅道聖諦集滅道聖諦自性空是苦聖諦自性即非自性是集滅道聖諦自性亦非自性若非自性即是般若波羅蜜多於此般若波羅蜜多苦聖諦不可得彼常無常亦不可得集滅道聖諦皆不可得彼常无常亦不可得所以者何此中尚无苦聖諦等可得何況有彼常與无常汝若能修如是般若是修般若波羅蜜多復作是言汝善男子應修般若波羅蜜多不應觀苦聖諦若樂若苦不應觀集滅道聖諦若樂若苦何以故苦聖諦苦聖諦自性空集滅道聖諦集滅道聖諦自性空是苦聖諦自性即非自性是集滅道聖諦自性亦非自性若非自性即是般若波羅蜜多於此般若波羅蜜多苦聖諦不可得彼樂與苦亦不可得集滅道聖諦皆不可得彼樂與苦亦不可得所以者何此中尚無苦聖諦等可得何況有彼樂之與苦汝若能修如是般若是修般若波羅蜜多復作是言汝善男子應修般若波羅蜜多不應觀苦聖諦若我若無我不應觀集滅道聖諦若我若无我何以故苦聖諦苦聖諦自性空集滅道聖諦集滅道聖諦自性空是苦聖諦自性即非自性是集滅道聖諦自性亦非自性若非自性即是般若波羅蜜多於此般若波羅蜜多苦聖諦不可得彼我无我亦不可得集滅道聖諦皆不可得彼我无我亦不可得所以者何此中尚無苦聖諦等可得何況有彼我與无我汝若能修如是般若是修般若波羅蜜多復作是言汝善男子應修般若波羅蜜多不應觀苦聖諦若淨若不淨不應觀集滅道聖諦若淨若不淨何以故苦聖諦苦聖諦自性空集滅道聖諦集滅道聖諦自性空是苦聖諦自性即非自性是集滅道聖諦自性亦非自性若非自性即是般若波羅蜜多於此般若波羅蜜多苦聖諦不可得彼淨不淨亦不可得集滅道聖諦皆不可得彼淨不淨亦不可得所以者何此中尚无苦聖諦等可得何況有彼淨與不淨汝若能修如是般若是修般若波羅蜜多憍尸迦是善男子善女人等作此等說是為宣說真正般若波羅蜜多

復次憍尸迦若善男子善女人等為發无上菩提心者宣說般若波羅蜜多作如是言汝善男子應修般若波羅蜜多不應觀四靜慮若常若无常不應觀四无量四无色定若常若無常何以故四靜慮四靜慮自性空四無量四无色定四无量四無色定自性空是四靜慮自性即非自性是四无量四无色定自性亦非自性若非自性即是般若波羅蜜多於此般若波羅蜜多四靜慮不可得彼常无常亦不可得四无量四無色定皆不可得彼常无常亦不可得所以者何此中尚无四靜慮等可得何況有彼常與

无常汝若能修如是般若是修般若波羅蜜多復作是言汝善男子應修般若波羅蜜多不應觀四静慮若樂若苦不應觀四无量四無色定若樂若苦何以故四静慮四静慮自性空四无量四無色定四无量四無色定自性空是四静慮自性即非自性是四无量四無色定自性亦非自性若非自性即是般若波羅蜜多於此般若波羅蜜多四静慮不可得彼樂與苦亦不可得四无量四無色定皆不可得彼樂與苦亦不可得所以者何此中尚无四静慮等可得何况有彼樂之與苦汝若能修如是般若是修般若波羅蜜多復作是言汝善男子應修般若波羅蜜多不應觀四静慮若我若无我不應觀四無量四无色定若我若无我何以故四静慮四静慮自性空四無量四无色定四無量四无色定自性空是四静慮自性即非自性是四无量四无色定自性亦非自性若非自性即是般若波羅蜜多於此般若波羅蜜多四静慮不可

大般若經第一百四十七　第二十二張　刈

得彼我无我亦不可得四无量四無色定皆不可得彼我无我亦不可得所以者何此中尚无四静慮等可得何况有彼我與无我汝若能修如是般若是修般若波羅蜜多復作是言汝善男子應修般若波羅蜜多不應觀四静慮若淨若不淨不應觀四無量四无色定若淨若不淨何以故四静慮四静慮自性空四无量四无色定四无量四無色定自性空是四静慮自性即非自性是四无量四无色定自性亦非自性若非自性即是般若波羅蜜多於此般若波羅蜜多四静慮不可得彼淨不淨亦不可得四無量四无色定皆不可得彼淨不淨亦不可得所以者何此中尚无四静慮等可得何况有彼淨與不淨汝若能修如是般若是修般若波羅蜜多憍尸迦是善男子善女人等作此等說是為宣說真正般若波羅蜜多

大般若波羅蜜多經卷第一百四十七

大般若波羅蜜多經卷第一百四十七

校勘記

一　底本，麗藏本。

一　四一六頁上一一行「自性亦非非自性」，石作「自惱亦非自性」。

一　四一六頁下一五行「淨戒乃至」，石作「淨戒安忍精進靜慮」。

一　四一六頁下一八行至一九行「淨戒乃至」，石作「淨戒安忍精進靜慮」。

大般若波羅蜜多經卷第一百四十八　列

三藏法師玄奘奉　詔譯

初分校量功德品第三十之四十六

復次憍尸迦若善男子善女人等為發無上菩提心者宣說般若波羅蜜多作如是言汝善男子應修般若波羅蜜多不應觀八解脫若常若無常不應觀八勝處九次第定十遍處若常若無常何以故八解脫八解脫自性空八勝處九次第定十遍處八勝處九次第定十遍處自性空是八解脫自性即非自性是八勝處九次第定十遍處自性亦非自性若非自性即是般若波羅蜜多於此般若波羅蜜多八解脫不可得彼常無常亦不可得八勝處九次第定十遍處皆不可得彼常無常亦不可得所以者何此中尚無八解脫等可得何況有彼常與無常汝若能修如是般若是修般若波羅蜜多復作是言汝善男子應修般若波羅蜜多不應觀八解脫若樂若苦不應觀八勝處九次第定十遍處若樂若苦何以故八解脫八解脫自性空八勝處九次第定十遍處八勝處九次第定十遍處自性空是八解脫自性即非自性是八勝處九次第定十遍處自性亦非自性若非自性即是般若波羅蜜多於此般若波羅蜜多八解脫不可得彼樂與苦亦不可得八勝處九次第定十遍處皆不可得彼樂與苦亦不可得所以者何此中尚無八解脫等可得何況有彼樂之與苦汝若能修如是般若是修般若波羅蜜多復作是言汝善男子應修般若波羅蜜多不應觀八解脫若我若無我不應觀八勝處九次第定十遍處若我若無我何以故八解脫八解脫自性空八勝處九次第定十遍處八勝處九次第定十遍處自性空是八解脫自性即非自性是八勝處九次第定十遍處自性亦非自性若非自性即是般若波羅蜜多於此般若波羅蜜多八解脫不可得彼我無我亦不可得八勝處九次第定十遍處皆不可得彼我無我

亦不可得所以者何此中尚無八解脫等可得何況有彼我與无我汝若能脩如是般若是脩般若波羅蜜多復作是言汝善男子應脩般若波羅蜜多不應觀八解脫若淨若不淨不應觀八勝處九次第定十遍處若淨若不淨何以故八解脫八解脫自性空八勝處九次第定十遍處八勝處九次第定十遍處自性空是八解脫自性即非自性是八勝處九次第定十遍處自性亦非自性若非自性即是般若波羅蜜多於此般若波羅蜜多八解脫不可得彼淨不淨亦不可得八勝處九次第定十遍處皆不可得彼淨不淨亦不可得所以者何此中尚無八解脫等可得何況有彼淨與不淨汝若能脩如是般若是脩般若波羅蜜多憍尸迦是善男子善女人等作此等說是為宣說真正般若波羅蜜多

復次憍尸迦若善男子善女人等為發无上菩提心者宣說般若波羅蜜多作如是言汝善男子應脩般若波

羅蜜多不應觀四念住若常若无常不應觀四正斷四神足五根五力七等覺支八聖道支若常若无常何以故四念住四念住自性空四正斷四神足五根五力七等覺支八聖道支四正斷乃至八聖道支自性空是四念住自性即非自性是四正斷乃至八聖道支自性亦非自性若非自性即是般若波羅蜜多於此般若波羅蜜多四念住不可得彼常无常亦不可得四正斷乃至八聖道支皆不可得彼常無常亦不可得所以者何此中尚无四念住等可得何況有彼常與无常汝若能脩如是般若是脩般若波羅蜜多復作是言汝善男子應脩般若波羅蜜多不應觀四念住若樂若苦不應觀四正斷四神足五根五力七等覺支八聖道支若樂若苦何以故四念住四念住自性空四正斷四神足五根五力七等覺支八聖道支四正斷乃至八聖道支自性空是四念住自性即非自性是四正斷乃至八聖道支自性亦非自性若非

自性即是般若波羅蜜多於此般若波羅蜜多四念住不可得彼樂與苦亦不可得四正斷乃至八聖道支皆不可得彼樂與苦亦不可得所以者何此中尚無四念住等可得何況有彼樂之與苦汝若能脩如是般若是脩般若波羅蜜多復作是言汝善男子應脩般若波羅蜜多不應觀四念住若我若無我不應觀四正斷四神足五根五力七等覺支八聖道支若我若無我何以故四念住四念住自性空四正斷四神足五根五力七等覺支八聖道支四正斷乃至八聖道支自性空是四念住自性即非自性是四正斷乃至八聖道支自性亦非自性若非自性即是般若波羅蜜多於此般若波羅蜜多四念住不可得彼我無我亦不可得四正斷乃至八聖道支皆不可得彼我無我亦不可得所以者何此中尚無四念住等可得何況有彼我與無我汝若能脩如是般若是脩般若波羅蜜多復作是言汝善男子應脩般若波羅蜜多不

應觀四念住若淨若不淨不應觀四正斷四神足五根五力七等覺支八聖道支若淨若不淨何以故四念住四念住自性空四正斷四神足五根五力七等覺支八聖道支四正斷乃至八聖道支自性空是四念住自性即非自性是四正斷乃至八聖道支自性亦非自性若非自性即是般若波羅蜜多於此般若波羅蜜多四念住不可得彼淨不淨亦不可得四正斷乃至八聖道支皆不可得彼淨不淨亦不可得所以者何此中尚無四念住等可得何況有彼淨與不淨汝若能修如是般若是修般若波羅蜜多憍尸迦是善男子善女人等作此等說是為宣說真正般若波羅蜜多復次憍尸迦若善男子善女人等為發無上菩提心者宣說般若波羅蜜多作如是言汝善男子應修般若波羅蜜多不應觀空解脫門若常若無常不應觀無相無願解脫門若常若無常何以故空解脫門空解脫門自性空無相無願解脫門無相無願解

脫門自性空是空解脫門自性即非自性是無相無願解脫門自性亦非自性若非自性即是般若波羅蜜多於此般若波羅蜜多空解脫門不可得彼常無常亦不可得無相無願解脫門皆不可得彼常無常亦不可得所以者何此中尚無空解脫門等可得何況有彼常與無常汝若能修如是般若是修般若波羅蜜多復作是言汝善男子應修般若波羅蜜多不應觀空解脫門若樂若苦不應觀無相無願解脫門若樂若苦何以故空解脫門空解脫門自性空無相無願解脫門無相無願解脫門自性空是空解脫門自性即非自性是無相無願解脫門自性亦非自性若非自性即是般若波羅蜜多於此般若波羅蜜多空解脫門不可得彼樂與苦亦不可得無相無願解脫門皆不可得彼樂與苦亦不可得所以者何此中尚無空解脫門等可得何況有彼樂之與苦汝若能修如是般若是修般若波羅蜜多復作是言汝善男子應

修般若波羅蜜多不應觀空解脫門若我若無我不應觀無相無願解脫門若我若無我何以故空解脫門空解脫門自性空無相無願解脫門無相無願解脫門自性空是空解脫門自性即非自性是無相無願解脫門自性亦非自性若非自性即是般若波羅蜜多於此般若波羅蜜多空解脫門不可得彼我無我亦不可得無相無願解脫門皆不可得彼我無我亦不可得所以者何此中尚無空解脫門等可得何況有彼我與無我汝若能修如是般若是修般若波羅蜜多復作是言汝善男子應修般若波羅蜜多不應觀空解脫門若淨若不淨不應觀無相無願解脫門若淨若不淨何以故空解脫門空解脫門自性空無相無願解脫門無相無願解脫門自性空是空解脫門自性即非自性是無相無願解脫門自性亦非自性若非自性即是般若波羅蜜多於此般若波羅蜜多空解脫門不可得彼淨不淨亦不可得無相無願解

脱門皆不可得彼淨不淨亦不可得所以者何此中尚無空解脱門等可得何況有彼淨與不淨汝若能修如是般若是修般若波羅蜜多憍尸迦是善男子善女人等作此等說是為宣說真正般若波羅蜜多

復次憍尸迦若善男子善女人等為發無上菩提心者宣說般若波羅蜜多作如是言汝善男子應修般若波羅蜜多不應觀五眼若常若無常不應觀六神通若常若無常何以故五眼五眼自性空六神通六神通自性空是五眼自性即非自性是六神通自性亦非自性若非自性即是般若波羅蜜多於此般若波羅蜜多五眼不可得彼常無常亦不可得六神通不可得彼常無常亦不可得所以者何此中尚無五眼等可得何況有彼常與無常汝若能修如是般若是修般若波羅蜜多復作是言汝善男子應修般若波羅蜜多不應觀五眼若樂若苦不應觀六神通若樂若苦何以故五眼五眼自性空六神通六神通自性空是五眼自性即非自性是六神通自性亦非自性若非自性即是般若波羅蜜多於此般若波羅蜜多五眼不可得彼樂與苦亦不可得六神通不可得彼樂與苦亦不可得所以者何此中尚無五眼等可得何況有彼樂之與苦汝若能修如是般若是修般若波羅蜜多復作是言汝善男子應修般若波羅蜜多不應觀五眼若我若无我不應觀六神通若我若無我何以故五眼五眼自性空六神通六神通自性空是五眼自性即非自性是六神通自性亦非自性若非自性即是般若波羅蜜多於此般若波羅蜜多五眼不可得彼我無我亦不可得六神通不可得彼我無我亦不可得所以者何此中尚無五眼等可得何況有彼我與無我汝若能修如是般若是修般若波羅蜜多復作是言汝善男子應修般若波羅蜜多不應觀五眼若淨若不淨不應觀六神通若淨若不淨何以故五眼五眼自性空六神通六神通自性空是五眼自性即非自性是六神通自性亦非自性若非自性即是般若波羅蜜多於此般若波羅蜜多五眼不可得彼淨不淨亦不可得六神通不可得彼淨不淨亦不可得所以者何此中尚無五眼等可得何況有彼淨與不淨汝若能修如是般若是修般若波羅蜜多憍尸迦是善男子善女人等作此等說是為宣說真正般若波羅蜜多

復次憍尸迦若善男子善女人等為發無上菩提心者宣說般若波羅蜜多作如是言汝善男子應修般若波羅蜜多不應觀佛十力若常若无常不應觀四无所畏四無礙解大慈大悲大喜大捨十八佛不共法若常若無常何以故佛十力佛十力自性空四無所畏四无礙解大慈大悲大喜大捨十八佛不共法四無所畏乃至十八佛不共法自性空是佛十力自性即非自性是四無所畏乃至十八佛不共法自性亦非自性若非自性即是般若波羅蜜多於此般若波羅

蜜多佛十力不可得彼常无常亦不可得四無所畏乃至十八佛不共法皆不可得彼常無常亦不可得所以者何此中尚无佛十力等可得何况有彼常與無常汝若能修如是般若是修般若波羅蜜多復作是言汝善男子應修般若波羅蜜多不應觀佛十力若樂若苦不應觀四無所畏四无礙解大慈大悲大喜大捨十八佛不共法若樂若苦何以故佛十力佛十力自性空四無所畏四無礙解大慈大悲大喜大捨十八佛不共法四无所畏乃至十八佛不共法自性空是佛十力自性即非自性是四无所畏乃至十八佛不共法自性亦非自性若非自性即是般若波羅蜜多於此般若波羅蜜多佛十力不可得彼樂與苦亦不可得四无所畏乃至十八佛不共法皆不可得彼樂與苦亦不可得所以者何此中尚无佛十力等可得何况有彼樂之與苦汝若能修如是般若是修般若波羅蜜多復作是言汝善男子應修般若波羅蜜多不應觀佛十力若我若无我不應觀四无所畏四無礙解大慈大悲大喜大捨十八佛不共法若我若无我何以故佛十力佛十力自性空四无所畏四无礙解大慈大悲大喜大捨十八佛不共法四无所畏乃至十八佛不共法自性空是佛十力自性即非自性是四无所畏乃至十八佛不共法自性亦非自性若非自性即是般若波羅蜜多於此般若波羅蜜多佛十力不可得彼我無我亦不可得四無所畏乃至十八佛不共法皆不可得彼我无我亦不可得所以者何此中尚无佛十力等可得何况有彼我與无我汝若能修如是般若是修般若波羅蜜多復作是言汝善男子應修般若波羅蜜多不應觀佛十力若淨若不淨不應觀四无所畏四無礙解大慈大悲大喜大捨十八佛不共法若淨若不淨何以故佛十力佛十力自性空四无所畏四无礙解大慈大悲大喜大捨十八佛不共法四无所畏乃至十八佛不共法自性空

是佛十力自性即非自性是四無所畏乃至十八佛不共法自性亦非自性若非自性即是般若波羅蜜多於此般若波羅蜜多佛十力不可得彼淨不淨亦不可得四无所畏乃至十八佛不共法皆不可得彼淨不淨亦不可得所以者何此中尚無佛十力等可得何况有彼淨與不淨汝若能修如是般若是修般若波羅蜜多憍尸迦是善男子善女人等作此等說是為宣說真正般若波羅蜜多

復次憍尸迦若善男子善女人等為發无上菩提心者宣說般若波羅蜜多作如是言汝善男子應修般若波羅蜜多不應觀无忘失法若常若无常不應觀恒住捨性若常若无常何以故无忘失法无忘失法自性空恒住捨性恒住捨性自性空是无忘失法自性即非自性是恒住捨性自性亦非自性若非自性即是般若波羅蜜多於此般若波羅蜜多无忘失法不可得彼常無常亦不可得恒住捨性不可得彼常无常亦不可得所以

若何此中尚無無忘失法等可得何況有彼常與無常汝若能修如是般若是修般若波羅蜜多復作是言汝善男子應修般若波羅蜜多不應觀無忘失法若樂若苦不應觀恒住捨性若樂若苦何以故無忘失法無忘失法自性空恒住捨性恒住捨性自性空是無忘失法自性即非自性是恒住捨性自性亦非自性若非自性即是般若波羅蜜多於此般若波羅蜜多無忘失法不可得彼樂與苦亦不可得恒住捨性不可得彼樂與苦亦不可得所以者何此中尚無無忘失法等可得何況有彼樂之與苦汝若能修如是般若是修般若波羅蜜多復作是言汝善男子應修般若波羅蜜多不應觀無忘失法若我若無我不應觀恒住捨性若我若無我何以故無忘失法無忘失法自性空恒住捨性恒住捨性自性空是無忘失法自性即非自性是恒住捨性自性亦非自性若非自性即是般若波羅蜜多於此般若波羅蜜多無忘失法

不可得彼我無我亦不可得恒住捨性不可得彼我無我亦不可得所以者何此中尚無無忘失法等可得何況有彼我與無我汝若能修如是般若是修般若波羅蜜多復作是言汝善男子應修般若波羅蜜多不應觀無忘失法若淨若不淨不應觀恒住捨性若淨若不淨何以故無忘失法無忘失法自性空恒住捨性恒住捨性自性空是無忘失法自性即非自性是恒住捨性自性亦非自性若非自性即是般若波羅蜜多於此般若波羅蜜多無忘失法不可得彼淨不淨亦不可得恒住捨性不可得彼淨不淨亦不可得所以者何此中尚無無忘失法等可得何況有彼淨與不淨汝若能修如是般若是修般若波羅蜜多憍尸迦是善男子善女人等作此等說是為宣說真正般若波羅蜜多

復次憍尸迦若善男子善女人等為發無上菩提心者宣說般若波羅蜜多作如是言汝善男子應修般若波

羅蜜多不應觀一切智若常若無常不應觀道相智一切相智若常若無常何以故一切智一切智自性空道相智一切相智道相智一切相智自性空是一切智自性即非自性是道相智一切相智自性亦非自性若非自性即是般若波羅蜜多於此般若波羅蜜多一切智不可得彼常無常亦不可得道相智一切相智皆不可得彼常無常亦不可得所以者何此中尚無一切智等可得何況有彼常與無常汝若能修如是般若是修般若波羅蜜多復作是言汝善男子應修般若波羅蜜多不應觀一切智若樂若苦不應觀道相智一切相智若樂若苦何以故一切智一切智自性空道相智一切相智道相智一切相智自性空是一切智自性即非自性是道相智一切相智自性亦非自性若非自性即是般若波羅蜜多於此般若波羅蜜多一切智不可得彼樂與苦亦不可得道相智一切相智皆不可得彼樂與苦亦不可得所以者

何此中尚無一切智等可得何況有彼樂之與苦汝若能修如是般若是修般若波羅蜜多復作是言汝善男子應修般若波羅蜜多不應觀一切智若我若無我不應觀道相智一切相智若我若無我何以故一切智一切智自性空道相智一切相智道相智一切相智自性空是一切智自性即非自性是道相智一切相智自性亦非自性若非自性即是般若波羅蜜多於此般若波羅蜜多一切智不可得彼我無我亦不可得道相智一切相智皆不可得彼我無我亦不可得所以者何此中尚無一切智等可得何況有彼我與無我汝若能修如是般若是修般若波羅蜜多復作是言汝善男子應修般若波羅蜜多不應觀一切智若淨若不淨不應觀道相智一切相智若淨若不淨何以故一切智一切智自性空道相智一切相智道相智一切相智自性空是一切智自性即非自性是道相智一切相智自性亦非自性若非自性即是

般若波羅蜜多於此般若波羅蜜多一切智不可得彼淨不淨亦不可得道相智一切相智皆不可得彼淨不淨亦不可得所以者何此中尚無一切智等可得何況有彼淨與不淨汝若能修如是般若是修般若波羅蜜多憍尸迦是善男子善女人等作此等說是為宣說真正般若波羅蜜多復次憍尸迦若善男子善女人等為發無上菩提心者宣說般若波羅蜜多作如是言汝善男子應修般若波羅蜜多不應觀一切陁羅尼門若常若無常不應觀一切三摩地門若常若無常何以故一切陁羅尼門一切陁羅尼門自性空一切三摩地門一切三摩地門自性空是一切陁羅尼門自性即非自性是一切三摩地門自性亦非自性若非自性即是般若波羅蜜多於此般若波羅蜜多一切陁羅尼門不可得彼常無常亦不可得一切三摩地門不可得彼常無常亦不可得所以者何此中尚無一切陁羅尼門等可得何況有彼常與無

常汝若能修如是般若是修般若波羅蜜多復作是言汝善男子應修般若波羅蜜多不應觀一切陁羅尼門若樂若苦不應觀一切三摩地門若樂若苦何以故一切陁羅尼門一切陁羅尼門自性空一切三摩地門一切三摩地門自性空是一切陁羅尼門自性即非自性是一切三摩地門自性亦非自性若非自性即是般若波羅蜜多於此般若波羅蜜多一切陁羅尼門不可得彼樂與苦亦不可得一切三摩地門不可得彼樂與苦亦不可得所以者何此中尚無一切陁羅尼門等可得何況有彼樂之與苦汝若能修如是般若是修般若波羅蜜多復作是言汝善男子應修般若波羅蜜多不應觀一切陁羅尼門若我若無我不應觀一切三摩地門若我若無我何以故一切陁羅尼門一切陁羅尼門自性空一切三摩地門一切三摩地門自性空是一切陁羅尼門自性即非自性是一切三摩地門自性亦非自性若非自性即是

般若波羅蜜多於此般若波羅蜜多一切陁羅尼門不可得彼我無我亦不可得一切三摩地門不可得彼我無我亦不可得所以者何此中尚無一切陁羅尼門等可得何況有彼我與無我汝若能修如是般若是修般若波羅蜜多復作是言汝善男子應修般若波羅蜜多不應觀一切陁羅尼門若淨若不淨不應觀一切三摩地門若淨若不淨何以故一切陁羅尼門一切陁羅尼門自性空一切三摩地門一切三摩地門自性空是一切陁羅尼門自性即非自性是一切三摩地門自性亦非自性若非自性即是般若波羅蜜多於此般若波羅蜜多一切陁羅尼門不可得彼淨不淨亦不可得一切三摩地門不可得彼淨不淨亦不可得所以者何此中尚無一切陁羅尼門等可得何況有彼淨與不淨汝若能修如是般若是修般若波羅蜜多憍尸迦是善男子善女人等作此等說是為宣說真正般若波羅蜜多

復次憍尸迦若善男子善女人等為發無上菩提心者宣說般若波羅蜜多作如是言汝善男子應修般若波羅蜜多不應觀預流向預流果若常若無常不應觀一来向一来果不還向不還果阿羅漢向阿羅漢果若常若無常何以故預流向預流果預流向預流果自性空一来向一来果不還向不還果阿羅漢向阿羅漢果一来向乃至阿羅漢果自性空是預流向預流果自性即非自性是一来向乃至阿羅漢果自性亦非自性若非自性即是般若波羅蜜多於此般若波羅蜜多預流向預流果不可得彼常無常亦不可得一来向乃至阿羅漢果皆不可得彼常無常亦不可得所以者何此中尚無預流向等可得何況有彼常與無常汝若能修如是般若是修般若波羅蜜多復作是言汝善男子應修般若波羅蜜多不應觀預流向預流果若樂若苦不應觀一来向一来果不還向不還果阿羅漢向阿羅漢果若樂若苦何以故預流向預流果預流向預流果自性空一来向一来果不還向不還果阿羅漢向阿羅漢果一来向乃至阿羅漢果自性空是預流向預流果自性即非自性是一来向乃至阿羅漢果自性亦非自性若非自性即是般若波羅蜜多於此般若波羅蜜多預流向預流果不可得彼樂與苦亦不可得一来向乃至阿羅漢果皆不可得彼樂與苦亦不可得所以者何此中尚無預流向等可得何況有彼樂之與苦汝若能修如是般若是修般若波羅蜜多復作是言汝善男子應修般若波羅蜜多不應觀預流向預流果若我若無我不應觀一来向一来果不還向不還果阿羅漢向阿羅漢果若我若無我何以故預流向預流果預流向預流果自性空一来向一来果不還向不還果阿羅漢向阿羅漢果一来向乃至阿羅漢果自性空是預流向預流果自性即非自性是一来向乃至阿羅漢果自性亦非自性若非自性即是般若波羅蜜多於此

般若波羅蜜多預流向預流果不可得彼我無我亦不可得一來向乃至阿羅漢果皆不可得彼我無我亦不可得所以者何此中尚無預流向等可得何況有彼我與無我汝若能修如是般若是修般若波羅蜜多復作是言汝善男子應修般若波羅蜜多不應觀預流向預流果若淨若不淨不應觀一來向一來果不還向不還果阿羅漢向阿羅漢果若淨若不淨何以故預流向預流果預流向預流果自性空一來向一來果不還向不還果阿羅漢向阿羅漢果一來向乃至阿羅漢果自性空是預流向預流果自性即非自性是一來向乃至阿羅漢果自性亦非自性若非自性即是般若波羅蜜多於此般若波羅蜜多預流向預流果不可得彼淨不淨亦不可得一來向乃至阿羅漢果皆不可得彼淨不淨亦不可得所以者何此中尚無預流向等可得何況有彼淨與不淨汝若能修如是般若是修般若波羅蜜多憍尸迦是善男子善女人等作此等說是為宣說真正般若波羅蜜多

大般若波羅蜜多經卷第一百四十八

大般若波羅蜜多經卷第一百四十八

校勘記

一　底本，金藏大寶集寺本。

一　四二三頁上九行「十遍處自性空」，石作「十遍自性空」。

一　四二八頁中一四行「一切陁羅尼門」，石作「一切陁羅尼門一切陁羅尼門」。

一　四二九頁下二三行「於此」，石作「於」。

大般若波羅蜜多經卷第一百四十九　列

三藏法師玄奘奉　詔譯

初分校量功德品第三十之四十七

復次憍尸迦若善男子善女人等為發無上菩提心者宣説般若波羅蜜多作如是言汝善男子應修般若波羅蜜多不應觀一切獨覺菩提若常若無常何以故一切獨覺菩提一切獨覺菩提自性空是一切獨覺菩提自性即非自性若非自性即是般若波羅蜜多於此般若波羅蜜多一切獨覺菩提不可得彼常無常亦不可得所以者何此中尚無一切獨覺菩提可得何況有彼常與無常汝若能修如是般若是修般若波羅蜜多復作是言汝善男子應修般若波羅蜜多不應觀一切獨覺菩提若樂若苦何以故一切獨覺菩提一切獨覺菩提自性空是一切獨覺菩提自性即非自性若非自性即是般若波羅蜜多於此般若波羅蜜多一切獨覺菩提不可得彼樂與苦亦不可得所以

者何此中尚無一切獨覺菩提可得何況有彼樂之與苦汝若能修如是般若是修般若波羅蜜多復作是言汝善男子應修般若波羅蜜多不應觀一切獨覺菩提若我若無我何以故一切獨覺菩提一切獨覺菩提自性空是一切獨覺菩提自性即非自性若非自性即是般若波羅蜜多於此般若波羅蜜多一切獨覺菩提不可得彼我無我亦不可得所以者何此中尚無一切獨覺菩提可得何況有彼我與無我汝若能修如是般若是修般若波羅蜜多復作是言汝善男子應修般若波羅蜜多不應觀一切獨覺菩提若淨若不淨何以故一切獨覺菩提一切獨覺菩提自性空是一切獨覺菩提自性即非自性若非自性即是般若波羅蜜多於此般若波羅蜜多一切獨覺菩提不可得彼淨不淨亦不可得所以者何此中尚無一切獨覺菩提可得何況有彼淨與不淨汝若能修如是般若是修般若波羅蜜多憍尸迦是善男子善

大般若經卷第一百四十九　第三張　何字號

女人等作此等說是為宣說真正般若波羅蜜多

復次憍尸迦若善男子善女人等為發無上菩提心者宣說般若波羅蜜多作如是言汝善男子應修般若波羅蜜多不應觀一切菩薩摩訶薩行若常若無常何以故一切菩薩摩訶薩行一切菩薩摩訶薩行自性空是一切菩薩摩訶薩行自性即非自性若非自性即是般若波羅蜜多於此般若波羅蜜多一切菩薩摩訶薩行不可得彼常無常亦不可得所以者何此中尚無一切菩薩摩訶薩行可得何況有彼常與無常汝若能修如是般若是修般若波羅蜜多復作是言汝善男子應修般若波羅蜜多不應觀一切菩薩摩訶薩行若樂若苦何以故一切菩薩摩訶薩行一切菩薩摩訶薩行自性空是一切菩薩摩訶薩行自性即非自性若非自性即是般若波羅蜜多於此般若波羅蜜多一切菩薩摩訶薩行不可得彼樂與苦亦不可得所以者何此中尚無

大般若經卷第一百四十九　第四張　何字號

一切菩薩摩訶薩行可得何況有彼樂之與苦汝若能修如是般若是修般若波羅蜜多復作是言汝善男子應修般若波羅蜜多不應觀一切菩薩摩訶薩行若我若無我何以故一切菩薩摩訶薩行一切菩薩摩訶薩行自性空是一切菩薩摩訶薩行自性即非自性若非自性即是般若波羅蜜多於此般若波羅蜜多一切菩薩摩訶薩行不可得彼我無我亦不可得所以者何此中尚無一切菩薩摩訶薩行可得何況有彼我與無我汝若能修如是般若是修般若波羅蜜多復作是言汝善男子應修般若波羅蜜多不應觀一切菩薩摩訶薩行若淨若不淨何以故一切菩薩摩訶薩行一切菩薩摩訶薩行自性空是一切菩薩摩訶薩行自性即非自性若非自性即是般若波羅蜜多於此般若波羅蜜多一切菩薩摩訶薩行不可得彼淨不淨亦不可得所以者何此中尚無一切菩薩摩訶薩行可得何況有彼淨與不淨汝若能修

大般若經卷第一百四十九　第五張　何字號

如是般若是修般若波羅蜜多憍尸迦善男子善女人等作此等說是為宣說真正般若波羅蜜多

復次憍尸迦若善男子善女人等為發無上菩提心者宣說般若波羅蜜多作如是言汝善男子應修般若波羅蜜多不應觀諸佛無上正等菩提若常若無常何以故諸佛無上正等菩提諸佛無上正等菩提自性空是諸佛無上正等菩提自性即非自性若非自性即是般若波羅蜜多於此般若波羅蜜多諸佛無上正等菩提不可得彼常無常亦不可得所以者何此中尚無諸佛無上正等菩提可得何況有彼常與無常汝若能修如是般若是修般若波羅蜜多復作是言汝善男子應修般若波羅蜜多不應觀諸佛無上正等菩提若樂若苦何以故諸佛無上正等菩提諸佛無上正等菩提自性空是諸佛無上正等菩提自性即非自性若非自性即是般若波羅蜜多於此般若波羅蜜多諸佛無上正等菩提不可得彼樂

與苦亦不可得所以者何此中尚無諸佛無上正等菩提可得何況有彼樂之與苦汝若能修如是般若是修般若波羅蜜多復作是言汝善男子應修般若波羅蜜多不應觀諸佛無上正等菩提若我若無我何以故諸佛無上正等菩提諸佛無上正等菩提自性空是諸佛無上正等菩提自性即非自性若非自性即是般若波羅蜜多於此般若波羅蜜多諸佛無上正等菩提不可得彼我無我亦不可得所以者何此中尚無諸佛無上正等菩提可得何況有彼我與無我汝若能修如是般若是修般若波羅蜜多復作是言汝善男子應修般若波羅蜜多不應觀諸佛無上正等菩提若淨若不淨何以故諸佛無上正等菩提諸佛無上正等菩提自性空是諸佛無上正等菩提自性即非自性若非自性即是般若波羅蜜多於此般若波羅蜜多諸佛無上正等菩提不可得彼淨不淨亦不可得所以者何此中尚無諸佛無上正等菩提可得何況有彼淨與不淨汝若能修如是般若是修般若波羅蜜多憍尸迦是善男子善女人等作此等說是為宣說真正般若波羅蜜多

時天帝釋復白佛言世尊云何諸善男子善女人等說無所得靜慮波羅蜜多名說真正靜慮波羅蜜多佛言憍尸迦若善男子善女人等為發無上菩提心者宣說靜慮波羅蜜多作如是言汝善男子應修靜慮波羅蜜多不應觀色若常若無常不應觀受想行識若常若無常何以故色色自性空受想行識受想行識自性空是色自性即非自性是受想行識自性亦非自性若非自性即是靜慮波羅蜜多於此靜慮波羅蜜多色不可得彼常無常亦不可得受想行識皆不可得彼常無常亦不可得所以者何此中尚無色等可得何況有彼常與無常汝若能修如是靜慮是修靜慮波羅蜜多復作是言汝善男子應修靜慮波羅蜜多不應觀色若樂若苦不應觀受想行識若樂若苦何以故色色自性空受想行識受想行識自性空是色自性即非自性是受想行識自性亦非自性若非自性即是靜慮波羅蜜多於此靜慮波羅蜜多色不可得彼樂與苦亦不可得受想行識皆不可得彼樂與苦亦不可得所以者何此中尚無色等可得何況有彼樂之與苦汝若能修如是靜慮是修靜慮波羅蜜多復作是言汝善男子應修靜慮波羅蜜多不應觀色若我若無我不應觀受想行識若我若無我何以故色色自性空受想行識受想行識自性空是色自性即非自性是受想行識自性亦非自性若非自性即是靜慮波羅蜜多於此靜慮波羅蜜多色不可得彼我無我亦不可得受想行識皆不可得彼我無我亦不可得所以者何此中尚無色等可得何況有彼我與無我汝若能修如是靜慮是修靜慮波羅蜜多復作是言汝善男子應修靜慮波羅蜜多不應觀色若淨若不淨不應觀受想行識若淨若不淨何以故色色自性

空受想行識受想行識自性空是色自性即非自性受想行識自性亦非自性若非自性即是靜慮波羅蜜多於此靜慮波羅蜜多色不可得彼淨不淨亦不可得受想行識皆不可得彼淨不淨亦不可得所以者何此中尚無色等可得何況有彼淨與不淨汝若能修如是靜慮是修靜慮波羅蜜多憍尸迦是善男子善女人等作此等說是為宣說真正靜慮波羅蜜多

復次憍尸迦若善男子善女人等為發無上菩提心者宣說靜慮波羅蜜多作如是言汝善男子應修靜慮波羅蜜多不應觀眼處若常若無常不應觀耳鼻舌身意處若常若無常何以故眼處眼處自性空耳鼻舌身意處耳鼻舌身意處自性空是眼處自性即非自性是耳鼻舌身意處自性亦非自性若非自性即是靜慮波羅蜜多於此靜慮波羅蜜多眼處不可得彼常無常亦不可得耳鼻舌身意處皆不可得彼常無常亦不可得所

以者何此中尚無眼處等可得何況有彼常與無常汝若能修如是靜慮是修靜慮波羅蜜多復作是言汝善男子應修靜慮波羅蜜多不應觀眼處若樂若苦不應觀耳鼻舌身意處若樂若苦何以故眼處眼處自性空耳鼻舌身意處耳鼻舌身意處自性空是眼處自性即非自性是耳鼻舌身意處自性亦非自性若非自性即是靜慮波羅蜜多於此靜慮波羅蜜多眼處不可得彼樂與苦亦不可得耳鼻舌身意處皆不可得彼樂與苦亦不可得所以者何此中尚無眼處等可得何況有彼樂之與苦汝若能修如是靜慮是修靜慮波羅蜜多復作是言汝善男子應修靜慮波羅蜜多不應觀眼處若我若無我不應觀耳鼻舌身意處若我若無我何以故眼處眼處自性空耳鼻舌身意處耳鼻舌身意處自性空是眼處自性即非自性是耳鼻舌身意處自性亦非自性若非自性即是靜慮波羅蜜多於此靜慮波羅蜜多眼處不可得

彼我無我亦不可得耳鼻舌身意處皆不可得彼我無我亦不可得所以者何此中尚無眼處等可得何況有彼我與無我汝若能修如是靜慮是修靜慮波羅蜜多復作是言汝善男子應修靜慮波羅蜜多不應觀眼處若淨若不淨不應觀耳鼻舌身意處若淨若不淨何以故眼處眼處自性空耳鼻舌身意處耳鼻舌身意處自性空是眼處自性即非自性是耳鼻舌身意處自性亦非自性若非自性即是靜慮波羅蜜多於此靜慮波羅蜜多眼處不可得彼淨不淨亦不可得耳鼻舌身意處皆不可得彼淨不淨亦不可得所以者何此中尚無眼處等可得何況有彼淨與不淨汝若能修如是靜慮是修靜慮波羅蜜多憍尸迦是善男子善女人等作此等說是為宣說真正靜慮波羅蜜多

復次憍尸迦若善男子善女人等為發無上菩提心者宣說靜慮波羅蜜多作如是言汝善男子應修靜慮波羅蜜多不應觀色處若常若無常不

應觀聲香味觸法處若常若無常何以故色處色處自性空聲香味觸法處聲香味觸法處自性空是色處自性即非自性是聲香味觸法處自性亦非自性若非自性即是靜慮波羅蜜多於此靜慮波羅蜜多色處不可得彼常無常亦不可得聲香味觸法處皆不可得彼常無常亦不可得所以者何此中尚無色處等可得何況有彼常與無常汝若能修如是靜慮是修靜慮波羅蜜多復作是言汝善男子應修靜慮波羅蜜多不應觀色處若樂若苦不應觀聲香味觸法處若樂若苦何以故色處色處自性空聲香味觸法處聲香味觸法處自性空是色處自性即非自性是聲香味觸法處自性亦非自性若非自性即是靜慮波羅蜜多於此靜慮波羅蜜多色處不可得彼樂與苦亦不可得聲香味觸法處皆不可得彼樂與苦亦不可得所以者何此中尚無色處等可得何況有彼樂之與苦汝若能修如是靜慮是修靜慮波羅蜜多復

作是言汝善男子應修靜慮波羅蜜多不應觀色處若我若無我不應觀聲香味觸法處若我若無我何以故色處色處自性空聲香味觸法處聲香味觸法處自性空是色處自性即非自性是聲香味觸法處自性亦非自性若非自性即是靜慮波羅蜜多於此靜慮波羅蜜多色處不可得彼我無我亦不可得聲香味觸法處皆不可得彼我無我亦不可得所以者何此中尚無色處等可得何況有彼我與無我汝若能修如是靜慮是修靜慮波羅蜜多復作是言汝善男子應修靜慮波羅蜜多不應觀色處若淨若不淨不應觀聲香味觸法處若淨若不淨何以故色處色處自性空聲香味觸法處聲香味觸法處自性空是色處自性即非自性是聲香味觸法處自性亦非自性若非自性即是靜慮波羅蜜多於此靜慮波羅蜜多色處不可得彼淨不淨亦不可得聲香味觸法處皆不可得彼淨不淨亦不可得所以者何此中尚無色處

等可得何況有彼淨與不淨汝若能修如是靜慮是修靜慮波羅蜜多憍尸迦是善男子善女人等作此等說是為宣說真正靜慮波羅蜜多

復次憍尸迦若善男子善女人等為發無上菩提心者宣說靜慮波羅蜜多作如是言汝善男子應修靜慮波羅蜜多不應觀眼界若常若無常不應觀色界眼識界及眼觸眼觸為緣所生諸受若常若無常何以故眼界眼界自性空色界眼識界及眼觸眼觸為緣所生諸受色界乃至眼觸為緣所生諸受自性空是眼界自性即非自性是色界乃至眼觸為緣所生諸受自性亦非自性若非自性即是靜慮波羅蜜多於此靜慮波羅蜜多眼界不可得彼常無常亦不可得色界乃至眼觸為緣所生諸受皆不可得彼常無常亦不可得所以者何此中尚無眼界等可得何況有彼常與無常汝若能修如是靜慮是修靜慮波羅蜜多復作是言汝善男子應修靜慮波羅蜜多不應觀眼界若樂若

大般若經卷第一百四十九　第十五張　列字号

苦不應觀色界眼識界及眼觸眼觸
為緣所生諸受若樂若苦何以故眼
界眼界自性空色界眼識界及眼觸
眼觸為緣所生諸受色界乃至眼觸
為緣所生諸受自性空是眼界自性
即非自性是色界乃至眼觸為緣所
生諸受自性亦非自性若非自性即
是靜慮波羅蜜多於此靜慮波羅蜜
多眼界不可得彼樂與苦亦不可得
色界乃至眼觸為緣所生諸受皆不
可得彼樂與苦亦不可得所以者何
此中尚無眼界等可得何況有彼樂
之與苦汝若能修如是靜慮是修靜
慮波羅蜜多復作是言汝善男子應
修靜慮波羅蜜多不應觀眼界若我
若無我不應觀色界眼識界及眼觸
眼觸為緣所生諸受若我若無我何
以故眼界眼界自性空色界眼識界
及眼觸眼觸為緣所生諸受色界乃
至眼觸為緣所生諸受自性空是眼
界自性即非自性是色界乃至眼觸
為緣所生諸受自性亦非自性若非
自性即是靜慮波羅蜜多於此靜慮

大般若經卷第一百四十九　第十六張　列字号

波羅蜜多眼界不可得彼我無我亦
不可得色界乃至眼觸為緣所生諸
受皆不可得彼我無我亦不可得所
以者何此中尚無眼界等可得何況
有彼我與無我汝若能修如是靜慮
是修靜慮波羅蜜多復作是言汝善
男子應修靜慮波羅蜜多不應觀眼
界若淨若不淨不應觀色界眼識界
及眼觸眼觸為緣所生諸受若淨若
不淨何以故眼界眼界自性空色界
眼識界及眼觸眼觸為緣所生諸受
色界乃至眼觸為緣所生諸受自性
空是眼界自性即非自性是色界乃
至眼觸為緣所生諸受自性亦非自
性若非自性即是靜慮波羅蜜多於
此靜慮波羅蜜多眼界不可得彼淨
不淨亦不可得色界乃至眼觸為緣
所生諸受皆不可得彼淨不淨亦不
可得所以者何此中尚無眼界等可
得何況有彼淨與不淨汝若能修如
是靜慮是修靜慮波羅蜜多憍尸迦
是善男子善女人等作此等說是為
宣說真正靜慮波羅蜜多

大般若經卷第一百四十九　第十七張　列字号

復次憍尸迦若善男子善女人等為
發無上菩提心者宣說靜慮波羅蜜
多作如是言汝善男子應修靜慮波
羅蜜多不應觀耳界若常若無常不
應觀聲界耳識界及耳觸耳觸為緣
所生諸受若常若無常何以故耳界
耳界自性空聲界耳識界及耳觸耳
觸為緣所生諸受聲界乃至耳觸為
緣所生諸受自性空是耳界自性即
非自性是聲界乃至耳觸為緣所生
諸受自性亦非自性若非自性即是
靜慮波羅蜜多於此靜慮波羅蜜多
耳界不可得彼常無常亦不可得聲
界乃至耳觸為緣所生諸受皆不可
得彼常無常亦不可得所以者何此
中尚無耳界等可得何況有彼常與
無常汝若能修如是靜慮是修靜慮
波羅蜜多復作是言汝善男子應修
靜慮波羅蜜多不應觀耳界若樂若
苦不應觀聲界耳識界及耳觸耳觸
為緣所生諸受若樂若苦何以故耳
界耳界自性空聲界耳識界及耳觸
耳觸為緣所生諸受聲界乃至耳觸

大般若經卷第一百四十九　第十八張

為緣所生諸受自性空是耳界自性即非自性是聲界乃至耳觸為緣所生諸受自性亦非自性若非自性即是靜慮波羅蜜多於此靜慮波羅蜜多耳界不可得彼樂與苦亦不可得聲界乃至耳觸為緣所生諸受皆不可得彼樂與苦亦不可得所以者何此中尚無耳界等可得何況有彼樂之與苦汝若能修如是靜慮是修靜慮波羅蜜多復作是言汝善男子應修靜慮波羅蜜多不應觀耳界若我若無我不應觀聲界耳識界及耳觸耳觸為緣所生諸受若我若無我何以故耳界耳界自性空聲界耳識界及耳觸耳觸為緣所生諸受聲界乃至耳觸為緣所生諸受自性空是耳界自性即非自性是聲界乃至耳觸為緣所生諸受自性亦非自性若非自性即是靜慮波羅蜜多於此靜慮波羅蜜多耳界不可得彼我無我亦不可得聲界乃至耳觸為緣所生諸受皆不可得彼我無我亦不可得所以者何此中尚無耳界等可得何況

大般若經卷第一百四十九　第十九張

有彼我與無我汝若能修如是靜慮是修靜慮波羅蜜多復作是言汝善男子應修靜慮波羅蜜多不應觀耳界若淨若不淨不應觀聲界耳識界及耳觸耳觸為緣所生諸受若淨若不淨何以故耳界耳界自性空聲界耳識界及耳觸耳觸為緣所生諸受聲界乃至耳觸為緣所生諸受自性空是耳界自性即非自性是聲界乃至耳觸為緣所生諸受自性亦非自性若非自性即是靜慮波羅蜜多於此靜慮波羅蜜多耳界不可得彼淨不淨亦不可得聲界乃至耳觸為緣所生諸受皆不可得彼淨不淨亦不可得所以者何此中尚無耳界等可得何況有彼淨與不淨汝若能修如是靜慮是修靜慮波羅蜜多憍尸迦是善男子善女人等作此等說是為宣說真正靜慮波羅蜜多

復次憍尸迦若善男子善女人等為發無上菩提心者宣說靜慮波羅蜜多作如是言汝善男子應修靜慮波羅蜜多不應觀鼻界若常若無常不

大般若經卷第一百四十九　第二十張

應觀香界鼻識界及鼻觸鼻觸為緣所生諸受若常若無常何以故鼻界鼻界自性空香界鼻識界及鼻觸鼻觸為緣所生諸受香界乃至鼻觸為緣所生諸受自性空是鼻界自性即非自性是香界乃至鼻觸為緣所生諸受自性亦非自性若非自性即是靜慮波羅蜜多於此靜慮波羅蜜多鼻界不可得彼常無常亦不可得香界乃至鼻觸為緣所生諸受皆不可得彼常無常亦不可得所以者何此中尚無鼻界等可得何況有彼常與無常汝若能修如是靜慮是修靜慮波羅蜜多復作是言汝善男子應修靜慮波羅蜜多不應觀鼻界若樂若苦不應觀香界鼻識界及鼻觸鼻觸為緣所生諸受若樂若苦何以故鼻界鼻界自性空香界鼻識界及鼻觸鼻觸為緣所生諸受香界乃至鼻觸為緣所生諸受自性空是鼻界自性即非自性是香界乃至鼻觸為緣所生諸受自性亦非自性若非自性即是靜慮波羅蜜多於此靜慮波羅蜜

多鼻界不可得彼樂與苦亦不可得香界乃至鼻觸為緣所生諸受皆不可得彼樂與苦亦不可得所以者何此中尚無鼻界等可得何況有彼樂之與苦汝若能修如是靜慮是修靜慮波羅蜜多復作是言汝善男子應修靜慮波羅蜜多不應觀鼻界若我若無我不應觀香界鼻識界及鼻觸鼻觸為緣所生諸受若我若無我何以故鼻界鼻界自性空香界鼻識界及鼻觸鼻觸為緣所生諸受香界乃至鼻觸為緣所生諸受自性空是鼻界自性即非自性是香界乃至鼻觸為緣所生諸受自性亦非自性若非自性即是靜慮波羅蜜多於此靜慮波羅蜜多鼻界不可得彼我無我亦不可得香界乃至鼻觸為緣所生諸受皆不可得彼我無我亦不可得所以者何此中尚無鼻界等可得何況有彼我與無我汝若能修如是靜慮是修靜慮波羅蜜多復作是言汝善男子應修靜慮波羅蜜多不應觀鼻界若淨若不淨不應觀香界鼻識界

及鼻觸鼻觸為緣所生諸受若淨若不淨何以故鼻界鼻界自性空香界鼻識界及鼻觸鼻觸為緣所生諸受香界乃至鼻觸為緣所生諸受自性空是鼻界自性即非自性是香界乃至鼻觸為緣所生諸受自性亦非自性若非自性即是靜慮波羅蜜多於此靜慮波羅蜜多鼻界不可得彼淨不淨亦不可得香界乃至鼻觸為緣所生諸受皆不可得彼淨不淨亦不可得所以者何此中尚無鼻界等可得何況有彼淨與不淨汝若能修如是靜慮是修靜慮波羅蜜多憍尸迦是善男子善女人等作此等說是為宣說真正靜慮波羅蜜多

大般若波羅蜜多經卷第一百四十九

大般若波羅蜜多經卷第一百四十九

校勘記

一　底本，金藏廣勝寺本。四三五頁中至四三八頁中，共十版為大寶集寺本。

一　四三二頁下二行「善男子」，石、磧、普、南、徑、清作「是善男子」。

一　四三五頁中一行末字殘，應為「蜜」。

一　四三五頁下一五行「若非自性即是」，石作「即是」。

一　四三五頁下二一行「是修靜慮」，南作「是修靜」。

一　四三六頁上一一行第六字殘，應為「苦」。

一　四三八頁中一四行末字殘，應為「為」。

大般若波羅蜜多經卷第一百五十　列

三藏法師玄奘奉　詔譯

初分校量功德品第三十之四十八

復次憍尸迦若善男子善女人等為發無上菩提心者宣說靜慮波羅蜜多作如是言汝善男子應修靜慮波羅蜜多不應觀舌界若常若無常不應觀味界舌識界及舌觸舌觸為緣所生諸受若常若無常何以故舌界舌界自性空味界舌識界及舌觸舌觸為緣所生諸受味界乃至舌觸為緣所生諸受自性空是舌界自性即非自性是味界乃至舌觸為緣所生諸受自性亦非自性若非自性即是靜慮波羅蜜多於此靜慮波羅蜜多舌界不可得彼常無常亦不可得味界乃至舌觸為緣所生諸受皆不可得彼常無常亦不可得所以者何此中尚無舌界等可得何況有彼常與無常汝若能修如是靜慮是修靜慮波羅蜜多復作是言汝善男子應修靜慮波羅蜜多不應觀舌界若樂若

苦不應觀味界舌識界及舌觸舌觸為緣所生諸受若樂若苦何以故舌界舌界自性空味界舌識界及舌觸舌觸為緣所生諸受味界乃至舌觸為緣所生諸受自性空是舌界自性即非自性是味界乃至舌觸為緣所生諸受自性亦非自性若非自性即是靜慮波羅蜜多於此靜慮波羅蜜多舌界不可得彼樂與苦亦不可得味界乃至舌觸為緣所生諸受皆不可得彼樂與苦亦不可得所以者何此中尚無舌界等可得何況有彼樂之與苦汝若能修如是靜慮是修靜慮波羅蜜多復作是言汝善男子應修靜慮波羅蜜多不應觀舌界若我若無我不應觀味界舌識界及舌觸舌觸為緣所生諸受若我若無我何以故舌界舌界自性空味界舌識界及舌觸舌觸為緣所生諸受味界乃至舌觸為緣所生諸受自性空是舌界自性即非自性是味界乃至舌觸為緣所生諸受自性亦非自性若非自性即是靜慮波羅蜜多於此靜慮

波羅蜜多舌界不可得彼我無我亦不可得味界乃至舌觸為緣所生諸受皆不可得彼我無我亦不可得所以者何此中尚無舌界等可得何況有彼我與無我汝若能修如是靜慮是修靜慮波羅蜜多復作是言汝善男子應修靜慮波羅蜜多不應觀舌界若淨若不淨不應觀味界舌識界及舌觸舌觸為緣所生諸受若淨若不淨何以故舌界舌界自性空味界舌識界及舌觸舌觸為緣所生諸受味界乃至舌觸為緣所生諸受自性空是舌界自性即非自性是味界乃至舌觸為緣所生諸受自性亦非自性若非自性即是靜慮波羅蜜多於此靜慮波羅蜜多舌界不可得彼淨不淨亦不可得味界乃至舌觸為緣所生諸受皆不可得彼淨不淨亦不可得所以者何此中尚無舌界等可得何況有彼淨與不淨汝若能修如是靜慮是修靜慮波羅蜜多憍尸迦是善男子善女人等作此等說是為宣說真正靜慮波羅蜜多

復次憍尸迦若善男子善女人等為發無上菩提心者宣說靜慮波羅蜜多作如是言汝善男子應修靜慮波羅蜜多不應觀身界若常若無常不應觀觸界身識界及身觸身觸為緣所生諸受若常若無常何以故身界身界自性空觸界身識界及身觸身觸為緣所生諸受觸界乃至身觸為緣所生諸受自性空是身界自性即非自性是觸界乃至身觸為緣所生諸受自性亦非自性若非自性即是靜慮波羅蜜多於此靜慮波羅蜜多身界不可得彼常無常亦不可得觸界乃至身觸為緣所生諸受皆不可得彼常無常亦不可得所以者何此中尚無身界等可得何況有彼常與無常汝若能修如是靜慮是修靜慮波羅蜜多復作是言汝善男子應修靜慮波羅蜜多不應觀身界若樂若苦不應觀觸界身識界及身觸身觸為緣所生諸受若樂若苦何以故身界身界自性空觸界身識界及身觸身觸為緣所生諸受觸界乃至身觸

為緣所生諸受自性空是身界自性即非自性是觸界乃至身觸為緣所生諸受自性亦非自性若非自性即是靜慮波羅蜜多於此靜慮波羅蜜多身界不可得彼樂與苦亦不可得觸界乃至身觸為緣所生諸受皆不可得彼樂與苦亦不可得所以者何此中尚無身界等可得何況有彼樂之與苦汝若能修如是靜慮是修靜慮波羅蜜多復作是言汝善男子應修靜慮波羅蜜多不應觀身界若我若無我不應觀觸界身識界及身觸身觸為緣所生諸受若我若無我何以故身界身界自性空觸界身識界及身觸身觸為緣所生諸受觸界乃至身觸為緣所生諸受自性空是身界自性即非自性是觸界乃至身觸為緣所生諸受自性亦非自性若非自性即是靜慮波羅蜜多於此靜慮波羅蜜多身界不可得彼我無我亦不可得觸界乃至身觸為緣所生諸受皆不可得彼我無我亦不可得所以者何此中尚無身界等可得何況

有彼我與無我汝若能修如是靜慮是修靜慮波羅蜜多復作是言汝善男子應修靜慮波羅蜜多不應觀身界若淨若不淨不應觀觸界身識界及身觸身觸為緣所生諸受若淨若不淨何以故身界身界自性空觸界身識界及身觸身觸為緣所生諸受觸界乃至身觸為緣所生諸受自性空是身界自性即非自性是觸界乃至身觸為緣所生諸受自性亦非自性若非自性即是靜慮波羅蜜多於此靜慮波羅蜜多身界不可得彼淨不淨亦不可得觸界乃至身觸為緣所生諸受皆不可得彼淨不淨亦不可得所以者何此中尚無身界等可得何況有彼淨與不淨汝若能修如是靜慮是修靜慮波羅蜜多憍尸迦是善男子善女人等作此等說是為宣說真正靜慮波羅蜜多

復次憍尸迦若善男子善女人等為發無上菩提心者宣說靜慮波羅蜜多作如是言汝善男子應修靜慮波羅蜜多不應觀意界若常若無常不

應觀法界意識界及意觸意觸為緣所生諸受若常若無常何以故意界意界自性空法界意識界及意觸意觸為緣所生諸受法界乃至意觸為緣所生諸受自性空是意界自性即非自性是法界乃至意觸為緣所生諸受自性亦非自性若非自性即是靜慮波羅蜜多於此靜慮波羅蜜多意界不可得彼常無常亦不可得法界乃至意觸為緣所生諸受皆不可得彼常無常亦不可得所以者何此中尚無意界等可得何況有彼常與無常汝若能修如是靜慮是修靜慮波羅蜜多復作是言汝善男子應修靜慮波羅蜜多不應觀意界若樂若苦不應觀法界意識界及意觸意觸為緣所生諸受若樂若苦何以故意界意界自性空法界意識界及意觸意觸為緣所生諸受法界乃至意觸為緣所生諸受自性空是意界自性即非自性是法界乃至意觸為緣所生諸受自性亦非自性若非自性即是靜慮波羅蜜多於此靜慮波羅蜜

多意界不可得彼樂與苦亦不可得法界乃至意觸為緣所生諸受皆不可得彼樂與苦亦不可得所以者何此中尚無意界等可得何況有彼樂之與苦汝若能修如是靜慮是修靜慮波羅蜜多復作是言汝善男子應修靜慮波羅蜜多不應觀意界若我若無我不應觀法界意識界及意觸意觸為緣所生諸受若我若無我何以故意界意界自性空法界意識界及意觸意觸為緣所生諸受法界乃至意觸為緣所生諸受自性空是意界自性即非自性是法界乃至意觸為緣所生諸受自性亦非自性若非自性即是靜慮波羅蜜多於此靜慮波羅蜜多意界不可得彼我無我亦不可得法界乃至意觸為緣所生諸受皆不可得彼我無我亦不可得所以者何此中尚無意界等可得何況有彼我與無我汝若能修如是靜慮是修靜慮波羅蜜多復作是言汝善男子應修靜慮波羅蜜多不應觀意界若淨若不淨不應觀法界意識界

及意觸意觸為緣所生諸受若淨若不淨何以故意界意界自性空法界意識界及意觸意觸為緣所生諸受法界乃至意觸為緣所生諸受自性空是意界自性即非自性是法界乃至意觸為緣所生諸受自性亦非自性若非自性即是靜慮波羅蜜多於此靜慮波羅蜜多意界不可得彼淨不淨亦不可得法界乃至意觸為緣所生諸受皆不可得彼淨不淨亦不可得所以者何此中尚無意界等可得何況有彼淨與不淨汝若能修如是靜慮是修靜慮波羅蜜多憍尸迦是善男子善女人等作此等說是為宣說真正靜慮波羅蜜多

復次憍尸迦若善男子善女人等為發無上菩提心者宣說靜慮波羅蜜多作如是言汝善男子應修靜慮波羅蜜多不應觀地界若常若無常不應觀水火風空識界若常若無常何以故地界地界自性空水火風空識界水火風空識界自性空是地界自性即非自性是水火風空識界自性

亦非自性若非自性即是靜慮波羅蜜多於此靜慮波羅蜜多地界不可得彼常無常亦不可得水火風空識界皆不可得彼常無常亦不可得所以者何此中尚無地界等可得何況有彼常與無常汝若能修如是靜慮是修靜慮波羅蜜多復作是言汝善男子應修靜慮波羅蜜多不應觀地界若樂若苦不應觀水火風空識界若樂若苦何以故地界地界自性空水火風空識界水火風空識界自性空是地界自性即非自性是水火風空識界自性亦非自性若非自性即是靜慮波羅蜜多於此靜慮波羅蜜多地界不可得彼樂與苦亦不可得水火風空識界皆不可得彼樂與苦亦不可得所以者何此中尚無地界等可得何況有彼樂之與苦汝若能修如是靜慮是修靜慮波羅蜜多復作是言汝善男子應修靜慮波羅蜜多不應觀地界若我若無我不應觀水火風空識界若我若無我何以故地界地界自性空水火風空識界水

火風空識界自性空是地界自性即非自性是水火風空識界自性亦非自性若非自性即是靜慮波羅蜜多於此靜慮波羅蜜多地界不可得彼我無我亦不可得水火風空識界皆不可得彼我無我亦不可得所以者何此中尚無地界等可得何況有彼我與無我汝若能修如是靜慮是修靜慮波羅蜜多復作是言汝善男子應修靜慮波羅蜜多不應觀地界若淨若不淨不應觀水火風空識界若淨若不淨何以故地界地界自性空水火風空識界水火風空識界自性空是地界自性即非自性是水火風空識界自性亦非自性若非自性即是靜慮波羅蜜多於此靜慮波羅蜜多地界不可得彼淨不淨亦不可得水火風空識界皆不可得彼淨不淨亦不可得所以者何此中尚無地界等可得何況有彼淨與不淨汝若能修如是靜慮是修靜慮波羅蜜多憍尸迦是善男子善女人等作此等說是為宣說真正靜慮波羅蜜多

復次憍尸迦若善男子善女人等為發無上菩提心者宣說靜慮波羅蜜多作如是言汝善男子應修靜慮波羅蜜多不應觀無明若常若無常不應觀行識名色六處觸受愛取有生老死愁歎苦憂惱若常若無常何以故無明無明自性空行識名色六處觸受愛取有生老死愁歎苦憂惱行乃至老死愁歎苦憂惱自性空是無明自性即非自性是行乃至老死愁歎苦憂惱自性亦非自性若非自性即是靜慮波羅蜜多於此靜慮波羅蜜多無明不可得彼常無常亦不可得行乃至老死愁歎苦憂惱皆不可得彼常無常亦不可得所以者何此中尚無無明等可得何況有彼常與無常汝若能修如是靜慮是修靜慮波羅蜜多復作是言汝善男子應修靜慮波羅蜜多不應觀無明若樂若苦不應觀行識名色六處觸受愛取有生老死愁歎苦憂惱若樂若苦何以故無明無明自性空行識名色六處觸受愛取有生老死愁歎苦憂惱

行乃至老死愁歎苦憂惱自性空是無明自性即非自性是行乃至老死愁歎苦憂惱自性亦非自性若非自性即是靜慮波羅蜜多於此靜慮波羅蜜多無明不可得彼樂與苦亦不可得行乃至老死愁歎苦憂惱皆不可得彼樂與苦亦不可得所以者何此中尚無無明等可得何況有彼樂之與苦汝若能修如是靜慮是修靜慮波羅蜜多復作是言汝善男子應修靜慮波羅蜜多不應觀無明若我若無我不應觀行識名色六處觸受愛取有生老死愁歎苦憂惱若我若無我何以故無明無明自性空行識名色六處觸受愛取有生老死愁歎苦憂惱行乃至老死愁歎苦憂惱自性空是無明自性即非自性是行乃至老死愁歎苦憂惱自性亦非自性若非自性即是靜慮波羅蜜多於此靜慮波羅蜜多無明不可得彼我無我亦不可得行乃至老死愁歎苦憂惱皆不可得彼我無我亦不可得所以者何此中尚無無明等可得何況

有彼我與無我汝若能修如是靜慮是修靜慮波羅蜜多復作是言汝善男子應修靜慮波羅蜜多不應觀無明若淨若不淨不應觀行識名色六處觸受愛取有生老死愁歎苦憂惱若淨若不淨何以故無明無明自性空行識名色六處觸受愛取有生老死愁歎苦憂惱行乃至老死愁歎苦憂惱自性空是無明自性即非自性是行乃至老死愁歎苦憂惱自性亦非自性若非自性即是靜慮波羅蜜多於此靜慮波羅蜜多無明不可得彼淨不淨亦不可得行乃至老死愁歎苦憂惱皆不可得彼淨不淨亦不可得所以者何此中尚無無明等可得何況有彼淨與不淨汝若能修如是靜慮是修靜慮波羅蜜多憍尸迦是善男子善女人等作此等說是為宣說真正靜慮波羅蜜多

復次憍尸迦若善男子善女人等為發無上菩提心者宣說靜慮波羅蜜多作如是言汝善男子應修靜慮波羅蜜多不應觀布施波羅蜜多若常

若無常不應觀淨戒安忍精進靜慮般若波羅蜜多若常若無常何以故布施波羅蜜多布施波羅蜜多自性空淨戒安忍精進靜慮般若波羅蜜多淨戒乃至般若波羅蜜多自性空是布施波羅蜜多自性即非自性是淨戒乃至般若波羅蜜多自性亦非自性若非自性即是靜慮波羅蜜多於此靜慮波羅蜜多布施波羅蜜多不可得彼常無常亦不可得淨戒乃至般若波羅蜜多皆不可得彼常無常亦不可得所以者何此中尚無布施波羅蜜多等可得何況有彼常與無常汝若能修如是靜慮是修靜慮波羅蜜多復作是言汝善男子應修靜慮波羅蜜多不應觀布施波羅蜜多若樂若苦不應觀淨戒安忍精進靜慮般若波羅蜜多若樂若苦何以故布施波羅蜜多布施波羅蜜多自性空淨戒安忍精進靜慮般若波羅蜜多淨戒乃至般若波羅蜜多自性空是布施波羅蜜多自性即非自性是淨戒乃至般若波羅蜜多自性亦

非自性若非自性即是靜慮波羅蜜多於此靜慮波羅蜜多布施波羅蜜多不可得彼樂與苦亦不可得淨戒乃至般若波羅蜜多皆不可得彼樂與苦亦不可得所以者何此中尚無布施波羅蜜多等可得何況有彼樂之與苦汝若能修如是靜慮是修靜慮波羅蜜多復作是言汝善男子應修靜慮波羅蜜多不應觀布施波羅蜜多若我若無我不應觀淨戒安忍精進靜慮般若波羅蜜多若我若無我何以故布施波羅蜜多布施波羅蜜多自性空淨戒安忍精進靜慮般若波羅蜜多淨戒乃至般若波羅蜜多自性空是布施波羅蜜多自性即非自性是淨戒乃至般若波羅蜜多自性亦非自性若非自性即是靜慮波羅蜜多於此靜慮波羅蜜多布施波羅蜜多不可得彼我無我亦不可得淨戒乃至般若波羅蜜多皆不可得彼我無我亦不可得所以者何此中尚無布施波羅蜜多等可得何況有彼我與無我汝若能修如是靜慮

是修靜慮波羅蜜多復作是言汝善男子應修靜慮波羅蜜多不應觀布施波羅蜜多若淨若不淨不應觀淨戒安忍精進靜慮般若波羅蜜多若淨若不淨何以故布施波羅蜜多布施波羅蜜多自性空淨戒安忍精進靜慮般若波羅蜜多淨戒乃至般若波羅蜜多自性空是布施波羅蜜多自性即非自性是淨戒乃至般若波羅蜜多自性亦非自性若非自性即是靜慮波羅蜜多於此靜慮波羅蜜多布施波羅蜜多不可得彼淨不淨亦不可得淨戒乃至般若波羅蜜多皆不可得彼淨不淨亦不可得所以者何此中尚無布施波羅蜜多等可得何況有彼淨與不淨汝若能修如是靜慮是修靜慮波羅蜜多憍尸迦是善男子善女人等作此等說是為宣說真正靜慮波羅蜜多

復次憍尸迦若善男子善女人等為發無上菩提心者宣說靜慮波羅蜜多作如是言汝善男子應修靜慮波羅蜜多不應觀內空若常若無常不

應觀外空內外空空空大空勝義空有為空無為空畢竟空無際空散空無變異空本性空自相空共相空一切法空不可得空無性空自性空無性自性空若常若無常何以故內空內空自性空外空內外空空空大空勝義空有為空無為空畢竟空無際空散空無變異空本性空自相空共相空一切法空不可得空無性空自性空無性自性空外空乃至無性自性空自性空是內空自性即非自性是外空乃至無性自性空自性亦非自性若非自性即是靜慮波羅蜜多於此靜慮波羅蜜多內空不可得彼常無常亦不可得外空乃至無性自性空皆不可得彼常無常亦不可得所以者何此中尚無內空等可得何況有彼常與無常汝若能修如是靜慮是修靜慮波羅蜜多復作是言汝善男子應修靜慮波羅蜜多不應觀內空若樂若苦不應觀外空內外空空空大空勝義空有為空無為空畢竟空無際空散空無變異空本性空

自相空共相空一切法空不可得空無性空自性空無性自性空若樂若苦何以故內空內空自性空外空內外空空空大空勝義空有為空無為空畢竟空無際空散空無變異空本性空自相空共相空一切法空不可得空無性空自性空無性自性空外空乃至無性自性空自性空是內空自性即非自性是外空乃至無性自性空自性亦非自性若非自性即是靜慮波羅蜜多於此靜慮波羅蜜多內空不可得彼樂與苦亦不可得外空乃至無性自性空皆不可得彼樂與苦亦不可得所以者何此中尚無內空等可得何況有彼樂之與苦汝若能修如是靜慮是修靜慮波羅蜜多復作是言汝善男子應修靜慮波羅蜜多不應觀內空若我若無我不應觀外空內外空空空大空勝義空有為空無為空畢竟空無際空散空無變異空本性空自相空共相空一切法空不可得空無性空自性空無性自性空若我若無我何以故內空

內空自性空外空內外空空空大空勝義空有為空無為空畢竟空無際空散空無變異空本性空自相空共相空一切法空不可得空無性空自性空無性自性空外空乃至無性自性空自性空是內空自性即非自性是外空乃至無性自性空自性亦非自性若非自性即是靜慮波羅蜜多於此靜慮波羅蜜多內空不可得彼我無我亦不可得外空乃至無性自性空皆不可得彼我無我亦不可得所以者何此中尚無內空等可得何況有彼我與無我汝若能修如是靜慮是修靜慮波羅蜜多復作是言汝善男子應修靜慮波羅蜜多不應觀內空若淨若不淨不應觀外空內外空空空大空勝義空有為空無為空畢竟空無際空散空無變異空本性空自相空共相空一切法空不可得空無性空自性空無性自性空若淨若不淨何以故內空內空自性空外空內外空空空大空勝義空有為空無為空畢竟空無際空散空無變異

空本性空自相空共相空一切法空不可得空無性空自性空無性自性空外空乃至無性自性空自性空是內空自性即非自性是外空乃至無性自性空自性亦非自性若非自性即是靜慮波羅蜜多於此靜慮波羅蜜多內空不可得彼淨不淨亦不可得外空乃至無性自性空皆不可得彼淨不淨亦不可得所以者何此中尚無內空等可得何況有彼淨與不淨汝若能修如是靜慮是修靜慮波羅蜜多憍尸迦是善男子善女人等作此等說是為宣說真正靜慮波羅蜜多

復次憍尸迦若善男子善女人等為發無上菩提心者宣說靜慮波羅蜜多作如是言汝善男子應修靜慮波羅蜜多不應觀真如若常若無常不應觀法界法性不虛妄性不變異性平等性離生性法定法住實際虛空界不思議界若常若無常何以故真如真如自性空法界法性不虛妄性不變異性平等性離生性法定法住

實際虛空界不思議界法界乃至不思議界自性空是真如自性即非自性是法界乃至不思議界自性亦非自性若非自性即是靜慮波羅蜜多於此靜慮波羅蜜多真如不可得彼常無常亦不可得法界乃至不思議界皆不可得彼常無常亦不可得所以者何此中尚無真如等可得何況有彼常與無常汝若能修如是靜慮是修靜慮波羅蜜多復作是言汝善男子應修靜慮波羅蜜多不應觀真如若樂若苦不應觀法界法性不虛妄性不變異性平等性離生性法定法住實際虛空界不思議界若樂若苦何以故真如真如自性空法界法性不虛妄性不變異性平等性離生性法定法住實際虛空界不思議界法界乃至不思議界自性空是真如自性即非自性是法界乃至不思議界自性亦非自性若非自性即是靜慮波羅蜜多於此靜慮波羅蜜多真如不可得彼樂與苦亦不可得法界乃至不思議界皆不可得彼樂與苦

亦不可得所以者何此中尚無真如等可得何況有彼樂之與苦汝若能修如是靜慮是修靜慮波羅蜜多復作是言汝善男子應修靜慮波羅蜜多不應觀真如若我若無我不應觀法界法性不虛妄性不變異性平等性離生性法定法住實際虛空界不思議界若我若無我何以故真如真如自性空法界法性不虛妄性不變異性平等性離生性法定法住實際虛空界不思議界法界乃至不思議界自性空是真如自性即非自性是法界乃至不思議界自性亦非自性若非自性即是靜慮波羅蜜多於此靜慮波羅蜜多真如不可得彼我無我亦不可得法界乃至不思議界皆不可得彼我無我亦不可得所以者何此中尚無真如等可得何況有彼我與無我汝若能修如是靜慮是修靜慮波羅蜜多復作是言汝善男子應修靜慮波羅蜜多不應觀真如若淨若不淨不應觀法界法性不虛妄性不變異性平等性離生性法定法

住實際虛空界不思議界若淨若不淨何以故真如真如自性空法界法性不虛妄性不變異性平等性離生性法定法住實際虛空界不思議界法界乃至不思議界自性空是真如自性即非自性是法界乃至不思議界自性亦非自性若非自性即是靜慮波羅蜜多於此靜慮波羅蜜多真如不可得彼淨不淨亦不可得法界乃至不思議界皆不可得彼淨不淨亦不可得所以者何此中尚無真如等可得何況有彼淨與不淨汝若能修如是靜慮是修靜慮波羅蜜多憍尸迦是善男子善女人等作此等說是為宣說真正靜慮波羅蜜多

大般若波羅蜜多經卷第一百五十

大般若波羅蜜多經卷第一百五十

校勘記

一　底本，金藏大寶集寺本。

一　四三九頁中三行「第五十之四十八」，囿作「第卅之卅八」。

一　四三九頁中四行第九字磧，慮為「子」。

一　四三九頁中一三行第八字磧，慮為「至」。

一　四三九頁中一六行第四字磧，慮為「可」。

大般若波羅蜜多經卷第一百五十　張

三藏法師玄奘奉　詔譯

初分校量功德品第三十之四十九

復次憍尸迦若善男子善女人等為發無上菩提心者宣說靜慮波羅蜜多作如是言汝善男子應修靜慮波羅蜜多不應觀苦聖諦若常若無常不應觀集滅道聖諦若常若無常何以故苦聖諦苦聖諦自性空集滅道聖諦集滅道聖諦自性空是苦聖諦自性即非自性是集滅道聖諦自性亦非自性若非自性即是靜慮波羅蜜多於此靜慮波羅蜜多苦聖諦不可得彼常無常亦不可得集滅道聖諦皆不可得彼常無常亦不可得所以者何此中尚無苦聖諦等可得何況有彼常與無常汝若能修如是靜慮是修靜慮波羅蜜多復作是言汝善男子應修靜慮波羅蜜多不應觀苦聖諦若樂若苦不應觀集滅道聖諦若樂若苦何以故苦聖諦苦聖諦自性空集滅道聖諦集滅道聖諦自性空是苦聖諦自性即非自性是集滅道聖諦自性亦非自性若非自性即是靜慮波羅蜜多於此靜慮波羅蜜多苦聖諦不可得彼樂與苦亦不可得集滅道聖諦皆不可得彼樂與苦亦不可得所以者何此中尚無苦聖諦等可得何況有彼樂之與苦汝若能修如是靜慮是修靜慮波羅蜜多復作是言汝善男子應修靜慮波羅蜜多不應觀苦聖諦若我若無我不應觀集滅道聖諦若我若無我何以故苦聖諦苦聖諦自性空集滅道聖諦集滅道聖諦自性空是苦聖諦自性即非自性是集滅道聖諦自性亦非自性若非自性即是靜慮波羅蜜多於此靜慮波羅蜜多苦聖諦不可得彼我無我亦不可得集滅道聖諦皆不可得彼我無我亦不可得所以者何此中尚無苦聖諦等可得何況有彼我與無我汝若能修如是靜慮是修靜慮波羅蜜多復作是言汝善男子應修靜慮波羅蜜多不應觀苦聖諦若淨若不淨不應觀集滅道

聖諦若淨若不淨何以故苦聖諦苦聖諦自性空集滅道聖諦集滅道聖諦自性空是苦聖諦自性即非自性是集滅道聖諦自性亦非自性若非自性即是靜慮波羅蜜多於此靜慮波羅蜜多苦聖諦不可得彼淨不淨亦不可得集滅道聖諦皆不可得彼淨不淨亦不可得所以者何此中尚無苦聖諦等可得何況有彼淨與不淨汝若能修如是靜慮是修靜慮波羅蜜多憍尸迦是善男子善女人等作此等說是為宣說真正靜慮波羅蜜多

復次憍尸迦若善男子善女人等為發無上菩提心者宣說靜慮波羅蜜多作如是言汝善男子應修靜慮波羅蜜多不應觀四靜慮若常若無常不應觀四無量四無色定若常若無常何以故四靜慮四靜慮自性空四無量四無色定四無量四無色定自性空是四靜慮自性即非自性是四無量四無色定自性亦非自性若非自性即是靜慮波羅蜜多於此靜慮

波羅蜜多四靜慮不可得彼常無常亦不可得四無量四無色定皆不可得彼常無常亦不可得所以者何此中尚無四靜慮等可得何況有彼常與無常汝若能修如是靜慮是修靜慮波羅蜜多復作是言汝善男子應修靜慮波羅蜜多不應觀四靜慮若樂若苦不應觀四無量四無色定若樂若苦何以故四靜慮四靜慮自性空四無量四無色定四無量四無色定自性空是四靜慮自性即非自性是四無量四無色定自性亦非自性若非自性即是靜慮波羅蜜多於此靜慮波羅蜜多四靜慮不可得彼樂與苦亦不可得四無量四無色定皆不可得彼樂與苦亦不可得所以者何此中尚無四靜慮等可得何況有彼樂之與苦汝若能修如是靜慮是修靜慮波羅蜜多復作是言汝善男子應修靜慮波羅蜜多不應觀四靜慮若我若無我不應觀四無量四無色定若我若無我何以故四靜慮四靜慮自性空四無量四無色定四無

量四無色定自性空是四靜慮自性即非自性是四無量四無色定自性亦非自性若非自性即是靜慮波羅蜜多於此靜慮波羅蜜多四靜慮不可得彼我無我亦不可得四無量四無色定皆不可得彼我無我亦不可得所以者何此中尚無四靜慮等可得何況有彼我與無我汝若能修如是靜慮是修靜慮波羅蜜多復作是言汝善男子應修靜慮波羅蜜多不應觀四靜慮若淨若不淨不應觀四無量四無色定若淨若不淨何以故四靜慮四靜慮自性空四無量四無色定四無量四無色定自性空是四靜慮自性即非自性是四無量四無色定自性亦非自性若非自性即是靜慮波羅蜜多於此靜慮波羅蜜多四靜慮不可得彼淨不淨亦不可得四無量四無色定皆不可得彼淨不淨亦不可得所以者何此中尚無四靜慮等可得何況有彼淨與不淨汝若能修如是靜慮是修靜慮波羅蜜多憍尸迦是善男子善女人等作此

等說是為宣說真正靜慮波羅蜜多

復次憍尸迦若善男子善女人等為發無上菩提心者宣說靜慮波羅蜜多作如是言汝善男子應修靜慮波羅蜜多不應觀八解脫若常若無常不應觀八勝處九次第定十遍處若常若無常何以故八解脫八解脫自性空八勝處九次第定十遍處八勝處九次第定十遍處自性空是八解脫自性即非自性是八勝處九次第定十遍處自性亦非自性若非自性即是靜慮波羅蜜多於此靜慮波羅蜜多八解脫不可得彼常無常亦不可得八勝處九次第定十遍處皆不可得彼常無常亦不可得所以者何此中尚無八解脫等可得何況有彼常與無常汝若能修如是靜慮是修靜慮波羅蜜多復作是言汝善男子應修靜慮波羅蜜多不應觀八解脫若樂若苦不應觀八勝處九次第定十遍處若樂若苦何以故八解脫八解脫自性空八勝處九次第定十遍處八勝處九次第定十遍處自性空

是八解脫自性即非自性是八勝處九次第定十遍處自性亦非自性若非自性即是靜慮波羅蜜多於此靜慮波羅蜜多八解脫不可得彼樂與苦亦不可得八勝處九次第定十遍處皆不可得彼樂與苦亦不可得所以者何此中尚無八解脫等可得何況有彼樂之與苦汝若能修如是靜慮是修靜慮波羅蜜多復作是言汝善男子應修靜慮波羅蜜多不應觀八解脫若我若無我不應觀八勝處九次第定十遍處若我若無我何以故八解脫八解脫自性空八勝處九次第定十遍處八勝處九次第定十遍處自性空是八解脫自性即非自性是八勝處九次第定十遍處自性亦非自性若非自性即是靜慮波羅蜜多於此靜慮波羅蜜多八解脫不可得彼我無我亦不可得八勝處九次第定十遍處皆不可得彼我無我亦不可得所以者何此中尚無八解脫等可得何況有彼我與無我汝若能修如是靜慮是修靜慮波羅蜜多

復作是言汝善男子應修靜慮波羅蜜多不應觀八解脫若淨若不淨不應觀八勝處九次第定十遍處若淨若不淨何以故八解脫八解脫自性空八勝處九次第定十遍處八勝處九次第定十遍處自性空是八解脫自性即非自性是八勝處九次第定十遍處自性亦非自性若非自性即是靜慮波羅蜜多於此靜慮波羅蜜多八解脫不可得彼淨不淨亦不可得八勝處九次第定十遍處皆不可得彼淨不淨亦不可得所以者何此中尚無八解脫等可得何況有彼淨與不淨汝若能修如是靜慮是修靜慮波羅蜜多憍尸迦是善男子善女人等作此等說是為宣說真正靜慮波羅蜜多

復次憍尸迦若善男子善女人等為發無上菩提心者宣說靜慮波羅蜜多作如是言汝善男子應修靜慮波羅蜜多不應觀四念住若常若無常不應觀四正斷四神足五根五力七等覺支八聖道支若常若無常何以

故四念住四念住自性空四正斷四神足五根五力七等覺支八聖道支四正斷乃至八聖道支自性空是四念住自性即非自性是四正斷乃至八聖道支自性亦非自性若非自性即是靜慮波羅蜜多於此靜慮波羅蜜多四念住不可得彼常無常亦不可得四正斷乃至八聖道支皆不可得彼常無常亦不可得所以者何此中尚無四念住等可得何況有彼常與無常汝若能修如是靜慮是修靜慮波羅蜜多復作是言汝善男子應修靜慮波羅蜜多不應觀四念住若樂若苦不應觀四正斷四神足五根五力七等覺支八聖道支若樂若苦何以故四念住四念住自性空四正斷四神足五根五力七等覺支八聖道支四正斷乃至八聖道支自性空是四念住自性即非自性是四正斷乃至八聖道支自性亦非自性若非自性即是靜慮波羅蜜多於此靜慮波羅蜜多四念住不可得彼樂與苦亦不可得四正斷乃至八聖道支皆不可得彼樂與苦亦不可得所以者何此中尚無四念住等可得何況有彼樂之與苦汝若能修如是靜慮是修靜慮波羅蜜多復作是言汝善男子應修靜慮波羅蜜多不應觀四念住若我若無我不應觀四正斷四神足五根五力七等覺支八聖道支若我若無我何以故四念住四念住自性空四正斷四神足五根五力七等覺支八聖道支四正斷乃至八聖道支自性空是四念住自性即非自性是四正斷乃至八聖道支自性亦非自性若非自性即是靜慮波羅蜜多於此靜慮波羅蜜多四念住不可得彼我無我亦不可得四正斷乃至八聖道支皆不可得彼我無我亦不可得所以者何此中尚無四念住等可得何況有彼我與無我汝若能修如是靜慮是修靜慮波羅蜜多復作是言汝善男子應修靜慮波羅蜜多不應觀四念住若淨若不淨不應觀四正斷四神足五根五力七等覺支八聖道支若淨若不淨何以故四念住四念住自性空四正斷四神足五根五力七等覺支八聖道支四正斷乃至八聖道支自性空是四念住自性即非自性是四正斷乃至八聖道支自性亦非自性若非自性即是靜慮波羅蜜多於此靜慮波羅蜜多四念住不可得彼淨不淨亦不可得四正斷乃至八聖道支皆不可得彼淨不淨亦不可得所以者何此中尚無四念住等可得何況有彼淨與不淨汝若能修如是靜慮是修靜慮波羅蜜多憍尸迦是善男子善女人等作此等說是為宣說真正靜慮波羅蜜多

復次憍尸迦若善男子善女人等為發無上菩提心者宣說靜慮波羅蜜多作如是言汝善男子應修靜慮波羅蜜多不應觀空解脫門若常若無常不應觀無相無願解脫門若常若無常何以故空解脫門空解脫門自性空無相無願解脫門無相無願解脫門自性空是空解脫門自性即非自性是無相無願解脫門自性亦非自性若非自性即是靜慮波羅蜜多

於此靜慮波羅蜜多空解脫門不可得彼常無常亦不可得無相無願解脫門皆不可得彼常無常亦不可得所以者何此中尚無空解脫門等可得何況有彼常與無常汝若能修如是靜慮是修靜慮波羅蜜多復作是言汝善男子應修靜慮波羅蜜多不應觀空解脫門若樂若苦不應觀無相無願解脫門若樂若苦何以故空解脫門空解脫門自性空無相無願解脫門無相無願解脫門自性空是空解脫門自性即非自性是無相無願解脫門自性亦非自性若非自性即是靜慮波羅蜜多於此靜慮波羅蜜多空解脫門不可得彼樂與苦亦不可得無相無願解脫門皆不可得彼樂與苦亦不可得所以者何此中尚無空解脫門等可得何況有彼樂之與苦汝若能修如是靜慮是修靜慮波羅蜜多復作是言汝善男子應修靜慮波羅蜜多不應觀空解脫門若我若無我不應觀無相無願解脫門若我若無我何以故空解脫門空

解脫門自性空無相無願解脫門無相無願解脫門自性空是空解脫門自性即非自性是無相無願解脫門自性亦非自性若非自性即是靜慮波羅蜜多於此靜慮波羅蜜多空解脫門不可得彼我無我亦不可得無相無願解脫門皆不可得彼我無我亦不可得所以者何此中尚無空解脫門等可得何況有彼我與無我汝若能修如是靜慮是修靜慮波羅蜜多復作是言汝善男子應修靜慮波羅蜜多不應觀空解脫門若淨若不淨不應觀無相無願解脫門若淨若不淨何以故空解脫門空解脫門自性空無相無願解脫門無相無願解脫門自性空是空解脫門自性即非自性是無相無願解脫門自性亦非自性若非自性即是靜慮波羅蜜多於此靜慮波羅蜜多空解脫門不可得彼淨不淨亦不可得無相無願解脫門皆不可得彼淨不淨亦不可得所以者何此中尚無空解脫門等可得何況有彼淨與不淨汝若能修如

是靜慮是修靜慮波羅蜜多憍尸迦是善男子善女人等作此等說是為宣說真正靜慮波羅蜜多

復次憍尸迦若善男子善女人等為發無上菩提心者宣說靜慮波羅蜜多作如是言汝善男子應修靜慮波羅蜜多不應觀五眼若常若無常不應觀六神通若常若無常何以故五眼五眼自性空六神通六神通自性空是五眼自性即非自性是六神通自性亦非自性若非自性即是靜慮波羅蜜多於此靜慮波羅蜜多五眼不可得彼常無常亦不可得六神通不可得彼常無常亦不可得所以者何此中尚無五眼等可得何況有彼常與無常汝若能修如是靜慮是修靜慮波羅蜜多復作是言汝善男子應修靜慮波羅蜜多不應觀五眼若樂若苦不應觀六神通若樂若苦何以故五眼五眼自性空六神通六神通自性空是五眼自性即非自性是六神通自性亦非自性若非自性即是靜慮波羅蜜多於此靜慮波羅蜜

多五眼不可得彼樂與苦亦不可得六神通不可得彼樂與苦亦不可得所以者何此中尚無五眼等可得何況有彼樂之與苦汝若能修如是靜慮是修靜慮波羅蜜多復作是言汝善男子應修靜慮波羅蜜多不應觀五眼若我若無我不應觀六神通若我若無我何以故五眼五眼自性空六神通六神通自性空是五眼自性即非自性是六神通自性亦非自性若非自性即是靜慮波羅蜜多於此靜慮波羅蜜多五眼不可得彼我無我亦不可得六神通不可得彼我無我亦不可得所以者何此中尚無五眼等可得何況有彼我與無我汝若能修如是靜慮是修靜慮波羅蜜多復作是言汝善男子應修靜慮波羅蜜多不應觀五眼若淨若不淨不應觀六神通若淨若不淨何以故五眼五眼自性空六神通六神通自性空是五眼自性即非自性是六神通自性亦非自性若非自性即是靜慮波羅蜜多於此靜慮波羅蜜多五眼不

可得彼淨不淨亦不可得六神通不可得彼淨不淨亦不可得所以者何此中尚無五眼等可得何況有彼淨與不淨汝若能修如是靜慮是修靜慮波羅蜜多憍尸迦是善男子善女人等作此等說是為宣說真正靜慮波羅蜜多

復次憍尸迦若善男子善女人等為發無上菩提心者宣說靜慮波羅蜜多作如是言汝善男子應修靜慮波羅蜜多不應觀佛十力若常若無常不應觀四無所畏四無礙解大慈大悲大喜大捨十八佛不共法若常若無常何以故佛十力佛十力自性空四無所畏四無礙解大慈大悲大喜大捨十八佛不共法四無所畏乃至十八佛不共法自性空是佛十力自性即非自性是四無所畏乃至十八佛不共法自性亦非自性若非自性即是靜慮波羅蜜多於此靜慮波羅蜜多佛十力不可得彼常無常亦不可得四無所畏乃至十八佛不共法皆不可得彼常無常亦不可得所以

者何此中尚無佛十力等可得何況有彼常與無常汝若能修如是靜慮是修靜慮波羅蜜多復作是言汝善男子應修靜慮波羅蜜多不應觀佛十力若樂若苦不應觀四無所畏四無礙解大慈大悲大喜大捨十八佛不共法若樂若苦何以故佛十力佛十力自性空四無所畏四無礙解大慈大悲大喜大捨十八佛不共法四無所畏乃至十八佛不共法自性空是佛十力自性即非自性是四無所畏乃至十八佛不共法自性亦非自性若非自性即是靜慮波羅蜜多於此靜慮波羅蜜多佛十力不可得彼樂與苦亦不可得四無所畏乃至十八佛不共法皆不可得彼樂與苦亦不可得所以者何此中尚無佛十力等可得何況有彼樂之與苦汝若能修如是靜慮是修靜慮波羅蜜多復作是言汝善男子應修靜慮波羅蜜多不應觀佛十力若我若無我不應觀四無所畏四無礙解大慈大悲大喜大捨十八佛不共法若我若無我

何以故？佛十力佛十力自性空，四無所畏、四無礙解、大慈、大悲、大喜、大捨、十八佛不共法四無所畏乃至十八佛不共法自性空。是佛十力自性即非自性，是四無所畏乃至十八佛不共法自性亦非自性，若非自性即是靜慮波羅蜜多。於此靜慮波羅蜜多，佛十力不可得，彼我無我亦不可得；四無所畏乃至十八佛不共法皆不可得，彼我無我亦不可得。所以者何？此中尚無佛十力等可得，何況有彼我與無我！汝若能修如是靜慮，是修靜慮波羅蜜多。復作是言：汝善男子應修靜慮波羅蜜多，不應觀佛十力若淨若不淨，不應觀四無所畏、四無礙解、大慈、大悲、大喜、大捨、十八佛不共法若淨若不淨。何以故？佛十力佛十力自性空，四無所畏、四無礙解、大慈、大悲、大喜、大捨、十八佛不共法四無所畏乃至十八佛不共法自性空。是佛十力自性即非自性，是四無所畏乃至十八佛不共法自性亦非自性，若非自性即是靜慮波羅蜜多。於

此靜慮波羅蜜多，佛十力不可得，彼淨不淨亦不可得；四無所畏乃至十八佛不共法皆不可得，彼淨不淨亦不可得。所以者何？此中尚無佛十力等可得，何況有彼淨與不淨！汝若能修如是靜慮，是修靜慮波羅蜜多。憍尸迦！是善男子、善女人等作此等說，是為宣說真正靜慮波羅蜜多。

復次，憍尸迦！若善男子、善女人等為發無上菩提心者宣說靜慮波羅蜜多，作如是言：汝善男子應修靜慮波羅蜜多，不應觀無忘失法若常若無常，不應觀恒住捨性若常若無常。何以故？無忘失法無忘失法自性空，恒住捨性恒住捨性自性空。是無忘失法自性即非自性，是恒住捨性自性亦非自性，若非自性即是靜慮波羅蜜多。於此靜慮波羅蜜多，無忘失法不可得，彼常無常亦不可得；恒住捨性不可得，彼常無常亦不可得。所以者何？此中尚無無忘失法等可得，何況有彼常與無常！汝若能修如是靜慮，是修靜慮波羅蜜多。復作是言：汝

善男子應修靜慮波羅蜜多，不應觀無忘失法若樂若苦，不應觀恒住捨性若樂若苦。何以故？無忘失法無忘失法自性空，恒住捨性恒住捨性自性空。是無忘失法自性即非自性，是恒住捨性自性亦非自性，若非自性即是靜慮波羅蜜多。於此靜慮波羅蜜多，無忘失法不可得，彼樂與苦亦不可得；恒住捨性不可得，彼樂與苦亦不可得。所以者何？此中尚無無忘失法等可得，何況有彼樂之與苦！汝若能修如是靜慮，是修靜慮波羅蜜多。復作是言：汝善男子應修靜慮波羅蜜多，不應觀無忘失法若我若無我，不應觀恒住捨性若我若無我。何以故？無忘失法無忘失法自性空，恒住捨性恒住捨性自性空。是無忘失法自性即非自性，是恒住捨性自性亦非自性，若非自性即是靜慮波羅蜜多。於此靜慮波羅蜜多，無忘失法不可得，彼我無我亦不可得；恒住捨性不可得，彼我無我亦不可得。所以者何？此中尚無無忘失法等可得，何

況有彼我與無我汝若能修如是靜慮是修靜慮波羅蜜多復作是言汝善男子應修靜慮波羅蜜多不應觀無忘失法若淨若不淨不應觀恒住捨性若淨若不淨何以故無忘失法無忘失法自性空恒住捨性恒住捨性自性空是無忘失法自性即非自性是恒住捨性自性亦非自性若非自性即是靜慮波羅蜜多於此靜慮波羅蜜多無忘失法不可得彼淨不淨亦不可得恒住捨性不可得彼淨不淨亦不可得所以者何此中尚無無忘失法等可得何況有彼淨與不淨汝若能修如是靜慮是修靜慮波羅蜜多憍尸迦是善男子善女人等作此等說是為宣說真正靜慮波羅蜜多

復次憍尸迦若善男子善女人等為發無上菩提心者宣說靜慮波羅蜜多作如是言汝善男子應修靜慮波羅蜜多不應觀一切智若常若無常不應觀道相智一切相智若常若無常何以故一切智一切智自性空道

相智一切相智道相智一切相智自性空是一切智自性即非自性是道相智一切相智自性亦非自性若非自性即是靜慮波羅蜜多於此靜慮波羅蜜多一切智不可得彼常無常亦不可得道相智一切相智皆不可得彼常無常亦不可得所以者何此中尚無一切智等可得何況有彼常與無常汝若能修如是靜慮是修靜慮波羅蜜多復作是言汝善男子應修靜慮波羅蜜多不應觀一切智若樂若苦不應觀道相智一切相智若樂若苦何以故一切智一切智自性空道相智一切相智道相智一切相智自性空是一切智自性即非自性是道相智一切相智自性亦非自性若非自性即是靜慮波羅蜜多於此靜慮波羅蜜多一切智不可得彼樂與苦亦不可得道相智一切相智皆不可得彼樂與苦亦不可得所以者何此中尚無一切智等可得何況有彼樂之與苦汝若能修如是靜慮是修靜慮波羅蜜多復作是言汝善男

子應修靜慮波羅蜜多不應觀一切智若我若無我不應觀道相智一切相智若我若無我何以故一切智一切智自性空道相智一切相智道相智一切相智自性空是一切智自性即非自性是道相智一切相智自性亦非自性若非自性即是靜慮波羅蜜多於此靜慮波羅蜜多一切智不可得彼我無我亦不可得道相智一切相智皆不可得彼我無我亦不可得所以者何此中尚無一切智等可得何況有彼我與無我汝若能修如是靜慮是修靜慮波羅蜜多復作是言汝善男子應修靜慮波羅蜜多不應觀一切智若淨若不淨不應觀道相智一切相智若淨若不淨何以故一切智一切智自性空道相智一切相智道相智一切相智自性空是一切智自性即非自性是道相智一切相智自性亦非自性若非自性即是靜慮波羅蜜多於此靜慮波羅蜜多一切智不可得彼淨不淨亦不可得道相智一切相智皆不可得彼淨不

淨亦不可得所以者何此中尚無一大般若經卷第一百五十一 第二十五張 秋字号
切智等可得何況有彼淨與不淨汝
若能修如是靜慮是修靜慮波羅蜜
多憍尸迦是善男子善女人等作此
等說是為宣說真正靜慮波羅蜜多

大般若波羅蜜多經卷第一百五十一

大般若波羅蜜多經卷第一百五十一

校勘記

一 底本，金藏大寶集寺本。

一 四四八頁下三行「靜慮波羅蜜多」，石作「靜波羅蜜多」。

一 四四九頁上六行至七行「彼淨不淨亦不可得」共八字石漏刻。

一 四五二頁下一一行「亦非自性」，石作「六非自性」。

一 四五三頁下六行至七行「十八佛不共法若樂若苦何以故佛十力佛」十七字石漏刻。

一 四五四頁下一三行至一四行「復作是言汝善男子應修靜慮波羅蜜多」十六字石漏刻。

大般若波羅蜜多經卷第一百五十二　張

三藏法師玄奘奉　詔譯

初分校量功德品第三十之五十

復次憍尸迦若善男子善女人等為發無上菩提心者宣說靜慮波羅蜜多作如是言汝善男子應修靜慮波羅蜜多不應觀一切陀羅尼門若常若无常不應觀一切三摩地門若常若無常何以故一切陀羅尼門一切陀羅尼門自性空一切三摩地門一切三摩地門自性空是一切陀羅尼門自性即非自性是一切三摩地門自性亦非自性若非自性即是靜慮波羅蜜多於此靜慮波羅蜜多一切陀羅尼門不可得彼常無常亦不可得一切三摩地門不可得彼常无常亦不可得所以者何此中尚無一切陀羅尼門等可得何況有彼常與无常汝若能修如是靜慮是修靜慮波羅蜜多復作是言汝善男子應修靜慮波羅蜜多不應觀一切陀羅尼門若樂若苦不應觀一切三摩地門若

樂若苦何以故一切陀羅尼門一切陀羅尼門自性空一切三摩地門一切三摩地門自性空是一切陀羅尼門自性即非自性是一切三摩地門自性亦非自性若非自性即是靜慮波羅蜜多於此靜慮波羅蜜多一切陀羅尼門不可得彼樂與苦亦不可得一切三摩地門不可得彼樂與苦亦不可得所以者何此中尚无一切陀羅尼門等可得何況有彼樂之與苦汝若能修如是靜慮是修靜慮波羅蜜多復作是言汝善男子應修靜慮波羅蜜多不應觀一切陀羅尼門若我若无我不應觀一切三摩地門若我若無我何以故一切陀羅尼門一切陀羅尼門自性空一切三摩地門一切三摩地門自性空是一切陀羅尼門自性即非自性是一切三摩地門自性亦非自性若非自性即是靜慮波羅蜜多於此靜慮波羅蜜多一切陀羅尼門不可得彼我無我亦不可得一切三摩地門不可得彼我無我亦不可得所以者何此中尚无

一切陁羅尼門等可得何况有彼我與無我汝若能修如是修静慮是修静慮波羅蜜多復作是言汝善男子應修静慮波羅蜜多不應觀一切陁羅尼門若淨若不淨不應觀一切三摩地門若淨若不淨何以故一切陁羅尼門一切陁羅尼門自性空一切三摩地門一切三摩地門自性空是一切陁羅尼門自性即非自性是一切三摩地門自性亦非自性若非自性即是静慮波羅蜜多於此静慮波羅蜜多一切陁羅尼門不可得彼淨不淨亦不可得一切三摩地門不可得彼淨不淨亦不可得所以者何此中尚無一切陁羅尼門等可得何况有彼淨與不淨汝若能修如是静慮是修静慮波羅蜜多憍尸迦是善男子善女人等作此等説是為宣説真正静慮波羅蜜多

復次憍尸迦若善男子善女人等為發無上菩提心者宣説静慮波羅蜜多作如是言汝善男子應修静慮波羅蜜多不應觀預流向預流果若常若無常不應觀一來向一來果不還向不還果阿羅漢向阿羅漢果若常若無常何以故預流向預流果預流向預流果自性空一來向一來果不還向不還果阿羅漢向阿羅漢果一來向乃至阿羅漢果自性空是預流向預流果自性即非自性是一來向乃至阿羅漢果自性亦非自性若非自性即是静慮波羅蜜多於此静慮波羅蜜多預流向預流果不可得彼常無常亦不可得一來向乃至阿羅漢果皆不可得彼常無常亦不可得所以者何此中尚無預流向等可得何况有彼常與無常汝若能修如是静慮是修静慮波羅蜜多復作是言汝善男子應修静慮波羅蜜多不應觀預流向預流果若樂若苦不應觀一來向一來果不還向不還果阿羅漢向阿羅漢果若樂若苦何以故預流向預流果預流向預流果自性空一來向一來果不還向不還果阿羅漢向阿羅漢果一來向乃至阿羅漢果自性空是預流向預流果自性即非自性是一來向乃至阿羅漢果自性亦非自性若非自性即是静慮波羅蜜多於此静慮波羅蜜多預流向預流果不可得彼樂與苦亦不可得一來向乃至阿羅漢果皆不可得彼樂與苦亦不可得所以者何此中尚無預流向等可得何况有彼樂之與苦汝若能修如是静慮是修静慮波羅蜜多復作是言汝善男子應修静慮波羅蜜多不應觀預流向預流果若我若無我不應觀一來向一來果不還向不還果阿羅漢向阿羅漢果若我若無我何以故預流向預流果預流向預流果自性空一來向一來果不還向不還果阿羅漢向阿羅漢果一來向乃至阿羅漢果自性空是預流向預流果自性即非自性是一來向乃至阿羅漢果自性亦非自性若非自性即是静慮波羅蜜多於此静慮波羅蜜多預流向預流果不可得彼我無我亦不可得一來向乃至阿羅漢果皆不可得彼我無我亦不可得所以者何此中尚無預流向等

可得何況有彼我與無我汝若能修如是靜慮是修靜慮波羅蜜多復作是言汝善男子應修靜慮波羅蜜多不應觀預流向預流果若淨若不淨不應觀一來向一來果不還向不還果阿羅漢向阿羅漢果若淨若不淨何以故預流向預流果預流向預流果自性空一來向一來果不還向不還果阿羅漢向阿羅漢果一來向乃至阿羅漢果自性空是預流向預流果自性即非自性是一來向乃至阿羅漢果自性亦非自性若非自性即是靜慮波羅蜜多於此靜慮波羅蜜多預流向預流果不可得彼淨不淨亦不可得一來向乃至阿羅漢果皆不可得彼淨不淨亦不可得所以者何此中尚無預流向等可得何況有彼淨與不淨汝若能修如是靜慮是修靜慮波羅蜜多憍尸迦是善男子善女人等作此等說是為宣說真正靜慮波羅蜜多

復次憍尸迦若善男子善女人等為發無上菩提心者宣說靜慮波羅蜜多作如是言汝善男子應修靜慮波羅蜜多不應觀一切獨覺菩提若常若無常何以故一切獨覺菩提一切獨覺菩提自性空是一切獨覺菩提自性即非自性若非自性即是靜慮波羅蜜多於此靜慮波羅蜜多一切獨覺菩提不可得彼常無常亦不可得所以者何此中尚無一切獨覺菩提可得何況有彼常與無常汝若能修如是靜慮是修靜慮波羅蜜多復作是言汝善男子應修靜慮波羅蜜多不應觀一切獨覺菩提若樂若苦何以故一切獨覺菩提一切獨覺菩提自性空是一切獨覺菩提自性即非自性若非自性即是靜慮波羅蜜多於此靜慮波羅蜜多一切獨覺菩提不可得彼樂與苦亦不可得所以者何此中尚無一切獨覺菩提可得何況有彼樂之與苦汝若能修如是靜慮是修靜慮波羅蜜多復作是言汝善男子應修靜慮波羅蜜多不應觀一切獨覺菩提若我若無我何以故一切獨覺菩提一切獨覺菩提自性空是一切獨覺菩提自性即非自性若非自性即是靜慮波羅蜜多於此靜慮波羅蜜多一切獨覺菩提不可得彼我無我亦不可得所以者何此中尚無一切獨覺菩提可得何況有彼我與無我汝若能修如是靜慮是修靜慮波羅蜜多復作是言汝善男子應修靜慮波羅蜜多不應觀一切獨覺菩提若淨若不淨何以故一切獨覺菩提一切獨覺菩提自性空是一切獨覺菩提自性即非自性若非自性即是靜慮波羅蜜多於此靜慮波羅蜜多一切獨覺菩提不可得彼淨不淨亦不可得所以者何此中尚無一切獨覺菩提可得何況有彼淨與不淨汝若能修如是靜慮是修靜慮波羅蜜多憍尸迦是善男子善女人等作此等說是為宣說真正靜慮波羅蜜多

復次憍尸迦若善男子善女人等為發無上菩提心者宣說靜慮波羅蜜多作如是言汝善男子應修靜慮波羅蜜多不應觀一切菩薩摩訶薩行

若常若無常何以故一切菩薩摩訶薩行一切菩薩摩訶薩行自性空是一切菩薩摩訶薩行自性即非自性若非自性即是靜慮波羅蜜多於此靜慮波羅蜜多一切菩薩摩訶薩行不可得彼常無常亦不可得所以者何此中尚無一切菩薩摩訶薩行可得何況有彼常與無常汝若能修如是靜慮是修靜慮波羅蜜多復作是言汝善男子應修靜慮波羅蜜多不應觀一切菩薩摩訶薩行若樂若苦何以故一切菩薩摩訶薩行一切菩薩摩訶薩行自性空是一切菩薩摩訶薩行自性即非自性若非自性即是靜慮波羅蜜多於此靜慮波羅蜜多一切菩薩摩訶薩行不可得彼樂與苦亦不可得所以者何此中尚無一切菩薩摩訶薩行可得何況有彼樂之與苦汝若能修如是靜慮是修靜慮波羅蜜多復作是言汝善男子應修靜慮波羅蜜多不應觀一切菩薩摩訶薩行若我若無我何以故一切菩薩摩訶薩行一切菩薩摩訶薩

行自性空是一切菩薩摩訶薩行自性即非自性若非自性即是靜慮波羅蜜多於此靜慮波羅蜜多一切菩薩摩訶薩行不可得彼我無我亦不可得所以者何此中尚無一切菩薩摩訶薩行可得何況有彼我與無我汝若能修如是靜慮是修靜慮波羅蜜多復作是言汝善男子應修靜慮波羅蜜多不應觀一切菩薩摩訶薩行若淨若不淨何以故一切菩薩摩訶薩行一切菩薩摩訶薩行自性空是一切菩薩摩訶薩行自性即非自性若非自性即是靜慮波羅蜜多於此靜慮波羅蜜多一切菩薩摩訶薩行不可得彼淨不淨亦不可得所以者何此中尚無一切菩薩摩訶薩行可得何況有彼淨與不淨汝若能修如是靜慮是修靜慮波羅蜜多憍尸迦是善男子善女人等作此等說是為宣說真正靜慮波羅蜜多

復次憍尸迦若善男子善女人等為發無上菩提心者宣說靜慮波羅蜜多作如是言汝善男子應修靜慮波

羅蜜多不應觀諸佛無上正等菩提若常若無常何以故諸佛無上正等菩提諸佛無上正等菩提自性空是諸佛無上正等菩提自性即非自性若非自性即是靜慮波羅蜜多於此靜慮波羅蜜多諸佛無上正等菩提不可得彼常無常亦不可得所以者何此中尚無諸佛無上正等菩提可得何況有彼常與無常汝若能修如是靜慮是修靜慮波羅蜜多復作是言汝善男子應修靜慮波羅蜜多不應觀諸佛無上正等菩提若樂若苦何以故諸佛無上正等菩提諸佛無上正等菩提自性空是諸佛無上正等菩提自性即非自性若非自性即是靜慮波羅蜜多於此靜慮波羅蜜多諸佛無上正等菩提不可得彼樂與苦亦不可得所以者何此中尚無諸佛無上正等菩提可得何況有彼樂之與苦汝若能修如是靜慮是修靜慮波羅蜜多復作是言汝善男子應修靜慮波羅蜜多不應觀諸佛無上正等菩提若我若無我何以故諸

佛無上正等菩提諸佛無上正等菩提自性空是諸佛無上正等菩提自性即非自性若非自性即是靜慮波羅蜜多於此靜慮波羅蜜多諸佛無上正等菩提不可得彼我無我亦不可得所以者何此中尚無諸佛無上正等菩提可得何況有彼我與無我汝若能修如是靜慮是修靜慮波羅蜜多復作是言汝善男子應修靜慮波羅蜜多不應觀諸佛無上正等菩提若淨若不淨何以故諸佛無上正等菩提諸佛無上正等菩提自性空是諸佛無上正等菩提自性即非自性若非自性即是靜慮波羅蜜多於此靜慮波羅蜜多諸佛無上正等菩提不可得彼淨不淨亦不可得所以者何此中尚無諸佛無上正等菩提可得何況有彼淨與不淨汝若能修如是靜慮是修靜慮波羅蜜多憍尸迦是善男子善女人等作此等說是為宣說真正靜慮波羅蜜多

時天帝釋復白佛言世尊云何諸善男子善女人等說無所得精進波羅

蜜多名說真正精進波羅蜜多佛言憍尸迦若善男子善女人等為發無上菩提心者宣說精進波羅蜜多作如是言汝善男子應修精進波羅蜜多不應觀色若常若無常不應觀受想行識若常若無常何以故色色自性空受想行識受想行識自性空是色自性即非自性是受想行識自性亦非自性若非自性即是精進波羅蜜多於此精進波羅蜜多色不可得彼常無常亦不可得受想行識皆不可得彼常無常亦不可得所以者何此中尚無色等可得何況有彼常與無常汝若能修如是精進是修精進波羅蜜多復作是言汝善男子應修精進波羅蜜多不應觀色若樂若苦不應觀受想行識若樂若苦何以故色色自性空受想行識受想行識自性空是色自性即非自性是受想行識自性亦非自性若非自性即是精進波羅蜜多於此精進波羅蜜多色不可得彼樂與苦亦不可得受想行識皆不可得彼樂與苦亦不可得所

以者何此中尚無色等可得何況有彼樂之與苦汝若能修如是精進是修精進波羅蜜多復作是言汝善男子應修精進波羅蜜多不應觀色若我若無我不應觀受想行識若我若無我何以故色色自性空受想行識受想行識自性空是色自性即非自性是受想行識自性亦非自性若非自性即是精進波羅蜜多於此精進波羅蜜多色不可得彼我無我亦不可得受想行識皆不可得彼我無我亦不可得所以者何此中尚無色等可得何況有彼我與無我汝若能修如是精進是修精進波羅蜜多復作是言汝善男子應修精進波羅蜜多不應觀色若淨若不淨不應觀受想行識若淨若不淨何以故色色自性空受想行識受想行識自性空是色自性即非自性是受想行識自性亦非自性若非自性即是精進波羅蜜多於此精進波羅蜜多色不可得彼淨不淨亦不可得受想行識皆不可得彼淨不淨亦不可得所以者何此

大般若經卷第一百五十三　第十三張　張字号

中尚無色等可得何況有彼淨與不淨汝若能修如是精進是修精進波羅蜜多憍尸迦是善男子善女人等作此等說是為宣說真正精進波羅蜜多

復次憍尸迦若善男子善女人等為發無上菩提心者宣說精進波羅蜜多作如是言汝善男子應修精進波羅蜜多不應觀眼處若常若無常不應觀耳鼻舌身意處若常若無常何以故眼處眼處自性空耳鼻舌身意處耳鼻舌身意處自性空是眼處自性即非自性是耳鼻舌身意處自性亦非自性若非自性即是精進波羅蜜多於此精進波羅蜜多眼處不可得彼常無常亦不可得耳鼻舌身意處皆不可得彼常無常亦不可得所以者何此中尚無眼處等可得何況有彼常與無常汝若能修如是精進是修精進波羅蜜多復作是言汝善男子應修精進波羅蜜多不應觀眼處若樂若苦不應觀耳鼻舌身意處若樂若苦何以故眼處眼處自性空

大般若經卷第一百五十三　第十四張　張字号

耳鼻舌身意處耳鼻舌身意處自性空是眼處自性即非自性是耳鼻舌身意處自性亦非自性若非自性即是精進波羅蜜多於此精進波羅蜜多眼處不可得彼樂與苦亦不可得耳鼻舌身意處皆不可得彼樂與苦亦不可得所以者何此中尚無眼處等可得何況有彼樂之與苦汝若能修如是精進是修精進波羅蜜多復作是言汝善男子應修精進波羅蜜多不應觀眼處若我若无我不應觀耳鼻舌身意處若我若無我何以故眼處眼處自性空耳鼻舌身意處耳鼻舌身意處自性空是眼處自性即非自性是耳鼻舌身意處自性亦非自性若非自性即是精進波羅蜜多於此精進波羅蜜多眼處不可得彼我無我亦不可得耳鼻舌身意處皆不可得彼我無我亦不可得所以者何此中尚无眼處等可得何況有彼我與無我汝若能修如是精進是修精進波羅蜜多復作是言汝善男子應修精進波羅蜜多不應觀眼處若

大般若經卷第一百五十三　第十五張　張字号

淨若不淨不應觀耳鼻舌身意處若淨若不淨何以故眼處眼處自性空耳鼻舌身意處耳鼻舌身意處自性空是眼處自性即非自性是耳鼻舌身意處自性亦非自性若非自性即是精進波羅蜜多於此精進波羅蜜多眼處不可得彼淨不淨亦不可得耳鼻舌身意處皆不可得彼淨不淨亦不可得所以者何此中尚无眼處等可得何況有彼淨與不淨汝若能修如是精進是修精進波羅蜜多憍尸迦是善男子善女人等作此等說是為宣說真正精進波羅蜜多

復次憍尸迦若善男子善女人等為發無上菩提心者宣說精進波羅蜜多作如是言汝善男子應修精進波羅蜜多不應觀色處若常若无常不應觀聲香味觸法處若常若無常何以故色處色處自性空聲香味觸法處聲香味觸法處自性空是色處自性即非自性是聲香味觸法處自性亦非自性若非自性即是精進波羅蜜多於此精進波羅蜜多色處不可

得彼常無常亦不可得聲香味觸法處皆不可得彼常無常亦不可得所以者何此中尚无色處等可得何況有彼常與無常汝若能修如是精進是修精進波羅蜜多復作是言汝善男子應修精進波羅蜜多不應觀色處若樂若苦不應觀聲香味觸法處若樂若苦何以故色處色處自性空聲香味觸法處聲香味觸法處自性空是色處自性即非自性是聲香味觸法處自性亦非自性若非自性即是精進波羅蜜多於此精進波羅蜜多色處不可得彼樂與苦亦不可得聲香味觸法處皆不可得彼樂與苦亦不可得所以者何此中尚無色處等可得何況有彼樂之與苦汝若能修如是精進是修精進波羅蜜多復作是言汝善男子應修精進波羅蜜多不應觀色處若我若无我不應觀聲香味觸法處若我若无我何以故色處色處自性空聲香味觸法處聲香味觸法處自性空是色處自性即非自性是聲香味觸法處自性亦非

自性若非自性即是精進波羅蜜多於此精進波羅蜜多色處不可得彼我無我亦不可得聲香味觸法處皆不可得彼我無我亦不可得所以者何此中尚无色處等可得何況有彼我與無我汝若能修如是精進是修精進波羅蜜多復作是言汝善男子應修精進波羅蜜多不應觀色處若淨若不淨不應觀聲香味觸法處若淨若不淨何以故色處色處自性空聲香味觸法處聲香味觸法處自性空是色處自性即非自性是聲香味觸法處自性亦非自性若非自性即是精進波羅蜜多於此精進波羅蜜多色處不可得彼淨不淨亦不可得聲香味觸法處皆不可得彼淨不淨亦不可得所以者何此中尚無色處等可得何況有彼淨與不淨汝若能修如是精進是修精進波羅蜜多憍尸迦是善男子善女人等作此等說是為宣說真正精進波羅蜜多

復次憍尸迦若善男子善女人等為發無上菩提心者宣說精進波羅蜜

多作如是言汝善男子應修精進波羅蜜多不應觀眼界若常若無常不應觀色界眼識界及眼觸眼觸為緣所生諸受若常若無常何以故眼界眼界自性空色界眼識界及眼觸眼觸為緣所生諸受色界乃至眼觸為緣所生諸受自性空是眼界自性即非自性是色界乃至眼觸為緣所生諸受自性亦非自性若非自性即是精進波羅蜜多於此精進波羅蜜多眼界不可得彼常无常亦不可得色界乃至眼觸為緣所生諸受皆不可得彼常无常亦不可得所以者何此中尚無眼界等可得何況有彼常與無常汝若能修如是精進是修精進波羅蜜多復作是言汝善男子應修精進波羅蜜多不應觀眼界若樂若苦不應觀色界眼識界及眼觸眼觸為緣所生諸受若樂若苦何以故眼界眼界自性空色界眼識界及眼觸眼觸為緣所生諸受色界乃至眼觸為緣所生諸受自性空是眼界自性即非自性是色界乃至眼觸為緣所

生諸受自性亦非自性若非自性即是精進波羅蜜多於此精進波羅蜜多眼界不可得彼樂與苦亦不可得色界乃至眼觸為緣所生諸受皆不可得彼樂與苦亦不可得所以者何此中尚無眼界等可得何況有彼樂之與苦汝若能修如是精進是修精進波羅蜜多復作是言汝善男子應修精進波羅蜜多不應觀眼界若我若無我不應觀色界眼識界及眼觸眼觸為緣所生諸受若我若無我何以故眼界眼界自性空色界眼識界及眼觸眼觸為緣所生諸受色界乃至眼觸為緣所生諸受自性空是眼界自性即非自性是色界乃至眼觸為緣所生諸受自性亦非自性若非自性即是精進波羅蜜多於此精進波羅蜜多眼界不可得彼我無我亦不可得色界乃至眼觸為緣所生諸受皆不可得彼我無我亦不可得所以者何此中尚無眼界等可得何況有彼我與無我汝若能修如是精進是修精進波羅蜜多復作是言汝善

男子應修精進波羅蜜多不應觀眼界若淨若不淨不應觀色界眼識界及眼觸眼觸為緣所生諸受若淨若不淨何以故眼界眼界自性空色界眼識界及眼觸眼觸為緣所生諸受色界乃至眼觸為緣所生諸受自性空是眼界自性即非自性是色界乃至眼觸為緣所生諸受自性亦非自性若非自性即是精進波羅蜜多於此精進波羅蜜多眼界不可得彼淨不淨亦不可得色界乃至眼觸為緣所生諸受皆不可得彼淨不淨亦不可得所以者何此中尚無眼界等可得何況有彼淨與不淨汝若能修如是精進是修精進波羅蜜多憍尸迦是善男子善女人等作此等說是為宣說真正精進波羅蜜多

復次憍尸迦若善男子善女人等為發無上菩提心者宣說精進波羅蜜多作如是言汝善男子應修精進波羅蜜多不應觀耳界若常若無常不應觀聲界耳識界及耳觸耳觸為緣所生諸受若常若無常何以故耳界

耳界自性空聲界耳識界及耳觸耳觸為緣所生諸受聲界乃至耳觸為緣所生諸受自性空是耳界自性即非自性是聲界乃至耳觸為緣所生諸受自性亦非自性若非自性即是精進波羅蜜多於此精進波羅蜜多耳界不可得彼常無常亦不可得聲界乃至耳觸為緣所生諸受皆不可得彼常無常亦不可得所以者何此中尚無耳界等可得何況有彼常與無常汝若能修如是精進是修精進波羅蜜多復作是言汝善男子應修精進波羅蜜多不應觀耳界若樂若苦不應觀聲界耳識界及耳觸耳觸為緣所生諸受若樂若苦何以故耳界耳界自性空聲界耳識界及耳觸耳觸為緣所生諸受聲界乃至耳觸為緣所生諸受自性空是耳界自性即非自性是聲界乃至耳觸為緣所生諸受自性亦非自性若非自性即是精進波羅蜜多於此精進波羅蜜多耳界不可得彼樂與苦亦不可得聲界乃至耳觸為緣所生諸受皆不

可得彼樂與苦亦不可得所以者何此中尚無耳界等可得何況有彼樂之與苦汝若能修如是精進是修精進波羅蜜多復作是言汝善男子應修精進波羅蜜多不應觀耳界若我若無我不應觀聲界耳識界及耳觸耳觸為緣所生諸受若我若無我何以故耳界耳界自性空聲界耳識界及耳觸耳觸為緣所生諸受聲界乃至耳觸為緣所生諸受自性空是耳界自性即非自性是聲界乃至耳觸為緣所生諸受自性亦非自性若非自性即是精進波羅蜜多於此精進波羅蜜多耳界不可得彼我無我亦不可得聲界乃至耳觸為緣所生諸受皆不可得彼我無我亦不可得所以者何此中尚無耳界等可得何況有彼我與無我汝若能修如是精進是修精進波羅蜜多復作是言汝善男子應修精進波羅蜜多不應觀耳界若淨若不淨不應觀聲界耳識界及耳觸耳觸為緣所生諸受若淨若不淨何以故耳界耳界自性空聲界

耳識界及耳觸耳觸為緣所生諸受聲界乃至耳觸為緣所生諸受自性空是耳界自性即非自性是聲界乃至耳觸為緣所生諸受自性亦非自性若非自性即是精進波羅蜜多於此精進波羅蜜多耳界不可得彼淨不淨亦不可得聲界乃至耳觸為緣所生諸受皆不可得彼淨不淨亦不可得所以者何此中尚無耳界等可得何況有彼淨與不淨汝若能修如是精進是修精進波羅蜜多憍尸迦是善男子善女人等作此等說是為宣說真正精進波羅蜜多

大般若波羅蜜多經卷第一百五十二

大般若波羅蜜多經卷第一百五十二　校勘記

一　底本，金藏大寶集寺本。

一　四五八頁下二行「即是」，磧作「即大」。

一　四五八頁下一七行「即非」，磧、普、南、徑、清作「亦非」。

一　四六一頁中一行「真正精進波羅蜜多」，石作「真正精進進波羅蜜多」。

一　四六一頁中一四行「如是精進是修精進」，石作「如是精進」。

一　四六二頁下二〇行至二一行「是色處自性即非自性」，石作「是色處自性空是色處自性即非自性」。

一　四六三頁上一行「聲香味觸法」，石作「聲香味法」。

一　四六三頁下一〇行第四字殘，應為「羅」。

一

四六四頁下一行至二行「自性空聲界耳識界及耳觸耳觸為緣」十五字[石]漏刻。

大般若波羅蜜多經卷第一百五十三　張

三藏法師玄奘奉　詔譯

初分校量功德品第三十之五十一

復次憍尸迦若善男子善女人等為發無上菩提心者宣說精進波羅蜜多作如是言汝善男子應修精進波羅蜜多不應觀鼻界若常若無常不應觀香界鼻識界及鼻觸鼻觸為緣所生諸受若常若無常何以故鼻界鼻界自性空香界鼻識界及鼻觸鼻觸為緣所生諸受香界乃至鼻觸為緣所生諸受自性空是鼻界自性即非自性是香界乃至鼻觸為緣所生諸受自性亦非自性若非自性即是精進波羅蜜多於此精進波羅蜜多鼻界不可得彼常無常亦不可得香界乃至鼻觸為緣所生諸受皆不可得彼常無常亦不可得所以者何此中尚無鼻界等可得何況有彼常與無常汝若能修如是精進是修精進波羅蜜多復作是言汝善男子應修精進波羅蜜多不應觀鼻界若樂若

苦不應觀香界鼻識界及鼻觸鼻觸為緣所生諸受若樂若苦何以故鼻界鼻界自性空香界鼻識界及鼻觸鼻觸為緣所生諸受香界乃至鼻觸為緣所生諸受自性空是鼻界自性即非自性是香界乃至鼻觸為緣所生諸受自性亦非自性若非自性即是精進波羅蜜多於此精進波羅蜜多鼻界不可得彼樂與苦亦不可得香界乃至鼻觸為緣所生諸受皆不可得彼樂與苦亦不可得所以者何此中尚無鼻界等可得何況有彼樂之與苦汝若能修如是精進是修精進波羅蜜多復作是言汝善男子應修精進波羅蜜多不應觀鼻界若我若無我不應觀香界鼻識界及鼻觸鼻觸為緣所生諸受若我若無我何以故鼻界鼻界自性空香界鼻識界及鼻觸鼻觸為緣所生諸受香界乃至鼻觸為緣所生諸受自性空是鼻界自性即非自性是香界乃至鼻觸為緣所生諸受自性亦非自性若非自性即是精進波羅蜜多於此精進

波羅蜜多鼻界不可得彼我無我亦不可得香界乃至鼻觸為緣所生諸受皆不可得彼我無我亦不可得所以者何此中尚無鼻界等可得何況有彼我與無我汝若能修如是精進是修精進波羅蜜多復作是言汝善男子應修精進波羅蜜多不應觀鼻界若淨若不淨不應觀香界鼻識界及鼻觸鼻觸為緣所生諸受若淨若不淨何以故鼻界鼻界自性空香界鼻識界及鼻觸鼻觸為緣所生諸受香界乃至鼻觸為緣所生諸受自性空是鼻界自性即非自性是香界乃至鼻觸為緣所生諸受自性亦非自性若非自性即是精進波羅蜜多於此精進波羅蜜多鼻界不可得彼淨不淨亦不可得香界乃至鼻觸為緣所生諸受皆不可得彼淨不淨亦不可得所以者何此中尚無鼻界等可得何況有彼淨與不淨汝若能修如是精進是修精進波羅蜜多憍尸迦是善男子善女人等作此等說是為宣說真正精進波羅蜜多

復次憍尸迦若善男子善女人等為發無上菩提心者宣說精進波羅蜜多作如是言汝善男子應修精進波羅蜜多不應觀舌界若常若無常不應觀味界舌識界及舌觸舌觸為緣所生諸受若常若無常何以故舌界舌界自性空味界舌識界及舌觸舌觸為緣所生諸受味界乃至舌觸為緣所生諸受自性空是舌界自性即非自性是味界乃至舌觸為緣所生諸受自性亦非自性若非自性即是精進波羅蜜多於此精進波羅蜜多舌界不可得彼常無常亦不可得味界乃至舌觸為緣所生諸受皆不可得彼常無常亦不可得所以者何此中尚無舌界等可得何況有彼常與無常汝若能修如是精進是修精進波羅蜜多復作是言汝善男子應修精進波羅蜜多不應觀舌界若樂若苦不應觀味界舌識界及舌觸舌觸為緣所生諸受若樂若苦何以故舌界舌界自性空味界舌識界及舌觸舌觸為緣所生諸受味界乃至舌觸為緣所生諸受自性空是舌界自性即非自性是味界乃至舌觸為緣所生諸受自性亦非自性若非自性即是精進波羅蜜多於此精進波羅蜜多舌界不可得彼樂與苦亦不可得味界乃至舌觸為緣所生諸受皆不可得彼樂與苦亦不可得所以者何此中尚無舌界等可得何況有彼樂之與苦汝若能修如是精進是修精進波羅蜜多復作是言汝善男子應修精進波羅蜜多不應觀舌界若我若無我不應觀味界舌識界及舌觸舌觸為緣所生諸受若我若無我何以故舌界舌界自性空味界舌識界及舌觸舌觸為緣所生諸受味界乃至舌觸為緣所生諸受自性空是舌界自性即非自性是味界乃至舌觸為緣所生諸受自性亦非自性若非自性即是精進波羅蜜多於此精進波羅蜜多舌界不可得彼我無我亦不可得味界乃至舌觸為緣所生諸受皆不可得彼我無我亦不可得所以者何此中尚無舌界等可得何況

大般若經卷第一百五十三　第六張　張字號

有彼我與無我汝若能修如是精進是修精進波羅蜜多復作是言汝善男子應修精進波羅蜜多不應觀舌界若淨若不淨不應觀味界舌識界及舌觸舌觸為緣所生諸受若淨若不淨何以故舌界舌界自性空味界舌識界及舌觸舌觸為緣所生諸受味界乃至舌觸為緣所生諸受自性空是舌界自性即非自性是味界乃至舌觸為緣所生諸受自性亦非自性若非自性即是精進波羅蜜多於此精進波羅蜜多舌界不可得彼淨不淨亦不可得味界乃至舌觸為緣所生諸受皆不可得彼淨不淨亦不可得所以者何此中尚無舌界等可得何況有彼淨與不淨汝若能修如是精進是修精進波羅蜜多憍尸迦是善男子善女人等作此等說是為宣說真正精進波羅蜜多

復次憍尸迦若善男子善女人等為發無上菩提心者宣說精進波羅蜜多作如是言汝善男子應修精進波羅蜜多不應觀身界若常若無常不

大般若經卷第一百五十三　第七張　張字號

應觀觸界身識界及身觸身觸為緣所生諸受若常若無常何以故身界身界自性空觸界身識界及身觸身觸為緣所生諸受觸界乃至身觸為緣所生諸受自性空是身界自性即非自性是觸界乃至身觸為緣所生諸受自性亦非自性若非自性即是精進波羅蜜多於此精進波羅蜜多身界不可得彼常無常亦不可得觸界乃至身觸為緣所生諸受皆不可得彼常無常亦不可得所以者何此中尚無身界等可得何況有彼常與無常汝若能修如是精進是修精進波羅蜜多復作是言汝善男子應修精進波羅蜜多不應觀身界若樂若苦不應觀觸界身識界及身觸身觸為緣所生諸受若樂若苦何以故身界身界自性空觸界身識界及身觸身觸為緣所生諸受觸界乃至身觸為緣所生諸受自性空是身界自性即非自性是觸界乃至身觸為緣所生諸受自性亦非自性若非自性即是精進波羅蜜多於此精進波羅蜜

大般若經卷第一百五十三　第八張　張字號

多身界不可得彼樂與苦亦不可得觸界乃至身觸為緣所生諸受皆不可得彼樂與苦亦不可得所以者何此中尚無身界等可得何況有彼樂之與苦汝若能修如是精進是修精進波羅蜜多復作是言汝善男子應修精進波羅蜜多不應觀身界若我若無我不應觀觸界身識界及身觸身觸為緣所生諸受若我若無我何以故身界身界自性空觸界身識界及身觸身觸為緣所生諸受觸界乃至身觸為緣所生諸受自性空是身界自性即非自性是觸界乃至身觸為緣所生諸受自性亦非自性若非自性即是精進波羅蜜多於此精進波羅蜜多身界不可得彼我無我亦不可得觸界乃至身觸為緣所生諸受皆不可得彼我無我亦不可得所以者何此中尚無身界等可得何況有彼我與無我汝若能修如是精進是修精進波羅蜜多復作是言汝善男子應修精進波羅蜜多不應觀身界若淨若不淨不應觀觸界身識界

及身觸身觸為緣所生諸受若淨若不淨何以故身界身界自性空觸界身識界及身觸身觸為緣所生諸受觸界乃至身觸為緣所生諸受自性空是身界自性即非自性是觸界乃至身觸為緣所生諸受自性亦非自性若非自性即是精進波羅蜜多於此精進波羅蜜多身界不可得彼淨不淨亦不可得觸界乃至身觸為緣所生諸受皆不可得彼淨不淨亦不可得所以者何此中尚無身界等可得何況有彼淨與不淨汝若能修如是精進是修精進波羅蜜多憍尸迦是善男子善女人等作此等說是為宣說真正精進波羅蜜多

復次憍尸迦若善男子善女人等為發無上菩提心者宣說精進波羅蜜多作如是言汝善男子應修精進波羅蜜多不應觀意界若常若無常不應觀法界意識界及意觸意觸為緣所生諸受若常若無常何以故意界意界自性空法界意識界及意觸意觸為緣所生諸受法界乃至意觸為

緣所生諸受自性空是意界自性即非自性是法界乃至意觸為緣所生諸受自性亦非自性若非自性即是精進波羅蜜多於此精進波羅蜜多意界不可得彼常無常亦不可得法界乃至意觸為緣所生諸受皆不可得彼常無常亦不可得所以者何此中尚無意界等可得何況有彼常與無常汝若能修如是精進是修精進波羅蜜多復作是言汝善男子應修精進波羅蜜多不應觀意界若樂若苦不應觀法界意識界及意觸意觸為緣所生諸受若樂若苦何以故意界意界自性空法界意識界及意觸意觸為緣所生諸受法界乃至意觸為緣所生諸受自性空是意界自性即非自性是法界乃至意觸為緣所生諸受自性亦非自性若非自性即是精進波羅蜜多於此精進波羅蜜多意界不可得彼樂與苦亦不可得法界乃至意觸為緣所生諸受皆不可得彼樂與苦亦不可得所以者何此中尚無意界等可得何況有彼樂

之與苦汝若能修如是精進是修精進波羅蜜多復作是言汝善男子應修精進波羅蜜多不應觀意界若我若無我不應觀法界意識界及意觸意觸為緣所生諸受若我若無我何以故意界意界自性空法界意識界及意觸意觸為緣所生諸受法界乃至意觸為緣所生諸受自性空是意界自性即非自性是法界乃至意觸為緣所生諸受自性亦非自性若非自性即是精進波羅蜜多於此精進波羅蜜多意界不可得彼我無我亦不可得法界乃至意觸為緣所生諸受皆不可得彼我無我亦不可得所以者何此中尚無意界等可得何況有彼我與無我汝若能修如是精進是修精進波羅蜜多復作是言汝善男子應修精進波羅蜜多不應觀意界若淨若不淨不應觀法界意識界及意觸意觸為緣所生諸受若淨若不淨何以故意界意界自性空法界意識界及意觸意觸為緣所生諸受法界乃至意觸為緣所生諸受自性

空是意界自性即非自性是法界乃至意觸為緣所生諸受自性亦非自性若非自性即是精進波羅蜜多於此精進波羅蜜多意界不可得彼淨不淨亦不可得法界乃至意觸為緣所生諸受皆不可得彼淨不淨亦不可得所以者何此中尚無意界等可得何況有彼淨與不淨汝若能修如是精進是修精進波羅蜜多憍尸迦是善男子善女人等作此等說是為宣說真正精進波羅蜜多

復次憍尸迦若善男子善女人等為發無上菩提心者宣說精進波羅蜜多作如是言汝善男子應修精進波羅蜜多不應觀地界若常若無常不應觀水火風空識界若常若無常何以故地界地界自性空水火風空識界水火風空識界自性空是地界自性即非自性是水火風空識界自性亦非自性若非自性即是精進波羅蜜多於此精進波羅蜜多地界不可得彼常無常亦不可得水火風空識界皆不可得彼常無常亦不可得所

以者何此中尚無地界等可得何況有彼常與無常汝若能修如是精進是修精進波羅蜜多復作是言汝善男子應修精進波羅蜜多不應觀地界若樂若苦不應觀水火風空識界若樂若苦何以故地界地界自性空水火風空識界水火風空識界自性空是地界自性即非自性是水火風空識界自性亦非自性若非自性即是精進波羅蜜多於此精進波羅蜜多地界不可得彼樂與苦亦不可得水火風空識界皆不可得彼樂與苦亦不可得所以者何此中尚無地界等可得何況有彼樂之與苦汝若能修如是精進是修精進波羅蜜多復作是言汝善男子應修精進波羅蜜多不應觀地界若我若無我不應觀水火風空識界若我若無我何以故地界地界自性空水火風空識界水火風空識界自性空是地界自性即非自性是水火風空識界自性亦非自性若非自性即是精進波羅蜜多於此精進波羅蜜多地界不可得彼

我無我亦不可得水火風空識界皆不可得彼我無我亦不可得所以者何此中尚無地界等可得何況有彼我與無我汝若能修如是精進是修精進波羅蜜多復作是言汝善男子應修精進波羅蜜多不應觀地界若淨若不淨不應觀水火風空識界若淨若不淨何以故地界地界自性空水火風空識界水火風空識界自性空是地界自性即非自性是水火風空識界自性亦非自性若非自性即是精進波羅蜜多於此精進波羅蜜多地界不可得彼淨不淨亦不可得水火風空識界皆不可得彼淨不淨亦不可得所以者何此中尚無地界等可得何況有彼淨與不淨汝若能修如是精進是修精進波羅蜜多憍尸迦是善男子善女人等作此等說是為宣說真正精進波羅蜜多

復次憍尸迦若善男子善女人等為發無上菩提心者宣說精進波羅蜜多作如是言汝善男子應修精進波羅蜜多不應觀無明若常若無常不

應觀行識名色六處觸受愛取有生老死愁歎苦憂惱若常若無常何以故無明無明自性空行識名色六處觸受愛取有生老死愁歎苦憂惱行乃至老死愁歎苦憂惱自性空是無明自性即非自性是行乃至老死愁歎苦憂惱自性亦非自性若非自性即是精進波羅蜜多於此精進波羅蜜多無明不可得彼常無常亦不可得行乃至老死愁歎苦憂惱皆不可得彼常無常亦不可得所以者何此中尚無無明等可得何況有彼常與無常汝若能修如是精進是修精進波羅蜜多復作是言汝善男子應修精進波羅蜜多不應觀無明若樂若苦不應觀行識名色六處觸受愛取有生老死愁歎苦憂惱若樂若苦何以故無明無明自性空行識名色六處觸受愛取有生老死愁歎苦憂惱行乃至老死愁歎苦憂惱自性空是無明自性即非自性是行乃至老死愁歎苦憂惱自性亦非自性若非自性即是精進波羅蜜多於此精進波羅蜜多無明不可得彼樂與苦亦不可得行乃至老死愁歎苦憂惱皆不可得彼樂與苦亦不可得所以者何此中尚無無明等可得何況有彼樂之與苦汝若能修如是精進是修精進波羅蜜多復作是言汝善男子應修精進波羅蜜多不應觀無明若我若無我不應觀行識名色六處觸受愛取有生老死愁歎苦憂惱若我若無我何以故無明無明自性空行識名色六處觸受愛取有生老死愁歎苦憂惱行乃至老死愁歎苦憂惱自性空是無明自性即非自性是行乃至老死愁歎苦憂惱自性亦非自性若非自性即是精進波羅蜜多於此精進波羅蜜多無明不可得彼我無我亦不可得行乃至老死愁歎苦憂惱皆不可得彼我無我亦不可得所以者何此中尚無無明等可得何況有彼我與無我汝若能修如是精進是修精進波羅蜜多復作是言汝善男子應修精進波羅蜜多不應觀無明若淨若不淨不應觀行識名色六處觸受愛取有生老死愁歎苦憂惱若淨若不淨何以故無明無明自性空行識名色六處觸受愛取有生老死愁歎苦憂惱行乃至老死愁歎苦憂惱自性空是無明自性即非自性是行乃至老死愁歎苦憂惱自性亦非自性若非自性即是精進波羅蜜多於此精進波羅蜜多無明不可得彼淨不淨亦不可得行乃至老死愁歎苦憂惱皆不可得彼淨不淨亦不可得所以者何此中尚無無明等可得何況有彼淨與不淨汝若能修如是精進是修精進波羅蜜多憍尸迦是善男子善女人等作此等說是為宣說真正精進波羅蜜多

復次憍尸迦若善男子善女人等為發無上菩提心者宣說精進波羅蜜多作如是言汝善男子應修精進波羅蜜多不應觀布施波羅蜜多若常若無常不應觀淨戒安忍精進靜慮般若波羅蜜多若常若無常何以故布施波羅蜜多布施波羅蜜多自性空淨戒安忍精進靜慮般若波羅蜜

多淨戒乃至般若波羅蜜多自性空
是布施波羅蜜多自性即非自性是
淨戒乃至般若波羅蜜多自性亦非
自性若非自性即是精進波羅蜜多
於此精進波羅蜜多布施波羅蜜多
不可得彼常無常亦不可得淨戒乃
至般若波羅蜜多皆不可得彼常無
常亦不可得所以者何此中尚無布
施波羅蜜多等可得何況有彼常與
無常汝若能修如是精進是修精進
波羅蜜多復作是言汝善男子應修
精進波羅蜜多不應觀布施波羅蜜
多若樂若苦不應觀淨戒安忍精進
靜慮般若波羅蜜多若樂若苦何以
故布施波羅蜜多布施波羅蜜多自
性空淨戒安忍精進靜慮般若波羅
蜜多淨戒乃至般若波羅蜜多自性
空是布施波羅蜜多自性即非自性
是淨戒乃至般若波羅蜜多自性亦
非自性若非自性即是精進波羅蜜
多於此精進波羅蜜多布施波羅蜜
多不可得彼樂與苦亦不可得淨戒
乃至般若波羅蜜多皆不可得彼樂

與苦亦不可得所以者何此中尚無
布施波羅蜜多等可得何況有彼樂
之與苦汝若能修如是精進是修精
進波羅蜜多復作是言汝善男子應
修精進波羅蜜多不應觀布施波羅
蜜多若我若無我不應觀淨戒安忍
精進靜慮般若波羅蜜多若我若無
我何以故布施波羅蜜多布施波羅
蜜多自性空淨戒安忍精進靜慮般
若波羅蜜多淨戒乃至般若波羅蜜
多自性空是布施波羅蜜多自性即
非自性是淨戒乃至般若波羅蜜多
自性亦非自性若非自性即是精進
波羅蜜多於此精進波羅蜜多布施
波羅蜜多不可得彼我無我亦不可
得淨戒乃至般若波羅蜜多皆不可
得彼我無我亦不可得所以者何此
中尚無布施波羅蜜多等可得何況
有彼我與無我汝若能修如是精進
是修精進波羅蜜多復作是言汝善
男子應修精進波羅蜜多不應觀布
施波羅蜜多若淨若不淨不應觀淨
戒安忍精進靜慮般若波羅蜜多若

淨若不淨何以故布施波羅蜜多布
施波羅蜜多自性空淨戒安忍精進
靜慮般若波羅蜜多淨戒乃至般若
波羅蜜多自性空是布施波羅蜜多
自性即非自性是淨戒乃至般若波
羅蜜多自性亦非自性若非自性即
是精進波羅蜜多於此精進波羅蜜
多布施波羅蜜多不可得彼淨不淨
亦不可得淨戒乃至般若波羅蜜多
皆不可得彼淨不淨亦不可得所以
者何此中尚無布施波羅蜜多等可
得何況有彼淨與不淨汝若能修如
是精進是修精進波羅蜜多憍尸迦
是善男子善女人等作此等說是為
宣說真正精進波羅蜜多
復次憍尸迦若善男子善女人等為
發無上菩提心者宣說精進波羅蜜
多作如是言汝善男子應修精進波
羅蜜多不應觀內空若常若無常不
應觀外空內外空空空大空勝義空
有為空無為空畢竟空無際空散空
無變異空本性空自相空共相空一
切法空不可得空無性空自性空無

性自性空若常若無常何以故內空內空自性空外空內外空空空大空勝義空有為空無為空畢竟空無際空散空無變異空本性空自相空共相空一切法空不可得空無性空自性空無性自性空外空乃至無性自性空自性空是內空自性即非自性是外空乃至無性自性空自性亦非自性若非自性即是精進波羅蜜多於此精進波羅蜜多內空不可得彼常無常亦不可得外空乃至無性自性空皆不可得彼常無常亦不可得所以者何此中尚無內空等可得何況有彼常與無常汝若能修如是精進是修精進波羅蜜多復作是言汝善男子應修精進波羅蜜多不應觀內空若樂若苦不應觀外空內外空空空大空勝義空有為空無為空畢竟空無際空散空無變異空本性空自相空共相空一切法空不可得空無性空自性空無性自性空若樂若苦何以故內空內空自性空外空內外空空空大空勝義空有為空無為

空畢竟空無際空散空無變異空本性空自相空共相空一切法空不可得空無性空自性空無性自性空外空乃至無性自性空自性空是內空自性即非自性是外空乃至無性自性空自性亦非自性若非自性即是精進波羅蜜多於此精進波羅蜜多內空不可得彼樂與苦亦不可得外空乃至無性自性空皆不可得彼樂與苦亦不可得所以者何此中尚無內空等可得何況有彼樂之與苦汝若能修如是精進是修精進波羅蜜多復作是言汝善男子應修精進波羅蜜多不應觀內空若我若無我不應觀外空內外空空空大空勝義空有為空無為空畢竟空無際空散空無變異空本性空自相空共相空一切法空不可得空無性空自性空無性自性空若我若無我何以故內空內空自性空外空內外空空空大空勝義空有為空無為空畢竟空無際空散空無變異空本性空自相空共相空一切法空不可得空無性空自

性空無性自性空外空乃至無性自性空自性空是內空自性即非自性是外空乃至無性自性空自性亦非自性若非自性即是精進波羅蜜多於此精進波羅蜜多內空不可得彼我無我亦不可得外空乃至無性自性空皆不可得彼我無我亦不可得所以者何此中尚無內空等可得何況有彼我與無我汝若能修如是精進是修精進波羅蜜多復作是言汝善男子應修精進波羅蜜多不應觀內空若淨若不淨不應觀外空內外空空空大空勝義空有為空無為空畢竟空無際空散空無變異空本性空自相空共相空一切法空不可得空無性空自性空無性自性空若淨若不淨何以故內空內空自性空外空內外空空空大空勝義空有為空無為空畢竟空無際空散空無變異空本性空自相空共相空一切法空不可得空無性空自性空無性自性空外空乃至無性自性空自性空是內空自性即非自性是外空乃至無

性自性空自性亦非自性若非自性即是精進波羅蜜多於此精進波羅蜜多内空不可得彼淨不淨亦不可得外空乃至無性自性空皆不可得彼淨不淨亦不可得所以者何此中尚無内空等可得何況有彼淨與不淨波若能修如是精進是修精進波羅蜜多憍尸迦是善男子善女人等作此等説是為宣説真正精進波羅蜜多

大般若波羅蜜多經卷第一百五十三

大般若波羅蜜多經卷第一百五十三

校勘記

一　底本，金藏大寶集寺本。

一　四六七頁中三行「三十之五十一」，石作「卌之五十一」。

一　四六九頁中二二行「亦非」，徑、清作「即是」。

一　四七三頁上三行「淨戒乃至」，石作「淨戒安忍精進靜慮」。

一　四七三頁上六行至七行「淨戒乃至」，石作「淨戒安忍精進靜慮」。

一　四七三頁中二〇行末字，有原闕經者墨跡。

一　四七四頁中四行「無性自性空自性空」，石作「無性自性空自性空自性空」。

大般若波羅蜜多經卷第一百五十四　張

三藏法師玄奘奉　詔譯

初分校量功德品第三十之五十二

復次憍尸迦若善男子善女人等為發無上菩提心者宣說精進波羅蜜多作如是言汝善男子應修精進波羅蜜多不應觀真如若常若无常不應觀法界法性不虛妄性不變異性平等性離生性法定法住實際虛空界不思議界若常若無常何以故真如真如自性空法界法性不虛妄性不變異性平等性離生性法定法住實際虛空界不思議界法界乃至不思議界自性空是真如自性即非自性是法界乃至不思議界自性亦非自性若非自性即是精進波羅蜜多於此精進波羅蜜多真如不可得彼常無常亦不可得法界乃至不思議界皆不可得彼常無常亦不可得所以者何此中尚無真如等可得何況有彼常與無常汝若能修如是精進是修精進波羅蜜多復作是言汝善男子應修精進波羅蜜多不應觀真如若樂若苦不應觀法界法性不虛妄性不變異性平等性離生性法定法住實際虛空界不思議界若樂若苦何以故真如真如自性空法界法性不虛妄性不變異性平等性離生性法定法住實際虛空界不思議界法界乃至不思議界自性空是真如自性即非自性是法界乃至不思議界自性亦非自性若非自性即是精進波羅蜜多於此精進波羅蜜多真如不可得彼樂與苦亦不可得法界乃至不思議界皆不可得彼樂與苦亦不可得所以者何此中尚無真如等可得何況有彼樂之與苦汝若能修如是精進是修精進波羅蜜多復作是言汝善男子應修精進波羅蜜多不應觀真如若我若无我不應觀法界法性不虛妄性不變異性平等性離生性法定法住實際虛空界不思議界若我若无我何以故真如真如自性空法界法性不虛妄性不變異性平等性離生性法定法住實際

虛空界不思議界法界乃至不思議界自性空是真如自性即非自性是法界乃至不思議界自性亦非自性若非自性即是精進波羅蜜多於此精進波羅蜜多真如不可得彼我無我亦不可得法界乃至不思議界皆不可得彼我無我亦不可得所以者何此中尚無真如等可得何況有彼我與無我汝若能修如是精進是修精進波羅蜜多復作是言汝善男子應修精進波羅蜜多不應觀真如若淨若不淨不應觀法界法性不虛妄性不變異性平等性離生性法定法住實際虛空界不思議界若淨若不淨何以故真如真如自性空法界法性不虛妄性不變異性平等性離生性法定法住實際虛空界不思議界法界乃至不思議界自性空是真如自性即非自性是法界乃至不思議界自性亦非自性若非自性即是精進波羅蜜多於此精進波羅蜜多真如不可得彼淨不淨亦不可得法界乃至不思議界皆不可得彼淨不淨

亦不可得所以者何此中尚無真如等可得何況有彼淨與不淨汝若能修如是精進是修精進波羅蜜多憍尸迦是善男子善女人等作此等說是為宣說真正精進波羅蜜多

復次憍尸迦若善男子善女人等為發無上菩提心者宣說精進波羅蜜多作如是言汝善男子應修精進波羅蜜多不應觀苦聖諦若常若無常不應觀集滅道聖諦若常若無常何以故苦聖諦苦聖諦自性空集滅道聖諦集滅道聖諦自性空是苦聖諦自性即非自性是集滅道聖諦自性亦非自性若非自性即是精進波羅蜜多於此精進波羅蜜多苦聖諦不可得彼常無常亦不可得集滅道聖諦皆不可得彼常無常亦不可得所以者何此中尚無苦聖諦等可得何況有彼常與無常汝若能修如是精進是修精進波羅蜜多復作是言汝善男子應修精進波羅蜜多不應觀苦聖諦若樂若苦不應觀集滅道聖諦若樂若苦何以故苦聖諦苦聖諦

自性空集滅道聖諦集滅道聖諦自性空是苦聖諦自性即非自性是集滅道聖諦自性亦非自性若非自性即是精進波羅蜜多於此精進波羅蜜多苦聖諦不可得彼樂與苦亦不可得集滅道聖諦皆不可得彼樂與苦亦不可得所以者何此中尚無苦聖諦等可得何況有彼樂之與苦汝若能修如是精進是修精進波羅蜜多復作是言汝善男子應修精進波羅蜜多不應觀苦聖諦若我若無我不應觀集滅道聖諦若我若無我何以故苦聖諦苦聖諦自性空集滅道聖諦集滅道聖諦自性空是苦聖諦自性即非自性是集滅道聖諦自性亦非自性若非自性即是精進波羅蜜多於此精進波羅蜜多苦聖諦不可得彼我無我亦不可得集滅道聖諦皆不可得彼我無我亦不可得所以者何此中尚無苦聖諦等可得何況有彼我與無我汝若能修如是精進是修精進波羅蜜多復作是言汝善男子應修精進波羅蜜多不應觀

苦聖諦若淨若不淨不應觀集滅道聖諦若淨若不淨何以故苦聖諦苦聖諦自性空集滅道聖諦集滅道聖諦自性空是苦聖諦自性即非自性是集滅道聖諦自性亦非自性若非自性即是精進波羅蜜多於此精進波羅蜜多苦聖諦不可得彼淨不淨亦不可得集滅道聖諦皆不可得彼淨不淨亦不可得所以者何此中尚無苦聖諦等可得何況有彼淨與不淨汝若能修如是精進是修精進波羅蜜多憍尸迦是善男子善女人等作此等說是為宣說真正精進波羅蜜多

復次憍尸迦若善男子善女人等為發無上菩提心者宣說精進波羅蜜多作如是言汝善男子應修精進波羅蜜多不應觀四靜慮若常若無常不應觀四無量四無色定若常若無常何以故四靜慮四靜慮自性空四無量四無色定四無量四無色定自性空是四靜慮自性即非自性是四無量四無色定自性亦非自性若非

自性即是精進波羅蜜多於此精進波羅蜜多四靜慮不可得彼常無常亦不可得四無量四無色定皆不可得彼常無常亦不可得所以者何此中尚無四靜慮等可得何況有彼常與無常汝若能修如是精進是修精進波羅蜜多復作是言汝善男子應修精進波羅蜜多不應觀四靜慮若樂若苦不應觀四無量四無色定若樂若苦何以故四靜慮四靜慮自性空四無量四無色定四無量四無色定自性空是四靜慮自性即非自性是四無量四無色定自性亦非自性若非自性即是精進波羅蜜多於此精進波羅蜜多四靜慮不可得彼樂與苦亦不可得四無量四無色定皆不可得彼樂與苦亦不可得所以者何此中尚無四靜慮等可得何況有彼樂之與苦汝若能修如是精進是修精進波羅蜜多復作是言汝善男子應修精進波羅蜜多不應觀四靜慮若我若無我不應觀四無量四無色定若我若無我何以故四靜慮四

靜慮自性空四無量四無色定四無量四無色定自性空是四靜慮自性即非自性是四無量四無色定自性亦非自性若非自性即是精進波羅蜜多於此精進波羅蜜多四靜慮不可得彼我無我亦不可得四無量四無色定皆不可得彼我無我亦不可得所以者何此中尚無四靜慮等可得何況有彼我與無我汝若能修如是精進是修精進波羅蜜多復作是言汝善男子應修精進波羅蜜多不應觀四靜慮若淨若不淨不應觀四無量四無色定若淨若不淨何以故四靜慮四靜慮自性空四無量四無色定四無量四無色定自性空是四靜慮自性即非自性是四無量四無色定自性亦非自性若非自性即是精進波羅蜜多於此精進波羅蜜多四靜慮不可得彼淨不淨亦不可得四無量四無色定皆不可得彼淨不淨亦不可得所以者何此中尚無四靜慮等可得何況有彼淨與不淨汝若能修如是精進是修精進波羅蜜

多憍尸迦是善男子善女人等作此等說是為宣說真正精進波羅蜜多

復次憍尸迦若善男子善女人等為發無上菩提心者宣說精進波羅蜜多作如是言汝善男子應修精進波羅蜜多不應觀八解脫若常若無常不應觀八勝處九次第定十遍處若常若無常何以故八解脫八解脫自性空八勝處九次第定十遍處八勝處九次第定十遍處自性空是八解脫自性即非自性是八勝處九次第定十遍處自性亦非自性若非自性即是精進波羅蜜多於此精進波羅蜜多八解脫不可得彼常無常亦不可得八勝處九次第定十遍處皆不可得彼常無常亦不可得所以者何此中尚無八解脫等可得何況有彼常與無常汝若能修如是精進是修精進波羅蜜多復作是言汝善男子應修精進波羅蜜多不應觀八解脫若樂若苦不應觀八勝處九次第定十遍處若樂若苦何以故八解脫八解脫自性空八勝處九次第定十遍處八勝處九次第定十遍處自性空是八解脫自性即非自性是八勝處九次第定十遍處自性亦非自性若非自性即是精進波羅蜜多於此精進波羅蜜多八解脫不可得彼樂與苦亦不可得八勝處九次第定十遍處皆不可得彼樂與苦亦不可得所以者何此中尚無八解脫等可得何況有彼樂之與苦汝若能修如是精進是修精進波羅蜜多復作是言汝善男子應修精進波羅蜜多不應觀八解脫若我若無我不應觀八勝處九次第定十遍處若我若無我何以故八解脫八解脫自性空八勝處九次第定十遍處八勝處九次第定十遍處自性空是八解脫自性即非自性是八勝處九次第定十遍處自性亦非自性若非自性即是精進波羅蜜多於此精進波羅蜜多八解脫不可得彼我無我亦不可得八勝處九次第定十遍處皆不可得彼我無我亦不可得所以者何此中尚無八解脫等可得何況有彼我與無我汝若能修如是精進是修精進波羅蜜多復作是言汝善男子應修精進波羅蜜多不應觀八解脫若淨若不淨不應觀八勝處九次第定十遍處若淨若不淨何以故八解脫八解脫自性空八勝處九次第定十遍處八勝處九次第定十遍處自性空是八解脫自性即非自性是八勝處九次第定十遍處自性亦非自性若非自性即是精進波羅蜜多於此精進波羅蜜多八解脫不可得彼淨不淨亦不可得八勝處九次第定十遍處皆不可得彼淨不淨亦不可得所以者何此中尚無八解脫等可得何況有彼淨與不淨汝若能修如是精進是修精進波羅蜜多憍尸迦是善男子善女人等作此等說是為宣說真正精進波羅蜜多

復次憍尸迦若善男子善女人等為發無上菩提心者宣說精進波羅蜜多作如是言汝善男子應修精進波羅蜜多不應觀四念住若常若無常不應觀四正斷四神足五根五力七

等覺支八聖道支若常若無常何以故四念住四念住自性空四正斷四神足五根五力七等覺支八聖道支四正斷乃至八聖道支自性空是四念住自性即非自性是四正斷乃至八聖道支自性亦非自性若非自性即是精進波羅蜜多於此精進波羅蜜多四念住不可得彼常無常亦不可得四正斷乃至八聖道支皆不可得彼常無常亦不可得所以者何此中尚無四念住等可得何況有彼常與無常汝若能修如是精進是修精進波羅蜜多復作是言汝善男子應修精進波羅蜜多不應觀四念住若樂若苦不應觀四正斷四神足五根五力七等覺支八聖道支若樂若苦何以故四念住四念住自性空四正斷四神足五根五力七等覺支八聖道支四正斷乃至八聖道支自性空是四念住自性即非自性是四正斷乃至八聖道支自性亦非自性若非自性即是精進波羅蜜多於此精進波羅蜜多四念住不可得彼樂與苦

亦不可得四正斷乃至八聖道支皆不可得彼樂與苦亦不可得所以者何此中尚無四念住等可得何況有彼樂之與苦汝若能修如是精進是修精進波羅蜜多復作是言汝善男子應修精進波羅蜜多不應觀四念住若我若無我不應觀四正斷四神足五根五力七等覺支八聖道支若我若無我何以故四念住四念住自性空四正斷四神足五根五力七等覺支八聖道支四正斷乃至八聖道支自性空是四念住自性即非自性是四正斷乃至八聖道支自性亦非自性若非自性即是精進波羅蜜多於此精進波羅蜜多四念住不可得彼我無我亦不可得四正斷乃至八聖道支皆不可得彼我無我亦不可得所以者何此中尚無四念住等可得何況有彼我與無我汝若能修如是精進是修精進波羅蜜多復作是言汝善男子應修精進波羅蜜多不應觀四念住若淨若不淨不應觀四正斷四神足五根五力七等覺支八

聖道支若淨若不淨何以故四念住四念住自性空四正斷四神足五根五力七等覺支八聖道支四正斷乃至八聖道支自性空是四念住自性即非自性是四正斷乃至八聖道支自性亦非自性若非自性即是精進波羅蜜多於此精進波羅蜜多四念住不可得彼淨不淨亦不可得四正斷乃至八聖道支皆不可得彼淨不淨亦不可得所以者何此中尚無四念住等可得何況有彼淨與不淨汝若能修如是精進是修精進波羅蜜多憍尸迦是善男子善女人等作此等說是為宣說真正精進波羅蜜多復次憍尸迦若善男子善女人等為發無上菩提心者宣說精進波羅蜜多作如是言汝善男子應修精進波羅蜜多不應觀空解脫門若常若無常不應觀無相無願解脫門若常若無常何以故空解脫門空解脫門自性空無相無願解脫門無相無願解脫門自性空是空解脫門自性即非自性是無相無願解脫門自性亦非

自性若非自性即是精進波羅蜜多於此精進波羅蜜多空解脫門不可得彼常無常亦不可得无相無願解脫門皆不可得彼常無常亦不可得所以者何此中尚無空解脫門等可得何況有彼常與無常汝若能修如是精進是修精進波羅蜜多復作是言汝善男子應修精進波羅蜜多不應觀空解脫門若樂若苦不應觀無相无願解脫門若樂若苦何以故空解脫門空解脫門自性空無相無願解脫門無相無願解脫門自性空是空解脫門自性即非自性是無相無願解脫門自性亦非自性若非自性即是精進波羅蜜多於此精進波羅蜜多空解脫門不可得彼樂與苦亦不可得无相無願解脫門皆不可得彼樂與苦亦不可得所以者何此中尚無空解脫門等可得何況有彼樂之與苦汝若能修如是精進是修精進波羅蜜多復作是言汝善男子應修精進波羅蜜多不應觀空解脫門若我若無我不應觀無相無願解脫

門若我若無我何以故空解脫門空解脫門自性空無相無願解脫門無相無願解脫門自性空是空解脫門自性即非自性是無相無願解脫門自性亦非自性若非自性即是精進波羅蜜多於此精進波羅蜜多空解脫門不可得彼我無我亦不可得無相無願解脫門皆不可得彼我無我亦不可得所以者何此中尚無空解脫門等可得何況有彼我與無我汝若能修如是精進是修精進波羅蜜多復作是言汝善男子應修精進波羅蜜多不應觀空解脫門若淨若不淨不應觀無相無願解脫門若淨若不淨何以故空解脫門空解脫門自性空無相無願解脫門無相無願解脫門自性空是空解脫門自性即非自性是無相無願解脫門自性亦非自性若非自性即是精進波羅蜜多於此精進波羅蜜多空解脫門不可得彼淨不淨亦不可得無相無願解脫門皆不可得彼淨不淨亦不可得所以者何此中尚無空解脫門等可

得何況有彼淨與不淨汝若能修如是精進是修精進波羅蜜多憍尸迦是善男子善女人等作此等說是為宣說真正精進波羅蜜多

復次憍尸迦若善男子善女人等為發無上菩提心者宣說精進波羅蜜多作如是言汝善男子應修精進波羅蜜多不應觀五眼若常若無常不應觀六神通若常若无常何以故五眼五眼自性空六神通六神通自性空是五眼自性即非自性是六神通自性亦非自性若非自性即是精進波羅蜜多於此精進波羅蜜多五眼不可得彼常无常亦不可得六神通不可得彼常無常亦不可得所以者何此中尚无五眼等可得何況有彼常與無常汝若能修如是精進是修精進波羅蜜多復作是言汝善男子應修精進波羅蜜多不應觀五眼若樂若苦不應觀六神通若樂若苦何以故五眼五眼自性空六神通六神通自性空是五眼自性即非自性是六神通自性亦非自性若非自性即

是精進波羅蜜多於此精進波羅蜜多五眼不可得彼樂與苦亦不可得六神通不可得彼樂與苦亦不可得所以者何此中尚無五眼等可得何况有彼樂之與苦汝若能修如是精進是修精進波羅蜜多復作是言汝善男子應修精進波羅蜜多不應觀五眼若我若无我不應觀六神通若我若無我何以故五眼五眼自性空六神通六神通自性空是五眼自性即非自性是六神通自性亦非自性若非自性即是精進波羅蜜多於此精進波羅蜜多五眼不可得彼我無我亦不可得六神通不可得彼我無我亦不可得所以者何此中尚無五眼等可得何况有彼我與無我汝若能修如是精進是修精進波羅蜜多復作是言汝善男子應修精進波羅蜜多不應觀五眼若淨若不淨不應觀六神通若淨若不淨何以故五眼五眼自性空六神通六神通自性空是五眼自性即非自性是六神通自性亦非自性若非自性即是精進波

羅蜜多於此精進波羅蜜多五眼不可得彼淨不淨亦不可得六神通不可得彼淨不淨亦不可得所以者何此中尚無五眼等可得何况有彼淨與不淨汝若能修如是精進是修精進波羅蜜多憍尸迦是善男子善女人等作此等説是為宣説真正精進波羅蜜多

復次憍尸迦若善男子善女人等為發無上菩提心者宣説精進波羅蜜多作如是言汝善男子應修精進波羅蜜多不應觀佛十力若常若無常不應觀四無所畏四无㝵解大慈大悲大喜大捨十八佛不共法若常若無常何以故佛十力佛十力自性空四無所畏四无礙解大慈大悲大喜大捨十八佛不共法四無所畏乃至十八佛不共法自性空是佛十力自性即非自性是四无所畏乃至十八佛不共法自性亦非自性若非自性即是精進波羅蜜多於此精進波羅蜜多佛十力不可得彼常無常亦不可得四無所畏乃至十八佛不共法

皆不可得彼常無常亦不可得所以者何此中尚無佛十力等可得何况有彼常與無常汝若能修如是精進是修精進波羅蜜多復作是言汝善男子應修精進波羅蜜多不應觀佛十力若樂若苦不應觀四無所畏四無㝵解大慈大悲大喜大捨十八佛不共法若樂若苦何以故佛十力佛十力自性空四無所畏四无㝵解大慈大悲大喜大捨十八佛不共法四無所畏乃至十八佛不共法自性空是佛十力自性即非自性是四無所畏乃至十八佛不共法自性亦非自性若非自性即是精進波羅蜜多於此精進波羅蜜多佛十力不可得彼樂與苦亦不可得四無所畏乃至十八佛不共法皆不可得彼樂與苦亦不可得所以者何此中尚無佛十力等可得何况有彼樂之與苦汝若能修如是精進是修精進波羅蜜多復作是言汝善男子應修精進波羅蜜多不應觀佛十力若我若無我不應觀四無所畏四无㝵解大慈大悲大

喜大捨十八佛不共法若我若無我何以故佛十力佛十力自性空四無所畏四无导解大慈大悲大喜大捨十八佛不共法四無所畏乃至十八佛不共法自性空是佛十力自性即非自性是四無所畏乃至十八佛不共法自性亦非自性若非自性即是精進波羅蜜多於此精進波羅蜜多佛十力不可得彼我無我亦不可得四無所畏乃至十八佛不共法皆不可得彼我无我亦不可得所以者何此中尚無佛十力等可得何况有彼我與無我汝若能修如是精進是修精進波羅蜜多復作是言汝善男子應修精進波羅蜜多不應觀佛十力若淨若不淨不應觀四無所畏四無导解大慈大悲大喜大捨十八佛不共法若淨若不淨何以故佛十力佛十力自性空四無所畏四无导解大慈大悲大喜大捨十八佛不共法四無所畏乃至十八佛不共法自性空是佛十力自性即非自性是四無所畏乃至十八佛不共法自性亦非自

性若非自性即是精進波羅蜜多於此精進波羅蜜多佛十力不可得彼淨不淨亦不可得四无所畏乃至十八佛不共法皆不可得彼淨不淨亦不可得所以者何此中尚無佛十力等可得何况有彼淨與不淨汝若能修如是精進是修精進波羅蜜多憍尸迦是善男子善女人等作此等說是為宣說真正精進波羅蜜多

復次憍尸迦若善男子善女人等為發無上菩提心者宣說精進波羅蜜多作如是言汝善男子應修精進波羅蜜多不應觀無忘失法若常若無常不應觀恒住捨性若常若無常何以故無忘失法无忘失法自性空恒住捨性恒住捨性自性空是無忘失法自性即非自性是恒住捨性自性亦非自性若非自性即是精進波羅蜜多於此精進波羅蜜多無忘失法不可得彼常無常亦不可得恒住捨性不可得彼常無常亦不可得所以者何此中尚无無忘失法等可得何况有彼常與無常汝若能修如是精

進是修精進波羅蜜多復作是言汝善男子應修精進波羅蜜多不應觀無忘失法若樂若苦不應觀恒住捨性若樂若苦何以故无忘失法無忘失法自性空恒住捨性恒住捨性自性空是無忘失法自性即非自性是恒住捨性自性亦非自性若非自性即是精進波羅蜜多於此精進波羅蜜多無忘失法不可得彼樂與苦亦不可得恒住捨性不可得彼樂與苦亦不可得所以者何此中尚无無忘失法等可得何况有彼樂之與苦汝若能修如是精進是修精進波羅蜜多復作是言汝善男子應修精進波羅蜜多不應觀無忘失法若我若無我不應觀恒住捨性若我若无我何以故無忘失法无忘失法自性空恒住捨性恒住捨性自性空是無忘失法自性即非自性是恒住捨性自性亦非自性若非自性即是精進波羅蜜多於此精進波羅蜜多無忘失法不可得彼我无我亦不可得恒住捨性不可得彼我無我亦不可得所以

者何此中尚无無忘失法等可得何況有彼我與無我汝若能修如是精進是修精進波羅蜜多復作是言汝善男子應修精進波羅蜜多不應觀無忘失法若淨若不淨不應觀恒住捨性若淨若不淨何以故无忘失法无忘失法自性空恒住捨性恒住捨性自性空是無忘失法自性即非自性是恒住捨性自性亦非自性若非自性即是精進波羅蜜多於此精進波羅蜜多无忘失法不可得彼淨不淨亦不可得恒住捨性不可得彼淨不淨亦不可得所以者何此中尚無無忘失法等可得何況有彼淨與不淨汝若能修如是精進是修精進波羅蜜多憍尸迦是善男子善女人等作此等說是為宣說真正精進波羅蜜多

大般若波羅蜜多經卷第一百五十四

大般若波羅蜜多經卷第一百五十四

校勘記

一　底本，金藏大寶集寺本。四七六頁中至四七七頁下、四八一頁中為廣勝寺本。

一　四七八頁下一二行「若淨若不淨」，徑作「若靜若不靜」。

一　四七八頁下一三行「若淨若不淨何以故」，石作「若淨若不淨何以不應觀四無量四無色定若淨若不淨何以故」。

一　四七九頁下一三行「所以者何」，石作「所以者何此中不可得彼淨不淨亦不可得所以者何」。

一　四八二頁中一一行「應修精進波」，石作「應修波」。

一　四八三頁中七行「如是精進」，石作「如是修精進」。

大般若波羅蜜多經卷第一百五十五　張

三藏法師玄奘奉　詔譯

初分校量功德品第三十之五十三

復次憍尸迦若善男子善女人等為發無上菩提心者宣說精進波羅蜜多作如是言汝善男子應修精進波羅蜜多不應觀一切智若常若無常不應觀道相智一切相智若常若無常何以故一切智一切智自性空道相智一切相智道相智一切相智自性空是一切智自性即非自性是道相智一切相智自性亦非自性若非自性即是精進波羅蜜多於此精進波羅蜜多一切智不可得彼常無常亦不可得道相智一切相智皆不可得彼常無常亦不可得所以者何此中尚無一切智等可得何況有彼常與無常汝若能修如是精進是修精進波羅蜜多復作是言汝善男子應修精進波羅蜜多不應觀一切智若樂若苦不應觀道相智一切相智若樂若苦何以故一切智一切智自性

大般若經卷第一百五十五　第二張

空道相智一切相智道相智一切相智自性空是一切智自性即非自性是道相智一切相智自性亦非自性若非自性即是精進波羅蜜多於此精進波羅蜜多一切智不可得彼樂與苦亦不可得道相智一切相智皆不可得彼樂與苦亦不可得所以者何此中尚無一切智等可得何況有彼樂之與苦汝若能修如是精進是修精進波羅蜜多復作是言汝善男子應修精進波羅蜜多不應觀一切智若我若無我不應觀道相智一切相智若我若無我何以故一切智一切智自性空道相智一切相智道相智一切相智自性空是一切智自性即非自性是道相智一切相智自性亦非自性若非自性即是精進波羅蜜多於此精進波羅蜜多一切智不可得彼我無我亦不可得道相智一切相智皆不可得彼我無我亦不可得所以者何此中尚無一切智等可得何況有彼我與無我汝若能修如是精進是修精進波羅蜜多復作是

言汝善男子應修精進波羅蜜多不應觀一切智若淨若不淨不應觀道相智一切相智若淨若不淨何以故一切智一切智自性空道相智一切相智道相智一切相智自性空是一切智自性即非自性是道相智一切相智自性亦非自性若非自性即是精進波羅蜜多於此精進波羅蜜多一切智不可得彼淨不淨亦不可得道相智一切相智皆不可得彼淨不淨亦不可得所以者何此中尚無一切智等可得何況有彼淨與不淨汝若能修如是精進是修精進波羅蜜多憍尸迦是善男子善女人等作此等說是為宣說真正精進波羅蜜多復次憍尸迦若善男子善女人等為發無上菩提心者宣說精進波羅蜜多作如是言汝善男子應修精進波羅蜜多不應觀一切陁羅尼門若常若無常不應觀一切三摩地門若常若無常何以故一切陁羅尼門一切陁羅尼門自性空一切三摩地門一切三摩地門自性空是一切陁羅尼

門自性即非自性是一切三摩地門自性亦非自性若非自性即是精進波羅蜜多於此精進波羅蜜多一切陁羅尼門不可得彼常无常亦不可得一切三摩地門不可得彼常无常亦不可得所以者何此中尚無一切陁羅尼門等可得何況有彼常與无常汝若能修如是精進是修精進波羅蜜多復作是言汝善男子應修精進波羅蜜多不應觀一切陁羅尼門若樂若苦不應觀一切三摩地門若樂若苦何以故一切陁羅尼門一切陁羅尼門自性空一切三摩地門一切三摩地門自性空是一切陁羅尼門自性即非自性是一切三摩地門自性亦非自性若非自性即是精進波羅蜜多於此精進波羅蜜多一切陁羅尼門不可得彼樂與苦亦不可得一切三摩地門不可得彼樂與苦亦不可得所以者何此中尚无一切陁羅尼門等可得何況有彼樂之與苦汝若能修如是精進是修精進波羅蜜多復作是言汝善男子應修精

進波羅蜜多不應觀一切陁羅尼門若我若无我不應觀一切三摩地門若我若無我何以故一切陁羅尼門一切陁羅尼門自性空一切三摩地門一切三摩地門自性空是一切陁羅尼門自性即非自性是一切三摩地門自性亦非自性若非自性即是精進波羅蜜多於此精進波羅蜜多一切陁羅尼門不可得彼我无我亦不可得一切三摩地門不可得彼我无我亦不可得所以者何此中尚無一切陁羅尼門等可得何況有彼我與无我汝若能修如是精進是修精進波羅蜜多復作是言汝善男子應修精進波羅蜜多不應觀一切陁羅尼門若淨若不淨不應觀一切三摩地門若淨若不淨何以故一切陁羅尼門一切陁羅尼門自性空一切三摩地門一切三摩地門自性空是一切陁羅尼門自性即非自性是一切三摩地門自性亦非自性若非自性即是精進波羅蜜多於此精進波羅蜜多一切陁羅尼門不可得彼淨不

淨亦不可得一切三摩地門不可得彼淨不淨亦不可得所以者何此中尚無一切陁羅尼門等可得何況有彼淨與不淨汝若能修如是精進是修精進波羅蜜多憍尸迦是善男子善女人等作此等說是為宣說真正精進波羅蜜多

復次憍尸迦若善男子善女人等為發無上菩提心者宣說精進波羅蜜多作如是言汝善男子應修精進波羅蜜多不應觀預流向預流果若常若無常不應觀一來向一來果不還向不還果阿羅漢向阿羅漢果若常若無常何以故預流向預流果預流向預流果自性空一來向一來果不還向不還果阿羅漢向阿羅漢果一來向乃至阿羅漢果自性空是預流向預流果自性即非自性是一來向乃至阿羅漢果自性亦非自性若非自性即是精進波羅蜜多於此精進波羅蜜多預流向預流果不可得彼常無常亦不可得一來向乃至阿羅漢果皆不可得彼常無常亦不可得

所以者何此中尚無預流向等可得何況有彼常與無常汝若能修如是精進是修精進波羅蜜多復作是言汝善男子應修精進波羅蜜多不應觀預流向預流果若樂若苦不應觀一來向一來果不還向不還果阿羅漢向阿羅漢果若樂若苦何以故預流向預流果預流向預流果自性空一來向一來果不還向不還果阿羅漢向阿羅漢果一來向乃至阿羅漢果自性空是預流向預流果自性即非自性是一來向乃至阿羅漢果自性亦非自性若非自性即是精進波羅蜜多於此精進波羅蜜多預流向預流果不可得彼樂與苦亦不可得一來向乃至阿羅漢果皆不可得彼樂與苦亦不可得所以者何此中尚無預流向等可得何況有彼樂之與苦汝若能修如是精進是修精進波羅蜜多復作是言汝善男子應修精進波羅蜜多不應觀預流向預流果若我若無我不應觀一來向一來果不還向不還果阿羅漢向阿羅漢果

若我若无我何以故預流向預流果預流向預流果自性空一來向一來果不還向不還果阿羅漢向阿羅漢果一來向乃至阿羅漢果自性空是預流向預流果自性即非自性是一來向乃至阿羅漢果自性亦非自性若非自性即是精進波羅蜜多於此精進波羅蜜多預流向預流果不可得彼我無我亦不可得一來向乃至阿羅漢果皆不可得彼我無我亦不可得所以者何此中尚无預流向等可得何況有彼我與無我汝若能修如是精進是修精進波羅蜜多復作是言汝善男子應修精進波羅蜜多不應觀預流向預流果若淨若不淨不應觀一來向一來果不還向不還果阿羅漢向阿羅漢果若淨若不淨何以故預流向預流果預流向預流果自性空一來向一來果不還向不還果阿羅漢向阿羅漢果一來向乃至阿羅漢果自性空是預流向預流果自性即非自性是一來向乃至阿羅漢果自性亦非自性若非自性即

是精進波羅蜜多。於此精進波羅蜜多，預流向預流果不可得，彼淨不淨亦不可得；一來向乃至阿羅漢果皆不可得，彼淨不淨亦不可得。所以者何？此中尚無預流向等可得，何況有彼淨與不淨！汝若能修如是精進，是修精進波羅蜜多。憍尸迦，是善男子善女人等作此等說，是為宣說真正精進波羅蜜多。

復次，憍尸迦，若善男子善女人等為發無上菩提心者宣說精進波羅蜜多，作如是言：汝善男子應修精進波羅蜜多，不應觀一切獨覺菩提若常若無常。何以故？一切獨覺菩提，一切獨覺菩提自性空，是一切獨覺菩提自性即非自性，若非自性即是精進波羅蜜多。於此精進波羅蜜多，一切獨覺菩提不可得，彼常無常亦不可得。所以者何？此中尚無一切獨覺菩提可得，何況有彼常與無常！汝若能修如是精進，是修精進波羅蜜多。復作是言：汝善男子應修精進波羅蜜多，不應觀一切獨覺菩提若樂若苦。何以故？一切獨覺菩提，一切獨覺菩提自性空，是一切獨覺菩提自性即非自性，若非自性即是精進波羅蜜多。於此精進波羅蜜多，一切獨覺菩提不可得，彼樂與苦亦不可得。所以者何？此中尚無一切獨覺菩提可得，何況有彼樂之與苦！汝若能修如是精進，是修精進波羅蜜多。復作是言：汝善男子應修精進波羅蜜多，不應觀一切獨覺菩提若我若無我。何以故？一切獨覺菩提，一切獨覺菩提自性空，是一切獨覺菩提自性即非自性，若非自性即是精進波羅蜜多。於此精進波羅蜜多，一切獨覺菩提不可得，彼我無我亦不可得。所以者何？此中尚無一切獨覺菩提可得，何況有彼我與無我！汝若能修如是精進，是修精進波羅蜜多。復作是言：汝善男子應修精進波羅蜜多，不應觀一切獨覺菩提若淨若不淨。何以故？一切獨覺菩提，一切獨覺菩提自性空，是一切獨覺菩提自性即非自性，若非自性即是精進波羅蜜多。於此精進波羅蜜多，一切獨覺菩提不可得，彼淨不淨亦不可得。所以者何？此中尚無一切獨覺菩提可得，何況有彼淨與不淨！汝若能修如是精進，是修精進波羅蜜多。憍尸迦，是善男子善女人等作此等說，是為宣說真正精進波羅蜜多。

復次，憍尸迦，若善男子善女人等為發無上菩提心者宣說精進波羅蜜多，作如是言：汝善男子應修精進波羅蜜多，不應觀一切菩薩摩訶薩行若常若無常。何以故？一切菩薩摩訶薩行，一切菩薩摩訶薩行自性空，是一切菩薩摩訶薩行自性即非自性，若非自性即是精進波羅蜜多。於此精進波羅蜜多，一切菩薩摩訶薩行不可得，彼常無常亦不可得。所以者何？此中尚無一切菩薩摩訶薩行可得，何況有彼常與無常！汝若能修如是精進，是修精進波羅蜜多。復作是言：汝善男子應修精進波羅蜜多，不應觀一切菩薩摩訶薩行若樂若苦。何以故？一切菩薩摩訶薩行，一切菩薩摩訶薩行自性空是一切菩薩摩訶薩行自性即非自性若非自性即是精進波羅蜜多於此精進波羅蜜多一切菩薩摩訶薩行不可得彼樂與苦亦不可得所以者何此中尚無一切菩薩摩訶薩行可得何況有彼樂之與苦汝若能修如是精進是修精進波羅蜜多復作是言汝善男子應修精進波羅蜜多不應觀一切菩薩摩訶薩行若我若無我何以故一切菩薩摩訶薩行一切菩薩摩訶薩行自性空是一切菩薩摩訶薩行自性即非自性若非自性即是精進波羅蜜多於此精進波羅蜜多一切菩薩摩訶薩行不可得彼我無我亦不可得所以者何此中尚無一切菩薩摩訶薩行可得何況有彼我與無我汝若能修如是精進是修精進波羅蜜多復作是言汝善男子應修精進波羅蜜多不應觀一切菩薩摩訶薩行若淨若不淨何以故一切菩薩摩訶薩行一切菩薩摩訶薩行自性空是一切菩薩摩訶薩行自性即非自性若非自性即是精進波羅蜜多於此精進波羅蜜多一切菩薩摩訶薩行不可得彼淨不淨亦不可得所以者何此中尚無一切菩薩摩訶薩行可得何況有彼淨與不淨汝若能修如是精進是修精進波羅蜜多憍尸迦是善男子善女人等作此等說是為宣說真正精進波羅蜜多

復次憍尸迦若善男子善女人等為發無上菩提心者宣說精進波羅蜜多作如是言汝善男子應修精進波羅蜜多不應觀諸佛無上正等菩提若常若無常何以故諸佛無上正等菩提諸佛無上正等菩提自性空是諸佛無上正等菩提自性即非自性若非自性即是精進波羅蜜多於此精進波羅蜜多諸佛無上正等菩提不可得彼常無常亦不可得所以者何此中尚無諸佛無上正等菩提可得何況有彼常與無常汝若能修如是精進是修精進波羅蜜多復作是言汝善男子應修精進波羅蜜多不應觀諸佛無上正等菩提若樂若苦

何以故諸佛無上正等菩提諸佛無上正等菩提自性空是諸佛無上正等菩提自性即非自性若非自性即是精進波羅蜜多於此精進波羅蜜多諸佛無上正等菩提不可得彼樂與苦亦不可得所以者何此中尚無諸佛無上正等菩提可得何況有彼樂之與苦汝若能修如是精進是修精進波羅蜜多復作是言汝善男子應修精進波羅蜜多不應觀諸佛無上正等菩提若我若無我何以故諸佛無上正等菩提諸佛無上正等菩提自性空是諸佛無上正等菩提自性即非自性若非自性即是精進波羅蜜多於此精進波羅蜜多諸佛無上正等菩提不可得彼我無我亦不可得所以者何此中尚無諸佛無上正等菩提可得何況有彼我與無我汝若能修如是精進是修精進波羅蜜多復作是言汝善男子應修精進波羅蜜多不應觀諸佛無上正等菩提若淨若不淨何以故諸佛無上正等菩提諸佛無上正等菩提自性空

是諸佛無上正等菩提自性即非自性若非自性即是精進波羅蜜多於此精進波羅蜜多諸佛無上正等菩提不可得彼淨不淨亦不可得所以者何此中尚無諸佛無上正等菩提可得何況有彼淨與不淨汝若能修如是精進是修精進波羅蜜多憍尸迦是善男子善女人等作此等說是為宣說真正精進波羅蜜多

時天帝釋復白佛言世尊云何諸善男子善女人等說無所得安忍波羅蜜多名說真正安忍波羅蜜多佛言憍尸迦若善男子善女人等為發無上菩提心者宣說安忍波羅蜜多作如是言汝善男子應修安忍波羅蜜多不應觀色若常若無常不應觀受想行識若常若無常何以故色色自性空受想行識受想行識自性空是色自性即非自性是受想行識自性亦非自性若非自性即是安忍波羅蜜多於此安忍波羅蜜多色不可得彼常無常亦不可得受想行識皆不可得彼常無常亦不可得所以者何

大般若經卷第一百五十五　第十五張　弘

此中尚無色等可得何況有彼常與無常汝若能修如是安忍是修安忍波羅蜜多復作是言汝善男子應修安忍波羅蜜多不應觀色若樂若苦不應觀受想行識若樂若苦何以故色色自性空受想行識受想行識自性空是色自性即非自性是受想行識自性亦非自性若非自性即是安忍波羅蜜多於此安忍波羅蜜多色不可得彼樂與苦亦不可得受想行識皆不可得彼樂與苦亦不可得所以者何此中尚無色等可得何況有彼樂之與苦汝若能修如是安忍是修安忍波羅蜜多復作是言汝善男子應修安忍波羅蜜多不應觀色若我若無我不應觀受想行識若我若無我何以故色色自性空受想行識受想行識自性空是色自性即非自性是受想行識自性亦非自性若非自性即是安忍波羅蜜多於此安忍波羅蜜多色不可得彼我無我亦不可得受想行識皆不可得彼我無我亦不可得所以者何此中尚無色等

大般若經卷第一百五十五　第十六張　弘字

可得何況有彼我與無我汝若能修如是安忍是修安忍波羅蜜多復作是言汝善男子應修安忍波羅蜜多不應觀色若淨若不淨不應觀受想行識若淨若不淨何以故色色自性空受想行識受想行識自性空是色自性即非自性是受想行識自性亦非自性若非自性即是安忍波羅蜜多於此安忍波羅蜜多色不可得彼淨不淨亦不可得受想行識皆不可得彼淨不淨亦不可得所以者何此中尚無色等可得何況有彼淨與不淨汝若能修如是安忍是修安忍波羅蜜多憍尸迦是善男子善女人等作此等說是為宣說真正安忍波羅蜜多

復次憍尸迦若善男子善女人等為發無上菩提心者宣說安忍波羅蜜多作如是言汝善男子應修安忍波羅蜜多不應觀眼處若常若無常不應觀耳鼻舌身意處若常若無常何以故眼處眼處自性空耳鼻舌身意處耳鼻舌身意處自性空是眼處自

大般若經卷第一百五十五　第十七張　弘

性即非自性是耳鼻舌身意處自性亦非自性若非自性即是安忍波羅蜜多於此安忍波羅蜜多眼處不可得彼常無常亦不可得耳鼻舌身意處皆不可得彼常無常亦不可得所以者何此中尚無眼處等可得何況有彼常與無常汝若能修如是安忍是修安忍波羅蜜多復作是言汝善男子應修安忍波羅蜜多不應觀眼處若樂若苦不應觀耳鼻舌身意處若樂若苦何以故眼處眼處自性空耳鼻舌身意處耳鼻舌身意處自性空是眼處自性即非自性是耳鼻舌身意處自性亦非自性若非自性即是安忍波羅蜜多於此安忍波羅蜜多眼處不可得彼樂與苦亦不可得耳鼻舌身意處皆不可得彼樂與苦亦不可得所以者何此中尚無眼處等可得何況有彼樂之與苦汝若能修如是安忍是修安忍波羅蜜多復作是言汝善男子應修安忍波羅蜜多不應觀眼處若我若無我不應觀耳鼻舌身意處若我若無我何以故

眼處眼處自性空耳鼻舌身意處耳鼻舌身意處自性空是眼處自性即非自性是耳鼻舌身意處自性亦非自性若非自性即是安忍波羅蜜多於此安忍波羅蜜多眼處不可得彼我無我亦不可得耳鼻舌身意處皆不可得彼我無我亦不可得所以者何此中尚無眼處等可得何況有彼我與無我汝若能修如是安忍是修安忍波羅蜜多復作是言汝善男子應修安忍波羅蜜多不應觀眼處若淨若不淨不應觀耳鼻舌身意處若淨若不淨何以故眼處眼處自性空耳鼻舌身意處耳鼻舌身意處自性空是眼處自性即非自性是耳鼻舌身意處自性亦非自性若非自性即是安忍波羅蜜多於此安忍波羅蜜多眼處不可得彼淨不淨亦不可得耳鼻舌身意處皆不可得彼淨不淨亦不可得所以者何此中尚無眼處等可得何況有彼淨與不淨汝若能修如是安忍是修安忍波羅蜜多憍尸迦是善男子善女人等作此等說是為宣說真正安忍波羅蜜多

復次憍尸迦若善男子善女人等為發無上菩提心者宣說安忍波羅蜜多作如是言汝善男子應修安忍波羅蜜多不應觀色處若常若無常不應觀聲香味觸法處若常若無常何以故色處色處自性空聲香味觸法處聲香味觸法處自性空是色處自性即非自性是聲香味觸法處自性亦非自性若非自性即是安忍波羅蜜多於此安忍波羅蜜多色處不可得彼常無常亦不可得聲香味觸法處皆不可得彼常無常亦不可得所以者何此中尚無色處等可得何況有彼常與無常汝若能修如是安忍是修安忍波羅蜜多復作是言汝善男子應修安忍波羅蜜多不應觀色處若樂若苦不應觀聲香味觸法處若樂若苦何以故色處色處自性空聲香味觸法處聲香味觸法處自性空是色處自性即非自性是聲香味觸法處自性亦非自性若非自性即是安忍波羅蜜多於此安忍波羅蜜

多色處不可得彼樂與苦亦不可得聲香味觸法處皆不可得彼樂與苦亦不可得所以者何此中尚無色處等可得何況有彼樂之與苦汝若能修如是安忍是修安忍波羅蜜多復作是言汝善男子應修安忍波羅蜜多不應觀色處若我若無我不應觀聲香味觸法處若我若無我何以故色處色處自性空聲香味觸法處聲香味觸法處自性空是色處自性即非自性是聲香味觸法處自性亦非自性若非自性即是安忍波羅蜜多於此安忍波羅蜜多色處不可得彼我無我亦不可得聲香味觸法處皆不可得彼我無我亦不可得所以者何此中尚無色處等可得何況有彼我與無我汝若能修如是安忍是修安忍波羅蜜多復作是言汝善男子應修安忍波羅蜜多不應觀色處若淨若不淨不應觀聲香味觸法處若淨若不淨何以故色處色處自性空聲香味觸法處聲香味觸法處自性空是色處自性即非自性是聲香味

大般若第百五十五　第二張　張

觸法處自性亦非自性若非自性即是安忍波羅蜜多於此安忍波羅蜜多色處不可得彼淨不淨亦不可得聲香味觸法處皆不可得彼淨不淨亦不可得所以者何此中尚無色處等可得何況有彼淨與不淨汝若能修如是安忍是修安忍波羅蜜多憍尸迦是善男子善女人等作此等說是為宣說真正安忍波羅蜜多

大般若經卷第百五十五　第十二張　[illegible]

大般若波羅蜜多經卷第一百五十五

大般若波羅蜜多經卷第一百五十五

校勘記

一　底本，金藏廣勝寺本。四八五頁中原缺，以麗藏本補。四九〇頁上、下、四九一頁下、四九二頁上共四版漫漶，以麗藏本換，原版三張附後。

一　四八六頁上五行至六行「是一切智」，石作「道一切智」。

一　四八六頁下一八行「一切陁羅尼門自性空」，徑作「一切三摩地門自性空」。

一　四九二頁上二一行「色處色處自性空」，石作「色處自性空」。

一　四九二頁中二行至三行「於此安忍波羅蜜多」八字，石漏刻。

是諸佛無上正等菩提自性即非自性若非自性即是精進波羅蜜多於此精進波羅蜜多諸佛無上正等菩提不可得彼淨不淨亦不可得所以者何此中尚無諸佛無上正等菩提可得何況有彼淨與不淨汝若能修如是精進是修精進波羅蜜多憍尸迦是善男子善女人等作此等說是為宣說真正精進波羅蜜多

時天帝釋復白佛言世尊云何諸善男子善女人等說無所得安忍波羅蜜多名說真正安忍波羅蜜多佛言憍尸迦若善男子善女人等為發無上菩提心者宣說安忍波羅蜜多作如是言汝善男子應修安忍波羅蜜多不應觀色若常若無常不應觀受想行識若常若無常何以故色色自性空受想行識受想行識自性空是色自性即非自性是受想行識自性亦非自性若非自性即是安忍波羅蜜多於此安忍波羅蜜多色不可得彼常無常亦不可得受想行識皆不可得彼常無常亦不可得所以者何

可得何況有彼我與無我汝若能修如是安忍是修安忍波羅蜜多復作是言汝善男子應修安忍波羅蜜多不應觀色若淨若不淨不應觀受想行識若淨若不淨何以故色色自性空受想行識受想行識自性空是色自性即非自性是受想行識自性亦非自性若非自性即是安忍波羅蜜多於此安忍波羅蜜多色不可得彼淨不淨亦不可得受想行識皆不可得彼淨不淨亦不可得所以者何此中尚無色等可得何況有彼淨與不淨汝若能修如是安忍是修安忍波羅蜜多憍尸迦是善男子善女人等作此等說是為宣說真正安忍波羅蜜多

復次憍尸迦若善男子善女人等為發無上菩提心者宣說安忍波羅蜜多作如是言汝善男子應修安忍波羅蜜多不應觀眼處若常若無常不應觀耳鼻舌身意處若常若無常何以故眼處眼處自性空耳鼻舌身意處耳鼻舌身意處自性空是眼處自

是為宣說真正安忍波羅蜜多

復次憍尸迦若善男子善女人等為發無上菩提心者宣說安忍波羅蜜多作如是言汝善男子應修安忍波羅蜜多不應觀色處若常若無常不應觀聲香味觸法處若常若無常何以故色處色處自性空聲香味觸法處聲香味觸法處自性空是色處自性即非自性是聲香味觸法處自性亦非自性若非自性即是安忍波羅蜜多於此安忍波羅蜜多色處不可得彼常無常亦不可得聲香味觸法處皆不可得彼常無常亦不可得所以者何此中尚無色處等可得何況有彼常與無常汝若能修如是安忍是修安忍波羅蜜多復作是言汝善男子應修安忍波羅蜜多不應觀色處若樂若苦不應觀聲香味觸法處若樂若苦何以故色處色處自性空聲香味觸法處聲香味觸法處自性空是色處自性即非自性是聲香味觸法處自性亦非自性若非自性即是安忍波羅蜜多於此安忍波羅蜜

大般若波羅蜜多經卷第一百五十六　張

三藏法師玄奘奉　詔譯

初分校量功德品第三十之五十四

復次憍尸迦若善男子善女人等為發無上菩提心者宣說安忍波羅蜜多作如是言汝善男子應修安忍波羅蜜多不應觀眼界若常若無常不應觀色界眼識界及眼觸眼觸為緣所生諸受若常若無常何以故眼界眼界自性空色界眼識界及眼觸眼觸為緣所生諸受色界乃至眼觸為緣所生諸受自性空是眼界自性即非自性是色界乃至眼觸為緣所生諸受自性亦非自性若非自性即是安忍波羅蜜多於此安忍波羅蜜多眼界不可得彼常無常亦不可得色界乃至眼觸為緣所生諸受皆不可得彼常無常亦不可得所以者何此中尚無眼界等可得何況有彼常與無常汝若能修如是安忍是修安忍波羅蜜多復作是言汝善男子應修安忍波羅蜜多不應觀眼界若樂若苦不應觀色界眼識界及眼觸眼觸為緣所生諸受若樂若苦何以故眼界眼界自性空色界眼識界及眼觸眼觸為緣所生諸受色界乃至眼觸為緣所生諸受自性空是眼界自性即非自性是色界乃至眼觸為緣所生諸受自性亦非自性若非自性即是安忍波羅蜜多於此安忍波羅蜜多眼界不可得彼樂與苦亦不可得色界乃至眼觸為緣所生諸受皆不可得彼樂與苦亦不可得所以者何此中尚無眼界等可得何況有彼樂之與苦汝若能修如是安忍是修安忍波羅蜜多復作是言汝善男子應修安忍波羅蜜多不應觀眼界若我若無我不應觀色界眼識界及眼觸眼觸為緣所生諸受若我若無我何以故眼界眼界自性空色界眼識界及眼觸眼觸為緣所生諸受色界乃至眼觸為緣所生諸受自性空是眼界自性即非自性是色界乃至眼觸為緣所生諸受自性亦非自性若非自性即是安忍波羅蜜多於此安忍

波羅蜜多眼界不可得彼我無我亦不可得色界乃至眼觸為緣所生諸受皆不可得彼我無我亦不可得所以者何此中尚無眼界等可得何況有彼我與無我汝若能修如是安忍是修安忍波羅蜜多復作是言汝善男子應修安忍波羅蜜多不應觀眼界若淨若不淨不應觀色界眼識界及眼觸眼觸為緣所生諸受若淨若不淨何以故眼界眼界自性空色界眼識界及眼觸眼觸為緣所生諸受色界乃至眼觸為緣所生諸受自性空是眼界自性即非自性是色界乃至眼觸為緣所生諸受自性亦非自性若非自性即是安忍波羅蜜多於此安忍波羅蜜多眼界不可得彼淨不淨亦不可得色界乃至眼觸為緣所生諸受皆不可得彼淨不淨亦不可得所以者何此中尚無眼界等可得何況有彼淨與不淨汝若能修如是安忍是修安忍波羅蜜多憍尸迦是善男子善女人等作此等說是為宣說真正安忍波羅蜜多

復次憍尸迦若善男子善女人等為發無上菩提心者宣說安忍波羅蜜多作如是言汝善男子應修安忍波羅蜜多不應觀耳界若常若无常不應觀聲界耳識界及耳觸耳觸為緣所生諸受若常若無常何以故耳界耳界自性空聲界耳識界及耳觸耳觸為緣所生諸受聲界乃至耳觸為緣所生諸受自性空是耳界自性即非自性是聲界乃至耳觸為緣所生諸受自性亦非自性若非自性即是安忍波羅蜜多於此安忍波羅蜜多耳界不可得彼常無常亦不可得聲界乃至耳觸為緣所生諸受皆不可得彼常无常亦不可得所以者何此中尚無耳界等可得何況有彼常與無常汝若能修如是安忍是修安忍波羅蜜多復作是言汝善男子應修安忍波羅蜜多不應觀耳界若樂若苦不應觀聲界耳識界及耳觸耳觸為緣所生諸受若樂若苦何以故耳界耳界自性空聲界耳識界及耳觸耳觸為緣所生諸受聲界乃至耳觸

為緣所生諸受自性空是耳界自性即非自性是聲界乃至耳觸為緣所生諸受自性亦非自性若非自性即是安忍波羅蜜多於此安忍波羅蜜多耳界不可得彼樂與苦亦不可得聲界乃至耳觸為緣所生諸受皆不可得彼樂與苦亦不可得所以者何此中尚無耳界等可得何況有彼樂之與苦汝若能修如是安忍是修安忍波羅蜜多復作是言汝善男子應修安忍波羅蜜多不應觀耳界若我若無我不應觀聲界耳識界及耳觸耳觸為緣所生諸受若我若無我何以故耳界耳界自性空聲界耳識界及耳觸耳觸為緣所生諸受聲界乃至耳觸為緣所生諸受自性空是耳界自性即非自性是聲界乃至耳觸為緣所生諸受自性亦非自性若非自性即是安忍波羅蜜多於此安忍波羅蜜多耳界不可得彼我無我亦不可得聲界乃至耳觸為緣所生諸受皆不可得彼我無我亦不可得所以者何此中尚無耳界等可得何況

有彼我與無我汝若能修如是安忍是修安忍波羅蜜多復作是言汝善男子應修安忍波羅蜜多不應觀耳界若淨若不淨不應觀聲界耳識界及耳觸耳觸為緣所生諸受若淨若不淨何以故耳界耳界自性空聲界耳識界及耳觸耳觸為緣所生諸受聲界乃至耳觸為緣所生諸受自性空是耳界自性即非自性是聲界乃至耳觸為緣所生諸受自性亦非自性若非自性即是安忍波羅蜜多於此安忍波羅蜜多耳界不可得彼淨不淨亦不可得聲界乃至耳觸為緣所生諸受皆不可得彼淨不淨亦不可得所以者何此中尚無耳界等可得何況有彼淨與不淨汝若能修如是安忍是修安忍波羅蜜多憍尸迦是善男子善女人等作此等說是為宣說真正安忍波羅蜜多

復次憍尸迦若善男子善女人等為發無上菩提心者宣說安忍波羅蜜多作如是言汝善男子應修安忍波羅蜜多不應觀鼻界若常若無常不應

觀香界鼻識界及鼻觸鼻觸為緣所生諸受若常若無常何以故鼻界鼻界自性空香界鼻識界及鼻觸鼻觸為緣所生諸受香界乃至鼻觸為緣所生諸受自性空是鼻界自性即非自性是香界乃至鼻觸為緣所生諸受自性亦非自性若非自性即是安忍波羅蜜多於此安忍波羅蜜多鼻界不可得彼常無常亦不可得香界乃至鼻觸為緣所生諸受皆不可得彼常無常亦不可得所以者何此中尚無鼻界等可得何況有彼常與無常汝若能修如是安忍是修安忍波羅蜜多復作是言汝善男子應修安忍波羅蜜多不應觀鼻界若樂若苦不應觀香界鼻識界及鼻觸鼻觸為緣所生諸受若樂若苦何以故鼻界鼻界自性空香界鼻識界及鼻觸鼻觸為緣所生諸受香界乃至鼻觸為緣所生諸受自性空是鼻界自性即非自性是香界乃至鼻觸為緣所生諸受自性亦非自性若非自性即是安忍波羅蜜多於此安忍波羅蜜多

鼻界不可得彼樂與苦亦不可得香界乃至鼻觸為緣所生諸受皆不可得彼樂與苦亦不可得所以者何此中尚無鼻界等可得何況有彼樂之與苦汝若能修如是安忍是修安忍波羅蜜多復作是言汝善男子應修安忍波羅蜜多不應觀鼻界若我若無我不應觀香界鼻識界及鼻觸鼻觸為緣所生諸受若我若無我何以故鼻界鼻界自性空香界鼻識界及鼻觸鼻觸為緣所生諸受香界乃至鼻觸為緣所生諸受自性空是鼻界自性即非自性是香界乃至鼻觸為緣所生諸受自性亦非自性若非自性即是安忍波羅蜜多於此安忍波羅蜜多鼻界不可得彼我無我亦不可得香界乃至鼻觸為緣所生諸受皆不可得彼我無我亦不可得所以者何此中尚無鼻界等可得何況有彼我與無我汝若能修如是安忍是修安忍波羅蜜多復作是言汝善男子應修安忍波羅蜜多不應觀鼻界若淨若不淨不應觀香界鼻識界及

鼻觸鼻觸為緣所生諸受若淨若不淨何以故鼻界鼻界自性空香界鼻識界及鼻觸鼻觸為緣所生諸受香界乃至鼻觸為緣所生諸受自性空是鼻界自性即非自性是香界乃至鼻觸為緣所生諸受自性亦非自性若非自性即是安忍波羅蜜多於此安忍波羅蜜多鼻界不可得彼淨不淨亦不可得香界乃至鼻觸為緣所生諸受皆不可得彼淨不淨亦不可得所以者何此中尚無鼻界等可得何況有彼淨與不淨汝若能修如是安忍是修安忍波羅蜜多憍尸迦是善男子善女人等作此等說是為宣說真正安忍波羅蜜多

復次憍尸迦若善男子善女人等為發無上菩提心者宣說安忍波羅蜜多作如是言汝善男子應修安忍波羅蜜多不應觀舌界若常若無常不應觀味界舌識界及舌觸舌觸為緣所生諸受若常若無常何以故舌界舌界自性空味界舌識界及舌觸舌觸為緣所生諸受味界乃至舌觸為

緣所生諸受自性空是舌界自性即非自性是味界乃至舌觸為緣所生諸受自性亦非自性若非自性即是安忍波羅蜜多於此安忍波羅蜜多舌界不可得彼常無常亦不可得味界乃至舌觸為緣所生諸受皆不可得彼常無常亦不可得所以者何此中尚無舌界等可得何況有彼常與無常汝若能修如是安忍是修安忍波羅蜜多復作是言汝善男子應修安忍波羅蜜多不應觀舌界若樂若苦不應觀味界舌識界及舌觸舌觸為緣所生諸受若樂若苦何以故舌界舌界自性空味界舌識界及舌觸舌觸為緣所生諸受味界乃至舌觸為緣所生諸受自性空是舌界自性即非自性是味界乃至舌觸為緣所生諸受自性亦非自性若非自性即是安忍波羅蜜多於此安忍波羅蜜多舌界不可得彼樂與苦亦不可得味界乃至舌觸為緣所生諸受皆不可得彼樂與苦亦不可得所以者何此中尚無舌界等可得何況有彼樂

之與苦汝若能修如是安忍是修安忍波羅蜜多復作是言汝善男子應修安忍波羅蜜多不應觀舌界若我若無我不應觀味界舌識界及舌觸舌觸為緣所生諸受若我若無我何以故舌界舌界自性空味界舌識界及舌觸舌觸為緣所生諸受味界乃至舌觸為緣所生諸受自性空是舌界自性即非自性是味界乃至舌觸為緣所生諸受自性亦非自性若非自性即是安忍波羅蜜多於此安忍波羅蜜多舌界不可得彼我無我亦不可得味界乃至舌觸為緣所生諸受皆不可得彼我無我亦不可得所以者何此中尚無舌界等可得何況有彼我與無我汝若能修如是安忍是修安忍波羅蜜多復作是言汝善男子應修安忍波羅蜜多不應觀舌界若淨若不淨不應觀味界舌識界及舌觸舌觸為緣所生諸受若淨若不淨何以故舌界舌界自性空味界舌識界及舌觸舌觸為緣所生諸受味界乃至舌觸為緣所生諸受自性

空是舌界自性即非自性是味界乃至舌觸為緣所生諸受自性亦非自性若非自性即是安忍波羅蜜多於此安忍波羅蜜多舌界不可得彼淨不淨亦不可得味界乃至舌觸為緣所生諸受皆不可得彼淨不淨亦不可得所以者何此中尚無舌界等可得何況有彼淨與不淨汝若能修如是安忍是修安忍波羅蜜多憍尸迦是善男子善女人等作此等說是為宣說真正安忍波羅蜜多

復次憍尸迦若善男子善女人等為發無上菩提心者宣說安忍波羅蜜多作如是言汝善男子應修安忍波羅蜜多不應觀身界若常若無常不應觀觸界身識界及身觸身觸為緣所生諸受若常若無常何以故身界身界自性空觸界身識界及身觸身觸為緣所生諸受觸界乃至身觸為緣所生諸受自性空是身界自性即非自性是觸界乃至身觸為緣所生諸受自性亦非自性若非自性即是安忍波羅蜜多於此安忍波羅蜜多身界不可得彼常無常亦不可得觸界乃至身觸為緣所生諸受皆不可得彼常無常亦不可得所以者何此中尚無身界等可得何況有彼常與無常汝若能修如是安忍是修安忍波羅蜜多復作是言汝善男子應修安忍波羅蜜多不應觀身界若樂若苦不應觀觸界身識界及身觸身觸為緣所生諸受若樂若苦何以故身界身界自性空觸界身識界及身觸身觸為緣所生諸受觸界乃至身觸為緣所生諸受自性空是身界自性即非自性是觸界乃至身觸為緣所生諸受自性亦非自性若非自性即是安忍波羅蜜多於此安忍波羅蜜多身界不可得彼樂與苦亦不可得觸界乃至身觸為緣所生諸受皆不可得彼樂與苦亦不可得所以者何此中尚無身界等可得何況有彼樂之與苦汝若能修如是安忍是修安忍波羅蜜多復作是言汝善男子應修安忍波羅蜜多不應觀身界若我若無我不應觀觸界身識界及身觸身觸為緣所生諸受若我若無我何以故身界身界自性空觸界身識界及身觸身觸為緣所生諸受觸界乃至身觸為緣所生諸受自性空是身界自性即非自性是觸界乃至身觸為緣所生諸受自性亦非自性若非自性即是安忍波羅蜜多於此安忍波羅蜜多身界不可得彼我無我亦不可得觸界乃至身觸為緣所生諸受皆不可得彼我無我亦不可得所以者何此中尚無身界等可得何況有彼我與無我汝若能修如是安忍是修安忍波羅蜜多復作是言汝善男子應修安忍波羅蜜多不應觀身界若淨若不淨不應觀觸界身識界及身觸身觸為緣所生諸受若淨若不淨何以故身界身界自性空觸界身識界及身觸身觸為緣所生諸受觸界乃至身觸為緣所生諸受自性空是身界自性即非自性是觸界乃至身觸為緣所生諸受自性亦非自性若非自性即是安忍波羅蜜多於此安忍波羅蜜多身界不可得彼淨

不淨亦不可得觸界乃至身觸為緣所生諸受皆不可得彼淨不淨亦不可得所以者何此中尚無身界等可得何況有彼淨與不淨汝若能修如是安忍是修安忍波羅蜜多憍尸迦是善男子善女人等作此等說是為宣說真正安忍波羅蜜多

復次憍尸迦若善男子善女人等為發無上菩提心者宣說安忍波羅蜜多作如是言汝善男子應修安忍波羅蜜多不應觀意界若常若無常不應觀法界意識界及意觸意觸為緣所生諸受若常若無常何以故意界意界自性空法界意識界及意觸意觸為緣所生諸受法界乃至意觸為緣所生諸受自性空是意界自性即非自性是法界乃至意觸為緣所生諸受自性亦非自性若非自性即是安忍波羅蜜多於此安忍波羅蜜多意界不可得彼常無常亦不可得法界乃至意觸為緣所生諸受皆不可得彼常無常亦不可得所以者何此中尚無意界等可得何況有彼常與無常汝若能修如是安忍是修安忍波羅蜜多復作是言汝善男子應修安忍波羅蜜多不應觀意界若樂若苦不應觀法界意識界及意觸意觸為緣所生諸受若樂若苦何以故意界意界自性空法界意識界及意觸意觸為緣所生諸受法界乃至意觸為緣所生諸受自性空是意界自性即非自性是法界乃至意觸為緣所生諸受自性亦非自性若非自性即是安忍波羅蜜多於此安忍波羅蜜多意界不可得彼樂與苦亦不可得法界乃至意觸為緣所生諸受皆不可得彼樂與苦亦不可得所以者何此中尚無意界等可得何況有彼樂之與苦汝若能修如是安忍是修安忍波羅蜜多復作是言汝善男子應修安忍波羅蜜多不應觀意界若我若無我不應觀法界意識界及意觸意觸為緣所生諸受若我若無我何以故意界意界自性空法界意識界及意觸意觸為緣所生諸受法界乃至意觸為緣所生諸受自性空是意界自性即非自性是法界乃至意觸為緣所生諸受自性亦非自性若非自性即是安忍波羅蜜多於此安忍波羅蜜多意界不可得彼我無我亦不可得法界乃至意觸為緣所生諸受皆不可得彼我無我亦不可得所以者何此中尚無意界等可得何況有彼我與無我汝若能修如是安忍是修安忍波羅蜜多復作是言汝善男子應修安忍波羅蜜多不應觀意界若淨若不淨不應觀法界意識界及意觸意觸為緣所生諸受若淨若不淨何以故意界意界自性空法界意識界及意觸意觸為緣所生諸受法界乃至意觸為緣所生諸受自性空是意界自性即非自性是法界乃至意觸為緣所生諸受自性亦非自性若非自性即是安忍波羅蜜多於此安忍波羅蜜多意界不可得彼淨不淨亦不可得法界乃至意觸為緣所生諸受皆不可得彼淨不淨亦不可得所以者何此中尚無意界等可得何況有彼淨與不淨汝若能修如

是安忍是修安忍波羅蜜多憍尸迦是善男子善女人等作此等說是爲宣說真正安忍波羅蜜多

復次憍尸迦若善男子善女人等爲發無上菩提心者宣說安忍波羅蜜多作如是言汝善男子應修安忍波羅蜜多不應觀地界若常若無常不應觀水火風空識界若常若無常何以故地界地界自性空水火風空識界水火風空識界自性空是地界自性即非自性是水火風空識界自性亦非自性若非自性即是安忍波羅蜜多於此安忍波羅蜜多地界不可得彼常無常亦不可得水火風空識界皆不可得彼常無常亦不可得所以者何此中尚無地界等可得何況有彼常與無常汝若能修如是安忍是修安忍波羅蜜多復作是言汝善男子應修安忍波羅蜜多不應觀地界若樂若苦不應觀水火風空識界若樂若苦何以故地界地界自性空水火風空識界水火風空識界自性空是地界自性即非自性是水火風

空識界自性亦非自性若非自性即是安忍波羅蜜多於此安忍波羅蜜多地界不可得彼樂與苦亦不可得水火風空識界皆不可得彼樂與苦亦不可得所以者何此中尚無地界等可得何況有彼樂之與苦汝若能修如是安忍是修安忍波羅蜜多復作是言汝善男子應修安忍波羅蜜多不應觀地界若我若無我不應觀水火風空識界若我若無我何以故地界地界自性空水火風空識界水火風空識界自性空是地界自性即非自性是水火風空識界自性亦非自性若非自性即是安忍波羅蜜多於此安忍波羅蜜多地界不可得彼我無我亦不可得水火風空識界皆不可得彼我無我亦不可得所以者何此中尚無地界等可得何況有彼我與無我汝若能修如是安忍是修安忍波羅蜜多復作是言汝善男子應修安忍波羅蜜多不應觀地界若淨若不淨不應觀水火風空識界若淨若不淨何以故地界地界自性空

水火風空識界水火風空識界自性空是地界自性即非自性是水火風空識界自性亦非自性若非自性即是安忍波羅蜜多於此安忍波羅蜜多地界不可得彼淨不淨亦不可得水火風空識界皆不可得彼淨不淨亦不可得所以者何此中尚無地界等可得何況有彼淨與不淨汝若能修如是安忍是修安忍波羅蜜多憍尸迦是善男子善女人等作此等說是爲宣說真正安忍波羅蜜多

復次憍尸迦若善男子善女人等爲發無上菩提心者宣說安忍波羅蜜多作如是言汝善男子應修安忍波羅蜜多不應觀無明若常若無常不應觀行識名色六處觸受愛取有生老死愁歎苦憂惱若常若無常何以故無明無明自性空行識名色六處觸受愛取有生老死愁歎苦憂惱行乃至老死愁歎苦憂惱自性空是無明自性即非自性是行乃至老死愁歎苦憂惱自性亦非自性若非自性即是安忍波羅蜜多於此安忍波羅

蜜多無明不可得彼常無常亦不可得行乃至老死愁歎苦憂惱皆不可得彼常無常亦不可得所以者何此中尚無無明等可得何況有彼常與無常汝若能修如是安忍是修安忍波羅蜜多復作是言汝善男子應修安忍波羅蜜多不應觀無明若樂若苦不應觀行識名色六處觸受愛取有生老死愁歎苦憂惱若樂若苦何以故無明無明自性空行識名色六處觸受愛取有生老死愁歎苦憂惱行乃至老死愁歎苦憂惱自性空是無明自性即非自性是行乃至老死愁歎苦憂惱自性亦非自性若非自性即是安忍波羅蜜多於此安忍波羅蜜多無明不可得彼樂與苦亦不可得行乃至老死愁歎苦憂惱皆不可得彼樂與苦亦不可得所以者何此中尚無無明等可得何况有彼樂之與苦汝若能修如是安忍是修安忍波羅蜜多復作是言汝善男子應修安忍波羅蜜多不應觀無明若我若無我不應觀行識名色六處觸受

愛取有生老死愁歎苦憂惱若我若無我何以故無明無明自性空行識名色六處觸受愛取有生老死愁歎苦憂惱行乃至老死愁歎苦憂惱自性空是無明自性即非自性是行乃至老死愁歎苦憂惱自性亦非自性若非自性即是安忍波羅蜜多於此安忍波羅蜜多無明不可得彼我無我亦不可得行乃至老死愁歎苦憂惱皆不可得彼我無我亦不可得所以者何此中尚無無明等可得何况有彼我與無我汝若能修如是安忍是修安忍波羅蜜多復作是言汝善男子應修安忍波羅蜜多不應觀無明若淨若不淨不應觀行識名色六處觸受愛取有生老死愁歎苦憂惱若淨若不淨何以故無明無明自性空行識名色六處觸受愛取有生老死愁歎苦憂惱行乃至老死愁歎苦憂惱自性空是無明自性即非自性是行乃至老死愁歎苦憂惱自性亦非自性若非自性即是安忍波羅蜜多於此安忍波羅蜜多無明不可得

彼淨不淨亦不可得行乃至老死愁歎苦憂惱皆不可得彼淨不淨亦不可得所以者何此中尚無無明等可得何況有彼淨與不淨汝若能修如是安忍是修安忍波羅蜜多憍尸迦是善男子善女人等作此等說是為宣說真正安忍波羅蜜多

大般若波羅蜜多經卷第一百五十六

大般若波羅蜜多經卷第一百五十六

校勘記

一　底本，金藏大寶集寺本。

一　四九四頁下二一行「即非自性」，石作「即非自自性」。

一　四九六頁上七行「耳觸耳觸為緣」，石作「耳觸為緣」。

一　四九七頁上二三行「諸受」，石作「諸受受」。

趙城縣廣勝寺

大般若波羅蜜多經卷第一百五十七　張

三藏法師玄奘奉　詔譯

初分校量功德品第三十之五十五

復次憍尸迦若善男子善女人等為發無上菩提心者宣説安忍波羅蜜多作如是言汝善男子應脩安忍波羅蜜多不應觀布施波羅蜜多若常若無常不應觀淨戒安忍精進靜慮般若波羅蜜多若常若無常何以故布施波羅蜜多布施波羅蜜多自性空淨戒安忍精進靜慮般若波羅蜜多淨戒乃至般若波羅蜜多自性空是布施波羅蜜多自性即非自性是淨戒乃至般若波羅蜜多自性亦非自性若非自性即是安忍波羅蜜多於此安忍波羅蜜多布施波羅蜜多不可得彼常無常亦不可得淨戒乃至般若波羅蜜多皆不可得彼常無常亦不可得所以者何此中尚無布施波羅蜜多等可得何況有彼常與無常汝若能脩如是安忍是脩安忍波羅蜜多復作是言汝善男子應脩安忍波羅蜜多不應觀布施波羅蜜多若樂若苦不應觀淨戒安忍精進靜慮般若波羅蜜多若樂若苦何以故布施波羅蜜多布施波羅蜜多自性空淨戒安忍精進靜慮般若波羅蜜多淨戒乃至般若波羅蜜多自性空是布施波羅蜜多自性即非自性是淨戒乃至般若波羅蜜多自性亦非自性若非自性即是安忍波羅蜜多於此安忍波羅蜜多布施波羅蜜多不可得彼樂與苦亦不可得淨戒乃至般若波羅蜜多皆不可得彼樂與苦亦不可得所以者何此中尚無布施波羅蜜多等可得何況有彼樂之與苦汝若能脩如是安忍是脩安忍波羅蜜多復作是言汝善男子應脩安忍波羅蜜多不應觀布施波羅蜜多若我若無我不應觀淨戒安忍精進靜慮般若波羅蜜多若我若無我何以故布施波羅蜜多布施波羅蜜多自性空淨戒安忍精進靜慮般若波羅蜜多淨戒乃至般若波羅蜜多自性空是布施波羅蜜多自性即

非自性是淨戒乃至般若波羅蜜多自性亦非自性若非自性即是安忍波羅蜜多於此安忍波羅蜜多布施波羅蜜多不可得彼我無我亦不可得淨戒乃至般若波羅蜜多皆不可得彼我無我亦不可得所以者何此中尚無布施波羅蜜多等可得何況有彼我與無我汝若能修如是安忍是修安忍波羅蜜多復作是言汝善男子應修安忍波羅蜜多不應觀布施波羅蜜多若淨若不淨不應觀淨戒安忍精進靜慮般若波羅蜜多若淨若不淨何以故布施波羅蜜多布施波羅蜜多自性空淨戒安忍精進靜慮般若波羅蜜多淨戒乃至般若波羅蜜多自性空是布施波羅蜜多自性即非自性是淨戒乃至般若波羅蜜多自性亦非自性若非自性即是安忍波羅蜜多於此安忍波羅蜜多布施波羅蜜多不可得彼淨不淨亦不可得淨戒乃至般若波羅蜜多皆不可得彼淨不淨亦不可得所以者何此中尚無布施波羅蜜多等可

得何況有彼淨與不淨汝若能修如是安忍是修安忍波羅蜜多憍尸迦是善男子善女人等作此等說是為宣說真正安忍波羅蜜多

復次憍尸迦若善男子善女人等為發無上菩提心者宣說安忍波羅蜜多作如是言汝善男子應修安忍波羅蜜多不應觀內空若常若無常不應觀外空內外空空空大空勝義空有為空無為空畢竟空無際空散空無變異空本性空自相空共相空一切法空不可得空無性空自性空無性自性空若常若無常何以故內空內空自性空外空內外空空空大空勝義空有為空無為空畢竟空無際空散空無變異空本性空自相空共相空一切法空不可得空無性空自性空無性自性空外空乃至無性自性空自性空是內空自性即非自性是外空乃至無性自性空自性亦非自性若非自性即是安忍波羅蜜多於此安忍波羅蜜多內空不可得彼常無常亦不可得外空乃至無性自

性空皆不可得彼常無常亦不可得所以者何此中尚無內空等可得何況有彼常與無常汝若能修如是安忍是修安忍波羅蜜多復作是言汝善男子應修安忍波羅蜜多不應觀內空若樂若苦不應觀外空內外空空空大空勝義空有為空無為空畢竟空無際空散空無變異空本性空自相空共相空一切法空不可得空無性空自性空無性自性空若樂若苦何以故內空內空自性空外空內外空空空大空勝義空有為空無為空畢竟空無際空散空無變異空本性空自相空共相空一切法空不可得空無性空自性空無性自性空外空乃至無性自性空自性空是內空自性即非自性是外空乃至無性自性空自性亦非自性若非自性即是安忍波羅蜜多於此安忍波羅蜜多內空不可得彼樂與苦亦不可得外空乃至無性自性空皆不可得彼樂與苦亦不可得所以者何此中尚無內空等可得何況有彼樂之與苦汝若

能修如是安忍是修安忍波羅蜜多復作是言汝善男子應修安忍波羅蜜多不應觀內空若我若無我不應觀外空內外空空空大空勝義空有為空無為空畢竟空無際空散空無變異空本性空自相空共相空一切法空不可得空無性空自性空無性自性空若我若無我何以故內空內空自性空外空內外空空空大空勝義空有為空無為空畢竟空無際空散空無變異空本性空自相空共相空一切法空不可得空無性空自性空無性自性空外空乃至無性自性空自性空是內空自性即非自性是外空乃至無性自性空自性亦非自性若非自性即是安忍波羅蜜多於此安忍波羅蜜多內空不可得彼我無我亦不可得外空乃至無性自性空皆不可得彼我無我亦不可得所以者何此中尚無內空等可得何況有彼我與無我汝若能修如是安忍是修安忍波羅蜜多復作是言汝善男子應修安忍波羅蜜多不應觀內

空若淨若不淨不應觀外空內外空空空大空勝義空有為空無為空畢竟空無際空散空無變異空本性空自相空共相空一切法空不可得空無性空自性空無性自性空若淨若不淨何以故內空內空自性空外空內外空空空大空勝義空有為空無為空畢竟空無際空散空無變異空本性空自相空共相空一切法空不可得空無性空自性空無性自性空外空乃至無性自性空自性空是內空自性即非自性是外空乃至無性自性空自性亦非自性若非自性即是安忍波羅蜜多於此安忍波羅蜜多內空不可得彼淨不淨亦不可得外空乃至無性自性空皆不可得彼淨不淨亦不可得所以者何此中尚無內空等可得何況有彼淨與不淨汝若能修如是安忍是修安忍波羅蜜多憍尸迦是善男子善女人等作此等說是為宣說真正安忍波羅蜜多復次憍尸迦若善男子善女人等為發無上菩提心者宣說安忍波羅蜜

多作如是言汝善男子應修安忍波羅蜜多不應觀真如若常若無常不應觀法界法性不虛妄性不變異性平等性離生性法定法住實際虛空界不思議界若常若無常何以故真如真如自性空法界法性不虛妄性不變異性平等性離生性法定法住實際虛空界不思議界法界乃至不思議界自性空是真如自性即非自性是法界乃至不思議界自性亦非自性若非自性即是安忍波羅蜜多於此安忍波羅蜜多真如不可得彼常無常亦不可得法界乃至不思議界皆不可得彼常無常亦不可得所以者何此中尚無真如等可得何況有彼常與無常汝若能修如是安忍是修安忍波羅蜜多復作是言汝善男子應修安忍波羅蜜多不應觀真如若樂若苦不應觀法界法性不虛妄性不變異性平等性離生性法定法住實際虛空界不思議界若樂若苦何以故真如真如自性空法界法性不虛妄性不變異性平等性離生

性法定法住實際虛空界不思議界法界乃至不思議界自性空是真如自性即非自性是法界乃至不思議界自性亦非自性若非自性即是安忍波羅蜜多於此安忍波羅蜜多真如不可得彼樂與苦亦不可得法界乃至不思議界皆不可得彼樂與苦亦不可得所以者何此中尚無真如等可得何況有彼樂之與苦汝若能修如是安忍是修安忍波羅蜜多復作是言汝善男子應修安忍波羅蜜多不應觀真如若我若無我不應觀法界法性不虛妄性不變異性平等性離生性法定法住實際虛空界不思議界若我若無我何以故真如真如自性空法界法性不虛妄性不變異性平等性離生性法定法住實際虛空界不思議界法界乃至不思議界自性空是真如自性即非自性是法界乃至不思議界自性亦非自性若非自性即是安忍波羅蜜多於此安忍波羅蜜多真如不可得彼我無我亦不可得法界乃至不思議界皆

不可得彼我無我亦不可得所以者何此中尚無真如等可得何況有彼我與無我汝若能修如是安忍是修安忍波羅蜜多復作是言汝善男子應修安忍波羅蜜多不應觀真如若淨若不淨不應觀法界法性不虛妄性不變異性平等性離生性法定法住實際虛空界不思議界若淨若不淨何以故真如真如自性空法界法性不虛妄性不變異性平等性離生性法定法住實際虛空界不思議界法界乃至不思議界自性空是真如自性即非自性是法界乃至不思議界自性亦非自性若非自性即是安忍波羅蜜多於此安忍波羅蜜多真如不可得彼淨不淨亦不可得法界乃至不思議界皆不可得彼淨不淨亦不可得所以者何此中尚無真如等可得何況有彼淨與不淨汝若能修如是安忍是修安忍波羅蜜多憍尸迦是善男子善女人等作此等說是為宣說真正安忍波羅蜜多

復次憍尸迦若善男子善女人等為

發無上菩提心者宣說安忍波羅蜜多作如是言汝善男子應修安忍波羅蜜多不應觀苦聖諦若常若無常不應觀集滅道聖諦若常若無常何以故苦聖諦苦聖諦自性空集滅道聖諦集滅道聖諦自性空是苦聖諦自性即非自性是集滅道聖諦自性亦非自性若非自性即是安忍波羅蜜多於此安忍波羅蜜多苦聖諦不可得彼常無常亦不可得集滅道聖諦皆不可得彼常無常亦不可得所以者何此中尚無苦聖諦等可得何況有彼常與無常汝若能修如是安忍是修安忍波羅蜜多復作是言汝善男子應修安忍波羅蜜多不應觀苦聖諦若樂若苦不應觀集滅道聖諦若樂若苦何以故苦聖諦苦聖諦自性空集滅道聖諦集滅道聖諦自性空是苦聖諦自性即非自性是集滅道聖諦自性亦非自性若非自性即是安忍波羅蜜多於此安忍波羅蜜多苦聖諦不可得彼樂與苦亦不可得集滅道聖諦皆不可得彼樂與

苦亦不可得所以者何此中尚無苦聖諦等可得何況有彼樂之與苦汝若能修如是安忍是修安忍波羅蜜多復作是言汝善男子應修安忍波羅蜜多不應觀苦聖諦若我若無我不應觀集滅道聖諦若我若無我何以故苦聖諦苦聖諦自性空集滅道聖諦集滅道聖諦自性空是苦聖諦自性即非自性是集滅道聖諦自性亦非自性若非自性即是安忍波羅蜜多於此安忍波羅蜜多苦聖諦不可得彼我無我亦不可得集滅道聖諦皆不可得彼我無我亦不可得所以者何此中尚無苦聖諦等可得何況有彼我與無我汝若能修如是安忍是修安忍波羅蜜多復作是言汝善男子應修安忍波羅蜜多不應觀苦聖諦若淨若不淨不應觀集滅道聖諦若淨若不淨何以故苦聖諦苦聖諦自性空集滅道聖諦集滅道聖諦自性空是苦聖諦自性即非自性是集滅道聖諦自性亦非自性若非自性即是安忍波羅蜜多於此安忍波羅蜜多苦聖諦不可得彼淨不淨亦不可得集滅道聖諦皆不可得彼淨不淨亦不可得所以者何此中尚無苦聖諦等可得何況有彼淨與不淨汝若能修如是安忍是修安忍波羅蜜多憍尸迦是善男子善女人等作此等說是為宣說真正安忍波羅蜜多

復次憍尸迦若善男子善女人等為發無上菩提心者宣說安忍波羅蜜多作如是言汝善男子應修安忍波羅蜜多不應觀四靜慮若常若無常不應觀四無量四無色定若常若無常何以故四靜慮四靜慮自性空四無量四無色定四無量四無色定自性空是四靜慮自性即非自性是四無量四無色定自性亦非自性若非自性即是安忍波羅蜜多於此安忍波羅蜜多四靜慮不可得彼常無常亦不可得四無量四無色定皆不可得彼常無常亦不可得所以者何此中尚無四靜慮等可得何況有彼常與無常汝若能修如是安忍是修安忍波羅蜜多復作是言汝善男子應修安忍波羅蜜多不應觀四靜慮若樂若苦不應觀四無量四無色定若樂若苦何以故四靜慮四靜慮自性空四無量四無色定四無量四無色定自性空是四靜慮自性即非自性是四無量四無色定自性亦非自性若非自性即是安忍波羅蜜多於此安忍波羅蜜多四靜慮不可得彼樂與苦亦不可得四無量四無色定皆不可得彼樂與苦亦不可得所以者何此中尚無四靜慮等可得何況有彼樂之與苦汝若能修如是安忍是修安忍波羅蜜多復作是言汝善男子應修安忍波羅蜜多不應觀四靜慮若我若無我不應觀四無量四無色定若我若無我何以故四靜慮四靜慮自性空四無量四無色定四無量四無色定自性空是四靜慮自性即非自性是四無量四無色定自性亦非自性若非自性即是安忍波羅蜜多於此安忍波羅蜜多四靜慮不可得彼我無我亦不可得四無量四

無色定皆不可得彼我無我亦不可得所以者何此中尚無四靜慮等可得何況有彼我與無我汝若能修如是安忍是修安忍波羅蜜多復作是言汝善男子應修安忍波羅蜜多不應觀四靜慮若淨若不淨不應觀四無量四無色定若淨若不淨何以故四靜慮四靜慮自性空四無量四無色定四無量四無色定自性空是四靜慮自性即非自性是四無量四無色定自性亦非自性若非自性即是安忍波羅蜜多於此安忍波羅蜜多四靜慮不可得彼淨不淨亦不可得四無量四無色定皆不可得彼淨不淨亦不可得所以者何此中尚無四靜慮等可得何況有彼淨與不淨汝若能修如是安忍是修安忍波羅蜜多憍尸迦是善男子善女人等作此等說是為宣說真正安忍波羅蜜多

復次憍尸迦若善男子善女人等為發無上菩提心者宣說安忍波羅蜜多作如是言汝善男子應修安忍波羅蜜多不應觀八解脫若常若無常

不應觀八勝處九次第定十遍處若常若無常何以故八解脫八解脫自性空八勝處九次第定十遍處八勝處九次第定十遍處自性空是八解脫自性即非自性是八勝處九次第定十遍處自性亦非自性若非自性即是安忍波羅蜜多於此安忍波羅蜜多八解脫不可得彼常無常亦不可得八勝處九次第定十遍處皆不可得彼常無常亦不可得所以者何此中尚無八解脫等可得何況有彼常與無常汝若能修如是安忍是修安忍波羅蜜多復作是言汝善男子應修安忍波羅蜜多不應觀八解脫若樂若苦不應觀八勝處九次第定十遍處若樂若苦何以故八解脫八解脫自性空八勝處九次第定十遍處八勝處九次第定十遍處自性空是八解脫自性即非自性是八勝處九次第定十遍處自性亦非自性若非自性即是安忍波羅蜜多於此安忍波羅蜜多八解脫不可得彼樂與苦亦不可得八勝處九次第定十遍

處皆不可得彼樂與苦亦不可得所以者何此中尚無八解脫等可得何況有彼樂之與苦汝若能修如是安忍是修安忍波羅蜜多復作是言汝善男子應修安忍波羅蜜多不應觀八解脫若我若無我不應觀八勝處九次第定十遍處若我若無我何以故八解脫八解脫自性空八勝處九次第定十遍處八勝處九次第定十遍處自性空是八解脫自性即非自性是八勝處九次第定十遍處自性亦非自性若非自性即是安忍波羅蜜多於此安忍波羅蜜多八解脫不可得彼我無我亦不可得八勝處九次第定十遍處皆不可得彼我無我亦不可得所以者何此中尚無八解脫等可得何況有彼我與無我汝若能修如是安忍是修安忍波羅蜜多復作是言汝善男子應修安忍波羅蜜多不應觀八解脫若淨若不淨不應觀八勝處九次第定十遍處若淨若不淨何以故八解脫八解脫自性空八勝處九次第定十遍處八勝處

九次第定十遍處自性空是八解脫自性即非自性是八勝處九次第定十遍處自性亦非自性若非自性即是安忍波羅蜜多於此安忍波羅蜜多八解脫不可得彼淨不淨亦不可得八勝處九次第定十遍處皆不可得彼淨不淨亦不可得所以者何此中尚無八解脫等可得何況有彼淨與不淨汝若能修如是安忍是修安忍波羅蜜多憍尸迦是善男子善女人等作此等說是為宣說真正安忍波羅蜜多

復次憍尸迦若善男子善女人等為發無上菩提心者宣說安忍波羅蜜多作如是言汝善男子應修安忍波羅蜜多不應觀四念住若常若無常不應觀四正斷四神足五根五力七等覺支八聖道支若常若無常何以故四念住四念住自性空四正斷四神足五根五力七等覺支八聖道支四正斷乃至八聖道支自性空是四念住自性即非自性是四正斷乃至八聖道支自性亦非自性若非自性

大般若第一百五十七　第十八張

即是安忍波羅蜜多於此安忍波羅蜜多四念住不可得彼常無常亦不可得四正斷乃至八聖道支皆不可得彼常無常亦不可得所以者何此中尚無四念住等可得何況有彼常與無常汝若能修如是安忍是修安忍波羅蜜多復作是言汝善男子應修安忍波羅蜜多不應觀四念住若樂若苦不應觀四正斷四神足五根五力七等覺支八聖道支若樂若苦何以故四念住四念住自性空四正斷四神足五根五力七等覺支八聖道支四正斷乃至八聖道支自性空是四念住自性即非自性是四正斷乃至八聖道支自性亦非自性若非自性即是安忍波羅蜜多於此安忍波羅蜜多四念住不可得彼樂與苦亦不可得四正斷乃至八聖道支皆不可得彼樂與苦亦不可得所以者何此中尚無四念住等可得何況有彼樂之與苦汝若能修如是安忍是修安忍波羅蜜多復作是言汝善男子應修安忍波羅蜜多不應觀四念

大般若第一百五十七　第十九張

大般若經第一百五十七　第二十張　殘字號

住若我若無我不應觀四正斷四神足五根五力七等覺支八聖道支若我若無我何以故四念住四念住自性空四正斷四神足五根五力七等覺支八聖道支四正斷乃至八聖道支自性空是四念住自性即非自性是四正斷乃至八聖道支自性亦非自性若非自性即是安忍波羅蜜多於此安忍波羅蜜多四念住不可得彼我無我亦不可得四正斷乃至八聖道支皆不可得彼我無我亦不可得所以者何此中尚無四念住等可得何況有彼我與無我汝若能修如是安忍是修安忍波羅蜜多復作是言汝善男子應修安忍波羅蜜多不應觀四念住若淨若不淨不應觀四正斷四神足五根五力七等覺支八聖道支若淨若不淨何以故四念住四念住自性空四正斷四神足五根五力七等覺支八聖道支四正斷乃至八聖道支自性空是四念住自性即非自性是四正斷乃至八聖道支自性亦非自性若非自性即是安忍

波羅蜜多於此安忍波羅蜜多四念
住不可得彼淨不淨亦不可得四正
斷乃至八聖道支皆不可得彼淨不
淨亦不可得所以者何此中尚無四
念住等可得何況有彼淨與不淨汝
若能修如是安忍是修安忍波羅蜜
多憍尸迦是善男子善女人等作此
等說是為宣說真正安忍波羅蜜多
復次憍尸迦若善男子善女人等為
發無上菩提心者宣說安忍波羅蜜
多作如是言汝善男子應修安忍波
羅蜜多不應觀空解脫門若常若無
常不應觀無相無願解脫門若常若
無常何以故空解脫門空解脫門自
性空無相無願解脫門無相無願解
脫門自性空是空解脫門自性即非
自性是無相無願解脫門自性亦非
自性若非自性即是安忍波羅蜜多
於此安忍波羅蜜多空解脫門不可
得彼常無常亦不可得無相無願解
脫門皆不可得彼常無常亦不可得
所以者何此中尚無空解脫門等可
得何況有彼常與無常汝若能修如

是安忍是修安忍波羅蜜多復作是
言汝善男子應修安忍波羅蜜多不
應觀空解脫門若樂若苦不應觀無
相无願解脫門若樂若苦何以故空
解脫門空解脫門自性空无相無願
解脫門無相無願解脫門自性空是
空解脫門自性即非自性是无相無
願解脫門自性亦非自性若非自性
即是安忍波羅蜜多於此安忍波羅
蜜多空解脫門不可得彼樂與苦亦
不可得无相無願解脫門皆不可得
彼樂與苦亦不可得所以者何此中
尚無空解脫門等可得何況有彼樂之
與苦汝若能修如是安忍是修安忍
波羅蜜多復作是言汝善男子應修
安忍波羅蜜多不應觀空解脫門若
我若無我不應觀無相无願解脫門
若我若無我何以故空解脫門空解
脫門自性空无相無願解脫門无相
無願解脫門自性空是空解脫門自
性即非自性是無相无願解脫門自
性亦非自性若非自性即是安忍波
羅蜜多於此安忍波羅蜜多空解脫

門不可得彼我無我亦不可得無相
無願解脫門皆不可得彼我無我亦
不可得所以者何此中尚無空解脫
門等可得何況有彼我與無我汝若
能修如是安忍是修安忍波羅蜜多
復作是言汝善男子應修安忍波羅
蜜多不應觀空解脫門若淨若不淨
不應觀無相無願解脫門若淨若不
淨何以故空解脫門空解脫門自性
空無相無願解脫門無相無願解脫
門自性空是空解脫門自性即非自
性若非自性即是安忍波羅蜜多於
此安忍波羅蜜多空解脫門不可得
彼淨不淨亦不可得無相無願解脫
門皆不可得彼淨不淨亦不可得所
以者何此中尚無空解脫門等可得
何況有彼淨與不淨汝若能修如是
安忍是修安忍波羅蜜多憍尸迦是
善男子善女人等作此等說是為宣
說真正安忍波羅蜜多

大般若波羅蜜多經卷第一百五十七

大般若波羅蜜多經卷第一百五十七

校勘記

一　底本，金藏廣勝寺本。五〇九頁中原為抄配，以麗藏本換。五〇九頁上、五一〇頁中字迹污損以麗藏本換，原版附後。

一　五〇六頁中一二行「法界乃至」，石作「乃至」。

一　五〇七頁下一九行「是四靜慮」，石作「是靜慮」。

一　五一〇頁下一一行末字「自」與一二行首字「性」之間，石、磧、普、南、徑、清、麗尚有「性是無相無願解脫門自性亦非自」十四字。兩行之間小字係原閲經者所加。

九次第定十遍處自性空是八解脫自性即非自性是八勝處九次第定十遍處自性亦非自性若非自性即是安忍波羅蜜多於此安忍波羅蜜多八解脫不可得彼淨不淨亦不可得八勝處九次第定十遍處皆不可得彼淨不淨亦不可得所以者何此中尚無八解脫等可得何況有彼淨與不淨汝若能修如是安忍是修安忍波羅蜜多憍尸迦是善男子善女人等作此等說是為宣說真正安忍波羅蜜多

復次憍尸迦若善男子善女人等為發無上菩提心者宣說安忍波羅蜜多作如是言汝善男子應修安忍波羅蜜多不應觀四念住若常若無常不應觀四正斷四神足五根五力七等覺支八聖道支若常若無常何以故四念住四念住自性空四正斷四神足五根五力七等覺支八聖道支四正斷乃至八聖道支自性空是四念住自性即非自性是四正斷乃至八聖道支自性亦非自性若非自性

是安忍是修安忍波羅蜜多復作是言汝善男子應修安忍波羅蜜多不應觀空解脫門若樂若苦不應觀無相無願解脫門若樂若苦何以故空解脫門空解脫門自性空無相無願解脫門無相無願解脫門自性空是空解脫門自性即非自性是無相無願解脫門自性亦非自性若非自性即是安忍波羅蜜多於此安忍波羅蜜多空解脫門不可得彼樂與苦亦不可得無相無願解脫門皆不可得彼樂與苦亦不可得所以者何此中尚無空解脫門等可得何況有彼樂之與苦汝若能修如是安忍是修安忍波羅蜜多復作是言汝善男子應修安忍波羅蜜多不應觀空解脫門若我若無我不應觀無相無願解脫門若我若無我何以故空解脫門空解脫門自性空無相無願解脫門無相無願解脫門自性空是空解脫門自性即非自性是無相無願解脫門自性亦非自性若非自性即是安忍波羅蜜多於此安忍波羅蜜多空解脫

大般若波羅蜜多經卷第一百五十八　張

三藏法師玄奘奉　詔譯

初分校量功德品第三十之五十六

復次憍尸迦若善男子善女人等為發無上菩提心者宣說安忍波羅蜜多作如是言汝善男子應修安忍波羅蜜多不應觀五眼若常若無常不應觀六神通若常若無常何以故五眼五眼自性空六神通六神通自性空是五眼自性即非自性是六神通自性亦非自性若非自性即是安忍波羅蜜多於此安忍波羅蜜多五眼不可得彼常無常亦不可得六神通不可得彼常無常亦不可得所以者何此中尚無五眼等可得何況有彼常與無常汝若能修如是安忍是修安忍波羅蜜多復作是言汝善男子應修安忍波羅蜜多不應觀五眼若樂若苦不應觀六神通若樂若苦何以故五眼五眼自性空六神通六神通自性空是五眼自性即非自性是六神通自性亦非自性若非自性即是安忍波羅蜜多於此安忍波羅蜜多五眼不可得彼樂與苦亦不可得六神通不可得彼樂與苦亦不可得所以者何此中尚無五眼等可得何況有彼樂之與苦汝若能修如是安忍是修安忍波羅蜜多復作是言汝善男子應修安忍波羅蜜多不應觀五眼若我若無我不應觀六神通若我若無我何以故五眼五眼自性空六神通六神通自性空是五眼自性即非自性是六神通自性亦非自性若非自性即是安忍波羅蜜多於此安忍波羅蜜多五眼不可得彼我無我亦不可得六神通不可得彼我無我亦不可得所以者何此中尚無五眼等可得何況有彼我與無我汝若能修如是安忍是修安忍波羅蜜多復作是言汝善男子應修安忍波羅蜜多不應觀五眼若淨若不淨不應觀六神通若淨若不淨何以故五眼五眼自性空六神通六神通自性空是五眼自性即非自性是六神通自性亦非自性若非自性即是安忍波

羅蜜多於此安忍波羅蜜多五眼不可得彼淨不淨亦不可得六神通不可得彼淨不淨亦不可得所以者何此中尚無五眼等可得何況有彼淨與不淨汝若能修如是安忍是修安忍波羅蜜多憍尸迦是善男子善女人等作此等說是為宣說真正安忍波羅蜜多

復次憍尸迦若善男子善女人等為發無上菩提心者宣說安忍波羅蜜多作如是言汝善男子應修安忍波羅蜜多不應觀佛十力若常若無常不應觀四無所畏四無礙解大慈大悲大喜大捨十八佛不共法若常若無常何以故佛十力佛十力自性空四無所畏四無礙解大慈大悲大喜大捨十八佛不共法四無所畏乃至十八佛不共法自性空是佛十力自性即非自性是四無所畏乃至十八佛不共法自性亦非自性若非自性即是安忍波羅蜜多佛十力不可得彼常無常亦不可得四無所畏乃至十八佛不共法

皆不可得彼常無常亦不可得所以者何此中尚無佛十力等可得何況有彼常與無常汝若能修如是安忍是修安忍波羅蜜多復作是言汝善男子應修安忍波羅蜜多不應觀佛十力若樂若苦不應觀四無所畏四無礙解大慈大悲大喜大捨十八佛不共法若樂若苦何以故佛十力佛十力自性空四無所畏四無礙解大慈大悲大喜大捨十八佛不共法四無所畏乃至十八佛不共法自性空是佛十力自性即非自性是四無所畏乃至十八佛不共法自性亦非自性若非自性即是安忍波羅蜜多於此安忍波羅蜜多佛十力不可得彼樂與苦亦不可得四無所畏乃至十八佛不共法皆不可得彼樂與苦亦不可得所以者何此中尚無佛十力等可得何況有彼樂之與苦汝若能修如是安忍是修安忍波羅蜜多復作是言汝善男子應修安忍波羅蜜多不應觀佛十力若我若無我不應觀四無所畏四無礙解大慈大悲大

喜大捨十八佛不共法若我若無我何以故佛十力佛十力自性空四無所畏四無礙解大慈大悲大喜大捨十八佛不共法四無所畏乃至十八佛不共法自性空是佛十力自性即非自性是四無所畏乃至十八佛不共法自性亦非自性若非自性即是安忍波羅蜜多於此安忍波羅蜜多佛十力不可得彼我無我亦不可得四無所畏乃至十八佛不共法皆不可得彼我無我亦不可得所以者何此中尚無佛十力等可得何況有彼我與無我汝若能修如是安忍是修安忍波羅蜜多復作是言汝善男子應修安忍波羅蜜多不應觀佛十力若淨若不淨不應觀四無所畏四無礙解大慈大悲大喜大捨十八佛不共法若淨若不淨何以故佛十力佛十力自性空四無所畏四無礙解大慈大悲大喜大捨十八佛不共法四無所畏乃至十八佛不共法自性空是佛十力自性即非自性是四無所畏乃至十八佛不共法自性亦非自

性若非自性即是安忍波羅蜜多於此安忍波羅蜜多佛十力不可得彼淨不淨亦不可得四無所畏乃至十八佛不共法皆不可得彼淨不淨亦不可得所以者何此中尚無佛十力等可得何況有彼淨與不淨汝若能修如是安忍是修安忍波羅蜜多憍尸迦是善男子善女人等作此等說是為宣說真正安忍波羅蜜多

復次憍尸迦若善男子善女人等為發無上菩提心者宣說安忍波羅蜜多作如是言汝善男子應修安忍波羅蜜多不應觀無忘失法若常若無常不應觀恒住捨性若常若無常何以故無忘失法無忘失法自性空恒住捨性恒住捨性自性空是無忘失法自性即非自性是恒住捨性自性亦非自性若非自性即是安忍波羅蜜多於此安忍波羅蜜多無忘失法不可得彼常無常亦不可得恒住捨性不可得彼常無常亦不可得所以者何此中尚無無忘失法等可得何況有彼常與無常汝若能修如是安

忍是修安忍波羅蜜多復作是言汝善男子應修安忍波羅蜜多不應觀無忘失法若樂若苦不應觀恒住捨性若樂若苦何以故無忘失法無忘失法自性空恒住捨性恒住捨性自性空是無忘失法自性即非自性是恒住捨性自性亦非自性若非自性即是安忍波羅蜜多於此安忍波羅蜜多無忘失法不可得彼樂與苦亦不可得恒住捨性不可得彼樂與苦亦不可得所以者何此中尚無無忘失法等可得何況有彼樂之與苦汝若能修如是安忍是修安忍波羅蜜多復作是言汝善男子應修安忍波羅蜜多不應觀無忘失法若我若無我不應觀恒住捨性若我若無我何以故無忘失法無忘失法自性空恒住捨性恒住捨性自性空是無忘失法自性即非自性是恒住捨性自性亦非自性若非自性即是安忍波羅蜜多於此安忍波羅蜜多無忘失法不可得彼我無我亦不可得恒住捨性不可得彼我無我亦不可得所以

大般若第一百卅八　第七張　號

者何此中尚無無忘失法等可得何況有彼我與無我汝若能修如是安忍是修安忍波羅蜜多復作是言汝善男子應修安忍波羅蜜多不應觀無忘失法若淨若不淨不應觀恒住捨性若淨若不淨何以故無忘失法無忘失法自性空恒住捨性恒住捨性自性空是無忘失法自性即非自性是恒住捨性自性亦非自性若非自性即是安忍波羅蜜多於此安忍波羅蜜多無忘失法不可得彼淨不淨亦不可得恒住捨性不可得彼淨不淨亦不可得所以者何此中尚無無忘失法等可得何況有彼淨與不淨汝若能修如是安忍是修安忍波羅蜜多憍尸迦是善男子善女人等作此等說是為宣說真正安忍波羅蜜多

復次憍尸迦若善男子善女人等為發無上菩提心者宣說安忍波羅蜜多作如是言汝善男子應修安忍波羅蜜多不應觀一切智若常若無常不應觀道相智一切相智若常若無

大般若第一百卅八　第八張　誌

常何以故一切智一切智自性空道相智一切相智道相智一切相智自性空是一切智自性即非自性是道相智一切相智自性亦非自性若非自性即是安忍波羅蜜多於此安忍波羅蜜多一切智不可得彼常無常亦不可得道相智一切相智皆不可得彼常無常亦不可得所以者何此中尚無一切智等可得何況有彼常與無常汝若能修如是安忍是修安忍波羅蜜多復作是言汝善男子應修安忍波羅蜜多不應觀一切智若樂若苦不應觀道相智一切相智若樂若苦何以故一切智一切智自性空道相智一切相智道相智一切相智自性空是一切智自性即非自性是道相智一切相智自性亦非自性若非自性即是安忍波羅蜜多於此安忍波羅蜜多一切智不可得彼樂與苦亦不可得道相智一切相智皆不可得彼樂與苦亦不可得所以者何此中尚無一切智等可得何況有彼樂之與苦汝若能修如是安忍是

大般若第一百卅八　第九張　榮

修安忍波羅蜜多復作是言汝善男子應修安忍波羅蜜多不應觀一切智若我若無我不應觀道相智一切相智若我若無我何以故一切智一切智自性空道相智一切相智道相智一切相智自性空是一切智自性即非自性是道相智一切相智自性亦非自性若非自性即是安忍波羅蜜多於此安忍波羅蜜多一切智不可得彼我無我亦不可得道相智一切相智皆不可得彼我無我亦不可得所以者何此中尚無一切智等可得何況有彼我與無我汝若能修如是安忍是修安忍波羅蜜多復作是言汝善男子應修安忍波羅蜜多不應觀一切智若淨若不淨不應觀道相智一切相智若淨若不淨何以故一切智一切智自性空道相智一切相智道相智一切相智自性空是一切智自性即非自性是道相智一切相智自性亦非自性若非自性即是安忍波羅蜜多於此安忍波羅蜜多一切智不可得彼淨不淨亦不可得

大般若第一百五十八　第十張　張

道相智一切相智皆不可得彼淨不淨亦不可得所以者何此中尚無一切智等可得何況有彼淨與不淨汝若能修如是安忍是修安忍波羅蜜多憍尸迦是善男子善女人等作此等說是為宣說真正安忍波羅蜜多復次憍尸迦若善男子善女人等為發無上菩提心者宣說安忍波羅蜜多作如是言汝善男子應修安忍波羅蜜多不應觀一切陁羅尼門若常若無常不應觀一切三摩地門若常若無常何以故一切陁羅尼門一切陁羅尼門自性空一切三摩地門一切三摩地門自性空是一切陁羅尼門自性即非自性是一切三摩地門自性亦非自性若非自性即是安忍波羅蜜多於此安忍波羅蜜多一切陁羅尼門不可得彼常無常亦不可得一切三摩地門不可得彼常無常亦不可得所以者何此中尚無一切陁羅尼門等可得何況有彼常與無常汝若能修如是安忍是修安忍波羅蜜多復作是言汝善男子應修安

大般若第一百五十八　第十一張　張

忍波羅蜜多不應觀一切陁羅尼門若樂若苦不應觀一切三摩地門若樂若苦何以故一切陁羅尼門一切陁羅尼門自性空一切三摩地門一切三摩地門自性空是一切陁羅尼門自性即非自性是一切三摩地門自性亦非自性若非自性即是安忍波羅蜜多於此安忍波羅蜜多一切陁羅尼門不可得彼樂與苦亦不可得一切三摩地門不可得彼樂與苦亦不可得所以者何此中尚無一切陁羅尼門等可得何況有彼樂之與苦汝若能修如是安忍是修安忍波羅蜜多復作是言汝善男子應修安忍波羅蜜多不應觀一切陁羅尼門若我若無我不應觀一切三摩地門若我若無我何以故一切陁羅尼門一切陁羅尼門自性空一切三摩地門一切三摩地門自性空是一切陁羅尼門自性即非自性是一切三摩地門自性亦非自性若非自性即是安忍波羅蜜多於此安忍波羅蜜多一切陁羅尼門不可得彼我無我亦

大般若第一百五十八　第十二張　張

不可得一切三摩地門不可得彼我無我亦不可得所以者何此中尚無一切陁羅尼門等可得何況有彼我與無我汝若能修如是安忍是修安忍波羅蜜多復作是言汝善男子應修安忍波羅蜜多不應觀一切陁羅尼門若淨若不淨不應觀一切三摩地門若淨若不淨何以故一切陁羅尼門一切陁羅尼門自性空一切三摩地門一切三摩地門自性空是一切陁羅尼門自性即非自性是一切三摩地門自性亦非自性若非自性即是安忍波羅蜜多於此安忍波羅蜜多一切陁羅尼門不可得彼淨不淨亦不可得一切三摩地門不可得彼淨不淨亦不可得所以者何此中尚無一切陁羅尼門等可得何況有彼淨與不淨汝若能修如是安忍是修安忍波羅蜜多憍尸迦是善男子善女人等作此等說是為宣說真正安忍波羅蜜多

復次憍尸迦若善男子善女人等為發無上菩提心者宣說安忍波羅蜜

多作如是言汝善男子應修安忍波羅蜜多不應觀預流向預流果若常若無常不應觀一來向一來果不還向不還果阿羅漢向阿羅漢果若常若無常何以故預流向預流果預流向預流果自性空一來向一來果不還向不還果阿羅漢向阿羅漢果一來向乃至阿羅漢果自性空是預流向預流果自性即非自性是一來向乃至阿羅漢果自性亦非自性若非自性即是安忍波羅蜜多於此安忍波羅蜜多預流向預流果不可得彼常無常亦不可得一來向乃至阿羅漢果皆不可得彼常無常亦不可得所以者何此中尚無預流向等可得何況有彼常與無常汝若能修如是安忍是修安忍波羅蜜多復作是言汝善男子應修安忍波羅蜜多不應觀預流向預流果若樂若苦不應觀一來向一來果不還向不還果阿羅漢向阿羅漢果若樂若苦何以故預流向預流果預流向預流果自性空一來向一來果不還向不還果阿羅

漢向阿羅漢果一來向乃至阿羅漢果自性空是預流向預流果自性即非自性是一來向乃至阿羅漢果自性亦非自性若非自性即是安忍波羅蜜多於此安忍波羅蜜多預流向預流果不可得彼樂與苦亦不可得一來向乃至阿羅漢果皆不可得彼樂與苦亦不可得所以者何此中尚無預流向等可得何況有彼樂之與苦汝若能修如是安忍是修安忍波羅蜜多復作是言汝善男子應修安忍波羅蜜多不應觀預流向預流果若我若無我不應觀一來向一來果不還向不還果阿羅漢向阿羅漢果若我若無我何以故預流向預流果預流向預流果自性空一來向一來果不還向不還果阿羅漢向阿羅漢果一來向乃至阿羅漢果自性空是預流向預流果自性即非自性是一來向乃至阿羅漢果自性亦非自性若非自性即是安忍波羅蜜多於此安忍波羅蜜多預流向預流果不可得彼我無我亦不可得一來向乃至

阿羅漢果皆不可得彼我無我亦不可得所以者何此中尚無預流向等可得何况有彼我與無我汝若能修如是安忍是修安忍波羅蜜多復作是言汝善男子應修安忍波羅蜜多不應觀預流向預流果若淨若不淨不應觀一来向一来果不還向不還果阿羅漢向阿羅漢果若淨若不淨何以故預流向預流果預流向預流果自性空一来向一来果不還向不還果阿羅漢向阿羅漢果一来向乃至阿羅漢果自性空是預流向預流果自性即非自性是一来向乃至阿羅漢果自性亦非自性若非自性即是安忍波羅蜜多於此安忍波羅蜜多預流向預流果不可得彼淨不淨亦不可得一来向乃至阿羅漢果皆不可得彼淨不淨亦不可得所以者何此中尚無預流向等可得何况有彼淨與不淨汝若能修如是安忍是修安忍波羅蜜多憍尸迦是善男子善女人等作此等說是為宣說真正安忍波羅蜜多

大般若第一百五十八　第十六張　張

復次憍尸迦若善男子善女人等為發無上菩提心者宣說安忍波羅蜜多作如是言汝善男子應修安忍波羅蜜多不應觀一切獨覺菩提若常若無常何以故一切獨覺菩提一切獨覺菩提自性空是一切獨覺菩提自性即非自性若非自性即是安忍波羅蜜多於此安忍波羅蜜多一切獨覺菩提不可得彼常無常亦不可得所以者何此中尚無一切獨覺菩提可得何况有彼常與無常汝若能修如是安忍是修安忍波羅蜜多復作是言汝善男子應修安忍波羅蜜多不應觀一切獨覺菩提若樂若苦何以故一切獨覺菩提一切獨覺菩提自性空是一切獨覺菩提自性即非自性若非自性即是安忍波羅蜜多於此安忍波羅蜜多一切獨覺菩提不可得彼樂與苦亦不可得所以者何此中尚無一切獨覺菩提可得何况有彼樂之與苦汝若能修如是安忍是修安忍波羅蜜多復作是言汝善男子應修安忍波羅蜜多不應

大般若第一百五十八　第十七張　張

觀一切獨覺菩提若我若無我何以故一切獨覺菩提一切獨覺菩提自性空是一切獨覺菩提自性即非自性若非自性即是安忍波羅蜜多於此安忍波羅蜜多一切獨覺菩提不可得彼我無我亦不可得所以者何此中尚無一切獨覺菩提可得何况有彼我與無我汝若能修如是安忍是修安忍波羅蜜多復作是言汝善男子應修安忍波羅蜜多不應觀一切獨覺菩提若淨若不淨何以故一切獨覺菩提一切獨覺菩提自性空是一切獨覺菩提自性即非自性若非自性即是安忍波羅蜜多於此安忍波羅蜜多一切獨覺菩提不可得彼淨不淨亦不可得所以者何此中尚無一切獨覺菩提可得何况有彼淨與不淨汝若能修如是安忍是修安忍波羅蜜多憍尸迦是善男子善女人等作此等說是為宣說真正安忍波羅蜜多

復次憍尸迦若善男子善女人等為發無上菩提心者宣說安忍波羅蜜

大般若第一百五十八　第十八張　張

多作如是言汝善男子應修安忍波羅蜜多不應觀一切菩薩摩訶薩行若常若無常何以故一切菩薩摩訶薩行一切菩薩摩訶薩行自性空是一切菩薩摩訶薩行自性即非自性若非自性即是安忍波羅蜜多於此安忍波羅蜜多一切菩薩摩訶薩行不可得彼常無常亦不可得所以者何此中尚無一切菩薩摩訶薩行可得何況有彼常與無常汝若能修如是安忍是修安忍波羅蜜多復作是言汝善男子應修安忍波羅蜜多不應觀一切菩薩摩訶薩行若樂若苦何以故一切菩薩摩訶薩行一切菩薩摩訶薩行自性空是一切菩薩摩訶薩行自性即非自性若非自性即是安忍波羅蜜多於此安忍波羅蜜多一切菩薩摩訶薩行不可得彼樂與苦亦不可得所以者何此中尚無一切菩薩摩訶薩行可得何況有彼樂之與苦汝若能修如是安忍是修安忍波羅蜜多復作是言汝善男子應修安忍波羅蜜多不應觀一切菩

薩摩訶薩行若我若無我何以故一切菩薩摩訶薩行一切菩薩摩訶薩行自性空是一切菩薩摩訶薩行自性即非自性若非自性即是安忍波羅蜜多於此安忍波羅蜜多一切菩薩摩訶薩行不可得彼我無我亦不可得所以者何此中尚無一切菩薩摩訶薩行可得何況有彼我與無我汝若能修如是安忍是修安忍波羅蜜多復作是言汝善男子應修安忍波羅蜜多不應觀一切菩薩摩訶薩行若淨若不淨何以故一切菩薩摩訶薩行一切菩薩摩訶薩行自性空是一切菩薩摩訶薩行自性即非自性若非自性即是安忍波羅蜜多於此安忍波羅蜜多一切菩薩摩訶薩行不可得彼淨不淨亦不可得所以者何此中尚無一切菩薩摩訶薩行可得何況有彼淨與不淨汝若能修如是安忍是修安忍波羅蜜多憍尸迦是善男子善女人等作此等說是為宣說真正安忍波羅蜜多

復次憍尸迦若善男子善女人等為

發無上菩提心者宣說安忍波羅蜜多作如是言汝善男子應修安忍波羅蜜多不應觀諸佛無上正等菩提若常若無常何以故諸佛無上正等菩提諸佛無上正等菩提自性空是諸佛無上正等菩提自性即非自性若非自性即是安忍波羅蜜多於此安忍波羅蜜多諸佛無上正等菩提不可得彼常無常亦不可得所以者何此中尚無諸佛無上正等菩提可得何況有彼常與無常汝若能修如是安忍是修安忍波羅蜜多復作是言汝善男子應修安忍波羅蜜多不應觀諸佛無上正等菩提若樂若苦何以故諸佛無上正等菩提諸佛無上正等菩提自性空是諸佛無上正等菩提自性即非自性若非自性即是安忍波羅蜜多於此安忍波羅蜜多諸佛無上正等菩提不可得彼樂與苦亦不可得所以者何此中尚無諸佛無上正等菩提可得何況有彼樂之與苦汝若能修如是安忍是修安忍波羅蜜多復作是言汝善男子

應修安忍波羅蜜多不應觀諸佛無上正等菩提若我若無我何以故諸佛無上正等菩提諸佛無上正等菩提自性空是諸佛無上正等菩提自性即非自性若非自性即是安忍波羅蜜多於此安忍波羅蜜多諸佛無上正等菩提不可得彼我無我亦不可得所以者何此中尚無諸佛無上正等菩提可得何况有彼我與無我汝若能修如是安忍是修安忍波羅蜜多復作是言汝善男子應修安忍波羅蜜多不應觀諸佛無上正等菩提若淨若不淨何以故諸佛無上正等菩提諸佛無上正等菩提自性空是諸佛無上正等菩提自性即非自性若非自性即是安忍波羅蜜多於此安忍波羅蜜多諸佛無上正等菩提不可得彼淨不淨亦不可得所以者何此中尚無諸佛無上正等菩提可得何况有彼淨與不淨汝若能修如是安忍是修安忍波羅蜜多憍尸迦是善男子善女人等作此等說是為宣說真正安忍波羅蜜多

大般若經第百五十八　第十六張

大般若波羅蜜多經卷第百五十八

戊戌歲高麗國大藏都監奉
勑雕造

大般若經第百五十八　第十六張

大般若波羅蜜多經卷第一百五十八

校勘記

一　底本，麗藏本。

一　五一六頁中一七行「復作是言」，石作「復作是」。

一　五一八頁中四行「即非自性」，磧作「亦非自性」。

大般若波羅蜜多經卷第一百五十九　聚

三藏法師玄奘奉　詔譯

初分校量功德品第三十之五十七

時天帝釋復白佛言：世尊，云何諸善男子善女人等說無所得淨戒波羅蜜多名說真正淨戒波羅蜜多？佛言：憍尸迦，若善男子善女人等為發無上菩提心者宣說淨戒波羅蜜多作如是言：汝善男子應修淨戒波羅蜜多，不應觀色若常若無常，不應觀受想行識若常若無常。何以故？色色自性空，受想行識受想行識自性空。是色自性即非自性，是受想行識自性亦非自性。若非自性即是淨戒波羅蜜多。於此淨戒波羅蜜多色不可得，彼常無常亦不可得；受想行識皆不可得，彼常無常亦不可得。所以者何？此中尚無色等可得，何況有彼常與無常。汝若能修如是淨戒，是修淨戒波羅蜜多。復作是言：汝善男子應修淨戒波羅蜜多，不應觀色若樂若苦，不應觀受想行識若樂若苦。何以故？色色自性空，受想行識受想行識自性空。是色自性即非自性，是受想行識自性亦非自性。若非自性即是淨戒波羅蜜多。於此淨戒波羅蜜多色不可得，彼樂與苦亦不可得；受想行識皆不可得，彼樂與苦亦不可得。所以者何？此中尚無色等可得，何況有彼樂之與苦。汝若能修如是淨戒，是修淨戒波羅蜜多。復作是言：汝善男子應修淨戒波羅蜜多，不應觀色若我若無我，不應觀受想行識若我若無我。何以故？色色自性空，受想行識受想行識自性空。是色自性即非自性，是受想行識自性亦非自性。若非自性即是淨戒波羅蜜多。於此淨戒波羅蜜多色不可得，彼我無我亦不可得；受想行識皆不可得，彼我無我亦不可得。所以者何？此中尚無色等可得，何況有彼我與無我。汝若能修如是淨戒，是修淨戒波羅蜜多。復作是言：汝善男子應修淨戒波羅蜜多，不應觀色若淨若不淨，不應觀受想行識若淨若不淨。何以故？色色自性

空，受想行識受想行識自性空。是色自性即非自性，是受想行識自性亦非自性。若非自性即是淨戒波羅蜜多。於此淨戒波羅蜜多色不可得，彼淨不淨亦不可得；受想行識皆不可得，彼淨不淨亦不可得。所以者何？此中尚無色等可得，何況有彼淨與不淨。汝若能修如是淨戒，是修淨戒波羅蜜多。憍尸迦，是善男子善女人等作此等說，是為宣說真正淨戒波羅蜜多。

復次，憍尸迦，若善男子善女人等為發無上菩提心者宣說淨戒波羅蜜多作如是言：汝善男子應修淨戒波羅蜜多，不應觀眼處若常若無常，不應觀耳鼻舌身意處若常若無常。何以故？眼處眼處自性空，耳鼻舌身意處耳鼻舌身意處自性空。是眼處自性即非自性，是耳鼻舌身意處自性亦非自性。若非自性即是淨戒波羅蜜多。於此淨戒波羅蜜多眼處不可得，彼常無常亦不可得；耳鼻舌身意處皆不可得，彼常無常亦不可得。所

以者何此中尚無眼處等可得何況有彼常與無常汝若能修如是淨戒是修淨戒波羅蜜多復作是言汝善男子應修淨戒波羅蜜多不應觀眼處若樂若苦不應觀耳鼻舌身意處若樂若苦何以故眼處眼處自性空耳鼻舌身意處耳鼻舌身意處自性空是眼處自性即非自性是耳鼻舌身意處自性亦非自性若非自性即是淨戒波羅蜜多於此淨戒波羅蜜多眼處不可得彼樂與苦亦不可得耳鼻舌身意處皆不可得彼樂與苦亦不可得所以者何此中尚無眼處等可得何況有彼樂之與苦汝若能修如是淨戒是修淨戒波羅蜜多復作是言汝善男子應修淨戒波羅蜜多不應觀眼處若我若無我不應觀耳鼻舌身意處若我若無我何以故眼處眼處自性空耳鼻舌身意處耳鼻舌身意處自性空是眼處自性即非自性是耳鼻舌身意處自性亦非自性若非自性即是淨戒波羅蜜多於此淨戒波羅蜜多眼處不可得彼

大般若第一百五十九　第四張　張

我無我亦不可得耳鼻舌身意處皆不可得彼我無我亦不可得所以者何此中尚無眼處等可得何況有彼我與無我汝若能修如是淨戒是修淨戒波羅蜜多復作是言汝善男子應修淨戒波羅蜜多不應觀眼處若淨若不淨不應觀耳鼻舌身意處若淨若不淨何以故眼處眼處自性空耳鼻舌身意處耳鼻舌身意處自性空是眼處自性即非自性是耳鼻舌身意處自性亦非自性若非自性即是淨戒波羅蜜多於此淨戒波羅蜜多眼處不可得彼淨不淨亦不可得耳鼻舌身意處皆不可得彼淨不淨亦不可得所以者何此中尚無眼處等可得何況有彼淨與不淨汝若能修如是淨戒是修淨戒波羅蜜多憍尸迦是善男子善女人等作此等說是為宣說真正淨戒波羅蜜多

復次憍尸迦若善男子善女人等為發無上菩提心者宣說淨戒波羅蜜多作如是言汝善男子應修淨戒波羅蜜多不應觀色處若常若無常不

大般若　第一百五十九　第五張　㕥

應觀聲香味觸法處若常若無常何以故色處色處自性空聲香味觸法處聲香味觸法處自性空是色處自性即非自性是聲香味觸法處自性亦非自性若非自性即是淨戒波羅蜜多於此淨戒波羅蜜多色處不可得彼常無常亦不可得聲香味觸法處皆不可得彼常無常亦不可得所以者何此中尚無色處等可得何況有彼常與無常汝若能修如是淨戒是修淨戒波羅蜜多復作是言汝善男子應修淨戒波羅蜜多不應觀色處若樂若苦不應觀聲香味觸法處若樂若苦何以故色處色處自性空聲香味觸法處聲香味觸法處自性空是色處自性即非自性是聲香味觸法處自性亦非自性若非自性即是淨戒波羅蜜多於此淨戒波羅蜜多色處不可得彼樂與苦亦不可得聲香味觸法處皆不可得彼樂與苦亦不可得所以者何此中尚無色處等可得何況有彼樂之與苦汝若能修如是淨戒是修淨戒波羅蜜多復

大般若經第一百五十九　[illegible]　張

作是言汝善男子應修淨戒波羅蜜多不應觀色處若我若無我不應觀聲香味觸法處若我若無我何以故色處色處自性空聲香味觸法處聲香味觸法處自性空是色處自性即非自性是聲香味觸法處自性亦非自性若非自性即是淨戒波羅蜜多於此淨戒波羅蜜多色處不可得彼我無我亦不可得聲香味觸法處皆不可得彼我無我亦不可得所以者何此中尚無色處等可得何況有彼我與無我汝若能修如是淨戒是修淨戒波羅蜜多復作是言汝善男子應修淨戒波羅蜜多不應觀色處若淨若不淨不應觀聲香味觸法處若淨若不淨何以故色處色處自性空聲香味觸法處聲香味觸法處自性空是色處自性即非自性是聲香味觸法處自性亦非自性若非自性即是淨戒波羅蜜多於此淨戒波羅蜜多色處不可得彼淨不淨亦不可得聲香味觸法處皆不可得彼淨不淨亦不可得所以者何此中尚無色處等可得何況有彼淨與不淨汝若能修如是淨戒是修淨戒波羅蜜多憍尸迦是善男子善女人等作此等說是為宣說真正淨戒波羅蜜多

復次憍尸迦若善男子善女人等為發無上菩提心者宣說淨戒波羅蜜多作如是言汝善男子應修淨戒波羅蜜多不應觀眼界若常若無常不應觀色界眼識界及眼觸眼觸為緣所生諸受若常若無常何以故眼界眼界自性空色界眼識界及眼觸眼觸為緣所生諸受色界乃至眼觸為緣所生諸受自性空是眼界自性即非自性是色界乃至眼觸為緣所生諸受自性亦非自性若非自性即是淨戒波羅蜜多於此淨戒波羅蜜多眼界不可得彼常無常亦不可得色界乃至眼觸為緣所生諸受皆不可得彼常無常亦不可得所以者何此中尚無眼界等可得何況有彼常與無常汝若能修如是淨戒是修淨戒波羅蜜多復作是言汝善男子應修淨戒波羅蜜多不應觀眼界若樂若苦不應觀色界眼識界及眼觸眼觸為緣所生諸受若樂若苦何以故眼界眼界自性空色界眼識界及眼觸眼觸為緣所生諸受色界乃至眼觸為緣所生諸受自性空是眼界自性即非自性是色界乃至眼觸為緣所生諸受自性亦非自性若非自性即是淨戒波羅蜜多於此淨戒波羅蜜多眼界不可得彼樂與苦亦不可得色界乃至眼觸為緣所生諸受皆不可得彼樂與苦亦不可得所以者何此中尚無眼界等可得何況有彼樂之與苦汝若能修如是淨戒是修淨戒波羅蜜多復作是言汝善男子應修淨戒波羅蜜多不應觀眼界若我若無我不應觀色界眼識界及眼觸眼觸為緣所生諸受若我若無我何以故眼界眼界自性空色界眼識界及眼觸眼觸為緣所生諸受色界乃至眼觸為緣所生諸受自性空是眼界自性即非自性是色界乃至眼觸為緣所生諸受自性亦非自性若非自性即是淨戒波羅蜜多於此淨戒

波羅蜜多眼界不可得彼我無我亦不可得色界乃至眼觸為緣所生諸受皆不可得彼我無我亦不可得所以者何此中尚無眼界等可得何況有彼我與無我汝若能修如是淨戒是修淨戒波羅蜜多復作是言汝善男子應修淨戒波羅蜜多不應觀眼界若淨若不淨不應觀色界眼識界及眼觸眼觸為緣所生諸受若淨若不淨何以故眼界眼界自性空色界眼識界及眼觸眼觸為緣所生諸受色界乃至眼觸為緣所生諸受自性空是眼界自性即非自性是色界乃至眼觸為緣所生諸受自性亦非自性若非自性即是淨戒波羅蜜多於此淨戒波羅蜜多眼界不可得彼淨不淨亦不可得色界乃至眼觸為緣所生諸受皆不可得彼淨不淨亦不可得所以者何此中尚無眼界等可得何況有彼淨與不淨汝若能修如是淨戒是修淨戒波羅蜜多憍尸迦是善男子善女人等作此等說是為宣說真正淨戒波羅蜜多

大般若　第一百五十九　第十張

復次憍尸迦若善男子善女人等為發無上菩提心者宣說淨戒波羅蜜多作如是言汝善男子應修淨戒波羅蜜多不應觀耳界若常若無常不應觀聲界耳識界及耳觸耳觸為緣所生諸受若常若無常何以故耳界耳界自性空聲界耳識界及耳觸耳觸為緣所生諸受聲界乃至耳觸為緣所生諸受自性空是耳界自性即非自性是聲界乃至耳觸為緣所生諸受自性亦非自性若非自性即是淨戒波羅蜜多於此淨戒波羅蜜多耳界不可得彼常無常亦不可得聲界乃至耳觸為緣所生諸受皆不可得彼常無常亦不可得所以者何此中尚無耳界等可得何況有彼常與無常汝若能修如是淨戒是修淨戒波羅蜜多復作是言汝善男子應修淨戒波羅蜜多不應觀耳界若樂若苦不應觀聲界耳識界及耳觸耳觸為緣所生諸受若樂若苦何以故耳界耳界自性空聲界耳識界及耳觸耳觸為緣所生諸受聲界乃至耳觸

大般若第一百五十九　第十一張

為緣所生諸受自性空是耳界自性即非自性是聲界乃至耳觸為緣所生諸受自性亦非自性若非自性即是淨戒波羅蜜多於此淨戒波羅蜜多耳界不可得彼樂與苦亦不可得聲界乃至耳觸為緣所生諸受皆不可得彼樂與苦亦不可得所以者何此中尚無耳界等可得何況有彼樂之與苦汝若能修如是淨戒是修淨戒波羅蜜多復作是言汝善男子應修淨戒波羅蜜多不應觀耳界若我若無我不應觀聲界耳識界及耳觸耳觸為緣所生諸受若我若無我何以故耳界耳界自性空聲界耳識界及耳觸耳觸為緣所生諸受聲界乃至耳觸為緣所生諸受自性空是耳界自性即非自性是聲界乃至耳觸為緣所生諸受自性亦非自性若非自性即是淨戒波羅蜜多於此淨戒波羅蜜多耳界不可得彼我無我亦不可得聲界乃至耳觸為緣所生諸受皆不可得彼我無我亦不可得所以者何此中尚無耳界等可得何況

大般若第一百五十九　第十一張

有彼我與無我汝若能修如是淨戒是修淨戒波羅蜜多復作是言汝善男子應修淨戒波羅蜜多不應觀耳界若淨若不淨不應觀聲界耳識界及耳觸耳觸為緣所生諸受若淨若不淨何以故耳界耳界自性空聲界耳識界及耳觸耳觸為緣所生諸受聲界乃至耳觸為緣所生諸受自性空是耳界自性即非自性是聲界乃至耳觸為緣所生諸受自性亦非自性若非自性即是淨戒波羅蜜多於此淨戒波羅蜜多耳界不可得彼淨不淨亦不可得聲界乃至耳觸為緣所生諸受皆不可得彼淨不淨亦不可得所以者何此中尚无耳界等可得何況有彼淨與不淨汝若能修如是淨戒是修淨戒波羅蜜多憍尸迦是善男子善女人等作此等說是為宣說真正淨戒波羅蜜多

復次憍尸迦若善男子善女人等為發无上菩提心者宣說淨戒波羅蜜多作如是言汝善男子應修淨戒波羅蜜多不應觀鼻界若常若無常不應觀香界鼻識界及鼻觸鼻觸為緣所生諸受若常若无常何以故鼻界鼻界自性空香界鼻識界及鼻觸鼻觸為緣所生諸受香界乃至鼻觸為緣所生諸受自性空是鼻界自性即非自性是香界乃至鼻觸為緣所生諸受自性亦非自性若非自性即是淨戒波羅蜜多於此淨戒波羅蜜多鼻界不可得彼常無常亦不可得香界乃至鼻觸為緣所生諸受皆不可得彼常无常亦不可得所以者何此中尚無鼻界等可得何況有彼常與无常汝若能修如是淨戒是修淨戒波羅蜜多復作是言汝善男子應修淨戒波羅蜜多不應觀鼻界若樂若苦不應觀香界鼻識界及鼻觸鼻觸為緣所生諸受若樂若苦何以故鼻界鼻界自性空香界鼻識界及鼻觸鼻觸為緣所生諸受香界乃至鼻觸為緣所生諸受自性空是鼻界自性即非自性是香界乃至鼻觸為緣所生諸受自性亦非自性若非自性即是淨戒波羅蜜多於此淨戒波羅蜜多鼻界不可得彼樂與苦亦不可得香界乃至鼻觸為緣所生諸受皆不可得彼樂與苦亦不可得所以者何此中尚无鼻界等可得何況有彼樂之與苦汝若能修如是淨戒是修淨戒波羅蜜多復作是言汝善男子應修淨戒波羅蜜多不應觀鼻界若我若无我不應觀香界鼻識界及鼻觸鼻觸為緣所生諸受若我若无我何以故鼻界鼻界自性空香界鼻識界及鼻觸鼻觸為緣所生諸受香界乃至鼻觸為緣所生諸受自性空是鼻界自性即非自性是香界乃至鼻觸為緣所生諸受自性亦非自性若非自性即是淨戒波羅蜜多於此淨戒波羅蜜多鼻界不可得彼我无我亦不可得香界乃至鼻觸為緣所生諸受皆不可得彼我无我亦不可得所以者何此中尚无鼻界等可得何況有彼我與无我汝若能修如是淨戒是修淨戒波羅蜜多復作是言汝善男子應修淨戒波羅蜜多不應觀鼻界若淨若不淨不應觀香界鼻識界

及鼻觸鼻觸為緣所生諸受若淨若不淨何以故鼻界鼻界自性空香界鼻識界及鼻觸鼻觸為緣所生諸受香界乃至鼻觸為緣所生諸受自性空是鼻界自性即非自性是香界乃至鼻觸為緣所生諸受自性亦非自性若非自性即是淨戒波羅蜜多於此淨戒波羅蜜多鼻界不可得彼淨不淨亦不可得香界乃至鼻觸為緣所生諸受皆不可得彼淨不淨亦不可得所以者何此中尚无鼻界等可得何况有彼淨與不淨汝若能修如是淨戒是修淨戒波羅蜜多憍尸迦是善男子善女人等作此等說是為宣說真正淨戒波羅蜜多

復次憍尸迦若善男子善女人等為發无上菩提心者宣說淨戒波羅蜜多作如是言汝善男子應修淨戒波羅蜜多不應觀舌界若常若无常不應觀味界舌識界及舌觸舌觸為緣所生諸受若常若无常何以故舌界舌界自性空味界舌識界及舌觸舌觸為緣所生諸受味界乃至舌觸為

大般若　第一百五十九　第十六張　源

緣所生諸受自性空是舌界自性即非自性是味界乃至舌觸為緣所生諸受自性亦非自性若非自性即是淨戒波羅蜜多於此淨戒波羅蜜多舌界不可得彼常無常亦不可得味界乃至舌觸為緣所生諸受皆不可得彼常無常亦不可得所以者何此中尚无舌界等可得何况有彼常與無常汝若能修如是淨戒是修淨戒波羅蜜多復作是言汝善男子應修淨戒波羅蜜多不應觀舌界若樂若苦不應觀味界舌識界及舌觸舌觸為緣所生諸受若樂若苦何以故舌界舌界自性空味界舌識界及舌觸舌觸為緣所生諸受味界乃至舌觸為緣所生諸受自性空是舌界自性即非自性是味界乃至舌觸為緣所生諸受自性亦非自性若非自性即是淨戒波羅蜜多於此淨戒波羅蜜多舌界不可得彼樂與苦亦不可得味界乃至舌觸為緣所生諸受皆不可得彼樂與苦亦不可得所以者何此中尚無舌界等可得何况有彼樂

大般若　第一百五十九　第十七張

之與苦汝若能修如是淨戒是修淨戒波羅蜜多復作是言汝善男子應修淨戒波羅蜜多不應觀舌界若我若無我不應觀味界舌識界及舌觸舌觸為緣所生諸受若我若无我何以故舌界舌界自性空味界舌識界及舌觸舌觸為緣所生諸受味界乃至舌觸為緣所生諸受自性空是舌界自性即非自性是味界乃至舌觸為緣所生諸受自性亦非自性若非自性即是淨戒波羅蜜多於此淨戒波羅蜜多舌界不可得彼我无我亦不可得味界乃至舌觸為緣所生諸受皆不可得彼我無我亦不可得所以者何此中尚无舌界等可得何况有彼我與無我汝若能修如是淨戒是修淨戒波羅蜜多復作是言汝善男子應修淨戒波羅蜜多不應觀舌界若淨若不淨不應觀味界舌識界及舌觸舌觸為緣所生諸受若淨若不淨何以故舌界舌界自性空味界舌識界及舌觸舌觸為緣所生諸受味界乃至舌觸為緣所生諸受自性

空是舌界自性即非自性是味界乃至舌觸為緣所生諸受自性亦非自性若非自性即是淨戒波羅蜜多於此淨戒波羅蜜多舌界不可得彼淨不淨亦不可得味界乃至舌觸為緣所生諸受皆不可得彼淨不淨亦不可得所以者何此中尚無舌界等可得何況有彼淨與不淨汝若能修如是淨戒是修淨戒波羅蜜多憍尸迦是善男子善女人等作此等說是為宣說真正淨戒波羅蜜多

復次憍尸迦若善男子善女人等為發無上菩提心者宣說淨戒波羅蜜多作如是言汝善男子應修淨戒波羅蜜多不應觀身界若常若無常不應觀觸界身識界及身觸身觸為緣所生諸受若常若無常何以故身界身界自性空觸界身識界及身觸身觸為緣所生諸受觸界乃至身觸為緣所生諸受自性空是身界自性即非自性是觸界乃至身觸為緣所生諸受自性亦非自性若非自性即是淨戒波羅蜜多於此淨戒波羅蜜多

身界不可得彼常無常亦不可得觸界乃至身觸為緣所生諸受皆不可得彼常無常亦不可得所以者何此中尚無身界等可得何況有彼常與無常汝若能修如是淨戒是修淨戒波羅蜜多復作是言汝善男子應修淨戒波羅蜜多不應觀身界若樂若苦不應觀觸界身識界及身觸身觸為緣所生諸受若樂若苦何以故身界身界自性空觸界身識界及身觸身觸為緣所生諸受觸界乃至身觸為緣所生諸受自性空是身界自性即非自性是觸界乃至身觸為緣所生諸受自性亦非自性若非自性即是淨戒波羅蜜多於此淨戒波羅蜜多身界不可得彼樂與苦亦不可得觸界乃至身觸為緣所生諸受皆不可得彼樂與苦亦不可得所以者何此中尚無身界等可得何況有彼樂之與苦汝若能修如是淨戒是修淨戒波羅蜜多復作是言汝善男子應修淨戒波羅蜜多不應觀身界若我若無我不應觀觸界身識界及身觸

身觸為緣所生諸受若我若無我何以故身界身界自性空觸界身識界及身觸身觸為緣所生諸受觸界乃至身觸為緣所生諸受自性空是身界自性即非自性是觸界乃至身觸為緣所生諸受自性亦非自性若非自性即是淨戒波羅蜜多於此淨戒波羅蜜多身界不可得彼我無我亦不可得觸界乃至身觸為緣所生諸受皆不可得彼我無我亦不可得所以者何此中尚無身界等可得何況有彼我與無我汝若能修如是淨戒是修淨戒波羅蜜多復作是言汝善男子應修淨戒波羅蜜多不應觀身界若淨若不淨不應觀觸界身識界及身觸身觸為緣所生諸受若淨若不淨何以故身界身界自性空觸界身識界及身觸身觸為緣所生諸受觸界乃至身觸為緣所生諸受自性空是身界自性即非自性是觸界乃至身觸為緣所生諸受自性亦非自性若非自性即是淨戒波羅蜜多於此淨戒波羅蜜多身界不可得彼淨

不淨亦不可得觸界乃至身觸為緣所生諸受皆不可得彼淨不淨亦不可得所以者何此中尚無身界等可得何況有彼淨與不淨汝若能修如是淨戒是修淨戒波羅蜜多憍尸迦是善男子善女人等作此等說是為宣說真正淨戒波羅蜜多

復次憍尸迦若善男子善女人等為發無上菩提心者宣說淨戒波羅蜜多作如是言汝善男子應修淨戒波羅蜜多不應觀意界若常若無常不應觀法界意識界及意觸意觸為緣所生諸受若常若無常何以故意界意界自性空法界意識界及意觸意觸為緣所生諸受法界乃至意觸為緣所生諸受自性空是意界自性即非自性是法界乃至意觸為緣所生諸受自性亦非自性若非自性即是淨戒波羅蜜多於此淨戒波羅蜜多意界不可得彼常無常亦不可得法界乃至意觸為緣所生諸受皆不可得彼常無常亦不可得所以者何此中尚無意界等可得何況有彼常與無常汝若能修如是淨戒是修淨戒波羅蜜多復作是言汝善男子應修淨戒波羅蜜多不應觀意界若樂若苦不應觀法界意識界及意觸意觸為緣所生諸受若樂若苦何以故意界意界自性空法界意識界及意觸意觸為緣所生諸受法界乃至意觸為緣所生諸受自性空是意界自性即非自性是法界乃至意觸為緣所生諸受自性亦非自性若非自性即是淨戒波羅蜜多於此淨戒波羅蜜多意界不可得彼樂與苦亦不可得法界乃至意觸為緣所生諸受皆不可得彼樂與苦亦不可得所以者何此中尚無意界等可得何況有彼樂之與苦汝若能修如是淨戒是修淨戒波羅蜜多復作是言汝善男子應修淨戒波羅蜜多不應觀意界若我若無我不應觀法界意識界及意觸意觸為緣所生諸受若我若無我何以故意界意界自性空法界意識界及意觸意觸為緣所生諸受法界乃至意觸為緣所生諸受自性空是意界自性即非自性是法界乃至意觸為緣所生諸受自性亦非自性若非自性即是淨戒波羅蜜多於此淨戒波羅蜜多意界不可得彼我無我亦不可得法界乃至意觸為緣所生諸受皆不可得彼我無我亦不可得所以者何此中尚無意界等可得何況有彼我與無我汝若能修如是淨戒是修淨戒波羅蜜多復作是言汝善男子應修淨戒波羅蜜多不應觀意界若淨若不淨不應觀法界意識界及意觸意觸為緣所生諸受若淨若不淨何以故意界意界自性空法界意識界及意觸意觸為緣所生諸受法界乃至意觸為緣所生諸受自性空是意界自性即非自性是法界乃至意觸為緣所生諸受自性亦非自性若非自性即是淨戒波羅蜜多於此淨戒波羅蜜多意界不可得彼淨不淨亦不可得法界乃至意觸為緣所生諸受皆不可得彼淨不淨亦不可得所以者何此中尚無意界等可得何況有彼淨與不淨汝若能修如是

淨戒是修淨戒波羅蜜多憍尸迦是善男子善女人等作此等說是爲宣說眞正淨戒波羅蜜多

大般若波羅蜜多經卷第一百五十九

戊戌歲高麗國大藏都監奉

勅雕造

大般若經第一百五十九　第十五張　[illegible]

大般若波羅蜜多經卷第一百五十九

校勘記

一　底本，麗藏本。

大般若波羅蜜多經卷第一百六十　張

三藏法師玄奘奉　詔譯

初分校量功德品第三十之五十八

復次憍尸迦若善男子善女人等為發無上菩提心者宣說淨戒波羅蜜多作如是言汝善男子應修淨戒波羅蜜多不應觀地界若常若無常不應觀水火風空識界若常若無常何以故地界地界自性空水火風空識界水火風空識界自性空是地界自性即非自性是水火風空識界自性亦非自性若非自性即是淨戒波羅蜜多於此淨戒波羅蜜多地界不可得彼常無常亦不可得水火風空識界皆不可得彼常無常亦不可得所以者何此中尚無地界等可得何況有彼常與無常汝若能修如是淨戒是修淨戒波羅蜜多復作是言汝善男子應修淨戒波羅蜜多不應觀地界若樂若苦不應觀水火風空識界若樂若苦何以故地界地界自性空水火風空識界水火風空識界自性空是地界自性即非自性是水火風空識界自性亦非自性若非自性即是淨戒波羅蜜多於此淨戒波羅蜜多地界不可得彼樂與苦亦不可得水火風空識界皆不可得彼樂與苦亦不可得所以者何此中尚無地界等可得何況有彼樂之與苦汝若能修如是淨戒是修淨戒波羅蜜多復作是言汝善男子應修淨戒波羅蜜多不應觀地界若我若無我不應觀水火風空識界若我若無我何以故地界地界自性空水火風空識界水火風空識界自性空是地界自性即非自性是水火風空識界自性亦非自性若非自性即是淨戒波羅蜜多於此淨戒波羅蜜多地界不可得彼我無我亦不可得水火風空識界皆不可得彼我無我亦不可得所以者何此中尚無地界等可得何況有彼我與無我汝若能修如是淨戒是修淨戒波羅蜜多復作是言汝善男子應修淨戒波羅蜜多不應觀地界若淨若不淨不應觀水火風空識界若

大般若經第一百六十　第二張

淨若不淨何以故地界地界自性空水火風空識界水火風空識界自性空是地界自性即非自性是水火風空識界自性亦非自性若非自性即是淨戒波羅蜜多於此淨戒波羅蜜多地界不可得彼淨不淨亦不可得水火風空識界皆不可得彼淨不淨亦不可得所以者何此中尚無地界等可得何況有彼淨與不淨汝若能修如是淨戒是修淨戒波羅蜜多憍尸迦是善男子善女人等作此等說是為宣說真正淨戒波羅蜜多

復次憍尸迦若善男子善女人等為發無上菩提心者宣說淨戒波羅蜜多作如是言汝善男子應修淨戒波羅蜜多不應觀無明若常若無常不應觀行識名色六處觸受愛取有生老死愁歎苦憂惱若常若無常何以故無明無明自性空行識名色六處觸受愛取有生老死愁歎苦憂惱行乃至老死愁歎苦憂惱自性空是無明自性即非自性是行乃至老死愁歎苦憂惱自性亦非自性若非自性

大般若經第一百六十　第三張

即是淨戒波羅蜜多於此淨戒波羅蜜多無明不可得彼常無常亦不可得行乃至老死愁歎苦憂惱皆不可得彼常無常亦不可得所以者何此中尚無無明等可得何況有彼常與無常汝若能修如是淨戒是修淨戒波羅蜜多復作是言汝善男子應修淨戒波羅蜜多不應觀無明若樂若苦不應觀行識名色六處觸受愛取有生老死愁歎苦憂惱若樂若苦何以故無明無明自性空行識名色六處觸受愛取有生老死愁歎苦憂惱行乃至老死愁歎苦憂惱自性空是無明自性即非自性是行乃至老死愁歎苦憂惱自性亦非自性若非自性即是淨戒波羅蜜多於此淨戒波羅蜜多無明不可得彼樂與苦亦不可得行乃至老死愁歎苦憂惱皆不可得彼樂與苦亦不可得所以者何此中尚無無明等可得何況有彼樂之與苦汝若能修如是淨戒是修淨戒波羅蜜多復作是言汝善男子應修淨戒波羅蜜多不應觀無明若我

若無我不應觀行識名色六處觸受愛取有生老死愁歎苦憂惱若我若無我何以故無明無明自性空行識名色六處觸受愛取有生老死愁歎苦憂惱行乃至老死愁歎苦憂惱自性空是無明自性即非自性是行乃至老死愁歎苦憂惱自性亦非自性若非自性即是淨戒波羅蜜多於此淨戒波羅蜜多無明不可得彼我無我亦不可得行乃至老死愁歎苦憂惱皆不可得彼我無我亦不可得所以者何此中尚無無明等可得何況有彼我與無我汝若能修如是淨戒是修淨戒波羅蜜多復作是言汝善男子應修淨戒波羅蜜多不應觀無明若淨若不淨不應觀行識名色六處觸受愛取有生老死愁歎苦憂惱若淨若不淨何以故無明無明自性空行識名色六處觸受愛取有生老死愁歎苦憂惱行乃至老死愁歎苦憂惱自性空是無明自性即非自性是行乃至老死愁歎苦憂惱自性亦非自性若非自性即是淨戒波羅蜜

多於此淨戒波羅蜜多無明不可得彼淨不淨亦不可得行乃至老死愁歎苦憂惱皆不可得彼淨不淨亦不可得所以者何此中尚無無明等可得何況有彼淨與不淨汝若能修如是淨戒是修淨戒波羅蜜多憍尸迦是善男子善女人等作此等說是為宣說真正淨戒波羅蜜多

復次憍尸迦若善男子善女人等為發無上菩提心者宣說淨戒波羅蜜多作如是言汝善男子應修淨戒波羅蜜多不應觀布施波羅蜜多若常若無常不應觀淨戒安忍精進靜慮般若波羅蜜多若常若無常何以故布施波羅蜜多布施波羅蜜多自性空淨戒安忍精進靜慮般若波羅蜜多淨戒乃至般若波羅蜜多自性空是布施波羅蜜多自性即非自性是淨戒乃至般若波羅蜜多自性亦非自性若非自性即是淨戒波羅蜜多於此淨戒波羅蜜多布施波羅蜜多不可得彼常無常亦不可得淨戒乃至般若波羅蜜多皆不可得彼常無

常亦不可得所以者何此中尚無布施波羅蜜多等可得何況有彼常與無常汝若能修如是淨戒是修淨戒波羅蜜多復作是言汝善男子應修淨戒波羅蜜多不應觀布施波羅蜜多若樂若苦不應觀淨戒安忍精進靜慮般若波羅蜜多若樂若苦何以故布施波羅蜜多布施波羅蜜多自性空淨戒安忍精進靜慮般若波羅蜜多淨戒乃至般若波羅蜜多自性空是布施波羅蜜多自性即非自性是淨戒乃至般若波羅蜜多自性亦非自性若非自性即是淨戒波羅蜜多於此淨戒波羅蜜多布施波羅蜜多不可得彼樂與苦亦不可得淨戒乃至般若波羅蜜多皆不可得彼樂與苦亦不可得所以者何此中尚無布施波羅蜜多等可得何況有彼樂之與苦汝若能修如是淨戒是修淨戒波羅蜜多復作是言汝善男子應修淨戒波羅蜜多不應觀布施波羅蜜多若我若無我不應觀淨戒安忍精進靜慮般若波羅蜜多若我若無

大般若第一百六十　第七張　孫

我何以故布施波羅蜜多布施波羅蜜多自性空淨戒安忍精進靜慮般若波羅蜜多淨戒乃至般若波羅蜜多自性空是布施波羅蜜多自性即非自性是淨戒乃至般若波羅蜜多自性亦非自性若非自性即是淨戒波羅蜜多於此淨戒波羅蜜多布施波羅蜜多不可得彼我無我亦不可得淨戒乃至般若波羅蜜多皆不可得彼我無我亦不可得所以者何此中尚無布施波羅蜜多等可得何況有彼我與無我汝若能修如是淨戒是修淨戒波羅蜜多復作是言汝善男子應修淨戒波羅蜜多不應觀布施波羅蜜多若淨若不淨不應觀淨戒安忍精進靜慮般若波羅蜜多若淨若不淨何以故布施波羅蜜多布施波羅蜜多自性空淨戒安忍精進靜慮般若波羅蜜多淨戒乃至般若波羅蜜多自性空是布施波羅蜜多自性即非自性是淨戒乃至般若波羅蜜多自性亦非自性若非自性即是淨戒波羅蜜多於此淨戒波羅蜜

大般若第一百六十　第八張　孫

多布施波羅蜜多不可得彼淨不淨亦不可得淨戒乃至般若波羅蜜多皆不可得彼淨不淨亦不可得所以者何此中尚無布施波羅蜜多等可得何況有彼淨與不淨汝若能修如是淨戒是修淨戒波羅蜜多憍尸迦是善男子善女人等作此等說是為宣說真正淨戒波羅蜜多

復次憍尸迦若善男子善女人等為發無上菩提心者宣說淨戒波羅蜜多作如是言汝善男子應修淨戒波羅蜜多不應觀內空若常若無常不應觀外空內外空空空大空勝義空有為空無為空畢竟空無際空散空無變異空本性空自相空共相空一切法空不可得空無性空自性空無性自性空若常若無常何以故內空內空自性空外空內外空空空大空勝義空有為空無為空畢竟空無際空散空無變異空本性空自相空共相空一切法空不可得空無性空自性空無性自性空外空乃至無性自性空自性空是內空自性即非自性

大般若第一百六十　第九張　孫

是外空乃至無性自性空自性亦非自性若非自性即是淨戒波羅蜜多於此淨戒波羅蜜多內空不可得彼常無常亦不可得外空乃至無性自性空皆不可得彼常無常亦不可得所以者何此中尚無內空等可得何況有彼常與無常汝若能修如是淨戒是修淨戒波羅蜜多復作是言汝善男子應修淨戒波羅蜜多不應觀內空若樂若苦不應觀外空內外空空空大空勝義空有為空無為空畢竟空無際空散空無變異空本性空自相空共相空一切法空不可得空無性空自性空無性自性空若樂若苦何以故內空內空自性空外空內外空空空大空勝義空有為空無為空畢竟空無際空散空無變異空本性空自相空共相空一切法空不可得空無性空自性空無性自性空外空乃至無性自性空自性空是內空自性即非自性是外空乃至無性自性空自性亦非自性若非自性即是淨戒波羅蜜多於此淨戒波羅蜜多

內空不可得彼樂與苦亦不可得外空乃至無性自性空皆不可得彼樂與苦亦不可得所以者何此中尚無內空等可得何況有彼樂之與苦汝若能修如是淨戒是修淨戒波羅蜜多復作是言汝善男子應修淨戒波羅蜜多不應觀內空若我若無我不應觀外空內外空空空大空勝義空有為空無為空畢竟空無際空散空無變異空本性空自相空共相空一切法空不可得空無性空自性空無性自性空若我若無我何以故內空內空自性空外空內外空空空大空勝義空有為空無為空畢竟空無際空散空無變異空本性空自相空共相空一切法空不可得空無性空自性空無性自性空外空乃至無性自性空自性空是內空自性即非自性是外空乃至無性自性空自性亦非自性若非自性即是淨戒波羅蜜多於此淨戒波羅蜜多內空不可得彼我無我亦不可得外空乃至無性自性空皆不可得彼我無我亦不可得

所以者何此中尚無內空等可得何況有彼我與無我汝若能修如是淨戒是修淨戒波羅蜜多復作是言汝善男子應修淨戒波羅蜜多不應觀內空若淨若不淨不應觀外空內外空空空大空勝義空有為空無為空畢竟空無際空散空無變異空本性空自相空共相空一切法空不可得空無性空自性空無性自性空若淨若不淨何以故內空內空自性空外空內外空空空大空勝義空有為空無為空畢竟空無際空散空無變異空本性空自相空共相空一切法空不可得空無性空自性空無性自性空外空乃至無性自性空自性空是內空自性即非自性是外空乃至無性自性空自性亦非自性若非自性即是淨戒波羅蜜多於此淨戒波羅蜜多內空不可得彼淨不淨亦不可得外空乃至無性自性空皆不可得彼淨不淨亦不可得所以者何此中尚無內空等可得何況有彼淨與不淨汝若能修如是淨戒是修淨戒波

羅蜜多憍尸迦是善男子善女人等作此等說是爲宣說真正淨戒波羅蜜多

復次憍尸迦若善男子善女人等爲發無上菩提心者宣說淨戒波羅蜜多作如是言汝善男子應修淨戒波羅蜜多不應觀真如若常若無常不應觀法界法性不虛妄性不變異性平等性離生性法定法住實際虛空界不思議界若常若無常何以故真如真如自性空法界法性不虛妄性不變異性平等性離生性法定法住實際虛空界不思議界法界乃至不思議界自性空是真如自性即非自性是法界乃至不思議界自性亦非自性若非自性即是淨戒波羅蜜多於此淨戒波羅蜜多真如不可得彼常無常亦不可得法界乃至不思議界皆不可得彼常無常亦不可得所以者何此中尚無真如等可得何況有彼常與無常汝若能修如是淨戒是修淨戒波羅蜜多復作是言汝善男子應修淨戒波羅蜜多不應觀真

大般若第一百六十　第十張

如若樂若苦不應觀法界法性不虛妄性不變異性平等性離生性法定法住實際虛空界不思議界若樂若苦何以故真如真如自性空法界法性不虛妄性不變異性平等性離生性法定法住實際虛空界不思議界法界乃至不思議界自性空是真如自性即非自性是法界乃至不思議界自性亦非自性若非自性即是淨戒波羅蜜多於此淨戒波羅蜜多真如不可得彼樂與苦亦不可得法界乃至不思議界皆不可得彼樂與苦亦不可得所以者何此中尚無真如等可得何況有彼樂之與苦汝若能修如是淨戒是修淨戒波羅蜜多復作是言汝善男子應修淨戒波羅蜜多不應觀真如若我若無我不應觀法界法性不虛妄性不變異性平等性離生性法定法住實際虛空界不思議界若我若無我何以故真如真如自性空法界法性不虛妄性不變異性平等性離生性法定法住實際虛空界不思議界法界乃至不思議

大般若第一百六十　第十一張

界自性空是真如自性即非自性是法界乃至不思議界自性亦非自性若非自性即是淨戒波羅蜜多於此淨戒波羅蜜多真如不可得彼我無我亦不可得法界乃至不思議界皆不可得彼我無我亦不可得所以者何此中尚無真如等可得何況有彼我與無我汝若能修如是淨戒是修淨戒波羅蜜多復作是言汝善男子應修淨戒波羅蜜多不應觀真如若淨若不淨不應觀法界法性不虛妄性不變異性平等性離生性法定法住實際虛空界不思議界若淨若不淨何以故真如真如自性空法界法性不虛妄性不變異性平等性離生性法定法住實際虛空界不思議界法界乃至不思議界自性空是真如自性即非自性是法界乃至不思議界自性亦非自性若非自性即是淨戒波羅蜜多於此淨戒波羅蜜多真如不可得彼淨不淨亦不可得法界乃至不思議界皆不可得彼淨不淨亦不可得所以者何此中尚無真如

大般若第一百六十　第十二張

等可得何况有彼淨與不淨汝若能修如是淨戒是修淨戒波羅蜜多憍尸迦如是善男子善女人等作此等説是為宣説真正淨戒波羅蜜多

復次憍尸迦若善男子善女人等為發無上菩提心者宣説淨戒波羅蜜多作如是言汝善男子應修淨戒波羅蜜多不應觀苦聖諦若常若無常不應觀集滅道聖諦若常若無常何以故苦聖諦苦聖諦自性空集滅道聖諦集滅道聖諦自性空是苦聖諦自性即非自性是集滅道聖諦自性亦非自性若非自性即是淨戒波羅蜜多於此淨戒波羅蜜多苦聖諦不可得彼常無常亦不可得集滅道聖諦皆不可得彼常無常亦不可得所以者何此中尚無苦聖諦等可得何况有彼常與無常汝若能修如是淨戒是修淨戒波羅蜜多復作是言汝善男子應修淨戒波羅蜜多不應觀苦聖諦若樂若苦不應觀集滅道聖諦若樂若苦何以故苦聖諦苦聖諦自性空集滅道聖諦集滅道聖諦自性空是苦聖諦自性即非自性是集滅道聖諦自性亦非自性若非自性即是淨戒波羅蜜多於此淨戒波羅蜜多苦聖諦不可得彼樂與苦亦不可得集滅道聖諦皆不可得彼樂與苦亦不可得所以者何此中尚無苦聖諦等可得何况有彼樂之與苦汝若能修如是淨戒是修淨戒波羅蜜多復作是言汝善男子應修淨戒波羅蜜多不應觀苦聖諦若我若無我不應觀集滅道聖諦若我若無我何以故苦聖諦苦聖諦自性空集滅道聖諦集滅道聖諦自性空是苦聖諦自性即非自性是集滅道聖諦自性亦非自性若非自性即是淨戒波羅蜜多於此淨戒波羅蜜多苦聖諦不可得彼我無我亦不可得集滅道聖諦皆不可得彼我無我亦不可得所以者何此中尚無苦聖諦等可得何况有彼我與無我汝若能修如是淨戒是修淨戒波羅蜜多復作是言汝善男子應修淨戒波羅蜜多不應觀苦聖諦若淨若不淨不應觀集滅道聖諦若淨若不淨何以故苦聖諦苦聖諦自性空集滅道聖諦集滅道聖諦自性空是苦聖諦自性即非自性是集滅道聖諦自性亦非自性若非自性即是淨戒波羅蜜多於此淨戒波羅蜜多苦聖諦不可得彼淨不淨亦不可得集滅道聖諦皆不可得彼淨不淨亦不可得所以者何此中尚無苦聖諦等可得何况有彼淨與不淨汝若能修如是淨戒是修淨戒波羅蜜多憍尸迦是善男子善女人等作此等説是為宣説真正淨戒波羅蜜多

復次憍尸迦若善男子善女人等為發無上菩提心者宣説淨戒波羅蜜多作如是言汝善男子應修淨戒波羅蜜多不應觀四靜慮若常若無常不應觀四無量四無色定若常若無常何以故四靜慮四靜慮自性空四無量四無色定四無量四無色定自性空是四靜慮自性即非自性是四無量四無色定自性亦非自性若非自性即是淨戒波羅蜜多於此淨戒

波羅蜜多四靜慮不可得彼常無常亦不可得四無量四無色定皆不可得彼常無常亦不可得所以者何此中尚無四靜慮等可得何況有彼常與無常汝若能脩如是淨戒是脩淨戒波羅蜜多復作是言汝善男子應脩淨戒波羅蜜多不應觀四靜慮若樂若苦不應觀四無量四無色定若樂若苦何以故四靜慮四靜慮自性空四無量四無色定四無量四無色定自性空是四靜慮自性即非自性是四無量四無色定自性亦非自性若非自性即是淨戒波羅蜜多於此淨戒波羅蜜多四靜慮不可得彼樂與苦亦不可得四無量四無色定皆不可得彼樂與苦亦不可得所以者何此中尚無四靜慮等可得何況有彼樂之與苦汝若能脩如是淨戒是脩淨戒波羅蜜多復作是言汝善男子應脩淨戒波羅蜜多不應觀四靜慮若我若無我不應觀四無量四無色定若我若無我何以故四靜慮四靜慮自性空四無量四無色定四無量四無色定自性空是四靜慮自性即非自性是四無量四無色定自性亦非自性若非自性即是淨戒波羅蜜多於此淨戒波羅蜜多四靜慮不可得彼我無我亦不可得四無量四無色定皆不可得彼我無我亦不可得所以者何此中尚無四靜慮等可得何況有彼我與無我汝若能脩如是淨戒是脩淨戒波羅蜜多復作是言汝善男子應脩淨戒波羅蜜多不應觀四靜慮若淨若不淨不應觀四無量四無色定若淨若不淨何以故四靜慮四靜慮自性空四無量四無色定四無量四無色定自性空是四靜慮自性即非自性是四無量四無色定自性亦非自性若非自性即是淨戒波羅蜜多於此淨戒波羅蜜多四靜慮不可得彼淨不淨亦不可得四無量四無色定皆不可得彼淨不淨亦不可得所以者何此中尚無四靜慮等可得何況有彼淨與不淨汝若能脩如是淨戒是脩淨戒波羅蜜多憍尸迦是善男子善女人等作此等說是為宣說真正淨戒波羅蜜多

大般若波羅蜜多經卷第一百六十

比丘僧悟頎号大方

盡緣看藏一次

大般若波羅蜜多經卷第一百六十

校勘記

一　底本，麗藏本。此卷金藏廣勝寺本殘缺嚴重，僅選用五三四頁上至五三五頁下共六版，卷末附殘版三張。

一　五三三頁中九行至一〇行、「即是淨戒」，徑作「即是淨界」。

一　五三四頁上一八行第八字下三字不清，為「若能修」。

一　一九行第八字下三字不清，為「多復作」。

一　五三四頁中二一行第一二字殘，為「是」。

一　五三四頁下二三行字多不清，首六字為「自性即是淨戒」。

一　五三五頁上九行漫漶不清，首三字為「樂若苦」，末四字為「靜慮自性」。

一　五三五頁上一二行首四字不清，為「是四無量」。

一　五三五頁中二二行首二字殘，為「若能」。

一　五三五頁中二二行「是修」，徑作「如是」。

大般若波羅蜜多經卷第一百六十

[illegible]非自性是水火風
空識界自性亦非自性若非自性即
是淨戒波羅蜜多於此淨戒波羅蜜
多地界[illegible]樂與苦亦不可得
[illegible]可得彼樂與苦
[illegible]尚無地界
[illegible]彼樂之與苦汝若能
修[illegible]是淨戒是修淨戒波羅蜜多復
作[illegible]汝善男子應修淨戒波羅蜜
多不應觀[illegible]若我若無我不應觀
水[illegible]若無我何以故
[illegible]風空識界水
[illegible]界自性空是地界自性即
非自性是水火風空識界自性亦非
自性若非自性即是淨戒波羅蜜多
於此淨戒波羅蜜多地界不可得彼
我[illegible]火風空識界皆
[illegible]得所[illegible]者
何此中尚無地界等可得何況有彼
我與無我汝若能修如是淨戒是修
淨戒波羅蜜多復作是言汝善男子
應[illegible]多不應觀地界若
[illegible]火風空識界若

[illegible]無[illegible]性空自性亦非
[illegible]性[illegible]是淨戒波羅蜜多
於此淨戒波羅蜜多內空不可得彼
常無常亦不可得外空乃至無性自
[illegible]得彼常無常亦不可得
[illegible]中尚無內空等可得何
況有彼常無常汝若能修如是淨
戒是修淨戒波羅蜜多復作是言汝
善男子應修淨戒波羅蜜多不應觀
[illegible]若[illegible]應觀外空內外空
[illegible]義[illegible]為空無為空畢
竟空無際空散空無變異空本性空
自相空共相空一切法空不可得空
無性空自性空無性自性空若樂若
[illegible]內空[illegible]空自性空外空內
空畢竟空無際空散空無變異空本
性空自相空共相空一切法空不可
[illegible]空自性空無性自性空外
[illegible]自性空是內空
性[illegible]外空乃至無性自
性空[illegible]亦非自性若非自性即是
淨戒波羅蜜多

大般若波羅蜜多經卷第二百六十一　集

三藏法師玄奘奉　詔譯

初分校量功德品第三十之五十九

復次憍尸迦若善男子善女人等爲發無上菩提心者宣說淨戒波羅蜜多作如是言汝善男子應修淨戒波羅蜜多不應觀八解脫若常若無常不應觀八勝處九次第定十遍處若常若無常何以故八解脫八解脫自性空八勝處九次第定十遍處八勝處九次第定十遍處自性空是八解脫自性即非自性是八勝處九次第定十遍處自性亦非自性若非自性即是淨戒波羅蜜多於此淨戒波羅蜜多八解脫不可得彼常無常亦不可得八勝處九次第定十遍處皆不可得彼常無常亦不可得所以者何此中尚無八解脫等可得何況有彼常與無常汝若能修如是淨戒是修淨戒波羅蜜多復作是言汝善男子應修淨戒波羅蜜多不應觀八解脫若樂若苦不應觀八勝處九次第定十遍處若樂若苦何以故八解脫八解脫自性空八勝處九次第定十遍處八勝處九次第定十遍處自性空是八解脫自性即非自性是八勝處九次第定十遍處自性亦非自性若非自性即是淨戒波羅蜜多於此淨戒波羅蜜多八解脫不可得彼樂與苦亦不可得八勝處九次第定十遍處皆不可得彼樂與苦亦不可得所以者何此中尚無八解脫等可得何況有彼樂之與苦汝若能修如是淨戒是修淨戒波羅蜜多復作是言汝善男子應修淨戒波羅蜜多不應觀八解脫若我若無我不應觀八勝處九次第定十遍處若我若無我何以故八解脫八解脫自性空八勝處九次第定十遍處八勝處九次第定十遍處自性空是八解脫自性即非自性是八勝處九次第定十遍處自性亦非自性若非自性即是淨戒波羅蜜多於此淨戒波羅蜜多八解脫不可得彼我無我亦不可得八勝處九次第定十遍處皆不可得彼我無我

大般若經卷第二百六十一

亦不可得所以者何此中尚無八解脫等可得何況有彼我與無我汝若能修如是淨戒是修淨戒波羅蜜多復作是言汝善男子應修淨戒波羅蜜多不應觀八解脫若淨若不淨不應觀八勝處九次第定十遍處若淨若不淨何以故八解脫八解脫自性空八勝處九次第定十遍處八勝處九次第定十遍處自性空是八解脫自性即非自性是八勝處九次第定十遍處自性亦非自性若非自性即是淨戒波羅蜜多於此淨戒波羅蜜多八解脫不可得彼淨不淨亦不可得八勝處九次第定十遍處皆不可得彼淨不淨亦不可得所以者何此中尚無八解脫等可得何況有彼淨與不淨汝若能修如是淨戒是修淨戒波羅蜜多憍尸迦是善男子善女人等作此等說是為宣說真正淨戒波羅蜜多

復次憍尸迦若善男子善女人等為發無上菩提心者宣說淨戒波羅蜜多作如是言汝善男子應修淨戒波

大般若第百六十一　第五張　胤

羅蜜多不應觀四念住若常若無常不應觀四正斷四神足五根五力七等覺支八聖道支若常若無常何以故四念住四念住自性空四正斷四神足五根五力七等覺支八聖道支四正斷乃至八聖道支自性空是四念住自性即非自性是四正斷乃至八聖道支自性亦非自性若非自性即是淨戒波羅蜜多於此淨戒波羅蜜多四念住不可得彼常無常亦不可得四正斷乃至八聖道支皆不可得彼常無常亦不可得所以者何此中尚無四念住等可得何況有彼常與無常汝若能修如是淨戒是修淨戒波羅蜜多復作是言汝善男子應修淨戒波羅蜜多不應觀四念住若樂若苦不應觀四正斷四神足五根五力七等覺支八聖道支若樂若苦何以故四念住四念住自性空四正斷四神足五根五力七等覺支八聖道支四正斷乃至八聖道支自性空是四念住自性即非自性是四正斷乃至八聖道支自性亦非自性若非

大般若第一百六十一　第四張　宗

自性即是淨戒波羅蜜多於此淨戒波羅蜜多四念住不可得彼樂與苦亦不可得四正斷乃至八聖道支皆不可得彼樂與苦亦不可得所以者何此中尚無四念住等可得何況有彼樂之與苦汝若能修如是淨戒是修淨戒波羅蜜多復作是言汝善男子應修淨戒波羅蜜多不應觀四念住若我若無我不應觀四正斷四神足五根五力七等覺支八聖道支若我若無我何以故四念住四念住自性空四正斷四神足五根五力七等覺支八聖道支四正斷乃至八聖道支自性空是四念住自性即非自性是四正斷乃至八聖道支自性亦非自性若非自性即是淨戒波羅蜜多於此淨戒波羅蜜多四念住不可得彼我無我亦不可得四正斷乃至八聖道支皆不可得彼我無我亦不可得所以者何此中尚無四念住等可得何況有彼我與無我汝若能修如是淨戒是修淨戒波羅蜜多復作是言汝善男子應修淨戒波羅蜜多不

大般若第百六十一　第六張　宋

應觀四念住若淨若不淨不應觀四正斷四神足五根五力七等覺支八聖道支若淨若不淨何以故四念住四念住自性空四正斷四神足五根五力七等覺支八聖道支四正斷乃至八聖道支自性空是四念住自性即非自性是四正斷乃至八聖道支自性亦非自性若非自性即是淨戒波羅蜜多於此淨戒波羅蜜多四念住不可得彼淨不淨亦不可得四正斷乃至八聖道支皆不可得彼淨不淨亦不可得所以者何此中尚無四念住等可得何況有彼淨與不淨汝若能修如是淨戒是修淨戒波羅蜜多憍尸迦是善男子善女人等作此等說是為宣說真正淨戒波羅蜜多復次憍尸迦若善男子善女人等為發無上菩提心者宣說淨戒波羅蜜多作如是言汝善男子應修淨戒波羅蜜多不應觀空解脫門若常若無常不應觀無相無願解脫門若常若無常何以故空解脫門空解脫門自性空無相無願解脫門無相無願解

脫門自性空是空解脫門自性即非自性是無相無願解脫門自性亦非自性若非自性即是淨戒波羅蜜多於此淨戒波羅蜜多空解脫門不可得彼常無常亦不可得無相無願解脫門皆不可得彼常無常亦不可得所以者何此中尚無空解脫門等可得何況有彼常與無常汝若能修如是淨戒是修淨戒波羅蜜多復作是言汝善男子應修淨戒波羅蜜多不應觀空解脫門若樂若苦不應觀無相無願解脫門若樂若苦何以故空解脫門空解脫門自性空無相無願解脫門無相無願解脫門自性空是空解脫門自性即非自性是無相無願解脫門自性亦非自性若非自性即是淨戒波羅蜜多於此淨戒波羅蜜多空解脫門不可得彼樂與苦亦不可得無相無願解脫門皆不可得彼樂與苦亦不可得所以者何此中尚無空解脫門等可得何況有彼樂之與苦汝若能修如是淨戒是修淨戒波羅蜜多復作是言汝善男子應

修淨戒波羅蜜多不應觀空解脫門若我若無我不應觀無相無願解脫門若我若無我何以故空解脫門空解脫門自性空無相無願解脫門無相無願解脫門自性空是空解脫門自性即非自性是無相無願解脫門自性亦非自性若非自性即是淨戒波羅蜜多於此淨戒波羅蜜多空解脫門不可得彼我無我亦不可得無相無願解脫門皆不可得彼我無我亦不可得所以者何此中尚無空解脫門等可得何況有彼我與無我汝若能修如是淨戒是修淨戒波羅蜜多復作是言汝善男子應修淨戒波羅蜜多不應觀空解脫門若淨若不淨不應觀無相無願解脫門若淨若不淨何以故空解脫門空解脫門自性空無相無願解脫門無相無願解脫門自性空是空解脫門自性即非自性是無相無願解脫門自性亦非自性若非自性即是淨戒波羅蜜多於此淨戒波羅蜜多空解脫門不可得彼淨不淨亦不可得無相無願解

脱門皆不可得彼淨不淨亦不可得所以者何此中尚無空解脫門等可得何况有彼淨與不淨汝若能修如是淨戒是修淨戒波羅蜜多憍尸迦是善男子善女人等作此等說是為宣說真正淨戒波羅蜜多

復次憍尸迦若善男子善女人等為發無上菩提心者宣說淨戒波羅蜜多作如是言汝善男子應修淨戒波羅蜜多不應觀五眼若常若無常不應觀六神通若常若無常何以故五眼五眼自性空六神通六神通自性空是五眼自性即非自性是六神通自性亦非自性若非自性即是淨戒波羅蜜多於此淨戒波羅蜜多五眼不可得彼常無常亦不可得六神通不可得彼常無常亦不可得所以者何此中尚無五眼等可得何况有彼常與無常汝若能修如是淨戒是修淨戒波羅蜜多復作是言汝善男子應修淨戒波羅蜜多不應觀五眼若樂若苦不應觀六神通若樂若苦何以故五眼五眼自性空六神通六神

通自性空是五眼自性即非自性是六神通自性亦非自性若非自性即是淨戒波羅蜜多於此淨戒波羅蜜多五眼不可得彼樂與苦亦不可得六神通不可得彼樂與苦亦不可得所以者何此中尚無五眼等可得何况有彼樂之與苦汝若能修如是淨戒是修淨戒波羅蜜多復作是言汝善男子應修淨戒波羅蜜多不應觀五眼若我若無我不應觀六神通若我若無我何以故五眼五眼自性空六神通六神通自性空是五眼自性即非自性是六神通自性亦非自性若非自性即是淨戒波羅蜜多於此淨戒波羅蜜多五眼不可得彼我無我亦不可得六神通不可得彼我無我亦不可得所以者何此中尚無五眼等可得何况有彼我與無我汝若能修如是淨戒是修淨戒波羅蜜多復作是言汝善男子應修淨戒波羅蜜多不應觀五眼若淨若不淨不應觀六神通若淨若不淨何以故五眼五眼自性空六神通六神通自性空

是五眼自性即非自性是六神通自性亦非自性若非自性即是淨戒波羅蜜多於此淨戒波羅蜜多五眼不可得彼淨不淨亦不可得六神通不可得彼淨不淨亦不可得所以者何此中尚無五眼等可得何况有彼淨與不淨汝若能修如是淨戒是修淨戒波羅蜜多憍尸迦是善男子善女人等作此等說是為宣說真正淨戒波羅蜜多

復次憍尸迦若善男子善女人等為發無上菩提心者宣說淨戒波羅蜜多作如是言汝善男子應修淨戒波羅蜜多不應觀佛十力若常若無常不應觀四無所畏四無礙解大慈大悲大喜大捨十八佛不共法若常若無常何以故佛十力佛十力自性空四無所畏四無礙解大慈大悲大喜大捨十八佛不共法四無所畏乃至十八佛不共法自性空是佛十力自性即非自性是四無所畏乃至十八佛不共法自性亦非自性若非自性即是淨戒波羅蜜多於此淨戒波羅

蜜多佛十力不可得彼常無常亦不可得四無所畏乃至十八佛不共法皆不可得彼常無常亦不可得所以者何此中尚無佛十力等可得何況有彼常與無常汝若能修如是淨戒是修淨戒波羅蜜多復作是言汝善男子應修淨戒波羅蜜多不應觀佛十力若樂若苦不應觀四無所畏四無礙解大慈大悲大喜大捨十八佛不共法若樂若苦何以故佛十力佛十力自性空四無所畏四無礙解大慈大悲大喜大捨十八佛不共法四無所畏乃至十八佛不共法自性空是佛十力自性即非自性是四無所畏乃至十八佛不共法自性亦非自性若非自性即是淨戒波羅蜜多於此淨戒波羅蜜多佛十力不可得彼樂與苦亦不可得四無所畏乃至十八佛不共法皆不可得彼樂與苦亦不可得所以者何此中尚無佛十力等可得何況有彼樂之與苦汝若能修如是淨戒是修淨戒波羅蜜多復作是言汝善男子應修淨戒波羅蜜

多不應觀佛十力若我若無我不應觀四無所畏四無礙解大慈大悲大喜大捨十八佛不共法若我若無我何以故佛十力佛十力自性空四無所畏四無礙解大慈大悲大喜大捨十八佛不共法四無所畏乃至十八佛不共法自性空是佛十力自性即非自性是四無所畏乃至十八佛不共法自性亦非自性若非自性即是淨戒波羅蜜多於此淨戒波羅蜜多佛十力不可得彼我無我亦不可得四無所畏乃至十八佛不共法皆不可得彼我無我亦不可得所以者何此中尚無佛十力等可得何況有彼我與無我汝若能修如是淨戒是修淨戒波羅蜜多復作是言汝善男子應修淨戒波羅蜜多不應觀佛十力若淨若不淨不應觀四無所畏四無礙解大慈大悲大喜大捨十八佛不共法若淨若不淨何以故佛十力佛十力自性空四無所畏四無礙解大慈大悲大喜大捨十八佛不共法四無所畏乃至十八佛不共法自性空

是佛十力自性即非自性是四無所畏乃至十八佛不共法自性亦非自性若非自性即是淨戒波羅蜜多於此淨戒波羅蜜多佛十力不可得彼淨不淨亦不可得四無所畏乃至十八佛不共法皆不可得彼淨不淨亦不可得所以者何此中尚無佛十力等可得何況有彼淨與不淨汝若能修如是淨戒是修淨戒波羅蜜多憍尸迦是善男子善女人等作此等說是為宣說真正淨戒波羅蜜多

復次憍尸迦若善男子善女人等為發無上菩提心者宣說淨戒波羅蜜多作如是言汝善男子應修淨戒波羅蜜多不應觀無忘失法若常若無常不應觀恒住捨性若常若無常何以故無忘失法無忘失法自性空恒住捨性恒住捨性自性空是無忘失法自性即非自性是恒住捨性自性亦非自性若非自性即是淨戒波羅蜜多於此淨戒波羅蜜多無忘失法不可得彼常無常亦不可得恒住捨性不可得彼常無常亦不可得所以

者何此中尚無無忘失法等可得何
況有彼常與無常汝若能修如是淨
戒是修淨戒波羅蜜多復作是言汝
善男子應修淨戒波羅蜜多不應觀
無忘失法若樂若苦不應觀恒住捨
性若樂若苦何以故無忘失法無忘
失法自性空恒住捨性恒住捨性自
性空是無忘失法自性即非自性是
恒住捨性自性亦非自性若非自性
即是淨戒波羅蜜多於此淨戒波羅
蜜多無忘失法不可得彼樂與苦亦
不可得恒住捨性不可得彼樂與苦
亦不可得所以者何此中尚無無忘
失法等可得何況有彼樂之與苦汝
若能修如是淨戒是修淨戒波羅蜜
多復作是言汝善男子應修淨戒波
羅蜜多不應觀無忘失法若我若無
我不應觀恒住捨性若我若無我何
以故無忘失法無忘失法自性空恒
住捨性恒住捨性自性空是無忘失
法自性即非自性是恒住捨性自性
亦非自性若非自性即是淨戒波羅
蜜多於此淨戒波羅蜜多無忘失法

不可得彼我無我亦不可得恒住捨
性不可得彼我無我亦不可得所以
者何此中尚無無忘失法等可得何
況有彼我與無我汝若能修如是淨
戒是修淨戒波羅蜜多復作是言汝
善男子應修淨戒波羅蜜多不應觀
無忘失法若淨若不淨不應觀恒住
捨性若淨若不淨何以故無忘失法
無忘失法自性空恒住捨性恒住捨
性自性空是無忘失法自性即非自
性是恒住捨性自性亦非自性若非
自性即是淨戒波羅蜜多於此淨戒
波羅蜜多無忘失法不可得彼淨不
淨亦不可得恒住捨性不可得彼淨
不淨亦不可得所以者何此中尚無
無忘失法等可得何況有彼淨與不
淨汝若能修如是淨戒是修淨戒波
羅蜜多憍尸迦是善男子善女人等
作此等說是為宣說真正淨戒波羅
蜜多

復次憍尸迦若善男子善女人等為
發無上菩提心者宣說淨戒波羅蜜
多作如是言汝善男子應修淨戒波

羅蜜多不應觀一切智若常若無常
不應觀道相智一切相智若常若無
常何以故一切智一切智自性空道
相智一切相智道相智一切相智自
性空是一切智自性即非自性是道
相智一切相智自性亦非自性若非
自性即是淨戒波羅蜜多於此淨戒
波羅蜜多一切智不可得彼常無常
亦不可得道相智一切相智皆不可
得彼常無常亦不可得所以者何此
中尚無一切智等可得何況有彼常
與無常汝若能修如是淨戒是修淨
戒波羅蜜多復作是言汝善男子應
修淨戒波羅蜜多不應觀一切智若
樂若苦不應觀道相智一切相智若
樂若苦何以故一切智一切智自性
空道相智一切相智道相智一切相
智自性空是一切智自性即非自性
是道相智一切相智自性亦非自性
若非自性即是淨戒波羅蜜多於此
淨戒波羅蜜多一切智不可得彼樂
與苦亦不可得道相智一切相智皆
不可得彼樂與苦亦不可得所以者

何此中尚無一切智等可得何況有彼樂之與苦汝若能修如是淨戒是修淨戒波羅蜜多復作是言汝善男子應修淨戒波羅蜜多不應觀一切智若我若無我不應觀道相智一切相智若我若無我何以故一切智一切智自性空道相智一切相智道相智一切相智自性空是一切智自性即非自性是道相智一切相智自性亦非自性若非自性即是淨戒波羅蜜多於此淨戒波羅蜜多一切智不可得彼我無我亦不可得道相智一切相智皆不可得彼我無我亦不可得所以者何此中尚無一切智等可得何況有彼我與無我汝若能修如是淨戒是修淨戒波羅蜜多復作是言汝善男子應修淨戒波羅蜜多不應觀一切智若淨若不淨不應觀道相智一切相智若淨若不淨何以故一切智一切智自性空道相智一切相智道相智一切相智自性空是一切智自性即非自性是道相智一切相智自性亦非自性若非自性即是

大般若第一百六十 第十八張

淨戒波羅蜜多於此淨戒波羅蜜多一切智不可得彼淨不淨亦不可得道相智一切相智皆不可得彼淨不淨亦不可得所以者何此中尚無一切智等可得何況有彼淨與不淨汝若能修如是淨戒是修淨戒波羅蜜多憍尸迦是善男子善女人等作此等說是為宣說真正淨戒波羅蜜多復次憍尸迦若善男子善女人等為發無上菩提心者宣說淨戒波羅蜜多作如是言汝善男子應修淨戒波羅蜜多不應觀一切陀羅尼門若常若無常不應觀一切三摩地門若常若無常何以故一切陀羅尼門一切陀羅尼門自性空一切三摩地門一切三摩地門自性空是一切陀羅尼門自性即非自性是一切三摩地門自性亦非自性若非自性即是淨戒波羅蜜多於此淨戒波羅蜜多一切陀羅尼門不可得彼常無常亦不可得一切三摩地門不可得彼常無常亦不可得所以者何此中尚無一切陀羅尼門等可得何況有彼常與無

大般若第一百六十 第十九張

常汝若能修如是淨戒是修淨戒波羅蜜多復作是言汝善男子應修淨戒波羅蜜多不應觀一切陀羅尼門若樂若苦不應觀一切三摩地門若樂若苦何以故一切陀羅尼門一切陀羅尼門自性空一切三摩地門一切三摩地門自性空是一切陀羅尼門自性即非自性是一切三摩地門自性亦非自性若非自性即是淨戒波羅蜜多於此淨戒波羅蜜多一切陀羅尼門不可得彼樂與苦亦不可得一切三摩地門不可得彼樂與苦亦不可得所以者何此中尚無一切陀羅尼門等可得何況有彼樂之與苦汝若能修如是淨戒是修淨戒波羅蜜多復作是言汝善男子應修淨戒波羅蜜多不應觀一切陀羅尼門若我若無我不應觀一切三摩地門若我若無我何以故一切陀羅尼門一切陀羅尼門自性空一切三摩地門一切三摩地門自性空是一切陀羅尼門自性即非自性是一切三摩地門自性亦非自性若非自性即是

大般若第一百六十一 第二十張

淨戒波羅蜜多於此淨戒波羅蜜多一切陀羅尼門不可得彼我無我亦不可得一切三摩地門不可得彼我無我亦不可得所以者何此中尚無一切陀羅尼門等可得何况有彼我與無我汝若能修如是淨戒是修淨戒波羅蜜多復作是言汝善男子應修淨戒波羅蜜多不應觀一切陀羅尼門若淨若不淨不應觀一切三摩地門若淨若不淨何以故一切陀羅尼門一切陀羅尼門自性空一切三摩地門一切三摩地門自性空是一切陀羅尼門自性即非自性是一切三摩地門自性亦非自性若非自性即是淨戒波羅蜜多於此淨戒波羅蜜多一切陀羅尼門不可得彼淨不淨亦不可得一切三摩地門不可得彼淨不淨亦不可得所以者何此中尚無一切陀羅尼門等可得何况有彼淨與不淨汝若能修如是淨戒是修淨戒波羅蜜多憍尸迦是善男子善女人等作此等説是爲宣説真正淨戒波羅蜜多

大般若第一百六十一　第十一張　秋

復次憍尸迦若善男子善女人等爲發無上菩提心者宣説淨戒波羅蜜多作如是言汝善男子應修淨戒波羅蜜多不應觀預流向預流果若常若無常不應觀一來向一來果不還向不還果阿羅漢向阿羅漢果若常若無常何以故預流向預流果預流向預流果自性空一來向一來果不還向不還果阿羅漢向阿羅漢果一來向乃至阿羅漢果自性空是預流向預流果自性即非自性是一來向乃至阿羅漢果自性亦非自性若非自性即是淨戒波羅蜜多於此淨戒波羅蜜多預流向預流果不可得彼常無常亦不可得一來向乃至阿羅漢果皆不可得彼常無常亦不可得所以者何此中尚無預流向等可得何况有彼常與無常汝若能修如是淨戒是修淨戒波羅蜜多復作是言汝善男子應修淨戒波羅蜜多不應觀預流向預流果若樂若苦不應觀一來向一來果不還向不還果阿羅漢向阿羅漢果若樂若苦何以故預

大般若第一百六十一　第十二張　秋

大般若第一百六十一　第十三張　秋

流向預流果預流向預流果自性空一來向一來果不還向不還果阿羅漢向阿羅漢果一來向乃至阿羅漢果自性空是預流向預流果自性即非自性是一來向乃至阿羅漢果自性亦非自性若非自性即是淨戒波羅蜜多於此淨戒波羅蜜多預流向預流果不可得彼樂與苦亦不可得一來向乃至阿羅漢果皆不可得彼樂與苦亦不可得所以者何此中尚無預流向等可得何况有彼樂之與苦汝若能修如是淨戒是修淨戒波羅蜜多復作是言汝善男子應修淨戒波羅蜜多不應觀預流向預流果若我若無我不應觀一來向一來果不還向不還果阿羅漢向阿羅漢果若我若無我何以故預流向預流果預流向預流果自性空一來向一來果不還向不還果阿羅漢向阿羅漢果一來向乃至阿羅漢果自性空是預流向預流果自性即非自性是一來向乃至阿羅漢果自性亦非自性若非自性即是淨戒波羅蜜多於此

淨戒波羅蜜多預流向預流果不可得彼我無我亦不可得一來向乃至阿羅漢果皆不可得彼我無我亦不可得所以者何此中尚無預流向等可得何况有彼我與無我汝若能修如是淨戒是修淨戒波羅蜜多復作是言汝善男子應修淨戒波羅蜜多不應觀預流向預流果若淨若不淨不應觀一來向一來果不還向不還果阿羅漢向阿羅漢果若淨若不淨何以故預流向預流果預流向預流果自性空一來向一來果不還向不還果阿羅漢向阿羅漢果一來向乃至阿羅漢果自性空是預流向預流果自性即非自性是一來向乃至阿羅漢果自性亦非自性若非自性即是淨戒波羅蜜多於此淨戒波羅蜜多預流向預流果不可得彼淨不淨亦不可得一來向乃至阿羅漢果皆不可得彼淨不淨亦不可得所以者何此中尚無預流向等可得何况有彼淨與不淨汝若能修如是淨戒是修淨戒波羅蜜多憍尸迦是善男子

善女人等作此等說是為宣說真正淨戒波羅蜜多

復次憍尸迦若善男子善女人等為發無上菩提心者宣說淨戒波羅蜜多作如是言汝善男子應修淨戒波羅蜜多不應觀一切獨覺菩提若常若無常何以故一切獨覺菩提一切獨覺菩提自性空是一切獨覺菩提自性即非自性若非自性即是淨戒波羅蜜多於此淨戒波羅蜜多一切獨覺菩提不可得彼常無常亦不可得所以者何此中尚無一切獨覺菩提可得何况有彼常與無常汝若能修如是淨戒是修淨戒波羅蜜多復作是言汝善男子應修淨戒波羅蜜多不應觀一切獨覺菩提若樂若苦何以故一切獨覺菩提一切獨覺菩提自性空是一切獨覺菩提自性即非自性若非自性即是淨戒波羅蜜多於此淨戒波羅蜜多一切獨覺菩提不可得彼樂與苦亦不可得所以者何此中尚無一切獨覺菩提可得何况有彼樂之與苦汝若能修如是淨戒是修淨戒波羅蜜多復作是言汝善男子應修淨戒波羅蜜多不應觀一切獨覺菩提若我若無我何以故一切獨覺菩提一切獨覺菩提自性空是一切獨覺菩提自性即非自性若非自性即是淨戒波羅蜜多於此淨戒波羅蜜多一切獨覺菩提不可得彼我無我亦不可得所以者何此中尚無一切獨覺菩提可得何况有彼我與無我汝若能修如是淨戒是修淨戒波羅蜜多復作是言汝善男子應修淨戒波羅蜜多不應觀一切獨覺菩提若淨若不淨何以故一切獨覺菩提一切獨覺菩提自性空是一切獨覺菩提自性即非自性若非自性即是淨戒波羅蜜多於此淨戒波羅蜜多一切獨覺菩提不可得彼淨不淨亦不可得所以者何此中尚無一切獨覺菩提可得何况有彼淨與不淨汝若能修如是淨戒是修淨戒波羅蜜多憍尸迦是善男子善女人等作此等說是為宣說真正淨戒波羅蜜多

大般若波羅蜜多經卷第一百六十一

校勘記

一　底本，麗藏本。此卷金藏大寶集寺本多潮斑漫漶，僅選用五三八頁上、中，五四一頁中，五四二頁上、中、下，五四五頁下，五四六頁上、中，五四七頁上共十版，卷末附原版兩張。

一　五三九頁上一一行至一二行「若非自性即是」，石作「即是」。

一　五四〇頁上五行至六行「四正斷乃至八聖道支」，石作「四正斷乃至八聖道支四正斷乃至八聖道支」。

一　五四〇頁上一八行「菩提心」，資作「菩捨心」。

一　五四〇頁上二〇行末字殘，應爲「無」。

一　五四一頁中二二行頭三字不清，應爲「觀六神」。

一　五四二頁中三行首字不清，應爲「喜」。

一　五四二頁中七行至八行「是佛十力自性即非自性」，資作「是佛十力自性即非自性是佛十力自性即非自性」。

一　五四二頁中一九行首字不清，應爲「礙」。

一　五四二頁下一二行首字不清，應爲「復」。

一　五四三頁上二三行「無忘失法」，資作「忘忘失法」。

一　五四五頁下四行首字殘，應爲「果」。

一　五四五頁下一三行頭三字不清，應爲「羅蜜多」。

一　五四五頁下二二行頭二字不清，應爲「來向」。

一　五四五頁下二三行頭五字不清，應爲「若非自性即」。

一　本行末字殘，應爲「此」。

羅蜜多不應觀四念住若常若無常
不應觀四正斷四神足五根五力七
等覺支八聖道支若常若無常何以
故四念住四念住自性空四正斷四
神足五根五力七等覺支八聖道支
四正斷乃至八聖道支自性空是四
念住自性即非自性是四正斷乃至
八聖道支自性亦非自性若非自性
即是淨戒波羅蜜多於此淨戒波羅
蜜多四念住不可得彼常無常亦不
可得四正斷乃至八聖道支皆不可
得彼常無常亦不可得所以者何此
中尚無四念住等可得何況有彼常
與無常汝若能修如是淨戒是修淨
戒波羅蜜多復作是言汝善男子應
[illegible]波羅蜜多不應觀四念住若
[illegible]四正斷四神足五根
五力七等覺支八聖道支若樂若苦
何以故四念住四念住自性空四正
斷四神足五根五力七等覺支八聖
道支四正斷乃至八聖道支自性空
是四念住自性即非自性是四正斷
乃至八聖道支自性亦非自性[illegible]

[illegible]是淨戒[illegible]
羅蜜[illegible]尼門
戒波羅[illegible]應觀一切[illegible]尼門
若樂[illegible]一切三摩地門若
樂若苦何以故一切陀羅尼門一切
陀羅尼門自性空一切三摩地門一
切三摩地門自性空是一切陀羅尼
門自性即非自性是一切三摩地門
自性亦非自性若非自性即是淨戒
波羅蜜多於此淨戒波羅蜜多一切
陀羅尼門不可得彼樂與苦亦不可
得一切三摩地門不可得彼樂與苦
亦不可得所以者何此中尚無一切
陀羅尼門等可得何況有彼樂之與
苦汝若能修如是淨戒是修淨戒波
羅蜜多復作是言汝善男子應修淨
戒波羅蜜多不應觀一切陀羅尼門
若我若無我不應觀一切三摩地門
若我若無我何以故一切陀羅尼門
一切陀羅尼門自性空一切三摩地
門一切三摩地門自性空是一切陀
羅尼門自性即非自性是一切三摩
地門自性亦非自性若[illegible]

大般若波羅蜜多經卷第一百六十二　寒

三藏法師玄奘奉　詔譯

初分校量功德品第三十之六十

復次憍尸迦若善男子善女人等為發無上菩提心者宣說淨戒波羅蜜多作如是言汝善男子應修淨戒波羅蜜多不應觀一切菩薩摩訶薩行若常若無常何以故一切菩薩摩訶薩行一切菩薩摩訶薩行自性空是一切菩薩摩訶薩行自性即非自性若非自性即是淨戒波羅蜜多於此淨戒波羅蜜多一切菩薩摩訶薩行不可得彼常無常亦不可得所以者何此中尚無一切菩薩摩訶薩行可得何況有彼常與無常汝若能修如是淨戒是修淨戒波羅蜜多復作是言汝善男子應修淨戒波羅蜜多不應觀一切菩薩摩訶薩行若樂若苦何以故一切菩薩摩訶薩行一切菩薩摩訶薩行自性空是一切菩薩摩訶薩行自性即非自性若非自性即是淨戒波羅蜜

多一切菩薩摩訶薩行不可得彼樂與苦亦不可得所以者何此中尚無一切菩薩摩訶薩行可得何況有彼樂之與苦汝若能修如是淨戒是修淨戒波羅蜜多復作是言汝善男子應修淨戒波羅蜜多不應觀一切菩薩摩訶薩行若我若無我何以故一切菩薩摩訶薩行一切菩薩摩訶薩行自性空是一切菩薩摩訶薩行自性即非自性若非自性即是淨戒波羅蜜多於此淨戒波羅蜜多一切菩薩摩訶薩行不可得彼我無我亦不可得所以者何此中尚無一切菩薩摩訶薩行可得何況有彼我與無我汝若能修如是淨戒是修淨戒波羅蜜多復作是言汝善男子應修淨戒波羅蜜多不應觀一切菩薩摩訶薩行若淨若不淨何以故一切菩薩摩訶薩行一切菩薩摩訶薩行自性空是一切菩薩摩訶薩行自性即非自性若非自性即是淨戒波羅蜜多於此淨戒波羅蜜多一切菩薩摩訶薩行不可得彼淨不淨亦不可得所以

者何此中尚無一切菩薩摩訶薩行可得何況有彼淨與不淨汝若能修如是淨戒是修淨戒波羅蜜多憍尸迦是善男子善女人等作此等說是為宣說真正淨戒波羅蜜多

復次憍尸迦若善男子善女人等為發無上菩提心者宣說淨戒波羅蜜多不應觀諸佛無上正等菩提若常若無常何以故諸佛無上正等菩提諸佛無上正等菩提自性空是諸佛無上正等菩提自性即非自性若非自性即是淨戒波羅蜜多於此淨戒波羅蜜多諸佛無上正等菩提不可得彼常無常亦不可得所以者何此中尚無諸佛無上正等菩提可得何況有彼常與無常汝若能修如是淨戒是修淨戒波羅蜜多復作是言汝善男子應修淨戒波羅蜜多不應觀諸佛無上正等菩提若樂若苦何以故諸佛無上正等菩提諸佛無上正等菩提自性空是諸佛無上正等菩提自性即非自性若非自性即是淨戒波羅蜜多於此淨戒波羅蜜多諸

佛無上正等菩提不可得彼樂與苦亦不可得所以者何此中尚無諸佛無上正等菩提可得何況有彼樂之與苦汝若能修如是淨戒是修淨戒波羅蜜多復作是言汝善男子應修淨戒波羅蜜多不應觀諸佛無上正等菩提若我若無我何以故諸佛無上正等菩提諸佛無上正等菩提自性空是諸佛無上正等菩提自性即非自性若非自性即是淨戒波羅蜜多於此淨戒波羅蜜多諸佛無上正等菩提不可得彼我無我亦不可得所以者何此中尚無諸佛無上正等菩提可得何況有彼我與無我汝若能修如是淨戒是修淨戒波羅蜜多復作是言汝善男子應修淨戒波羅蜜多不應觀諸佛無上正等菩提若淨若不淨何以故諸佛無上正等菩提諸佛無上正等菩提自性空是諸佛無上正等菩提自性即非自性若非自性即是淨戒波羅蜜多於此淨戒波羅蜜多諸佛無上正等菩提不可得彼淨不淨亦不可得所以者何

此中尚無諸佛無上正等菩提可得何況有彼淨與不淨汝若能修如是淨戒是修淨戒波羅蜜多憍尸迦是善男子善女人等作此等說是為宣說真正淨戒波羅蜜多

時天帝釋復白佛言世尊云何諸善男子善女人等說無所得布施波羅蜜多名說真正布施波羅蜜多佛言憍尸迦若善男子善女人等為發無上菩提心者宣說布施波羅蜜多作如是言汝善男子應修布施波羅蜜多不應觀色若常若無常不應觀受想行識若常若無常何以故色色自性空受想行識受想行識自性空是色自性即非自性是受想行識自性亦非自性若非自性即是布施波羅蜜多於此布施波羅蜜多色不可得彼常無常亦不可得受想行識皆不可得彼常無常亦不可得所以者何此中尚無色等可得何況有彼常與無常汝若能修如是布施是修布施波羅蜜多復作是言汝善男子應修布施波羅蜜多不應觀色若樂若苦

不應觀受想行識若樂若苦何以故色色自性空受想行識受想行識自性空是色自性即非自性是受想行識自性亦非自性若非自性即是布施波羅蜜多於此布施波羅蜜多色不可得彼樂與苦亦不可得受想行識皆不可得彼樂與苦亦不可得所以者何此中尚無色等可得何況有彼樂之與苦汝若能修如是布施是修布施波羅蜜多復作是言汝善男子應修布施波羅蜜多不應觀色若我若無我不應觀受想行識若我若無我何以故色色自性空受想行識受想行識自性空是色自性即非自性是受想行識自性亦非自性若非自性即是布施波羅蜜多於此布施波羅蜜多色不可得彼我無我亦不可得受想行識皆不可得彼我無我亦不可得所以者何此中尚無色等可得何況有彼我與無我汝若能修如是布施是修布施波羅蜜多復作是言汝善男子應修布施波羅蜜多不應觀色若淨若不淨不應觀受想行識若淨若不淨何以故色色自性空受想行識受想行識自性空是色自性即非自性是受想行識自性亦非自性若非自性即是布施波羅蜜多於此布施波羅蜜多色不可得彼淨不淨亦不可得受想行識皆不可得彼淨不淨亦不可得所以者何此中尚無色等可得何況有彼淨與不淨汝若能修如是布施是修布施波羅蜜多憍尸迦是善男子善女人等作此等說是為宣說真正布施波羅蜜多

復次憍尸迦若善男子善女人等為發無上菩提心者宣說布施波羅蜜多作如是言汝善男子應修布施波羅蜜多不應觀眼處若常若無常不應觀耳鼻舌身意處若常若無常何以故眼處眼處自性空耳鼻舌身意處耳鼻舌身意處自性空是眼處自性即非自性是耳鼻舌身意處自性亦非自性若非自性即是布施波羅蜜多於此布施波羅蜜多眼處不可得彼常無常亦不可得耳鼻舌身意處皆不可得彼常無常亦不可得所以者何此中尚無眼處等可得何況有彼常與無常汝若能修如是布施是修布施波羅蜜多復作是言汝善男子應修布施波羅蜜多不應觀眼處若樂若苦不應觀耳鼻舌身意處若樂若苦何以故眼處眼處自性空耳鼻舌身意處耳鼻舌身意處自性空是眼處自性即非自性是耳鼻舌身意處自性亦非自性若非自性即是布施波羅蜜多於此布施波羅蜜多眼處不可得彼樂與苦亦不可得耳鼻舌身意處皆不可得彼樂與苦亦不可得所以者何此中尚無眼處等可得何況有彼樂之與苦汝若能修如是布施是修布施波羅蜜多復作是言汝善男子應修布施波羅蜜多不應觀眼處若我若無我不應觀耳鼻舌身意處若我若無我何以故眼處眼處自性空耳鼻舌身意處耳鼻舌身意處自性空是眼處自性即非自性是耳鼻舌身意處自性亦非自性若非自性即是布施波羅蜜多

於此布施波羅蜜多眼處不可得彼我無我亦不可得耳鼻舌身意處皆不可得彼我無我亦不可得所以者何此中尚無眼處等可得何況有彼我與無我汝若能修如是布施是修布施波羅蜜多復作是言汝善男子應修布施波羅蜜多不應觀眼處若淨若不淨不應觀耳鼻舌身意處若淨若不淨何以故眼處眼處自性空耳鼻舌身意處耳鼻舌身意處自性空是眼處自性即非自性是耳鼻舌身意處自性亦非自性若非自性即是布施波羅蜜多於此布施波羅蜜多眼處不可得彼淨不淨亦不可得耳鼻舌身意處皆不可得彼淨不淨亦不可得所以者何此中尚無眼處等可得何況有彼淨與不淨汝若能修如是布施是修布施波羅蜜多憍尸迦是善男子善女人等作此等說是為宣說真正布施波羅蜜多

復次憍尸迦若善男子善女人等為發無上菩提心者宣說布施波羅蜜多作如是言汝善男子應修布施波

羅蜜多不應觀色處若常若無常不應觀聲香味觸法處若常若無常何以故色處色處自性空聲香味觸法處聲香味觸法處自性空是色處自性即非自性是聲香味觸法處自性亦非自性若非自性即是布施波羅蜜多於此布施波羅蜜多色處不可得彼常無常亦不可得聲香味觸法處皆不可得彼常無常亦不可得所以者何此中尚無色處等可得何況有彼常與無常汝若能修如是布施是修布施波羅蜜多復作是言汝善男子應修布施波羅蜜多不應觀色處若樂若苦不應觀聲香味觸法處若樂若苦何以故色處色處自性空聲香味觸法處聲香味觸法處自性空是色處自性即非自性是聲香味觸法處自性亦非自性若非自性即是布施波羅蜜多於此布施波羅蜜多色處不可得彼樂與苦亦不可得聲香味觸法處皆不可得彼樂與苦亦不可得所以者何此中尚無色處等可得何況有彼樂之與苦汝若能

修如是布施是修布施波羅蜜多復作是言汝善男子應修布施波羅蜜多不應觀色處若我若無我不應觀聲香味觸法處若我若無我何以故色處色處自性空聲香味觸法處聲香味觸法處自性空是色處自性即非自性是聲香味觸法處自性亦非自性若非自性即是布施波羅蜜多於此布施波羅蜜多色處不可得彼我無我亦不可得聲香味觸法處皆不可得彼我無我亦不可得所以者何此中尚無色處等可得何況有彼我與無我汝若能修如是布施是修布施波羅蜜多復作是言汝善男子應修布施波羅蜜多不應觀色處若淨若不淨不應觀聲香味觸法處若淨若不淨何以故色處色處自性空聲香味觸法處聲香味觸法處自性空是色處自性即非自性是聲香味觸法處自性亦非自性若非自性即是布施波羅蜜多於此布施波羅蜜多色處不可得彼淨不淨亦不可得聲香味觸法處皆不可得彼淨不淨

亦不可得所以者何此中尚無色處等可得何況有彼淨與不淨汝若能修如是布施是修布施波羅蜜多憍尸迦是善男子善女人等作此等說是為宣說真正布施波羅蜜多

復次憍尸迦若善男子善女人等為發無上菩提心者宣說布施波羅蜜多作如是言汝善男子應修布施波羅蜜多不應觀眼界若常若無常不應觀色界眼識界及眼觸眼觸為緣所生諸受若常若無常何以故眼界眼界自性空色界眼識界及眼觸眼觸為緣所生諸受色界乃至眼觸為緣所生諸受自性空是眼界自性即非自性是色界乃至眼觸為緣所生諸受自性亦非自性若非自性即是布施波羅蜜多於此布施波羅蜜多眼界不可得彼常無常亦不可得色界乃至眼觸為緣所生諸受皆不可得彼常無常亦不可得所以者何此中尚無眼界等可得何況有彼常與無常汝若能修如是布施是修布施波羅蜜多復作是言汝善男子應修

布施波羅蜜多不應觀眼界若樂若苦不應觀色界眼識界及眼觸眼觸為緣所生諸受若樂若苦何以故眼界眼界自性空色界眼識界及眼觸眼觸為緣所生諸受色界乃至眼觸為緣所生諸受自性空是眼界自性即非自性是色界乃至眼觸為緣所生諸受自性亦非自性若非自性即是布施波羅蜜多於此布施波羅蜜多眼界不可得彼樂與苦亦不可得色界乃至眼觸為緣所生諸受皆不可得彼樂與苦亦不可得所以者何此中尚無眼界等可得何況有彼樂之與苦汝若能修如是布施是修布施波羅蜜多復作是言汝善男子應修布施波羅蜜多不應觀眼界若我若無我不應觀色界眼識界及眼觸眼觸為緣所生諸受若我若無我何以故眼界眼界自性空色界眼識界及眼觸眼觸為緣所生諸受色界乃至眼觸為緣所生諸受自性空是眼界自性即非自性是色界乃至眼觸為緣所生諸受自性亦非自性若非

自性即是布施波羅蜜多於此布施波羅蜜多眼界不可得彼我無我亦不可得色界乃至眼觸為緣所生諸受皆不可得彼我無我亦不可得所以者何此中尚無眼界等可得何況有彼我與無我汝若能修如是布施是修布施波羅蜜多復作是言汝善男子應修布施波羅蜜多不應觀眼界若淨若不淨不應觀色界眼識界及眼觸眼觸為緣所生諸受若淨若不淨何以故眼界眼界自性空色界眼識界及眼觸眼觸為緣所生諸受色界乃至眼觸為緣所生諸受自性空是眼界自性即非自性是色界乃至眼觸為緣所生諸受自性亦非自性若非自性即是布施波羅蜜多於此布施波羅蜜多眼界不可得彼淨不淨亦不可得色界乃至眼觸為緣所生諸受皆不可得彼淨不淨亦不可得所以者何此中尚無眼界等可得何況有彼淨與不淨汝若能修如是布施是修布施波羅蜜多憍尸迦是善男子善女人等作此等說是為

宣說真正布施波羅蜜多

復次憍尸迦若善男子善女人等為發無上菩提心者宣說布施波羅蜜多作如是言汝善男子應修布施波羅蜜多不應觀耳界若常若無常不應觀聲界耳識界及耳觸耳觸為緣所生諸受若常若無常何以故耳界耳界自性空聲界耳識界及耳觸耳觸為緣所生諸受聲界乃至耳觸為緣所生諸受自性空是耳界自性即非自性是聲界乃至耳觸為緣所生諸受自性亦非自性若非自性即是布施波羅蜜多於此布施波羅蜜多耳界不可得彼常無常亦不可得聲界乃至耳觸為緣所生諸受皆不可得彼常無常亦不可得所以者何此中尚無耳界等可得何況有彼常與無常汝若能修如是布施是修布施波羅蜜多復作是言汝善男子應修布施波羅蜜多不應觀耳界若樂若苦不應觀聲界耳識界及耳觸耳觸為緣所生諸受若樂若苦何以故耳界耳界自性空聲界耳識界及耳觸

耳觸為緣所生諸受聲界乃至耳觸為緣所生諸受自性空是耳界自性即非自性是聲界乃至耳觸為緣所生諸受自性亦非自性若非自性即是布施波羅蜜多於此布施波羅蜜多耳界不可得彼樂與苦亦不可得聲界乃至耳觸為緣所生諸受皆不可得彼樂與苦亦不可得所以者何此中尚無耳界等可得何況有彼樂之與苦汝若能修如是布施是修布施波羅蜜多復作是言汝善男子應修布施波羅蜜多不應觀耳界若我若無我不應觀聲界耳識界及耳觸耳觸為緣所生諸受若我若無我何以故耳界耳界自性空聲界耳識界及耳觸耳觸為緣所生諸受聲界乃至耳觸為緣所生諸受自性空是耳界自性即非自性是聲界乃至耳觸為緣所生諸受自性亦非自性若非自性即是布施波羅蜜多於此布施波羅蜜多耳界不可得彼我無我亦不可得聲界乃至耳觸為緣所生諸受皆不可得彼我無我亦不可得所

以者何此中尚無耳界等可得何況有彼我與無我汝若能修如是布施是修布施波羅蜜多復作是言汝善男子應修布施波羅蜜多不應觀耳界若淨若不淨不應觀聲界耳識界及耳觸耳觸為緣所生諸受若淨若不淨何以故耳界耳界自性空聲界耳識界及耳觸耳觸為緣所生諸受聲界乃至耳觸為緣所生諸受自性空是耳界自性即非自性是聲界乃至耳觸為緣所生諸受自性亦非自性若非自性即是布施波羅蜜多於此布施波羅蜜多耳界不可得彼淨不淨亦不可得聲界乃至耳觸為緣所生諸受皆不可得彼淨不淨亦不可得所以者何此中尚無耳界等可得何況有彼淨與不淨汝若能修如是布施是修布施波羅蜜多憍尸迦是善男子善女人等作此等說是為宣說真正布施波羅蜜多

復次憍尸迦若善男子善女人等為發無上菩提心者宣說布施波羅蜜多作如是言汝善男子應修布施波

羅蜜多不應觀鼻界若常若無常不應觀香界鼻識界及鼻觸鼻觸為緣所生諸受若常若無常何以故鼻界鼻界自性空香界鼻識界及鼻觸鼻觸為緣所生諸受香界乃至鼻觸為緣所生諸受自性空是鼻界自性即非自性是香界乃至鼻觸為緣所生諸受自性亦非自性若非自性即是布施波羅蜜多於此布施波羅蜜多鼻界不可得彼常無常亦不可得香界乃至鼻觸為緣所生諸受皆不可得彼常無常亦不可得所以者何此中尚無鼻界等可得何況有彼常與無常汝若能修如是布施是修布施波羅蜜多復作是言汝善男子應修布施波羅蜜多不應觀鼻界若樂若苦不應觀香界鼻識界及鼻觸鼻觸為緣所生諸受若樂若苦何以故鼻界鼻界自性空香界鼻識界及鼻觸鼻觸為緣所生諸受香界乃至鼻觸為緣所生諸受自性空是鼻界自性即非自性是香界乃至鼻觸為緣所生諸受自性亦非自性若非自性即

是布施波羅蜜多於此布施波羅蜜多鼻界不可得彼樂與苦亦不可得香界乃至鼻觸為緣所生諸受皆不可得彼樂與苦亦不可得所以者何此中尚無鼻界等可得何況有彼樂之與苦汝若能修如是布施是修布施波羅蜜多復作是言汝善男子應修布施波羅蜜多不應觀鼻界若我若無我不應觀香界鼻識界及鼻觸鼻觸為緣所生諸受若我若無我何以故鼻界鼻界自性空香界鼻識界及鼻觸鼻觸為緣所生諸受香界乃至鼻觸為緣所生諸受自性空是鼻界自性即非自性是香界乃至鼻觸為緣所生諸受自性亦非自性若非自性即是布施波羅蜜多於此布施波羅蜜多鼻界不可得彼我無我亦不可得香界乃至鼻觸為緣所生諸受皆不可得彼我無我亦不可得所以者何此中尚無鼻界等可得何況有彼我與無我汝若能修如是布施是修布施波羅蜜多復作是言汝善男子應修布施波羅蜜多不應觀鼻

界若淨若不淨不應觀香界鼻識界及鼻觸鼻觸為緣所生諸受若淨若不淨何以故鼻界鼻界自性空香界鼻識界及鼻觸鼻觸為緣所生諸受香界乃至鼻觸為緣所生諸受自性空是鼻界自性即非自性是香界乃至鼻觸為緣所生諸受自性亦非自性若非自性即是布施波羅蜜多於此布施波羅蜜多鼻界不可得彼淨不淨亦不可得香界乃至鼻觸為緣所生諸受皆不可得彼淨不淨亦不可得所以者何此中尚無鼻界等可得何況有彼淨與不淨汝若能修如是布施是修布施波羅蜜多憍尸迦是善男子善女人等作此等說是為宣說真正布施波羅蜜多

復次憍尸迦若善男子善女人等為發無上菩提心者宣說布施波羅蜜多作如是言汝善男子應修布施波羅蜜多不應觀舌界若常若無常不應觀味界舌識界及舌觸舌觸為緣所生諸受若常若無常何以故舌界舌界自性空味界舌識界及舌觸舌

觸為緣所生諸受味界乃至舌觸為緣所生諸受自性空是舌界自性即非自性是味界乃至舌觸為緣所生諸受自性亦非自性若非自性即是布施波羅蜜多於此布施波羅蜜多舌界不可得彼常無常亦不可得味界乃至舌觸為緣所生諸受皆不可得彼常無常亦不可得所以者何此中尚無舌界等可得何況有彼常與無常汝若能修如是布施是修布施波羅蜜多復作是言汝善男子應修布施波羅蜜多不應觀舌界若樂若苦不應觀味界舌識界及舌觸舌觸為緣所生諸受若樂若苦何以故舌界舌界自性空味界舌識界及舌觸舌觸為緣所生諸受味界乃至舌觸為緣所生諸受自性空是舌界自性即非自性是味界乃至舌觸為緣所生諸受自性亦非自性若非自性即是布施波羅蜜多於此布施波羅蜜多舌界不可得彼樂與苦亦不可得味界乃至舌觸為緣所生諸受皆不可得彼樂與苦亦不可得所以者何

此中尚無舌界等可得何況有彼樂之與苦汝若能修如是布施是修布施波羅蜜多復作是言汝善男子應修布施波羅蜜多不應觀舌界若我若無我不應觀味界舌識界及舌觸舌觸為緣所生諸受若我若無我何以故舌界舌界自性空味界舌識界及舌觸舌觸為緣所生諸受味界乃至舌觸為緣所生諸受自性空是舌界自性即非自性是味界乃至舌觸為緣所生諸受自性亦非自性若非自性即是布施波羅蜜多於此布施波羅蜜多舌界不可得彼我無我亦不可得味界乃至舌觸為緣所生諸受皆不可得彼我無我亦不可得所以者何此中尚無舌界等可得何況有彼我與無我汝若能修如是布施是修布施波羅蜜多復作是言汝善男子應修布施波羅蜜多不應觀舌界若淨若不淨不應觀味界舌識界及舌觸舌觸為緣所生諸受若淨若不淨何以故舌界舌界自性空味界舌識界及舌觸舌觸為緣所生諸受

味界乃至舌觸為緣所生諸受自性空是舌界自性即非自性是味界乃至舌觸為緣所生諸受自性亦非自性若非自性即是布施波羅蜜多於此布施波羅蜜多舌界不可得彼淨不淨亦不可得味界乃至舌觸為緣所生諸受皆不可得彼淨不淨亦不可得所以者何此中尚無舌界等可得何況有彼淨與不淨汝若能修如是布施是修布施波羅蜜多憍尸迦是善男子善女人等作此等說是為宣說真正布施波羅蜜多

大般若波羅蜜多經卷第一百六十二

大般若波羅蜜多經卷第一百六十二

校勘記

一　底本，金藏大寶集寺本。

一　五四九頁下四行「汝若能修」，石作「能修」。

一　五五〇頁中二行「此中」，石作「以中」。

一　五五五頁中七行「汝善男子」，磧作「汝男善子」。

大般若波羅蜜多經卷第一百六十三　寒

三藏法師玄奘奉　詔譯

初分校量功德品第三十之六十一

復次憍尸迦若善男子善女人等為發無上菩提心者宣說布施波羅蜜多作如是言汝善男子應修布施波羅蜜多不應觀身界若常若無常不應觀觸界身識界及身觸身觸為緣所生諸受若常若無常何以故身界身界自性空觸界身識界及身觸身觸為緣所生諸受觸界乃至身觸為緣所生諸受自性空是身界自性即非自性是觸界乃至身觸為緣所生諸受自性亦非自性若非自性即是布施波羅蜜多於此布施波羅蜜多身界不可得彼常無常亦不可得觸界乃至身觸為緣所生諸受皆不可得彼常無常亦不可得所以者何此中尚無身界等可得何況有彼常與無常汝若能修如是布施是修布施波羅蜜多復作是言汝善男子應修布施波羅蜜多不應觀身界若樂若苦不應觀觸界身識界及身觸身觸為緣所生諸受若樂若苦何以故身界身界自性空觸界身識界及身觸身觸為緣所生諸受觸界乃至身觸為緣所生諸受自性空是身界自性即非自性是觸界乃至身觸為緣所生諸受自性亦非自性若非自性即是布施波羅蜜多於此布施波羅蜜多身界不可得彼樂與苦亦不可得觸界乃至身觸為緣所生諸受皆不可得彼樂與苦亦不可得所以者何此中尚無身界等可得何況有彼樂之與苦汝若能修如是布施是修布施波羅蜜多復作是言汝善男子應修布施波羅蜜多不應觀身界若我若無我不應觀觸界身識界及身觸身觸為緣所生諸受若我若無我何以故身界身界自性空觸界身識界及身觸身觸為緣所生諸受觸界乃至身觸為緣所生諸受自性空是身界自性即非自性是觸界乃至身觸為緣所生諸受自性亦非自性若非自性即是布施波羅蜜多於此布施

波羅蜜多身界不可得彼我無我亦不可得觸界乃至身觸為緣所生諸受皆不可得彼我無我亦不可得所以者何此中尚無身界等可得何況有彼我與無我汝若能修如是布施是修布施波羅蜜多復作是言汝善男子應修布施波羅蜜多不應觀身界若淨若不淨不應觀觸界身識界及身觸身觸為緣所生諸受若淨若不淨何以故身界身界自性空觸界身識界及身觸身觸為緣所生諸受觸界乃至身觸為緣所生諸受自性空是身界自性即非自性是觸界乃至身觸為緣所生諸受自性亦非自性若非自性即是布施波羅蜜多於此布施波羅蜜多身界不可得彼淨不淨亦不可得觸界乃至身觸為緣所生諸受皆不可得彼淨不淨亦不可得所以者何此中尚無身界等可得何況有彼淨與不淨汝若能修如是布施是修布施波羅蜜多憍尸迦是善男子善女人等作此等說是為宣說真正布施波羅蜜多

復次憍尸迦若善男子善女人等為發無上菩提心者宣說布施波羅蜜多作如是言汝善男子應修布施波羅蜜多不應觀意界若常若無常不應觀法界意識界及意觸意觸為緣所生諸受若常若無常何以故意界意界自性空法界意識界及意觸意觸為緣所生諸受法界乃至意觸為緣所生諸受自性空是意界自性即非自性是法界乃至意觸為緣所生諸受自性亦非自性若非自性即是布施波羅蜜多於此布施波羅蜜多意界不可得彼常無常亦不可得法界乃至意觸為緣所生諸受皆不可得彼常無常亦不可得所以者何此中尚無意界等可得何況有彼常與無常汝若能修如是布施是修布施波羅蜜多復作是言汝善男子應修布施波羅蜜多不應觀意界若樂若苦不應觀法界意識界及意觸意觸為緣所生諸受若樂若苦何以故意界意界自性空法界意識界及意觸意觸為緣所生諸受法界乃至意觸為緣所生諸受自性空是意界自性即非自性是法界乃至意觸為緣所生諸受自性亦非自性若非自性即是布施波羅蜜多於此布施波羅蜜多意界不可得彼樂與苦亦不可得法界乃至意觸為緣所生諸受皆不可得彼樂與苦亦不可得所以者何此中尚無意界等可得何況有彼樂之與苦汝若能修如是布施是修布施波羅蜜多復作是言汝善男子應修布施波羅蜜多不應觀意界若我若無我不應觀法界意識界及意觸意觸為緣所生諸受若我若無我何以故意界意界自性空法界意識界及意觸意觸為緣所生諸受法界乃至意觸為緣所生諸受自性空是意界自性即非自性是法界乃至意觸為緣所生諸受自性亦非自性若非自性即是布施波羅蜜多於此布施波羅蜜多意界不可得彼我無我亦不可得法界乃至意觸為緣所生諸受皆不可得彼我無我亦不可得所以者何此中尚無意界等可得何況

有彼我與無我汝若能修如是布施是修布施波羅蜜多復作是言汝善男子應修布施波羅蜜多不應觀意界若淨若不淨不應觀法界意識界及意觸意觸為緣所生諸受若淨若不淨何以故意界意界自性空法界意識界及意觸意觸為緣所生諸受法界乃至意觸為緣所生諸受自性空是意界自性即非自性是法界乃至意觸為緣所生諸受自性亦非自性若非自性即是布施波羅蜜多於此布施波羅蜜多意界不可得彼淨不淨亦不可得法界乃至意觸為緣所生諸受皆不可得彼淨不淨亦不可得所以者何此中尚無意界等可得何況有彼淨與不淨汝若能修如是布施是修布施波羅蜜多憍尸迦是善男子善女人等作此等說是為宣說真正布施波羅蜜多

復次憍尸迦若善男子善女人等為發無上菩提心者宣說布施波羅蜜多作如是言汝善男子應修布施波羅蜜多不應觀地界若常若無常不應觀水火風空識界若常若無常何以故地界地界自性空水火風空識界水火風空識界自性空是地界自性即非自性是水火風空識界自性亦非自性若非自性即是布施波羅蜜多於此布施波羅蜜多地界不可得彼常無常亦不可得水火風空識界皆不可得彼常無常亦不可得所以者何此中尚無地界等可得何況有彼常與無常汝若能修如是布施是修布施波羅蜜多復作是言汝善男子應修布施波羅蜜多不應觀地界若樂若苦不應觀水火風空識界若樂若苦何以故地界地界自性空水火風空識界水火風空識界自性空是地界自性即非自性是水火風空識界自性亦非自性若非自性即是布施波羅蜜多於此布施波羅蜜多地界不可得彼樂與苦亦不可得水火風空識界皆不可得彼樂與苦亦不可得所以者何此中尚無地界等可得何況有彼樂之與苦汝若能修如是布施是修布施波羅蜜多復作是言汝善男子應修布施波羅蜜多不應觀地界若我若無我不應觀水火風空識界若我若無我何以故地界地界自性空水火風空識界水火風空識界自性空是地界自性即非自性是水火風空識界自性亦非自性若非自性即是布施波羅蜜多於此布施波羅蜜多地界不可得彼我無我亦不可得水火風空識界皆不可得彼我無我亦不可得所以者何此中尚無地界等可得何況有彼我與無我汝若能修如是布施是修布施波羅蜜多復作是言汝善男子應修布施波羅蜜多不應觀地界若淨若不淨不應觀水火風空識界若淨若不淨何以故地界地界自性空水火風空識界水火風空識界自性空是地界自性即非自性是水火風空識界自性亦非自性若非自性即是布施波羅蜜多於此布施波羅蜜多地界不可得彼淨不淨亦不可得水火風空識界皆不可得彼淨不淨亦不可得所以者何此中尚無地界

等可得何况有彼淨與不淨汝若能修如是布施是修布施波羅蜜多憍尸迦是善男子善女人等作此等說是為宣說真正布施波羅蜜多

復次憍尸迦若善男子善女人等為發無上菩提心者宣說布施波羅蜜多作如是言汝善男子應修布施波羅蜜多不應觀無明若常若無常不應觀行識名色六處觸受愛取有生老死愁歎苦憂惱若常若無常何以故無明無明自性空行識名色六處觸受愛取有生老死愁歎苦憂惱行乃至老死愁歎苦憂惱自性空是無明自性即非自性是行乃至老死愁歎苦憂惱自性亦非自性若非自性即是布施波羅蜜多於此布施波羅蜜多無明不可得彼常無常亦不可得行乃至老死愁歎苦憂惱皆不可得彼常無常亦不可得所以者何此中尚無無明等可得何况有彼常與無常汝若能修如是布施是修布施波羅蜜多復作是言汝善男子應修布施波羅蜜多不應觀無明若樂若苦不應觀行識名色六處觸受愛取有生老死愁歎苦憂惱若樂若苦何以故無明無明自性空行識名色六處觸受愛取有生老死愁歎苦憂惱行乃至老死愁歎苦憂惱自性空是無明自性即非自性是行乃至老死愁歎苦憂惱自性亦非自性若非自性即是布施波羅蜜多於此布施波羅蜜多無明不可得彼樂與苦亦不可得行乃至老死愁歎苦憂惱皆不可得彼樂與苦亦不可得所以者何此中尚無無明等可得何况有彼樂之與苦汝若能修如是布施是修布施波羅蜜多復作是言汝善男子應修布施波羅蜜多不應觀無明若我若無我不應觀行識名色六處觸受愛取有生老死愁歎苦憂惱若我若無我何以故無明無明自性空行識名色六處觸受愛取有生老死愁歎苦憂惱行乃至老死愁歎苦憂惱自性空是無明自性即非自性是行乃至老死愁歎苦憂惱自性亦非自性若非自性即是布施波羅蜜多於此布施波羅蜜多無明不可得彼我無我亦不可得行乃至老死愁歎苦憂惱皆不可得彼我無我亦不可得所以者何此中尚無無明等可得何况有彼我與無我汝若能修如是布施是修布施波羅蜜多復作是言汝善男子應修布施波羅蜜多不應觀無明若淨若不淨不應觀行識名色六處觸受愛取有生老死愁歎苦憂惱若淨若不淨何以故無明無明自性空行識名色六處觸受愛取有生老死愁歎苦憂惱行乃至老死愁歎苦憂惱自性空是無明自性即非自性是行乃至老死愁歎苦憂惱自性亦非自性若非自性即是布施波羅蜜多於此布施波羅蜜多無明不可得彼淨不淨亦不可得行乃至老死愁歎苦憂惱皆不可得彼淨不淨亦不可得所以者何此中尚無無明等可得何况有彼淨與不淨汝若能修如是布施是修布施波羅蜜多憍尸迦是善男子善女人等作此等說是為宣說真正布施波羅蜜多

復次憍尸迦若善男子善女人等為發無上菩提心者宣說布施波羅蜜多作如是言汝善男子應修布施波羅蜜多不應觀布施波羅蜜多若常若無常不應觀淨戒安忍精進靜慮般若波羅蜜多若常若無常何以故布施波羅蜜多布施波羅蜜多自性空淨戒安忍精進靜慮般若波羅蜜多淨戒乃至般若波羅蜜多自性空是布施波羅蜜多自性即非自性是淨戒乃至般若波羅蜜多自性亦非自性若非自性即是布施波羅蜜多於此布施波羅蜜多布施波羅蜜多不可得彼常無常亦不可得淨戒乃至般若波羅蜜多皆不可得彼常無常亦不可得所以者何此中尚無布施波羅蜜多等可得何況有彼常與無常汝若能修如是布施是修布施波羅蜜多復作是言汝善男子應修布施波羅蜜多不應觀布施波羅蜜多若樂若苦不應觀淨戒安忍精進靜慮般若波羅蜜多若樂若苦何以故布施波羅蜜多布施波羅蜜多自性空淨戒安忍精進靜慮般若波羅蜜多淨戒乃至般若波羅蜜多自性空是布施波羅蜜多自性即非自性是淨戒乃至般若波羅蜜多自性亦非自性若非自性即是布施波羅蜜多於此布施波羅蜜多布施波羅蜜多不可得彼樂與苦亦不可得淨戒乃至般若波羅蜜多皆不可得彼樂與苦亦不可得所以者何此中尚無布施波羅蜜多等可得何況有彼樂之與苦汝若能修如是布施是修布施波羅蜜多復作是言汝善男子應修布施波羅蜜多不應觀布施波羅蜜多若我若無我不應觀淨戒安忍精進靜慮般若波羅蜜多若我若無我何以故布施波羅蜜多布施波羅蜜多自性空淨戒安忍精進靜慮般若波羅蜜多淨戒乃至般若波羅蜜多自性空是布施波羅蜜多自性即非自性是淨戒乃至般若波羅蜜多自性亦非自性若非自性即是布施波羅蜜多於此布施波羅蜜多布施波羅蜜多不可得彼我無我亦不可得淨戒乃至般若波羅蜜多皆不可得彼我無我亦不可得所以者何此中尚無布施波羅蜜多等可得何況有彼我與無我汝若能修如是布施是修布施波羅蜜多復作是言汝善男子應修布施波羅蜜多不應觀布施波羅蜜多若淨若不淨不應觀淨戒安忍精進靜慮般若波羅蜜多若淨若不淨何以故布施波羅蜜多布施波羅蜜多自性空淨戒安忍精進靜慮般若波羅蜜多淨戒乃至般若波羅蜜多自性空是布施波羅蜜多自性即非自性是淨戒乃至般若波羅蜜多自性亦非自性若非自性即是布施波羅蜜多於此布施波羅蜜多布施波羅蜜多不可得彼淨不淨亦不可得淨戒乃至般若波羅蜜多皆不可得彼淨不淨亦不可得所以者何此中尚無布施波羅蜜多等可得何況有彼淨與不淨汝若能修如是布施是修布施波羅蜜多憍尸迦是善男子善女人等作此等說是為宣說真正布施波羅蜜多

大般若經第一百六十三卷　第十二張　[illegible]字号
大般若經第一百六十三　第十三張　寒字号
大般若經第一百六十三卷　第十四張　寒字号

復次憍尸迦若善男子善女人等為發無上菩提心者宣說布施波羅蜜多作如是言汝善男子應修布施波羅蜜多不應觀內空若常若無常不應觀外空內外空空空大空勝義空有為空無為空畢竟空無際空散空無變異空本性空自相空共相空一切法空不可得空無性空自性空無性自性空若常若無常何以故內空內空自性空外空內外空空空大空勝義空有為空無為空畢竟空無際空散空無變異空本性空自相空共相空一切法空不可得空無性空自性空無性自性空外空乃至無性自性空自性空是內空自性即非自性是外空乃至無性自性空自性亦非自性若非自性即是布施波羅蜜多於此布施波羅蜜多內空不可得彼常無常亦不可得外空乃至無性自性空皆不可得彼常無常亦不可得所以者何此中尚無內空等可得何況有彼常與無常汝若能修如是布施是修布施波羅蜜多復作是言汝

善男子應修布施波羅蜜多不應觀內空若樂若苦不應觀外空內外空空空大空勝義空有為空無為空畢竟空無際空散空無變異空本性空自相空共相空一切法空不可得空無性空自性空無性自性空若樂若苦何以故內空內空自性空外空內外空空空大空勝義空有為空無為空畢竟空無際空散空無變異空本性空自相空共相空一切法空不可得空無性空自性空無性自性空外空乃至無性自性空自性空是內空自性即非自性是外空乃至無性自性空自性亦非自性若非自性即是布施波羅蜜多於此布施波羅蜜多內空不可得彼樂與苦亦不可得外空乃至無性自性空皆不可得彼樂與苦亦不可得所以者何此中尚無內空等可得何況有彼樂之與苦汝若能修如是布施是修布施波羅蜜多復作是言汝善男子應修布施波羅蜜多不應觀內空若我若無我不應觀外空內外空空空大空勝義空

有為空無為空畢竟空無際空散空無變異空本性空自相空共相空一切法空不可得空無性空自性空無性自性空若我若無我何以故內空內空自性空外空內外空空空大空勝義空有為空無為空畢竟空無際空散空無變異空本性空自相空共相空一切法空不可得空無性空自性空無性自性空外空乃至無性自性空自性空是內空自性即非自性是外空乃至無性自性空自性亦非自性若非自性即是布施波羅蜜多於此布施波羅蜜多內空不可得彼我無我亦不可得外空乃至無性自性空皆不可得彼我無我亦不可得所以者何此中尚無內空等可得何況有彼我與無我汝若能修如是布施是修布施波羅蜜多復作是言汝善男子應修布施波羅蜜多不應觀內空若淨若不淨不應觀外空內外空空空大空勝義空有為空無為空畢竟空無際空散空無變異空本性空自相空共相空一切法空不可得

空無性空自性空無性自性空若淨若不淨何以故内空内空自性空外空内外空空空大空勝義空有爲空無爲空畢竟空無際空散空無變異空本性空自相空共相空一切法空不可得空無性空自性空無性自性空外空乃至無性自性空自性空是内空自性即非自性是外空乃至無性自性空自性亦非自性若非自性即是布施波羅蜜多於此布施波羅蜜多内空不可得彼淨不淨亦不可得外空乃至無性自性空皆不可得彼淨不淨亦不可得所以者何此中尚無内空等可得何况有彼淨與不淨汝若能修如是布施是修布施波羅蜜多憍尸迦是善男子善女人等作此等說是爲宣說真正布施波羅蜜多

復次憍尸迦若善男子善女人等爲發無上菩提心者宣說布施波羅蜜多作如是言汝善男子應修布施波羅蜜多不應觀真如若常若無常不應觀法界法性不虚妄性不變異性

平等性離生性法定法住實際虚空界不思議界若常若無常何以故真如真如自性空法界法性不虚妄性不變異性平等性離生性法定法住實際虚空界不思議界法界乃至不思議界自性空是真如自性即非自性是法界乃至不思議界自性亦非自性若非自性即是布施波羅蜜多於此布施波羅蜜多真如不可得彼常無常亦不可得法界乃至不思議界皆不可得彼常無常亦不可得所以者何此中尚無真如等可得何况有彼常與無常汝若能修如是布施是修布施波羅蜜多復作是言汝善男子應修布施波羅蜜多不應觀真如若樂若苦不應觀法界法性不虚妄性不變異性平等性離生性法定法住實際虚空界不思議界若樂若苦何以故真如真如自性空法界法性不虚妄性不變異性平等性離生性法定法住實際虚空界不思議界法界乃至不思議界自性空是真如自性即非自性是法界乃至不思議

界自性亦非自性若非自性即是布施波羅蜜多於此布施波羅蜜多真如不可得彼樂與苦亦不可得法界乃至不思議界皆不可得彼樂與苦亦不可得所以者何此中尚無真如等可得何况有彼樂之與苦汝若能修如是布施是修布施波羅蜜多復作是言汝善男子應修布施波羅蜜多不應觀真如若我若無我不應觀法界法性不虚妄性不變異性平等性離生性法定法住實際虚空界不思議界若我若無我何以故真如真如自性空法界法性不虚妄性不變異性平等性離生性法定法住實際虚空界不思議界法界乃至不思議界自性空是真如自性即非自性是法界乃至不思議界自性亦非自性若非自性即是布施波羅蜜多於此布施波羅蜜多真如不可得彼我無我亦不可得法界乃至不思議界皆不可得彼我無我亦不可得所以者何此中尚無真如等可得何况有彼我與無我汝若能修如是布施是修

大般若經第一百六十三卷　第十一張

布施波羅蜜多復作是言汝善男子應修布施波羅蜜多不應觀真如若淨若不淨不應觀法界法性不虛妄性不變異性平等性離生性法定法住實際虛空界不思議界若淨若不淨何以故真如真如自性空法界法性不虛妄性不變異性平等性離生性法定法住實際虛空界不思議界法界乃至不思議界自性空是真如自性即非自性是法界乃至不思議界自性亦非自性若非自性即是布施波羅蜜多於此布施波羅蜜多真如不可得彼淨不淨亦不可得法界乃至不思議界皆不可得彼淨不淨亦不可得所以者何此中尚無真如等可得何況有彼淨與不淨汝若能修如是布施是修布施波羅蜜多憍尸迦是善男子善女人等作此等說是為宣說真正布施波羅蜜多

復次憍尸迦若善男子善女人等為發無上菩提心者宣說布施波羅蜜多作如是言汝善男子應修布施波羅蜜多不應觀苦聖諦若常若無常

大般若經第一百六十三卷　第十二張

不應觀集滅道聖諦若常若無常何以故苦聖諦苦聖諦自性空集滅道聖諦集滅道聖諦自性空是苦聖諦自性即非自性是集滅道聖諦自性亦非自性若非自性即是布施波羅蜜多於此布施波羅蜜多苦聖諦不可得彼常無常亦不可得集滅道聖諦皆不可得彼常無常亦不可得所以者何此中尚無苦聖諦等可得何況有彼常與無常汝若能修如是布施是修布施波羅蜜多復作是言汝善男子應修布施波羅蜜多不應觀苦聖諦若樂若苦不應觀集滅道聖諦若樂若苦何以故苦聖諦苦聖諦自性空集滅道聖諦集滅道聖諦自性空是苦聖諦自性即非自性是集滅道聖諦自性亦非自性若非自性即是布施波羅蜜多於此布施波羅蜜多苦聖諦不可得彼樂與苦亦不可得集滅道聖諦皆不可得彼樂與苦亦不可得所以者何此中尚無苦聖諦等可得何況有彼樂之與苦汝若能修如是布施是修布施波羅蜜

大般若經第一百六十三卷　第十三張

多復作是言汝善男子應修布施波羅蜜多不應觀苦聖諦若我若無我不應觀集滅道聖諦若我若無我何以故苦聖諦苦聖諦自性空集滅道聖諦集滅道聖諦自性空是苦聖諦自性即非自性是集滅道聖諦自性亦非自性若非自性即是布施波羅蜜多於此布施波羅蜜多苦聖諦不可得彼我無我亦不可得集滅道聖諦皆不可得彼我無我亦不可得所以者何此中尚無苦聖諦等可得何況有彼我與無我汝若能修如是布施是修布施波羅蜜多復作是言汝善男子應修布施波羅蜜多不應觀苦聖諦若淨若不淨不應觀集滅道聖諦若淨若不淨何以故苦聖諦苦聖諦自性空集滅道聖諦集滅道聖諦自性空是苦聖諦自性即非自性是集滅道聖諦自性亦非自性若非自性即是布施波羅蜜多於此布施波羅蜜多苦聖諦不可得彼淨不淨亦不可得集滅道聖諦皆不可得彼淨不淨亦不可得所以者何此中尚

無若聖諦等可得何況有彼淨與不（大般若經第一百六十三卷　第十五張　殷字号）淨汝若能修如是布施是修布施波羅蜜多憍尸迦是善男子善女人等作此等說是為宣說真正布施波羅蜜多

大般若波羅蜜多經卷第一百六十三

大般若波羅蜜多經卷第一百六十三

校勘記

一　底本，金藏大寶集寺本。

一　五五八頁下二二行「為緣」，麗作「為」。

一　五五九頁下二三行「中」字，有原閱經者墨跡。

一　五六〇頁上一九行「波羅蜜多」，石作「波羅蜜」。

一　五六〇頁上二二行「應修布施」，石作「布施」。

一　五六一頁中三行「無明無明自性空」，石作「無明自性空」。

一　五六一頁中一三行「如是布施是修」，石作「如是」。

一　五六二頁下二一行第一二字殘，應為「憍」。

一　五六三頁上一六行「自性空自性」，南、徑、清作「自性空自性空」。

大般若波羅蜜多經卷第一百六十四

三藏法師玄奘奉　詔譯

初分校量功德品第三十之六十二

復次憍尸迦若善男子善女人等為發無上菩提心者宣說布施波羅蜜多作如是言汝善男子應修布施波羅蜜多不應觀四靜慮若常若无常不應觀四無量四无色定若常若無常何以故四靜慮四靜慮自性空四无量四無色定四无量四無色定自性空是四靜慮自性即非自性是四無量四無色定自性亦非自性若非自性即是布施波羅蜜多於此布施波羅蜜多四靜慮不可得彼常无常亦不可得四無量四无色定皆不可得彼常无常亦不可得所以者何此中尚無四靜慮等可得何況有彼常與無常汝若能修如是布施是修布施波羅蜜多復作是言汝善男子應修布施波羅蜜多不應觀四靜慮若樂若苦不應觀四無量四无色定若樂若苦何以故四靜慮四靜慮自性空四無量四無色定四无量四無色定自性空是四靜慮自性即非自性是四无量四無色定自性亦非自性若非自性即是布施波羅蜜多於此布施波羅蜜多四靜慮不可得彼樂與苦亦不可得四無量四無色定皆不可得彼樂與苦亦不可得所以者何此中尚無四靜慮等可得何況有彼樂之與苦汝若能修如是布施是修布施波羅蜜多復作是言汝善男子應修布施波羅蜜多不應觀四靜慮若我若无我不應觀四無量四无色定若我若無我何以故四靜慮四靜慮自性空四无量四無色定四无量四無色定自性空是四靜慮自性即非自性是四无量四無色定自性亦非自性若非自性即是布施波羅蜜多於此布施波羅蜜多四靜慮不可得彼我無我亦不可得四无量四無色定皆不可得彼我無我亦不可得所以者何此中尚无四靜慮等可得何況有彼我與無我汝若能修如是布施是修布施波羅蜜多復作是言汝善男子應修布施波羅蜜多不應觀四靜慮若淨若不淨不應觀四無量四無色定若淨若不淨何以故四靜慮四靜慮自性空四無量四無色定四無量四無色定自性空是四靜慮自性即非自性是四無量四無色定自性亦非自性若非自性即是布施波羅蜜多於此布施波羅蜜多四靜慮不可得彼淨不淨亦不可得四無量四無色定皆不可得彼淨不淨亦不可得所以者何此中尚無四靜慮等可得何況有彼淨與不淨汝若能修如是布施是修布施波羅蜜多憍尸迦是善男子善女人等作此等說是為宣說真正布施波羅蜜多

復次憍尸迦若善男子善女人等為發無上菩提心者宣說布施波羅蜜多作如是言汝善男子應修布施波羅蜜多不應觀八解脫若常若無常不應觀八勝處九次第定十遍處若常若無常何以故八解脫八解脫自性空八勝處九次第定十遍處八勝處九次第定十遍處自性空是八解

脫自性即非自性是八勝處九次第定十遍處自性亦非自性若非自性即是布施波羅蜜多於此布施波羅蜜多八解脫不可得彼常無常亦不可得八勝處九次第定十遍處皆不可得彼常無常亦不可得所以者何此中尚無八解脫等可得何況有彼常與无常汝若能修如是布施是修布施波羅蜜多復作是言汝善男子應修布施波羅蜜多不應觀八解脫若樂若苦不應觀八勝處九次第定十遍處若樂若苦何以故八解脫八解脫自性空八勝處九次第定十遍處八勝處九次第定十遍處自性空是八解脫自性即非自性是八勝處九次第定十遍處自性亦非自性若非自性即是布施波羅蜜多於此布施波羅蜜多八解脫不可得彼樂與苦亦不可得八勝處九次第定十遍處皆不可得彼樂與苦亦不可得所以者何此中尚無八解脫等可得何況有彼樂之與苦汝若能修如是布施是修布施波羅蜜多復作是言汝善男子應修布施波羅蜜多不應觀八解脫若我若無我不應觀八勝處九次第定十遍處若我若無我何以故八解脫八解脫自性空八勝處九次第定十遍處八勝處九次第定十遍處自性空是八解脫自性即非自性是八勝處九次第定十遍處自性亦非自性若非自性即是布施波羅蜜多於此布施波羅蜜多八解脫不可得彼我无我亦不可得八勝處九次第定十遍處皆不可得彼我無我亦不可得所以者何此中尚无八解脫等可得何況有彼我與无我汝若能修如是布施是修布施波羅蜜多復作是言汝善男子應修布施波羅蜜多不應觀八解脫若淨若不淨不應觀八勝處九次第定十遍處若淨若不淨何以故八解脫八解脫自性空八勝處九次第定十遍處八勝處九次第定十遍處自性空是八解脫自性即非自性是八勝處九次第定十遍處自性亦非自性若非自性即是布施波羅蜜多於此布施波羅蜜多八解脫不可得彼淨不淨亦不可得八勝處九次第定十遍處皆不可得彼淨不淨亦不可得所以者何此中尚無八解脫等可得何況有彼淨與不淨汝若能修如是布施是修布施波羅蜜多憍尸迦是善男子善女人等作此等說是為宣說真正布施波羅蜜多

復次憍尸迦若善男子善女人等為發無上菩提心者宣說布施波羅蜜多作如是言汝善男子應修布施波羅蜜多不應觀四念住若常若無常不應觀四正斷四神足五根五力七等覺支八聖道支若常若無常何以故四念住四念住自性空四正斷四神足五根五力七等覺支八聖道支四正斷乃至八聖道支自性空是四念住自性即非自性是四正斷乃至八聖道支自性亦非自性若非自性即是布施波羅蜜多於此布施波羅蜜多四念住不可得彼常無常亦不可得四正斷乃至八聖道支皆不可得彼常無常亦不可得所以者何此

中尚無四念住等可得何況有彼常與無常汝若能修如是布施是修布施波羅蜜多復作是言汝善男子應修布施波羅蜜多不應觀四念住若樂若苦不應觀四正斷四神足五根五力七等覺支八聖道支若樂若苦何以故四念住四念住自性空四正斷四神足五根五力七等覺支八聖道支四正斷乃至八聖道支自性空是四念住自性即非自性是四正斷乃至八聖道支自性亦非自性若非自性即是布施波羅蜜多於此布施波羅蜜多四念住不可得彼樂與苦亦不可得四正斷乃至八聖道支皆不可得彼樂與苦亦不可得所以者何此中尚無四念住等可得何況有彼樂之與苦汝若能修如是布施是修布施波羅蜜多復作是言汝善男子應修布施波羅蜜多不應觀四念住若我若無我不應觀四正斷四神足五根五力七等覺支八聖道支若我若无我何以故四念住四念住自性空四正斷四神足五根五力七等覺支八聖道支四正斷乃至八聖道支自性空是四念住自性即非自性是四正斷乃至八聖道支自性亦非自性若非自性即是布施波羅蜜多於此布施波羅蜜多四念住不可得彼我無我亦不可得四正斷乃至八聖道支皆不可得彼我無我亦不可得所以者何此中尚無四念住等可得何況有彼我與無我汝若能修如是布施是修布施波羅蜜多復作是言汝善男子應修布施波羅蜜多不應觀四念住若淨若不淨不應觀四正斷四神足五根五力七等覺支八聖道支若淨若不淨何以故四念住四念住自性空四正斷四神足五根五力七等覺支八聖道支四正斷乃至八聖道支自性空是四念住自性即非自性是四正斷乃至八聖道支自性亦非自性若非自性即是布施波羅蜜多於此布施波羅蜜多四念住不可得彼淨不淨亦不可得四正斷乃至八聖道支皆不可得彼淨不淨亦不可得所以者何此中尚無四念住等可得何況有彼淨與不淨汝若能修如是布施是修布施波羅蜜多憍尸迦是善男子善女人等作此等說是為宣說真正布施波羅蜜多

復次憍尸迦若善男子善女人等為發無上菩提心者宣說布施波羅蜜多作如是言汝善男子應修布施波羅蜜多不應觀空解脫門若常若無常不應觀無相無願解脫門若常若無常何以故空解脫門空解脫門自性空無相無願解脫門無相無願解脫門自性空是空解脫門自性即非自性是無相無願解脫門自性亦非自性若非自性即是布施波羅蜜多於此布施波羅蜜多空解脫門不可得彼常無常亦不可得無相無願解脫門皆不可得彼常無常亦不可得所以者何此中尚無空解脫門等可得何況有彼常與無常汝若能修如是布施是修布施波羅蜜多復作是言汝善男子應修布施波羅蜜多不應觀空解脫門若樂若苦不應觀無相無願解脫門若樂若苦何以故空

解脫門空解脫門自性空無相无願解脫門無相無願解脫門自性空是空解脫門自性即非自性是無相無願解脫門自性亦非自性若非自性即是布施波羅蜜多於此布施波羅蜜多空解脫門不可得彼樂與苦亦不可得無相無願解脫門皆不可得彼樂與苦亦不可得所以者何此中尚無空解脫門等可得何況有彼樂之與苦汝若能修如是布施是修布施波羅蜜多復作是言汝善男子應修布施波羅蜜多不應觀空解脫門若我若無我不應觀無相無願解脫門若我若無我何以故空解脫門空解脫門自性空無相無願解脫門無相無願解脫門自性空是空解脫門自性即非自性是無相無願解脫門自性亦非自性若非自性即是布施波羅蜜多於此布施波羅蜜多空解脫門不可得彼我無我亦不可得無相無願解脫門皆不可得彼我無我亦不可得所以者何此中尚無空解脫門等可得何況有彼我與無我汝

若能修如是布施是修布施波羅蜜多復作是言汝善男子應修布施波羅蜜多不應觀空解脫門若淨若不淨不應觀无相無願解脫門若淨若不淨何以故空解脫門空解脫門自性空無相無願解脫門无相無願解脫門自性空是空解脫門自性即非自性是無相無願解脫門自性亦非自性若非自性即是布施波羅蜜多於此布施波羅蜜多空解脫門不可得彼淨不淨亦不可得无相無願解脫門皆不可得彼淨不淨亦不可得所以者何此中尚无空解脫門等可得何況有彼淨與不淨汝若能修如是布施是修布施波羅蜜多憍尸迦是善男子善女人等作此等說是為宣說真正布施波羅蜜多

復次憍尸迦若善男子善女人等為發無上菩提心者宣說布施波羅蜜多作如是言汝善男子應修布施波羅蜜多不應觀五眼若常若无常不應觀六神通若常若無常何以故五眼五眼自性空六神通六神通自性

空是五眼自性即非自性是六神通自性亦非自性若非自性即是布施波羅蜜多於此布施波羅蜜多五眼不可得彼常無常亦不可得六神通不可得彼常无常亦不可得所以者何此中尚無五眼等可得何況有彼常與無常汝若能修如是布施是修布施波羅蜜多復作是言汝善男子應修布施波羅蜜多不應觀五眼若樂若苦不應觀六神通若樂若苦何以故五眼五眼自性空六神通六神通自性空是五眼自性即非自性是六神通自性亦非自性若非自性即是布施波羅蜜多於此布施波羅蜜多五眼不可得彼樂與苦亦不可得六神通不可得彼樂與苦亦不可得所以者何此中尚无五眼等可得何況有彼樂之與苦汝若能修如是布施是修布施波羅蜜多復作是言汝善男子應修布施波羅蜜多不應觀五眼若我若无我不應觀六神通若我若無我何以故五眼五眼自性空六神通六神通自性空是五眼自性

即非自性是六神通自性亦非自性若非自性即是布施波羅蜜多於此布施波羅蜜多五眼不可得彼我無我亦不可得六神通不可得彼我无我亦不可得所以者何此中尚無五眼等可得何况有彼我與无我汝若能修如是布施是修布施波羅蜜多復作是言汝善男子應修布施波羅蜜多不應觀五眼若淨若不淨不應觀六神通若淨若不淨何以故五眼五眼自性空六神通六神通自性空是五眼自性即非自性是六神通自性亦非自性若非自性即是布施波羅蜜多於此布施波羅蜜多五眼不可得彼淨不淨亦不可得六神通不可得彼淨不淨亦不可得所以者何此中尚無五眼等可得何况有彼淨與不淨汝若能修如是布施是修布施波羅蜜多憍尸迦是善男子善女人等作此等說是為宣說真正布施波羅蜜多

復次憍尸迦若善男子善女人等為發無上菩提心者宣說布施波羅蜜

大般若第一百六十四　第十三張

多作如是言汝善男子應修布施波羅蜜多不應觀佛十力若常若无常不應觀四無所畏四无导解大慈大悲大喜大捨十八佛不共法若常若无常何以故佛十力佛十力自性空四無所畏四无导解大慈大悲大喜大捨十八佛不共法四無所畏乃至十八佛不共法自性空是佛十力自性即非自性是四无所畏乃至十八佛不共法自性亦非自性若非自性即是布施波羅蜜多於此布施波羅蜜多佛十力不可得彼常無常亦不可得四无所畏乃至十八佛不共法皆不可得彼常無常亦不可得所以者何此中尚无佛十力等可得何况有彼常與無常汝若能修如是布施是修布施波羅蜜多復作是言汝善男子應修布施波羅蜜多不應觀佛十力若樂若苦不應觀四无所畏四無导解大慈大悲大喜大捨十八佛不共法若樂若苦何以故佛十力佛十力自性空四无所畏四無导解大慈大悲大喜大捨十八佛不共法四

[illegible]

無所畏乃至十八佛不共法自性空是佛十力自性即非自性是四无所畏乃至十八佛不共法自性亦非自性若非自性即是布施波羅蜜多於此布施波羅蜜多佛十力不可得彼樂與苦亦不可得四無所畏乃至十八佛不共法皆不可得彼樂與苦亦不可得所以者何此中尚无佛十力等可得何况有彼樂之與苦汝若能修如是布施是修布施波羅蜜多復作是言汝善男子應修布施波羅蜜多不應觀佛十力若我若無我不應觀四无所畏四無导解大慈大悲大喜大捨十八佛不共法若我若無我何以故佛十力佛十力自性空四无所畏四無导解大慈大悲大喜大捨十八佛不共法四无所畏乃至十八佛不共法自性空是佛十力自性即非自性是四无所畏乃至十八佛不共法自性亦非自性若非自性即是布施波羅蜜多於此布施波羅蜜多佛十力不可得彼我無我亦不可得四无所畏乃至十八佛不共法皆不

大般若第一百六十四　第十五張

可得彼我無我亦不可得所以者何
此中尚無佛十力等可得何況有彼
我與無我汝若能修如是布施是修
布施波羅蜜多復作是言汝善男子
應修布施波羅蜜多不應觀佛十力
若淨若不淨不應觀四無所畏四無
导解大慈大悲大喜大捨十八佛不
共法若淨若不淨何以故佛十力佛
十力自性空四無所畏四無导解大
慈大悲大喜大捨十八佛不共法四
無所畏乃至十八佛不共法自性空
是佛十力自性即非自性是四無所
畏乃至十八佛不共法自性亦非自
性若非自性即是布施波羅蜜多於
此布施波羅蜜多佛十力不可得彼
淨不淨亦不可得四無所畏乃至十
八佛不共法皆不可得彼淨不淨亦
不可得所以者何此中尚無佛十力
等可得何況有彼淨與不淨汝若能
修如是布施是修布施波羅蜜多憍
尸迦是善男子善女人等作此等說
是為宣說真正布施波羅蜜多
復次憍尸迦若善男子善女人等為

發無上菩提心者宣說布施波羅蜜
多作如是言汝善男子應修布施波
羅蜜多不應觀無忘失法若常若無
常不應觀恒住捨性若常若無常何
以故無忘失法無忘失法自性空恒
住捨性恒住捨性自性空是無忘失
法自性即非自性是恒住捨性自性
亦非自性若非自性即是布施波羅
蜜多於此布施波羅蜜多無忘失法
不可得彼常無常亦不可得恒住捨
性不可得彼常無常亦不可得所以
者何此中尚無無忘失法等可得何
況有彼常與無常汝若能修如是布
施是修布施波羅蜜多復作是言汝
善男子應修布施波羅蜜多不應觀
無忘失法若樂若苦不應觀恒住捨
性若樂若苦何以故無忘失法無忘
失法自性空恒住捨性恒住捨性自
性空是無忘失法自性即非自性是
恒住捨性自性亦非自性若非自性
即是布施波羅蜜多於此布施波羅
蜜多無忘失法不可得彼樂與苦亦
不可得恒住捨性不可得彼樂與苦

亦不可得所以者何此中尚無无忘
失法等可得何況有彼樂之與苦汝
若能修如是布施是修布施波羅蜜
多復作是言汝善男子應修布施波
羅蜜多不應觀無忘失法若我若无
我不應觀恒住捨性若我若無我何
以故無忘失法无忘失法自性空恒
住捨性恒住捨性自性空是無忘失
法自性即非自性是恒住捨性自性
亦非自性若非自性即是布施波羅
蜜多於此布施波羅蜜多無忘失法
不可得彼我无我亦不可得恒住捨
性不可得彼我無我亦不可得所以
者何此中尚無无忘失法等可得何
況有彼我與无我汝若能修如是布
施是修布施波羅蜜多復作是言汝
善男子應修布施波羅蜜多不應觀
無忘失法若淨若不淨不應觀恒住
捨性若淨若不淨何以故無忘失法
无忘失法自性空恒住捨性恒住捨
性自性空是無忘失法自性即非自
性是恒住捨性自性亦非自性若非
自性即是布施波羅蜜多於此布施

波羅蜜多無忘失法不可得彼淨不淨亦不可得恒住捨性不可得彼淨不淨亦不可得所以者何此中尚無無忘失法等可得何況有彼淨與不淨汝若能修如是布施是修布施波羅蜜多憍尸迦是善男子善女人等作此等說是為宣說真正布施波羅蜜多

復次憍尸迦若善男子善女人等為發無上菩提心者宣說布施波羅蜜多作如是言汝善男子應修布施波羅蜜多不應觀一切智若常若無常不應觀道相智一切相智若常若無常何以故一切智一切智自性空道相智一切相智道相智一切相智自性空是一切智自性即非自性是道相智一切相智自性亦非自性若非自性即是布施波羅蜜多於此布施波羅蜜多一切智不可得彼常無常亦不可得道相智一切相智皆不可得彼常無常亦不可得所以者何此中尚無一切智等可得何況有彼常與無常汝若能修如是布施是修布

施波羅蜜多復作是言汝善男子應修布施波羅蜜多不應觀一切智若樂若苦不應觀道相智一切相智若樂若苦何以故一切智一切智自性空道相智一切相智道相智一切相智自性空是一切智自性即非自性是道相智一切相智自性亦非自性若非自性即是布施波羅蜜多於此布施波羅蜜多一切智不可得彼樂與苦亦不可得道相智一切相智皆不可得彼樂與苦亦不可得所以者何此中尚無一切智等可得何況有彼樂之與苦汝若能修如是布施是修布施波羅蜜多復作是言汝善男子應修布施波羅蜜多不應觀一切智若我若無我不應觀道相智一切相智若我若無我何以故一切智一切智自性空道相智一切相智道相智一切相智自性空是一切智自性即非自性是道相智一切相智自性亦非自性若非自性即是布施波羅蜜多於此布施波羅蜜多一切智不可得彼我無我亦不可得道相智一

切相智皆不可得彼我無我亦不可得所以者何此中尚無一切智等可得何況有彼我與無我汝若能修如是布施是修布施波羅蜜多復作是言汝善男子應修布施波羅蜜多不應觀一切智若淨若不淨不應觀道相智一切相智若淨若不淨何以故一切智一切智自性空道相智一切相智道相智一切相智自性空是一切智自性即非自性是道相智一切相智自性亦非自性若非自性即是布施波羅蜜多於此布施波羅蜜多一切智不可得彼淨不淨亦不可得道相智一切相智皆不可得彼淨不淨亦不可得所以者何此中尚無一切智等可得何況有彼淨與不淨汝若能修如是布施是修布施波羅蜜多憍尸迦是善男子善女人等作此等說是為宣說真正布施波羅蜜多

復次憍尸迦若善男子善女人等為發無上菩提心者宣說布施波羅蜜多作如是言汝善男子應修布施波羅蜜多不應觀一切陁羅尼門若常

若無常不應觀一切三摩地門若常若無常何以故一切陁羅尼門一切陁羅尼門自性空一切三摩地門一切三摩地門自性空是一切陁羅尼門自性即非自性是一切三摩地門自性亦非自性若非自性即是布施波羅蜜多於此布施波羅蜜多一切陁羅尼門不可得彼常無常亦不可得一切三摩地門不可得彼常無常亦不可得所以者何此中尚無一切陁羅尼門等可得何况有彼常與無常汝若能修如是布施是修布施波羅蜜多復作是言汝善男子應修布施波羅蜜多不應觀一切陁羅尼門若樂若苦不應觀一切三摩地門若樂若苦何以故一切陁羅尼門一切陁羅尼門自性空一切三摩地門一切三摩地門自性空是一切陁羅尼門自性即非自性是一切三摩地門自性亦非自性若非自性即是布施波羅蜜多於此布施波羅蜜多一切陁羅尼門不可得彼樂與苦亦不可得一切三摩地門不可得彼樂與苦

亦不可得所以者何此中尚無一切陁羅尼門等可得何况有彼樂之與苦汝若能修如是布施是修布施波羅蜜多復作是言汝善男子應修布施波羅蜜多不應觀一切陁羅尼門若我若無我不應觀一切三摩地門若我若無我何以故一切陁羅尼門一切陁羅尼門自性空一切三摩地門一切三摩地門自性空是一切陁羅尼門自性即非自性是一切三摩地門自性亦非自性若非自性即是布施波羅蜜多於此布施波羅蜜多一切陁羅尼門不可得彼我無我亦不可得一切三摩地門不可得彼我無我亦不可得所以者何此中尚無一切陁羅尼門等可得何况有彼我與無我汝若能修如是布施是修布施波羅蜜多復作是言汝善男子應修布施波羅蜜多不應觀一切陁羅尼門若淨若不淨不應觀一切三摩地門若淨若不淨何以故一切陁羅尼門一切陁羅尼門自性空一切三摩地門一切三摩地門自性空是一

切陁羅尼門自性即非自性是一切三摩地門自性亦非自性若非自性即是布施波羅蜜多於此布施波羅蜜多一切陁羅尼門不可得彼淨不淨亦不可得一切三摩地門不可得彼淨不淨亦不可得所以者何此中尚無一切陁羅尼門等可得何况有彼淨與不淨汝若能修如是布施是修布施波羅蜜多憍尸迦是善男子善女人等作此等說是為宣說真正布施波羅蜜多

大般若波羅蜜多經卷第一百六十四

戊戌歲高麗國大藏都監奉
勅雕造

大般若波羅蜜多經卷第一百六十四

校勘記

一 底本，麗藏本。

一 五六七頁上七行「若无當」，石、資、普、南、徑、清作「若無常」。

一 五七一頁上六行第一一字殘，應爲「无」。

一 五七一頁下一八行「是佛十力」，石作「佛十力」。

大般若波羅蜜多經卷第一百六十五　寒

三藏法師玄奘奉　詔譯

初分校量功德品第三十之六十三

復次憍尸迦若善男子善女人等為
發無上菩提心者宣說布施波羅蜜
多作如是言汝善男子應修布施波
羅蜜多不應觀預流向預流果若常
若無常不應觀一來向一來果不還
向不還果阿羅漢向阿羅漢果若常
若无常何以故預流向預流果預流
向預流果自性空一来向一来果不
還向不還果阿羅漢向阿羅漢果一
来向乃至阿羅漢果自性空是預流
向預流果自性即非自性是一来向
乃至阿羅漢果自性亦非自性若非
自性即是布施波羅蜜多於此布施
波羅蜜多預流向預流果不可得彼
常無常亦不可得一来向乃至阿羅
漢果皆不可得彼常无常亦不可得
所以者何此中尚無預流向等可得
何況有彼常與无常汝若能修如是
布施是修布施波羅蜜多復作是言

汝善男子應修布施波羅蜜多不應
觀預流向預流果若樂若苦不應觀
一来向一来果不還向不還果阿羅
漢向阿羅漢果若樂若苦何以故預
流向預流果預流向預流果自性空
一来向一来果不還向不還果阿羅
漢向阿羅漢果一来向乃至阿羅漢
果自性空是預流向預流果自性即
非自性是一来向乃至阿羅漢果自
性亦非自性若非自性即是布施波
羅蜜多於此布施波羅蜜多預流向
預流果不可得彼樂與苦亦不可得
一来向乃至阿羅漢果皆不可得彼
樂與苦亦不可得所以者何此中尚
無預流向等可得何況有彼樂之與
苦汝若能修如是布施是修布施波
羅蜜多復作是言汝善男子應修布
施波羅蜜多不應觀預流向預流果
若我若无我不應觀一来向一来果
不還向不還果阿羅漢向阿羅漢果
若我若無我何以故預流向預流果
預流向預流果自性空一来向一来
果不還向不還果阿羅漢向阿羅漢

果一来向乃至阿羅漢果自性空是預流向預流果自性即非自性是一来向乃至阿羅漢果自性亦非自性若非自性即是布施波羅蜜多於此布施波羅蜜多預流向預流果不可得彼我無我亦不可得一来向乃至阿羅漢果皆不可得彼我無我亦不可得所以者何此中尚無預流向等可得何况有彼我與無我汝若能修如是布施是修布施波羅蜜多復作是言汝善男子應修布施波羅蜜多不應觀預流向預流果若淨若不淨不應觀一来向一来果不還向不還果阿羅漢向阿羅漢果若淨若不淨何以故預流向預流果預流向預流果自性空一来向一来果不還向不還果阿羅漢向阿羅漢果一来向乃至阿羅漢果自性空是預流向預流果自性即非自性是一来向乃至阿羅漢果自性亦非自性若非自性即是布施波羅蜜多於此布施波羅蜜多預流向預流果不可得彼淨不淨亦不可得一来向乃至阿羅漢果皆不可得彼淨不淨亦不可得所以者何此中尚無預流向等可得何况有彼淨與不淨汝若能修如是布施是修布施波羅蜜多憍尸迦是善男子善女人等作此等說是為宣說真正布施波羅蜜多

復次憍尸迦若善男子善女人等為發無上菩提心者宣說布施波羅蜜多作如是言汝善男子應修布施波羅蜜多不應觀一切獨覺菩提若常若無常何以故一切獨覺菩提一切獨覺菩提自性空是一切獨覺菩提自性即非自性若非自性即是布施波羅蜜多於此布施波羅蜜多一切獨覺菩提不可得彼常无常亦不可得所以者何此中尚無一切獨覺菩提可得何况有彼常與无常汝若能修如是布施是修布施波羅蜜多復作是言汝善男子應修布施波羅蜜多不應觀一切獨覺菩提若樂若苦何以故一切獨覺菩提一切獨覺菩提自性空是一切獨覺菩提自性即非自性若非自性即是布施波羅蜜多於此布施波羅蜜多一切獨覺菩提不可得彼樂與苦亦不可得所以者何此中尚無一切獨覺菩提可得何况有彼樂之與苦汝若能修如是布施是修布施波羅蜜多復作是言汝善男子應修布施波羅蜜多不應觀一切獨覺菩提若我若无我何以故一切獨覺菩提一切獨覺菩提自性空是一切獨覺菩提自性即非自性若非自性即是布施波羅蜜多於此布施波羅蜜多一切獨覺菩提不可得彼我無我亦不可得所以者何此中尚无一切獨覺菩提可得何况有彼我與無我汝若能修如是布施是修布施波羅蜜多復作是言汝善男子應修布施波羅蜜多不應觀一切獨覺菩提若淨若不淨何以故一切獨覺菩提一切獨覺菩提自性空是一切獨覺菩提自性即非自性若非自性即是布施波羅蜜多於此布施波羅蜜多一切獨覺菩提不可得彼淨不淨亦不可得所以者何此中尚无一切獨覺菩提可得何况有彼

淨與不淨汝若能修如是布施是修布施波羅蜜多憍尸迦若善男子善女人等作此等說是為宣說真正布施波羅蜜多

復次憍尸迦若善男子善女人等為發無上菩提心者宣說布施波羅蜜多作如是言汝善男子應修布施波羅蜜多不應觀一切菩薩摩訶薩行若常若无常何以故一切菩薩摩訶薩行一切菩薩摩訶薩行自性空是一切菩薩摩訶薩行自性即非自性若非自性即是布施波羅蜜多於此布施波羅蜜多一切菩薩摩訶薩行不可得彼常無常亦不可得所以者何此中尚無一切菩薩摩訶薩行可得何况有彼常與无常汝若能修如是布施是修布施波羅蜜多復作是言汝善男子應修布施波羅蜜多不應觀一切菩薩摩訶薩行若樂若苦何以故一切菩薩摩訶薩行一切菩薩摩訶薩行自性空是一切菩薩摩訶薩行自性即非自性若非自性即是布施波羅蜜多於此布施波羅蜜

多一切菩薩摩訶薩行不可得彼樂與苦亦不可得所以者何此中尚无一切菩薩摩訶薩行可得何况有彼樂之與苦汝若能修如是布施是修布施波羅蜜多復作是言汝善男子應修布施波羅蜜多不應觀一切菩薩摩訶薩行若我若無我何以故一切菩薩摩訶薩行一切菩薩摩訶薩行自性空是一切菩薩摩訶薩行自性即非自性若非自性即是布施波羅蜜多於此布施波羅蜜多一切菩薩摩訶薩行不可得彼我无我亦不可得所以者何此中尚無一切菩薩摩訶薩行可得何况有彼我與无我汝若能修如是布施是修布施波羅蜜多復作是言汝善男子應修布施波羅蜜多不應觀一切菩薩摩訶薩行若淨若不淨何以故一切菩薩摩訶薩行一切菩薩摩訶薩行自性空是一切菩薩摩訶薩行自性即非自性若非自性即是布施波羅蜜多於此布施波羅蜜多一切菩薩摩訶薩行不可得彼淨不淨亦不可得所以

者何此中尚無一切菩薩摩訶薩行可得何况有彼淨與不淨汝若能修如是布施是修布施波羅蜜多憍尸迦是善男子善女人等作此等說是為宣說真正布施波羅蜜多

復次憍尸迦若善男子善女人等為發無上菩提心者宣說布施波羅蜜多作如是言汝善男子應修布施波羅蜜多不應觀諸佛無上正等菩提若常若无常何以故諸佛無上正等菩提諸佛無上正等菩提自性空是諸佛無上正等菩提自性即非自性若非自性即是布施波羅蜜多於此布施波羅蜜多諸佛無上正等菩提不可得彼常无常亦不可得所以者何此中尚無諸佛无上正等菩提可得何况有彼常與无常汝若能修如是布施是修布施波羅蜜多復作是言汝善男子應修布施波羅蜜多不應觀諸佛無上正等菩提若樂若苦何以故諸佛无上正等菩提諸佛無上正等菩提自性空是諸佛无上正等菩提自性即非自性若非自性即

是布施波羅蜜多於此布施波羅蜜多諸佛無上正等菩提不可得彼樂與苦亦不可得所以者何此中尚無諸佛無上正等菩提可得何况有彼樂之與苦汝若能修如是布施是修布施波羅蜜多復作是言汝善男子應修布施波羅蜜多不應觀諸佛無上正等菩提若我若無我何以故諸佛無上正等菩提諸佛無上正等菩提自性空是諸佛無上正等菩提自性即非自性若非自性即是布施波羅蜜多於此布施波羅蜜多諸佛無上正等菩提不可得彼我無我亦不可得所以者何此中尚無諸佛無上正等菩提可得何况有彼我與無我汝若能修如是布施是修布施波羅蜜多復作是言汝善男子應修布施波羅蜜多不應觀諸佛無上正等菩提若淨若不淨何以故諸佛無上正等菩提諸佛無上正等菩提自性空是諸佛無上正等菩提自性即非自性若非自性即是布施波羅蜜多於此布施波羅蜜多諸佛無上正等菩

提不可得彼淨不淨亦不可得所以者何此中尚無諸佛無上正等菩提可得何况有彼淨與不淨汝若能修如是布施是修布施波羅蜜多憍尸迦是善男子善女人等作此等說是為宣說真正布施波羅蜜多

復次憍尸迦若善男子善女人等為發无上菩提心者宣說般若波羅蜜多或說靜慮波羅蜜多或說精進波羅蜜多或說安忍波羅蜜多或說淨戒波羅蜜多或說布施波羅蜜多作如是言来善男子我當教汝修學般若乃至布施波羅蜜多汝修學時勿觀諸法有少可住可趣可入可得可證可受持等所獲功德及可隨喜迴向菩提何以故於此般若乃至布施波羅蜜多畢竟無有少法可住可趣可入可得可證可受持等所獲功德及可隨喜迴向菩提所以者何以一切法自性皆空都无所有若無所有即是般若乃至布施波羅蜜多於此般若乃至布施波羅蜜多竟無少法有入有出有生有滅有斷有常有一

有異有来有去而可得者憍尸迦是善男子善女人等作此等說是說真正般若靜慮精進安忍淨戒布施波羅蜜多以是故憍尸迦諸善男子善女人等應於般若波羅蜜多以無所得而為方便受持讀誦如理思惟當以種種巧妙文義為他廣說宣示開演顯了解釋分別義趣令其易解憍尸迦由此緣故我作是說若善男子善女人等於此般若波羅蜜多以無所得而為方便受持讀誦如理思惟復以種種巧妙文義經須臾間為他辯說宣示開演顯了解釋分別義趣令其易解所獲福聚甚多於前

復次憍尸迦若善男子善女人等教贍部洲諸有情類皆令住預流果於意云何是善男子善女人等由此因緣得福多不天帝釋言甚多世尊甚多善逝佛言憍尸迦若善男子善女人等於此般若波羅蜜多以無量門巧妙文義為他廣說宣示開演顯了解釋分別義趣令其易解復作是言来善男子汝當於此甚深般若波羅

蜜多至心聽聞受持讀誦令善通利如理思惟隨此法門應勤修學是善男子善女人等所獲功德甚多於前何以故憍尸迦一切預流及預流果皆是般若波羅蜜多所流出故復次憍尸迦置贍部洲諸有情類若善男子善女人等教贍部洲東勝身洲諸有情類皆令住預流果於意云何是善男子善女人等由此因緣得福多不天帝釋言甚多世尊甚多善逝佛言憍尸迦若善男子善女人等於此般若波羅蜜多以無量門巧妙文義為他廣說宣示開演顯了解釋分別義趣令其易解復作是言来善男子汝當於此甚深般若波羅蜜多至心聽聞受持讀誦令善通利如理思惟隨此法門應勤修學是善男子善女人等所獲功德甚多於前何以故憍尸迦一切預流及預流果皆是般若波羅蜜多所流出故復次憍尸迦置贍部洲東勝身洲諸有情類若善男子善女人等教贍部洲東勝身洲西牛貨洲諸有情類皆令住預流果於

意云何是善男子善女人等由此因緣得福多不天帝釋言甚多世尊甚多善逝佛言憍尸迦若善男子善女人等於此般若波羅蜜多以無量門巧妙文義為他廣說宣示開演顯了解釋分別義趣令其易解復作是言来善男子汝當於此甚深般若波羅蜜多至心聽聞受持讀誦令善通利如理思惟隨此法門應勤修學是善男子善女人等所獲功德甚多於前何以故憍尸迦一切預流及預流果皆是般若波羅蜜多所流出故復次憍尸迦置贍部洲東勝身洲西牛貨洲諸有情類若善男子善女人等教贍部洲東勝身洲西牛貨洲北俱盧洲諸有情類皆令住預流果於意云何是善男子善女人等由此因緣得福多不天帝釋言甚多世尊甚多善逝佛言憍尸迦若善男子善女人等於此般若波羅蜜多以無量門巧妙文義為他廣說宣示開演顯了解釋分別義趣令其易解復作是言来善男子汝當於此甚深般若波羅蜜多

至心聽聞受持讀誦令善通利如理思惟隨此法門應勤修學是善男子善女人等所獲功德甚多於前何以故憍尸迦一切預流及預流果皆是般若波羅蜜多所流出故復次憍尸迦置四大洲諸有情類若善男子善女人等教小千界諸有情類皆令住預流果於意云何是善男子善女人等由此因緣得福多不天帝釋言甚多世尊甚多善逝佛言憍尸迦若善男子善女人等於此般若波羅蜜多以無量門巧妙文義為他廣說宣示開演顯了解釋分別義趣令其易解復作是言来善男子汝當於此甚深般若波羅蜜多至心聽聞受持讀誦令善通利如理思惟隨此法門應勤修學是善男子善女人等所獲功德甚多於前何以故憍尸迦一切預流及預流果皆是般若波羅蜜多所流出故復次憍尸迦置小千界諸有情類若善男子善女人等教中千界諸有情類皆令住預流果於意云何是善男子善女人等由此因緣得福多不

大般若經第一百六十五卷　第十五張

天帝釋言甚多世尊甚多善逝佛言憍尸迦若善男子善女人等於此般若波羅蜜多以無量門巧妙文義為他廣說宣示開演顯了解釋分別義趣令其易解復作是言来善男子汝當於此甚深般若波羅蜜多至心聽聞受持讀誦令善通利如理思惟隨此法門應勤修學是善男子善女人等所獲功德甚多於前何以故憍尸迦一切預流及預流果皆是般若波羅蜜多所流出故復次憍尸迦置中千界諸有情類若善男子善女人等教化三千大千世界諸有情類皆令住預流果於意云何是善男子善女人等由此因緣得福多不天帝釋言甚多世尊甚多善逝佛言憍尸迦若善男子善女人等於此般若波羅蜜多以無量門巧妙文義為他廣說宣示開演顯了解釋分別義趣令其易解復作是言来善男子汝當於此甚深般若波羅蜜多至心聽聞受持讀誦令善通利如理思惟隨此法門應勤修學是善男子善女人等所獲功

大般若經第一百六十五卷　第十六張

德甚多於前何以故憍尸迦一切預流及預流果皆是般若波羅蜜多所流出故

復次憍尸迦置此三千大千世界諸有情類若善男子善女人等教化十方各如殑伽沙等世界諸有情類皆令住預流果於意云何是善男子善女人等由此因緣得福多不天帝釋言甚多世尊甚多善逝佛言憍尸迦若善男子善女人等於此般若波羅蜜多以無量門巧妙文義為他廣說宣示開演顯了解釋分別義趣令其易解復作是言来善男子汝當於此甚深般若波羅蜜多至心聽聞受持讀誦令善通利如理思惟隨此法門應勤修學是善男子善女人等所獲功德甚多於前何以故憍尸迦一切預流及預流果皆是般若波羅蜜多所流出故復次憍尸迦置此十方各如殑伽沙等世界諸有情類若善男子善女人等教化十方一切世界諸有情類皆令住預流果於意云何是善男子善女人等由此因緣得福多

大般若經第一百六十五卷　第十七張

不天帝釋言甚多世尊甚多善逝佛言憍尸迦若善男子善女人等於此般若波羅蜜多以無量門巧妙文義為他廣說宣示開演顯了解釋分別義趣令其易解復作是言来善男子汝當於此甚深般若波羅蜜多至心聽聞受持讀誦令善通利如理思惟隨此法門應勤修學是善男子善女人等所獲功德甚多於前何以故憍尸迦一切預流及預流果皆是般若波羅蜜多所流出故復次憍尸迦若善男子善女人等教贍部洲諸有情類皆令住一来果於意云何是善男子善女人等由此因緣得福多不天帝釋言甚多世尊甚多善逝佛言憍尸迦若善男子善女人等於此般若波羅蜜多以無量門巧妙文義為他廣說宣示開演顯了解釋分別義趣令其易解復作是言来善男子汝當於此甚深般若波羅蜜多至心聽聞受持讀誦令善通利如理思惟隨此法門應勤修學是善男子善女人等所獲功德甚多於前何以故憍尸迦

一切一来及一来果皆是般若波羅蜜多所流出故復次憍尸迦置贍部洲諸有情類若善男子善女人等教贍部洲東勝身洲諸有情類皆令住一来果於意云何是善男子善女人等由此因緣得福多不天帝釋言甚多世尊甚多善逝佛言憍尸迦若善男子善女人等於此般若波羅蜜多以無量門巧妙文義為他廣說宣示開演顯了解釋分別義趣令其易解復作是言来善男子汝當於此甚深般若波羅蜜多至心聽聞受持讀誦令善通利如理思惟隨此法門應勤修學是善男子善女人等所獲功德甚多於前何以故憍尸迦一切一来及一来果皆是般若波羅蜜多所流出故復次憍尸迦置贍部洲東勝身洲諸有情類若善男子善女人等教贍部洲東勝身洲西牛貨洲諸有情類皆令住一来果於意云何是善男子善女人等由此因緣得福多不天帝釋言甚多世尊甚多善逝佛言憍尸迦若善男子善女人等於此般若波羅蜜多以無量門巧妙文義為他廣說宣示開演顯了解釋分別義趣令其易解復作是言来善男子汝當於此甚深般若波羅蜜多至心聽聞受持讀誦令善通利如理思惟隨此法門應勤修學是善男子善女人等所獲功德甚多於前何以故憍尸迦一切一来及一来果皆是般若波羅蜜多所流出故復次憍尸迦置贍部洲東勝身洲西牛貨洲諸有情類若善男子善女人等教贍部洲東勝身洲西牛貨洲北俱盧洲諸有情類皆令住一来果於意云何是善男子善女人等由此因緣得福多不天帝釋言甚多世尊甚多善逝佛言憍尸迦若善男子善女人等於此般若波羅蜜多以無量門巧妙文義為他廣說宣示開演顯了解釋分別義趣令其易解復作是言来善男子汝當於此甚深般若波羅蜜多至心聽聞受持讀誦令善通利如理思惟隨此法門應勤修學是善男子善女人等所獲功德甚多於前何以故憍尸迦一切一来及一来果皆是般若波羅蜜多所流出故復次憍尸迦置四大洲諸有情類若善男子善女人等教小千界諸有情類皆令住一来果於意云何是善男子善女人等由此因緣得福多不天帝釋言甚多世尊甚多善逝佛言憍尸迦若善男子善女人等於此般若波羅蜜多以無量門巧妙文義為他廣說宣示開演顯了解釋分別義趣令其易解復作是言来善男子汝當於此甚深般若波羅蜜多至心聽聞受持讀誦令善通利如理思惟隨此法門應勤修學是善男子善女人等所獲功德甚多於前何以故憍尸迦一切一来及一来果皆是般若波羅蜜多所流出故復次憍尸迦置小千界諸有情類若善男子善女人等教中千界諸有情類皆令住一来果於意云何是善男子善女人等由此因緣得福多不天帝釋言甚多世尊甚多善逝佛言憍尸迦若善男子善女人等於此般若波羅蜜多以无量門巧妙文義為他廣說宣示

開演顯了解釋分別義趣令其易解復作是言来善男子汝當於此甚深般若波羅蜜多至心聽聞受持讀誦令善通利如理思惟隨此法門應勤修學是善男子善女人等所獲功德甚多於前何以故憍尸迦一切一来及一来果皆是般若波羅蜜多所流出故復次憍尸迦置中千界諸有情類若善男子善女人等教化三千大千世界諸有情類皆令住一来果於意云何是善男子善女人等由此因緣得福多不天帝釋言甚多世尊甚多善逝佛言憍尸迦若善男子善女人等於此般若波羅蜜多以無量門巧妙文義為他廣說宣示開演顯了解釋分別義趣令其易解復作是言来善男子汝當於此甚深般若波羅蜜多至心聽聞受持讀誦令善通利如理思惟隨此法門應勤修學是善男子善女人等所獲功德甚多於前何以故憍尸迦一切一来及一来果皆是般若波羅蜜多所流出故復次憍尸迦置此三千大千世界諸有情

類若善男子善女人等教化十方各如殑伽沙等世界諸有情類皆令住一来果於意云何是善男子善女人等由此因緣得福多不天帝釋言甚多世尊甚多善逝佛言憍尸迦若善男子善女人等於此般若波羅蜜多以無量門巧妙文義為他廣說宣示開演顯了解釋分別義趣令其易解復作是言来善男子汝當於此甚深般若波羅蜜多至心聽聞受持讀誦令善通利如理思惟隨此法門應勤修學是善男子善女人等所獲功德甚多於前何以故憍尸迦一切一来及一来果皆是般若波羅蜜多所流出故復次憍尸迦置此十方各如殑伽沙等世界諸有情類若善男子善女人等教化十方一切世界諸有情類皆令住一来果於意云何是善男子善女人等由此因緣得福多不天帝釋言甚多世尊甚多善逝佛言憍尸迦若善男子善女人等於此般若波羅蜜多以無量門巧妙文義為他廣說宣示開演顯了解釋分別義趣

令其易解復作是言来善男子汝當於此甚深般若波羅蜜多至心聽聞受持讀誦令善通利如理思惟隨此法門應勤修學是善男子善女人等所獲功德甚多於前何以故憍尸迦一切一来及一来果皆是般若波羅蜜多所流出故

復次憍尸迦若善男子善女人等教贍部洲諸有情類皆令住不還果於意云何是善男子善女人等由此因緣得福多不天帝釋言甚多世尊甚多善逝佛言憍尸迦若善男子善女人等於此般若波羅蜜多以無量門巧妙文義為他廣說宣示開演顯了解釋分別義趣令其易解復作是言来善男子汝當於此甚深般若波羅蜜多至心聽聞受持讀誦令善通利如理思惟隨此法門應勤修學是善男子善女人等所獲功德甚多於前何以故憍尸迦一切不還及不還果皆是般若波羅蜜多所流出故復次憍尸迦置贍部洲諸有情類若善男子善女人等教贍部洲東勝身洲諸

大般若經第一百六十五卷　第十四張　來六十五

有情類皆令住不還果於意云何是
善男子善女人等由此因緣得福多
不天帝釋言甚多世尊甚多善逝佛
言憍尸迦若善男子善女人等於此
般若波羅蜜多以無量門巧妙文義
為他廣說宣示開演顯了解釋分別
義趣令其易解復作是言來善男子
汝當於此甚深般若波羅蜜多至心
聽聞受持讀誦令善通利如理思惟
隨此法門應勤修學是善男子善女
人等所獲功德甚多於前何以故憍
尸迦一切不還及不還果皆是般若
波羅蜜多所流出故復次憍尸迦置
贍部洲東勝身洲諸有情類若善男
子善女人等教贍部洲東勝身洲西
牛貨洲諸有情類皆令住不還果於
意云何是善男子善女人等由此因
緣得福多不天帝釋言甚多世尊甚
多善逝佛言憍尸迦若善男子善女
人等於此般若波羅蜜多以無量門
巧妙文義為他廣說宣示開演顯了
解釋分別義趣令其易解復作是言
來善男子汝當於此甚深般若波羅

大般若經第一百六十五卷　第十五張　來六十五

蜜多至心聽聞受持讀誦令善通利
如理思惟隨此法門應勤修學是善
男子善女人等所獲功德甚多於前
何以故憍尸迦一切不還及不還果
皆是般若波羅蜜多所流出故

大般若波羅蜜多經卷第一百六十五

大般若波羅蜜多經卷第一百六十五

校勘記

一　底本，金藏大寶集寺本。

一　五七八頁上二行「若善男子」，普作「是善男子」。

一　五七九頁中二二行「竟」，磧、普、南、徑、清作「畢竟」。

一　五八三頁下一行「令」，麗作「令」。

大般若波羅蜜多經卷第一百六十六　寒

三藏法師玄奘奉　詔譯

初分校量功德品第三十之六十四

復次憍尸迦置贍部洲東勝身洲西牛貨洲諸有情類若善男子善女人等教贍部洲東勝身洲西牛貨洲北俱盧洲諸有情類皆令住不還果於意云何是善男子善女人等由此因緣得福多不天帝釋言甚多世尊甚多善逝佛言憍尸迦若善男子善女人等於此般若波羅蜜多以無量門巧妙文義為他廣說宣示開演顯了解釋分別義趣令其易解復作是言來善男子汝當於此甚深般若波羅蜜多至心聽聞受持讀誦令善通利如理思惟隨此法門應勤修學是善男子善女人等所獲功德甚多於前何以故憍尸迦一切不還及不還果皆是般若波羅蜜多所流出故復次憍尸迦置四大洲諸有情類若善男子善女人等教小千界諸有情類皆令住不還果於意云何是善男子善

女人等由此因緣得福多不天帝釋言甚多世尊甚多善逝佛言憍尸迦若善男子善女人等於此般若波羅蜜多以無量門巧妙文義為他廣說宣示開演顯了解釋分別義趣令其易解復作是言來善男子汝當於此甚深般若波羅蜜多至心聽聞受持讀誦令善通利如理思惟隨此法門應勤修學是善男子善女人等所獲功德甚多於前何以故憍尸迦一切不還及不還果皆是般若波羅蜜多所流出故復次憍尸迦置小千界諸有情類若善男子善女人等教中千界諸有情類皆令住不還果於意云何是善男子善女人等由此因緣得福多不天帝釋言甚多世尊甚多善逝佛言憍尸迦若善男子善女人等於此般若波羅蜜多以無量門巧妙文義為他廣說宣示開演顯了解釋分別義趣令其易解復作是言來善男子汝當於此甚深般若波羅蜜多至心聽聞受持讀誦令善通利如理思惟隨此法門應勤修學是善男

子善女人等所獲功德甚多於前何以故憍尸迦一切不還及不還果皆是般若波羅蜜多所流出故復次憍尸迦置中千界諸有情類若善男子善女人等教化三千大千世界諸有情類皆令住不還果於意云何是善男子善女人等由此因緣得福多不天帝釋言甚多世尊甚多善逝佛言憍尸迦若善男子善女人等於此般若波羅蜜多以無量門巧妙文義為他廣說宣示開演顯了解釋分別義趣令其易解復作是言來善男子汝當於此甚深般若波羅蜜多至心聽聞受持讀誦令善通利如理思惟隨此法門應勤修學是善男子善女人等所獲功德甚多於前何以故憍尸迦一切不還及不還果皆是般若波羅蜜多所流出故復次憍尸迦置此三千大千世界諸有情類若善男子善女人等教化十方各如殑伽沙等世界諸有情類皆令住不還果於意云何是善男子善女人等由此因緣得福多不天帝釋言甚多世尊甚多善逝佛言憍尸迦若善男子善女人等於此般若波羅蜜多以無量門巧妙文義為他廣說宣示開演顯了解釋分別義趣令其易解復作是言來善男子汝當於此甚深般若波羅蜜多至心聽聞受持讀誦令善通利如理思惟隨此法門應勤修學是善男子善女人等所獲功德甚多於前何以故憍尸迦一切不還及不還果皆是般若波羅蜜多所流出故復次憍尸迦置此十方各如殑伽沙等世界諸有情類若善男子善女人等教化十方一切世界諸有情類皆令住不還果於意云何是善男子善女人等由此因緣得福多不天帝釋言甚多世尊甚多善逝佛言憍尸迦若善男子善女人等於此般若波羅蜜多以無量門巧妙文義為他廣說宣示開演顯了解釋分別義趣令其易解復作是言來善男子汝當於此甚深般若波羅蜜多至心聽聞受持讀誦令善通利如理思惟隨此法門應勤修學是善男子善女人等所獲功德甚多於前何以故憍尸迦一切不還及不還果皆是般若波羅蜜多所流出故復次憍尸迦若善男子善女人等教贍部洲諸有情類皆令安住阿羅漢果於意云何是善男子善女人等由此因緣得福多不天帝釋言甚多世尊甚多善逝佛言憍尸迦若善男子善女人等於此般若波羅蜜多以無量門巧妙文義為他廣說宣示開演顯了解釋分別義趣令其易解復作是言來善男子汝當於此甚深般若波羅蜜多至心聽聞受持讀誦令善通利如理思惟隨此法門應勤修學是善男子善女人等所獲功德甚多於前何以故憍尸迦諸阿羅漢阿羅漢果皆是般若波羅蜜多所流出故復次憍尸迦置贍部洲諸有情類若善男子善女人等教贍部洲東勝身洲諸有情類皆令安住阿羅漢果於意云何是善男子善女人等由此因緣得福多不天帝釋言甚多世尊甚多善逝佛言憍尸迦若善男子善女人等於此般若波羅蜜多以無量門

巧妙文義為他廣說宣示開演顯了解釋分別義趣令其易解復作是言来善男子汝當於此甚深般若波羅蜜多至心聽聞受持讀誦令善通利如理思惟隨此法門應勤修學是善男子善女人等所獲功德甚多於前何以故憍尸迦諸阿羅漢阿羅漢果皆是般若波羅蜜多所流出故復次憍尸迦置贍部洲東勝身洲諸有情類若善男子善女人等教贍部洲東勝身洲西牛貨洲諸有情類皆令安住阿羅漢果於意云何是善男子善女人等由此因緣得福多不天帝釋言甚多世尊甚多善逝佛言憍尸迦若善男子善女人等於此般若波羅蜜多以無量門巧妙文義為他廣說宣示開演顯了解釋分別義趣令其易解復作是言来善男子汝當於此甚深般若波羅蜜多至心聽聞受持讀誦令善通利如理思惟隨此法門應勤修學是善男子善女人等所獲功德甚多於前何以故憍尸迦諸阿羅漢阿羅漢果皆是般若波羅蜜多

所流出故復次憍尸迦置贍部洲東勝身洲西牛貨洲諸有情類若善男子善女人等教贍部洲東勝身洲西牛貨洲北俱盧洲諸有情類皆令安住阿羅漢果於意云何是善男子善女人等由此因緣得福多不天帝釋言甚多世尊甚多善逝佛言憍尸迦若善男子善女人等於此般若波羅蜜多以無量門巧妙文義為他廣說宣示開演顯了解釋分別義趣令其易解復作是言来善男子汝當於此甚深般若波羅蜜多至心聽聞受持讀誦令善通利如理思惟隨此法門應勤修學是善男子善女人等所獲功德甚多於前何以故憍尸迦諸阿羅漢阿羅漢果皆是般若波羅蜜多所流出故復次憍尸迦置四大洲諸有情類若善男子善女人等教小千界諸有情類皆令安住阿羅漢果於意云何是善男子善女人等由此因緣得福多不天帝釋言甚多世尊甚多善逝佛言憍尸迦若善男子善女人等於此般若波羅蜜多以無量門

巧妙文義為他廣說宣示開演顯了解釋分別義趣令其易解復作是言来善男子汝當於此甚深般若波羅蜜多至心聽聞受持讀誦令善通利如理思惟隨此法門應勤修學是善男子善女人等所獲功德甚多於前何以故憍尸迦諸阿羅漢阿羅漢果皆是般若波羅蜜多所流出故

復次憍尸迦置小千界諸有情類若善男子善女人等教中千界諸有情類皆令安住阿羅漢果於意云何是善男子善女人等由此因緣得福多不天帝釋言甚多世尊甚多善逝佛言憍尸迦若善男子善女人等於此般若波羅蜜多以無量門巧妙文義為他廣說宣示開演顯了解釋分別義趣令其易解復作是言来善男子汝當於此甚深般若波羅蜜多以無量門巧妙文義為他廣說宣示開演顯了解釋分別義趣令其易解復作是言来善男子汝當於此甚深般若波羅蜜多至心聽聞受持讀誦令善通利如理思惟隨此法門應勤修學

是善男子善女人等所獲功徳甚多於前何以故憍尸迦諸阿羅漢阿羅漢果皆是般若波羅蜜多所流出故復次憍尸迦置中千界諸有情類若善男子善女人等教化三千大千世界諸有情類皆令安住阿羅漢果於意云何是善男子善女人等由此因緣得福多不天帝釋言甚多世尊甚多善逝佛言憍尸迦若善男子善女人等於此般若波羅蜜多以無量門巧妙文義為他廣說宣示開演顯了解釋分別義趣令其易解復作是言來善男子汝當於此甚深般若波羅蜜多至心聽聞受持讀誦令善通利如理思惟隨此法門應勤修學是善男子善女人等所獲功徳甚多於前何以故憍尸迦諸阿羅漢阿羅漢果皆是般若波羅蜜多所流出故復次憍尸迦置此三千大千世界諸有情類若善男子善女人等教化十方各如殑伽沙等世界諸有情類皆令安住阿羅漢果於意云何是善男子善女人等由此因緣得福多不天帝釋

言甚多世尊甚多善逝佛言憍尸迦若善男子善女人等於此般若波羅蜜多以無量門巧妙文義為他廣說宣示開演顯了解釋分別義趣令其易解復作是言來善男子汝當於此甚深般若波羅蜜多至心聽聞受持讀誦令善通利如理思惟隨此法門應勤修學是善男子善女人等所獲功徳甚多於前何以故憍尸迦諸阿羅漢阿羅漢果皆是般若波羅蜜多所流出故復次憍尸迦置此十方各如殑伽沙等世界諸有情類若善男子善女人等教化十方一切世界諸有情類皆令安住阿羅漢果於意云何是善男子善女人等由此因緣得福多不天帝釋言甚多世尊甚多善逝佛言憍尸迦若善男子善女人等於此般若波羅蜜多以無量門巧妙文義為他廣說宣示開演顯了解釋分別義趣令其易解復作是言來善男子汝當於此甚深般若波羅蜜多至心聽聞受持讀誦令善通利如理思惟隨此法門應勤修學是善男子

善女人等所獲功徳甚多於前何以故憍尸迦諸阿羅漢阿羅漢果皆是般若波羅蜜多所流出故

復次憍尸迦若善男子善女人等教贍部洲諸有情類皆令安住獨覺菩提於意云何是善男子善女人等由此因緣得福多不天帝釋言甚多世尊甚多善逝佛言憍尸迦若善男子善女人等於此般若波羅蜜多以無量門巧妙文義為他廣說宣示開演顯了解釋分別義趣令其易解復作是言來善男子汝當於此甚深般若波羅蜜多至心聽聞受持讀誦令善通利如理思惟隨此法門應勤修學是善男子善女人等所獲功徳甚多於前何以故憍尸迦一切獨覺獨覺菩提皆是般若波羅蜜多所流出故復次憍尸迦置贍部洲諸有情類若善男子善女人等教贍部洲東勝身洲諸有情類皆令安住獨覺菩提於意云何是善男子善女人等由此因緣得福多不天帝釋言甚多世尊甚多善逝佛言憍尸迦若善男子善女

大般若經第一百六十六卷　第十二張　兵字號

人等於此般若波羅蜜多以無量門巧妙文義為他廣說宣示開演顯了解釋分別義趣令其易解復作是言来善男子汝當於此甚深般若波羅蜜多至心聽聞受持讀誦令善通利如理思惟隨此法門應勤修學是善男子善女人等所獲功德甚多於前何以故憍尸迦一切獨覺獨覺菩提皆是般若波羅蜜多所流出故復次憍尸迦置贍部洲東勝身洲諸有情類若善男子善女人等教贍部洲東勝身洲西牛貨洲諸有情類皆令安住獨覺菩提於意云何是善男子善女人等由此因緣得福多不天帝釋言甚多世尊甚多善逝佛言憍尸迦若善男子善女人等於此般若波羅蜜多以無量門巧妙文義為他廣說宣示開演顯了解釋分別義趣令其易解復作是言来善男子汝當於此甚深般若波羅蜜多至心聽聞受持讀誦令善通利如理思惟隨此法門應勤修學是善男子善女人等所獲功德甚多於前何以故憍尸迦一切

大般若經第一百六十六卷　第十三張　兵字號

獨覺獨覺菩提皆是般若波羅蜜多所流出故復次憍尸迦置贍部洲東勝身洲西牛貨洲諸有情類若善男子善女人等教贍部洲東勝身洲西牛貨洲北俱盧洲諸有情類皆令安住獨覺菩提於意云何是善男子善女人等由此因緣得福多不天帝釋言甚多世尊甚多善逝佛言憍尸迦若善男子善女人等於此般若波羅蜜多以無量門巧妙文義為他廣說宣示開演顯了解釋分別義趣令其易解復作是言来善男子汝當於此甚深般若波羅蜜多至心聽聞受持讀誦令善通利如理思惟隨此法門應勤修學是善男子善女人等所獲功德甚多於前何以故憍尸迦一切獨覺獨覺菩提皆是般若波羅蜜多所流出故復次憍尸迦置四大洲諸有情類若善男子善女人等教小千界諸有情類皆令安住獨覺菩提於意云何是善男子善女人等由此因緣得福多不天帝釋言甚多世尊甚多善逝佛言憍尸迦若善男子善女

大般若經第一百六十六卷　第十四張　兵字號

人等於此般若波羅蜜多以無量門巧妙文義為他廣說宣示開演顯了解釋分別義趣令其易解復作是言来善男子汝當於此甚深般若波羅蜜多至心聽聞受持讀誦令善通利如理思惟隨此法門應勤修學是善男子善女人等所獲功德甚多於前何以故憍尸迦一切獨覺獨覺菩提皆是般若波羅蜜多所流出故復次憍尸迦置小千界諸有情類若善男子善女人等教中千界諸有情類皆令安住獨覺菩提於意云何是善男子善女人等由此因緣得福多不天帝釋言甚多世尊甚多善逝佛言憍尸迦若善男子善女人等於此般若波羅蜜多以無量門巧妙文義為他廣說宣示開演顯了解釋分別義趣令其易解復作是言来善男子汝當於此甚深般若波羅蜜多至心聽聞受持讀誦令善通利如理思惟隨此法門應勤修學是善男子善女人等所獲功德甚多於前何以故憍尸迦一切獨覺獨覺菩提皆是般若波羅

蜜多所流出故復次憍尸迦置中千界諸有情類若善男子善女人等教化三千大千世界諸有情類皆令安住獨覺菩提於意云何是善男子善女人等由此因緣得福多不天帝釋言甚多世尊甚多善逝佛言憍尸迦若善男子善女人等於此般若波羅蜜多以無量門巧妙文義為他廣說宣示開演顯了解釋分別義趣令其易解復作是言來善男子汝當於此甚深般若波羅蜜多至心聽聞受持讀誦令善通利如理思惟隨此法門應勤修學是善男子善女人等所獲功德甚多於前何以故憍尸迦一切獨覺獨覺菩提皆是般若波羅蜜多所流出故復次憍尸迦置此三千大千世界若善男子善女人等教化十方各如殑伽沙等世界諸有情類皆令安住獨覺菩提於意云何是善男子善女人等由此因緣得福多不天帝釋言甚多世尊甚多善逝佛言憍尸迦若善男子善女人等於此般若波羅蜜多以無量門巧妙文義為他廣

說宣示開演顯了解釋分別義趣令其易解復作是言來善男子汝當於此甚深般若波羅蜜多至心聽聞受持讀誦令善通利如理思惟隨此法門應勤修學是善男子善女人等所獲功德甚多於前何以故憍尸迦一切獨覺獨覺菩提皆是般若波羅蜜多所流出故復次憍尸迦置此十方各如殑伽沙等世界諸有情類若善男子善女人等教化十方一切世界諸有情類皆令安住獨覺菩提於意云何是善男子善女人等由此因緣得福多不天帝釋言甚多世尊甚多善逝佛言憍尸迦若善男子善女人等於此般若波羅蜜多以無量門巧妙文義為他廣說宣示開演顯了解釋分別義趣令其易解復作是言來善男子汝當於此甚深般若波羅蜜多至心聽聞受持讀誦令善通利如理思惟隨此法門應勤修學是善男子善女人等所獲功德甚多於前何以故憍尸迦一切獨覺獨覺菩提皆是般若波羅蜜多所流出故

復次憍尸迦若善男子善女人等教贍部洲諸有情類皆發無上正等覺心於意云何是善男子善女人等由此因緣得福多不天帝釋言甚多世尊甚多善逝佛言憍尸迦若善男子善女人等於此般若波羅蜜多以無量門巧妙文義為他廣說宣示開演顯了解釋分別義趣令其易解復作是言來善男子汝當於此甚深般若波羅蜜多至心聽聞受持讀誦令善通利如理思惟隨此般若波羅蜜多所說法門應正信解若正信解則能修學如是般若波羅蜜多若能修學如是般若波羅蜜多則能證得一切智法若能證得一切智法則修般若波羅蜜多增益圓滿若修般若波羅蜜多增益圓滿便證無上正等菩提憍尸迦是善男子善女人等所獲功德甚多於前何以故憍尸迦一切初發阿耨多羅三藐三菩提心菩薩摩訶薩皆是般若波羅蜜多所流出故復次憍尸迦置贍部洲諸有情類若善男子善女人等教贍部洲東勝身

洲諸有情類皆發無上正等覺心於意云何是善男子善女人等由此因緣得福多不天帝釋言甚多世尊甚多善逝佛言憍尸迦若善男子善女人等於此般若波羅蜜多以無量門巧妙文義為他廣說宣示開演顯了解釋分別義趣令其易解復作是言來善男子汝當於此甚深般若波羅蜜多至心聽聞受持讀誦令善通利如理思惟隨此般若波羅蜜多所說法門應正信解若正信解則能修學如是般若波羅蜜多若能修學如是般若波羅蜜多則能證得一切智法若能證得一切智法則修般若波羅蜜多增益圓滿若修般若波羅蜜多增益圓滿便證無上正等菩提憍尸迦是善男子善女人等所獲功德甚多於前何以故憍尸迦一切初發阿耨多羅三藐三菩提心菩薩摩訶薩皆是般若波羅蜜多所流出故復次憍尸迦置贍部洲東勝身洲諸有情類若善男子善女人等教贍部洲東勝身洲西牛貨洲諸有情類皆發無

上正等覺心於意云何是善男子善女人等由此因緣得福多不天帝釋言甚多世尊甚多善逝佛言憍尸迦若善男子善女人等於此般若波羅蜜多以無量門巧妙文義為他廣說宣示開演顯了解釋分別義趣令其易解復作是言來善男子汝當於此甚深般若波羅蜜多至心聽聞受持讀誦令善通利如理思惟隨此般若波羅蜜多所說法門應正信解若正信解則能修學如是般若波羅蜜多若能修學如是般若波羅蜜多則能證得一切智法若能證得一切智法則修般若波羅蜜多增益圓滿若修般若波羅蜜多增益圓滿便證無上正等菩提憍尸迦是善男子善女人等所獲功德甚多於前何以故憍尸迦一切初發阿耨多羅三藐三菩提心菩薩摩訶薩皆是般若波羅蜜多所流出故復次憍尸迦置贍部洲東勝身洲西牛貨洲諸有情類若善男子善女人等教贍部洲東勝身洲西牛貨洲北俱盧洲諸有情類皆發無

上正等覺心於意云何是善男子善女人等由此因緣得福多不天帝釋言甚多世尊甚多善逝佛言憍尸迦若善男子善女人等於此般若波羅蜜多以無量門巧妙文義為他廣說宣示開演顯了解釋分別義趣令其易解復作是言來善男子汝當於此甚深般若波羅蜜多至心聽聞受持讀誦令善通利如理思惟隨此般若波羅蜜多所說法門應正信解若正信解則能修學如是般若波羅蜜多若能修學如是般若波羅蜜多則能證得一切智法若能證得一切智法則修般若波羅蜜多增益圓滿若修般若波羅蜜多增益圓滿便證無上正等菩提憍尸迦是善男子善女人等所獲功德甚多於前何以故憍尸迦一切初發阿耨多羅三藐三菩提心菩薩摩訶薩皆是般若波羅蜜多所流出故

復次憍尸迦置四大洲諸有情類若善男子善女人等教小千界諸有情類皆發無上正等覺心於意云何是

善男子善女人等由此因緣得福多不天帝釋言甚多世尊甚多善逝佛言憍尸迦若善男子善女人等於此般若波羅蜜多以無量門巧妙文義為他廣說宣示開演顯了解釋分別義趣令其易解復作是言來善男子汝當於此甚深般若波羅蜜多至心聽聞受持讀誦令善通利如理思惟隨此般若波羅蜜多所說法門應正信解若正信解則能修學如是般若波羅蜜多若能修學如是般若波羅蜜多則能證得一切智法若能證得一切智法則修般若波羅蜜多增益圓滿若修般若波羅蜜多增益圓滿便證無上正等菩提憍尸迦是善男子善女人等所獲功德甚多於前何以故憍尸迦一切初發阿耨多羅三藐三菩提心菩薩摩訶薩皆是般若波羅蜜多所流出故復次憍尸迦置小千界諸有情類若善男子善女人等教中千界諸有情類皆發無上正等覺心於意云何是善男子善女人等由此因緣得福多不天帝釋言甚

多世尊甚多善逝佛言憍尸迦若善男子善女人等於此般若波羅蜜多以無量門巧妙文義為他廣說宣示開演顯了解釋分別義趣令其易解復作是言來善男子汝當於此甚深般若波羅蜜多至心聽聞受持讀誦令善通利如理思惟隨此般若波羅蜜多所說法門應正信解若正信解則能修學如是般若波羅蜜多若能修學如是般若波羅蜜多則能證得一切智法若能證得一切智法則修般若波羅蜜多增益圓滿若修般若波羅蜜多增益圓滿便證無上正等菩提憍尸迦是善男子善女人等所獲功德甚多於前何以故憍尸迦一切初發阿耨多羅三藐三菩提心菩薩摩訶薩皆是般若波羅蜜多所流出故復次憍尸迦置中千界諸有情類若善男子善女人等教化三千大千世界諸有情類皆發無上正等覺心於意云何是善男子善女人等由此因緣得福多不天帝釋言甚多世尊甚多善逝佛言憍尸迦若善男子

善女人等於此般若波羅蜜多以無量門巧妙文義為他廣說宣示開演顯了解釋分別義趣令其易解復作是言來善男子汝當於此甚深般若波羅蜜多至心聽聞受持讀誦令善通利如理思惟隨此般若波羅蜜多所說法門應正信解若正信解則能修學如是般若波羅蜜多若能修學如是般若波羅蜜多則能證得一切智法若能證得一切智法則修般若波羅蜜多增益圓滿若修般若波羅蜜多增益圓滿便證無上正等菩提憍尸迦是善男子善女人等所獲功德甚多於前何以故憍尸迦一切初發阿耨多羅三藐三菩提心菩薩摩訶薩皆是般若波羅蜜多所流出故復次憍尸迦置此三千大千世界諸有情類若善男子善女人等教化十方各如殑伽沙等世界諸有情類皆發無上正等覺心於意云何是善男子善女人等由此因緣得福多不天帝釋言甚多世尊甚多善逝佛言憍尸迦若善男子善女人等於此般若

大般若經第一百六十六　第三十四張　栽字号

波羅蜜多以無量門巧妙文義爲他
廣説宣示開演顯了解釋分別義趣
令其易解復作是言來善男子汝當
於此甚深般若波羅蜜多至心聽聞
受持讀誦令善通利如理思惟隨此
般若波羅蜜多所説法門應正信解
若正信解則能修學如是般若波羅
蜜多若能修學如是般若波羅蜜多
則能證得一切智法若能證得一切
智法則修般若波羅蜜多增益圓滿
若修般若波羅蜜多增益圓滿便證
無上正等菩提憍尸迦是善男子善
女人等所獲功德甚多於前何以故
憍尸迦一切初發阿耨多羅三藐三
菩提心菩薩摩訶薩皆是般若波羅
蜜多所流出故復次憍尸迦假使十
方各如殑伽沙等世界諸有情類若
善男子善女人等教化十方一切世
界諸有情類皆發無上正等覺心於
意云何是善男子善女人等由此因
緣得福多不天帝釋言甚多世尊甚
多善逝佛言憍尸迦若善男子善女
人等於此般若波羅蜜多以無量門

大般若經第一百六十六卷　第三十五張　栽字号

巧妙文義爲他廣説宣示開演顯了
解釋分別義趣令其易解復作是言
來善男子汝當於此甚深般若波羅
蜜多至心聽聞受持讀誦令善通利
如理思惟隨此般若波羅蜜多所説
法門應正信解若正信解則能修學
如是般若波羅蜜多若能修學如是
般若波羅蜜多則能證得一切智法
若能證得一切智法則修般若波羅
蜜多增益圓滿若修般若波羅蜜多
增益圓滿便證無上正等菩提憍尸
迦是善男子善女人等所獲功德甚
多於前何以故憍尸迦一切初發阿
耨多羅三藐三菩提心菩薩摩訶薩
皆是般若波羅蜜多所流出故

大般若波羅蜜多經卷第一百六十六

[illegible]

大般若波羅蜜多經卷第一百六十六

校勘記

一　底本，金藏大寶集寺本。

一　五八六頁中一行末字不清，應爲「人」。

一　五八六頁中二三行首字不清，應爲「學」。

一　五八七頁下一八行「以無」至二二行「波羅蜜多」，磧、普、南、徑、清無此四十八字。

一　五九〇頁中一行末字不清，應爲「令」。

一　五九二頁下一三行「是善男子」，石作「若善男子」。

大般若波羅蜜多經卷第一百六十七

三藏法師玄奘奉　詔譯

初分校量功德品第三十之六十五

復次憍尸迦若善男子善女人等教贍部洲諸有情類皆住菩薩不退轉地於意云何是善男子善女人等由此因緣得福多不天帝釋言甚多世尊甚多善逝佛言憍尸迦若善男子善女人等於此般若波羅蜜多以無量門巧妙文義為他廣說宣示開演顯了解釋分別義趣令其易解復作是言來善男子汝當於此甚深般若波羅蜜多至心聽聞受持讀誦令善通利如理思惟隨此般若波羅蜜多所說法門應正信解若正信解則能修學如是般若波羅蜜多若能修學如是般若波羅蜜多則能證得一切智法若能證得一切智法則修般若波羅蜜多增益圓滿若修般若波羅蜜多增益圓滿便證無上正等菩提憍尸迦是善男子善女人等所獲功德甚多於前何以故憍尸迦一切不

退轉地菩薩摩訶薩皆是般若波羅蜜多所流出故復次憍尸迦置贍部洲諸有情類若善男子善女人等教贍部洲東勝身洲諸有情類皆住菩薩不退轉地於意云何是善男子善女人等由此因緣得福多不天帝釋言甚多世尊甚多善逝佛言憍尸迦若善男子善女人等於此般若波羅蜜多以無量門巧妙文義為他廣說宣示開演顯了解釋分別義趣令其易解復作是言來善男子汝當於此甚深般若波羅蜜多至心聽聞受持讀誦令善通利如理思惟隨此般若波羅蜜多所說法門應正信解若正信解則能修學如是般若波羅蜜多若能修學如是般若波羅蜜多則能證得一切智法若能證得一切智法則修般若波羅蜜多增益圓滿若修般若波羅蜜多增益圓滿便證無上正等菩提憍尸迦是善男子善女人等所獲功德甚多於前何以故憍尸迦一切不退轉地菩薩摩訶薩皆是般若波羅蜜多所流出故復次憍尸

迦置贍部洲東勝身洲諸有情類若善男子善女人等教贍部洲東勝身洲西牛貨洲諸有情類皆住菩薩不退轉地於意云何是善男子善女人等由此因緣得福多不天帝釋言甚多世尊甚多善逝佛言憍尸迦若善男子善女人等於此般若波羅蜜多以無量門巧妙文義為他廣說宣示開演顯了解釋分別義趣令其易解復作是言來善男子汝當於此甚深般若波羅蜜多至心聽聞受持讀誦令善通利如理思惟隨此般若波羅蜜多所說法門應正信解若正信解則能修學如是般若波羅蜜多若能修學如是般若波羅蜜多則能證得一切智法若能證得一切智法則修般若波羅蜜多增益圓滿若修般若波羅蜜多增益圓滿便證無上正等菩提憍尸迦是善男子善女人等所獲功德甚多於前何以故憍尸迦一切不退轉地菩薩摩訶薩皆是般若波羅蜜多所流出故復次憍尸迦置贍部洲東勝身洲西牛貨洲諸有情

類若善男子善女人等教贍部洲東勝身洲西牛貨洲北俱盧洲諸有情類皆住菩薩不退轉地於意云何是善男子善女人等由此因緣得福多不天帝釋言甚多世尊甚多善逝佛言憍尸迦若善男子善女人等於此般若波羅蜜多以無量門巧妙文義為他廣說宣示開演顯了解釋分別義趣令其易解復作是言來善男子汝當於此甚深般若波羅蜜多至心聽聞受持讀誦令善通利如理思惟隨此般若波羅蜜多所說法門應正信解若正信解則能修學如是般若波羅蜜多若能修學如是般若波羅蜜多則能證得一切智法若能證得一切智法則修般若波羅蜜多增益圓滿若修般若波羅蜜多增益圓滿便證無上正等菩提憍尸迦是善男子善女人等所獲功德甚多於前何以故憍尸迦一切不退轉地菩薩摩訶薩皆是般若波羅蜜多所流出故復次憍尸迦置四大洲諸有情類若善男子善女人等教小千界諸有情

類皆住菩薩不退轉地於意云何是善男子善女人等由此因緣得福多不天帝釋言甚多世尊甚多善逝佛言憍尸迦若善男子善女人等於此般若波羅蜜多以無量門巧妙文義為他廣說宣示開演顯了解釋分別義趣令其易解復作是言來善男子汝當於此甚深般若波羅蜜多至心聽聞受持讀誦令善通利如理思惟隨此般若波羅蜜多所說法門應正信解若正信解則能修學如是般若波羅蜜多若能修學如是般若波羅蜜多則能證得一切智法若能證得一切智法則修般若波羅蜜多增益圓滿若修般若波羅蜜多增益圓滿便證無上正等菩提憍尸迦是善男子善女人等所獲功德甚多於前何以故憍尸迦一切不退轉地菩薩摩訶薩皆是般若波羅蜜多所流出故復次憍尸迦置小千界諸有情類若善男子善女人等教中千界諸有情類皆住菩薩不退轉地於意云何是善男子善女人等由此因緣得福多

不天帝釋言甚多世尊甚多善逝佛言憍尸迦若善男子善女人等於此般若波羅蜜多以無量門巧妙文義為他廣說宣示開演顯了解釋分別義趣令其易解復作是言來善男子汝當於此甚深般若波羅蜜多至心聽聞受持讀誦令善通利如理思惟隨此般若波羅蜜多所說法門應正信解若正信解則能修學如是般若波羅蜜多若能修學如是般若波羅蜜多則能證得一切智法若能證得一切智法則修般若波羅蜜多增益圓滿若修般若波羅蜜多增益圓滿便證無上正等菩提憍尸迦是善男子善女人等所獲功德甚多於前何以故憍尸迦一切不退轉地菩薩摩訶薩皆是般若波羅蜜多所流出故

復次憍尸迦置中千界諸有情類若善男子善女人等教化三千大千世界諸有情類皆住菩薩不退轉地於意云何是善男子善女人等由此因緣得福多不天帝釋言甚多世尊甚多善逝佛言憍尸迦若善男子善女

人等於此般若波羅蜜多以無量門巧妙文義為他廣說宣示開演顯了解釋分別義趣令其易解復作是言來善男子汝當於此甚深般若波羅蜜多至心聽聞受持讀誦令善通利如理思惟隨此般若波羅蜜多所說法門應正信解若正信解則能修學如是般若波羅蜜多若能修學如是般若波羅蜜多則能證得一切智法若能證得一切智法則修般若波羅蜜多增益圓滿若修般若波羅蜜多增益圓滿便證無上正等菩提憍尸迦是善男子善女人等所獲功德甚多於前何以故憍尸迦一切不退轉地菩薩摩訶薩皆是般若波羅蜜多所流出故

復次憍尸迦置此三千大千世界諸有情類若善男子善女人等教化十方各如殑伽沙等世界諸有情類皆住菩薩不退轉地於意云何是善男子善女人等由此因緣得福多不天帝釋言甚多世尊甚多善逝佛言憍尸迦若善男子善女人等於此般若波羅蜜多以無量門巧妙

文義為他廣說宣示開演顯了解釋分別義趣令其易解復作是言來善男子汝當於此甚深般若波羅蜜多至心聽聞受持讀誦令善通利如理思惟隨此般若波羅蜜多所說法門應正信解若正信解則能修學如是般若波羅蜜多若能修學如是般若波羅蜜多則能證得一切智法若能證得一切智法則修般若波羅蜜多增益圓滿若修般若波羅蜜多增益圓滿便證無上正等菩提憍尸迦是善男子善女人等所獲功德甚多於前何以故憍尸迦一切不退轉地菩薩摩訶薩皆是般若波羅蜜多所流出故

復次憍尸迦置此十方各如殑伽沙等世界諸有情類若善男子善女人等教化十方一切世界諸有情類皆住菩薩不退轉地於意云何是善男子善女人等由此因緣得福多不天帝釋言甚多世尊甚多善逝佛言憍尸迦若善男子善女人等於此般若波羅蜜多以無量門巧妙文義為他廣說宣示開演顯了解釋分別

義趣令其易解復作是言来善男子汝當於此甚深般若波羅蜜多至心聽聞受持讀誦令善通利如理思惟隨此般若波羅蜜多所說法門應正信解若正信解則能修學如是般若波羅蜜多若能修學如是般若波羅蜜多則能證得一切智法若能證得一切智法則修般若波羅蜜多增益圓滿若修般若波羅蜜多增益圓滿便證無上正等菩提憍尸迦是善男子善女人等所獲功德甚多於前何以故憍尸迦一切不退轉地菩薩摩訶薩皆是般若波羅蜜多所流出故復次憍尸迦若贍部洲諸有情類皆趣無上正等菩提有善男子善女人等於此般若波羅蜜多以無量門巧妙文義為他廣說宣示開演顯了解釋分別義趣令其易解復作是言来善男子汝當於此甚深般若波羅蜜多至心聽聞受持讀誦令善通利如理思惟隨此般若波羅蜜多所說法門應正信解若正信解則能修學如是般若波羅蜜多若能修學如是般

若波羅蜜多則能證得一切智法若能證得一切智法則修般若波羅蜜多增益圓滿若修般若波羅蜜多增益圓滿便證無上正等菩提憍尸迦是善男子善女人等所獲功德甚多於前復次憍尸迦置贍部洲諸有情類若贍部洲東勝身洲諸有情類皆趣無上正等菩提有善男子善女人等於此般若波羅蜜多以無量門巧妙文義為他廣說宣示開演顯了解釋分別義趣令其易解復作是言来善男子汝當於此甚深般若波羅蜜多至心聽聞受持讀誦令善通利如理思惟隨此般若波羅蜜多所說法門應正信解若正信解則能修學如是般若波羅蜜多若能修學如是般若波羅蜜多則能證得一切智法若能證得一切智法則修般若波羅蜜多增益圓滿若修般若波羅蜜多增益圓滿便證無上正等菩提憍尸迦是善男子善女人等所獲功德甚多於前復次憍尸迦置贍部洲東勝身洲諸有情類若贍部洲東勝身洲西

牛貨洲諸有情類皆趣無上正等菩提有善男子善女人等於此般若波羅蜜多以無量門巧妙文義為他廣說宣示開演顯了解釋分別義趣令其易解復作是言来善男子汝當於此甚深般若波羅蜜多至心聽聞受持讀誦令善通利如理思惟隨此般若波羅蜜多所說法門應正信解若正信解則能修學如是般若波羅蜜多若能修學如是般若波羅蜜多則能證得一切智法若能證得一切智法則修般若波羅蜜多增益圓滿若修般若波羅蜜多增益圓滿便證無上正等菩提憍尸迦是善男子善女人等所獲功德甚多於前復次憍尸迦置贍部洲東勝身洲西牛貨洲諸有情類若贍部洲東勝身洲西牛貨洲北俱盧洲諸有情類皆趣無上正等菩提有善男子善女人等於此般若波羅蜜多以無量門巧妙文義為他廣說宣示開演顯了解釋分別義趣令其易解復作是言来善男子汝當於此甚深般若波羅蜜多至心聽

聞受持讀誦令善通利如理思惟隨此般若波羅蜜多所說法門應正信解若正信解則能修學如是般若波羅蜜多若能修學如是般若波羅蜜多則能證得一切智法若能證得一切智法則修般若波羅蜜多增益圓滿若修般若波羅蜜多增益圓滿便證無上正等菩提憍尸迦是善男子善女人等所獲功德甚多於前復次憍尸迦置四大洲諸有情類若小千界諸有情類皆趣無上正等菩提有善男子善女人等於此般若波羅蜜多以無量門巧妙文義為他廣說宣示開演顯了解釋分別義趣令其易解復作是言來善男子汝當於此甚深般若波羅蜜多至心聽聞受持讀誦令善通利如理思惟隨此般若波羅蜜多所說法門應正信解若正信解則能修學如是般若波羅蜜多若能修學如是般若波羅蜜多則能證得一切智法若能證得一切智法則修般若波羅蜜多增益圓滿若修般若波羅蜜多增益圓滿便證無上正

等菩提憍尸迦是善男子善女人等所獲功德甚多於前復次憍尸迦置小千界諸有情類若中千界諸有情類皆趣無上正等菩提有善男子善女人等於此般若波羅蜜多以無量門巧妙文義為他廣說宣示開演顯了解釋分別義趣令其易解復作是言來善男子汝當於此甚深般若波羅蜜多至心聽聞受持讀誦令善通利如理思惟隨此般若波羅蜜多所說法門應正信解若正信解則能修學如是般若波羅蜜多若能修學如是般若波羅蜜多則能證得一切智法若能證得一切智法則修般若波羅蜜多增益圓滿若修般若波羅蜜多增益圓滿便證無上正等菩提憍尸迦是善男子善女人等所獲功德甚多於前復次憍尸迦置中千界諸有情類若此三千大千世界諸有情類皆趣無上正等菩提有善男子善女人等於此般若波羅蜜多以無量門巧妙文義為他廣說宣示開演顯了解釋分別義趣令其易解復作是

言來善男子汝當於此甚深般若波羅蜜多至心聽聞受持讀誦令善通利如理思惟隨此般若波羅蜜多所說法門應正信解若正信解則能修學如是般若波羅蜜多若能修學如是般若波羅蜜多則能證得一切智法若能證得一切智法則修般若波羅蜜多增益圓滿若修般若波羅蜜多增益圓滿便證無上正等菩提憍尸迦是善男子善女人等所獲功德甚多於前復次憍尸迦置此三千大千世界諸有情類若於十方各如殑伽沙等世界諸有情類皆趣無上正等菩提有善男子善女人等於此般若波羅蜜多以無量門巧妙文義為他廣說宣示開演顯了解釋分別義趣令其易解復作是言來善男子汝當於此甚深般若波羅蜜多至心聽聞受持讀誦令善通利如理思惟隨此般若波羅蜜多所說法門應正信解若正信解則能修學如是般若波羅蜜多若能修學如是般若波羅蜜多則能證得一切智法若能證得一

切智法則修般若波羅蜜多增益圓滿便證無上正等菩提憍尸迦是善男子善女人等所獲功德甚多於前復次憍尸迦置此十方各如殑伽沙等世界諸有情類若於十方一切世界諸有情類皆趣無上正等菩提有善男子善女人等於此般若波羅蜜多以無量門巧妙文義為他廣說宣示開演顯了解釋分別義趣令其易解復作是言來善男子汝當於此甚深般若波羅蜜多至心聽聞受持讀誦令善通利如理思惟隨此般若波羅蜜多所說法門應正信解若正信解則能修學如是般若波羅蜜多若能修學如是般若波羅蜜多則能證得一切智法若能證得一切智法則修般若波羅蜜多增益圓滿若修般若波羅蜜多增益圓滿便證無上正等菩提憍尸迦是善男子善女人等所獲功德甚多於前

復次憍尸迦若贍部洲諸有情類皆於無上正等菩提得不退轉有善男

子善女人等於此般若波羅蜜多以無量門巧妙文義為他廣說宣示開演顯了解釋分別義趣令其易解復作是言來善男子汝當於此甚深般若波羅蜜多至心聽聞受持讀誦令善通利如理思惟隨此般若波羅蜜多所說法門應正信解若正信解則能修學如是般若波羅蜜多若能修學如是般若波羅蜜多則能證得一切智法若能證得一切智法則修般若波羅蜜多增益圓滿若修般若波羅蜜多增益圓滿便證無上正等菩提憍尸迦是善男子善女人等所獲功德甚多於前復次憍尸迦置贍部洲諸有情類若贍部洲東勝身洲諸有情類皆於無上正等菩提得不退轉有善男子善女人等於此般若波羅蜜多以無量門巧妙文義為他廣說宣示開演顯了解釋分別義趣令其易解復作是言來善男子汝當於此甚深般若波羅蜜多至心聽聞受持讀誦令善通利如理思惟隨此般若波羅蜜多所說法門應正信解若

正信解則能修學如是般若波羅蜜多若能修學如是般若波羅蜜多則能證得一切智法若能證得一切智法則修般若波羅蜜多增益圓滿若修般若波羅蜜多增益圓滿便證無上正等菩提憍尸迦是善男子善女人等所獲功德甚多於前復次憍尸迦置贍部洲東勝身洲諸有情類若贍部洲東勝身洲西牛貨洲諸有情類皆於無上正等菩提得不退轉有善男子善女人等於此般若波羅蜜多以無量門巧妙文義為他廣說宣示開演顯了解釋分別義趣令其易解復作是言來善男子汝當於此甚深般若波羅蜜多至心聽聞受持讀誦令善通利如理思惟隨此般若波羅蜜多所說法門應正信解若正信解則能修學如是般若波羅蜜多若能修學如是般若波羅蜜多則能證得一切智法若能證得一切智法則修般若波羅蜜多增益圓滿若修般若波羅蜜多增益圓滿便證無上正等菩提憍尸迦是善男子善女人等

所獲功德甚多於前復次憍尸迦置贍部洲東勝身洲西牛貨洲諸有情類若贍部洲東勝身洲西牛貨洲北俱盧洲諸有情類皆於無上正等菩提得不退轉有善男子善女人等於此般若波羅蜜多以無量門巧妙文義為他廣說宣示開演顯了解釋分別義趣令其易解復作是言來善男子汝當於此甚深般若波羅蜜多至心聽聞受持讀誦令善通利如理思惟隨此般若波羅蜜多所說法門應正信解若正信解則能修學如是般若波羅蜜多若能修學如是般若波羅蜜多則能證得一切智法若能證得一切智法則修般若波羅蜜多增益圓滿若修般若波羅蜜多增益圓滿便證無上正等菩提憍尸迦是善男子善女人等所獲功德甚多於前復次憍尸迦置四大洲諸有情類若小千界諸有情類皆於無上正等菩提得不退轉有善男子善女人等於此般若波羅蜜多以無量門巧妙文義為他廣說宣示開演顯了解釋分

別義趣令其易解復作是言來善男子汝當於此甚深般若波羅蜜多至心聽聞受持讀誦令善通利如理思惟隨此般若波羅蜜多所說法門應正信解若正信解則能修學如是般若波羅蜜多若能修學如是般若波羅蜜多則能證得一切智法若能證得一切智法則修般若波羅蜜多增益圓滿若修般若波羅蜜多增益圓滿便證無上正等菩提憍尸迦是善男子善女人等所獲功德甚多於前復次憍尸迦置小千界諸有情類若中千界諸有情類皆於無上正等菩提得不退轉有善男子善女人等於此般若波羅蜜多以無量門巧妙文義為他廣說宣示開演顯了解釋分別義趣令其易解復作是言來善男子汝當於此甚深般若波羅蜜多至心聽聞受持讀誦令善通利如理思惟隨此般若波羅蜜多所說法門應正信解若正信解則能修學如是般若波羅蜜多若能修學如是般若波羅蜜多則能證得一切智法若能證

得一切智法則修般若波羅蜜多增益圓滿若修般若波羅蜜多增益圓滿便證無上正等菩提憍尸迦是善男子善女人等所獲功德甚多於前復次憍尸迦置中千界諸有情類若此三千大千世界諸有情類皆於無上正等菩提得不退轉有善男子善女人等於此般若波羅蜜多以無量門巧妙文義為他廣說宣示開演顯了解釋分別義趣令其易解復作是言來善男子汝當於此甚深般若波羅蜜多至心聽聞受持讀誦令善通利如理思惟隨此般若波羅蜜多所說法門應正信解若正信解則能修學如是般若波羅蜜多若能修學如是般若波羅蜜多則能證得一切智法若能證得一切智法則修般若波羅蜜多增益圓滿若修般若波羅蜜多增益圓滿便證無上正等菩提憍尸迦是善男子善女人等所獲功德甚多於前復次憍尸迦置此三千大千世界諸有情類若於十方各如殑伽沙等世界諸有情類皆於無上正

等菩提得不退轉有善男子善女人等於此般若波羅蜜多以無量門巧妙文義為他廣說宣示開演顯了解釋分別義趣令其易解復作是言來善男子汝當於此甚深般若波羅蜜多至心聽聞受持讀誦令善通利如理思惟隨此般若波羅蜜多所說法門應正信解若正信解則能修學如是般若波羅蜜多若能修學如是般若波羅蜜多則能證得一切智法若能證得一切智法則修般若波羅蜜多增益圓滿若修般若波羅蜜多增益圓滿便證無上正等菩提憍尸迦是善男子善女人等所獲功德甚多於前復次憍尸迦置此十方各如殑伽沙等世界諸有情類若於十方一切世界諸有情類皆於無上正等菩提得不退轉有善男子善女人等於此般若波羅蜜多以無量門巧妙文義為他廣說宣示開演顯了解釋分別義趣令其易解復作是言來善男子汝當於此甚深般若波羅蜜多至心聽聞受持讀誦令善通利如理思

惟隨此般若波羅蜜多所說法門應正信解若正信解則能修學如是般若波羅蜜多若能修學如是般若波羅蜜多則能證得一切智法若能證得一切智法則修般若波羅蜜多增益圓滿若修般若波羅蜜多增益圓滿便證無上正等菩提憍尸迦是善男子善女人等所獲功德甚多於前復次憍尸迦若善男子善女人等教贍部洲諸有情類皆趣無上正等菩提復以般若波羅蜜多無量法門巧妙文義為其廣說宣示開演顯了解釋分別義趣令其易解有善男子善女人等教一有情令於無上正等菩提得不退轉復以般若波羅蜜多無量法門巧妙文義為其廣說宣示開演顯了解釋分別義趣令其易解憍尸迦後善男子善女人等所獲功德甚多於前復次憍尸迦置贍部洲諸有情類若善男子善女人等教贍部洲東勝身洲諸有情類皆趣無上正等菩提復以般若波羅蜜多無量法門巧妙文義為其廣說宣示開演顯

了解釋分別義趣令其易解有善男子善女人等教一有情令於無上正等菩提得不退轉復以般若波羅蜜多無量法門巧妙文義為其廣說宣示開演顯了解釋分別義趣令其易解憍尸迦後善男子善女人等所獲功德甚多於前復次憍尸迦置贍部洲東勝身洲諸有情類若善男子善女人等教贍部洲東勝身洲西牛貨洲諸有情類皆趣無上正等菩提復以般若波羅蜜多無量法門巧妙文義為其廣說宣示開演顯了解釋分別義趣令其易解有善男子善女人等教一有情令於無上正等菩提得不退轉復以般若波羅蜜多無量法門巧妙文義為其廣說宣示開演顯了解釋分別義趣令其易解憍尸迦後善男子善女人等所獲功德甚多於前

大般若波羅蜜多經卷第一百六十七

大般若波羅蜜多經卷第一百六十七

校勘記

一　底本，金藏大寶集寺本。

一　五九四頁中二行「奉」字下殘破處二字為「詔譯」。

一　五九四頁中三行末字殘，應為「五」。

一　五九六頁下二二行末字殘，應為「義」。

一　五九七頁中一二行「善男子」，圃作「善男了」。

一　五九九頁下一〇行「皆於」，石作「皆所」。

大般若波羅蜜多經卷第一百六十八　寒

三藏法師玄奘奉　詔譯

初分校量功德品第三十之六十六

復次憍尸迦置贍部洲東勝身洲西牛貨洲諸有情類若善男子善女人等教贍部洲東勝身洲西牛貨洲北俱盧洲諸有情類皆趣無上正等菩提復以般若波羅蜜多無量法門巧妙文義為其廣說宣示開演顯了解釋分別義趣令其易解有善男子善女人等教一有情令於無上正等菩提得不退轉復以般若波羅蜜多無量法門巧妙文義為其廣說宣示開演顯了解釋分別義趣令其易解憍尸迦後善男子善女人等所獲功德甚多於前復次憍尸迦置四大洲諸有情類若善男子善女人等教小千界諸有情類皆趣無上正等菩提復以般若波羅蜜多無量法門巧妙文義為其廣說宣示開演顯了解釋分別義趣令其易解有善男子善女人等教一有情令於無上正等菩提得不退轉復以般若波羅蜜多無量法門巧妙文義為其廣說宣示開演顯

了解釋分別義趣令其易解憍尸迦後善男子善女人等所獲功德甚多於前復次憍尸迦置小千界諸有情類若善男子善女人等教中千界諸有情類皆趣無上正等菩提復以般若波羅蜜多無量法門巧妙文義為其廣說宣示開演顯了解釋分別義趣令其易解有善男子善女人等教一有情令於無上正等菩提得不退轉復以般若波羅蜜多無量法門巧妙文義為其廣說宣示開演顯了解釋分別義趣令其易解憍尸迦後善男子善女人等所獲功德甚多於前復次憍尸迦置中千界諸有情類若善男子善女人等教化三千大千世界諸有情類皆趣無上正等菩提復以般若波羅蜜多無量法門巧妙文義為其廣說宣示開演顯了解釋分別義趣令其易解有善男子善女人等教一有情令於無上正等菩提得不退轉復以般若波羅蜜多無量法

大般若經第一百六十八　第三張

門巧妙文義為其廣說宣示開演顯了解釋分別義趣令其易解憍尸迦後善男子善女人等所獲功德甚多於前復次憍尸迦置此三千大千世界諸有情類若善男子善女人等教化十方各如殑伽沙等世界諸有情類皆趣無上正等菩提復以般若波羅蜜多無量法門巧妙文義為其廣說宣示開演顯了解釋分別義趣令其易解有善男子善女人等教一有情令於無上正等菩提得不退轉復以般若波羅蜜多無量法門巧妙文義為其廣說宣示開演顯了解釋分別義趣令其易解憍尸迦後善男子善女人等所獲功德甚多於前復次憍尸迦置此十方各如殑伽沙等世界諸有情類若善男子善女人等教化十方一切世界諸有情類皆趣無上正等菩提復以般若波羅蜜多無量法門巧妙文義為其廣說宣示開演顯了解釋分別義趣令其易解有善男子善女人等教一有情令於無上正等菩提得不退轉復以般若波

大般若經第一百六十八　第四張

羅蜜多無量法門巧妙文義為其廣說宣示開演顯了解釋分別義趣令其易解憍尸迦後善男子善女人等所獲功德甚多於前

復次憍尸迦若善男子善女人等教贍部洲諸有情類皆於無上正等菩提得不退轉復以般若波羅蜜多無量法門巧妙文義為其廣說宣示開演顯了解釋分別義趣令其易解有善男子善女人等於中勸一速趣無上正等菩提令說三乘教度一切復以般若波羅蜜多無量法門巧妙文義為其廣說宣示開演顯了解釋分別義趣令其易解憍尸迦後善男子善女人等所獲功德甚多於前何以故憍尸迦住不退轉地菩薩摩訶薩不甚假藉所說法故於無上覺定趣向故於大菩提不退轉故速趣大菩提菩薩摩訶薩要甚假藉所說法故於無上覺求速趣故觀生死苦一切有情運大悲心極痛切故復次憍尸迦置贍部洲諸有情類若善男子善女人等教贍部洲東勝身洲諸有情

大般若經第一百六十八　第五張

類皆於無上正等菩提得不退轉復以般若波羅蜜多無量法門巧妙文義為其廣說宣示開演顯了解釋分別義趣令其易解有善男子善女人等於中勸一速趣無上正等菩提令說三乘教度一切復以般若波羅蜜多無量法門巧妙文義為其廣說宣示開演顯了解釋分別義趣令其易解憍尸迦後善男子善女人等所獲功德甚多於前何以故憍尸迦住不退轉地菩薩摩訶薩不甚假藉所說法故於無上覺定趣向故於大菩提不退轉故速趣大菩提菩薩摩訶薩要甚假藉所說法故於無上覺求速趣故觀生死苦一切有情運大悲心極痛切故復次憍尸迦置贍部洲東勝身洲諸有情類若善男子善女人等教贍部洲東勝身洲西牛貨洲諸有情類皆於無上正等菩提得不退轉復以般若波羅蜜多無量法門巧妙文義為其廣說宣示開演顯了解釋分別義趣令其易解有善男子善女人等於中勸一速趣無上正等菩

大般若經第一百六十八　第十六張

提令說三乘救度一切復以般若波羅蜜多無量法門巧妙文義為其廣說宣示開演顯了解釋分別義趣令其易解憍尸迦後善男子善女人等所獲功德甚多於前何以故憍尸迦住不退轉地菩薩摩訶薩不甚假藉所說法故於無上覺定趣向故於大菩提不退轉故速趣大菩提菩薩摩訶薩要甚假藉所說法故於無上覺求速趣故觀生死苦一切有情運大悲心極痛切故復次憍尸迦置贍部洲東勝身洲西牛貨洲諸有情類若善男子善女人等教贍部洲東勝身洲西牛貨洲北俱盧洲諸有情類皆於無上正等菩提得不退轉復以般若波羅蜜多無量法門巧妙文義為其廣說宣示開演顯了解釋分別義趣令其易解有善男子善女人等於中勸一速趣無上正等菩提令說三乘救度一切復以般若波羅蜜多無量法門巧妙文義為其廣說宣示開演顯了解釋分別義趣令其易解憍尸迦後善男子善女人等所獲功德

大般若經第一百六十八　第十七張

甚多於前何以故憍尸迦住不退轉地菩薩摩訶薩不甚假藉所說法故於無上覺定趣向故於大菩提不退轉故速趣大菩提菩薩摩訶薩要甚假藉所說法故於無上覺求速趣故觀生死苦一切有情運大悲心極痛切故復次憍尸迦置四大洲諸有情類若善男子善女人等教小千界諸有情類皆於無上正等菩提得不退轉復以般若波羅蜜多無量法門巧妙文義為其廣說宣示開演顯了解釋分別義趣令其易解有善男子善女人等於中勸一速趣無上正等菩提令說三乘救度一切復以般若波羅蜜多無量法門巧妙文義為其廣說宣示開演顯了解釋分別義趣令其易解憍尸迦後善男子善女人等所獲功德甚多於前何以故憍尸迦住不退轉地菩薩摩訶薩不甚假藉所說法故於無上覺定趣向故於大菩提不退轉故速趣大菩提菩薩摩訶薩要甚假藉所說法故於無上覺求速趣故觀生死苦一切有情運大

大般若經第一百六十八　第十八張

悲心極痛切故復次憍尸迦置小千界諸有情類若善男子善女人等教中千界諸有情類皆於無上正等菩提得不退轉復以般若波羅蜜多無量法門巧妙文義為其廣說宣示開演顯了解釋分別義趣令其易解有善男子善女人等於中勸一速趣無上正等菩提令說三乘救度一切復以般若波羅蜜多無量法門巧妙文義為其廣說宣示開演顯了解釋分別義趣令其易解憍尸迦後善男子善女人等所獲功德甚多於前何以故憍尸迦住不退轉地菩薩摩訶薩不甚假藉所說法故於無上覺定趣向故於大菩提不退轉故速趣大菩提菩薩摩訶薩要甚假藉所說法故於無上覺求速趣故觀生死苦一切有情運大悲心極痛切故復次憍尸迦置中千界諸有情類若善男子善女人等教化三千大千世界諸有情類皆於無上正等菩提得不退轉復以般若波羅蜜多無量法門巧妙文義為其廣說宣示開演顯了解釋分

別義趣令其易解有善男子善女人等於中勸一速趣無上正等菩提令說三乘救度一切復以般若波羅蜜多無量法門巧妙文義為其廣說宣示開演顯了解釋分別義趣令其易解憍尸迦復善男子善女人等所獲功德甚多於前何以故憍尸迦住不退轉地菩薩摩訶薩不甚假藉所說法故於無上覺定趣向故於大菩提不退轉故速趣大菩提菩薩摩訶薩要甚假藉所說法故於無上覺求速趣故觀生死苦一切有情運大悲心極痛切故復次憍尸迦置此三千大千世界諸有情類若善男子善女人等教化十方各如殑伽沙等世界諸有情類皆於無上正等菩提得不退轉復以般若波羅蜜多無量法門巧妙文義為其廣說宣示開演顯了解釋分別義趣令其易解有善男子善女人等於中勸一速趣無上正等菩提令說三乘救度一切復以般若波羅蜜多無量法門巧妙文義為其廣說宣示開演顯了解釋分別義趣令

其易解憍尸迦復善男子善女人等所獲功德甚多於前何以故憍尸迦住不退轉地菩薩摩訶薩不甚假藉所說法故於無上覺定趣向故於大菩提不退轉故速趣大菩提菩薩摩訶薩要甚假藉所說法故於無上覺求速趣故觀生死苦一切有情運大悲心極痛切故復次憍尸迦置此十方各如殑伽沙等世界諸有情類若善男子善女人等教化十方一切世界諸有情類皆於無上正等菩提得不退轉復以般若波羅蜜多無量法門巧妙文義為其廣說宣示開演顯了解釋分別義趣令其易解有善男子善女人等於中勸一速趣無上正等菩提令說三乘救度一切復以般若波羅蜜多無量法門巧妙文義為其廣說宣示開演顯了解釋分別義趣令其易解憍尸迦復善男子善女人等所獲功德甚多於前何以故憍尸迦住不退轉地菩薩摩訶薩不甚假藉所說法故於無上覺定趣向故於大菩提不退轉故速趣大菩提菩

薩摩訶薩要甚假藉所說法故於無上覺求速趣故觀生死苦一切有情運大悲心極痛切故

爾時天帝釋白佛言世尊如如菩薩摩訶薩轉近無上正等菩提如是如是應以布施波羅蜜多速疾教誡教授彼菩薩摩訶薩如如菩薩摩訶薩轉近無上正等菩提如是如是應以淨戒安忍精進靜慮般若波羅蜜多速疾教誡教授彼菩薩摩訶薩世尊如如菩薩摩訶薩轉近無上正等菩提如是如是應以內空速疾教誡教授彼菩薩摩訶薩如如菩薩摩訶薩轉近無上正等菩提如是如是應以外空內外空空空大空勝義空有為空無為空畢竟空無際空散空無變異空本性空自相空共相空一切法空不可得空無性空自性空無性自性空速疾教誡教授彼菩薩摩訶薩世尊如如菩薩摩訶薩轉近無上正等菩提如是如是應以真如速疾教誡教授彼菩薩摩訶薩如如菩薩摩訶薩轉近無上正等菩提如是如是

大般若經第一百六十八　第十二張

應以法界法性不虛妄性不變異性平等性離生性法定法住實際虛空界不思議界速疾教誡教授彼菩薩摩訶薩世尊如如菩薩摩訶薩轉近無上正等菩提如是如是應以苦聖諦速疾教誡教授彼菩薩摩訶薩如如菩薩摩訶薩轉近無上正等菩提如是如是應以集滅道聖諦速疾教誡教授彼菩薩摩訶薩世尊如如菩薩摩訶薩轉近無上正等菩提如是如是應以四靜慮速疾教誡教授彼菩薩摩訶薩如如菩薩摩訶薩轉近無上正等菩提如是如是應以四無量四無色定速疾教誡教授彼菩薩摩訶薩世尊如如菩薩摩訶薩轉近無上正等菩提如是如是應以八解脫速疾教誡教授彼菩薩摩訶薩如如菩薩摩訶薩轉近無上正等菩提如是如是應以八勝處九次第定十遍處速疾教誡教授彼菩薩摩訶薩世尊如如菩薩摩訶薩轉近無上正等菩提如是如是應以四念住速疾教誡教授彼菩薩摩訶薩如如菩薩

大般若經第一百六十八　第十三張

摩訶薩轉近無上正等菩提如是如是應以四正斷四神足五根五力七等覺支八聖道支速疾教誡教授彼菩薩摩訶薩世尊如如菩薩摩訶薩轉近無上正等菩提如是如是應以空解脫門速疾教誡教授彼菩薩摩訶薩如如菩薩摩訶薩轉近無上正等菩提如是如是應以無相無願解脫門速疾教誡教授彼菩薩摩訶薩世尊如如菩薩摩訶薩轉近無上正等菩提如是如是應以五眼速疾教誡教授彼菩薩摩訶薩如如菩薩摩訶薩轉近無上正等菩提如是如是應以六神通速疾教誡教授彼菩薩摩訶薩世尊如如菩薩摩訶薩轉近無上正等菩提如是如是應以佛十力速疾教誡教授彼菩薩摩訶薩如如菩薩摩訶薩轉近無上正等菩提如是如是應以四無所畏四無礙解大慈大悲大喜大捨十八佛不共法速疾教誡教授彼菩薩摩訶薩世尊如如菩薩摩訶薩轉近無上正等菩提如是如是應以無忘失法速疾教

大般若經第一百六十八　第十四張

誡教授彼菩薩摩訶薩如如菩薩摩訶薩轉近無上正等菩提如是如是應以恒住捨性速疾教誡教授彼菩薩摩訶薩世尊如如菩薩摩訶薩轉近無上正等菩提如是如是應以一切智速疾教誡教授彼菩薩摩訶薩如如菩薩摩訶薩轉近無上正等菩提如是如是應以道相智一切相智速疾教誡教授彼菩薩摩訶薩世尊如如菩薩摩訶薩轉近無上正等菩提如是如是應以一切陁羅尼門速疾教誡教授彼菩薩摩訶薩如如菩薩摩訶薩轉近無上正等菩提如是如是應以一切三摩地門速疾教誡教授彼菩薩摩訶薩世尊如如菩薩摩訶薩轉近無上正等菩提如是如是應以上妙衣服飲食卧具醫藥隨其所須種種資具供養攝受彼菩薩摩訶薩世尊若善男子善女人等能以如是法施財施供養攝受彼菩薩摩訶薩是善男子善女人等所獲功德甚多於前何以故世尊彼菩薩摩訶薩要由此布施淨戒安忍精進

靜慮般若波羅蜜多教誡教授所攝受故速證無上正等菩提世尊彼菩薩摩訶薩要由以此内空外空内外空空空大空勝義空有為空無為空畢竟空無際空散空無變異空本性空自相空共相空一切法空不可得空無性空自性空無性自性空教誡教授所攝受故速證無上正等菩提世尊彼菩薩摩訶薩要由以此真如法界法性不虚妄性不變異性平等性離生性法定法住實際虚空界不思議界教誡教授所攝受故速證無上正等菩提世尊彼菩薩摩訶薩要由以此苦聖諦集聖諦滅聖諦道聖諦教誡教授所攝受故速證無上正等菩提世尊彼菩薩摩訶薩要由以此四靜慮四無量四無色定教誡教授所攝受故速證無上正等菩提世尊彼菩薩摩訶薩要由以此八解脱八勝處九次第定十遍處教誡教授所攝受故速證無上正等菩提世尊彼菩薩摩訶薩要由以此四念住四正斷四神足五根五力七等覺支八聖道支教誡教授所攝受故速證无上正等菩提世尊彼菩薩摩訶薩要由以此空解脱門無相解脱門無願解脱門教誡教授所攝受故速證無上正等菩提世尊彼菩薩摩訶薩要由以此五眼六神通教誡教授所攝受故速證无上正等菩提世尊彼菩薩摩訶薩要由以此佛十力四無所畏四無礙解大慈大悲大喜大捨十八佛不共法教誡教授所攝受故速證無上正等菩提世尊彼菩薩摩訶薩要由以此無忘失法恒住捨性教誡教授所攝受故速證無上正等菩提世尊彼菩薩摩訶薩要由以此一切智道相智一切相智教誡教授所攝受故速證無上正等菩提世尊彼菩薩摩訶薩要由以此一切陁羅尼門一切三摩地門教誡教授所攝受故速證無上正等菩提世尊彼菩薩摩訶薩復由以此衣服飲食卧具醫藥隨其所須種種資具所攝受故速證无上正等菩提

尒時具壽善現告天帝釋言善哉善哉憍尸迦汝乃能勸勵彼菩薩摩訶薩復能攝受彼菩薩摩訶薩亦能護助彼菩薩摩訶薩汝今已作佛聖弟子所應作事一切如來諸聖弟子為欲利樂諸有情故方便勸勵彼菩薩摩訶薩令速趣無上正等菩提以法施財施攝受護助彼菩薩摩訶薩令速證無上正等菩提何以故憍尸迦一切如來聲聞獨覺世間勝事由彼菩薩摩訶薩故而得出生所以者何若無菩薩摩訶薩發阿耨多羅三藐三菩提心者則無有能修學布施淨戒安忍精進靜慮般若波羅蜜多亦無有能安住内空外空内外空空空大空勝義空有為空無為空畢竟空無際空散空無變異空本性空自相空共相空一切法空不可得空無性空自性空無性自性空亦無有能安住真如法界法性不虚妄性不變異性平等性離生性法定法住實際虚空界不思議界亦無有能安住苦聖諦集聖諦滅聖諦道聖諦亦無有能修學四靜慮四無量四無色定亦無

有能修學八解脫八勝處九次第定十遍處亦無有能修學四念住四正斷四神足五根五力七等覺支八聖道支亦無有能修學空解脫門無相解脫門無願解脫門亦無有能修學五眼六神通亦無有能修學佛十力四無所畏四無礙解大慈大悲大喜大捨十八佛不共法亦無有能修學無忘失法恒住捨性亦無有能修學一切智道相智一切相智亦無有能修學一切陁羅尼門一切三摩地門若無菩薩摩訶薩修學安住如是諸事則無有能證得無上正等菩提若無菩薩摩訶薩證得無上正等菩提則無有能安立菩薩聲聞獨覺世間勝事憍尸迦由有菩薩摩訶薩發阿耨多羅三藐三菩提心故則便有能修學布施淨戒安忍精進靜慮般若波羅蜜多亦復有能安住內空外空內外空空空大空勝義空有為空無為空畢竟空無際空散空無變異空本性空自相空共相空一切法空不可得空無性空自性空無性自性空

亦復有能安住真如法界法性不虛妄性不變異性平等性離生性法定法住實際虛空界不思議界亦復有能安住苦聖諦集聖諦滅聖諦道聖諦亦復有能修學四靜慮四無量四無色定亦復有能修學八解脫八勝處九次第定十遍處亦復有能修學四念住四正斷四神足五根五力七等覺支八聖道支亦復有能修學空解脫門無相解脫門無願解脫門亦復有能修學五眼六神通亦復有能修學佛十力四無所畏四無礙解大慈大悲大喜大捨十八佛不共法亦復有能修學無忘失法恒住捨性亦復有能修學一切智道相智一切相智亦復有能修學一切陁羅尼門一切三摩地門由有菩薩摩訶薩修學安住如是事故則便有能證得無上正等菩提由有菩薩摩訶薩證得無上正等菩提則斷世間一切地獄傍生鬼界亦能損減阿素洛黨增益天衆憍尸迦由有菩薩摩訶薩證得阿耨多羅三藐三菩提故便有剎帝利

大族婆羅門大族長者大族居士大族出現世間由此復有四大王衆天三十三天夜摩天覩史多天樂變化天他化自在天出現世間由此復有梵衆天梵輔天梵會天大梵天光天少光天無量光天極光淨天淨天少淨天無量淨天遍淨天廣天少廣天無量廣天廣果天出現世間由此復有無繁天無熱天善現天善見天色究竟天出現世間由此復有空無邊處天識無邊處天無所有處天非想非非想處天出現世間由此復有布施波羅蜜多淨戒波羅蜜多安忍波羅蜜多精進波羅蜜多靜慮波羅蜜多般若波羅蜜多出現世間由此復有內空外空內外空空空大空勝義空有為空無為空畢竟空無際空散空無變異空本性空自相空共相空一切法空不可得空無性空自性空無性自性空出現世間由此復有真如法界法性不虛妄性不變異性平等性離生性法定法住實際虛空界不思議界出現世間由此復有苦聖

諦集聖諦滅聖諦道聖諦出現世間由此復有四靜慮四無量四無色定出現世間由此復有八解脫八勝處九次第定十遍處出現世間由此復有四念住四正斷四神足五根五力七等覺支八聖道支出現世間由此復有空解脫門無相解脫門無願解脫門出現世間由此復有五眼六神通出現世間由此復有佛十力四無所畏四無礙解大慈大悲大喜大捨十八佛不共法出現世間由此復有無忘失法恒住捨性出現世間由此復有一切智道相智一切相智出現世間由此復有一切陁羅尼門一切三摩地門出現世間由此復有一切聲聞乘一切獨覺乘一切大乘出現世間

初分隨喜迴向品第三十一之一

尒時弥勒菩薩摩訶薩白上座善現言大德若菩薩摩訶薩於一切有情所有功德隨喜俱行諸福業事若菩薩摩訶薩以此福業事與一切有情同共迴向阿耨多羅三藐三菩提以

無所得為方便故若餘有情隨喜迴向諸福業事若諸異生聲聞獨覺諸福業事所謂施性戒性修性三福業事若四念住四正斷四神足五根五力七等覺支八聖道支四靜慮四無量四無色定四聖諦八解脫八勝處九次第定十遍處空無相無願解脫門四無礙解六神通等諸福業事是菩薩摩訶薩所有隨喜迴向功德於彼異生聲聞獨覺諸福業事為最為勝為尊為高為妙為微妙為上為無上無等無等等何以故大德以諸異生修福業事但為令已自在安樂聲聞獨覺修福業事為自調伏為自寂靜為自涅槃菩薩摩訶薩所有隨喜迴向功德普為一切有情調伏寂靜般涅槃故

尒時具壽善現白弥勒菩薩摩訶薩言大士是菩薩摩訶薩隨喜迴向心普緣十方無數無量無邊世界一一世界無數無量無邊諸佛已涅槃者從初發心至得無上正等菩提如是展轉入無餘依般涅槃後乃至法滅

於其中間所有六波羅蜜多相應善根及餘無數無量無邊佛法相應善根若彼異生弟子所有施性戒性修性三福業事若彼聲聞弟子所有學無學無漏善根若諸如來應正等覺所有戒蘊定蘊慧蘊解脫蘊解脫智見蘊及為利樂一切有情大慈大悲大喜大捨無數無量無邊佛及彼諸佛所說正法若依彼法精勤修學得預流果得一來果得不還果得阿羅漢果得獨覺菩提得入菩薩正性離生如是所有一切善根及餘有情於諸如來應正等覺聲聞菩薩諸弟子衆若現住世若涅槃後所種善根是諸善根一切合集現前隨喜既隨喜已復以如是隨喜俱行諸福業事與一切有情同共迴向阿耨多羅三藐三菩提願我以此善根與一切有情同共引發無上菩提如是所起隨喜迴向於餘所起諸福業事為最為勝為尊為高為妙為微妙為上為無上無等無等等於意云何弥勒大士彼菩薩摩訶薩緣如是事起隨喜迴向

心為有如是所緣事如彼菩薩摩訶薩所取相下　大般若經卷第一百六十八　第十張　[illegible]

大般若波羅蜜多經卷第一百六十八

[illegible]

大般若波羅蜜多經卷第一百六十八校勘記

一　底本，金藏大寶集寺本。

一　六〇六頁上八行至九行「所說法所說法故」，磧作「所說法門」。

一　六〇六頁中二行「甚多於前」，石作「甚多所前」。

一　六〇六頁中七行首字殘，應為「求」。

一　六〇六頁中一〇行第一二字不清，應為「一」。

一　六〇六頁下二一行末二字不清，應為「疾數」。

一　六〇六頁下二二行末字不清，應為「摩」。

一　六〇六頁下二三行末字不清，應為「是」。

一　六〇七頁中一六行「正等」，徑作「平等」。

一　六〇九頁下九行「無繁天」，磧、普、南、徑、清作「無煩天」。

一　六一〇頁上一八行「第三十一之一」，磧、普、南作「第三十一」，徑作「第三十之一」。

一　六一〇頁上一九行「上座」，石作「上坐」。

一　六一〇頁下八行「無邊佛」，磧、普、南、徑、清作「無邊佛法」。

一　六一〇頁下八行至九行「及彼諸佛」，麗作「及諸佛」。

大般若波羅蜜多經卷第二百六十九　寔

三藏法師玄奘奉　詔譯

初分隨喜迴向品第三十一之二

時弥勒菩薩摩訶薩白上座善現言：大德彼菩薩摩訶薩緣如是事起隨喜迴向心實無如是所緣事如彼菩薩摩訶薩所取相具壽善現言大士若無所緣事如所取相者彼菩薩摩訶薩隨喜迴向心以取相為方便普緣十方無數無量無邊世界一一世界無數無量無邊諸佛已涅槃者從初發心乃至法滅所有善根及弟子等所有善根一切合集現前隨喜迴向無上正等菩提如是所起隨喜迴向將非顛倒如於無常謂常是想顛倒心顛倒見顛倒於苦謂樂是想顛倒心顛倒見顛倒於無我謂我是想顛倒心顛倒見顛倒於不淨謂淨是想顛倒心顛倒見顛倒此於無相而取其相亦應如是大士如所緣事實無所有隨喜迴向心亦如是諸善根等亦如是無上正等菩提亦如是色受想行識亦如是眼耳鼻舌身意處亦如是色聲香味觸法處亦如是眼界色界眼識界及眼觸眼觸為緣所生諸受亦如是耳界聲界耳識界及耳觸耳觸為緣所生諸受亦如是鼻界香界鼻識界及鼻觸鼻觸為緣所生諸受亦如是舌界味界舌識界及舌觸舌觸為緣所生諸受亦如是身界觸界身識界及身觸身觸為緣所生諸受亦如是意界法界意識界及意觸意觸為緣所生諸受亦如是地水火風空識界亦如是無明行識名色六處觸受愛取有生老死愁歎苦憂惱亦如是布施淨戒安忍精進靜慮般若波羅蜜多亦如是內空外空內外空空空大空勝義空有為空無為空畢竟空無際空散空無變異空本性空自相空共相空一切法空不可得空無性空自性空無性自性空亦如是真如法界法性不虛妄性不變異性平等性離生性法定法住實際虛空界不思議界亦如是苦集滅道聖諦亦如是四靜慮四無量四無

色定亦如是八解脫八勝處九次第定十遍處亦如是四念住四正斷四神足五根五力七等覺支八聖道支亦如是空無相無願解脫門亦如是五眼六神通亦如是佛十力四無所畏四無礙解大慈大悲大喜大捨十八佛不共法亦如是無忘失法恒住捨性亦如是一切智道相智一切相智亦如是一切陀羅尼門一切三摩地門亦如是諸聲聞獨覺大乘亦如是大士若如所緣事實無所有隨喜迴向心亦如是諸善根等亦如是無上正等菩提亦如是色受想行識亦如是眼耳鼻舌身意處亦如是色聲香味觸法處亦如是眼界色界眼識界及眼觸眼觸為緣所生諸受亦如是耳界聲界耳識界及耳觸耳觸為緣所生諸受亦如是鼻界香界鼻識界及鼻觸鼻觸為緣所生諸受亦如是舌界味界舌識界及舌觸舌觸為緣所生諸受亦如是身界觸界身識界及身觸身觸為緣所生諸受亦如是意界法界意識界及意觸意觸為

緣所生諸受亦如是地水火風空識界亦如是無明行識名色六處觸受愛取有生老死愁歎苦憂惱亦如是布施淨戒安忍精進靜慮般若波羅蜜多亦如是內空外空內外空空空大空勝義空有為空無為空畢竟空無際空散空無變異空本性空自相空共相空一切法空不可得空無性空自性空無性自性空亦如是真如法界法性不虛妄性不變異性平等性離生性法定法住實際虛空界不思議界亦如是苦集滅道聖諦亦如是四靜慮四無量四無色定亦如是八解脫八勝處九次第定十遍處亦如是四念住四正斷四神足五根五力七等覺支八聖道支亦如是空無相無願解脫門亦如是五眼六神通亦如是佛十力四無所畏四無礙解大慈大悲大喜大捨十八佛不共法亦如是無忘失法恒住捨性亦如是一切智道相智一切相智亦如是一切陀羅尼門一切三摩地門亦如是諸聲聞獨覺大乘亦如是者何等是

大般若第一百六十九　第四張　宋

所緣何等是事何等是隨喜迴向心何等是諸善根等何等是無上正等菩提而彼菩薩摩訶薩緣如是事起隨喜心迴向無上正等菩提彌勒菩薩言大德若菩薩摩訶薩久修行六波羅蜜多已曾供養無量諸佛宿殖善根久發大願為諸善友之所攝受善學諸法自相空義是菩薩摩訶薩能於所緣事隨喜迴向心諸善根等無上菩提及一切法皆不取相而能發起隨喜迴向阿耨多羅三藐三菩提如是隨喜迴向以非二非不二為方便非相非無相為方便非有所得非無所得為方便非染非淨為方便非生非滅為方便故於所緣事乃至無上正等菩提能不取相不取相故非顛倒攝若有菩薩不久修行六波羅蜜多未曾供養無量諸佛不宿殖善根未久發大願不為善友之所攝受未於一切法善學自相空是諸菩薩於所緣事隨喜迴向諸善根等無上菩提及一切法猶取其相而起隨喜迴向無上正等菩提如是所起隨

大般若第一百六十九　第五張　宋

喜迴向以取相故猶顛倒攝

復次大德不應為彼新學大乘諸菩薩等及於其前宣說般若波羅蜜多亦不應為新學大乘諸菩薩等及於其前宣說靜慮精進安忍淨戒布施波羅蜜多不應為彼新學大乘諸菩薩等及於其前宣說內空亦不應為新學大乘諸菩薩等及於其前宣說外空內外空空空大空勝義空有為空無為空畢竟空無際空散空無變異空本性空自相空共相空一切法空不可得空無性空自性空無性自性空不應為彼新學大乘諸菩薩等及於其前宣說真如亦不應為新學大乘諸菩薩等及於其前宣說法界法性不虛妄性不變異性平等性離生性法定法住實際虛空界不思議界不應為彼新學大乘諸菩薩等及於其前宣說苦聖諦亦不應為新學大乘諸菩薩等及於其前宣說集滅道聖諦不應為彼新學大乘諸菩薩等及於其前宣說四靜慮亦不應為新學大乘諸菩薩等及於其前宣說

大般若經第一百六十九　第六張　宋

四無量四無色定不應為彼新學大乘諸菩薩等及於其前宣說八解脫亦不應為新學大乘諸菩薩等及於其前宣說八勝處九次第定十遍處不應為彼新學大乘諸菩薩等及於其前宣說四念住亦不應為新學大乘諸菩薩等及於其前宣說四正斷四神足五根五力七等覺支八聖道支不應為彼新學大乘諸菩薩等及於其前宣說空解脫門亦不應為新學大乘諸菩薩等及於其前宣說無相無願解脫門不應為彼新學大乘諸菩薩等及於其前宣說五眼亦不應為新學大乘諸菩薩等及於其前宣說六神通不應為彼新學大乘諸菩薩等及於其前宣說佛十力亦不應為新學大乘諸菩薩等及於其前宣說四無所畏四無礙解大慈大悲大喜大捨十八佛不共法不應為彼新學大乘諸菩薩等及於其前宣說無忘失法亦不應為新學大乘諸菩薩等及於其前宣說恒住捨性不應為彼新學大乘諸菩薩等及於其前

宣說一切智亦不應為新學大乘諸菩薩等及於其前宣說道相智一切相智不應為彼新學大乘諸菩薩等及於其前宣說一切陁羅尼門亦不應為新學大乘諸菩薩等及於其前宣說一切三摩地門不應為彼新學大乘諸菩薩等及於其前宣說一切法自相空義何以故大德新學大乘諸菩薩等於如是法雖有少分信敬愛樂而彼聞已尋皆忘失驚疑恐惕生毀謗故

復次大德若不退轉菩薩摩訶薩或曾供養無量諸佛宿殖善根久發大願諸善知識所攝受者應對其前廣為辯說般若靜慮精進安忍淨戒布施波羅蜜多若不退轉菩薩摩訶薩或曾供養無量諸佛宿殖善根久發大願諸善知識所攝受者應對其前廣為辯說內空外空內外空空空大空勝義空有為空無為空畢竟空無際空散空無變異空本性空自相空共相空一切法空不可得空無性空自性空無性自性空若不退轉菩薩

摩訶薩或曾供養無量諸佛宿殖善根久發大願諸善知識所攝受者應對其前廣為辯說真如法界法性不虛妄性不變異性平等性離生性法定法住實際虛空界不思議界若不退轉菩薩摩訶薩或曾供養無量諸佛宿殖善根久發大願諸善知識所攝受者應對其前廣為辯說苦聖諦集聖諦滅聖諦道聖諦若不退轉菩薩摩訶薩或曾供養無量諸佛宿殖善根久發大願諸善知識所攝受者應對其前廣為辯說四靜慮四無量四無色定若不退轉菩薩摩訶薩或曾供養無量諸佛宿殖善根久發大願諸善知識所攝受者應對其前廣為辯說八解脫八勝處九次第定十遍處若不退轉菩薩摩訶薩或曾供養無量諸佛宿殖善根久發大願諸善知識所攝受者應對其前廣為辯說四念住四正斷四神足五根五力七等覺支八聖道支若不退轉菩薩摩訶薩或曾供養無量諸佛宿殖善根久發大願諸善知識所攝受者應

對其前廣為辯說空解脫門無相解脫門無願解脫門若不退轉菩薩摩訶薩或曾供養無量諸佛宿殖善根久發大願諸善知識所攝受者應對其前廣為辯說五眼六神通若不退轉菩薩摩訶薩或曾供養無量諸佛宿殖善根久發大願諸善知識所攝受者應對其前廣為辯說佛十力四無所畏四無礙解大慈大悲大喜大捨十八佛不共法若不退轉菩薩摩訶薩或曾供養無量諸佛宿殖善根久發大願諸善知識所攝受者應對其前廣為辯說無忘失法恒住捨性若不退轉菩薩摩訶薩或曾供養無量諸佛宿殖善根久發大願諸善知識所攝受者應對其前廣為辯說一切智道相智一切相智若不退轉菩薩摩訶薩或曾供養無量諸佛宿殖善根久發大願諸善知識所攝受者應對其前廣為辯說一切陁羅尼門一切三摩地門若不退轉菩薩摩訶薩或曾供養無量諸佛宿殖善根久發大願諸善知識所攝受者應對其

前廣為辯說一切法自相空義何以故大德如是不退轉菩薩摩訶薩及曾供養無量諸佛宿殖善根久發大願諸善知識所攝受者若聞此法皆能受持終不廢忘心不驚疑不恐不懼不毀謗故

尒時具壽善現白弥勒菩薩言菩薩摩訶薩應以如是隨喜俱行諸福業事迴向無上正等菩提謂所用心隨喜迴向此所用心盡滅離變此所緣事及諸善根亦皆如心盡滅離變此中何等是所用心復以何等為所緣事及諸善根而說隨喜迴向無上正等菩提是心於心理不應有隨喜迴向以無二心俱時起故心亦不可隨喜迴向心自性故大士若菩薩摩訶薩修行般若波羅蜜多時能如實知色無所有受想行識無所有眼處無所有耳鼻舌身意處無所有色處無所有聲香味觸法處無所有眼界無所有色界眼識界及眼觸眼觸為緣所生諸受無所有耳界無所有聲界耳識界及耳觸耳觸為緣所生諸受

無所有鼻界無所有香界鼻識界及鼻觸鼻觸為緣所生諸受無所有舌界無所有味界舌識界及舌觸舌觸為緣所生諸受無所有身界無所有觸界身識界及身觸身觸為緣所生諸受無所有意界無所有法界意識界及意觸意觸為緣所生諸受無所有地界無所有水火風空識界無所有無明無所有行識名色六處觸受愛取有生老死愁歎苦憂惱無所有布施波羅蜜多無所有淨戒安忍精進靜慮般若波羅蜜多無所有內空無所有外空內外空空空大空勝義空有為空無為空畢竟空無際空散空無變異空本性空自相空共相空一切法空不可得空無性空自性空無性自性空無所有真如無所有法界法性不虛妄性不變異性平等性離生性法定法住實際虛空界不思議界無所有苦聖諦無所有集滅道聖諦無所有四靜慮無所有四無量四無色定無所有八解脫無所有八勝處九次第定十遍處無所有四念

住無所有四正斷四神足五根五力七等覺支八聖道支無所有空解脱門無所有無相無願解脱門無所有五眼無所有六神通無所有佛十力無所有四無所畏四無礙解大慈大悲大喜大捨十八佛不共法無所有無忘失法無所有恒住捨性無所有一切智無所有道相智一切相智無所有一切陁羅尼門無所有一切三摩地門無所有預流果無所有一來不還阿羅漢果無所有獨覺菩提無所有菩薩摩訶薩行無所有無上正等菩提無所有大士是菩薩摩訶薩既如實知一切法皆無所有以隨喜俱行福業事迴向無上正等菩提是名無顛倒隨喜迴向阿耨多羅三藐三菩提

介時天帝釋白具壽善現言大德新學大乘菩薩摩訶薩聞如是法其心將無驚駭恐怖大德新學大乘菩薩摩訶薩云何以所修集一切善根迴向無上正等菩提大德新學大乘菩薩摩訶薩云何攝受隨喜俱行諸福

大般若第一百六十九　第十三張　丈

業事迴向無上正等菩提時具壽善現承弥勒菩薩摩訶薩神力加被告天帝釋言憍尸迦新學大乘菩薩摩訶薩若修般若波羅蜜多以無所得為方便無相為方便攝受般若波羅蜜多若修靜慮精進安忍淨戒布施波羅蜜多以無所得為方便無相為方便攝受靜慮精進安忍淨戒布施波羅蜜多若住內空以無所得為方便無相為方便攝受內空若住外空內外空空空大空勝義空有為空無為空畢竟空無際空散空無變異空本性空自相空共相空一切法空不可得空無性空自性空無性自性空以無所得為方便無相為方便攝受外空乃至無性自性空若住真如以無所得為方便無相為方便攝受真如若住法界法性不虛妄性不變異性平等性離生性法定法住實際虛空界不思議界以無所得為方便無相為方便攝受法界乃至不思議界若住苦聖諦以無所得為方便無相為方便攝受苦聖諦若住集滅道聖

大般若第一百六十九　第十四張　宋

諦以無所得為方便無相為方便攝受集滅道聖諦若修四靜慮以無所得為方便無相為方便攝受四靜慮若修四無量四無色定以無所得為方便無相為方便攝受四無量四無色定若修八解脱以無所得為方便無相為方便攝受八解脱若修八勝處九次第定十遍處以無所得為方便無相為方便攝受八勝處九次第定十遍處若修四念住以無所得為方便無相為方便攝受四念住若修四正斷四神足五根五力七等覺支八聖道支以無所得為方便無相為方便攝受四正斷乃至八聖道支若修空解脱門以無所得為方便無相為方便攝受空解脱門若修無相無願解脱門以無所得為方便無相為方便攝受無相無願解脱門若修五眼以無所得為方便無相為方便攝受五眼若修六神通以無所得為方便無相為方便攝受六神通若修佛十力以無所得為方便無相為方便攝受佛十力若修四無所畏四無礙

大般若第一百六十九　第十五張　宋

解大慈大悲大喜大捨十八佛不共法以無所得為方便無相為方便攝受四無所畏乃至十八佛不共法若修無忘失法以無所得為方便無相為方便攝受無忘失法若修恒住捨性以無所得為方便無相為方便攝受恒住捨性若修一切智以無所得為方便無相為方便攝受一切智若修道相智一切相智以無所得為方便無相為方便攝受道相智一切相智若修一切陁羅尼門以無所得為方便無相為方便攝受一切陁羅尼門若修一切三摩地門以無所得為方便無相為方便攝受一切三摩地門若修菩薩摩訶薩行以無所得為方便無相為方便攝受菩薩摩訶薩行若修無上正等菩提以無所得為方便無相為方便攝受無上正等菩提

憍尸迦是菩薩摩訶薩由此因緣多信解般若波羅蜜多多信解靜慮精進安忍淨戒布施波羅蜜多多信解內空多信解外空內外空空空大空勝義空有為空無為空畢竟空無際

大般若第一百六十九　第十六張　寅

空散空無變異空本性空自相空共相空一切法空不可得空無性空自性空無性自性空多信解真如多信解法界法性不虛妄性不變異性平等性離生性法定法住實際虛空界不思議界多信解苦聖諦多信解集滅道聖諦多信解四靜慮多信解四無量四無色定多信解八解脫多信解八勝處九次第定十遍處多信解四念住多信解四正斷四神足五根五力七等覺支八聖道支多信解空解脫門多信解無相無願解脫門多信解五眼多信解六神通多信解佛十力多信解四無所畏四無礙解大慈大悲大喜大捨十八佛不共法多信解無忘失法多信解恒住捨性多信解一切智多信解道相智一切相智多信解一切陁羅尼門多信解一切三摩地門多信解菩薩摩訶薩行多信解無上正等菩提

憍尸迦是菩薩摩訶薩由此因緣常為善友之所攝受如是善友以無量門巧妙文義為其辯說般若靜慮精

大般若第一百六十九　第十七張　寅

進安忍淨戒布施波羅蜜多相應之法以如是法教誡教授令其乃至得入菩薩正性離生常不遠離般若靜慮精進安忍淨戒布施波羅蜜多以如是法教誡教授令其乃至得入菩薩正性離生常不遠離內空外空內外空空空大空勝義空有為空無為空畢竟空無際空散空無變異空本性空自相空共相空一切法空不可得空無性空自性空無性自性空以如是法教誡教授令其乃至得入菩薩正性離生常不遠離真如法界法性不虛妄性不變異性平等性離生性法定法住實際虛空界不思議界以如是法教誡教授令其乃至得入菩薩正性離生常不遠離苦聖諦集聖諦滅聖諦道聖諦以如是法教誡教授令其乃至得入菩薩正性離生常不遠離四靜慮四無量四無色定以如是法教誡教授令其乃至得入菩薩正性離生常不遠離八解脫八勝處九次第定十遍處以如是法教誡教授令其乃至得入菩薩正性離

大般若第一百六十九　第十八張　寅

生常不遠離四念住四正斷四神足五根五力七等覺支八聖道支以如是法教誡教授令其乃至得入菩薩正性離生常不遠離空解脫門無相解脫門無願解脫門以如是法教誡教授令其乃至得入菩薩正性離生常不遠離五眼六神通以如是法教誡教授令其乃至得入菩薩正性離生常不遠離佛十力四無所畏四無礙解大慈大悲大喜大捨十八佛不共法以如是法教誡教授令其乃至得入菩薩正性離生常不遠離無忘失法恒住捨性以如是法教誡教授令其乃至得入菩薩正性離生常不遠離一切智道相智一切相智以如是法教誡教授令其乃至得入菩薩正性離生常不遠離一切陀羅尼門一切三摩地門以如是法教誡教授令其乃至得入菩薩正性離生常不遠離菩薩摩訶薩行以如是法教誡教授令其乃至得入菩薩正性離生常不遠離無上正等菩提亦為辯說諸惡魔事令其聞已於諸魔事心無

增減何以故諸魔事業性無所有不可得故亦以是法教誡教授令其乃至得入菩薩正性離生常不遠離佛薄伽梵於諸佛所殖眾善根復由善根所攝受故常生菩薩摩訶薩家乃至無上正等菩提於諸善根常不遠離憍尸迦新學大乘菩薩摩訶薩若能如是以無所得為方便無相為方便攝受諸功德於諸功德多深信解常為善友之所攝受聞如是法心不驚疑不恐不怖復次憍尸迦新學大乘菩薩摩訶薩隨所修集布施淨戒安忍精進靜慮般若波羅蜜多應以無所得為方便無相為方便與一切有情皆悉同共迴向無上正等菩提隨所安住內空外空內外空空空大空勝義空有為空無為空畢竟空無際空散空無變異空本性空自相空共相空一切法空不可得空無性空自性空無性自性空應以無所得為方便無相為方便與一切有情皆悉同共迴向無上正等菩提隨所安住真如法界法性不虛妄性不變異性

平等性離生性法定法住實際虛空界不思議界應以無所得為方便無相為方便與一切有情皆悉同共迴向無上正等菩提隨所安住苦聖諦集聖諦滅聖諦道聖諦應以無所得為方便無相為方便與一切有情皆悉同共迴向無上正等菩提隨所修集四靜慮四無量四無色定應以無所得為方便無相為方便與一切有情皆悉同共迴向無上正等菩提隨所修集八解脫八勝處九次第定十遍處應以無所得為方便無相為方便與一切有情皆悉同共迴向無上正等菩提隨所修集四念住四正斷四神足五根五力七等覺支八聖道支應以無所得為方便無相為方便與一切有情皆悉同共迴向無上正等菩提隨所修集空解脫門無相解脫門無願解脫門應以無所得為方便無相為方便與一切有情皆悉同共迴向無上正等菩提隨所修集五眼六神通應以無所得為方便無相為方便與一切有情皆悉同共迴向

無上正等菩提隨所修集佛十力四無所畏四無礙解大慈大悲大喜大捨十八佛不共法應以無所得為方便無相為方便與一切有情皆悉同共迴向無上正等菩提隨所修集無忘失法恒住捨性應以無所得為方便無相為方便與一切有情皆悉同共迴向無上正等菩提隨所修集一切智道相智一切相智應以無所得為方便無相為方便與一切有情皆悉同共迴向無上正等菩提隨所修集一切陁羅尼門一切三摩地門應以無所得為方便無相為方便與一切有情皆悉同共迴向無上正等菩提隨所修集菩薩摩訶薩行應以無所得為方便無相為方便與一切有情皆悉同共迴向無上正等菩提隨所修集無上正等菩提應以無所得為方便無相為方便與一切有情皆悉同共迴向無上正等菩提

大般若第一百六十九　第二十二張

復次憍尸迦新學大乘菩薩摩訶薩應普於十方無數無量無邊世界一一世界各有無數無量無邊斷諸有

路絶戲論道棄諸重擔摧聚落剗盡諸有結具足正智心善解脫巧說法要一切如來應正等覺及諸弟子所成戒蘊定蘊慧蘊解脫蘊解脫智見蘊及所起作種種功德并於是處所種善根謂剎帝利大族婆羅門大族長者大族居士大族等所種善根若四大王衆天三十三天夜摩天覩史多天樂變化天他化自在天所種善根若梵衆天梵輔天梵會天大梵天光天少光天無量光天極光淨天淨天少淨天無量淨天遍淨天廣天少廣天無量廣天廣果天所種善根若無繁天無熱天善現天善見天色究竟天等所種善根如是一切合集稱量現前發起比餘善根為㝡為勝為尊為高為妙為微妙為上為無上無等無等等隨喜之心復以如是隨喜俱行諸福業事與一切有情同共迴向阿耨多羅三藐三菩提

大般若第一百六十九　第二十三張

尒時弥勒菩薩摩訶薩問具壽善現言大德新學大乘菩薩摩訶薩若念諸佛及弟子衆所有功德并人天等

所種善根如是一切合集稱量現前發起比餘善根為㝡為勝為尊為高為妙為微妙為上為無上無等無等等隨喜之心復以如是隨喜善根與諸有情皆悉同共迴向無上正等菩提是菩薩摩訶薩云何不墮想顛倒心顛倒見顛倒具壽善現荅言大士若菩薩摩訶薩於所念佛及弟子衆所有功德不起諸佛及弟子衆功德之想於人天等所種善根不起善根人天等想於所發起隨喜迴向無上正等菩提之心亦復不起隨喜迴向無上正等菩提心想是菩薩摩訶薩所起隨喜迴向無想顛倒無心顛倒無見顛倒若菩薩摩訶薩於所念佛及弟子衆所有功德取佛弟子功德之相於人天等所種善根取彼善根人天等相於所發起隨喜迴向無上正等菩提之心取所發起隨喜迴向無上正等菩提心相是菩薩摩訶薩所起隨喜迴向有想顛倒有心顛倒有見顛倒復次大士若菩薩摩訶薩以如是隨喜心念一切佛及弟子衆

大般若第一百六十九　第二十四張

功德善根正知此心盡滅離變非能隨喜正知彼法其性亦然非所隨喜又正了達能迴向心法性亦尒非能迴向及正了達所迴向法其性亦尒非所迴向若有能依如是所說隨喜迴向是正非邪菩薩摩訶薩皆應如是隨喜迴向復次大士若菩薩摩訶薩於過去未來現在一切如來應正等覺從初發心至得無上正等菩提乃至法滅於其中間所有功德若佛弟子及諸獨覺依彼佛法所起善根若諸異生聞彼說法所種善根若諸龍神藥叉健達縛阿素洛揭路荼緊捺洛莫呼洛伽人非人等聞彼說法所種善根若剎帝利大族婆羅門大族長者大族居士大族聞彼說法所種善根若四大王衆天三十三天夜摩天覩史多天樂變化天他化自在天聞彼說法所種善根若梵衆天梵輔天梵會天大梵天光天少光天無量光天極光淨天淨天少淨天無量淨天遍淨天廣天少廣天無量廣天廣果天聞彼說法所種善根若無繁

天無熱天善現天善見天色究竟天聞彼說法所種善根若善男子善女人等聞所說法發趣無上正等覺心勤修種種諸菩薩行如是一切合集稱量現前發起比餘善根為最為勝為尊為高為妙為微妙為上為無上無等無等等隨喜之心復以如是隨喜善根與諸有情皆悉同共迴向無上正等菩提於如是時若正解了諸能隨喜迴向之法盡滅離變諸所隨喜迴向之法自性皆空雖如是知而能隨喜迴向無上正等菩提復於是時若正解了都無有法可能隨喜迴向於法何以故以一切法自性皆空空中都無能所隨喜迴向法故雖如是知而能隨喜迴向無上正等菩提是菩薩摩訶薩若能如是隨喜迴向修行般若波羅蜜多脩行靜慮精進安忍淨戒布施波羅蜜多無想顛倒無心顛倒無見顛倒所以者何是菩薩摩訶薩於隨喜心不生執著於所隨喜功德善根亦不執著於迴向心不生執著於所迴向無上菩提亦不

執著由無執著不墮顛倒如是菩薩摩訶薩所起隨喜迴向心名為無上隨喜迴向

大般若波羅蜜多經卷第一百六十九

戊戌歲高麗國大藏都監奉
勑雕造

大般若波羅蜜多經卷第一百六十九

校勘記

一　底本，麗藏本。金藏廣勝寺本此卷諸版均有殘字，故不能用。附三版於後。

一　六一三頁中五行「菩薩摩訶薩」，石作「菩薩」。

一　六一三頁中六行、一一八行「殖」、磧、普、南、徑、清作「植」。

一　六一三頁下一行「顛」，石作「顛」，下同。

一　六一四頁中一三行「殖」，磧、普、南、徑、清作「植」。

一　六一四頁中一七行「殖」，徑、清作「植」。

一　六一四頁下一行、七行、一四行、一八行「殖」，徑、清作「植」。

一　六一四頁下一〇行「殖」，南、徑、清作「植」。

一　六一四頁下一六行「八解脫八勝處」，石作「八勝處」。

一　六一六頁上二一行「修集」，磧、普、南、徑、清作「修習」，下同。

一　六一六頁中七行「波羅蜜多」，石作「波羅多」。

一　六一七頁下三行「正性離生」，石作「正性」。

一　六一八頁下一九行「無願解脫門」五字石漏刻。

一　六一九頁中一行「重擔」，磧、普、南、徑、清作「重擔」。

一　六一九頁中三行「諸弟子所」，石作「諸弟子」。

一　六一九頁中八行「四大王衆天」，南作「四天王衆天」。

一　六一九頁中一四行「無繁天」，磧、普、南、徑、清作「無煩天」，下同。

一　六一九頁下一六行「取佛弟子」，普、南、徑、清作「反佛弟子」。

一　六二〇頁上一三行「揭路茶」，石、徑、清作「揭路荼」。

一　六二〇頁下一行「着」字與「由」字之間，徑重刻「於無迴向心不生執著於所迴向無上菩提亦不執著」二十字。

大般若波羅蜜多經卷第一百六十九　寒

三藏法師玄奘奉　詔譯

初分隨喜迴向品第三十一之二

時弥勒菩薩摩訶薩白上座善現言大德彼菩薩摩訶薩緣如是事起隨喜迴向心實無如是所緣事如彼菩薩摩訶薩所取相具壽善現言大士若無所緣事如所取相者彼菩薩摩訶薩隨喜迴向心以取相為方便普緣十方無數無量無邊世界一一世界無數無量無邊諸佛已涅槃者從初發心乃至法滅所有善根及弟子等所有善根一切合集現前隨喜迴向無上正等菩提如是所起隨喜迴向將非顛倒如於無常謂常是想顛倒心顛倒見顛倒於苦謂樂是想顛倒心顛倒見顛倒於無我謂我是想顛倒心顛倒見顛倒於不淨謂淨是想顛倒心顛倒見顛倒此於無相而取其相亦應如是大士如所緣事實無所有隨喜迴向心亦如是諸善根等亦如是無上正等菩提亦如是色

受想行識亦如是眼耳鼻舌身意處亦如是色聲香味觸法處亦如是眼界色界眼識界及眼觸眼觸為緣所生諸受亦如是耳界聲界耳識界及耳觸耳觸為緣所生諸受亦如是鼻界香界鼻識界及鼻觸鼻觸為緣所生諸受亦如是舌界味界舌識界及舌觸舌觸為緣所生諸受亦如是身界觸界身識界及身觸身觸為緣所生諸受亦如是意界法界意識界及意觸意觸為緣所生諸受亦如是地水火風空識界亦如是無明行識名色六處觸受愛取有生老死愁歎苦憂惱亦如是布施淨戒安忍精進靜慮般若波羅蜜多亦如是內空外空內外空空空大空勝義空有為空無為空畢竟空無際空散空無變異空本性空自相空共相空一切法空不可得空無性空自性空無性自性空亦如是真如法界法性不虛妄性不變異性平等性離生性法定法住實際虛空界不思議界亦如是苦集滅道聖諦亦如是四靜慮四無量四無

所種善根如是一切合集稱量現前發起比餘善根為最為勝為尊為高為妙為微妙為上為无上无等无等等隨喜之心復以如是隨喜善根與諸有情皆悉同共迴向无上正等菩提是菩薩摩訶薩云何不墮想顛倒心顛倒見顛倒具壽善現答言大士若菩薩摩訶薩於所念佛及弟子衆所有功德不起諸佛及弟子衆功德之想於人天等所種善根不起善根人天等想於所發起隨喜迴向无上正等菩提之心亦復不起隨喜迴向无上正等菩提心想是菩薩摩訶薩所起隨喜迴向无想顛倒無心顛倒无見顛倒若菩薩摩訶薩於所念佛及弟子衆所有功德及佛弟子功德之相於人天等所種善根取彼善根人天等相於所發起隨喜迴向无上正等菩提之心取所發起隨喜迴向无上正等菩提心相是菩薩摩訶薩所起隨喜迴向有想顛倒有心顛倒有見顛倒復次大士若菩薩摩訶薩以如是隨喜心念一切佛及弟子衆

大般若波羅蜜多經卷第一百七十　寒

三藏法師玄奘奉　詔譯

初分隨喜迴向品第三十一之三

復次大士若菩薩摩訶薩於所修作諸福業事正知離色離受想行識正知離眼處離耳鼻舌身意處正知離色處離聲香味觸法處正知離眼界離色界眼識界及眼觸眼觸為緣所生諸受正知離耳界離聲界耳識界及耳觸耳觸為緣所生諸受正知離鼻界離香界鼻識界及鼻觸鼻觸為緣所生諸受正知離舌界離味界舌識界及舌觸舌觸為緣所生諸受正知離身界離觸界身識界及身觸身觸為緣所生諸受正知離意界離法界意識界及意觸意觸為緣所生諸受正知離地界離水火風空識界正知離無明離行識名色六處觸受愛取有生老死愁歎苦憂惱正知離布施波羅蜜多離淨戒安忍精進靜慮般若波羅蜜多正知離內空離外空內外空空空大空勝義空有為空無

為空畢竟空無際空散空無變異空本性空自相空共相空一切法空不可得空無性空自性空無性自性空正知離真如離法界法性不虛妄性不變異性平等性離生性法定法住實際虛空界不思議界正知離苦聖諦離集滅道聖諦正知離四靜慮離四無量四無色定正知離八解脫離八勝處九次第定十遍處正知離四念住離四正斷四神足五根五力七等覺支八聖道支正知離空解脫門離無相無願解脫門正知離五眼離六神通正知離佛十力離四無所畏四無礙解大慈大悲大喜大捨十八佛不共法正知離無忘失法離恒住捨性正知離一切智離道相智一切相智正知離一切陀羅尼門離一切三摩地門正知離菩薩摩訶薩行正知離佛無上正等菩提是菩薩摩訶薩於所修作諸福業事如是正知能正隨喜迴向無上正等菩提

復次大士若菩薩摩訶薩正知所修隨喜俱行諸福業事遠離所修隨喜

俱行諸福業事自性正知如來應正等覺遠離如來應正等覺自性正知如來應正等覺所有功德遠離如來應正等覺功德自性正知聲聞獨覺菩薩遠離聲聞獨覺菩薩自性正知聲聞獨覺菩薩所修善根遠離聲聞獨覺菩薩善根自性正知菩提心遠離菩提心自性正知迴向心遠離迴向心自性正知所迴向無上正等菩提遠離所迴向無上正等菩提自性正知般若波羅蜜多遠離般若波羅蜜多自性正知靜慮精進安忍淨戒布施波羅蜜多遠離靜慮精進安忍淨戒布施波羅蜜多自性正知內空遠離內空自性正知外空內外空空空大空勝義空有為空無為空畢竟空無際空散空無變異空本性空自相空共相空一切法空不可得空無性空自性空無性自性空遠離外空乃至無性自性空自性正知真如遠離真如自性正知法界法性不虛妄性不變異性平等性離生性法定法住實際虛空界不思議界遠離法界

乃至不思議界自性正知苦聖諦遠離苦聖諦自性正知集滅道聖諦遠離集滅道聖諦自性正知四靜慮遠離四靜慮自性正知四無量四無色定遠離四無量四無色定自性正知八解脫遠離八解脫自性正知八勝處九次第定十遍處遠離八勝處九次第定十遍處自性正知四念住遠離四念住自性正知四正斷四神足五根五力七等覺支八聖道支遠離四正斷乃至八聖道支自性正知空解脫門遠離空解脫門自性正知無相無願解脫門遠離無相無願解脫門自性正知五眼遠離五眼自性正知六神通遠離六神通自性正知佛十力遠離佛十力自性正知四無所畏四無礙解大慈大悲大喜大捨十八佛不共法遠離四無所畏乃至十八佛不共法自性正知無忘失法遠離無忘失法自性正知恒住捨性遠離恒住捨性自性正知一切智遠離一切智自性正知道相智一切相智遠離道相智一切相智自性正知一

切陀羅尼門遠離一切陀羅尼門自性正知一切三摩地門遠離一切三摩地門自性正知菩薩摩訶薩行遠離菩薩摩訶薩行自性正知佛無上正等菩提遠離佛無上正等菩提自性是菩薩摩訶薩如是修行離性般若波羅蜜多能正隨喜迴向無上正等菩提

復次大士諸菩薩摩訶薩於已涅槃一切如來應正等覺及諸弟子功德善根若欲發起隨喜迴向無上正等菩提心者應作如是隨喜迴向謂作是念如諸如來應正等覺及諸弟子皆已滅度功德善根亦復如是我所發起隨喜迴向無上正等菩提之心及所迴向無上菩提其性亦尒如是隨喜迴向無上正等菩提無想顛倒無心顛倒無見顛倒若菩薩摩訶薩以取相為方便修行般若波羅蜜多於彼一切佛及弟子功德善根取相隨喜迴向無上正等菩提是為非善隨喜迴向以過去佛及弟子衆功德善根非相無相所取境界是菩薩摩

訶薩以取相念發起隨喜迴向無上正等菩提是故非善隨喜迴向由此因緣墮想顛倒墮心顛倒墮見顛倒若菩薩摩訶薩不取相爲方便修行般若波羅蜜多於彼一切佛及弟子功德善根離相隨喜迴向無上正等菩提是名爲善隨喜迴向由此因緣是菩薩摩訶薩隨喜迴向離想顛倒離心顛倒離見顛倒

尒時彌勒菩薩摩訶薩問具壽善現言大德云何菩薩摩訶薩於諸如來應正等覺及弟子衆功德善根隨喜俱行福業事等皆不取相而能隨喜迴向無上正等菩提具壽善現答言大士應知菩薩摩訶薩所學般若波羅蜜多中有如是等善巧方便雖不取相而所作成非離般若波羅蜜多有能發起隨喜俱行諸福業事迴向無上正等菩提彌勒菩薩摩訶薩言大德善現勿作是說所以者何以甚深般若波羅蜜多中一切如來應正等覺及弟子衆功德善根皆無所有不可得故所作隨喜諸福業事亦無所有不可得故發心迴向無上菩提亦無所有不可得故此中菩薩摩訶薩修行般若波羅蜜多時應如是觀過去諸佛及弟子衆功德善根性皆已滅所作隨喜諸福業事發心迴向無上菩提性皆寂滅我若於彼一切如來應正等覺及弟子衆功德善根取相分別及於所作隨喜俱行諸福業事發心迴向無上菩提取相分別以是取相分別方便發起隨喜迴向無上正等菩提諸佛世尊皆所不許何以故於已滅度諸佛世尊及弟子等取相分別隨喜迴向無上正等菩提是大有所得故是故菩薩摩訶薩欲於諸佛及弟子衆功德善根正起隨喜迴向無上正等菩提不應於中起有所得取相分別隨喜迴向若於其中起有所得取相分別隨喜迴向佛不說彼有大義利何以故如是隨喜迴向之心妄想分別雜毒藥故辟如有食雖具上妙色香美味而雜毒藥愚人淺識貪取敢之雖初適意歡喜快樂而後食消備受衆苦或便致死若等失命如是一類補特伽羅不善受持不善觀察不善誦讀不了知義而告大乘種性者曰來善男子汝於過去未來現在一切如來應正等覺從初發心至得無上正等菩提轉妙法輪度無量衆入無餘依般涅槃已乃至法滅於其中間若修般若波羅蜜多已集當集現集善根若修靜慮精進安忍淨戒布施波羅蜜多已集當集現集善根若住內空已集當集現集善根若住外空內外空空空大空勝義空有爲空無爲空畢竟空無際空散空無變異空本性空自相空共相空一切法空不可得空無性空自性空無性自性空已集當集現集善根若住真如已集當集現集善根若住法界法性不虛妄性不變異性平等性離生性法定法住實際虛空界不思議界已集當集現集善根若住苦聖諦已集當集現集善根若住集滅道聖諦已集當集現集善根若修四靜慮已集當集現集善根若修四無量四無色定已集當集現集

善根若修八解脫已集當集現集善根若修八勝處九次第定十遍處已集當集現集善根若修四念住已集當集現集善根若修四正斷四神足五根五力七等覺支八聖道支已集當集現集善根若修空解脫門已集當集現集善根若修無相無願解脫門已集當集現集善根若修五眼已集當集現集善根若修六神通已集當集現集善根若修佛十力已集當集現集善根若修四無所畏四無礙解大慈大悲大喜大捨十八佛不共法已集當集現集善根若修無忘失法已集當集現集善根若修恒住捨性已集當集現集善根若修一切智已集當集現集善根若修道相智一切相智已集當集現集善根若修一切陁羅尼門已集當集現集善根若修一切三摩地門已集當集現集善根若嚴淨佛土已集當集現集善根若成熟有情已集當集現集善根若諸如來應正等覺所有戒蘊定蘊慧蘊解脫蘊解脫智見蘊及餘一切無

數無量無邊功德若佛弟子一切有漏無漏善根若諸如來應正等覺已當現記諸天人等獨覺菩提所有功德若諸天龍藥叉揵達縛阿素洛揭路荼緊捺洛莫呼洛伽人非人等已集當集現集善根若善男子善女人等於諸功德發起隨喜迴向善根如是一切合集稱量現前隨喜與一切有情同共迴向阿耨多羅三藐三菩提如是所說隨喜迴向以有所得取相分別而為方便如食雜毒初益後損故此非善隨喜迴向所以者何以有所得取相分別發起隨喜迴向之心有因有緣有作意有戲論不應般若波羅蜜多彼雜毒故則為謗佛不隨佛教不隨法說菩薩種性補特伽羅不應隨彼所說修學是故大德應說云何住菩薩乘諸善男子善女人等應於過去未來現在十方世界一切如來應證等覺及弟子等功德善根隨喜迴向謂彼諸佛從初發心至得無上正等菩提轉妙法輪度无量衆入無餘依般涅槃已乃至法滅於

其中間若修般若波羅蜜多集諸善根若修靜慮精進安忍淨戒布施波羅蜜多集諸善根若住內空集諸善根若住外空內外空空空大空勝義空有為空無為空畢竟空無際空散空無變異空本性空自相空共相空一切法空不可得空無性空自性空無性自性空集諸善根若住真如集諸善根若住法界法性不虛妄性不變異性平等性離生性法定法住實際虛空界不思議界集諸善根若住苦聖諦集諸善根若住集滅道聖諦集諸善根若修四靜慮集諸善根若修四無量四無色定集諸善根若修八解脫集諸善根若修八勝處九次第定十遍處集諸善根若修四念住集諸善根若修四正斷四神足五根五力七等覺支八聖道支集諸善根若修空解脫門集諸善根若修無相無願解脫門集諸善根若修五眼集諸善根若修六神通集諸善根若修佛十力集諸善根若修四無所畏四無礙解大慈大悲大喜大捨十八佛

不共法集諸善根若修無妄失法集諸善根若修恒住捨性集諸善根若修一切智集諸善根若修道相智一切相智集諸善根若修一切陁羅尼門集諸善根若修一切三摩地門集諸善根若嚴淨佛土集諸善根若成熟有情集諸善根若諸如來應正等覺所有戒蘊定蘊慧蘊解脫蘊解脫智見蘊及餘一切無數無量無邊功德若佛弟子一切有漏無漏善根若諸如來應正等覺已當現記諸天人等獨覺菩提所有功德若諸天龍藥叉健達縛阿素洛揭路荼緊捺洛莫呼洛伽人非人等集諸善根若善男子善女人等於諸功德發起隨喜迴向善根住菩薩乘諸善男子善女人等云何於彼功德善根發起隨喜迴向無上正等菩提具壽善現白言大士住菩薩乘諸善男子善女人等修行般若波羅蜜多若欲不謗諸佛世尊而發隨喜迴向心者應作是念如諸如來應正等覺以無上佛智了達遍知諸功德善根有如是類有如是體有如是相有如是法而可隨喜我今亦應如是隨喜又如諸如來應正等覺以無上佛智了達遍知應以如是諸福業事迴向無上正等菩提我今亦應如是迴向住菩薩乘諸善男子善女人等於諸如來應正等覺及弟子等功德善根應作如是隨喜迴向若作如是隨喜迴向則不謗佛隨佛所教隨法而說是菩薩摩訶薩如是隨喜迴向之心求離衆毒終至甘露無上菩提

復次大士住菩薩乘諸善男子善女人等修行般若波羅蜜多於諸如來應正等覺及弟子等功德善根應作如是隨喜迴向如色不墮欲界色界無色界既不墮三界則非過去未來現在隨喜迴向亦應如是如受想行識不墮欲界色界無色界既不墮三界則非過去未來現在隨喜迴向亦應如是如眼處不墮欲界色界無色界既不墮三界則非過去未來現在隨喜迴向亦應如是如耳鼻舌身意處不墮欲界色界無色界既不墮三界則非過去未來現在隨喜迴向亦應如是如色處不墮欲界色界無色界既不墮三界則非過去未來現在隨喜迴向亦應如是如聲香味觸法處不墮欲界色界無色界既不墮三界則非過去未來現在隨喜迴向亦應如是如眼界不墮欲界色界無色界既不墮三界則非過去未來現在隨喜迴向亦應如是如色界眼識界及眼觸眼觸為緣所生諸受不墮欲界色界無色界既不墮三界則非過去未來現在隨喜迴向亦應如是如耳界不墮欲界色界無色界既不墮三界則非過去未來現在隨喜迴向亦應如是如聲界耳識界及耳觸耳觸為緣所生諸受不墮欲界色界無色界既不墮三界則非過去未來現在隨喜迴向亦應如是如鼻界不墮欲界色界無色界既不墮三界則非過去未來現在隨喜迴向亦應如是如香界鼻識界及鼻觸鼻觸為緣所生諸受不墮欲界色界無色界既不墮三界則非過去未來現在隨喜迴

向亦應如是如舌界不墮欲界色界無色界既不墮三界則非過去未來現在隨喜迴向亦應如是如味界舌識界及舌觸舌觸為緣所生諸受不墮欲界色界無色界既不墮三界則非過去未來現在隨喜迴向亦應如是如身界不墮欲界色界無色界既不墮三界則非過去未來現在隨喜迴向亦應如是如觸界身識界及身觸身觸為緣所生諸受不墮欲界色界無色界既不墮三界則非過去未來現在隨喜迴向亦應如是如意界不墮欲界色界無色界既不墮三界則非過去未來現在隨喜迴向亦應如是如法界意識界及意觸意觸為緣所生諸受不墮欲界色界無色界既不墮三界則非過去未來現在隨喜迴向亦應如是如地界不墮欲界色界無色界既不墮三界則非過去未來現在隨喜迴向亦應如是如水火風空識界不墮欲界色界無色界既不墮三界則非過去未來現在隨喜迴向亦應如是如無明不墮欲界

色界無色界既不墮三界則非過去未來現在隨喜迴向亦應如是如行識名色六處觸受愛取有生老死愁歎苦憂惱不墮欲界色界無色界既不墮三界則非過去未來現在隨喜迴向亦應如是如布施波羅蜜多不墮欲界色界無色界既不墮三界則非過去未來現在隨喜迴向亦應如是如淨戒安忍精進靜慮般若波羅蜜多不墮欲界色界無色界既不墮三界則非過去未來現在隨喜迴向亦應如是如內空不墮欲界色界無色界既不墮三界則非過去未來現在隨喜迴向亦應如是如外空內外空空空大空勝義空有為空無為空畢竟空無際空散空無變異空本性空自相空共相空一切法空不可得空無性空自性空無性自性空不墮欲界色界無色界既不墮三界則非過去未來現在隨喜迴向亦應如是如真如不墮欲界色界無色界既不墮三界則非過去未來現在隨喜迴向亦應如是如法界法性不虛妄性

不變異性平等性離生性法定法住實際虛空界不思議界不墮欲界色界無色界既不墮三界則非過去未來現在隨喜迴向亦應如是如苦聖諦不墮欲界色界無色界既不墮三界則非過去未來現在隨喜迴向亦應如是如集滅道聖諦不墮欲界色界無色界既不墮三界則非過去未來現在隨喜迴向亦應如是如四靜慮不墮欲界色界無色界既不墮三界則非過去未來現在隨喜迴向亦應如是如四無量四無色定不墮欲界色界無色界既不墮三界則非過去未來現在隨喜迴向亦應如是如八解脫不墮欲界色界無色界既不墮三界則非過去未來現在隨喜迴向亦應如是如八勝處九次第定十遍處不墮欲界色界無色界既不墮三界則非過去未來現在隨喜迴向亦應如是如四念住不墮欲界色界無色界既不墮三界則非過去未來現在隨喜迴向亦應如是如四正斷四神足五根五力七等覺支八聖道

支不墮欲界色界無色界既不墮三界則非過去未來現在隨喜迴向亦應如是如空解脫門不墮欲界色界無色界既不墮三界則非過去未來現在隨喜迴向亦應如是如無相無願解脫門不墮欲界色界無色界既不墮三界則非過去未來現在隨喜迴向亦應如是如五眼不墮欲界色界無色界既不墮三界則非過去未來現在隨喜迴向亦應如是如六神通不墮欲界色界無色界既不墮三界則非過去未來現在隨喜迴向亦應如是如佛十力不墮欲界色界無色界既不墮三界則非過去未來現在隨喜迴向亦應如是如四無所畏四無礙解大慈大悲大喜大捨十八佛不共法不墮欲界色界無色界既不墮三界則非過去未來現在隨喜迴向亦應如是如無忘失法不墮欲界色界無色界既不墮三界則非過去未來現在隨喜迴向亦應如是如恒住捨性不墮欲界色界無色界既不墮三界則非過去未來現在隨喜

迴向亦應如是如一切智不墮欲界色界無色界既不墮三界則非過去未來現在隨喜迴向亦應如是如道相智一切相智不墮欲界色界無色界既不墮三界則非過去未來現在隨喜迴向亦應如是如一切陁羅尼門不墮欲界色界無色界既不墮三界則非過去未來現在隨喜迴向亦應如是如一切三摩地門不墮欲界色界无色界既不墮三界則非過去未來現在隨喜迴向亦應如是如戒蘊不墮欲界色界无色界既不墮三界則非過去未來現在隨喜迴向亦應如是如定蘊慧蘊解脫蘊解脫智見蘊不墮欲界色界無色界既不墮三界則非過去未來現在隨喜迴向亦應如是如預流果不墮欲界色界無色界既不墮三界則非過去未來現在隨喜迴向亦應如是如一來果不還果阿羅漢果不墮欲界色界无色界既不墮三界則非過去未來現在隨喜迴向亦應如是如獨覺菩提不墮欲界色界无色界既不墮三界

則非過去未來現在隨喜迴向亦應如是如諸菩薩摩訶薩行不墮欲界色界無色界既不墮三界則非過去未來現在隨喜迴向亦應如是如諸佛無上正等菩提不墮欲界色界無色界既不墮三界則非過去未來現在隨喜迴向亦應如是所以者何如彼諸法自性空故不墮三界非三世攝隨喜迴向亦復如是謂諸如來應正等覺自性空故不墮三界非三世攝諸佛功德自性空故不墮三界非三世攝聲聞獨覺及人天等自性空故不墮三界非三世攝彼諸善根自性空故不墮三界非三世攝於彼隨喜自性空故不墮三界非三世攝所迴向法自性空故不墮三界非三世攝能迴向者自性空故不墮三界非三世攝若菩薩摩訶薩脩行般若波羅蜜多如實知色不墮欲界色界無色界如實知受想行識不墮欲界色界无色界若俱不墮三界則非過去未來現在若非三世則不可以彼有相為方便有所得為方便發生隨喜

迴向無上正等菩提何以故以色等法自性不生若法不生則無所有不可以彼無所有法隨喜迴向無所有故若菩薩摩訶薩修行般若波羅蜜多如實知眼處不墮欲界色界无色界如實眼耳鼻舌身意處不墮欲界色界無色界若俱不墮三界則非過去未来現在若非三世則不可以彼有相為不便有所得為方便發生隨喜迴向无上正等菩提何以故以眼處等法自性不生若法不生則無所有不可以彼無所有法隨喜迴向無所有故若菩薩摩訶薩修行般若波羅蜜多如實知色處不墮欲界色界无色界如實知聲香味觸法處不墮欲界色界无色界若俱不墮三界則不過去未来現在若非三世則不可以彼有相為方便有所得為方便發生隨喜迴向无上正等菩提何以故以色處等法自性不生若法不生則无所有不可以彼無所有法隨喜迴向无所有故若菩薩摩訶薩修行般若波羅蜜多如實知眼界不墮欲界

色界無色界如實知色界眼識界及眼觸眼觸為緣所生諸受不墮欲界色界無色界若俱不墮三界則非過去未来現在若非三世則不可以彼有相為方便有所得為方便發生隨喜迴向無上正等菩提何以故以眼界等法自性不生若法不生則無所有不可以彼無所有法隨喜迴向無所有故若菩薩摩訶薩修行般若波羅蜜多如實知耳界不墮欲界色界無色界如實知聲界耳識界及耳觸耳觸為緣所生諸受不墮欲界色界無色界若俱不墮三界則非過去未来現在若非三世則不可以彼有相為方便有所得為方便發生隨喜迴向無上正等菩提何以故以耳界等法自性不生若法不生則無所有不可以彼無所有法隨喜迴向無所有故若菩薩摩訶薩修行般若波羅蜜多如實知鼻界不墮欲界色界無色界如實知香界鼻識界及鼻觸鼻觸為緣所生諸受不墮欲界色界無色界若俱不墮三界則非過去未来現

在若非三世則不可以彼有相為方便有所得為方便發生隨喜迴向無上正等菩提何以故以鼻界等法自性不生若法不生則無所有不可以彼無所有法隨喜迴向無所有故若菩薩摩訶薩修行般若波羅蜜多如實知舌界不墮欲界色界無色界如實知味界舌識界及舌觸舌觸為緣所生諸受不墮欲界色界無色界若俱不墮三界則非過去未来現在若非三世則不可以彼有相為方便有所得為方便發生隨喜迴向無上正等菩提何以故以舌界等法自性不生若法不生則無所有不可以彼無所有法隨喜迴向無所有故若菩薩摩訶薩修行般若波羅蜜多如實知身界不墮欲界色界無色界如實知觸界身識界及身觸身觸為緣所生諸受不墮欲界色界無色界若俱不墮三界則非過去未来現在若非三世則不可以彼有相為方便有所得為方便發生隨喜迴向無上正等菩提何以故以身界等法自性不生若

大般若經卷第一百七十 第二十四張 寒字号

法不生則無所有不可以彼無所有法隨喜迴向無所有故若菩薩摩訶薩修行般若波羅蜜多如實知意界不墮欲界色界無色界如實知法界意識界及意觸意觸為緣所生諸受不墮欲界色界無色界若俱不墮三界則非過去未來現在若非三世則不可以彼有相為方便有所得為方便發生隨喜迴向無上正等菩提何以故以意界等法自性不生若法不生則無所有不可以彼無所有法隨喜迴向無所有故

大般若波羅蜜多經卷第一百七十

[illegible]

大般若波羅蜜多經卷第一百七十

校勘記

一 底本，金藏大寶集寺本。

一 六二四頁下一七行「顛」，石、普作「顚」，下同。

一 六二五頁中九行「取相分別」，石作「取分別」。

一 六二五頁下二行「誦讀」，徑、清作「讀誦」。

一 六二五頁下三行「種性」，石作「種姓」，下同。

一 六二五頁下四行「未来」，石作「木来」。

一 六二五頁下一一行「若住外空」至一七行首字「根」，石漏刻八十字。

一 六二五頁下一八行「寶際」，石、磧、普、南、徑、清、麗作「實際」。

一 六二六頁中二行至三行「已當現記」，南作「即當現記」。

一 六二六頁中四行「徤」，石、磧、普、南、徑、清、麗作「健」。

一 六二六頁中四行至五行「揭路茶」，磧、南作「揭路茶」。

一 六二六頁中一一行「離毒」，石作「新毒」。

一 六二七頁上一行「無妄失法」，石、磧、普、南、徑、清、麗作「無忘失法」。

一 六二七頁上一三行「健達縛」，磧、普、南作「乾達縛」。

一 六二七頁上一三行「揭路茶」，磧、南作「揭路茶」。

一 六二七頁中六行「善女人等」，磧作「善女人善」。

一 六二七頁中一〇行「永離」，石、磧、普、南、徑、清作「不雜」。

一 六三〇頁上六行「如實眼耳」，石、磧、普、南、徑、、麗作「如實知耳」。

一　六三〇頁上九行「有相為不便」，石、磧、普、南、徑、清、麗作「有相為方便」。

一　六三〇頁上一七行「不過去未來現在」，石、資、普、南、徑、　、　作「非過去未來現在」。

一　六三〇頁中八行「無所有法」，徑作「無有所法」。

一　六三〇頁中一六行「以耳界等」，磧、普、南、徑、清作「耳界等」。

大般若波羅蜜多經卷第一百七十一　　來

三藏法師玄奘奉　詔譯

初分隨喜迴向品第三十一之四

若菩薩摩訶薩修行般若波羅蜜多如實知地界不墮欲界色界無色界如實知水火風空識界不墮欲界色界無色界若俱不墮三界則非過去未来現在若非三世則不可以彼有相為方便有所得為方便發生隨喜迴向無上正等菩提何以故以地界等法自性不生若法不生則无所有不可以彼無所有法隨喜迴向無所有故若菩薩摩訶薩修行般若波羅蜜多如實知無明不墮欲界色界无色界如實知行識名色六處觸受愛取有生老死愁歎苦憂惱不墮欲界色界無色界若俱不墮三界則非過去未来現在若非三世則不可以彼有相為方便有所得為方便發生隨喜迴向無上正等菩提何以故以无明等法自性不生若法不生則無所有不可以彼無所有法隨喜迴向无

所有故若菩薩摩訶薩修行般若波羅蜜多如實知布施波羅蜜多不墮欲界色界無色界如實知淨戒安忍精進靜慮般若波羅蜜多不墮欲界色界無色界若俱不墮三界則非過去未来現在若非三世則不可以彼有相為方便有所得為方便發生隨喜迴向無上正等菩提何以故以布施波羅蜜多等法自性不生若法不生則無所有不可以彼無所有法隨喜迴向無所有故若菩薩摩訶薩修行般若波羅蜜多如實知內空不墮欲界色界無色界如實知外空內外空空空大空勝義空有為空無為空畢竟空無際空散空無變異空本性空自相空共相空一切法空不可得空無性空自性空無性自性空不墮欲界色界無色界若俱不墮三界則非過去未来現在若非三世則不可以彼有相為方便有所得為方便發生隨喜迴向無上正等菩提何以故以內空等法自性不生若法不生則無所有不可以彼無所有法隨喜迴

向無所有故若菩薩摩訶薩修行般若波羅蜜多如實知真如不墮欲界色界無色界如實知法界法性不虛妄性不變異性平等性離生性法定法住實際虛空界不思議界不墮欲界色界無色界若俱不墮三界則非過去未來現在若非三世則不可以彼有相為方便有所得為方便發生隨喜迴向無上正等菩提何以故以真如等法自性不生若法不生則無所有不可以彼无所有法隨喜迴向無所有故若菩薩摩訶薩修行般若波羅蜜多如實知苦聖諦不墮欲界色界無色界如實知集滅道聖諦不墮欲界色界無色界若俱不墮三界則非過去未來現在若非三世則不可以彼有相為方便有所得為方便發生隨喜迴向无上正等菩提何以故以苦聖諦等法自性不生若法不生則無所有不可以彼无所有法隨喜迴向無所有故若菩薩摩訶薩修行般若波羅蜜多如實知四靜慮不墮欲界色界無色界如實知四无量

四無色定不墮欲界色界无色界若俱不墮三界則非過去未來現在若非三世則不可以彼有相為方便有所得為方便發生隨喜迴向無上正等菩提何以故以四靜慮等法自性不生若法不生則無所有不可以彼無所有法隨喜迴向无所有故若菩薩摩訶薩修行般若波羅蜜多如實知八解脫不墮欲界色界无色界如實知八勝處九次第定十遍處不墮欲界色界無色界若俱不墮三界則非過去未來現在若非三世則不可以彼有相為方便有所得為方便發生隨喜迴向無上正等菩提何以故以八解脫等法自性不生若法不生則無所有不可以彼无所有法隨喜迴向無所有故若菩薩摩訶薩修行般若波羅蜜多如實知四念住不墮欲界色界無色界如實知四正斷四神足五根五力七等覺支八聖道支不墮欲界色界無色界若俱不墮三界則非過去未來現在若非三世則不可以彼有相為方便有所得為方

便發生隨喜迴向無上正等菩提何以故以四念住等法自性不生若法不生則無所有不可以彼無所有法隨喜迴向無所有故若菩薩摩訶薩修行般若波羅蜜多如實知空解脫門不墮欲界色界無色界如實知無相無願解脫門不墮欲界色界無色界若俱不墮三界則非過去未來現在若非三世則不可以彼有相為方便有所得為方便發生隨喜迴向無上正等菩提何以故以空解脫門等法自性不生若法不生則無所有不可以彼無所有法隨喜迴向無所有故若菩薩摩訶薩修行般若波羅蜜多如實知五眼不墮欲界色界無色界如實知六神通不墮欲界色界無色界若俱不墮三界則非過去未來現在若非三世則不可以彼有相為方便有所得為方便發生隨喜迴向無上正等菩提何以故以五眼等法自性不生若法不生則無所有不可以彼無所有法隨喜迴向無所有故若菩薩摩訶薩修行般若波羅蜜多

大般若經第一百七十一　第六張　未字号

如實知佛十力不墮欲界色界無色界如實知四無所畏四無礙解大慈大悲大喜大捨十八佛不共法不墮欲界色界無色界若俱不墮三界則非過去未來現在若非三世則不可以彼有相為方便有所得為方便發生隨喜迴向無上正等菩提何以故以佛十力等法自性不生若法不生則無所有不可以彼無所有法隨喜迴向無所有故若菩薩摩訶薩修行般若波羅蜜多如實知無忘失法不墮欲界色界無色界如實知恒住捨性不墮欲界色界無色界若俱不墮三界則非過去未來現在若非三世則不可以彼有相為方便有所得為方便發生隨喜迴向無上正等菩提何以故以無忘失法等法自性不生若法不生則無所有不可以彼無所有法隨喜迴向無所有故若菩薩摩訶薩修行般若波羅蜜多如實知一切智不墮欲界色界無色界如實知道相智一切相智不墮欲界色界無色界若俱不墮三界則非過去未來

大般若經第一百七十一　第七張　未

現在若非三世則不可以彼有相為方便有所得為方便發生隨喜迴向無上正等菩提何以故以一切智等法自性不生若法不生則無所有不可以彼無所有法隨喜迴向无所有故若菩薩摩訶薩修行般若波羅蜜多如實知一切陁羅尼門不墮欲界色界無色界如實知一切三摩地門不墮欲界色界無色界若俱不墮三界則非過去未來現在若非三世則不可以彼有相為方便有所得為方便發生隨喜迴向無上正等菩提何以故以一切陁羅尼門等法自性不生若法不生則無所有不可以彼無所有法隨喜迴向无所有故若菩薩摩訶薩修行般若波羅蜜多如實知戒蘊不墮欲界色界無色界如實知定蘊慧蘊解脫蘊解脫智見蘊不墮欲界色界無色界若俱不墮三界則非過去未來現在若非三世則不可以彼有相為方便有所得為方便發生隨喜迴向無上正等菩提何以故以戒蘊等法自性不生若法不生則

大般若經第一百七十一　第八張　未字号

無所有不可以彼無所有法隨喜迴向無所有故若菩薩摩訶薩修行般若波羅蜜多如實知預流果不墮欲界色界無色界如實知一來果不還果阿羅漢果不墮欲界色界無色界若俱不墮三界則非過去未來現在若非三世則不可以彼有相為方便有所得為方便發生隨喜迴向無上正等菩提何以故以預流果等法自性不生若法不生則無所有不可以彼無所有法隨喜迴向無所有故若菩薩摩訶薩修行般若波羅蜜多如實知諸獨覺菩提不墮欲界色界無色界若不墮三界則非過去未來現在若非三世則不可以彼有相為方便有所得為方便發生隨喜迴向無上正等菩提何以故以諸獨覺菩提法自性不生若法不生則無所有不可以彼無所有法隨喜迴向無所有故若菩薩摩訶薩修行般若波羅蜜多如實知諸菩薩摩訶薩行不墮欲界色界無色界若不墮三界則非過去未來現在若非三世則不可以彼

有相為方便有所得為方便發生隨喜迴向無上正等菩提何以故以諸菩薩摩訶薩行法自性不生若法不生則無所有不可以彼無所有法隨喜迴向無所有故若菩薩摩訶薩修行般若波羅蜜多如實知諸佛無上正等菩提不墮欲界色界無色界若不墮三界則非過去未來現在若非三世則不可以彼有相為方便有所得為方便發生隨喜迴向無上正等菩提何以故以諸佛無上正等菩提法自性不生若法不生則無所有不可以彼無所有法隨喜迴向無所有故是菩薩摩訶薩如是隨喜迴向不雜衆毒終至甘露無上菩提

復次大士住菩薩乘諸善男子善女人等若以有相為方便或有所得為方便於諸如來應正等覺及弟子等功德善根發生隨喜迴向無上正等菩提如是為邪隨喜迴向此邪隨喜迴向之心諸佛世尊所不稱讃如是隨喜迴向之心非佛世尊所稱讃故不能圓滿布施淨戒安忍精進靜慮

般若波羅蜜多亦不能圓滿四靜慮四無量四無色定亦不能圓滿八解脫八勝處九次第定十遍處亦不能圓滿四念住四正斷四神足五根五力七等覺支八聖道支亦不能圓滿空解脫門無相解脫門無願解脫門由不能圓滿布施淨戒安忍精進靜慮般若波羅蜜多故不能圓滿四靜慮四無量四無色定故不能圓滿八解脫八勝處九次第定十遍處故不能圓滿四念住四正斷四神足五根五力七等覺支八聖道支故不能圓滿空解脫門無相解脫門無願解脫門故則不能圓滿內空外空內外空空空大空勝義空有為空無為空畢竟空無際空散空無變異空本性空自相空共相空一切法空不可得空無性空自性空無性自性空亦不能圓滿真如法界法性不虛妄性不變異性平等性離生性法定法住實際虛空界不思議界亦不能圓滿苦聖諦集聖諦滅聖諦道聖諦由不能圓滿內空外空內外空空空大空勝義

空有為空無為空畢竟空無際空散空無變異空本性空自相空共相空一切法空不可得空無性空自性空無性自性空故不能圓滿真如法界法性不虛妄性不變異性平等性離生性法定法住實際虛空界不思議界故不能圓滿苦聖諦集聖諦滅聖諦道聖諦故則不能圓滿五眼六神通亦不能圓滿佛十力四無所畏四無礙解大慈大悲大喜大捨十八佛不共法亦不能圓滿無忘失法恒住捨性亦不能圓滿一切智道相智一切相智亦不能圓滿一切陀羅尼門一切三摩地門由不能圓滿五眼六神通故不能圓滿佛十力四無所畏四無礙解大慈大悲大喜大捨十八佛不共法故不能圓滿無忘失法恒住捨性故不能圓滿一切智道相智一切相智故不能圓滿一切陀羅尼門一切三摩地門故則不能圓滿嚴淨佛土亦不能圓滿成熟有情由不能圓滿嚴淨佛土故不能圓滿成熟有情故則不能證得阿耨多羅三藐

三菩提何以故由彼所起隨喜迴向雜衆毒故復次大士諸菩薩摩訶薩修行般若波羅蜜多應作是念如十方界一切如來應正等覺如實照了功德善根有如是法可依是法發生無倒隨喜迴向我今亦應依如是法發生隨喜迴向無上正等菩提是為正起隨喜迴向

尒時世尊讚具壽善現言善哉善哉善現汝今已為佛所作事謂為菩薩摩訶薩等善說無倒隨喜迴向如是所說隨喜迴向以無相為方便無所得為方便無生為方便無滅為方便無染為方便無淨為方便無性自性為方便自相空為方便自性空為方便真如為方便法界為方便法性為方便不虛妄性為方便實際為方便故善現假使三千大千世界一切有情皆得成就十善業道四靜慮四無量四無色定五神通於汝意云何是諸有情功德多不善現荅言甚多世尊甚多善逝佛言善現若善男子善女人等於諸如來應正等覺及弟子

等功德善根起無染著隨喜迴向所獲功德甚多於前善現是善男子善女人等所起如是隨喜迴向為冣為勝為尊為高為妙為微妙為上為無上無等無等等

復次善現假使三千大千世界一切有情皆得預流一來不還阿羅漢果有善男子善女人等於彼預流一來不還阿羅漢果盡其形壽供養恭敬尊重讚歎以無量種衣服飲食卧具醫藥及餘資具而奉施之於汝意云何是善男子善女人等由此因緣得福多不善現荅言甚多世尊甚多善逝佛言善現若善男子善女人等於諸如來應正等覺及弟子等功德善根起無染著隨喜迴向所獲福聚甚多於前善現是善男子善女人等所起如是隨喜迴向為冣為勝為尊為高為妙為微妙為上為無上無等無等等復次善現假使三千大千世界一切有情皆成獨覺有善男子善女人等於彼獨覺盡其形壽供養恭敬尊重讚歎以無量種衣服飲食卧具

醫藥及餘資具而奉施之於汝意云何是善男子善女人等由此因緣得福多不善現荅言甚多世尊甚多善逝佛言善現若善男子善女人等於諸如來應正等覺及弟子等功德善根起無染著隨喜迴向所獲福聚甚多於前善現是善男子善女人等所起如是隨喜迴向為冣為勝為尊為高為妙為微妙為上為無上無等無等等復次善現假使三千大千世界一切有情皆趣無上正等菩提設復十方各如殑伽沙等世界一切有情一一各於彼趣無上正等菩提一一菩薩摩訶薩所供養恭敬尊重讚歎以無量種衣服飲食卧具醫藥及餘資生上妙樂具而奉施之經如殑伽沙等大劫於汝意云何是諸有情由此因緣得福多不善現荅言甚多世尊甚多善逝如是福聚無數無量無邊無限筭數譬喻難可測量世尊若是福聚有形色者十方各如殑伽沙界所不容受佛言善哉善哉善現彼福聚量如汝所說若善男子善女人

等於諸如來應正等覺及弟子等功德善根起無染著隨喜迴向所獲福聚甚多於前善現是善男子善女人等所起如是隨喜迴向為最為勝為尊為高為妙為微妙為上為無上無等無等等善現若以前福比此福聚百分不及一千分不及一百千分不及一俱胝分不及一百俱胝分不及一千俱胝分不及一百千俱胝分不及一百千俱胝那庾多分不及一數分筭分計分喻分乃至鄔波尼殺曇分亦不及一何以故善現彼諸有情所成就十善業道四靜慮四無量四無色定五神通皆以有相及有所得為方便故彼善男子善女人等供養恭敬尊重讚歎以無量種衣服飲食卧具醫藥及餘資具奉施預流一來不還阿羅漢果及諸獨覺所獲福聚皆以有相及有所得為方便故彼諸有情供養恭敬尊重讚歎以無量種衣服飲食卧具醫藥及餘資生上妙樂具奉施彼趣無上菩提諸菩薩衆所獲福聚皆以有相及有所得為方

便故尒時四大天王與其眷屬二万天子俱踊躍歡喜便起合掌頂礼佛足白言世尊如是菩薩摩訶薩乃能發起如是廣大隨喜迴向謂彼菩薩摩訶薩方便善巧以無相為方便無所得為方便無染著為方便無思作為方便於諸如來應正等覺及弟子等功德善根發生隨喜迴向無上正等菩提如是所起隨喜迴向不墮二法不二法中時天帝釋與其眷屬無量百千天子俱各持種種天妙花鬘燒香塗香散香衣服瓔珞寶幢幡蓋衆妙珎奇奏諸天樂以供養佛白言世尊如是菩薩摩訶薩乃能發起如是廣大隨喜迴向謂彼菩薩摩訶薩方便善巧以無相為方便無所得為方便無染著為方便無思作為方便於諸如來應正等覺及弟子等功德善根發生隨喜迴向無上正等菩提如是所起隨喜迴向不墮二法不二法中時蘇夜摩天王與其眷屬無量百千天子俱各持種種天妙花鬘燒香塗香散香衣服瓔珞寶幢幡蓋衆

妙珎奇奏諸天樂以供養佛白言世尊如是菩薩摩訶薩乃能發起如是廣大隨喜迴向謂彼菩薩摩訶薩方便善巧以無相為方便無所得為方便無染著為方便無思作為方便於諸如來應正等覺及弟子等功德善根發生隨喜迴向無上正等菩提如是所起隨喜迴向不墮二法不二法中時珊覩史多天王與其眷屬無量百千天子俱各持種種天妙花鬘燒香塗香散香衣服瓔珞寶幢幡蓋衆妙珎奇奏諸天樂以供養佛白言世尊如是菩薩摩訶薩乃能發起如是廣大隨喜迴向謂彼菩薩摩訶薩方便善巧以無相為方便無所得為方便無染著為方便無思作為方便於諸如來應正等覺及弟子等功德善根發生隨喜迴向無上正等菩提如是所起隨喜迴向不墮二法不二法中時善變化天王與其眷屬無量百千天子俱各持種種天妙花鬘燒香塗香散香衣服瓔珞寶幢幡蓋衆妙珎奇奏諸天樂以供養佛白言世尊

大般若經卷第百七十一　第十八張　來字号

如是菩薩摩訶薩乃能發起如是廣大隨喜迴向謂彼菩薩摩訶薩方便善巧以無相為方便無所得為方便無染著為方便無思作為方便於諸如來應正等覺及弟子等功德善根發生隨喜迴向無上正等菩提如是所起隨喜迴向不墮二法不二法中時宲自在天王與其眷屬無量百千天子俱各持種種天妙花鬘燒香塗香散香衣服瓔珞寶幢幡蓋衆妙珍奇奏諸天樂以供養佛白言世尊如是菩薩摩訶薩乃能發起如是廣大隨喜迴向謂彼菩薩摩訶薩方便善巧以無相為方便無所得為方便無染著為方便無思作為方便於諸如來應正等覺及弟子等功德善根發生隨喜迴向無上正等菩提如是所起隨喜迴向不墮二法不二法中介時大梵天王與無量百千俱胝那庾多梵天衆俱前詣佛所頂礼雙足俱發聲言希有世尊如是菩薩摩訶薩為般若波羅蜜多及方便善巧所攝受故起勝於前無方便善巧有相有所得諸善男子善女人等所脩善根時極光淨天與無量百千俱胝那庾多光天衆俱前詣佛所頂礼雙足俱發聲言希有世尊如是菩薩摩訶薩為般若波羅蜜多及方便善巧所攝受故起勝於前無方便善巧有相有所得諸善男子善女人等所脩善根時遍淨天與無量百千俱胝那庾多淨天衆俱前詣佛所頂礼雙足俱發聲言希有世尊如是菩薩摩訶薩為般若波羅蜜多及方便善巧所攝受故起勝於前無方便善巧有相有所得諸善男子善女人等所脩善根時廣果天與無量百千俱胝那庾多廣天衆俱前詣佛所頂礼雙足俱發聲言希有世尊如是菩薩摩訶薩為般若波羅蜜多及方便善巧所攝受故起勝於前無方便善巧有相有所得諸善男子善女人等所脩善根時色究竟天與無量百千俱胝那庾多淨居天衆俱前詣佛所頂礼雙足俱發聲言希有世尊如是菩薩摩訶薩為般若波羅蜜多及方便善巧所攝受

大般若經卷第百七十一　第十九張　來字号

故起勝於前無方便善巧有相有所得諸善男子善女人等所脩善根

介時佛告四大王衆天三十三天夜摩天覩史多天樂變化天他化自在天梵衆天梵輔天梵會天大梵天光天少光天無量光天極光淨天淨天少淨天無量淨天遍淨天廣天少廣天無量廣天廣果天無繁天無熱天善現天善見天色究竟天等言假使三千大千世界一切有情皆發阿耨多羅三藐三菩提心普於過去未来現在十方世界一切如来應正等覺從初發心至得無上正等菩提轉妙法輪入無餘依般涅槃後乃至法滅於其中間所有脩習布施淨戒安忍精進靜慮般若波羅蜜多相應善根若安住內空外空內外空空空大空勝義空有為空無為空畢竟空無際空散空無變異空本性空自相空共相空一切法空不可得空無性空自性空無性自性空相應善根若安住真如法界法性不虛妄性不變異性平等性離生性法定法住實際虛空

大般若經卷第百七十一　第二十張　來字号

界不思議界相應善根若安住苦聖諦集聖諦滅聖諦道聖諦相應善根若修習四靜慮四無量四無色定相應善根若修習八解脫八勝處九次第定十遍處相應善根若修習四念住四正斷四神足五根五力七等覺支八聖道支相應善根若修習空解脫門無相解脫門無願解脫門相應善根若修習五眼六神通相應善根若修習佛十力四無所畏四無礙解大慈大悲大喜大捨十八佛不共法相應善根若修習無忘失法恒住捨性相應善根若修習一切智道相智一切相智相應善根若修習一切陁羅尼門一切三摩地門相應善根若修習諸菩薩摩訶薩行相應善根若修習諸佛無上正等菩提相應善根若諸弟子所有善根若諸如来應正等覺戒蘊定蘊慧蘊解脫蘊解脫智見蘊及餘無量無邊佛法若諸如来所說正法若依彼法修習施性戒性修性三福業事若依彼法精勤修學得預流果得一来果得不還果得阿

羅漢果得獨覺菩提得入菩薩正性離生若諸有情修布施淨戒安忍精進靜慮般若等所引善根如是一切合集稱量以有相為方便有所得為方便有染著為方便有思作為方便有二不二為方便現前隨喜既隨喜已迴向無上正等菩提有善男子善女人等發趣無上正等菩提普於過去未来現在十方世界一切如来應正等覺從初發心至得無上正等菩提轉妙法輪入無餘依般涅槃後乃至法滅於其中間所有修習布施淨戒安忍精進靜慮般若波羅蜜多相應善根若安住內空外空內外空空空大空勝義空有為空無為空畢竟空無際空散空無變異空本性空自相空共相空一切法空不可得空無性空自性空無性自性空相應善根若安住真如法界法性不虛妄性不變異性平等性離生性法定法住實際虛空界不思議界相應善根若安住苦聖諦集聖諦滅聖諦道聖諦相應善根若修習四靜慮四無量四無

色定相應善根若修習八解脫八勝處九次第定十遍處相應善根若修習四念住四正斷四神足五根五力七等覺支八聖道支相應善根若修習空解脫門無相解脫門無願解脫門相應善根若修習五眼六神通相應善根若修習佛十力四無所畏四無礙解大慈大悲大喜大捨十八佛不共法相應善根若修習無忘失法恒住捨性相應善根若修習一切智道相智一切相智相應善根若修習一切陁羅尼門一切三摩地門相應善根若修習諸菩薩摩訶薩行相應善根若修習諸佛無上正等菩提相應善根若諸弟子所有善根若諸如来應正等覺戒蘊定蘊慧蘊解脫蘊解脫智見蘊及餘無量無邊佛法若諸如来所說正法若依彼法修習施性戒性修性三福業事若依彼法精勤修學得預流果得一来果得不還果得阿羅漢果得獨覺菩提得入菩薩正性離生若諸有情修布施淨戒安忍精進靜慮般若等所引善根如

是一切合集稱量以無相為方便无所得為方便無染著為方便无思作為方便無二不二為方便現前隨喜既隨喜已迴向无上正等菩提是善男子善女人等隨喜迴向為㝡為勝為尊為高為妙為微妙為上為無上无等無等等於前有情隨喜迴向百倍為勝千倍為勝百千倍為勝俱胝倍為勝百俱胝倍為勝千俱胝倍為勝百千俱胝倍為勝百千俱胝那庾多倍為勝數倍筭倍計倍喻倍乃至鄔波尼煞曇倍亦㝡為勝

大般若波羅蜜多經卷第一百七十一

[illegible]
燕京南[illegible]奉佛弟子[illegible]張氏感
如來之所[illegible]
聖朝之弘願發心施財命工印造[illegible]三乘[illegible]之大藏成一
黄卷[illegible]以琅函安置在[illegible]大寶集寺[illegible]
皇帝聖壽無疆[illegible]
永作乾坤之主　伏願[illegible]方
代[illegible]　丙辰年六月[illegible]

大般若波羅蜜多經卷第一百七十一

校勘記

一　底本，金藏大寶集寺本。

一　六三三頁中二行「奉詔譯」，磧作「詔譯」。

一　六三四頁上一行「若菩薩」，石作「菩薩」。

一　六三四頁上一九行「以苦聖諦」至本頁中五行「何以故」，石漏刻一百三十一字。

一　六三六頁上二〇行「邪隨喜」，石作「耶隨喜」。

一　六三六頁上二一行「稱讚」，石作「稱一」。

一　六三六頁中一四行至本頁下七行所有「圓滿」二字，磧、普、南、徑、清均作「圓證」。

一　六三六頁中二三行「滿」，石作「證」。

一　六三六頁下四行、七行「圓滿」，石作「圓證」。

一　六三七頁上一五行至一六行「自性空為方便」，石作「自性空為方便自性空為方便」。

一　六三七頁上二三行「應正等覺」，石作「應正等一」。

一　六三八頁上一行「如來」，南作「如如」。

一　六三八頁中一二行「幢幡」，石作「憧幡」，下同。

一　六三九頁上八行「㝡自在天王」，普作「最自在天」。

一　六三九頁下八行「無繫天」，磧、普、南、徑、清作「無煩天」。

一　六三九頁下一七行「若安住」，普作「安住」。

一　六四〇頁中一〇行至一一行「菩提」，石作「菩是」。

大般若波羅蜜多經卷第一百七十二　來

三藏法師玄奘奉　詔譯

初分隨喜迴向品第三十一之五

尒時具壽善現白佛言世尊如世尊說是善男子善女人等隨喜迴向為㝡為勝為尊為高為妙為微妙為上為無上无等無等等世尊齊何說是隨喜迴向為㝡為勝為尊為高為妙為微妙為上為無上无等無等等佛言善現是善男子善女人等普於過去未来現在十方世界一切如来應正等覺聲聞獨覺菩薩及餘一切有情諸善根等不取不捨不矜不蔑非有所得非無所得又知諸法无生無滅無染无淨無增无減無去无来無聚无散無入无出作如是念如彼過去未来現在諸法真如法界法性不虛妄性不變異性平等性離生性法定法住實際虛空界不思議界我亦如是隨喜迴向善現齊是菩薩摩訶薩所起隨喜迴向我說為㝡為勝為尊為高為妙為微妙為上為无上無

等無等等善現如是隨喜迴向勝餘隨喜迴向百倍千倍百千倍俱胝倍百俱胝倍千俱胝倍百千俱胝倍百千俱胝那庾多倍數倍筭倍計倍喻倍乃至鄔波尼殺曇倍是故我說如是所起隨喜迴向為㝡為勝為尊為高為妙為微妙為上為無上无等無等等

復次善現住菩薩乘諸善男子善女人等欲於過去未来現在十方世界一切如来應正等覺從初發心至得無上正等菩提轉妙法輪入无餘依般涅槃後乃至法滅於其中間所有一切布施淨戒安忍精進靜慮般若波羅蜜多相應善根若戒蘊定蘊慧蘊解脫蘊解脫智見蘊若餘无量無邊佛法若諸聲聞獨覺菩薩功德善根若餘有情所有施性戒性修性三福業事及餘善法合集稱量現前發起無倒隨喜迴向心者應作是念如解脫色亦如是如解脫受想行識亦如是如解脫眼處亦如是如解脫耳鼻舌身意處亦如是如解脫色處亦

如是如解脫聲香味觸法處亦如是如解脫眼界亦如是如解脫色界眼識界及眼觸眼觸為緣所生諸受亦如是如解脫耳界亦如是如解脫聲界耳識界及耳觸耳觸為緣所生諸受亦如是如解脫鼻界亦如是如解脫香界鼻識界及鼻觸鼻觸為緣所生諸受亦如是如解脫舌界亦如是如解脫味界舌識界及舌觸舌觸為緣所生諸受亦如是如解脫身界亦如是如解脫觸界身識界及身觸身觸為緣所生諸受亦如是如解脫意界亦如是如解脫法界意識界及意觸意觸為緣所生諸受亦如是如解脫地界亦如是如解脫水火風空識界亦如是如解脫無明亦如是如解脫行識名色六處觸受愛取有生老死愁歎苦憂惱亦如是如解脫布施波羅蜜多亦如是如解脫淨戒安忍精進靜慮般若波羅蜜多亦如是如解脫內空亦如是如解脫外空內外空空空大空勝義空有為空無為空畢竟空無際空散空無變異空本性空

自相空共相空一切法空不可得空無性空自性空無性自性空亦如是如解脫真如亦如是如解脫法界法性不虛妄性不變異性平等性離生性法定法住實際虛空界不思議界亦如是如解脫苦聖諦亦如是如解脫集滅道聖諦亦如是如解脫四靜慮亦如是如解脫四無量四無色定亦如是如解脫八解脫亦如是如解脫八勝處九次第定十遍處亦如是如解脫四念住亦如是如解脫四正斷四神足五根五力七等覺支八聖道支亦如是如解脫空解脫門亦如是如解脫無相無願解脫門亦如是如解脫五眼亦如是如解脫六神通亦如是如解脫佛十力亦如是如解脫四無所畏四無礙解大慈大悲大喜大捨十八佛不共法亦如是如解脫無忘失法亦如是如解脫恒住捨性亦如是如解脫一切智亦如是如解脫道相智一切相智亦如是如解脫一切陀羅尼門亦如是如解脫一切三摩地門亦如是如解脫戒蘊亦

如是如解脫定慧解脫解脫智見蘊亦如是如解脫過去未来現在一切法亦如是如解脫過去未来現在十方世界一切如来應正等覺亦如是如解脫一切佛菩提涅槃亦如是如解脫無數無量無邊佛法亦如是如解脫一切佛弟子亦如是如解脫一切佛弟子諸根成熟亦如是如解脫一切佛弟子般涅槃亦如是如解脫一切佛弟子諸法亦如是如解脫一切獨覺亦如是如解脫一切獨覺諸根成熟亦如是如解脫一切獨覺般涅槃亦如是如解脫一切獨覺諸法亦如是如解脫一切如来應正等覺及佛弟子獨覺法性亦如是如解脫一切有情亦如是如解脫一切法性亦如是如解脫一切隨喜迴向亦如是如諸法性無縛無解無染無淨無起無盡無生無滅無取無捨我於如是功德善根現前隨喜迴向無上正等菩提如是隨喜非能隨喜無所隨喜故如是迴向非能迴向無所迴向故如是所起隨喜迴向非轉非息

無生滅故善現是菩薩摩訶薩隨喜迴向為最為勝為尊為高為妙為微妙為上為無上無等無等等善現若菩薩摩訶薩成就如是隨喜迴向疾證無上正等菩提

復次善現若趣大乘諸善男子善女人等假使能於十方現在各如殑伽沙等世界一切如来應正等覺及弟子衆以有相為方便有所得為方便盡其形壽供養恭敬尊重讚歎復持種種衣服飲食卧具醫藥及餘資生諸妙樂具而奉施之彼諸如来應正等覺及弟子衆般涅槃後取設利羅以妙七寶修建高廣諸窣堵波晝夜精勤礼敬右繞復以種種上妙花鬘塗散等香衣服纓絡寶幢幡蓋衆妙珍奇伎樂燈明盡諸所有供養恭敬尊重讚歎復以有相為方便有所得為方便修習布施淨戒安忍精進靜慮般若波羅蜜多等相應善根又以有相為方便有所得為方便於諸如来應正等覺及弟子等功德善根發生隨喜迴向無上正等菩提有善男

子善女人等發趣無上正等菩提以無相為方便無所得為方便修習布施淨戒安忍精進靜慮般若波羅蜜多等相應善根又以無相為方便無所得為方便於諸如来應正等覺及弟子等功德善根發生隨喜迴向無上正等菩提是善男子善女人等由依般若波羅蜜多方便善巧隨喜迴向勝前所起隨喜迴向百倍千倍百千倍俱胝倍百俱胝倍千俱胝倍百千俱胝倍百千俱胝那庾多倍數倍筭倍計倍喻倍乃至鄔波尼煞曇倍故說如是隨喜迴向為最為勝為尊為高為妙為微妙為上為無上無等無等等是故善現發趣大乘諸菩薩摩訶薩皆應以無相為方便無所得為方便修學布施淨戒安忍精進靜慮般若波羅蜜多等相應善根及依般若波羅蜜多方便善巧於諸如来應正等覺及弟子等功德善根發生隨喜迴向無上正等菩提

初分讚般若品第三十二之一

尒時具壽舍利子白佛言世尊如是

所說豈非般若波羅蜜多佛言舍利子如是所說即是般若波羅蜜多時舍利子復白佛言世尊如是般若波羅蜜多能作照明畢竟淨故世尊如是般若波羅蜜多皆應礼敬我等天人所欽奉故世尊如是般若波羅蜜多無所染著諸世間法不能汙故世尊如是般若波羅蜜多遠離一切三界翳昧能除煩惱諸見暗故世尊如是般若波羅蜜多最為上首於一切種覺分法中極尊勝故世尊如是般若波羅蜜多能作安隱永斷一切驚恐逼惱災横事故世尊如是般若波羅蜜多能施光明攝受諸有情令得五眼故世尊如是般若波羅蜜多能示中道令失路者離二邊故世尊如是般若波羅蜜多善能發生一切智智永斷一切相續煩惱并習氣故世尊如是般若波羅蜜多是諸菩薩摩訶薩母菩薩所修一切佛法從此生故世尊如是般若波羅蜜多不生不滅自相空故世尊如是般若波羅蜜多遠離生死非常非壞故世尊如是

般若波羅蜜多能作依怙施諸法寶故世尊如是般若波羅蜜多能成佛十力不可屈伏故世尊如是般若波羅蜜多能轉三轉十二行相無上法輪達一切法無轉還故世尊如是般若波羅蜜多能示諸法無顛倒性顯了無性自性空故世尊住菩薩乘若獨覺乘若聲聞乘諸有情類於此般若波羅蜜多應云何住佛言舍利子是諸有情於此般若波羅蜜多應如佛住供養礼敬思惟般若波羅蜜多應如供養礼敬思惟佛薄伽梵所以者何般若波羅蜜多不異佛薄伽梵佛薄伽梵不異般若波羅蜜多般若波羅蜜多即是佛薄伽梵佛薄伽梵即是般若波羅蜜多何以故舍利子一切如來應正等覺皆由般若波羅蜜多得出現故舍利子一切菩薩摩訶薩獨覺阿羅漢不還一來預流等皆由般若波羅蜜多得出現故舍利子一切世間十善業道四靜慮四無量四無色定五神通皆由般若波羅蜜多得出現故舍利子一切布施淨

戒安忍精進靜慮般若波羅蜜多皆由般若波羅蜜多得出現故舍利子一切內空外空內外空空空大空勝義空有為空無為空畢竟空無際空散空無變異空本性空自相空共相空一切法空不可得空無性空自性空無性自性空皆由般若波羅蜜多得出現故舍利子一切真如法界法性不虛妄性不變異性平等性離生性法定法住實際虛空界不思議界皆由般若波羅蜜多得出現故舍利子一切苦聖諦集聖諦滅聖諦道聖諦皆由般若波羅蜜多得出現故舍利子一切四靜慮四無量四無色定皆由般若波羅蜜多得出現故舍利子一切八解脫八勝處九次第定十遍處皆由般若波羅蜜多得出現故舍利子一切四念住四正斷四神足五根五力七等覺支八聖道支皆由般若波羅蜜多得出現故舍利子一切空解脫門無相解脫門無願解脫門皆由般若波羅蜜多得出現故舍利子一切五眼六神通皆由般若波

羅蜜多得出現故舍利子一切佛十力四無所畏四無礙解大慈大悲大喜大捨十八佛不共法皆由般若波羅蜜多得出現故舍利子一切無忘失法恒住捨性皆由般若波羅蜜多得出現故舍利子一切智道相智一切相智皆由般若波羅蜜多得出現故舍利子一切陁羅尼門一切三摩地門皆由般若波羅蜜多得出現故時天帝釋竊生是念今舍利子以何因緣乃問斯事時舍利子知其心念便告之言憍尸迦諸菩薩摩訶薩為般若波羅蜜多及方便善巧所攝受故能於過去未來現在十方世界一切如來應正等覺從初發心至得無上正等菩提轉妙法輪乃至法滅於其中間所有一切功德善根若諸聲聞獨覺菩薩餘有情類功德善根合集稱量現前隨喜迴向無上正等菩提由是因緣故問斯事

復次憍尸迦諸菩薩摩訶薩所學般若波羅蜜多超勝布施淨戒安忍精進靜慮波羅蜜多無量倍數如生盲

人百千等衆無淨目者善引導之猶尚不能近趣正道况能遠達豐樂大城如是布施淨戒安忍精進靜慮波羅蜜多諸生盲衆若無般若波羅蜜多淨目者導尚不能趣菩薩正道况能得入一切智城復次憍尸迦如是布施淨戒安忍精進靜慮波羅蜜多由此般若波羅蜜多所攝受故名有目者復由般若波羅蜜多之所攝受故布施等一切皆得到彼岸名時天帝釋便白具壽舍利子言如大德説布施等五波羅蜜多要由般若波羅蜜多所攝受故乃得名為到彼岸者豈不可説要由布施波羅蜜多所攝受故餘五乃得到彼岸名要由淨戒波羅蜜多所攝受故餘五乃得到彼岸名要由安忍波羅蜜多所攝受故餘五乃得到彼岸名要由精進波羅蜜多所攝受故餘五乃得到彼岸名要由靜慮波羅蜜多所攝受故餘五乃得到彼岸名若尒何縁獨讚般若超勝餘五波羅蜜多舍利子言不尒不尒何以故憍尸迦非由布施波羅

蜜多所攝受故餘五方得到彼岸名非由淨戒波羅蜜多所攝受故餘五方得到彼岸名非由安忍波羅蜜多所攝受故餘五方得到彼岸名非由精進波羅蜜多所攝受故餘五方得到彼岸名非由靜慮波羅蜜多所攝受故餘五方得到彼岸名但由般若波羅蜜多所攝受故餘五方得到彼岸名所以者何諸菩薩摩訶薩要住般若波羅蜜多方能圓滿布施淨戒安忍精進靜慮般若波羅蜜多非住餘五能成是事是故般若波羅蜜多於前五種為最為勝為尊為高為妙為微妙為上為無上無等無等等

尒時舍利子白佛言世尊諸菩薩摩訶薩云何應引發般若波羅蜜多佛言舍利子菩薩摩訶薩不為引發色故應引發般若波羅蜜多不為引發受想行識故應引發般若波羅蜜多世尊云何菩薩摩訶薩不為引發色故應引發般若波羅蜜多不為引發受想行識故應引發般若波羅蜜多舍利子以色無作無止無生無滅無

成無壞無得無捨無自性故菩薩摩訶薩不為引發色故應引發般若波羅蜜多以受想行識無作無止無生無滅無成無壞無得無捨無自性故菩薩摩訶薩不為引發受想行識故應引發般若波羅蜜多

復次舍利子菩薩摩訶薩不為引發眼處故應引發般若波羅蜜多不為引發耳鼻舌身意處故應引發般若波羅蜜多世尊云何菩薩摩訶薩不為引發眼處故應引發般若波羅蜜多不為引發耳鼻舌身意處故應引發般若波羅蜜多舍利子以眼處無作無止無生無滅無成無壞無得無捨無自性故菩薩摩訶薩不為引發眼處故應引發般若波羅蜜多以耳鼻舌身意處無作無止無生無滅無成無壞無得無捨無自性故菩薩摩訶薩不為引發耳鼻舌身意處故應引發般若波羅蜜多

復次舍利子菩薩摩訶薩不為引發色處故應引發般若波羅蜜多不為引發聲香味觸法處故應引發般若

波羅蜜多世尊云何菩薩摩訶薩不為引發色處故應引發般若波羅蜜多不為引發聲香味觸法處故應引發般若波羅蜜多舍利子以色處無作無止無生無滅無成無壞無得無捨無自性故菩薩摩訶薩不為引發色處故應引發般若波羅蜜多以聲香味觸法處無作無止無生無滅無成無壞無得無捨無自性故菩薩摩訶薩不為引發聲香味觸法處故應引發般若波羅蜜多

復次舍利子菩薩摩訶薩不為引發眼界故應引發般若波羅蜜多不為引發色界眼識界及眼觸眼觸為緣所生諸受故應引發般若波羅蜜多世尊云何菩薩摩訶薩不為引發眼界故應引發般若波羅蜜多不為引發色界眼識界及眼觸眼觸為緣所生諸受故應引發般若波羅蜜多舍利子以眼界無作無止無生無滅無成無壞無得無捨無自性故菩薩摩訶薩不為引發眼界故應引發般若波羅蜜多以色界乃至眼觸為緣所

生諸受無作無止無生無滅無成無壞無得無捨無自性故菩薩摩訶薩不為引發色界乃至眼觸為緣所生諸受故應引發般若波羅蜜多復次舍利子菩薩摩訶薩不為引發耳界故應引發般若波羅蜜多不為引發聲界耳識界及耳觸耳觸為緣所生諸受故應引發般若波羅蜜多世尊云何菩薩摩訶薩不為引發耳界故應引發般若波羅蜜多不為引發聲界耳識界及耳觸耳觸為緣所生諸受故應引發般若波羅蜜多舍利子以耳界無作無止無生無滅無成無壞無得無捨無自性故菩薩摩訶薩不為引發耳界故應引發般若波羅蜜多以聲界乃至耳觸為緣所生諸受無作無止無生無滅無成無壞無得無捨無自性故菩薩摩訶薩不為引發聲界乃至耳觸為緣所生諸受故應引發般若波羅蜜多復次舍利子菩薩摩訶薩不為引發鼻界故應引發般若波羅蜜多不為引發香界鼻識界及鼻觸鼻觸為緣所生諸受

故應引發般若波羅蜜多世尊云何菩薩摩訶薩不為引發鼻界故應引發般若波羅蜜多不為引發香界鼻識界及鼻觸鼻觸為緣所生諸受故應引發般若波羅蜜多舍利子以鼻界無作無止無生無滅無成無壞無得無捨無自性故菩薩摩訶薩不為引發鼻界故應引發般若波羅蜜多以香界乃至鼻觸為緣所生諸受無作無止無生無滅無成無壞無得無捨無自性故菩薩摩訶薩不為引發香界乃至鼻觸為緣所生諸受故應引發般若波羅蜜多復次舍利子菩薩摩訶薩不為引發舌界故應引發般若波羅蜜多不為引發味界舌識界及舌觸舌觸為緣所生諸受故應引發般若波羅蜜多世尊云何菩薩摩訶薩不為引發舌界故應引發般若波羅蜜多不為引發味界舌識界及舌觸舌觸為緣所生諸受故應引發般若波羅蜜多舍利子以舌界無作無止無生無滅無成無壞無得無捨無自性故菩薩摩訶薩不為引發

舌界故應引發般若波羅蜜多以味界乃至舌觸為緣所生諸受無作無止無生無滅無成無壞無得無捨無自性故菩薩摩訶薩不為引發味界乃至舌觸為緣所生諸受故應引發般若波羅蜜多復次舍利子菩薩摩訶薩不為引發身界故應引發般若波羅蜜多不為引發觸界身識界及身觸身觸為緣所生諸受故應引發般若波羅蜜多世尊云何菩薩摩訶薩不為引發身界故應引發般若波羅蜜多不為引發觸界身識界及身觸身觸為緣所生諸受故應引發般若波羅蜜多舍利子以身界無作無止無生無滅無成無壞無得無捨無自性故菩薩摩訶薩不為引發身界故應引發般若波羅蜜多以觸界乃至身觸為緣所生諸受無作無止無生無滅無成無壞無得無捨無自性故菩薩摩訶薩不為引發觸界乃至身觸為緣所生諸受故應引發般若波羅蜜多復次舍利子菩薩摩訶薩不為引發意界故應引發般若波羅

蜜多不為引發法界意識界及意觸意觸為緣所生諸受故應引發般若波羅蜜多世尊云何菩薩摩訶薩不為引發意界故應引發般若波羅蜜多不為引發法界意識界及意觸意觸為緣所生諸受故應引發般若波羅蜜多舍利子以意界無作無止無生無滅無成無壞無得無捨無自性故菩薩摩訶薩不為引發意界故應引發般若波羅蜜多以法界乃至意觸為緣所生諸受無作無止無生無滅無成無壞無得無捨無自性故菩薩摩訶薩不為引發法界乃至意觸為緣所生諸受故應引發般若波羅蜜多復次舍利子菩薩摩訶薩不為引發地界故應引發般若波羅蜜多不為引發水火風空識界故應引發般若波羅蜜多世尊云何菩薩摩訶薩不為引發地界故應引發般若波羅蜜多不為引發水火風空識界故應引發般若波羅蜜多舍利子以地界無作無止無生無滅無成無壞无得無捨無自性故菩薩摩訶薩不為

引發地界故應引發般若波羅蜜多以水火風空識界無作無止無生無滅無成無壞無得無捨無自性故菩薩摩訶薩不為引發水火風空識界故應引發般若波羅蜜多

復次舍利子菩薩摩訶薩不為引發無明故應引發般若波羅蜜多不為引發行識名色六處觸受愛取有生老死愁歎苦憂惱故應引發般若波羅蜜多世尊云何菩薩摩訶薩不為引發無明故應引發般若波羅蜜多不為引發行識名色六處觸受愛取有生老死愁歎苦憂惱故應引發般若波羅蜜多舍利子以無明無作無止無生無滅無成無壞無得無捨無自性故菩薩摩訶薩不為引發無明故應引發般若波羅蜜多以行乃至老死愁歎苦憂惱無作無止無生無滅無成無壞無得無捨無自性故菩薩摩訶薩不為引發行乃至老死愁歎苦憂惱故應引發般若波羅蜜多復次舍利子菩薩摩訶薩不為引發布施波羅蜜多故應引發般若波羅

蜜多不為引發淨戒安忍精進靜慮般若波羅蜜多故應引發般若波羅蜜多世尊云何菩薩摩訶薩不為引發布施波羅蜜多故應引發般若波羅蜜多不為引發淨戒安忍精進靜慮般若波羅蜜多故應引發般若波羅蜜多舍利子以布施波羅蜜多無作無止無生無滅無成無壞無得無捨無自性故菩薩摩訶薩不為引發布施波羅蜜多故應引發般若波羅蜜多以淨戒乃至般若波羅蜜多無作無止無生無滅無成無壞無得無捨無自性故菩薩摩訶薩不為引發淨戒乃至般若波羅蜜多故應引發般若波羅蜜多

復次舍利子菩薩摩訶薩不為引發內空故應引發般若波羅蜜多不為引發外空內外空空空大空勝義空有為空無為空畢竟空無際空散空無變異空本性空自相空共相空一切法空不可得空無性空自性空無性自性空故應引發般若波羅蜜多世尊云何菩薩摩訶薩不為引發內

空故應引發般若波羅蜜多不為引發外空內外空空空大空勝義空有為空無為空畢竟空無際空散空無變異空本性空自相空共相空一切法空不可得空無性空自性空無性自性空故應引發般若波羅蜜多舍利子以內空無作無止無生無滅無成無壞無得無捨無自性故菩薩摩訶薩不為引發內空故應引發般若波羅蜜多以外空乃至無性自性空無作無止無生無滅無成無壞無得無捨無自性故菩薩摩訶薩不為引發外空乃至無性自性空故應引發般若波羅蜜多

復次舍利子菩薩摩訶薩不為引發真如故應引發般若波羅蜜多不為引發法界法性不虛妄性不變異性平等性離生性法定法住實際虛空界不思議界故應引發般若波羅蜜多世尊云何菩薩摩訶薩不為引發真如故應引發般若波羅蜜多不為引發法界法性不虛妄性不變異性平等性離生性法定法住實際虛空

界不思議界故應引發般若波羅蜜多舍利子以真如無作無止無生無滅無成無壞無得無捨無自性故菩薩摩訶薩不為引發真如故應引發般若波羅蜜多以法界乃至不思議界無作無止無生無滅無成無壞無得無捨無自性故菩薩摩訶薩不為引發法界乃至不思議界故應引發般若波羅蜜多

復次舍利子菩薩摩訶薩不為引發苦聖諦故應引發般若波羅蜜多不為引發集滅道聖諦故應引發般若波羅蜜多世尊云何菩薩摩訶薩不為引發苦聖諦故應引發般若波羅蜜多不為引發集滅道聖諦故應引發般若波羅蜜多舍利子以苦聖諦無作無止無生無滅無成無壞無得無捨無自性故菩薩摩訶薩不為引發苦聖諦故應引發般若波羅蜜多以集滅道聖諦無作無止無生無滅無成無壞無得無捨無自性故菩薩摩訶薩不為引發集滅道聖諦故應引發般若波羅蜜多

大般若經第一百七十二　第二十四張　來字号

復次舍利子菩薩摩訶薩不為引發四靜慮故應引發般若波羅蜜多不為引發四無量四無色定故應引發般若波羅蜜多世尊云何菩薩摩訶薩不為引發四靜慮故應引發般若波羅蜜多不為引發四無量四無色定故應引發般若波羅蜜多舍利子以四靜慮無作無止無生無滅無成無壞無得無捨無自性故菩薩摩訶薩不為引發四靜慮故應引發般若波羅蜜多以四無量四無色定無作無止無生無滅無成無壞無得無捨無自性故菩薩摩訶薩不為引發四無量四無色定故應引發般若波羅蜜多

大般若波羅蜜多經卷第一百七十二

[illegible]
永作乾坤之主　伏願[illegible]
[illegible]無生法忍　[illegible]

大般若波羅蜜多經卷第一百七十二

校勘記

一　底本，金藏大寶集寺本。
一　六四二頁中三行「第三十一之五」，石作「第三十之五」。
一　六四二頁下一行至二行「勝餘隨喜迴向」六字，石漏刻。
一　六四三頁下五行、九行、一三行「涅盤」，磧、普、南、徑、清、麗作「涅槃」。
一　六四三頁下七行「佛弟子」，石作「佛子」。
一　六四四頁上一六行「幢幡」，石作「憧幡」。
一　六四四頁上一七行「伎」，磧、南、徑、清作「妓」。
一　六四四頁上一八行至一九行「有所得為方便」六字，石漏刻。
一　六四四頁中二二行「第三十二之一」，石、麗作「第三十二」。
一　六四四頁下一八行「永斷」，南作「亦斷」。
一　六四五頁上六行「顛倒」，磧、普、南、徑、清作「顛倒」。
一　六四五頁中二三行末二字不清，應為「若波」。
一　六四五頁下六行「一切智」，石作「一切一切智」。
一　六四六頁上四行「盲」，磧作「育」。
一　六四六頁上五行「導」，磧作「道」。
一　六四七頁上八行「無止」，磧作「無上」。
一　六四八頁上一八行「無上」，石、磧、普、南、徑、清、麗作「無止」。

大般若波羅蜜多經卷第一百七十三　来

三藏法師玄奘奉　詔譯

初分讃般若品第三十二之二

復次舍利子菩薩摩訶薩不為引發八解脱故應引發般若波羅蜜多不為引發八勝處九次第定十遍處故應引發般若波羅蜜多世尊云何菩薩摩訶薩不為引發八解脱故應引發般若波羅蜜多不為引發八勝處九次第定十遍處故應引發般若波羅蜜多舍利子以八解脱无作無止无生無滅无成無壞无得無捨无自性故菩薩摩訶薩不為引發八解脱故應引發般若波羅蜜多以八勝處九次第定十遍處无作無止无生無滅无成無壞无得無捨无自性故菩薩摩訶薩不為引發八勝處九次第定十遍處故應引發般若波羅蜜多

復次舍利子菩薩摩訶薩不為引發四念住故應引發般若波羅蜜多不為引發四正斷四神足五根五力七等覺支八聖道支故應引發般若波羅蜜多世尊云何菩薩摩訶薩不為引發四念住故應引發般若波羅蜜多不為引發四正斷四神足五根五力七等覺支八聖道支故應引發般若波羅蜜多舍利子以四念住无作無止无生無滅无成無壞无得無捨无自性故菩薩摩訶薩不為引發四念住故應引發般若波羅蜜多以四正斷乃至八聖道支无作無止无生無滅无成無壞无得無捨无自性故菩薩摩訶薩不為引發四正斷乃至八聖道支故應引發般若波羅蜜多

復次舍利子菩薩摩訶薩不為引發空解脱門故應引發般若波羅蜜多不為引發无相無願解脱門故應引發般若波羅蜜多世尊云何菩薩摩訶薩不為引發空解脱門故應引發般若波羅蜜多不為引發无相無願解脱門故應引發般若波羅蜜多舍利子以空解脱門无作無止无生無滅无成無壞无得無捨无自性故菩薩摩訶薩不為引發空解脱門故應引發般若波羅蜜多以无相無願解

脱門无作無止无生無滅无成無壞无得無捨无自性故菩薩摩訶薩不為引發無相无願解脱門故應引發般若波羅蜜多

復次舍利子菩薩摩訶薩不為引發五眼故應引發般若波羅蜜多不為引發六神通故應引發般若波羅蜜多世尊云何菩薩摩訶薩不為引發五眼故應引發般若波羅蜜多不為引發六神通故應引發般若波羅蜜多舍利子以五眼无作無止无生無滅无成無壞无得無捨无自性故菩薩摩訶薩不為引發五眼故應引發般若波羅蜜多以六神通无作無止无生無滅无成無壞无得無捨无自性故菩薩摩訶薩不為引發六神通故應引發般若波羅蜜多復次舍利子菩薩摩訶薩不為引發佛十力故應引發般若波羅蜜多不為引發四无所畏四无导解大慈大悲大喜大捨十八佛不共法故應引發般若波羅蜜多世尊云何菩薩摩訶薩不為引發佛十力故應引發般若波羅蜜

多不為引發四无所畏四无导解大慈大悲大喜大捨十八佛不共法故應引發般若波羅蜜多舍利子以佛十力无作无止无生無滅无成無壞无得無捨无自性故菩薩摩訶薩不為引發佛十力故應引發般若波羅蜜多以四无所畏乃至十八佛不共法无作無止无生無滅无成無壞无得無捨无自性故菩薩摩訶薩不為引發四无所畏乃至十八佛不共法故應引發般若波羅蜜多復次舍利子菩薩摩訶薩不為引發无忘失法故應引發般若波羅蜜多不為引發恒住捨性故應引發般若波羅蜜多世尊云何菩薩摩訶薩不為引發无忘失法故應引發般若波羅蜜多不為引發恒住捨性故應引發般若波羅蜜多舍利子以无忘失法无作無止无生無滅无成無壞无得無捨无自性故菩薩摩訶薩不為引發无忘失法故應引發般若波羅蜜多以恒住捨性无作無止无生無滅无成無壞无得無捨无自性故菩薩摩訶薩

不為引發恒住捨性故應引發般若波羅蜜多

復次舍利子菩薩摩訶薩不為引發一切智故應引發般若波羅蜜多不為引發道相智一切相智故應引發般若波羅蜜多世尊云何菩薩摩訶薩不為引發一切智故應引發般若波羅蜜多不為引發道相智一切相智故應引發般若波羅蜜多舍利子以一切智無作无止無生无滅無成无壞無得无捨無自性故菩薩摩訶薩不為引發一切智故應引發般若波羅蜜多以道相智一切相智無作无止無生无滅無成无壞無得无捨無自性故菩薩摩訶薩不為引發道相智一切相智故應引發般若波羅蜜多復次舍利子菩薩摩訶薩不為引發一切陁羅尼門故應引發般若波羅蜜多不為引發一切三摩地門故應引發般若波羅蜜多世尊云何菩薩摩訶薩不為引發一切陁羅尼門故應引發般若波羅蜜多不為引發一切三摩地門故應引發般若波

羅蜜多舍利子以一切陁羅尼門無作无止無生无滅無成无壞無得无捨無自性故菩薩摩訶薩不為引發一切陁羅尼門故應引發般若波羅蜜多以一切三摩地門无作無止无生無滅无成無壞无得無捨无自性故菩薩摩訶薩不為引發一切三摩地門故應引發般若波羅蜜多

復次舍利子菩薩摩訶薩不為引發預流果故應引發般若波羅蜜多不為引發一來不還阿羅漢果故應引發般若波羅蜜多世尊云何菩薩摩訶薩不為引發預流果故應引發般若波羅蜜多不為引發一來不還阿羅漢果故應引發般若波羅蜜多舍利子以預流果無作无止無生无滅無成无壞無得无捨無自性故菩薩摩訶薩不為引發預流果故應引發般若波羅蜜多以一來不還阿羅漢果無作无止無生无滅無成无壞無得无捨無自性故菩薩摩訶薩不為引發一來不還阿羅漢果故應引發般若波羅蜜多復次舍利子菩薩摩

訶薩不為引發獨覺菩提故應引發般若波羅蜜多世尊云何菩薩摩訶薩不為引發獨覺菩提故應引發般若波羅蜜多舍利子以獨覺菩提無作无止無生无滅無成无壞無得无捨無自性故菩薩摩訶薩不為引發獨覺菩提故應引發般若波羅蜜多

復次舍利子菩薩摩訶薩不為引發一切菩薩摩訶薩行故應引發般若波羅蜜多世尊云何菩薩摩訶薩不為引發一切菩薩摩訶薩行故應引發般若波羅蜜多舍利子以一切菩薩摩訶薩行無作无止無生无滅無成無壞无得無捨无自性故菩薩摩訶薩不為引發一切菩薩摩訶薩行故應引發般若波羅蜜多復次舍利子菩薩摩訶薩不為引發諸佛无上正等菩提故應引發般若波羅蜜多世尊云何菩薩摩訶薩不為引發諸佛無上正等菩提故應引發般若波羅蜜多舍利子以諸佛无上正等菩提無作无止無生无滅無成无壞無得无捨無自性故菩薩摩訶薩不為

引發諸佛無上正等菩提故應引發般若波羅蜜多復次舍利子菩薩摩訶薩不為引發一切法故應引發般若波羅蜜多世尊云何菩薩摩訶薩不為引發一切法故應引發般若波羅蜜多舍利子以一切法無作無止無生無滅無成無壞無得無捨無自性故菩薩摩訶薩不為引發一切法故應引發般若波羅蜜多

時舍利子復白佛言世尊菩薩摩訶薩如是引發般若波羅蜜多與何法合佛言舍利子菩薩摩訶薩如是引發般若波羅蜜多不與一切法合以不合故得名般若波羅蜜多世尊如是般若波羅蜜多不與何等一切法合舍利子如是般若波羅蜜多不與善法合不與非善法合不與有罪法合不與無罪法合不與有漏法合不與無漏法合不與有為法合不與無為法合不與雜染法合不與清淨法合不與染汙法合不與不染汙法合不與世間法合不與出世間法合不與生死法合不與涅槃法合何以故

舍利子如是般若波羅蜜多於一切法無所得故

尒時天帝釋白佛言世尊如是般若波羅蜜多豈亦不合一切智智佛言憍尸迦如是如是此般若波羅蜜多亦不合一切智智由此於彼不可得故世尊云何般若波羅蜜多於一切智智無合亦無得憍尸迦非般若波羅蜜多於一切智智如名如相如其所作有合有得世尊云何般若波羅蜜多於一切智智亦有合有得憍尸迦般若波羅蜜多於一切智智如名相等無受無取無住無斷無執無捨如是合得而無合得憍尸迦如是般若波羅蜜多於一切法亦如名相等無受無取無住無斷無執無捨如是合得而無合得時天帝釋復白佛言希有世尊如是般若波羅蜜多為一切法無作無止無生無滅無成無壞無得無捨無自性故而現在前雖有合有得然無合無得

尒時具壽善現白佛言世尊若菩薩摩訶薩脩行般若波羅蜜多時起如

是想般若波羅蜜多與一切法合般若波羅蜜多不與一切法合是菩薩摩訶薩俱弃捨般若波羅蜜多俱遠離般若波羅蜜多佛言善現復有因緣諸菩薩摩訶薩弃捨般若波羅蜜多遠離般若波羅蜜多謂菩薩摩訶薩脩行般若波羅蜜多時起如是想如是般若波羅蜜多無所有非真實不堅固不自在是菩薩摩訶薩俱弃捨般若波羅蜜多俱遠離般若波羅蜜多具壽善現復白佛言世尊若菩薩摩訶薩信般若波羅蜜多時為不信何法佛言善現若菩薩摩訶薩信般若波羅蜜多時則不信色不信受想行識世尊云何菩薩摩訶薩信般若波羅蜜多時則不信色不信受想行識善現菩薩摩訶薩行般若波羅蜜多時觀色不可得觀受想行識不可得是故菩薩摩訶薩信般若波羅蜜多時則不信色不信受想行識復次善現若菩薩摩訶薩信般若波羅蜜多時則不信眼處不信耳鼻舌身意處世尊云何菩薩摩訶薩信般若

波羅蜜多時則不信眼處不信耳鼻舌身意處善現菩薩摩訶薩行般若波羅蜜多時觀眼處不可得觀耳鼻舌身意處不可得是故菩薩摩訶薩信般若波羅蜜多時則不信眼處不信耳鼻舌身意處

復次善現若菩薩摩訶薩信般若波羅蜜多時則不信色處不信聲香味觸法處世尊云何菩薩摩訶薩信般若波羅蜜多時則不信色處不信聲香味觸法處善現菩薩摩訶薩行般若波羅蜜多時觀色處不可得觀聲香味觸法處不可得是故菩薩摩訶薩信般若波羅蜜多時則不信色處不信聲香味觸法處復次善現若菩薩摩訶薩信般若波羅蜜多時則不信眼界不信色界眼識界及眼觸眼觸為緣所生諸受世尊云何菩薩摩訶薩信般若波羅蜜多時則不信眼界不信色界眼識界及眼觸眼觸為緣所生諸受善現菩薩摩訶薩行般若波羅蜜多時觀眼界不可得觀色界乃至眼觸為緣所生諸受不可得

是故菩薩摩訶薩信般若波羅蜜多時則不信眼界不信色界乃至眼觸為緣所生諸受復次善現若菩薩摩訶薩信般若波羅蜜多時則不信耳界不信聲界耳識界及耳觸耳觸為緣所生諸受世尊云何菩薩摩訶薩信般若波羅蜜多時則不信耳界不信聲界耳識界及耳觸耳觸為緣所生諸受善現菩薩摩訶薩行般若波羅蜜多時觀耳界不可得觀聲界乃至耳觸為緣所生諸受不可得是故菩薩摩訶薩信般若波羅蜜多時則不信耳界不信聲界乃至耳觸為緣所生諸受

復次善現若菩薩摩訶薩信般若波羅蜜多時則不信鼻界不信香界鼻識界及鼻觸鼻觸為緣所生諸受世尊云何菩薩摩訶薩信般若波羅蜜多時則不信鼻界不信香界鼻識界及鼻觸鼻觸為緣所生諸受善現菩薩摩訶薩行般若波羅蜜多時觀鼻界不可得觀香界乃至鼻觸為緣所生諸受不可得是故菩薩摩訶薩信

般若波羅蜜多時則不信鼻界不信香界乃至鼻觸為緣所生諸受

復次善現若菩薩摩訶薩信般若波羅蜜多時則不信舌界不信味界舌識界及舌觸舌觸為緣所生諸受世尊云何菩薩摩訶薩信般若波羅蜜多時則不信舌界不信味界舌識界及舌觸舌觸為緣所生諸受善現菩薩摩訶薩行般若波羅蜜多時觀舌界不可得觀味界乃至舌觸為緣所生諸受不可得是故菩薩摩訶薩信般若波羅蜜多時則不信舌界不信味界乃至舌觸為緣所生諸受復次善現若菩薩摩訶薩信般若波羅蜜多時則不信身界不信觸界身識界及身觸身觸為緣所生諸受世尊云何菩薩摩訶薩信般若波羅蜜多時則不信身界不信觸界身識界及身觸身觸為緣所生諸受善現菩薩摩訶薩行般若波羅蜜多時觀身界不可得觀觸界乃至身觸為緣所生諸受不可得是故菩薩摩訶薩信般若波羅蜜多時則不信身界不信觸界

乃至身觸為緣所生諸受復次善現若菩薩摩訶薩信般若波羅蜜多時則不信意界不信法界意識界及意觸意觸為緣所生諸受世尊云何菩薩摩訶薩信般若波羅蜜多時則不信意界不信法界意識界及意觸意觸為緣所生諸受善現菩薩摩訶薩行般若波羅蜜多時觀意界不可得觀法界乃至意觸為緣所生諸受不可得是故菩薩摩訶薩信般若波羅蜜多時則不信意界不信法界乃至意觸為緣所生諸受復次善現若菩薩摩訶薩信般若波羅蜜多時則不信地界不信水火風空識界世尊云何菩薩摩訶薩信般若波羅蜜多時則不信地界不信水火風空識界善現菩薩摩訶薩行般若波羅蜜多時觀地界不可得觀水火風空識界不可得是故菩薩摩訶薩信般若波羅蜜多時則不信地界不信水火風空識界復次善現若菩薩摩訶薩信般若波羅蜜多時則不信無明不信行識名色六處觸受愛取有生老死愁

歎苦憂惱世尊云何菩薩摩訶薩信般若波羅蜜多時則不信無明不信行識名色六處觸受愛取有生老死愁歎苦憂惱善現菩薩摩訶薩行般若波羅蜜多時觀無明不可得觀行乃至老死愁歎苦憂惱不可得是故菩薩摩訶薩信般若波羅蜜多時則不信無明不信行乃至老死愁歎苦憂惱復次善現若菩薩摩訶薩信般若波羅蜜多時則不信布施波羅蜜多不信淨戒安忍精進靜慮般若波羅蜜多世尊云何菩薩摩訶薩信般若波羅蜜多時則不信布施波羅蜜多不信淨戒安忍精進靜慮般若波羅蜜多善現菩薩摩訶薩行般若波羅蜜多時觀布施波羅蜜多不可得觀淨戒安忍精進靜慮般若波羅蜜多不可得是故菩薩摩訶薩信般若波羅蜜多時則不信布施波羅蜜多不信淨戒安忍精進靜慮般若波羅蜜多復次善現若菩薩摩訶薩信般若波羅蜜多時則不信內空不信外空內外空空空大空勝義空有為空

無為空畢竟空無際空散空無變異空本性空自相空共相空一切法空不可得空無性空自性空無性自性空世尊云何菩薩摩訶薩信般若波羅蜜多時則不信內空不信外空內外空空空大空勝義空有為空無為空畢竟空無際空散空無變異空本性空自相空共相空一切法空不可得空無性空自性空無性自性空善現菩薩摩訶薩行般若波羅蜜多時觀內空不可得觀外空乃至無性自性空不可得是故菩薩摩訶薩信般若波羅蜜多時則不信內空不信外空乃至無性自性空復次善現若菩薩摩訶薩信般若波羅蜜多時則不信真如不信法界法性不虛妄性不變異性平等性離生性法定法住實際虛空界不思議界世尊云何菩薩摩訶薩信般若波羅蜜多時則不信真如不信法界法性不虛妄性不變異性平等性離生性法定法住實際虛空界不思議界善現菩薩摩訶薩行般若波羅蜜多時觀真如不可得

觀法界乃至不思議界不可得是故菩薩摩訶薩信般若波羅蜜多時則不信真如不信法界乃至不思議界復次善現若菩薩摩訶薩信般若波羅蜜多時則不信苦聖諦不信集滅道聖諦世尊云何菩薩摩訶薩信般若波羅蜜多時則不信苦聖諦不信集滅道聖諦善現菩薩摩訶薩行般若波羅蜜多時觀苦聖諦不可得觀集滅道聖諦不可得是故菩薩摩訶薩信般若波羅蜜多時則不信苦聖諦不信集滅道聖諦復次善現若菩薩摩訶薩信般若波羅蜜多時則不信四靜慮不信四無量四無色定世尊云何菩薩摩訶薩信般若波羅蜜多時則不信四靜慮不信四無量四無色定善現菩薩摩訶薩行般若波羅蜜多時觀四靜慮不可得觀四無量四無色定不可得是故菩薩摩訶薩信般若波羅蜜多時則不信四靜慮不信四無量四無色定復次善現若菩薩摩訶薩信般若波羅蜜多時則不信八解脫不信八勝處九次第

定十遍處世尊云何菩薩摩訶薩信般若波羅蜜多時則不信八解脫不信八勝處九次第定十遍處善現菩薩摩訶薩行般若波羅蜜多時觀八解脫不可得觀八勝處九次第定十遍處不可得是故菩薩摩訶薩信般若波羅蜜多時則不信八解脫不信八勝處九次第定十遍處復次善現若菩薩摩訶薩信般若波羅蜜多時則不信四念住不信四正斷四神足五根五力七等覺支八聖道支世尊云何菩薩摩訶薩信般若波羅蜜多時則不信四念住不信四正斷四神足五根五力七等覺支八聖道支善現菩薩摩訶薩行般若波羅蜜多時觀四念住不可得觀四正斷乃至八聖道支不可得是故菩薩摩訶薩信般若波羅蜜多時則不信四念住不信四正斷乃至八聖道支復次善現若菩薩摩訶薩信般若波羅蜜多時則不信空解脫門不信無相無願解脫門世尊云何菩薩摩訶薩信般若波羅蜜多時則不信空解脫門不信

無相無願解脫門善現菩薩摩訶薩行般若波羅蜜多時觀空解脫門不可得觀無相無願解脫門不可得是故菩薩摩訶薩信般若波羅蜜多時則不信空解脫門不信無相無願解脫門復次善現若菩薩摩訶薩信般若波羅蜜多時則不信五眼不信六神通世尊云何菩薩摩訶薩信般若波羅蜜多時則不信五眼不信六神通善現菩薩摩訶薩行般若波羅蜜多時觀五眼不可得觀六神通不可得是故菩薩摩訶薩信般若波羅蜜多時則不信五眼不信六神通復次善現若菩薩摩訶薩信般若波羅蜜多時則不信佛十力不信四無所畏四無礙解大慈大悲大喜大捨十八佛不共法世尊云何菩薩摩訶薩信般若波羅蜜多時則不信佛十力不信四無所畏四無礙解大慈大悲大喜大捨十八佛不共法善現菩薩摩訶薩行般若波羅蜜多時觀佛十力不可得觀四無所畏乃至十八佛不共法不可得是故菩薩摩訶薩信般

若波羅蜜多時則不信佛十力不信四無所畏乃至十八佛不共法復次善現若菩薩摩訶薩信般若波羅蜜多時則不信無忘失法不信恒住捨性世尊云何菩薩摩訶薩信般若波羅蜜多時則不信無忘失法不信恒住捨性善現菩薩摩訶薩行般若波羅蜜多時觀無忘失法不可得觀恒住捨性不可得是故菩薩摩訶薩信般若波羅蜜多時則不信無忘失法不信恒住捨性復次善現若菩薩摩訶薩信般若波羅蜜多時則不信一切智不信道相智一切相智世尊云何菩薩摩訶薩信般若波羅蜜多時則不信一切智不信道相智一切相智善現菩薩摩訶薩行般若波羅蜜多時觀一切智不可得觀道相智一切相智不可得是故菩薩摩訶薩信般若波羅蜜多時則不信一切智不信道相智一切相智復次善現若菩薩摩訶薩信般若波羅蜜多時則不信一切陁羅尼門不信一切三摩地門世尊云何菩薩摩訶薩信般若波

羅蜜多時則不信一切陁羅尼門不信一切三摩地門善現菩薩摩訶薩行般若波羅蜜多時觀一切陁羅尼門不可得觀一切三摩地門不可得是故菩薩摩訶薩信般若波羅蜜多時則不信一切陁羅尼門不信一切三摩地門復次善現若菩薩摩訶薩信般若波羅蜜多時則不信預流果不信一來不還阿羅漢果世尊云何菩薩摩訶薩信般若波羅蜜多時則不信預流果不信一來不還阿羅漢果善現菩薩摩訶薩行般若波羅蜜多時觀預流果不可得觀一來不還阿羅漢果不可得是故菩薩摩訶薩信般若波羅蜜多時則不信預流果不信一來不還阿羅漢果復次善現若菩薩摩訶薩信般若波羅蜜多時則不信獨覺菩提世尊云何菩薩摩訶薩信般若波羅蜜多時則不信獨覺菩提善現菩薩摩訶薩行般若波羅蜜多時觀獨覺菩提不可得是故菩薩摩訶薩信般若波羅蜜多時則不信獨覺菩提復次善現若菩薩摩

訶薩信般若波羅蜜多時則不信一切菩薩摩訶薩行世尊云何菩薩摩訶薩信般若波羅蜜多時則不信一切菩薩摩訶薩行善現菩薩摩訶薩行般若波羅蜜多時觀一切菩薩摩訶薩行不可得是故菩薩摩訶薩信般若波羅蜜多時則不信一切菩薩摩訶薩行復次善現若菩薩摩訶薩信般若波羅蜜多時則不信諸佛無上正等菩提世尊云何菩薩摩訶薩信般若波羅蜜多時則不信諸佛無上正等菩提善現菩薩摩訶薩行般若波羅蜜多時觀諸佛無上正等菩提不可得是故菩薩摩訶薩信般若波羅蜜多時則不信諸佛無上正等菩提復次善現若菩薩摩訶薩信般若波羅蜜多時則不信一切法世尊云何菩薩摩訶薩信般若波羅蜜多時則不信一切法善現菩薩摩訶薩行般若波羅蜜多時觀一切法不可得是故菩薩摩訶薩信般若波羅蜜多時則不信一切法

具壽善現復白佛言世尊菩薩摩訶

薩般若波羅蜜多名大波羅蜜多佛言善現汝緣何意說菩薩摩訶薩般若波羅蜜多名大波羅蜜多善現白佛言世尊菩薩摩訶薩般若波羅蜜多於色不作大不作小於受想行識亦不作大不作小於色不作集不作散於受想行識亦不作集不作散於色不作有量不作無量於受想行識亦不作有量不作無量於色不作廣不作狹於受想行識亦不作廣不作狹於色不作有力不作無力於受想行識亦不作有力不作無力世尊我緣此意故說菩薩摩訶薩般若波羅蜜多名大波羅蜜多復次世尊菩薩摩訶薩般若波羅蜜多於眼處不作大不作小於耳鼻舌身意處亦不作大不作小於眼處不作集不作散於耳鼻舌身意處亦不作集不作散於眼處不作有量不作無量於耳鼻舌身意處亦不作有量不作無量於眼處不作廣不作狹於耳鼻舌身意處亦不作廣不作狹於眼處不作有力不作無力於耳鼻舌身意處亦不作

有力不作無力世尊我緣此意故說菩薩摩訶薩般若波羅蜜多名大波羅蜜多復次世尊菩薩摩訶薩般若波羅蜜多於色處不作大不作小於聲香味觸法處亦不作大不作小於色處不作集不作散於聲香味觸法處亦不作集不作散於色處不作有量不作無量於聲香味觸法處亦不作有量不作無量於色處不作廣不作狹於聲香味觸法處亦不作廣不作狹於色處不作有力不作無力於聲香味觸法處亦不作有力不作無力世尊我緣此意故說菩薩摩訶薩般若波羅蜜多名大波羅蜜多

[illegible]
[illegible]南[illegible]奉佛弟子[illegible]張氏感
如來之[illegible]
[illegible]之弘[illegible]發心[illegible]大[illegible]成一
[illegible]
[illegible]
永作乾坤之主　[illegible]
代[illegible]九[illegible]四生[illegible]法忍　丙[illegible]年六月[illegible]

大般若波羅蜜多經卷第一百七十三

大般若波羅蜜多經卷第一百七十三

校勘記

一　底本，金藏大寶集寺本。

一　六五三頁上二行「无止」，石作「無上」。

一　六五五頁上一九行「則不信鼻界」，石作「不信鼻界」。

一　六五七頁下一五行「則不信」，磧、普、南、徑、清作「不信」。

一　六五八頁下三行至四行「白佛言」，磧、普、南、徑、清作「白佛」。

一　六五九頁上二行至三行「名大波羅蜜多」，石作「名大波羅多」。

一　六五九頁上一五行「大般若波羅蜜多經卷第一百七十三」共十五字石漏刻。

大般若波羅蜜多經卷第一百七十四　十二

三藏法師玄奘奉　詔譯

初分讚般若品第三十二之三

復次世尊菩薩摩訶薩般若波羅蜜多於眼界不作大不作小於色界眼識界及眼觸眼觸為緣所生諸受亦不作大不作小於眼界不作集不作散於色界乃至眼觸為緣所生諸受亦不作集不作散於眼界不作有量不作無量於色界乃至眼觸為緣所生諸受亦不作有量不作無量於眼界不作廣不作狹於色界乃至眼觸為緣所生諸受亦不作廣不作狹於眼界不作有力不作無力於色界乃至眼觸為緣所生諸受亦不作有力不作無力世尊我緣此意故說菩薩摩訶薩般若波羅蜜多名大波羅蜜多復次世尊菩薩摩訶薩般若波羅蜜多於耳界不作大不作小於聲界耳識界及耳觸耳觸為緣所生諸受亦不作大不作小於耳界不作集不作散於聲界乃至耳觸為緣所生諸受亦不作集不作散於耳界不作有量不作無量於聲界乃至耳觸為緣所生諸受亦不作有量不作無量於耳界不作廣不作狹於聲界乃至耳觸為緣所生諸受亦不作廣不作狹於耳界不作有力不作無力於聲界乃至耳觸為緣所生諸受亦不作有力不作無力世尊我緣此意故說菩薩摩訶薩般若波羅蜜多名大波羅蜜多復次世尊菩薩摩訶薩般若波羅蜜多於鼻界不作大不作小於香界鼻識界及鼻觸鼻觸為緣所生諸受亦不作大不作小於鼻界不作集不作散於香界乃至鼻觸為緣所生諸受亦不作集不作散於鼻界不作有量不作無量於香界乃至鼻觸為緣所生諸受亦不作有量不作無量於鼻界不作廣不作狹於香界乃至鼻觸為緣所生諸受亦不作廣不作狹於鼻界不作有力不作無力於香界乃至鼻觸為緣所生諸受亦不作有力不作無力世尊我緣此意故說菩薩摩訶薩般若波羅蜜多名大波

羅蜜多復次世尊菩薩摩訶薩般若波羅蜜多於舌界不作大不作小於味界舌識界及舌觸舌觸為緣所生諸受亦不作大不作小於舌界不作集不作散於味界乃至舌觸為緣所生諸受亦不作集不作散於舌界不作有量不作無量於味界乃至舌觸為緣所生諸受亦不作有量不作无量於舌界不作廣不作狹於味界乃至舌觸為緣所生諸受亦不作廣不作狹於舌界不作有力不作無力於味界乃至舌觸為緣所生諸受亦不作有力不作無力世尊我緣此意故說菩薩摩訶薩般若波羅蜜多名大波羅蜜多復次世尊菩薩摩訶薩般若波羅蜜多於身界不作大不作小於觸界身識界及身觸身觸為緣所生諸受亦不作大不作小於身界不作集不作散於觸界乃至身觸為緣所生諸受亦不作集不作散於身界不作有量不作無量於觸界乃至身觸為緣所生諸受亦不作有量不作無量於身界不作廣不作狹於觸界

乃至身觸為緣所生諸受亦不作廣不作狹於身界不作有力不作無力於觸界乃至身觸為緣所生諸受亦不作有力不作无力世尊我緣此意故說菩薩摩訶薩般若波羅蜜多名大波羅蜜多

復次世尊菩薩摩訶薩般若波羅蜜多於意界不作大不作小於法界意識界及意觸意觸為緣所生諸受亦不作大不作小於意界不作集不作散於法界乃至意觸為緣所生諸受亦不作集不作散於意界不作有量不作無量於法界乃至意觸為緣所生諸受亦不作有量不作无量於意界不作廣不作狹於法界乃至意觸為緣所生諸受亦不作廣不作狹於意界不作有力不作無力於法界乃至意觸為緣所生諸受亦不作有力不作無力世尊我緣此意故說菩薩摩訶薩般若波羅蜜多名大波羅蜜多復次世尊菩薩摩訶薩般若波羅蜜多於地界不作大不作小於水火風空識界亦不作大不作小於地界不

作集不作散於水火風空識界亦不作集不作散於地界不作有量不作無量於水火風空識界亦不作有量不作無量於地界不作廣不作狹於水火風空識界亦不作廣不作狹於地界不作有力不作無力於水火風空識界亦不作有力不作無力世尊我緣此意故說菩薩摩訶薩般若波羅蜜多名大波羅蜜多

復次世尊菩薩摩訶薩般若波羅蜜多於無明不作大不作小於行識名色六處觸受愛取有生老死愁歎苦憂惱亦不作大不作小於無明不作集不作散於行乃至老死愁歎苦憂惱亦不作集不作散於無明不作有量不作無量於行乃至老死愁歎苦憂惱亦不作有量不作無量於無明不作廣不作狹於行乃至老死愁歎苦憂惱亦不作廣不作狹於無明不作有力不作無力於行乃至老死愁歎苦憂惱亦不作有力不作無力世尊我緣此意故說菩薩摩訶薩般若波羅蜜多名大波羅蜜多

復次世尊菩薩摩訶薩般若波羅蜜多於布施波羅蜜多不作大不作小於淨戒安忍精進靜慮般若波羅蜜多亦不作大不作小於布施波羅蜜多不作集不作散於淨戒乃至般若波羅蜜多亦不作集不作散於布施波羅蜜多不作有量不作無量於淨戒乃至般若波羅蜜多亦不作有量不作無量於布施波羅蜜多不作廣不作狹於淨戒乃至般若波羅蜜多亦不作廣不作狹於布施波羅蜜多不作有力不作无力於淨戒乃至般若波羅蜜多亦不作有力不作無力世尊我緣此意故說菩薩摩訶薩般若波羅蜜多名大波羅蜜多

復次世尊菩薩摩訶薩般若波羅蜜多於內空不作大不作小於外空內外空空空大空勝義空有為空无為空畢竟空無際空散空无變異空本性空自相空共相空一切法空不可得空無性空自性空无性自性空亦不作大不作小於內空不作集不作散於外空乃至無性自性空亦不作集不作散於內空不作有量不作无量於外空乃至無性自性空亦不作有量不作无量於內空不作廣不作狹於外空乃至無性自性空亦不作廣不作狹於內空不作有力不作無力於外空乃至無性自性空亦不作有力不作无力世尊我緣此意故說菩薩摩訶薩般若波羅蜜多名大波羅蜜多

復次世尊菩薩摩訶薩般若波羅蜜多於真如不作大不作小於法界法性不虛妄性不變異性平等性離生性法定法住實際虛空界不思議界亦不作大不作小於真如不作集不作散於法界乃至不思議界亦不作集不作散於真如不作有量不作無量於法界乃至不思議界亦不作有量不作無量於真如不作廣不作狹於法界乃至不思議界亦不作廣不作狹於真如不作有力不作無力於法界乃至不思議界亦不作有力不作无力世尊我緣此意故說菩薩摩訶薩般若波羅蜜多名大波羅蜜多

復次世尊菩薩摩訶薩般若波羅蜜多於苦聖諦不作大不作小於集滅道聖諦亦不作大不作小於苦聖諦不作集不作散於集滅道聖諦亦不作集不作散於苦聖諦不作有量不作無量於集滅道聖諦亦不作有量不作無量於苦聖諦不作廣不作狹於集滅道聖諦亦不作廣不作狹於苦聖諦不作有力不作無力於集滅道聖諦亦不作有力不作無力世尊我緣此意故說菩薩摩訶薩般若波羅蜜多名大波羅蜜多

復次世尊菩薩摩訶薩般若波羅蜜多於四靜慮不作大不作小於四無量四無色定亦不作大不作小於四靜慮不作集不作散於四無量四無色定亦不作集不作散於四靜慮不作有量不作無量於四無量四無色定亦不作有量不作無量於四靜慮不作廣不作狹於四無量四無色定亦不作廣不作狹於四靜慮不作有力不作無力於四無量四無色定亦不作有力不作無力世尊我緣此意

故說菩薩摩訶薩般若波羅蜜多名大波羅蜜多

復次世尊菩薩摩訶薩般若波羅蜜多於八解脫不作大不作小於八勝處九次第定十遍處亦不作大不作小於八解脫不作集不作散於八勝處九次第定十遍處亦不作集不作散於八解脫不作有量不作無量於八勝處九次第定十遍處亦不作有量不作無量於八解脫不作廣不作狹於八勝處九次第定十遍處亦不作廣不作狹於八解脫不作有力不作無力於八勝處九次第定十遍處亦不作有力不作無力世尊我緣此意故說菩薩摩訶薩般若波羅蜜多名大波羅蜜多復次世尊菩薩摩訶薩般若波羅蜜多於四念住不作大不作小於四正斷四神足五根五力七等覺支八聖道支亦不作大不作小於四念住不作集不作散於四正斷乃至八聖道支亦不作集不作散於四念住不作有量不作無量於四正斷乃至八聖道支亦不作有量不

作無量於四念住不作廣不作狹於四正斷乃至八聖道支亦不作廣不作狹於四念住不作有力不作無力於四正斷乃至八聖道支亦不作有力不作無力世尊我緣此意故說菩薩摩訶薩般若波羅蜜多名大波羅蜜多復次世尊菩薩摩訶薩般若波羅蜜多於空解脫門不作大不作小於無相無願解脫門亦不作大不作小於空解脫門不作集不作散於無相無願解脫門亦不作集不作散於空解脫門不作有量不作無量於無相無願解脫門亦不作有量不作無量於空解脫門不作廣不作狹於無相無願解脫門亦不作廣不作狹於空解脫門不作有力不作無力於無相無願解脫門亦不作有力不作無力世尊我緣此意故說菩薩摩訶薩般若波羅蜜多名大波羅蜜多復次世尊菩薩摩訶薩般若波羅蜜多於五眼不作大不作小於六神通亦不作大不作小於五眼不作集不作散於六神通亦不作集不作散於五眼

不作有量不作無量於六神通亦不作有量不作無量於五眼不作廣不作狹於六神通亦不作廣不作狹於五眼不作有力不作無力於六神通亦不作有力不作無力世尊我緣此意故說菩薩摩訶薩般若波羅蜜多名大波羅蜜多

復次世尊菩薩摩訶薩般若波羅蜜多於佛十力不作大不作小於四無所畏四無礙解大慈大悲大喜大捨十八佛不共法亦不作大不作小於佛十力不作集不作散於四無所畏乃至十八佛不共法亦不作集不作散於佛十力不作有量不作無量於四無所畏乃至十八佛不共法亦不作有量不作無量於佛十力不作廣不作狹於四無所畏乃至十八佛不共法亦不作廣不作狹於佛十力不作有力不作無力於四無所畏乃至十八佛不共法亦不作有力不作無力世尊我緣此意故說菩薩摩訶薩般若波羅蜜多名大波羅蜜多復次世尊菩薩摩訶薩般若波羅蜜多於

無忘失法不作大不作小於恒住捨
性亦不作大不作小於無忘失法
不作集不作散於恒住捨性亦不
作集不作散於無忘失法不作有量
不作無量於恒住捨性亦不作有量
不作無量於無忘失法不作廣不作
狹於恒住捨性亦不作廣不作狹於
無忘失法不作有力不作無力於恒
住捨性亦不作有力不作無力世尊
我緣此意故說菩薩摩訶薩般若波
羅蜜多名大波羅蜜多復次世尊菩
薩摩訶薩般若波羅蜜多於一切智
不作大不作小於道相智一切相智
亦不作大不作小於一切智不作集
不作散於道相智一切相智亦不作
集不作散於一切智不作有量不作
無量於道相智亦不作有量不作無
量於一切智不作廣不作狹於道相
智亦不作廣不作狹於一切智不作
有力不作無力於道相智一切相智亦
不作有力不作無力世尊我緣此意
故說菩薩摩訶薩般若波羅蜜多名
大波羅蜜多

復次世尊菩薩摩訶薩般若波羅蜜
多於一切陀羅尼門不作大不作小
於一切三摩地門亦不作大不作小
於一切陀羅尼門不作集不作散於
一切三摩地門亦不作集不作散於
一切陀羅尼門不作有量不作無量
於一切三摩地門亦不作有量不作
無量於一切陀羅尼門不作廣不作
狹於一切三摩地門亦不作廣不作
狹於一切陀羅尼門不作有力不作
無力於一切三摩地門亦不作有力
不作無力世尊我緣此意故說菩薩
摩訶薩般若波羅蜜多名大波羅蜜
多復次世尊菩薩摩訶薩般若波羅
蜜多於預流不作大不作小於一來
不還阿羅漢亦不作大不作小於預
流不作集不作散於一來不還阿羅
漢亦不作集不作散於預流不作有
量不作無量於一來不還阿羅漢亦
不作有量不作無量於預流不作廣
不作狹於一來不還阿羅漢亦不作
廣不作狹於預流不作有力不作無力
於一來不還阿羅漢亦不作有力不

作無力世尊我緣此意故說菩薩摩
訶薩般若波羅蜜多名大波羅蜜多
復次世尊菩薩摩訶薩般若波羅蜜
多於預流向預流果不作大不作小
於一來向一來果不還向不還果阿
羅漢向阿羅漢果亦不作大不作小
於預流向預流果不作集不作散於
一來向乃至阿羅漢果亦不作集不
作散於預流向預流果不作有量不
作無量於一來向乃至阿羅漢果亦
不作有量不作無量於預流向預流
果不作廣不作狹於一來向乃至阿
羅漢果亦不作廣不作狹於預流向
預流果不作有力不作無力於一來
向乃至阿羅漢果亦不作有力不作
無力世尊我緣此意故說菩薩摩訶
薩般若波羅蜜多名大波羅蜜多
復次世尊菩薩摩訶薩般若波羅蜜
多於獨覺不作大不作小於獨覺菩
提亦不作大不作小於獨覺不作集
不作散於獨覺菩提亦不作集不作
散於獨覺不作有量不作無量於獨
覺菩提亦不作有量不作無量於獨

覺不作廣不作狹於獨覺菩提亦不作廣不作狹於獨覺不作有力不作無力於獨覺菩提亦不作有力不作無力世尊我緣此意故說菩薩摩訶薩般若波羅蜜多名大波羅蜜多復次世尊菩薩摩訶薩般若波羅蜜多於菩薩摩訶薩不作大不作小於菩薩摩訶薩行亦不作大不作小於菩薩摩訶薩不作集不作散於菩薩摩訶薩行亦不作集不作散於菩薩摩訶薩不作有量不作無量於菩薩摩訶薩行亦不作有量不作無量於菩薩摩訶薩不作廣不作狹於菩薩摩訶薩行亦不作廣不作狹於菩薩摩訶薩不作有力不作無力於菩薩摩訶薩行亦不作有力不作無力世尊我緣此意故說菩薩摩訶薩般若波羅蜜多名大波羅蜜多復次世尊菩薩摩訶薩般若波羅蜜多於諸如來應正等覺不作大不作小於佛無上正等菩提亦不作大不作小於諸如來應正等覺不作集不作散於佛無上正等菩提亦不作集不作散於諸如來

應正等覺不作有量不作無量於佛無上正等菩提亦不作有量不作無量於諸如來應正等覺不作廣不作狹於佛無上正等菩提亦不作廣不作狹於諸如來應正等覺不作有力不作無力於佛無上正等菩提亦不作有力不作無力世尊我緣此意故說菩薩摩訶薩般若波羅蜜多名大波羅蜜多復次世尊菩薩摩訶薩般若波羅蜜多於一切法不作大不作小不作集不作散不作有量不作無量不作廣不作狹不作有力不作無力世尊我緣此意故說菩薩摩訶薩般若波羅蜜多名大波羅蜜多

復次世尊若新學大乘菩薩摩訶薩依般若波羅蜜多靜慮波羅蜜多精進波羅蜜多安忍波羅蜜多淨戒波羅蜜多布施波羅蜜多起如是想如是般若波羅蜜多於色不作大不作小於受想行識亦不作大不作小於色不作集不作散於受想行識亦不作集不作散於色不作有量不作無量於受想行識亦不作有量不作無

量於色不作廣不作狹於受想行識亦不作廣不作狹於色不作有力不作無力於受想行識亦不作有力不作無力世尊是菩薩摩訶薩由起此想非行般若波羅蜜多

復次世尊若新學大乘菩薩摩訶薩依般若靜慮精進安忍淨戒布施波羅蜜多起如是想如是般若波羅蜜多於眼處不作大不作小於耳鼻舌身意處亦不作大不作小於眼處不作集不作散於耳鼻舌身意處亦不作集不作散於眼處不作有量不作無量於耳鼻舌身意處亦不作有量不作無量於眼處不作廣不作狹於耳鼻舌身意處亦不作廣不作狹於眼處不作有力不作無力於耳鼻舌身意處亦不作有力不作無力世尊是菩薩摩訶薩由起此想非行般若波羅蜜多

復次世尊若新學大乘菩薩摩訶薩依般若靜慮精進安忍淨戒布施波羅蜜多起如是想如是般若波羅蜜多於色處不作大不作小於聲香味

觸法處亦不作大不作小於色處不作集不作散於聲香味觸法處亦不作集不作散於色處不作有量不作無量於聲香味觸法處亦不作有量不作無量於色處不作廣不作狹於聲香味觸法處亦不作廣不作狹於色處不作有力不作無力於聲香味觸法處亦不作有力不作无力世尊是菩薩摩訶薩由起此想非行般若波羅蜜多復次世尊若新學大乘菩薩摩訶薩依般若靜慮精進安忍淨戒布施波羅蜜多起如是想如是般若波羅蜜多於眼界不作大不作小於色界眼識界及眼觸眼觸為緣所生諸受亦不作大不作小於眼界不作集不作散於色界乃至眼觸為緣所生諸受亦不作集不作散於眼界不作有量不作无量於色界乃至眼觸為緣所生諸受亦不作有量不作無量於眼界不作廣不作狹於色界乃至眼觸為緣所生諸受亦不作廣不作狹於眼界不作有力不作無力於色界乃至眼觸為緣所生諸受亦

不作有力不作無力世尊是菩薩摩訶薩由起此想非行般若波羅蜜多復次世尊若新學大乘菩薩摩訶薩依般若靜慮精進安忍淨戒布施波羅蜜多起如是想如是般若波羅蜜多於耳界不作大不作小於聲界耳識界及耳觸耳觸為緣所生諸受亦不作大不作小於耳界不作集不作散於聲界乃至耳觸為緣所生諸受亦不作集不作散於耳界不作有量不作無量於聲界乃至耳觸為緣所生諸受亦不作有量不作無量於耳界不作廣不作狹於聲界乃至耳觸為緣所生諸受亦不作廣不作狹於耳界不作有力不作無力於聲界乃至耳觸為緣所生諸受亦不作有力不作無力世尊是菩薩摩訶薩由起此想非行般若波羅蜜多復次世尊若新學大乘菩薩摩訶薩依般若靜慮精進安忍淨戒布施波羅蜜多起如是想如是般若波羅蜜多於鼻界不作大不作小於香界鼻識界及鼻觸鼻觸為緣所生諸受亦不作大不

作小於鼻界不作集不作散於香界乃至鼻觸為緣所生諸受亦不作集不作散於鼻界不作有量不作無量於香界乃至鼻觸為緣所生諸受亦不作有量不作無量於鼻界不作廣不作狹於香界乃至鼻觸為緣所生諸受亦不作廣不作狹於鼻界不作有力不作無力於香界乃至鼻觸為緣所生諸受亦不作有力不作無力世尊是菩薩摩訶薩由起此想非行般若波羅蜜多復次世尊若新學大乘菩薩摩訶薩依般若靜慮精進安忍淨戒布施波羅蜜多起如是想如是般若波羅蜜多於舌界不作大不作小於味界舌識界及舌觸舌觸為緣所生諸受亦不作大不作小於舌界不作集不作散於味界乃至舌觸為緣所生諸受亦不作集不作散於舌界不作有量不作無量於味界乃至舌觸為緣所生諸受亦不作有量不作無量於舌界不作廣不作狹於味界乃至舌觸為緣所生諸受亦不作廣不作狹於舌界不作有力不作

大般若經一百七十四　第二十張　來字号

無力於味界乃至舌觸為緣所生諸受亦不作有力不作無力世尊是菩薩摩訶薩由起此想非行般若波羅蜜多

復次世尊若新學大乘菩薩摩訶薩依般若靜慮精進安忍淨戒布施波羅蜜多起如是想如是般若波羅蜜多於身界不作大不作小於觸界身識界及身觸身觸為緣所生諸受亦不作大不作小於身界不作集不作散於觸界乃至身觸為緣所生諸受亦不作集不作散於身界不作有量不作無量於觸界乃至身觸為緣所生諸受亦不作有量不作無量於身界不作廣不作狹於觸界乃至身觸為緣所生諸受亦不作廣不作狹於身界不作有力不作無力於觸界乃至身觸為緣所生諸受亦不作有力不作無力世尊是菩薩摩訶薩由起此想非行般若波羅蜜多

復次世尊若新學大乘菩薩摩訶薩般若靜慮精進安忍淨戒布施波羅蜜多起如是想如是般若波羅蜜多於

大般若經一百七十四　第二十一張　來字号

意界不作大不作小於法界意識界及意觸意觸為緣所生諸受亦不作大不作小於意界不作集不作散於法界乃至意觸為緣所生諸受亦不作集不作散於意界不作有量不作無量於法界乃至意觸為緣所生諸受亦不作有量不作無量於意界不作廣不作狹於法界乃至意觸為緣所生諸受亦不作廣不作狹於意界不作有力不作無力於法界乃至意觸為緣所生諸受亦不作有力不作無力世尊是菩薩摩訶薩由起此想非行般若波羅蜜多

復次世尊若新學大乘菩薩摩訶薩依般若靜慮精進安忍淨戒布施波羅蜜多起如是想如是般若波羅蜜多於地界不作大不作小於水火風空識界亦不作大不作小於地界不作集不作散於水火風空識界亦不作集不作散於地界不作有量不作無量於水火風空識界亦不作有量不作無量於地界不作廣不作狹於水火風空識界亦不作廣不作狹於

大般若經第一百七十四　第二十二張　來字号

地界不作有力不作無力於水火風空識界亦不作有力不作無力世尊是菩薩摩訶薩由起此想非行般若波羅蜜多復次世尊若新學大乘菩薩摩訶薩依般若靜慮精進安忍淨戒布施波羅蜜多起如是想如是般若波羅蜜多於無明不作大不作小於行識名色六處觸受愛取有生老死愁歎苦憂惱亦不作大不作小於無明不作集不作散於行乃至老死愁歎苦憂惱亦不作集不作散於無明不作有量不作無量於行乃至老死愁歎苦憂惱亦不作有量不作無量於無明不作廣不作狹於行乃至老死愁歎苦憂惱亦不作廣不作狹於無明不作有力不作無力於行乃至老死愁歎苦憂惱亦不作有力不作無力世尊是菩薩摩訶薩由起此想非行般若波羅蜜多復次世尊若新學大乘菩薩摩訶薩依般若靜慮精進安忍淨戒布施波羅蜜多起如是想如是般若波羅蜜多於布施波羅蜜多不作大不作小於淨戒安忍

精進靜慮般若波羅蜜多亦不作大不作小於布施波羅蜜多不作集不作散於淨戒乃至般若波羅蜜多亦不作集不作散於布施波羅蜜多不作有量不作無量於淨戒乃至般若波羅蜜多亦不作有量不作無量於布施波羅蜜多不作廣不作狹於淨戒乃至般若波羅蜜多亦不作廣不作狹於布施波羅蜜多不作有力不作無力於淨戒乃至般若波羅蜜多亦不作有力不作無力世尊是菩薩摩訶薩由起此想非行般若波羅蜜多

大般若經第百七十四　第十四張　來字号

大般若波羅蜜多經卷第百七十四

大般若波羅蜜多經卷第一百七十四

校勘記

一　底本，金藏廣勝寺本。

一　六六四頁上一七行「道相智」與「亦」字之間脫漏「一切相智」四字，行間小字為原閱經者所加。

一　六六四頁上一九行首字「智」與「亦」字之間脫漏「一切相智」四字，行間小字為原閱經者所加。

一　六六四頁中二三行至本頁下一行「於一來不還阿羅漢亦不作有力不作無力」十七字【石】漏刻。

一　六六五頁上二三行「散」字與「於」字之間，【南】重刻「於佛無上正等菩提亦不作集不作散」十五字。

一　六六六頁上一行「於色處」，【麗】作「施色處」。

一　六六六頁上一二行「如是般」，【磧】作「知是般」。

一　六六八頁上三行至四行「亦不作集」，【南】作「不作集」。

一　六六八頁上八行「亦不作廣」，【南】作「不作廣」。

一　六六八頁上一一行「亦不作有力」，【南】作「不作有力」。

一　六六八頁上一三行「大般若波羅蜜多經卷第一百七十四」十五字【石】漏刻。

大般若波羅蜜多經卷第一百七十五　来

三藏法師玄奘奉　詔譯

初分讚般若品第三十二之四

復次世尊若新學大乘菩薩摩訶薩依般若靜慮精進安忍淨戒布施波羅蜜多起如是想如是般若波羅蜜多於內空不作大不作小於外空內外空空空大空勝義空有為空無為空畢竟空無際空散空無變異空本性空自相空共相空一切法空不可得空無性空自性空無性自性空亦不作大不作小於內空不作集不作散於外空乃至無性自性空亦不作集不作散於內空不作有量不作無量於外空乃至無性自性空亦不作有量不作無量於內空不作廣不作狹於外空乃至無性自性空亦不作廣不作狹於內空不作有力不作無力於外空乃至無性自性空亦不作有力不作無力世尊是菩薩摩訶薩由起此想非行般若波羅蜜多復次世尊若新學大乘菩薩摩訶薩依般

若靜慮精進安忍淨戒布施波羅蜜多起如是想如是般若波羅蜜多於真如不作大不作小於法界法性不虛妄性不變異性平等性離生性法定法住實際虛空界不思議界亦不作大不作小於真如不作集不作散於法界乃至不思議界亦不作集不作散於真如不作有量不作無量於法界乃至不思議界亦不作有量不作無量於真如不作廣不作狹於法界乃至不思議界亦不作廣不作狹於真如不作有力不作無力於法界乃至不思議界亦不作有力不作無力世尊是菩薩摩訶薩由起此想非行般若波羅蜜多復次世尊若新學大乘菩薩摩訶薩依般若靜慮精進安忍淨戒布施波羅蜜多起如是想如是般若波羅蜜多於苦聖諦不作大不作小於集滅道聖諦亦不作大不作小於苦聖諦不作集不作散於集滅道聖諦亦不作集不作散於苦聖諦不作有量不作無量於集滅道聖諦亦不作有量不作無量於苦聖

諦不作廣不作狹於集滅道聖諦亦不作廣不作狹於苦聖諦不作有力不作無力於集滅道聖諦亦不作有力不作無力世尊是菩薩摩訶薩由起此想非行般若波羅蜜多復次世尊若新學大乘菩薩摩訶薩依般若靜慮精進安忍淨戒布施波羅蜜多起如是想如是般若波羅蜜多於四靜慮不作大不作小於四無量四無色定亦不作大不作小於四靜慮不作集不作散於四無量四無色定亦不作集不作散於四靜慮不作有量不作無量於四無量四無色定亦不作有量不作無量於四靜慮不作廣不作狹於四無量四無色定亦不作廣不作狹於四靜慮不作有力不作無力於四無量四無色定亦不作有力不作無力世尊是菩薩摩訶薩由起此想非行般若波羅蜜多復次世尊若新學大乘菩薩摩訶薩依般若靜慮精進安忍淨戒布施波羅蜜多起如是想如是般若波羅蜜多於八解脫不作大不作小於八勝處九次

第定十遍處亦不作大不作小於八解脫不作集不作散於八勝處九次第定十遍處亦不作集不作散於八解脫不作有量不作無量於八勝處九次第定十遍處亦不作有量不作無量於八解脫不作廣不作狹於八勝處九次第定十遍處亦不作廣不作狹於八解脫不作有力不作無力於八勝處九次第定十遍處亦不作有力不作無力世尊是菩薩摩訶薩由起此想非行般若波羅蜜多復次世尊若新學大乘菩薩摩訶薩依般若靜慮精進安忍淨戒布施波羅蜜多起如是想如是般若波羅蜜多於四念住不作大不作小於四正斷四神足五根五力七等覺支八聖道支亦不作大不作小於四念住不作集不作散於四正斷乃至八聖道支亦不作集不作散於四念住不作有量不作無量於四正斷乃至八聖道支亦不作有量不作無量於四念住不作廣不作狹於四正斷乃至八聖道支亦不作廣不作狹於四念住不作

有力不作無力於四正斷乃至八聖道支亦不作有力不作無力世尊是菩薩摩訶薩由起此想非行般若波羅蜜多復次世尊若新學大乘菩薩摩訶薩依般若靜慮精進安忍淨戒布施波羅蜜多起如是想如是般若波羅蜜多於空解脫門不作大不作小於無相無願解脫門亦不作大不作小於空解脫門不作集不作散於無相無願解脫門亦不作集不作散於空解脫門不作有量不作無量於無相無願解脫門亦不作有量不作無量於空解脫門不作廣不作狹於無相無願解脫門亦不作廣不作狹於空解脫門不作有力不作無力於無相無願解脫門亦不作有力不作無力世尊是菩薩摩訶薩由起此想非行般若波羅蜜多復次世尊若新學大乘菩薩摩訶薩依般若靜慮精進安忍淨戒布施波羅蜜多起如是想如是般若波羅蜜多於五眼不作大不作小於六神通亦不作大不作小於五眼不作集不作散於六神通

亦不作集不作散於五眼不作有量不作無量於六神通亦不作有量不作無量於五眼不作廣不作狹於六神通亦不作廣不作狹於五眼不作有力不作無力於六神通亦不作有力不作無力世尊是菩薩摩訶薩由起此想非行般若波羅蜜多復次世尊若新學大乘菩薩摩訶薩依般若靜慮精進安忍淨戒布施波羅蜜多起如是想如是般若波羅蜜多於佛十力不作大不作小於四無所畏四無礙解大慈大悲大喜大捨十八佛不共法亦不作大不作小於佛十力不作集不作散於四無所畏乃至十八佛不共法亦不作集不作散於佛十力不作有量不作無量於四無所畏乃至十八佛不共法亦不作有量不作無量於佛十力不作廣不作狹於四無所畏乃至十八佛不共法亦不作廣不作狹於佛十力不作有力不作無力於四無所畏乃至十八佛不共法亦不作有力不作無力世尊是菩薩摩訶薩由起此想非行般若

波羅蜜多復次世尊若新學大乘菩薩摩訶薩依般若靜慮精進安忍淨戒布施波羅蜜多起如是想如是般若波羅蜜多於無忘失法不作大不作小於恒住捨性亦不作大不作小於無忘失法不作集不作散於恒住捨性亦不作集不作散於無忘失法不作有量不作無量於恒住捨性亦不作有量不作無量於無忘失法不作廣不作狹於恒住捨性亦不作廣不作狹於無忘失法不作有力不作無力於恒住捨性亦不作有力不作無力世尊是菩薩摩訶薩由起此想非行般若波羅蜜多復次世尊若新學大乘菩薩摩訶薩依般若靜慮精進安忍淨戒布施波羅蜜多起如是想如是般若波羅蜜多於一切智不作大不作小於道相智一切相智亦不作大不作小於一切智不作集不作散於道相智一切相智亦不作集不作散於一切智不作有量不作無量於道相智一切相智亦不作有量不作無量於一切智不作廣不作狹

於道相智一切相智亦不作廣不作狹於一切智不作有力不作無力於道相智一切相智亦不作有力不作無力世尊是菩薩摩訶薩由起此想非行般若波羅蜜多復次世尊若新學大乘菩薩摩訶薩依般若靜慮精進安忍淨戒布施波羅蜜多起如是想如是般若波羅蜜多於一切陀羅尼門不作大不作小於一切三摩地門亦不作大不作小於一切陀羅尼門不作集不作散於一切三摩地門亦不作集不作散於一切陀羅尼門不作有量不作無量於一切三摩地門亦不作有量不作無量於一切陀羅尼門不作廣不作狹於一切三摩地門亦不作廣不作狹於一切陀羅尼門不作有力不作無力於一切三摩地門亦不作有力不作無力世尊是菩薩摩訶薩由起此想非行般若波羅蜜多復次世尊若新學大乘菩薩摩訶薩依般若靜慮精進安忍淨戒布施波羅蜜多起如是想如是般若波羅蜜多於預流不作大不作小

於一來不還阿羅漢亦不作大不作小於預流不作集不作散於一來不還阿羅漢亦不作集不作散於預流不作有量不作無量於一來不還阿羅漢亦不作有量不作無量於預流不作廣不作狹於一來不還阿羅漢亦不作廣不作狹於預流不作有力不作無力於一來不還阿羅漢亦不作有力不作無力世尊是菩薩摩訶薩由起此想非行般若波羅蜜多復次世尊若新學大乘菩薩摩訶薩依般若靜慮精進安忍淨戒布施波羅蜜多起如是想如是般若波羅蜜多於預流向預流果不作大不作小於一來向一來果不還向不還果阿羅漢向阿羅漢果亦不作大不作小於預流向預流果不作集不作散於一來向乃至阿羅漢果亦不作集不作散於預流向預流果不作有量不作無量於一來向乃至阿羅漢果亦不作有量不作無量於預流向預流果不作廣不作狹於一來向乃至阿羅漢果亦不作廣不作狹於預流向預

流果不作有力不作無力於一來向乃至阿羅漢果亦不作有力不作無力世尊是菩薩摩訶薩由起此想非行般若波羅蜜多

復次世尊若新學大乘菩薩摩訶薩依般若靜慮精進安忍淨戒布施波羅蜜多起如是想如是般若波羅蜜多於獨覺不作大不作小於獨覺菩提亦不作大不作小於獨覺不作集不作散於獨覺菩提亦不作集不作散於獨覺不作有量不作無量於獨覺菩提亦不作有量不作無量於獨覺不作廣不作狹於獨覺菩提亦不作廣不作狹於獨覺不作有力不作無力於獨覺菩提亦不作有力不作無力世尊是菩薩摩訶薩由起此想非行般若波羅蜜多復次世尊若新學大乘菩薩摩訶薩依般若靜慮精進安忍淨戒布施波羅蜜多起如是想如是般若波羅蜜多於菩薩摩訶薩不作大不作小於菩薩摩訶薩行亦不作大不作小於菩薩摩訶薩不作集不作散於菩薩摩訶薩行亦不

作集不作散於菩薩摩訶薩不作有量不作無量於菩薩摩訶薩行亦不作有量不作無量於菩薩摩訶薩不作廣不作狹於菩薩摩訶薩行亦不作廣不作狹於菩薩摩訶薩不作有力不作無力於菩薩摩訶薩行亦不作有力不作無力世尊是菩薩摩訶薩由起此想非行般若波羅蜜多復次世尊若新學大乘菩薩摩訶薩依般若靜慮精進安忍淨戒布施波羅蜜多起如是想如是般若波羅蜜多於諸如來應正等覺不作大不作小於佛無上正等菩提亦不作大不作小於諸如來應正等覺不作集不作散於佛無上正等菩提亦不作集不作散於諸如來應正等覺不作有量不作無量於佛無上正等菩提亦不作有量不作無量於諸如來應正等覺不作廣不作狹於佛無上正等菩提亦不作廣不作狹於諸如來應正等覺不作有力不作無力於佛無上正等菩提亦不作有力不作無力世尊是菩薩摩訶薩由起此想非行般

若波羅蜜多

復次世尊若新學大乘菩薩摩訶薩依般若靜慮精進安忍淨戒布施波羅蜜多起如是想如是般若波羅蜜多於一切法不作大不作小不作集不作散不作有量不作無量不作廣不作狹不作有力不作無力世尊是菩薩摩訶薩由起此想非行般若波羅蜜多

世尊若新學大乘菩薩摩訶薩依般若波羅蜜多靜慮波羅蜜多精進波羅蜜多安忍波羅蜜多淨戒波羅蜜多布施波羅蜜多起如是想如是般若波羅蜜多於色作大作小於受想行識亦作大作小於色作集作散於受想行識亦作集作散於色作有量作無量於受想行識亦作有量作無量於色作廣作狹於受想行識亦作廣作狹於色作有力作無力於受想行識亦作有力作無力世尊是菩薩摩訶薩由起此想非行般若波羅蜜多

復次世尊若新學大乘菩薩摩訶薩依般若靜慮精進安忍淨戒布施波羅蜜多起如是想如是般若波羅蜜多於眼處作大作小於耳鼻舌身意處亦作大作小於眼處作集作散於耳鼻舌身意處亦作集作散於眼處作有量作無量於耳鼻舌身意處亦作有量作無量於眼處作廣作狹於耳鼻舌身意處亦作廣作狹於眼處作有力作無力於耳鼻舌身意處亦作有力作無力世尊是菩薩摩訶薩由起此想非行般若波羅蜜多復次世尊若新學大乘菩薩摩訶薩依般若靜慮精進安忍淨戒布施波羅蜜多起如是想如是般若波羅蜜多於色處作大作小於聲香味觸法處亦作大作小於色處作集作散於聲香味觸法處亦作集作散於色處作有量作無量於聲香味觸法處亦作有量作無量於色處作廣作狹於聲香味觸法處亦作廣作狹於色處作有力作無力於聲香味觸法處亦作有力作無力世尊是菩薩摩訶薩由起此想非行般若波羅蜜多

復次世尊若新學大乘菩薩摩訶薩依般若靜慮精進安忍淨戒布施波羅蜜多起如是想如是般若波羅蜜多於眼界作大作小於色界眼識界及眼觸眼觸為緣所生諸受亦作大作小於眼界作集作散於色界乃至眼觸為緣所生諸受亦作集作散於眼界作有量作無量於色界乃至眼觸為緣所生諸受亦作有量作無量於眼界作廣作狹於色界乃至眼觸為緣所生諸受亦作廣作狹於眼界作有力作無力於色界乃至眼觸為緣所生諸受亦作有力作無力世尊是菩薩摩訶薩由起此想非行般若波羅蜜多復次世尊若新學大乘菩薩摩訶薩依般若靜慮精進安忍淨戒布施波羅蜜多起如是想如是般若波羅蜜多於耳界作大作小於聲界耳識界及耳觸耳觸為緣所生諸受亦作大作小於耳界作集作散於聲界乃至耳觸為緣所生諸受亦作集作散於耳界作有量作無量於聲界乃至耳觸為緣所生諸受亦作有

量作無量於耳界作廣作狭於聲界乃至耳觸為緣所生諸受亦作廣作狭於耳界作有力作無力於聲界乃至耳觸為緣所生諸受亦作有力作無力世尊是菩薩摩訶薩由起此想非行般若波羅蜜多復次世尊若新學大乘菩薩摩訶薩依般若靜慮精進安忍淨戒布施波羅蜜多起如是想如是般若波羅蜜多於鼻界作大作小於香界鼻識界及鼻觸鼻觸為緣所生諸受亦作大作小於鼻界作集作散於香界乃至鼻觸為緣所生諸受亦作集作散於鼻界作有量作無量於香界乃至鼻觸為緣所生諸受亦作有量作無量於鼻界作廣作狭於香界乃至鼻觸為緣所生諸受亦作廣作狭於鼻界作有力作無力於香界乃至鼻觸為緣所生諸受亦作有力作無力世尊是菩薩摩訶薩由起此想非行般若波羅蜜多復次世尊若新學大乘菩薩摩訶薩依般若靜慮精進安忍淨戒布施波羅蜜多起如是想如是般若波羅蜜多於

舌界作大作小於味界舌識界及舌觸舌觸為緣所生諸受亦作大作小於舌界作集作散於味界乃至舌觸為緣所生諸受亦作集作散於舌界作有量作無量於味界乃至舌觸為緣所生諸受亦作有量作無量於舌界作廣作狭於味界乃至舌觸為緣所生諸受亦作廣作狭於舌界作有力作無力於味界乃至舌觸為緣所生諸受亦作有力作無力世尊是菩薩摩訶薩由起此想非行般若波羅蜜多復次世尊若新學大乘菩薩摩訶薩依般若靜慮精進安忍淨戒布施波羅蜜多起如是想如是般若波羅蜜多於身界作大作小於觸界身識界及身觸身觸為緣所生諸受亦作大作小於身界作集作散於觸界乃至身觸為緣所生諸受亦作集作散於身界作有量作無量於觸界乃至身觸為緣所生諸受亦作有量作無量於身界作廣作狭於觸界乃至身觸為緣所生諸受亦作廣作狭於身界作有力作無力於觸界乃至身

觸為緣所生諸受亦作有力作無力世尊是菩薩摩訶薩由起此想非行般若波羅蜜多復次世尊若新學大乘菩薩摩訶薩依般若靜慮精進安忍淨戒布施波羅蜜多起如是想如是般若波羅蜜多於意界作大作小於法界意識界及意觸意觸為緣所生諸受亦作大作小於意界作集作散於法界乃至意觸為緣所生諸受亦作集作散於意界作有量作無量於法界乃至意觸為緣所生諸受亦作有量作無量於意界作廣作狭於法界乃至意觸為緣所生諸受亦作廣作狭於意界作有力作無力於法界乃至意觸為緣所生諸受亦作有力作無力世尊是菩薩摩訶薩由起此想非行般若波羅蜜多

復次世尊若新學大乘菩薩摩訶薩依般若靜慮精進安忍淨戒布施波羅蜜多起如是想如是般若波羅蜜多於地界作大作小於水火風空識界亦作大作小於地界作集作散於水火風空識界亦作集作散於地界

作有量作無量於水火風空識界亦作有量作無量於地界作廣作狹於水火風空識界亦作廣作狹於地界作有力作無力於水火風空識界亦作有力作無力世尊是菩薩摩訶薩由起此想非行般若波羅蜜多復次世尊若新學大乘菩薩摩訶薩依般若靜慮精進安忍淨戒布施波羅蜜多起如是想如是般若波羅蜜多於無明作大作小於行識名色六處觸受愛取有生老死愁歎苦憂惱亦作大作小於無明作集作散於行乃至老死愁歎苦憂惱亦作集作散於無明作有量作無量於行乃至老死愁歎苦憂惱亦作有量作無量於無明作廣作狹於行乃至老死愁歎苦憂惱亦作廣作狹於無明作有力作無力於行乃至老死愁歎苦憂惱亦作有力作無力世尊是菩薩摩訶薩由起此想非行般若波羅蜜多

復次世尊若新學大乘菩薩摩訶薩依般若靜慮精進安忍淨戒布施波羅蜜多起如是想如是般若波羅蜜

多於布施波羅蜜多作大作小於淨戒安忍精進靜慮般若波羅蜜多亦作大作小於布施波羅蜜多作集作散於淨戒乃至般若波羅蜜多亦作集作散於布施波羅蜜多作有量作無量於淨戒乃至般若波羅蜜多亦作有量作無量於布施波羅蜜多作廣作狹於淨戒乃至般若波羅蜜多亦作廣作狹於布施波羅蜜多作有力作無力於淨戒乃至般若波羅蜜多亦作有力作無力世尊是菩薩摩訶薩由起此想非行般若波羅蜜多復次世尊若新學大乘菩薩摩訶薩依般若靜慮精進安忍淨戒布施波羅蜜多起如是想如是般若波羅蜜多於內空作大作小於外空內外空空空大空勝義空有為空無為空畢竟空無際空散空無變異空本性空自相空共相空一切法空不可得空無性空自性空無性自性空亦作大作小於內空作集作散於外空乃至無性自性空亦作集作散於內空作有量作無量於外空乃至無性自性

空亦作有量作無量於內空作廣作狹於外空乃至無性自性空亦作廣作狹於內空作有力作無力於外空乃至無性自性空亦作有力作無力世尊是菩薩摩訶薩由起此想非行般若波羅蜜多復次世尊若新學大乘菩薩摩訶薩依般若靜慮精進安忍淨戒布施波羅蜜多起如是想如是般若波羅蜜多於真如作大作小於法界法性不虛妄性不變異性平等性離生性法定法住實際虛空界不思議界亦作大作小於真如作集作散於法界乃至不思議界亦作集作散於真如作有量作無量於法界乃至不思議界亦作有量作無量於真如作廣作狹於法界乃至不思議界亦作廣作狹於真如作有力作無力於法界乃至不思議界亦作有力作無力世尊是菩薩摩訶薩由起此想非行般若波羅蜜多復次世尊若新學大乘菩薩摩訶薩依般若靜慮精進安忍淨戒布施波羅蜜多起如是想如是般若波羅蜜多於苦聖諦

作大作小於集滅道聖諦亦作大作小於苦聖諦作集作散於集滅道聖諦亦作集作散於苦聖諦作有量作無量於集滅道聖諦亦作有量作無量於苦聖諦作廣作狹於集滅道聖諦亦作廣作狹於苦聖諦作有力作無力於集滅道聖諦亦作有力作無力世尊是菩薩摩訶薩由起此想非行般若波羅蜜多復次世尊若新學大乘菩薩摩訶薩依般若靜慮精進安忍淨戒布施波羅蜜多起如是想如是般若波羅蜜多於四靜慮作大作小於四無量四無色定亦作大作小於四靜慮作集作散於四無量四無色定亦作集作散於四靜慮作有量作無量於四無量四無色定亦作有量作無量於四靜慮作廣作狹於四無量四無色定亦作廣作狹於四靜慮作有力作無力於四無量四無色定亦作有力作無力世尊是菩薩摩訶薩由起此想非行般若波羅蜜多復次世尊若新學大乘菩薩摩訶薩依般若靜慮精進安忍淨戒布施

波羅蜜多起如是想如是般若波羅蜜多於八解脫作大作小於八勝處九次第定十遍處亦作大作小於八解脫作集作散於八勝處九次第定十遍處亦作集作散於八解脫作有量作無量於八勝處九次第定十遍處亦作有量作無量於八解脫作廣作狹於八勝處九次第定十遍處亦作廣作狹於八解脫作有力作無力於八勝處九次第定十遍處亦作有力作無力世尊是菩薩摩訶薩由起此想非行般若波羅蜜多復次世尊若新學大乘菩薩摩訶薩依般若靜慮精進安忍淨戒布施波羅蜜多起如是想如是般若波羅蜜多於四念住作大作小於四正斷四神足五根五力七等覺支八聖道支亦作大作小於四念住作集作散於四正斷乃至八聖道支亦作集作散於四念住作有量作無量於四正斷乃至八聖道支亦作有量作無量於四念住作廣作狹於四正斷乃至八聖道支亦作廣作狹於四念住作有力作無力

於四正斷乃至八聖道支亦作有力作無力世尊是菩薩摩訶薩由起此想非行般若波羅蜜多復次世尊若新學大乘菩薩摩訶薩依般若靜慮精進安忍淨戒布施波羅蜜多起如是想如是般若波羅蜜多於空解脫門作大作小於無相無願解脫門亦作大作小於空解脫門作集作散於無相無願解脫門亦作集作散於空解脫門作有量作無量於無相無願解脫門亦作有量作無量於空解脫門作廣作狹於無相無願解脫門亦作廣作狹於空解脫門作有力作無力於無相無願解脫門亦作有力作無力世尊是菩薩摩訶薩由起此想非行般若波羅蜜多復次世尊若新學大乘菩薩摩訶薩依般若靜慮精進安忍淨戒布施波羅蜜多起如是想如是般若波羅蜜多於五眼作大作小於六神通亦作大作小於五眼作集作散於六神通亦作集作散於五眼作有量作無量於六神通亦作有量作無量於五眼作廣作狹於六

神通亦作廣作狭於五眼作有力作無力於六神通亦作有力作無力世尊是菩薩摩訶薩由起此想非行般若波羅蜜多復次世尊若新學大乘菩薩摩訶薩依般若靜慮精進安忍淨戒布施波羅蜜多起如是想如是般若波羅蜜多於佛十力作大作小於四無所畏四無礙解大慈大悲大喜大捨十八佛不共法亦作大作小於佛十力作集作散於四無所畏乃至十八佛不共法亦作集作散於佛十力作有量作無量於四無所畏乃至十八佛不共法亦作有量作無量於佛十力作廣作狭於四無所畏乃至十八佛不共法亦作廣作狭於佛十力作有力作無力於四無所畏乃至十八佛不共法亦作有力作無力世尊是菩薩摩訶薩由起此想非行般若波羅蜜多復次世尊若新學大乘菩薩摩訶薩依般若靜慮精進安忍淨戒布施波羅蜜多起如是想如是般若波羅蜜多於無忘失法作大作小於恒住捨性亦作大作小於無

忘失法作集作散於恒住捨性亦作集作散於無忘失法作有量作無量於恒住捨性亦作有量作無量於無忘失法作廣作狭於恒住捨性亦作廣作狭於無忘失法作有力作無力於恒住捨性亦作有力作無力世尊是菩薩摩訶薩由起此想非行般若波羅蜜多

大般若波羅蜜多經卷第一百七十五

大般若波羅蜜多經卷第一百七十五

校勘記

底本，金藏大寶集寺本。

一　六七三頁下一九行「耳識界」，石作「耳一界」。

一　六七四頁上九行「於鼻界」，磧、南作「於耳界」。

一　六七四頁下一行「觸」，石作「一」。

一　六七五頁上二行「作狭」，石作「作一」。

一　六七五頁中一八行「無際空」，石作「無一空」。

一　六七七頁中九行「大般若波羅蜜多經卷第一百七十五」十五字石漏刻。

大般若波羅蜜多經卷第一百十六　來

三藏法師玄奘奉　詔譯

初分讚般若品第三十二之五

復次世尊若新學大乘菩薩摩訶薩依般若靜慮精進安忍淨戒布施波羅蜜多起如是想如是般若波羅蜜多於一切智作大作小於道相智一切相智亦作大作小於一切智作集作散於道相智一切相智亦作集作散於一切智作有量作无量於道相智一切相智亦作有量作無量於一切智作廣作狹於道相智一切相智亦作廣作狹於一切智作有力作無力於道相智一切相智亦作有力作無力世尊是菩薩摩訶薩由起此想非行般若波羅蜜多復次世尊若新學大乘菩薩摩訶薩依般若靜慮精進安忍淨戒布施波羅蜜多起如是想如是般若波羅蜜多於一切陁羅尼門作大作小於一切三摩地門亦作大作小於一切陁羅尼門作集作散於一切三摩地門亦作集作散於一切陁羅尼門作有量作无量於一切三摩地門亦作有量作無量於一切陁羅尼門作廣作狹於一切三摩地門亦作廣作狹於一切陁羅尼門作有力作无力於一切三摩地門亦作有力作無力世尊是菩薩摩訶薩由起此想非行般若波羅蜜多復次世尊若新學大乘菩薩摩訶薩依般若靜慮精進安忍淨戒布施波羅蜜多起如是想如是般若波羅蜜多於預流作大作小於一來不還阿羅漢亦作大作小於預流作集作散於一來不還阿羅漢亦作集作散於預流作有量作无量於一來不還阿羅漢亦作有量作無量於預流作廣作狹於一來不還阿羅漢亦作廣作狹於預流作有力作无力於一來不還阿羅漢亦作有力作無力世尊是菩薩摩訶薩由起此想非行般若波羅蜜多復次世尊若新學大乘菩薩摩訶薩依般若靜慮精進安忍淨戒布施波羅蜜多起如是想如是般若波羅蜜多於預流向預流果作大作小於

一来向一来果不還向不還果阿羅漢向阿羅漢果亦作大作小於預流向預流果作集作散於一来向乃至阿羅漢果亦作集作散於預流向預流果作有量作无量於一来向乃至阿羅漢果亦作有量作無量於預流向預流果作廣作狭於一来向乃至阿羅漢果亦作廣作狭於預流向預流果作有力作无力於一来向乃至阿羅漢果亦作有力作無力世尊是菩薩摩訶薩由起此想非行般若波羅蜜多復次世尊若新學大乘菩薩摩訶薩依般若静慮精進安忍淨戒布施波羅蜜多起如是想如是般若波羅蜜多於獨覺作大作小於獨覺菩提亦作大作小於獨覺作集作散於獨覺菩提亦作集作散於獨覺作有量作无量於獨覺菩提亦作有量作無量於獨覺作廣作狭於獨覺菩提亦作廣作狭於獨覺作有力作无力於獨覺菩提亦作有力作无力世尊是菩薩摩訶薩由起此想非行般若波羅蜜多復次世尊若新學大乘

菩薩摩訶薩依般若静慮精進安忍淨戒布施波羅蜜多起如是想如是般若波羅蜜多於菩薩摩訶薩作大作小於菩薩摩訶薩行亦作大作小於菩薩摩訶薩作集作散於菩薩摩訶薩行亦作集作散於菩薩摩訶薩作有量作无量於菩薩摩訶薩行亦作有量作無量於菩薩摩訶薩作廣作狭於菩薩摩訶薩行亦作廣作狭於菩薩摩訶薩作有力作无力於菩薩摩訶薩行亦作有力作無力世尊是菩薩摩訶薩由起此想非行般若波羅蜜多復次世尊若新學大乘菩薩摩訶薩依般若静慮精進安忍淨戒布施波羅蜜多起如是想如是般若波羅蜜多於諸如来應正等覺作大作小於佛無上正等菩提亦作大作小於諸如来應正等覺作集作散於佛无上正等菩提亦作集作散於諸如来應正等覺作有量作無量於佛無上正等菩提亦作有量作无量於諸如来應正等覺作廣作狭於佛无上正等菩提亦作廣作狭於諸如

来應正等覺作有力作无力於佛无上正等菩提亦作有力作無力世尊是菩薩摩訶薩由起此想非行般若波羅蜜多復次世尊若新學大乘菩薩摩訶薩依般若静慮精進安忍淨戒布施波羅蜜多起如是想如是般若波羅蜜多於一切法作大作小作集作散作有量作无量作廣作狭作有力作無力世尊是菩薩摩訶薩由起此想非行般若波羅蜜多

世尊若新學大乘菩薩摩訶薩不依般若波羅蜜多静慮波羅蜜多精進波羅蜜多安忍波羅蜜多淨戒波羅蜜多布施波羅蜜多起如是想如是般若波羅蜜多於色不作大不作小於受想行識亦不作大不作小於色不作集不作散於受想行識亦不作集不作散於色不作有量不作无量於受想行識亦不作有量不作無量於色不作廣不作狭於受想行識亦不作廣不作狭於色不作有力不作无力於受想行識亦不作有力不作無力世尊是菩薩摩訶薩由起此想

非行般若波羅蜜多
復次世尊若新學大乘菩薩摩訶薩不依般若靜慮精進安忍淨戒布施波羅蜜多起如是想如是般若波羅蜜多於眼處不作大不作小於耳鼻舌身意處亦不作大不作小於眼處不作集不作散於耳鼻舌身意處亦不作集不作散於眼處不作有量不作無量於耳鼻舌身意處亦不作有量不作無量於眼處不作廣不作狹於耳鼻舌身意處亦不作廣不作狹於眼處不作有力不作無力於耳鼻舌身意處亦不作有力不作無力世尊是菩薩摩訶薩由起此想非行般若波羅蜜多復次世尊若新學大乘菩薩摩訶薩不依般若靜慮精進安忍淨戒布施波羅蜜多起如是想如是般若波羅蜜多於色處不作大不作小於聲香味觸法處亦不作大不作小於色處不作集不作散於聲香味觸法處亦不作集不作散於色處不作有量不作無量於聲香味觸法處亦不作有量不作無量於色處不作廣不作狹於聲香味觸法處亦不作廣不作狹於色處不作有力不作無力於聲香味觸法處亦不作有力不作無力世尊是菩薩摩訶薩由起此想非行般若波羅蜜多復次世尊若新學大乘菩薩摩訶薩不依般若靜慮精進安忍淨戒布施波羅蜜多起如是想如是般若波羅蜜多於眼界不作大不作小於色界眼識界及眼觸眼觸為緣所生諸受亦不作大不作小於眼界不作集不作散於色界乃至眼觸為緣所生諸受亦不作集不作散於眼界不作有量不作無量於色界乃至眼觸為緣所生諸受亦不作有量不作無量於眼界不作廣不作狹於色界乃至眼觸為緣所生諸受亦不作廣不作狹於眼界不作有力不作無力於色界乃至眼觸為緣所生諸受亦不作有力不作無力世尊是菩薩摩訶薩由起此想非行般若波羅蜜多復次世尊若新學大乘菩薩摩訶薩不依般若靜慮精進安忍淨戒布施波羅蜜多起如是想如是般若波羅蜜多於耳界不作大不作小於聲界耳識界及耳觸耳觸為緣所生諸受亦不作大不作小於耳界不作集不作散於聲界乃至耳觸為緣所生諸受亦不作集不作散於耳界不作有量不作無量於聲界乃至耳觸為緣所生諸受亦不作有量不作無量於耳界不作廣不作狹於聲界乃至耳觸為緣所生諸受亦不作廣不作狹於耳界不作有力不作無力於聲界乃至耳觸為緣所生諸受亦不作有力不作無力世尊是菩薩摩訶薩由起此想非行般若波羅蜜多復次世尊若新學大乘菩薩摩訶薩不依般若靜慮精進安忍淨戒布施波羅蜜多起如是想如是般若波羅蜜多於鼻界不作大不作小於香界鼻識界及鼻觸鼻觸為緣所生諸受亦不作大不作小於鼻界不作集不作散於香界乃至鼻觸為緣所生諸受亦不作集不作散於鼻界不作有量不作無量於香界乃至鼻觸為緣所生諸受亦不作有量不

作無量於鼻界不作廣不作狹於香界乃至鼻觸為緣所生諸受亦不作廣不作狹於鼻界不作有力不作無力於香界乃至鼻觸為緣所生諸受亦不作有力不作無力世尊是菩薩摩訶薩由起此想非行般若波羅蜜多復次世尊若新學大乘菩薩摩訶薩不依般若靜慮精進安忍淨戒布施波羅蜜多起如是想如是般若波羅蜜多於舌界不作大不作小於味界舌識界及舌觸舌觸為緣所生諸受亦不作大不作小於舌界不作集不作散於味界乃至舌觸為緣所生諸受亦不作集不作散於舌界不作有量不作無量於味界乃至舌觸為緣所生諸受亦不作有量不作無量於舌界不作廣不作狹於味界乃至舌觸為緣所生諸受亦不作廣不作狹於舌界不作有力不作無力於味界乃至舌觸為緣所生諸受亦不作有力不作無力世尊是菩薩摩訶薩由起此想非行般若波羅蜜多復次世尊若新學大乘菩薩摩訶薩不依

般若靜慮精進安忍淨戒布施波羅蜜多起如是想如是般若波羅蜜多於身界不作大不作小於觸界身識界及身觸身觸為緣所生諸受亦不作大不作小於身界不作集不作散於觸界乃至身觸為緣所生諸受亦不作集不作散於身界不作有量不作無量於觸界乃至身觸為緣所生諸受亦不作有量不作無量於身界不作廣不作狹於觸界乃至身觸為緣所生諸受亦不作廣不作狹於身界不作有力不作無力於觸界乃至身觸為緣所生諸受亦不作有力不作無力世尊是菩薩摩訶薩由起此想非行般若波羅蜜多復次世尊若新學大乘菩薩摩訶薩不依般若靜慮精進安忍淨戒布施波羅蜜多起如是想如是般若波羅蜜多於意界不作大不作小於法界意識界及意觸意觸為緣所生諸受亦不作大不作小於意界不作集不作散於法界乃至意觸為緣所生諸受亦不作集不作散於意界不作有量不作無量

於法界乃至意觸為緣所生諸受亦不作有量不作無量於意界不作廣不作狹於法界乃至意觸為緣所生諸受亦不作廣不作狹於意界不作有力不作無力於法界乃至意觸為緣所生諸受亦不作有力不作无力世尊是菩薩摩訶薩由起此想非行般若波羅蜜多復次世尊若新學大乘菩薩摩訶薩不依般若靜慮精進安忍淨戒布施波羅蜜多起如是想如是般若波羅蜜多於地界不作大不作小於水火風空識界亦不作大不作小於地界不作集不作散於水火風空識界亦不作集不作散於地界不作有量不作無量於水火風空識界亦不作有量不作無量於地界不作廣不作狹於水火風空識界亦不作廣不作狹於地界不作有力不作無力於水火風空識界亦不作有力不作無力世尊是菩薩摩訶薩由起此想非行般若波羅蜜多

復次世尊若新學大乘菩薩摩訶薩不依般若靜慮精進安忍淨戒布施

波羅蜜多起如是想如是般若波羅
蜜多於無明不作大不作小於行識
名色六處觸受愛取有生老死愁歎
苦憂惱亦不作大不作小於無明不
作集不作散於行乃至老死愁歎苦
憂惱亦不作集不作散於無明不作
有量不作無量於行乃至老死愁歎
苦憂惱亦不作有量不作無量於無
明不作廣不作狹於行乃至老死愁
歎苦憂惱亦不作廣不作狹於無明
不作有力不作無力於行乃至老死
愁歎苦憂惱亦不作有力不作無力
世尊是菩薩摩訶薩由起此想非行
般若波羅蜜多
復次世尊若新學大乘菩薩摩訶薩
不依般若靜慮精進安忍淨戒布施
波羅蜜多起如是想如是般若波羅
蜜多於布施波羅蜜多不作大不作
小於淨戒安忍精進靜慮般若波羅
蜜多亦不作大不作小於布施波羅
蜜多不作集不作散於淨戒乃至般
若波羅蜜多亦不作集不作散於布
施波羅蜜多不作有量不作無量於

淨戒乃至般若波羅蜜多亦不作有
量不作無量於布施波羅蜜多不作
廣不作狹於淨戒乃至般若波羅蜜
多亦不作廣不作狹於布施波羅蜜
多不作有力不作無力於淨戒乃至
般若波羅蜜多亦不作有力不作無
力世尊是菩薩摩訶薩由起此想非
行般若波羅蜜多復次世尊若新學
大乘菩薩摩訶薩不依般若靜慮精
進安忍淨戒布施波羅蜜多起如是
想如是般若波羅蜜多於內空不作
大不作小於外空內外空空空大空
勝義空有為空無為空畢竟空無際
空散空無變異空本性空自相空共
相空一切法空不可得空無性空自
性空無性自性空亦不作大不作小
於內空不作集不作散於外空乃至
無性自性空亦不作集不作散於內
空不作有量不作無量於外空乃至
無性自性空亦不作有量不作無量
於內空不作廣不作狹於外空乃至
無性自性空亦不作廣不作狹於內
空不作有力不作無力於外空乃至

無性自性空亦不作有力不作無力
世尊是菩薩摩訶薩由起此想非行
般若波羅蜜多復次世尊若新學大
乘菩薩摩訶薩不依般若靜慮精進
安忍淨戒布施波羅蜜多起如是想
如是般若波羅蜜多於真如不作大
不作小於法界法性不虛妄性不變
異性平等性離生性法定法住實際
虛空界不思議界亦不作大不作小
於真如不作集不作散於法界乃至
不思議界亦不作集不作散於真如
不作有量不作無量於法界乃至不
思議界亦不作有量不作無量於真
如不作廣不作狹於法界乃至不思
議界亦不作廣不作狹於真如不作
有力不作無力於法界乃至不思議
界亦不作有力不作無力世尊是菩
薩摩訶薩由起此想非行般若波羅
蜜多復次世尊若新學大乘菩薩摩
訶薩不依般若靜慮精進安忍淨戒
布施波羅蜜多起如是想如是般若
波羅蜜多於苦聖諦不作大不作小
於集滅道聖諦亦不作大不作小於

苦聖諦不作集不作散於集滅道聖諦亦不作集不作散於苦聖諦不作有量不作無量於集滅道聖諦亦不作有量不作無量於苦聖諦不作廣不作狹於集滅道聖諦亦不作廣不作狹於苦聖諦不作有力不作無力於集滅道聖諦亦不作有力不作無力世尊是菩薩摩訶薩由起此想非行般若波羅蜜多復次世尊若新學大乘菩薩摩訶薩不依般若靜慮精進安忍淨戒布施波羅蜜多起如是想如是般若波羅蜜多於四靜慮不作大不作小於四無量四無色定亦不作大不作小於四靜慮不作集不作散於四無量四無色定亦不作集不作散於四靜慮不作有量不作無量於四無量四無色定亦不作有量不作無量於四靜慮不作廣不作狹於四無量四無色定亦不作廣不作狹於四靜慮不作有力不作無力於四無量四無色定亦不作有力不作無力世尊是菩薩摩訶薩由起此想非行般若波羅蜜多復次世尊若新

學大乘菩薩摩訶薩不依般若靜慮精進安忍淨戒布施波羅蜜多起如是想如是般若波羅蜜多於八解脫不作大不作小於八勝處九次第定十遍處亦不作大不作小於八解脫不作集不作散於八勝處九次第定十遍處亦不作集不作散於八解脫不作有量不作無量於八勝處九次第定十遍處亦不作有量不作無量於八解脫不作廣不作狹於八勝處九次第定十遍處亦不作廣不作狹於八解脫不作有力不作無力於八勝處九次第定十遍處亦不作有力不作無力世尊是菩薩摩訶薩由起此想非行般若波羅蜜多

復次世尊若新學大乘菩薩摩訶薩不依般若靜慮精進安忍淨戒布施波羅蜜多起如是想如是般若波羅蜜多於四念住不作大不作小於四正斷四神足五根五力七等覺支八聖道支亦不作大不作小於四念住不作集不作散於四正斷乃至八聖道支亦不作集不作散於四念住不

作有量不作無量於四正斷乃至八聖道支亦不作有量不作無量於四念住不作廣不作狹於四正斷乃至八聖道支亦不作廣不作狹於四念住不作有力不作無力於四正斷乃至八聖道支亦不作有力不作無力世尊是菩薩摩訶薩由起此想非行般若波羅蜜多復次世尊若新學大乘菩薩摩訶薩不依般若靜慮精進安忍淨戒布施波羅蜜多起如是想如是般若波羅蜜多於空解脫門不作大不作小於無相無願解脫門亦不作大不作小於空解脫門不作集不作散於無相無願解脫門亦不作集不作散於空解脫門不作有量不作無量於無相無願解脫門亦不作有量不作無量於空解脫門不作廣不作狹於無相無願解脫門亦不作廣不作狹於空解脫門不作有力不作無力於無相無願解脫門亦不作有力不作無力世尊是菩薩摩訶薩由起此想非行般若波羅蜜多復次世尊若新學大乘菩薩摩訶薩不依

般若靜慮精進安忍淨戒布施波羅蜜多起如是想如是般若波羅蜜多於五眼不作大不作小於六神通亦不作大不作小於五眼不作集不作散於六神通亦不作集不作散於五眼不作有量不作無量於六神通亦不作有量不作無量於五眼不作廣不作狹於六神通亦不作廣不作狹於五眼不作有力不作無力於六神通亦不作有力不作無力世尊是菩薩摩訶薩由起此想非行般若波羅蜜多復次世尊若新學大乘菩薩摩訶薩不依般若靜慮精進安忍淨戒布施波羅蜜多起如是想如是般若波羅蜜多於佛十力不作大不作小於四無所畏四無礙解大慈大悲大喜大捨十八佛不共法亦不作大不作小於佛十力不作集不作散於四無所畏乃至十八佛不共法亦不作集不作散於佛十力不作有量不作無量於四無所畏乃至十八佛不共法亦不作有量不作無量於佛十力不作廣不作狹於四無所畏乃至十

八佛不共法亦不作廣不作狹於佛十力不作有力不作無力於四無所畏乃至十八佛不共法亦不作有力不作無力世尊是菩薩摩訶薩由起此想非行般若波羅蜜多復次世尊若新學大乘菩薩摩訶薩不依般若靜慮精進安忍淨戒布施波羅蜜多起如是想如是般若波羅蜜多於無忘失法不作大不作小於恒住捨性亦不作大不作小於無忘失法不作集不作散於恒住捨性亦不作集不作散於無忘失法不作有無量不作無量於恒住捨性亦不作有量不作無量於無忘失法不作廣不作狹於恒住捨性亦不作廣不作狹於無忘失法不作有力不作無力於恒住捨性亦不作有力不作無力世尊是菩薩摩訶薩由起此想非行般若波羅蜜多復次世尊若新學大乘菩薩摩訶薩不依般若靜慮精進安忍淨戒布施波羅蜜多於一切智不作大不作小於道相智一切相智亦不作大不作小

於一切智不作集不作散於道相智一切相智亦不作集不作散於一切智不作有量不作无量於道相智一切相智亦不作有量不作無量於一切智不作廣不作狹於道相智一切相智亦不作廣不作狹於一切智不作有力不作無力於道相智一切相智亦不作有力不作無力世尊是菩薩摩訶薩由起此想非行般若波羅蜜多復次世尊若新學大乘菩薩摩訶薩不依般若靜慮精進安忍淨戒布施波羅蜜多起如是想如是般若波羅蜜多於一切陁羅尼門不作大不作小於一切三摩地門亦不作大不作小於一切陁羅尼門不作集不作散於一切三摩地門亦不作集不作散於一切陁羅尼門不作有量不作無量於一切三摩地門亦不作有量不作無量於一切陁羅尼門不作廣不作狹於一切三摩地門亦不作廣不作狹於一切陁羅尼門不作有力不作無力於一切三摩地門亦不作有力不作无力世尊是菩薩摩訶

薩由起此想非行般若波羅蜜多

復次世尊若新學大乘菩薩摩訶薩不依般若靜慮精進安忍淨戒布施波羅蜜多起如是想如是般若波羅蜜多於預流不作大不作小於一來不還阿羅漢亦不作大不作小於預流不作集不作散於一來不還阿羅漢亦不作集不作散於預流不作有量不作無量於一來不還阿羅漢亦不作有量不作無量於預流不作廣不作狹於一來不還阿羅漢亦不作廣不作狹於預流不作有力不作無力於一來不還阿羅漢亦不作有力不作無力世尊是菩薩摩訶薩由起此想非行般若波羅蜜多復次世尊若新學大乘菩薩摩訶薩不依般若靜慮精進安忍淨戒布施波羅蜜多起如是想如是般若波羅蜜多於預流向預流果不作大不作小於一來向一來果不還向不還果阿羅漢向阿羅漢果亦不作大不作小於預流向預流果不作集不作散於一來向乃至阿羅漢果亦不作集不作散於

預流向預流果不作有量不作無量於一來向乃至阿羅漢果亦不作有量不作無量於預流向預流果不作廣不作狹於一來向乃至阿羅漢果亦不作廣不作狹於預流向預流果不作有力不作無力於一來向乃至阿羅漢果亦不作有力不作無力世尊是菩薩摩訶薩由起此想非行般若波羅蜜多

復次世尊若新學大乘菩薩摩訶薩不依般若靜慮精進安忍淨戒布施波羅蜜多起如是想如是般若波羅蜜多於獨覺不作大不作小於獨覺菩提亦不作大不作小於獨覺不作集不作散於獨覺菩提亦不作集不作散於獨覺不作有量不作無量於獨覺菩提亦不作有量不作無量於獨覺不作廣不作狹於獨覺菩提亦不作廣不作狹於獨覺不作有力不作無力於獨覺菩提亦不作有力不作無力世尊是菩薩摩訶薩由起此想非行般若波羅蜜多復次世尊若新學大乘菩薩摩訶薩不依般若靜

慮精進安忍淨戒布施波羅蜜多起如是想如是般若波羅蜜多於菩薩摩訶薩不作大不作小於菩薩摩訶薩行亦不作大不作小於菩薩摩訶薩不作集不作散於菩薩摩訶薩行亦不作集不作散於菩薩摩訶薩不作有量不作無量於菩薩摩訶薩行亦不作有量不作無量於菩薩摩訶薩不作廣不作狹於菩薩摩訶薩行亦不作廣不作狹於菩薩摩訶薩不作有力不作無力於菩薩摩訶薩行亦不作有力不作無力世尊是菩薩摩訶薩由起此想非行般若波羅蜜多復次世尊若新學大乘菩薩摩訶薩不依般若靜慮精進安忍淨戒布施波羅蜜多起如是想如是般若波羅蜜多於諸如來應正等覺不作大不作小於佛無上正等菩提亦不作大不作小於諸如來應正等覺不作集不作散於佛無上正等菩提亦不作集不作散於諸如來應正等覺不作有量不作無量於佛無上正等菩提亦不作有量不作無量於諸如來

大般若經第一百七十六卷　第二十四張

應正等覺不作廣不作狹於佛無上正等菩提亦不作廣不作狹於諸如来應正等覺不作有力不作無力於佛無上正等菩提亦不作有力不作無力世尊是菩薩摩訶薩由起此想非行般若波羅蜜多復次世尊若新學大乘菩薩摩訶薩不依般若靜慮精進安忍淨戒布施波羅蜜多起如是想如是般若波羅蜜多於一切法不作大不作小不作集不作散不作有量不作無量不作廣不作狹不作有力不作無力世尊是菩薩摩訶薩由起此想非行般若波羅蜜多

大般若波羅蜜多經卷第一百七十六

大般若波羅蜜多經卷第一百七十六

校勘記

一　底本，金藏大寶集寺本。

一　六八〇頁上一一行「亦不作廣」，石作「亦不廣」。

一　六八〇頁上二〇行「於色處」，徑作「於眼處」。

一　六八一頁中八行「身觸」，石作「鼻觸」。

一　六八一頁下二三行「安忍淨戒」，石作「安忍精進」。本行墨迹為原闕經者所加。

一　六八三頁上一六行「散」字與「於」字間，石多刻「四靜四無量四無色定亦不作集不作散」十六字。

一　六八四頁中一行「不作俠一」，磧、普、南、徑、清、麗作「不作狹」。

一　六八五頁上一六行「若新學」，石作「若行學」。

一　六八六頁上一四行「大般若波羅蜜多經卷第一百七十六」十五字，石循刻。

大般若波羅蜜多經卷第一百七十七　来

三藏法師玄奘奉　詔譯

初分讚般若品第三十二之六

世尊若新學大乘菩薩摩訶薩不依般若波羅蜜多靜慮波羅蜜多精進波羅蜜多安忍波羅蜜多淨戒波羅蜜多布施波羅蜜多起如是想如是般若波羅蜜多於色作大作小於受想行識亦作大作小於色作集作散於受想行識亦作集作散於色作有量作無量於受想行識亦作有量作無量於色作廣作狹於受想行識亦作廣作狹於色作有力作無力於受想行識亦作有力作無力世尊是菩薩摩訶薩由起此想非行般若波羅蜜多復次世尊若新學大乘菩薩摩訶薩不依般若靜慮精進安忍淨戒布施波羅蜜多起如是想如是般若波羅蜜多於眼處作大作小於耳鼻舌身意處亦作大作小於眼處作集作散於耳鼻舌身意處亦作集作散於眼處作有量作無量於耳鼻舌身意處亦作有量作無量於眼處作廣作狹於耳鼻舌身意處亦作廣作狹

於眼處作有力作無力於耳鼻舌身意處亦作有力作無力世尊是菩薩摩訶薩由起此想非行般若波羅蜜多復次世尊若新學大乘菩薩摩訶薩不依般若靜慮精進安忍淨戒布施波羅蜜多起如是想如是般若波羅蜜多於色處作大作小於聲香味觸法處亦作大作小於色處作集作散於聲香味觸法處亦作集作散於色處作有量作無量於聲香味觸法處亦作有量作無量於色處作廣作狹於聲香味觸法處亦作廣作狹於色處作有力作無力於聲香味觸法處亦作有力作無力世尊是菩薩摩訶薩由起此想非行般若波羅蜜多復次世尊若新學大乘菩薩摩訶薩不依般若靜慮精進安忍淨戒布施波羅蜜多起如是想如是般若波羅蜜多於眼界作大作小於色界眼識界及眼觸眼觸為緣所生諸受亦作大作小於眼界作集作散於色界乃

至眼觸為緣所生諸受亦作集作散於眼界作有量作無量於色界乃至眼觸為緣所生諸受亦作有量作無量於眼界作廣作狹於色界乃至眼觸為緣所生諸受亦作廣作狹於眼界作有力作無力於色界乃至眼觸為緣所生諸受亦作有力作無力世尊是菩薩摩訶薩由起此想非行般若波羅蜜多復次世尊若新學大乘菩薩摩訶薩不依般若靜慮精進安忍淨戒布施波羅蜜多起如是想如是般若波羅蜜多於耳界作大作小於聲界耳識界及耳觸耳觸為緣所生諸受亦作大作小於耳界作集作散於聲界乃至耳觸為緣所生諸受亦作集作散於耳界作有量作無量於聲界乃至耳觸為緣所生諸受亦作有量作無量於耳界作廣作狹於聲界乃至耳觸為緣所生諸受亦作廣作狹於耳界作有力作無力於聲界乃至耳觸為緣所生諸受亦作有力作無力世尊是菩薩摩訶薩由起此想非行般若波羅蜜多復次世尊

若新學大乘菩薩摩訶薩不依般若靜慮精進安忍淨戒布施波羅蜜多起如是想如是般若波羅蜜多於鼻界作大作小於香界鼻識界及鼻觸鼻觸為緣所生諸受亦作大作小於鼻界作集作散於香界乃至鼻觸為緣所生諸受亦作集作散於鼻界作有量作無量於香界乃至鼻觸為緣所生諸受亦作有量作無量於鼻界作廣作狹於香界乃至鼻觸為緣所生諸受亦作廣作狹於鼻界作有力作無力於香界乃至鼻觸為緣所生諸受亦作有力作無力世尊是菩薩摩訶薩由起此想非行般若波羅蜜多復次世尊若新學大乘菩薩摩訶薩不依般若靜慮精進安忍淨戒布施波羅蜜多起如是想如是般若波羅蜜多於舌界作大作小於味界舌識界及舌觸舌觸為緣所生諸受亦作大作小於舌界作集作散於味界乃至舌觸為緣所生諸受亦作集作散於舌界作有量作無量於味界乃至舌觸為緣所生諸受亦作有量作

無量於舌界作廣作狹於味界乃至舌觸為緣所生諸受亦作廣作狹於舌界作有力作无力於味界乃至舌觸為緣所生諸受亦作有力作無力世尊是菩薩摩訶薩由起此想非行般若波羅蜜多復次世尊若新學大乘菩薩摩訶薩不依般若靜慮精進安忍淨戒布施波羅蜜多起如是想如是般若波羅蜜多於身界作大作小於觸界身識界及身觸身觸為緣所生諸受亦作大作小於身界作集作散於觸界乃至身觸為緣所生諸受亦作集作散於身界作有量作無量於觸界乃至身觸為緣所生諸受亦作有量作无量於身界作廣作狹於觸界乃至身觸為緣所生諸受亦作廣作狹於身界作有力作無力於觸界乃至身觸為緣所生諸受亦作有力作無力世尊是菩薩摩訶薩由起此想非行般若波羅蜜多復次世尊若新學大乘菩薩摩訶薩不依般若靜慮精進安忍淨戒布施波羅蜜多起如是想如是般若波羅蜜多於

意界作大作小於法界意識界及意觸意觸為緣所生諸受亦作大作小於意界作集作散於法界乃至意觸為緣所生諸受亦作集作散於意界作有量作無量於法界乃至意觸為緣所生諸受亦作有量作无量於意界作廣作狹於法界乃至意觸為緣所生諸受亦作廣作狹於意界作有力作無力於法界乃至意觸為緣所生諸受亦作有力作无力世尊是菩薩摩訶薩由起此想非行般若波羅蜜多

復次世尊若新學大乘菩薩摩訶薩不依般若靜慮精進安忍淨戒布施波羅蜜多起如是想如是般若波羅蜜多於地界作大作小於水火風空識界亦作大作小於地界作集作散於水火風空識界亦作集作散於地界作有量作無量於水火風空識界亦作有量作无量於地界作廣作狹於水火風空識界亦作廣作狹於地界作有力作無力於水火風空識界亦作有力作无力世尊是菩薩摩訶薩由起此想非行般若波羅蜜多復次世尊若新學大乘菩薩摩訶薩不依般若靜慮精進安忍淨戒布施波羅蜜多起如是想如是般若波羅蜜多於無明作大作小於行識名色六處觸受愛取有生老死愁歎苦憂惱亦作大作小於无明作集作散於行乃至老死愁歎苦憂惱亦作集作散於无明作有量作無量於行乃至老死愁歎苦憂惱亦作有量作無量於無明作廣作狹於行乃至老死愁歎苦憂惱亦作廣作狹於无明作有力作無力於行乃至老死愁歎苦憂惱亦作有力作無力世尊是菩薩摩訶薩由起此想非行般若波羅蜜多

復次世尊若新學大乘菩薩摩訶薩不依般若靜慮精進安忍淨戒布施波羅蜜多起如是想如是般若波羅蜜多於布施波羅蜜多作大作小於淨戒安忍精進靜慮般若波羅蜜多亦作大作小於布施波羅蜜多作集作散於淨戒乃至般若波羅蜜多亦作集作散於布施波羅蜜多作有量作無量於淨戒乃至般若波羅蜜多亦作有量作無量於布施波羅蜜多作廣作狹於淨戒乃至般若波羅蜜多亦作廣作狹於布施波羅蜜多作有力作無力於淨戒乃至般若波羅蜜多亦作有力作無力世尊是菩薩摩訶薩由起此想非行般若波羅蜜多復次世尊若新學大乘菩薩摩訶薩不依般若靜慮精進安忍淨戒布施波羅蜜多起如是想如是般若波羅蜜多於內空作大作小於外空內外空空空大空勝義空有為空無為空畢竟空無際空散空无變異空本性空自相空共相空一切法空不可得空无性空自性空无性自性空亦作大作小於內空作集作散於外空乃至無性自性空亦作集作散於內空作有量作无量於外空乃至無性自性空亦作有量作無量於內空作廣作狹於外空乃至无性自性空亦作廣作狹於內空作有力作無力於外空乃至無性自性空亦作有力作无力世尊是菩薩摩訶薩由起此想

非行般若波羅蜜多

復次世尊若新學大乘菩薩摩訶薩不依般若靜慮精進安忍淨戒布施波羅蜜多起如是想如是般若波羅蜜多於真如作大作小於法界法性不虛妄性不變異性平等性離生性法定法住實際虛空界不思議界亦作大作小於真如作集作散於法界乃至不思議界亦作集作散於真如作有量作無量於法界乃至不思議界亦作有量作无量於真如作廣作狹於法界乃至不思議界亦作廣作狹於真如作有力作無力於法界乃至不思議界亦作有力作无力世尊是菩薩摩訶薩由起此想非行般若波羅蜜多

復次世尊若新學大乘菩薩摩訶薩不依般若靜慮精進安忍淨戒布施波羅蜜多起如是想如是般若波羅蜜多於苦聖諦作大作小於集滅道聖諦亦作大作小於苦聖諦作集作散於集滅道聖諦亦作集作散於苦聖諦作有量作無量於集滅道聖諦

亦作有量作無量於苦聖諦作廣作狹於集滅道聖諦亦作廣作狹於苦聖諦作有力作無力於集滅道聖諦亦作有力作无力世尊是菩薩摩訶薩由起此想非行般若波羅蜜多復次世尊若新學大乘菩薩摩訶薩不依般若靜慮精進安忍淨戒布施波羅蜜多起如是想如是般若波羅蜜多於四靜慮作大作小於四無量四無色定亦作大作小於四靜慮作集作散於四无量四無色定亦作集作散於四靜慮作有量作无量於四无量四無色定亦作有量作無量於四靜慮作廣作狹於四無量四无色定亦作廣作狹於四靜慮作有力作無力於四無量四无色定亦作有力作无力世尊是菩薩摩訶薩由起此想非行般若波羅蜜多復次世尊若新學大乘菩薩摩訶薩不依般若靜慮精進安忍淨戒布施波羅蜜多起如是想如是般若波羅蜜多於八解脫作大作小於八勝處九次第定十遍處亦作大作小於八解脫作集作散

於八勝處九次第定十遍處亦作集作散於八解脫作有量作无量於八勝處九次第定十遍處亦作有量作無量於八解脫作廣作狹於八勝處九次第定十遍處亦作廣作狹於八解脫作有力作无力於八勝處九次第定十遍處亦作有力作無力世尊是菩薩摩訶薩由起此想非行般若波羅蜜多復次世尊若新學大乘菩薩摩訶薩不依般若靜慮精進安忍淨戒布施波羅蜜多起如是想如是般若波羅蜜多於四念住作大作小於四正斷四神足五根五力七等覺支八聖道支亦作大作小於四念住作集作散於四正斷乃至八聖道支亦作集作散於四念住作有量作無量於四正斷乃至八聖道支亦作有量作無量於四念住作廣作狹於四正斷乃至八聖道支亦作廣作狹於四念住作有力作無力於四正斷乃至八聖道支亦作有力作無力世尊是菩薩摩訶薩由起此想非行般若波羅蜜多復次世尊若新學大乘菩

薩摩訶薩不依般若靜慮精進安忍淨戒布施波羅蜜多起如是想如是般若波羅蜜多於空解脫門作大作小於無相无願解脫門亦作大作小於空解脫門作集作散於无相無願解脫門亦作集作散於空解脫門作有量作無量於无相無願解脫門亦作有量作无量於空解脫門作廣作狹於無相无願解脫門亦作廣作狹於空解脫門作有力作無力於无相無願解脫門亦作有力作无力世尊是菩薩摩訶薩由起此想非行般若波羅蜜多復次世尊若新學大乘菩薩摩訶薩不依般若靜慮精進安忍淨戒布施波羅蜜多起如是想如是般若波羅蜜多於五眼作大作小於六神通亦作大作小於五眼作集作散於六神通亦作集作散於五眼作有量作無量於六神通亦作有量作无量於五眼作廣作狹於六神通亦作廣作狹於五眼作有力作無力於六神通亦作有力作无力世尊是菩薩摩訶薩由起此想非行般若波羅蜜

多復次世尊若新學大乘菩薩摩訶薩不依般若靜慮精進安忍淨戒布施波羅蜜多起如是想如是般若波羅蜜多於佛十力作大作小於四無所畏四無礙解大慈大悲大喜大捨十八佛不共法亦作大作小於佛十力作集作散於四無所畏乃至十八佛不共法亦作集作散於佛十力作有量作無量於四無所畏乃至十八佛不共法亦作有量作無量於佛十力作廣作狹於四無所畏乃至十八佛不共法亦作廣作狹於佛十力作有力作無力於四無所畏乃至十八佛不共法亦作有力作無力世尊是菩薩摩訶薩由起此想非行般若波羅蜜多復次世尊若新學大乘菩薩摩訶薩不依般若靜慮精進安忍淨戒布施波羅蜜多起如是想如是般若波羅蜜多於無忘失法作大作小於恒住捨性亦作大作小於無忘失法作集作散於恒住捨性亦作集作散於無忘失法作有量作無量於恒住捨性亦作有量作無量於無忘失

法作廣作狹於恒住捨性亦作廣作狹於無忘失法作有力作無力於恒住捨性亦作有力作無力世尊是菩薩摩訶薩由起此想非行般若波羅蜜多復次世尊若新學大乘菩薩摩訶薩不依般若靜慮精進安忍淨戒布施波羅蜜多起如是想如是般若波羅蜜多於一切智作大作小於道相智一切相智亦作大作小於一切智作集作散於道相智一切相智亦作集作散於一切智作有量作無量於道相智一切相智亦作有量作無量於一切智作廣作狹於道相智一切相智亦作廣作狹於一切智作有力作無力於道相智一切相智亦作有力作無力世尊是菩薩摩訶薩由起此想非行般若波羅蜜多復次世尊若新學大乘菩薩摩訶薩不依般若靜慮精進安忍淨戒布施波羅蜜多起如是想如是般若波羅蜜多於一切陀羅尼門作大作小於一切三摩地門亦作大作小於一切陀羅尼門作集作散於一切三摩地門亦作

集作散於一切陁羅尼門作有量作無量於一切三摩地門亦作有量作無量於一切陁羅尼門作廣作狹於一切三摩地門亦作廣作狹於一切陁羅尼門作有力作無力於一切三摩地門亦作有力作無力世尊是菩薩摩訶薩由起此想非行般若波羅蜜多復次世尊若新學大乘菩薩摩訶薩不依般若靜慮精進安忍淨戒布施波羅蜜多起如是想如是般若波羅蜜多於預流作大作小於一來不還阿羅漢亦作大作小於預流作集作散於一來不還阿羅漢亦作集作散於預流作有量作無量於一來不還阿羅漢亦作有量作無量於預流作廣作狹於一來不還阿羅漢亦作廣作狹於預流作有力作無力於一來不還阿羅漢亦作有力作無力世尊是菩薩摩訶薩由起此想非行般若波羅蜜多復次世尊若新學大乘菩薩摩訶薩不依般若靜慮精進安忍淨戒布施波羅蜜多起如是想如是般若波羅蜜多於預流向預流

果作大作小於一來向一來果不還向不還果阿羅漢向阿羅漢果亦作大作小於預流向預流果作集作散於一來向乃至阿羅漢果亦作集作散於預流向預流果作有量作無量於一來向乃至阿羅漢果亦作有量作無量於預流向預流果作廣作狹於一來向乃至阿羅漢果亦作廣作狹於預流向預流果作有力作無力於一來向乃至阿羅漢果亦作有力作無力世尊是菩薩摩訶薩由起此想非行般若波羅蜜多復次世尊若新學大乘菩薩摩訶薩不依般若靜慮精進安忍淨戒布施波羅蜜多起如是想如是般若波羅蜜多於獨覺作大作小於獨覺菩提亦作大作小於獨覺作集作散於獨覺菩提亦作集作散於獨覺作有量作無量於獨覺菩提亦作有量作無量於獨覺作廣作狹於獨覺菩提亦作廣作狹於獨覺作有力作無力於獨覺菩提亦作有力作無力世尊是菩薩摩訶薩由起此想非行般若波羅蜜多復次

世尊若新學大乘菩薩摩訶薩不依般若靜慮精進安忍淨戒布施波羅蜜多起如是想如是般若波羅蜜多於菩薩摩訶薩作大作小於菩薩摩訶薩行亦作大作小於菩薩摩訶薩作集作散於菩薩摩訶薩行亦作集作散於菩薩摩訶薩作有量作無量於菩薩摩訶薩行亦作有量作無量於菩薩摩訶薩作廣作狹於菩薩摩訶薩行亦作廣作狹於菩薩摩訶薩作有力作無力於菩薩摩訶薩行亦作有力作無力世尊是菩薩摩訶薩由起此想非行般若波羅蜜多復次世尊若新學大乘菩薩摩訶薩不依般若靜慮精進安忍淨戒布施波羅蜜多起如是想如是般若波羅蜜多於諸如來應正等覺作大作小於佛無上正等菩提亦作大作小於諸如來應正等覺作集作散於佛無上正等菩提亦作集作散於諸如來應正等覺作有量作無量於佛無上正等菩提亦作有量作無量於諸如來應正等覺作廣作狹於佛無上正等菩

提亦作廣作狹於諸如來應正等覺作有力作無力於佛無上正等菩提亦作有力作無力世尊是菩薩摩訶薩由起此想非行般若波羅蜜多復次世尊若新學大乘菩薩摩訶薩不依般若靜慮精進安忍淨戒布施波羅蜜多起如是想如是般若波羅蜜多於一切法作大作小作集作散作有量作無量作廣作狹作有力作無力世尊是菩薩摩訶薩由起此想非行般若波羅蜜多

何以故世尊若菩薩摩訶薩起如是想如是般若波羅蜜多於色若作大小不作大小於受想行識若作大小不作大小於色若作集散不作集散於受想行識若作集散不作集散於色若作有量無量不作有量無量於受想行識若作有量無量不作有量無量於色若作廣狹不作廣狹於受想行識若作廣狹不作廣狹於色若作有力無力不作有力無力於受想行識若作有力無力不作有力無力世尊如是一切皆非般若波羅蜜多

等流果故復次世尊若菩薩摩訶薩起如是想如是般若波羅蜜多於眼處若作大小不作大小於耳鼻舌身意處若作大小不作大小於眼處若作集散不作集散於耳鼻舌身意處若作集散不作集散於眼處若作有量無量不作有量無量於耳鼻舌身意處若作有量無量不作有量無量於眼處若作廣狹不作廣狹於耳鼻舌身意處若作廣狹不作廣狹於眼處若作有力無力不作有力無力於耳鼻舌身意處若作有力無力不作有力無力世尊如是一切皆非般若波羅蜜多等流果故復次世尊若菩薩摩訶薩起如是想如是般若波羅蜜多於色處若作大小不作大小於聲香味觸法處若作大小不作大小於色處若作集散不作集散於聲香味觸法處若作集散不作集散於色處若作有量無量不作有量無量於聲香味觸法處若作有量無量不作有量無量於色處若作廣狹不作廣狹於聲香味觸法處若作廣狹不作

廣狹於色處若作有力無力不作有力無力於聲香味觸法處若作有力無力不作有力無力世尊如是一切皆非般若波羅蜜多等流果故

復次世尊若菩薩摩訶薩起如是想如是般若波羅蜜多於眼界若作大小不作大小於色界眼識界及眼觸眼觸為緣所生諸受若作大小不作大小於眼界若作集散不作集散於色界乃至眼觸為緣所生諸受若作集散不作集散於眼界若作有量無量不作有量無量於色界乃至眼觸為緣所生諸受若作有量無量不作有量無量於眼界若作廣狹不作廣狹於色界乃至眼觸為緣所生諸受若作廣狹不作廣狹於眼界若作有力無力不作有力無力於色界乃至眼觸為緣所生諸受若作有力無力不作有力無力世尊如是一切皆非般若波羅蜜多等流果故復次世尊若菩薩摩訶薩起如是想如是般若波羅蜜多於耳界若作大小不作大小於聲界耳識界及耳觸耳觸為緣

所生諸受若作大小不作大小於耳界若作集散不作集散於聲界乃至耳觸為緣所生諸受若作集散不作集散於耳界若作有量無量不作有量無量於聲界乃至耳觸為緣所生諸受若作有量無量不作有量無量於耳界若作廣狹不作廣狹於聲界乃至耳觸為緣所生諸受若作廣狹不作廣狹於耳界若作有力無力不作有力無力於聲界乃至耳觸為緣所生諸受若作有力無力不作有力無力世尊如是一切皆非般若波羅蜜多等流果故復次世尊若菩薩摩訶薩起如是想如是般若波羅蜜多於鼻界若作大小不作大小於香界鼻識界及鼻觸鼻觸為緣所生諸受若作大小不作大小於鼻界若作集散不作集散於香界乃至鼻觸為緣所生諸受若作集散不作集散於鼻界若作有量無量不作有量無量於香界乃至鼻觸為緣所生諸受若作有量無量不作有量無量於鼻界若作廣狹不作廣狹於香界乃至鼻觸

為緣所生諸受若作廣狹不作廣狹於鼻界若作有力無力不作有力無力於香界乃至鼻觸為緣所生諸受若作有力無力不作有力無力世尊如是一切皆非般若波羅蜜多等流果故復次世尊若菩薩摩訶薩起如是想如是般若波羅蜜多於舌界若作大小不作大小於味界舌識界及舌觸舌觸為緣所生諸受若作大小不作大小於舌界若作集散不作集散於味界乃至舌觸為緣所生諸受若作集散不作集散於舌界若作有量無量不作有量無量於味界乃至舌觸為緣所生諸受若作有量無量不作有量無量於舌界若作廣狹不作廣狹於味界乃至舌觸為緣所生諸受若作廣狹不作廣狹於舌界若作有力無力不作有力無力於味界乃至舌觸為緣所生諸受若作有力無力不作有力無力世尊如是一切皆非般若波羅蜜多等流果故復次世尊若菩薩摩訶薩起如是想如是般若波羅蜜多於身界若作大小不

作大小於觸界身識界及身觸身觸為緣所生諸受若作大小不作大小於身界若作集散不作集散於觸界乃至身觸為緣所生諸受若作集散不作集散於身界若作有量無量不作有量無量於觸界乃至身觸為緣所生諸受若作有量無量不作有量無量於身界若作廣狹不作廣狹於觸界乃至身觸為緣所生諸受若作廣狹不作廣狹於身界若作有力無力不作有力無力於觸界乃至身觸為緣所生諸受若作有力無力不作有力無力世尊如是一切皆非般若波羅蜜多等流果故復次世尊若菩薩摩訶薩起如是想如是般若波羅蜜多於意界若作大小不作大小於法界意識界及意觸意觸為緣所生諸受若作大小不作大小於意界若作集散不作集散於法界乃至意觸為緣所生諸受若作集散不作集散於意界若作有量無量不作有量無量於法界乃至意觸為緣所生諸受若作有量無量不作有量無量於意

界若作廣狹不作廣狹於法界乃至意觸為緣所生諸受若作廣狹不作廣狹於意界若作有力無力不作有力無力於法界乃至意觸為緣所生諸受若作有力無力不作有力無力世尊如是一切皆非般若波羅蜜多等流果故復次世尊若菩薩摩訶薩起如是想如是般若波羅蜜多於地界若作大小不作大小於水火風空識界若作大小不作大小於地界若作集散不作集散於水火風空識界若作集散不作集散於地界若作有量無量不作有量無量於水火風空識界若作有量無量不作有量無量於地界若作廣狹不作廣狹於水火風空識界若作廣狹不作廣狹於地界若作有力無力不作有力無力於水火風空識界若作有力無力不作有力無力世尊如是一切皆非般若波羅蜜多等流果故復次世尊若菩薩摩訶薩起如是想如是般若波羅蜜多於無明若作大小不作大小於行識名色六處觸受愛取有生老死

愁歎苦憂惱若作大小不作大小於無明若作集散不作集散於行乃至老死愁歎苦憂惱若作集散不作集散於無明若作有量無量不作有量無量於行乃至老死愁歎苦憂惱若作有量無量不作有量無量於無明若作廣狹不作廣狹於行乃至老死愁歎苦憂惱若作廣狹不作廣狹於無明若作有力無力不作有力無力於行乃至老死愁歎苦憂惱若作有力無力不作有力無力世尊如是一切皆非般若波羅蜜多等流果故復次世尊若菩薩摩訶薩起如是想如是般若波羅蜜多於布施波羅蜜多若作大小不作大小於淨戒安忍精進靜慮般若波羅蜜多若作大小不作大小於布施波羅蜜多若作集散不作集散於淨戒乃至般若波羅蜜多若作集散不作集散於布施波羅蜜多若作有量無量不作有量無量於淨戒乃至般若波羅蜜多若作有量無量不作有量無量於布施波羅蜜多若作廣狹不作廣狹於淨戒乃

至般若波羅蜜多若作廣狹不作廣狹於布施波羅蜜多若作有力無力不作有力無力於淨戒乃至般若波羅蜜多若作有力無力不作有力無力世尊如是一切皆非般若波羅蜜多等流果故復次世尊若菩薩摩訶薩起如是想如是般若波羅蜜多於內空若作大小不作大小於外空內外空空空大空勝義空有為空無為空畢竟空無際空散空無變異空本性空自相空共相空一切法空不可得空無性空自性空無性自性空若作大小不作大小於內空若作集散不作集散於外空乃至無性自性空若作集散不作集散於內空若作有量無量不作有量無量於外空乃至無性自性空若作有量無量不作有量無量於內空若作廣狹不作廣狹於外空乃至無性自性空若作廣狹不作廣狹於內空若作有力無力不作有力無力於外空乃至無性自性空若作有力無力不作有力無力世尊如是一切皆非般若波羅蜜多等

流果故

大般若波羅蜜多經卷第一百七十七　一百七十七　二十七張　來

大般若波羅蜜多經卷第一百七十七

校勘記

一　底本，金藏廣勝寺本。

一　六八七頁中一三行頭三字不清，應爲「作廣作」。

一　六八七頁中一九行頭三字不清，應爲「波羅蜜」。

一　六八七頁中二二行第二字不清，應爲「眼」。

一　六九〇頁上七行「實際」，南作「性際」。

一　六九三頁上二三行末二字不清，應爲「蜜多」。

一　六九五頁上一八行首字不清，應爲「水」。

一　六九五頁中四行至五行「不作有量無量」六字石漏刻。

一　六九五頁中一四行「於布施波羅蜜多」七字石漏刻。

一　六九五頁中二三行末六字不清，應爲「廣狹於淨戒乃」。

大般若波羅蜜多經卷第一百七十八　来

三藏法師玄奘奉　詔譯

初分讃般若品第三十二之七

復次世尊若菩薩摩訶薩起如是想如是般若波羅蜜多於真如若作大小不作大小於法界法性不虛妄性不變異性平等性離生性法定法住實際虛空界不思議界若作大小不作大小於真如若作集散不作集散於法界乃至不思議界若作集散不作集散於真如若作有量无量不作有量无量於法界乃至不思議界若作有量无量不作有量无量於真如若作廣狹不作廣狹於法界乃至不思議界若作廣狹不作廣狹於真如若作有力无力不作有力無力於法界乃至不思議界若作有力无力不作有力無力世尊如是一切皆非般若波羅蜜多等流果故復次世尊若菩薩摩訶薩起如是想如是般若波羅蜜多於苦聖諦若作大小不作大小於集滅道聖諦若作大小不作大小於苦聖諦若作集散不作集散於集滅道聖諦若作集散不作集散於苦聖諦若作有量无量不作有量無量於集滅道聖諦若作有量无量不作有量無量於苦聖諦若作廣狹不作廣狹於集滅道聖諦若作廣狹不作廣狹於苦聖諦若作有力無力不作有力無力於集滅道聖諦若作有力無力不作有力無力世尊如是一切皆非般若波羅蜜多等流果故復次世尊若菩薩摩訶薩起如是想如是般若波羅蜜多於四靜慮若作大小不作大小於四无量四無色定若作大小不作大小於四靜慮若作集散不作集散於四無量四无色定若作集散不作集散於四靜慮若作有量無量不作有量無量於四無量四無色定若作有量无量不作有量无量於四靜慮若作廣狹不作廣狹於四无量四無色定若作廣狹不作廣狹於四靜慮若作有力无力不作有力無力於四无量四無色定若作有力無力不作有力无力世尊如是一

切皆非般若波羅蜜多等流果故復次世尊若菩薩摩訶薩起如是想如是般若波羅蜜多於八解脫若作大小不作大小於八勝處九次第定十遍處若作大小不作大小於八解脫若作集散不作集散於八勝處九次第定十遍處若作集散不作集散於八解脫若作有量无量不作有量無量於八勝處九次第定十遍處若作有量无量不作有量無量於八解脫若作廣狹不作廣狹於八勝處九次第定十遍處若作廣狹不作廣狹於八解脫若作有力无力不作有力無力於八勝處九次第定十遍處若作有力无力不作有力無力世尊如是一切皆非般若波羅蜜多等流果故復次世尊若菩薩摩訶薩起如是想如是般若波羅蜜多於四念住若作大小不作大小於四正斷四神足五根五力七等覺支八聖道支若作大小不作大小於四念住若作集散不作集散於四正斷乃至八聖道支若作集散不作集散於四念住若作有量無量不作有量无量於四正斷乃至八聖道支若作有量無量不作有量无量於四念住若作廣狹不作廣狹於四正斷乃至八聖道支若作廣狹不作廣狹於四念住若作有力無力不作有力無力於四正斷乃至八聖道支若作有力无力不作有力無力世尊如是一切皆非般若波羅蜜多等流果故復次世尊若菩薩摩訶薩起如是想如是般若波羅蜜多於空解脫門若作大小不作大小於無相无願解脫門若作大小不作大小於空解脫門若作集散不作集散於无相無願解脫門若作集散不作集散於空解脫門若作有量无量不作有量无量於無相無願解脫門若作有量無量不作有量无量於空解脫門若作廣狹不作廣狹於無相无願解脫門若作廣狹不作廣狹於空解脫門若作有力無力不作有力无力於无相無願解脫門若作有力無力不作有力無力世尊如是一切皆非般若波羅蜜多等流果故復次世尊若菩薩摩訶薩起如是想如是般若波羅蜜多於五眼若作大小不作大小於六神通若作大小不作大小於五眼若作集散不作集散於六神通若作集散不作集散於五眼若作有量无量不作有量無量於六神通若作有量無量不作有量无量於五眼若作廣狹不作廣狹於六神通若作廣狹不作廣狹於五眼若作有力无力不作有力無力於六神通若作有力無力不作有力无力世尊如是一切皆非般若波羅蜜多等流果故復次世尊若菩薩摩訶薩起如是想如是般若波羅蜜多於佛十力若作大小不作大小於四無所畏四无导解大慈大悲大喜大捨十八佛不共法若作大小不作大小於佛十力若作集散不作集散於四无所畏乃至十八佛不共法若作集散不作集散於佛十力若作有量无量不作有量無量於四无所畏乃至十八佛不共法若作有量無量不作有量无量於佛十力若作廣狹不作廣狹於四無

所畏乃至十八佛不共法若作廣狹不作廣狹於佛十力若作有力無力不作有力無力於四无所畏乃至十八佛不共法若作有力無力不作有力無力世尊如是一切皆非般若波羅蜜多等流果故復次世尊若菩薩摩訶薩起如是想如是般若波羅蜜多於无忘失法若作大小不作大小於恒住捨性若作大小不作大小於無忘失法若作集散不作集散於恒住捨性若作集散不作集散於無忘失法若作有量无量不作有量无量於恒住捨性若作有量无量不作有量无量於無忘失法若作廣狹不作廣狹於恒住捨性若作廣狹不作廣狹於無忘失法若作有力无力不作有力无力於恒住捨性若作有力无力不作有力無力世尊如是一切皆非般若波羅蜜多等流果故復次世尊若菩薩摩訶薩起如是想如是般若波羅蜜多於一切智若作大小不作大小於道相智一切相智若作大小不作大小於一切智若作集散不

作集散於道相智一切相智若作集散不作集散於一切智若作有量無量不作有量無量於道相智一切相智若作有量无量不作有量無量於一切智若作廣狹不作廣狹於道相智一切相智若作廣狹不作廣狹於一切智若作有力无力不作有力無力於道相智一切相智若作有力无力不作有力無力世尊如是一切皆非般若波羅蜜多等流果故復次世尊若菩薩摩訶薩起如是想如是般若波羅蜜多於一切陁羅尼門若作大小不作大小於一切三摩地門若作大小不作大小於一切陁羅尼門若作集散不作集散於一切三摩地門若作集散不作集散於一切陁羅尼門若作有量无量不作有量無量於一切三摩地門若作有量无量不作有量無量於一切陁羅尼門若作廣狹不作廣狹於一切三摩地門若作廣狹不作廣狹於一切陁羅尼門若作有力无力不作有力無力於一切三摩地門若作有力无力不作有

力無力世尊如是一切皆非般若波羅蜜多等流果故復次世尊若菩薩摩訶薩起如是想如是般若波羅蜜多於預流若作大小不作大小於一來不還阿羅漢若作大小不作大小於預流若作集散不作集散於一來不還阿羅漢若作集散不作集散於預流若作有量無量不作有量无量於一來不還阿羅漢若作有量無量不作有量无量於預流若作廣狹不作廣狹於一來不還阿羅漢若作廣狹不作廣狹於預流若作有力無力不作有力无力於一來不還阿羅漢若作有力無力不作有力无力世尊如是一切皆非般若波羅蜜多等流果故復次世尊若菩薩摩訶薩起如是想如是般若波羅蜜多於預流向預流果若作大小不作大小於一來向一來果不還向不還果阿羅漢向阿羅漢果若作大小不作大小於預流向預流果若作集散不作集散於一來向乃至阿羅漢果若作集散不作集散於預流向預流果若作有量

无量不作有量无量於一来向乃至阿羅漢果若作有量無量不作有量無量於預流向預流果若作廣狹不作廣狹於一来向乃至阿羅漢果若作廣狹不作廣狹於預流向預流果若作有力無力不作有力無力於一来向乃至阿羅漢果若作有力无力不作有力無力世尊如是一切皆非般若波羅蜜多等流果故復次世尊若菩薩摩訶薩起如是想如是般若波羅蜜多於獨覺若作大小不作大小於獨覺菩提若作大小不作大小於獨覺若作集散不作集散於獨覺菩提若作集散不作集散於獨覺若作有量無量不作有量无量於獨覺菩提若作有量無量不作有量无量於獨覺若作廣狹不作廣狹於獨覺菩提若作廣狹不作廣狹於獨覺若作有力無力不作有力无力於獨覺菩提若作有力無力不作有力無力世尊如是一切皆非般若波羅蜜多等流果故復次世尊若菩薩摩訶薩起如是想如是般若波羅蜜多於菩

薩摩訶薩若作大小不作大小於菩薩摩訶薩行若作大小不作大小於菩薩摩訶薩若作集散不作集散於菩薩摩訶薩行若作集散不作集散於菩薩摩訶薩若作有量無量不作有量無量於菩薩摩訶薩行若作有量無量不作有量無量於菩薩摩訶薩若作廣狹不作廣狹於菩薩摩訶薩行若作廣狹不作廣狹於菩薩摩訶薩若作有力無力不作有力無力於菩薩摩訶薩行若作有力無力不作有力無力世尊如是一切皆非般若波羅蜜多等流果故復次世尊若菩薩摩訶薩起如是想如是般若波羅蜜多於諸如来應正等覺若作大小不作大小於佛無上正等菩提若作大小不作大小於諸如来應正等覺若作集散不作集散於佛無上正等菩提若作集散不作集散於諸如来應正等覺若作有量無量不作有量無量於佛無上正等菩提若作有量無量不作有量無量於諸如来應正等覺若作廣狹不作廣狹於佛無

上正等菩提若作廣狹不作廣狹於諸如来應正等覺若作有力無力不作有力無力於佛無上正等菩提若作有力無力不作有力無力世尊如是一切皆非般若波羅蜜多等流果故復次世尊若菩薩摩訶薩起如是想如是般若波羅蜜多於一切法若作大小不作大小於一切法若作集散不作集散於一切法若作有量無量不作有量無量於一切法若作廣狹不作廣狹於一切法若作有力無力不作有力無力世尊如是一切皆非般若波羅蜜多等流果故

世尊若菩薩摩訶薩起如是想如是般若波羅蜜多於色若作大小不作大小於受想行識若作大小不作大小於色若作集散不作集散於受想行識若作集散不作集散於色若作有量無量不作有量無量於受想行識若作有量無量不作有量無量於色若作廣狹不作廣狹於受想行識若作廣狹不作廣狹於色若作有力無力不作有力無力於受想行識若

作有力無力不作有力無力世尊是菩薩摩訶薩名大有所得非行般若波羅蜜多何以故非有所得想能證無上正等菩提故

復次世尊若菩薩摩訶薩起如是想如是般若波羅蜜多於眼處若作大小不作大小於耳鼻舌身意處若作大小不作大小於眼處若作集散不作集散於耳鼻舌身意處若作集散不作集散於眼處若作有量無量不作有量無量於耳鼻舌身意處若作有量無量不作有量無量於眼處若作廣狹不作廣狹於耳鼻舌身意處若作廣狹不作廣狹於眼處若作有力無力不作有力無力於耳鼻舌身意處若作有力無力不作有力無力世尊是菩薩摩訶薩名大有所得非行般若波羅蜜多何以故非有所得想能證無上正等菩提故復次世尊若菩薩摩訶薩起如是想如是般若波羅蜜多於色處若作大小不作大小於聲香味觸法處若作大小不作大小於色處若作集散不作集散於

聲香味觸法處若作集散不作集散於色處若作有量無量不作有量無量於聲香味觸法處若作有量無量不作有量無量於色處若作廣狹不作廣狹於聲香味觸法處若作廣狹不作廣狹於色處若作有力無力不作有力無力於聲香味觸法處若作有力無力不作有力無力世尊是菩薩摩訶薩名大有所得非行般若波羅蜜多何以故非有所得想能證無上正等菩提故

復次世尊若菩薩摩訶薩起如是想如是般若波羅蜜多於眼界若作大小不作大小於色界眼識界及眼觸眼觸為緣所生諸受若作大小不作大小於眼界若作集散不作集散於色界乃至眼觸為緣所生諸受若作集散不作集散於眼界若作有量無量不作有量無量於色界乃至眼觸為緣所生諸受若作有量無量不作有量無量於眼界若作廣狹不作廣狹於色界乃至眼觸為緣所生諸受若作廣狹不作廣狹於眼界若作有

力無力不作有力無力於色界乃至眼觸為緣所生諸受若作有力無力不作有力無力世尊是菩薩摩訶薩名大有所得非行般若波羅蜜多何以故非有所得想能證無上正等菩提故

復次世尊若菩薩摩訶薩起如是想如是般若波羅蜜多於耳界若作大小不作大小於聲界耳識界及耳觸耳觸為緣所生諸受若作大小不作大小於耳界若作集散不作集散於聲界乃至耳觸為緣所生諸受若作集散不作集散於耳界若作有量無量不作有量無量於聲界乃至耳觸為緣所生諸受若作有量無量不作有量無量於耳界若作廣狹不作廣狹於聲界乃至耳觸為緣所生諸受若作廣狹不作廣狹於耳界若作有力無力不作有力無力於聲界乃至耳觸為緣所生諸受若作有力無力不作有力無力世尊是菩薩摩訶薩名大有所得非行般若波羅蜜多何以故非有所得想能證無上正等菩

提故

復次世尊若菩薩摩訶薩起如是想如是般若波羅蜜多於鼻界若作大小不作大小於香界鼻識界及鼻觸鼻觸為緣所生諸受若作大小不作大小於鼻界若作集散不作集散於香界乃至鼻觸為緣所生諸受若作集散不作集散於鼻界若作有量無量不作有量無量於香界乃至鼻觸為緣所生諸受若作有量無量不作有量無量於鼻界若作廣狹不作廣狹於香界乃至鼻觸為緣所生諸受若作廣狹不作廣狹於鼻界若作有力無力不作有力無力於香界乃至鼻觸為緣所生諸受若作有力無力不作有力無力世尊是菩薩摩訶薩名大有所得非行般若波羅蜜多何以故非有所得想能證無上正等菩提故

復次世尊若菩薩摩訶薩起如是想如是般若波羅蜜多於舌界若作大小不作大小於味界舌識界及舌觸舌觸為緣所生諸受若作大小不作大小於舌界若作集散不作集散於味界乃至舌觸為緣所生諸受若作集散不作集散於舌界若作有量無量不作有量無量於味界乃至舌觸為緣所生諸受若作有量無量不作有量無量於舌界若作廣狹不作廣狹於味界乃至舌觸為緣所生諸受若作廣狹不作廣狹於舌界若作有力無力不作有力無力於味界乃至舌觸為緣所生諸受若作有力無力不作有力無力世尊是菩薩摩訶薩名大有所得非行般若波羅蜜多何以故非有所得想能證無上正等菩提故

復次世尊若菩薩摩訶薩起如是想如是般若波羅蜜多於身界若作大小不作大小於觸界身識界及身觸身觸為緣所生諸受若作大小不作大小於身界若作集散不作集散於觸界乃至身觸為緣所生諸受若作集散不作集散於身界若作有量無量不作有量無量於觸界乃至身觸為緣所生諸受若作有量無量不作有量無量於身界若作廣狹不作廣狹於觸界乃至身觸為緣所生諸受若作廣狹不作廣狹於身界若作有力無力不作有力無力於觸界乃至身觸為緣所生諸受若作有力無力不作有力無力世尊是菩薩摩訶薩名大有所得非行般若波羅蜜多何以故非有所得想能證無上正等菩提故

復次世尊若菩薩摩訶薩起如是想如是般若波羅蜜多於意界若作大小不作大小於法界意識界及意觸意觸為緣所生諸受若作大小不作大小於意界若作集散不作集散於法界乃至意觸為緣所生諸受若作集散不作集散於意界若作有量無量不作有量無量於法界乃至意觸為緣所生諸受若作有量無量不作有量無量於意界若作廣狹不作廣狹於法界乃至意觸為緣所生諸受若作廣狹不作廣狹於意界若作有力無力不作有力無力於法界乃至意觸為緣所生諸受若作有力無力

不作有力無力世尊是菩薩摩訶薩名大有所得非行般若波羅蜜多何以故非有所得想能證無上正等菩提故

復次世尊若菩薩摩訶薩起如是想如是般若波羅蜜多於地界若作大小不作大小於水火風空識界若作大小不作大小於地界若作集散不作集散於水火風空識界若作集散不作集散於地界若作有量無量不作有量無量於水火風空識界若作有量無量不作有量無量於地界若作廣狹不作廣狹於水火風空識界若作廣狹不作廣狹於地界若作有力無力不作有力無力於水火風空識界若作有力無力不作有力無力世尊是菩薩摩訶薩名大有所得非行般若波羅蜜多何以故非有所得想能證無上正等菩提故

復次世尊若菩薩摩訶薩起如是想如是般若波羅蜜多於無明若作大小不作大小於行識名色六處觸受愛取有生老死愁歎苦憂惱若作大小不作大小於無明若作集散不作集散於行乃至老死愁歎苦憂惱若作集散不作集散於無明若作有量無量不作有量無量於行乃至老死愁歎苦憂惱若作有量無量不作有量無量於無明若作廣狹不作廣狹於行乃至老死愁歎苦憂惱若作廣狹不作廣狹於無明若作有力無力不作有力無力於行乃至老死愁歎苦憂惱若作有力無力不作有力無力世尊是菩薩摩訶薩名大有所得非行般若波羅蜜多何以故非有所得想能證無上正等菩提故

復次世尊若菩薩摩訶薩起如是想如是般若波羅蜜多於布施波羅蜜多若作大小不作大小於淨戒安忍精進靜慮般若波羅蜜多若作大小不作大小於布施波羅蜜多若作集散不作集散於淨戒乃至般若波羅蜜多若作集散不作集散於布施波羅蜜多若作有量無量不作有量無量於淨戒乃至般若波羅蜜多若作有量無量不作有量無量於布施波羅蜜多若作廣狹不作廣狹於淨戒乃至般若波羅蜜多若作廣狹不作廣狹於布施波羅蜜多若作有力無力不作有力無力於淨戒乃至般若波羅蜜多若作有力無力不作有力無力世尊是菩薩摩訶薩名大有所得非行般若波羅蜜多何以故非有所得想能證無上正等菩提故

復次世尊若菩薩摩訶薩起如是想如是般若波羅蜜多於內空若作大小不作大小於外空內外空空空大空勝義空有為空無為空畢竟空無際空散空無變異空本性空自相空共相空一切法空不可得空無性空自性空無性自性空若作大小不作大小於內空若作集散不作集散於外空乃至無性自性空若作集散不作集散於內空若作有量無量不作有量無量於外空乃至無性自性空若作有量無量不作有量無量於內空若作廣狹不作廣狹於外空乃至無性自性空若作廣狹不作廣狹於內空若作有力無力不作有力無力

於外空乃至無性自性空若作有力無力不作有力無力世尊是菩薩摩訶薩名大有所得非行般若波羅蜜多何以故非有所得想能證無上正等菩提故

復次世尊若菩薩摩訶薩起如是想如是般若波羅蜜多於真如若作大小不作大小於法界法性不虛妄性不變異性平等性離生性法定法住實際虛空界不思議界若作大小不作大小於真如若作集散不作集散於法界乃至不思議界若作集散不作集散於真如若作有量無量不作有量無量於法界乃至不思議界若作有量無量不作有量無量於真如若作廣狹不作廣狹於法界乃至不思議界若作廣狹不作廣狹於真如若作有力無力不作有力無力於法界乃至不思議界若作有力無力不作有力無力世尊是菩薩摩訶薩名大有所得非行般若波羅蜜多何以故非有所得想能證無上正等菩提故

復次世尊若菩薩摩訶薩起如是想如是般若波羅蜜多於苦聖諦若作大小不作大小於集滅道聖諦若作大小不作大小於苦聖諦若作集散不作集散於集滅道聖諦若作集散不作集散於苦聖諦若作有量無量不作有量無量於集滅道聖諦若作有量無量不作有量無量於苦聖諦若作廣狹不作廣狹於集滅道聖諦若作廣狹不作廣狹於苦聖諦若作有力無力不作有力無力於集滅道聖諦若作有力無力不作有力無力世尊是菩薩摩訶薩名大有所得非行般若波羅蜜多何以故非有所得想能證無上正等菩提故

復次世尊若菩薩摩訶薩起如是想如是般若波羅蜜多於四靜慮若作大小不作大小於四無量四無色定若作大小不作大小於四靜慮若作集散不作集散於四無量四無色定若作集散不作集散於四靜慮若作有量無量不作有量無量於四無量四無色定若作有量無量不作有量無量於四靜慮若作廣狹不作廣狹於四無量四無色定若作廣狹不作廣狹於四靜慮若作有力無力不作有力無力於四無量四無色定若作有力無力不作有力無力世尊是菩薩摩訶薩名大有所得非行般若波羅蜜多何以故非有所得想能證無上正等菩提故

復次世尊若菩薩摩訶薩起如是想如是般若波羅蜜多於八解脫若作大小不作大小於八勝處九次第定十遍處若作大小不作大小於八解脫若作集散不作集散於八勝處九次第定十遍處若作集散不作集散於八解脫若作有量無量不作有量無量於八勝處九次第定十遍處若作有量無量不作有量無量於八解脫若作廣狹不作廣狹於八勝處九次第定十遍處若作廣狹不作廣狹於八解脫若作有力無力不作有力無力於八勝處九次第定十遍處若作有力無力不作有力無力世尊是菩薩摩訶薩名大有所得非行般若

波羅蜜多何以故非有所得想能證無上正等菩提故

復次世尊若菩薩摩訶薩起如是想如是般若波羅蜜多於四念住若作大小不作大小於四正斷四神足五根五力七等覺支八聖道支若作大小不作大小於四念住若作集散不作集散於四正斷乃至八聖道支若作集散不作集散於四念住若作有量無量不作有量無量於四正斷乃至八聖道支若作有量無量不作有量無量於四念住若作廣狹不作廣狹於四正斷乃至八聖道支若作廣狹不作廣狹於四念住若作有力無力不作有力無力於四正斷乃至八聖道支若作有力無力不作有力無力世尊是菩薩摩訶薩名大有所得非行般若波羅蜜多何以故非有所得想能證無上正等菩提故

復次世尊若菩薩摩訶薩起如是想如是般若波羅蜜多於空解脫門若作大小不作大小於無相無願解脫門若作大小不作大小於空解脫門若作集散不作集散於無相無願解脫門若作集散不作集散於空解脫門若作有量無量不作有量無量於無相無願解脫門若作有量無量不作有量無量於空解脫門若作廣狹不作廣狹於無相無願解脫門若作廣狹不作廣狹於空解脫門若作有力無力不作有力無力於無相無願解脫門若作有力無力不作有力無力世尊是菩薩摩訶薩名大有所得非行般若波羅蜜多何以故非有所得想能證無上正等菩提故復次世尊若菩薩摩訶薩起如是想如是般若波羅蜜多於五眼若作大小不作大小於六神通若作大小不作大小於五眼若作集散不作集散於六神通若作集散不作集散於五眼若作有量無量不作有量無量於六神通若作有量無量不作有量無量於五眼若作廣狹不作廣狹於六神通若作廣狹不作廣狹於五眼若作有力無力不作有力無力於六神通若作有力無力不作有力無力世尊是菩薩摩訶薩名大有所得非行般若波羅蜜多何以故非有所得想能證無上正等菩提故

大般若波羅蜜多經卷第一百七十八

大般若波羅蜜多經卷第一百七十八

校勘記

一　底本，金藏廣勝寺本，六九七頁中原缺，以麗藏本補，本頁下以麗藏本換。原殘版附後。

一　六九七頁下三行「若作有量無量」，石作「若作有量」。

一　六九八頁下八行「若作廣狹不作廣狹」，磧作「不作廣狹若作廣狹」。

一　七〇一頁上六行「眼處」，麗作「明處」。

一　七〇三頁下一五行第八字不清，應為「空」。

一　七〇四頁下五行「是」，磧作「若」。

一　七〇五頁上一行「波羅」，麗作「波維」。

量無量二八

無色定若作有量无量不作有量无
量於四靜慮若作廣狹不作廣狹於
四无量四無色定若作廣狹不作廣
狹於四靜慮若作有力无力不作有
力無力於四无量四無色定若作有
力無力不作有力无力世尊如是一

大般若波羅蜜多經卷第一百七十九　来

三藏法師玄奘奉　詔譯

初分讚般若品第三十二之八

復次世尊若菩薩摩訶薩起如是想如是般若波羅蜜多於佛十力若作大小不作大小於四無所畏四無礙解大慈大悲大喜大捨十八佛不共法若作大小不作大小於佛十力若作集散不作集散於四無所畏乃至十八佛不共法若作集散不作集散於佛十力若作有量無量不作有量無量於四無所畏乃至十八佛不共法若作有量無量不作有量無量於佛十力若作廣狹不作廣狹於四無所畏乃至十八佛不共法若作廣狹不作廣狹於佛十力若作有力無力不作有力無力於四無所畏乃至十八佛不共法若作有力無力不作有力無力世尊是菩薩摩訶薩名大有所得非行般若波羅蜜多何以故非有所得想能證無上正等菩提故

復次世尊若菩薩摩訶薩起如是想

如是般若波羅蜜多於無忘失法若作大小不作大小於恒住捨性若作大小不作大小於無忘失法若作集散不作集散於恒住捨性若作集散不作集散於無忘失法若作有量無量不作有量無量於恒住捨性若作有量無量不作有量無量於無忘失法若作廣狹不作廣狹於恒住捨性若作廣狹不作廣狹於無忘失法若作有力無力不作有力無力於恒住捨性若作有力無力不作有力無力世尊是菩薩摩訶薩名大有所得非行般若波羅蜜多何以故非有所得想能證無上正等菩提故

復次世尊若菩薩摩訶薩起如是想如是般若波羅蜜多於一切智若作大小不作大小於道相智一切相智若作大小不作大小於一切智若作集散不作集散於道相智一切相智若作集散不作集散於一切智若作有量無量不作有量無量於道相智一切相智若作有量無量不作有量無量於一切智若作廣狹不作廣狹

於道相智一切相智若作廣狹不作廣狹於一切智若作有力無力不作有力無力於道相智一切相智若作有力無力不作有力無力世尊是菩薩摩訶薩名大有所得非行般若波羅蜜多何以故非有所得想能證無上正等菩提故

復次世尊若菩薩摩訶薩起如是想如是般若波羅蜜多於一切陁羅尼門若作大小不作大小於一切三摩地門若作大小不作大小於一切陁羅尼門若作集散不作集散於一切三摩地門若作集散不作集散於一切陁羅尼門若作有量無量不作有量無量於一切三摩地門若作有量無量不作有量無量於一切陁羅尼門若作廣狹不作廣狹於一切三摩地門若作廣狹不作廣狹於一切陁羅尼門若作有力無力不作有力無力於一切三摩地門若作有力無力不作有力無力世尊是菩薩摩訶薩名大有所得非行般若波羅蜜多何以故非有所得想能證無上正等菩提故

復次世尊若菩薩摩訶薩起如是想如是般若波羅蜜多於預流若作大小不作大小於一來不還阿羅漢若作大小不作大小於預流若作集散不作集散於一來不還阿羅漢若作集散不作集散於預流若作有量无量不作有量无量於一來不還阿羅漢若作有量無量不作有量无量於預流若作廣狹不作廣狹於一來不還阿羅漢若作廣狹不作廣狹於預流若作有力無力不作有力无力於一來不還阿羅漢若作有力無力不作有力无力世尊是菩薩摩訶薩名大有所得非行般若波羅蜜多何以故非有所得想能證無上正等菩提故

復次世尊若菩薩摩訶薩起如是想如是般若波羅蜜多於預流向預流果若作大小不作大小於一來向一來果不還向不還果阿羅漢向阿羅漢果若作大小不作大小於預流向預流果若作集散不作集散於一來向乃至阿羅漢果若作集散不作集散於預流向預流果若作有量無量不作有量無量於一來向乃至阿羅漢果若作有量無量不作有量無量於預流向預流果若作廣狹不作廣狹於一來向乃至阿羅漢果若作廣狹不作廣狹於預流向預流果若作有力無力不作有力無力於一來向乃至阿羅漢果若作有力無力不作有力無力世尊是菩薩摩訶薩名大有所得非行般若波羅蜜多何以故非有所得想能證無上正等菩提故

復次世尊若菩薩摩訶薩起如是想如是般若波羅蜜多於獨覺若作大小不作大小於獨覺菩提若作大小不作大小於獨覺若作集散不作集散於獨覺菩提若作集散不作集散於獨覺若作有量無量不作有量無量於獨覺菩提若作有量無量不作有量無量於獨覺若作廣狹不作廣狹於獨覺菩提若作廣狹不作廣狹於獨覺若作有力無力不作有力無力於獨覺菩提若作有力無力不作

有力無力世尊是菩薩摩訶薩名大有所得非行般若波羅蜜多何以故非有所得想能證無上正等菩提故

復次世尊若菩薩摩訶薩起如是想如是般若波羅蜜多於諸菩薩摩訶薩若作大小不作大小於菩薩摩訶薩行若作大小不作大小於諸菩薩摩訶薩若作集散不作集散於菩薩摩訶薩行若作集散不作集散於諸菩薩摩訶薩若作有量无量不作有量無量於菩薩摩訶薩行若作有量无量不作有量無量於諸菩薩摩訶薩若作廣狹不作廣狹於菩薩摩訶薩行若作廣狹不作廣狹於諸菩薩摩訶薩若作有力無力不作有力无力於菩薩摩訶薩行若作有力無力不作有力無力世尊是菩薩摩訶薩名大有所得非行般若波羅蜜多何以故非有所得想能證无上正等菩提故

復次世尊若菩薩摩訶薩起如是想如是般若波羅蜜多於諸如来應正等覺若作大小不作大小於佛無上

大般若第一百七十九　第六張　張

正等菩提若作大小不作大小於諸如来應正等覺若作集散不作集散於佛無上正等菩提若作集散不作集散於諸如来應正等覺若作有量無量不作有量無量於佛無上正等菩提若作有量無量不作有量無量於諸如来應正等覺若作廣狹不作廣狹於佛無上正等菩提若作廣狹不作廣狹於諸如来應正等覺若作有力無力不作有力無力於佛無上正等菩提若作有力無力不作有力無力世尊是菩薩摩訶薩名大有所得非行般若波羅蜜多何以故非有所得想能證無上正等菩提故

復次世尊若菩薩摩訶薩起如是想如是般若波羅蜜多於一切法若作大小不作大小於一切法若作集散不作集散於一切法若作有量無量不作有量無量於一切法若作廣狹不作廣狹於一切法若作有力無力不作有力無力世尊是菩薩摩訶薩名大有所得非行般若波羅蜜多何以故非有所得想能證無上正等菩

大般若第一百七十九　第七張　天

提故

所以者何世尊有情無生故當知般若波羅蜜多亦無生有情無滅故當知般若波羅蜜多亦無滅有情無自性故當知般若波羅蜜多亦無自性有情無所有故當知般若波羅蜜多亦無所有有情空故當知般若波羅蜜多亦空有情無相故當知般若波羅蜜多亦無相有情無願故當知般若波羅蜜多亦無願有情遠離故當知般若波羅蜜多亦遠離有情寂靜故當知般若波羅蜜多亦寂靜有情不可得故當知般若波羅蜜多亦不可得有情不可思議故當知般若波羅蜜多亦不可思議有情無覺知故當知般若波羅蜜多亦無覺知有情勢力不成就故當知般若波羅蜜多勢力亦不成就世尊我緣此意故說菩薩摩訶薩般若波羅蜜多名大波羅蜜多

復次世尊色無生故當知般若波羅蜜多亦無生受想行識無生故當知般若波羅蜜多亦無生色無滅故當

大般若經第一百七十九　第八張　李字

知般若波羅蜜多亦無滅受想行識無滅故當知般若波羅蜜多亦無滅色無自性故當知般若波羅蜜多亦無自性受想行識無自性故當知般若波羅蜜多亦無自性色無所有故當知般若波羅蜜多亦無所有受想行識無所有故當知般若波羅蜜多亦無所有色空故當知般若波羅蜜多亦空受想行識空故當知般若波羅蜜多亦空色無相故當知般若波羅蜜多亦無相受想行識無相故當知般若波羅蜜多亦無相色無願故當知般若波羅蜜多亦無願受想行識無願故當知般若波羅蜜多亦無願色遠離故當知般若波羅蜜多亦遠離受想行識遠離故當知般若波羅蜜多亦遠離色寂靜故當知般若波羅蜜多亦寂靜受想行識寂靜故當知般若波羅蜜多亦寂靜色不可得故當知般若波羅蜜多亦不可得受想行識不可得故當知般若波羅蜜多亦不可得色不可思議故當知般若波羅蜜多亦不可思議受想行識不可思議故當知般若波羅蜜多亦不可思議色無覺知故當知般若波羅蜜多亦無覺知受想行識無覺知故當知般若波羅蜜多亦無覺知色勢力不成就故當知般若波羅蜜多勢力亦不成就受想行識勢力不成就故當知般若波羅蜜多勢力亦不成就世尊我緣此意故說菩薩摩訶薩般若波羅蜜多名大波羅蜜多

復次世尊眼處無生故當知般若波羅蜜多亦無生耳鼻舌身意處無生故當知般若波羅蜜多亦無生眼處無滅故當知般若波羅蜜多亦無滅耳鼻舌身意處無滅故當知般若波羅蜜多亦無滅眼處無自性故當知般若波羅蜜多亦無自性耳鼻舌身意處無自性故當知般若波羅蜜多亦無自性眼處無所有故當知般若波羅蜜多亦無所有耳鼻舌身意處無所有故當知般若波羅蜜多亦無所有眼處空故當知般若波羅蜜多亦空耳鼻舌身意處空故當知般若波羅蜜多亦空眼處無相故當知般若波羅蜜多亦無相耳鼻舌身意處無相故當知般若波羅蜜多亦無相眼處無願故當知般若波羅蜜多亦無願耳鼻舌身意處無願故當知般若波羅蜜多亦無願眼處遠離故當知般若波羅蜜多亦遠離耳鼻舌身意處遠離故當知般若波羅蜜多亦遠離眼處寂靜故當知般若波羅蜜多亦寂靜耳鼻舌身意處寂靜故當知般若波羅蜜多亦寂靜眼處不可得故當知般若波羅蜜多亦不可得耳鼻舌身意處不可得故當知般若波羅蜜多亦不可得眼處不可思議故當知般若波羅蜜多亦不可思議耳鼻舌身意處不可思議故當知般若波羅蜜多亦不可思議眼處無覺知故當知般若波羅蜜多亦無覺知耳鼻舌身意處無覺知故當知般若波羅蜜多亦無覺知眼處勢力不成就故當知般若波羅蜜多勢力亦不成就耳鼻舌身意處勢力不成就故當知般若波羅蜜多勢力亦不成就世尊我緣此意故說菩薩摩訶薩般

若波羅蜜多名大波羅蜜多復次世尊色處無生故當知般若波羅蜜多亦無生聲香味觸法處無生故當知般若波羅蜜多亦無生色處無滅故當知般若波羅蜜多亦無滅聲香味觸法處無滅故當知般若波羅蜜多亦無滅色處無自性故當知般若波羅蜜多亦無自性聲香味觸法處無自性故當知般若波羅蜜多亦無自性色處無所有故當知般若波羅蜜多亦無所有聲香味觸法處無所有故當知般若波羅蜜多亦無所有色處空故當知般若波羅蜜多亦空聲香味觸法處空故當知般若波羅蜜多亦空色處無相故當知般若波羅蜜多亦無相聲香味觸法處無相故當知般若波羅蜜多亦無相色處無願故當知般若波羅蜜多亦無願聲香味觸法處無願故當知般若波羅蜜多亦無願色處遠離故當知般若波羅蜜多亦遠離聲香味觸法處遠離故當知般若波羅蜜多亦遠離色處寂靜故當知般若波羅蜜多亦寂靜聲香味觸法處寂靜故當知般若波羅蜜多亦寂靜色處不可得故當知般若波羅蜜多亦不可得聲香味觸法處不可得故當知般若波羅蜜多亦不可得色處不可思議故當知般若波羅蜜多亦不可思議聲香味觸法處不可思議故當知般若波羅蜜多亦不可思議色處無覺知故當知般若波羅蜜多亦無覺知聲香味觸法處無覺知故當知般若波羅蜜多亦無覺知色處勢力不成就故當知般若波羅蜜多勢力亦不成就聲香味觸法處勢力不成就故當知般若波羅蜜多勢力亦不成就世尊我緣此意故說菩薩摩訶薩般若波羅蜜多名大波羅蜜多

復次世尊眼界無生故當知般若波羅蜜多亦無生色界眼識界及眼觸眼觸為緣所生諸受無生故當知般若波羅蜜多亦無生眼界無滅故當知般若波羅蜜多亦無滅色界乃至眼觸為緣所生諸受無滅故當知般若波羅蜜多亦無滅眼界無自性故當知般若波羅蜜多亦無自性色界乃至眼觸為緣所生諸受無自性故當知般若波羅蜜多亦無自性眼界無所有故當知般若波羅蜜多亦無所有色界乃至眼觸為緣所生諸受無所有故當知般若波羅蜜多亦無所有眼界空故當知般若波羅蜜多亦空色界乃至眼觸為緣所生諸受空故當知般若波羅蜜多亦空眼界無相故當知般若波羅蜜多亦無相色界乃至眼觸為緣所生諸受無相故當知般若波羅蜜多亦無相眼界無願故當知般若波羅蜜多亦無願色界乃至眼觸為緣所生諸受無願故當知般若波羅蜜多亦無願眼界遠離故當知般若波羅蜜多亦遠離色界乃至眼觸為緣所生諸受遠離故當知般若波羅蜜多亦遠離眼界寂靜故當知般若波羅蜜多亦寂靜色界乃至眼觸為緣所生諸受寂靜故當知般若波羅蜜多亦寂靜眼界不可得故當知般若波羅蜜多亦不可得色界乃至眼觸為緣所生諸受

不可得故當知般若波羅蜜多亦不可得眼界不可思議故當知般若波羅蜜多亦不可思議色界乃至眼觸為緣所生諸受不可思議故當知般若波羅蜜多亦不可思議眼界無覺知故當知般若波羅蜜多亦無覺知色界乃至眼觸為緣所生諸受無覺知故當知般若波羅蜜多亦無覺知眼界勢力不成就故當知般若波羅蜜多勢力亦不成就色界乃至眼觸為緣所生諸受勢力不成就故當知般若波羅蜜多勢力亦不成就世尊我緣此意故說菩薩摩訶薩般若波羅蜜多名大波羅蜜多復次世尊耳界無生故當知般若波羅蜜多亦無生聲界耳識界及耳觸耳觸為緣所生諸受無生故當知般若波羅蜜多亦無生耳界無滅故當知般若波羅蜜多亦無滅聲界乃至耳觸為緣所生諸受無滅故當知般若波羅蜜多亦無滅耳界無自性故當知般若波羅蜜多亦無自性聲界乃至耳觸為緣所生諸受無自性故當知般若波

羅蜜多亦無自性耳界無所有故當知般若波羅蜜多亦無所有聲界乃至耳觸為緣所生諸受無所有故當知般若波羅蜜多亦無所有耳界空故當知般若波羅蜜多亦空聲界乃至耳觸為緣所生諸受空故當知般若波羅蜜多亦空耳界無相故當知般若波羅蜜多亦無相聲界乃至耳觸為緣所生諸受無相故當知般若波羅蜜多亦無相耳界無願故當知般若波羅蜜多亦無願聲界乃至耳觸為緣所生諸受無願故當知般若波羅蜜多亦無願耳界遠離故當知般若波羅蜜多亦遠離聲界乃至耳觸為緣所生諸受遠離故當知般若波羅蜜多亦遠離耳界寂靜故當知般若波羅蜜多亦寂靜聲界乃至耳觸為緣所生諸受寂靜故當知般若波羅蜜多亦寂靜耳界不可得故當知般若波羅蜜多亦不可得聲界乃至耳觸為緣所生諸受不可得故當知般若波羅蜜多亦不可得耳界不可思議故當知般若波羅蜜多亦不

可思議聲界乃至耳觸為緣所生諸受不可思議故當知般若波羅蜜多亦不可思議耳界無覺知故當知般若波羅蜜多亦無覺知聲界乃至耳觸為緣所生諸受无覺知故當知般若波羅蜜多亦無覺知耳界勢力不成就故當知般若波羅蜜多勢力亦不成就聲界乃至耳觸為緣所生諸受勢力不成就故當知般若波羅蜜多勢力亦不成就世尊我緣此意故說菩薩摩訶薩般若波羅蜜多名大波羅蜜多復次世尊鼻界無生故當知般若波羅蜜多亦無生香界鼻識界及鼻觸鼻觸為緣所生諸受无生故當知般若波羅蜜多亦無生鼻界無滅故當知般若波羅蜜多亦无滅香界乃至鼻觸為緣所生諸受無滅故當知般若波羅蜜多亦无滅鼻界無自性故當知般若波羅蜜多亦無自性香界乃至鼻觸為緣所生諸受无自性故當知般若波羅蜜多亦無自性鼻界無所有故當知般若波羅蜜多亦無所有香界乃至鼻觸為緣

所生諸受無所有故當知般若波羅蜜多亦無所有鼻界空故當知般若波羅蜜多亦空香界乃至鼻觸為緣所生諸受空故當知般若波羅蜜多亦空鼻界無相故當知般若波羅蜜多亦無相香界乃至鼻觸為緣所生諸受無相故當知般若波羅蜜多亦無相鼻界無願故當知般若波羅蜜多亦無願香界乃至鼻觸為緣所生諸受無願故當知般若波羅蜜多亦無願鼻界遠離故當知般若波羅蜜多亦遠離香界乃至鼻觸為緣所生諸受遠離故當知般若波羅蜜多亦遠離鼻界寂靜故當知般若波羅蜜多亦寂靜香界乃至鼻觸為緣所生諸受寂靜故當知般若波羅蜜多亦寂靜鼻界不可得故當知般若波羅蜜多亦不可得香界乃至鼻觸為緣所生諸受不可得故當知般若波羅蜜多亦不可得鼻界不可思議故當知般若波羅蜜多亦不可思議香界乃至鼻觸為緣所生諸受不可思議故當知般若波羅蜜多亦不可思議

鼻界無覺知故當知般若波羅蜜多亦無覺知香界乃至鼻觸為緣所生諸受無覺知故當知般若波羅蜜多亦無覺知鼻界勢力不成就故當知般若波羅蜜多勢力亦不成就香界乃至鼻觸為緣所生諸受勢力不成就故當知般若波羅蜜多勢力亦不成就世尊我緣此意故說菩薩摩訶薩般若波羅蜜多名大波羅蜜多復次世尊舌界無生故當知般若波羅蜜多亦無生味界舌識界及舌觸舌觸為緣所生諸受無生故當知般若波羅蜜多亦無生舌界無滅故當知般若波羅蜜多亦無滅味界乃至舌觸為緣所生諸受無滅故當知般若波羅蜜多亦無滅舌界無自性故當知般若波羅蜜多亦無自性味界乃至舌觸為緣所生諸受無自性故當知般若波羅蜜多亦無自性舌界無所有故當知般若波羅蜜多亦無所有味界乃至舌觸為緣所生諸受無所有故當知般若波羅蜜多亦無所有舌界空故當知般若波羅蜜多亦

空味界乃至舌觸為緣所生諸受空故當知般若波羅蜜多亦空舌界無相故當知般若波羅蜜多亦無相味界乃至舌觸為緣所生諸受無相故當知般若波羅蜜多亦無相舌界無願故當知般若波羅蜜多亦無願味界乃至舌觸為緣所生諸受無願故當知般若波羅蜜多亦無願舌界遠離故當知般若波羅蜜多亦遠離味界乃至舌觸為緣所生諸受遠離故當知般若波羅蜜多亦遠離舌界寂靜故當知般若波羅蜜多亦寂靜味界乃至舌觸為緣所生諸受寂靜故當知般若波羅蜜多亦寂靜舌界不可得故當知般若波羅蜜多亦不可得味界乃至舌觸為緣所生諸受不可得故當知般若波羅蜜多亦不可得舌界不可思議故當知般若波羅蜜多亦不可思議味界乃至舌觸為緣所生諸受不可思議故當知般若波羅蜜多亦不可思議舌界無覺知故當知般若波羅蜜多亦無覺知味界乃至舌觸為緣所生諸受無覺知

故當知般若波羅蜜多亦無覺知舌界勢力不成就故當知般若波羅蜜多勢力亦不成就味界乃至舌觸為緣所生諸受勢力不成就故當知般若波羅蜜多勢力亦不成就世尊我緣此意故說菩薩摩訶薩般若波羅蜜多名大波羅蜜多

復次世尊身界無生故當知般若波羅蜜多亦無生觸界身識界及身觸身觸為緣所生諸受無生故當知般若波羅蜜多亦無生身界無滅故當知般若波羅蜜多亦無滅觸界乃至身觸為緣所生諸受無滅故當知般若波羅蜜多亦無滅身界無自性故當知般若波羅蜜多亦無自性觸界乃至身觸為緣所生諸受無自性故當知般若波羅蜜多亦無自性身界無所有故當知般若波羅蜜多亦無所有觸界乃至身觸為緣所生諸受無所有故當知般若波羅蜜多亦無所有身界空故當知般若波羅蜜多亦空觸界乃至身觸為緣所生諸受空故當知般若波羅蜜多亦空身界無相故當知般若波羅蜜多亦無相觸界乃至身觸為緣所生諸受无相故當知般若波羅蜜多亦無相身界無願故當知般若波羅蜜多亦无願觸界乃至身觸為緣所生諸受無願故當知般若波羅蜜多亦无願身界遠離故當知般若波羅蜜多亦遠離觸界乃至身觸為緣所生諸受遠離故當知般若波羅蜜多亦遠離身界寂靜故當知般若波羅蜜多亦寂靜觸界乃至身觸為緣所生諸受寂靜故當知般若波羅蜜多亦寂靜身界不可得故當知般若波羅蜜多亦不可得觸界乃至身觸為緣所生諸受不可得故當知般若波羅蜜多亦不可得身界不可思議故當知般若波羅蜜多亦不可思議觸界乃至身觸為緣所生諸受不可思議故當知般若波羅蜜多亦不可思議身界無覺知故當知般若波羅蜜多亦無覺知觸界乃至身觸為緣所生諸受无覺知故當知般若波羅蜜多亦無覺知身界勢力不成就故當知般若波羅

蜜多勢力亦不成就觸界乃至身觸為緣所生諸受勢力不成就故當知般若波羅蜜多勢力亦不成就世尊我緣此意故說菩薩摩訶薩般若波羅蜜多名大波羅蜜多復次世尊意界無生故當知般若波羅蜜多亦無生法界意識界及意觸意觸為緣所生諸受無生故當知般若波羅蜜多亦無生意界無滅故當知般若波羅蜜多亦無滅法界乃至意觸為緣所生諸受無滅故當知般若波羅蜜多亦無滅意界無自性故當知般若波羅蜜多亦無自性法界乃至意觸為緣所生諸受無自性故當知般若波羅蜜多亦無自性意界無所有故當知般若波羅蜜多亦無所有法界乃至意觸為緣所生諸受無所有故當知般若波羅蜜多亦無所有意界空故當知般若波羅蜜多亦空法界乃至意觸為緣所生諸受空故當知般若波羅蜜多亦空意界無相故當知般若波羅蜜多亦無相法界乃至意觸為緣所生諸受無相故當知般若

波羅蜜多亦無相意界無願故當知般若波羅蜜多亦無願法界乃至意觸為緣所生諸受無願故當知般若波羅蜜多亦無願意界遠離故當知般若波羅蜜多亦遠離法界乃至意觸為緣所生諸受遠離故當知般若波羅蜜多亦遠離意界寂靜故當知般若波羅蜜多亦寂靜法界乃至意觸為緣所生諸受寂靜故當知般若波羅蜜多亦寂靜意界不可得故當知般若波羅蜜多亦不可得法界乃至意觸為緣所生諸受不可得故當知般若波羅蜜多亦不可得意界不可思議故當知般若波羅蜜多亦不可思議法界乃至意觸為緣所生諸受不可思議故當知般若波羅蜜多亦不可思議意界無覺知故當知般若波羅蜜多亦無覺知法界乃至意觸為緣所生諸受無覺知故當知般若波羅蜜多亦無覺知意界勢力不成就故當知般若波羅蜜多勢力亦不成就法界乃至意觸為緣所生諸受勢力不成就故當知般若波羅蜜

多勢力亦不成就世尊我緣此意於說菩薩摩訶薩般若波羅蜜多名大波羅蜜多

復次世尊地界無生故當知般若波羅蜜多亦無生水火風空識界無生故當知般若波羅蜜多亦無生地界無滅故當知般若波羅蜜多亦無滅水火風空識界無滅故當知般若波羅蜜多亦無滅地界無自性故當知般若波羅蜜多亦無自性水火風空識界無自性故當知般若波羅蜜多亦無自性地界無所有故當知般若波羅蜜多亦無所有水火風空識界無所有故當知般若波羅蜜多亦無所有地界空故當知般若波羅蜜多亦空水火風空識界空故當知般若波羅蜜多亦空地界無相故當知般若波羅蜜多亦無相水火風空識界無相故當知般若波羅蜜多亦無相地界無願故當知般若波羅蜜多亦無願水火風空識界無願故當知般若波羅蜜多亦無願地界遠離故當知般若波羅蜜多亦遠離水火風空

識界遠離故當知般若波羅蜜多亦遠離地界寂靜故當知般若波羅蜜多亦寂靜水火風空識界寂靜故當知般若波羅蜜多亦寂靜地界不可得故當知般若波羅蜜多亦不可得水火風空識界不可得故當知般若波羅蜜多亦不可得地界不可思議故當知般若波羅蜜多亦不可思議水火風空識界不可思議故當知般若波羅蜜多亦不可思議地界無覺知故當知般若波羅蜜多亦無覺知水火風空識界無覺知故當知般若波羅蜜多亦無覺知地界勢力不成就故當知般若波羅蜜多勢力亦不成就水火風空識界勢力不成就故當知般若波羅蜜多勢力亦不成就世尊我緣此意故說菩薩摩訶薩般若波羅蜜多名大波羅蜜多

復次世尊無明無生故當知般若波羅蜜多亦無生行識名色六處觸受愛取有生老死愁歎苦憂惱無生故當知般若波羅蜜多亦無生無明無滅故當知般若波羅蜜多亦無滅行

乃至老死愁歎苦憂惱無滅故當知般若波羅蜜多亦無滅無明無自性故當知般若波羅蜜多亦無自性行乃至老死愁歎苦憂惱無自性故當知般若波羅蜜多亦無自性無明無所有故當知般若波羅蜜多亦無所有行乃至老死愁歎苦憂惱無所有故當知般若波羅蜜多亦無所有無明空故當知般若波羅蜜多亦空行乃至老死愁歎苦憂惱空故當知般若波羅蜜多亦空無明無相故當知般若波羅蜜多亦無相行乃至老死愁歎苦憂惱無相故當知般若波羅蜜多亦無相無明無願故當知般若波羅蜜多亦無願行乃至老死愁歎苦憂惱無願故當知般若波羅蜜多亦無願無明遠離故當知般若波羅蜜多亦遠離行乃至老死愁歎苦憂惱遠離故當知般若波羅蜜多亦遠離無明寂靜故當知般若波羅蜜多亦寂靜行乃至老死愁歎苦憂惱寂靜故當知般若波羅蜜多亦寂靜無明不可得故當知般若波羅蜜多亦

不可得行乃至老死愁歎苦憂惱不可得故當知般若波羅蜜多亦不可得無明不可思議故當知般若波羅蜜多亦不可思議行乃至老死愁歎苦憂惱不可思議故當知般若波羅蜜多亦不可思議無明無覺知故當知般若波羅蜜多亦無覺知行乃至老死愁歎苦憂惱無覺知故當知般若波羅蜜多亦無覺知無明勢力不成就故當知般若波羅蜜多勢力亦不成就行乃至老死愁歎苦憂惱勢力不成就故當知般若波羅蜜多勢力亦不成就世尊我緣此意故說菩薩摩訶薩般若波羅蜜多名大波羅蜜多

大般若波羅蜜多經卷第百七十九

[illegible]
燕京南[illegible]
如來之[illegible]
聖[illegible]之弘[illegible]發心施[illegible]大藏成一
[illegible]
[illegible]
永作[illegible]之主[illegible]
代三途八難[illegible]　丙[illegible]年六月[illegible]

大般若波羅蜜多經卷第一百七十九

校勘記

一　底本，金藏大寶集寺本。

一　七〇七頁中一三行「不作有量無量」，南作「不作有有量」。

一　七〇七頁下二三行末字殘，應為「狭」。

一　七〇九頁上、中錯行，以麗藏本換。原版附後。

一　七一〇頁下一行首字「若」，南作「知」。

有力無力世尊是菩薩摩訶薩名大有所得非行般若波羅蜜多何以故非有所得想能證無上正等菩提故

復次世尊若菩薩摩訶薩起如是想如是般若波羅蜜多於諸菩薩摩訶薩若作大小不作大小於菩薩摩訶薩行若作大小不作大小於諸菩薩摩訶薩若作集散不作集散於菩薩摩訶薩行若作集散不作集散於諸菩薩摩訶薩若作有量无量不作有量無量於菩薩摩訶薩行若作有量無力世尊是菩薩摩訶薩名大有所得非行般若波羅蜜多何以故非有所得想能證無上正等菩提故

復次世尊若菩薩摩訶薩起如是想如是般若波羅蜜多於一切法若作大小不作大小於一切法若作集散不作集散於一切法若作有量無量不作有量無量於一切法若作廣狹不作廣狹於一切法若作有力無力不作有力無力世尊是菩薩摩訶薩名大有所得非行般若波羅蜜多何以故非有所得想能證無上正等菩

正等菩提若作大小不作大小於諸如來應正等覺若作集散不作集散於佛無上正等菩提若作集散不作集散於諸如來應正等覺若作有量無量不作有量無量於佛無上正等菩提若作有量無量不作有量無量於諸如來應正等覺若作廣狹不作廣狹於佛無上正等菩提若作廣狹不作廣狹於諸如來應正等覺若作有力無力不作有力無力於佛無上正等菩提若作有力無力不作有力无量不作有量無量於諸菩薩摩訶薩若作廣狹不作廣狹於菩薩摩訶薩行若作廣狹不作廣狹於諸菩薩摩訶薩若作有力無力不作有力无力於菩薩摩訶薩行若作有力無力不作有力無力世尊是菩薩摩訶薩名大有所得非行般若波羅蜜多何以故非有所得想能證无上正等菩提故

復次世尊若菩薩摩訶薩起如是想如是般若波羅蜜多於諸如來應正等覺若作大小不作大小於佛無上

大般若波羅蜜多經卷第二百八十　來

三藏法師玄奘奉　詔譯

初分讚般若品第三十二之九

復次世尊布施波羅蜜多無生故當知般若波羅蜜多亦无生淨戒安忍精進靜慮波羅蜜多無生故當知般若波羅蜜多亦無生布施波羅蜜多无滅故當知般若波羅蜜多亦無滅淨戒乃至靜慮波羅蜜多无滅故當知般若波羅蜜多亦無滅布施波羅蜜多无自性故當知般若波羅蜜多亦無自性淨戒乃至靜慮波羅蜜多无自性故當知般若波羅蜜多亦無自性布施波羅蜜多無所有故當知般若波羅蜜多亦無所有淨戒乃至靜慮波羅蜜多无所有故當知般若波羅蜜多亦無所有布施波羅蜜多空故當知般若波羅蜜多亦空淨戒乃至靜慮波羅蜜多空故當知般若波羅蜜多亦空布施波羅蜜多无相故當知般若波羅蜜多亦無相淨戒乃至靜慮波羅蜜多無相故當知般若波羅蜜多亦無相布施波羅蜜多无願故當知般若波羅蜜多亦無願淨戒乃至靜慮波羅蜜多无願故當知般若波羅蜜多亦無願布施波羅蜜多遠離故當知般若波羅蜜多亦遠離淨戒乃至靜慮波羅蜜多遠離故當知般若波羅蜜多亦遠離布施波羅蜜多寂靜故當知般若波羅蜜多亦寂靜淨戒乃至靜慮波羅蜜多寂靜故當知般若波羅蜜多亦寂靜布施波羅蜜多不可得故當知般若波羅蜜多亦不可得淨戒乃至靜慮波羅蜜多不可得故當知般若波羅蜜多亦不可得布施波羅蜜多不可思議故當知般若波羅蜜多亦不可思議淨戒乃至靜慮波羅蜜多不可思議故當知般若波羅蜜多亦不可思議布施波羅蜜多無覺知故當知般若波羅蜜多亦无覺知淨戒乃至靜慮波羅蜜多無覺知故當知般若波羅蜜多亦无覺知布施波羅蜜多勢力不成就故當知般若波羅蜜多勢力亦不成就淨戒乃至靜慮波羅

蜜多勢力不成就故當知般若波羅蜜多勢力亦不成就世尊我緣此意故說菩薩摩訶薩般若波羅蜜多名大波羅蜜多

復次世尊內空無生故當知般若波羅蜜多亦无生外空內外空空空大空勝義空有為空無為空畢竟空无際空散空無變異空本性空自相空共相空一切法空不可得空無性空自性空无性自性空無生故當知般若波羅蜜多亦無生內空無滅故當知般若波羅蜜多亦无滅外空乃至無性自性空无滅故當知般若波羅蜜多亦無滅內空无自性故當知般若波羅蜜多亦無自性外空乃至无性自性空無自性故當知般若波羅蜜多亦无自性內空無所有故當知般若波羅蜜多亦无所有外空乃至無性自性空无所有故當知般若波羅蜜多亦無所有內空空故當知般若波羅蜜多亦空外空乃至无性自性空空故當知般若波羅蜜多亦空內空無相故當知般若波羅蜜多亦

無相外空乃至无性自性空無相故當知般若波羅蜜多亦無相內空无願故當知般若波羅蜜多亦無願外空乃至无性自性空無願故當知般若波羅蜜多亦无願內空遠離故當知般若波羅蜜多亦遠離外空乃至無性自性空遠離故當知般若波羅蜜多亦遠離內空寂靜故當知般若波羅蜜多亦寂靜外空乃至无性自性空寂靜故當知般若波羅蜜多亦寂靜內空不可得故當知般若波羅蜜多亦不可得外空乃至無性自性空不可得故當知般若波羅蜜多亦不可得內空不可思議故當知般若波羅蜜多亦不可思議外空乃至无性自性空不可思議故當知般若波羅蜜多亦不可思議內空無覺知故當知般若波羅蜜多亦无覺知外空乃至無性自性空无覺知故當知般若波羅蜜多亦無覺知內空勢力不成就故當知般若波羅蜜多勢力亦不成就外空乃至无性自性空勢力不成就故當知般若波羅蜜多勢力

亦不成就世尊我緣此意故說菩薩摩訶薩般若波羅蜜多名大波羅蜜多

復次世尊真如無生故當知般若波羅蜜多亦无生法界法性不虛妄性不變異性平等性離生性法定法住實際虛空界不思議界無生故當知般若波羅蜜多亦無生真如无滅故當知般若波羅蜜多亦無滅法界乃至不思議界無滅故當知般若波羅蜜多亦無滅真如无自性故當知般若波羅蜜多亦無自性法界乃至不思議界无自性故當知般若波羅蜜多亦無自性真如无所有故當知般若波羅蜜多亦無所有法界乃至不思議界无所有故當知般若波羅蜜多亦無所有真如空故當知般若波羅蜜多亦空法界乃至不思議界空故當知般若波羅蜜多亦空真如無相故當知般若波羅蜜多亦无相法界乃至不思議界无相故當知般若波羅蜜多亦無相真如無願故當知般若波羅蜜多亦无願法界乃至

不思議界無願故當知般若波羅蜜多亦無願真如遠離故當知般若波羅蜜多亦遠離法界乃至不思議界遠離故當知般若波羅蜜多亦遠離真如寂靜故當知般若波羅蜜多亦寂靜法界乃至不思議界寂靜故當知般若波羅蜜多亦寂靜真如不可得故當知般若波羅蜜多亦不可得法界乃至不思議界不可得故當知般若波羅蜜多亦不可得真如不可思議故當知般若波羅蜜多亦不可思議法界乃至不思議界不可思議故當知般若波羅蜜多亦不可思議真如無覺知故當知般若波羅蜜多亦无覺知法界乃至不思議界無覺知故當知般若波羅蜜多亦無覺知真如勢力不成就故當知般若波羅蜜多勢力亦不成就法界乃至不思議界勢力不成就故當知般若波羅蜜多勢力亦不成就世尊我緣此意故說菩薩摩訶薩般若波羅蜜多名大波羅蜜多

復次世尊苦聖諦無生故當知般若波羅蜜多亦無生集滅道聖諦无生故當知般若波羅蜜多亦無生苦聖諦无滅故當知般若波羅蜜多亦無滅集滅道聖諦无滅故當知般若波羅蜜多亦無滅苦聖諦无自性故當知般若波羅蜜多亦無自性集滅道聖諦无自性故當知般若波羅蜜多亦無自性苦聖諦无所有故當知般若波羅蜜多亦無所有集滅道聖諦无所有故當知般若波羅蜜多亦無所有苦聖諦空故當知般若波羅蜜多亦空集滅道聖諦空故當知般若波羅蜜多亦空苦聖諦无相故當知般若波羅蜜多亦無相集滅道聖諦无相故當知般若波羅蜜多亦無相苦聖諦无願故當知般若波羅蜜多亦無願集滅道聖諦无願故當知般若波羅蜜多亦無願苦聖諦遠離故當知般若波羅蜜多亦遠離集滅道聖諦遠離故當知般若波羅蜜多亦遠離苦聖諦寂靜故當知般若波羅蜜多亦寂靜集滅道聖諦寂靜故當知般若波羅蜜多亦寂靜苦聖諦不可得故當知般若波羅蜜多亦不可得集滅道聖諦不可得故當知般若波羅蜜多亦不可得苦聖諦不可思議故當知般若波羅蜜多亦不可思議集滅道聖諦不可思議故當知般若波羅蜜多亦不可思議苦聖諦无覺知故當知般若波羅蜜多亦無覺知集滅道聖諦無覺知故當知般若波羅蜜多亦無覺知苦聖諦勢力不成就故當知般若波羅蜜多勢力亦不成就集滅道聖諦勢力不成就故當知般若波羅蜜多勢力亦不成就世尊我緣此意故說菩薩摩訶薩般若波羅蜜多名大波羅蜜多

復次世尊四靜慮無生故當知般若波羅蜜多亦無生四无量四無色定無生故當知般若波羅蜜多亦無生四靜慮無滅故當知般若波羅蜜多亦無滅四無量四無色定無滅故當知般若波羅蜜多亦無滅四靜慮無自性故當知般若波羅蜜多亦無自性四無量四無色定無自性故當知般若波羅蜜多亦無自性四靜慮無

所有故當知般若波羅蜜多亦無所有四无量四無色定无所有故當知般若波羅蜜多亦無所有四靜慮空故當知般若波羅蜜多亦空四無量四無色定空故當知般若波羅蜜多亦空四靜慮無相故當知般若波羅蜜多亦无相四無量四无色定無相故當知般若波羅蜜多亦無相四靜慮无願故當知般若波羅蜜多亦無願四無量四无色定無願故當知般若波羅蜜多亦無願四靜慮遠離故當知般若波羅蜜多亦遠離四無量四無色定遠離故當知般若波羅蜜多亦遠離四靜慮寂靜故當知般若波羅蜜多亦寂靜四无量四無色定寂靜故當知般若波羅蜜多亦寂靜四靜慮不可得故當知般若波羅蜜多亦不可得四無量四无色定不可得故當知般若波羅蜜多亦不可得四靜慮不可思議故當知般若波羅蜜多亦不可思議四無量四无色定不可思議故當知般若波羅蜜多亦不可思議四靜慮無覺知故當知般

若波羅蜜多亦無覺知四无量四無色定无覺知故當知般若波羅蜜多亦無覺知四靜慮勢力不成就故當知般若波羅蜜多勢力亦不成就四無量四無色定勢力不成就故當知般若波羅蜜多勢力亦不成就世尊我緣此意故說菩薩摩訶薩般若波羅蜜多名大波羅蜜多

復次世尊八解脫無生故當知般若波羅蜜多亦無生八勝處九次第定十遍處無生故當知般若波羅蜜多亦無生八解脫無滅故當知般若波羅蜜多亦無滅八勝處九次第定十遍處無滅故當知般若波羅蜜多亦無滅八解脫無自性故當知般若波羅蜜多亦無自性八勝處九次第定十遍處無自性故當知般若波羅蜜多亦無自性八解脫無所有故當知般若波羅蜜多亦無所有八勝處九次第定十遍處無所有故當知般若波羅蜜多亦無所有八解脫空故當知般若波羅蜜多亦空八勝處九次第定十遍處空故當知般若波羅蜜

多亦空八解脫無相故當知般若波羅蜜多亦无相八勝處九次第定十遍處無相故當知般若波羅蜜多亦无相八解脫無願故當知般若波羅蜜多亦無願八勝處九次第定十遍處無願故當知般若波羅蜜多亦无願八解脫遠離故當知般若波羅蜜多亦遠離八勝處九次第定十遍處遠離故當知般若波羅蜜多亦遠離八解脫寂靜故當知般若波羅蜜多亦寂靜八勝處九次第定十遍處寂靜故當知般若波羅蜜多亦寂靜八解脫不可得故當知般若波羅蜜多亦不可得八勝處九次第定十遍處不可得故當知般若波羅蜜多亦不可得八解脫不可思議故當知般若波羅蜜多亦不可思議八勝處九次第定十遍處不可思議故當知般若波羅蜜多亦不可思議八解脫無覺知故當知般若波羅蜜多亦无覺知八勝處九次第定十遍處無覺知故當知般若波羅蜜多亦无覺知八解脫勢力不成就故當知般若波羅蜜

多勢力亦不成就八勝處九次第定十遍處勢力不成就故當知般若波羅蜜多勢力亦不成就世尊我緣此意故說菩薩摩訶薩般若波羅蜜多名大波羅蜜多

復次世尊四念住無生故當知般若波羅蜜多亦无生四正斷四神足五根五力七等覺支八聖道支無生故當知般若波羅蜜多亦无生四念住無滅故當知般若波羅蜜多亦无滅四正斷乃至八聖道支無滅故當知般若波羅蜜多亦无滅四念住無自性故當知般若波羅蜜多亦無自性四正斷乃至八聖道支无自性故當知般若波羅蜜多亦無自性四念住無所有故當知般若波羅蜜多亦无所有四正斷乃至八聖道支無所有故當知般若波羅蜜多亦无所有四念住空故當知般若波羅蜜多亦空四正斷乃至八聖道支空故當知般若波羅蜜多亦空四念住無相故當知般若波羅蜜多亦無相四正斷乃至八聖道支無相故當知般若波羅

蜜多亦無相四念住无願故當知般若波羅蜜多亦無願四正斷乃至八聖道支无願故當知般若波羅蜜多亦無願四念住遠離故當知般若波羅蜜多亦遠離四正斷乃至八聖道支遠離故當知般若波羅蜜多亦遠離四念住寂靜故當知般若波羅蜜多亦寂靜四正斷乃至八聖道支寂靜故當知般若波羅蜜多亦寂靜四念住不可得故當知般若波羅蜜多亦不可得四正斷乃至八聖道支不可得故當知般若波羅蜜多亦不可得四念住不可思議故當知般若波羅蜜多亦不可思議四正斷乃至八聖道支不可思議故當知般若波羅蜜多亦不可思議四念住無覺知故當知般若波羅蜜多亦无覺知四正斷乃至八聖道支無覺知故當知般若波羅蜜多亦无覺知四念住勢力不成就故當知般若波羅蜜多勢力亦不成就四正斷乃至八聖道支勢力不成就故當知般若波羅蜜多勢力亦不成就世尊我緣此意故說菩

薩摩訶薩般若波羅蜜多名大波羅蜜多復次世尊空解脫門無生故當知般若波羅蜜多亦無生無相無願解脫門無生故當知般若波羅蜜多亦無生空解脫門無滅故當知般若波羅蜜多亦無滅無相無願解脫門無滅故當知般若波羅蜜多亦無滅空解脫門無自性故當知般若波羅蜜多亦無自性無相無願解脫門無自性故當知般若波羅蜜多亦無自性空解脫門無所有故當知般若波羅蜜多亦無所有無相無願解脫門無所有故當知般若波羅蜜多亦無所有空解脫門空故當知般若波羅蜜多亦空無相無願解脫門空故當知般若波羅蜜多亦空空解脫門無相故當知般若波羅蜜多亦無相無相無願解脫門無相故當知般若波羅蜜多亦無相空解脫門無願故當知般若波羅蜜多亦無願無相無願解脫門無願故當知般若波羅蜜多亦無願空解脫門遠離故當知般若波羅蜜多亦遠離無相無願解脫門

遠離故當知般若波羅蜜多亦遠離空解脫門寂靜故當知般若波羅蜜多亦寂靜無相無願解脫門寂靜故當知般若波羅蜜多亦寂靜空解脫門不可得故當知般若波羅蜜多亦不可得無相無願解脫門不可得故當知般若波羅蜜多亦不可得空解脫門不可思議故當知般若波羅蜜多亦不可思議無相無願解脫門不可思議故當知般若波羅蜜多亦不可思議空解脫門無覺知故當知般若波羅蜜多亦無覺知無相無願解脫門無覺知故當知般若波羅蜜多亦無覺知空解脫門勢力不成就故當知般若波羅蜜多勢力亦不成就無相無願解脫門勢力不成就故當知般若波羅蜜多勢力亦不成就世尊我緣此意故說菩薩摩訶薩般若波羅蜜多名大波羅蜜多

復次世尊五眼無生故當知般若波羅蜜多亦無生六神通無生故當知般若波羅蜜多亦無生五眼無滅故當知般若波羅蜜多亦無滅六神通

無滅故當知般若波羅蜜多亦無滅五眼無自性故當知般若波羅蜜多亦無自性六神通無自性故當知般若波羅蜜多亦無自性五眼無所有故當知般若波羅蜜多亦無所有六神通無所有故當知般若波羅蜜多亦無所有五眼空故當知般若波羅蜜多亦空六神通空故當知般若波羅蜜多亦空五眼無相故當知般若波羅蜜多亦無相六神通無相故當知般若波羅蜜多亦無相五眼無願故當知般若波羅蜜多亦無願六神通無願故當知般若波羅蜜多亦無願五眼遠離故當知般若波羅蜜多亦遠離六神通遠離故當知般若波羅蜜多亦遠離五眼寂靜故當知般若波羅蜜多亦寂靜六神通寂靜故當知般若波羅蜜多亦寂靜五眼不可得故當知般若波羅蜜多亦不可得六神通不可得故當知般若波羅蜜多亦不可得五眼不可思議故當知般若波羅蜜多亦不可思議六神通不可思議故當知般若波羅蜜多

亦不可思議五眼無覺知故當知般若波羅蜜多亦無覺知六神通無覺知故當知般若波羅蜜多亦無覺知五眼勢力不成就故當知般若波羅蜜多勢力亦不成就六神通勢力不成就故當知般若波羅蜜多勢力亦不成就世尊我緣此意故說菩薩摩訶薩般若波羅蜜多名大波羅蜜多

復次世尊佛十力無生故當知般若波羅蜜多亦無生四無所畏四無礙解大慈大悲大喜大捨十八佛不共法無生故當知般若波羅蜜多亦無生佛十力無滅故當知般若波羅蜜多亦無滅四無所畏乃至十八佛不共法無滅故當知般若波羅蜜多亦無滅佛十力無自性故當知般若波羅蜜多亦無自性四無所畏乃至十八佛不共法無自性故當知般若波羅蜜多亦無自性佛十力無所有故當知般若波羅蜜多亦無所有四無所畏乃至十八佛不共法無所有故當知般若波羅蜜多亦無所有佛十力空故當知般若波羅蜜多亦空四

無所畏乃至十八佛不共法空故當知般若波羅蜜多亦空佛十力無相故當知般若波羅蜜多亦無相四無所畏乃至十八佛不共法無相故當知般若波羅蜜多亦無相佛十力無願故當知般若波羅蜜多亦無願四無所畏乃至十八佛不共法無願故當知般若波羅蜜多亦無願佛十力遠離故當知般若波羅蜜多亦遠離四無所畏乃至十八佛不共法遠離故當知般若波羅蜜多亦遠離佛十力寂靜故當知般若波羅蜜多亦寂靜四無所畏乃至十八佛不共法寂靜故當知般若波羅蜜多亦寂靜佛十力不可得故當知般若波羅蜜多亦不可得四無所畏乃至十八佛不共法不可得故當知般若波羅蜜多亦不可得佛十力不可思議故當知般若波羅蜜多亦不可思議四無所畏乃至十八佛不共法不可思議故當知般若波羅蜜多亦不可思議佛十力無覺知故當知般若波羅蜜多亦無覺知四無所畏乃至十八佛不共法無覺知故當知般若波羅蜜多亦無覺知佛十力勢力不成就故當知般若波羅蜜多勢力亦不成就四無所畏乃至十八佛不共法勢力不成就故當知般若波羅蜜多勢力亦不成就世尊我緣此意故說菩薩摩訶薩般若波羅蜜多名大波羅蜜多

復次世尊無忘失法無生故當知般若波羅蜜多亦無生恒住捨性無生故當知般若波羅蜜多亦無生無忘失法無滅故當知般若波羅蜜多亦無滅恒住捨性無滅故當知般若波羅蜜多亦無滅無忘失法無自性故當知般若波羅蜜多亦無自性恒住捨性無自性故當知般若波羅蜜多亦無自性無忘失法無所有故當知般若波羅蜜多亦無所有恒住捨性無所有故當知般若波羅蜜多亦無所有無忘失法空故當知般若波羅蜜多亦空恒住捨性空故當知般若波羅蜜多亦空無忘失法無相故當知般若波羅蜜多亦無相恒住捨性無相故當知般若波羅蜜多亦無相無忘失法無願故當知般若波羅蜜多亦無願恒住捨性無願故當知般若波羅蜜多亦無願無忘失法遠離故當知般若波羅蜜多亦遠離恒住捨性遠離故當知般若波羅蜜多亦遠離無忘失法寂靜故當知般若波羅蜜多亦寂靜恒住捨性寂靜故當知般若波羅蜜多亦寂靜無忘失法不可得故當知般若波羅蜜多亦不可得恒住捨性不可得故當知般若波羅蜜多亦不可得無忘失法不可思議故當知般若波羅蜜多亦不可思議恒住捨性不可思議故當知般若波羅蜜多亦不可思議無忘失法無覺知故當知般若波羅蜜多亦無覺知恒住捨性無覺知故當知般若波羅蜜多亦無覺知無忘失法勢力不成就故當知般若波羅蜜多勢力亦不成就恒住捨性勢力不成就故當知般若波羅蜜多勢力亦不成就世尊我緣此意故說菩薩摩訶薩般若波羅蜜多名大波羅蜜多

復次世尊一切智無生故當知般若

波羅蜜多亦無生道相智一切相智無生故當知般若波羅蜜多亦無生一切智無滅故當知般若波羅蜜多亦無滅道相智一切相智無滅故當知般若波羅蜜多亦無滅一切智無自性故當知般若波羅蜜多亦無自性道相智一切相智無自性故當知般若波羅蜜多亦無自性一切智無所有故當知般若波羅蜜多亦無所有道相智一切相智無所有故當知般若波羅蜜多亦無所有一切智空故當知般若波羅蜜多亦空道相智一切相智空故當知般若波羅蜜多亦空一切智無相故當知般若波羅蜜多亦無相道相智一切相智無相故當知般若波羅蜜多亦無相一切智無願故當知般若波羅蜜多亦無願道相智一切相智無願故當知般若波羅蜜多亦無願一切智遠離故當知般若波羅蜜多亦遠離道相智一切相智遠離故當知般若波羅蜜多亦遠離一切智寂靜故當知般若波羅蜜多亦寂靜道相智一切相智寂靜故當知般若波羅蜜多亦寂靜一切智不可得故當知般若波羅蜜多亦不可得道相智一切相智不可得故當知般若波羅蜜多亦不可得一切智不可思議故當知般若波羅蜜多亦不可思議道相智一切相智不可思議故當知般若波羅蜜多亦不可思議一切智無覺知故當知般若波羅蜜多亦無覺知道相智一切相智無覺知故當知般若波羅蜜多亦無覺知一切智勢力不成就故當知般若波羅蜜多勢力亦不成就道相智一切相智勢力不成就故當知般若波羅蜜多勢力亦不成就世尊我緣此意故說菩薩摩訶薩般若波羅蜜多名大波羅蜜多

復次世尊一切陁羅尼門無生故當知般若波羅蜜多亦無生一切三摩地門無生故當知般若波羅蜜多亦無生一切陁羅尼門無滅故當知般若波羅蜜多亦無滅一切三摩地門無滅故當知般若波羅蜜多亦無滅一切陁羅尼門無自性故當知般若波羅蜜多亦無自性一切三摩地門無自性故當知般若波羅蜜多亦無自性一切陁羅尼門無所有故當知般若波羅蜜多亦無所有一切三摩地門無所有故當知般若波羅蜜多亦無所有一切陁羅尼門空故當知般若波羅蜜多亦空一切三摩地門空故當知般若波羅蜜多亦空一切陁羅尼門無相故當知般若波羅蜜多亦無相一切三摩地門無相故當知般若波羅蜜多亦無相一切陁羅尼門無願故當知般若波羅蜜多亦無願一切三摩地門無願故當知般若波羅蜜多亦無願一切陁羅尼門遠離故當知般若波羅蜜多亦遠離一切三摩地門遠離故當知般若波羅蜜多亦遠離一切陁羅尼門寂靜故當知般若波羅蜜多亦寂靜一切三摩地門寂靜故當知般若波羅蜜多亦寂靜一切陁羅尼門不可得故當知般若波羅蜜多亦不可得一切三摩地門不可得故當知般若波羅蜜多亦不可得一切陁羅尼門不可

思議故當知般若波羅蜜多亦不可思議一切三摩地門不可思議故當知般若波羅蜜多亦不可思議一切陁羅尼門無覺知故當知般若波羅蜜多亦無覺知一切三摩地門無覺知故當知般若波羅蜜多亦無覺知一切陁羅尼門勢力不成就故當知般若波羅蜜多勢力亦不成就一切三摩地門勢力不成就故當知般若波羅蜜多勢力亦不成就世尊我緣此意故說菩薩摩訶薩般若波羅蜜多名大波羅蜜多

復次世尊預流無生故當知般若波羅蜜多亦無生一来不還阿羅漢無生故當知般若波羅蜜多亦無生預流無滅故當知般若波羅蜜多亦無滅一来不還阿羅漢無滅故當知般若波羅蜜多亦無滅預流無自性故當知般若波羅蜜多亦無自性一来不還阿羅漢無自性故當知般若波羅蜜多亦無自性預流無所有故當知般若波羅蜜多亦無所有一来不還阿羅漢無所有故當知般若波羅

蜜多亦無所有預流空故當知般若波羅蜜多亦空一来不還阿羅漢空故當知般若波羅蜜多亦空預流無相故當知般若波羅蜜多亦無相一来不還阿羅漢無相故當知般若波羅蜜多亦無相預流無願故當知般若波羅蜜多亦無願一来不還阿羅漢無願故當知般若波羅蜜多亦無願預流遠離故當知般若波羅蜜多亦遠離一来不還阿羅漢遠離故當知般若波羅蜜多亦遠離預流寂靜故當知般若波羅蜜多亦寂靜一来不還阿羅漢寂靜故當知般若波羅蜜多亦寂靜預流不可得故當知般若波羅蜜多亦不可得一来不還阿羅漢不可得故當知般若波羅蜜多亦不可得預流不可思議故當知般若波羅蜜多亦不可思議一来不還阿羅漢不可思議故當知般若波羅蜜多亦不可思議預流無覺知故當知般若波羅蜜多亦無覺知一来不還阿羅漢無覺知故當知般若波羅蜜多亦無覺知預流勢力不成就故

當知般若波羅蜜多勢力亦不成就一来不還阿羅漢勢力不成就故當知般若波羅蜜多勢力亦不成就世尊我緣此意故說菩薩摩訶薩般若波羅蜜多名大波羅蜜多

大般若波羅蜜多經卷第一百八十　来

大般若波羅蜜多經卷第一百八十

校勘記

一 底本，金藏大寶集寺本。

一 七二〇頁中一行「集滅道聖諦」，石作「集滅聖諦」。

一 七二二頁上八行「無生故」，徑作「無滅故」。

一 七二四頁上五行至六行「相佛十力無願故當知般若波羅蜜多亦無」十七字，石漏刻。

一 七二四頁中七行「名大波羅蜜多」六字，石漏刻。

大般若波羅蜜多經卷第二百八十一　呂者

三藏法師玄奘奉　詔譯

初分讚般若品第三十二之十

復次世尊預流向預流果無生故當知般若波羅蜜多亦無生一來向一來果不還向不還果阿羅漢向阿羅漢果無生故當知般若波羅蜜多亦無生預流向預流果無滅故當知般若波羅蜜多亦無滅一來向乃至阿羅漢果無滅故當知般若波羅蜜多亦無滅預流向預流果無自性故當知般若波羅蜜多亦無自性一來向乃至阿羅漢果無自性故當知般若波羅蜜多亦無自性預流向預流果無所有故當知般若波羅蜜多亦無所有一來向乃至阿羅漢果無所有故當知般若波羅蜜多亦無所有預流向預流果空故當知般若波羅蜜多亦空一來向乃至阿羅漢果空故當知般若波羅蜜多亦空預流向預流果無相故當知般若波羅蜜多亦無相一來向乃至阿羅漢果無相故

當知般若波羅蜜多亦無相預流向預流果無願故當知般若波羅蜜多亦無願一來向乃至阿羅漢果無願故當知般若波羅蜜多亦無願預流向預流果遠離故當知般若波羅蜜多亦遠離一來向乃至阿羅漢果遠離故當知般若波羅蜜多亦遠離預流向預流果寂靜故當知般若波羅蜜多亦寂靜一來向乃至阿羅漢果寂靜故當知般若波羅蜜多亦寂靜預流向預流果不可得故當知般若波羅蜜多亦不可得一來向乃至阿羅漢果不可得故當知般若波羅蜜多亦不可得預流向預流果不可思議故當知般若波羅蜜多亦不可思議一來向乃至阿羅漢果不可思議故當知般若波羅蜜多亦不可思議預流向預流果無覺知故當知般若波羅蜜多亦無覺知一來向乃至阿羅漢果無覺知故當知般若波羅蜜多亦無覺知預流向預流果勢力不成就故當知般若波羅蜜多勢力亦不成就一來向乃至阿羅漢果勢力

不成就故當知般若波羅蜜多勢力亦不成就世尊我緣此意故說菩薩摩訶薩般若波羅蜜多名大波羅蜜多

復次世尊獨覺無生故當知般若波羅蜜多亦無生獨覺菩提無生故當知般若波羅蜜多亦無生獨覺無滅故當知般若波羅蜜多亦無滅獨覺菩提無滅故當知般若波羅蜜多亦無滅獨覺無自性故當知般若波羅蜜多亦無自性獨覺菩提無自性故當知般若波羅蜜多亦無自性獨覺無所有故當知般若波羅蜜多亦無所有獨覺菩提無所有故當知般若波羅蜜多亦無所有獨覺空故當知般若波羅蜜多亦空獨覺菩提空故當知般若波羅蜜多亦空獨覺無相故當知般若波羅蜜多亦無相獨覺菩提無相故當知般若波羅蜜多亦無相獨覺無願故當知般若波羅蜜多亦無願獨覺菩提無願故當知般若波羅蜜多亦無願獨覺遠離故當知般若波羅蜜多亦遠離獨覺菩提遠離故當知般若波羅蜜多亦遠離獨覺寂靜故當知般若波羅蜜多亦寂靜獨覺菩提寂靜故當知般若波羅蜜多亦寂靜獨覺不可得故當知般若波羅蜜多亦不可得獨覺菩提不可得故當知般若波羅蜜多亦不可得獨覺不可思議故當知般若波羅蜜多亦不可思議獨覺菩提不可思議故當知般若波羅蜜多亦不可思議獨覺無覺知故當知般若波羅蜜多亦無覺知獨覺菩提無覺知故當知般若波羅蜜多亦無覺知獨覺勢力不成就故當知般若波羅蜜多勢力亦不成就獨覺菩提勢力不成就故當知般若波羅蜜多勢力亦不成就世尊我緣此意故說菩薩摩訶薩般若波羅蜜多名大波羅蜜多

復次世尊菩薩摩訶薩無生故當知般若波羅蜜多亦無生菩薩摩訶薩行無生故當知般若波羅蜜多亦無生菩薩摩訶薩無滅故當知般若波羅蜜多亦無滅菩薩摩訶薩行無滅故當知般若波羅蜜多亦無滅菩薩摩訶薩無自性故當知般若波羅蜜多亦無自性菩薩摩訶薩行無自性故當知般若波羅蜜多亦無自性菩薩摩訶薩無所有故當知般若波羅蜜多亦無所有菩薩摩訶薩行無所有故當知般若波羅蜜多亦無所有菩薩摩訶薩空故當知般若波羅蜜多亦空菩薩摩訶薩行空故當知般若波羅蜜多亦空菩薩摩訶薩無相故當知般若波羅蜜多亦無相菩薩摩訶薩行無相故當知般若波羅蜜多亦無相菩薩摩訶薩無願故當知般若波羅蜜多亦無願菩薩摩訶薩行無願故當知般若波羅蜜多亦無願菩薩摩訶薩遠離故當知般若波羅蜜多亦遠離菩薩摩訶薩行遠離故當知般若波羅蜜多亦遠離菩薩摩訶薩寂靜故當知般若波羅蜜多亦寂靜菩薩摩訶薩行寂靜故當知般若波羅蜜多亦寂靜菩薩摩訶薩不可得故當知般若波羅蜜多亦不可得菩薩摩訶薩行不可得故當知般若波羅蜜多亦不可得菩薩摩訶

薩不可思議故當知般若波羅蜜多亦不可思議菩薩摩訶薩行不可思議故當知般若波羅蜜多亦不可思議菩薩摩訶薩無覺知故當知般若波羅蜜多亦無覺知菩薩摩訶薩行無覺知故當知般若波羅蜜多亦無覺知菩薩摩訶薩勢力不成就故當知般若波羅蜜多勢力亦不成就菩薩摩訶薩行勢力不成就故當知般若波羅蜜多勢力亦不成就世尊我緣此意故說菩薩摩訶薩般若波羅蜜多名大波羅蜜多

復次世尊如來應正等覺無生故當知般若波羅蜜多亦無生無上正等菩提無生故當知般若波羅蜜多亦無生如來應正等覺無滅故當知般若波羅蜜多亦無滅無上正等菩提無滅故當知般若波羅蜜多亦無滅如來應正等覺無自性故當知般若波羅蜜多亦無自性無上正等菩提無自性故當知般若波羅蜜多亦無自性如來應正等覺無所有故當知般若波羅蜜多亦無所有無上正等

菩提無所有故當知般若波羅蜜多亦無所有如來應正等覺空故當知般若波羅蜜多亦空無上正等菩提空故當知般若波羅蜜多亦空如來應正等覺無相故當知般若波羅蜜多亦無相無上正等菩提無相故當知般若波羅蜜多亦無相如來應正等覺無願故當知般若波羅蜜多亦無願無上正等菩提無願故當知般若波羅蜜多亦無願如來應正等覺遠離故當知般若波羅蜜多亦遠離無上正等菩提遠離故當知般若波羅蜜多亦遠離如來應正等覺寂靜故當知般若波羅蜜多亦寂靜無上正等菩提寂靜故當知般若波羅蜜多亦寂靜如來應正等覺不可得故當知般若波羅蜜多亦不可得無上正等菩提不可得故當知般若波羅蜜多亦不可得如來應正等覺不可思議故當知般若波羅蜜多亦不可思議無上正等菩提不可思議故當知般若波羅蜜多亦不可思議如來應正等覺無覺知故當知般若波羅

蜜多亦無覺知無上正等菩提無覺知故當知般若波羅蜜多亦無覺知如來應正等覺勢力不成就故當知般若波羅蜜多勢力亦不成就無上正等菩提勢力不成就故當知般若波羅蜜多勢力亦不成就世尊我緣此意故說菩薩摩訶薩般若波羅蜜多名大波羅蜜多

復次世尊一切法無生故當知般若波羅蜜多亦無生一切法無滅故當知般若波羅蜜多亦無滅一切法無自性故當知般若波羅蜜多亦無自性一切法無所有故當知般若波羅蜜多亦無所有一切法空故當知般若波羅蜜多亦空一切法無相故當知般若波羅蜜多亦無相一切法無願故當知般若波羅蜜多亦無願一切法遠離故當知般若波羅蜜多亦遠離一切法寂靜故當知般若波羅蜜多亦寂靜一切法不可得故當知般若波羅蜜多亦不可得一切法不可思議故當知般若波羅蜜多亦不可思議一切法無覺知故當知般若

波羅蜜多亦無覺知一切法勢力不成就故當知般若波羅蜜多勢力亦不成就世尊我緣此意故說菩薩摩訶薩般若波羅蜜多名大波羅蜜多

初分謗般若品第三十三

尒時具壽舍利子白佛言世尊若菩薩摩訶薩於此甚深般若波羅蜜多能信解者從何處沒来生此閒世尊是菩薩摩訶薩發趣無上正等菩提已經幾時世尊是菩薩摩訶薩曾親近供養幾所如来應正等覺世尊是菩薩摩訶薩脩習布施淨戒安忍精進靜慮般若波羅蜜多為已久如世尊是菩薩摩訶薩玄何信解如是般若波羅蜜多甚深義趣佛言舍利子若菩薩摩訶薩於此甚深般若波羅蜜多能信解者從十方界無數無量無邊如来應正等覺法會中沒来生此閒舍利子是菩薩摩訶薩發趣無上正等菩提已經無數無量無邊百千俱胝那庾多劫舍利子是菩薩摩訶薩已曾親近供養無數無量無邊不可思議不可稱量如来應正等覺

舍利子是菩薩摩訶薩從初發心常勤修習布施淨戒安忍精進靜慮般若波羅蜜多已經無數无量無邊百千俱胝那庾多劫舍利子若菩薩摩訶薩見此般若波羅蜜多便作是念我為見佛聞此般若波羅蜜多便作是念我聞佛說舍利子是菩薩摩訶薩以無相无二無所得為方便能正信解如是般若波羅蜜多甚深義趣

尒時具壽善現白佛言世尊甚深般若波羅蜜多為有能聞能見者不佛言善現如是般若波羅蜜多實無能聞及能見者如是般若波羅蜜多亦非所聞及非所見何以故善現色無聞無見諸法鈍故受想行識无聞無見諸法鈍故善現眼處無聞无見諸法鈍故耳鼻舌身意處无聞無見諸法鈍故色處无聞無見諸法鈍故聲香味觸法處無聞无見諸法鈍故善現眼界無聞无見諸法鈍故色界眼識界及眼觸眼觸為緣所生諸受無聞无見諸法鈍故耳界无聞無見諸法鈍故聲界耳識界及耳觸耳觸為

緣所生諸受無聞無見諸法鈍故鼻界無聞無見諸法鈍故香界鼻識界及鼻觸鼻觸為緣所生諸受無聞無見諸法鈍故舌界無聞無見諸法鈍故味界舌識界及舌觸舌觸為緣所生諸受無聞無見諸法鈍故身界無聞無見諸法鈍故觸界身識界及身觸身觸為緣所生諸受無聞無見諸法鈍故意界無聞無見諸法鈍故法界意識界及意觸意觸為緣所生諸受無聞無見諸法鈍故善現地界無聞無見諸法鈍故水火風空識界無聞無見諸法鈍故善現無明無聞無見諸法鈍故行識名色六處觸受愛取有生老死愁歎苦憂惱無聞無見諸法鈍故善現布施波羅蜜多無聞無見諸法鈍故淨戒安忍精進靜慮般若波羅蜜多無聞無見諸法鈍故善現內空無聞無見諸法鈍故外空內外空空空大空勝義空有為空無為空畢竟空無際空散空無變異空本性空自相空共相空一切法空不可得空無性空自性空無性自性空

無間無見諸法鈋故善現真如無間無見諸法鈋故法界法性不虛妄性不變異性平等性離生性法定法住實際虛空界不思議界無間無見諸法鈋故善現苦聖諦無間無見諸法鈋故集滅道聖諦無間無見諸法鈋故善現四靜慮無間無見諸法鈋故四無量四無色定無間無見諸法鈋故善現八解脫無間無見諸法鈋故八勝處九次第定十遍處無間無見諸法鈋故善現四念住無間無見諸法鈋故四正斷四神足五根五力七等覺支八聖道支無間無見諸法鈋故善現空解脫門無間無見諸法鈋故無相無願解脫門無間無見諸法鈋故善現五眼無間無見諸法鈋故六神通無間無見諸法鈋故善現佛十力無間無見諸法鈋故四無所畏四無礙解大慈大悲大喜大捨十八佛不共法無間無見諸法鈋故善現無忘失法無間無見諸法鈋故恒住捨性無間無見諸法鈋故善現一切智無間無見諸法鈋故道相智一切

相智無間無見諸法鈋故善現一切陀羅尼門無間無見諸法鈋故一切三摩地門無間無見諸法鈋故善現預流無間無見諸法鈋故一來不還阿羅漢無間無見諸法鈋故善現預流向預流果無間無見諸法鈋故一來向一來果不還向不還果阿羅漢向阿羅漢果無間無見諸法鈋故善現獨覺無間無見諸法鈋故獨覺菩提無間無見諸法鈋故善現菩薩摩訶薩無間無見諸法鈋故菩薩摩訶薩行無間無見諸法鈋故善現如來應正等覺無間無見諸法鈋故無上正等菩提無間無見諸法鈋故善現一切法無間無見諸法鈋故

具壽善現復白佛言世尊諸菩薩摩訶薩積行久如便能修學甚深般若波羅蜜多佛言善現於此事中應分別說善現有菩薩摩訶薩從初發心即能修學甚深般若波羅蜜多亦能修學靜慮波羅蜜多精進波羅蜜多安忍波羅蜜多淨戒波羅蜜多布施波羅蜜多善現是菩薩摩訶薩有方

便善巧故不謗諸法於一切法不增不減是菩薩摩訶薩常不遠離布施淨戒安忍精進靜慮般若波羅蜜多相應之行亦常不離諸佛世尊及諸菩薩摩訶薩衆是菩薩摩訶薩從一佛土趣一佛土欲以珎奇諸妙供具供養恭敬尊重讚歎諸佛世尊及諸菩薩摩訶薩等隨意成辦亦能於彼諸如來所殖衆善根是菩薩摩訶薩隨受身處不墮母腹胞胎中生是菩薩摩訶薩心常不與煩惱雜住亦曾不起二乘之心是菩薩摩訶薩恒不遠離殊勝神通從一佛國趣一佛國成熟有情嚴淨佛土善現是菩薩摩訶薩能正修學甚深般若波羅蜜多

善現有菩薩乘諸善男子善女人等雖曾見多佛若多百佛若多千佛若多百千佛若多俱胝佛若多百俱胝佛若多千俱胝佛若多百千俱胝佛若多百千俱胝那庾多佛於諸佛所亦多修習布施淨戒安忍精進靜慮般若而有所得為方便故不能修學甚深般若波羅蜜多亦不能修學靜

慮波羅蜜多精進波羅蜜多安忍波羅蜜多淨戒波羅蜜多布施波羅蜜多善現是善男子善女人等聞說如是甚深般若波羅蜜多便從座起捨衆而去善現是善男子善女人等不敬如是甚深般若波羅蜜多亦不敬佛既捨如是甚深般若波羅蜜多亦捨諸佛今此衆中亦有彼類聞我說是甚深般若波羅蜜多心不悅可捨衆而去所以者何是善男子善女人等先世聞說甚深般若波羅蜜多已曾捨去今世聞說如是般若波羅蜜多由宿習力還復捨去是善男子善女人等於此所說甚深般若波羅蜜多身語及心皆不和合由斯造作增長愚癡惡慧罪業彼由造作增長愚癡惡慧罪業聞說如是甚深般若波羅蜜多即便毀謗障礙棄捨彼既毀謗障礙棄捨如是般若波羅蜜多則為毀謗障礙棄捨過去未來現在諸佛一切相智彼由毀謗障礙棄捨過去未來現在諸佛一切相智即便造作增長

能感匱正法業彼因造作增長能感匱正法業墮大地獄經歷多歲若多百歲若多千歲若多百千歲若多俱胝歲若多百俱胝歲若多千俱胝歲若多百千俱胝歲若多百千俱胝那庾多歲大地獄中受諸楚毒猛利大苦彼罪重故於此世界從一大地獄至一大地獄乃至火劫水劫風劫未起已來受諸楚毒猛利大苦若此世界火劫水劫風劫起時彼匱法業猶未盡故死已轉生他方世界與此同類大地獄中經歷多歲若多百歲若多千歲若多百千歲若多俱胝歲若多百俱胝歲若多千俱胝歲若多百千俱胝那庾多歲大地獄中受諸楚毒猛利大苦彼罪重故於他世界從一大地獄至一大地獄乃至火劫水劫風劫未起已來受諸楚毒猛利大苦若他世界火劫水劫風劫起時彼匱法業猶未盡故死已轉生餘方世界與此同類大地獄中經歷多歲若多百歲若多千歲若多百千歲若多俱胝歲若多百俱

胝歲若多千俱胝歲若多百千俱胝歲若多百千俱胝那庾多歲大地獄中受諸楚毒猛利大苦彼罪重故於餘世界從一大地獄至一大地獄乃至火劫水劫風劫未起已來受諸楚毒猛利大苦如是展轉遍歷東方諸餘世界大地獄中受諸楚毒猛利大苦如是展轉遍歷南方諸餘世界大地獄中受諸楚毒猛利大苦如是展轉遍歷西方諸餘世界大地獄中受諸楚毒猛利大苦如是展轉遍歷北方諸餘世界大地獄中受諸楚毒猛利大苦如是展轉遍歷東北方諸餘世界大地獄中受諸楚毒猛利大苦如是展轉遍歷東南方諸餘世界大地獄中受諸楚毒猛利大苦如是展轉遍歷西南方諸餘世界大地獄中受諸楚毒猛利大苦如是展轉遍歷西北方諸餘世界大地獄中受諸楚毒猛利大苦如是展轉遍歷下方諸餘世界大地獄中受諸楚毒猛利大苦如是展轉遍歷上方諸餘世界大地獄中受諸楚毒猛利大苦若彼諸

餘十方世界火刧水刧風刧起時彼匱法業猶未盡故死已還生此間世界大地獄中從一大地獄至一大地獄乃至火刧水刧風刧未起已来受諸楚毒猛利大苦若此世界火刧水刧風刧起時彼匱法業猶未盡故死已復生他餘世界遍歷十方大地獄中受諸楚毒猛利大苦如是輪迴經無數刧彼匱法罪業勢稍微從地獄出墮傍生趣經歷多歲若多百歲若多千歲若多百千歲若多俱胝歲若多百俱胝歲若多千俱胝歲若多百千俱胝歲若多百千俱胝那庾多歲受傍生身備遭殘害恐逼等苦罪未盡故於此世界從一險惡處至一險惡處乃至火刧水刧風刧未起已来備遭殘害恐逼等苦若此世界三災壞時彼匱法業餘勢未盡死已轉生他方世界與此同類傍生趣中經歷多歲若多百歲乃至若多百千俱胝那庾多歲受傍生身備遭殘害恐逼等苦罪未盡故於他世界從一險惡處至一險惡處乃至火刧水刧風刧未起已来備遭殘害恐逼等苦若他世界三災壞時彼匱法業餘勢未盡死已轉生餘方世界與此同類傍生趣中經歷多歲若多百歲乃至若多百千俱胝那庾多歲受傍生身備遭殘害恐逼等苦罪未盡故於餘世界從一險惡處至一險惡處乃至火刧水刧風刧未起已来備遭殘害恐逼等苦如是展轉遍歷十方諸餘世界受傍生身備遭殘害恐逼等苦若彼諸餘十方世界三災壞時彼匱法業餘勢未盡死已還生此間世界傍生趣中從一險惡處至一險惡處乃至火刧水刧風刧未起已来備遭殘害恐逼等苦若此世界三災壞時彼匱法業餘勢未盡死已復生他餘世界遍歷十方傍生趣中廣受衆苦如是循環經無數刧彼匱法罪業勢漸薄免傍生趣墮鬼界中經歷多歲若多百歲若多千歲若多百千歲若多俱胝歲若多百俱胝歲若多千俱胝歲若多百千俱胝歲若多百千俱胝那庾多歲於鬼界中備受虛羸飢渴等苦罪未盡故於此世界從一餓鬼國至一餓鬼國乃至火刧水刧風刧未起已来備受虛羸飢渴等苦若此世界三災壞時彼匱法業餘勢未盡死已轉生他方世界與此同類餓鬼趣中經歷多歲若多百歲乃至若多百千俱胝那庾多歲於鬼界中備受虛羸飢渴等苦罪未盡故於他世界從一餓鬼國至一餓鬼國乃至火刧水刧風刧未起已来備受虛羸飢渴等苦若他世界三災壞時彼匱法業餘勢未盡死已轉生餘方世界與此同類餓鬼趣中經歷多歲若多百歲乃至若多百千俱胝那庾多歲於鬼界中備受虛羸飢渴等苦罪未盡故於餘世界從一餓鬼國至一餓鬼國乃至火刧水刧風刧未起已来備受虛羸飢渴等苦如是展轉遍歷十方諸餘世界於鬼界中備受虛羸飢渴等苦若彼諸餘十方世界三災壞時彼匱法業餘勢未盡死已還生此間世界餓鬼趣中從一餓鬼國至一餓鬼國乃至火刧水刧風刧未起已来備

受虛羸飢渴等苦若此世界三灾壞時彼匱法業餘勢未盡死已復生他餘世界遍歷十方餓鬼趣中廣受衆苦如是周流經無數劫彼匱法業餘勢將盡雖得為人而居下賤所謂生在生盲人家或旃荼羅家或補羯娑家或屠膾家或漁獵家或工巧家或樂人家或邪見家或餘猥雜惡律儀家或所受身無眼無耳無鼻無舌無手無足癃疸疥癩風狂癲癇瘻殘背僂矬陋癰癖諸根缺減貧窮枯顇頑嚚無識凡有所為人皆輕賤或所生處不聞佛名法名僧名菩薩名獨覺名或復生於幽暗世界恒無晝夜不覩光明彼匱法業造作增長極深重故受如是等不可愛樂圓滿苦果

尒時舍利子白佛言世尊彼所造作增長能感匱正法業與五無間業可說相似耶佛言舍利子彼匱法業最極麁重不可以比五無間業謂彼聞說甚深般若波羅蜜多即便不信誹謗毀呰言如是法非諸如來應正等覺之所演說非法非律非大師教我等於此不應修學是謗法人自謗般若波羅蜜多亦教無量有情毀謗自壞其身亦令他壞自飲毒藥亦令他飲自失生天解脫樂果亦令他失自以其身投地獄火亦令他人投地獄火自不信解甚深般若波羅蜜多亦教他人令不信解甚深般若波羅蜜多自陷其身沉溺苦海亦陷他人沉溺苦海舍利子我於如是甚深般若波羅蜜多尚不令彼謗正法者聞其名字況為彼說舍利子彼謗法者我尚不聽住菩薩乘諸善男子善女人等聞其名字況令眼見豈許共住何以故舍利子諸有誹謗甚深般若波羅蜜多當知彼名破正法者墮黑暗類如穢蝸螺自汙汙他如爛糞聚若有信用破法者言亦受如前所說大苦舍利子諸有破壞甚深般若波羅蜜多當知彼類即是地獄傍生餓鬼是故智者不應毀謗甚深般若波羅蜜多

時舍利子復白佛言世尊何緣但說如是破正法者墮大地獄傍生鬼趣長時受苦而不說彼形貌身量佛言舍利子止不應說破正法者當來所受惡趣形量所以者何若我具說破正法者當來所受惡趣形量彼聞驚怖當吐熱血便致命終或近死苦心頭憂惱如中毒箭身漸枯顇如被截苗恐彼聞說謗正法者當受如是大醜苦身徒自驚惶喪失身命我愍彼故不為汝說破正法罪形貌身量舍利子言惟願佛說破正法者當來所受惡趣形量明誡未來令知破法獲大苦報不造斯罪佛言舍利子我先所說足為明誡謂未來世諸善男子善女人等聞我所說破正法業造作增長極圓滿者墮大地獄傍生鬼界一一趣中長時受苦足自兢持不毀正法時舍利子即白佛言唯然世尊唯然善逝未來淨信諸善男子善女人等聞佛先說破正法業感長時苦足為明誡寧捨身命終不謗法勿我未來當受斯苦

尒時具壽善現白佛言世尊若有聰明諸善男子善女人等聞佛所說謗

正法者於未來世久受大苦應善護持身語意業勿於正法誹謗毀壞墮三惡趣長時受苦於久遠時不見諸佛不聞正法不值遇僧不得生於有佛國土雖生人趣下賤貧窮醜陋頑愚支體不具諸有所說人不信受具壽善現復言世尊造作增長感匱法業豈不由習惡語業耶佛言善現如是如是實由串習惡語業故造作增長感匱法業於我正法毗奈耶中當有愚癡諸出家者彼雖稱我以為大師而於我說甚深般若波羅蜜多誹謗毀壞善現當知若有謗毀甚深般若波羅蜜多則為謗毀諸佛無上正等菩提若有謗毀諸佛無上正等菩提則為謗毀過去未來現在諸佛一切相智若有謗毀一切相智則謗毀佛若謗毀佛則謗毀法若謗毀法則謗毀僧若謗毀僧則當謗毀世間正見若當謗毀世間正見則當謗毀布施淨戒安忍精進靜慮般若波羅蜜多亦當謗毀內空外空內外空空空大空勝義空有為空無為空畢竟空無際空散空無變異空本性空自相空共相空一切法空不可得空無性空自性空無性自性空亦當謗毀真如法界法性不虛妄性不變異性平等性離生性法定法住實際虛空界不思議界亦當謗毀苦聖諦集聖諦滅聖諦道聖諦亦當謗毀四靜慮四無量四無色定亦當謗毀八解脫八勝處九次第定十遍處亦當謗毀四念住四正斷四神足五根五力七等覺支八聖道支亦當謗毀空解脫門無相解脫門無願解脫門亦當謗毀五眼六神通亦當謗毀佛十力四無所畏四无㝵解大慈大悲大喜大捨十八佛不共法亦當謗毀無忘失法恒住捨性亦當謗毀一切智道相智一切相智亦當謗毀一切陀羅尼門一切三摩地門彼由謗毀諸功德聚則便攝受無數無量無邊罪聚由彼攝受無數無量無邊罪聚則便攝受諸大地獄傍生鬼界及人趣中無數無量無邊苦聚

時具壽善現復白佛言世尊諸愚癡人幾因緣故謗毀如是甚深般若波羅蜜多佛言善現由四因緣何等為四一者為諸邪魔所扇惑故使愚癡者謗毀如是甚深般若波羅蜜多二者於甚深法不信解故使愚癡者謗毀如是甚深般若波羅蜜多三者不勤精進堅著五蘊諸惡知識所攝受故使愚癡者謗毀如是甚深般若波羅蜜多四者多懷瞋恚樂行惡法喜自高舉輕毀他故使愚癡者謗毀如是甚深般若波羅蜜多善現由具如是四因緣故諸愚癡者謗毀如是甚深般若波羅蜜多

大般若波羅蜜多經卷第一百八十一

大般若波羅蜜多經卷第一百八十一

校勘記

一　底本，金藏廣勝寺本。

一　七三〇頁下一九行「遠離」下，石多刻「亦無願一切法遠離故當知般若波羅蜜多」十七字。

一　七三一頁上一〇行至一一行「親近」，石作「親」。

一　七三一頁中一二行「如是」，磧作「汝是」。

一　七三二頁下九行「殖」，磧、清作「植」。

一　七三四頁中二二行「若多百千俱胝歲」七字，石漏刻。

一　七三四頁下二三行末字不清，應為「倫」字。

一　七三五頁上六行「旃茶羅」，磧、南、徑、清作「旃茶羅」。

一　七三五頁上一一行「癮癖」，石作「攣癖」，磧作「瘂痒」，徑、清作「攣躄」。

一　七三五頁下一行末兩字不清，應為「佛言」。

一　七三五頁下八行「毖」，磧作「思」。

一　七三六頁上九行「串」，磧、南、徑、清作「慣」。

大般若波羅蜜多經卷第一百八十二　暑

三藏法師玄奘奉　詔譯

初分難信解品第三十四之一

具壽善現復白佛言世尊不勤精進未種善根具不善根為惡知識所攝受者於佛所說甚深般若波羅蜜多實難信解佛言善現如是如是如汝所說不勤精進未種善根具不善根為惡知識所攝受者於此所說甚深般若波羅蜜多實難信解具壽善現復白佛言如是般若波羅蜜多云何甚深難信難解佛言善現色非縛非解何以故以色無所有性為色自性故受想行識非縛非解何以故以受想行識無所有性為受想行識自性故眼處非縛非解何以故以眼處無所有性為眼處自性故耳鼻舌身意處非縛非解何以故以耳鼻舌身意處無所有性為耳鼻舌身意處自性故色處非縛非解何以故以色處無所有性為色處自性故聲香味觸法處非縛非解何以故以聲香味觸法處無所有性為聲香味觸法處自性故眼界非縛非解何以故以眼界無所有性為眼界自性故色界眼識界及眼觸眼觸為緣所生諸受非縛非解何以故以色界乃至眼觸為緣所生諸受無所有性為色界乃至眼觸為緣所生諸受自性故耳界非縛非解何以故以耳界無所有性為耳界自性故聲界耳識界及耳觸耳觸為緣所生諸受非縛非解何以故以聲界乃至耳觸為緣所生諸受無所有性為聲界乃至耳觸為緣所生諸受自性故鼻界非縛非解何以故以鼻界無所有性為鼻界自性故香界鼻識界及鼻觸鼻觸為緣所生諸受非縛非解何以故以香界乃至鼻觸為緣所生諸受無所有性為香界乃至鼻觸為緣所生諸受自性故舌界非縛非解何以故以舌界無所有性為舌界自性故味界舌識界及舌觸舌觸為緣所生諸受非縛非解何以故以味界乃至舌觸為緣所生諸受無所有性為味界乃至舌觸為緣所生

諸受自性故身界非縛非解何以故以身界無所有性為身界自性故觸界身識界及身觸身觸為緣所生諸受非縛非解何以故以觸界乃至身觸為緣所生諸受無所有性為觸界乃至身觸為緣所生諸受自性故意界非縛非解何以故以意界無所有性為意界自性故法界意識界及意觸意觸為緣所生諸受非縛非解何以故以法界乃至意觸為緣所生諸受無所有性為法界乃至意觸為緣所生諸受自性故地界非縛非解何以故以地界無所有性為地界自性故水火風空識界非縛非解何以故以水火風空識界無所有性為水火風空識界自性故無明非縛非解何以故以無明無所有性為無明自性故行識名色六處觸受愛取有生老死愁歎苦憂惱非縛非解何以故以行乃至老死愁歎苦憂惱無所有性為行乃至老死愁歎苦憂惱自性故布施波羅蜜多非縛非解何以故以布施波羅蜜多無所有性為布施波

羅蜜多自性故淨戒安忍精進靜慮般若波羅蜜多非縛非解何以故以淨戒乃至般若波羅蜜多無所有性為淨戒乃至般若波羅蜜多自性故內空非縛非解何以故以內空無所有性為內空自性故外空內外空空空大空勝義空有為空無為空畢竟空無際空散空無變異空本性空自相空共相空一切法空不可得空無性空自性空無性自性空非縛非解何以故以外空乃至無性自性空無所有性為外空乃至無性自性空自性故真如非縛非解何以故以真如無所有性為真如自性故法界法性不虛妄性不變異性平等性離生性法定法住實際虛空界不思議界非縛非解何以故以法界乃至不思議界無所有性為法界乃至不思議界自性故苦聖諦非縛非解何以故以苦聖諦無所有性為苦聖諦自性故集滅道聖諦非縛非解何以故以集滅道聖諦無所有性為集滅道聖諦自性故四靜慮非縛非解何以故以

四靜慮無所有性為四靜慮自性故四無量四無色定非縛非解何以故以四無量四無色定無所有性為四無量四無色定自性故八解脫非縛非解何以故以八解脫無所有性為八解脫自性故八勝處九次第定十遍處非縛非解何以故以八勝處九次第定十遍處無所有性為八勝處九次第定十遍處自性故四念住非縛非解何以故以四念住無所有性為四念住自性故四正斷四神足五根五力七等覺支八聖道支非縛非解何以故以四正斷乃至八聖道支無所有性為四正斷乃至八聖道支自性故空解脫門非縛非解何以故以空解脫門無所有性為空解脫門自性故無相無願解脫門非縛非解何以故以無相無願解脫門無所有性為無相無願解脫門自性故菩薩十地非縛非解何以故以菩薩十地無所有性為菩薩十地自性故五眼非縛非解何以故以五眼無所有性為五眼自性故六神通非縛非解何

以故以六神通無所有性為六神通自性故佛十力非縛非解何以故以佛十力無所有性為佛十力自性故四無所畏四無礙解大慈大悲大喜大捨十八佛不共法非縛非解何以故以四無所畏乃至十八佛不共法無所有性為四無所畏乃至十八佛不共法自性故無忘失法非縛非解何以故以無忘失法無所有性為無忘失法自性故恒住捨性非縛非解何以故以恒住捨性無所有性為恒住捨性自性故一切智非縛非解何以故以一切智無所有性為一切智自性故道相智一切相智非縛非解何以故以道相智一切相智無所有性為道相智一切相智自性故一切陀羅尼門非縛非解何以故以一切陀羅尼門無所有性為一切陀羅尼門自性故一切三摩地門非縛非解何以故以一切三摩地門無所有性為一切三摩地門自性故預流果非縛非解何以故以預流果無所有性為預流果自性故一來不還阿羅漢

果非縛非解何以故以一來不還阿羅漢果無所有性為一來不還阿羅漢果自性故獨覺菩提非縛非解何以故以獨覺菩提無所有性為獨覺菩提自性故一切菩薩摩訶薩行非縛非解何以故以一切菩薩摩訶薩行無所有性為一切菩薩摩訶薩行自性故諸佛無上正等菩提非縛非解何以故以諸佛無上正等菩提無所有性為諸佛無上正等菩提自性故

復次善現色前際非縛非解何以故色前際無所有性為色前際自性故受想行識前際非縛非解何以故受想行識前際無所有性為受想行識前際自性故眼處前際非縛非解何以故眼處前際無所有性為眼處前際自性故耳鼻舌身意處前際非縛非解何以故耳鼻舌身意處前際無所有性為耳鼻舌身意處前際自性故色處前際非縛非解何以故色處前際無所有性為色處前際自性故聲香味觸法處前際非縛非解何以

故聲香味觸法處前際無所有性為聲香味觸法處前際自性故眼界前際非縛非解何以故眼界前際無所有性為眼界前際自性故色界眼識界及眼觸眼觸為緣所生諸受前際非縛非解何以故色界乃至眼觸為緣所生諸受前際無所有性為色界乃至眼觸為緣所生諸受前際自性故耳界前際非縛非解何以故耳界前際無所有性為耳界前際自性故聲界耳識界及耳觸耳觸為緣所生諸受前際非縛非解何以故聲界乃至耳觸為緣所生諸受前際無所有性為聲界乃至耳觸為緣所生諸受前際自性故鼻界前際非縛非解何以故鼻界前際無所有性為鼻界前際自性故香界鼻識界及鼻觸鼻觸為緣所生諸受前際非縛非解何以故香界乃至鼻觸為緣所生諸受前際無所有性為香界乃至鼻觸為緣所生諸受前際自性故舌界前際非縛非解何以故舌界前際無所有性為舌界前際自性故味界舌識界及

舌觸舌觸為緣所生諸受前際非縛非解何以故味界乃至舌觸為緣所生諸受前際無所有性為味界乃至舌觸為緣所生諸受前際自性故身界前際非縛非解何以故身界前際無所有性為身界前際自性故觸界身識界及身觸身觸為緣所生諸受前際非縛非解何以故觸界乃至身觸為緣所生諸受前際無所有性為觸界乃至身觸為緣所生諸受前際自性故意界前際非縛非解何以故意界前際無所有性為意界前際自性故法界意識界及意觸意觸為緣所生諸受前際非縛非解何以故法界乃至意觸為緣所生諸受前際無所有性為法界乃至意觸為緣所生諸受前際自性故地界前際非縛非解何以故地界前際無所有性為地界前際自性故水火風空識界前際非縛非解何以故水火風空識界前際無所有性為水火風空識界前際自性故無明前際非縛非解何以故無明前際無所有性為無明前際自

性故行識名色六處觸受愛取有生老死愁歎苦憂惱前際非縛非解何以故行乃至老死愁歎苦憂惱前際無所有性為行乃至老死愁歎苦憂惱前際自性故布施波羅蜜多前際非縛非解何以故布施波羅蜜多前際無所有性為布施波羅蜜多前際自性故淨戒安忍精進靜慮般若波羅蜜多前際非縛非解何以故淨戒乃至般若波羅蜜多前際無所有性為淨戒乃至般若波羅蜜多前際自性故內空前際非縛非解何以故內空前際無所有性為內空前際自性故外空內外空空空大空勝義空有為空無為空畢竟空無際空散空無變異空本性空自相空共相空一切法空不可得空無性空自性空無性自性空前際非縛非解何以故外空乃至無性自性空前際無所有性為外空乃至無性自性空前際自性故真如前際非縛非解何以故真如前際無所有性為真如前際自性故法界法性不虛妄性不變異性平等性

大般若第一百八十二　第十張

離生性法定法住實際虛空界不思議界前際非縛非解何以故法界乃至不思議界前際無所有性為法界乃至不思議界前際自性故苦聖諦前際非縛非解何以故苦聖諦前際無所有性為苦聖諦前際自性故集滅道聖諦前際非縛非解何以故集滅道聖諦前際無所有性為集滅道聖諦前際自性故四靜慮前際非縛非解何以故四靜慮前際無所有性為四靜慮前際自性故四無量四無色定前際非縛非解何以故四無量四無色定前際無所有性為四無量四無色定前際自性故八解脫前際非縛非解何以故八解脫前際無所有性為八解脫前際自性故八勝處九次第定十遍處前際非縛非解何以故八勝處九次第定十遍處前際無所有性為八勝處九次第定十遍處前際自性故四念住前際非縛非解何以故四念住前際無所有性為四念住前際自性故四正斷四神足五根五力七等覺支八聖道支前際

大般若第一百八十二　第十一張

非縛非解何以故四正斷乃至八聖道支前際無所有性為四正斷乃至八聖道支前際自性故空解脫門前際非縛非解何以故空解脫門前際無所有性為空解脫門前際自性故無相無願解脫門前際非縛非解何以故无相無願解脫門前際无所有性為無相无願解脫門前際自性故菩薩十地前際非縛非解何以故菩薩十地前際無所有性為菩薩十地前際自性故五眼前際非縛非解何以故五眼前際无所有性為五眼前際自性故六神通前際非縛非解何以故六神通前際無所有性為六神通前際自性故佛十力前際非縛非解何以故佛十力前際无所有性為佛十力前際自性故四無所畏四無㝵解大慈大悲大喜大捨十八佛不共法前際非縛非解何以故四無所畏乃至十八佛不共法前際无所有性為四無所畏乃至十八佛不共法前際自性故无忘失法前際非縛非解何以故無忘失法前際无所有性

為无忘失法前際自性故恒住捨性前際非縛非解何以故恒住捨性前際無所有性為恒住捨性前際自性故一切智前際非縛非解何以故一切智前際无所有性為一切智前際自性故道相智一切相智前際非縛非解何以故道相智一切相智前際無所有性為道相智一切相智前際自性故一切陁羅尼門前際非縛非解何以故一切陁羅尼門前際無所有性為一切陁羅尼門前際自性故一切三摩地門前際非縛非解何以故一切三摩地門前際无所有性為一切三摩地門前際自性故預流果前際非縛非解何以故預流果前際無所有性為預流果前際自性故一来不還阿羅漢果前際非縛非解何以故一来不還阿羅漢果前際無所有性為一来不還阿羅漢果前際自性故獨覺菩提前際非縛非解何以故獨覺菩提前際無所有性為獨覺菩提前際自性故一切菩薩摩訶薩行前際非縛非解何以故一切菩薩

摩訶薩行前際無所有性為一切菩薩摩訶薩行前際自性故諸佛无上正等菩提前際非縛非解何以故諸佛無上正等菩提前際无所有性為諸佛无上正等菩提前際自性故

復次善現色後際非縛非解何以故色後際無所有性為色後際自性故受想行識後際非縛非解何以故受想行識後際無所有性為受想行識後際自性故眼處後際非縛非解何以故眼處後際无所有性為眼處後際自性故耳鼻舌身意處後際非縛非解何以故耳鼻舌身意處後際無所有性為耳鼻舌身意處後際自性故色處後際非縛非解何以故色處後際無所有性為色處後際自性故聲香味觸法處後際非縛非解何以故聲香味觸法處後際无所有性為聲香味觸法處後際自性故眼界後際非縛非解何以故眼界後際無所有性為眼界後際自性故色界眼識界及眼觸眼觸為緣所生諸受後際非縛非解何以故色界乃至眼觸為

緣所生諸受後際无所有性為色界乃至眼觸為緣所生諸受後際自性故耳界後際非縛非解何以故耳界後際无所有性為耳界後際自性故聲界耳識界及耳觸耳觸為緣所生諸受後際非縛非解何以故聲界乃至耳觸為緣所生諸受後際无所有性為聲界乃至耳觸為緣所生諸受後際自性故鼻界後際非縛非解何以故鼻界後際無所有性為鼻界後際自性故香界鼻識界及鼻觸鼻觸為緣所生諸受後際非縛非解何以故香界乃至鼻觸為緣所生諸受後際无所有性為香界乃至鼻觸為緣所生諸受後際自性故舌界後際非縛非解何以故舌界後際无所有性為舌界後際自性故味界舌識界及舌觸舌觸為緣所生諸受後際非縛非解何以故味界乃至舌觸為緣所生諸受後際無所有性為味界乃至舌觸為緣所生諸受後際自性故身界後際非縛非解何以故身界後際无所有性為身界後際自性故觸界

身識界及身觸身觸為緣所生諸受後際非縛非解何以故觸界乃至身觸為緣所生諸受後際無所有性為觸界乃至身觸為緣所生諸受後際自性故意界後際非縛非解何以故意界後際无所有性為意界後際自性故法界意識界及意觸意觸為緣所生諸受後際非縛非解何以故法界乃至意觸為緣所生諸受後際無所有性為法界乃至意觸為緣所生諸受後際自性故地界後際非縛非解何以故地界後際無所有性為地界後際自性故水火風空識界後際非縛非解何以故水火風空識界後際无所有性為水火風空識界後際自性故無明後際非縛非解何以故无明後際無所有性為无明後際自性故行識名色六處觸受愛取有生老死愁歎苦憂惱後際非縛非解何以故行乃至老死愁歎苦憂惱後際無所有性為行乃至老死愁歎苦憂惱後際自性故布施波羅蜜多後際非縛非解何以故布施波羅蜜多後

際無所有性為布施波羅蜜多後際自性故淨戒安忍精進靜慮般若波羅蜜多後際非縛非解何以故淨戒乃至般若波羅蜜多後際无所有性為淨戒乃至般若波羅蜜多後際自性故內空後際非縛非解何以故內空後際無所有性為內空後際自性故外空內外空空空大空勝義空有為空无為空畢竟空無際空散空无變異空本性空自相空共相空一切法空不可得空無性空自性空无性自性空後際非縛非解何以故外空乃至无性自性空後際無所有性為外空乃至無性自性空後際自性故真如後際非縛非解何以故真如後際无所有性為真如後際自性故法界法性不虛妄性不變異性平等性離生性法定法住實際虛空界不思議界後際非縛非解何以故法界乃至不思議界後際無所有性為法界乃至不思議界後際自性故苦聖諦後際非縛非解何以故苦聖諦後際无所有性為苦聖諦後際自性故集

滅道聖諦後際非縛非解何以故集滅道聖諦後際無所有性為集滅道聖諦後際自性故四靜慮後際非縛非解何以故四靜慮後際无所有性為四靜慮後際自性故四無量四无色定後際非縛非解何以故四無量四无色定後際無所有性為四无量四無色定後際自性故八解脫後際非縛非解何以故八解脫後際无所有性為八解脫後際自性故八勝處九次第定十遍處後際非縛非解何以故八勝處九次第定十遍處後際無所有性為八勝處九次第定十遍處後際自性故四念住後際非縛非解何以故四念住後際无所有性為四念住後際自性故四正斷四神足五根五力七等覺支八聖道支後際非縛非解何以故四正斷乃至八聖道支後際無所有性為四正斷乃至八聖道支後際自性故空解脫門後際非縛非解何以故空解脫門後際无所有性為空解脫門後際自性故無相无願解脫門後際非縛非解何

以故无相無願解脫門後際无所有性為無相无願解脫門後際自性故菩薩十地後際非縛非解何以故菩薩十地後際無所有性為菩薩十地後際自性故五眼後際非縛非解何以故五眼後際无所有性為五眼後際自性故六神通後際非縛非解何以故六神通後際無所有性為六神通後際自性故佛十力後際非縛非解何以故佛十力後際无所有性為佛十力後際自性故四無所畏四无㝵解大慈大悲大喜大捨十八佛不共法後際非縛非解何以故四無所畏乃至十八佛不共法後際无所有性為四無所畏乃至十八佛不共法後際自性故无忘失法後際非縛非解何以故無忘失法後際无所有性為無忘失法後際自性故恒住捨性後際非縛非解何以故恒住捨性後際无所有性為恒住捨性後際自性故一切智後際非縛非解何以故一切智後際無所有性為一切智後際自性故道相智一切相智後際非縛

非解何以故道相智一切相智後際無所有性為道相智一切相智後際自性故一切陁羅尼門後際非縛非解何以故一切陁羅尼門後際無所有性為一切陁羅尼門後際自性故一切三摩地門後際非縛非解何以故一切三摩地門後際無所有性為一切三摩地門後際自性故預流果後際非縛非解何以故預流果後際無所有性為預流果後際自性故一來不還阿羅漢果後際非縛非解何以故一来不還阿羅漢果後際無所有性為一來不還阿羅漢果後際自性故獨覺菩提後際非縛非解何以故獨覺菩提後際無所有性為獨覺菩提後際自性故一切菩薩摩訶薩行後際非縛非解何以故一切菩薩摩訶薩行後際無所有性為一切菩薩摩訶薩行後際自性故諸佛無上正等菩提後際非縛非解何以故諸佛無上正等菩提後際無所有性為諸佛無上正等菩提後際自性故

復次善現色中際非縛非解何以故

色中際無所有性為色中際自性故受想行識中際非縛非解何以故受想行識中際無所有性為受想行識中際自性故眼處中際非縛非解何以故眼處中際無所有性為眼處中際自性故耳鼻舌身意處中際非縛非解何以故耳鼻舌身意處中際無所有性為耳鼻舌身意處中際自性故色處中際非縛非解何以故色處中際無所有性為色處中際自性故聲香味觸法處中際非縛非解何以故聲香味觸法處中際無所有性為聲香味觸法處中際自性故眼界中際非縛非解何以故眼界中際無所有性為眼界中際自性故色界眼識界及眼觸眼觸為緣所生諸受中際非縛非解何以故色界乃至眼觸為緣所生諸受中際無所有性為色界乃至眼觸為緣所生諸受中際自性故耳界中際非縛非解何以故耳界中際無所有性為耳界中際自性故聲界耳識界及耳觸耳觸為緣所生諸受中際非縛非解何以故聲界乃

至耳觸為緣所生諸受中際無所有性為聲界乃至耳觸為緣所生諸受中際自性故鼻界中際非縛非解何以故鼻界中際無所有性為鼻界中際自性故香界鼻識界及鼻觸鼻觸為緣所生諸受中際非縛非解何以故香界乃至鼻觸為緣所生諸受中際無所有性為香界乃至鼻觸為緣所生諸受中際自性故舌界中際非縛非解何以故舌界中際無所有性為舌界中際自性故味界舌識界及舌觸舌觸為緣所生諸受中際非縛非解何以故味界乃至舌觸為緣所生諸受中際無所有性為味界乃至舌觸為緣所生諸受中際自性故身界中際非縛非解何以故身界中際無所有性為身界中際自性故觸界身識界及身觸身觸為緣所生諸受中際非縛非解何以故觸界乃至身觸為緣所生諸受中際無所有性為觸界乃至身觸為緣所生諸受中際自性故意界中際非縛非解何以故意界中際無所有性為意界中際自

性故法界意識界及意觸意觸為緣所生諸受中際非縛非解何以故法界乃至意觸為緣所生諸受中際無所有性為法界乃至意觸為緣所生諸受中際自性故地界中際非縛非解何以故地界中際無所有性為地界中際自性故水火風空識界中際非縛非解何以故水火風空識界中際無所有性為水火風空識界中際自性故無明中際非縛非解何以故無明中際無所有性為無明中際自性故行識名色六處觸受愛取有生老死愁歎苦憂惱中際非縛非解何以故行乃至老死愁歎苦憂惱中際無所有性為行乃至老死愁歎苦憂惱中際自性故

大般若波羅蜜多經卷第一百八十二

戊戌歲高麗國大藏都監奉
勅雕造

大般若波羅蜜多經卷第一百八十二 校勘記

一 底本，麗藏本。
一 七三八頁上一七行「耳鼻舌身意」，石作「眼、鼻、舌、身、意」。
一 七三八頁下二〇行，二一行「行」，徑、清作「行識」。
一 七三八頁下二〇行，二一行，「老死」，磧、南、徑、清作「生老死」。
一 七四〇頁下一三行「意觸意觸為緣」，石作「意觸為緣」。
一 七四一頁上三行、四行「行」，徑、清作「行識」。
一 七四二頁上三行「恒住捨性」，石作「恒住於性」。

大般若波羅蜜多經卷第一百八十三　暑

三藏法師玄奘奉　詔譯

初分難信解品第三十四之二

布施波羅蜜多中際非縛非解何以故布施波羅蜜多中際無所有性為布施波羅蜜多中際自性故淨戒安忍精進靜慮般若波羅蜜多中際非縛非解何以故淨戒乃至般若波羅蜜多中際無所有性為淨戒乃至般若波羅蜜多中際自性故內空中際非縛非解何以故內空中際無所有性為內空中際自性故外空內外空空空大空勝義空有為空無為空畢竟空無際空散空無變異空本性空自相空共相空一切法空不可得空無性空自性空無性自性空中際非縛非解何以故外空乃至無性自性空中際無所有性為外空乃至無性自性空中際自性故真如中際非縛非解何以故真如中際無所有性為真如中際自性故法界法性不虛妄性不變異性平等性離生性法定法

住實際虛空界不思議界中際非縛非解何以故法界乃至不思議界中際無所有性為法界乃至不思議界中際自性故苦聖諦中際非縛非解何以故苦聖諦中際無所有性為苦聖諦中際自性故集滅道聖諦中際非縛非解何以故集滅道聖諦中際無所有性為集滅道聖諦中際自性故四靜慮中際非縛非解何以故四靜慮中際無所有性為四靜慮中際自性故四無量四無色定中際非縛非解何以故四無量四無色定中際無所有性為四無量四無色定中際自性故八解脫中際非縛非解何以故八解脫中際無所有性為八解脫中際自性故八勝處九次第定十遍處中際非縛非解何以故八勝處九次第定十遍處中際無所有性為八勝處九次第定十遍處中際自性故四念住中際非縛非解何以故四念住中際無所有性為四念住中際自性故四正斷四神足五根五力七等覺支八聖道支中際非縛非解何以

故四正斷乃至八聖道支中際無所有性為四正斷乃至八聖道支中際自性故空解脫門中際非縛非解何以故空解脫門中際無所有性為空解脫門中際自性故無相無願解脫門中際非縛非解何以故無相無願解脫門中際無所有性為無相無願解脫門中際自性故菩薩十地中際非縛非解何以故菩薩十地中際無所有性為菩薩十地中際自性故五眼中際非縛非解何以故五眼中際無所有性為五眼中際自性故六神通中際非縛非解何以故六神通中際無所有性為六神通中際自性故佛十力中際非縛非解何以故佛十力中際無所有性為佛十力中際自性故四無所畏四無礙解大慈大悲大喜大捨十八佛不共法中際非縛非解何以故四無所畏乃至十八佛不共法中際無所有性為四無所畏乃至十八佛不共法中際自性故無忘失法中際非縛非解何以故無忘失法中際無所有性為無忘失法中際自性故恒住捨性中際非縛非解何以故恒住捨性中際無所有性為恒住捨性中際自性故一切智中際非縛非解何以故一切智中際無所有性為一切智中際自性故道相智一切相智中際非縛非解何以故道相智一切相智中際無所有性為道相智一切相智中際自性故一切陁羅尼門中際非縛非解何以故一切陁羅尼門中際無所有性為一切陁羅尼門中際自性故一切三摩地門中際非縛非解何以故一切三摩地門中際無所有性為一切三摩地門中際自性故預流果中際非縛非解何以故預流果中際無所有性為預流果中際自性故一來不還阿羅漢果中際非縛非解何以故一來不還阿羅漢果中際無所有性為一來不還阿羅漢果中際自性故獨覺菩提中際非縛非解何以故獨覺菩提中際無所有性為獨覺菩提中際自性故一切菩薩摩訶薩行中際非縛非解何以故一切菩薩摩訶薩行中際無所有性為一切菩薩摩訶薩行中際自性故諸佛無上正等菩提中際非縛非解何以故諸佛無上正等菩提中際無所有性為諸佛無上正等菩提中際自性故

具壽善現復白佛言世尊諸有不勤精進未種善根具不善根惡友所攝隨魔力行懈怠增上精進微劣失念惡慧補特伽羅於此般若波羅蜜多實難信解佛言善現如是如是如汝所說不勤精進未種善根具不善根惡友所攝隨魔力行懈怠增上精進微劣失念惡慧補特伽羅於此般若波羅蜜多實難信解所以者何善現色清淨即果清淨果清淨即色清淨何以故是色清淨與果清淨無二無二分無別無斷故受想行識清淨即果清淨果清淨即受想行識清淨何以故是受想行識清淨與果清淨無二無二分無別無斷故善現眼處清淨即果清淨果清淨即眼處清淨何以故是眼處清淨與果清淨無二無二分無別無斷故耳鼻舌身意處清淨

即果清淨果清淨即耳鼻舌身意處清淨何以故是耳鼻舌身意處清淨與果清淨無二無二分無別無斷故善現色處清淨即果清淨果清淨即色處清淨何以故是色處清淨與果清淨無二無二分無別無斷故聲香味觸法處清淨即果清淨果清淨即聲香味觸法處清淨何以故是聲香味觸法處清淨與果清淨無二無二分無別無斷故善現眼界清淨即果清淨果清淨即眼界清淨何以故是眼界清淨與果清淨無二無二分無別無斷故色界眼識界及眼觸眼觸為緣所生諸受清淨即果清淨果清淨即色界乃至眼觸為緣所生諸受清淨何以故是色界乃至眼觸為緣所生諸受清淨與果清淨無二無二分無別無斷故善現耳界清淨即果清淨果清淨即耳界清淨何以故是耳界清淨與果清淨無二無二分無別無斷故聲界耳識界及耳觸耳觸為緣所生諸受清淨即果清淨果清淨即聲界乃至耳觸為緣所生諸受

清淨何以故是聲界乃至耳觸為緣所生諸受清淨與果清淨無二无二分無別无斷故善現鼻界清淨即果清淨果清淨即鼻界清淨何以故是鼻界清淨與果清淨無二无二分無別无斷故香界鼻識界及鼻觸鼻觸為緣所生諸受清淨即果清淨果清淨即香界乃至鼻觸為緣所生諸受清淨何以故是香界乃至鼻觸為緣所生諸受清淨與果清淨無二无二分無別无斷故善現舌界清淨即果清淨果清淨即舌界清淨何以故是舌界清淨與果清淨無二无二分無別无斷故味界舌識界及舌觸舌觸為緣所生諸受清淨即果清淨果清淨即味界乃至舌觸為緣所生諸受清淨何以故是味界乃至舌觸為緣所生諸受清淨與果清淨無二无二分無別无斷故善現身界清淨即果清淨果清淨即身界清淨何以故是身界清淨與果清淨無二无二分無別无斷故觸界身識界及身觸身觸為緣所生諸受清淨即果清淨果清

淨即觸界乃至身觸為緣所生諸受清淨何以故是觸界乃至身觸為緣所生諸受清淨與果清淨無二无二分無別无斷故善現意界清淨即果清淨果清淨即意界清淨何以故是意界清淨與果清淨無二无二分無別无斷故法界意識界及意觸意觸為緣所生諸受清淨即果清淨果清淨即法界乃至意觸為緣所生諸受清淨何以故是法界乃至意觸為緣所生諸受清淨與果清淨無二无二分無別无斷故善現地界清淨即果清淨果清淨即地界清淨何以故是地界清淨與果清淨無二无二分無別无斷故水火風空識界清淨即果清淨果清淨即水火風空識界清淨何以故是水火風空識界清淨與果清淨無二无二分無別无斷故善現無明清淨即果清淨果清淨即無明清淨何以故是无明清淨與果清淨無二无二分無別无斷故行識名色六處觸受愛取有生老死愁歎苦憂惱清淨即果清淨果清淨即行乃至

老死愁歎苦憂惱清淨何以故是行乃至老死愁歎苦憂惱清淨與果清淨無二无二分無別无斷故

善現布施波羅蜜多清淨即果清淨果清淨即布施波羅蜜多清淨何以故是布施波羅蜜多清淨與果清淨無二无二分無別无斷故淨戒安忍精進靜慮般若波羅蜜多清淨即果清淨果清淨即淨戒乃至般若波羅蜜多清淨何以故是淨戒乃至般若波羅蜜多清淨與果清淨無二无二分無別无斷故善現內空清淨即果清淨果清淨即內空清淨何以故是內空清淨與果清淨無二无二分無別无斷故外空內外空空空大空勝義空有為空無為空畢竟空无際空散空无變異空本性空自相空共相空一切法空不可得空無性空自性空無性自性空清淨即果清淨果清淨即外空乃至無性自性空清淨何以故是外空乃至无性自性空清淨與果清淨無二无二分無別无斷故善現真如清淨即果清淨果清淨即真如清淨何以故是真如清淨與果清淨無二无二分無別无斷故法界法性不虛妄性不變異性平等性離生性法定法住實際虛空界不思議界清淨即果清淨果清淨即法界乃至不思議界清淨何以故是法界乃至不思議界清淨與果清淨無二无二分無別无斷故善現苦聖諦清淨即果清淨果清淨即苦聖諦清淨何以故是苦聖諦清淨與果清淨無二无二分無別无斷故集滅道聖諦清淨即果清淨果清淨即集滅道聖諦清淨何以故是集滅道聖諦清淨與果清淨無二无二分無別无斷故善現四靜慮清淨即果清淨果清淨即四靜慮清淨何以故是四靜慮清淨與果清淨無二无二分無別无斷故四無量四无色定清淨即果清淨果清淨即四無量四无色定清淨何以故是四無量四無色定清淨與果清淨無二无二分無別無斷故善現八解脫清淨即果清淨果清淨即八解脫清淨何以故是八解脫清淨與果清淨无二無二分無別无斷故八勝處九次第定十遍處清淨即果清淨果清淨即八勝處九次第定十遍處清淨何以故是八勝處九次第定十遍處清淨與果清淨无二無二分無別无斷故善現四念住清淨即果清淨果清淨即四念住清淨何以故是四念住清淨與果清淨无二無二分無別无斷故四正斷四神足五根五力七等覺支八聖道支清淨即果清淨果清淨即四正斷乃至八聖道支清淨何以故是四正斷乃至八聖道支清淨與果清淨无二無二分无別無斷故善現空解脫門清淨即果清淨果清淨即空解脫門清淨何以故是空解脫門清淨與果清淨无二無二分無別无斷故無相无願解脫門清淨即果清淨果清淨即無相无願解脫門清淨何以故是無相无願解脫門清淨與果清淨无二無二分无別無斷故善現菩薩十地清淨即果清淨果清淨即菩薩十地清淨何以故是菩薩十地清淨與果清淨无二

無二分无別無斷故善現五眼清淨即果清淨果清淨即五眼清淨何以故是五眼清淨與果清淨无二無二分无別無斷故六神通清淨即果清淨果清淨即六神通清淨何以故是六神通清淨與果清淨无二無二分无別無斷故善現佛十力清淨即果清淨果清淨即佛十力清淨何以故是佛十力清淨與果清淨无二無二分无別無斷故四無所畏四無导解大慈大悲大喜大捨十八佛不共法清淨即果清淨果清淨即四無所畏乃至十八佛不共法清淨何以故是四无所畏乃至十八佛不共法清淨與果清淨无二無二分无別無斷故善現無忘失法清淨即果清淨果清淨即無忘失法清淨何以故是無忘失法清淨與果清淨無二无二分無別无斷故恒住捨性清淨即果清淨果清淨即恒住捨性清淨何以故是恒住捨性清淨與果清淨无二無二分无別無斷故善現一切智清淨即果清淨果清淨即一

切智清淨何以故是一切智清淨與果清淨無二無二分無別無斷故道相智一切相智清淨即果清淨果清淨即道相智一切相智清淨何以故是道相智一切相智清淨與果清淨無二無二分無別無斷故善現一切陁羅尼門清淨即果清淨果清淨即一切陁羅尼門清淨何以故是一切陁羅尼門清淨與果清淨無二無二分無別無斷故一切三摩地門清淨即果清淨果清淨即一切三摩地門清淨何以故是一切三摩地門清淨與果清淨無二無二分無別無斷故善現預流果清淨即果清淨果清淨即預流果清淨何以故是預流果清淨與果清淨無二無二分無別無斷故一來不還阿羅漢果清淨即果清淨果清淨即一來不還阿羅漢果清淨何以故是一來不還阿羅漢果清淨與果清淨無二無二分無別無斷故善現獨覺菩提清淨即果清淨果清淨即獨覺菩提清淨何以故是獨覺菩提清淨與果清淨無二無二分

無別無斷故善現一切菩薩摩訶薩行清淨即果清淨果清淨即一切菩薩摩訶薩行清淨何以故是一切菩薩摩訶薩行清淨與果清淨無二無二分無別無斷故善現諸佛無上正等菩提清淨即果清淨果清淨即諸佛無上正等菩提清淨何以故是諸佛無上正等菩提清淨與果清淨無二無二分無別無斷故

復次善現色清淨即般若波羅蜜多清淨般若波羅蜜多清淨即色清淨何以故是色清淨與般若波羅蜜多清淨無二無二分無別無斷故受想行識清淨即般若波羅蜜多清淨般若波羅蜜多清淨即受想行識清淨何以故是受想行識清淨與般若波羅蜜多清淨無二無二分無別無斷故善現眼處清淨即般若波羅蜜多清淨般若波羅蜜多清淨即眼處清淨何以故是眼處清淨與般若波羅蜜多清淨無二無二分無別無斷故耳鼻舌身意處清淨即般若波羅蜜多清淨般若波羅蜜多清淨即耳鼻

舌身意處清淨何以故是耳鼻舌身意處清淨與般若波羅蜜多清淨無二無二分無別無斷故善現色處清淨即般若波羅蜜多清淨般若波羅蜜多清淨即色處清淨何以故是色處清淨與般若波羅蜜多清淨無二無二分無別無斷故聲香味觸法處清淨即般若波羅蜜多清淨般若波羅蜜多清淨即聲香味觸法處清淨何以故是聲香味觸法處清淨與般若波羅蜜多清淨無二無二分無別無斷故善現眼界清淨即般若波羅蜜多清淨般若波羅蜜多清淨即眼界清淨何以故是眼界清淨與般若波羅蜜多清淨無二無二分無別無斷故色界眼識界及眼觸眼觸為緣所生諸受清淨即般若波羅蜜多清淨般若波羅蜜多清淨即色界乃至眼觸為緣所生諸受清淨何以故是色界乃至眼觸為緣所生諸受清淨與般若波羅蜜多清淨無二無二分無別無斷故善現耳界清淨即般若波羅蜜多清淨般若波羅蜜多清淨

即耳界清淨何以故是耳界清淨與般若波羅蜜多清淨無二無二分無別無斷故聲界耳識界及耳觸耳觸為緣所生諸受清淨即般若波羅蜜多清淨般若波羅蜜多清淨即聲界乃至耳觸為緣所生諸受清淨何以故是聲界乃至耳觸為緣所生諸受清淨與般若波羅蜜多清淨無二無二分無別無斷故善現鼻界清淨即般若波羅蜜多清淨般若波羅蜜多清淨即鼻界清淨何以故是鼻界清淨與般若波羅蜜多清淨无二無二分無別無斷故香界鼻識界及鼻觸鼻觸為緣所生諸受清淨即般若波羅蜜多清淨般若波羅蜜多清淨即香界乃至鼻觸為緣所生諸受清淨何以故是香界乃至鼻觸為緣所生諸受清淨與般若波羅蜜多清淨無二无二分無別无斷故善現舌界清淨即般若波羅蜜多清淨般若波羅蜜多清淨即舌界清淨何以故是舌界清淨與般若波羅蜜多清淨無二無二分無別無斷故味界舌識界及

舌觸舌觸為緣所生諸受清淨即般若波羅蜜多清淨般若波羅蜜多清淨即味界乃至舌觸為緣所生諸受清淨何以故是味界乃至舌觸為緣所生諸受清淨與般若波羅蜜多清淨無二無二分無別無斷故善現身界清淨即般若波羅蜜多清淨般若波羅蜜多清淨即身界清淨何以故是身界清淨與般若波羅蜜多清淨無二無二分無別無斷故觸界身識界及身觸身觸為緣所生諸受清淨即般若波羅蜜多清淨般若波羅蜜多清淨即觸界乃至身觸為緣所生諸受清淨何以故是觸界乃至身觸為緣所生諸受清淨與般若波羅蜜多清淨無二無二分無別無斷故善現意界清淨即般若波羅蜜多清淨般若波羅蜜多清淨即意界清淨何以故是意界清淨與般若波羅蜜多清淨無二無二分無別無斷故法界意識界及意觸意觸為緣所生諸受清淨即般若波羅蜜多清淨般若波羅蜜多清淨即法界乃至意觸為緣

所生諸受清淨何以故是法界乃至意觸為緣所生諸受清淨與般若波羅蜜多清淨無二無二分無別無斷故善現地界清淨即般若波羅蜜多清淨般若波羅蜜多清淨即地界清淨何以故是地界清淨與般若波羅蜜多清淨無二無二分無別無斷故水火風空識界清淨即般若波羅蜜多清淨般若波羅蜜多清淨即水火風空識界清淨何以故是水火風空識界清淨與般若波羅蜜多清淨無二無二分無別無斷故善現無明清淨即般若波羅蜜多清淨般若波羅蜜多清淨即無明清淨何以故是無明清淨與般若波羅蜜多清淨無二無二分無別無斷故行識名色六處觸受愛取有生老死愁歎苦憂惱清淨即般若波羅蜜多清淨般若波羅蜜多清淨即行乃至老死愁歎苦憂惱清淨何以故是行乃至老死愁歎苦憂惱清淨與般若波羅蜜多清淨無二無二分無別無斷故

善現布施波羅蜜多清淨即般若波羅蜜多清淨般若波羅蜜多清淨即布施波羅蜜多清淨何以故是布施波羅蜜多清淨與般若波羅蜜多清淨無二無二分無別無斷故淨戒安忍精進靜慮波羅蜜多清淨即般若波羅蜜多清淨般若波羅蜜多清淨即淨戒乃至靜慮波羅蜜多清淨何以故是淨戒乃至靜慮波羅蜜多清淨與般若波羅蜜多清淨無二無二分無別無斷故善現內空清淨即般若波羅蜜多清淨般若波羅蜜多清淨即內空清淨何以故是內空清淨與般若波羅蜜多清淨無二無二分無別無斷故外空內外空空空大空勝義空有為空無為空畢竟空無際空散空無變異空本性空自相空共相空一切法空不可得空無性空自性空無性自性空清淨即般若波羅蜜多清淨般若波羅蜜多清淨即外空乃至無性自性空清淨何以故是外空乃至無性自性空清淨與般若波羅蜜多清淨無二無二分無別無斷故善現真如清淨即般若波羅蜜

多清淨般若波羅蜜多清淨即真如清淨何以故是真如清淨與般若波羅蜜多清淨無二無二分無別無斷故法界法性不虛妄性不變異性平等性離生性法定法住實際虛空界不思議界清淨即般若波羅蜜多清淨般若波羅蜜多清淨即法界乃至不思議界清淨何以故是法界乃至不思議界清淨與般若波羅蜜多清淨無二無二分無別無斷故善現苦聖諦清淨即般若波羅蜜多清淨般若波羅蜜多清淨即苦聖諦清淨何以故是苦聖諦清淨與般若波羅蜜多清淨無二無二分無別無斷故集滅道聖諦清淨即般若波羅蜜多清淨般若波羅蜜多清淨即集滅道聖諦清淨何以故是集滅道聖諦清淨與般若波羅蜜多清淨無二無二分無別無斷故善現四靜慮清淨即般若波羅蜜多清淨般若波羅蜜多清淨即四靜慮清淨何以故是四靜慮清淨與般若波羅蜜多清淨無二無二分無別無斷故四無量四無色定

大般若經第百八十三　第二十一張　果字號

清淨即般若波羅蜜多清淨般若波羅蜜多清淨即四無量四無色定清淨何以故是四無量四無色定清淨與般若波羅蜜多清淨無二無二分無別無斷故善現八解脫清淨即般若波羅蜜多清淨般若波羅蜜多清淨即八解脫清淨何以故是八解脫清淨與般若波羅蜜多清淨無二無二分無別無斷故八勝處九次第定十遍處清淨即般若波羅蜜多清淨般若波羅蜜多清淨即八勝處九次第定十遍處清淨何以故是八勝處九次第定十遍處清淨與般若波羅蜜多清淨無二無二分無別無斷故善現四念住清淨即般若波羅蜜多清淨般若波羅蜜多清淨即四念住清淨何以故是四念住清淨與般若波羅蜜多清淨無二無二分無別無斷故四正斷四神足五根五力七等覺支八聖道支清淨即般若波羅蜜多清淨般若波羅蜜多清淨即四正斷乃至八聖道支清淨何以故是四正斷乃至八

大般若經第百八十三　果

聖道支清淨與般若波羅蜜多清淨無二無二分無別無斷故善現空解脫門清淨即般若波羅蜜多清淨般若波羅蜜多清淨即空解脫門清淨何以故是空解脫門清淨與般若波羅蜜多清淨無二無二分無別無斷故無相無願解脫門清淨即般若波羅蜜多清淨般若波羅蜜多清淨即無相無願解脫門清淨何以故是無相無願解脫門清淨與般若波羅蜜多清淨無二無二分無別無斷故善現菩薩十地清淨即般若波羅蜜多清淨般若波羅蜜多清淨即菩薩十地清淨何以故是菩薩十地清淨與般若波羅蜜多清淨無二無二分無別無斷故

大般若波羅蜜多經卷第一百八十三

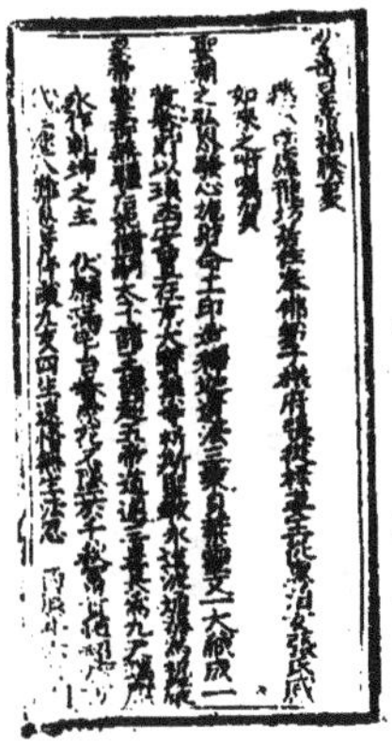

大般若波羅蜜多經卷第一百八十三

校勘記

一　底本，金藏大寶集寺本。

一　七四六頁中一五行首字殘，應為「自」。

一　七四九頁下二一行「十地」，石作「十也」。

一　七五一頁下二二行至二三行「般若波羅蜜多清淨」八字，石漏刻。

大般若波羅蜜多經卷第一百八十四 暑

三藏法師玄奘奉 詔譯

初分難信解品第三十四之三

善現五眼清淨即般若波羅蜜多清淨般若波羅蜜多清淨即五眼清淨何以故是五眼清淨與般若波羅蜜多清淨無二無二分無別無斷故六神通清淨即般若波羅蜜多清淨般若波羅蜜多清淨即六神通清淨何以故是六神通清淨與般若波羅蜜多清淨無二無二分無別無斷故善現佛十力清淨即般若波羅蜜多清淨般若波羅蜜多清淨即佛十力清淨何以故是佛十力清淨與般若波羅蜜多清淨無二無二分無別無斷故四無所畏四無礙解大慈大悲大喜大捨十八佛不共法清淨即般若波羅蜜多清淨般若波羅蜜多清淨即四無所畏乃至十八佛不共法清淨何以故是四無所畏乃至十八佛不共法清淨與般若波羅蜜多清淨無二無二分無別無斷故善現無忘

失法清淨即般若波羅蜜多清淨般若波羅蜜多清淨即無忘失法清淨何以故是無忘失法清淨與般若波羅蜜多清淨無二無二分無別無斷故恒住捨性清淨即般若波羅蜜多清淨般若波羅蜜多清淨即恒住捨性清淨何以故是恒住捨性清淨與般若波羅蜜多清淨無二無二分無別無斷故善現一切智清淨即般若波羅蜜多清淨般若波羅蜜多清淨即一切智清淨何以故是一切智清淨與般若波羅蜜多清淨無二無二分無別無斷故道相智一切相智清淨即般若波羅蜜多清淨般若波羅蜜多清淨即道相智一切相智清淨何以故是道相智一切相智清淨與般若波羅蜜多清淨無二無二分無別無斷故善現一切陀羅尼門清淨即般若波羅蜜多清淨般若波羅蜜多清淨即一切陀羅尼門清淨何以故是一切陀羅尼門清淨與般若波羅蜜多清淨無二無二分無別無斷故一切三摩地門清淨即般若波羅

蜜多清淨般若波羅蜜多清淨即一切三摩地門清淨何以故是一切三摩地門清淨與般若波羅蜜多清淨無二無二分無別無斷故善現預流果清淨即般若波羅蜜多清淨般若波羅蜜多清淨即預流果清淨何以故是預流果清淨與般若波羅蜜多清淨無二無二分無別無斷故一來不還阿羅漢果清淨即般若波羅蜜多清淨般若波羅蜜多清淨即一來不還阿羅漢果清淨何以故是一來不還阿羅漢果清淨與般若波羅蜜多清淨無二無二分無別無斷故善現獨覺菩提清淨即般若波羅蜜多清淨般若波羅蜜多清淨即獨覺菩提清淨何以故是獨覺菩提清淨與般若波羅蜜多清淨無二無二分無別無斷故善現一切菩薩摩訶薩行清淨即般若波羅蜜多清淨般若波羅蜜多清淨即一切菩薩摩訶薩行清淨何以故是一切菩薩摩訶薩行清淨與般若波羅蜜多清淨無二無二分無別無斷故善現諸佛無上正等菩提清淨即般若波羅蜜多清淨般若波羅蜜多清淨即諸佛無上正等菩提清淨何以故是諸佛無上正等菩提清淨與般若波羅蜜多清淨無二無二分無別無斷故

復次善現色清淨即一切智智清淨一切智智清淨即色清淨何以故是色清淨與一切智智清淨無二無二分無別無斷故受想行識清淨即一切智智清淨一切智智清淨即受想行識清淨何以故是受想行識清淨與一切智智清淨無二無二分無別無斷故善現眼處清淨即一切智智清淨一切智智清淨即眼處清淨何以故是眼處清淨與一切智智清淨無二無二分無別無斷故耳鼻舌身意處清淨即一切智智清淨一切智智清淨即耳鼻舌身意處清淨何以故是耳鼻舌身意處清淨與一切智智清淨無二無二分無別無斷故善現色處清淨即一切智智清淨一切智智清淨即色處清淨何以故是色處清淨與一切智智清淨無二無二分無別無斷故聲香味觸法處清淨即一切智智清淨一切智智清淨即聲香味觸法處清淨何以故是聲香味觸法處清淨與一切智智清淨無二無二分無別無斷故善現眼界清淨即一切智智清淨一切智智清淨即眼界清淨何以故是眼界清淨與一切智智清淨無二無二分無別無斷故色界眼識界及眼觸眼觸為緣所生諸受清淨即一切智智清淨一切智智清淨即色界乃至眼觸為緣所生諸受清淨何以故是色界乃至眼觸為緣所生諸受清淨與一切智智清淨無二無二分無別無斷故善現耳界清淨即一切智智清淨一切智智清淨即耳界清淨何以故是耳界清淨與一切智智清淨無二無二分無別無斷故聲界耳識界及耳觸耳觸為緣所生諸受清淨即一切智智清淨一切智智清淨即聲界乃至耳觸為緣所生諸受清淨何以故是聲界乃至耳觸為緣所生諸受清淨與一切智智清淨無二無二分無別

無斷故善現鼻界清淨即一切智智清淨一切智智清淨即鼻界清淨何以故是鼻界清淨與一切智智清淨無二無二分無別無斷故香界鼻識界及鼻觸鼻觸為緣所生諸受清淨即一切智智清淨一切智智清淨即香界乃至鼻觸為緣所生諸受清淨何以故是香界乃至鼻觸為緣所生諸受清淨與一切智智清淨無二無二分無別無斷故善現舌界清淨即一切智智清淨一切智智清淨即舌界清淨何以故是舌界清淨與一切智智清淨無二無二分無別無斷故味界舌識界及舌觸舌觸為緣所生諸受清淨即一切智智清淨一切智智清淨即味界乃至舌觸為緣所生諸受清淨何以故是味界乃至舌觸為緣所生諸受清淨與一切智智清淨無二無二分無別無斷故善現身界清淨即一切智智清淨一切智智清淨即身界清淨何以故是身界清淨與一切智智清淨無二無二分無別無斷故觸界身識界及身觸身觸

為緣所生諸受清淨即一切智智清淨一切智智清淨即觸界乃至身觸為緣所生諸受清淨何以故是觸界乃至身觸為緣所生諸受清淨與一切智智清淨無二無二分無別無斷故善現意界清淨即一切智智清淨一切智智清淨即意界清淨何以故是意界清淨與一切智智清淨無二無二分無別無斷故法界意識界及意觸意觸為緣所生諸受清淨即一切智智清淨一切智智清淨即法界乃至意觸為緣所生諸受清淨何以故是法界乃至意觸為緣所生諸受清淨與一切智智清淨無二無二分無別無斷故善現地界清淨即一切智智清淨一切智智清淨即地界清淨何以故是地界清淨與一切智智清淨無二無二分無別無斷故水火風空識界清淨即一切智智清淨一切智智清淨即水火風空識界清淨何以故是水火風空識界清淨與一切智智清淨無二無二分無別無斷故善現無明清淨即一切智智清淨

一切智智清淨即無明清淨何以故是無明清淨與一切智智清淨無二無二分無別無斷故行識名色六處觸受愛取有生老死愁歎苦憂惱清淨即一切智智清淨一切智智清淨即行乃至老死愁歎苦憂惱清淨何以故是行乃至老死愁歎苦憂惱清淨與一切智智清淨無二無二分無別無斷故

善現布施波羅蜜多清淨即一切智智清淨一切智智清淨即布施波羅蜜多清淨何以故是布施波羅蜜多清淨與一切智智清淨無二無二分無別無斷故淨戒安忍精進靜慮般若波羅蜜多清淨即一切智智清淨一切智智清淨即淨戒乃至般若波羅蜜多清淨何以故是淨戒乃至般若波羅蜜多清淨與一切智智清淨無二無二分無別無斷故

善現內空清淨即一切智智清淨一切智智清淨即內空清淨何以故是內空清淨與一切智智清淨無二無二分無別無斷故外空內外空空空

大空勝義空有為空無為空畢竟空無際空散空無變異空本性空自相空共相空一切法空不可得空無性空自性空無性自性空清淨即一切智智清淨一切智智清淨即外空乃至無性自性空清淨何以故是外空乃至無性自性空清淨與一切智智清淨無二無二分無別無斷故善現真如清淨即一切智智清淨一切智智清淨即真如清淨何以故是真如清淨與一切智智清淨無二無二分無別無斷故法界法性不虛妄性不變異性平等性離生性法定法住實際虛空界不思議界清淨即一切智智清淨一切智智清淨即法界乃至不思議界清淨何以故是法界乃至不思議界清淨與一切智智清淨無二無二分無別無斷故善現苦聖諦清淨即一切智智清淨一切智智清淨即苦聖諦清淨何以故是苦聖諦清淨與一切智智清淨無二無二分無別無斷故集滅道聖諦清淨即一切智智清淨一切智智清淨即集滅

道聖諦清淨何以故是集滅道聖諦清淨與一切智智清淨無二無二分無別無斷故善現四靜慮清淨即一切智智清淨一切智智清淨即四靜慮清淨何以故是四靜慮清淨與一切智智清淨無二無二分無別無斷故四無量四無色定清淨即一切智智清淨一切智智清淨即四無量四無色定清淨何以故是四無量四無色定清淨與一切智智清淨無二無二分無別無斷故善現八解脫清淨即一切智智清淨一切智智清淨即八解脫清淨何以故是八解脫清淨與一切智智清淨無二無二分無別無斷故八勝處九次第定十遍處清淨即一切智智清淨一切智智清淨即八勝處九次第定十遍處清淨何以故是八勝處九次第定十遍處清淨與一切智智清淨無二無二分無別無斷故善現四念住清淨即一切智智清淨一切智智清淨即四念住清淨何以故是四念住清淨與一切智智清淨無二無二分無別無斷故

四正斷四神足五根五力七等覺支八聖道支清淨即一切智智清淨一切智智清淨即四正斷乃至八聖道支清淨何以故是四正斷乃至八聖道支清淨與一切智智清淨無二無二分無別無斷故善現空解脫門清淨即一切智智清淨一切智智清淨即空解脫門清淨何以故是空解脫門清淨與一切智智清淨無二無二分無別無斷故無相無願解脫門清淨即一切智智清淨一切智智清淨即無相無願解脫門清淨何以故是無相無願解脫門清淨與一切智智清淨無二無二分無別無斷故善現菩薩十地清淨即一切智智清淨一切智智清淨即菩薩十地清淨何以故是菩薩十地清淨與一切智智清淨無二無二分無別無斷故

善現五眼清淨即一切智智清淨一切智智清淨即五眼清淨何以故是五眼清淨與一切智智清淨無二無二分無別無斷故六神通清淨即一切智智清淨一切智智清淨即六神

通清淨何以故是六神通清淨與一切智智清淨無二無二分無別無斷故善現佛十力清淨即一切智智清淨一切智智清淨即佛十力清淨何以故是佛十力清淨與一切智智清淨無二無二分無別無斷故四無所畏四無礙解大慈大悲大喜大捨十八佛不共法清淨即一切智智清淨一切智智清淨即四無所畏乃至十八佛不共法清淨何以故是四無所畏乃至十八佛不共法清淨與一切智智清淨無二無二分無別無斷故善現無忘失法清淨即一切智智清淨一切智智清淨即無忘失法清淨何以故是無忘失法清淨與一切智智清淨無二無二分無別無斷故恒住捨性清淨即一切智智清淨一切智智清淨即恒住捨性清淨何以故是恒住捨性清淨與一切智智清淨無二無二分無別無斷故善現一切智清淨即一切智智清淨一切智智清淨即一切智清淨何以故是一切智清淨與一切智智清淨無二無二分無別無斷故道相智一切相智清淨即一切智智清淨一切智智清淨即道相智一切相智清淨何以故是道相智一切相智清淨與一切智智清淨無二無二分無別無斷故善現一切陀羅尼門清淨即一切智智清淨一切智智清淨即一切陀羅尼門清淨何以故是一切陀羅尼門清淨與一切智智清淨無二無二分無別無斷故一切三摩地門清淨即一切智智清淨一切智智清淨即一切三摩地門清淨何以故是一切三摩地門清淨與一切智智清淨無二無二分無別無斷故

善現預流果清淨即一切智智清淨一切智智清淨即預流果清淨何以故是預流果清淨與一切智智清淨無二無二分無別無斷故一來不還阿羅漢果清淨即一切智智清淨一切智智清淨即一來不還阿羅漢果清淨何以故是一來不還阿羅漢果清淨與一切智智清淨無二無二分無別無斷故善現獨覺菩提清淨即一切智智清淨一切智智清淨即獨覺菩提清淨何以故是獨覺菩提清淨與一切智智清淨無二無二分無別無斷故善現一切菩薩摩訶薩行清淨即一切智智清淨一切智智清淨即一切菩薩摩訶薩行清淨何以故是一切菩薩摩訶薩行清淨與一切智智清淨無二無二分無別無斷故善現諸佛無上正等菩提清淨即一切智智清淨一切智智清淨即諸佛無上正等菩提清淨何以故是諸佛無上正等菩提清淨與一切智智清淨無二無二分無別無斷故復次善現我清淨即色清淨色清淨即我清淨何以故是我清淨與色清淨無二無二分無別無斷故我清淨即受想行識清淨受想行識清淨即我清淨何以故是我清淨與受想行識清淨無二無二分無別無斷故有情清淨即色清淨色清淨即有情清淨何以故是有情清淨與色清淨無二無二分無別無斷故有情清淨即受想行識清淨受想行識清淨即有情清

淨何以故是有情清淨與受想行識清淨无二無二分无別無斷故命者清淨即色清淨色清淨即命者清淨何以故是命者清淨與色清淨無二无二分無別无斷故命者清淨即受想行識清淨受想行識清淨即命者清淨何以故是命者清淨與受想行識清淨无二無二分无別無斷故生者清淨即色清淨色清淨即生者清淨何以故是生者清淨與色清淨無二无二分無別无斷故生者清淨即受想行識清淨受想行識清淨即生者清淨何以故是生者清淨與受想行識清淨无二無二分无別無斷故養育者清淨即色清淨色清淨即養育者清淨何以故是養育者清淨與色清淨無二无二分無別无斷故養育者清淨即受想行識清淨受想行識清淨即養育者清淨何以故是養育者清淨與受想行識清淨無二无二分無別无斷故士夫清淨即色清淨色清淨即士夫清淨何以故是士夫清淨與色清淨無二无二分無別

无斷故士夫清淨即受想行識清淨受想行識清淨即士夫清淨何以故是士夫清淨與受想行識清淨无二無二分无別無斷故補特伽羅清淨即色清淨色清淨即補特伽羅清淨何以故是補特伽羅清淨與色清淨無二无二分無別无斷故補特伽羅清淨即受想行識清淨受想行識清淨即補特伽羅清淨何以故是補特伽羅清淨與受想行識清淨无二無二分无別無斷故意生清淨即色清淨色清淨即意生清淨何以故是意生清淨與色清淨无二無二分无別無斷故意生清淨即受想行識清淨受想行識清淨即意生清淨何以故是意生清淨與受想行識清淨无二無二分无別無斷故儒童清淨即色清淨色清淨即儒童清淨何以故是儒童清淨與色清淨無二无二分無別无斷故儒童清淨即受想行識清淨受想行識清淨即儒童清淨何以故是儒童清淨與受想行識清淨无二無二分无別無斷故作者清淨即

色清淨色清淨即作者清淨何以故是作者清淨與色清淨無二无二分無別无斷故作者清淨即受想行識清淨受想行識清淨即作者清淨何以故是作者清淨與受想行識清淨无二無二分无別無斷故受者清淨即色清淨色清淨即受者清淨何以故是受者清淨與色清淨無二无二分無別无斷故受者清淨即受想行識清淨受想行識清淨即受者清淨何以故是受者清淨與受想行識清淨无二無二分无別無斷故知者清淨即色清淨色清淨即知者清淨何以故是知者清淨與色清淨无二無二分無別无斷故知者清淨即受想行識清淨受想行識清淨即知者清淨何以故是知者清淨與受想行識清淨無二无二分無別无斷故見者清淨即色清淨色清淨即見者清淨何以故是見者清淨與色清淨無二无二分無別无斷故見者清淨即受想行識清淨受想行識清淨即見者清淨何以故是見者清淨與受想行

識清淨無二无二分無別无斷故復次善現我清淨即眼處清淨眼處清淨即我清淨何以故是我清淨與眼處清淨无二無二分无別無斷故我清淨即耳鼻舌身意處清淨耳鼻舌身意處清淨即我清淨何以故是我清淨與耳鼻舌身意處清淨無二无二分無別无斷故有情清淨即眼處清淨眼處清淨即有情清淨何以故是有情清淨與眼處清淨无二無二分无別無斷故有情清淨即耳鼻舌身意處清淨耳鼻舌身意處清淨即有情清淨何以故是有情清淨與耳鼻舌身意處清淨無二无二分無別无斷故命者清淨即眼處清淨眼處清淨即命者清淨何以故是命者清淨與眼處清淨无二無二分无別無斷故命者清淨即耳鼻舌身意處清淨耳鼻舌身意處清淨即命者清淨何以故是命者清淨與耳鼻舌身意處清淨無二无二分無別无斷故生者清淨即眼處清淨眼處清淨即生者清淨何以故是生者清淨與眼

處清淨无二無二分无別無斷故生者清淨即耳鼻舌身意處清淨耳鼻舌身意處清淨即生者清淨何以故是生者清淨與耳鼻舌身意處清淨無二无二分無別无斷故養育者清淨即眼處清淨眼處清淨即養育者清淨何以故是養育者清淨與眼處清淨无二無二分无別無斷故養育者清淨即耳鼻舌身意處清淨耳鼻舌身意處清淨即養育者清淨何以故是養育者清淨與耳鼻舌身意處清淨無二无二分無別无斷故士夫清淨即眼處清淨眼處清淨即士夫清淨何以故是士夫清淨與眼處清淨无二無二分无別無斷故士夫清淨即耳鼻舌身意處清淨耳鼻舌身意處清淨即士夫清淨何以故是士夫清淨與耳鼻舌身意處清淨無二无二分無別无斷故補特伽羅清淨即眼處清淨眼處清淨即補特伽羅清淨何以故是補特伽羅清淨與眼處清淨无二無二分无別無斷故補特伽羅清淨即耳鼻舌身意處清淨

耳鼻舌身意處清淨即補特伽羅清淨何以故是補特伽羅清淨與耳鼻舌身意處清淨無二无二分無別无斷故意生清淨即眼處清淨眼處清淨即意生清淨何以故是意生清淨與眼處清淨无二無二分无別無斷故意生清淨即耳鼻舌身意處清淨耳鼻舌身意處清淨即意生清淨何以故是意生清淨與耳鼻舌身意處清淨無二无二分无別無斷故儒童清淨即眼處清淨眼處清淨即儒童清淨何以故是儒童清淨與眼處清淨无二無二分无別無斷故儒童清淨即耳鼻舌身意處清淨耳鼻舌身意處清淨即儒童清淨何以故是儒童清淨與耳鼻舌身意處清淨無二无二分無別无斷故作者清淨即眼處清淨眼處清淨即作者清淨何以故是作者清淨與眼處清淨无二無二分无別無斷故作者清淨即耳鼻舌身意處清淨耳鼻舌身意處清淨即作者清淨何以故是作者清淨與耳鼻舌身意處清淨無二无二分無

别無断故受者清淨即眼處清淨眼處清淨即受者清淨何以故是受者清淨與眼處清淨无二無二分无别無断故受者清淨即耳鼻舌身意處清淨耳鼻舌身意處清淨即受者清淨何以故是受者清淨與耳鼻舌身意處清淨無二无二分無别无断故知者清淨即眼處清淨眼處清淨即知者清淨何以故是知者清淨與眼處清淨无二無二分无别無断故知者清淨即耳鼻舌身意處清淨耳鼻舌身意處清淨即知者清淨何以故是知者清淨與耳鼻舌身意處清淨無二无二分無别无断故見者清淨即眼處清淨眼處清淨即見者清淨何以故是見者清淨與眼處清淨无二無二分无别無断故見者清淨即耳鼻舌身意處清淨耳鼻舌身意處清淨即見者清淨何以故是見者清淨與耳鼻舌身意處清淨無二无二分無别无断故

大般若波羅蜜多經卷第一百八十四

[illegible]
燕京南城[illegible]坊居住奉佛弟子[illegible]府張從祿妻[illegible]女張氏
如來之[illegible]
[illegible]之弘[illegible]發心施財命工印造釋迦遺教三乘[illegible]文一大藏成一
[illegible]以[illegible]安置在京大寶集寺[illegible]斯聖教永遠流通[illegible]
[illegible]萬歲[illegible]諸王[illegible]長[illegible]
永作軌則之主　伏願[illegible]千秋[illegible]
代[illegible]八難[illegible]九[illegible]四生[illegible]法忍　丙辰年六月[illegible]

大般若波羅蜜多經卷第一百八十四

校勘記

一　底本，金藏大寶集寺本。

一　七五四頁下七行「恒住捨性」，石作「住捨性」。

一　七五八頁下一四行至一五行「色清淨即我清淨」，石作「即我清淨」。

一　七五九頁下二三行首字不清，應爲「清」。

大般若波羅蜜多經卷第一百八十五　暑

三藏法師玄奘奉　詔譯

初分難信解品第三十四之四

復次善現我清淨即色處清淨色處清淨即我清淨何以故是我清淨與色處清淨無二無二分無別無斷故我清淨即聲香味觸法處清淨聲香味觸法處清淨即我清淨何以故是我清淨與聲香味觸法處清淨無二無二分無別無斷故有情清淨即色處清淨色處清淨即有情清淨何以故是有情清淨與色處清淨無二無二分無別無斷故有情清淨即聲香味觸法處清淨聲香味觸法處清淨即有情清淨何以故是有情清淨與聲香味觸法處清淨無二無二分無別無斷故命者清淨即色處清淨色處清淨即命者清淨何以故是命者清淨與色處清淨無二無二分無別無斷故命者清淨即聲香味觸法處清淨聲香味觸法處清淨即命者清淨何以故是命者清淨與聲香味觸法處清淨無二無二分無別無斷故

生者清淨即色處清淨色處清淨即生者清淨何以故是生者清淨與色處清淨無二無二分無別無斷故生者清淨即聲香味觸法處清淨聲香味觸法處清淨即生者清淨何以故是生者清淨與聲香味觸法處清淨無二無二分無別無斷故養育者清淨即色處清淨色處清淨即養育者清淨何以故是養育者清淨與色處清淨無二無二分無別無斷故養育者清淨即聲香味觸法處清淨聲香味觸法處清淨即養育者清淨何以故是養育者清淨與聲香味觸法處清淨無二無二分無別無斷故士夫清淨即色處清淨色處清淨即士夫清淨何以故是士夫清淨與色處清淨無二無二分無別無斷故士夫清淨即聲香味觸法處清淨聲香味觸法處清淨即士夫清淨何以故是士夫清淨與聲香味觸法處清淨無二無二分無別無斷故補特伽羅清淨即色處清淨色處清淨即補特伽羅

清淨何以故是補特伽羅清淨與色處清淨無二無二分無別無斷故補特伽羅清淨即聲香味觸法處清淨聲香味觸法處清淨即補特伽羅清淨何以故是補特伽羅清淨與聲香味觸法處清淨無二無二分無別無斷故意生清淨即色處清淨色處清淨即意生清淨何以故是意生清淨與色處清淨無二無二分無別無斷故意生清淨即聲香味觸法處清淨聲香味觸法處清淨即意生清淨何以故是意生清淨與聲香味觸法處清淨無二無二分無別無斷故儒童清淨即色處清淨色處清淨即儒童清淨何以故是儒童清淨與色處清淨無二無二分無別無斷故儒童清淨即聲香味觸法處清淨聲香味觸法處清淨即儒童清淨何以故是儒童清淨與聲香味觸法處清淨無二無二分無別無斷故作者清淨即色處清淨色處清淨即作者清淨何以故是作者清淨與色處清淨無二無二分無別無斷故作者清淨即聲香味觸法處清淨聲香味觸法處清淨即作者清淨何以故是作者清淨與聲香味觸法處清淨無二無二分無別無斷故受者清淨即色處清淨色處清淨即受者清淨何以故是受者清淨與色處清淨無二無二分無別無斷故受者清淨即聲香味觸法處清淨聲香味觸法處清淨即受者清淨何以故是受者清淨與聲香味觸法處清淨無二無二分無別無斷故知者清淨即色處清淨色處清淨即知者清淨何以故是知者清淨與色處清淨無二無二分無別無斷故知者清淨即聲香味觸法處清淨聲香味觸法處清淨即知者清淨何以故是知者清淨與聲香味觸法處清淨無二無二分無別無斷故見者清淨即色處清淨色處清淨即見者清淨何以故是見者清淨與色處清淨無二無二分無別無斷故見者清淨即聲香味觸法處清淨聲香味觸法處清淨即見者清淨何以故是見者清淨與聲香味觸法處清淨無二無二分無別無斷故

復次善現我清淨即眼界清淨眼界清淨即我清淨何以故是我清淨與眼界清淨無二無二分無別無斷故我清淨即色界眼識界及眼觸眼觸為緣所生諸受清淨色界乃至眼觸為緣所生諸受清淨即我清淨何以故是我清淨與色界乃至眼觸為緣所生諸受清淨無二無二分無別無斷故有情清淨即眼界清淨眼界清淨即有情清淨何以故是有情清淨與眼界清淨無二無二分無別無斷故有情清淨即色界眼識界及眼觸眼觸為緣所生諸受清淨色界乃至眼觸為緣所生諸受清淨即有情清淨何以故是有情清淨與色界乃至眼觸為緣所生諸受清淨無二無二分無別無斷故命者清淨即眼界清淨眼界清淨即命者清淨何以故是命者清淨與眼界清淨無二無二分無別無斷故命者清淨即色界眼識界及眼觸眼觸為緣所生諸受清淨色界乃至眼觸為緣所生諸受清淨

即命者清淨何以故是命者清淨與色界乃至眼觸為緣所生諸受清淨無二無二分無別無斷故生者清淨即眼界清淨眼界清淨即生者清淨何以故是生者清淨與眼界清淨無二無二分無別無斷故生者清淨即色界眼識界及眼觸眼觸為緣所生諸受清淨色界乃至眼觸為緣所生諸受清淨即生者清淨何以故是生者清淨與色界乃至眼觸為緣所生諸受清淨無二無二分無別無斷故養育者清淨即眼界清淨眼界清淨即養育者清淨何以故是養育者清淨與眼界清淨無二無二分無別無斷故養育者清淨即色界眼識界及眼觸眼觸為緣所生諸受清淨色界乃至眼觸為緣所生諸受清淨即養育者清淨何以故是養育者清淨與色界乃至眼觸為緣所生諸受清淨無二無二分無別無斷故士夫清淨即眼界清淨眼界清淨即士夫清淨何以故是士夫清淨與眼界清淨無二無二分無別無斷故士夫清淨即

色界眼識界及眼觸眼觸為緣所生諸受清淨色界乃至眼觸為緣所生諸受清淨即士夫清淨何以故是士夫清淨與色界乃至眼觸為緣所生諸受清淨無二無二分無別無斷故補特伽羅清淨即眼界清淨眼界清淨即補特伽羅清淨何以故是補特伽羅清淨與眼界清淨無二無二分無別無斷故補特伽羅清淨即色界眼識界及眼觸眼觸為緣所生諸受清淨色界乃至眼觸為緣所生諸受清淨即補特伽羅清淨何以故是補特伽羅清淨與色界乃至眼觸為緣所生諸受清淨無二無二分無別無斷故意生清淨即眼界清淨眼界清淨即意生清淨何以故是意生清淨與眼界清淨無二無二分無別無斷故意生清淨即色界眼識界及眼觸眼觸為緣所生諸受清淨色界乃至眼觸為緣所生諸受清淨即意生清淨何以故是意生清淨與色界乃至眼觸為緣所生諸受清淨無二無二分無別無斷故儒童清淨即眼界清

淨眼界清淨即儒童清淨何以故是儒童清淨與眼界清淨無二无二分無別无斷故儒童清淨即色界眼識界及眼觸眼觸為緣所生諸受清淨色界乃至眼觸為緣所生諸受清淨即儒童清淨何以故是儒童清淨與色界乃至眼觸為緣所生諸受清淨無二无二分無別无斷故作者清淨即眼界清淨眼界清淨即作者清淨何以故是作者清淨與眼界清淨無二无二分無別无斷故作者清淨即色界眼識界及眼觸眼觸為緣所生諸受清淨色界乃至眼觸為緣所生諸受清淨即作者清淨何以故是作者清淨與色界乃至眼觸為緣所生諸受清淨無二无二分無別无斷故受者清淨即眼界清淨眼界清淨即受者清淨何以故是受者清淨與眼界清淨無二无二分無別无斷故受者清淨即色界眼識界及眼觸眼觸為緣所生諸受清淨色界乃至眼觸為緣所生諸受清淨即受者清淨何以故是受者清淨與色界乃至眼觸

為緣所生諸受清淨無二無二分無別無斷故知者清淨即眼界清淨眼界清淨即知者清淨何以故是知者清淨與眼界清淨無二無二分無別無斷故知者清淨即色界眼識界及眼觸眼觸為緣所生諸受清淨色界乃至眼觸為緣所生諸受清淨即知者清淨何以故是知者清淨與色界乃至眼觸為緣所生諸受清淨無二無二分無別無斷故見者清淨即眼界清淨眼界清淨即見者清淨何以故是見者清淨與眼界清淨無二無二分無別無斷故見者清淨即色界眼識界及眼觸眼觸為緣所生諸受清淨色界乃至眼觸為緣所生諸受清淨即見者清淨何以故是見者清淨與色界乃至眼觸為緣所生諸受清淨無二無二分無別無斷故

復次善現我清淨即耳界清淨耳界清淨即我清淨何以故是我清淨與耳界清淨無二無二分無別無斷故我清淨即聲界耳識界及耳觸耳觸為緣所生諸受清淨聲界乃至耳觸

為緣所生諸受清淨即我清淨何以故是我清淨與聲界乃至耳觸為緣所生諸受清淨無二無二分無別無斷故有情清淨即耳界清淨耳界清淨即有情清淨何以故是有情清淨與耳界清淨無二無二分無別無斷故有情清淨即聲界耳識界及耳觸耳觸為緣所生諸受清淨聲界乃至耳觸為緣所生諸受清淨即有情清淨何以故是有情清淨與聲界乃至耳觸為緣所生諸受清淨無二無二分無別無斷故命者清淨即耳界清淨耳界清淨即命者清淨何以故是命者清淨與耳界清淨無二無二分無別無斷故命者清淨即聲界耳識界及耳觸耳觸為緣所生諸受清淨聲界乃至耳觸為緣所生諸受清淨即命者清淨何以故是命者清淨與聲界乃至耳觸為緣所生諸受清淨無二無二分無別無斷故生者清淨即耳界清淨耳界清淨即生者清淨何以故是生者清淨與耳界清淨無二無二分無別無斷故生者清淨即

聲界耳識界及耳觸耳觸為緣所生諸受清淨聲界乃至耳觸為緣所生諸受清淨即生者清淨何以故是生者清淨與聲界乃至耳觸為緣所生諸受清淨無二無二分無別無斷故養育者清淨即耳界清淨耳界清淨即養育者清淨何以故是養育者清淨與耳界清淨無二無二分無別無斷故養育者清淨即聲界耳識界及耳觸耳觸為緣所生諸受清淨聲界乃至耳觸為緣所生諸受清淨即養育者清淨何以故是養育者清淨與聲界乃至耳觸為緣所生諸受清淨無二無二分無別無斷故士夫清淨即耳界清淨耳界清淨即士夫清淨何以故是士夫清淨與耳界清淨無二無二分無別無斷故士夫清淨即聲界耳識界及耳觸耳觸為緣所生諸受清淨聲界乃至耳觸為緣所生諸受清淨即士夫清淨何以故是士夫清淨與聲界乃至耳觸為緣所生諸受清淨無二無二分無別無斷故補特伽羅清淨即耳界清淨耳界清淨

即補特伽羅清淨何以故是補特伽羅清淨與耳界清淨無二無二分無別無斷故補特伽羅清淨即聲界耳識界及耳觸耳觸為緣所生諸受清淨聲界乃至耳觸為緣所生諸受清淨即補特伽羅清淨何以故是補特伽羅清淨與聲界乃至耳觸為緣所生諸受清淨無二無二分無別無斷故意生清淨即耳界清淨耳界清淨即意生清淨何以故是意生清淨與耳界清淨無二無二分無別無斷故意生清淨即聲界耳識界及耳觸耳觸為緣所生諸受清淨聲界乃至耳觸為緣所生諸受清淨即意生清淨何以故是意生清淨與聲界乃至耳觸為緣所生諸受清淨無二無二分無別無斷故儒童清淨即耳界清淨耳界清淨即儒童清淨何以故是儒童清淨與耳界清淨無二無二分無別無斷故儒童清淨即聲界耳識界及耳觸耳觸為緣所生諸受清淨聲界乃至耳觸為緣所生諸受清淨即儒童清淨何故是儒童清淨與

聲界乃至耳觸為緣所生諸受清淨无二無二分无別無斷故作者清淨即耳界清淨耳界清淨即作者清淨何以故是作者清淨與耳界清淨无二無二分无別無斷故作者清淨即聲界耳識界及耳觸耳觸為緣所生諸受清淨聲界乃至耳觸為緣所生諸受清淨即作者清淨何以故是作者清淨與聲界乃至耳觸為緣所生諸受清淨无二無二分无別無斷故受者清淨即耳界清淨耳界清淨即受者清淨何以故是受者清淨與耳界清淨無二无二分無別无斷故受者清淨即聲界耳識界及耳觸耳觸為緣所生諸受清淨聲界乃至耳觸為緣所生諸受清淨即受者清淨何以故是受者清淨與聲界乃至耳觸為緣所生諸受清淨無二无二分無別无斷故知者清淨即耳界清淨耳界清淨即知者清淨何以故是知者清淨與耳界清淨无二無二分无別無斷故知者清淨即聲界耳識界及耳觸耳觸為緣所生諸受清淨聲界

乃至耳觸為緣所生諸受清淨即知者清淨何以故是知者清淨與聲界乃至耳觸為緣所生諸受清淨无二無二分无別無斷故見者清淨即耳界清淨耳界清淨即見者清淨何以故是見者清淨與耳界清淨无二無二分無別无斷故見者清淨即聲界耳識界及耳觸耳觸為緣所生諸受清淨聲界乃至耳觸為緣所生諸受清淨即見者清淨何以故是見者清淨與聲界乃至耳觸為緣所生諸受清淨無二无二分無別无斷故

復次善現我清淨即鼻界清淨鼻界清淨即我清淨何以故是我清淨與鼻界清淨无二無二分无別無斷故我清淨即香界鼻識界及鼻觸鼻觸為緣所生諸受清淨香界乃至鼻觸為緣所生諸受清淨即我清淨何以故是我清淨與香界乃至鼻觸為緣所生諸受清淨無二无二分無別无斷故有情清淨即鼻界清淨鼻界清淨即有情清淨何以故是有情清淨與鼻界清淨無二无二分無別无斷

故有情清淨即香界鼻識界及鼻觸鼻觸爲緣所生諸受清淨香界乃至鼻觸爲緣所生諸受清淨即有情清淨何以故是有情清淨與香界乃至鼻觸爲緣所生諸受清淨無二无二分無別无斷故命者清淨即鼻界清淨鼻界清淨即命者清淨何以故是命者清淨與鼻界清淨無二无二分無別无斷故命者清淨即香界鼻識界及鼻觸鼻觸爲緣所生諸受清淨香界乃至鼻觸爲緣所生諸受清淨即命者清淨何以故是命者清淨與香界乃至鼻觸爲緣所生諸受清淨無二无二分無別无斷故生者清淨即鼻界清淨鼻界清淨即生者清淨何以故是生者清淨與鼻界清淨無二无二分無別无斷故生者清淨即香界鼻識界及鼻觸鼻觸爲緣所生諸受清淨香界乃至鼻觸爲緣所生諸受清淨即生者清淨何以故是生者清淨與香界乃至鼻觸爲緣所生諸受清淨無二无二分無別无斷故養育者清淨即鼻界清淨鼻界清淨

即養育者清淨何以故是養育者清淨與鼻界清淨無二無二分無別無斷故養育者清淨即香界鼻識界及鼻觸鼻觸爲緣所生諸受清淨香界乃至鼻觸爲緣所生諸受清淨即養育者清淨何以故是養育者清淨與香界乃至鼻觸爲緣所生諸受清淨無二無二分無別無斷故士夫清淨即鼻界清淨鼻界清淨即士夫清淨何以故是士夫清淨與鼻界清淨無二無二分無別無斷故士夫清淨即香界鼻識界及鼻觸鼻觸爲緣所生諸受清淨香界乃至鼻觸爲緣所生諸受清淨即士夫清淨何以故是士夫清淨與香界乃至鼻觸爲緣所生諸受清淨無二無二分無別無斷故補特伽羅清淨即鼻界清淨鼻界清淨即補特伽羅清淨何以故是補特伽羅清淨與鼻界清淨無二無二分無別無斷故補特伽羅清淨即香界鼻識界及鼻觸鼻觸爲緣所生諸受清淨香界乃至鼻觸爲緣所生諸受清淨即補特伽羅清淨何以故是補

特伽羅清淨與香界乃至鼻觸爲緣所生諸受清淨無二无二分無別无斷故意生清淨即鼻界清淨鼻界清淨即意生清淨何以故是意生清淨與鼻界清淨無二无二分無別无斷故意生清淨即香界鼻識界及鼻觸鼻觸爲緣所生諸受清淨香界乃至鼻觸爲緣所生諸受清淨即意生清淨何以故是意生清淨與香界乃至鼻觸爲緣所生諸受清淨無二无二分無別无斷故儒童清淨即鼻界清淨鼻界清淨即儒童清淨何以故是儒童清淨與鼻界清淨無二无二分無別无斷故儒童清淨即香界鼻識界及鼻觸鼻觸爲緣所生諸受清淨香界乃至鼻觸爲緣所生諸受清淨即儒童清淨何以故是儒童清淨與香界乃至鼻觸爲緣所生諸受清淨無二无二分無別无斷故作者清淨即鼻界清淨鼻界清淨即作者清淨何以故是作者清淨與鼻界清淨無二无二分無別无斷故作者清淨即香界鼻識界及鼻觸鼻觸爲緣所生

諸受清淨香界乃至鼻觸為緣所生諸受清淨即作者清淨何以故是作者清淨與香界乃至鼻觸為緣所生諸受清淨無二无二分無別无斷故受者清淨即鼻界清淨鼻界清淨即受者清淨何以故是受者清淨與鼻界清淨無二无二分無別无斷故受者清淨即香界鼻識界及鼻觸鼻觸為緣所生諸受清淨香界乃至鼻觸為緣所生諸受清淨即受者清淨何以故是受者清淨與香界乃至鼻觸為緣所生諸受清淨無二无二分無別无斷故知者清淨即鼻界清淨鼻界清淨即知者清淨何以故是知者清淨與鼻界清淨無二无二分無別无斷故知者清淨即香界鼻識界及鼻觸鼻觸為緣所生諸受清淨香界乃至鼻觸為緣所生諸受清淨即知者清淨何以故是知者清淨與香界乃至鼻觸為緣所生諸受清淨無二无二分無別无斷故見者清淨即鼻界清淨鼻界清淨即見者清淨何以故是見者清淨與鼻界清淨無二无

二分無別无斷故見者清淨即香界鼻識界及鼻觸鼻觸為緣所生諸受清淨香界乃至鼻觸為緣所生諸受清淨即見者清淨何以故是見者清淨與香界乃至鼻觸為緣所生諸受清淨無二无二分無別无斷故

復次善現我清淨即舌界清淨舌界清淨即我清淨何以故是我清淨與舌界清淨無二无二分無別无斷故我清淨即味界舌識界及舌觸舌觸為緣所生諸受清淨味界乃至舌觸為緣所生諸受清淨即我清淨何以故是我清淨與味界乃至舌觸為緣所生諸受清淨無二无二分無別无斷故有情清淨即舌界清淨舌界清淨即有情清淨何以故是有情清淨與舌界清淨無二无二分無別无斷故有情清淨即味界舌識界及舌觸舌觸為緣所生諸受清淨味界乃至舌觸為緣所生諸受清淨即有情清淨何以故是有情清淨與味界乃至舌觸為緣所生諸受清淨無二无二分無別无斷故命者清淨即舌界清

淨舌界清淨即命者清淨何以故是命者清淨與舌界清淨無二無二分無別無斷故命者清淨即味界舌識界及舌觸舌觸為緣所生諸受清淨味界乃至舌觸為緣所生諸受清淨即命者清淨何以故是命者清淨與味界乃至舌觸為緣所生諸受清淨無二無二分無別無斷故生者清淨即舌界清淨舌界清淨即生者清淨何以故是生者清淨與舌界清淨無二無二分無別無斷故生者清淨即味界舌識界及舌觸舌觸為緣所生諸受清淨味界乃至舌觸為緣所生諸受清淨即生者清淨何以故是生者清淨與味界乃至舌觸為緣所生諸受清淨無二無二分無別無斷故養育者清淨即舌界清淨舌界清淨即養育者清淨何以故是養育者清淨與舌界清淨無二無二分無別無斷故養育者清淨即味界舌識界及舌觸舌觸為緣所生諸受清淨味界乃至舌觸為緣所生諸受清淨即養育者清淨何以故是養育者清淨與

味界乃至舌觸為緣所生諸受清淨無二無二分無別無斷故士夫清淨即舌界清淨舌界清淨即士夫清淨何以故是士夫清淨與舌界清淨無二無二分無別無斷故士夫清淨即味界舌識界及舌觸舌觸為緣所生諸受清淨味界乃至舌觸為緣所生諸受清淨即士夫清淨何以故是士夫清淨與味界乃至舌觸為緣所生諸受清淨無二無二分無別無斷故補特伽羅清淨即舌界清淨舌界清淨即補特伽羅清淨何以故是補特伽羅清淨與舌界清淨無二無二分無別無斷故補特伽羅清淨即味界舌識界及舌觸舌觸為緣所生諸受清淨味界乃至舌觸為緣所生諸受清淨即補特伽羅清淨何以故是補特伽羅清淨與味界乃至舌觸為緣所生諸受清淨無二無二分無別無斷故意生清淨即舌界清淨舌界清淨即意生清淨何以故是意生清淨與舌界清淨無二無二分無別無斷故意生清淨即味界舌識界及舌觸

舌觸為緣所生諸受清淨味界乃至舌觸為緣所生諸受清淨即意生清淨何以故是意生清淨與味界乃至舌觸為緣所生諸受清淨無二無二分無別無斷故儒童清淨即舌界清淨舌界清淨即儒童清淨何以故是儒童清淨與舌界清淨無二無二分無別無斷故儒童清淨即味界舌識界及舌觸舌觸為緣所生諸受清淨味界乃至舌觸為緣所生諸受清淨即儒童清淨何以故是儒童清淨與味界乃至舌觸為緣所生諸受清淨無二無二分無別無斷故作者清淨即舌界清淨舌界清淨即作者清淨何以故是作者清淨與舌界清淨無二無二分無別無斷故作者清淨即味界舌識界及舌觸舌觸為緣所生諸受清淨味界乃至舌觸為緣所生諸受清淨即作者清淨何以故是作者清淨與味界乃至舌觸為緣所生諸受清淨無二無二分無別無斷故受者清淨即舌界清淨舌界清淨即受者清淨何以故是受者清淨與舌

界清淨無二無二分無別無斷故受者清淨即味界舌識界及舌觸舌觸為緣所生諸受清淨味界乃至舌觸為緣所生諸受清淨即受者清淨何以故是受者清淨與味界乃至舌觸為緣所生諸受清淨無二無二分無別無斷故知者清淨即舌界清淨舌界清淨即知者清淨何以故是知者清淨與舌界清淨無二無二分無別無斷故知者清淨即味界舌識界及舌觸舌觸為緣所生諸受清淨味界乃至舌觸為緣所生諸受清淨即知者清淨何以故是知者清淨與味界乃至舌觸為緣所生諸受清淨無二無二分無別無斷故見者清淨即舌界清淨舌界清淨即見者清淨何以故是見者清淨與舌界清淨無二無二分無別無斷故見者清淨即味界舌識界及舌觸舌觸為緣所生諸受清淨味界乃至舌觸為緣所生諸受清淨何以故是見者清淨與味界乃至舌觸為緣所生諸受清淨無二無二分無別無斷故

大般若波羅蜜多經卷第一百八十五　暑

大般若波羅蜜多經卷第一百八十五

校勘記

一　底本，金藏大寶集寺本。

一　七六四頁下一八行「是受者」，甬作「受者」。

一　七六六頁上二三行「何故」，石、磧、甬、徑、清、麗作「何以故」。

一　七六七頁中一九行「與」，徑作「無」。

一　七六八頁下六行「即命者」，石作「即者」。

一　七六九頁下一八行「即味界」，石作「即舌界」。

一　七六九頁下二一行「何以故」，石、磧、甬、徑、清、麗作「即見者清淨何以故」。

大般若波羅蜜多經卷第一百八十六　畢

三藏法師玄奘奉　詔譯

初分難信解品第三十四之五

復次善現我清淨即身界清淨身界清淨即我清淨何以故是我清淨與身界清淨無二無二分無別無斷故我清淨即觸界身識界及身觸身觸為緣所生諸受清淨觸界乃至身觸為緣所生諸受清淨即我清淨何以故是我清淨與觸界乃至身觸為緣所生諸受清淨無二無二分無別無斷故有情清淨即身界清淨身界清淨即有情清淨何以故是有情清淨與身界清淨無二無二分無別無斷故有情清淨即觸界身識界及身觸身觸為緣所生諸受清淨觸界乃至身觸為緣所生諸受清淨即有情清淨何以故是有情清淨與觸界乃至身觸為緣所生諸受清淨無二無二分無別無斷故命者清淨即身界清淨身界清淨即命者清淨何以故是命者清淨與身界清淨無二無二分

無別無斷故命者清淨即觸界身識界及身觸身觸為緣所生諸受清淨觸界乃至身觸為緣所生諸受清淨即命者清淨何以故是命者清淨與觸界乃至身觸為緣所生諸受清淨無二無二分無別無斷故生者清淨即身界清淨身界清淨即生者清淨何以故是生者清淨與身界清淨無二無二分無別無斷故生者清淨即觸界身識界及身觸身觸為緣所生諸受清淨觸界乃至身觸為緣所生諸受清淨即生者清淨何以故是生者清淨與觸界乃至身觸為緣所生諸受清淨無二無二分無別無斷故養育者清淨即身界清淨身界清淨即養育者清淨何以故是養育者清淨與身界清淨無二無二分無別無斷故養育者清淨即觸界身識界及身觸身觸為緣所生諸受清淨觸界乃至身觸為緣所生諸受清淨即養育者清淨何以故是養育者清淨與觸界乃至身觸為緣所生諸受清淨無二無二分無別無斷故士夫清淨

即身界清淨身界清淨即士夫清淨何以故是士夫清淨與身界清淨無二無二分無別無斷故士夫清淨即觸界身識界及身觸身觸爲緣所生諸受清淨觸界乃至身觸爲緣所生諸受清淨即士夫清淨何以故是士夫清淨與觸界乃至身觸爲緣所生諸受清淨無二無二分無別無斷故補特伽羅清淨即身界清淨身界清淨即補特伽羅清淨何以故是補特伽羅清淨與身界清淨無二無二分無別無斷故補特伽羅清淨即觸界身識界及身觸身觸爲緣所生諸受清淨觸界乃至身觸爲緣所生諸受清淨即補特伽羅清淨何以故是補特伽羅清淨與觸界乃至身觸爲緣所生諸受清淨無二無二分無別無斷故意生清淨即身界清淨身界清淨即意生清淨何以故是意生清淨與身界清淨無二無二分無別無斷故意生清淨即觸界身識界及身觸身觸爲緣所生諸受清淨觸界乃至身觸爲緣所生諸受清淨即意生清

淨何以故是意生清淨與觸界乃至身觸爲緣所生諸受清淨無二無二分無別無斷故儒童清淨即身界清淨身界清淨即儒童清淨何以故是儒童清淨與身界清淨無二無二分無別無斷故儒童清淨即觸界身識界及身觸身觸爲緣所生諸受清淨觸界乃至身觸爲緣所生諸受清淨即儒童清淨何以故是儒童清淨與觸界乃至身觸爲緣所生諸受清淨無二無二分無別無斷故作者清淨即身界清淨身界清淨即作者清淨何以故是作者清淨與身界清淨無二無二分無別無斷故作者清淨即觸界身識界及身觸身觸爲緣所生諸受清淨觸界乃至身觸爲緣所生諸受清淨即作者清淨何以故是作者清淨與觸界乃至身觸爲緣所生諸受清淨無二無二分無別無斷故受者清淨即身界清淨身界清淨即受者清淨何以故是受者清淨與身界清淨無二無二分無別無斷故受者清淨即觸界身識界及身觸身觸

爲緣所生諸受清淨觸界乃至身觸爲緣所生諸受清淨即受者清淨何以故是受者清淨與觸界乃至身觸爲緣所生諸受清淨無二無二分無別無斷故知者清淨即身界清淨身界清淨即知者清淨何以故是知者清淨與身界清淨無二無二分無別無斷故知者清淨即觸界身識界及身觸身觸爲緣所生諸受清淨觸界乃至身觸爲緣所生諸受清淨即知者清淨何以故是知者清淨與觸界乃至身觸爲緣所生諸受清淨無二無二分無別無斷故見者清淨即身界清淨身界清淨即見者清淨何以故是見者清淨與身界清淨無二無二分無別無斷故見者清淨即觸界身識界及身觸身觸爲緣所生諸受清淨觸界乃至身觸爲緣所生諸受清淨即見者清淨何以故是見者清淨與觸界乃至身觸爲緣所生諸受清淨無二無二分無別無斷故

復次善現我清淨即意界清淨意界清淨即我清淨何以故是我清淨與

意界清淨無二無二分無別無斷故我清淨即法界意識界及意觸意觸為緣所生諸受清淨法界乃至意觸為緣所生諸受清淨即我清淨何以故是我清淨與法界乃至意觸為緣所生諸受清淨無二無二分無別無斷故有情清淨即意界清淨意界清淨即有情清淨何以故是有情清淨與意界清淨無二無二分無別無斷故有情清淨即法界意識界及意觸意觸為緣所生諸受清淨法界乃至意觸為緣所生諸受清淨即有情清淨何以故是有情清淨與法界乃至意觸為緣所生諸受清淨無二無二分無別無斷故命者清淨即意界清淨意界清淨即命者清淨何以故是命者清淨與意界清淨無二無二分無別無斷故命者清淨即法界意識界及意觸意觸為緣所生諸受清淨法界乃至意觸為緣所生諸受清淨即命者清淨何以故是命者清淨與法界乃至意觸為緣所生諸受清淨無二無二分無別無斷故生者清淨

即意界清淨意界清淨即生者清淨何以故是生者清淨與意界清淨無二無二分無別無斷故生者清淨即法界意識界及意觸意觸為緣所生諸受清淨法界乃至意觸為緣所生諸受清淨即生者清淨何以故是生者清淨與法界乃至意觸為緣所生諸受清淨無二無二分無別無斷故養育者清淨即意界清淨意界清淨即養育者清淨何以故是養育者清淨與意界清淨無二無二分無別無斷故養育者清淨即法界意識界及意觸意觸為緣所生諸受清淨法界乃至意觸為緣所生諸受清淨即養育者清淨何以故是養育者清淨與法界乃至意觸為緣所生諸受清淨無二無二分無別無斷故士夫清淨即意界清淨意界清淨即士夫清淨何以故是士夫清淨與意界清淨無二無二分無別無斷故士夫清淨即法界意識界及意觸意觸為緣所生諸受清淨法界乃至意觸為緣所生諸受清淨即士夫清淨何以故是士

夫清淨與法界乃至意觸為緣所生諸受清淨無二無二分無別無斷故補特伽羅清淨即意界清淨意界清淨即補特伽羅清淨何以故是補特伽羅清淨與意界清淨無二無二分無別無斷故補特伽羅清淨即法界意識界及意觸意觸為緣所生諸受清淨法界乃至意觸為緣所生諸受清淨即補特伽羅清淨何以故是補特伽羅清淨與法界乃至意觸為緣所生諸受清淨無二無二分無別無斷故意生清淨即意界清淨意界清淨即意生清淨何以故是意生清淨與意界清淨無二無二分無別無斷故意生清淨即法界意識界及意觸意觸為緣所生諸受清淨法界乃至意觸為緣所生諸受清淨即意生清淨何以故是意生清淨與法界乃至意觸為緣所生諸受清淨無二無二分無別無斷故儒童清淨即意界清淨意界清淨即儒童清淨何以故是儒童清淨與意界清淨無二無二分無別無斷故儒童清淨即法界意識

界及意觸意觸為緣所生諸受清淨法界乃至意觸為緣所生諸受清淨即儒童清淨何以故是儒童清淨與法界乃至意觸為緣所生諸受清淨無二無二分無別無斷故作者清淨即意界清淨意界清淨即作者清淨何以故是作者清淨與意界清淨無二無二分無別無斷故作者清淨即法界意識界及意觸意觸為緣所生諸受清淨法界乃至意觸為緣所生諸受清淨即作者清淨何以故是作者清淨與法界乃至意觸為緣所生諸受清淨無二無二分無別無斷故受者清淨即意界清淨意界清淨即受者清淨何以故是受者清淨與意界清淨無二無二分無別無斷故受者清淨即法界意識界及意觸意觸為緣所生諸受清淨法界乃至意觸為緣所生諸受清淨即受者清淨何以故是受者清淨與法界乃至意觸為緣所生諸受清淨無二無二分無別無斷故知者清淨即意界清淨意界清淨即知者清淨何以故是知者

清淨與意界清淨無二無二分無別無斷故知者清淨即法界意識界及意觸意觸為緣所生諸受清淨法界乃至意觸為緣所生諸受清淨即知者清淨何以故是知者清淨與法界乃至意觸為緣所生諸受清淨無二無二分無別無斷故見者清淨即意界清淨意界清淨即見者清淨何以故是見者清淨與意界清淨無二無二分無別無斷故見者清淨即法界意識界及意觸意觸為緣所生諸受清淨法界乃至意觸為緣所生諸受清淨即見者清淨何以故是見者清淨與法界乃至意觸為緣所生諸受清淨無二無二分無別無斷故

復次善現我清淨即地界清淨地界清淨即我清淨何以故是我清淨與地界清淨無二無二分無別無斷故我清淨即水火風空識界清淨水火風空識界清淨即我清淨何以故是我清淨與水火風空識界清淨無二無二分無別無斷故有情清淨即地界清淨地界清淨即有情清淨何以

故是有情清淨與地界清淨無二無二分無別無斷故有情清淨即水火風空識界清淨水火風空識界清淨即有情清淨何以故是有情清淨與水火風空識界清淨無二無二分無別無斷故命者清淨即地界清淨地界清淨即命者清淨何以故是命者清淨與地界清淨無二無二分無別無斷故命者清淨即水火風空識界清淨水火風空識界清淨即命者清淨何以故是命者清淨與水火風空識界清淨無二無二分無別無斷故生者清淨即地界清淨地界清淨即生者清淨何以故是生者清淨與地界清淨無二無二分無別無斷故生者清淨即水火風空識界清淨水火風空識界清淨即生者清淨何以故是生者清淨與水火風空識界清淨無二無二分無別無斷故養育者清淨即地界清淨地界清淨即養育者清淨何以故是養育者清淨與地界清淨無二無二分無別無斷故養育者清淨即水火風空識界清淨水火

風空識界清淨即養育者清淨何以故是養育者清淨與水火風空識界清淨无二無二分无別无斷故士夫清淨即地界清淨地界清淨即士夫清淨何以故是士夫清淨與地界清淨无二無二分无別无斷故士夫清淨即水火風空識界清淨水火風空識界清淨即士夫清淨何以故是士夫清淨與水火風空識界清淨无二无二分无別無斷故補特伽羅清淨即地界清淨地界清淨即補特伽羅清淨何以故是補特伽羅清淨與地界清淨无二无二分无別无斷故補特伽羅清淨即水火風空識界清淨水火風空識界清淨即補特伽羅清淨何以故是補特伽羅清淨與水火風空識界清淨無二无二分无別无斷故意生清淨即地界清淨地界清淨即意生清淨何以故是意生清淨與地界清淨无二无二分无別无斷故意生清淨即水火風空識界清淨水火風空識界清淨即意生清淨何以故是意生清淨與水火風空識界

清淨無二無二分無別無斷故儒童清淨即地界清淨地界清淨即儒童清淨何以故是儒童清淨與地界清淨無二無二分無別無斷故儒童清淨即水火風空識界清淨水火風空識界清淨即儒童清淨何以故是儒童清淨與水火風空識界清淨無二無二分無別無斷故作者清淨即地界清淨地界清淨即作者清淨何以故是作者清淨與地界清淨無二無二分無別無斷故作者清淨即水火風空識界清淨水火風空識界清淨即作者清淨何以故是作者清淨與水火風空識界清淨無二無二分無別無斷故受者清淨即地界清淨地界清淨即受者清淨何以故是受者清淨與地界清淨無二無二分無別無斷故受者清淨即水火風空識界清淨水火風空識界清淨即受者清淨何以故是受者清淨與水火風空識界清淨無二無二分無別無斷故知者清淨即地界清淨地界清淨即知者清淨何以故是知者清淨與地

界清淨無二无二分無別无斷故知者清淨即水火風空識界清淨水火風空識界清淨即知者清淨何以故是知者清淨與水火風空識界清淨無二无二分無別无斷故見者清淨即地界清淨地界清淨即見者清淨何以故是見者清淨與地界清淨无二無二分无別無斷故見者清淨即水火風空識界清淨水火風空識界清淨即見者清淨何以故是見者清淨與水火風空識界清淨無二无二分無別无斷故

復次善現我清淨即无明清淨無明清淨即我清淨何以故是我清淨與无明清淨無二无二分無別无斷故我清淨即行識名色六處觸受愛取有生老死愁歎苦憂惱清淨行乃至老死愁歎苦憂惱清淨即我清淨何以故是我清淨與行乃至老死愁歎苦憂惱清淨无二無二分无別無斷故有情清淨即无明清淨無明清淨即有情清淨何以故是有情清淨與无明清淨無二无二分无別无斷故

有情清淨即行識名色六處觸受愛取有生老死愁歎苦憂惱清淨行乃至老死愁歎苦憂惱清淨即有情清淨何以故是有情清淨與行乃至老死愁歎苦憂惱清淨無二无二分無别无断故命者清淨即無明清淨无明清淨即命者清淨何以故是命者清淨與无明清淨無二无二分無别无断故命者清淨即行識名色六處觸受愛取有生老死愁歎苦憂惱清淨行乃至老死愁歎苦憂惱清淨即命者清淨何以故是命者清淨與行乃至老死愁歎苦憂惱清淨无二無二分无别無断故生者清淨即無明清淨無明清淨即生者清淨何以故是生者清淨與无明清淨無二无二分无别無断故生者清淨即行識名色六處觸受愛取有生老死愁歎苦憂惱清淨行乃至老死愁歎苦憂惱清淨即生者清淨何以故是生者清淨與行乃至老死愁歎苦憂惱清淨無二无二分無别无断故養育者清淨即無明清淨无明清淨即養育者

清淨何以故是養育者清淨與無明清淨无二無二分无别無断故養育者清淨即行識名色六處觸受愛取有生老死愁歎苦憂惱清淨行乃至老死愁歎苦憂惱清淨即養育者清淨何以故是養育者清淨與行乃至老死愁歎苦憂惱清淨無二无二分無别无断故士夫清淨即無明清淨无明清淨即士夫清淨何以故是士夫清淨與無明清淨無二无二分無别无断故士夫清淨即行識名色六處觸受愛取有生老死愁歎苦憂惱清淨行乃至老死愁歎苦憂惱清淨即士夫清淨何以故是士夫清淨與行乃至老死愁歎苦憂惱清淨无二無二分无别無断故補特伽羅清淨即无明清淨無明清淨即補特伽羅清淨何以故是補特伽羅清淨與無明清淨无二無二分无别無断故補特伽羅清淨即行識名色六處觸受愛取有生老死愁歎苦憂惱清淨行乃至老死愁歎苦憂惱清淨即補特伽羅清淨何以故是補特伽羅清淨

與行乃至老死愁歎苦憂惱清淨無二無二分無别無断故意生清淨即無明清淨無明清淨即意生清淨何以故是意生清淨與無明清淨無二無二分無别無断故意生清淨即行識名色六處觸受愛取有生老死愁歎苦憂惱清淨行乃至老死愁歎苦憂惱清淨即意生清淨何以故是意生清淨與行乃至老死愁歎苦憂惱清淨無二無二分無别無断故儒童清淨即無明清淨無明清淨即儒童清淨何以故是儒童清淨與無明清淨無二無二分無别無断故儒童清淨即行識名色六處觸受愛取有生老死愁歎苦憂惱清淨行乃至老死愁歎苦憂惱清淨即儒童清淨何以故是儒童清淨與行乃至老死愁歎苦憂惱清淨無二無二分無别無断故作者清淨即無明清淨無明清淨即作者清淨何以故是作者清淨與無明清淨無二無二分無别無断故作者清淨即行識名色六處觸受愛取有生老死愁歎苦憂惱清淨行乃

至老死愁歎苦憂惱清淨即作者清淨何以故是作者清淨與行乃至老死愁歎苦憂惱清淨無二無二分無別無斷故受者清淨即無明清淨無明清淨即受者清淨何以故是受者清淨與無明清淨無二無二分無別無斷故受者清淨即行識名色六處觸受愛取有生老死愁歎苦憂惱清淨行乃至老死愁歎苦憂惱清淨即受者清淨何以故是受者清淨與行乃至老死愁歎苦憂惱清淨無二無二分無別無斷故知者清淨即無明清淨無明清淨即知者清淨何以故是知者清淨與無明清淨無二無二分無別無斷故知者清淨即行識名色六處觸受愛取有生老死愁歎苦憂惱清淨行乃至老死愁歎苦憂惱清淨即知者清淨何以故是知者清淨與行乃至老死愁歎苦憂惱清淨無二無二分無別無斷故見者清淨即無明清淨無明清淨即見者清淨何以故是見者清淨與無明清淨無二無二分無別無斷故見者清淨即

行識名色六處觸受愛取有生老死愁歎苦憂惱清淨行乃至老死愁歎苦憂惱清淨即見者清淨何以故是見者清淨與行乃至老死愁歎苦憂惱清淨無二無二分無別無斷故

復次善現我清淨即布施波羅蜜多清淨布施波羅蜜多清淨即我清淨何以故是我清淨與布施波羅蜜多清淨無二無二分無別無斷故我清淨即淨戒安忍精進靜慮般若波羅蜜多清淨淨戒乃至般若波羅蜜多清淨即我清淨何以故是我清淨與淨戒乃至般若波羅蜜多清淨無二無二分無別無斷故有情清淨即布施波羅蜜多清淨布施波羅蜜多清淨即有情清淨何以故是有情清淨與布施波羅蜜多清淨無二無二分無別無斷故有情清淨即淨戒安忍精進靜慮般若波羅蜜多清淨淨戒乃至般若波羅蜜多清淨即有情清淨何以故是有情清淨與淨戒乃至般若波羅蜜多清淨無二無二分無別無斷故命者清淨即布施波羅蜜

多清淨布施波羅蜜多清淨即命者清淨何以故是命者清淨與布施波羅蜜多清淨無二無二分無別無斷故命者清淨即淨戒安忍精進靜慮般若波羅蜜多清淨淨戒乃至般若波羅蜜多清淨即命者清淨何以故是命者清淨與淨戒乃至般若波羅蜜多清淨無二無二分無別無斷故生者清淨即布施波羅蜜多清淨布施波羅蜜多清淨即生者清淨何以故是生者清淨與布施波羅蜜多清淨無二無二分無別無斷故生者清淨即淨戒安忍精進靜慮般若波羅蜜多清淨淨戒乃至般若波羅蜜多清淨即生者清淨何以故是生者清淨與淨戒乃至般若波羅蜜多清淨無二無二分無別無斷故養育者清淨即布施波羅蜜多清淨布施波羅蜜多清淨即養育者清淨何以故是養育者清淨與布施波羅蜜多清淨無二無二分無別無斷故養育者清淨即淨戒安忍精進靜慮般若波羅蜜多清淨淨戒乃至般若波羅蜜多

清淨即養育者清淨何以故是養育者清淨與淨戒乃至般若波羅蜜多清淨無二無二分無別無斷故士夫清淨即布施波羅蜜多清淨布施波羅蜜多清淨即士夫清淨何以故是士夫清淨與布施波羅蜜多清淨無二無二分無別無斷故士夫清淨即淨戒安忍精進靜慮般若波羅蜜多清淨淨戒乃至般若波羅蜜多清淨即士夫清淨何以故是士夫清淨與淨戒乃至般若波羅蜜多清淨無二無二分無別無斷故補特伽羅清淨即布施波羅蜜多清淨布施波羅蜜多清淨即補特伽羅清淨何以故是補特伽羅清淨與布施波羅蜜多清淨無二無二分無別無斷故補特伽羅清淨即淨戒安忍精進靜慮般若波羅蜜多清淨淨戒乃至般若波羅蜜多清淨即補特伽羅清淨何以故是補特伽羅清淨與淨戒乃至般若波羅蜜多清淨無二無二分無別無斷故意生清淨即布施波羅蜜多清淨布施波羅蜜多清淨即意生清淨

何以故是意生清淨與布施波羅蜜多清淨無二無二分無別無斷故意生清淨即淨戒安忍精進靜慮般若波羅蜜多清淨淨戒乃至般若波羅蜜多清淨即意生清淨何以故是意生清淨與淨戒乃至般若波羅蜜多清淨無二無二分無別無斷故儒童清淨即布施波羅蜜多清淨布施波羅蜜多清淨即儒童清淨何以故是儒童清淨與布施波羅蜜多清淨無二無二分無別無斷故儒童清淨即淨戒安忍精進靜慮般若波羅蜜多清淨淨戒乃至般若波羅蜜多清淨即儒童清淨何以故是儒童清淨與淨戒乃至般若波羅蜜多清淨無二無二分無別無斷故作者清淨即布施波羅蜜多清淨布施波羅蜜多清淨即作者清淨何以故是作者清淨與布施波羅蜜多清淨無二無二分無別無斷故作者清淨即淨戒安忍精進靜慮般若波羅蜜多清淨淨戒乃至般若波羅蜜多清淨即作者清淨何以故是作者清淨與淨戒乃至

般若波羅蜜多清淨無二無二分無別無斷故受者清淨即布施波羅蜜多清淨布施波羅蜜多清淨即受者清淨何以故是受者清淨與布施波羅蜜多清淨無二無二分無別無斷故受者清淨即淨戒安忍精進靜慮般若波羅蜜多清淨淨戒乃至般若波羅蜜多清淨即受者清淨何以故是受者清淨與淨戒乃至般若波羅蜜多清淨無二無二分無別無斷故知者清淨即布施波羅蜜多清淨布施波羅蜜多清淨即知者清淨何以故是知者清淨與布施波羅蜜多清淨無二無二分無別無斷故知者清淨即淨戒安忍精進靜慮般若波羅蜜多清淨淨戒乃至般若波羅蜜多清淨即知者清淨何以故是知者清淨與淨戒乃至般若波羅蜜多清淨無二無二分無別無斷故見者清淨即布施波羅蜜多清淨布施波羅蜜多清淨即見者清淨何以故是見者清淨與布施波羅蜜多清淨無二無二分無別無斷故見者清淨即淨戒

大般若經百八十六　第三十四張　署

安忍精進靜慮般若波羅蜜多清淨淨戒乃至般若波羅蜜多清淨即見者清淨何以故是見者清淨與淨戒乃至般若波羅蜜多清淨無二無二分無別無斷故

大般若波羅蜜多經卷第一百八十六　署

大般若波羅蜜多經卷第一百八十六

校勘記

一　底本，金藏大寶集寺本。

一　七七一頁中一六行「所空」，磧、南、徑、清、麗作「所生」。

一　七七六頁中二三行「補特伽羅清淨」，石作「補特伽羅淨」。

一　七七八頁下二〇行至二一行「布施波羅蜜多」，徑作「般若波羅蜜多」。

大般若波羅蜜多經卷第一百八十七　暑

三藏法師玄奘奉　詔譯

初分難信解品第三十四之六

復次善現我清淨即內空清淨內空清淨即我清淨何以故是我清淨與內空清淨無二無二分無別無斷故我清淨即外空內外空空空大空勝義空有為空無為空畢竟空無際空散空無變異空本性空自相空共相空一切法空不可得空無性空自性空無性自性空清淨外空乃至無性自性空清淨即我清淨何以故是我清淨與外空乃至無性自性空清淨無二無二分無別無斷故有情清淨即內空清淨內空清淨即有情清淨何以故是有情清淨與內空清淨無二無二分無別無斷故有情清淨即外空內外空空空大空勝義空有為空無為空畢竟空無際空散空無變異空本性空自相空共相空一切法空不可得空無性空自性空無性自性空清淨外空乃至無性自性空清淨即有情清淨何以故是有情清淨與外空乃至無性自性空清淨無二無二分無別無斷故命者清淨即內空清淨內空清淨即命者清淨何以故是命者清淨與內空清淨無二無二分無別無斷故命者清淨即外空內外空空空大空勝義空有為空無為空畢竟空無際空散空無變異空本性空自相空共相空一切法空不可得空無性空自性空無性自性空清淨外空乃至無性自性空清淨即命者清淨何以故是命者清淨與外空乃至無性自性空清淨無二無二分無別無斷故生者清淨即內空清淨內空清淨即生者清淨何以故是生者清淨與內空清淨無二無二分無別無斷故生者清淨即外空內外空空空大空勝義空有為空無為空畢竟空無際空散空無變異空本性空自相空共相空一切法空不可得空無性空自性空無性自性空清淨外空乃至無性自性空清淨即生者清淨何以故是生者清淨與外空乃

至無性自性空清淨無二無二分無別無斷故養育者清淨即內空清淨內空清淨即養育者清淨何以故是養育者清淨與內空清淨無二無二分無別無斷故養育者清淨即外空內外空空空大空勝義空有為空無為空畢竟空無際空散空無變異空本性空自相空共相空一切法空不可得空無性空自性空無性自性空清淨外空乃至無性自性空清淨即養育者清淨何以故是養育者清淨與外空乃至無性自性空清淨無二無二分無別無斷故士夫清淨即內空清淨內空清淨即士夫清淨何以故是士夫清淨與內空清淨無二無二分無別無斷故士夫清淨即外空內外空空空大空勝義空有為空無為空畢竟空無際空散空無變異空本性空自相空共相空一切法空不可得空無性空自性空無性自性空清淨外空乃至無性自性空清淨即士夫清淨何以故是士夫清淨與外空乃至無性自性空清淨無二無二

分無別無斷故補特伽羅清淨即內空清淨內空清淨即補特伽羅清淨何以故是補特伽羅清淨與內空清淨無二無二分無別無斷故補特伽羅清淨即外空內外空空空大空勝義空有為空無為空畢竟空無際空散空無變異空本性空自相空共相空一切法空不可得空無性空自性空無性自性空清淨外空乃至無性自性空清淨即補特伽羅清淨何以故是補特伽羅清淨與外空乃至無性自性空清淨無二無二分無別無斷故意生清淨即內空清淨內空清淨即意生清淨何以故是意生清淨與內空清淨無二無二分無別無斷故意生清淨即外空內外空空空大空勝義空有為空無為空畢竟空無際空散空無變異空本性空自相空共相空一切法空不可得空無性空自性空無性自性空清淨外空乃至無性自性空清淨即意生清淨何以故是意生清淨與外空乃至無性自性空清淨無二無二分無別無斷故

儒童清淨即內空清淨內空清淨即儒童清淨何以故是儒童清淨與內空清淨無二無二分無別無斷故儒童清淨即外空內外空空空大空勝義空有為空無為空畢竟空無際空散空無變異空本性空自相空共相空一切法空不可得空無性空自性空無性自性空清淨外空乃至無性自性空清淨即儒童清淨何以故是儒童清淨與外空乃至無性自性空清淨無二無二分無別無斷故作者清淨即內空清淨內空清淨即作者清淨何以故是作者清淨與內空清淨無二無二分無別無斷故作者清淨即外空內外空空空大空勝義空有為空無為空畢竟空無際空散空無變異空本性空自相空共相空一切法空不可得空無性空自性空無性自性空清淨外空乃至無性自性空清淨即作者清淨何以故是作者清淨與外空乃至無性自性空清淨無二無二分無別無斷故受者清淨即內空清淨內空清淨即受者清淨

何以故是受者清淨與內空清淨無二無二分無別無斷故受者清淨即外空內外空空空大空勝義空有為空無為空畢竟空無際空散空無變異空本性空自相空共相空一切法空不可得空無性空自性空無性自性空清淨外空乃至無性自性空清淨即受者清淨何以故是受者清淨與外空乃至無性自性空清淨無二無二分無別無斷故知者清淨即內空清淨內空清淨即知者清淨何以故是知者清淨與內空清淨無二無二分無別無斷故知者清淨即外空內外空空空大空勝義空有為空無為空畢竟空無際空散空無變異空本性空自相空共相空一切法空不可得空無性空自性空無性自性空清淨外空乃至無性自性空清淨即知者清淨何以故是知者清淨與外空乃至無性自性空清淨無二無二分無別無斷故見者清淨即內空清淨內空清淨即見者清淨何以故是見者清淨與內空清淨無二無二分

無別無斷故見者清淨即外空內外空空空大空勝義空有為空無為空畢竟空無際空散空無變異空本性空自相空共相空一切法空不可得空無性空自性空無性自性空清淨外空乃至無性自性空清淨即見者清淨何以故是見者清淨與外空乃至無性自性空清淨無二無二分無別無斷故

復次善現我清淨即真如清淨真如清淨即我清淨何以故是我清淨與真如清淨無二無二分無別無斷故我清淨即法界法性不虛妄性不變異性平等性離生性法定法住實際虛空界不思議界清淨法界乃至不思議界清淨即我清淨何以故是我清淨與法界乃至不思議界清淨無二無二分無別無斷故有情清淨即真如清淨真如清淨即有情清淨何以故是有情清淨與真如清淨無二無二分無別無斷故有情清淨即法界法性不虛妄性不變異性平等性離生性法定法住實際虛空界不思

議界清淨法界乃至不思議界清淨即有情清淨何以故是有情清淨與法界乃至不思議界清淨無二無二分無別無斷故命者清淨即真如清淨真如清淨即命者清淨何以故是命者清淨與真如清淨無二無二分無別無斷故命者清淨即法界法性不虛妄性不變異性平等性離生性法定法住實際虛空界不思議界清淨法界乃至不思議界清淨即命者清淨何以故是命者清淨與法界乃至不思議界清淨無二無二分無別無斷故生者清淨即真如清淨真如清淨即生者清淨何以故是生者清淨與真如清淨無二無二分無別無斷故生者清淨即法界法性不虛妄性不變異性平等性離生性法定法住實際虛空界不思議界清淨法界乃至不思議界清淨即生者清淨何以故是生者清淨與法界乃至不思議界清淨無二無二分無別無斷故養育者清淨即真如清淨真如清淨即養育者清淨何以故是養育者清

淨與真如清淨無二無二分無別無斷故養育者清淨即法界法性不虛妄性不變異性平等性離生性法定法住實際虛空界不思議界清淨法界乃至不思議界清淨即養育者清淨何以故是養育者清淨與法界乃至不思議界清淨無二無二分無別無斷故士夫清淨即真如清淨真如清淨即士夫清淨何以故是士夫清淨與真如清淨無二無二分無別無斷故士夫清淨即法界法性不虛妄性不變異性平等性離生性法定法住實際虛空界不思議界清淨法界乃至不思議界清淨即士夫清淨何以故是士夫清淨與法界乃至不思議界清淨無二無二分無別無斷故補特伽羅清淨即真如清淨真如清淨即補特伽羅清淨何以故是補特伽羅清淨與真如清淨無二無二分無別無斷故補特伽羅清淨即法界法性不虛妄性不變異性平等性離生性法定法住實際虛空界不思議界清淨法界乃至不思議界清淨即補特伽羅清淨何以故是補特伽羅清淨與法界乃至不思議界清淨無二無二分無別無斷故意生清淨即真如清淨真如清淨即意生清淨何以故是意生清淨與真如清淨無二無二分無別無斷故意生清淨即法界法性不虛妄性不變異性平等性離生性法定法住實際虛空界不思議界清淨法界乃至不思議界清淨即意生清淨何以故是意生清淨與法界乃至不思議界清淨無二無二分無別無斷故儒童清淨即真如清淨真如清淨即儒童清淨何以故是儒童清淨與真如清淨無二無二分無別無斷故儒童清淨即法界法性不虛妄性不變異性平等性離生性法定法住實際虛空界不思議界清淨法界乃至不思議界清淨即儒童清淨何以故是儒童清淨與法界乃至不思議界清淨無二無二分無別無斷故作者清淨即真如清淨真如清淨即作者清淨何以故是作者清淨與真如清淨無二無二分無別無斷故作者清淨即法界法性不虛妄性不變異性平等性離生性法定法住實際虛空界不思議界清淨法界乃至不思議界清淨即作者清淨何以故是作者清淨與法界乃至不思議界清淨無二無二分無別無斷故受者清淨即真如清淨真如清淨即受者清淨何以故是受者清淨與真如清淨無二無二分無別無斷故受者清淨即法界法性不虛妄性不變異性平等性離生性法定法住實際虛空界不思議界清淨法界乃至不思議界清淨即受者清淨何以故是受者清淨與法界乃至不思議界清淨無二無二分無別無斷故知者清淨即真如清淨真如清淨即知者清淨何以故是知者清淨與真如清淨無二無二分無別無斷故知者清淨即法界法性不虛妄性不變異性平等性離生性法定法住實際虛空界不思議界清淨法界乃至不思議界清淨即知者清淨何以故是知者清淨與法界乃至不思議界清淨無二無

二分無別無斷故見者清淨即真如清淨真如清淨即見者清淨何以故是見者清淨與真如清淨無二無二分無別無斷故見者清淨即法界法性不虛妄性不變異性平等性離生性法定法住實際虛空界不思議界清淨法界乃至不思議界清淨即見者清淨何以故是見者清淨與法界乃至不思議界清淨無二無二分無別無斷故

復次善現我清淨即苦聖諦清淨苦聖諦清淨即我清淨何以故是我清淨與苦聖諦清淨無二無二分無別無斷故我清淨即集滅道聖諦清淨集滅道聖諦清淨即我清淨何以故是我清淨與集滅道聖諦清淨無二無二分無別無斷故有情清淨即苦聖諦清淨苦聖諦清淨即有情清淨何以故是有情清淨與苦聖諦清淨無二無二分無別無斷故有情清淨即集滅道聖諦清淨集滅道聖諦清淨即有情清淨何以故是有情清淨與集滅道聖諦清淨無二無二分無別無斷故命者清淨即苦聖諦清淨苦聖諦清淨即命者清淨何以故是命者清淨與苦聖諦清淨無二無二分無別無斷故命者清淨即集滅道聖諦清淨集滅道聖諦清淨即命者清淨何以故是命者清淨與集滅道聖諦清淨無二無二分無別無斷故生者清淨即苦聖諦清淨苦聖諦清淨即生者清淨何以故是生者清淨與苦聖諦清淨無二無二分無別無斷故生者清淨即集滅道聖諦清淨集滅道聖諦清淨即生者清淨何以故是生者清淨與集滅道聖諦清淨無二無二分無別無斷故養育者清淨即苦聖諦清淨苦聖諦清淨即養育者清淨何以故是養育者清淨與苦聖諦清淨無二無二分無別無斷故養育者清淨即集滅道聖諦清淨集滅道聖諦清淨即養育者清淨何以故是養育者清淨與集滅道聖諦清淨無二無二分無別無斷故士夫清淨即苦聖諦清淨苦聖諦清淨即士夫清淨何以故是士夫清淨與苦聖諦清淨無二无二分無別无斷故士夫清淨即集滅道聖諦清淨集滅道聖諦清淨即士夫清淨何以故是士夫清淨與集滅道聖諦清淨无二無二分无別無斷故補特伽羅清淨即苦聖諦清淨苦聖諦清淨即補特伽羅清淨何以故是補特伽羅清淨與苦聖諦清淨无二無二分无別無斷故補特伽羅清淨即集滅道聖諦清淨集滅道聖諦清淨即補特伽羅清淨何以故是補特伽羅清淨與集滅道聖諦清淨无二無二分无別無斷故意生清淨即苦聖諦清淨苦聖諦清淨即意生清淨何以故是意生清淨與苦聖諦清淨無二無二分无別無斷故意生清淨即集滅道聖諦清淨集滅道聖諦清淨即意生清淨何以故是意生清淨與集滅道聖諦清淨無二无二分無別无斷故儒童清淨即苦聖諦清淨苦聖諦清淨即儒童清淨何以故是儒童清淨與苦聖諦清淨無二无二分無別无斷故儒童清淨即集滅道聖諦清淨集滅

道聖諦清淨即儒童清淨何以故是儒童清淨與集滅道聖諦清淨無二无二分無別无斷故作者清淨即苦聖諦清淨苦聖諦清淨即作者清淨何以故是作者清淨與苦聖諦清淨無二无二分無別无斷故作者清淨即集滅道聖諦清淨集滅道聖諦清淨即作者清淨何以故是作者清淨與集滅道聖諦清淨無二无二分無別无斷故受者清淨即苦聖諦清淨苦聖諦清淨即受者清淨何以故是受者清淨與苦聖諦清淨無二无二分無別无斷故受者清淨即集滅道聖諦清淨集滅道聖諦清淨即受者清淨何以故是受者清淨與集滅道聖諦清淨無二无二分無別无斷故知者清淨即苦聖諦清淨苦聖諦清淨即知者清淨何以故是知者清淨與苦聖諦清淨無二无二分無別无斷故知者清淨即集滅道聖諦清淨集滅道聖諦清淨即知者清淨何以故是知者清淨與集滅道聖諦清淨無二无二分無別无斷故見者清淨

即苦聖諦清淨苦聖諦清淨即見者清淨何以故是見者清淨與苦聖諦清淨無二无二分無別无斷故見者清淨即集滅道聖諦清淨集滅道聖諦清淨即見者清淨何以故是見者清淨與集滅道聖諦清淨無二无二分無別无斷故

復次善現我清淨即四靜慮清淨四靜慮清淨即我清淨何以故是我清淨與四靜慮清淨無二无二分無別无斷故我清淨即四無量四无色定清淨四無量四无色定清淨即我清淨何以故是我清淨與四無量四无色定清淨無二无二分無別无斷故有情清淨即四靜慮清淨四靜慮清淨即有情清淨何以故是有情清淨與四靜慮清淨無二无二分無別无斷故有情清淨即四無量四无色定清淨四無量四无色定清淨即有情清淨何以故是有情清淨與四無量四无色定清淨無二无二分無別无斷故命者清淨即四靜慮清淨四靜慮清淨即命者清淨何以故是命者

清淨與四靜慮清淨无二無二分无別無斷故命者清淨即四无量四無色定清淨四无量四無色定清淨即命者清淨何以故是命者清淨與四无量四無色定清淨无二無二分无別無斷故生者清淨即四靜慮清淨四靜慮清淨即生者清淨何以故是生者清淨與四靜慮清淨无二無二分无別無斷故生者清淨即四无量四无色定清淨四無量四无色定清淨即生者清淨何以故是生者清淨與四无量四無色定清淨无二無二分无別無斷故養育者清淨即四靜慮清淨四靜慮清淨即養育者清淨何以故是養育者清淨與四靜慮清淨无二無二分无別無斷故養育者清淨即四无量四無色定清淨四無量四无色定清淨即養育者清淨何以故是養育者清淨與四无量四無色定清淨无二無二分无別無斷故士夫清淨即四靜慮清淨四靜慮清淨即士夫清淨何以故是士夫清淨與四靜慮清淨无二無二分无別無

断故士夫清淨即四無量四无色定清淨四無量四无色定清淨即士夫清淨何以故是士夫清淨與四無量四无色定清淨無二无二分無別无断故補特伽羅清淨即四靜慮清淨四靜慮清淨即補特伽羅清淨何以故是補特伽羅清淨與四靜慮清淨無二无二分無別无断故補特伽羅清淨即四無量四无色定清淨四無量四无色定清淨即補特伽羅清淨何以故是補特伽羅清淨與四無量四无色定清淨無二无二分無別无断故意生清淨即四靜慮清淨四靜慮清淨即意生清淨何以故是意生清淨與四靜慮清淨無二无二分無別无断故意生清淨即四無量四无色定清淨四無量四无色定清淨即意生清淨何以故是意生清淨與四無量四无色定清淨無二无二分無別无断故儒童清淨即四靜慮清淨四靜慮清淨即儒童清淨何以故是儒童清淨與四靜慮清淨無二无二分無別无断故儒童清淨即四無量

四無色定清淨四無量四無色定清淨即儒童清淨何以故是儒童清淨與四無量四無色定清淨無二無二分無別無斷故作者清淨即四靜慮清淨四靜慮清淨即作者清淨何以故是作者清淨與四靜慮清淨無二無二分無別無斷故作者清淨即四無量四無色定清淨四無量四無色定清淨即作者清淨何以故是作者清淨與四無量四無色定清淨無二無二分無別無斷故受者清淨即四靜慮清淨四靜慮清淨即受者清淨何以故是受者清淨與四靜慮清淨無二無二分無別無斷故受者清淨即四無量四無色定清淨四無量四無色定清淨即受者清淨何以故是受者清淨與四無量四無色定清淨無二無二分無別無斷故知者清淨即四靜慮清淨四靜慮清淨即知者清淨何以故是知者清淨與四靜慮清淨無二無二分無別無斷故知者清淨即四無量四無色定清淨四無量四無色定清淨即知者清淨何以

故是知者清淨與四無量四無色定清淨無二無二分無別無斷故見者清淨即四靜慮清淨四靜慮清淨即見者清淨何以故是見者清淨與四靜慮清淨無二無二分無別無斷故見者清淨即四無量四無色定清淨四無量四無色定清淨即見者清淨何以故是見者清淨與四無量四無色定清淨無二無二分無別無斷故復次善現我清淨即八解脱清淨八解脱清淨即我清淨何以故是我清淨與八解脱清淨無二無二分無別無斷故我清淨即八勝處九次第定十遍處清淨八勝處九次第定十遍處清淨即我清淨何以故是我清淨與八勝處九次第定十遍處清淨無二無二分無別無斷故有情清淨即八解脱清淨八解脱清淨即有情清淨何以故是有情清淨與八解脱清淨無二無二分無別無斷故有情清淨即八勝處九次第定十遍處清淨八勝處九次第定十遍處清淨即有情清淨何以故是有情清淨與八勝

處九次第定十遍處清淨無二無二分無別無斷故命者清淨即八解脫清淨八解脫清淨即命者清淨何以故是命者清淨與八解脫清淨無二無二分無別無斷故命者清淨即八勝處九次第定十遍處清淨八勝處九次第定十遍處清淨即命者清淨何以故是命者清淨與八勝處九次第定十遍處清淨無二無二分無別無斷故生者清淨即八解脫清淨八解脫清淨即生者清淨何以故是生者清淨與八解脫清淨無二無二分無別無斷故生者清淨即八勝處九次第定十遍處清淨八勝處九次第定十遍處清淨即生者清淨何以故是生者清淨與八勝處九次第定十遍處清淨無二無二分無別無斷故養育者清淨即八解脫清淨八解脫清淨即養育者清淨何以故是養育者清淨與八解脫清淨無二無二分無別無斷故養育者清淨即八勝處九次第定十遍處清淨八勝處九次第定十遍處清淨即養育者清淨何

以故是養育者清淨與八勝處九次第定十遍處清淨無二無二分無別無斷故士夫清淨即八解脫清淨八解脫清淨即士夫清淨何以故是士夫清淨與八解脫清淨無二無二分無別無斷故士夫清淨即八勝處九次第定十遍處清淨八勝處九次第定十遍處清淨即士夫清淨何以故是士夫清淨與八勝處九次第定十遍處清淨無二無二分無別無斷故補特伽羅清淨即八解脫清淨八解脫清淨即補特伽羅清淨何以故是補特伽羅清淨與八解脫清淨無二無二分無別無斷故補特伽羅清淨即八勝處九次第定十遍處清淨八勝處九次第定十遍處清淨即補特伽羅清淨何以故是補特伽羅清淨與八勝處九次第定十遍處清淨無二無二分無別無斷故意生清淨即八解脫清淨八解脫清淨即意生清淨何以故是意生清淨與八解脫清淨無二無二分無別無斷故意生清淨即八勝處九次第定十遍處清淨

八勝處九次第定十遍處清淨即意生清淨何以故是意生清淨與八勝處九次第定十遍處清淨無二无二分無別无斷故儒童清淨即八解脫清淨八解脫清淨即儒童清淨何以故是儒童清淨與八解脫清淨無二无二分無別无斷故儒童清淨即八勝處九次第定十遍處清淨八勝處九次第定十遍處清淨即儒童清淨何以故是儒童清淨與八勝處九次第定十遍處清淨無二无二分無別无斷故作者清淨即八解脫清淨八解脫清淨即作者清淨何以故是作者清淨與八解脫清淨無二无二分無別无斷故作者清淨即八勝處九次第定十遍處清淨八勝處九次第定十遍處清淨即作者清淨何以故是作者清淨與八勝處九次第定十遍處清淨無二无二分無別无斷故受者清淨即八解脫清淨八解脫清淨即受者清淨何以故是受者清淨與八解脫清淨無二无二分無別无斷故受者清淨即八勝處九次第定

十遍處清淨八勝處九次第定十遍處清淨即受者清淨何以故是受者清淨與八勝處九次第定十遍處清淨無二無二分無別無斷故知者清淨即八解脫清淨八解脫清淨即知者清淨何以故是知者清淨與八解脫清淨無二無二分無別無斷故知者清淨即八勝處九次第定十遍處清淨八勝處九次第定十遍處清淨即知者清淨何以故是知者清淨與八勝處九次第定十遍處清淨無二無二分無別無斷故見者清淨即八解脫清淨八解脫清淨即見者清淨何以故是見者清淨與八解脫清淨無二無二分無別無斷故見者清淨即八勝處九次第定十遍處清淨八勝處九次第定十遍處清淨即見者清淨何以故是見者清淨與八勝處九次第定十遍處清淨無二無二分無別無斷故

大般若波羅蜜多經卷第一百八十七

大般若波羅蜜多經卷第一百八十七

校勘記

一　底本，金藏大寶集寺本。

一　七八一頁上八行「自相空」，石作「自性空」。

一　七八二頁上四行「畢竟空」，石作「異竟空」。

一　七八三頁下一五行「無二無二分無別無斷故」，石作「無二無二無二無二分無斷故」。

一　七八四頁下一二行與一一行重復，故此版多一行。

一　七八六頁上一一行至一二行「四無量四」，徑作「四量四定」。

一　七八六頁中二三行末字不清，應為「以」。

大般若波羅蜜多經卷第一百八十八　暑

三藏法師玄奘奉　詔譯

初分難信解品第三十四之七

復次善現我清淨即四念住清淨四念住清淨即我清淨何以故是我清淨與四念住清淨無二無二分無別無斷故我清淨即四正斷四神足五根五力七等覺支八聖道支清淨四正斷乃至八聖道支清淨即我清淨何以故是我清淨與四正斷乃至八聖道支清淨無二無二分無別無斷故有情清淨即四念住清淨四念住清淨即有情清淨何以故是有情清淨與四念住清淨無二無二分無別無斷故有情清淨即四正斷四神足五根五力七等覺支八聖道支清淨四正斷乃至八聖道支清淨即有情清淨何以故是有情清淨與四正斷乃至八聖道支清淨無二無二分無別無斷故命者清淨即四念住清淨四念住清淨即命者清淨何以故是命者清淨與四念住清淨無二無二分無別無斷故命者清淨即四正斷四神足五根五力七等覺支八聖道支清淨四正斷乃至八聖道支清淨即命者清淨何以故是命者清淨與四正斷乃至八聖道支清淨無二無二分無別無斷故生者清淨即四念住清淨四念住清淨即生者清淨何以故是生者清淨與四念住清淨無二無二分無別無斷故生者清淨即四正斷四神足五根五力七等覺支八聖道支清淨四正斷乃至八聖道支清淨即生者清淨何以故是生者清淨與四正斷乃至八聖道支清淨無二無二分無別無斷故養育者清淨即四念住清淨四念住清淨即養育者清淨何以故是養育者清淨與四念住清淨無二無二分無別無斷故養育者清淨即四正斷四神足五根五力七等覺支八聖道支清淨四正斷乃至八聖道支清淨即養育者清淨何以故是養育者清淨與四正斷乃至八聖道支清淨無二無二分無別無斷故士夫清淨即四念住清

淨四念住清淨即士夫清淨何以故是士夫清淨與四念住清淨無二無二分無別無斷故士夫清淨即四正斷四神足五根五力七等覺支八聖道支清淨四正斷乃至八聖道支清淨即士夫清淨何以故是士夫清淨與四正斷乃至八聖道支清淨無二無二分無別無斷故補特伽羅清淨即四念住清淨四念住清淨即補特伽羅清淨何以故是補特伽羅清淨與四念住清淨無二無二分無別無斷故補特伽羅清淨即四正斷四神足五根五力七等覺支八聖道支清淨四正斷乃至八聖道支清淨即補特伽羅清淨何以故是補特伽羅清淨與四正斷乃至八聖道支清淨無二無二分無別無斷故意生清淨即四念住清淨四念住清淨即意生清淨何以故是意生清淨與四念住清淨無二無二分無別無斷故意生清淨即四正斷四神足五根五力七等覺支八聖道支清淨四正斷乃至八聖道支清淨即意生清淨何以故是

意生清淨與四正斷乃至八聖道支清淨無二無二分無別無斷故儒童清淨即四念住清淨四念住清淨即儒童清淨何以故是儒童清淨與四念住清淨無二無二分無別無斷故儒童清淨即四正斷四神足五根五力七等覺支八聖道支清淨四正斷乃至八聖道支清淨即儒童清淨何以故是儒童清淨與四正斷乃至八聖道支清淨無二無二分無別無斷故作者清淨即四念住清淨四念住清淨即作者清淨何以故是作者清淨與四念住清淨無二無二分無別無斷故作者清淨即四正斷四神足五根五力七等覺支八聖道支清淨四正斷乃至八聖道支清淨即作者清淨何以故是作者清淨與四正斷乃至八聖道支清淨無二無二分無別無斷故受者清淨即四念住清淨四念住清淨即受者清淨何以故是受者清淨與四念住清淨無二無二分無別無斷故受者清淨即四正斷四神足五根五力七等覺支八聖道

支清淨四正斷乃至八聖道支清淨即受者清淨何以故是受者清淨與四正斷乃至八聖道支清淨無二無二分無別無斷故知者清淨即四念住清淨四念住清淨即知者清淨何以故是知者清淨與四念住清淨無二無二分無別無斷故知者清淨即四正斷四神足五根五力七等覺支八聖道支清淨四正斷乃至八聖道支清淨即知者清淨何以故是知者清淨與四正斷乃至八聖道支清淨無二無二分無別無斷故見者清淨即四念住清淨四念住清淨即見者清淨何以故是見者清淨與四念住清淨無二無二分無別無斷故見者清淨即四正斷四神足五根五力七等覺支八聖道支清淨四正斷乃至八聖道支清淨即見者清淨何以故是見者清淨與四正斷乃至八聖道支清淨無二無二分無別無斷故

復次善現我清淨即空解脫門清淨空解脫門清淨即我清淨何以故是我清淨與空解脫門清淨無二無二

分無別無斷故我清淨即無相無願解脫門清淨無相無願解脫門清淨即我清淨何以故是我清淨與無相無願解脫門清淨無二無二分無別無斷故有情清淨即空解脫門清淨空解脫門清淨即有情清淨何以故是有情清淨與空解脫門清淨無二無二分無別無斷故有情清淨即無相無願解脫門清淨無相無願解脫門清淨即有情清淨何以故是有情清淨與無相無願解脫門清淨無二無二分無別無斷故命者清淨即空解脫門清淨空解脫門清淨即命者清淨何以故是命者清淨與空解脫門清淨無二無二分無別無斷故命者清淨即無相無願解脫門清淨無相無願解脫門清淨即命者清淨何以故是命者清淨與無相無願解脫門清淨無二無二分無別無斷故生者清淨即空解脫門清淨空解脫門清淨即生者清淨何以故是生者清淨與空解脫門清淨無二無二分無別無斷故生者清淨即無相無願解

脫門清淨無相無願解脫門清淨即生者清淨何以故是生者清淨與無相無願解脫門清淨無二無二分無別無斷故養育者清淨即空解脫門清淨空解脫門清淨即養育者清淨何以故是養育者清淨與空解脫門清淨無二無二分無別無斷故養育者清淨即無相無願解脫門清淨無相無願解脫門清淨即養育者清淨何以故是養育者清淨與無相無願解脫門清淨無二無二分無別無斷故士夫清淨即空解脫門清淨空解脫門清淨即士夫清淨何以故是士夫清淨與空解脫門清淨無二無二分無別無斷故士夫清淨即無相無願解脫門清淨無相無願解脫門清淨即士夫清淨何以故是士夫清淨與無相無願解脫門清淨無二無二分無別無斷故補特伽羅清淨即空解脫門清淨空解脫門清淨即補特伽羅清淨何以故是補特伽羅清淨與空解脫門清淨無二無二分無別無斷故補特伽羅清淨即無相無願

解脫門清淨無相無願解脫門清淨即補特伽羅清淨何以故是補特伽羅清淨與無相無願解脫門清淨無二無二分無別無斷故意生清淨即空解脫門清淨空解脫門清淨即意生清淨何以故是意生清淨與空解脫門清淨無二無二分無別無斷故意生清淨即無相無願解脫門清淨無相無願解脫門清淨即意生清淨何以故是意生清淨與無相無願解脫門清淨無二無二分無別無斷故儒童清淨即空解脫門清淨空解脫門清淨即儒童清淨何以故是儒童清淨與空解脫門清淨無二無二分無別無斷故儒童清淨即無相無願解脫門清淨無相無願解脫門清淨即儒童清淨何以故是儒童清淨與無相無願解脫門清淨無二無二分無別無斷故作者清淨即空解脫門清淨空解脫門清淨即作者清淨何以故是作者清淨與空解脫門清淨無二無二分無別無斷故作者清淨即無相無願解脫門清淨無相無願

解脫門清淨即作者清淨何以故是作者清淨與無相無願解脫門清淨無二無二分無別無斷故受者清淨即空解脫門清淨空解脫門清淨即受者清淨何以故是受者清淨與空解脫門清淨無二無二分無別無斷故受者清淨即無相無願解脫門清淨無相無願解脫門清淨即受者清淨何以故是受者清淨與無相無願解脫門清淨無二無二分無別無斷故知者清淨即空解脫門清淨空解脫門清淨即知者清淨何以故是知者清淨與空解脫門清淨無二無二分無別無斷故知者清淨即無相無願解脫門清淨無相無願解脫門清淨即知者清淨何以故是知者清淨與無相無願解脫門清淨無二無二分無別無斷故見者清淨即空解脫門清淨空解脫門清淨即見者清淨何以故是見者清淨與空解脫門清淨無二無二分無別無斷故見者清淨即無相無願解脫門清淨無相無願解脫門清淨即見者清淨何以故

是見者清淨與無相無願解脫門清淨無二無二分無別無斷故

復次善現我清淨即菩薩十地清淨菩薩十地清淨即我清淨何以故是我清淨與菩薩十地清淨無二無二分無別無斷故有情清淨即菩薩十地清淨菩薩十地清淨即有情清淨何以故是有情清淨與菩薩十地清淨無二無二分無別無斷故命者清淨即菩薩十地清淨菩薩十地清淨即命者清淨何以故是命者清淨與菩薩十地清淨無二無二分無別無斷故生者清淨即菩薩十地清淨菩薩十地清淨即生者清淨何以故是生者清淨與菩薩十地清淨無二無二分無別無斷故養育者清淨即菩薩十地清淨菩薩十地清淨即養育者清淨何以故是養育者清淨與菩薩十地清淨無二無二分無別無斷故士夫清淨即菩薩十地清淨菩薩十地清淨即士夫清淨何以故是士夫清淨與菩薩十地清淨無二無二分無別無斷故補特伽羅清淨即菩

薩十地清淨菩薩十地清淨即補特伽羅清淨何以故是補特伽羅清淨與菩薩十地清淨無二無二分無別無斷故意生清淨即菩薩十地清淨菩薩十地清淨即意生清淨何以故是意生清淨與菩薩十地清淨無二無二分無別無斷故儒童清淨即菩薩十地清淨菩薩十地清淨即儒童清淨何以故是儒童清淨與菩薩十地清淨無二無二分無別無斷故作者清淨即菩薩十地清淨菩薩十地清淨即作者清淨何以故是作者清淨與菩薩十地清淨無二無二分無別無斷故受者清淨即菩薩十地清淨菩薩十地清淨即受者清淨何以故是受者清淨與菩薩十地清淨無二無二分無別無斷故知者清淨即菩薩十地清淨菩薩十地清淨即知者清淨何以故是知者清淨與菩薩十地清淨無二無二分無別無斷故見者清淨即菩薩十地清淨菩薩十地清淨即見者清淨何以故是見者清淨與菩薩十地清淨無二無二分

無別無斷故

復次善現我清淨即五眼清淨五眼清淨即我清淨何以故是我清淨與五眼清淨無二無二分無別無斷故我清淨即六神通清淨六神通清淨即我清淨何以故是我清淨與六神通清淨無二無二分無別無斷故有情清淨即五眼清淨五眼清淨即有情清淨何以故是有情清淨與五眼清淨無二無二分無別無斷故有情清淨即六神通清淨六神通清淨即有情清淨何以故是有情清淨與六神通清淨無二無二分無別無斷故命者清淨即五眼清淨五眼清淨即命者清淨何以故是命者清淨與五眼清淨無二無二分無別無斷故命者清淨即六神通清淨六神通清淨即命者清淨何以故是命者清淨與六神通清淨無二無二分無別無斷故生者清淨即五眼清淨五眼清淨即生者清淨何以故是生者清淨與五眼清淨無二無二分無別無斷故生者清淨即六神通清淨六神通清

淨即生者清淨何以故是生者清淨與六神通清淨無二無二分無別無斷故養育者清淨即五眼清淨五眼清淨即養育者清淨何以故是養育者清淨與五眼清淨無二無二分無別無斷故養育者清淨即六神通清淨六神通清淨即養育者清淨何以故是養育者清淨與六神通清淨無二無二分無別無斷故士夫清淨即五眼清淨五眼清淨即士夫清淨何以故是士夫清淨與五眼清淨無二無二分無別無斷故士夫清淨即六神通清淨六神通清淨即士夫清淨何以故是士夫清淨與六神通清淨無二無二分無別無斷故補特伽羅清淨即五眼清淨五眼清淨即補特伽羅清淨何以故是補特伽羅清淨與五眼清淨無二無二分無別無斷故補特伽羅清淨即六神通清淨六神通清淨即補特伽羅清淨何以故是補特伽羅清淨與六神通清淨無二無二分無別無斷故意生清淨即五眼清淨五眼清淨即意生清淨何

以故是意生清淨與五眼清淨无二無二分无別無斷故意生清淨即六神通清淨六神通清淨即意生清淨何以故是意生清淨與六神通清淨无二無二分无別無斷故儒童清淨即五眼清淨五眼清淨即儒童清淨何以故是儒童清淨與五眼清淨无二無二分无別無斷故儒童清淨即六神通清淨六神通清淨即儒童清淨何以故是儒童清淨與六神通清淨无二無二分无別無斷故作者清淨即五眼清淨五眼清淨即作者清淨何以故是作者清淨與五眼清淨无二無二分无別無斷故作者清淨即六神通清淨六神通清淨即作者清淨何以故是作者清淨與六神通清淨无二無二分无別無斷故受者清淨即五眼清淨五眼清淨即受者清淨何以故是受者清淨與五眼清淨无二無二分無別無斷故受者清淨即六神通清淨六神通清淨即受者清淨何以故是受者清淨與六神通清淨無二無二分無別無斷故知

者清淨即五眼清淨五眼清淨即知者清淨何以故是知者清淨與五眼清淨無二无二分無別无斷故知者清淨即六神通清淨六神通清淨即知者清淨何以故是知者清淨與六神通清淨無二无二分無別无斷故見者清淨即五眼清淨五眼清淨即見者清淨何以故是見者清淨與五眼清淨無二无二分無別无斷故見者清淨即六神通清淨六神通清淨即見者清淨何以故是見者清淨與六神通清淨無二无二分無別无斷故復次善現我清淨即佛十力清淨佛十力清淨即我清淨何以故是我清淨與佛十力清淨無二无二分無別无斷故我清淨即四無所畏四無导解大慈大悲大喜大捨十八佛不共法清淨四無所畏乃至十八佛不共法清淨即我清淨何以故是我清淨與四無所畏乃至十八佛不共法清淨無二无二分無別无斷故有情清淨即佛十力清淨佛十力清淨即有情清淨何以故是有情清淨與佛十

力清淨無二无二分無別无斷故有情清淨即四無所畏四無导解大慈大悲大喜大捨十八佛不共法清淨四無所畏乃至十八佛不共法清淨即有情清淨何以故是有情清淨與四無所畏乃至十八佛不共法清淨無二无二分無別无斷故命者清淨即佛十力清淨佛十力清淨即命者清淨何以故是命者清淨與佛十力清淨無二无二分無別无斷故命者清淨即四無所畏四無导解大慈大悲大喜大捨十八佛不共法清淨四無所畏乃至十八佛不共法清淨即命者清淨何以故是命者清淨與四無所畏乃至十八佛不共法清淨無二无二分無別无斷故生者清淨即佛十力清淨佛十力清淨即生者清淨何以故是生者清淨與佛十力清淨無二无二分無別无斷故生者清淨即四無所畏四無导解大慈大悲大喜大捨十八佛不共法清淨四無所畏乃至十八佛不共法清淨即生者清淨何以故是生者清淨與四無

所畏乃至十八佛不共法清淨無二无二分無別无斷故養育者清淨即佛十力清淨佛十力清淨即養育者清淨何以故是養育者清淨與佛十力清淨無二无二分無別无斷故養育者清淨即四無所畏四無导解大慈大悲大喜大捨十八佛不共法清淨四无所畏乃至十八佛不共法清淨即養育者清淨何以故是養育者清淨與四無所畏乃至十八佛不共法清淨無二无二分無別无斷故士夫清淨即佛十力清淨佛十力清淨即士夫清淨何以故是士夫清淨與佛十力清淨無二无二分無別无斷故士夫清淨即四無所畏四无导解大慈大悲大喜大捨十八佛不共法清淨四無所畏乃至十八佛不共法清淨即士夫清淨何以故是士夫清淨與四無所畏乃至十八佛不共法清淨無二无二分無別无斷故補特伽羅清淨即佛十力清淨佛十力清淨即補特伽羅清淨何以故是補特伽羅清淨與佛十力清淨無二无二

分无別無斷故補特伽羅清淨即四無所畏四无导解大慈大悲大喜大捨十八佛不共法清淨四無所畏乃至十八佛不共法清淨即補特伽羅清淨何以故是補特伽羅清淨與四無所畏乃至十八佛不共法清淨無二无二分無別无斷故意生清淨即佛十力清淨佛十力清淨即意生清淨何以故是意生清淨與佛十力清淨無二无二分無別无斷故意生清淨即四無所畏四无导解大慈大悲大喜大捨十八佛不共法清淨四無所畏乃至十八佛不共法清淨即意生清淨何以故是意生清淨與四無所畏乃至十八佛不共法清淨無二无二分無別无斷故儒童清淨即佛十力清淨佛十力清淨即儒童清淨何以故是儒童清淨與佛十力清淨無二无二分無別无斷故儒童清淨即四無所畏四無导解大慈大悲大喜大捨十八佛不共法清淨四無所畏乃至十八佛不共法清淨即儒童清淨何以故是儒童清淨與四無所

畏乃至十八佛不共法清淨無二無二分無別無斷故作者清淨即佛十力清淨佛十力清淨即作者清淨何以故是作者清淨與佛十力清淨無二無二分無別無斷故作者清淨即四無所畏四無导解大慈大悲大喜大捨十八佛不共法清淨四無所畏乃至十八佛不共法清淨即作者清淨何以故是作者清淨與四無所畏乃至十八佛不共法清淨無二無二分無別無斷故受者清淨即佛十力清淨佛十力清淨即受者清淨何以故是受者清淨與佛十力清淨無二無二分無別無斷故受者清淨即四無所畏四無导解大慈大悲大喜大捨十八佛不共法清淨四無所畏乃至十八佛不共法清淨即受者清淨何以故是受者清淨與四無所畏乃至十八佛不共法清淨無二無二分無別無斷故知者清淨即佛十力清淨佛十力清淨即知者清淨何以故是知者清淨與佛十力清淨無二無二分無別無斷故知者清淨即四無

所畏四無礙解大慈大悲大喜大捨十八佛不共法清淨四無所畏乃至十八佛不共法清淨即知者清淨何以故是知者清淨與四無所畏乃至十八佛不共法清淨無二無二分無別無斷故見者清淨即佛十力清淨佛十力清淨即見者清淨何以故是見者清淨與佛十力清淨無二無二分無別無斷故見者清淨即四無所畏四無礙解大慈大悲大喜大捨十八佛不共法清淨四無所畏乃至十八佛不共法清淨即見者清淨何以故是見者清淨與四無所畏乃至十八佛不共法清淨無二無二分無別無斷故

復次善現我清淨即無忘失法清淨無忘失法清淨即我清淨何以故是我清淨與無忘失法清淨無二無二分無別無斷故我清淨即恒住捨性清淨恒住捨性清淨即我清淨何以故是我清淨與恒住捨性清淨無二無二分無別無斷故有情清淨即無忘失法清淨無忘失法清淨即有情

清淨何以故是有情清淨與無忘失法清淨無二無二分無別無斷故有情清淨即恒住捨性清淨恒住捨性清淨即有情清淨何以故是有情清淨與恒住捨性清淨無二無二分無別無斷故命者清淨即無忘失法清淨無忘失法清淨即命者清淨何以故是命者清淨與無忘失法清淨無二無二分無別無斷故命者清淨即恒住捨性清淨恒住捨性清淨即命者清淨何以故是命者清淨與恒住捨性清淨無二無二分無別無斷故生者清淨即無忘失法清淨無忘失法清淨即生者清淨何以故是生者清淨與無忘失法清淨無二無二分無別無斷故生者清淨即恒住捨性清淨恒住捨性清淨即生者清淨何以故是生者清淨與恒住捨性清淨無二無二分無別無斷故養育者清淨即無忘失法清淨無忘失法清淨即養育者清淨何以故是養育者清淨與無忘失法清淨無二無二分無別無斷故養育者清淨即恒住捨性

清淨恒住捨性清淨即養育者清淨何以故是養育者清淨與恒住捨性清淨無二無二分無別無斷故士夫清淨即無忘失法清淨無忘失法清淨即士夫清淨何以故是士夫清淨與無忘失法清淨無二無二分無別無斷故士夫清淨即恒住捨性清淨恒住捨性清淨即士夫清淨何以故是士夫清淨與恒住捨性清淨無二無二分無別無斷故補特伽羅清淨即無忘失法清淨無忘失法清淨即補特伽羅清淨何以故是補特伽羅清淨與無忘失法清淨無二無二分無別無斷故補特伽羅清淨即恒住捨性清淨恒住捨性清淨即補特伽羅清淨何以故是補特伽羅清淨與恒住捨性清淨無二無二分無別無斷故意生清淨即無忘失法清淨無忘失法清淨即意生清淨何以故是意生清淨與無忘失法清淨無二無二分無別無斷故意生清淨即恒住捨性清淨恒住捨性清淨即意生清淨何以故是意生清淨與恒住捨性

清淨無二無二分無別無斷故儒童清淨即無忘失法清淨無忘失法清淨即儒童清淨何以故是儒童清淨與無忘失法清淨無二無二分無別無斷故儒童清淨即恒住捨性清淨恒住捨性清淨即儒童清淨何以故是儒童清淨與恒住捨性清淨無二無二分無別無斷故作者清淨即無忘失法清淨無忘失法清淨即作者清淨何以故是作者清淨與無忘失法清淨無二無二分無別無斷故作者清淨即恒住捨性清淨恒住捨性清淨即作者清淨何以故是作者清淨與恒住捨性清淨無二無二分無別無斷故受者清淨即無忘失法清淨無忘失法清淨即受者清淨何以故是受者清淨與無忘失法清淨無二無二分無別無斷故受者清淨即恒住捨性清淨恒住捨性清淨即受者清淨何以故是受者清淨與恒住捨性清淨無二無二分無別無斷故知者清淨即無忘失法清淨無忘失法清淨即知者清淨何以故是知者

清淨與無忘失法清淨無二無二分無別無斷故知者清淨即恒住捨性清淨恒住捨性清淨即知者清淨何以故是知者清淨與恒住捨性清淨無二無二分無別無斷故見者清淨即無忘失法清淨無忘失法清淨即見者清淨何以故是見者清淨與無忘失法清淨無二無二分無別無斷故見者清淨即恒住捨性清淨恒住捨性清淨即見者清淨何以故是見者清淨與恒住捨性清淨無二無二分無別無斷故

大般若波羅蜜多經卷第一百八十八

戊戌歲高麗國大藏都監奉
勅雕造

大般若波羅蜜多經卷第一百八十八

校勘記

一　底本，麗藏本。

一　七八九頁中二〇行「即養育者」，石作「即養有者」。

一　七九〇頁上五行第一一字應為「別」。

一　七九〇頁上七行「七等覺支八聖道支清淨」，石作「七等覺支清淨」。

一　七九〇頁中二三行第一二字殘，應為「二」。

一　七九一頁上一行「無相無願解脫門清淨」九字石漏刻。

一　七九三頁上一行「是生者清淨」，石作「是生清淨」。

一　七九四頁中一一行末字殘，應為「士」。

大般若波羅蜜多經卷第一百八十九　暑

三藏法師玄奘奉　詔譯

初分難信解品第三十四之八

復次善現我清淨即一切智清淨一切智清淨即我清淨何以故是我清淨與一切智清淨無二無二分無別無斷故我清淨即道相智一切相智清淨道相智一切相智清淨即我清淨何以故是我清淨與道相智一切相智清淨無二無二分無別無斷故有情清淨即一切智清淨一切智清淨即有情清淨何以故是有情清淨與一切智清淨無二無二分無別無斷故有情清淨即道相智一切相智清淨道相智一切相智清淨即有情清淨何以故是有情清淨與道相智一切相智清淨無二無二分無別無斷故命者清淨即一切智清淨一切智清淨即命者清淨何以故是命者清淨與一切智清淨無二無二分無別無斷故命者清淨即道相智一切相智清淨道相智一切相智清淨即命者清淨何以故是命者清淨與道相智一切相智清淨無二無二分無別無斷故生者清淨即一切智清淨一切智清淨即生者清淨何以故是生者清淨與一切智清淨無二無二分無別無斷故生者清淨即道相智一切相智清淨道相智一切相智清淨即生者清淨何以故是生者清淨與道相智一切相智清淨無二無二分無別無斷故養育者清淨即一切智清淨一切智清淨即養育者清淨何以故是養育者清淨與一切智清淨無二無二分無別無斷故養育者清淨即道相智一切相智清淨道相智一切相智清淨即養育者清淨何以故是養育者清淨與道相智一切相智清淨無二無二分無別無斷故士夫清淨即一切智清淨一切智清淨即士夫清淨何以故是士夫清淨與一切智清淨無二無二分無別無斷故士夫清淨即道相智一切相智清淨道相智一切相智清淨即士夫清淨何以故是士夫清淨與道相智

一切相智清淨無二無二分無別無斷故補特伽羅清淨即一切智清淨一切智清淨即補特伽羅清淨何以故是補特伽羅清淨與一切智清淨無二無二分無別無斷故補特伽羅清淨即道相智一切相智清淨道相智一切相智清淨即補特伽羅清淨何以故是補特伽羅清淨與道相智一切相智清淨無二無二分無別無斷故意生清淨即一切智清淨一切智清淨即意生清淨何以故是意生清淨與一切智清淨無二無二分無別無斷故意生清淨即道相智一切相智清淨道相智一切相智清淨即意生清淨何以故是意生清淨與道相智一切相智清淨無二無二分無別無斷故儒童清淨即一切智清淨一切智清淨即儒童清淨何以故是儒童清淨與一切智清淨無二無二分無別無斷故儒童清淨即道相智一切相智清淨道相智一切相智清淨即儒童清淨何以故是儒童清淨與道相智一切相智清淨無二無二

分無别無斷故作者清淨即一切智清淨一切智清淨即作者清淨何以故是作者清淨與一切智清淨無二無二分無别無斷故作者清淨即道相智一切相智清淨道相智一切相智清淨即作者清淨何以故是作者清淨與道相智一切相智清淨無二無二分無别無斷故受者清淨即一切智清淨一切智清淨即受者清淨何以故是受者清淨與一切智清淨無二無二分無别無斷故受者清淨即道相智一切相智清淨道相智一切相智清淨即受者清淨何以故是受者清淨與道相智一切相智清淨無二無二分無别無斷故知者清淨即一切智清淨一切智清淨即知者清淨何以故是知者清淨與一切智清淨無二無二分無别無斷故知者清淨即道相智一切相智清淨道相智一切相智清淨即知者清淨何以故是知者清淨與道相智一切相智清淨無二無二分無别無斷故見者清淨即一切智清淨一切智清淨即

大般若經第一百八十九 第四張 [illegible]

見者清淨何以故是見者清淨與一切智清淨無二無二分無别無斷故見者清淨即道相智一切相智清淨道相智一切相智清淨即見者清淨何以故是見者清淨與道相智一切相智清淨無二無二分無别無斷故復次善現我清淨即一切陁羅尼門清淨一切陁羅尼門清淨即我清淨何以故是我清淨與一切陁羅尼門清淨無二無二分無别無斷故我清淨即一切三摩地門清淨一切三摩地門清淨即我清淨何以故是我清淨與一切三摩地門清淨無二無二分無别無斷故有情清淨即一切陁羅尼門清淨一切陁羅尼門清淨即有情清淨何以故是有情清淨與一切陁羅尼門清淨無二無二分無别無斷故有情清淨即一切三摩地門清淨一切三摩地門清淨即有情清淨何以故是有情清淨與一切三摩地門清淨無二無二分無别無斷故命者清淨即一切陁羅尼門清淨一切陁羅尼門清淨即命者清淨何以

大般若經第一百八十九 第五張 [illegible]

故是命者清淨與一切陁羅尼門清淨無二無二分無别無斷故命者清淨即一切三摩地門清淨一切三摩地門清淨即命者清淨何以故是命者清淨與一切三摩地門清淨無二無二分無别無斷故生者清淨即一切陁羅尼門清淨一切陁羅尼門清淨即生者清淨何以故是生者清淨與一切陁羅尼門清淨無二無二分無别無斷故生者清淨即一切三摩地門清淨一切三摩地門清淨即生者清淨何以故是生者清淨與一切三摩地門清淨無二無二分無别無斷故養育者清淨即一切陁羅尼門清淨一切陁羅尼門清淨即養育者清淨何以故是養育者清淨與一切陁羅尼門清淨無二無二分無别無斷故養育者清淨即一切三摩地門清淨一切三摩地門清淨即養育者清淨何以故是養育者清淨與一切三摩地門清淨無二無二分無别無斷故士夫清淨即一切陁羅尼門清淨一切陁羅尼門清淨即士夫清淨

大般若經第一百八十九 第六張 [illegible]

何以故是士夫清淨與一切陀羅尼門清淨無二無二分無別無斷故士夫清淨即一切三摩地門清淨一切三摩地門清淨即士夫清淨何以故是士夫清淨與一切三摩地門清淨無二無二分無別無斷故補特伽羅清淨即一切陀羅尼門清淨一切陀羅尼門清淨即補特伽羅清淨何以故是補特伽羅清淨與一切陀羅尼門清淨無二無二分無別無斷故補特伽羅清淨即一切三摩地門清淨一切三摩地門清淨即補特伽羅清淨何以故是補特伽羅清淨與一切三摩地門清淨無二無二分無別無斷故意生清淨即一切陀羅尼門清淨一切陀羅尼門清淨即意生清淨何以故是意生清淨與一切陀羅尼門清淨無二無二分無別無斷故意生清淨即一切三摩地門清淨一切三摩地門清淨即意生清淨何以故是意生清淨與一切三摩地門清淨無二無二分無別無斷故儒童清淨即一切陀羅尼門清淨一切陀羅尼

大般若經第三百八十九　郭浦　[illegible]

門清淨即儒童清淨何以故是儒童清淨與一切陀羅尼門清淨無二無二分無別無斷故儒童清淨即一切三摩地門清淨一切三摩地門清淨即儒童清淨何以故是儒童清淨與一切三摩地門清淨無二無二分無別無斷故作者清淨即一切陀羅尼門清淨一切陀羅尼門清淨即作者清淨何以故是作者清淨與一切陀羅尼門清淨無二無二分無別無斷故作者清淨即一切三摩地門清淨一切三摩地門清淨即作者清淨何以故是作者清淨與一切三摩地門清淨無二無二分無別無斷故受者清淨即一切陀羅尼門清淨一切陀羅尼門清淨即受者清淨何以故是受者清淨與一切陀羅尼門清淨無二無二分無別無斷故受者清淨即一切三摩地門清淨一切三摩地門清淨即受者清淨何以故是受者清淨與一切三摩地門清淨無二無二分無別無斷故知者清淨即一切陀羅尼門清淨一切陀羅尼門清淨即

大般若經第三百八十九　第八張　[illegible]

知者清淨何以故是知者清淨與一切陀羅尼門清淨無二無二分無別無斷故知者清淨即一切三摩地門清淨一切三摩地門清淨即知者清淨何以故是知者清淨與一切三摩地門清淨無二無二分無別無斷故見者清淨即一切陀羅尼門清淨一切陀羅尼門清淨即見者清淨何以故是見者清淨與一切陀羅尼門清淨無二無二分無別無斷故見者清淨即一切三摩地門清淨一切三摩地門清淨即見者清淨何以故是見者清淨與一切三摩地門清淨無二無二分無別無斷故

復次善現我清淨即預流果清淨預流果清淨即我清淨何以故是我清淨與預流果清淨無二無二分無別無斷故我清淨即一來不還阿羅漢果清淨一來不還阿羅漢果清淨即我清淨何以故是我清淨與一來不還阿羅漢果清淨無二無二分無別無斷故有情清淨即預流果清淨預流果清淨即有情清淨何以故是有

大般若經第三百八十九　[illegible]

情清淨與預流果清淨無二無二分無別無斷故有情清淨即一来不還阿羅漢果清淨一来不還阿羅漢果清淨即有情清淨何以故是有情清淨與一来不還阿羅漢果清淨無二無二分無別無斷故命者清淨即預流果清淨預流果清淨即命者清淨何以故是命者清淨與預流果清淨無二無二分無別無斷故命者清淨即一来不還阿羅漢果清淨一来不還阿羅漢果清淨即命者清淨何以故是命者清淨與一来不還阿羅漢果清淨無二無二分無別無斷故生者清淨即預流果清淨預流果清淨即生者清淨何以故是生者清淨與預流果清淨無二無二分無別無斷故生者清淨即一来不還阿羅漢果清淨一来不還阿羅漢果清淨即生者清淨何以故是生者清淨與一来不還阿羅漢果清淨無二無二分無別無斷故養育者清淨即預流果清淨預流果清淨即養育者清淨何以故是養育者清淨與預流果清淨無

大般若經卷一百八十九　第十張

二無二分無別無斷故養育者清淨即一来不還阿羅漢果清淨一来不還阿羅漢果清淨即養育者清淨何以故是養育者清淨與一来不還阿羅漢果清淨無二無二分無別無斷故士夫清淨即預流果清淨預流果清淨即士夫清淨何以故是士夫清淨與預流果清淨無二無二分無別無斷故士夫清淨即一来不還阿羅漢果清淨一来不還阿羅漢果清淨即士夫清淨何以故是士夫清淨與一来不還阿羅漢果清淨無二無二分無別無斷故補特伽羅清淨即預流果清淨預流果清淨即補特伽羅清淨何以故是補特伽羅清淨與預流果清淨無二無二分無別無斷故補特伽羅清淨即一来不還阿羅漢果清淨一来不還阿羅漢果清淨即補特伽羅清淨何以故是補特伽羅清淨與一来不還阿羅漢果清淨無二無二分無別無斷故意生清淨即預流果清淨預流果清淨即意生清淨何以故是意生清淨與預流果清

大般若經第一百八十九　第十一張

淨無二無二分無別無斷故意生清淨即一来不還阿羅漢果清淨一来不還阿羅漢果清淨即意生清淨何以故是意生清淨與一来不還阿羅漢果清淨無二無二分無別無斷故儒童清淨即預流果清淨預流果清淨即儒童清淨何以故是儒童清淨與預流果清淨無二無二分無別無斷故儒童清淨即一来不還阿羅漢果清淨一来不還阿羅漢果清淨即儒童清淨何以故是儒童清淨與一来不還阿羅漢果清淨無二無二分無別無斷故作者清淨即預流果清淨預流果清淨即作者清淨何以故是作者清淨與預流果清淨無二無二分無別無斷故作者清淨即一来不還阿羅漢果清淨一来不還阿羅漢果清淨即作者清淨何以故是作者清淨與一来不還阿羅漢果清淨無二無二分無別無斷故受者清淨即預流果清淨預流果清淨即受者清淨何以故是受者清淨與預流果清淨無二無二分無別無斷故受者

大般若經第一百八十九　第十二張

清淨即一来不還阿羅漢果清淨一来不還阿羅漢果清淨即受者清淨何以故是受者清淨與一来不還阿羅漢果清淨无二無二分无别無斷故知者清淨即預流果清淨預流果清淨即知者清淨何以故是知者清淨與預流果清淨无二無二分无别無斷故知者清淨即一来不還阿羅漢果清淨一来不還阿羅漢果清淨即知者清淨何以故是知者清淨與一来不還阿羅漢果清淨無二无二分無别无斷故見者清淨即預流果清淨預流果清淨即見者清淨何以故是見者清淨與預流果清淨無二無二分无别無斷故見者清淨即一来不還阿羅漢果清淨一来不還阿羅漢果清淨即見者清淨何以故是見者清淨與一来不還阿羅漢果清淨无二無二分无别無斷故

復次善現我清淨即獨覺菩提清淨獨覺菩提清淨即我清淨何以故是我清淨與獨覺菩提清淨無二无二分无别無斷故有情清淨即獨覺菩

提清淨獨覺菩提清淨即有情清淨何以故是有情清淨與獨覺菩提清淨無二无二分無别无斷故命者清淨即獨覺菩提清淨獨覺菩提清淨即命者清淨何以故是命者清淨與獨覺菩提清淨無二无二分無别无斷故生者清淨即獨覺菩提清淨獨覺菩提清淨即生者清淨何以故是生者清淨與獨覺菩提清淨無二无二分無别無斷故養育者清淨即獨覺菩提清淨獨覺菩提清淨即養育者清淨何以故是養育者清淨與獨覺菩提清淨無二无二分無别无斷故士夫清淨即獨覺菩提清淨獨覺菩提清淨即士夫清淨何以故是士夫清淨與獨覺菩提清淨無二无二分無别无斷故補特伽羅清淨即獨覺菩提清淨獨覺菩提清淨即補特伽羅清淨何以故是補特伽羅清淨與獨覺菩提清淨無二无二分無别无斷故意生清淨即獨覺菩提清淨獨覺菩提清淨即意生清淨何以故是意生清淨與獨覺菩提清淨無二

无二分無别无斷故儒童清淨即獨覺菩提清淨獨覺菩提清淨即儒童清淨何以故是儒童清淨與獨覺菩提清淨無二无二分無别无斷故作者清淨即獨覺菩提清淨獨覺菩提清淨即作者清淨何以故是作者清淨與獨覺菩提清淨無二无二分無别无斷故受者清淨即獨覺菩提清淨獨覺菩提清淨即受者清淨何以故是受者清淨與獨覺菩提清淨無二无二分無别无斷故知者清淨即獨覺菩提清淨獨覺菩提清淨即知者清淨何以故是知者清淨與獨覺菩提清淨無二无二分無别无斷故見者清淨即獨覺菩提清淨獨覺菩提清淨即見者清淨何以故是見者清淨與獨覺菩提清淨無二无二分無别无斷故

復次善現我清淨即一切菩薩摩訶薩行清淨一切菩薩摩訶薩行清淨即我清淨何以故是我清淨與一切菩薩摩訶薩行清淨無二无二分無别无斷故有情清淨即一切菩薩摩

訶薩行清淨一切菩薩摩訶薩行清淨即有情清淨何以故是有情清淨與一切菩薩摩訶薩行清淨無二无二分無別无斷故命者清淨即一切菩薩摩訶薩行清淨一切菩薩摩訶薩行清淨即命者清淨何以故是命者清淨與一切菩薩摩訶薩行清淨無二无二分無別无斷故生者清淨即一切菩薩摩訶薩行清淨一切菩薩摩訶薩行清淨即生者清淨何以故是生者清淨與一切菩薩摩訶薩行清淨無二无二分無別无斷故養育者清淨即一切菩薩摩訶薩行清淨一切菩薩摩訶薩行清淨即養育者清淨何以故是養育者清淨與一切菩薩摩訶薩行清淨無二无二分無別无斷故士夫清淨即一切菩薩摩訶薩行清淨一切菩薩摩訶薩行清淨即士夫清淨何以故是士夫清淨與一切菩薩摩訶薩行清淨無二无二分無別无斷故補特伽羅清淨即一切菩薩摩訶薩行清淨一切菩薩摩訶薩行清淨即補特伽羅清淨

何以故是補特伽羅清淨與一切菩薩摩訶薩行清淨無二無二分無別無斷故意生清淨即一切菩薩摩訶薩行清淨一切菩薩摩訶薩行清淨即意生清淨何以故是意生清淨與一切菩薩摩訶薩行清淨無二無二分無別無斷故儒童清淨即一切菩薩摩訶薩行清淨一切菩薩摩訶薩行清淨即儒童清淨何以故是儒童清淨與一切菩薩摩訶薩行清淨無二無二分無別無斷故作者清淨即一切菩薩摩訶薩行清淨一切菩薩摩訶薩行清淨即作者清淨何以故是作者清淨與一切菩薩摩訶薩行清淨無二無二分無別無斷故受者清淨即一切菩薩摩訶薩行清淨一切菩薩摩訶薩行清淨即受者清淨何以故是受者清淨與一切菩薩摩訶薩行清淨無二無二分無別無斷故知者清淨即一切菩薩摩訶薩行清淨一切菩薩摩訶薩行清淨即知者清淨何以故是知者清淨與一切菩薩摩訶薩行清淨無二無二分無

別無斷故見者清淨即一切菩薩摩訶薩行清淨一切菩薩摩訶薩行清淨即見者清淨何以故是見者清淨與一切菩薩摩訶薩行清淨無二無二分無別無斷故

復次善現我清淨即諸佛無上正等菩提清淨諸佛無上正等菩提清淨即我清淨何以故是我清淨與諸佛無上正等菩提清淨無二無二分無別無斷故有情清淨即諸佛無上正等菩提清淨諸佛無上正等菩提清淨即有情清淨何以故是有情清淨與諸佛無上正等菩提清淨無二無二分無別無斷故命者清淨即諸佛無上正等菩提清淨諸佛無上正等菩提清淨即命者清淨何以故是命者清淨與諸佛無上正等菩提清淨無二無二分無別無斷故生者清淨即諸佛無上正等菩提清淨諸佛無上正等菩提清淨即生者清淨何以故是生者清淨與諸佛無上正等菩提清淨無二無二分無別無斷故養育者清淨即諸佛無上正等菩提清

淨諸佛無上正等菩提清淨即養育者清淨何以故是養育者清淨與諸佛無上正等菩提清淨無二無二分無別無斷故士夫清淨即諸佛無上正等菩提清淨諸佛無上正等菩提清淨即士夫清淨何以故是士夫清淨與諸佛無上正等菩提清淨無二無二分無別無斷故補特伽羅清淨即諸佛無上正等菩提清淨諸佛無上正等菩提清淨即補特伽羅清淨何以故是補特伽羅清淨與諸佛無上正等菩提清淨無二無二分無別無斷故意生清淨即諸佛無上正等菩提清淨諸佛無上正等菩提清淨即意生清淨何以故是意生清淨與諸佛無上正等菩提清淨無二無二分無別無斷故儒童清淨即諸佛無上正等菩提清淨諸佛無上正等菩提清淨即儒童清淨何以故是儒童清淨與諸佛無上正等菩提清淨無二無二分無別無斷故作者清淨即諸佛無上正等菩提清淨諸佛無上正等菩提清淨即作者清淨何以故

是作者清淨與諸佛無上正等菩提清淨無二無二分無別無斷故受者清淨即諸佛無上正等菩提清淨諸佛無上正等菩提清淨即受者清淨何以故是受者清淨與諸佛無上正等菩提清淨無二無二分無別無斷故知者清淨即諸佛無上正等菩提清淨諸佛無上正等菩提清淨即知者清淨何以故是知者清淨與諸佛無上正等菩提清淨無二無二分無別無斷故見者清淨即諸佛無上正等菩提清淨諸佛無上正等菩提清淨即見者清淨何以故是見者清淨與諸佛無上正等菩提清淨無二無二分無別無斷故

大般若波羅蜜多經卷第一百八十九

戊戌歲高麗國大藏都監奉
勅雕造

大般若波羅蜜多經卷第一百八十九
校勘記

一　底本，麗藏本。
一　七九九頁上一七行第三字殘，應為「何」。
一　七九九頁上二一行「與道相智」，石作「與道智」。
一　七九九頁中一七行第九字殘，應為「二」。
一　八〇〇頁下二二行至二三行「有情清淨即預流果清淨預流果清淨即有情清淨」，石作「有情清淨即預流果清淨即有情清淨」。
一　八〇三頁上一行至二行「一切菩薩摩訶薩行清淨」十字石漏刻。

趙城縣廣勝寺

大般若波羅蜜多經卷第一百九十　暑

三藏法師玄奘奉　詔譯

初分難信解品第三十四之九

復次善現我清淨即色清淨色清淨即我清淨何以故是我清淨與色清淨無二無二分無別無斷故我清淨即受想行識清淨受想行識清淨即我清淨何以故是我清淨與受想行識清淨無二無二分無別無斷故善現我清淨即眼處清淨眼處清淨即我清淨何以故是我清淨與眼處清淨無二無二分無別無斷故我清淨即耳鼻舌身意處清淨耳鼻舌身意處清淨即我清淨何以故是我清淨與耳鼻舌身意處清淨無二無二分無別無斷故善現我清淨即色處清淨色處清淨即我清淨何以故是我清淨與色處清淨無二無二分無別無斷故我清淨即聲香味觸法處清淨聲香味觸法處清淨即我清淨何以故是我清淨與聲香味觸法處清淨無二無二分無別無斷故善現我清淨即眼界清淨眼界清淨即我清淨何以故是我清淨與眼界清淨無二無二分無別無斷故我清淨即色界眼識界及眼觸眼觸為緣所生諸受清淨色界乃至眼觸為緣所生諸受清淨即我清淨何以故是我清淨與色界乃至眼觸為緣所生諸受清淨無二無二分無別無斷故善現我清淨即耳界清淨耳界清淨即我清淨何以故是我清淨與耳界清淨無二無二分無別無斷故我清淨即聲界耳識界及耳觸耳觸為緣所生諸受清淨聲界乃至耳觸為緣所生諸受清淨即我清淨何以故是我清淨與聲界乃至耳觸為緣所生諸受清淨無二無二分無別無斷故善現我清淨即鼻界清淨鼻界清淨即我清淨何以故是我清淨與鼻界清淨無二無二分無別無斷故我清淨即香界鼻識界及鼻觸鼻觸為緣所生諸受清淨香界乃至鼻觸為緣所生諸受清淨即我清淨何以故是我清淨與香界乃至鼻觸為緣所生諸受清

淨無二無二分無別無斷故
善現我清淨即舌界清淨舌界清淨
即我清淨何以故是我清淨與舌界
清淨無二無二分無別無斷故我清
淨即味界舌識界及舌觸舌觸為緣
所生諸受清淨味界乃至舌觸為緣
所生諸受清淨即我清淨何以故是
我清淨與味界乃至舌觸為緣所生
諸受清淨無二無二分無別無斷故
善現我清淨即身界清淨身界清淨
即我清淨何以故是我清淨與身界
清淨無二無二分無別無斷故我清
淨即觸界身識界及身觸身觸為緣
所生諸受清淨觸界乃至身觸為緣
所生諸受清淨即我清淨何以故是
我清淨與觸界乃至身觸為緣所生
諸受清淨無二無二分無別無斷故
善現我清淨即意界清淨意界清淨
即我清淨何以故是我清淨與意界
清淨無二無二分無別無斷故我清
淨即法界意識界及意觸意觸為緣
所生諸受清淨法界乃至意觸為緣
所生諸受清淨即我清淨何以故是

我清淨與法界乃至意觸為緣所生
諸受清淨無二無二分無別無斷故
善現我清淨即地界清淨地界清淨
即我清淨何以故是我清淨與地界
清淨無二無二分無別無斷故我清
淨即水火風空識界清淨水火風空
識界清淨即我清淨何以故是我清
淨與水火風空識界清淨無二無二
分無別無斷故善現我清淨即無明
清淨無明清淨即我清淨何以故是
我清淨與無明清淨無二無二分無
別無斷故我清淨即行識名色六處
觸受愛取有生老死愁歎苦憂惱清
淨行乃至老死愁歎苦憂惱清淨即
我清淨何以故是我清淨與行乃至
老死愁歎苦憂惱清淨無二無二分
無別無斷故
善現我清淨即布施波羅蜜多清淨
布施波羅蜜多清淨即我清淨何以
故是我清淨與布施波羅蜜多清淨
無二無二分無別無斷故我清淨即
淨戒安忍精進靜慮般若波羅蜜多
清淨淨戒乃至般若波羅蜜多清淨

即我清淨何以故是我清淨與淨戒
乃至般若波羅蜜多清淨無二無二
分無別無斷故善現我清淨即內空
清淨內空清淨即我清淨何以故是
我清淨與內空清淨無二無二分無
別無斷故我清淨即外空內外空空
空大空勝義空有為空無為空畢竟
空無際空散空無變異空本性空自
相空共相空一切法空不可得空無
性空自性空無性自性空清淨外空
乃至無性自性空清淨即我清淨何
以故是我清淨與外空乃至無性自
性空清淨無二無二分無別無斷故
善現我清淨即真如清淨真如清淨
即我清淨何以故是我清淨與真如
清淨無二無二分無別無斷故我清
淨即法界法性不虛妄性不變異性
平等性離生性法定法住實際虛空
界不思議界清淨法界乃至不思議
界清淨即我清淨何以故是我清淨
與法界乃至不思議界清淨無二無
二分無別無斷故善現我清淨即苦
聖諦清淨苦聖諦清淨即我清淨何

以故是我清淨與苦聖諦清淨無二無二分無別無斷故我清淨即集滅道聖諦清淨集滅道聖諦清淨即我清淨何以故是我清淨與集滅道聖諦清淨無二無二分無別無斷故善現我清淨即四靜慮清淨四靜慮清淨即我清淨何以故是我清淨與四靜慮清淨無二無二分無別無斷故我清淨即四無量四無色定清淨四無量四無色定清淨即我清淨何以故是我清淨與四無量四無色定清淨無二無二分無別無斷故善現我清淨即八解脫清淨八解脫清淨即我清淨何以故是我清淨與八解脫清淨無二無二分無別無斷故我清淨即八勝處九次第定十遍處清淨八勝處九次第定十遍處清淨即我清淨何以故是我清淨與八勝處九次第定十遍處清淨無二無二分無別無斷故善現我清淨即四念住清淨四念住清淨即我清淨何以故是我清淨與四念住清淨無二無二分無別無斷故我清淨即四正斷四

神足五根五力七等覺支八聖道支清淨四正斷乃至八聖道支清淨即我清淨何以故是我清淨與四正斷乃至八聖道支清淨無二無二分無別無斷故善現我清淨即空解脫門清淨空解脫門清淨即我清淨何以故是我清淨與空解脫門清淨無二無二分無別無斷故我清淨即無相無願解脫門清淨無相無願解脫門清淨即我清淨何以故是我清淨與無相無願解脫門清淨無二無二分無別無斷故善現我清淨即菩薩十地清淨菩薩十地清淨即我清淨何以故是我清淨與菩薩十地清淨無二無二分無別無斷故

善現我清淨即五眼清淨五眼清淨即我清淨何以故是我清淨與五眼清淨無二無二分無別無斷故我清淨即六神通清淨六神通清淨即我清淨何以故是我清淨與六神通清淨無二無二分無別無斷故善現我清淨即佛十力清淨佛十力清淨即我清淨何以故是我清淨與佛十力

清淨無二无二分無別无斷故我清淨即四無所畏四无㝵解大慈大悲大喜大捨十八佛不共法清淨四無所畏乃至十八佛不共法清淨即我清淨何以故是我清淨與四無所畏乃至十八佛不共法清淨無二无二分無別无斷故善現我清淨即無忘失法清淨無忘失法清淨即我清淨何以故是我清淨與无忘失法清淨無二无二分無別无斷故我清淨即恒住捨性清淨恒住捨性清淨即我清淨何以故是我清淨與恒住捨性清淨無二无二分無別无斷故善現我清淨即一切智清淨一切智清淨即我清淨何以故是我清淨與一切智清淨無二无二分無別无斷故我清淨即道相智一切相智清淨道相智一切相智清淨即我清淨何以故是我清淨與道相智一切相智清淨無二无二分無別无斷故善現我清淨即一切陁羅尼門清淨一切陁羅尼門清淨即我清淨何以故是我清淨與一切陁羅尼門清淨無二无二

分無別無斷故我清淨即一切三摩地門清淨一切三摩地門清淨即我清淨何以故是我清淨與一切三摩地門清淨無二無二分無別無斷故善現我清淨即預流果清淨預流果清淨即我清淨何以故是我清淨與預流果清淨無二無二分無別無斷故我清淨即一來不還阿羅漢果清淨一來不還阿羅漢果清淨即我清淨何以故是我清淨與一來不還阿羅漢果清淨無二無二分無別無斷故善現我清淨即獨覺菩提清淨獨覺菩提清淨即我清淨何以故是我清淨與獨覺菩提清淨無二無二分無別無斷故善現我清淨即一切菩薩摩訶薩行清淨一切菩薩摩訶薩行清淨即我清淨何以故是我清淨與一切菩薩摩訶薩行清淨無二無二分無別無斷故善現我清淨即諸佛無上正等菩提清淨諸佛無上正等菩提清淨即我清淨何以故是我清淨與諸佛無上正等菩提清淨無二無二分無別無斷故

復次善現有情清淨即色清淨色清淨即有情清淨何以故是有情清淨與色清淨無二無二分無別無斷故有情清淨即受想行識清淨受想行識清淨即有情清淨何以故是有情清淨與受想行識清淨無二無二分無別無斷故善現有情清淨即眼處清淨眼處清淨即有情清淨何以故是有情清淨與眼處清淨無二無二分無別無斷故有情清淨即耳鼻舌身意處清淨耳鼻舌身意處清淨即有情清淨何以故是有情清淨與耳鼻舌身意處清淨無二無二分無別無斷故善現有情清淨即色處清淨色處清淨即有情清淨何以故是有情清淨與色處清淨無二無二分無別無斷故有情清淨即聲香味觸法處清淨聲香味觸法處清淨即有情清淨何以故是有情清淨與聲香味觸法處清淨無二無二分無別無斷故善現有情清淨即眼界清淨眼界清淨即有情清淨何以故是有情清淨與眼界清淨無二無二分無別無斷故有情清淨即色界眼識界及眼觸眼觸為緣所生諸受清淨色界乃至眼觸為緣所生諸受清淨即有情清淨何以故是有情清淨與色界乃至眼觸為緣所生諸受清淨無二無二分無別無斷故善現有情清淨即耳界清淨耳界清淨即有情清淨何以故是有情清淨與耳界清淨無二無二分無別無斷故有情清淨即聲界耳識界及耳觸耳觸為緣所生諸受清淨聲界乃至耳觸為緣所生諸受清淨即有情清淨何以故是有情清淨與聲界乃至耳觸為緣所生諸受清淨無二無二分無別無斷故善現有情清淨即鼻界清淨鼻界清淨即有情清淨何以故是有情清淨與鼻界清淨無二無二分無別無斷故有情清淨即香界鼻識界及鼻觸鼻觸為緣所生諸受清淨香界乃至鼻觸為緣所生諸受清淨即有情清淨何以故是有情清淨與香界乃至鼻觸為緣所生諸受清淨無二無二分無別無斷故善現有情清淨即舌界

清淨舌界清淨即有情清淨何以故是有情清淨與舌界清淨無二無二分無別無斷故有情清淨即味界舌識界及舌觸舌觸為緣所生諸受清淨味界乃至舌觸為緣所生諸受清淨即有情清淨何以故是有情清淨與味界乃至舌觸為緣所生諸受清淨無二無二分無別無斷故善現有情清淨即身界清淨身界清淨即有情清淨何以故是有情清淨與身界清淨無二無二分無別無斷故有情清淨即觸界身識界及身觸身觸為緣所生諸受清淨觸界乃至身觸為緣所生諸受清淨即有情清淨何以故是有情清淨與觸界乃至身觸為緣所生諸受清淨無二無二分無別無斷故善現有情清淨即意界清淨意界清淨即有情清淨何以故是有情清淨與意界清淨無二無二分無別無斷故有情清淨即法界意識界及意觸意觸為緣所生諸受清淨法界乃至意觸為緣所生諸受清淨即有情清淨何以故是有情清淨與法界乃至意觸為緣所生諸受清淨無二無二分無別无斷故

善現有情清淨即地界清淨地界清淨即有情清淨何以故是有情清淨與地界清淨無二无二分無別无斷故有情清淨即水火風空識界清淨水火風空識界清淨即有情清淨何以故是有情清淨與水火風空識界清淨無二無二分無別无斷故善現有情清淨即無明清淨无明清淨即有情清淨何以故是有情清淨與無明清淨無二无二分無別无斷故有情清淨即行識名色六處觸受愛取有生老死愁歎苦憂惱清淨行乃至老死愁歎苦憂惱清淨即有情清淨何以故是有情清淨與行乃至老死愁歎苦憂惱清淨無二无二分無別无斷故

善現有情清淨即布施波羅蜜多清淨布施波羅蜜多清淨即有情清淨何以故是有情清淨與布施波羅蜜多清淨無二无二分無別无斷故有情清淨即淨戒安忍精進靜慮般若波羅蜜多清淨淨戒乃至般若波羅蜜多清淨即有情清淨何以故是有情清淨與淨戒乃至般若波羅蜜多清淨無二無二分無別无斷故善現有情清淨即內空清淨內空清淨即有情清淨何以故是有情清淨與內空清淨無二无二分無別无斷故有情清淨即外空內外空空空大空勝義空有為空无為空畢竟空無際空散空無變異空本性空自相空共相空一切法空不可得空無性空自性空无性自性空清淨外空乃至無性自性空清淨即有情清淨何以故是有情清淨與外空乃至無性自性空清淨無二无二分無別无斷故善現有情清淨即真如清淨真如清淨即有情清淨何以故是有情清淨與真如清淨無二无二分無別无斷故有情清淨即法界法性不虛妄性不變異性平等性離生性法定法住實際虛空界不思議界清淨法界乃至不思議界清淨即有情清淨何以故是有情清淨與法界乃至不思議界清

淨無二无二分無別无斷故善現有情清淨即苦聖諦清淨苦聖諦清淨即有情清淨何以故是有情清淨與苦聖諦清淨無二无二分無別无斷故有情清淨即集滅道聖諦清淨集滅道聖諦清淨即有情清淨何以故是有情清淨與集滅道聖諦清淨無二无二分無別无斷故善現有情清淨即四靜慮清淨四靜慮清淨即有情清淨何以故是有情清淨與四靜慮清淨無二无二分無別无斷故有情清淨即四無量四无色定清淨四無量四無色定清淨即有情清淨何以故是有情清淨與四無量四无色定清淨無二无二分無別无斷故善現有情清淨即八解脫清淨八解脫清淨即有情清淨何以故是有情清淨與八解脫清淨無二无二分無別无斷故有情清淨即八勝處九次第定十遍處清淨八勝處九次第定十遍處清淨即有情清淨何以故是有情清淨與八勝處九次第定十遍處清淨無二无二分無別无斷故善

現有情清淨即四念住清淨四念住清淨即有情清淨何以故是有情清淨與四念住清淨無二無二分無別無斷故有情清淨即四正斷四神足五根五力七等覺支八聖道支清淨四正斷乃至八聖道支清淨即有情清淨何以故是有情清淨與四正斷乃至八聖道支清淨無二無二分無別無斷故善現有情清淨即空解脫門清淨空解脫門清淨即有情清淨何以故是有情清淨與空解脫門清淨無二無二分無別無斷故有情清淨即無相無願解脫門清淨無相無願解脫門清淨即有情清淨何以故是有情清淨與無相無願解脫門清淨無二無二分無別無斷故善現有情清淨即菩薩十地清淨菩薩十地清淨即有情清淨何以故是有情清淨與菩薩十地清淨無二無二分無別無斷故

善現有情清淨即五眼清淨五眼清淨即有情清淨何以故是有情清淨與五眼清淨無二無二分無別無斷

故有情清淨即六神通清淨六神通清淨即有情清淨何以故是有情清淨與六神通清淨無二無二分無別無斷故善現有情清淨即佛十力清淨佛十力清淨即有情清淨何以故是有情清淨與佛十力清淨無二無二分無別無斷故有情清淨即四無所畏四無礙解大慈大悲大喜大捨十八佛不共法清淨四無所畏乃至十八佛不共法清淨即有情清淨何以故是有情清淨與四無所畏乃至十八佛不共法清淨無二無二分無別無斷故善現有情清淨即無忘失法清淨無忘失法清淨即有情清淨何以故是有情清淨與無忘失法清淨無二無二分無別無斷故有情清淨即恒住捨性清淨恒住捨性清淨即有情清淨何以故是有情清淨與恒住捨性清淨無二無二分無別無斷故善現有情清淨即一切智清淨一切智清淨即有情清淨何以故是有情清淨與一切智清淨無二無二分無別無斷故有情清淨即道相智

一切相智清淨道相智一切相智清淨即有情清淨何以故是有情清淨與道相智一切相智清淨無二無二分無別無斷故善現有情清淨即一切陁羅尼門清淨一切陁羅尼門清淨即有情清淨何以故是有情清淨與一切陁羅尼門清淨無二無二分無別無斷故有情清淨即一切三摩地門清淨一切三摩地門清淨即有情清淨何以故是有情清淨與一切三摩地門清淨無二無二分無別無斷故

善現有情清淨即預流果清淨預流果清淨即有情清淨何以故是有情清淨與預流果清淨無二無二分無別無斷故有情清淨即一來不還阿羅漢果清淨一來不還阿羅漢果清淨即有情清淨何以故是有情清淨與一来不還阿羅漢果清淨無二無二分無別無斷故善現有情清淨即獨覺菩提清淨獨覺菩提清淨即有情清淨何以故是有情清淨與獨覺菩提清淨無二無二分無別無斷故

善現有情清淨即一切菩薩摩訶薩行清淨一切菩薩摩訶薩行清淨即有情清淨何以故是有情清淨與一切菩薩摩訶薩行清淨無二無二分無別無斷故善現有情清淨即諸佛無上正等菩提清淨諸佛無上正等菩提清淨即有情清淨何以故是有情清淨與諸佛無上正等菩提清淨無二無二分無別無斷故

復次善現命者清淨即色清淨色清淨即命者清淨何以故是命者清淨與色清淨無二無二分無別無斷故命者清淨即受想行識清淨受想行識清淨即命者清淨何以故是命者清淨與受想行識清淨無二無二分無別無斷故善現命者清淨即眼處清淨眼處清淨即命者清淨何以故是命者清淨與眼處清淨無二無二分無別無斷故命者清淨即耳鼻舌身意處清淨耳鼻舌身意處清淨即命者清淨何以故是命者清淨與耳鼻舌身意處清淨無二無二分無別無斷故善現命者清淨即色處清淨色處清淨即命者清淨何以故是命者清淨與色處清淨無二無二分無別無斷故命者清淨即聲香味觸法處清淨聲香味觸法處清淨即命者清淨何以故是命者清淨與聲香味觸法處清淨無二無二分無別無斷故善現命者清淨即眼界清淨眼界清淨即命者清淨何以故是命者清淨與眼界清淨無二無二分無別無斷故命者清淨即色界眼識界及眼觸眼觸為緣所生諸受清淨色界乃至眼觸為緣所生諸受清淨即命者清淨何以故是命者清淨與色界乃至眼觸為緣所生諸受清淨無二無二分無別無斷故善現命者清淨即耳界清淨耳界清淨即命者清淨何以故是命者清淨與耳界清淨無二無二分無別無斷故命者清淨即聲界耳識界及耳觸耳觸為緣所生諸受清淨聲界乃至耳觸為緣所生諸受清淨即命者清淨何以故是命者清淨與聲界乃至耳觸為緣所生諸受清淨無二無二分無別無斷故善

現命者清淨即鼻界清淨鼻界清淨即命者清淨何以故是命者清淨與鼻界清淨無二無二分無別無斷故命者清淨即香界鼻識界及鼻觸鼻觸為緣所生諸受清淨香界乃至鼻觸為緣所生諸受清淨即命者清淨何以故是命者清淨與香界乃至鼻觸為緣所生諸受清淨無二無二分無別無斷故

善現命者清淨即舌界清淨舌界清淨即命者清淨何以故是命者清淨與舌界清淨無二無二分無別無斷故命者清淨即味界舌識界及舌觸舌觸為緣所生諸受清淨味界乃至舌觸為緣所生諸受清淨即命者清淨何以故是命者清淨與味界乃至舌觸為緣所生諸受清淨無二無二分無別無斷故善現命者清淨即身界清淨身界清淨即命者清淨何以故是命者清淨與身界清淨無二無二分無別無斷故命者清淨即觸界身識界及身觸身觸為緣所生諸受清淨觸界乃至身觸為緣所生諸受

大般若經第一百九十　第二十一張

清淨即命者清淨何以故是命者清淨與觸界乃至身觸為緣所生諸受清淨無二無二分無別無斷故善現命者清淨即意界清淨意界清淨即命者清淨何以故是命者清淨與意界清淨無二無二分無別無斷故命者清淨即法界意識界及意觸意觸為緣所生諸受清淨法界乃至意觸為緣所生諸受清淨即命者清淨何以故是命者清淨與法界乃至意觸為緣所生諸受清淨無二無二分無別無斷故

善現命者清淨即地界清淨地界清淨即命者清淨何以故是命者清淨與地界清淨無二無二分無別無斷故命者清淨即水火風空識界清淨水火風空識界清淨即命者清淨何以故是命者清淨與水火風空識界清淨無二無二分無別無斷故善現命者清淨即無明清淨無明清淨即命者清淨何以故是命者清淨與無明清淨無二無二分無別無斷故命者清淨即行識名色六處觸受愛取

大般若經第一百九十　第二十二張

有生老死愁歎苦憂惱清淨行乃至老死愁歎苦憂惱清淨即命者清淨何以故是命者清淨與行乃至老死愁歎苦憂惱清淨無二無二分無別無斷故

大般若經第一百九十　第二十三張

大般若波羅蜜多經卷第一百九十

大般若波羅蜜多經卷第一百九十

校勘記

一　底本，金藏廣勝寺本。八〇六頁下，八〇八頁下，八一一頁下，八一二頁上，中共五版，原版漫漶以麗藏本換附原版二張。

一　八〇五頁下二三行首二字不清，應為「與香」。

一　八〇七頁下九行末三字為「法清淨」。一四行末三字為「智清淨」。

一　八〇八頁上一至二行「三摩地門清淨」，石作「三摩地門淨」。

一　八〇九頁上一行末二字為「以故」。

一　八〇九頁上二三行末字「法」，南、徑、清作「意」。

即我清淨何以故是我清淨與淨戒乃至般若波羅蜜多清淨無二無二分無別無斷故善現我清淨即內空清淨內空清淨即我清淨何以故是我清淨與內空清淨無二無二分無別無斷故我清淨即外空內外空空空大空勝義空有為空無為空畢竟空無際空散空無變異空本性空自相空共相空一切法空不可得空無性空自性空無性自性空清淨外空乃至無性自性空清淨即我清淨何以故是我清淨與外空乃至無性自性空清淨無二無二分無別無斷故善現我清淨即真如清淨真如清淨即我清淨何以故是我清淨與真如清淨無二無二分無別無斷故我清淨即法界法性不虛妄性不變異性平等性離生性法定法住實際虛空界不思議界清淨法界乃至不思議界清淨即我清淨何以故是我清淨與法界乃至不思議界清淨無二無二分無別無斷故善現我清淨即苦聖諦清淨苦聖諦清淨即我清淨何

清淨即命者清淨何以故是命者清淨與觸界乃至身觸為緣所生諸受清淨無二無二分無別無斷故善現命者清淨即意界清淨意界清淨即命者清淨何以故是命者清淨與意界清淨無二無二分無別無斷故命者清淨即法界意識界及意觸意觸為緣所生諸受清淨法界乃至意觸為緣所生諸受清淨即命者清淨何以故是命者清淨與法界乃至意觸為緣所生諸受清淨無二無二分無別無斷故

善現命者清淨即地界清淨地界清淨即命者清淨何以故是命者清淨與地界清淨無二無二分無別無斷故命者清淨即水火風空識界清淨水火風空識界清淨即命者清淨何以故是命者清淨與水火風空識界清淨無二無二分無別無斷故善現命者清淨即無明清淨無明清淨即命者清淨何以故是命者清淨與無明清淨無二無二分無別無斷故命者清淨即行識名色六處觸受愛取

大般若波羅蜜多經卷第一百九十一　往

三藏法師玄奘奉　詔譯

初分難信解品第三十四之十

善現命者清淨即布施波羅蜜多清淨布施波羅蜜多清淨即命者清淨何以故是命者清淨與布施波羅蜜多清淨無二无二分無別无斷故命者清淨即淨戒安忍精進靜慮般若波羅蜜多清淨淨戒乃至般若波羅蜜多清淨即命者清淨何以故是命者清淨與淨戒乃至般若波羅蜜多清淨無二无二分無別无斷故善現命者清淨即內空清淨內空清淨即命者清淨何以故是命者清淨與內空清淨無二无二分無別無斷故命者清淨即外空內外空空空大空勝義空有為空无為空畢竟空無際空散空無變異空本性空自相空共相空一切法空不可得空無性空自性空無性自性空清淨外空乃至无性自性空清淨即命者清淨何以故是命者清淨與外空乃至无性自性空清淨無二无二分無別無斷故善現命者清淨即真如清淨真如清淨即命者清淨何以故是命者清淨與真如清淨無二無二分无別無斷故命者清淨即法界法性不虛妄性不變異性平等性離生性法定法住實際虛空界不思議界清淨法界乃至不思議界清淨即命者清淨何以故是命者清淨與法界乃至不思議界清淨無二無二分無別無斷故善現命者清淨即苦聖諦清淨苦聖諦清淨即命者清淨何以故是命者清淨與苦聖諦清淨無二无二分無別無斷故命者清淨即集滅道聖諦清淨集滅道聖諦清淨即命者清淨何以故是命者清淨與集滅道聖諦清淨無二無二分无別無斷故善現命者清淨即四靜慮清淨四靜慮清淨即命者清淨何以故是命者清淨與四靜慮清淨無二無二分無別無斷故命者清淨即四無量四無色定清淨四無量四無色定清淨即命者清淨何以故是命者清淨與四無量四無色

定清淨無二無二分無別無斷故善現命者清淨即八解脫清淨八解脫清淨即命者清淨何以故是命者清淨與八解脫清淨無二無二分無別無斷故命者清淨即八勝處九次第定十遍處清淨八勝處九次第定十遍處清淨即命者清淨何以故是命者清淨與八勝處九次第定十遍處清淨無二無二分無別無斷故善現命者清淨即四念住清淨四念住清淨即命者清淨何以故是命者清淨與四念住清淨無二無二分無別無斷故命者清淨即四正斷四神足五根五力七等覺支八聖道支清淨四正斷乃至八聖道支清淨即命者清淨何以故是命者清淨與四正斷乃至八聖道支清淨無二無二分無別無斷故善現命者清淨即空解脫門清淨空解脫門清淨即命者清淨何以故是命者清淨與空解脫門清淨無二無二分無別無斷故命者清淨即無相無願解脫門清淨無相無願解脫門清淨即命者清淨何以故是

命者清淨與無相無願解脫門清淨無二無二分無別無斷故善現命者清淨即菩薩十地清淨菩薩十地清淨即命者清淨何以故是命者清淨與菩薩十地清淨無二無二分無別無斷故

善現命者清淨即五眼清淨五眼清淨即命者清淨何以故是命者清淨與五眼清淨無二無二分無別無斷故命者清淨即六神通清淨六神通清淨即命者清淨何以故是命者清淨與六神通清淨無二無二分無別無斷故善現命者清淨即佛十力清淨佛十力清淨即命者清淨何以故是命者清淨與佛十力清淨無二無二分無別無斷故命者清淨即四無所畏四無礙解大慈大悲大喜大捨十八佛不共法清淨四無所畏乃至十八佛不共法清淨即命者清淨何以故是命者清淨與四無所畏乃至十八佛不共法清淨無二無二分無別無斷故善現命者清淨即無忘失法清淨無忘失法清淨即命者

大般若第一百九十一　第一張　往

清淨何以故是命者清淨與無忘失法清淨無二無二分無別無斷故命者清淨即恒住捨性清淨恒住捨性清淨即命者清淨何以故是命者清淨與恒住捨性清淨無二無二分無別無斷故善現命者清淨即一切智清淨一切智清淨即命者清淨何以故是命者清淨與一切智清淨無二無二分無別無斷故命者清淨即道相智一切相智清淨道相智一切相智清淨即命者清淨何以故是命者清淨與道相智一切相智清淨無二無二分無別無斷故善現命者清淨即一切陁羅尼門清淨一切陁羅尼門清淨即命者清淨何以故是命者清淨與一切陁羅尼門清淨無二無二分無別無斷故命者清淨即一切三摩地門清淨一切三摩地門清淨即命者清淨何以故是命者清淨與一切三摩地門清淨無二無二分無別無斷故

善現命者清淨即預流果清淨預流果清淨即命者清淨何以故是命者

大般若第一百九十一　第五張　往

清淨與預流果清淨無二無二分無別無斷故命者清淨即一來不還阿羅漢果清淨一來不還阿羅漢果清淨即命者清淨何以故是命者清淨與一來不還阿羅漢果清淨無二無二分無別無斷故善現命者清淨即獨覺菩提清淨獨覺菩提清淨即命者清淨何以故是命者清淨與獨覺菩提清淨無二無二分無別無斷故善現命者清淨即一切菩薩摩訶薩行清淨一切菩薩摩訶薩行清淨即命者清淨何以故是命者清淨與一切菩薩摩訶薩行清淨無二無二分無別無斷故善現命者清淨即諸佛無上正等菩提清淨諸佛無上正等菩提清淨即命者清淨何以故是命者清淨與諸佛無上正等菩提清淨無二無二分無別無斷故

復次善現生者清淨即色清淨色清淨即生者清淨何以故是生者清淨與色清淨無二無二分無別無斷故生者清淨即受想行識清淨受想行識清淨即生者清淨何以故是生者

大般若第一百九十一　第六張　往

清淨與受想行識清淨無二無二分無別無斷故善現生者清淨即眼處清淨眼處清淨即生者清淨何以故是生者清淨與眼處清淨無二無二分無別無斷故生者清淨即耳鼻舌身意處清淨耳鼻舌身意處清淨即生者清淨何以故是生者清淨與耳鼻舌身意處清淨無二無二分無別無斷故善現生者清淨即色處清淨色處清淨即生者清淨何以故是生者清淨與色處清淨無二無二分無別無斷故生者清淨即聲香味觸法處清淨聲香味觸法處清淨即生者清淨何以故是生者清淨與聲香味觸法處清淨無二無二分無別無斷故善現生者清淨即眼界清淨眼界清淨即生者清淨何以故是生者清淨與眼界清淨無二無二分無別無斷故生者清淨即色界眼識界及眼觸眼觸為緣所生諸受清淨色界乃至眼觸為緣所生諸受清淨即生者清淨何以故是生者清淨與色界乃至眼觸為緣所生諸受清淨無二無

大般若第一百九十一　第七張　往

二分無別無斷故善現生者清淨即耳界清淨耳界清淨即生者清淨何以故是生者清淨與耳界清淨無二無二分無別無斷故生者清淨即聲界耳識界及耳觸耳觸為緣所生諸受清淨聲界乃至耳觸為緣所生諸受清淨即生者清淨何以故是生者清淨與聲界乃至耳觸為緣所生諸受清淨無二無二分無別無斷故善現生者清淨即鼻界清淨鼻界清淨即生者清淨何以故是生者清淨與鼻界清淨無二無二分無別無斷故生者清淨即香界鼻識界及鼻觸鼻觸為緣所生諸受清淨香界乃至鼻觸為緣所生諸受清淨即生者清淨何以故是生者清淨與香界乃至鼻觸為緣所生諸受清淨無二無二分無別無斷故善現生者清淨即舌界清淨舌界清淨即生者清淨何以故是生者清淨與舌界清淨無二無二分無別無斷故生者清淨即味界舌識界及舌觸舌觸為緣所生諸受清淨味界乃至舌觸為緣所生諸受清

大般若第一百九十一　第八張　秋

淨即生者清淨何以故是生者清淨與味界乃至舌觸為緣所生諸受清淨無二無二分無別無斷故善現生者清淨即身界清淨身界清淨即生者清淨何以故是生者清淨與身界清淨無二無二分無別無斷故生者清淨即觸界身識界及身觸身觸為緣所生諸受清淨觸界乃至身觸為緣所生諸受清淨即生者清淨何以故是生者清淨與觸界乃至身觸為緣所生諸受清淨無二無二分無別無斷故善現生者清淨即意界清淨意界清淨即生者清淨何以故是生者清淨與意界清淨無二無二分無別無斷故生者清淨即法界意識界及意觸意觸為緣所生諸受清淨法界乃至意觸為緣所生諸受清淨即生者清淨何以故是生者清淨與法界乃至意觸為緣所生諸受清淨無二無二分無別無斷故善現生者清淨即地界清淨地界清淨即生者清淨何以故是生者清淨與地界清淨無二無二分無別無斷故生者清淨

大般若第一百九十一　第九張　往

即水火風空識界清淨水火風空識界清淨即生者清淨何以故是生者清淨與水火風空識界清淨無二無二分無別無斷故善現生者清淨即無明清淨無明清淨即生者清淨何以故是生者清淨與無明清淨無二無二分無別無斷故生者清淨即行識名色六處觸受愛取有生老死愁歎苦憂惱清淨行乃至老死愁歎苦憂惱清淨即生者清淨何以故是生者清淨與行乃至老死愁歎苦憂惱清淨無二無二分無別無斷故

善現生者清淨即布施波羅蜜多清淨布施波羅蜜多清淨即生者清淨何以故是生者清淨與布施波羅蜜多清淨無二無二分無別無斷故生者清淨即淨戒安忍精進靜慮般若波羅蜜多清淨淨戒乃至般若波羅蜜多清淨即生者清淨何以故是生者清淨與淨戒乃至般若波羅蜜多清淨無二無二分無別無斷故善現生者清淨即內空清淨內空清淨即生者清淨何以故是生者清淨與內

空清淨無二無二分無別無斷故生者清淨即外空內外空空空大空勝義空有為空無為空畢竟空無際空散空無變異空本性空自相空共相空一切法空不可得空無性空自性空無性自性空清淨外空乃至無性自性空清淨即生者清淨何以故是生者清淨與外空乃至無性自性空清淨無二無二分無別無斷故善現生者清淨即真如清淨真如清淨即生者清淨何以故是生者清淨與真如清淨無二無二分無別無斷故生者清淨即法界法性不虛妄性不變異性平等性離生性法定法住實際虛空界不思議界清淨法界乃至不思議界清淨即生者清淨何以故是生者清淨與法界乃至不思議界清淨無二無二分無別無斷故善現生者清淨即苦聖諦清淨苦聖諦清淨即生者清淨何以故是生者清淨與苦聖諦清淨無二無二分無別無斷故生者清淨即集滅道聖諦清淨集滅道聖諦清淨即生者清淨何以故

是生者清淨與集滅道聖諦清淨無二無二分無別無斷故善現生者清淨即四靜慮清淨四靜慮清淨即生者清淨何以故是生者清淨與四靜慮清淨無二無二分無別無斷故生者清淨即四無量四無色定清淨四無量四無色定清淨即生者清淨何以故是生者清淨與四無量四無色定清淨無二無二分無別無斷故善現生者清淨即八解脫清淨八解脫清淨即生者清淨何以故是生者清淨與八解脫清淨無二無二分無別無斷故生者清淨即八勝處九次第定十遍處清淨八勝處九次第定十遍處清淨即生者清淨何以故是生者清淨與八勝處九次第定十遍處清淨無二無二分無別無斷故善現生者清淨即四念住清淨四念住清淨即生者清淨何以故是生者清淨與四念住清淨無二無二分無別無斷故生者清淨即四正斷四神足五根五力七等覺支八聖道支清淨四正斷乃至八聖道支清淨即生者清

淨何以故是生者清淨與四正斷乃至八聖道支清淨無二無二分無別無斷故善現生者清淨即空解脫門清淨空解脫門清淨即生者清淨何以故是生者清淨與空解脫門清淨無二無二分無別無斷故生者清淨即無相無願解脫門清淨無相無願解脫門清淨即生者清淨何以故是生者清淨與無相無願解脫門清淨無二無二分無別無斷故善現生者清淨即菩薩十地清淨菩薩十地清淨即生者清淨何以故是生者清淨與菩薩十地清淨無二無二分無別無斷故

善現生者清淨即五眼清淨五眼清淨即生者清淨何以故是生者清淨與五眼清淨無二無二分無別無斷故生者清淨即六神通清淨六神通清淨即生者清淨何以故是生者清淨與六神通清淨無二無二分無別無斷故善現生者清淨即佛十力清淨佛十力清淨即生者清淨何以故是生者清淨與佛十力清淨無二無

二分無別無斷故生者清淨即四無所畏四無礙解大慈大悲大喜大捨十八佛不共法清淨四無所畏乃至十八佛不共法清淨即生者清淨何以故是生者清淨與四無所畏乃至十八佛不共法清淨無二無二分無別無斷故善現生者清淨即無忘失法清淨無忘失法清淨即生者清淨何以故是生者清淨與無忘失法清淨無二無二分無別無斷故生者清淨即恒住捨性清淨恒住捨性清淨即生者清淨何以故是生者清淨與恒住捨性清淨無二無二分無別無斷故善現生者清淨即一切智清淨一切智清淨即生者清淨何以故是生者清淨與一切智清淨無二無二分無別無斷故生者清淨即道相智一切相智清淨道相智一切相智清淨即生者清淨何以故是生者清淨與道相智一切相智清淨無二無二分無別無斷故善現生者清淨即一切陁羅尼門清淨一切陁羅尼門清淨即生者清淨何以故是生者清淨

與一切陁羅尼門清淨無二無二分無別無斷故生者清淨即一切三摩地門清淨一切三摩地門清淨即生者清淨何以故是生者清淨與一切三摩地門清淨無二無二分無別無斷故

善現生者清淨即預流果清淨預流果清淨即生者清淨何以故是生者清淨與預流果清淨無二無二分無別無斷故生者清淨即一來不還阿羅漢果清淨一來不還阿羅漢果清淨即生者清淨何以故是生者清淨與一來不還阿羅漢果清淨無二無二分無別無斷故善現生者清淨即獨覺菩提清淨獨覺菩提清淨即生者清淨何以故是生者清淨與獨覺菩提清淨無二無二分無別無斷故善現生者清淨即一切菩薩摩訶薩行清淨一切菩薩摩訶薩行清淨即生者清淨何以故是生者清淨與一切菩薩摩訶薩行清淨無二無二分無別無斷故善現生者清淨即諸佛無上正等菩提清淨諸佛無上正等

菩提清淨即生者清淨何以故是生
者清淨與諸佛無上正等菩提清淨
無二無二分無別無斷故
復次善現養育者清淨即色清淨色
清淨即養育者清淨何以故是養育
者清淨與色清淨無二無二分無別
無斷故養育者清淨即受想行識清
淨受想行識清淨即養育者清淨何
以故是養育者清淨與受想行識清
淨無二無二分無別無斷故善現養
育者清淨即眼處清淨眼處清淨即
養育者清淨何以故是養育者清淨
與眼處清淨無二無二分無別無斷
故養育者清淨即耳鼻舌身意處清
淨耳鼻舌身意處清淨即養育者清
淨何以故是養育者清淨與耳鼻舌
身意處清淨無二無二分無別無斷
故善現養育者清淨即色處清淨色
處清淨即養育者清淨何以故是養
育者清淨與色處清淨無二無二分
無別無斷故養育者清淨即聲香味
觸法處清淨聲香味觸法處清淨即
養育者清淨何以故是養育者清淨

與聲香味觸法處清淨無二無二分
無別無斷故善現養育者清淨即眼
界清淨眼界清淨即養育者清淨何
以故是養育者清淨與眼界清淨無
二無二分無別無斷故養育者清淨
即色界眼識界及眼觸眼觸為緣所
生諸受清淨色界乃至眼觸為緣所
生諸受清淨即養育者清淨何以故
是養育者清淨與色界乃至眼觸為
緣所生諸受清淨無二無二分無別
無斷故善現養育者清淨即耳界清
淨耳界清淨即養育者清淨何以故
是養育者清淨與耳界清淨無二無
二分無別無斷故養育者清淨即聲
界耳識界及耳觸耳觸為緣所生諸
受清淨聲界乃至耳觸為緣所生諸
受清淨即養育者清淨何以故是養
育者清淨與聲界乃至耳觸為緣所
生諸受清淨無二無二分無別無斷
故善現養育者清淨即鼻界清淨鼻
界清淨即養育者清淨何以故是養
育者清淨與鼻界清淨無二無二分
無別無斷故養育者清淨即香界鼻

識界及鼻觸鼻觸為緣所生諸受清
淨香界乃至鼻觸為緣所生諸受清
淨即養育者清淨何以故是養育者
清淨與香界乃至鼻觸為緣所生諸
受清淨無二無二分無別無斷故善
現養育者清淨即舌界清淨舌界清
淨即養育者清淨何以故是養育者
清淨與舌界清淨無二無二分無別
無斷故養育者清淨即味界舌識界
及舌觸舌觸為緣所生諸受清淨味
界乃至舌觸為緣所生諸受清淨即
養育者清淨何以故是養育者清淨
與味界乃至舌觸為緣所生諸受清
淨無二無二分無別無斷故善現養
育者清淨即身界清淨身界清淨即
養育者清淨何以故是養育者清淨
與身界清淨無二無二分無別無斷
故養育者清淨即觸界身識界及身
觸身觸為緣所生諸受清淨觸界乃
至身觸為緣所生諸受清淨即養育
者清淨何以故是養育者清淨與觸
界乃至身觸為緣所生諸受清淨無
二無二分無別無斷故善現養育者

清淨即意界清淨意界清淨即養育者清淨何以故是養育者清淨與意界清淨無二無二分無別無斷故養育者清淨即法界意識界及意觸意觸為緣所生諸受清淨法界乃至意觸為緣所生諸受清淨即養育者清淨何以故是養育者清淨與法界乃至意觸為緣所生諸受清淨無二無二分無別無斷故善現養育者清淨即地界清淨地界清淨即養育者清淨何以故是養育者清淨與地界清淨無二無二分無別無斷故養育者清淨即水火風空識界清淨水火風空識界清淨即養育者清淨何以故是養育者清淨與水火風空識界清淨無二無二分無別無斷故善現養育者清淨即無明清淨無明清淨即養育者清淨何以故是養育者清淨與無明清淨無二無二分無別無斷故養育者清淨即行識名色六處觸受愛取有生老死愁歎苦憂惱清淨行乃至老死愁歎苦憂惱清淨即養育者清淨何以故是養育者清淨與

行乃至老死愁歎苦憂惱清淨無二無二分無別無斷故

善現養育者清淨即布施波羅蜜多清淨布施波羅蜜多清淨即養育者清淨何以故是養育者清淨與布施波羅蜜多清淨無二無二分無別無斷故養育者清淨即淨戒安忍精進靜慮般若波羅蜜多清淨淨戒乃至般若波羅蜜多清淨即養育者清淨何以故是養育者清淨與淨戒乃至般若波羅蜜多清淨無二無二分無別無斷故善現養育者清淨即內空清淨內空清淨即養育者清淨何以故是養育者清淨與內空清淨無二無二分無別無斷故養育者清淨即外空內外空空空大空勝義空有為空無為空畢竟空無際空散空無變異空本性空自相空共相空一切法空不可得空無性空自性空無性自性空清淨外空乃至無性自性空清淨即養育者清淨何以故是養育者清淨與外空乃至無性自性空清淨無二無二分無別無斷故善現養育

者清淨即真如清淨真如清淨即養育者清淨何以故是養育者清淨與真如清淨無二無二分無別無斷故養育者清淨即法界法性不虛妄性不變異性平等性離生性法定法住實際虛空界不思議界清淨法界乃至不思議界清淨即養育者清淨何以故是養育者清淨與法界乃至不思議界清淨無二無二分無別無斷故善現養育者清淨即苦聖諦清淨苦聖諦清淨即養育者清淨何以故是養育者清淨與苦聖諦清淨無二無二分無別無斷故養育者清淨即集滅道聖諦清淨集滅道聖諦清淨即養育者清淨何以故是養育者清淨與集滅道聖諦清淨無二無二分無別無斷故

善現養育者清淨即四靜慮清淨四靜慮清淨即養育者清淨何以故是養育者清淨與四靜慮清淨無二無二分無別無斷故養育者清淨即四無量四無色定清淨四無量四無色定清淨即養育者清淨何以故是養

育者清淨與四无量四無色定清淨無二無二分無別無斷故善現養育者清淨即八解脫清淨八解脫清淨即養育者清淨何以故是養育者清淨與八解脫清淨无二無二分無別無斷故養育者清淨即八勝處九次第定十遍處清淨八勝處九次第定十遍處清淨即養育者清淨何以故是養育者清淨與八勝處九次第定十遍處清淨無二無二分無別無斷故善現養育者清淨即四念住清淨四念住清淨即養育者清淨何以故是養育者清淨與四念住清淨無二無二分無別無斷故養育者清淨即四正斷四神足五根五力七等覺支八聖道支清淨四正斷乃至八聖道支清淨即養育者清淨何以故是養育者清淨與四正斷乃至八聖道支清淨無二無二分無別無斷故善現養育者清淨即空解脫門清淨空解脫門清淨即養育者清淨何以故是養育者清淨與空解脫門清淨無二無二分無別無斷故養育者清淨即

大般若　第一百九十一　第二十二張　八

無相無願解脫門清淨無相無願解脫門清淨即養育者清淨何以故是養育者清淨與無相無願解脫門清淨無二無二分無別無斷故善現養育者清淨即菩薩十地清淨菩薩十地清淨即養育者清淨何以故是養育者清淨與菩薩十地清淨无二無二分无別無斷故

大般若波羅蜜多經卷第一百九十一

戊戌歲高麗國大藏都監奉

勅雕造

大般若經第一百九十一　第二十三張　比

大般若波羅蜜多經卷第一百九十一

校勘記

一　底本，麗藏本。

一　八一四頁上二行首字殘，應為「三」。

一　八一五頁上一〇行「故」，普、南、徑、清作「故善現」。

一　八一五頁下七行第七、八兩字「獨覺」，石作「一切」。

一　八一六頁上一九行「眼識界」，石作「眼一界」。

一　八一六頁中一〇行「鼻界清淨」，石作「一界清淨」。

一　八一六頁中一三行「鼻識界」，石作「鼻一界」。

一　八一七頁中四行「無變異空」，石作「無異空」。

一　八一七頁中一六行「思議」，石作「思一」。

一　八一八頁上二三行「與佛十力」，石作「一佛十力」。

一八一八頁中一九行第二字「殘」，應爲「即」。

一八一九頁中二行末字「殘」，應爲「眼」。

一八二〇頁中二〇行第八字不清，應爲「至」。

一八二一頁中九行第七字不清，應爲「多」。

大般若波羅蜜多經卷第一百九十二　往

三藏法師玄奘奉　詔譯

初分難信解品第三十四之十一

善現，養育者清淨即五眼清淨，五眼清淨即養育者清淨。何以故？是養育者清淨與五眼清淨無二無二分無別無斷故。養育者清淨即六神通清淨，六神通清淨即養育者清淨。何以故？是養育者清淨與六神通清淨無二無二分無別無斷故。善現，養育者清淨即佛十力清淨，佛十力清淨即養育者清淨。何以故？是養育者清淨與佛十力清淨無二無二分無別無斷故。養育者清淨即四無所畏、四無礙解、大慈、大悲、大喜、大捨、十八佛不共法清淨，四無所畏乃至十八佛不共法清淨即養育者清淨。何以故？是養育者清淨與四無所畏乃至十八佛不共法清淨無二無二分無別無斷故。善現，養育者清淨即無忘失法清淨，無忘失法清淨即養育者清淨。何以故？是養育者清淨與無忘失法

清淨無二無二分無別無斷故。養育者清淨即恒住捨性清淨，恒住捨性清淨即養育者清淨。何以故？是養育者清淨與恒住捨性清淨無二無二分無別無斷故。善現，養育者清淨即一切智清淨，一切智清淨即養育者清淨。何以故？是養育者清淨與一切智清淨無二無二分無別無斷故。養育者清淨即道相智、一切相智清淨，道相智、一切相智清淨即養育者清淨。何以故？是養育者清淨與道相智、一切相智清淨無二無二分無別無斷故。善現，養育者清淨即一切陁羅尼門清淨，一切陁羅尼門清淨即養育者清淨。何以故？是養育者清淨與一切陁羅尼門清淨無二無二分無別無斷故。養育者清淨即一切三摩地門清淨，一切三摩地門清淨即養育者清淨。何以故？是養育者清淨與一切三摩地門清淨無二無二分無別無斷故。

善現，養育者清淨即預流果清淨，預流果清淨即養育者清淨。何以故？是

養育者清淨與預流果清淨無二無二分無別無斷故養育者清淨即一来不還向羅漢果清淨一来不還阿羅漢果清淨即養育者清淨何以故是養育者清淨與一来不還阿羅漢果清淨無二無二分無別無斷故善現養育者清淨即獨覺菩提清淨獨覺菩提清淨即養育者清淨何以故是養育者清淨與獨覺菩提清淨無二無二分無別無斷故善現養育者清淨即一切菩薩摩訶薩行清淨一切菩薩摩訶薩行清淨即養育者清淨何以故是養育者清淨與一切菩薩摩訶薩行清淨無二無二分無別無斷故善現養育者清淨即諸佛無上正等菩提清淨諸佛無上正等菩提清淨即養育者清淨何以故是養育者清淨與諸佛無上正等菩提清淨無二無二分無別無斷故

復次善現士夫清淨即色清淨色清淨即士夫清淨何以故是士夫清淨與色清淨無二無二分無別無斷故士夫清淨即受想行識清淨受想行

識清淨即士夫清淨何以故是士夫清淨與受想行識清淨無二無二分無別無斷故善現士夫清淨即眼處清淨眼處清淨即士夫清淨何以故是士夫清淨與眼處清淨無二無二分無別無斷故善現士夫清淨即耳鼻舌身意處清淨耳鼻舌身意處清淨即士夫清淨何以故是士夫清淨與耳鼻舌身意處清淨無二無二分無別無斷故善現士夫清淨即色處清淨色處清淨即士夫清淨何以故是士夫清淨與色處清淨無二無二分無別無斷故士夫清淨即聲香味觸法處清淨聲香味觸法處清淨即士夫清淨何以故是士夫清淨與聲香味觸法處清淨無二無二分無別無斷故善現士夫清淨即眼界清淨眼界清淨即士夫清淨何以故是士夫清淨與眼界清淨無二無二分無別無斷故士夫清淨即色界眼識界及眼觸眼觸為緣所生諸受清淨色界乃至眼觸為緣所生諸受清淨即士夫清淨何以故是士夫清淨與色

界乃至眼觸為緣所生諸受清淨無二無二分無別無斷故善現士夫清淨即耳界清淨耳界清淨即士夫清淨何以故是士夫清淨與耳界清淨無二無二分無別無斷故士夫清淨即聲界耳識界及耳觸耳觸為緣所生諸受清淨聲界乃至耳觸為緣所生諸受清淨即士夫清淨何以故是士夫清淨與聲界乃至耳觸為緣所生諸受清淨無二無二分無別無斷故善現士夫清淨即鼻界清淨鼻界清淨即士夫清淨何以故是士夫清淨與鼻界清淨無二無二分無別無斷故士夫清淨即香界鼻識界及鼻觸鼻觸為緣所生諸受清淨香界乃至鼻觸為緣所生諸受清淨即士夫清淨何以故是士夫清淨與香界乃至鼻觸為緣所生諸受清淨無二無二分無別無斷故善現士夫清淨即舌界清淨舌界清淨即士夫清淨何以故是士夫清淨與舌界清淨無二無二分無別無斷故士夫清淨即味界舌識界及舌觸舌觸為緣所生諸

受清淨味界乃至舌觸為緣所生諸受清淨即士夫清淨何以故是士夫清淨與味界乃至舌觸為緣所生諸受清淨無二無二分無別無斷故善現士夫清淨即身界清淨身界清淨即士夫清淨何以故是士夫清淨與身界清淨無二無二分無別無斷故士夫清淨即觸界身識界及身觸身觸為緣所生諸受清淨觸界乃至身觸為緣所生諸受清淨即士夫清淨何以故是士夫清淨與觸界乃至身觸為緣所生諸受清淨無二無二分無別無斷故善現士夫清淨即意界清淨意界清淨即士夫清淨何以故是士夫清淨與意界清淨無二無二分無別無斷故士夫清淨即法界意識界及意觸意觸為緣所生諸受清淨法界乃至意觸為緣所生諸受清淨即士夫清淨何以故是士夫清淨與法界乃至意觸為緣所生諸受清淨無二無二分無別無斷故善現士夫清淨即地界清淨地界清淨即士夫清淨何以故是士夫清淨與地界

清淨無二無二分無別無斷故士夫清淨即水火風空識界清淨水火風空識界清淨即士夫清淨何以故是士夫清淨與水火風空識界清淨無二無二分無別無斷故善現士夫清淨即無明清淨無明清淨即士夫清淨何以故是士夫清淨與無明清淨無二無二分無別無斷故士夫清淨即行識名色六處觸受愛取有生老死愁歎苦憂惱清淨行乃至老死愁歎苦憂惱清淨即士夫清淨何以故是士夫清淨與行乃至老死愁歎苦憂惱清淨無二無二分無別無斷故善現士夫清淨即布施波羅蜜多清淨布施波羅蜜多清淨即士夫清淨何以故是士夫清淨與布施波羅蜜多清淨無二無二分無別無斷故士夫清淨即淨戒安忍精進靜慮般若波羅蜜多清淨淨戒乃至般若波羅蜜多清淨即士夫清淨何以故是士夫清淨與淨戒乃至般若波羅蜜多清淨無二無二分無別無斷故善現士夫清淨即內空清淨內空清淨即

士夫清淨何以故是士夫清淨與內空清淨無二無二分無別無斷故士夫清淨即外空內外空空空大空勝義空有為空無為空畢竟空無際空散空無變異空本性空自相空共相空一切法空不可得空無性空自性空無性自性空清淨外空乃至無性自性空清淨即士夫清淨何以故是士夫清淨與外空乃至無性自性空清淨無二無二分無別無斷故善現士夫清淨即真如清淨真如清淨即士夫清淨何以故是士夫清淨與真如清淨無二無二分無別無斷故士夫清淨即法界法性不虛妄性不變異性平等性離生性法定法住實際虛空界不思議界清淨法界乃至不思議界清淨即士夫清淨何以故是士夫清淨與法界乃至不思議界清淨無二無二分無別無斷故善現士夫清淨即苦聖諦清淨苦聖諦清淨即士夫清淨何以故是士夫清淨與苦聖諦清淨無二無二分無別無斷故士夫清淨即集滅道聖諦清淨集

滅道聖諦清淨即士夫清淨何以故是士夫清淨與集滅道聖諦清淨無二無二分無別無斷故

善現士夫清淨即四靜慮清淨四靜慮清淨即士夫清淨何以故是士夫清淨與四靜慮清淨無二無二分無別無斷故士夫清淨即四無量四無色定清淨四無量四無色定清淨即士夫清淨何以故是士夫清淨與四無量四無色定清淨無二無二分無別無斷故善現士夫清淨即八解脫清淨八解脫清淨即士夫清淨何以故是士夫清淨與八解脫清淨無二無二分無別無斷故士夫清淨即八勝處九次第定十遍處清淨八勝處九次第定十遍處清淨即士夫清淨何以故是士夫清淨與八勝處九次第定十遍處清淨無二無二分無別無斷故善現士夫清淨即四念住清淨四念住清淨即士夫清淨何以故是士夫清淨與四念住清淨無二無二分無別無斷故士夫清淨即四正斷四神足五根五力七等覺支八聖道支清淨四正斷乃至八聖道支清淨即士夫清淨何以故是士夫清淨與四正斷乃至八聖道支清淨無二無二分無別無斷故善現士夫清淨即空解脫門清淨空解脫門清淨即士夫清淨何以故是士夫清淨與空解脫門清淨無二無二分無別無斷故士夫清淨即無相無願解脫門清淨無相無願解脫門清淨即士夫清淨何以故是士夫清淨與無相無願解脫門清淨無二無二分無別無斷故善現士夫清淨即菩薩十地清淨菩薩十地清淨即士夫清淨何以故是士夫清淨與菩薩十地清淨無二無二分無別無斷故

善現士夫清淨即五眼清淨五眼清淨即士夫清淨何以故是士夫清淨與五眼清淨無二無二分無別無斷故士夫清淨即六神通清淨六神通清淨即士夫清淨何以故是士夫清淨與六神通清淨無二無二分無別無斷故善現士夫清淨即佛十力清淨佛十力清淨即士夫清淨何以故是士夫清淨與佛十力清淨无二無二分无別無斷故士夫清淨即四无所畏四無㝵解大慈大悲大喜大捨十八佛不共法清淨四無所畏乃至十八佛不共法清淨即士夫清淨何以故是士夫清淨與四无所畏乃至十八佛不共法清淨無二无二分無別无斷故善現士夫清淨即無忘失法清淨无忘失法清淨即士夫清淨何以故是士夫清淨與無忘失法清淨无二無二分无別無斷故士夫清淨即恒住捨性清淨恒住捨性清淨即士夫清淨何以故是士夫清淨與恒住捨性清淨無二无二分無別无斷故善現士夫清淨即一切智清淨一切智清淨即士夫清淨何以故是士夫清淨與一切智清淨無二无二分無別无斷故士夫清淨即道相智一切相智清淨道相智一切相智清淨即士夫清淨何以故是士夫清淨與道相智一切相智清淨無二无二分無別无斷故善現士夫清淨即一切陁羅尼門清淨一切陁羅尼門清

淨即士夫清淨何以故是士夫清淨與一切陁羅尼門清淨無二无二分無別无斷故士夫清淨即一切三摩地門清淨一切三摩地門清淨即士夫清淨何以故是士夫清淨與一切三摩地門清淨無二无二分無別無斷故

善現士夫清淨即預流果清淨預流果清淨即士夫清淨何以故是士夫清淨與預流果清淨無二无二分無別无斷故士夫清淨即一來不還阿羅漢果清淨一來不還阿羅漢果清淨即士夫清淨何以故是士夫清淨與一來不還阿羅漢果清淨無二无二分無別无斷故善現士夫清淨即獨覺菩提清淨獨覺菩提清淨即士夫清淨何以故是士夫清淨與獨覺菩提清淨無二无二分無別无斷故善現士夫清淨即一切菩薩摩訶薩行清淨一切菩薩摩訶薩行清淨即士夫清淨何以故是士夫清淨與一切菩薩摩訶薩行清淨無二无二分無別无斷故善現士夫清淨即諸佛

無上正等菩提清淨諸佛無上正等菩提清淨即士夫清淨何以故是士夫清淨與諸佛無上正等菩提清淨無二无二分無別无斷故

復次善現補特伽羅清淨即色清淨色清淨即補特伽羅清淨何以故是補特伽羅清淨與色清淨無二无二分無別无斷故補特伽羅清淨即受想行識清淨受想行識清淨即補特伽羅清淨何以故是補特伽羅清淨與受想行識清淨無二无二分無別无斷故善現補特伽羅清淨即眼處清淨眼處清淨即補特伽羅清淨何以故是補特伽羅清淨與眼處清淨無二无二分無別无斷故補特伽羅清淨即耳鼻舌身意處清淨耳鼻舌身意處清淨即補特伽羅清淨何以故是補特伽羅清淨與耳鼻舌身意處清淨無二无二分無別无斷故善現補特伽羅清淨即色處清淨色處清淨即補特伽羅清淨何以故是補特伽羅清淨與色處清淨無二无二分無別无斷故補特伽羅清淨即聲

香味觸法處清淨聲香味觸法處清淨即補特伽羅清淨何以故是補特伽羅清淨與聲香味觸法處清淨無二无二分無別无斷故善現補特伽羅清淨即眼界清淨眼界清淨即補特伽羅清淨何以故是補特伽羅清淨與眼界清淨無二无二分無別无斷故補特伽羅清淨即色界眼識界及眼觸眼觸為緣所生諸受清淨色界乃至眼觸為緣所生諸受清淨即補特伽羅清淨何以故是補特伽羅清淨與色界乃至眼觸為緣所生諸受清淨無二無二分無別無斷故善現補特伽羅清淨即耳界清淨耳界清淨即補特伽羅清淨何以故是補特伽羅清淨與耳界清淨無二无二分無別无斷故補特伽羅清淨即聲界耳識界及耳觸耳觸為緣所生諸受清淨聲界乃至耳觸為緣所生諸受清淨即補特伽羅清淨何以故是補特伽羅清淨與聲界乃至耳觸為緣所生諸受清淨無二无二分無別无斷故善現補特伽羅清淨即鼻界

清淨鼻界清淨即補特伽羅清淨何以故是補特伽羅清淨與鼻界清淨無二無二分無別無斷故補特伽羅清淨即香界鼻識界及鼻觸鼻觸為緣所生諸受清淨香界乃至鼻觸為緣所生諸受清淨即補特伽羅清淨何以故是補特伽羅清淨與香界乃至鼻觸為緣所生諸受清淨無二無二分無別無斷故善現補特伽羅清淨即舌界清淨舌界清淨即補特伽羅清淨何以故是補特伽羅清淨與舌界清淨無二無二分無別無斷故補特伽羅清淨即味界舌識界及舌觸舌觸為緣所生諸受清淨味界乃至舌觸為緣所生諸受清淨即補特伽羅清淨何以故是補特伽羅清淨與味界乃至舌觸為緣所生諸受清淨無二無二分無別無斷故善現補特伽羅清淨即身界清淨身界清淨即補特伽羅清淨何以故是補特伽羅清淨與身界清淨無二無二分無別無斷故補特伽羅清淨即觸界身識界及身觸身觸為緣所生諸受清

淨觸界乃至身觸為緣所生諸受清淨即補特伽羅清淨何以故是補特伽羅清淨與觸界乃至身觸為緣所生諸受清淨無二無二分無別無斷故善現補特伽羅清淨即意界清淨意界清淨即補特伽羅清淨何以故是補特伽羅清淨與意界清淨無二無二分無別無斷故補特伽羅清淨即法界意識界及意觸意觸為緣所生諸受清淨法界乃至意觸為緣所生諸受清淨即補特伽羅清淨何以故是補特伽羅清淨與法界乃至意觸為緣所生諸受清淨無二無二分無別無斷故善現補特伽羅清淨即地界清淨地界清淨即補特伽羅清淨何以故是補特伽羅清淨與地界清淨無二無二分無別無斷故補特伽羅清淨即水火風空識界清淨水火風空識界清淨即補特伽羅清淨何以故是補特伽羅清淨與水火風空識界清淨無二無二分無別無斷故善現補特伽羅清淨即無明清淨無明清淨即補特伽羅清淨何以故

是補特伽羅清淨與無明清淨無二無二分無別無斷故補特伽羅清淨即行識名色六處觸受愛取有生老死愁歎苦憂惱清淨行乃至老死愁歎苦憂惱清淨即補特伽羅清淨何以故是補特伽羅清淨與行乃至老死愁歎苦憂惱清淨無二無二分無別無斷故

善現補特伽羅清淨即布施波羅蜜多清淨布施波羅蜜多清淨即補特伽羅清淨何以故是補特伽羅清淨與布施波羅蜜多清淨無二無二分無別無斷故補特伽羅清淨即淨戒安忍精進靜慮般若波羅蜜多清淨淨戒乃至般若波羅蜜多清淨即補特伽羅清淨何以故是補特伽羅清淨與淨戒乃至般若波羅蜜多清淨無二無二分無別無斷故善現補特伽羅清淨即內空清淨內空清淨即補特伽羅清淨何以故是補特伽羅清淨與內空清淨無二無二分無別無斷故補特伽羅清淨即外空內外空空空大空勝義空有為空無為空

畢竟空無際空散空無變異空本性空自相空共相空一切法空不可得空無性空自性空無性自性空清淨外空乃至無性自性空清淨即補特伽羅清淨何以故是補特伽羅清淨與外空乃至無性自性空清淨無二無二分無別無斷故善現補特伽羅清淨即真如清淨真如清淨即補特伽羅清淨何以故是補特伽羅清淨與真如清淨無二無二分無別無斷故補特伽羅清淨即法界法性不虛妄性不變異性平等性離生性法定法住實際虛空界不思議界清淨法界乃至不思議界清淨即補特伽羅清淨何以故是補特伽羅清淨與法界乃至不思議界清淨無二無二分無別無斷故善現補特伽羅清淨即苦聖諦清淨苦聖諦清淨即補特伽羅清淨何以故是補特伽羅清淨與苦聖諦清淨無二無二分無別無斷故補特伽羅清淨即集滅道聖諦清淨集滅道聖諦清淨即補特伽羅清淨何以故是補特伽羅清淨與集滅

道聖諦清淨無二無二分無別無斷故善現補特伽羅清淨即四靜慮清淨四靜慮清淨即補特伽羅清淨何以故是補特伽羅清淨與四靜慮清淨無二無二分無別無斷故補特伽羅清淨即四無量四無色定清淨四無量四無色定清淨即補特伽羅清淨何以故是補特伽羅清淨與四無量四無色定清淨無二無二分無別無斷故善現補特伽羅清淨即八解脫清淨八解脫清淨即補特伽羅清淨何以故是補特伽羅清淨與八解脫清淨無二無二分無別無斷故補特伽羅清淨即八勝處九次第定十遍處清淨八勝處九次第定十遍處清淨即補特伽羅清淨何以故是補特伽羅清淨與八勝處九次第定十遍處清淨無二無二分無別無斷故善現補特伽羅清淨即四念住清淨四念住清淨即補特伽羅清淨何以故是補特伽羅清淨與四念住清淨無二無二分無別無斷故補特伽羅清淨即四正斷四神足五根五力七

等覺支八聖道支清淨四正斷乃至八聖道支清淨即補特伽羅清淨何以故是補特伽羅清淨與四正斷乃至八聖道支清淨無二無二分無別無斷故善現補特伽羅清淨即空解脫門清淨空解脫門清淨即補特伽羅清淨何以故是補特伽羅清淨與空解脫門清淨無二無二分無別無斷故補特伽羅清淨即無相無願解脫門清淨無相無願解脫門清淨即補特伽羅清淨何以故是補特伽羅清淨與無相無願解脫門清淨無二無二分無別無斷故善現補特伽羅清淨即菩薩十地清淨菩薩十地清淨即補特伽羅清淨何以故是補特伽羅清淨與菩薩十地清淨無二無二分無別無斷故

善現補特伽羅清淨即五眼清淨五眼清淨即補特伽羅清淨何以故是補特伽羅清淨與五眼清淨無二無二分無別無斷故補特伽羅清淨即六神通清淨六神通清淨即補特伽羅清淨何以故是補特伽羅清淨與

六神通清淨無二無二分無別無斷故善現補特伽羅清淨即佛十力清淨佛十力清淨即補特伽羅清淨何以故是補特伽羅清淨與佛十力清淨無二無二分無別無斷故補特伽羅清淨即四無所畏四無礙解大慈大悲大喜大捨十八佛不共法清淨四無所畏乃至十八佛不共法清淨即補特伽羅清淨何以故是補特伽羅清淨與四無所畏乃至十八佛不共法清淨無二無二分無別無斷故善現補特伽羅清淨即無忘失法清淨無忘失法清淨即補特伽羅清淨何以故是補特伽羅清淨與無忘失法清淨無二無二分無別無斷故補特伽羅清淨即恒住捨性清淨恒住捨性清淨即補特伽羅清淨何以故是補特伽羅清淨與恒住捨性清淨無二無二分無別無斷故善現補特伽羅清淨即一切智清淨一切智清淨即補特伽羅清淨何以故是補特伽羅清淨與一切智清淨無二無二分無別無斷故補特伽羅清淨即道相智一切相智清淨道相智一切相智清淨即補特伽羅清淨何以故是補特伽羅清淨與道相智一切相智清淨無二無二分無別無斷故善現補特伽羅清淨即一切陀羅尼門清淨一切陀羅尼門清淨即補特伽羅清淨何以故是補特伽羅清淨與一切陀羅尼門清淨無二無二分無別無斷故補特伽羅清淨即一切三摩地門清淨一切三摩地門清淨即補特伽羅清淨何以故是補特伽羅清淨與一切三摩地門清淨無二無二分無別無斷故

善現補特伽羅清淨即預流果清淨預流果清淨即補特伽羅清淨何以故是補特伽羅清淨與預流果清淨無二無二分無別無斷故補特伽羅清淨即一來不還阿羅漢果清淨一來不還阿羅漢果清淨即補特伽羅清淨何以故是補特伽羅清淨與一來不還阿羅漢果清淨無二無二分無別無斷故善現補特伽羅清淨即獨覺菩提清淨獨覺菩提清淨即補特伽羅清淨何以故是補特伽羅清淨與獨覺菩提清淨無二無二分無別無斷故善現補特伽羅清淨即一切菩薩摩訶薩行清淨一切菩薩摩訶薩行清淨即補特伽羅清淨何以故是補特伽羅清淨與一切菩薩摩訶薩行清淨無二無二分無別無斷故善現補特伽羅清淨即諸佛無上正等菩提清淨諸佛無上正等菩提清淨即補特伽羅清淨何以故是補特伽羅清淨與諸佛無上正等菩提清淨無二無二分無別無斷故

大般若波羅蜜多經卷第一百九十二

大般若波羅蜜多經卷第一百九十二

校勘記

一　底本，金藏廣勝寺本。

一　八二三頁中一行「第一百九十二」，石作「第一百八十二」。

一　八二四頁中六行「善現士夫」，磧、麗作「士夫」。

一　八二九頁中一二行「補特伽羅」，資作「補特伽」。

一　八三〇頁上一九行「二分」，磧作「二八」。

一　八三〇頁下一三行「波羅蜜多經」，磧作「波羅蜜經」。

大般若波羅蜜多經卷第二百九十三　往

三藏法師玄奘奉　詔譯

初分難信解品第三十四之十二

復次善現意生清淨即色清淨色清淨即意生清淨何以故是意生清淨與色清淨無二無二分無別無斷故意生清淨即受想行識清淨受想行識清淨即意生清淨何以故是意生清淨與受想行識清淨無二無二分無別無斷故善現意生清淨即眼處清淨眼處清淨即意生清淨何以故是意生清淨與眼處清淨無二無二分無別無斷故意生清淨即耳鼻舌身意處清淨耳鼻舌身意處清淨即意生清淨何以故是意生清淨與耳鼻舌身意處清淨無二無二分無別無斷故善現意生清淨即色處清淨色處清淨即意生清淨何以故是意生清淨與色處清淨無二無二分無別無斷故意生清淨即聲香味觸法處清淨聲香味觸法處清淨即意生清淨何以故是意生清淨與聲香味

觸法處清淨無二無二分無別無斷故善現意生清淨即眼界清淨眼界清淨即意生清淨何以故是意生清淨與眼界清淨無二無二分無別無斷故意生清淨即色界眼識界及眼觸眼觸為緣所生諸受清淨色界乃至眼觸為緣所生諸受清淨即意生清淨何以故是意生清淨與色界乃至眼觸為緣所生諸受清淨無二無二分無別無斷故善現意生清淨即耳界清淨耳界清淨即意生清淨何以故是意生清淨與耳界清淨無二無二分無別無斷故意生清淨即聲界耳識界及耳觸耳觸為緣所生諸受清淨聲界乃至耳觸為緣所生諸受清淨即意生清淨何以故是意生清淨與聲界乃至耳觸為緣所生諸受清淨無二無二分無別無斷故善現意生清淨即鼻界清淨鼻界清淨即意生清淨何以故是意生清淨與鼻界清淨無二無二分無別無斷故意生清淨即香界鼻識界及鼻觸鼻觸為緣所生諸受清淨香界乃至鼻

觸為緣所生諸受清淨即意生清淨何以故是意生清淨與香界乃至鼻觸為緣所生諸受清淨無二無二分無別無斷故善現意生清淨即舌界清淨舌界清淨即意生清淨何以故是意生清淨與舌界清淨無二無二分無別無斷故意生清淨即味界舌識界及舌觸舌觸為緣所生諸受清淨味界乃至舌觸為緣所生諸受清淨即意生清淨何以故是意生清淨與味界乃至舌觸為緣所生諸受清淨無二無二分無別無斷故善現意生清淨即身界清淨身界清淨即意生清淨何以故是意生清淨與身界清淨無二無二分無別無斷故意生清淨即觸界身識界及身觸身觸為緣所生諸受清淨觸界乃至身觸為緣所生諸受清淨即意生清淨何以故是意生清淨與觸界乃至身觸為緣所生諸受清淨無二無二分無別無斷故善現意生清淨即意界清淨意界清淨即意生清淨何以故是意生清淨與意界清淨無二無二分無

別無斷故意生清淨即法界意識界及意觸意觸為緣所生諸受清淨法界乃至意觸為緣所生諸受清淨即意生清淨何以故是意生清淨與法界乃至意觸為緣所生諸受清淨無二無二分無別無斷故善現意生清淨即地界清淨地界清淨即意生清淨何以故是意生清淨與地界清淨無二無二分無別無斷故意生清淨即水火風空識界清淨水火風空識界清淨即意生清淨何以故是意生清淨與水火風空識界清淨無二無二分無別無斷故善現意生清淨即無明清淨無明清淨即意生清淨何以故是意生清淨與無明清淨無二無二分無別無斷故意生清淨即行識名色六處觸受愛取有生老死愁歎苦憂惱清淨行乃至老死愁歎苦憂惱清淨即意生清淨何以故是意生清淨與行乃至老死愁歎苦憂惱清淨無二無二分無別無斷故善現意生清淨即布施波羅蜜多清淨布施波羅蜜多清淨即意生清淨何以

故是意生清淨與布施波羅蜜多清淨無二無二分無別無斷故意生清淨即淨戒安忍精進靜慮般若波羅蜜多清淨淨戒乃至般若波羅蜜多清淨即意生清淨何以故是意生清淨與淨戒乃至般若波羅蜜多清淨無二無二分無別無斷故善現意生清淨即內空清淨內空清淨即意生清淨何以故是意生清淨與內空清淨無二無二分無別無斷故意生清淨即外空內外空空空大空勝義空有為空無為空畢竟空無際空散空無變異空本性空自相空共相空一切法空不可得空無性空自性空無性自性空清淨外空乃至無性自性空清淨即意生清淨何以故是意生清淨與外空乃至無性自性空清淨無二無二分無別無斷故善現意生清淨即真如清淨真如清淨即意生清淨何以故是意生清淨與真如清淨無二無二分無別無斷故意生清淨即法界法性不虛妄性不變異性平等性離生性法定法住實際虛空

界不思議界清淨法界乃至不思議界清淨即意生清淨何以故是意生清淨與法界乃至不思議界清淨無二無二分無別無斷故善現意生清淨即苦聖諦清淨苦聖諦清淨即意生清淨何以故是意生清淨與苦聖諦清淨無二無二分無別無斷故意生清淨即集滅道聖諦清淨集滅道聖諦清淨即意生清淨何以故是意生清淨與集滅道聖諦清淨無二無二分無別無斷故善現意生清淨即四靜慮清淨四靜慮清淨即意生清淨何以故是意生清淨與四靜慮清淨無二無二分無別無斷故意生清淨即四無量四無色定清淨四無量四無色定清淨即意生清淨何以故是意生清淨與四無量四無色定清淨無二無二分無別無斷故善現意生清淨即八解脫清淨八解脫清淨即意生清淨何以故是意生清淨與八解脫清淨無二無二分無別無斷故意生清淨即八勝處九次第定十遍處清淨八勝處九次第定十遍處

清淨即意生清淨何以故是意生清淨與八勝處九次第定十遍處清淨無二無二分無別無斷故善現意生清淨即四念住清淨四念住清淨即意生清淨何以故是意生清淨與四念住清淨無二無二分無別無斷故意生清淨即四正斷四神足五根五力七等覺支八聖道支清淨四正斷乃至八聖道支清淨即意生清淨何以故是意生清淨與四正斷乃至八聖道支清淨無二無二分無別無斷故善現意生清淨即空解脫門清淨空解脫門清淨即意生清淨何以故是意生清淨與空解脫門清淨無二無二分無別無斷故意生清淨即無相無願解脫門清淨無相無願解脫門清淨即意生清淨何以故是意生清淨與無相無願解脫門清淨無二無二分無別無斷故善現意生清淨即菩薩十地清淨菩薩十地清淨即意生清淨何以故是意生清淨與菩薩十地清淨無二無二分無別無斷故善現意生清淨即五眼清淨五眼

清淨即意生清淨何以故是意生清淨與五眼清淨無二無二分無別無斷故意生清淨即六神通清淨六神通清淨即意生清淨何以故是意生清淨與六神通清淨無二無二分無別無斷故善現意生清淨即佛十力清淨佛十力清淨即意生清淨何以故是意生清淨與佛十力清淨無二無二分無別無斷故意生清淨即四無所畏四無礙解大慈大悲大喜大捨十八佛不共法清淨四無所畏乃至十八佛不共法清淨即意生清淨何以故是意生清淨與四無所畏乃至十八佛不共法清淨無二無二分無別無斷故善現意生清淨即無忘失法清淨無忘失法清淨即意生清淨何以故是意生清淨與無忘失法清淨無二無二分無別無斷故意生清淨即恒住捨性清淨恒住捨性清淨即意生清淨何以故是意生清淨與恒住捨性清淨無二無二分無別無斷故善現意生清淨即一切智清淨一切智清淨即意生清淨何以故

是意生清淨與一切智清淨無二無二分無別無斷故意生清淨即道相智一切相智清淨道相智一切相智清淨即意生清淨何以故是意生清淨與道相智一切相智清淨無二無二分無別無斷故善現意生清淨即一切陁羅尼門清淨一切陁羅尼門清淨即意生清淨何以故是意生清淨與一切陁羅尼門清淨無二無二分無別無斷故意生清淨即一切三摩地門清淨一切三摩地門清淨即意生清淨何以故是意生清淨與一切三摩地門清淨無二無二分無別無斷故

善現意生清淨即預流果清淨預流果清淨即意生清淨何以故是意生清淨與預流果清淨無二無二分無別無斷故意生清淨即一來不還阿羅漢果清淨一來不還阿羅漢果清淨即意生清淨何以故是意生清淨與一來不還阿羅漢果清淨無二無二分無別無斷故善現意生清淨即獨覺菩提清淨獨覺菩提清淨即意

生清淨何以故是意生清淨與獨覺菩提清淨無二無二分無別無斷故善現意生清淨即一切菩薩摩訶薩行清淨一切菩薩摩訶薩行清淨即意生清淨何以故是意生清淨與一切菩薩摩訶薩行清淨無二無二分無別無斷故善現意生清淨即諸佛無上正等菩提清淨諸佛無上正等菩提清淨即意生清淨何以故是意生清淨與諸佛無上正等菩提清淨無二無二分無別無斷故

復次善現儒童清淨即色清淨色清淨即儒童清淨何以故是儒童清淨與色清淨無二無二分無別無斷故儒童清淨即受想行識清淨受想行識清淨即儒童清淨何以故是儒童清淨與受想行識清淨無二無二分無別無斷故善現儒童清淨即眼處清淨眼處清淨即儒童清淨何以故是儒童清淨與眼處清淨無二無二分無別無斷故儒童清淨即耳鼻舌身意處清淨耳鼻舌身意處清淨即儒童清淨何以故是儒童清淨與耳

鼻舌身意處清淨無二無二分無別無斷故善現儒童清淨即色處清淨色處清淨即儒童清淨何以故是儒童清淨與色處清淨無二無二分無別無斷故儒童清淨即聲香味觸法處清淨聲香味觸法處清淨即儒童清淨何以故是儒童清淨與聲香味觸法處清淨無二無二分無別無斷故善現儒童清淨即眼界清淨眼界清淨即儒童清淨何以故是儒童清淨與眼界清淨無二無二分無別無斷故儒童清淨即色界眼識界及眼觸眼觸為緣所生諸受清淨色界乃至眼觸為緣所生諸受清淨即儒童清淨何以故是儒童清淨與色界乃至眼觸為緣所生諸受清淨無二無二分無別無斷故善現儒童清淨即耳界清淨耳界清淨即儒童清淨何以故是儒童清淨與耳界清淨無二無二分無別無斷故儒童清淨即聲界耳識界及耳觸耳觸為緣所生諸受清淨聲界乃至耳觸為緣所生諸受清淨即儒童清淨何以故是儒童

清淨與聲界乃至耳觸為緣所生諸受清淨無二無二分無別無斷故善現儒童清淨即鼻界清淨鼻界清淨即儒童清淨何以故是儒童清淨與鼻界清淨無二無二分無別無斷故儒童清淨即香界鼻識界及鼻觸鼻觸為緣所生諸受清淨香界乃至鼻觸為緣所生諸受清淨即儒童清淨何以故是儒童清淨與香界乃至鼻觸為緣所生諸受清淨無二無二分無別無斷故善現儒童清淨即舌界清淨舌界清淨即儒童清淨何以故是儒童清淨與舌界清淨無二無二分無別無斷故儒童清淨即味界舌識界及舌觸舌觸為緣所生諸受清淨味界乃至舌觸為緣所生諸受清淨即儒童清淨何以故是儒童清淨與味界乃至舌觸為緣所生諸受清淨無二無二分無別無斷故善現儒童清淨即身界清淨身界清淨即儒童清淨何以故是儒童清淨與身界清淨無二無二分無別無斷故儒童清淨即觸界身識界及身觸身觸為

緣所生諸受清淨觸界乃至身觸為緣所生諸受清淨即儒童清淨何以故是儒童清淨與觸界乃至身觸為緣所生諸受清淨無二無二分無別無斷故善現儒童清淨即意界清淨意界清淨即儒童清淨何以故是儒童清淨與意界清淨無二無二分無別無斷故儒童清淨即法界意識界及意觸意觸為緣所生諸受清淨法界乃至意觸為緣所生諸受清淨即儒童清淨何以故是儒童清淨與法界乃至意觸為緣所生諸受清淨無二無二分無別無斷故善現儒童清淨即地界清淨地界清淨即儒童清淨何以故是儒童清淨與地界清淨無二無二分無別無斷故儒童清淨即水火風空識界清淨水火風空識界清淨即儒童清淨何以故是儒童清淨與水火風空識界清淨無二無二分無別無斷故善現儒童清淨即無明清淨無明清淨即儒童清淨何以故是儒童清淨與無明清淨無二無二分無別無斷故儒童清淨即行

識名色六處觸受愛取有生老死愁歎苦憂惱清淨行乃至老死愁歎苦憂惱清淨即儒童清淨何以故是儒童清淨與行乃至老死愁歎苦憂惱清淨無二無二分無別無斷故

善現儒童清淨即布施波羅蜜多清淨布施波羅蜜多清淨即儒童清淨何以故是儒童清淨與布施波羅蜜多清淨無二無二分無別無斷故儒童清淨即淨戒安忍精進靜慮般若波羅蜜多清淨淨戒乃至般若波羅蜜多清淨即儒童清淨何以故是儒童清淨與淨戒乃至般若波羅蜜多清淨無二無二分無別無斷故善現儒童清淨即內空清淨內空清淨即儒童清淨何以故是儒童清淨與內空清淨無二無二分無別無斷故儒童清淨即外空內外空空空大空勝義空有為空無為空畢竟空無際空散空無變異空本性空自相空共相空一切法空不可得空無性空自性空無性自性空清淨外空乃至無性自性空清淨即儒童清淨何以故是

儒童清淨與外空乃至無性自性空清淨無二無二分無別無斷故善現儒童清淨即真如清淨真如清淨即儒童清淨何以故是儒童清淨與真如清淨無二無二分無別無斷故儒童清淨即法界法性不虛妄性不變異性平等性離生性法定法住實際虛空界不思議界清淨法界乃至不思議界清淨即儒童清淨何以故是儒童清淨與法界乃至不思議界清淨無二無二分無別無斷故善現儒童清淨即苦聖諦清淨苦聖諦清淨即儒童清淨何以故是儒童清淨與苦聖諦清淨無二無二分無別無斷故儒童清淨即集滅道聖諦清淨集滅道聖諦清淨即儒童清淨何以故是儒童清淨與集滅道聖諦清淨無二無二分無別無斷故

善現儒童清淨即四靜慮清淨四靜慮清淨即儒童清淨何以故是儒童清淨與四靜慮清淨無二無二分無別無斷故儒童清淨即四無量四無色定清淨四無量四無色定清淨即

儒童清淨何以故是儒童清淨與四無量四無色定清淨無二無二分無別無斷故善現儒童清淨即八解脫清淨八解脫清淨即儒童清淨何以故是儒童清淨與八解脫清淨無二無二分無別無斷故儒童清淨即八勝處九次第定十遍處清淨八勝處九次第定十遍處清淨即儒童清淨何以故是儒童清淨與八勝處九次第定十遍處清淨無二無二分無別無斷故善現儒童清淨即四念住清淨四念住清淨即儒童清淨何以故是儒童清淨與四念住清淨無二無二分無別無斷故儒童清淨即四正斷四神足五根五力七等覺支八聖道支清淨四正斷乃至八聖道支清淨即儒童清淨何以故是儒童清淨與四正斷乃至八聖道支清淨無二無二分無別無斷故善現儒童清淨即空解脫門清淨空解脫門清淨即儒童清淨何以故是儒童清淨與空解脫門清淨無二無二分無別無斷故儒童清淨即無相無願解脫門清

淨無相無願解脫門清淨即儒童清淨何以故是儒童清淨與無相無願解脫門清淨無二無二分無別無斷故善現儒童清淨即菩薩十地清淨菩薩十地清淨即儒童清淨何以故是儒童清淨與菩薩十地清淨無二無二分無別無斷故

善現儒童清淨即五眼清淨五眼清淨即儒童清淨何以故是儒童清淨與五眼清淨無二無二分無別無斷故儒童清淨即六神通清淨六神通清淨即儒童清淨何以故是儒童清淨與六神通清淨無二無二分無別無斷故善現儒童清淨即佛十力清淨佛十力清淨即儒童清淨何以故是儒童清淨與佛十力清淨無二無二分無別無斷故儒童清淨即四無所畏四無礙解大慈大悲大喜大捨十八佛不共法清淨四無所畏乃至十八佛不共法清淨即儒童清淨何以故是儒童清淨與四無所畏乃至十八佛不共法清淨無二無二分無別無斷故善現儒童清淨即無忘失

法清淨無忘失法清淨即儒童清淨何以故是儒童清淨與無忘失法清淨無二無二分無別無斷故儒童清淨即恒住捨性清淨恒住捨性清淨即儒童清淨何以故是儒童清淨與恒住捨性清淨無二無二分無別無斷故善現儒童清淨即一切智清淨一切智清淨即儒童清淨何以故是儒童清淨與一切智清淨無二無二分無別無斷故儒童清淨即道相智一切相智清淨道相智一切相智清淨即儒童清淨何以故是儒童清淨與道相智一切相智清淨無二無二分無別無斷故善現儒童清淨即一切陁羅尼門清淨一切陁羅尼門清淨即儒童清淨何以故是儒童清淨與一切陁羅尼門清淨無二無二分無別無斷故儒童清淨即一切三摩地門清淨一切三摩地門清淨即儒童清淨何以故是儒童清淨與一切三摩地門清淨無二無二分無別無斷故

善現儒童清淨即預流果清淨預流

果清淨即儒童清淨何以故是儒童清淨與預流果清淨無二無二分無別無斷故儒童清淨即一來不還阿羅漢果清淨一來不還阿羅漢果清淨即儒童清淨何以故是儒童清淨與一來不還阿羅漢果清淨無二無二分無別無斷故善現儒童清淨即獨覺菩提清淨獨覺菩提清淨即儒童清淨何以故是儒童清淨與獨覺菩提清淨無二無二分無別無斷故善現儒童清淨即一切菩薩摩訶薩行清淨一切菩薩摩訶薩行清淨即儒童清淨何以故是儒童清淨與一切菩薩摩訶薩行清淨無二無二分無別無斷故善現儒童清淨即諸佛無上正等菩提清淨諸佛無上正等菩提清淨即儒童清淨何以故是儒童清淨與諸佛無上正等菩提清淨無二無二分無別無斷故

復次善現作者清淨即色清淨色清淨即作者清淨何以故是作者清淨與色清淨無二無二分無別無斷故作者清淨即受想行識清淨受想行

識清淨即作者清淨何以故是作者清淨與受想行識清淨無二無二分無別無斷故善現作者清淨即眼處清淨眼處清淨即作者清淨何以故是作者清淨與眼處清淨無二無二分無別無斷故作者清淨即耳鼻舌身意處清淨耳鼻舌身意處清淨即作者清淨何以故是作者清淨與耳鼻舌身意處清淨無二無二分無別無斷故善現作者清淨即色處清淨色處清淨即作者清淨何以故是作者清淨與色處清淨無二無二分無別無斷故作者清淨即聲香味觸法處清淨聲香味觸法處清淨即作者清淨何以故是作者清淨與聲香味觸法處清淨無二無二分無別無斷故善現作者清淨即眼界清淨眼界清淨即作者清淨何以故是作者清淨與眼界清淨無二無二分無別無斷故作者清淨即色界眼識界及眼觸眼觸為緣所生諸受清淨色界乃至眼觸為緣所生諸受清淨即作者清淨何以故是作者清淨與色界乃

至眼觸為緣所生諸受清淨无二無二分無別无斷故善現作者清淨即耳界清淨耳界清淨即作者清淨何以故是作者清淨與耳界清淨无二無二分无別無斷故作者清淨即聲界耳識界及耳觸耳觸為緣所生諸受清淨聲界乃至耳觸為緣所生諸受清淨即作者清淨何以故是作者清淨與聲界乃至耳觸為緣所生諸受清淨无二無二分無別无斷故善現作者清淨即鼻界清淨鼻界清淨即作者清淨何以故是作者清淨與鼻界清淨无二無二分無別无斷故作者清淨即香界鼻識界及鼻觸鼻觸為緣所生諸受清淨香界乃至鼻觸為緣所生諸受清淨即作者清淨何以故是作者清淨與香界乃至鼻觸為緣所生諸受清淨无二無二分无別無斷故善現作者清淨即舌界清淨舌界清淨即作者清淨何以故是作者清淨與舌界清淨无二無二分無別无斷故作者清淨即味界舌識界及舌觸舌觸為緣所生諸受清

淨味界乃至舌觸為緣所生諸受清淨即作者清淨何以故是作者清淨與味界乃至舌觸為緣所生諸受清淨无二無二分无別無斷故

大般若波羅蜜多經卷第一百九十三

大般若波羅蜜多經卷第一百九十三

校勘記

一　底本，金藏大寶集寺本。

一　八三三頁下六行「乃至」，徑作「乃若」。

大般若波羅蜜多經卷第二百九十四　推

三藏法師玄奘奉　詔譯

初分難信解品第三十四之十三

善現作者清淨即身界清淨身界清淨即作者清淨何以故是作者清淨與身界清淨無二無二分無別無斷故作者清淨即觸界身識界及身觸身觸為緣所生諸受清淨觸界乃至身觸為緣所生諸受清淨即作者清淨何以故是作者清淨與觸界乃至身觸為緣所生諸受清淨無二無二分無別無斷故善現作者清淨即意界清淨意界清淨即作者清淨何以故是作者清淨與意界清淨無二無二分無別無斷故作者清淨即法界意識界及意觸意觸為緣所生諸受清淨法界乃至意觸為緣所生諸受清淨即作者清淨何以故是作者清淨與法界乃至意觸為緣所生諸受清淨無二無二分無別無斷故善現作者清淨即地界清淨地界清淨即作者清淨何以故是作者清淨與地界清淨無二無二分無別無斷故作者清淨即水火風空識界清淨水火風空識界清淨即作者清淨何以故是作者清淨與水火風空識界清淨無二無二分無別無斷故善現作者清淨即無明清淨無明清淨即作者清淨何以故是作者清淨與無明清淨無二無二分無別無斷故作者清淨即行識名色六處觸受愛取有生老死愁歎苦憂惱清淨行乃至老死愁歎苦憂惱清淨即作者清淨何以故是作者清淨與行乃至老死愁歎苦憂惱清淨無二無二分無別無斷故善現作者清淨即布施波羅蜜多清淨布施波羅蜜多清淨即作者清淨何以故是作者清淨與布施波羅蜜多清淨無二無二分無別無斷故作者清淨即淨戒安忍精進靜慮般若波羅蜜多清淨淨戒乃至般若波羅蜜多清淨即作者清淨何以故是作者清淨與淨戒乃至般若波羅蜜多清淨無二無二分無別無斷故善現作者清淨即內空清淨內空清淨

即作者清淨何以故是作者清淨與內空清淨无二無二分无別無斷故作者清淨即外空內外空空空大空勝義空有為空无為空畢竟空無際空散空無變異空本性空自相空共相空一切法空不可得空无性空自性空無性自性空清淨外空乃至無性自性空清淨即作者清淨何以故是作者清淨與外空乃至无性自性空清淨无二無二分无別無斷故善現作者清淨即真如清淨真如清淨即作者清淨何以故是作者清淨與真如清淨無二无二分無別无斷故作者清淨即法界法性不虛妄性不變異性平等性離生性法定法住實際虛空界不思議界清淨法界乃至不思議界清淨即作者清淨何以故是作者清淨與法界乃至不思議界清淨无二無二分無別无斷故善現作者清淨即苦聖諦清淨苦聖諦清淨即作者清淨何以故是作者清淨與苦聖諦清淨无二無二分无別無斷故作者清淨即集滅道聖諦清淨

集滅道聖諦清淨即作者清淨何以
故是作者清淨與集滅道聖諦清淨
无二無二分无別無斷故
善現作者清淨即四靜慮清淨四靜
慮清淨即作者清淨何以故是作者
清淨與四靜慮清淨無二无二分無
別無斷故作者清淨即四无量四無
色定清淨四无量四無色定清淨即
作者清淨何以故是作者清淨與四
无量四無色定清淨無二无二分無
別无斷故
善現作者清淨即八解脫清淨八解
脫清淨即作者清淨何以故是作者
清淨與八解脫清淨无二無二分无
別無斷故作者清淨即八勝處九次
第定十遍處清淨八勝處九次第定
十遍處清淨即作者清淨何以故是
作者清淨與八勝處九次第定十遍
處清淨無二无二分無別无斷故善
現作者清淨即四念住清淨四念住
清淨即作者清淨何以故是作者清
淨與四念住清淨無二无二分無別
无斷故作者清淨即四正斷四神足

大般若第一百九十四　第四張　孔

五根五力七等覺支八聖道支清淨
四正斷乃至八聖道支清淨即作者
清淨何以故是作者清淨與四正斷
乃至八聖道支清淨无二無二分無
別无斷故善現作者清淨即空解脫
門清淨空解脫門清淨即作者清淨
何以故是作者清淨與空解脫門清
淨无二無二分无別無斷故作者清
淨即無相无願解脫門清淨无相無
願解脫門清淨即作者清淨何以故
是作者清淨與无相無願解脫門清
淨無二无二分無別无斷故善現作
者清淨即菩薩十地清淨菩薩十地
清淨即作者清淨何以故是作者清
淨與菩薩十地清淨無二无二分無
別无斷故
善現作者清淨即五眼清淨五眼清
淨即作者清淨何以故是作者清淨
與五眼清淨无二無二分无別無斷
故作者清淨即六神通清淨六神通
清淨即作者清淨何以故是作者清
淨與六神通清淨無二无二分無別
无斷故善現作者清淨即佛十力清

大般若第一百九十四　第五張　孔

淨佛十力清淨即作者清淨何以故
是作者清淨與佛十力清淨無二无
二分無別无斷故作者清淨即四無
所畏四无礙解大慈大悲大喜大捨
十八佛不共法清淨四無所畏乃至
十八佛不共法清淨即作者清淨何
以故是作者清淨與四無所畏乃至
十八佛不共法清淨无二無二分无
別無斷故善現作者清淨即無忘失
法清淨無忘失法清淨即作者清淨
何以故是作者清淨與無忘失法清
淨无二無二分无別無斷故作者清
淨即恒住捨性清淨恒住捨性清淨
即作者清淨何以故是作者清淨與
恒住捨性清淨無二无二分無別无
斷故善現作者清淨即一切智清淨
一切智清淨即作者清淨何以故是
作者清淨與一切智清淨无二無二
分無別无斷故作者清淨即道相智
一切相智清淨道相智一切相智清
淨即作者清淨何以故是作者清淨
與道相智一切相智清淨无二無二
分無別无斷故善現作者清淨即一

大般若第一百九十四　第六張　孔

切陁羅尼門清淨一切陁羅尼門清淨即作者清淨何以故是作者清淨與一切陁羅尼門清淨无二無二分無別无斷故作者清淨即一切三摩地門清淨一切三摩地門清淨即作者清淨何以故是作者清淨與一切三摩地門清淨无二無二分无別無斷故

善現作者清淨即預流果清淨預流果清淨即作者清淨何以故是作者清淨與預流果清淨無二无二分無別无斷故作者清淨即一來不還阿羅漢果清淨一來不還阿羅漢果清淨即作者清淨何以故是作者清淨與一來不還阿羅漢果清淨无二無二分無別无斷故善現作者清淨即獨覺菩提清淨獨覺菩提清淨即作者清淨何以故是作者清淨與獨覺菩提清淨無二无二分無別无斷故善現作者清淨即一切菩薩摩訶薩行清淨一切菩薩摩訶薩行清淨即作者清淨何以故是作者清淨與一切菩薩摩訶薩行清淨无二無二分

大般若第一百九十四　第七張　往

無別无斷故善現作者清淨即諸佛无上正等菩提清淨諸佛无上正等菩提清淨即作者清淨何以故是作者清淨與諸佛無上正等菩提清淨無二无二分無別无斷故

復次善現受者清淨即色清淨色清淨即受者清淨何以故是受者清淨與色清淨无二無二分无別無斷故受者清淨即受想行識清淨受想行識清淨即受者清淨何以故是受者清淨與受想行識清淨無二无二分無別无斷故善現受者清淨即眼處清淨眼處清淨即受者清淨何以故是受者清淨與眼處清淨無二无二分無別无斷故受者清淨即耳鼻舌身意處清淨耳鼻舌身意處清淨即受者清淨何以故是受者清淨與耳鼻舌身意處清淨无二無二分無別無斷故善現受者清淨即色處清淨色處清淨即受者清淨何以故是受者清淨與色處清淨无二無二分無別无斷故受者清淨即聲香味觸法處清淨聲香味觸法處清淨即受者

大般若第一百九十四　第八張　往

清淨何以故是受者清淨與聲香味觸法處清淨無二无二分無別无斷故善現受者清淨即眼界清淨眼界清淨即受者清淨何以故是受者清淨與眼界清淨无二無二分無別无斷故受者清淨即色界眼識界及眼觸眼觸為緣所生諸受清淨色界乃至眼觸為緣所生諸受清淨即受者清淨何以故是受者清淨與色界乃至眼觸為緣所生諸受清淨無二无二分無別无斷故善現受者清淨即耳界清淨耳界清淨即受者清淨何以故是受者清淨與耳界清淨无二無二分無別无斷故受者清淨即聲界耳識界及耳觸耳觸為緣所生諸受清淨聲界乃至耳觸為緣所生諸受清淨即受者清淨何以故是受者清淨與聲界乃至耳觸為緣所生諸受清淨無二无二分無別无斷故善現受者清淨即鼻界清淨鼻界清淨即受者清淨何以故是受者清淨與鼻界清淨無二无二分無別无斷故受者清淨即香界鼻識界及鼻觸鼻

大般若第一百九十四　第九張　往

觸為緣所生諸受清淨香界乃至鼻觸為緣所生諸受清淨即受者清淨何以故是受者清淨與香界乃至鼻觸為緣所生諸受清淨无二無二分无別無斷故善現受者清淨即舌界清淨舌界清淨即受者清淨何以故是受者清淨與舌界清淨无二無二分無別无斷故受者清淨即味界舌識界及舌觸舌觸為緣所生諸受清淨味界乃至舌觸為緣所生諸受清淨即受者清淨何以故是受者清淨與味界乃至舌觸為緣所生諸受清淨無二无二分無別无斷故善現受者清淨即身界清淨身界清淨即受者清淨何以故是受者清淨與身界清淨无二無二分无別無斷故受者清淨即觸界身識界及身觸身觸為緣所生諸受清淨觸界乃至身觸為緣所生諸受清淨即受者清淨何以故是受者清淨與觸界乃至身觸為緣所生諸受清淨无二無二分无別无斷故善現受者清淨即意界清淨意界清淨即受者清淨何以故是受

大般若經卷第一百九十四　第十張　仕

者清淨與意界清淨無二无二分無別无斷故受者清淨即法界意識界及意觸意觸為緣所生諸受清淨法界乃至意觸為緣所生諸受清淨即受者清淨何以故是受者清淨與法界乃至意觸為緣所生諸受清淨無二無二分无別無斷故善現受者清淨即地界清淨地界清淨即受者清淨何以故是受者清淨與地界清淨無二无二分無別无斷故受者清淨即水火風空識界清淨水火風空識界清淨即受者清淨何以故是受者清淨與水火風空識界清淨無二无二分無別无斷故善現受者清淨即無明清淨無明清淨即受者清淨何以故是受者清淨與無明清淨无二無二分无別無斷故受者清淨即行識名色六處觸受愛取有生老死愁歎苦憂惱清淨行乃至老死愁歎苦憂惱清淨即受者清淨何以故是受者清淨與行乃至老死愁歎苦憂惱清淨无二無二分无別無斷故

善現受者清淨即布施波羅蜜多清

大般若經卷第一百九十四　第十一張　仕

淨布施波羅蜜多清淨即受者清淨何以故是受者清淨與布施波羅蜜多清淨无二無二分无別無斷故受者清淨即淨戒安忍精進靜慮般若波羅蜜多清淨淨戒乃至般若波羅蜜多清淨即受者清淨何以故是受者清淨與淨戒乃至般若波羅蜜多清淨无二無二分無別无斷故善現受者清淨即內空清淨內空清淨即受者清淨何以故是受者清淨與內空清淨無二无二分無別无斷故受者清淨即外空內外空空空大空勝義空有為空无為空畢竟空无際空散空无變異空本性空自相空共相空一切法空不可得空無性空自性空無性自性空清淨外空乃至无性自性空清淨即受者清淨何以故是受者清淨與外空乃至无性自性空清淨无二無二分无別無斷故善現受者清淨即真如清淨真如清淨即受者清淨何以故是受者清淨與真如清淨无二無二分无別無斷故受者清淨即法界法性不虛妄性不變

大般若第一百九十一　第十三張　仕

異性平等性離生性法定法住實際虛空界不思議界清淨法界乃至不思議界清淨即受者清淨何以故是受者清淨與法界乃至不思議界清淨无二無二分无別無斷故善現受者清淨即苦聖諦清淨苦聖諦清淨即受者清淨何以故是受者清淨與苦聖諦清淨无二無二分无別無斷故受者清淨即集滅道聖諦清淨集滅道聖諦清淨即受者清淨何以故是受者清淨與集滅道聖諦清淨无二無二分无別無斷故

善現受者清淨即四靜慮清淨四靜慮清淨即受者清淨何以故是受者清淨與四靜慮清淨無二无二分無別無斷故受者清淨即四無量四无色定清淨四无量四無色定清淨即受者清淨何以故是受者清淨與四无量四無色定清淨無二无二分無別無斷故善現受者清淨即八解脫清淨八解脫清淨即受者清淨何以故是受者清淨與八解脫清淨无二無二分无別無斷故受者清淨即八

勝處九次第定十遍處清淨八勝處九次第定十遍處清淨即受者清淨何以故是受者清淨與八勝處九次第定十遍處清淨無二无二分無別无斷故善現受者清淨即四念住清淨四念住清淨即受者清淨何以故是受者清淨與四念住清淨無二无二分無別无斷故受者清淨即四正斷四神足五根五力七等覺支八聖道支清淨四正斷乃至八聖道支清淨即受者清淨何以故是受者清淨與四正斷乃至八聖道支清淨无二無二分无別無斷故善現受者清淨即空解脫門清淨空解脫門清淨即受者清淨何以故是受者清淨與空解脫門清淨无二無二分无別無斷故受者清淨即無相无願解脫門清淨无相無願解脫門清淨即受者清淨何以故是受者清淨與無相无願解脫門清淨无二無二分无別無斷故善現受者清淨即菩薩十地清淨菩薩十地清淨即受者清淨何以故是受者清淨與菩薩十地清淨無二

無二分无別無斷故

善現受者清淨即五眼清淨五眼清淨即受者清淨何以故是受者清淨與五眼清淨无二無二分无別無斷故受者清淨即六神通清淨六神通清淨即受者清淨何以故是受者清淨與六神通清淨無二无二分無別无斷故善現受者清淨即佛十力清淨佛十力清淨即受者清淨何以故是受者清淨與佛十力清淨無二无二分無別无斷故受者清淨即四無所畏四無导解大慈大悲大喜大捨十八佛不共法清淨四無所畏乃至十八佛不共法清淨即受者清淨何以故是受者清淨與四無所畏乃至十八佛不共法清淨無二无二分無別無斷故善現受者清淨即無忘失法清淨無忘失法清淨即受者清淨何以故是受者清淨與无忘失法清淨无二無二分無別无斷故受者清淨即恒住捨性清淨恒住捨性清淨即受者清淨何以故是受者清淨與恒住捨性清淨无二無二分无別無

断故善現受者清淨即一切智清淨一切智清淨即受者清淨何以故是受者清淨與一切智清淨無二无二分无別無断故受者清淨即道相智一切相智清淨道相智一切相智清淨即受者清淨何以故是受者清淨與道相智一切相智清淨無二无二分無別无断故善現受者清淨即一切陁羅尼門清淨一切陁羅尼門清淨即受者清淨何以故是受者清淨與一切陁羅尼門清淨無二无二分無別无断故受者清淨即一切三摩地門清淨一切三摩地門清淨即受者清淨何以故是受者清淨與一切三摩地門清淨無二无二分無別无断故

善現受者清淨即預流果清淨預流果清淨即受者清淨何以故是受者清淨與預流果清淨无二無二分無別無断故受者清淨即一來不還阿羅漢果清淨一來不還阿羅漢果清淨即受者清淨何以故是受者清淨與一来不還阿羅漢果清淨无二無

大般若第一百九十四　第十六張　住

二分無別無断故善現受者清淨即獨覺菩提清淨獨覺菩提清淨即受者清淨何以故是受者清淨與獨覺菩提清淨無二無二分無別無断故善現受者清淨即一切菩薩摩訶薩行清淨一切菩薩摩訶薩行清淨即受者清淨何以故是受者清淨與一切菩薩摩訶薩行清淨無二無二分無別無断故善現受者清淨即諸佛無上正等菩提清淨諸佛無上正等菩提清淨即受者清淨何以故是受者清淨與諸佛無上正等菩提清淨無二無二分無別無断故

復次善現知者清淨即色清淨色清淨即知者清淨何以故是知者清淨與色清淨無二無二分無別無断故知者清淨即受想行識清淨受想行識清淨即知者清淨何以故是知者清淨與受想行識清淨無二無二分無別無断故善現知者清淨即眼處清淨眼處清淨即知者清淨何以故是知者清淨與眼處清淨無二無二分無別無断故知者清淨即耳鼻舌

大般若第一百九十四　第十七張　住

身意處清淨耳鼻舌身意處清淨即知者清淨何以故是知者清淨與耳鼻舌身意處清淨無二無二分無別無断故善現知者清淨即色處清淨色處清淨即知者清淨何以故是知者清淨與色處清淨無二無二分無別無断故知者清淨即聲香味觸法處清淨聲香味觸法處清淨即知者清淨何以故是知者清淨與聲香味觸法處清淨無二無二分無別無断故善現知者清淨即眼界清淨眼界清淨即知者清淨何以故是知者清淨與眼界清淨無二無二分無別無断故知者清淨即色界眼識界及眼觸眼觸為緣所生諸受清淨色界乃至眼觸為緣所生諸受清淨即知者清淨何以故是知者清淨與色界乃至眼觸為緣所生諸受清淨無二無二分無別無断故善現知者清淨即耳界清淨耳界清淨即知者清淨何以故是知者清淨與耳界清淨無二無二分無別無断故知者清淨即聲界耳識界及耳觸耳觸為緣所生諸

大般若第一百九十四　第十八張　住

受清淨聲界乃至耳觸為緣所生諸
受清淨即知者清淨何以故是知者
清淨與聲界乃至耳觸為緣所生諸
受清淨無二無二分無別無斷故善
現知者清淨即鼻界清淨鼻界清淨
即知者清淨何以故是知者清淨與
鼻界清淨無二無二分無別無斷故
知者清淨即香界鼻識界及鼻觸鼻
觸為緣所生諸受清淨香界乃至鼻
觸為緣所生諸受清淨即知者清淨
何以故是知者清淨與香界乃至鼻
觸為緣所生諸受清淨無二無二分
無別無斷故善現知者清淨即舌界
清淨舌界清淨即知者清淨何以故
是知者清淨與舌界清淨無二無二
分無別無斷故知者清淨即味界舌
識界及舌觸舌觸為緣所生諸受清
淨味界乃至舌觸為緣所生諸受清
淨即知者清淨何以故是知者清淨
與味界乃至舌觸為緣所生諸受清
淨無二無二分無別無斷故善現知
者清淨即身界清淨身界清淨即知
者清淨何以故是知者清淨與身界

清淨無二無二分無別無斷故知者
清淨即觸界身識界及身觸身觸為
緣所生諸受清淨觸界乃至身觸為
緣所生諸受清淨即知者清淨何以
故是知者清淨與觸界乃至身觸為
緣所生諸受清淨無二無二分無別
無斷故善現知者清淨即意界清淨
意界清淨即知者清淨何以故是知
者清淨與意界清淨無二無二分無
別無斷故知者清淨即法界意識界
及意觸意觸為緣所生諸受清淨法
界乃至意觸為緣所生諸受清淨即
知者清淨何以故是知者清淨與法
界乃至意觸為緣所生諸受清淨無
二無二分無別無斷故善現知者清
淨即地界清淨地界清淨即知者清
淨何以故是知者清淨與地界清淨
無二無二分無別無斷故知者清淨
即水火風空識界清淨水火風空識
界清淨即知者清淨何以故是知者
清淨與水火風空識界清淨無二無
二分無別無斷故善現知者清淨即
無明清淨無明清淨即知者清淨何

以故是知者清淨與無明清淨無二
無二分無別無斷故知者清淨即行
識名色六處觸受愛取有生老死愁
歎苦憂惱清淨行乃至老死愁歎苦
憂惱清淨即知者清淨何以故是知
者清淨與行乃至老死愁歎苦憂惱
清淨無二無二分無別無斷故
善現知者清淨即布施波羅蜜多清
淨布施波羅蜜多清淨即知者清淨
何以故是知者清淨與布施波羅蜜
多清淨無二無二分無別無斷故知
者清淨即淨戒安忍精進靜慮般若
波羅蜜多清淨淨戒乃至般若波羅
蜜多清淨即知者清淨何以故是知
者清淨與淨戒乃至般若波羅蜜多
清淨無二無二分無別無斷故善現
知者清淨即內空清淨內空清淨即
知者清淨何以故是知者清淨與內
空清淨無二無二分無別無斷故知
者清淨即外空內外空空空大空勝
義空有為空無為空畢竟空無際空
散空無變異空本性空自相空共相
空一切法空不可得空無性空自性

空無性自性空清淨外空乃至無性自性空清淨即知者清淨何以故是知者清淨與外空乃至無性自性空清淨無二無二分無別無斷故善現知者清淨即真如清淨真如清淨即知者清淨何以故是知者清淨與真如清淨無二無二分無別無斷故知者清淨即法界法性不虛妄性不變異性平等性離生性法定法住實際虛空界不思議界清淨法界乃至不思議界清淨即知者清淨何以故是知者清淨與法界乃至不思議界清淨無二無二分無別無斷故善現知者清淨即苦聖諦清淨苦聖諦清淨即知者清淨何以故是知者清淨與苦聖諦清淨無二無二分無別無斷故知者清淨即集滅道聖諦清淨集滅道聖諦清淨即知者清淨何以故是知者清淨與集滅道聖諦清淨無二無二分無別無斷故

善現知者清淨即四靜慮清淨四靜慮清淨即知者清淨何以故是知者清淨與四靜慮清淨無二無二分無

大般若經卷第一百九十四　第二十二張　仕

別无斷故知者清淨即四無量四無色定清淨四無量四無色定清淨即知者清淨何以故是知者清淨與四無量四無色定清淨無二无二分無別无斷故善現知者清淨即八解脫清淨八解脫清淨即知者清淨何以故是知者清淨與八解脫清淨無二无二分無別无斷故知者清淨即八勝處九次第定十遍處清淨八勝處九次第定十遍處清淨即知者清淨何以故是知者清淨與八勝處九次第定十遍處清淨無二无二分無別无斷故善現知者清淨即四念住清淨四念住清淨即知者清淨何以故是知者清淨與四念住清淨無二无二分無別无斷故知者清淨即四正斷四神足五根五力七等覺支八聖道支清淨四正斷乃至八聖道支清淨即知者清淨何以故是知者清淨與四正斷乃至八聖道支清淨無二无二分無別无斷故善現知者清淨即空解脫門清淨空解脫門清淨即知者清淨何以故是知者清淨與空

大般若經卷第一百九十四　第二十三張　仕

解脫門清淨無二无二分無別无斷故知者清淨即無相無願解脫門清淨無相無願解脫門清淨即知者清淨何以故是知者清淨與無相無願解脫門清淨無二无二分無別无斷故善現知者清淨即菩薩十地清淨菩薩十地清淨即知者清淨何以故是知者清淨與菩薩十地清淨無二无二分無別无斷故

大般若波羅蜜多經卷第一百九十四

戊戌歲高麗國大藏都監奉
勅雕造

大般若經卷第一百九十四　第二十四張　仕

大般若波羅蜜多經卷第一百九十四

校勘記

一　底本，麗藏本。

一　八四五頁下一四行「即」，圖作「與」。

一　八四七頁下一〇行「大般若波羅蜜多經卷第一百九十四」十五字，石漏刻。

大般若波羅蜜多經卷第一百九十五　往

三藏法師玄奘奉　詔譯

初分難信解品第三十四之十四

善現知者清淨即五眼清淨五眼清淨即知者清淨何以故是知者清淨與五眼清淨無二無二分無別無斷故知者清淨即六神通清淨六神通清淨即知者清淨何以故是知者清淨與六神通清淨無二無二分無別無斷故善現知者清淨即佛十力清淨佛十力清淨即知者清淨何以故是知者清淨與佛十力清淨無二無二分無別無斷故知者清淨即四無所畏四無礙解大慈大悲大喜大捨十八佛不共法清淨四無所畏乃至十八佛不共法清淨即知者清淨何以故是知者清淨與四無所畏乃至十八佛不共法清淨無二無二分無別無斷故善現知者清淨即無忘失法清淨無忘失法清淨即知者清淨何以故是知者清淨與無忘失法清淨無二無二分無別無斷故知者清

淨即恒住捨性清淨恒住捨性清淨即知者清淨何以故是知者清淨與恒住捨性清淨無二無二分無別無斷故善現知者清淨即一切智清淨一切智清淨即知者清淨何以故是知者清淨與一切智清淨無二無二分無別無斷故知者清淨即道相智一切相智清淨道相智一切相智清淨即知者清淨何以故是知者清淨與道相智一切相智清淨無二無二分無別無斷故

善現知者清淨即一切陁羅尼門清淨一切陁羅尼門清淨即知者清淨何以故是知者清淨與一切陁羅尼門清淨無二無二分無別無斷故知者清淨即一切三摩地門清淨一切三摩地門清淨即知者清淨何以故是知者清淨與一切三摩地門清淨無二無二分無別無斷故善現知者清淨即預流果清淨預流果清淨即知者清淨何以故是知者清淨與預流果清淨無二無二分無別無斷故知者清淨即一來不還阿羅漢果清淨一

來不還阿羅漢果清淨即知者清淨何以故是知者清淨與一來不還阿羅漢果清淨無二無二分無別無斷故善現知者清淨即獨覺菩提清淨獨覺菩提清淨即知者清淨何以故是知者清淨與獨覺菩提清淨無二無二分無別無斷故善現知者清淨即一切菩薩摩訶薩行清淨一切菩薩摩訶薩行清淨即知者清淨何以故是知者清淨與一切菩薩摩訶薩行清淨無二無二分無別無斷故善現知者清淨即諸佛無上正等菩提清淨諸佛無上正等菩提清淨即知者清淨何以故是知者清淨與諸佛無上正等菩提清淨無二無二分無別無斷故

復次善現見者清淨即色清淨色清淨即見者清淨何以故是見者清淨與色處淨無二無二分無別無斷故見者清淨即受想行識清淨受想行識清淨即見者清淨何以故是見者清淨與受想行識清淨無二無二分無別無斷故善現見者清淨即眼處

清淨眼處清淨即見者清淨何以故是見者清淨與眼處清淨無二無二分無別無斷故見者清淨即耳鼻舌身意處清淨耳鼻舌身意處清淨即見者清淨何以故是見者清淨與耳鼻舌身意處清淨無二無二分無別無斷故善現見者清淨即色處清淨色處清淨即見者清淨何以故是見者清淨與色處清淨無二無二分無別無斷故見者清淨即聲香味觸法處清淨聲香味觸法處清淨即見者清淨何以故是見者清淨與聲香味觸法處清淨無二無二分無別無斷故善現見者清淨即眼界清淨眼界清淨即見者清淨何以故是見者清淨與眼界清淨無二無二分無別無斷故見者清淨即色界眼識界及眼觸眼觸為緣所生諸受清淨色界乃至眼觸為緣所生諸受清淨即見者清淨何以故是見者清淨與色界乃至眼觸為緣所生諸受清淨無二無二分無別無斷故善現見者清淨即耳界清淨耳界清淨即見者清淨何

以故是見者清淨與耳界清淨無二無二分無別無斷故見者清淨即聲界耳識界及耳觸耳觸為緣所生諸受清淨聲界乃至耳觸為緣所生諸受清淨即見者清淨何以故是見者清淨與聲界乃至耳觸為緣所生諸受清淨無二無二分無別無斷故善現見者清淨即鼻界清淨鼻界清淨即見者清淨何以故是見者清淨與鼻界清淨無二無二分無別無斷故見者清淨即香界鼻識界及鼻觸鼻觸為緣所生諸受清淨香界乃至鼻觸為緣所生諸受清淨即見者清淨何以故是見者清淨與香界乃至鼻觸為緣所生諸受清淨無二無二分無別無斷故善現見者清淨即舌界清淨舌界清淨即見者清淨何以故是見者清淨與舌界清淨無二無二分無別無斷故見者清淨即味界舌識界及舌觸舌觸為緣所生諸受清淨味界乃至舌觸為緣所生諸受清淨即見者清淨何以故是見者清淨與味界乃至舌觸為緣所生諸受清

淨無二無二分無別無斷故善現見者清淨即身界清淨身界清淨即見者清淨何以故是見者清淨與身界清淨無二無二分無別無斷故見者清淨即觸界身識界及身觸身觸爲緣所生諸受清淨觸界乃至身觸爲緣所生諸受清淨即見者清淨何以故是見者清淨與觸界乃至身觸爲緣所生諸受清淨無二無二分無別無斷故善現見者清淨即意界清淨意界清淨即見者清淨何以故是見者清淨與意界清淨無二無二分無別無斷故見者清淨即法界意識界及意觸意觸爲緣所生諸受清淨法界乃至意觸爲緣所生諸受清淨即見者清淨何以故是見者清淨與法界乃至意觸爲緣所生諸受清淨無二無二分無別無斷故善現見者清淨即地界清淨地界清淨即見者清淨何以故是見者清淨與地界清淨無二無二分無別無斷故見者清淨即水火風空識界清淨水火風空識界清淨即見者清淨何以故是見者

清淨與水火風空識界清淨無二無二分無別無斷故善現見者清淨即無明清淨無明清淨即見者清淨何以故是見者清淨與無明清淨無二無二分無別無斷故見者清淨即行識名色六處觸受愛取有生老死愁歎苦憂惱清淨行乃至老死愁歎苦憂惱清淨即見者清淨何以故是見者清淨與行乃至老死愁歎苦憂惱清淨無二無二分無別無斷故

善現見者清淨即布施波羅蜜多清淨布施波羅蜜多清淨即見者清淨何以故是見者清淨與布施波羅蜜多清淨無二無二分無別無斷故見者清淨即淨戒安忍精進靜慮般若波羅蜜多清淨淨戒乃至般若波羅蜜多清淨即見者清淨何以故是見者清淨與淨戒乃至般若波羅蜜多清淨無二無二分無別無斷故善現見者清淨即內空清淨內空清淨即見者清淨何以故是見者清淨與內空清淨無二無二分無別無斷故見者清淨即外空內外空空空大空勝

義空有爲空無爲空畢竟空無際空散空無變異空本性空自相空共相空一切法空不可得空無性空自性空無性自性空清淨外空乃至無性自性空清淨即見者清淨何以故是見者清淨與外空乃至無性自性空清淨無二無二分無別無斷故善現見者清淨即真如清淨真如清淨即見者清淨何以故是見者清淨與真如清淨無二無二分無別無斷故見者清淨即法界法性不虛妄性不變異性平等性離生性法定法住實際虛空界不思議界清淨法界乃至不思議界清淨即見者清淨何以故是見者清淨與法界乃至不思議界清淨無二無二分無別無斷故善現見者清淨即苦聖諦清淨苦聖諦清淨即見者清淨何以故是見者清淨與苦聖諦清淨無二無二分無別無斷故見者清淨即集滅道聖諦清淨集滅道聖諦清淨即見者清淨何以故是見者清淨與集滅道聖諦清淨無二無二分無別無斷故

善現見者清淨即四靜慮清淨四靜慮清淨即見者清淨何以故是見者清淨與四靜慮清淨無二無二分無別無斷故見者清淨即四無量四無色定清淨四無量四無色定清淨即見者清淨何以故是見者清淨與四無量四無色定清淨無二無二分無別無斷故善現見者清淨即八解脫清淨八解脫清淨即見者清淨何以故是見者清淨與八解脫清淨無二無二分無別無斷故見者清淨即八勝處九次第定十遍處清淨八勝處九次第定十遍處清淨即見者清淨何以故是見者清淨與八勝處九次第定十遍處清淨無二無二分無別無斷故善現見者清淨即四念住清淨四念住清淨即見者清淨何以故是見者清淨與四念住清淨無二無二分無別無斷故見者清淨即四正斷四神足五根五力七等覺支八聖道支清淨四正斷乃至八聖道支清淨即見者清淨何以故是見者清淨與四正斷乃至八聖道支清淨無二無

二分無別无斷故善現見者清淨即空解脫門清淨空解脫門清淨即見者清淨何以故是見者清淨與空解脫門清淨無二无二分無別无斷故見者清淨即無相無願解脫門清淨無相無願解脫門清淨即見者清淨何以故是見者清淨與無相無願解脫門清淨無二无二分無別无斷故善現見者清淨即菩薩十地清淨菩薩十地清淨即見者清淨何以故是見者清淨與菩薩十地清淨無二无二分無別无斷故

善現見者清淨即五眼清淨五眼清淨即見者清淨何以故是見者清淨與五眼清淨無二无二分無別无斷故見者清淨即六神通清淨六神通清淨即見者清淨何以故是見者清淨與六神通清淨無二无二分無別无斷故善現見者清淨即佛十力清淨佛十力清淨即見者清淨何以故是見者清淨與佛十力清淨無二无二分無別无斷故見者清淨即四無所畏四無礙解大慈大悲大喜大捨

十八佛不共法清淨四無所畏乃至十八佛不共法清淨即見者清淨何以故是見者清淨與四無所畏乃至十八佛不共法清淨無二无二分無別无斷故善現見者清淨即無忘失法清淨無忘失法清淨即見者清淨何以故是見者清淨與無忘失法清淨無二无二分無別无斷故見者清淨即恒住捨性清淨恒住捨性清淨即見者清淨何以故是見者清淨與恒住捨性清淨無二无二分無別无斷故善現見者清淨即一切智清淨一切智清淨即見者清淨何以故是見者清淨與一切智清淨無二无二分無別无斷故見者清淨即道相智一切相智清淨道相智一切相智清淨即見者清淨何以故是見者清淨與道相智一切相智清淨無二无二分無別无斷故善現見者清淨即一切陁羅尼門清淨一切陁羅尼門清淨即見者清淨何以故是見者清淨與一切陁羅尼門清淨無二无二分無別无斷故見者清淨即一切三摩

地門清淨一切三摩地門清淨即見者清淨何以故是見者清淨與一切三摩地門清淨無二无二分無別无斷故

善現見者清淨即預流果清淨預流果清淨即見者清淨何以故是見者清淨與預流果清淨無二无二分無別无斷故見者清淨即一來不還阿羅漢果清淨一來不還阿羅漢果清淨即見者清淨何以故是見者清淨與一來不還阿羅漢果清淨無二无二分無別无斷故善現見者清淨即獨覺菩提清淨獨覺菩提清淨即見者清淨何以故是見者清淨與獨覺菩提清淨無二无二分無別无斷故善現見者清淨即一切菩薩摩訶薩行清淨一切菩薩摩訶薩行清淨即見者清淨何以故是見者清淨與一切菩薩摩訶薩行清淨無二无二分無別无斷故善現見者清淨即諸佛無上正等菩提清淨諸佛無上正等菩提清淨即見者清淨何以故是見者清淨與諸佛無上正等菩提清淨

無二無二分無別無斷故

復次善現我清淨故色清淨色清淨故一切智智清淨何以故若我清淨若色清淨若一切智智清淨無二無二分無別無斷故我清淨故受想行識清淨受想行識清淨故一切智智清淨何以故若我清淨若受想行識清淨若一切智智清淨無二無二分無別無斷故善現我清淨故眼處清淨眼處清淨故一切智智清淨何以故若我清淨若眼處清淨若一切智智清淨無二無二分無別無斷故我清淨故耳鼻舌身意處清淨耳鼻舌身意處清淨故一切智智清淨何以故若我清淨若耳鼻舌身意處清淨若一切智智清淨無二無二分無別無斷故善現我清淨故色處清淨色處清淨故一切智智清淨何以故若我清淨若色處清淨若一切智智清淨無二無二分無別無斷故我清淨故聲香味觸法處清淨聲香味觸法處清淨故一切智智清淨何以故若我清淨若聲香味觸法處清淨若一

切智智清淨無二無二分無別無斷故善現我清淨故眼界清淨眼界清淨故一切智智清淨何以故若我清淨若眼界清淨若一切智智清淨無二無二分無別無斷故我清淨故色界眼識界及眼觸眼觸為緣所生諸受清淨色界乃至眼觸為緣所生諸受清淨故一切智智清淨何以故若我清淨若色界乃至眼觸為緣所生諸受清淨若一切智智清淨無二無二分無別無斷故善現我清淨故耳界清淨耳界清淨故一切智智清淨何以故若我清淨若耳界清淨若一切智智清淨無二無二分無別無斷故我清淨故聲界耳識界及耳觸耳觸為緣所生諸受清淨聲界乃至耳觸為緣所生諸受清淨故一切智智清淨何以故若我清淨若聲界乃至耳觸為緣所生諸受清淨若一切智智清淨無二無二分無別無斷故善現我清淨故鼻界清淨鼻界清淨故一切智智清淨何以故若我清淨若鼻界清淨若一切智智清淨無二無

二分無別無斷故我清淨故香界鼻識界及鼻觸鼻觸為緣所生諸受清淨香界乃至鼻觸為緣所生諸受清淨故一切智智清淨何以故若我清淨若香界乃至鼻觸為緣所生諸受清淨若一切智智清淨無二無二分無別無斷故善現我清淨故舌界清淨舌界清淨故一切智智清淨何以故若我清淨若舌界清淨若一切智智清淨無二無二分無別無斷故我清淨故味界舌識界及舌觸舌觸為緣所生諸受清淨味界乃至舌觸為緣所生諸受清淨故一切智智清淨何以故若我清淨若味界乃至舌觸為緣所生諸受清淨若一切智智清淨無二無二分無別無斷故善現我清淨故身界清淨身界清淨故一切智智清淨何以故若我清淨若身界清淨若一切智智清淨無二無二分無別無斷故我清淨故觸界身識界及身觸身觸為緣所生諸受清淨觸界乃至身觸為緣所生諸受清淨故一切智智清淨何以故若我清淨若

觸界乃至身觸為緣所生諸受清淨若一切智智清淨无二無二分無別无斷故善現我清淨故意界清淨意界清淨故一切智智清淨何以故若我清淨若意界清淨若一切智智清淨无二無二分无別無斷故我清淨故法界意識界及意觸意觸為緣所生諸受清淨法界乃至意觸為緣所生諸受清淨故一切智智清淨何以故若我清淨若法界乃至意觸為緣所生諸受清淨若一切智智清淨无二無二分无別無斷故善現我清淨故地界清淨地界清淨故一切智智清淨何以故若我清淨若地界清淨若一切智智清淨無二无二分無別無斷故我清淨故水火風空識界清淨水火風空識界清淨故一切智智清淨何以故若我清淨若水火風空識界清淨若一切智智清淨无二無二分無別无斷故善現我清淨故无明清淨無明清淨故一切智智清淨何以故若我清淨若無明清淨若一切智智清淨無二无二分無別无斷

故我清淨故行識名色六處觸受愛取有生老死愁歎苦憂惱清淨行乃至老死愁歎苦憂惱清淨故一切智智清淨何以故若我清淨若行乃至老死愁歎苦憂惱清淨若一切智智清淨無二無二分無別無斷故

善現我清淨故布施波羅蜜多清淨布施波羅蜜多清淨故一切智智清淨何以故若我清淨若布施波羅蜜多清淨若一切智智清淨無二無二分無別無斷故我清淨故淨戒安忍精進靜慮般若波羅蜜多清淨淨戒乃至般若波羅蜜多清淨故一切智智清淨何以故若我清淨若淨戒乃至般若波羅蜜多清淨若一切智智清淨無二無二分無別無斷故善現我清淨故內空清淨內空清淨故一切智智清淨何以故若我清淨若內空清淨若一切智智清淨無二無二分無別無斷故我清淨故外空內外空空空大空勝義空有為空無為空畢竟空無際空散空無變異空本性空自相空共相空一切法空不可得

空無性空自性空無性自性空清淨外空乃至無性自性空清淨故一切智智清淨何以故若我清淨若外空乃至無性自性空清淨若一切智智清淨無二无二分無別无斷故善現我清淨故真如清淨真如清淨故一切智智清淨何以故若我清淨若真如清淨若一切智智清淨无二無二分無別无斷故我清淨故法界法性不虛妄性不變異性平等性離生性法定法住實際虛空界不思議界清淨法界乃至不思議界清淨故一切智智清淨何以故若我清淨若法界乃至不思議界清淨若一切智智清淨無二无二分無別无斷故善現我清淨故苦聖諦清淨苦聖諦清淨故一切智智清淨何以故若我清淨若苦聖諦清淨若一切智智清淨無二无二分無別无斷故我清淨故集滅道聖諦清淨集滅道聖諦清淨故一切智智清淨何以故若我清淨若集滅道聖諦清淨若一切智智清淨無二无二分無別无斷故善現我清淨

故四靜慮清淨四靜慮清淨故一切智智清淨何以故若我清淨若四靜慮清淨若一切智智清淨無二無二分無別無斷故我清淨故四無量四無色定清淨四無量四無色定清淨故一切智智清淨何以故若我清淨若四無量四無色定清淨若一切智智清淨無二無二分無別無斷故善現我清淨故八解脫清淨八解脫清淨故一切智智清淨何以故若我清淨若八解脫清淨若一切智智清淨無二無二分無別無斷故我清淨故八勝處九次第定十遍處清淨八勝處九次第定十遍處清淨故一切智智清淨何以故若我清淨若八勝處九次第定十遍處清淨若一切智智清淨無二無二分無別無斷故善現我清淨故四念住清淨四念住清淨故一切智智清淨何以故若我清淨若四念住清淨若一切智智清淨無二無二分無別無斷故我清淨故四正斷四神足五根五力七等覺支八聖道支清淨四正斷乃至八聖道

支清淨故一切智智清淨何以故若我清淨若四正斷乃至八聖道支清淨若一切智智清淨無二無二分無別無斷故善現我清淨故空解脫門清淨空解脫門清淨故一切智智清淨何以故若我清淨若空解脫門清淨若一切智智清淨無二無二分無別無斷故我清淨故無相無願解脫門清淨無相無願解脫門清淨故一切智智清淨何以故若我清淨若無相無願解脫門清淨若一切智智清淨無二無二分無別無斷故善現我清淨故菩薩十地清淨菩薩十地清淨故一切智智清淨何以故若我清淨若菩薩十地清淨若一切智智清淨無二無二分無別無斷故善現我清淨故五眼清淨五眼清淨故一切智智清淨何以故若我清淨若五眼清淨若一切智智清淨無二無二分無別無斷故我清淨故六神通清淨六神通清淨故一切智智清淨何以故若我清淨若六神通清淨若一切智智清淨無二無二分無別無斷故

善現我清淨故佛十力清淨佛十力清淨故一切智智清淨何以故若我清淨若佛十力清淨若一切智智清淨無二無二分無別無斷故我清淨故四無所畏四無礙解大慈大悲大喜大捨十八佛不共法清淨四無所畏乃至十八佛不共法清淨故一切智智清淨何以故若我清淨若四無所畏乃至十八佛不共法清淨若一切智智清淨無二無二分無別無斷故善現我清淨故無忘失法清淨無忘失法清淨故一切智智清淨何以故若我清淨若無忘失法清淨若一切智智清淨無二無二分無別無斷故我清淨故恒住捨性清淨恒住捨性清淨故一切智智清淨何以故若我清淨若恒住捨性清淨若一切智智清淨無二無二分無別無斷故

善現我清淨故一切智清淨一切智清淨故一切智智清淨何以故若我清淨若一切智清淨若一切智智清淨無二無二分無別無斷故我清淨故道相智一切相智清淨道相智一切相

智清淨故一切智智清淨何以故若我清淨若道相智一切相智清淨若一切智智清淨無二无二分無別无斷故善現我清淨故一切陁羅尼門清淨一切陁羅尼門清淨故一切智智清淨何以故若我清淨若一切陁羅尼門清淨若一切智智清淨无二無二分无別無斷故我清淨故一切三摩地門清淨一切三摩地門清淨故一切智智清淨何以故若我清淨若一切三摩地門清淨若一切智智清淨无二無二分无別無斷故

善現我清淨故預流果清淨預流果清淨故一切智智清淨何以故若我清淨若預流果清淨若一切智智清淨无二無二分無別无斷故我清淨故一来不還阿羅漢果清淨一来不還阿羅漢果清淨故一切智智清淨何以故若我清淨若一来不還阿羅漢果清淨若一切智智清淨无二無二分無別无斷故善現我清淨故獨覺菩提清淨獨覺菩提清淨故一切智智清淨何以故若我清淨若獨覺

菩提清淨若一切智智清淨無二無二分無別無斷故善現我清淨故一切菩薩摩訶薩行清淨一切菩薩摩訶薩行清淨故一切智智清淨何以故若我清淨若一切菩薩摩訶薩行清淨若一切智智清淨無二無二分無別無斷故善現我清淨故諸佛無上正等菩提清淨諸佛無上正等菩提清淨故一切智智清淨何以故若我清淨若諸佛無上正等菩提清淨若一切智智清淨無二無二分無別無斷故

復次善現有情清淨故色清淨色清淨故一切智智清淨何以故若有情清淨若色清淨若一切智智清淨無二無二分無別無斷故有情清淨故受想行識清淨受想行識清淨故一切智智清淨何以故若有情清淨若受想行識清淨若一切智智清淨無二無二分無別無斷故善現有情清淨故眼處清淨眼處清淨故一切智智清淨何以故若有情清淨若眼處清淨若一切智智清淨無二無二分

無別無斷故有情清淨故耳鼻舌身意處清淨耳鼻舌身意處清淨故一切智智清淨何以故若有情清淨若耳鼻舌身意處清淨若一切智智清淨無二無二分無別無斷故善現有情清淨故色處清淨色處清淨故一切智智清淨何以故若有情清淨若色處清淨若一切智智清淨無二無二分無別無斷故有情清淨故聲香味觸法處清淨聲香味觸法處清淨故一切智智清淨何以故若有情清淨若聲香味觸法處清淨若一切智智清淨無二無二分無別無斷故善現有情清淨故眼界清淨眼界清淨故一切智智清淨何以故若有情清淨若眼界清淨若一切智智清淨無二無二分無別無斷故有情清淨故色界眼識界及眼觸眼觸為緣所生諸受清淨色界乃至眼觸為緣所生諸受清淨故一切智智清淨何以故若有情清淨若色界乃至眼觸為緣所生諸受清淨若一切智智清淨無二無二分無別無斷故善現有情清

淨故耳界清淨耳界清淨故一切智智清淨何以故若有情清淨若耳界清淨若一切智智清淨無二無二分無別無斷故有情清淨故聲界耳識界及耳觸耳觸為緣所生諸受清淨聲界乃至耳觸為緣所生諸受清淨故一切智智清淨何以故若有情清淨若聲界乃至耳觸為緣所生諸受清淨若一切智智清淨無二無二分無別無斷故

大般若波羅蜜多經卷第一百九十五

大般若波羅蜜多經卷第一百九十五

校勘記

一　底本，金藏大寶集寺本。

一　八四九頁中八行頭兩字「清淨」，石作「淨淨」。

一　八四九頁中一五行「不共法」，石作「不與法」。

一　八五〇頁上一九行「色處淨」，磧、普、南、徑、清、麗作「色清淨」。

一　八五四頁中二三行末字不清，應為「斷」。

一　八五四頁下二一行「勝義空」，麗作「勝善空」。

大般若波羅蜜多經卷第一百九十六　往

三藏法師玄奘奉　詔譯

初分難信解品第三十四之十五

善現有情清淨故鼻界清淨鼻界清淨故一切智智清淨何以故若有情清淨若鼻界清淨若一切智智清淨無二無二分無別無斷故有情清淨故香界鼻識界及鼻觸鼻觸為緣所生諸受清淨香界乃至鼻觸為緣所生諸受清淨故一切智智清淨何以故若有情清淨若香界乃至鼻觸為緣所生諸受清淨若一切智智清淨無二無二分無別無斷故善現有情清淨故舌界清淨舌界清淨故一切智智清淨何以故若有情清淨若舌界清淨若一切智智清淨無二無二分無別無斷故有情清淨故味界舌識界及舌觸舌觸為緣所生諸受清淨味界乃至舌觸為緣所生諸受清淨故一切智智清淨何以故若有情清淨若味界乃至舌觸為緣所生諸受清淨若一切智智清淨無二無二

分無別無斷故善現有情清淨故身界清淨身界清淨故一切智智清淨何以故若有情清淨若身界清淨若一切智智清淨無二無二分無別無斷故有情清淨故觸界身識界及身觸身觸為緣所生諸受清淨觸界乃至身觸為緣所生諸受清淨故一切智智清淨何以故若有情清淨若觸界乃至身觸為緣所生諸受清淨若一切智智清淨無二無二分無別無斷故善現有情清淨故意界清淨意界清淨故一切智智清淨何以故若有情清淨若意界清淨若一切智智清淨無二無二分無別無斷故有情清淨故法界意識界及意觸意觸為緣所生諸受清淨法界乃至意觸為緣所生諸受清淨故一切智智清淨何以故若有情清淨若法界乃至意觸為緣所生諸受清淨若一切智智清淨無二無二分無別無斷故善現有情清淨故地界清淨地界清淨故一切智智清淨何以故若有情清淨若地界清淨若一切智智清淨無二

無二分無別無斷故有情清淨故水火風空識界清淨水火風空識界清淨故一切智智清淨何以故若有情清淨若水火風空識界清淨若一切智智清淨無二無二分無別無斷故善現有情清淨故無明清淨無明清淨故一切智智清淨何以故若有情清淨若無明清淨若一切智智清淨無二無二分無別無斷故有情清淨故行識名色六處觸受愛取有生老死愁歎苦憂惱清淨行乃至老死愁歎苦憂惱清淨故一切智智清淨何以故若有情清淨若行乃至老死愁歎苦憂惱清淨若一切智智清淨無二無二分無別無斷故

善現有情清淨故布施波羅蜜多清淨布施波羅蜜多清淨故一切智智清淨何以故若有情清淨若布施波羅蜜多清淨若一切智智清淨無二無二分無別無斷故有情清淨故淨戒安忍精進靜慮般若波羅蜜多清淨淨戒乃至般若波羅蜜多清淨故一切智智清淨何以故若有情清淨若淨戒乃至般若波羅蜜多清淨若一切智智清淨無二無二分無別無斷故善現有情清淨故內空清淨內空清淨故一切智智清淨何以故若有情清淨若內空清淨若一切智智清淨無二無二分無別無斷故有情清淨故外空內外空空空大空勝義空有為空無為空畢竟空無際空散空無變異空本性空自相空共相空一切法空不可得空無性空自性空無性自性空清淨外空乃至無性自性空清淨故一切智智清淨何以故若有情清淨若外空乃至無性自性空清淨若一切智智清淨無二無二分無別無斷故善現有情清淨故真如清淨真如清淨故一切智智清淨何以故若有情清淨若真如清淨若一切智智清淨無二無二分無別無斷故有情清淨故法界法性不虛妄性不變異性平等性離生性法定法住實際虛空界不思議界清淨法界乃至不思議界清淨故一切智智清淨何以故若有情清淨若法界乃至

不思議界清淨若一切智智清淨无二無二分無別無斷故善現有情清淨故苦聖諦清淨苦聖諦清淨故一切智智清淨何以故若有情清淨若苦聖諦清淨若一切智智清淨無二無二分無別無斷故有情清淨故集滅道聖諦清淨集滅道聖諦清淨故一切智智清淨何以故若有情清淨若集滅道聖諦清淨若一切智智清淨無二無二分無別無斷故善現有情清淨故四靜慮清淨四靜慮清淨故一切智智清淨何以故若有情清淨若四靜慮清淨若一切智智清淨無二無二分無別無斷故有情清淨故四無量四無色定清淨四無量四無色定清淨故一切智智清淨何以故若有情清淨若四無量四無色定清淨若一切智智清淨無二無二分無別無斷故善現有情清淨故八解脫清淨八解脫清淨故一切智智清淨何以故若有情清淨若八解脫清淨若一切智智清淨無二無二分无別无斷故有情清淨故八勝處九

次第定十遍處清淨八勝處九次第定十遍處清淨故一切智智清淨何以故若有情清淨若八勝處九次第定十遍處清淨若一切智智清淨無二無二分無別無斷故善現有情清淨故四念住清淨四念住清淨故一切智智清淨何以故若有情清淨若四念住清淨若一切智智清淨無二無二分無別無斷故有情清淨故四正斷四神足五根五力七等覺支八聖道支清淨四正斷乃至八聖道支清淨故一切智智清淨何以故若有情清淨若四正斷乃至八聖道支清淨若一切智智清淨無二無二分無別無斷故善現有情清淨故空解脫門清淨空解脫門清淨故一切智智清淨何以故若有情清淨若空解脫門清淨若一切智智清淨無二無二分無別無斷故有情清淨故無相無願解脫門清淨無相無願解脫門清淨故一切智智清淨何以故若有情清淨若無相無願解脫門清淨若一切智智清淨無二無二分無別無斷

故善現有情清淨故菩薩十地清淨菩薩十地清淨故一切智智清淨何以故若有情清淨若菩薩十地清淨若一切智智清淨無二無二分無別無斷故

善現有情清淨故五眼清淨五眼清淨故一切智智清淨何以故若有情清淨若五眼清淨若一切智智清淨無二無二分無別無斷故有情清淨故六神通清淨六神通清淨故一切智智清淨何以故若有情清淨若六神通清淨若一切智智清淨無二無二分無別無斷故善現有情清淨故佛十力清淨佛十力清淨故一切智智清淨何以故若有情清淨若佛十力清淨若一切智智清淨無二無二分無別無斷故有情清淨故四無所畏四無礙解大慈大悲大喜大捨十八佛不共法清淨四無所畏乃至十八佛不共法清淨故一切智智清淨何以故若有情清淨若四無所畏乃至十八佛不共法清淨若一切智智清淨無二無二分無別無斷故善現

有情清淨故無忘失法清淨無忘失法清淨故一切智智清淨何以故若有情清淨若無忘失法清淨若一切智智清淨無二無二分無別無斷故有情清淨故恒住捨性清淨恒住捨性清淨故一切智智清淨何以故若有情清淨若恒住捨性清淨若一切智智清淨無二無二分無別無斷故善現有情清淨故一切智清淨一切智清淨故一切智智清淨何以故若有情清淨若一切智清淨若一切智智清淨無二無二分無別無斷故有情清淨故道相智一切相智清淨道相智一切相智清淨故一切智智清淨何以故若有情清淨若道相智一切相智清淨若一切智智清淨無二無二分無別無斷故善現有情清淨故一切陀羅尼門清淨一切陀羅尼門清淨故一切智智清淨何以故若有情清淨若一切陀羅尼門清淨若一切智智清淨無二無二分無別無斷故有情清淨故一切三摩地門清淨一切三摩地門清淨故一切智

智清淨何以故若有情清淨若一切
三摩地門清淨若一切智智清淨無
二無二分無別無斷故
善現有情清淨故預流果清淨預流
果清淨故一切智智清淨何以故若
有情清淨若預流果清淨若一切智
智清淨無二無二分無別無斷故有
情清淨故一來不還阿羅漢果清淨
一來不還阿羅漢果清淨故一切智
智清淨何以故若有情清淨若一來
不還阿羅漢果清淨若一切智智清
淨無二無二分無別無斷故善現有
情清淨故獨覺菩提清淨獨覺菩提
清淨故一切智智清淨何以故若有
情清淨若獨覺菩提清淨若一切智
智清淨無二無二分無別無斷故善
現有情清淨故一切菩薩摩訶薩行
清淨一切菩薩摩訶薩行清淨故一
切智智清淨何以故若有情清淨若
一切菩薩摩訶薩行清淨若一切智
智清淨無二無二分無別無斷故善
現有情清淨故諸佛無上正等菩提
清淨諸佛無上正等菩提清淨故一

切智智清淨何以故若有情清淨若
諸佛無上正等菩提清淨若一切智
智清淨無二無二分無別無斷故
復次善現命者清淨故色清淨色清
淨故一切智智清淨何以故若命者
清淨若色清淨若一切智智清淨無
二無二分無別無斷故命者清淨故
受想行識清淨受想行識清淨故一
切智智清淨何以故若命者清淨若
受想行識清淨若一切智智清淨無
二無二分無別無斷故善現命者清
淨故眼處清淨眼處清淨故一切智
智清淨何以故若命者清淨若眼處
清淨若一切智智清淨無二無二分
無別無斷故命者清淨故耳鼻舌身
意處清淨耳鼻舌身意處清淨故一
切智智清淨何以故若命者清淨若
耳鼻舌身意處清淨若一切智智清
淨無二無二分無別無斷故善現命
者清淨故色處清淨色處清淨故一
切智智清淨何以故若命者清淨若
色處清淨若一切智智清淨無二無
二分無別無斷故命者清淨故聲香

味觸法處清淨聲香味觸法處清淨
故一切智智清淨何以故若命者清
淨若聲香味觸法處清淨若一切智
智清淨無二无二分無別无斷故善
現命者清淨故眼界清淨眼界清淨
故一切智智清淨何以故若命者清
淨若眼界清淨若一切智智清淨無
二无二分無別无斷故命者清淨故
色界眼識界及眼觸眼觸為緣所生
諸受清淨色界乃至眼觸為緣所生
諸受清淨故一切智智清淨何以故
若命者清淨若色界乃至眼觸為緣
所生諸受清淨若一切智智清淨無
二无二分無別无斷故善現命者清
淨故耳界清淨耳界清淨故一切智
智清淨何以故若命者清淨若耳界
清淨若一切智智清淨無二无二分
無別无斷故命者清淨故聲界耳識
界及耳觸耳觸為緣所生諸受清淨
聲界乃至耳觸為緣所生諸受清淨
故一切智智清淨何以故若命者清
淨若聲界乃至耳觸為緣所生諸受
清淨若一切智智清淨無二无二分

無別無斷故善現命者清淨故鼻界清淨鼻界清淨故一切智智清淨何以故若命者清淨若鼻界清淨若一切智智清淨無二無二分無別無斷故命者清淨故香界鼻識界及鼻觸鼻觸為緣所生諸受清淨香界乃至鼻觸為緣所生諸受清淨故一切智智清淨何以故若命者清淨若香界乃至鼻觸為緣所生諸受清淨若一切智智清淨無二無二分無別無斷故善現命者清淨故舌界清淨舌界清淨故一切智智清淨何以故若命者清淨若舌界清淨若一切智智清淨無二無二分無別無斷故命者清淨故味界舌識界及舌觸舌觸為緣所生諸受清淨味界乃至舌觸為緣所生諸受清淨故一切智智清淨何以故若命者清淨若味界乃至舌觸為緣所生諸受清淨若一切智智清淨無二無二分無別無斷故善現命者清淨故身界清淨身界清淨故一切智智清淨何以故若命者清淨若身界清淨若一切智智清淨無二無

二分無別无斷故命者清淨故觸界身識界及身觸身觸為緣所生諸受清淨觸界乃至身觸為緣所生諸受清淨故一切智智清淨何以故若命者清淨若觸界乃至身觸為緣所生諸受清淨若一切智智清淨無二无二分無別无斷故善現命者清淨故意界清淨意界清淨故一切智智清淨何以故若命者清淨若意界清淨若一切智智清淨無二无二分無別无斷故命者清淨故法界意識界及意觸意觸為緣所生諸受清淨法界乃至意觸為緣所生諸受清淨故一切智智清淨何以故若命者清淨若法界乃至意觸為緣所生諸受清淨若一切智智清淨無二无二分無別无斷故善現命者清淨故地界清淨地界清淨故一切智智清淨何以故若命者清淨若地界清淨若一切智智清淨無二无二分無別无斷故命者清淨故水火風空識界清淨水火風空識界清淨故一切智智清淨何以故若命者清淨若水火風空識界

清淨若一切智智清淨無二无二分無別无斷故善現命者清淨故無明清淨無明清淨故一切智智清淨何以故若命者清淨若無明清淨若一切智智清淨無二无二分無別无斷故命者清淨故行識名色六處觸受愛取有生老死愁歎苦憂惱清淨行乃至老死愁歎苦憂惱清淨故一切智智清淨何以故若命者清淨若行乃至老死愁歎苦憂惱清淨若一切智智清淨無二无二分無別无斷故善現命者清淨故布施波羅蜜多清淨布施波羅蜜多清淨故一切智智清淨何以故若命者清淨若布施波羅蜜多清淨若一切智智清淨無二无二分無別无斷故命者清淨故淨戒安忍精進靜慮般若波羅蜜多清淨淨戒乃至般若波羅蜜多清淨故一切智智清淨何以故若命者清淨若淨戒乃至般若波羅蜜多清淨若一切智智清淨無二无二分無別无斷故善現命者清淨故內空清淨內空清淨故一切智智清淨何以故若

命者清淨若内空清淨若一切智智清淨無二無二分無別無斷故命者清淨故外空内外空空空大空勝義空有為空無為空畢竟空無際空散空無變異空本性空自相空共相空一切法空不可得空無性空自性空無性自性空清淨外空乃至無性自性空清淨故一切智智清淨何以故若命者清淨若外空乃至無性自性空清淨若一切智智清淨無二無二分無別無斷故善現命者清淨故真如清淨真如清淨故一切智智清淨何以故若命者清淨若真如清淨若一切智智清淨無二無二分無別無斷故命者清淨故法界法性不虚妄性不變異性平等性離生性法定法住實際虚空界不思議界清淨法界乃至不思議界清淨故一切智智清淨何以故若命者清淨若法界乃至不思議界清淨若一切智智清淨無二無二分無別無斷故善現命者清淨故苦聖諦清淨苦聖諦清淨故一切智智清淨何以故若命者清淨若

苦聖諦清淨若一切智智清淨無二無二分無別無斷故命者清淨故集滅道聖諦清淨集滅道聖諦清淨故一切智智清淨何以故若命者清淨若集滅道聖諦清淨若一切智智清淨無二無二分無別無斷故善現命者清淨故四靜慮清淨四靜慮清淨故一切智智清淨何以故若命者清淨若四靜慮清淨若一切智智清淨無二無二分無別無斷故命者清淨故四無量四無色定清淨四無量四無色定清淨故一切智智清淨何以故若命者清淨若四無量四無色定清淨若一切智智清淨無二無二分無別無斷故善現命者清淨故八解脫清淨八解脫清淨故一切智智清淨何以故若命者清淨若八解脫清淨若一切智智清淨無二無二分無別無斷故命者清淨故八勝處九次第定十遍處清淨八勝處九次第定十遍處清淨故一切智智清淨何以故若命者清淨若八勝處九次第定十遍處清淨若一切智智清淨無二

無二分無別無斷故善現命者清淨故四念住清淨四念住清淨故一切智智清淨何以故若命者清淨若四念住清淨若一切智智清淨無二無二分無別無斷故命者清淨故四正斷四神足五根五力七等覺支八聖道支清淨四正斷乃至八聖道支清淨故一切智智清淨何以故若命者清淨若四正斷乃至八聖道支清淨若一切智智清淨無二無二分無別無斷故善現命者清淨故空解脫門清淨空解脫門清淨故一切智智清淨何以故若命者清淨若空解脫門清淨若一切智智清淨無二無二分無別無斷故命者清淨故無相無願解脫門清淨無相無願解脫門清淨故一切智智清淨何以故若命者清淨若無相無願解脫門清淨若一切智智清淨無二無二分無別無斷故善現命者清淨故菩薩十地清淨菩薩十地清淨故一切智智清淨何以故若命者清淨若菩薩十地清淨若一切智智清淨無二無二分無別無

斷故
善現命者清淨故五眼清淨五眼清淨故一切智智清淨何以故若命者清淨若五眼清淨若一切智智清淨無二無二分無別無斷故命者清淨故六神通清淨六神通清淨故一切智智清淨何以故若命者清淨若六神通清淨若一切智智清淨無二無二分無別無斷故善現命者清淨故佛十力清淨佛十力清淨故一切智智清淨何以故若命者清淨若佛十力清淨若一切智智清淨無二無二分無別無斷故命者清淨故四無所畏四無礙解大慈大悲大喜大捨十八佛不共法清淨四無所畏乃至十八佛不共法清淨故一切智智清淨何以故若命者清淨若四無所畏乃至十八佛不共法清淨若一切智智清淨無二無二分無別無斷故善現命者清淨故無忘失法清淨無忘失法清淨故一切智智清淨何以故若命者清淨若無忘失法清淨若一切智智清淨無二無二分無別無斷故

命者清淨故恒住捨性清淨恒住捨性清淨故一切智智清淨何以故若命者清淨若恒住捨性清淨若一切智智清淨無二無二分無別無斷故善現命者清淨故一切智清淨一切智清淨故一切智智清淨何以故若命者清淨若一切智清淨若一切智智清淨無二無二分無別無斷故命者清淨故道相智一切相智清淨道相智一切相智清淨故一切智智清淨何以故若命者清淨若道相智一切相智清淨若一切智智清淨無二無二分無別無斷故善現命者清淨故一切陀羅尼門清淨一切陀羅尼門清淨故一切智智清淨何以故若命者清淨若一切陀羅尼門清淨若一切智智清淨無二無二分無別無斷故命者清淨故一切三摩地門清淨一切三摩地門清淨故一切智智清淨何以故若命者清淨若一切三摩地門清淨若一切智智清淨無二無二分無別無斷故
善現命者清淨故預流果清淨預流

果清淨故一切智智清淨何以故若命者清淨若預流果清淨若一切智智清淨無二無二分無別無斷故命者清淨故一來不還阿羅漢果清淨一來不還阿羅漢果清淨故一切智智清淨何以故若命者清淨若一來不還阿羅漢果清淨若一切智智清淨無二無二分無別無斷故善現命者清淨故獨覺菩提清淨獨覺菩提清淨故一切智智清淨何以故若命者清淨若獨覺菩提清淨若一切智智清淨無二無二分無別無斷故善現命者清淨故一切菩薩摩訶薩行清淨一切菩薩摩訶薩行清淨故一切智智清淨何以故若命者清淨若一切菩薩摩訶薩行清淨若一切智智清淨無二無二分無別無斷故善現命者清淨故諸佛無上正等菩提清淨諸佛無上正等菩提清淨故一切智智清淨何以故若命者清淨若諸佛無上正等菩提清淨若一切智智清淨無二無二分無別無斷故
復次善現生者清淨故色清淨色清

淨故一切智智清淨何以故若生者清淨若色清淨若一切智智清淨無二無二分無別無斷故生者清淨故受想行識清淨受想行識清淨故一切智智清淨何以故若生者清淨若受想行識清淨若一切智智清淨無二無二分無別無斷故善現生者清淨故眼處清淨眼處清淨故一切智智清淨何以故若生者清淨若眼處清淨若一切智智清淨無二無二分無別無斷故生者清淨故耳鼻舌身意處清淨耳鼻舌身意處清淨故一切智智清淨何以故若生者清淨若耳鼻舌身意處清淨若一切智智清淨無二無二分無別無斷故善現生者清淨故色處清淨色處清淨故一切智智清淨何以故若生者清淨若色處清淨若一切智智清淨無二無二分無別無斷故生者清淨故聲香味觸法處清淨聲香味觸法處清淨故一切智智清淨何以故若生者清淨若聲香味觸法處清淨若一切智智清淨無二無二分無別無斷故善

現生者清淨故眼界清淨眼界清淨故一切智智清淨何以故若生者清淨若眼界清淨若一切智智清淨無二無二分無別無斷故生者清淨故色界眼識界及眼觸眼觸為緣所生諸受清淨色界乃至眼觸為緣所生諸受清淨故一切智智清淨何以故若生者清淨若色界乃至眼觸為緣所生諸受清淨若一切智智清淨無二無二分無別無斷故善現生者清淨故耳界清淨耳界清淨故一切智智清淨何以故若生者清淨若耳界清淨若一切智智清淨無二無二分無別無斷故生者清淨故聲界耳識界及耳觸耳觸為緣所生諸受清淨聲界乃至耳觸為緣所生諸受清淨故一切智智清淨何以故若生者清淨若聲界乃至耳觸為緣所生諸受清淨若一切智智清淨無二無二分無別無斷故善現生者清淨故鼻界清淨鼻界清淨故一切智智清淨何以故若生者清淨若鼻界清淨若一切智智清淨無二無二分無別無斷

故生者清淨故香界鼻識界及鼻觸鼻觸為緣所生諸受清淨香界乃至鼻觸為緣所生諸受清淨故一切智智清淨何以故若生者清淨若香界乃至鼻觸為緣所生諸受清淨若一切智智清淨無二無二分無別無斷故善現生者清淨故舌界清淨舌界清淨故一切智智清淨何以故若生者清淨若舌界清淨若一切智智清淨無二無二分無別無斷故生者清淨故味界舌識界及舌觸舌觸為緣所生諸受清淨味界乃至舌觸為緣所生諸受清淨故一切智智清淨何以故若生者清淨若味界乃至舌觸為緣所生諸受清淨若一切智智清淨無二無二分無別無斷故善現生者清淨故身界清淨身界清淨故一切智智清淨何以故若生者清淨若身界清淨若一切智智清淨無二無二分無別無斷故生者清淨故觸界身識界及身觸身觸為緣所生諸受清淨觸界乃至身觸為緣所生諸受清淨故一切智智清淨何以故若生

者清淨若觸界乃至身觸為緣所生諸受清淨若一切智智清淨無二無二分無別無斷故善現生者清淨故意界清淨意界清淨故一切智智清淨何以故若生者清淨若意界清淨若一切智智清淨無二無二分無別無斷故生者清淨故法界意識界及意觸意觸為緣所生諸受清淨法界乃至意觸為緣所生諸受清淨故一切智智清淨何以故若生者清淨若法界乃至意觸為緣所生諸受清淨若一切智智清淨無二無二分無別無斷故善現生者清淨故地界清淨地界清淨故一切智智清淨何以故若生者清淨若地界清淨若一切智智清淨無二無二分無別無斷故生者清淨故水火風空識界清淨水火風空識界清淨故一切智智清淨何以故若生者清淨若水火風空識界清淨若一切智智清淨無二無二分無別無斷故善現生者清淨故無明清淨無明清淨故一切智智清淨何以故若生者清淨若無明清淨若一

切智智清淨無二無二分無別無斷故生者清淨故行識名色六處觸受愛取有生老死愁歎苦憂惱清淨行乃至老死愁歎苦憂惱清淨故一切智智清淨何以故若生者清淨若行乃至老死愁歎苦憂惱清淨若一切智智清淨無二無二分無別無斷故

大般若波羅蜜多經卷第一百九十六

大般若波羅蜜多經卷第一百九十六

校勘記

一　底本，金藏大寶集寺本。

一　八五九頁中一三行第一二字殘，應為「性」。

一　八五九頁中一四行第一二字殘，應為「二」。

一　八五九頁中一五行第一二字殘，應為「淨」。

一　八五九頁中一六行第一二字殘，應為「智」。

一　八五九頁中一七行第一二字殘，應為「清」。

大般若波羅蜜多經卷第一百九十七　往

三藏法師玄奘奉　詔譯

初分難信解品第三十四之十六

善現生者清淨故布施波羅蜜多清淨布施波羅蜜多清淨故一切智智清淨何以故若生者清淨若布施波羅蜜多清淨若一切智智清淨无二無二分无別無斷故生者清淨故淨戒安忍精進靜慮般若波羅蜜多清淨淨戒乃至般若波羅蜜多清淨故一切智智清淨何以故若生者清淨若淨戒乃至般若波羅蜜多清淨若一切智智清淨无二無二分無別无斷故善現生者清淨故內空清淨內空清淨故一切智智清淨何以故若生者清淨若內空清淨若一切智智清淨無二无二分無別无斷故生者清淨故外空內外空空空大空勝義空有為空無為空畢竟空無際空散空無變異空本性空自相空共相空一切法空不可得空無性空自性空無性自性空清淨外空乃至無性自性空清淨故一切智智清淨何以故若生者清淨若外空乃至無性自性空清淨若一切智智清淨无二無二分無別无斷故善現生者清淨故真如清淨真如清淨故一切智智清淨何以故若生者清淨若真如清淨若一切智智清淨無二无二分無別无斷故生者清淨故法界法性不虛妄性不變異性平等性離生性法定法住實際虛空界不思議界清淨法界乃至不思議界清淨故一切智智清淨何以故若生者清淨若法界乃至不思議界清淨若一切智智清淨無二无二分無別无斷故善現生者清淨故苦聖諦清淨苦聖諦清淨故一切智智清淨何以故若生者清淨若苦聖諦清淨若一切智智清淨无二無二分無別无斷故生者清淨故集滅道聖諦清淨集滅道聖諦清淨故一切智智清淨何以故若生者清淨若集滅道聖諦清淨若一切智智清淨無二无二分無別无斷故

善現生者清淨故四靜慮清淨四靜慮清淨故一切智智清淨何以故若生者清淨若四靜慮清淨若一切智智清淨無二无二分無別无斷故生者清淨故四無量四無色定清淨四無量四無色定清淨故一切智智清淨何以故若生者清淨若四無量四无色定清淨若一切智智清淨無二無二分无別無斷故善現生者清淨故八解脫清淨八解脫清淨故一切智智清淨何以故若生者清淨若八解脫清淨若一切智智清淨无二無二分無別无斷故生者清淨故八勝處九次第定十遍處清淨八勝處九次第定十遍處清淨故一切智智清淨何以故若生者清淨若八勝處九次第定十遍處清淨若一切智智清淨無二无二分無別无斷故善現生者清淨故四念住清淨四念住清淨故一切智智清淨何以故若生者清淨若四念住清淨若一切智智清淨無二无二分無別无斷故生者清淨故四正斷四神足五根五力七等覺支八聖道支清淨四正斷乃至八聖

道支清淨故一切智智清淨何以故若生者清淨若四正斷乃至八聖道支清淨若一切智智清淨无二無二分無別无斷故善現生者清淨故空解脫門清淨空解脫門清淨故一切智智清淨何以故若生者清淨若空解脫門清淨若一切智智清淨无二無二分无別無斷故生者清淨故無相无願解脫門清淨無相无願解脫門清淨故一切智智清淨何以故若生者清淨若无相無願解脫門清淨若一切智智清淨无二無二分无別无斷故善現生者清淨故菩薩十地清淨菩薩十地清淨故一切智智清淨何以故若生者清淨若菩薩十地清淨若一切智智清淨无二無二分無別无斷故

善現生者清淨故五眼清淨五眼清淨故一切智智清淨何以故若生者清淨若五眼清淨若一切智智清淨无二無二分无別無斷故生者清淨故六神通清淨六神通清淨故一切智智清淨何以故若生者清淨若六

神通清淨若一切智智清淨无二無二分無別无斷故善現生者清淨故佛十力清淨佛十力清淨故一切智智清淨何以故若生者清淨若佛十力清淨若一切智智清淨无二無二分無別无斷故生者清淨故四无所畏四無㝵解大慈大悲大喜大捨十八佛不共法清淨四無所畏乃至十八佛不共法清淨故一切智智清淨何以故若生者清淨若四無所畏乃至十八佛不共法清淨若一切智智清淨无二無二分无別無斷故善現生者清淨故無忘失法清淨無忘失法清淨故一切智智清淨何以故若生者清淨若無忘失法清淨若一切智智清淨無二无二分無別无斷故生者清淨故恒住捨性清淨恒住捨性清淨故一切智智清淨何以故若生者清淨若恒住捨性清淨若一切智智清淨無二无二分無別无斷故善現生者清淨故一切智清淨一切智清淨故一切智智清淨何以故若生者清淨若一切智清淨若一切智

智清淨无二無二分无別無斷故生者清淨故道相智一切相智清淨道相智一切相智清淨故一切智智清淨何以故若生者清淨若道相智一切相智清淨若一切智智清淨无二無二分无別無斷故善現生者清淨故一切陁羅尼門清淨一切陁羅尼門清淨故一切智智清淨何以故若生者清淨若一切陁羅尼門清淨若一切智智清淨無二无二分無別无斷故生者清淨故一切三摩地門清淨一切三摩地門清淨故一切智智清淨何以故若生者清淨若一切三摩地門清淨若一切智智清淨无二無二分无別無斷故善現生者清淨故預流果清淨預流果清淨故一切智智清淨何以故若生者清淨若預流果清淨若一切智智清淨无二無二分無別无斷故生者清淨故一來不還阿羅漢果清淨一來不還阿羅漢果清淨故一切智智清淨何以故若生者清淨若一來不還阿羅漢果清淨若一切智智清淨无二無二分

無别无断故善現生者清淨故獨覺菩提清淨獨覺菩提清淨故一切智智清淨何以故若生者清淨若獨覺菩提清淨若一切智智清淨無二無二分無别無斷故善現生者清淨故一切菩薩摩訶薩行清淨一切菩薩摩訶薩行清淨故一切智智清淨何以故若生者清淨若一切菩薩摩訶薩行清淨若一切智智清淨無二無二分無别無斷故善現生者清淨故諸佛無上正等菩提清淨諸佛無上正等菩提清淨故一切智智清淨何以故若生者清淨若諸佛無上正等菩提清淨若一切智智清淨無二無二分無别無斷故

復次善現養育者清淨故色清淨色清淨故一切智智清淨何以故若養育者清淨若色清淨若一切智智清淨無二無二分無别無斷故養育者清淨故受想行識清淨受想行識清淨故一切智智清淨何以故若養育者清淨若受想行識清淨若一切智智清淨无二無二分无别無斷故善

大般若第一百九十七　第七張　往

現養育者清淨故眼處清淨眼處清淨故一切智智清淨何以故若養育者清淨若眼處清淨若一切智智清淨無二無二分無别無斷故養育者清淨故耳鼻舌身意處清淨耳鼻舌身意處清淨故一切智智清淨何以故若養育者清淨若耳鼻舌身意處清淨若一切智智清淨無二無二分無别無斷故善現養育者清淨故色處清淨色處清淨故一切智智清淨何以故若養育者清淨若色處清淨若一切智智清淨無二無二分無别無斷故養育者清淨故聲香味觸法處清淨聲香味觸法處清淨故一切智智清淨何以故若養育者清淨若聲香味觸法處清淨若一切智智清淨無二無二分無别無斷故善現養育者清淨故眼界清淨眼界清淨故一切智智清淨何以故若養育者清淨若眼界清淨若一切智智清淨無二無二分無别無斷故養育者清淨故色界眼識界及眼觸眼觸為緣所生諸受清淨色界乃至眼觸為緣所

大般若第一百九十七　第八張　往

生諸受清淨故一切智智清淨何以故若養育者清淨若色界乃至眼觸為緣所生諸受清淨若一切智智清淨無二無二分無别無斷故善現養育者清淨故耳界清淨耳界清淨故一切智智清淨何以故若養育者清淨若耳界清淨若一切智智清淨無二無二分無别無斷故養育者清淨故聲界耳識界及耳觸耳觸為緣所生諸受清淨聲界乃至耳觸為緣所生諸受清淨故一切智智清淨何以故若養育者清淨若聲界乃至耳觸為緣所生諸受清淨若一切智智清淨無二無二分無别無斷故善現養育者清淨故鼻界清淨鼻界清淨故一切智智清淨何以故若養育者清淨若鼻界清淨若一切智智清淨無二無二分無别無斷故養育者清淨故香界鼻識界及鼻觸鼻觸為緣所生諸受清淨香界乃至鼻觸為緣所生諸受清淨故一切智智清淨何以故若養育者清淨若香界乃至鼻觸為緣所生諸受清淨若一切智智清

大般若第一百九十七　第九張　往

淨無二無二分無別無斷故善現養
育者清淨故舌界清淨舌界清淨故
一切智智清淨何以故若養育者清
淨若舌界清淨若一切智智清淨無
二無二分無別無斷故養育者清淨
故味界舌識界及舌觸舌觸為緣所
生諸受清淨味界乃至舌觸為緣所
生諸受清淨故一切智智清淨何以
故若養育者清淨若味界乃至舌觸
為緣所生諸受清淨若一切智智清
淨無二無二分無別無斷故善現養
育者清淨故身界清淨身界清淨故
一切智智清淨何以故若養育者清
淨若身界清淨若一切智智清淨無
二無二分無別無斷故養育者清淨
故觸界身識界及身觸身觸為緣所
生諸受清淨觸界乃至身觸為緣所
生諸受清淨故一切智智清淨何以
故若養育者清淨若觸界乃至身觸
為緣所生諸受清淨若一切智智清
淨無二無二分無別無斷故善現養
育者清淨故意界清淨意界清淨故
一切智智清淨何以故若養育者清

淨若意界清淨若一切智智清淨無
二無二分無別無斷故養育者清淨
故法界意識界及意觸意觸為緣所
生諸受清淨法界乃至意觸為緣所
生諸受清淨故一切智智清淨何以
故若養育者清淨若法界乃至意觸
為緣所生諸受清淨若一切智智清
淨無二無二分無別無斷故善現養
育者清淨故地界清淨地界清淨故
一切智智清淨何以故若養育者清
淨若地界清淨若一切智智清淨無
二無二分無別無斷故養育者清淨
故水火風空識界清淨水火風空識
界清淨故一切智智清淨何以故若
養育者清淨若水火風空識界清淨
若一切智智清淨無二無二分無別
無斷故善現養育者清淨故無明清
淨無明清淨故一切智智清淨何以
故若養育者清淨若無明清淨若一
切智智清淨無二無二分無別無斷
故養育者清淨故行識名色六處觸
受愛取有生老死愁歎苦憂惱清淨
行乃至老死愁歎苦憂惱清淨故一

切智智清淨何以故若養育者清淨
若行乃至老死愁歎苦憂惱清淨若
一切智智清淨無二無二分無別無
斷故

善現養育者清淨故布施波羅蜜多
清淨布施波羅蜜多清淨故一切智
智清淨何以故若養育者清淨若布
施波羅蜜多清淨若一切智智清淨
無二無二分無別無斷故養育者清
淨故淨戒安忍精進靜慮般若波羅
蜜多清淨淨戒乃至般若波羅蜜多
清淨故一切智智清淨何以故若養
育者清淨若淨戒乃至般若波羅蜜
多清淨若一切智智清淨無二無二
分無別無斷故善現養育者清淨故
內空清淨內空清淨故一切智智清
淨何以故若養育者清淨若內空清
淨若一切智智清淨無二無二分無
別無斷故養育者清淨故外空內外
空空空大空勝義空有為空無為空
畢竟空無際空散空無變異空本性
空自相空共相空一切法空不可得
空無性空自性空無性自性空清淨

外空乃至無性自性空清淨故一切智智清淨何以故若養育者清淨若外空乃至無性自性空清淨若一切智智清淨無二無二分無別無斷故善現養育者清淨故真如清淨真如清淨故一切智智清淨何以故若養育者清淨若真如清淨若一切智智清淨無二無二分無別無斷故養育者清淨故法界法性不虛妄性不變異性平等性離生性法定法住實際虛空界不思議界清淨法界乃至不思議界清淨故一切智智清淨何以故若養育者清淨若法界乃至不思議界清淨若一切智智清淨無二無二分無別無斷故善現養育者清淨故苦聖諦清淨苦聖諦清淨故一切智智清淨何以故若養育者清淨若苦聖諦清淨若一切智智清淨無二無二分無別無斷故養育者清淨故集滅道聖諦清淨集滅道聖諦清淨故一切智智清淨何以故若養育者清淨若集滅道聖諦清淨若一切智智清淨無二無二分無別無斷故

善現養育者清淨故四靜慮清淨四靜慮清淨故一切智智清淨何以故若養育者清淨若四靜慮清淨若一切智智清淨無二無二分無別無斷故養育者清淨故四無量四無色定清淨四無量四無色定清淨故一切智智清淨何以故若養育者清淨若四無量四無色定清淨若一切智智清淨無二無二分無別無斷故善現養育者清淨故八解脫清淨八解脫清淨故一切智智清淨何以故若養育者清淨若八解脫清淨若一切智智清淨無二無二分無別無斷故養育者清淨故八勝處九次第定十遍處清淨八勝處九次第定十遍處清淨故一切智智清淨何以故若養育者清淨若八勝處九次第定十遍處清淨若一切智智清淨無二無二分無別無斷故善現養育者清淨故四念住清淨四念住清淨故一切智智清淨何以故若養育者清淨若四念住清淨若一切智智清淨無二無二分無別無斷故養育者清淨故四正

斷四神足五根五力七等覺支八聖道支清淨四正斷乃至八聖道支清淨故一切智智清淨何以故若養育者清淨若四正斷乃至八聖道支清淨若一切智智清淨無二無二分無別無斷故善現養育者清淨故空解脫門清淨空解脫門清淨故一切智智清淨何以故若養育者清淨若空解脫門清淨若一切智智清淨無二無二分無別無斷故養育者清淨故無相無願解脫門清淨無相無願解脫門清淨故一切智智清淨何以故若養育者清淨若無相無願解脫門清淨若一切智智清淨無二無二分無別無斷故善現養育者清淨故菩薩十地清淨菩薩十地清淨故一切智智清淨何以故若養育者清淨若菩薩十地清淨若一切智智清淨無二無二分無別無斷故

善現養育者清淨故五眼清淨五眼清淨故一切智智清淨何以故若養育者清淨若五眼清淨若一切智智清淨無二無二分無別無斷故養育

者清淨故六神通清淨六神通清淨故一切智智清淨何以故若養育者清淨若六神通清淨若一切智智清淨無二無二分無別無斷故善現養育者清淨故佛十力清淨佛十力清淨故一切智智清淨何以故若養育者清淨若佛十力清淨若一切智智清淨無二無二分無別無斷故養育者清淨故四無所畏四無㝵解大慈大悲大喜大捨十八佛不共法清淨四無所畏乃至十八佛不共法清淨故一切智智清淨何以故若養育者清淨若四無所畏乃至十八佛不共法清淨若一切智智清淨無二無二分無別無斷故善現養育者清淨故無忘失法清淨無忘失法清淨故一切智智清淨何以故若養育者清淨若無忘失法清淨若一切智智清淨無二無二分無別無斷故養育者清淨故恒住捨性清淨恒住捨性清淨故一切智智清淨何以故若養育者清淨若恒住捨性清淨若一切智智清淨無二無二分無別無斷故善現

養育者清淨故一切智清淨一切智清淨故一切智智清淨何以故若養育者清淨若一切智清淨若一切智智清淨無二無二分無別無斷故養育者清淨故道相智一切相智清淨道相智一切相智清淨故一切智智清淨何以故若養育者清淨若道相智一切相智清淨若一切智智清淨無二無二分無別無斷故善現養育者清淨故一切陁羅尼門清淨一切陁羅尼門清淨故一切智智清淨何以故若養育者清淨若一切陁羅尼門清淨若一切智智清淨無二無二分無別無斷故養育者清淨故一切三摩地門清淨一切三摩地門清淨故一切智智清淨何以故若養育者清淨若一切三摩地門清淨若一切智智清淨無二無二分無別無斷故善現養育者清淨故預流果清淨預流果清淨故一切智智清淨何以故若養育者清淨若預流果清淨若一切智智清淨無二無二分無別無斷故養育者清淨故一來不還阿羅漢

果清淨一來不還阿羅漢果清淨故一切智智清淨何以故若養育者清淨若一來不還阿羅漢果清淨若一切智智清淨無二無二分無別無斷故善現養育者清淨故獨覺菩提清淨獨覺菩提清淨故一切智智清淨何以故若養育者清淨若獨覺菩提清淨若一切智智清淨無二無二分無別無斷故善現養育者清淨故一切菩薩摩訶薩行清淨一切菩薩摩訶薩行清淨故一切智智清淨何以故若養育者清淨若一切菩薩摩訶薩行清淨若一切智智清淨無二無二分無別無斷故善現養育者清淨故諸佛無上正等菩提清淨諸佛無上正等菩提清淨故一切智智清淨何以故若養育者清淨若諸佛無上正等菩提清淨若一切智智清淨無二無二分無別無斷故

復次善現士夫清淨故色清淨色清淨故一切智智清淨何以故若士夫清淨若色清淨若一切智智清淨無二無二分無別無斷故士夫清淨故

受想行識清淨受想行識清淨故一切智智清淨何以故若士夫清淨若受想行識清淨若一切智智清淨無二無二分無別無斷故善現士夫清淨故眼處清淨眼處清淨故一切智智清淨何以故若士夫清淨若眼處清淨若一切智智清淨無二無二分無別無斷故士夫清淨故耳鼻舌身意處清淨耳鼻舌身意處清淨故一切智智清淨何以故若士夫清淨若耳鼻舌身意處清淨若一切智智清淨無二無二分無別無斷故善現士夫清淨故色處清淨色處清淨故一切智智清淨何以故若士夫清淨若色處清淨若一切智智清淨無二無二分無別無斷故士夫清淨故聲香味觸法處清淨聲香味觸法處清淨故一切智智清淨何以故若士夫清淨若聲香味觸法處清淨若一切智智清淨無二無二分無別無斷故善現士夫清淨故眼界清淨眼界清淨故一切智智清淨何以故若士夫清淨若眼界清淨若一切智智清淨無

大般若第一百九十七　第十九張　往

二無二分無別無斷故士夫清淨故色界眼識界及眼觸眼觸為緣所生諸受清淨色界乃至眼觸為緣所生諸受清淨故一切智智清淨何以故若士夫清淨若色界乃至眼觸為緣所生諸受清淨若一切智智清淨无二無二分無別無斷故善現士夫清淨故耳界清淨耳界清淨故一切智智清淨何以故若士夫清淨若耳界清淨若一切智智清淨無二無二分無別無斷故士夫清淨故聲界耳識界及耳觸耳觸為緣所生諸受清淨聲界乃至耳觸為緣所生諸受清淨故一切智智清淨何以故若士夫清淨若聲界乃至耳觸為緣所生諸受清淨若一切智智清淨無二無二分無別無斷故善現士夫清淨故鼻界清淨鼻界清淨故一切智智清淨何以故若士夫清淨若鼻界清淨若一切智智清淨無二無二分無別無斷故士夫清淨故香界鼻識界及鼻觸鼻觸為緣所生諸受清淨香界乃至鼻觸為緣所生諸受清淨故一切智

大般若第一百九十七　第二十張　往

智清淨何以故若士夫清淨若香界乃至鼻觸為緣所生諸受清淨若一切智智清淨無二無二分無別無斷故善現士夫清淨故舌界清淨舌界清淨故一切智智清淨何以故若士夫清淨若舌界清淨若一切智智清淨無二無二分無別無斷故士夫清淨故味界舌識界及舌觸舌觸為緣所生諸受清淨味界乃至舌觸為緣所生諸受清淨故一切智智清淨何以故若士夫清淨若味界乃至舌觸為緣所生諸受清淨若一切智智清淨無二無二分無別無斷故善現士夫清淨故身界清淨身界清淨故一切智智清淨何以故若士夫清淨若身界清淨若一切智智清淨無二無二分無別無斷故士夫清淨故觸界身識界及身觸身觸為緣所生諸受清淨觸界乃至身觸為緣所生諸受清淨故一切智智清淨何以故若士夫清淨若觸界乃至身觸為緣所生諸受清淨若一切智智清淨無二無二分無別無斷故善現士夫清淨故

大般若第一百九十七　第二十一張　往

意界清淨意界清淨故一切智智清淨何以故若士夫清淨若意界清淨若一切智智清淨無二無二分無別無斷故士夫清淨故法界意識界及意觸意觸為緣所生諸受清淨法界乃至意觸為緣所生諸受清淨故一切智智清淨何以故若士夫清淨若法界乃至意觸為緣所生諸受清淨若一切智智清淨無二無二分無別無斷故善現士夫清淨故地界清淨地界清淨故一切智智清淨何以故若士夫清淨若地界清淨若一切智智清淨無二無二分無別無斷故士夫清淨故水火風空識界清淨水火風空識界清淨故一切智智清淨何以故若士夫清淨若水火風空識界清淨若一切智智清淨無二無二分無別無斷故善現士夫清淨故無明清淨無明清淨故一切智智清淨何以故若士夫清淨若無明清淨若一切智智清淨無二無二分無別無斷故士夫清淨故行識名色六處觸受愛取有生老死愁歎苦憂惱清淨行

大般若第一百九十七　第二十二張　往

乃至老死愁歎苦憂惱清淨故一切智智清淨何以故若士夫清淨若行乃至老死愁歎苦憂惱清淨若一切智智清淨無二無二分無別無斷故

大般若波羅蜜多經卷第一百九十七

戊戌歲高麗國大藏都監奉
勅雕造

大般若第一百九十七　第二十三張　往

大般若波羅蜜多經卷第一百九十七

校勘記

一　底本，麗藏本。

大般若波羅蜜多經卷第一百九十八　佳

三藏法師玄奘奉　詔譯

初分難信解品第三十四之十七

善現士夫清淨故布施波羅蜜多清淨布施波羅蜜多清淨故一切智智清淨何以故若士夫清淨若布施波羅蜜多清淨若一切智智清淨無二無二分無別無斷故士夫清淨故淨戒安忍精進靜慮般若波羅蜜多清淨淨戒乃至般若波羅蜜多清淨故一切智智清淨何以故若士夫清淨若淨戒乃至般若波羅蜜多清淨若一切智智清淨無二無二分無別無斷故善現士夫清淨故內空清淨內空清淨故一切智智清淨何以故若士夫清淨若內空清淨若一切智智清淨無二無二分無別無斷故士夫清淨故外空內外空空空大空勝義空有為空無為空畢竟空無際空散空無變異空本性空自相空共相空一切法空不可得空無性空自性空無性自性空清淨外空乃至無性自

性空清淨故一切智智清淨何以故若士夫清淨若外空乃至無性自性空清淨若一切智智清淨無二無二分無別無斷故善現士夫清淨故真如清淨真如清淨故一切智智清淨何以故若士夫清淨若真如清淨若一切智智清淨無二無二分無別無斷故士夫清淨故法界法性不虛妄性不變異性平等性離生性法定法住實際虛空界不思議界清淨法界乃至不思議界清淨故一切智智清淨何以故若士夫清淨若法界乃至不思議界清淨若一切智智清淨無二無二分無別無斷故善現士夫清淨故苦聖諦清淨苦聖諦清淨故一切智智清淨何以故若士夫清淨若苦聖諦清淨若一切智智清淨無二無二分無別無斷故士夫清淨故集滅道聖諦清淨集滅道聖諦清淨故一切智智清淨何以故若士夫清淨若集滅道聖諦清淨若一切智智清淨無二無二分無別無斷故

善現士夫清淨故四靜慮清淨四靜

處清淨故一切智智清淨何以故若士夫清淨若四靜慮清淨若一切智智清淨無二無二分無別無斷故士夫清淨故四無量四無色定清淨四無量四無色定清淨故一切智智清淨何以故若士夫清淨若四無量四無色定清淨若一切智智清淨無二無二分無別無斷故善現士夫清淨故八解脫清淨八解脫清淨故一切智智清淨何以故若士夫清淨若八解脫清淨若一切智智清淨無二無二分無別無斷故士夫清淨故八勝處九次第定十遍處清淨八勝處九次第定十遍處清淨故一切智智清淨何以故若士夫清淨若八勝處九次第定十遍處清淨若一切智智清淨無二無二分無別無斷故善現士夫清淨故四念住清淨四念住清淨故一切智智清淨何以故若士夫清淨若四念住清淨若一切智智清淨無二無二分無別無斷故士夫清淨故四正斷四神足五根五力七等覺支八聖道支清淨四正斷乃至八聖

道支清淨故一切智智清淨何以故若士夫清淨若四正斷乃至八聖道支清淨若一切智智清淨無二無二分無別無斷故善現士夫清淨故空解脫門清淨空解脫門清淨故一切智智清淨何以故若士夫清淨若空解脫門清淨若一切智智清淨無二無二分無別無斷故士夫清淨故無相無願解脫門清淨無相無願解脫門清淨故一切智智清淨何以故若士夫清淨若無相無願解脫門清淨若一切智智清淨無二無二分無別無斷故善現士夫清淨故菩薩十地清淨菩薩十地清淨故一切智智清淨何以故若士夫清淨若菩薩十地清淨若一切智智清淨無二無二分無別無斷故

善現士夫清淨故五眼清淨五眼清淨故一切智智清淨何以故若士夫清淨若五眼清淨若一切智智清淨無二無二分無別無斷故士夫清淨故六神通清淨六神通清淨故一切智智清淨何以故若士夫清淨若六

神通清淨若一切智智清淨无二無二分無別无斷故善現士夫清淨故佛十力清淨佛十力清淨故一切智智清淨何以故若士夫清淨若佛十力清淨若一切智智清淨无二無二分无別無斷故士夫清淨故四無所畏四無㝵解大慈大悲大喜大捨十八佛不共法清淨四無所畏乃至十八佛不共法清淨故一切智智清淨何以故若士夫清淨若四無所畏乃至十八佛不共法清淨若一切智智清淨無二无二分無別无斷故善現士夫清淨故無忘失法清淨無忘失法清淨故一切智智清淨何以故若士夫清淨若無忘失法清淨若一切智智清淨无二無二分无別無斷故士夫清淨故恒住捨性清淨恒住捨性清淨故一切智智清淨何以故若士夫清淨若恒住捨性清淨若一切智智清淨無二无二分無別无斷故善現士夫清淨故一切智清淨一切智清淨故一切智智清淨何以故若士夫清淨若一切智清淨若一切智

智清淨無二无二分無別无斷故士
夫清淨故道相智一切相智清淨道
相智一切相智清淨故一切智智清
淨何以故若士夫清淨若道相智一
切相智清淨若一切智智清淨無二
無二分无別無斷故善現士夫清淨
故一切陁羅尼門清淨一切陁羅尼
門清淨故一切智智清淨何以故若
士夫清淨若一切陁羅尼門清淨若
一切智智清淨无二無二分无別無
斷故士夫清淨故一切三摩地門清
淨一切三摩地門清淨故一切智智
清淨何以故若士夫清淨若一切三
摩地門清淨若一切智智清淨无二
無二分无別無斷故善現士夫清淨
故預流果清淨預流果清淨故一切
智智清淨何以故若士夫清淨若預
流果清淨若一切智智清淨无二無
二分無別无斷故士夫清淨故一來
不還阿羅漢果清淨一來不還阿羅
漢果清淨故一切智智清淨何以故若
士夫清淨若一來不還阿羅漢果清
淨若一切智智清淨无二無二分无

別無斷故善現士夫清淨故獨覺菩
提清淨獨覺菩提清淨故一切智智
清淨何以故若士夫清淨若獨覺菩
提清淨若一切智智清淨無二無二
分無別無斷故善現士夫清淨故一
切菩薩摩訶薩行清淨一切菩薩摩
訶薩行清淨故一切智智清淨何以
故若士夫清淨若一切菩薩摩訶薩
行清淨若一切智智清淨無二無二
分無別無斷故善現士夫清淨故諸
佛無上正等菩提清淨諸佛無上正
等菩提清淨故一切智智清淨何以
故若士夫清淨若諸佛無上正等菩
提清淨若一切智智清淨無二無二
分無別無斷故

復次善現補特伽羅清淨故色清淨
色清淨故一切智智清淨何以故若
補特伽羅清淨若色清淨若一切智
智清淨無二無二分無別無斷故補
特伽羅清淨故受想行識清淨受想
行識清淨故一切智智清淨何以故
若補特伽羅清淨若受想行識清淨
若一切智智清淨無二無二分無別

無斷故善現補特伽羅清淨故眼處
清淨眼處清淨故一切智智清淨何
以故若補特伽羅清淨若眼處清淨
若一切智智清淨无二無二分无別
無斷故補特伽羅清淨故耳鼻舌身
意處清淨耳鼻舌身意處清淨故一
切智智清淨何以故若補特伽羅清
淨若耳鼻舌身意處清淨若一切智
智清淨无二無二分無別无斷故善
現補特伽羅清淨故色處清淨色處
清淨故一切智智清淨何以故若補
特伽羅清淨若色處清淨若一切智
智清淨無二无二分無別无斷故補
特伽羅清淨故聲香味觸法處清淨
聲香味觸法處清淨故一切智智清
淨何以故若補特伽羅清淨若聲香
味觸法處清淨若一切智智清淨无
二无二分無別无斷故善現補特伽
羅清淨故眼界清淨眼界清淨故一切
智智清淨何以故若補特伽羅清淨若
眼界清淨若一切智智清淨无二無二
分無別无斷故補特伽羅清淨故色
界眼識界及眼觸眼觸為緣所生諸

受清淨色界乃至眼觸爲緣所生諸受清淨故一切智智清淨何以故若補特伽羅清淨若色界乃至眼觸爲緣所生諸受清淨若一切智智清淨無二無二分無別無斷故善現補特伽羅清淨故耳界清淨耳界清淨故一切智智清淨何以故若補特伽羅清淨若耳界清淨若一切智智清淨無二無二分無別無斷故補特伽羅清淨故聲界耳識界及耳觸耳觸爲緣所生諸受清淨聲界乃至耳觸爲緣所生諸受清淨故一切智智清淨何以故若補特伽羅清淨若聲界乃至耳觸爲緣所生諸受清淨若一切智智清淨無二無二分無別無斷故善現補特伽羅清淨故鼻界清淨鼻界清淨故一切智智清淨何以故若補特伽羅清淨若鼻界清淨若一切智智清淨無二無二分無別無斷故補特伽羅清淨故香界鼻識界及鼻觸鼻觸爲緣所生諸受清淨香界乃至鼻觸爲緣所生諸受清淨故一切智智清淨何以故若補特伽羅清淨若

香界乃至鼻觸爲緣所生諸受清淨若一切智智清淨無二無二分無別無斷故善現補特伽羅清淨故舌界清淨舌界清淨故一切智智清淨何以故若補特伽羅清淨若舌界清淨若一切智智清淨無二無二分無別無斷故補特伽羅清淨故味界舌識界及舌觸舌觸爲緣所生諸受清淨味界乃至舌觸爲緣所生諸受清淨故一切智智清淨何以故若補特伽羅清淨若味界乃至舌觸爲緣所生諸受清淨若一切智智清淨無二無二分無別無斷故善現補特伽羅清淨故身界清淨身界清淨故一切智智清淨何以故若補特伽羅清淨若身界清淨若一切智智清淨無二無二分無別無斷故補特伽羅清淨故觸界身識界及身觸身觸爲緣所生諸受清淨觸界乃至身觸爲緣所生諸受清淨故一切智智清淨何以故若補特伽羅清淨若觸界乃至身觸爲緣所生諸受清淨若一切智智清淨無二無二分無別無斷故善現補

特伽羅清淨故意界清淨意界清淨故一切智智清淨何以故若補特伽羅清淨若意界清淨若一切智智清淨無二無二分无別無斷故補特伽羅清淨故法界意識界及意觸意觸爲緣所生諸受清淨法界乃至意觸爲緣所生諸受清淨故一切智智清淨何以故若補特伽羅清淨若法界乃至意觸爲緣所生諸受清淨若一切智智清淨無二無二分無別無斷故善現補特伽羅清淨故地界清淨地界清淨故一切智智清淨何以故若補特伽羅清淨若地界清淨若一切智智清淨无二無二分無別無斷故補特伽羅清淨故水火風空識界清淨水火風空識界清淨故一切智智清淨何以故若補特伽羅清淨若水火風空識界清淨若一切智智清淨无二無二分無別無斷故善現補特伽羅清淨故無明清淨無明清淨故一切智智清淨何以故若補特伽羅清淨若無明清淨若一切智智清淨無二無二分無別无斷故補特伽

大般若經卷第一百九十八　第十二張　往字号

羅清淨故行識名色六處觸受愛取有生老死愁歎苦憂惱清淨行乃至老死愁歎苦憂惱清淨故一切智智清淨何以故若補特伽羅清淨若行乃至老死愁歎苦憂惱清淨若一切智智清淨無二无二分無別无斷故善現補特伽羅清淨故布施波羅蜜多清淨布施波羅蜜多清淨故一切智智清淨何以故若補特伽羅清淨若布施波羅蜜多清淨若一切智智清淨無二无二分無別无斷故補特伽羅清淨故淨戒安忍精進靜慮般若波羅蜜多清淨淨戒乃至般若波羅蜜多清淨故一切智智清淨何以故若補特伽羅清淨若淨戒乃至般若波羅蜜多清淨若一切智智清淨無二无二分無別无斷故善現補特伽羅清淨故內空清淨內空清淨故一切智智清淨何以故若補特伽羅清淨若內空清淨若一切智智清淨無二无二分無別无斷故補特伽羅清淨故外空內外空空空大空勝義空有為空無為空畢竟空无際空散

大般若經卷第一百九十八　第十三張　往字号

空無變異空本性空自相空共相空一切法空不可得空无性空自性空無性自性空清淨外空乃至无性自性空清淨故一切智智清淨何以故若補特伽羅清淨若外空乃至無性自性空清淨若一切智智清淨无二無二分无別無斷故善現補特伽羅清淨故真如清淨真如清淨故一切智智清淨何以故若補特伽羅清淨若真如清淨若一切智智清淨无二無二分無別无斷故補特伽羅清淨故法界法性不虛妄性不變異性平等性離生性法定法住實際虛空界不思議界清淨法界乃至不思議界清淨故一切智智清淨何以故若補特伽羅清淨若法界乃至不思議界清淨若一切智智清淨無二無二分无別無斷故善現補特伽羅清淨故苦聖諦清淨苦聖諦清淨故一切智智清淨何以故若補特伽羅清淨若苦聖諦清淨若一切智智清淨無二無二分無別无斷故補特伽羅清淨故集滅道聖諦清淨集滅道聖諦清

大般若經卷第一百九十八　第十四張　往字号

淨故一切智智清淨何以故若補特伽羅清淨若集滅道聖諦清淨若一切智智清淨無二無二分無別無斷故善現補特伽羅清淨故四靜慮清淨四靜慮清淨故一切智智清淨何以故若補特伽羅清淨若四靜慮清淨若一切智智清淨無二無二分無別無斷故補特伽羅清淨故四無量四無色定清淨四無量四無色定清淨故一切智智清淨何以故若補特伽羅清淨若四無量四無色定清淨若一切智智清淨無二無二分無別無斷故善現補特伽羅清淨故八解脫清淨八解脫清淨故一切智智清淨何以故若補特伽羅清淨若八解脫清淨若一切智智清淨無二無二分無別無斷故補特伽羅清淨故八勝處九次第定十遍處清淨八勝處九次第定十遍處清淨故一切智智清淨何以故若補特伽羅清淨若八勝處九次第定十遍處清淨若一切智智清淨無二無二分無別無斷故善現補特伽羅清淨故四念住清淨

四念住清淨故一切智智清淨何以故若補特伽羅清淨若四念住清淨若一切智智清淨無二無二分無別無斷故補特伽羅清淨故四正斷四神足五根五力七等覺支八聖道支清淨四正斷乃至八聖道支清淨故一切智智清淨何以故若補特伽羅清淨若四正斷乃至八聖道支清淨若一切智智清淨無二無二分無別無斷故善現補特伽羅清淨故空解脫門清淨空解脫門清淨故一切智智清淨何以故若補特伽羅清淨若空解脫門清淨若一切智智清淨無二無二分無別無斷故補特伽羅清淨故無相無願解脫門清淨無相無願解脫門清淨故一切智智清淨何以故若補特伽羅清淨若無相無願解脫門清淨若一切智智清淨無二無二分無別無斷故善現補特伽羅清淨故菩薩十地清淨菩薩十地清淨故一切智智清淨何以故若補特伽羅清淨若菩薩十地清淨若一切智智清淨無二無二分無別無斷故

善現補特伽羅清淨故五眼清淨五眼清淨故一切智智清淨何以故若補特伽羅清淨若五眼清淨若一切智智清淨无二無二分无別無斷故補特伽羅清淨故六神通清淨六神通清淨故一切智智清淨何以故若補特伽羅清淨若六神通清淨若一切智智清淨無二无二分無別无斷故善現補特伽羅清淨故佛十力清淨佛十力清淨故一切智智清淨何以故若補特伽羅清淨若佛十力清淨若一切智智清淨无二無二分无別無斷故補特伽羅清淨故四無所畏四无导解大慈大悲大喜大捨十八佛不共法清淨四無所畏乃至十八佛不共法清淨故一切智智清淨何以故若補特伽羅清淨若四无所畏乃至十八佛不共法清淨若一切智智清淨無二无二分無別无斷故善現補特伽羅清淨故無忘失法清淨无忘失法清淨故一切智智清淨何以故若補特伽羅清淨若无忘失法清淨若一切智智清淨無二无二

分無別无斷故補特伽羅清淨故恒住捨性清淨恒住捨性清淨故一切智智清淨何以故若補特伽羅清淨若恒住捨性清淨若一切智智清淨無二无二分無別无斷故善現補特伽羅清淨故一切智清淨一切智清淨故一切智智清淨何以故若補特伽羅清淨若一切智清淨若一切智智清淨無二无二分無別无斷故補特伽羅清淨故道相智一切相智清淨道相智一切相智清淨故一切智智清淨何以故若補特伽羅清淨若道相智一切相智清淨若一切智智清淨無二无二分無別无斷故善現補特伽羅清淨故一切陀羅尼門清淨一切陀羅尼門清淨故一切智智清淨何以故若補特伽羅清淨若一切陀羅尼門清淨若一切智智清淨無二无二分無別无斷故補特伽羅清淨故一切三摩地門清淨一切三摩地門清淨故一切智智清淨何以故若補特伽羅清淨若一切三摩地門清淨若一切智智清淨無二无二

分無别无断故善現補特伽羅清淨故預流果清淨預流果清淨故一切智智清淨何以故若補特伽羅清淨若預流果清淨若一切智智清淨無二无二分無别无断故補特伽羅清淨故一来不還阿羅漢果清淨一来不還阿羅漢果清淨故一切智智清淨何以故若補特伽羅清淨若一来不還阿羅漢果清淨若一切智智清淨無二无二分無别无断故善現補特伽羅清淨故獨覺菩提清淨獨覺菩提清淨故一切智智清淨何以故若補特伽羅清淨若獨覺菩提清淨若一切智智清淨無二无二分無别无断故善現補特伽羅清淨故一切菩薩摩訶薩行清淨一切菩薩摩訶薩行清淨故一切智智清淨何以故若補特伽羅清淨若一切菩薩摩訶薩行清淨若一切智智清淨無二无二分無别无断故善現補特伽羅清淨故諸佛無上正等菩提清淨諸佛無上正等菩提清淨故一切智智清淨何以故若補特伽羅清淨若諸佛

無上正等菩提清淨若一切智智清淨無二无二分無别无断故

復次善現意生清淨故色清淨色清淨故一切智智清淨何以故若意生清淨若色清淨若一切智智清淨無二无二分無别无断故意生清淨故受想行識清淨受想行識清淨故一切智智清淨何以故若意生清淨若受想行識清淨若一切智智清淨無二无二分無别无断故善現意生清淨故眼處清淨眼處清淨故一切智智清淨何以故若意生清淨若眼處清淨若一切智智清淨無二无二分無别无断故意生清淨故耳鼻舌身意處清淨耳鼻舌身意處清淨故一切智智清淨何以故若意生清淨若耳鼻舌身意處清淨若一切智智清淨無二无二分無别无断故善現意生清淨故色處清淨色處清淨故一切智智清淨何以故若意生清淨若色處清淨若一切智智清淨無二无二分無别无断故意生清淨故聲香味觸法處清淨聲香味觸法處清淨

故一切智智清淨何以故若意生清淨若聲香味觸法處清淨若一切智智清淨無二無二分無别無断故善現意生清淨故眼界清淨眼界清淨故一切智智清淨何以故若意生清淨若眼界清淨若一切智智清淨無二無二分無别無断故意生清淨故色界眼識界及眼觸眼觸為縁所生諸受清淨色界乃至眼觸為縁所生諸受清淨故一切智智清淨何以故若意生清淨若色界乃至眼觸為縁所生諸受清淨若一切智智清淨無二無二分無别無断故善現意生清淨故耳界清淨耳界清淨故一切智智清淨何以故若意生清淨若耳界清淨若一切智智清淨無二無二分無别無断故意生清淨故聲界耳識界及耳觸耳觸為縁所生諸受清淨聲界乃至耳觸為縁所生諸受清淨故一切智智清淨何以故若意生清淨若聲界乃至耳觸為縁所生諸受清淨若一切智智清淨無二無二分無别無断故善現意生清淨故鼻界

清淨鼻界清淨故一切智智清淨何以故若意生清淨若鼻界清淨若一切智智清淨無二無二分無別無斷故意生清淨故香界鼻識界及鼻觸鼻觸爲緣所生諸受清淨香界乃至鼻觸爲緣所生諸受清淨故一切智智清淨何以故若意生清淨若香界乃至鼻觸爲緣所生諸受清淨若一切智智清淨無二無二分無別無斷故善現意生清淨故舌界清淨舌界清淨故一切智智清淨何以故若意生清淨若舌界清淨若一切智智清淨無二無二分無別無斷故意生清淨故味界舌識界及舌觸舌觸爲緣所生諸受清淨味界乃至舌觸爲緣所生諸受清淨故一切智智清淨何以故若意生清淨若味界乃至舌觸爲緣所生諸受清淨若一切智智清淨無二無二分無別無斷故善現意生清淨故身界清淨身界清淨故一切智智清淨何以故若意生清淨若身界清淨若一切智智清淨無二無二分無別無斷故意生清淨故觸界

身識界及身觸身觸爲緣所生諸受清淨觸界乃至身觸爲緣所生諸受清淨故一切智智清淨何以故若意生清淨若觸界乃至身觸爲緣所生諸受清淨若一切智智清淨無二無二分無別無斷故善現意生清淨故意界清淨意界清淨故一切智智清淨何以故若意生清淨若意界清淨若一切智智清淨無二無二分無別無斷故意生清淨故法界意識界及意觸意觸爲緣所生諸受清淨法界乃至意觸爲緣所生諸受清淨故一切智智清淨何以故若意生清淨若法界乃至意觸爲緣所生諸受清淨若一切智智清淨無二無二分無別無斷故善現意生清淨故地界清淨地界清淨故一切智智清淨何以故若意生清淨若地界清淨若一切智智清淨無二無二分無別無斷故意生清淨故水火風空識界清淨水火風空識界清淨故一切智智清淨何以故若意生清淨若水火風空識界清淨若一切智智清淨無二無二分

無別無斷故善現意生清淨故無明清淨無明清淨故一切智智清淨何以故若意生清淨若無明清淨若一切智智清淨無二無二分無別無斷故意生清淨故行識名色六處觸受愛取有生老死愁歎苦憂惱清淨行乃至老死愁歎苦憂惱清淨故一切智智清淨何以故若意生清淨若行乃至老死愁歎苦憂惱清淨若一切智智清淨無二無二分無別無斷故善現意生清淨故布施波羅蜜多清淨布施波羅蜜多清淨故一切智智清淨何以故若意生清淨若布施波羅蜜多清淨若一切智智清淨無二無二分無別無斷故意生清淨故淨戒安忍精進靜慮般若波羅蜜多清淨淨戒乃至般若波羅蜜多清淨故一切智智清淨何以故若意生清淨若淨戒乃至般若波羅蜜多清淨若一切智智清淨無二無二分無別無斷故善現意生清淨故內空清淨內空清淨故一切智智清淨何以故若意生清淨若內空清淨若一切智智

清淨無二無二分無別無斷故意生清淨故外空內外空空空大空勝義空有為空無為空畢竟空無際空散空無變異空本性空自相空共相空一切法空不可得空無性空自性空無性自性空清淨外空乃至無性自性空清淨故一切智智清淨何以故若意生清淨若外空乃至無性自性空清淨若一切智智清淨無二無二分無別無斷故善現意生清淨故真如清淨真如清淨故一切智智清淨何以故若意生清淨若真如清淨若一切智智清淨無二無二分無別無斷故意生清淨故法界法性不虛妄性不變異性平等性離生性法定法住實際虛空界不思議界清淨法界乃至不思議界清淨故一切智智清淨何以故若意生清淨若法界乃至不思議界清淨若一切智智清淨無二無二分無別無斷故善現意生清淨故苦聖諦清淨苦聖諦清淨故一切智智清淨何以故若意生清淨若苦聖諦清淨若一切智智清淨無二

無二分無別無斷故意生清淨故集滅道聖諦清淨集滅道聖諦清淨故一切智智清淨何以故若意生清淨若集滅道聖諦清淨若一切智智清淨無二無二分無別無斷故善現意生清淨故四靜慮清淨四靜慮清淨故一切智智清淨何以故若意生清淨若四靜慮清淨若一切智智清淨無二無二分無別無斷故意生清淨故四無量四無色定清淨四無量四無色定清淨故一切智智清淨何以故若意生清淨若四無量四無色定清淨若一切智智清淨無二無二分無別無斷故善現意生清淨故八解脫清淨八解脫清淨故一切智智清淨何以故若意生清淨若八解脫清淨若一切智智清淨無二無二分無別無斷故意生清淨故八勝處九次第定十遍處清淨八勝處九次第定十遍處清淨故一切智智清淨何以故若意生清淨若八勝處九次第定十遍處清淨若一切智智清淨無二無二分無別無斷故善現意生清淨

故四念住清淨四念住清淨故一切智智清淨何以故若意生清淨若四念住清淨若一切智智清淨無二無二分無別無斷故意生清淨故四正斷四神足五根五力七等覺支八聖道支清淨四正斷乃至八聖道支清淨故一切智智清淨何以故若意生清淨若四正斷乃至八聖道支清淨若一切智智清淨無二無二分無別無斷故善現意生清淨故空解脫門清淨空解脫門清淨故一切智智清淨何以故若意生清淨若空解脫門清淨若一切智智清淨無二無二分無別無斷故意生清淨故無相無願解脫門清淨無相無願解脫門清淨故一切智智清淨何以故若意生清淨若無相無願解脫門清淨若一切智智清淨無二無二分無別無斷故善現意生清淨故菩薩十地清淨菩薩十地清淨故一切智智清淨何以故若意生清淨若菩薩十地清淨若一切智智清淨無二無二分無別無斷故

大般若經卷第百九十八 第二十七張 作字

大般若波羅蜜多經卷第一百九十八

大般若波羅蜜多經卷第一百九十八

校勘記

一 底本，金藏大寶集寺本。

一 八七六頁中一七行末字殘，應爲「故」。

一 八八一頁中一八行第五字殘，應爲「二」。

一 八八三頁下一二行與一一行重復。

大般若波羅蜜多經卷第一百九十九　仕

初分難信解品第三十四之十八

三藏法師玄奘奉　詔譯

善現意生清淨故五眼清淨五眼清淨故一切智智清淨何以故若意生清淨若五眼清淨若一切智智清淨無二无二分無別无斷故意生清淨故六神通清淨六神通清淨故一切智智清淨何以故若意生清淨若六神通清淨若一切智智清淨無二无二分無別无斷故善現意生清淨故佛十力清淨佛十力清淨故一切智智清淨何以故若意生清淨若佛十力清淨若一切智智清淨無二无二分無別无斷故意生清淨故四無所畏四無礙解大慈大悲大喜大捨十八佛不共法清淨四無所畏乃至十八佛不共法清淨故一切智智清淨何以故若意生清淨若四無所畏乃至十八佛不共法清淨若一切智智清淨無二无二分無別无斷故善現意生清淨故無忘失法清淨無忘失法清淨故一切智智清淨何以故若意生清淨若無忘失法清淨若一切智智清淨無二无二分無別无斷故意生清淨故恒住捨性清淨恒住捨性清淨故一切智智清淨何以故若意生清淨若恒住捨性清淨若一切智智清淨無二无二分無別无斷故善現意生清淨故一切智清淨一切智清淨故一切智智清淨何以故若意生清淨若一切智清淨若一切智智清淨無二无二分無別无斷故意生清淨故道相智一切相智清淨道相智一切相智清淨故一切智智清淨何以故若意生清淨若道相智一切相智清淨若一切智智清淨無二无二分無別无斷故善現意生清淨故一切陁羅尼門清淨一切陁羅尼門清淨故一切智智清淨何以故若意生清淨若一切陁羅尼門清淨若一切智智清淨無二无二分無別无斷故意生清淨故一切三摩地門清淨一切三摩地門清淨故一切智智清淨何以故若意生清淨若一切三

摩地門清淨若一切智智清淨無二无二分無別无斷故善現意生清淨故預流果清淨預流果清淨故一切智智清淨何以故若意生清淨若預流果清淨若一切智智清淨無二无二分無別无斷故意生清淨故一来不還阿羅漢果清淨一来不還阿羅漢果清淨故一切智智清淨何以故若意生清淨若一来不還阿羅漢果清淨若一切智智清淨無二无二分無別无斷故善現意生清淨故獨覺菩提清淨獨覺菩提清淨故一切智智清淨何以故若意生清淨若獨覺菩提清淨若一切智智清淨無二无二分無別無斷故善現意生清淨故一切菩薩摩訶薩行清淨一切菩薩摩訶薩行清淨故一切智智清淨何以故若意生清淨若一切菩薩摩訶薩行清淨若一切智智清淨無二无二分無別无斷故善現意生清淨故諸佛無上正等菩提清淨諸佛無上正等菩提清淨故一切智智清淨何以故若意生清淨若諸佛無上正等

菩提清淨若一切智智清淨無二無二分無別無斷故

復次善現儒童清淨故色清淨色清淨故一切智智清淨何以故若儒童清淨若色清淨若一切智智清淨無二無二分無別無斷故儒童清淨故受想行識清淨受想行識清淨故一切智智清淨何以故若儒童清淨若受想行識清淨若一切智智清淨無二無二分無別無斷故善現儒童清淨故眼處清淨眼處清淨故一切智智清淨何以故若儒童清淨若眼處清淨若一切智智清淨無二無二分無別無斷故儒童清淨故耳鼻舌身意處清淨耳鼻舌身意處清淨故一切智智清淨何以故若儒童清淨若耳鼻舌身意處清淨若一切智智清淨無二無二分無別無斷故善現儒童清淨故色處清淨色處清淨故一切智智清淨何以故若儒童清淨若色處清淨若一切智智清淨無二無二分無別無斷故儒童清淨故聲香味觸法處清淨聲香味觸法處清淨

故一切智智清淨何以故若儒童清淨若聲香味觸法處清淨若一切智智清淨無二無二分無別無斷故善現儒童清淨故眼界清淨眼界清淨故一切智智清淨何以故若儒童清淨若眼界清淨若一切智智清淨無二無二分無別無斷故儒童清淨故色界眼識界及眼觸眼觸為緣所生諸受清淨色界乃至眼觸為緣所生諸受清淨故一切智智清淨何以故若儒童清淨若色界乃至眼觸為緣所生諸受清淨若一切智智清淨無二無二分無別無斷故善現儒童清淨故耳界清淨耳界清淨故一切智智清淨何以故若儒童清淨若耳界清淨若一切智智清淨無二無二分無別無斷故儒童清淨故聲界耳識界及耳觸耳觸為緣所生諸受清淨聲界乃至耳觸為緣所生諸受清淨故一切智智清淨何以故若儒童清淨若聲界乃至耳觸為緣所生諸受清淨若一切智智清淨無二無二分無別無斷故善現儒童清淨故鼻界

清淨鼻界清淨故一切智智清淨何以故若儒童清淨若鼻界清淨若一切智智清淨無二無二分無別無斷故儒童清淨故香界鼻識界及鼻觸鼻觸為緣所生諸受清淨香界乃至鼻觸為緣所生諸受清淨故一切智智清淨何以故若儒童清淨若香界乃至鼻觸為緣所生諸受清淨若一切智智清淨無二無二分無別無斷故善現儒童清淨故舌界清淨舌界清淨故一切智智清淨何以故若儒童清淨若舌界清淨若一切智智清淨無二無二分無別無斷故儒童清淨故味界舌識界及舌觸舌觸為緣所生諸受清淨味界乃至舌觸為緣所生諸受清淨故一切智智清淨何以故若儒童清淨若味界乃至舌觸為緣所生諸受清淨若一切智智清淨無二無二分無別無斷故善現儒童清淨故身界清淨身界清淨故一切智智清淨何以故若儒童清淨若身界清淨若一切智智清淨無二無二分無別無斷故儒童清淨故觸界

身識界及身觸身觸為緣所生諸受清淨觸界乃至身觸為緣所生諸受清淨故一切智智清淨何以故若儒童清淨若觸界乃至身觸為緣所生諸受清淨若一切智智清淨無二無二分無別無斷故善現儒童清淨故意界清淨意界清淨故一切智智清淨何以故若儒童清淨若意界清淨若一切智智清淨無二無二分無別無斷故儒童清淨故法界意識界及意觸意觸為緣所生諸受清淨法界乃至意觸為緣所生諸受清淨故一切智智清淨何以故若儒童清淨若法界乃至意觸為緣所生諸受清淨若一切智智清淨無二無二分無別無斷故善現儒童清淨故地界清淨地界清淨故一切智智清淨何以故若儒童清淨若地界清淨若一切智智清淨無二無二分無別無斷故儒童清淨故水火風空識界清淨水火風空識界清淨故一切智智清淨何以故若儒童清淨若水火風空識界清淨若一切智智清淨無二無二分

無別無斷故善現儒童清淨故無明清淨無明清淨故一切智智清淨何以故若儒童清淨若無明清淨若一切智智清淨無二無二分無別無斷故儒童清淨故行識名色六處觸受愛取有生老死愁歎苦憂惱清淨行乃至老死愁歎苦憂惱清淨故一切智智清淨何以故若儒童清淨若行乃至老死愁歎苦憂惱清淨若一切智智清淨無二無二分無別無斷故善現儒童清淨故布施波羅蜜多清淨布施波羅蜜多清淨故一切智智清淨何以故若儒童清淨若布施波羅蜜多清淨若一切智智清淨無二無二分無別無斷故儒童清淨故淨戒安忍精進靜慮般若波羅蜜多清淨淨戒乃至般若波羅蜜多清淨故一切智智清淨何以故若儒童清淨若淨戒乃至般若波羅蜜多清淨若一切智智清淨無二無二分無別無斷故善現儒童清淨故內空清淨內空清淨故一切智智清淨何以故若儒童清淨若內空清淨若一切智智

清淨無二無二分無別無斷故儒童清淨故外空內外空空空大空勝義空有為空無為空畢竟空無際空散空無變異空本性空自相空共相空一切法空不可得空無性空自性空無性自性空清淨外空乃至無性自性空清淨故一切智智清淨何以故若儒童清淨若外空乃至無性自性空清淨若一切智智清淨無二無二分無別無斷故善現儒童清淨故真如清淨真如清淨故一切智智清淨何以故若儒童清淨若真如清淨若一切智智清淨無二無二分無別無斷故儒童清淨故法界法性不虛妄性不變異性平等性離生性法定法住實際虛空界不思議界清淨法界乃至不思議界清淨故一切智智清淨何以故若儒童清淨若法界乃至不思議界清淨若一切智智清淨無二無二分無別無斷故善現儒童清淨故苦聖諦清淨苦聖諦清淨故一切智智清淨何以故若儒童清淨若苦聖諦清淨若一切智智清淨無二無二分無別

無斷故儒童清淨故集滅道聖諦清淨集滅道聖諦清淨故一切智智清淨何以故若儒童清淨若集滅道聖諦清淨若一切智智清淨無二無二分無別無斷故善現儒童清淨故四靜慮清淨四靜慮清淨故一切智智清淨何以故若儒童清淨若四靜慮清淨若一切智智清淨無二無二分無別無斷故儒童清淨故四無量四無色定清淨四無量四無色定清淨故一切智智清淨何以故若儒童清淨若四無量四無色定清淨若一切智智清淨無二無二分無別無斷故善現儒童清淨故八解脫清淨八解脫清淨故一切智智清淨何以故若儒童清淨若八解脫清淨若一切智智清淨無二無二分無別無斷故儒童清淨故八勝處九次第定十遍處清淨八勝處九次第定十遍處清淨故一切智智清淨何以故若儒童清淨若八勝處九次第定十遍處清淨若一切智智清淨無二無二分無別無斷故善現儒童清淨故四念住清

淨四念住清淨故一切智智清淨何以故若儒童清淨若四念住清淨若一切智智清淨無二無二分無別無斷故儒童清淨故四正斷四神足五根五力七等覺支八聖道支清淨四正斷乃至八聖道支清淨故一切智智清淨何以故若儒童清淨若四正斷乃至八聖道支清淨若一切智智清淨無二無二分無別無斷故善現儒童清淨故空解脫門清淨空解脫門清淨故一切智智清淨何以故若儒童清淨若空解脫門清淨若一切智智清淨無二無二分無別無斷故儒童清淨故無相無願解脫門清淨無相無願解脫門清淨故一切智智清淨何以故若儒童清淨若無相無願解脫門清淨若一切智智清淨無二無二分無別無斷故善現儒童清淨故菩薩十地清淨菩薩十地清淨故一切智智清淨何以故若儒童清淨若菩薩十地清淨若一切智智清淨無二無二分無別無斷故

善現儒童清淨故五眼清淨五眼清

淨故一切智智清淨何以故若儒童清淨若五眼清淨若一切智智清淨無二無二分無別無斷故儒童清淨故六神通清淨六神通清淨故一切智智清淨何以故若儒童清淨若六神通清淨若一切智智清淨無二無二分無別無斷故善現儒童清淨故佛十力清淨佛十力清淨故一切智智清淨何以故若儒童清淨若佛十力清淨若一切智智清淨無二無二分無別無斷故儒童清淨故四無所畏四無礙解大慈大悲大喜大捨十八佛不共法清淨四無所畏乃至十八佛不共法清淨故一切智智清淨何以故若儒童清淨若四無所畏乃至十八佛不共法清淨若一切智智清淨無二無二分無別無斷故善現儒童清淨故無忘失法清淨無忘失法清淨故一切智智清淨何以故若儒童清淨若無忘失法清淨若一切智智清淨無二無二分無別無斷故儒童清淨故恒住捨性清淨恒住捨性清淨故一切智智清淨何以故若

儒童清淨若恒住捨性清淨若一切智智清淨無二無二分無別無斷故善現儒童清淨故一切智清淨一切智清淨故一切智智清淨何以故若儒童清淨若一切智清淨若一切智智清淨無二無二分無別無斷故儒童清淨故道相智一切相智清淨道相智一切相智清淨故一切智智清淨何以故若儒童清淨若道相智一切相智清淨若一切智智清淨無二無二分無別無斷故善現儒童清淨故一切陁羅尼門清淨一切陁羅尼門清淨故一切智智清淨何以故若儒童清淨若一切陁羅尼門清淨若一切智智清淨無二無二分無別無斷故儒童清淨故一切三摩地門清淨一切三摩地門清淨故一切智智清淨何以故若儒童清淨若一切三摩地門清淨若一切智智清淨無二無二分無別無斷故

善現儒童清淨故預流果清淨預流果清淨故一切智智清淨何以故若儒童清淨若預流果清淨若一切智

智清淨無二无二分無別无斷故儒童清淨故一來不還阿羅漢果清淨一來不還阿羅漢果清淨故一切智智清淨何以故若儒童清淨若一來不還阿羅漢果清淨若一切智智清淨無二无二分無別无斷故善現儒童清淨故獨覺菩提清淨獨覺菩提清淨故一切智智清淨何以故若儒童清淨若獨覺菩提清淨若一切智智清淨無二无二分無別无斷故善現儒童清淨故一切菩薩摩訶薩行清淨一切菩薩摩訶薩行清淨故一切智智清淨何以故若儒童清淨若一切菩薩摩訶薩行清淨若一切智智清淨无二無二分无別無斷故善現儒童清淨故諸佛無上正等菩提清淨諸佛無上正等菩提清淨故一切智智清淨何以故若儒童清淨若諸佛無上正等菩提清淨若一切智智清淨无二無二分无別無斷故復次善現作者清淨故色清淨色清淨故一切智智清淨何以故若作者清淨若色清淨若一切智智清淨無二

無二分無別無斷故作者清淨故受想行識清淨受想行識清淨故一切智智清淨何以故若作者清淨若受想行識清淨若一切智智清淨無二無二分無別無斷故善現作者清淨故眼處清淨眼處清淨故一切智智清淨何以故若作者清淨若眼處清淨若一切智智清淨無二無二分無別無斷故作者清淨故耳鼻舌身意處清淨耳鼻舌身意處清淨故一切智智清淨何以故若作者清淨若耳鼻舌身意處清淨若一切智智清淨無二無二分無別無斷故善現作者清淨故色處清淨色處清淨故一切智智清淨何以故若作者清淨若色處清淨若一切智智清淨無二無二分無別無斷故作者清淨故聲香味觸法處清淨聲香味觸法處清淨故一切智智清淨何以故若作者清淨若聲香味觸法處清淨若一切智智清淨無二無二分無別無斷故善現作者清淨故眼界清淨眼界清淨故一切智智清淨何以故若作者清淨

若眼界清淨若一切智智清淨無二無二分無別無斷故作者清淨故色界眼識界及眼觸眼觸為緣所生諸受清淨色界乃至眼觸為緣所生諸受清淨故一切智智清淨何以故若作者清淨若色界乃至眼觸為緣所生諸受清淨若一切智智清淨無二無二分無別無斷故善現作者清淨故耳界清淨耳界清淨故一切智智清淨何以故若作者清淨若耳界清淨若一切智智清淨無二無二分無別無斷故作者清淨故聲界耳識界及耳觸耳觸為緣所生諸受清淨聲界乃至耳觸為緣所生諸受清淨故一切智智清淨何以故若作者清淨若聲界乃至耳觸為緣所生諸受清淨若一切智智清淨無二無二分無別無斷故善現作者清淨故鼻界清淨鼻界清淨故一切智智清淨何以故若作者清淨若鼻界清淨若一切智智清淨無二無二分無別無斷故作者清淨故香界鼻識界及鼻觸鼻觸為緣所生諸受清淨香界乃至鼻

觸為緣所生諸受清淨故一切智智清淨何以故若作者清淨若香界乃至鼻觸為緣所生諸受清淨若一切智智清淨無二無二分無別無斷故善現作者清淨故舌界清淨舌界清淨故一切智智清淨何以故若作者清淨若舌界清淨若一切智智清淨無二無二分無別無斷故作者清淨故味界舌識界及舌觸舌觸為緣所生諸受清淨味界乃至舌觸為緣所生諸受清淨故一切智智清淨何以故若作者清淨若味界乃至舌觸為緣所生諸受清淨若一切智智清淨無二無二分無別無斷故善現作者清淨故身界清淨身界清淨故一切智智清淨何以故若作者清淨若身界清淨若一切智智清淨無二無二分無別無斷故作者清淨故觸界身識界及身觸身觸為緣所生諸受清淨觸界乃至身觸為緣所生諸受清淨故一切智智清淨何以故若作者清淨若觸界乃至身觸為緣所生諸受清淨若一切智智清淨無二無二

分無別無斷故善現作者清淨故意界清淨意界清淨故一切智智清淨何以故若作者清淨若意界清淨若一切智智清淨無二無二分無別無斷故作者清淨故法界意識界及意觸意觸為緣所生諸受清淨法界乃至意觸為緣所生諸受清淨故一切智智清淨何以故若作者清淨若法界乃至意觸為緣所生諸受清淨若一切智智清淨無二無二分無別無斷故善現作者清淨故地界清淨地界清淨故一切智智清淨何以故若作者清淨若地界清淨若一切智智清淨無二無二分無別無斷故作者清淨故水火風空識界清淨水火風空識界清淨故一切智智清淨何以故若作者清淨若水火風空識界清淨若一切智智清淨無二無二分無別無斷故善現作者清淨故無明清淨無明清淨故一切智智清淨何以故若作者清淨若無明清淨若一切智智清淨無二無二分無別無斷故作者清淨故行識名色六處觸受愛

取有生老死愁歎苦憂惱清淨行乃至老死愁歎苦憂惱清淨故一切智智清淨何以故若作者清淨若行乃至老死愁歎苦憂惱清淨若一切智智清淨無二無二分無別無斷故善現作者清淨故布施波羅蜜多清淨布施波羅蜜多清淨故一切智智清淨何以故若作者清淨若布施波羅蜜多清淨若一切智智清淨無二無二分無別無斷故作者清淨故淨戒安忍精進靜慮般若波羅蜜多清淨淨戒乃至般若波羅蜜多清淨故一切智智清淨何以故若作者清淨若淨戒乃至般若波羅蜜多清淨若一切智智清淨無二無二分無別無斷故善現作者清淨故內空清淨內空清淨故一切智智清淨何以故若作者清淨若內空清淨若一切智智清淨無二無二分無別無斷故作者清淨故外空內外空空空大空勝義空有為空無為空畢竟空無際空散空無變異空本性空自相空共相空一切法空不可得空無性空自性空

無性自性空清淨外空乃至無性自性空清淨故一切智智清淨何以故若作者清淨若外空乃至無性自性空清淨若一切智智清淨無二無二分無別無斷故善現作者清淨故真如清淨真如清淨故一切智智清淨何以故若作者清淨若真如清淨若一切智智清淨無二無二分無別無斷故作者清淨故法界法性不虛妄性不變異性平等性離生性法定法住實際虛空界不思議界清淨法界乃至不思議界清淨故一切智智清淨何以故若作者清淨若法界乃至不思議界清淨若一切智智清淨無二無二分無別無斷故善現作者清淨故苦聖諦清淨苦聖諦清淨故一切智智清淨何以故若作者清淨若苦聖諦清淨若一切智智清淨無二無二分無別無斷故作者清淨故集滅道聖諦清淨集滅道聖諦清淨故一切智智清淨何以故若作者清淨若集滅道聖諦清淨若一切智智清淨無二無二分無別無斷故善現作者

清淨故四靜慮清淨四靜慮清淨故一切智智清淨何以故若作者清淨若四靜慮清淨若一切智智清淨無二无二分無別无斷故作者清淨故四無量四无色定清淨四无量四無色定清淨故一切智智清淨何以故若作者清淨若四无量四無色定清淨若一切智智清淨無二无二分無別无斷故善現作者清淨故八解脫清淨八解脫清淨故一切智智清淨何以故若作者清淨若八解脫清淨若一切智智清淨無二无二分無別无斷故作者清淨故八勝處九次第定十遍處清淨八勝處九次第定十遍處清淨故一切智智清淨何以故若作者清淨若八勝處九次第定十遍處清淨若一切智智清淨無二无二分無別无斷故善現作者清淨故四念住清淨四念住清淨故一切智智清淨何以故若作者清淨若四念住清淨若一切智智清淨無二无二分無別无斷故作者清淨故四正斷四神足五根五力七等覺支八聖道

支清淨四正斷乃至八聖道支清淨故一切智智清淨何以故若作者清淨若四正斷乃至八聖道支清淨若一切智智清淨無二无二分無別无斷故善現作者清淨故空解脫門清淨空解脫門清淨故一切智智清淨何以故若作者清淨若空解脫門清淨若一切智智清淨無二无二分無別无斷故作者清淨故無相無願解脫門清淨無相無願解脫門清淨故一切智智清淨何以故若作者清淨若無相無願解脫門清淨若一切智智清淨無二无二分無別无斷故善現作者清淨故菩薩十地清淨菩薩十地清淨故一切智智清淨何以故若作者清淨若菩薩十地清淨若一切智智清淨无二無二分无別無斷故善現作者清淨故五眼清淨五眼清淨故一切智智清淨何以故若作者清淨若五眼清淨若一切智智清淨無二无二分無別无斷故作者清淨故六神通清淨六神通清淨故一切智智清淨何以故若作者清淨若

六神通清淨若一切智智清淨无二無二分无別無斷故善現作者清淨故佛十力清淨佛十力清淨故一切智智清淨何以故若作者清淨若佛十力清淨若一切智智清淨无二無二分無別无斷故作者清淨故四無所畏四無礙解大慈大悲大喜大捨十八佛不共法清淨四無所畏乃至十八佛不共法清淨故一切智智清淨何以故若作者清淨若四無所畏乃至十八佛不共法清淨若一切智智清淨無二无二分無別无斷故善現作者清淨故無忘失法清淨無忘失法清淨故一切智智清淨何以故若作者清淨若無忘失法清淨若一切智智清淨无二無二分无別無斷故作者清淨故恒住捨性清淨恒住捨性清淨故一切智智清淨何以故若作者清淨若恒住捨性清淨若一切智智清淨無二无二分無別无斷故善現作者清淨故一切智清淨一切智清淨故一切智智清淨何以故若作者清淨若一切智清淨若一切

智智清淨无二無二分無別无斷故作者清淨故道相智一切相智清淨道相智一切相智清淨故一切智智清淨何以故若作者清淨若道相智一切相智清淨若一切智智清淨无二無二分无別無斷故善現作者清淨故一切陀羅尼門清淨一切陀羅尼門清淨故一切智智清淨何以故若作者清淨若一切陀羅尼門清淨若一切智智清淨無二无二分無別无斷故作者清淨故一切三摩地門清淨一切三摩地門清淨故一切智智清淨何以故若作者清淨若一切三摩地門清淨若一切智智清淨無二無二分无別無斷故

善現作者清淨故預流果清淨預流果清淨故一切智智清淨何以故若作者清淨若預流果清淨若一切智智清淨無二无二分無別无斷故作者清淨故一來不還阿羅漢果清淨一來不還阿羅漢果清淨故一切智智清淨何以故若作者清淨若一來不還阿羅漢果清淨若一切智智清

淨無二无二分無別無斷故善現作者清淨故獨覺菩提清淨獨覺菩提清淨故一切智智清淨何以故若作者清淨若獨覺菩提清淨若一切智智清淨無二无二分無別无斷故善現作者清淨故一切菩薩摩訶薩行清淨一切菩薩摩訶薩行清淨故一切智智清淨何以故若作者清淨若一切菩薩摩訶薩行清淨若一切智智清淨無二无二分無別无斷故善現作者清淨故諸佛無上正等菩提切智智清淨何以故若作者清淨若諸佛無上正等菩提清淨若一切智智清淨無二无二分無別无斷故

大般若波羅蜜多經卷第一百九十九

大般若波羅蜜多經卷第一百九十九

校勘記

一　底本，金藏大寶集寺本。

一　八九二頁下五行、六行首字為原版筆描墨迹。

一　八九三頁中一一行與一二行之間缺一行共十四字，即「清淨諸佛無上正等菩提清淨故一」。

大般若波羅蜜多經卷第二百　超

三藏法師玄奘奉　詔譯

初分難信解品第三十四之十九

復次善現受者清淨故色清淨色清淨故一切智智清淨何以故若受者清淨若色清淨若一切智智清淨無二无二分無別無斷故受者清淨故受想行識清淨受想行識清淨故一切智智清淨何以故若受者清淨若受想行識清淨若一切智智清淨無二無二分无別無斷故善現受者清淨故眼處清淨眼處清淨故一切智智清淨何以故若受者清淨若眼處清淨若一切智智清淨無二無二分無別無斷故受者清淨故耳鼻舌身意處清淨耳鼻舌身意處清淨故一切智智清淨何以故若受者清淨若耳鼻舌身意處清淨若一切智智清淨無二无二分無別無斷故善現受者清淨故色處清淨色處清淨故一切智智清淨何以故若受者清淨若色處清淨若一切智智清淨無二無二分无別無斷故受者清淨故聲香味觸法處清淨聲香味觸法處清淨故一切智智清淨何以故若受者清淨若聲香味觸法處清淨若一切智智清淨無二无二分無別無斷故善現受者清淨故眼界清淨眼界清淨故一切智智清淨何以故若受者清淨若眼界清淨若一切智智清淨無二無二分無別無斷故受者清淨故色界眼識界及眼觸眼觸為緣所生諸受清淨色界乃至眼觸為緣所生諸受清淨故一切智智清淨何以故若受者清淨若色界乃至眼觸為緣所生諸受清淨若一切智智清淨無二無二分無別无斷故善現受者清淨故耳界清淨耳界清淨故一切智智清淨何以故若受者清淨若耳界清淨若一切智智清淨無二無二分無別無斷故受者清淨故聲界耳識界及耳觸耳觸為緣所生諸受清淨聲界乃至耳觸為緣所生諸受清淨故一切智智清淨何以故若受者清淨若聲界乃至耳觸為緣所生諸受

清淨若一切智智清淨無二无二分無別無斷故善現受者清淨故鼻界清淨鼻界清淨故一切智智清淨何以故若受者清淨若鼻界清淨若一切智智清淨無二無二分无別無斷故受者清淨故香界鼻識界及鼻觸鼻觸為緣所生諸受清淨香界乃至鼻觸為緣所生諸受清淨故一切智智清淨何以故若受者清淨若香界乃至鼻觸為緣所生諸受清淨若一切智智清淨無二無二分无別無斷故善現受者清淨故舌界清淨舌界清淨故一切智智清淨何以故若受者清淨若舌界清淨若一切智智清淨無二無二分無別無斷故受者清淨故味界舌識界及舌觸舌觸為緣所生諸受清淨味界乃至舌觸為緣所生諸受清淨故一切智智清淨何以故若受者清淨若味界乃至舌觸為緣所生諸受清淨若一切智智清淨無二無二分無別無斷故善現受者清淨故身界清淨身界清淨故一切智智清淨何以故若受者清淨若

身界清淨若一切智智清淨無二無二分無別無斷故受者清淨故觸界身識界及身觸身觸為緣所生諸受清淨觸界乃至身觸為緣所生諸受清淨故一切智智清淨何以故若受者清淨若觸界乃至身觸為緣所生諸受清淨若一切智智清淨無二無二分無別無斷故善現受者清淨故意界清淨意界清淨故一切智智清淨何以故若受者清淨若意界清淨若一切智智清淨無二无二分無別無斷故受者清淨故法界意識界及意觸意觸為緣所生諸受清淨法界乃至意觸為緣所生諸受清淨故一切智智清淨何以故若受者清淨若法界乃至意觸為緣所生諸受清淨若一切智智清淨無二无二分無別無斷故善現受者清淨故地界清淨地界清淨故一切智智清淨何以故若受者清淨若地界清淨若一切智智清淨無二無二分無別無斷故受者清淨故水火風空識界清淨水火風空識界清淨故一切智智清淨何

以故若受者清淨若水火風空識界清淨若一切智智清淨無二無二分無別無斷故善現受者清淨故無明清淨無明清淨故一切智智清淨何以故若受者清淨若無明清淨若一切智智清淨無二無二分無別無斷故受者清淨故行識名色六處觸受愛取有生老死愁歎苦憂惱清淨行乃至老死愁歎苦憂惱清淨故一切智智清淨何以故若受者清淨若行乃至老死愁歎苦憂惱清淨若一切智智清淨無二無二分無別無斷故善現受者清淨故布施波羅蜜多清淨布施波羅蜜多清淨故一切智智清淨何以故若受者清淨若布施波羅蜜多清淨若一切智智清淨無二無二分無別無斷故受者清淨故淨戒安忍精進靜慮般若波羅蜜多清淨淨戒乃至般若波羅蜜多清淨故一切智智清淨何以故若受者清淨若淨戒乃至般若波羅蜜多清淨若一切智智清淨無二無二分無別無斷故善現受者清淨故內空清淨內

空清淨故一切智智清淨何以故若受者清淨若內空清淨若一切智智清淨無二無二分無別無斷故受者清淨故外空內外空空空大空勝義空有為空無為空畢竟空無際空散空無變異空本性空自相空共相空一切法空不可得空無性空自性空無性自性空清淨外空乃至無性自性空清淨故一切智智清淨何以故若受者清淨若外空乃至無性自性空清淨若一切智智清淨無二無二分無別無斷故善現受者清淨故真如清淨真如清淨故一切智智清淨何以故若受者清淨若真如清淨若一切智智清淨無二無二分無別無斷故受者清淨故法界法性不虛妄性不變異性平等性離生性法定法住實際虛空界不思議界清淨法界乃至不思議界清淨故一切智智清淨何以故若受者清淨若法界乃至不思議界清淨若一切智智清淨無二無二分無別無斷故善現受者清淨故苦聖諦清淨苦聖諦清淨故一

切智智清淨何以故若受者清淨若苦聖諦清淨若一切智智清淨無二無二分無別無斷故受者清淨故集滅道聖諦清淨集滅道聖諦清淨故一切智智清淨何以故若受者清淨若集滅道聖諦清淨若一切智智清淨無二無二分無別無斷故善現受者清淨故四靜慮清淨四靜慮清淨故一切智智清淨何以故若受者清淨若四靜慮清淨若一切智智清淨無二無二分無別無斷故受者清淨故四無量四無色定清淨四無量四無色定清淨故一切智智清淨何以故若受者清淨若四無量四無色定清淨若一切智智清淨無二無二分無別無斷故善現受者清淨故八解脫清淨八解脫清淨故一切智智清淨何以故若受者清淨若八解脫清淨若一切智智清淨無二無二分無別無斷故受者清淨故八勝處九次第定十遍處清淨八勝處九次第定十遍處清淨故一切智智清淨何以故若受者清淨若八勝處九次第定

十遍處清淨若一切智智清淨無二無二分無別無斷故善現受者清淨故四念住清淨四念住清淨故一切智智清淨何以故若受者清淨若四念住清淨若一切智智清淨無二無二分無別無斷故受者清淨故四正斷四神足五根五力七等覺支八聖道支清淨四正斷乃至八聖道支清淨故一切智智清淨何以故若受者清淨若四正斷乃至八聖道支清淨若一切智智清淨無二無二分無別無斷故善現受者清淨故空解脫門清淨空解脫門清淨故一切智智清淨何以故若受者清淨若空解脫門清淨若一切智智清淨無二無二分無別無斷故受者清淨故無相無願解脫門清淨無相無願解脫門清淨故一切智智清淨何以故若受者清淨若無相無願解脫門清淨若一切智智清淨無二無二分無別無斷故善現受者清淨故菩薩十地清淨菩薩十地清淨故一切智智清淨何以故若受者清淨若菩薩十地清淨若一

切智智清淨無二无二分無別無斷故善現受者清淨故五眼清淨五眼清淨故一切智智清淨何以故若受者清淨若五眼清淨若一切智智清淨無二無二分無別無斷故受者清淨故六神通清淨六神通清淨故一切智智清淨何以故若受者清淨若六神通清淨若一切智智清淨無二無二分無別無斷故善現受者清淨故佛十力清淨佛十力清淨故一切智智清淨何以故若受者清淨若佛十力清淨若一切智智清淨無二無二分無別無斷故受者清淨故四無所畏四無导解大慈大悲大喜大捨十八佛不共法清淨四無所畏乃至十八佛不共法清淨故一切智智清淨何以故若受者清淨若四無所畏乃至十八佛不共法清淨若一切智智清淨無二無二分无別無斷故善現受者清淨故無忘失法清淨無忘失法清淨故一切智智清淨何以故若受者清淨若無忘失法清淨若一切智智清淨無二無二分無別無斷故

受者清淨故恒住捨性清淨恒住捨性清淨故一切智智清淨何以故若受者清淨若恒住捨性清淨若一切智智清淨無二無二分無別無斷故善現受者清淨故一切智清淨一切智清淨故一切智智清淨何以故若受者清淨若一切智清淨若一切智智清淨無二無二分無別無斷故受者清淨故道相智一切相智清淨道相智一切相智清淨故一切智智清淨何以故若受者清淨若道相智一切相智清淨若一切智智清淨無二無二分無別無斷故善現受者清淨故一切陁羅尼門清淨一切陁羅尼門清淨故一切智智清淨何以故若受者清淨若一切陁羅尼門清淨若一切智智清淨無二無二分無別無斷故受者清淨故一切三摩地門清淨一切三摩地門清淨故一切智智清淨何以故若受者清淨若一切三摩地門清淨若一切智智清淨無二無二分无別無斷故

善現受者清淨故預流果清淨預流

果清淨故一切智智清淨何以故若受者清淨若預流果清淨若一切智智清淨無二無二分無別無斷故受者清淨故一來不還阿羅漢果清淨一來不還阿羅漢果清淨故一切智智清淨何以故若受者清淨若一來不還阿羅漢果清淨若一切智智清淨無二無二分無別無斷故善現受者清淨故獨覺菩提清淨獨覺菩提清淨故一切智智清淨何以故若受者清淨若獨覺菩提清淨若一切智智清淨無二無二分無別無斷故善現受者清淨故一切菩薩摩訶薩行清淨一切菩薩摩訶薩行清淨故一切智智清淨何以故若受者清淨若一切菩薩摩訶薩行清淨若一切智智清淨無二無二分無別無斷故善現受者清淨故諸佛無上正等菩提清淨諸佛無上正等菩提清淨故一切智智清淨何以故若受者清淨若諸佛無上正等菩提清淨若一切智智清淨無二无二分無別無斷故

復次善現知者清淨故色清淨色清

淨故一切智智清淨何以故若知者清淨若色清淨若一切智智清淨無二無二分無別無斷故知者清淨故受想行識清淨受想行識清淨故一切智智清淨何以故若知者清淨若受想行識清淨若一切智智清淨無二無二分无別無斷故善現知者清淨故眼處清淨眼處清淨故一切智智清淨何以故若知者清淨若眼處清淨若一切智智清淨無二無二分無別無斷故知者清淨故耳鼻舌身意處清淨耳鼻舌身意處清淨故一切智智清淨何以故若知者清淨若耳鼻舌身意處清淨若一切智智清淨無二無二分無別無斷故善現知者清淨故色處清淨色處清淨故一切智智清淨何以故若知者清淨若色處清淨若一切智智清淨無二無二分無別無斷故知者清淨故聲香味觸法處清淨聲香味觸法處清淨故一切智智清淨何以故若知者清淨若聲香味觸法處清淨若一切智智清淨無二無二分無別無斷故善

現知者清淨故眼界清淨眼界清淨故一切智智清淨何以故若知者清淨若眼界清淨若一切智智清淨無二無二分無別無斷故知者清淨故色界眼識界及眼觸眼觸為緣所生諸受清淨色界乃至眼觸為緣所生諸受清淨故一切智智清淨何以故若知者清淨若色界乃至眼觸為緣所生諸受清淨若一切智智清淨無二無二分無別無斷故善現知者清淨故耳界清淨耳界清淨故一切智智清淨何以故若知者清淨若耳界清淨若一切智智清淨無二無二分無別無斷故知者清淨故聲界耳識界及耳觸耳觸為緣所生諸受清淨聲界乃至耳觸為緣所生諸受清淨故一切智智清淨何以故若知者清淨若聲界乃至耳觸為緣所生諸受清淨若一切智智清淨無二無二分無別無斷故善現知者清淨故鼻界清淨鼻界清淨故一切智智清淨何以故若知者清淨若鼻界清淨若一切智智清淨無二无二分無別無斷

故知者清淨故香界鼻識界及鼻觸鼻觸為緣所生諸受清淨香界乃至鼻觸為緣所生諸受清淨故一切智智清淨何以故若知者清淨若香界乃至鼻觸為緣所生諸受清淨若一切智智清淨無二無二分無別無斷故善現知者清淨故舌界清淨舌界清淨故一切智智清淨何以故若知者清淨若舌界清淨若一切智智清淨無二無二分無別無斷故知者清淨故味界舌識界及舌觸舌觸為緣所生諸受清淨味界乃至舌觸為緣所生諸受清淨故一切智智清淨何以故若知者清淨若味界乃至舌觸為緣所生諸受清淨若一切智智清淨無二無二分無別無斷故善現知者清淨故身界清淨身界清淨故一切智智清淨何以故若知者清淨若身界清淨若一切智智清淨無二無二分無別無斷故知者清淨故觸界身識界及身觸身觸為緣所生諸受清淨觸界乃至身觸為緣所生諸受清淨故一切智智清淨何以故若知

者清淨若觸界乃至身觸為緣所生諸受清淨若一切智智清淨無二無二分無別無斷故善現知者清淨故意界清淨意界清淨故一切智智清淨何以故若知者清淨若意界清淨若一切智智清淨無二無二分無別無斷故知者清淨故法界意識界及意觸意觸為緣所生諸受清淨法界乃至意觸為緣所生諸受清淨故一切智智清淨何以故若知者清淨若法界乃至意觸為緣所生諸受清淨若一切智智清淨無二無二分無別無斷故善現知者清淨故地界清淨地界清淨故一切智智清淨何以故若知者清淨若地界清淨若一切智智清淨無二無二分無別無斷故知者清淨故水火風空識界清淨水火風空識界清淨故一切智智清淨何以故若知者清淨若水火風空識界清淨若一切智智清淨無二無二分無別無斷故善現知者清淨故無明清淨無明清淨故一切智智清淨何以故若知者清淨若無明清淨若一

切智智清淨無二无二分無別無斷故知者清淨故行識名色六處觸受愛取有生老死愁歎苦憂惱清淨行乃至老死愁歎苦憂惱清淨故一切智智清淨何以故若知者清淨若行乃至老死愁歎苦憂惱清淨若一切智智清淨無二無二分無別無斷故善現知者清淨故布施波羅蜜多清淨布施波羅蜜多清淨故一切智智清淨何以故若知者清淨若布施波羅蜜多清淨若一切智智清淨無二無二分無別無斷故知者清淨故淨戒安忍精進靜慮般若波羅蜜多清淨淨戒乃至般若波羅蜜多清淨故一切智智清淨何以故若知者清淨若淨戒乃至般若波羅蜜多清淨若一切智智清淨無二無二分無別無斷故善現知者清淨故內空清淨內空清淨故一切智智清淨何以故若知者清淨若內空清淨若一切智智清淨無二無二分無別無斷故知者清淨故外空內外空空空大空勝義空有為空無為空畢竟空無際空散

空無變異空本性空自相空共相空一切法空不可得空無性空自性空無性自性空清淨外空乃至無性自性空清淨故一切智智清淨何以故若知者清淨若外空乃至無性自性空清淨若一切智智清淨無二無二分無別無斷故善現知者清淨故真如清淨真如清淨故一切智智清淨何以故若知者清淨若真如清淨若一切智智清淨無二無二分無別無斷故知者清淨故法界法性不虛妄性不變異性平等性離生性法定法住實際虛空界不思議界清淨法界乃至不思議界清淨故一切智智清淨何以故若知者清淨若法界乃至不思議界清淨若一切智智清淨無二無二分無別無斷故善現知者清淨故苦聖諦清淨苦聖諦清淨故一切智智清淨何以故若知者清淨若苦聖諦清淨若一切智智清淨無二無二分無別無斷故知者清淨故集滅道聖諦清淨集滅道聖諦清淨故一切智智清淨何以故若知者清淨

若集滅道聖諦清淨若一切智智清淨無二無二分無別無斷故善現知者清淨故四靜慮清淨四靜慮清淨故一切智智清淨何以故若知者清淨若四靜慮清淨若一切智智清淨無二無二分無別無斷故知者清淨故四無量四無色定清淨四無量四無色定清淨故一切智智清淨何以故若知者清淨若四無量四無色定清淨若一切智智清淨無二無二分無別無斷故善現知者清淨故八解脫清淨八解脫清淨故一切智智清淨何以故若知者清淨若八解脫清淨若一切智智清淨無二無二分無別無斷故知者清淨故八勝處九次第定十遍處清淨八勝處九次第定十遍處清淨故一切智智清淨何以故若知者清淨若八勝處九次第定十遍處清淨若一切智智清淨無二無二分無別無斷故善現知者清淨故四念住清淨四念住清淨故一切智智清淨何以故若知者清淨若四念住清淨若一切智智清淨無二無

二分無別無斷故知者清淨故四正斷四神足五根五力七等覺支八聖道支清淨四正斷乃至八聖道支清淨故一切智智清淨何以故若知者清淨若四正斷乃至八聖道支清淨若一切智智清淨無二無二分無別無斷故善現知者清淨故空解脫門清淨空解脫門清淨故一切智智清淨何以故若知者清淨若空解脫門清淨若一切智智清淨無二無二分無別無斷故知者清淨故無相無願解脫門清淨無相無願解脫門清淨故一切智智清淨何以故若知者清淨若無相無願解脫門清淨若一切智智清淨無二無二分無別無斷故善現知者清淨故菩薩十地清淨菩薩十地清淨故一切智智清淨何以故若知者清淨若菩薩十地清淨若一切智智清淨無二無二分無別無斷故

善現知者清淨故五眼清淨五眼清淨故一切智智清淨何以故若知者清淨若五眼清淨若一切智智清淨

無二無二分無別無斷故知者清淨故六神通清淨六神通清淨故一切智智清淨何以故若知者清淨若六神通清淨若一切智智清淨無二無二分無別無斷故善現知者清淨故佛十力清淨佛十力清淨故一切智智清淨何以故若知者清淨若佛十力清淨若一切智智清淨無二無二分無別無斷故知者清淨故四無所畏四無礙解大慈大悲大喜大捨十八佛不共法清淨四無所畏乃至十八佛不共法清淨故一切智智清淨何以故若知者清淨若四無所畏乃至十八佛不共法清淨若一切智智清淨無二無二分無別無斷故善現知者清淨故無忘失法清淨無忘失法清淨故一切智智清淨何以故若知者清淨若無忘失法清淨若一切智智清淨無二無二分無別無斷故知者清淨故恒住捨性清淨恒住捨性清淨故一切智智清淨何以故若知者清淨若恒住捨性清淨若一切智智清淨無二無二分無別無斷故

大般若經卷第二百　第三十張　往字号

善現知者清淨故一切智清淨一切智清淨故一切智智清淨何以故若知者清淨若一切智清淨若一切智智清淨無二無二分無別無斷故知者清淨故道相智一切相智清淨道相智一切相智清淨故一切智智清淨何以故若知者清淨若道相智一切相智清淨若一切智智清淨無二無二分無別無斷故善現知者清淨故一切陁羅尼門清淨一切陁羅尼門清淨故一切智智清淨何以故若知者清淨若一切陁羅尼門清淨若一切智智清淨無二無二分無別無斷故知者清淨故一切三摩地門清淨一切三摩地門清淨故一切智智清淨何以故若知者清淨若一切三摩地門清淨若一切智智清淨無二無二分無別无斷故善現知者清淨故預流果清淨預流果清淨故一切智智清淨何以故若知者清淨若預流果清淨若一切智智清淨無二無二分無別無斷故知者清淨故一来不還阿羅漢果清淨一来不還阿羅

大般若經卷第二百　第三十一張　往字号

漢果清淨故一切智智清淨何以故若知者清淨若一来不還阿羅漢果清淨若一切智智清淨無二無二分無別無斷故善現知者清淨故獨覺菩提清淨獨覺菩提清淨故一切智智清淨何以故若知者清淨若獨覺菩提清淨若一切智智清淨無二無二分無別無斷故善現知者清淨故一切菩薩摩訶薩行清淨一切菩薩摩訶薩行清淨故一切智智清淨何以故若知者清淨若一切菩薩摩訶薩行清淨若一切智智清淨無二無二分無別無斷故善現知者清淨故諸佛無上正等菩提清淨諸佛無上正等菩提清淨故一切智智清淨何以故若知者清淨若諸佛無上正等菩提清淨若一切智智清淨無二無二分無別無斷故

大般若波羅蜜多經卷第二百

大般若波羅蜜多經卷第二百

校勘記

一　底本，金藏大寶集寺本。